진보와 보수의 12가지 이념

From Ideologies to Public Philosophies : An Introduction to Political Theory
by Paul Schumaker

Copyright ⓒ 2008 by John Wiley & Sons, Ltd.
All Rights reserved.

Korean translated edition copyright ⓒ 2010 by Humanitas Publishing Co.
Authorised translation from the English language edition published by Blackwell Publishing Limited.
Arranged through Bestun Korea Agency, Seoul, Korea.
All rights reserved.

Responsibility for the accuracy of the translation rests solely with Humanitas Publishing Co. and is not the responsibility of Blackwell Publishing Limited. No part of this book may be reproduced in any form without the written permission of the original copyright holder, Blackwell Publishing Limited.

이 책의 한국어 판권은 베스툰 코리아 에이전시를 통하여 저작권자인 John Wiley & Sons, Ltd.와 독점 계약한 후마니타스에 있습니다. 저작권법에 의해 한국 내에서 보호를 받는 저작물이므로 무단 전재와 무단 복제를 금합니다.

진보와 보수의 12가지 이념 | 다원적 공공 정치를 위한 철학

1판1쇄 | 2010년 10월 22일
1판7쇄 | 2022년 7월 4일

지은이 | 폴 슈메이커
옮긴이 | 조효제

펴낸이 | 안중철, 정민용
책임편집 | 윤상훈
편집 | 심정용, 이진실, 최미정

펴낸 곳 | 후마니타스(주)
등록 | 2002년 2월 19일 제2002-000481호
주소 | 서울 마포구 신촌로14안길 17, 2층 (04057)
전화 | 편집_02.739.9929/9930 영업_02.722.9960 팩스_0505.333.9960

블로그 | blog.naver.com/humabook
트위터, 페이스북, 인스타그램 | @humanitasbook
이메일 | humanitasbooks@gmail.com

인쇄 | 천일문화사_031.955.8083 제본 | 일진제책사_031.908.1407

값 35,000원

ISBN 978-89-6437-125-1 03300

진보와 보수의 12가지 이념

다원적 공공 정치를 위한 철학

폴 슈메이커 지음   조효제 옮김

후마니타스

차례

- 옮긴이 서문 · 13
- 서론 · 44

1장 공공 정치철학의 구성 ... 53
1. 공공 정치철학과 정치 이념 ... 54
2. 정치 이론 ... 56
3. 다원주의의 토대적 합의를 찾아서 ... 73
4. 다원주의의 토대적 합의를 넘어 존재하는 사상들 ... 78
5. 소결 ... 86

1부 정치적 대화의 참여자들

2장 19세기의 주요 정치 이념들 ... 95
1. **고전적 자유주의** ● 민주 자본주의를 형성한다 ... 96
2. **전통적 보수주의** ● 옛 사회질서를 옹호한다 ... 103
3. **아나키즘** ● 권위에 항거한다 ... 112
4. **마르크스주의** ● 계급 없는 사회를 추구한다 ... 117
5. 소결 ... 123

3장 20세기의 전체주의 및 다원적 정치 이념들 ... 128
1. **공산주의** ● 제국주의와의 투쟁 ... 130
2. **파시즘과 나치즘** ● 전체주의적 통제로 집단성을 강화한다 ... 139
3. **현대 자유주의** ● 자본주의와 민주주의를 개혁한다 ... 147
4. **현대 보수주의** ● 자유주의와 사회주의 정책을 반대한다 ... 159
5. 소결 ... 171

4장 현대 정치의 급진적 이념과 극단적 이념 ... 177
1. **급진적 좌파** ● 좀 더 평등주의적·공동체적인 사회를 모색한다 ... 183
2. **급진적 우파** ● 경제적 자유를 확대하거나 도덕적 합의를 추구한다 ... 196
3. **극단적 우파** ● 더욱 동질적인 사회로 회귀한다 ... 208
4. **극단적 좌파** ● 전 지구적 신자유주의를 해체한다 ... 211
5. 소결 ... 217

2부 철학적 가정 : 정치적 원리의 토대

5장 철학적 가정 1 : 존재론 ... 232
1. **전통적 보수주의** ● '존재의 거대한 사슬'을 강조한다 ... 236
2. **고전적 자유주의** ● 이신론·자연론·유물론 ... 238
3. **아나키즘** ● 자연적 연결성·생각·갈등 ... 240
4. **마르크스주의** ● 경제결정론 ... 243
5. **공산주의** ● 변증법적 유물론을 수정한다 ... 250
6. **파시즘과 나치즘** ● 영웅적 의지와 인종 투쟁 ... 253
7. **현대 자유주의** ● 존재론을 덜 강조하고 우연성을 인정한다 ... 257
8. **현대 보수주의** ● 있는 그대로의 현실을 중시한다 ... 260
9. **급진적 우파** ● 경제결정론과 신의 결정론을 모두 거부한다 ... 263

10. **극단적 우파** ● 신의 계시에 의한 종말론 ... 266
11. **급진적 좌파** ● 사회주의적 이상으로 물질의 힘을 조절한다 ... 267
12. **극단적 좌파** ● 생태적 한계 내에서 인간의 상상력을 발휘한다 ... 270
13. 소결 ... 273

6장 철학적 가정 2 : 인간론 ... 277

1. **고전적 자유주의** ● 평등하고 이성적으로 행복을 추구하는 인간 ... 280
2. **전통적 보수주의** ● 사회 속의 위치에 따라 인간을 규정한다 ... 284
3. **아나키즘** ● 전통적인 제도가 인간의 이타성을 억누른다 ... 287
4. **마르크스주의** ● 인간은 창조적 노동자다 ... 289
5. **공산주의** ● '새로운 인간'을 창조한다 ... 292
6. **파시즘과 나치즘** ● '무리'의 의지를 자극한다 ... 295
7. **현대 자유주의** ● 자율성, 이성, 도덕적 발전을 함양한다 ... 297
8. **급진적 좌파** ● 인류의 공통성과 개인 간의 차이를 강조한다 ... 299
9. **현대 보수주의** ● 인간의 불완전성을 받아들인다 ... 302
10. **급진적 우파** ● 인간을 도덕 공동체 그리고/또는 자유 시장에 편입시킨다 ... 307
11. **극단적 우파** ● 인간을 선한 존재 또는 악한 존재로 간주한다 ... 310
12. **극단적 좌파** ● 본질적 인간 본성을 인정하지 않는다 ... 311
13. 소결 ... 313

7장 철학적 가정 3 : 사회론 ... 317

1. **고전적 자유주의** ● 사회계약을 통해 사람들 사이의 상호 이익을 모색한다 ... 319
2. **전통적 보수주의** ● 유기체적 사회가 개인보다 우선한다 ... 323
3. **아나키즘** ● 친교에 기초한 자연적 사회 ... 326
4. **마르크스주의** ● 계급사회를 계급 없는 사회로 전환한다 ... 327
5. **공산주의** ● 비(非)무산계급이 계급 없는 사회 건설에 기여한다 ... 332
6. **파시즘과 나치즘** ● 민족과 인종으로 사회를 규정한다 ... 333
7. **현대 자유주의** ● 사회적 다원주의를 장려한다 ... 335
8. **현대 보수주의** ● 사회를 '정교한 시계'로 파악한다 ... 336

9. **급진적 우파** ● 공동체주의 혹은 자유 지상주의 사회관 ... 339
10. **급진적 좌파** ● 더욱 공동체적이고 평등한 사회를 모색한다 ... 341
11. **극단적 우파** ● 동질적인 사회를 모색한다 ... 343
12. **극단적 좌파** ● '공통된 것을 추구하는 고유한 개별성들'의 사회를 갈망한다 ... 345
13. 소결 ... 347

8장 철학적 가정 4 : 인식론 ... 350
1. **고전적 자유주의** ● 자연권에서 공리주의로 이동한다 ... 353
2. **전통적 보수주의** ● 이성을 회의하고 전통적 지혜를 강조한다 ... 359
3. **아나키즘** ● 인간과 사회의 가능성에 대한 비전 ... 363
4. **마르크스주의** ● 공산주의의 '우월성'이 아니라 '필연성'을 입증하는 과학 ... 365
5. **공산주의** ● 마르크스의 권위 있는 독해를 통해 진리를 생성한다 ... 368
6. **파시즘과 나치즘** ● 정치 지도자의 직관에서 절대적 진리를 찾는다 ... 369
7. **현대 자유주의** ● 실용주의를 강조한다 ... 372
8. **현대 보수주의** ● '정치적 실패의 사회과학'을 적용한다 ... 376
9. **급진적 우파** ● 전통에서 의미를 찾고 과학에서 진리를 찾는다 ... 380
10. **급진적 좌파** ● 정치적 이성을 강조한다 ... 383
11. **극단적 우파** ● 권위 있는 경전과 지도자로부터 진리를 찾는다 ... 388
12. **극단적 좌파** ● 모든 진리를 거부하고 해체한다 ... 390
13. 소결 ... 393

3부 정치적 원리 : 합의점과 쟁점

9장 정치적 원리 1 : 정치 공동체 ... 404
1. **고전적 자유주의** ● 민족/국민을 선결 조건으로 간주한다 ... 407
2. **전통적 보수주의** ● 국가에 대한 열정 없는 애국심 ... 411

3. 아나키즘 ● 전통적 공동체를 거부하고 자연적 공동체를 모색한다 ... 413
4. 마르크스주의 ● 노동계급 그리고 궁극적으로 인류 전체와 동일시한다 ... 415
5. 공산주의 ● 민족주의에 대한 호소로 제국주의에 대항한다 ... 417
6. 파시즘과 나치즘 ● 단일민족과 아리아 국가 ... 419
7. 현대 자유주의 ● 개인의 차이 및 집단의 차이를 인정하는 국가 ... 420
8. 현대 보수주의 ● 공동체적 국가가 아닌 도덕적 국가를 지향한다 ... 424
9. 급진적 우파 ● 전 지구적, 일국적, 국가 하부적 충성심이 서로 경쟁한다 ... 427
10. 급진적 좌파 ● 수많은 정치체 내 다양한 인민들 간의 연대 ... 432
11. 극단적 우파 ● 다중적 공동체 정체성을 거부한다 ... 436
12. 극단적 좌파 ● 기존의 정체성을 해체한다 ... 439
13. 소결 ... 442

10장 정치적 원리 2 : 시민권 ... 448
1. 고전적 자유주의 ● 시민권을 억제하고 제한된 권리와 책임을 부여한다 ... 450
2. 전통적 보수주의 ● 충성심과 권위에 대한 복종을 강조한다 ... 454
3. 아나키즘 ● 정치적 책임 없는 동지들 ... 457
4. 마르크스주의 ● 소외된 노동자를 '공적 정신을 갖춘 동지'로 변모시킨다 ... 460
5. 공산주의 ● 억압받는 인민을 충실한 혁명가로 변화시킨다 ... 462
6. 파시즘과 나치즘 ● 순종하는 시민들을 국가의 목적에 동원한다 ... 464
7. 현대 자유주의 ● 포용을 추구하고 권리를 확대한다 ... 466
8. 현대 보수주의 ● 더욱 책임 있는 시민을 양성한다 ... 472
9. 급진적 우파 ● 재산권을 중시하고 덕성을 지향한다 ... 477
10. 급진적 좌파 ● 다중적이고 심층적인 시민권 ... 480
11. 극단적 우파 ● 시민권을 제한한다 ... 487
12. 극단적 좌파 ● 수동적인 시민을 투쟁적인 시민으로 변화시킨다 ... 489
13. 소결 ... 492

11장 정치적 원리 3 : 사회구조 ... 497
1. **고전적 자유주의** ● 자유 시장과 대의 민주주의의 창안 ... 499
2. **전통적 보수주의** ● 시민사회와 문화 규범을 강조한다 ... 504
3. **아나키즘** ● 모든 전통적 사회구조를 거부한다 ... 507
4. **마르크스주의** ● 자본주의의 억압성을 부각한다 ... 511
5. **공산주의** ● 공산당 조직을 강조한다 ... 513
6. **파시즘과 나치즘** ● 전체주의 국가의 권력을 극대화한다 ... 517
7. **현대 자유주의** ● 정부 역할과 자본주의 간의 균형과 통합 ... 519
8. **현대 보수주의** ● 강한 국가에 고삐를 채운다 ... 525
9. **급진적 우파** ● 시장의 자유를 확대하고, 문화적 자유를 축소한다 ... 528
10. **급진적 좌파** ● 시장 사회주의와 민주적 문화를 추구한다 ... 532
11. **극단적 우파** ● 신정 체제를 모색한다 ... 538
12. **극단적 좌파** ● 지구화 및 기타 지배 형태에 저항한다 ... 541
13. 소결 ... 544

12장 정치적 원리 4 : 권력의 보유자 ... 547
1. **고전적 자유주의** ● 국민의 대표에게 권한을 부여하고 책임성을 묻는다 ... 549
2. **전통적 보수주의** ● 민주주의 내에서 지배계급의 위치를 모색한다 ... 552
3. **아나키즘** ● 모든 권력자를 거부한다 ... 555
4. **마르크스주의** ● 한시적 프롤레타리아독재가 필요하다 ... 556
5. **공산주의** ● 프롤레타리아 전위당이 필요하다 ... 559
6. **파시즘과 나치즘** ● 단일 통치자의 수중에 권력을 집중한다 ... 560
7. **현대 자유주의** ● 대의 민주주의와 자상하게 반응하는 민주주의를 강조한다 ... 563
8. **급진적 좌파** ● 더욱 포용적이고 참여적인 민주주의 ... 567
9. **현대 보수주의** ● 더욱 형식적인 대의 민주주의 ... 571
10. **급진적 우파** ● 자유로서의 민주주의 ... 575
11. **극단적 우파** ● 음모론을 상상한다 ... 581
12. **극단적 좌파** ● 급진화된 전 지구적 민주주의를 막는 큰 장벽을 인정한다 ... 582
13. 소결 ... 587

13장 정치적 원리 5 : 정부의 권위 ... 592

1. **고전적 자유주의** ● 시민의 (재산)권리를 보장하는 제한 정부 ... 595
2. **전통적 보수주의** ● 사회의 조화를 꾀한다 ... 600
3. **아나키즘** ● 모든 정부의 권위를 거부한다 ... 602
4. **마르크스주의** ● 억압적 권위, 필요한 권위, 그리고 권위의 소멸 ... 606
5. **공산주의** ● 국가를 폐지할 수단으로 광범위한 권위를 정당화한다 ... 607
6. **파시즘과 나치즘** ● 전체주의적 국가의 권위를 수용한다 ... 610
7. **현대 자유주의** ● 제한 정부에서 강력한 국가로 ... 613
8. **현대 보수주의** ● 정부의 역할을 제한한다 ... 618
9. **급진적 우파** ● 정부를 축소하고 사회적 규제를 강화한다 ... 622
10. **급진적 좌파** ● 공적 영역을 확장한다 ... 627
11. **극단적 우파** ● 신성한 경전을 무시하는 권위에 저항한다 ... 637
12. **극단적 좌파** ● 정부의 권위에 저항한다 ... 638
13. 소결 ... 639

14장 정치적 원리 6 : 정의 ... 643

1. **고전적 자유주의** ● 평등한 존엄성, 그러나 불평등한 보상 ... 646
2. **전통적 보수주의** ● 불평등한 권리, 그러나 각자에게 합당한 책임 ... 651
3. **아나키즘** ● 정당한 제도가 존재하지 않는 상태에서의 행동 ... 656
4. **마르크스주의** ● 정의가 필요한 사회 상황 자체를 초월한다 ... 659
5. **공산주의** ● 사회통제를 통해 모든 필요가 충족되는 사회를 건설한다 ... 663
6. **파시즘과 나치즘** ● 정의보다 국가 및 인종의 우위를 중시한다 ... 665
7. **현대 자유주의** ● 부당한 불이익을 보상해 준다 ... 666
8. **급진적 좌파** ● 더욱 평등한 사회를 추구한다 ... 672
9. **현대 보수주의** ● 사회정의를 비판하고 온정을 강조한다 ... 684
10. **급진적 우파** ● 공정한 절차와 공동선의 추구에 초점을 맞춘다 ... 690
11. **극단적 우파** ● 도덕적 선함을 공정한 결과의 토대로 간주한다 ... 695
12. **극단적 좌파** ● 전 지구적 불의를 비판하고 '공통의 것'을 공유한다 ... 696
13. 소결 ... 700

15장 정치적 원리 7 : 변화 ... 703
   1. **고전적 자유주의** ● 경제적·지성적·도덕적 진보를 모색한다 ... 706
   2. **전통적 보수주의** ● 변화의 바람을 지체시킨다 ... 710
   3. **마르크스주의** ● 아래로부터의 혁명을 예견한다 ... 712
   4. **아나키즘** ● 혁명보다 항거를 제창한다 ... 716
   5. **공산주의** ● 정통 마르크스주의에서 이탈하여 혁명을 창출한다 ... 720
   6. **파시즘과 나치즘** ● 일정한 보수적 가치를 향한 혁명적 변화 ... 724
   7. **현대 자유주의** ● 근본적 변화를 점진적으로 달성한다 ... 726
   8. **현대 보수주의** ● '실패한' 자유주의 정책을 개혁하려 한다 ... 729
   9. **급진적 우파** ● 불평등이 늘어나더라도 거대한 변화를 추구한다 ... 732
   10. **극단적 우파** ● 도덕적으로 확실했던 과거로 돌아간다 ... 737
   11. **급진적 좌파** ● 더 많은 민주적 평등을 향한 진화적 발달 ... 738
   12. **극단적 좌파** ● 혁명은 없지만, 완전하고 지속적인 변화를 추구한다 ... 743
   13. 전체 결론에 대신하여 ... 750

16장 한국어판 보론 : 오바마의 이념과 다원적 공공 정치철학 ... 754

■ 미주 · 776
■ 참고문헌 · 820
■ 찾아보기 · 841

일러두기

1. 본서는 다음 저서의 한국어 완역본이다. Paul Schumaker, *From Ideologies to Public Philosophies* (Oxford: Blackwell Publishing, 2008).
2. 지은이의 "한국어판 보론"은 단순한 원저자 인사말이 아니라 2008년 초판본에서 다루지 못했던 그 이후의 최근 상황을 새롭게 분석한 글이다. 따라서 본서는 한국어 번역본이자 원저의 개정판이라는 이중의 의미를 지니고 있다.
3. 본문에 언급된 외국 저서 가운데 한국어 번역본이 있는 경우에는 대개 그 번역본의 제목을 표시했다(예: 아인 랜드의 *The Fountainhead*는 원래 '강의 수원지'라는 뜻이지만 한국에서 출판된 대로 『마천루』로 표시했다).
4. 명백한 오기는 옮긴이의 판단으로 바로잡았으며 수정한 부분을 일일이 표시하지는 않았다. 또한 온전한 의미 전달을 위해 원문에 없는 구절을 번역에 덧붙인 부분들도 적지 않다. 이런 추가 부분에 대해서는 경우에 따라서 대괄호 내에 처리하기도 하고, 아무 표시 없이 노출시키기도 했다.
5. 단행본, 전집, 정기간행물에는 겹낫쇠(『 』)를, 논문이나 논설, 기고문, 단편 등은 큰따옴표(" ")를, 공연물, TV 프로그램 등에는 홑꺾쇠(〈 〉)를 사용했다.
6. 다음은 일부 번역어의 예시다.
   - ethnicity : 종족 또는 종족성
   - nation : 민족, 국민 또는 민족과 국민을 모두 지칭하는 문맥에서는 '민족/국민'으로 번역했다. 'nation-state'일 경우에는 '국민국가'로 옮겼다.
   - 이 책에서 'citizenship'은 '시민권'으로 일관되게 옮겼으나, 이 의미 외에도 '시민성', '시민됨' 또는 '시민 자격' 등으로 번역할 수도 있다. 나아가, 이 말은 한 시민으로서 민주 정치체(polity) 내에서 책임과 의무와 권리를 모두 담지하면서 그것을 충족해야 할 존재라는 뜻을 지닌다. 다만, 이런 미묘한 차이를 구분하기가 쉽지 않고, 번역의 일관성을 유지하기 위해 '시민권'으로 일괄 번역을 했다.
   - ruler, structure : 각각 '통치자', '구조' 외에 문맥에 따라 '권력의 보유자', '사회구조'로도 번역했다.
   - radical : 이 책에서는 'radical'이라는 용어를 통해 급진적 좌파 및 급진적 우파를 표현하고 있다. 이는 다양한 비판 이념들을 범주화하기 위해 '일반적' 의미에서 사용한 것이다. 한국에서 '급진적 이념'이 일종의 고유명사처럼 사용되는 것과는 차이가 나는 용법이다.
7. 원저와 옮긴이 서문의 주석은 미주로, 옮긴이의 설명은 각주로 처리했다.
8. 본서에서 참고한 도서의 경우 '참고문헌'에 한국어 번역본을 표시했고, 본문에서 인용된 내용 가운데 비교해 살필 만한 부분은 미주에 해당 한국어판과 쪽수를 적었다.
9. 지은이와 협의하여 한국적 맥락과 동떨어진 15장의 짧은 인용문 한 단락을 삭제했다. 그 결과, 15장 주석 41번 이하의 주석들 번호가 하나씩 위로 올라오게 되었다.

옮긴이 서문

"오늘날 인간의 운명은 정치적인 방식으로 그 의미가 제시된다."_토마스 만

『진보와 보수의 12가지 이념: 다원적 공공 정치를 위한 철학』은 세계적인 대가의 독보적인 사상서라기보다, 생각 깊은 원로 학자가 평생에 걸쳐 연찬해 도달한 통찰이 담긴 역저力著에 속하는 책이다. 근대 이후의 주요 정치 이념들을 역사적·분석적·총체적으로 다룬 정치철학 개설서라고 규정할 수 있다. 그러나 개설서라 해서 수준이 낮을 것으로 지레 짐작하여 책을 서둘러 덮지는 마시라. 그 전에 독자 여러분의 정치사상 지식을 스스로 테스트해 본다는 뜻에서 다음에 실린 간단한 퀴즈를 풀어 보시면 좋겠다. 모두 이 책에서 상세하게 알려 주는 내용들이다. 정답은 옮긴이 서문 말미에 나와 있다.

1. 다음에서 '시장 정의' 개념을 가장 선명하게 제시한 이념은?
    ① 현대 자유주의   ② 현대 보수주의   ③ 고전적 자유주의   ④ 극단적 우파

2. 일반적으로 선거를 통해 가장 크게 변화할 수 있는 정치적 원칙은?
    ① 시민권   ② 정의   ③ 정치 공동체   ④ 사회구조

3. 정치적 이성과 공적 이성을 인식론에서 발전시킨 정치 이념은?
   ① 신자유주의   ② 현대 자유주의   ③ 마르크스주의   ④ 급진적 좌파

4. 국민국가 형성 및 존립을 정치의 선결 조건으로 간주하고, 국가적 정체성과 국가적 차원의 정책 의제를 중시하는 이념은?
   ① 보수주의   ② 급진적 우파   ③ 공동체주의   ④ 자유주의

5. '실용주의'적인 접근을 가장 선호하는 이념은?
   ① 현대 보수주의   ② 현대 자유주의   ③ 신자유주의   ④ 전통적 보수주의

6. 고전적 자유주의를 계승하되 그것을 급진적으로 재구성한 이념은?
   ① 자유 지상주의   ② 현대 자유주의   ③ 현대 보수주의   ④ 아나키즘

7. 기업 활동의 보장과 복지국가 추진 사이의 긴장을 해소하기 위해 출현한 사상은?
   ① 사회적 보수주의   ② 평등주의적 자유주의
   ③ 사회적 자유주의   ④ 이익집단 자유주의

8. 전 지구적 자본주의와 이주 노동자들의 사회적 문제, 그리고 특히 대중의 물질주의적 생활 방식에 우려를 표하는 이념은?
   ① 문화적 보수주의   ② 네오콘(신보수주의)
   ③ 전통적 공동체주의   ④ 급진적 좌파

9. 정치권력이 실질적 영향력을 발휘하기 위해 권력을 효과적으로 조직화하는 것이 중요하다고 믿는 이념은?
   ① 현대 보수주의   ② 고전적 자유주의   ③ 현대 자유주의   ④ 전통적 보수주의

10. 신칸트주의적 존재론에 의거하여 도덕적 가치에 의한 사회질서를 주창하는 이념은?
    ① 민주사회주의   ② 사회적 보수주의   ③ 현대 자유주의   ④ 종교적 우파

퀴즈를 모두 알아맞히지 못한 독자들, 그리고 모두 맞혔지만 더 깊은 내용을 알고 싶어 하는 독자들은 이 책을 정독하면서 의미 있는 독서 경험을 할 수 있을 것이다. 그렇다면 이 책이 우리에게 줄 수 있는 의미 있는 독서 경험이란 구체적으로 무엇일까? 첫째, 정치 이념의 명확한 정리와 해설, 둘째, 정치철학의 새로운 분석 방식을 통한 독자적 정치 이념 구성의 모색, 셋째, 다원적 공공 정치철학의 가능성 추구 등을 꼽을 수 있다. 지금부터 한 가지씩 짚어 보자.

1
...

『진보와 보수의 12가지 이념』이 독자에게 선사하는 첫 번째 독서 경험은 정확하고 명료한 정치사상 해설이다. 그런 점에서 이 책은 정치 이념들의 별자리를 안내해 주는 천체도 또는 정치사상의 바다에서 방향을 알려 주는 나침반 같은 저술이라 볼 수 있다. 정치 이념을 정확하게 소개한다고 내세우는 책은 많다. 그러나 이른바 객관적이라는 텍스트 가운데에도 실제로는 '내장된 자유주의'의 관점을 감추고 있는 경우가 많은데『진보와 보수의 12가지 이념』은 그런 점에서 객관성을 최대한 유지하기 위해 의식적으로 노력을 기울인 저서라 할 수 있다. 각 정치 이념을 대표하는 대변인들이 한자리에 모여, 정치를 놓고 제기되는 영원한 질문들을 풀기 위해 일종의 거대한 대화를 벌인다는 가정 아래 집필되었기 때문이다. 물론 파시즘과 나치즘 및 극단적 이념을 설명할 때는 비판적인 서술이 간혹 엿보이지만, 그런 부분은 저자가 주창하는 다원적 공공 정치철학과 상반되는 점에 국한되며, 적어도 각 이념의 핵심 내용에서는 보기 드물 정도의 공정한 태도를 견지한다. 이 점만으로도『진보와 보수의 12가지 이념』이 정치철학을 다룬 다른 책들과 차별성을 지닌다고 말할 수 있다.

그런데 정확하고 명료한 설명이, 단순하게 요약된 설명을 의미하지는 않는다. 정치 이념과 같이 복합적인 현상을 명료하게 설명한다는 것은 그 현상을 단순하게 일반화한다는 뜻이 아니라, 복합적인 전모를 입체적으로 잘 드러낸다는 뜻이다. 사실 정치 이념을 논할 때 흔히 나타나는 오류의 하나가 몇 가지 테제를 중심으로 그 이념을 간단히 설명해 버리는 태도다. 특히 요즘 식자층에서는 누구나 이념에 대해 한마디씩 보태는 것을 유행으로 여긴다. 그러다 보니 '자유주의는 ㅇㅇㅇ한 사상이다', '보수주의는 △△△한 것을 숭상하는 철학이다', '사회주의는 ㅁㅁㅁ한 것을 추구하는 이념이다'라는 식의 동어반복에 가까운 어의론적 설명semantics이 난무하고 있다. 심지어 '보수는 자유, 진보는 평등'이라거나, '자본주의의 반대는 공산주의'라는 식으로 정치 이념을 간단히 재단하는 태도가 아직도 공론장에서 통용되고 있다. 나는 그런 주장을 접할 때마다 그 단순 명료한 설명 방식에 감탄하면서도 용맹 무지한 태도가 걱정스러웠다. 게다가 진보와 보수라는 말 자체가 무분별하게 사용되는 경향이 있어서 '진보'와 '보수'가 정치 이념들의 상대적인 위치를 의미하는 일반명사인지, 특정한 이념을 묘사하는 고유명사인지도 불분명한 것이 현실이다. 언젠가 한 시민운동가에게서 들었던 하소연이 떠오른다. "아직까지도 우리 사회에서는 누구의 사상에 대해 일도양단 식의 '신앙고백'을 강요하는 것 같아요!" 이렇게까지 진보냐 보수냐를 확실히 가르려 하는 사회에서 정작 정치 이념의 총체적 전모를 제대로 설명하고 안내하는 지성적 소개서가 많지 않았다는 사실은 적지 않은 자괴감을 안겨 준다. 『진보와 보수의 12가지 이념』의 번역에 매달렸던 것은 바로 이런 공백을 메우고 싶어서였다.

그런데 정치 이념을 단 몇 마디로 과감하게 요약·정리하기 어려운 이유가 또 있다. 정치 이념이 부단한 역사적 발전과 진화를 거치고 있는 현재 진행형의 현상인 까닭이다. 그런 진화 과정을 거치면서 특정 이념 내에서, 그리고 이념들 사이에서 크나큰 변화가 일어난 경우가 비일비재하다. 예를 들어, 흔히 한국 사회에서 자유주의 또는 보수주의라는 표현은 역사적으로 지나치게 모호할뿐더러 혼동을 불러일으키기 쉽다. 왜냐하면 보수주의 내에서 그리고 자유주의 내에서 역사적으로 큰 변모가 일어난 것에 더하여, 보수주의와 자유주의 사이에서도 상호작용과 혼성과 상호 침투가 대거 발생했기 때문이다. 예를 들어, 전통적 보수주의가 현대 보수주의로 변하는 과정에서 엄청난 변화가 일어났고, 고전적 자유주의와 현대 자유주의는 그들이 도대체 같은 뿌리의 사상인지 의심스러울 정도로 현재 크게 다른 모습을 지니고 있다. 또한 고전적 자유주의와 현대 보수주의는 뿌리가 전혀 다름에도 오늘날 아주 가까운 관계로 발전했고, 그 와중에서 현대 자유주의는 상대적으로 왼쪽으로 이동하여 오늘날 곧잘 진보 혹은 좌파와 가깝다고 간주된다(일반적으로 서구 특히 미국에서는 '리버럴'과 '리버럴-레프트'가 동일한 범주로 처리되는 경우가 많다). 이런 식의 역사적 변천상을 무시하고 그저 보수주의 또는 자유주의라고 표현할 때 초래될 인식의 혼란과 폐단은 상당히 심각하다. 또한 이념의 역사적 변천은 특정 이념이 현실 속에서 걸었던 실천 방식과 긴밀하게 연결된다는 점에서도 중요하다. 본서는 특정 이념의 사상사적 진화뿐만 아니라 그 이념의 현실 정치 적용 사례를 풍부하게 보여 줌으로써 사상과 현실의 상호 영향을 통해 이념이 발전·변화하며, 현실에서 검증될 때 비로소 그 이념의 장단점이 드러난다는 점을 깨우쳐 준다. 이때 독자는 각 이념이 빠지기 쉬운 함정을 지성적으로 평가할 기회를 가질 수 있다. 본서는 우리에게 여러 정치 이념의 사상사적 변동에 더욱 주목할 수 있는 안목과 계기를 제공해 줄 것이다.

저자가 정치 이념을 설명하는 방식은 특정 이념 자체의 설명을 넘어서 여러 이념들, 특히 근접 이념들을 서로 대조하는 방식으로 이루어져 있다. 서구 근대의 글쓰기 방법 가운데 가장 기본적이면서도 중요한 기법이자, 서구 학문의 특징적인 연구 방식인 '유사성과 대비성'compare and contrast을 확실히 드러내 보이는 것이다. 저자는 본서에서 이 방법론을 시종일관 활용하여 우리가 흔히 놓치기 쉬운, 이념들 간의 묵시적 공통점과 미묘한 차이점을 부각한다. 이런 태도는 각 이념을 정밀하게 범주화하는 데에 선결 조건이 된다. 예를 들어, 사회적 보수주의, 종교적 우파, 종교 근본주의 사이의 유사성과 대비성이 무엇인가? 전통적 공동체주의와 현대 보수주의 사이의 유사성과 대비성이 무엇인가? 민주사회주의와 평등주의적 자유주의 사이의 유사성과 대비성이 무엇인가? 또는 정치의 인식론적 차원에서 항상 문제가 되는 세 가지 이해 방식, 즉 '정치를 넘어선 이해', '정치 안에서의 이해', '정치에 관한 이해' 사이의 유사성과 대비성이 무엇인가 등등, 미세한 그러나 중요한 차이와 뉘앙스를 판별하게 해준다. 이런 방법을 한국에 대입하여 이른바 진보·개혁·민주 진영들 사이의 유사성과 대비성을 따져 보는 것도 현실적인 의미가 있을 것이다.

여기서 한 가지 아주 단순한 질문을 던져 보자. 서구 정치 이념을 다루고 있는 『진보와 보수의 12가지 이념』을 21세기의 한국 독자들이 읽어야 할 이유가 무엇인가? 첫째, 어차피 이념(또는 이른바 각종 '탈이념' 주장들)이라는 구성물 자체가 서구 근대의 정치 경험 및 자본주의의 발흥과 밀접한 관계를 지니고 있기 때문이다. 둘째, 서구에서 만들어진 정치 이념에서 비롯된 개념과 정의들이 우리 사회에서 실제로 광범위하게 사용되고 있으며 현실적 영향을 크게 미치고 있기 때문이다. 한국 정치 이념의 보수적인 기원과 기형적인 발전은 이미 많은 논자들이 지적하고 있는 바이지만, 그럴수록 그런 평가의 잣대가 되는 서구 정치 이념을 정확히 파악하는 것이 긴요하다. 만일 이런 과정에서 서구 정치 이념을 일면적으로 이해하거나 아전인수로 해석할 때 한국 정치 이념의 묘사와 분석 역시 왜곡될 가능성이 크다. 내 경험에 따르면 서구 학계에서도 각 논자가 서있는 자리에 따라 정치 이념을 지나치게 자의적으로 규정하는 경우가 많다. 예를 들어, 서구의 어떤 정치학자가 정당의 정강 정책을 다루면서 인권 개념이 고전적 자유주의 — 예를 들어, 존 로크John Locke의 재산권 개념 — 에 뿌리를 두고 있다는 이유로, 그것을 보수적 연속선에 위치시키는 것을 본 적이 있다. 나는 그 학자가 1945년 이후 인권의 발전사에 거의 무지하다는 인상을 받았다. 이 책을 보면 알겠지만 슈메이커 교수는 인권이 오늘날 정치 이념 지도에서 현대 자유주의와 급진적 좌파에서 주로 추구하는 진보적 이상임을 분명히 지적하고 있다. 이처럼 『진보와 보수의 12가지 이념』은 서구 학계의 기준으로 보더라도 명료성의 수준이 높은 저서라고 할 수 있다.

『진보와 보수의 12가지 이념』의 설명에서 얻을 수 있는 또 하나의 교훈은, 정치 이념을 그것의 현실적 영향력, 담론적 위상, 역사적 경험에 따라 통치 이념, 비판 이념, 역사적 이념으로 나눌 수 있다는 사실이다. 그리고 이렇게 다른 차원의 이념들을 대하는 방식 역시 달라야 함을 배울 수 있다. '통치 이념'은 이념 연속선의 정규분포 곡선에서 허리 부분을 차지하면서 현대사회에서 현실 정치를 실질적으로 좌우해 온 비중 높은 이념들이다(통치 이념이란 원래부터 통치에 적합한 이념이라는 뜻이 아니라, 20세기의 정치사를 통해 실제 영향력이 입증된 이념이라는 뜻이다). 통치 이념은 주로 급진적 좌파(민주사회주의), 현대 자유주의, 현대 보수주의, 급진적 우파(신자유주의)의 연속선에 분포되어 있다. '비판 이념'은 현실의 통치 이념에 속하지는 않지만 지성적으로 중요한 통찰을 제공해 주고 변혁 사상으로서 여전히 큰 의미를 지니는 이념(아나키즘, 마르크스주의, 극단적 좌파)을 말한다. '역사적 이념'은 현대에 와서 다른 형태로 진화한 과거의 이념(고전적 자유주의와 전통적 보수주의), 그리고 역사적으로 실험이 이루어졌지만 오늘날에는 영향력이 줄어든 전체주의 이념(나치즘과 파시즘, 공산주의)을 말한다.

그러므로 현실 정치의 구체적인 변화와 정책 차원에서의 논쟁은 통치 이념에 속하는 사상들을 중심으로 이루어지는 것이 적절하고, 정치 이념을 이론적이고 사변적인 차원에서 개척하는 논쟁은 비판 이념을 중심으로 이루어지는 것이 사리에 맞다. 통치 이념과 비판 이념 사이의 현실적 영향력은 엄밀히 구분해서 봐야 한다. 따라서 통치 이념을 다룰 때에는 그것의 현실적 비중에 걸맞은 가중치를 부여해서 고려해야 하며, 비판 이념을 다룰 때에는 그것의 이론적 잠재력에 주로 초점을 두고 접근하는 것이 옳다. 이런 태도는 외국에서 수입된 첨단 비판 이론을 다룰 때에도 적용된다. 외국에서 현재 첨예하게 논쟁되고 있는 이념이라 하더라도 그것들은 주로 강단 이념 정도의 위치를 지닌 경우가 많다. 통치 이념이 지성적인 차원에서 별로 신선하지 않고 이색적인 가치가 적다는 이유로, 그것이 마치 한물간 사상인 것처럼 이해하는 태도는 우물 안 개구리와 다를 바 없다. 솔직히 말해 서구의 주류적인 흐름은 너무나 일반화되어 있어서 오히려 외부 관찰자의 눈에 잘 띄지 않는 경우가 많다. 따라서 오늘날 현실 정치의 구체적인 변화를 모색하는 사람이라면 이른바 정치 선진국들 내에서 통치 이념이 차지하는 압도적인 영향력을 객관적으로 직시하고 그 이념들을 중심으로 벌어지고 있는 갖가지 내부 논쟁을 제대로 파악할 필요가 있다. 예를 들어, 진보 정치를 통치 이념 차원에서 모색할 때에는 미국의 경우 현대 (진보) 자유주의 흐름, 프랑스의 경우 대중의 민주사회주의 정서, 독일의 경우 좌우를 막론하고 상식적 차원에서 이해되고 있는 사회적 시장경제와 노사 공동 결정 제도, 영국의 경우 사회적 자유주의의 일반적 지지에 대해 더욱 깊은 이해가 필요하다. 영국·미국·독일 사회를 현지에서 직접 관찰한 개인적 경험에 비추어 보면 이 나라들의 주류 통치 이념 내에서나 그들 사이에 벌어지고 있는 치열한 논쟁이 한국 지성계에서는 오히려 주변적인 쟁점처럼 취급되고, 이 나라들에서 비판 이념에 속하는 첨단 이론들은 마치 엄청난 현실적 함의를 갖는 것처럼 포장되어 우리에게 소개되는 경우가 적지 않다고 생각된다. 이런 경향은 통치 이념의 정상적인 착근이나 비판 이론의 치열한 지평 개척 모두에 부정적인 영향을 줄 가능성이 크다. 통치 이념이 비판 이념보다 더 중요하다는 뜻으로 오해하지 마시라. 단지, 각 이념들에 적합한 자리매김이 필요하다는 말을 하고 싶을 뿐이다. 따라서 이 책을 통해 우리 현실 정치의 논의는 좀 더 통치 이념을 중심으로 이루어지고, 비판 이념에 관한 논의는 현재보다 훨씬 더 이론적·담론적 차원에서 치열해지는 계기가 마련될 수 있으면 옮긴이로서 더 바랄 나위가 없겠다. 슈메이커 교수는 2008년 『진보와 보수의 12가지 이념』을 출간한 후 정치 이념들의 원 자료를 집대성한 『정치 이론 독본』 The Political Theory Reader을 2010년에 펴냈다. 관심 있는 독자라면 본서와 병행하여 이 독본을 함께 읽으면 좋을 것 같다.[1] 마지막으로, 『진보와 보수의 12가지 이념』에서 민족주의가 별개의 정치 이념으로 다루어지고 있지 않지만, 정치 공동체를 다룬 9장에서 집중적으로 소개되고 있음을 부기해 둔다.

2
...

『진보와 보수의 12가지 이념』이 독자들에게 선사하는 두 번째 독서 경험은 정치철학의 새로운 분석 방식을 통해 독자적 정치 이념을 구성할 수 있는 가능성을 제시한 점이다. 알고 보면 간단해 보이지만 이 시도는 대단히 혁신적인 것으로, 정치철학을 설명하는 데에 독창적인 기여라 할 수 있고, 슈메이커 교수의 교육자다운 감각이 엿보이는 부분이라고 생각할 수도 있다. 우선 저자는 흔히 사람들이 정치 이념을 논할 때 정치적 원리만을 거론하는 경향이 있음을 지적한다. 예를 들어, 우리가 정의라는 정치적 원리를 선호한다고 치자. 이때 흔히 다음과 같은 요소, 즉 내가 처한 상황, 나의 가치관, 내게 영향을 준 사회적 요인에 기대어 정의를 요구하곤 한다. 그러나 이런 요소를 고려하더라도 그것이 우리가 특정한 입장을 선택하는 이유를 완전히 설명하지는 못한다. 예를 들어, "나는 부의 공평한 분배가 이루어지는 사회를 선호한다"라고 말했을 때, 왜 그런 입장을 선호하는지를 묻는 이차적 질문에 대해 "그것이 정의의 원칙에 부합되기 때문"이라고 답했다 하더라도, 왜 정의의 원칙이 중요한지를 묻는 추가 질문에 속이 시원하게 응답하기가 쉽지 않다. 그 답변은 근본적인 차원의 철학적 가정(전제)에 기댈 수밖에 없기 때문이다. 그런데 설령 어떤 정치 이념을 열렬히 추종하더라도 대다수 사람들은 자신이 무의식적으로 전제하는 철학적 가정을 명확하게 언어로 표현하지 못하는 경우가 많다. 심지어 정치 이념의 저변을 이루는 철학적 가정이라는 개념이 금시초문인 사람도 적지 않다. 이런 난점을 극복하기 위해 슈메이커 교수는 자신의 정치적 입장을 내놓기 이전에, 어떤 근본적인 철학적 가정에 대한 이해가 선결되어야 한다고 강조한다. 즉, 철학적 가정을 먼저 이해한 바탕 위에서 정치적 원리에 대한 분석이 이루어져야 하며, 그런 분석에 의거해서 자기 정치 이념을 정립하는 태도가 필요하다는 말이다. 우리가 흔히 진보주의자 또는 보수주의자 등과 같은 표현을 쓰긴 하지만 실제로 우리 주변에 철학적 가정과 정치적 원리를 모두 갖춘 총체적인 'ㅇㅇㅇ주의자'는 많지 않은 것 같다. 본격적인 'ㅇㅇㅇ주의자'가 되려면 그만큼 철저하고 체계적인 안목과 세계관을 갖춰야 하기 때문이다. 한때 자신의 정치적 정체성에 대해 확고한 신념을 가졌던 많은 사람들이, 최근에는 자신의 이념 정체성에 대해 혼란을 느끼는 경우가 많아졌다. 그것은 몇 가지 단순한 판단 기준에 의지하거나, 현상에 대한 반작용에 근거해서 자기 이념을 내세웠던 것의 한계가 드러난 결과라고 해석할 수 있다. 『진보와 보수의 12가지 이념』은 새로운 이념 분석 방법론을 제시하여 이 같은 난관에 돌파구를 제공한다.

또한 슈메이커 교수는 이런 분석을 바탕으로 한 정치 이념들 사이의 대화가 필요하다고 역설한다. 물론 다음과 같이 반문할 수도 있다. 정치 이념들 사이의 대화가 무슨 소용이 있는가? 대화가 가능하기는 할까? 대화를 시도했다는 알리바이에 불과하지 않을까? 이런 우려는 이해하지만, 반드시 그렇지는 않다. 정치 이념들의 철학적 가정과 정치적 원리를 이해한 후 서로 대화에 나서면 다음과 같은 이점을 가질 수 있다. 즉, 상대방의 주장에 완전히 동의하지 않더라도 그런 주장이 나오게 된 배경을 알게 되고, 상대방의 주장이 내가 상상했던 것만큼 '이기적이고 추악한 동기'에서 나온 것만은 아닐 수도 있음을(물론 '이기적이고 추악한 동기'에서 나왔을 수도 있지만!) 인식하게 되므로 상대방의 주장을 일률적으로 거부하지 않게 되며, 한층 더 정교하고 타당한 방식으로 자기주장을 제시할 수 있고, 또 자신의 주장을 수정·보완할 여지도 생긴다. 예를 들어, 소유권에 대해 비판적인 좌파라 하더라도 자신의 노동의 결과를 자기가 소유하는 문제에 대해 완전히 반대하기는 어려울 것이다.

저자는 여기서 한 걸음 더 나아가 더욱 정교한 비교 방법론을 제시한다. 정치 이념의 철학적 가정과 정치적 원리를 좀 더 세분하는 방법론이다. 저자에 따르면 정치 이념의 철학적 가정에는 다음과 같은 네 가지 차원이 있다. ① 존재론, ② 인간론, ③ 사회론, ④ 인식론. 그리고 정치 이념의 정치적 원리에는 다음과 같은 일곱 가지 차원이 있다 ① 정치 공동체, ② 시민권, ③ 사회구조, ④ 권력의 보유자, ⑤ 정부의 권위, ⑥ 정의, ⑦ 변화. 슈메이커 교수는 철학적 가정들과 정치적 원리들을 모두 합한 열한 가지 판단 기준에 의거하여 열두 가지 주요 정치 이념들을 횡단 비교한다. 그 결과 총 132개 항목에 걸친 정치 이념의 비교 분석이 이루어졌다. 이는 정치 이념을 다룬 기존의 어떤 저술에서도 시도된 적이 없는 획기적인 분석 방법이라 할 만하다(본서의 '차례' 참조). 이를 통해 비로소 정치 이념들 간에 유의미한 대화가 이루어질 수 있다.

그렇다면 이런 판단 기준에 따라 정치 이념들을 수평 비교하는 방식에서 무엇을 얻을 수 있는가?

첫째, 가장 단순한 차원에서부터 보자면, 각 판단 기준을 통해 각 이념이 가진 장단점을 상호 비교할 수 있다. 예를 들어, 시민권 항목에서 모든 이념을 비교할 때 A이념의 적합성과 B이념의 한계가 분명히 드러날 수 있다. A이념과 B이념을 평면적으로 비교할 때에는 잘 나타나지 않던 유사성과 대비성이 이런 방식을 통할 때 극적으로 드러나는 것이다. 예를 들어, 나는 인식론의 차원에서는 급진적 좌파가 현재까지 가장 정교한 이론을 발전시켰고, 파시즘은 정상적으로 사고하는 인간이라면 받아들이기 어려운 유치한 인식론을 제시했다고 생각한다.

둘째, 각 정치 이념의 판단 기준들을 수직적으로 재구성해 보면 각 이념의 철학적 가정들과 정치적 원리들이 얼마나 균형 잡히게 발전했는지를 알 수 있다. 즉, 특정 이념의 철학적 가정과 정치적 원리의 열한 가지 판단 기준을 모두 검토해 보면 그 이념이 특히 중점을 두는 항목이 뚜렷이 드러난다는 말이다. 달리 말해 어떤 이념이 형성되는 과정에서 열한 가지 판단 기준이 전체적으로 고르게 발전한 것이 아니라, 원래부터 특정 항목만 집중적으로 발전했을 가능성도 있다는 것이다. 즉, 각 이념에 따라서 특정한 판단 기준은 기형적으로 비대해 있고, 다른 판단 기준은 발육부전에 빠졌을 수도 있다는 뜻이다. 예를 들어, 보수주의 이념은 확실한 철학적 가정이나 정치적 원리에 입각한 사상이라기보다, 변화를 싫어하는 태도에서 출발한, 단순하고 반동적인 '성향'에 불과한 ― 그런 성향 자체를 철학적 토대라고 볼 수도 있다 ― 이념일 가능성도 없지 않다. 파시즘은 자아도취와 현실 부정이 뒤섞인 조야한 존재론에서 모든 정치적 원리를 도출해 내는 단순 무지한 이념이라 할 수 있다. 이런 측면들은 판단 기준별 횡단 비교 없이 처음부터 특정 이념만을 중심으로 설명할 때에는 잘 드러나지 않는다. 부수적으로는 이런 분석을 통해 한국 정치 이념의 보편성과 특수성을 파악할 수도 있다. 예컨대, '한국 보수주의의 철학적 가정은 무엇인가?', 또는 '한국 보수주의가 지향하는 정치적 원리는 무엇인가?'와 같은 질문은 이론적·실천적으로 중요한 쟁점이다.

셋째, 이와 연관해서, 각 이념마다 철학적 가정들과 정치적 원리들이 역사적으로 변화·발전한 추이를 확인할 수 있다. 이념은 꾸준히 변화한다. 극적으로 변모하는 경우도 많다. 아마 고전적 자유주의의 시조 가운데 한 사람인 로크가 현대 자유주의를 목격한다면 지나치게 큰 변화상에 충격을 받을 것이다. 그런데 변화에도 일정한 경향성이 있다. 예를 들어, 현대의 정치 이념은 확고한 존재론에서 인식론으로 초점이 변하는 경향을 보인다. 이는 21세기의 정치 이념 발전에서 거의 보편적으로 나타나는 현상이다. 예컨대, 한국의 민족주의도 마찬가지일 것이라 생각된다. 과거의 민족주의가 존재론적 민족주의 ― '모든 통일은 선' ― 에 가까웠다면, 오늘의 그것은 인식론적 민족주의 ― '분단 문제 해결 없이 남한만의 정상적 발전 불가능' ― 의 색채가 농후하다. 이처럼 정치 이념의 내적 변화를 잘 포착하면 지금까지 경시되어 왔던 여러 차원에 적극적인 의미를 부여할 수 있다. 가령 철학적 가정에서는 과거에 존재론과 사회론을 강조하던 경향에서 인간론과 인식론에 좀 더 관심을 기울이려는 움직임이 관찰된다. 다원적 공공 정치철학의 관점에서 확고한 정치적 존재론은 문제가 많다. 특정 존재론적 신념을 신성불가침하고 확고부동한 것으로 상정할수록 그 이후의 모든 정치적 대화가 어려워지는 경향이 있기 때문이다. 자신이 신봉하는 이념과 전혀 다른 존재론적 가정에서도 영감을 받을 수 있다는 유연한 관점을 가지는 편이 오히려 건설적이다. 우리 사회에서도 최근 이런 반가운 움직임이 조금씩 나타나고 있다. 예를 들어, 진보적 관점을 지닌 논자가 전통적 보수주의의 존재론적 가정인 "존재의 거대한 사슬" 개념에 기대어 한국 보수주의를 비판한 경우도 있었다.[2] 인간론 역시 오늘날 한국 사회에서 더욱더 관심을 기울여야 할 차원이다. 특히 교육 영역에서 우리 사회가 어떤 인간형을 원하며, 현재 어떤 인간을 키워 내고 있는지를 성찰한 바탕에서 교육개혁이 이루어져야 할 것이다. 한국의 학교에서 가르치다 보면 상당수 학생들이 뒷자리나 구석 자리에 앉아 선생과 눈 마주치기를 피하면서 자신만의 벽을 쌓고 있는 것을 흔히 목격한다. 이른바 선진국의 수업 풍경과 가장 대비되는 장면이다. 내면으로 도피하는 것이 일상화된 학생들, 맹목적인 경쟁과 집단 소외가 정상이 되어 버린 교육 현장, "일등만 기억하는 더러운 세상"이라는 풍자에 열광적으로 호응하는 젊은 세대 등을 생각할 때 정치 이념에서 인간론이 얼마나 중요한 철학적 전제가 되는지 통절하게 이해할 수 있다. 냉소주의와 허무주의를 넘어 우리 사회를 응집력 있는 정치 공동체로 만들어 가려면, 국가 주도도 아니고 그렇다고 자유 지상주의도 아닌, 개인이 자발적이고 주도적으로 민주적 시민성을 함양해 갈 수 있는 인간론을 둘러싼 논쟁이 본격적으로 벌어져야 할 것이라고 믿는다. 끝으로, 정치적 원리에서도 전통적으로 중요시되던 정부의 권위, 사회구조 그리고 정의에 대한 관심을 넘어 정치 공동체, 시민권, 권력의 보유자, 변화 등의 차원에서도 더욱 활발한 토론이 벌어지고 있는 것이 오늘날 정치 이념의 발전 경향이다.

넷째, 슈메이커 교수의 분석 방법을 활용하면 자신이 신봉하는 이념을 개선·발전시킬 수 있는 방안을 구체적으로 찾는 데에 큰 도움이 된다. 정치 이념 가운데 당장 실현 가능하거나, 이데올로기의 성격을 강하게 띠거나, 대중적 호소력을 지닌 차원이 무엇인지를 잘 구별할 수 있다. 또한 특정한 이념을 현실화할 때 교조적으로 접근하는 것이 아니라 다양한 차원에서 실천 방안을 강구할 수도 있다. 예를 들어, 저자가 설명하듯 미국 밀워키 시의 시립 공원 체계는 20세기 사회주의적 도시 행정의 전형이라 할 수 있는데, 이런 경우 'ㅇㅇㅇ주의'라는 표현을 전혀 쓰지 않고도 사회주의적 정책을 실천한 사례라 할 수 있다. 게다가 이렇게 할 경우 보수주의자라 하더라도 공공성을 기준으로 할 때 동의할 수밖에 없는 도덕적 설득력이 존재하는 것이 사실이다.[3] 편 가르기 식의 감정적인 진보-보수 논쟁이 고조되어 있는 우리 사회에서 공리공론을 배격하고 실질적인 정책을 찾기 위해, 특히 지방자치 차원에서 건설적인 대안을 찾는 데 저자의 분석 방법은 적지 않은 기여를 할 수 있다고 믿는다. 즉, 경우에 따라서 진보라는 말을 전혀 꺼내지 않고도 진보적 정책을 실천할 길이 있다는 말이다. 또한 저자의 분석 방법을 통해 정치 영역에서 여러 행위 주체들과 제도들이 정치 공동체의 발전에 기여할 수 있는 특유한 경로를 모색할 수 있다. 예를 들어, 선거 정치는 정부의 권위[권한]와 정의의 차원에서, 시민사회 운동은 시민권과 변화의 차원에서, 인문 교양 교육liberal arts education은 철학적 가정의 차원에서 독특한 기여를 할 수 있다. 그러므로 최근 정당정치와 운동 정치의 지향과 효과를 둘러싼 논쟁이 활발한 우리 사회에서 『진보와 보수의 12가지 이념』이 주는 통찰은 소중한 참고가 될 것으로 본다.

다섯째, 슈메이커 교수의 분석 방법은 철학적 가정과 정치적 원리의 각 차원 내에서 상대적으로 진보와 보수의 입장이 어떤 것인지를 가르쳐 준다. 여기서 우리는 그 나라의 정치발전 정도와 역사적 특성에 따라 정치 이념의 각 차원에서 상대적 진보, 상대적 보수에 속하는 내용들이 모두 다를 수 있음을 솔직하게 인정해야 할 것이다. 예를 들어, 사상 차원에서 세계와 한국의 시간대는 다를 수 있다. 또한 그 내용의 배열(구성)도 다를 수 있다. 이렇게 본다면 한국의 맥락에서 정치 이념의 각 차원에서 어떤 입장이 상대적으로 진보이고 보수인지를 가리는 작업이 논리적으로 가능할 수 있다. 이를테면, 우리 사회의 특성을 감안할 때, 정치적 원리 가운데 정치 공동체 차원에서는 개인 간의 차이를 가장 확실하게 인정하는 현대 자유주의 정도의 수준만 되어도 (상대적으로) 진보라고 볼 만한 여지가 많다. 또는 형식적 기회균등과 공평한 기회균등 사이의 논쟁도 양자택일의 문제가 아니라, 우선순위를 정하는 문제이거나 병행할 가능성을 열어 둔 문제일 수 있다는 말이다.

마지막으로, 슈메이커 교수의 분석 방법을 통해 우리 나름의 새로운 이념을 구성할 가능성을 찾을 수 있다. 바로 이 점이 『진보와 보수의 12가지 이념』에서 우리가 취할 수 있는 가장 중요한 깨우침 가운데 하나라고 생각한다. 즉, 사상가나 집단들이 앞서 형성해 놓은 정치 이념을 맹목적으로 따르기보다 자신이 속한 사회와 시대의 맥락과 형편에 맞게 자신의 정치 이념을 생성할 수 있게 해 준다는 말이다. 그런 뜻에서 『진보와 보수의 12가지 이념』은 모든 독자들이 스스로 생각한다는 의미 그대로 '사상가'가 될 수 있게끔 인도해 주는 책이다. 어차피 정치적 이념은 인위적 구성물이지, 내재적인 본질을 지닌 객관적 실재가 아니다. 그러므로 정치 이념은 현재 진행형이며 창의적으로 조합·형성될 수 있고 또 그렇게 되어야 마땅하다. 그러나 정치 이념을 이런 식의 맞춤형으로 구성한다 하더라도 아무렇게나 해서 정치 이념이 조립될 수는 없다. 정치의 '영원한 쟁점들'을 모두 포괄하는 종합적인 문제의식, 역사적 조건성, 논리적 일관성, 내적 연결 고리 등을 제대로 익혀 적용해야 한다. 이 점에서 본서는 일종의 정치 이념 창조 매뉴얼의 역할을 해낼 수 있다. 이렇게 될 때 우리는 앞으로 만들어 갈 정치 이념이 얼마나 현실적으로 적합하며, 시대적 요청에 부응하는지를 냉정하게 따지면서 자신의 정치적 신념을 제시하고 주창할 수 있게 될 것이다.

지금까지 이 절에서 설명한 바를 간단한 비유로 마무리해 보자. 정치 이념들을 설명하는 전통적 방식에서는, 이념을 보통의 나무줄기에 비유하여 'A나무줄기, B나무줄기……'라는 식으로 설명했다. 그런데 지은이는 각 정치 이념을 각각 11개 마디로 이루어진 대나무 지팡이에 비유한다. 대나무 지팡이는 서로 모양이 다르다. 어떤 대나무 지팡이는 가늘지만 단단하다(지지자가 적지만 이론적 구성력이 강하다). 다른 대나무 지팡이는 굵지만 단단하지는 않다(지지자가 많지만 이론적 토대는 허약하다). 또 다른 대나무 지팡이는 한두 마디만 굵고 다른 마디들은 크기도 밀도도 제멋대로이고 구멍도 뚫려 있는 등 기형적인 모습을 하고 있다(파시즘·나치즘 및 극단주의와 같은 이념). 그런데 정치 이념의 대나무 지팡이는 여러 가지 종합적인 용도에 써야 하므로 각 마디들이 수행하는 역할은 하나같이 다르다. 이 때문에 윗마디부터 시작해서 모든 정치 이념 지팡이를 횡으로 비교하는 작업이 필요하다. 이때 정치 공동체의 여러 목적에 두루 사용할 수 있는 대나무 지팡이를 갖추기 위해서, 각 마디마다 모양이 조금씩 다른, 그러나 전체적으로 보면 어느 정도 통일성과 일관성이 유지되는 대나무 지팡이를 고를 필요가 있을 것이다. 그런 작업이 먼저 일어났던 서구의 예를 참조하되 우리 정치 공동체에 적합한 마디들로 이루어진 대나무 지팡이를 취사·구성하는 일, 그리고 엉터리·사이비 대나무 지팡이가 정치 이념의 탈을 쓰고 기승을 부리지 않도록 막아 내는 일이 우리 사회의 모든 양식 있는 구성원들에게 주어진 시대적 소명이라 할 것이다.

3
...

『진보와 보수의 12가지 이념』이 독자에게 선사하는 마지막 독서 경험은 다원적 공공 정치철학의 가능성을 제시했다는 점이다. '다원적 공공 정치철학'pluralist public philosophy ● 은 슈메이커 교수가 주창하는 일종의 규범적 정치 이론인데, 이 부분은 생각하기에 따라 논쟁적일 수도 있고, 독자 스스로 판단할 영역에 속하는 문제이기도 하다. 우선 다원적 공공 정치철학에 대해 가장 기본적 차원에서 제기될 만한 오해를 미리 지적하고 시작하자. 다원적 공공 정치철학은 중도 통합론이 아니다. 또한 이 이론은 절충적 정치 이론도 아니다. 더 나아가 다원적 공공 정치철학은 확대된 자유주의 또는 내장된 자유주의도 아니다. 그리고 민주 자본주의democratic capitalism로 대변되는 이른바 정상적 현대 국가의 주도적 이념 토대보다 훨씬 넓은 개념이다. 적어도 일반적인 의미에서의 다원적 공공 정치철학은 각자의 이념적 입장을 분명히 인식하면서도 모든 정치 이념들의 저변을 이루는 합의를 모색하는 일종의 메타 정치 이론이다. 이런 관점은 일찍이 조지 오웰George Orwell이 "나는 왜 쓰는가?"Why I Write라는 에세이에서 제시했던 유명한 선언과 그 구도가 비슷하다. "자기 자신의 정치적 편향성을 의식할수록, 자신의 심미안과 지적 성실성을 잃지 않으면서도 정치적으로 행동할 수 있는 기회가

● 이 책에서 'philosophy'는 대체로 정치철학을 뜻하고 있기에 특별한 수식어가 없는 한 정치철학으로 번역했다.

늘어난다."⁴ 여기서 자신의 정치적 편향성은 자기가 신봉하는 특정한 이념이라 할 수 있고, (정치적 입장이 다르더라도 누구나 어느 정도 공유한다고 가정할 수 있는) 심미안과 성실성은 일종의 다원적 공공 정치철학이라 할 수 있다. 물론 슈메이커 교수가 다원적 공공 정치철학을 설명하면서 심미안과 성실성을 직접 거론하지는 않지만, 정치적 입장이 다르더라도 공유할 법한 공통점이 존재할 수 있다고 가정한다는 점에서 오웰의 사유와 유사하다고 볼 수 있다.

    저자는 역사적으로 일단 판정이 난 전체주의 이념과 일부 극단주의를 제외한 거의 모든 정치 이념들이 다원적 공공 정치철학의 지붕 아래에 모일 수 있다고 가정한다. 더 나아가 이 이념들이 다원적 공공 정치철학을 공유할 때 정치의 영원한 쟁점들을 놓고 일종의 거대한 대화에 참여할 수 있다고 가정한다. 또한 다원적 공공 정치철학은 어떤 이념을 신봉하든 그것이 편의적이고 기회주의적인 동기가 아니라 확고한 철학에 기반을 둔 신념이어야 하고, 자신이 믿는 이념이 정치 공동체의 전체 선익에 나름대로 기여할 수 있다는 점을 입증할 수 있어야 한다고 주장한다. 즉, 다원적 공공 정치철학에 근거한 사회주의, 다원적 공공 정치철학을 갖춘 자유주의, 다원적 공공 정치철학에 동의하는 보수주의가 되어야 한다는 말이다. 다원적 공공 정치철학을 바탕에 깔고 있음을 증명할 수 없는 이념은 적어도 오늘날 일반적으로 인정되는 정치 공론의 장에서 시민권을 인정받기 어렵다는 것이다. 솔직히 말해 모든 정치 이념은 서로 다른 세력들이 각자가 추구하는 '이익'을 정당화하기 위해 만들어 낸 생각의 구성물이다. 이 점은 너무나 당연하게 모든 정치의 기본 전제가 된다. 그런데 다원적 공공 정치철학은 그런 '이익' 추구와는 또 다른 차원에서 모든 정치 이념들이 최소한의 토대적인 공공성에 대해서 동의해야 한다고 가정한다. 즉, 나의 직접적인 이익과 관계없이, 또는 나의 직접적인 이익이 단기적으로는 침해받는 것처럼 보일지라도, 사회 공동체의 정상적인 구성원이라면 동의해야만 하는 합의의 영역이 있어야 한다는 말이다. 이런 바탕이 없으면 자신이 신봉하는 이념 자체의 적실성과 지속 가능성도 현저히 감소된다.

    정치 이론에서 20세기 들어 일어났던 중요한 논쟁 가운데 하나가 바로 다원주의 이론과 반다원주의 이론 사이의 각축이다. 한쪽에는 정치체제의 해석을 놓고 이성에 기반을 둔 일종의 공통분모를 찾으려는 규범적 정치 이론이 있고, 다른 한쪽에는 정치적 편향의 중요성을 전면에 부각하는 관점이 자리 잡고 있다. 전자는 현존하는 모든 현실 정치 이념들 사이에 일종의 합리적인 교집합이 성립될 수 있다고 믿는 규범적 정치 이론이다. 후자는 '편향의 동원'이라는 렌즈를 통해 일체의 규범적 정치 이론을 회의적으로 바라본다. 그런데 다원적 공공 정치철학은 이 두 가지 대립명제를 넘어서려는 시도라 할 수 있다. 즉, 기존의 다원주의를 철저히 비판하고 '편향의 동원'을 항구적인 정치 현상의 본질로 포괄하면서도 그와 동시에 이성적 규범이 작동할 수 있다고 가정하는 이론이 바로 다원적 공공 정치 이론인 것이다. 다원적 공공 정치철학이 기존의 다원주의 이론을 비판하는 것은 주로 다음과 같은 이유에서다. 우선 기존의 다원주의는 다원주의적 정치 현실을 지극히 협소하게 규정한다. 그리고 그것은 권력 분포 현황에만 관심을 기울이고 광범한 이해관계와 도덕·정치적 원리를 가진 시민들로 이루어진 여러 정치 공동체들의 규범적 관심사를 간과한다. 또한 다원주의가 진화하는 현재 진행형의 정치 이론임을 간과하는 한편, 시민들이 자신의 진정한 관심사를 정치적 쟁점으로 전환할 수 있는 기회가 실제로는 극히 적다는 사실을 애써 외면하곤 한다. 그리고 핵심 의사 결정 단계에 들어갔을 때 다양한 사회집단의 대표성이 결여된다는 기본적인 관찰을 외면한다. 무엇보다도 기존의 다원주의는 다원주의 정치체제 내의 체계적 편향과 불평등에 대한 과학적 인식이 부족하다는 점이 결정적인 취약점이다. 다원적 공공 정치철학은 이런 식의 비판을 바탕에 깔고 정치의 규범성과 편향성을 변증법적으로 종합할 수 있는 방안을 모색한다.

 첫째, 다원적 공공 정치가 지향하는 가치를 살펴보자. 그것은 민주적 절차, 실질적 권리(양심의 자유, 사상의 자유), 공평한 기회균등, 인간의 핵심 필요, 자유, 법의 지배, 안전보장, 번영, 평등, 연대, 지속 가능한 환경, 시민권, 그리고 생태 윤리와 환경 보전(최근에 추가된 가치) 등이다. 다원적 공공 정치철학에서는 모든 현실 정치 이념들이 이런 가치들에 대해서 적어도 원론적으로는 동의할 것으로 가정한다. 둘째, 다원적 공공 정치철학에서 제창하는 정치적 덕성은 관용·정중함·상호성이다. 자신과 생각이 다른 타인의 입장에서 사물을 볼 줄 아는 품성 그리고 정치 행동에서의 절제가 개인 차원의 덕목일 뿐만 아니라 정치적 차원의 핵심 덕성이 되어야 한다는 말이다. 셋째, 다원적 공공 정치는 현상^{現狀}을 철저히 고수하려는 수구론과 총체적인 변화만을 추구하는 혁명론, 이 양극단 사이의 나머지 모든 다양한 정치 노선을 인정하는 방법론을 받아들인다. 오늘날 적어도 현실 정치에 관여하는 거의 모든 세력이 이런 범위에 위치하고 있다고 상상할 수 있다. 거의 모든 시민사회 운동도 마찬가지다. 또한 슈메이커 교수는 교조주의, 절대주의, 극단주의, 경직성, 냉소주의, 허무주의, 무원칙한 자기 이익 중심주의 등을 다원적 공공 정치의 적으로 규정하면서, 이런 경향에 대해 좌우의 모든 다원주의자들이 함께 투쟁을 벌여야 한다고 주장한다. 〈표1〉은 정치 이념의 각 차원별로 다원적 공공 정치철학의 요점을 보여 주고 있다.

앞에서 잠깐 언급했듯이 슈메이커 교수는 일반적 차원의 다원적 공공 정치철학과 특정한 차원의 다원적 공공 정치철학을 구분하는 것처럼 보인다. 책 전체를 관통하는 설명은 전자에 가깝고, 마지막 장인 16장 "한국어판 보론"에서 오바마 대통령의 정치 이념을 분석할 때에는 전자와 후자가 절충되어 있다고 판단된다. 아마 후자의 관점은 전자보다 훨씬 논쟁적일 것이다. 특정한 차원의 다원적 공공 정치철학은 그 자체가 하나의 독자적인 정치 이념처럼 취급될 수도 있으므로 그 적실성은 각자의 판단에 맡기고 여기서는 일반적 차원의 다원적 공공 정치철학에만 초점을 맞춰 보자.

일반적 차원의 다원적 공공 정치철학은 의복에 빗대어 설명할 수 있다. 시장에서 새 옷을 사왔다고 상상해 보라. 옷을 구석구석 살펴보면 '품질 경영 및 공산품 안전 관리법에 의한 품질표시'라는 설명표가 붙어 있을 텐데 대부분의 경우 그 옷을 지은 옷감의 소재를 소개하고 있을 것이다. 겉감과 안감의 소재를 따로 표시하는 경우가 많다. 예를 들어, '겉감 순모 100퍼센트, 안감 고어텍스 100퍼센트' 하는 식이다. 이것을 정치 이념으로 풀어 본다면 다음과 같이 된다. 우리 앞에 각기 다른 의복 열두 벌이 놓여 있다고 치자. 각각의 의복은 각각의 정치 이념을 가리킨다. 각기 다른 의복이니만큼 디자인과 용도 및 겉감 소재가

<표 1> 정치 이념의 차원에 따른 다원적 공공 정치철학의 요점

정치 이념의 차원들		다원적 공공 정치의 특징	다원적 공공 정치에 대한 위협
철학적 가정	존재론	· 유연한 존재론 · 인간의 자율적 선택 여지 존재	· 전체주의적 확고한 존재론 · 극단적 우파
	인간론	· 기본적 차원에서의 인간 평등 · 만인의 이해관계 존중 · 인간의 다양한 선택 존중	· 완벽한 인간 본성을 가정 · 인간 본성에 관한 고정관념
	사회론	· 정치사회의 특징이 다양함을 인정 · 사회적 균열 지점이 다양함을 인정 · 시민사회 내 다양한 결사체의 존재 인정	· 극단주의 · 아나키즘
	인식론	· 정치적 인식의 잠정성 · 정치의 근본 원칙에 관해 중첩적 합의의 가능성 · 포용이고 숙의적인 민주적 절차	· 극단주의
정치적 원리	정치 공동체	· 정치 공동체에 대한 다중적 정체성 · 다문화 존중 · 전 지구적 정치 공동체 인정	· 극단적 우파(민족지상주의)
	시민권	· 유동적 시민권 인정 · 시민권 확장 · 권리와 책임 사이의 대응관계 설정	· 극단주의
	사회구조	· 다양한 사회조직들 간의 상쇄력 · 민주적 정부의 권위 인정	· 극단 우파
	권력의 보유자	· 권력의 분산 · 권력 행사에 시민들의 참여 인정	· 극단주의
	정부의 권위	· 현대의 각종 문제를 해결하기 위해 국가권력이 충분히 커야 함	· 극단적 우파
	정의	· 정의 개념의 복합성 인정 · 법적·절차적 정의가 출발점	· 급진적 우파 · 극단적 우파
	변화	· '역사의 종언'론 반대 · 정치의 영원한 변화 인정 · 생태 윤리의 정립이 현대 다원적 공공 정치철학의 시급한 과제	· 반동사상(급진적 우파, 극단적 우파) · 유토피아 사상(구좌파) · 냉소주의, 허무주의 · 생태 윤리에 반하는 정치

모두 다르다. 그런데 슈메이커 교수는 각각의 정치 이념들이 형태·색깔·겉감은 모두 다를 수 있지만, 안감만큼은 보편적인 소재를 써야 한다고 생각한다. 모든 정치 이념에 적용될 수 있는 적절한 공통 토대가 필요하다는 논리다. 겉감의 다양한 색상과 특징, 그리고 안감의 내구성·쾌적함·보온성·흡습성이 결합되어야 한다는 뜻이기도 하다. 바깥에서 옷을 볼 때에는 스타일과 겉감만 보일 것이다. 그러나 의복의 원래 기능, 즉 사람이 착용하는 것이라는 쓰임을 위해서는 어떤 옷을 입든 제대로 된 안감이 구비되어야 한다. 나는 언젠가 한복 산업

⟨그림 1⟩ 정치 이념의 겉감과 안감 비유

급진적 좌파	현대 자유주의	현대 보수주의	급진적 우파	겉감
다원적 공공 정치철학				안감

기사 자격시험 출제 기준을 읽어 본 적이 있는데, '안감과 심지'라는 항목이 포함된 것이 인상적이었다. 이처럼 안감, 즉 다원적 공공 정치철학은 어떤 정치 이념에서든 중요한 역할을 한다. 안감 없이 겉감만으로 지어진 옷을 입고 거리를 활보한다고 상상해 보라. 남들이 보기에도 뭔가 부자연스럽지 않겠는가? 또한 착용자 자신도 불편하지 않겠는가? 이 점을 단순한 개념도로 묘사하면 ⟨그림 1⟩과 같다.

그런데 저자가 지적하듯 다원적 공공 정치철학의 내용은 시대와 장소에 따라 신축적으로 구성될 수 있다. 그렇다면 한국 사회의 경우 어떤 이념이든 불문하고 적용되어야 할 다원적 공공 정치철학의 토대가 과연 무엇일까? 달리 표현하자면, 정치 이념이 다른 사람들일지라도 모두가 동의할 만한 공통분모, 또는 모두가 반대할 공동의 적이 존재할 수 있을까? 이 질문은 우리 사회 전체의 '공공성'을 어느 수준에서 정할 수 있느냐는 물음과 곧바로 연결되는 질문이기도 하다.

이 질문에 대해 이론적 차원에서 답할 수도 있겠지만, 비근한 예를 들어 보자. 2010년 초에 사회 원로, 종교인들이 발표했던 한 성명문을 보면 해답의 단초가 나온다.[5] 보수와 진보 인사들이 망라된 이 성명서는 4대강을 제대로 살리자고 제안하면서 "대통령은 자신의 임기 안에 4대강 사업을 완공하려는 유혹에서 벗어나야 한다"라고 지적하는 한편, "찬반 여론이 평행선을 달리는 상황에서 국민들의 충분한 여론 수렴 없이 사업을 강행하는 것은 민주주의 원리에도 맞지 않는다"라고 경고했다고 한다. 성명서가 제시한 방안 가운데는 정부가 "해당 지역의 지방정부와 주민들의 목소리에 귀를 기울여야" 하고, "충분한 검토와 절차를 거쳐 국론 분열을 막아야" 한다는 내용도 들어 있었다. 나는 이 정도 차원의 이야기는 그 어떤 이념의 신봉자라도 제정신을 가진 사람이라면 반대하기 어려운, 다원적 공공 정치철학의 한국적 표본에 가깝다는 인상을 받았다. 특히 이 성명에 나오는 내용 가운데 "물을 다스리는 사업(치수)은 …… 자연을 빨리 개조하겠다는 발상으로서 사업을 서두르면 환경 파괴만 커질 뿐"이라는 말과, 이 책 15장의 마지막 절인 "13. 전체 결론에 대신하여"에 나오는 다음의 말, 즉 "현재의 다원주의가 적응력을 발휘하여 점점 더 중요해지고 있는 생태적 명제에 더 잘 대응할 수도 있다"라는 주장을 비교해 보라.

한국의 유권자들도 표현은 그렇게 하지 않을지 몰라도, 자신이 신봉하는 이념에 더해 일종의 한국적인 다원적 공공 정치철학을 지지하고 있다고 생각한다. 그것이 무엇일까? 어느 진보 정당 정치인이 지적했듯이 그것은 오만하지 않고, 독선적이지 않으며, 통합·포용 및 합리적 접근에 대한 갈망이라고 생각된다. 어떻게 보면 시민들은 시대의 흐름에 따라 겉으로 정반대처럼 보이는 선택을 하기도 하지만 — 예를 들어, 전혀 다른 이념적 성향의 투표를 하는 것 — 정치의 바탕을 이루는 다원적 공공 정치를 선호하는 태도만큼은 크게 변하지 않는다고 말하는 것이 정확할 것이다. 어떤 정당에 표를 주었든 상관없이, 또 다른 차원에서 그 정치 세력의 토대적 면모 — 다원적 공공 정치성 — 를 평가한다는 말이다. 특정 이념의 신봉자들과 전문적 정치 분석가들은 이 점을 놓치곤 한다고 생각한다. 예를 들어, 이명박 정부를 비판했던 사람들이 흔히 거론한 사항이 무엇이었던가? 이를테면 소통의 문제, 일방통행식 정책, 법의 정치도구화, 기본권 무시, 정치 공약 파기, 현실 부인, 언행 번복, 환경 의식 부재와 같은 것들이 아니었던가? 그런데 이 같은 사안이 특정 이념에 속하는 문제인가, 아니면 다원적 공공 정치철학에 속하는 문제인가? 만일 후자가 정답이라면 이명박 정부는 특히 다원적 공공 정치 차원에서 많은 비판을 받았던 정부라고 말해도 과언이 아니다. 4대강 관련 성명서에도 나오듯, 이명박 정부는 보수적 정견과 시장 만능적 정책 때문에 비판받았던 만큼이나 (어쩌면 그보다 훨씬 더) 다원적 공공 정치 원칙에 반한다는 이유로 비판받았다고 보는 편이 정확할 것 같다. 이 말을 뒤집어 역사적으로 가정했을 때, 이명박 정부가 다원적 공공 정치 차원에서 정상적으로 행동하면서, 보수주의적이고 시장 만능적 정책을 시행했더라면 어떤 평가를 받았을까? 물론 이 경우에도 진보·개혁 진영의 비판을 받긴 했겠지만, 그 비판이 말 그대로 순수한 정치철학적 차이, 정책적 판단의 차이에 근거한 비판이었을지언정, 근본적 원칙 — 다원적 공공 정치철학 — 차원에서의 비판은 아니었을 것이라는 생각이 든다. 즉, 다원적 공공 정치에 미달한다는 비판은, 단순히 자신과 이념이 다르다는 것에 대한 반대 차원을 넘어, 좀 더 깊은 차원에서의 비판이 내포되어 있다는 말이다. 이런 판단을 일반화해 본다면 정치의 이념적 원칙(겉감)과 다원적 공공 정치성(안감)을 조화시키는 문제가 얼마나 중요한지를 잘 알 수 있을 것이다. 해방 이후 지금까지 우리 사회에서 다원적 공공 정치성이 결여되었기 때문에 발생한 문제와 억울한 희생들이 얼마나 많았던가? 다원적 공공 정치성이 결여되었기 때문에 치러야 한 정치적 기회비용이 얼마나 컸던가? 또한 다원적 공공 정치성을 구현하자는 주장 — 공공의 상식을 회복하자는 원론적인 주장 — 이 얼마나 흔히 진보와 보수 사이의 갈등처럼 오해되어 왔던가?[6] 이렇게 본다면 정치 이념의 분포를 세 갈래로 간단히 요약할 수 있다. ① 다원적 공공 정치를 지지하는 진보, ② 다원적 공공 정치를 지지하는 보수, ③ 다원적 공공 정치의 적. 항목 ③의 중요성, 즉 정치에서 "오만하지 않고, 독선적이지 않으며, 통합과 포용과 합리적 접근에 대한 갈망"이 충족되지 않아 지칠 대로 지친 한국인들에게 다원적 공공 정치철학이 던져 주는 각별한 의미는 재론할 필요조차 없다고 본다.[7] 정치적 오만함의 대가는 이른바 '이카로스 신드롬'Icarus Syndrome이라고 불리는 추락으로 나타난다. 다시 말하지만 일반적 의미에서의 다원적 공공 정치는 모든 이념에 공통적으로 적용되어야 할 민주정치의 근본 원칙이라 할 것이다.

이 절을 마치기 전에 꼭 강조하고 싶은 점이 있다. 한국적인 다원적 공공 정치철학을 모색한다면 '빨갱이' 또는 '친북 좌파'와 같은 무지막지한 낙인을 우리 사회의 공론장에서 영원히 퇴출시켜야 한다는 점이다. 극심한 이념 대결의 와중에서 수많은 인명이 희생되었던 비극의 현대사를 체험한 나라에서 빨갱이라는 낙인은 '다른 수단에 의한 사형 선고'나 마찬가지인 야만적 폭력이다. 이런 빨갱이 담론이 좌우를 막론하고 모든 다원주의자들에 의해 차단되고 비난되는지의 여부가 바로 한국 사회에서 다원적 공공 정치성이 최소한이라도 지켜지는지를 알아볼 수 있는 리트머스 실험이라고 나는 믿는다. 같은 차원은 아니지만 유사한 논리로, 우파에 대해 퍼부어지곤 하는 '꼴통 보수' 같은 언사 역시 다원적 공공 정치의 이름으로 공론장에서 배제되어야 마땅하다고 믿는다.

4

...

마지막으로 『진보와 보수의 12가지 이념』이 우리 사회에 던지는 몇 가지 과제를 생각하면서 이 글을 마무리하고자 한다.

첫째, 이 책은 '비판적 인문 교양으로서 정치철학이 성립할 수 있는가?'라는 과제를 우리에게 던져 준다.[8] 우리는 흔히 정치 이념(또는 여타 사회과학 일반)은 정치적 함의를 바탕에 두고 정치학(또는 해당 사회과학 분과 학문)에서 가르치는 것이 당연하다고 가정하기 쉽다. 그러나 슈메이커 교수는 정치학과에서 40년이나 가르친 원로 정치학자이면서도 정치 이념을 인문 교양 교육의 중요한 일부로 가르쳐야 한다고 주장한다. 이는 개인은 물론, 집합 및 공동체의 구성원이라는 차원에서 다양한 정치적 원리들을 모두 이해한 후 그중에서 "제대로 알고 하는 선택"informed choice을 통해 특정 정치 이념을 신봉하는 것이 민주 사회에서 바람직하기 때문이다.[9] 인문 교양 교육의 일부로 배우고, 다원적 공공 정치철학이라는 '안감'을 갖춘 상태에서 추구되는 특정 정치 이념은 우리의 정치 공동체에 건설적이고 순기능적인 역할을 할 수 있다. 그러나 자칫 이 순서가 잘못되면 — 특정한 정치 이념의 입장에서 출발하여 다른 사상들을 반대할 목적으로 정치철학을 익히는 것, 그리고 다원적 공공 정치철학의 토대 없이 특정 정치 이념의 '겉감'만 걸치는 것 — 그것이 우리 정치 공동체에 주는 역기능은 대단히 심각할 수 있다. 그렇다면 인문 교양 교육에서 출발하여 다원적 공공 정치철학을 갖춘 상태에서 특정 정치 이념의 결론에 도달하면 어떤 결과가 나올 수 있을까? 이렇게 되면 자기가 신봉하는 정치 이념의 본질주의적(존재론적) 토대보다 그 경향성을 더 중시하게 되며, 또한 어떤 정치 이념의 입장을 논리적으로 끝까지 확대했을 때 도출될 결론을 냉정하게 파악한 상태에서 그 정치 이념을 선택할 눈을 키울 수 있다. 이것이 현실적으로 어떤 의미를 지니는지는 독자 여러분이 직접 판단해 보길 바란다. 현재 한국에서는 이른바 인문학 교육이 붐을 이루고 있다. 짐작하건대 처음부터 특정 정치 이념들에서 출발해 우리 사회를 변화시켜 보려고 했던 지난 시절에 대한 반성에서 비롯된 움직임이라고 생각한다. 그러나 인문학 교육이 문화적 소양을 기르는 것 이상의 깊은 목적을 달성하려면 비판적 인문 교양 교육이라는 인간론적 지향성이 뚜렷해야 하고, 그 출발점으로서 『진보와 보수의 12가지 이념』과 같은 본격적인 사회과학 저서가 널리 읽혀야 한다고 믿는다.[10]

둘째, 다원적 공공 정치철학이 우리 정치에 어떤 역할을 할 수 있을지를 깊이 따져 봐야 할 과제가 있다. 다원적 공공 정치철학으로 무장한 사회주의·자유주의·보수주의가 구체적으로 현실 정치에서 어떤 모습으로 나타날지를 우리는 좀 더 진지하게 숙고할 필요가 있다. 또한 다원적 공공 정치철학의 토대 없는 진보 운동 또는 보수 운동이 유권자에 대한 호소력이라는 측면에서 장기적으로 지속될 수 있을지, 그리고 그런 운동이 정치 공동체에 진정으로 기여할 수 있을지도 솔직하게 따져 봐야 한다. 예를 들어, 요즘 '합리적 보수'라는 말이 많이 쓰이고 있다. 이 말이 정확하게 무슨 뜻일까? 보수 가운데 좀 더 중도적이어서 진보와 거리상 가깝다는 뜻일까? 나는 그렇게 생각하지 않는다. 진짜 보수라면 중도보다 훨씬 오른쪽에 있다고 봐야 한다. 그럼에도 합리적 보수라는 개념이 진보 진영과 말이 통하는 보수라는 뜻이라면, 그것은 그런 보수가 다원적 공공 정치철학에 입각해 있는 보수주의라는 뜻이다. 적어도 민주주의의 중첩적인 합의의 영역에서 진보와 공유하는 부분이 있다는 말이기 때문이다. 지금까지 한국의 진보 진영은 다원적 공공 정치철학과 유사한 입장에 공감하고, 실제로 다원적 공공 정치철학에 근거한 문제 제기와 비판을 많이 하면서도 그런 입장을 적극적으로 이론화하는 데는 소극적이었다. 아마 다원적 공공 정치철학을 자유주의 이념과 동일시했기 때문이라고 생각한다. 진보 진영에서는 부르주아적 자유주의로 생각되는 입장의 도구적 유용성을 내심 인정하면서도 그것을 담론 차원에서 공식적으로 인정하기를 꺼리는 분위기가 지배적이었다. 예를 들어, 보수파의 탈선·탈법적인 행위를 비판하면서 그것이 어떤 관점에 입각한 비판인지에 대해서도 명확히 밝히지 않는 것이 일반적이었다. 자유주의에 입각한 관점에서 그렇게 한다는 소리를 듣기 싫어했기 때문일 것이다. 그러나 슈메이커 교수의 설명을 통해 이제 자유주의와 다원적 공공 정치철학의 차이가 분명해졌으므로, 후자의 토대에서 우리 사회의 '정상화'를 마음 놓고 주장할 수 있으리라는 기대를 해도 좋을 것 같다. 또한 다원적 공공 정치성이 발전하는 것이 우리 사회의 기본적인 발전에 어떤 의미를 주는지도 반추해 볼 필요가 있다. 만일 한국의 보수주의가 합리적(다원적 공공 정치적) 보수에 의해 주도될 수 있다면 그것은 또 다른 차원에서 한국 사회의 진보라 봐야 할 것이며, 다원적 공공 정치의 적들이 다원적 공공 정치에 동의하는 좌우 세력에 의해 제압될 수 있다면 그것 역시 또 다른 차원에서 한국 사회의 진보라 할 것이다. 현재 한국에서 사회통합위원회가 가동되고 있는 것으로 알고 있다. 언론 보도에 따르면, 사회통합위원회는 "한국 사회 이념 논쟁 무엇이 문제인가"(2010년 3월 31일)를 주제로 토론회를 연 바 있고, "민주주의, 뉴라이트와 뉴레프트의 시각", "경제, 자유시장경제인가, 제3의 길인가" 등을 주제로 한 연중 토론을 계획하고 있다. 나는 이런 질문들에 대한 해답을 『진보와 보수의 12가지 이념』에서 상당 부분 찾을 수 있다고 본다. 사회 통합이란 서로 다른 입장과 신념들의 혼합이나 절충에서 오는 것이 아니고, 서로 생각이 다른 세력들이라도 다 함께 동의할 수 있는 저변의 토대를 찾아가는 과정 그 자체이기 때문이다.

셋째, 가장 중요한 점이기도 한데, 『진보와 보수의 12가지 이념』은 한국에서 진보와 보수가 무엇인지를 숙고할 과제를 부여했다고 본다. 또한 진보 진영과 보수 진영이 어떻게 행동해야 진정한 진보, 혹은 진정한 보수인지를 생각하게끔 하는 과제를 부여했다. 우선 한국 사회에서 진보와 보수라는 말이 흔히 쓰이긴 하지만 그것이 특정한 정치 이념을 지칭하는 고유명사인지, 정치 이념들의 상대적인 위치를 부르는 일반명사인지도 확실치 않다. 옮긴이의 잠정적인 판단에 따르면 우리 사회에 다양한 이념적 입장들 — 예를 들어, 마르크스주의, 민주사회주의, 현대 자유주의, 현대 보수주의, 신자유주의, 극단적 우파 등 — 이 존재하는 것은 사실이지만, 진보와 보수라는 말은 상대적으로 쓰이는 일반명사로 보는 편이 정확하다. 요컨대, 한국에서 '진보'가 마르크스주의인지, 혹은 민주사회주의나 현대 자유주의인지도 불명확하고, 한국에서 '보수'가 현대 보수주의인지, 전통적 보수주의나 신자유주의인지도 불분명하다는 말이다. 물론 역사적 유산이라는 의미로 진보 진영 또는 보수 진영이라고 크게 구분할 수는 있지만, 진보와 보수를 엄밀하게 이념적으로 구분하는 것은 현실 정치에서의 균열 구조와 상대적·상황적인 측면에 의존하기 쉽고, 대중의 인상에도 크게 좌우되고 있다고 생각된다. 구체적인 정치 이념을 특정하지 않고 진보와 보수라는 일반적인 구분법을 사용하는 한 이런 유연한 개념화는 불가피하다고 할 수 있다.

그렇다면 (진보와 보수의 구분이 어떻든 간에) 진보 진영과 보수 진영이 각각 어떻게 기여할 수 있을까? 앞에서 잠깐 언급했듯이 우리 사회에서 진보라는 말은 두 가지 의미를 지니고 있다. '소문자 진보'progress는 일반적 의미의 사회 발전을 뜻하고, '대문자 진보'Progressives는 정치 이념상 좌파를 의미한다. 이렇게 볼 때 보수 진영은 다원적 공공 정치의 확립을 통해 우리 사회의 '소문자 진보'에 크게 기여할 수 있을 것이다. 비정상·탈법·불법을 용인하는 것, 원칙도 철학도 없이 기득권을 그저 옹호하는 태도는 정상적인 보수는커녕 그저 다원적 공공 정치의 적일 뿐이다. 법의 지배 원칙을 훼손하고 환경 파괴에 동조하는 세력이 자칭 보수를 표방하는 나라는 전 세계에서 한국이 유일할 것이다. 이런 것들을 혁파하고 철학적 토대에 기반을 둔 보수주의를 정립하는 일은 보수 진영뿐만 아니라 우리 사회 전체의 '소문자 진보'에 중대한 과제다. 우리 사회의 기본적인 보수 정서를 감안할 때 보수 진영이 다원적 공공 정치철학으로 무장하고 보수주의 이념을 추구한다면 그들의 정치적 미래가 보장된다고 할 만하다.

그렇다면 진보 진영은 어떻게 해야 할 것인가? 우선 다원적 공공 정치철학에서 도출된 공공성의 원리를 강하게 내세우면서(소문자 진보), 현실에서 실현 가능한 좌파 정치 이념의 외연을 키워야 할 것이다(대문자 진보). 또한 진보 진영은 철학적 가정과 정치적 원리에 따른 열한 가지 차원에서, 한국 사회의 발전 수준과 현실적 맥락을 감안하여 어떤 내용이 상대적으로 더 진보인가를 섬세하게 가려낼 필요가 있다. 순수한 형태의 특정 이념을 지향하는 본질주의essentialism를 넘어, 이 시대 (소문자와 대문자) 진보의 내용을 주로 구성하고 있는 현대 자유주의, 급진적 좌파, 극단적 좌파의 개별 장점과 현실 적합성을 고려하여, 여러 층위에서 '복합적이고 통합적인 최적화'를 지향하는 새로운 진보 이념을 만들어 낼 필요가 있을 것이다.[11] 예를 들어, 시민권 항목에서 상대적으로 전향적인 내용, 정부의 권위 항목에서 상대적으로 진보적인 내용, 정의 항목에서 현실적으로 성취 가능한 최대치 등을 각각 산출할 수 있다고 본다. 이렇게 항목별로 나온 결과들을 전체적으로 합산할 때 한국적 진보 이념의 재구성이라는 시대적 과제를 건설적으로 수행할 가능성이 열린다. 이런 관점은, 현실 정치 속에서 진보·개혁 진영이 보유한 기존의 서사 구조에 새로운 플롯을 도입하자는 말로 해석할 수 있고, 또 진보·개혁·민주 정치 세력들의 재배열을 위한 새로운 아이디어를 제공한다는 의미로 해석할 수도 있다. 또한 통치 이념, 비판 이념, 역사적 이념을 통한 통찰을 어떻게 적절히 배합할지도 중차대한 과제다. 한 가지만 예를 들자면, 가장 근본적인 의미에서 비판 이념의 진정한 역할은 현실 정치에 직접 개입하여 논평을 가하는 것이 아니라, 다원적 공공 정치철학의 토대를 뛰어넘는 전혀 새로운 정치 이념의 패러다임을 지성적으로 제시하는 일이어야 할 것이다. 이런 문제의식에 기반하여, 이 시대 우리 사회에 반드시 필요한 정치적 지혜의 내용과 수준이 과연 무엇일지를 끊임없이 고민하면서『진보와 보수의 12가지 이념』을 우리말로 옮겼음을 밝혀 두고자 한다.

5
...

정치학자가 집필한 본격적인 정치철학서를 사회학자가 번역한 사연도 조금이나마 설명할 필요가 있겠다. 나는 오랫동안 학부의 사회학과와 대학원의 NGO대학원에서 가르쳐 왔다. 대학원의 경우 대개 시민사회단체의 현직 활동가들이 수강하는데 공부의 성격상 정치 이념, 진보와 보수에 대한 이야기를 해야 할 경우가 많았다. 그런데 사회과학 공부를 먼저 하지 않은 학생들이 적지 않았기 때문에 정치철학의 기본 사항들을 강의에 포함해야 했고, 그 이유로 정치철학 및 정치 이념 관련 도서를 늘 참고해야 했다.[12] 그러나 대부분의 책들이 지나치게 개론적이거나 전문적이었으며, 집필 방식이 생산적·개방적인 토론에 도움이 되지 않기 일쑤였다. 그러던 가운데 2008년 상반기에 슈메이커 교수의 책이 출간되었고 저자가 서문에서 설명한 문제의식이 평소에 느끼던 문제의식과 유사하다는 점을 깨달았다. 게다가 책의 내용이 대단히 분석적이고 체계적이어서 지금까지 읽었던 그 어떤 정치철학 저술보다 흡족했다. 그해 여름방학에 책을 정독한 뒤 후마니타스 출판사에 번역 출간을 제안했다. 책의 분량이나 내용은 결코 만만치 않았지만, 이 책이 우리에게 주는 실질적이고 교육적인 가치 덕분에 번역 작업의 매 순간이 새로운 발견과 보람으로 충만했다. 번역서를 낼 때마다 늘 그랬지만 이 책도 '의미의 일치'에 중점을 두고, 또한 한국어로만 이 책을 읽을 독자의 입장에서 번역에 임했다. 나는 탤컷 파슨스[Talcott Parsons]가 영어로 번역한 막스 베버[Max Weber]의『프로테스탄트 윤리와 자본주의 정신』*Die Protestantische Ethik und der Geist des Kapitalismus*을 볼 때마다 어떤 독일 학자에게서 들었던 이야기가 생각난다.[13] 그는 베버의 글이 독일 사람이 읽기에도 어려운 부분이 많은데 그럴 때마다 파슨스의 영역본을 참고한다고 말했다. 사회과학에서 제대로 된 번역의 중요성을 웅변하는 증언이 아닐 수 없다. 나는 번역에 임할 때에 늘 이 일화를 기억하면서 양질의 양심적인 결과물을 내놓기 위해 나름대로 최선을 다해 왔다. 하지만 이 책에도 뜻하지 않은 오역이 분명 있을 것이다. 독자들이 지적해 주는 대로 중쇄 때 바로잡을 것을 약속드린다.

『진보와 보수의 12가지 이념』은 개인적으로 감회가 적지 않은 책이 되었다. 이 책을 마지막으로 이제 번역 작업과 작별하기로 마음먹었기 때문이다. 나는 2000년 이후부터 지금까지 개인 저서들을 낸 것과 별도로 거의 10권에 가까운 사회과학 도서를 우리말로 옮겼다.[14] 책 제목과 출간 시기를 보면 알겠지만 시기별로 우리 사회에서 쟁점으로 떠올랐던 이슈들에 관해 세계적 수준의 이론서를 소개하는, 일종의 정세적 번역 작업을 해왔다. 현재 우리 사회의 핵심 이슈 가운데 하나인 진보와 보수의 이념 논쟁에 종지부를 찍는 데 도움이 될 이 책을 소개하는 것으로 내가 번역으로 기여할 수 있는 바는 이제 끝났다고 판단한다. 혼자서 감당해 온 번역 작업이 심신 양면으로 몹시 힘들었거니와, 앞으로 쓰고 싶은 글이 많다는 이유가 가장 크다. 이제 멍에와 같은 고역을 내려놓고 다른 종류의 쟁기를 끌어야 할 때가 온 것 같다. 이 책을 내는 데 흔쾌히 동의해 주고 지원을 아끼지 않은 박상훈 박사님, 그리고 더운 여름 동안 책을 정성껏 다듬어 준 편집부의 정민용 주간과 윤상훈 씨에게 깊은 감사의 말씀을 드린다. 현재 가르치고 있는 베를린 자유대학의 양호한 근무 조건에 힘입어 원고의 마무리 작업을 위한 시간을 낼 수 있었던 점도 기록해 두고 싶고, 이 자리를 통해 이은정 교수님께도 고마움을 전하고 싶다. 그리고 이메일로 번역의 세부 사항을 논의해 주고, 오바마 미국 대통령 당선 이후의 상황을 반영한 한국어판 보론을 집필해 보내 준 저자 슈메이커 교수께 깊이 감사드린다. 덕분에 『진보와 보수의 12가지 이념』은 한국어 번역판이자 개정판이라는 의미를 지니게 되었다. 저자는 'Schumaker'의 정확한 발음을 묻자 "슈메이커가 맞는데, 누가 '슈마커' 또는 '슈마허'라고 불러도 대답은 한다"라고 가르쳐 줄 정도로 세세한 부분까지 친절하게 옮긴이의 작업을 도와주었다. 이 책을 끝으로 번역에 마침표를 찍겠다는 말이 진심이라는 점을 아내 권은정에게 확약하는 것으로 고마움을 대신하고 싶다. 그리고 우리 딸 명원에게도 내 마음을 전하는 것으로 지난 십 년의 대장정을 마칠까 한다.

2010년 10월
베를린에서 조효제

● 정치 이념 퀴즈 정답

1. ③ 고전적 자유주의 2. ② 정의 3. ④ 급진적 좌파
4. ④ 자유주의 5. ② 현대 자유주의 6. ① 자유 지상주의
7. ④ 이익집단 자유주의 8. ① 문화적 보수주의 9. ③ 현대 자유주의
10. ① 민주사회주의

서론

본서는 정치 이론을 전문적으로 분석하기보다 (야심적이긴 하나) 전체적으로 개괄해 보려는 책이다. 이 책은 학생들과 일반 대중에게 정치를 진지하게 통찰할 수 있는 해석 틀과 다종다양한 개념들을 제시하려고 한다. 이 책은 한편으로 독자가 속해 있는 정치 공동체에 대해 길 안내를 해줄 수 있는 공공 정치철학, 다른 한편으로 독자 자신의 정치적 신념·가치·원칙을 더 넓히고, 그 깊이를 더하며, 활기를 북돋우는 공공 정치철학을 모색하는 대화에 독자들을 초대한다.

본서를 집필하게 된 동기는, 단순한 소개에 그치지 않고 본격적인 차원에서 정치 이론을 처음 접하는 독자들의 학습을 향상시키고 열의와 참여를 높이고 싶다는 필자의 염원에서 비롯되었다. 독자들에게 정치 이론을 안내하는 가장 흔한 방법으로는 위대한 사상가들, 예컨대 플라톤Platon, 토머스 홉스Thomas Hobbes, 칼 마르크스Karl Marx, 존 롤스John Rawls, 그리고 여타 독창적인 사상가들의 원 저작을 그대로 읽히는 방식이 있다. 필자도 40여 년 전 이런 방식으로 정치 이론을 배웠고, 그 후 정치 이론을 대학에서 가르칠 때에도 같은 방식을 사용하곤 했다. 그러나 이 방식은, 독자들이 위대한 사상가들을 이해하기 위해 많은 시간을 할애해야 하는 반면, 정치사상사에서 '정전' 또는 고전이라고 불리는 작품들이 지나치게 구태의연하고 추상적이어서 독자 스스로 자신의 (정치적 활동 및 자신이 몸담고 있는 공동체의 정치에 대해 길 안내를 해줄 수 있는) 정치사상을 구상할 수 있게 하는 데에는 별로 도움이 되지 않는다는 결함이 있다.

독자들에게 정치 이론을 안내하는 두 번째 방법으로는 주요 정치 이념들을 포괄적으로 다루는 교과서를 읽히는 방식이 있다. 필자는 대학에서 이런 방식을 시도하다가 정치 이념을 다룬 기존 개론서들의 수준에 실망한 나머지, 다른 공저자들과 함께 1995년에 『정치사상의 이해』 Great Ideas/Grand Schemes: Political Ideologies in the 19th and 20th Centuries (폴 슈마커 외 지음, 양길현 옮김, 오름, 2005/2007)라는 책을 낸 적이 있었다. 필자는 『정치사상의 이해』가 학생들에게 각종 정치 이념에 대해 종합적이고 명료하며 깊이 있는 이해를 제공하는 데 성공했다고 자평한다. 그러나 이런 방식에도 결함이 있었다. 학생들은 이런 책을 읽으면서 "이 가운데 어떤 이념이 내가 가진 생각과 가장 잘 맞아떨어지는가?"라는 점만 골똘하게 파고드는 경향이 있었다. 즉, 학생들은 기존에 자신이 가졌던 사고방식에 도전하는 사상을 새로 익히거나, 잘 알고 있던 사상과 잘 몰랐던 사상의 가치를 모두 신중하게 평가하기 위해 그 책을 읽는다기보다, 이미 친숙하게 생각하는 정치사상을 옹호하기 위해 그 책을 '이용'하는 경우가 더 많았다.

하지만 본서는 두 경우와는 전혀 다른 접근 방식을 취한다. 이 책은 독자들이 (간혹 '정치의 영원한 질문들'the perennial questions of politics 또는 '정치의 거대한 쟁점'이라고 불리는) 정치의 가장 기본적인 질문들에 관해 깊이 생각해 볼 것을 권장하는 방식으로 구성되어 있다. 우리는 어떤 정치적 공동체와 일체감을 형성하고 있는가? 정치 공동체 내에서 어떤 사람들이 시민권을 부여받아야 할까? 시민들은 어떤 권리와 책임을 가질 수 있을까? 정치 공동체의 구조를 짤 때 시장, 문화적 가치, 자발 조직, 정부 등은 각각 어떤 역할을 맡아야 할까? 누가 정치 공동체를 통치하는 것이 좋을까? 개인적·사회적·경제적 활동 내에서 정부가 강압력을 행사하는 것을 허용할 수 있는 영역은 어디일까? 교육·부와 같은 사회적 재화를 어떻게 분배해야 옳을까? 한 사회에서 어느 정도나, 그리고 어떤 식으로 변화가 필요한가? 그러나 이런 정치적 원리를 익히려면 정치적 사유의 토대를 이루는 더 큰 철학적 가정에도 답해야 한다. '존재론'적 질문은 궁극적 실재에 관한 기본 전제를 다룬다. '인간론'적 질문은 인간의 본성과 동기를 다룬다. '사회론'적 질문은 사회생활의 기원과 특성을 알아본다. '인식론'적 질문은 신뢰할 만한 정치적 지식을 어떻게 얻을 수 있는지, 또는 그런 지식 자체가 가능한지 등을 규명한다. 이 책은 독자들에게, 한 명의 자연인이자 특정 정치 공동체에 속한 구성원으로서 이런 질문들에 대해 어떤 대답을 내놓아야 할지를 스스로 묻게끔 장려하는 방식으로, 질문들에 대해 다양한 해답을 제시하고자 한다. 따라서 이 책은 독자가 현재 자신이 품고 있는 정치적 신념을 여타 정치적 신념과의 관계 속에서 파악할 수 있게 하고, 서로 경쟁하는 사상들을 신중하게 평가하게 하려는 의도를 지닌다.

정치 이념과 유사 이념들은 정치의 영원한 질문들에 대해 다양한 사유를 제공한다. 2장과 3장에서는 19세기와 20세기 미국 정치 및 세계 정치에서 큰 영향력을 행사한 8개의 주요 정치 이념을 소개한다. 그 과정에서 이런 이념들이 역사적으로 어떻게 등장했는지, 그리고 각 이념의 중심 사상이 무엇인지에 대해 특별한 주의를 기울이려 한다. 그리고 여기에서는 고전적 자유주의와 현대 자유주의를 구분하며, 전통적 보수주의와 현대 보수주의를 구분할 것이다. 또한 아나키즘·마르크스주의·공산주의는 '극좌' 이념이라는 유사성이 있음에도 서로 구분되는 별도의 이념으로 다룰 것이다. 파시즘과 나치즘 역시 전체주의적 '극우' 이념이라는 유사성이 있지만 그 둘 사이의 차이점을 고려하고자 한다. 정치 이념을 이런 식으로 상세히 구분할 때 그 이념들이 어떻게 진화해 왔는지를 역사적으로 조망할 수 있게 되며, 정치의 영원한 질문들에 관해 다양한 해답을 제공할 수 있는 안목을 넓힐 수 있다.

그러나 과거의 친숙한 정치 이념을 넘어 새로운 조류를 사고하는 것도 중요하다. 그러므로 4장에서는 현대 정치에서 자기 목소리를 내고 있는 다양한 급진적radical 견해와 극단적extreme 견해들을 소개할 것이다. 이런 견해들은 전통적인 정치 이념보다 덜 총체적이므로 흔히 '유사 이념'quasi-ideologies이라고 불리는 관점들을 가리킨다. 책 구성의 편의를 위해 이런 견해들을 네 가지 범주 ― 급진적 우파, 급진적 좌파, 극단적 우파, 극단적 좌파 ― 로 구분할 것이다. 4장은 이런 분류법을 설명하고 정당화할 것이며, 그 이후의 장들에서는 정치의 영원한 질문들에 관해 대안적인 관점들을 더욱 확장하여 제시하는 데에 이 분류법을 적용해 그 유용성을 입증할 것이다.

4장까지 설명을 마치면 그때부터 정치의 거대한 쟁점들 ― 철학적 가정과 정치적 원리 ― 을 본격적으로 다룬다. 5장부터 15장까지 11개 장에서는 각 장마다 하나의 기본 주제를 다루는 일련의 질문들에 초점을 맞춘다. 질문들에 대해 각 이념들(과 유사 이념들)이 제시하는 견해를 소개할 것이다. 각 이념들이 펼치는 견해를, 마치 정치의 영원한 질문들을 놓고 (각 입장의 차이점을 강조하면서도) 합의를 모색하려는 정치적 대화의 자리에 모인 참가자들의 모두冒頭 발언으로 보아도 무방하다.

이런 접근 방식은 두 가지 목표를 염두에 두고 있다. 첫째, 독자들이 2~4장에서 소개된 정치 이념에 관한 기본적 개관을 접한 다음, 각 이념들의 '철학적 가정과 토대'를 익히고, 더 나아가 각 이념들의 기본적인 '정치적 원리'를 심층적으로 이해한다면, 각 이념들(과 유사 이념들)을 더욱 깊이 있고 축적된 형태로 이해할 수 있을 것이다. 이런 과정이 진행되면서 독자들은 다양한 이념들을 내재적·심층적으로 이해할 수 있으며, 정치를 다양한 관점에서 바라볼 수 있게 된다. 둘째, 독자들은 정치의 영원한 질문들에 관해 '깊이 있는 토론'에 참여할 만한 지적 수단을 획득할 수 있다. 나는 대학에서 강의를 진행할 때 학생들에게 특정 이념 ― 흔히 자기가 잘 알거나 좋아하는 이념과 거리가 먼 이념 ― 의 대변인 역할을 해보라는 과제를 부여하곤 한다. 또한 그들에게 자기가 맡은 이념을 내재적으로 이해한 내용을 공동 토론에서 발표하게 하며, 그런 토론 내에서 모든 이념을 고려해 보게끔 한다(물론 학생들이 다양한 이념을 담당할 수 있도록 과제를 고루 안배한다). 나는 이런 토론 과정을 통해 학생들에게, 서로 최대한의 합의를 모색하고, 합의가 되지 않는 주요한 쟁점이 무엇인지를 찾은 뒤, 서로 간에 합의하지 못하는 이유를 생각해 그 이유에 대해 각자가 내놓은 응답을 평가할 것을 제안한다.

이런 내용들을 모두 다룬 후 나는 결론을 대신해 정치의 영원한 질문들에 관해 (모든 이념이 합의할 수 있는 것은 아닐지라도, 그리고 극히 기초적이고 일반적인 사안에서만 합의할 수 있다 하더라도) 일종의 합의가 가능하다고 시사할 것이다. 정치적 분쟁을 해결하려는 중재자들은 흔히 분쟁 당사자들이 합의할 수 있는 기본적 차원의 내용이 무엇인지를 탐색하곤 한다. 결론 삼아 내가 제안하려는 합의점은 '다원주의의 토대적 합의'라고 부를 수 있다. 정치의 영원한 질문에 관한 합의점들을 모두 한자리에 모아 보면 다원적 공공 정치철학pluralist public philosophy이 되며, 이것이야말로 오늘날 미국을 비롯한 세계 각국의 정치를 인도할 수 있는 가장 기본적인 철학이라고 제안하고 싶다. 물론 다원주의를 상당히 종합적으로 설명하려는 것이 이 책의 목적이며, 다원주의는 서로 간에 경쟁하곤 하는 각종 이해관계·정체성·사상들이 나름대로 정당하다는 점을 인정하며, 각각의 이념이 가진 차이점들을 (그것이 아무리 잠정적이고 한시적이라 하더라도) 조율하기 위한 민주적 절차를 강조하는 공공 정치철학으로 이해할 수 있다(따라서 이 책에서 말하는 다원적 공공 정치철학[다원주의]● 을 그보다 훨씬 더 초점이 뚜렷한 기존의 정통 다원주의 이론과 혼동해서는 안 된다. 후자의 경우 거의 반세기 전 행태주의 정치학 혁명 초기에 두각을 드러낸 이론이며, 현재 많은 정치 이론가들과 정치학자들이 부정적으로 평가하는 이론이다).

다원적 공공 정치철학 내의 합의는 다원주의의 핵심 특성인 잠정성tentativeness을 바탕으로 도출된다. 어쩌면 정치의 영원한 질문들에 대해 이 책에서 제안하는 토대적 합의가 지나치게 낙관적이어서, 극단주의자는 물론 다원주의의 지지자조차 이 같은 합의 방식에 반대할지도 모른다. 반대로, 이 책에서 제안한 토대적 합의가 지나치게 미미한 수준이어서, 다원주의의 지지자들이 이 책에서

● 이 책에서 '다원주의'는 지은이가 제시하는 '다원적 공공 정치철학'와 같은 의미로 쓰인다. 행태주의 혁명 초기에 발생한, 협소한 의미의 다원주의는 '정통 다원주의'로 옮겼다.

말하는 합의보다 더 깊고 실질적인 합의에 도달할 수 있을지도 모른다. 따라서 (보통 다원주의에 찬동하는 입장의 이념만이 아니라 반대하는 입장에 있는 이념을 모두 포함한) 여러 이념들의 대변인들이 참여하는 가상의 정치적 대화를 통해 이 책에서 묘사한 다원적 공공 정치철학의 적정성을 시험해 볼 수 있을 것이다.

다원적 공공 정치철학에 관해 폭넓은 합의가 존재한다 하더라도 더욱 구체적인 공공 정치철학을 설정할 필요도 있다. 다원주의는 지나치게 일반론적인 내용을 담기에 정치 공동체 내에서 제기되는 특정한 쟁점을 해결할 방안을 구체적으로 안내하기에는 역부족이다. 따라서 사람들에게 정치 활동의 방향을 제시하고, 다양한 정치 공동체들의 통치 양태에 관해 실질적인 안내를 해줄 수 있는 구체적 관점을 제시할 수 있다면 큰 도움이 될 것이다. 각국의 독자들은 각종 이념들 가운데 특히 쟁점이 되는 부분을 건설적으로 토의해 자신이 살고 있는 정치 공동체의 통치 이념으로 삼을 만한 공공 정치철학을 구상할 수 있을 것으로 본다.

그런 공공 정치철학을 모색하려면 두 가지 기본 관점에서 출발하는 것이 좋을 듯하다. 첫째, 이미 존재하는 정치 이념들을 뒤져서 그중 하나를 선택하는 방식은 어떤 개인 또는 정치 공동체에게 가장 적합한 공공 정치철학이 되지 못할 가능성이 있다. 사실 우리를 인도해 줄 어떤 구체적인 공공 정치철학을, 기존의 정치 이념에서 새롭게 발견할 가능성은 낮다. 우리 자신의 정치철학으로 선택할 수 있는 종합적인 공공 정치철학은, 기존의 여러 공공 정치철학들의 철학적 가정을 신중하게 평가하고, 또한 정치의 영원한 쟁점들에 대해 나름의 해답을 제시하고 있는 각종 정치적 원리들 가운데 적당한 것들을 취사선택하여 일정한 원칙의 테두리 안에서 통합하는 식으로 새롭게 재구성하여 끌어낼 필요가 있다. 둘째, 정치 공동체에 따라 가장 적합한 공공 정치철학이 서로 다를 수 있다. 어떤 도시에 적합한 공공 정치철학과 어떤 나라에 적합한 공공 정치철학이 다를 수 있고, 이는 전 지구적 공동체에 적합한 공공 정치철학과도 다를 수 있다. 다시 말해 모든 도시와 국가에 적용될 수 있는 단일한 공공 정치철학은 존재하지 않는다. 이 책에서 특정한 형태의 공공 정치철학을 주장하지는 않을 것이다. 그 대신 깊이 있는 정치사상가의 길을 모색하는 개인들 또는 어떤 공공 정치철학의 강점을 받아들이려는 정치 공동체가 자신에게 적합한 공공 정치철학을 스스로 구성하는 데 도움이 될 이론적 수단을 제공하려 한다.

본서는 역사적 접근 방식이 아니라 주제별 접근 방식을 취하고 있지만, 정치사상의 기원과 발전 과정에 대해서도 독자들에게 기본적인 정보를 제공해 줄 수 있는 집필 전략을 채택했다. 첫째, 2~4장에서 다룰 각종 정치 이념의 개괄 부분에서 그런 정치 이념들이 발생했던 역사적 맥락에 상당한 주의를 기울여 서술했다. 둘째, 정치의 영원한 질문들을 다루는 부분에서 각 이념들의 입장을 연대기 순으로 배치했다. 그러나 정치 이념의 발전 과정은 일정한 역사적 순서대로 발생하지 않았다. 따라서 사상의 흐름을 명료하게 묘사하기 위해 정치 이념들의 설명 순서를 간혹 바꾼 경우도 있다. 셋째, 정치사상의 역사를 이해하기 위해 각 정치 이념을 발전시킨 주요 사상가가 처음 등장하는 곳에서 그 사람의 생몰 연대를 표시해 두었다.

사려 깊고 학식 있는 독자들이 가질 만한 의문을 풀어 주고, 본문에서 설명한 정치사상에 관해 정치 이론가들이 기여한 업적을 독자들에게 알리기 위해, 상당히 광범위한 주석을 책 말미에 기재해 두었다. 그 뒤에는 본문 및 원주에 소개된 모든 저술가들과, 짧게 표시된 책 제목들의 완전한 인용 출처를 밝힌 참고 문헌을 첨부했다(미주에서 어떤 저술을 처음 언급할 때에는 저자의 성과 이름을 모두 표기하는 학술 관행을 따랐고, 같은 저술을 거듭 언급할 경우에는 저자의 성만 밝혔다).

이 책을 저술하는 데 직간접적으로 도움을 준 이들에게 일일이 감사를 표하고 싶지만, 혹여 그렇게 하려다 빠트리는 사람이 생기지는 않을지 걱정이 된다. 이 책에서 다룬 수많은 위대하고 훌륭한 정치사상가와 쓸 만한 정치사상가는 물론 형편없는 정치사상가에게도 많은 빚을 졌다. 그뿐만 아니라 정치 이론에 대한 흥미를 계발해 준 많은 은사들과 은인들, 초고에 대해 많은 제안을 해준 수많은 학생들, 구체적인 질문에 대해 조언을 아끼지 않은 동료 교수들, 이 책의 일부 혹은 전부에 대해 논평해 준 이들, 이 책에 나오는 내용을 듣고 좋은 지적을 해준 친구와 가족들에게도 많은 빚을 졌다.

본서는 『정치사상의 이해』와 전혀 다른 책이지만 그 책을 함께 집필했던 동료들 — 드와이트 킬Dwight Kiel 교수와 토머스 하일케Thomas Heilke 교수 — 에게 감사의 말을 전하고 싶다. 본서에서 『정치사상의 이해』에 나오는 내용과 자료를 간혹 인용했으므로 두 분의 공헌이 함께 포함되어 있다고 봐도 무방하다. 두 분은 그간 연구 관심이 많이 변했지만 그럼에도 이 책의 원고를 읽고 철저하게 논평해 주었다. 또한 본서를 집필하고, 초고를 사람들에게 읽히고 수정하는 과정에서 도움을 준 내 조교 윌 델리언티Will Delehanty에게도 감사를 표한다. 그는 원고 내용에 대해 귀중한 제안을 해주는 데 그치지 않고, 초고를 학생들과 토론하는 과정에서 큰 역할을 맡았다. 그의 노력 덕분에 이 책에 나오는 다원적 공공 정치철학에 관한 대다수의 합의와 (모든 정치 공동체가 맞닥뜨리는 문제를 해결하고자 할 때 안내 역할을 하는) 최선의 정치적 원리를 놓고 대립하는 의견들이 (서로에 대한 존중을 잃지 않고) 원활하게 논의될 수 있었다.

그러나 누구보다도 이 책의 집필을 추진하는 과정에서 내게 영감을 주고 나를 언제나 후원해 준 아내에게 가장 큰 도움을 받았다. 따라서 이 책을 아내에게 바친다.

캔자스 대학교에서
폴 슈메이커

1

공공 정치철학의 구성

정부가 자본주의 경제체제의 성장만을 강조하는 조건에 대해, 권력을 가진 사람들의 이해관계에 대해, 무지하고 선입견에 가득 찬 대중의 변덕에 대해 지나치게 너그러울 때, 흔히 정치 공동체의 삶의 질은 추락하곤 한다. 정치적 삶에 해를 끼치는 행위에 맞서기 위해, 정치 공동체 내의 거주민들과 통치자들은 거버넌스를 인도해 줄 정치적 원리들을 숙고하고, 이런 원칙들과 부합하는 정치 구조와 과정을 개발하며, 적절한 정책과 방침을 제정하라는 요청을 받곤 한다.[1]

이 책을 집필한 주요 목적은 우리가 정치 공동체에서 어떻게 하면 함께 살아갈 수 있을지를 알려 줄 정치적 원리와 공공 정치철학을 놓고 사려 깊은 논의를 할 수 있는 지적 자원을 제공하기 위해서다.

1
공공 정치철학과 정치 이념

…

공공 정치철학은, 정치 이념과 마찬가지로, 정치에 관해 상당히 포괄적이고 일관된 핵심 사상들을 제공해 준다. 공공 정치철학과 정치 이념은, 둘 다 정치 공동체의 통치 방안에 대한 신념, 정치 공동체가 추구해야 할 목표에 대한 이상, 그런 목표를 달성하는 데 필요한 광범위한 지침을 제공하는 원칙을 선사한다. 공공 정치철학보다 '정치 이념'political ideologies이라는 말이 더 친숙하겠지만 — 정치 이념은 자유주의, 보수주의, 사회주의, 파시즘 등 서로 경합하는 정치적 신념과 가치를 지칭하기 위해 흔히 사용된다 — 정치 이념의 의미와 함의를 둘러싼 논쟁은 대단히 치열하기 마련이다. 예를 들어, 통상적으로 정치학자들은 어떤 정치 이념을 가진 사람이 정치 이념에 대해 잘 모르는 대다수 대중보다 더 수준 높고 복합적이며 일관성 있는 정치사상을 지녔으리라고 가정하곤 한다.[2] 이와 반대로, 정치 이념을 경멸적으로 바라보는 이론가들도 적지 않다. 이들은 정치 이념이 특정한 이해관계를 촉진하는 편향된 사고를 부추기고, 정치적 현실을 과도하게 단순화하거나 왜곡하며, 경직되고 유토피아적이며 극단적인 상념을 불러일으킨다고 지적한다.[3] '공공 정치철학'이라는 용어가, '좋은 사회'와 '좋은 정부'를 이론화하려는 (정치 현실과 별 연관이 없는) 추상적이고 학문적인 집착에 불과하다고 볼 수도 있겠지만, 이 책은 다음과 같은 점을 독자들에게 확신시키려 한다. 즉, 공공 정치철학은 단순한 공리공론이 아니라 매우 중요한 현실적 문제들을 해결하려고 하며, 공공 정치철학은 정치 이념이 지닌 함정을 피할 수 있고, 공공 정치철학을 통하면 보통 사람들도 다른 사람들과 정치적 대화 — 모든 공동체의 정치에 대해 길 안내를 할 수 있는 일반적 공공 정치철학, 그리고 자신이 속한 특정 공동체의 정치에 대해 길 안내를 할 수 있는 구체적 공공 정치철학을 모색하려는 대화 — 에 참여할 수 있다는 말이다.

어떤 공공 정치철학을 생성하려면 그 공동체의 구성원들이 여러 중요한 쟁점들 — 다음 절에서 다룰 철학과 정치의 영원한 질문들 — 에 대해 나름의 답변을 내놓아야만 한다.[4] 여러 정치 이념들은 이런 질문들에 대해 각양각색의 관점을 내놓고 있으므로 공공 정치철학을 모색하는 대화의 중요한 지적 자원이 된다. 서로 경합하는 정치 이념들의 영원한 질문들에 대응하여 제시되는 여러 답변을 비교 분석하면 그것들의 합의점과 불일치점을 확인할 수 있다. 여러 정치 이념의 사상을 사려 깊게 비교 분석하면 일단 공공 정치철학의 초석을 놓을 수 있을 것이다.

이 책은 현대 자유주의, 현대 보수주의, 여타 기존의 이념과 신흥 이념들이 진정으로 정치적 대화를 시도한다면 어떤 사안에 대한 합의를 이뤄 낼 수 있을 것이라고 제안한다. 선진국에서 가장 일반적인 공공 정치철학에는 이런 종류의 합의가 수반된다. 다원적 공공 정치철학의 지지자들은 한결같이 (그리고 무엇보다도) 현대사회가 신체적·사회적 특성, 종교적 신앙, 도덕적 원칙 및 이해관계가 서로 다른 사람들로 이루어져 있다는 사실, 그리고 사람들이 서로 간의 차이점을 자유롭게 표출하거나 그런 차이를 추구할 수 있는 권리를 갖는다는 사실, 따라서 정부는 시민들끼리의 관용을 장려해야 한다는 사실을 잘 이해한다.

그럼에도 서로 다른 이념의 대변인들이 참여하는 정치적 대화는 합의보다 불일치를 낳기 쉽다. 예를 들어, 공산주의자, 파시스트, 종교적 근본주의자들이 신봉하는 이념들은 다원적 공공 정치철학의 여러 원칙을 거부하곤 한다. 이와 달리 공동체주의, 자유 지상주의, 녹색주의greens 등은 흔히 다원주의의 대다수 원칙들에 동의하지만, 다양한 방향으로 다원주의를 확장하거나 개선하려고 한다. 예컨대, 공동체주의자는 시민들의 덕성 계발과 정치적 책임에, 자유 지상주의자는 사람들의 재산권에, 녹색주의자는 지속 가능한 자연환경의 조성에 더 주의를 기울여야 한다고 주장한다. 다원주의를 특히 강력하게 지지하는 정치 이념 — 예를 들어, 현대 자유주의와 현대 보수주의 — 조차도 정치의 영원한 질문들에 대해 초보적이고 추상적인 합의 이상의 사상을 공유하지는 않는 듯하다. 실제로 오늘날 자유주의자와 보수주의자는 자신들의 차이점만 지나치게 강조하면서 공통점을 망각한 나머지, 다원적 사회에서 사상의 불필요한 양극화를 초래하고 있다고 생각되는 경우가 많다.

    요컨대, 여러 이념의 대변인들이 사려 깊은 방식으로 상호 논의에 참여할 수 있다면 우리 정치 공동체에 큰 도움이 될 것이다. 그런 논의를 통해 적어도 어느 정도 기본적이고 일반적인 원칙에 합의할 수 있다고 본다. 또한 특정 정치 공동체의 길 안내를 할 수 있는 구체적 원칙들에 관한 합의를 끌어낼 수도 있다. 가령 그런 논의가 현재 통용되고 있는 공공 정치철학을 수정하거나 완전히 개혁할 수 있는 공론의 장을 제공할 수도 있다. 그리고 다원적 정치 내에서 서로 다른 이념의 차이점들을 더 잘 이해하고 서로 간에 우호적인 방식으로 차이를 조율하게 할 수도 있다. 또한 개방적 논의를 통해 어떤 이념의 사상이 다원적 사회를 위협하는지를 찾아낼 수도 있다. 바로 이런 과제들이 정치 이론의 일차적 임무일 것이다.

2
정치 이론

…

정치 이론이 다루는 주제는 대단히 광범위하다. 모든 정치적인 것들을 포괄적으로 이해하려 하기 때문이다. 정치 이념이라는 용어와 마찬가지로 정치 그 자체의 의미에 대해서도 여러 가지 이견이 존재한다.

정치

    우선, 인간들의 갈등을 다루는 것이 정치라고 보는 견해가 있다. 데이비드 이스턴David Easton의 널리 알려진 정의에 따르면, 정치란 부족한 사회적 재화를 더 많이 차지하려고 경쟁하는 사람들에게 "권위 있는 방식으로 가치를 배분하는 행위"라고 한다.[5] 반면에, 정치의 요체를 인간의 협력으로 보는 사람들도 있다. 예를 들어, 또 다른 저명한 정치학자 칼 도이치Karl Deutsch는 정치가 "인간의 운명을 넘어서는 협력의 힘, 즉 인간존재의 집합적 자기통제의 문제를 다룰 수밖에 없다"라고 지적한다.[6] 인간의 갈등과 인간의 협력을 정치의 개념 속에 모두 포함하고 강조한다면, 정치란 사회적 재화를 생산하고 분배하는 행위라고 이해할 수 있다. '사회적 재화'란 대다수 사람들이 가지고 싶어 하는 귀한 것이지만 타인과의 관계 속에서만 가질 수 있는 것이다. 예를 들어, 적이나 질병으로부터 자신을 보호하는 것, 안전하고 이상적인 환경, 교통수단과 의사소통 수단, 다양한 생산물과 서비스, 교육, 고용 기회, 권력, 돈 등을 말한다. 공동체의 구성원들은 흔히 사회적 재화를 생산하고 분배하는 적합한 집합적 행동이 어떤 것일지의 문제를 두고 의견이 충돌하기 쉽고, 여러 방식으로 이 문제를 해소하려고 한다. 전쟁·폭력·강압에 의존하거나, 타인을 제압하여 약자에게 강자의 사상을 따르라고 강요하기도 한다. 선전·선동을 하기도 한다. 정보를 교묘하게 조작하여 자신의 목적에 맞춰 '허위'의 합의 ─ 만일 사람들이 더 완전한 정보를 얻게 되거나 경쟁하는 다른 사상에 자유롭게 접근할 수 있다면, 분명히 거부할 만한 합의 ─ 를 통해 대중의 광범한 지지를 끌어내려는 사람도 있다. 의견 차이를 해소하기 위해 일정한 절차를 적용하자는 데 합의할 가능성도 있다. 어떤 문제에 대해 결정을 내리기 위해 동전을 던지거나, 투표를 실시하거나, 법원에 소송하거나, 불일치를 해소하기 위해 정당하다고 생각되는 다른 절차를 이용할지도 모른다. 또는 자신들의 불일치를 해소하기 위한 합의에 이르고자 노력할 수도 있다. 공통분모를 찾고, 갈등을 해소하며, 많은 사람들이 수용할 수 있는 인식에 도달하기 위해 협력적 노력을 기울일 가능성도 있다.

이런 식으로 정치의 개념을 정의할 때 유용한 점이 꽤 있다. 우리가 공동체의 생활 속에서 늘 경험하는 갈등을 받아들이고, 갈등을 처리할 수 있는 다양한 방안들을 수용하며, 정치란 것이 모든 인간 공동체에서 나타나는 한 특징이라는 사실을 인정하게 해주기 때문이다. 정치는 국가뿐만 아니라 가족·교회·학교·시민사회 내의 다른 결사체들 내에서 나타나는 보편적 현상이다.

<그림 1-1> 다원적 공공 정치철학을 분석하기 위한 이론틀

정치적 원리

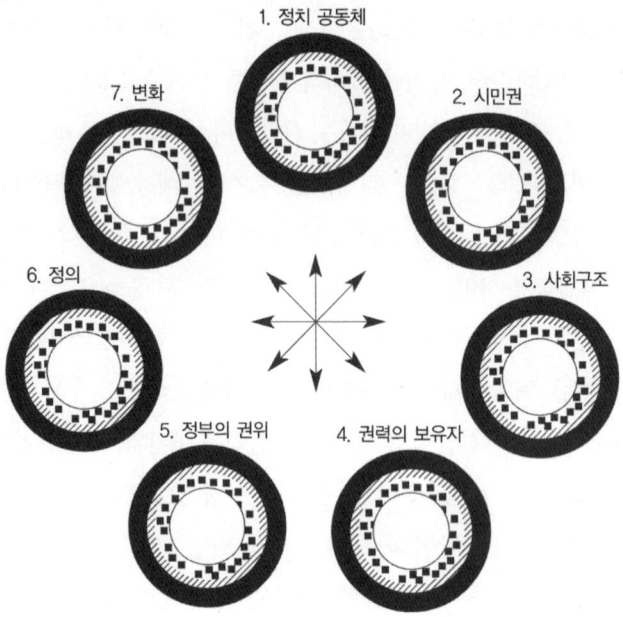

철학적 가정

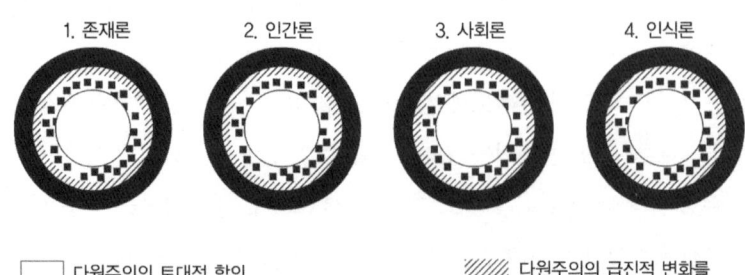

□ 다원주의의 토대적 합의	▨ 다원주의의 급진적 변화를 요구하는 사상
▦ 통상적인 다원적 절차 내에서 경합하는 원칙	■ 다원적 사회를 위협하는 사상

정치의 영원한 질문

〈그림 1-1〉은 정치 그리고 공공 정치철학을 발전시킬 때 핵심적이고 매우 일반적인 11개의 관심 영역을 나타낸 개념도다. 그림 상단에 있는 7개 범주는 정치 활동과 직접적인 연관이 있는 신념·가치·원칙들을 나타낸다.

정치적 원리 1 | 정치 공동체

사람들은 정치 공동체 또는 정치체polity 속에서 거주하고, 자신을 정치체와 동일시하며, 정치체에 대해 책임을 갖는다. 보통 정치 공동체란 사회적 재화를 생산하고 분배하는 행위를 조율하는 법률을 제정하고 그런 프로그램을 발전시키는 정부가 조직된, 영토적으로 일정하게 규정된 국가를 가리킨다. 또한 그런 정치체에는 전 지구적 공동체, 민족, 종교, 각국 인민들의 문화를 통해 규정되는 여러 상이한 문명, 유럽연합EU과 같은 지역 정치체제, 국가 내에서 분권화된 정치체제를 갖는 대도시, 중소도시, 타운들, 특정한 공공재를 제공하기 위한 특별한 조직들, 동네 주민 등도 포함된다.[7] 이들 가운데 사람들이 가장 열성적으로 동일시하는 정치 공동체는 무엇인가? 또는 이들 가운데 사람들이 동일시해야 마땅한 정치 공동체는 무엇인가?

정치적 원리 2 | 시민권

정치 공동체는 단순한 거주민과 정규 시민으로 구성된다. 누가 거주민이 되고 누가 시민이 될 수 있는가? 공동체 내에 사는 사람들의 지위를 서로 다르게 구분하는 것 — 예컨대, 온전한 시민, 부분적 시민, 단순한 거주자 — 이 온당한가? 시민에게 어떤 혜택이 주어지는가? 그런 혜택을 '권리'로서 확장하고 보장해 주어야 하는가? 아니면 그런 혜택을 줄여야 하는가? 시민들은 어떤 의무를 감당해야 하는가? 시민들의 책임은 늘어야 하는가, 줄여야 하는가?

정치적 원리 3 | 사회구조

사회의 여러 '제도'institutions와 '과정'processes은, 사람들의 삶에 의미와 목적을 부여하고, 사회적 재화를 생산·분배·통제하는 방식을 통해 그 정치 공동체의 내부 구조를 형성한다. 사회'제도'에는 정부(또는 그와 유사한 조직), 기업 및 기타 사업체, 노동조합과 기타 노동자 조직, 종교 기관, 학교, 자발적 조직과 자선 조직, 가족이 있다. 사회'과정'에는 '시장 거래'market transactions와 '통치 규정'governmental regulations이 포함된다. 정치 공동체의 대다수 대중이 받아들이는 규범과 가치인 문화는 우리 사회생활에 중요한 영향을 미치는 비제도적 사회구조라 할 수 있다. 이런 사회구조가 우리의 삶을 긴밀하게 조절하는 것이 좋을까, 아니면 그런 사회구조 — 혹은 적어도 어떤 종류의 사회구조 — 를 해체 또는 축소하는 것이 좋을까? 가장 중요한 사회구조는 무엇일까? 이런 사회구조들 사이에 존재하는 권력 균형이란 무엇인가? 이런 균형을 교정해야 하는가?

정치적 원리 4 | 권력의 보유자

선출직 공직자, 임명직 공직자(관료), 경제조직의 소유자와 관리자, 사상과 정보의 생산자와 유통자, 사회단체 지도자, 지역 시민운동의 적극적인 참여자, 일반 시민들은 정치 공동체에서 각기 나름대로 영향력을 행사하는 사람들이다. 누가 실제로 권력을 행사하며, 누가 권력을 행사해야 옳은가? 정치 공동체 내에서 권력이 어떻게 분포되어 있는가? 현재의 권력 분포는 달라져야 하는가? 권력 보유자의 권력을 제한할 장치는 어떤 것이 있을까? 어떤 경우에 권력 보유자들의 책임성을 물어야 하는가?

정치적 원리 5 | 정부의 권위

경제활동, 사회적 교류, 환경 보호, 종교 활동, 문화적 가치, 개인 삶의 양식 등은 넓은 뜻에서 잠재적으로 정부의 권위에 의해 통제받을 수 있는 영역에 속한다. 어떤 목적을 위해 정부의 권위를 행사해야 하는가? 정부의 권위가 개인의 자유에 정당하게 가할 수 있는 제한은 무엇인가? 정부의 권위가 확대되거나 축소되어야 하는 영역은 어디인가?

정치적 원리 6 | 정의

사람들은 보통 문화 규범과 국가의 법률을 준수한다. 어떤 정의 원칙이 그런 규범과 법률에 반영되어야 하는 것일까? 사람들은 서로를 정당하게 대해야 하며, 사회적 재화는 공평하게 분배되어야 할 것이다. 어떤 정의 원칙에 따라 사회적 재화를 분배해야 할까? 어떤 분배 절차와 분배 결과가 정의로운가?

정치적 원리 7 | 변화

정치 변화를 방해할 수도 있고, 조금씩 변화시키거나 한꺼번에 변화시킬 수도 있다. 평화로운 방식으로 변화를 추구할 수도, 폭력적인 방식으로 추구할 수도 있다. 변화의 바람직한 정도와 종류는 무엇인가? 변화의 주체가 어떤 방식을 사용해야 합당할까? 변화를 모색하는 사람들을 억누르는 것이 정당화될 수 있는 상황은 무엇이고, 그 억압 정도는 어디까지 허용될 수 있는가?

〈그림 1-1〉의 아래 부분에서는 이런 일곱 가지 범주를 넘어 네 가지 철학적 가정 — 정치적 원리보다 더 광범위하며 정치적 원리의 토대가 되곤 하는 사상들 — 에도 주의를 환기시킨다. 정치적 토론에 이런 철학적 가정이 명료하게 표현되지 않는 경우가 많고, 정치적 행위자들 자신도 이를 잘 이해하지 못하는 경우가 많다. 하지만 그렇다고 해서 이런 철학적 가정이 자리 잡고 있는 바탕의 중요성이 줄어들지는 않으며, 사람들의 정치적 신념·가치·원칙의 토대가 축소되지도 않는다. 그런데 어떤 사람의 철학적 가정에 시비를 걸기는 어렵다. 철학적 가정을 입증하거나 반증할 수 있는 합의된 방식이 존재하지 않기 때문이다. 그렇다 하더라도 철학적 기본 전제의 장단점을 엄밀하게 따져 볼 필요성은 여전히 존재한다.

철학적 가정 1 | 존재론

사람마다 '궁극적 실재'ultimate reality를 서로 다르게 규정한다. 존재론적 가정은 우리가 경험하는 세계의 가장 밑절미가 되는 원천을 다룬다. 이 세상을 창조한 초

자연적 존재 또는 절대자 — 야훼, 하느님, 또는 알라 — 가 과연 존재하는가? (자연계와 인간의 행동에 대해 옳고 그른 것을 판별하는) 절대적 기준을 정해 주는 초월적 존재 — 하느님 또는 플라톤의 이데아 — 가 있는가? 아니면 궁극적 실재란 자연계의 기본 질료와 기본 에너지에 불과한가? 또한 존재론적 가정은 '궁극적인 목적'을 다룬다. 세상에서 이루어지는 일들이 신적인 이유로 결정되는가, 초자연적 이유로 결정되는가? 아니면 물질적·자연적 이유로 결정되는가? 혹은 궁극적 목적이 외부의 영향이 아니라 인간의 사상·의지·권력에 의해 결정되는 것은 아닌가?

철학적 가정 2 | 인간론(인간 본성)
사람들은 인간의 본질에 대해서도 서로 다른 견해를 갖는다. 인간은 근본적으로 평등한 존재인가? 만일 그렇다면 어떻게 그러하며, 어떤 이유로 그런가? 인간이 불평등하다면 그 이유는 무엇인가? 사람들에게 '좋은 삶'이란 무엇을 뜻하는가? 인간의 가장 기본적이고 바람직한 동기와 목표는 무엇인가? 인간은 자신의 목표를 정할 때 자율적이고 이성적인가, 아니면 인간이 꿈꾸는 좋은 삶과 그 동기 역시 사회·정치적으로 영향을 받는가?

철학적 가정 3 | 사회론(사회의 성격)
사람들은 사회생활의 기원과 사회의 각기 다른 이미지들에 대해 서로 전혀 다르게 평가한다. 좋은 사회가 있다면 그 기본적 특징이 무엇일까? 사회를 동질적이라거나 이질적이라고 판별하는 기준은 무엇인가? 사회에서 갈등이 일어나는 근본 원인은 무엇인가?

철학적 가정 4 | 인식론
사람들은 정치적으로 우리가 무엇을 알 수 있을지, 정치적 지식을 어떻게 알 수 있을지에 관해 서로 다르게 생각한다. 우리는 정치에 관해 어느 정도나 확고한 지식 또는 잠정적인 지식을 가질 수 있는가? 아니면 근본적인 정치적 질문의 답을 전혀 알 수 없다는 사실을 인정해야만 할까? 정치적 지식을 어떻게 습득할 수 있을까?

이런 질문에 답하고 공공 정치철학을 발전시키려면 우리 모두가 정치 이론가가 되어야 한다. 정치 이론은 공동체 내의 사람들이 어떻게 살아가는지, 그리고 어떻게 살아야만 하는지를 이해하려고 한다. 정치 이론은 위대한 사상가들(그리고 덜 위대한 사상가들)의 경합하는 사상들 — 우리 정치 공동체가 현재 어떻게 다스려지고 있는지, 그리고 앞으로 어떻게 다스려야 할지에 관한 — 을 모두 포괄한다. 모든 사람이 이런 문제를 생각하기 때문에 모든 사람이 나름대로 정치 이론가라 할 수 있다. 그러나 진지한 정치사상가 또는 정치 이론가의 사상에는 적어도 두 가지 특징이 있다.

첫째, 정치 이론가의 사상은 추상적 개념과 일반화의 방식으로 표현되곤 한다. 반면에 비전문가들은 구체적이고 특정한 사례에만 초점을 맞추기 쉽다. 예를 들어, 비전문가는 스미스라는 사람이 자기 정치 공동체 내에서 중요한 사람이라고 말하고, 스미스가 타인에 대해 발휘하는 권력을 획득하고 행사하는 방식을 묘사한다. 이런 묘사는 엄청나게 흥미 있고 적절한 사례연구가 될 수 있다. 스미스라는 인물을 통해, 공동체 내의 실상이 미묘한 특성을 살려 그려지기 때문이다. 그러나 정치 이론가들은 여러 건의 사례를 모두 포괄할 수 있는 개념을 동원하며, 여러 사례를 한데 묶을 수 있는 공통점이나 사례들 사이의 차이점에 대해 일반화를 시도한다. 예를 들어, 사회적 재화를 생산·분배할 수 있는 능력은 사람들마다 차이가 있다는 사실을 하나의 핵심적 정치 개념 — 이론가들은 이 점을 '권력'이라고 칭한다 — 으로 간주할 수도 있다. 정치 이론가들은 여러 정치 공동체를 관찰한 후 권력이 무엇인지를 이해하려면 젠더를 하나의 중요한 개념으로 간주해야 한다는 결론을 내리고, '남성이 권력을 소유하는 경향이 있다'라거나 '유년기의 사회화 과정에서 경험하는 차이 때문에 정치 공동체 내에서 남성이 여성보다 더 큰 권력을 갖는 경향이 있다', '남성과 여성 사이에 권력을 균등하게 분산시킬 때 정치 공동체를 잘 다스릴 수 있다'라는 등의 생각을 일반화해서 제시할 것이다. 정치 이론가들은 그런 일반화를 통해 특정한 사례들의 저변을 이루는 인간사의 기본 유형을 파악할 수 있다고 믿는다.

　정치 현실에 관한 일반화 또는 정치 공동체의 실제 구성과 기능에 관한 일반화를 제시하는 것에 관심을 갖는 연구자도 있다. 이런 실증적 연구자들은 많은 사례들을 구체적으로 서술하고, 각 사례들 사이의 차이점을 설명하며, 향후 전망을 제시한다.[8] 반면에 정치 공동체의 구조와 기능을 어떻게 구성하는 것이 옳은가 하는 문제를 놓고 일반화를 제시하는 데에 관심을 기울이는 이론가들도 있다. 그런 규범적 정치 이론가들은 이상적인 ─ 또는 적어도 지금보다 나은 ─ 정치 공동체를 구상하고, 그런 이상과 구체적인 사례가 서로 얼마나 잘 대응되는가 하는 점을 평가하며, 더 바람직한 결과를 이끌어 낼 수 있는 방도를 제시한다. 규범적 정치 이론가들의 일반화・평가・처방 등은 언제나 가치판단value judgment의 성격을 띤다. 예를 들어, 페미니즘 이론가들은 남성의 여성 지배 현실을 도덕적으로나 정치적으로 용납할 수 없는 현실로 간주할 것이다.

　둘째, 정치 이론가는 비전문가와 비교해 자기 사상의 기본 바탕과 타당성validity에 더욱 큰 관심을 기울인다. 전문 이론가들은 자신의 서술・설명・예상・이상화idealization・평가・처방, 그리고 여타 생각들을 흔히 잠정적이고 온건하게 표현하기 마련이다.[9] 이들은 자신이 다루는 정치적 질문에 대해 절대자의 관점에서, 혹은 이상적이고 전지전능하며 공평하고 초월적인 관점에서 본다면 진정한 대답이 있을 것이라고 상정한다. 하지만 정치 이론가 역시 인간이므로 이들은 자신이 가진 지식의 한계, 자신의 지각과 분석의 잠재적인 편견에 따르는 문제점을 인식하고 있다. 이론가들은 자기 생각을 입증하려면 반드시 인정할 수밖에 없는 토대론적 가정에 관해 스스로 질문을 하며, 그런 가정의 유용성과 타당성에 대해 성찰한다. 오스트리아 태생의 영국 철학자 칼 포퍼Karl Popper, 1902~94에 따르면 실증적 연구자들은 과학적 방법론 ─ 자기 생각과 관련된 관찰 가능한 증거를 분석해 기존의 가설을 반증反證, falsification하려고 노력하는 방법 ─ 을 통해 자신의 서술과 설명의 타당성을 점검한다고 한다. 이런 방법론은 사람의 사고思考에 부수된 여러 편견을 걸러 내며, 그 사람이 자기 생각을 시험하기 위해 적용했던 절차를 다른 연구자가 검토할 수 있도록 허용한다. 프랑스 철학자 시몬 베유Simone Weil, 1909~43에 따르면 규범적 이론가들은 자기 생각과 반대되는 생각을 탐색하는 조사 방법을 정기적으로 활용해 자신의 이상화·평가·처방의 타당성을 객관적으로 검토한다고 한다. 이렇게 하면 자기 생각과 반대되는 견해의 타당성을 검토할 수도 있다. 요컨대, 실증적 연구자이든 규범적 연구자이든 자신의 생각과 반대되는 증거와 논증을 적극적으로 찾아보고, 필요하다면 원래의 결론을 수정한다는 말이다. 이처럼 정치 이론가들은 생각의 타당성에 대해 성찰적 자세를 유지하면서 정치적 삶의 진실 그리고 정치적 삶에서 선익이란 무엇인지를 찾기 위해 개방적이고 잠정적인 탐색을 실시하는 것이다.[10]

흔히 실증적 연구자와 규범적 연구자의 목표와 방법론의 차이를 강조하는 것이 보통이지만, 둘 사이의 격차가 실제로는 그리 크지 않을 수도 있다. 정치학자들은 실증적 이론의 발전을 강조하곤 하지만 그들 역시 규범적 주장을 내놓곤 한다. 마찬가지로 정치철학자들도 규범적 이론의 발전을 강조하곤 하지만 그들 역시 실증적 일반화를 자기 연구에 활용하곤 한다. 더 나아가, 공공 정치철학은 실증적·규범적 사상의 요소들을 모두 지니고 있으며, 우리가 받아들일 만한 공공 정치철학의 발전을 위해서는 실증적 정치학과 규범적 정치철학의 도구가 모두 필요하다.[11] 정치 이념에는 공공 정치철학에 포함해도 좋을 만한 흥미 있고 개연성 높은 사상이 많이 들어 있다. 그러나 정치 이념에 들어 있는 사상의 타당성에 대해 회의적인 비판도 많다. 어떤 정치 이념은 기존의 정치 관행이 공익을 희생시키면서 특정 계급의 이익에만 도움을 주는 현실을 숨기기 위해 정치 현실을 왜곡하는 설명을 제시할지도 모른다. 편집증에 사로잡힌 정치 이념도 있다. 미래의 이상적인 목표를 위해 사람들에게 현재 불합리한 희생을 강요하는 정치 이념도 있다. 따라서 정치학과 정치철학은 각양각색의 경합하는 정치 이념의 주장들을 객관적으로 판단할 수 있는 접근법을 제공해 준다.

정치학

정치학은 정치적 신념들의 공정한 분석을 목표로 하는 학문 분야다. 정치학은 현실 정치 공동체의 작동 현황을 우리가 타당하게 묘사하고 설명하는지를 판단할 때 각종 편향이 악영향을 끼치지 않도록 방지할 수 있는 방법론을 제공한다. 그러나 정치 세계의 실제 작동 방식에 관한 이념적 편향을 제거하려는 과학적 방법론의 역량에 의문이 제기되곤 한다. 이런 의문에 따르면, 우리가 이미 믿고 있는 정치 이념의 방향성에 따라 현실 세계에 관해 묻는 질문 자체, 우리가 제안하는 가설, 우리가 세계를 관찰한 내용 자체가 결정된다고 한다. 이런 주장은, 우리가 정치적 신념을 형성할 때 기존 정치 이념의 틀에서 완전히 벗어날 수 없음을 시사한다. 정치 이념이란 현실 세계에 관한 우리의 인식과 사고를 일정한 방향으로 인도하거나 왜곡하는 특수하고 편협한 렌즈라는 이유에서다. 이렇게 되면 간주관적인inter-subjective 합의는 불가능해진다.

실제로 정치 이념이 정치 세계의 작동에 관한 우리의 질문 자체를 형성하는 힘을 가진 것은 두말할 나위도 없다. 예를 들어, 마르크스주의는 민주적 정부란 것이 단순히 '자본계급의 집행위원회'에 지나지 않는다고 주장하는 정치 이념이다. 따라서 마르크스주의자는 형식적 민주국가 내에서 실제로 권력이 어떻게 분포되어 있는지에 관한 질문을 주로 하기 마련이다. 누가 실제로 다스리는가? 미국의 도시들과 (자칭 민주적이라고 주장하는) 여러 정치 공동체에서 누가 진정한 지배 권력인가? 그런데 만일 정치 이념에 근거하여 이렇게 중요한 질문에 관해 과학적인 조사를 착수할 수 있다면 그것은 그 정치 이념의 결점이 아니라 오히려 유용한 자산일 것이다.

또한 정치 이념은 연구자가 조사하려는 가설을 구성하는 것에도 영향을 끼칠 것이다. 누가 실제로 다스리는가라는 질문에 대해 자유주의자는 보통 민주 사회에서 선출된 시민의 대표가 진정한 권력의 보유자일 것이라고 가정하지만, 마르크스주의자는 다양한 경제적 이익집단 — 자본계급의 구성원 — 들이 선출직 공직자에 대해 엄청난 영향력을 행사한다고 주장한다.[12] 또한 현대 보수주의자는 이 질문에 대해 지식인과 관료로 이루어진 '신계급'New Class이 진짜 권력의 보유자라고 응답할 것이다. 따라서 정치 이념의 성향에 의해 중요한 문제에 관해 하나의 가설이 형성될 뿐만 아니라 다양한 여러 대안과 경쟁 가설이 형성되곤 한다. 적어도 원칙적으로 보면, 여러 경쟁 가설들을 과학적으로 평가할 수 있으며, 그럴 때 비로소 정치 공동체 내의 실제 권력 분포 현황과 같은 문제에 관해 정확하고 타당한 서술과 설명이 가능해진다.

그러나 사람들이 가설과 이론을 대신하여 열거하곤 하는 증거 자체도 (이념적 편견에 의해) 영향을 받을 수도 있다. 예를 들어, 자유민주주의 정치 공동체에서, 자본가들이 실제로 권력을 행사한다고 믿는 마르크스주의 연구자는 자본가들의 지배라는 관념을 강화하는 조사 방법을 사용하곤 하지만, 자본가의 권력에 대한 막연한 인상과 실제 자본가의 권력은 상당히 제한적이라는 현실을 적절하게 구분하지 못한다는 평을 듣기도 한다.[13] 이와 반대로 마르크스주의자는, 선출된 대표가 진정한 권력을 가진다고 믿는 자유주의 연구자가 자본가들이 시민의 대표들에게 행사하는 숨은 권력을 파헤칠 수 있는 조사 방법을 사용하지 않는다고 주장한다.[14] 권력 분포에 관한 경쟁 가설들을 입증할 증거를 수집하는 데 사용되는 조사 방법의 편향성으로 말미암아 일부 관찰자들은 "누가 실제로 다스리는가?"라는 질문에 대해 객관적인 해답을 얻을 가능성이 희박하다는 결론을 내리기도 했다. 이 연구 분야가 이념적 편향과 선입견에 의해 지나칠 정도로 오염되었다는 이유에서다.[15]

그럼에도 과학적 조사 방법은 정치 이념의 편향성을 극복하기 위해 만들어진 것이다. 정치 이념들의 입장 차이 때문에 가설을 평가하는 증거의 해석에도 영향이 올 수 있겠지만 과학적 조사 방법은 불명확한 주장을 걸러 내고 과학적 탐구의 타당성에 대한 우리의 믿음을 강화해 줄 수 있는 엄밀한 절차 — 예를 들어, 연구 결과의 '재현성'再現性, replication을 강조하는 것 — 를 많이 발전시켰다. 따라서 이념적인 이유로 형성된 믿음을 과학적 평가의 대상으로 삼으면, 원래는 어떤 조사 방법이 타당한지를 살피는 차원이었던 논쟁이 흔히 더욱 복잡한 논쟁 — "누가 실제로 통치하는가?" 등의 질문 자체에 관한, 그러나 궁극적으로 더욱 적절한 논쟁 — 으로 이어지곤 한다.

"누가 실제로 다스리는가?"라는 질문의 과학적 분석은 권력의 개념을 더욱 적절하게 이해하게끔 해주었다. 요즘 들어 각기 다른 이념의 관점에 속한 연구자들은 단순히 누가 정부의 직책을 맡고 있느냐 하는 식으로 정치권력의 개념을 정의하거나 측정하지 않으며, 권력이라는 것이 다중적이고 한층 더 미묘한 얼굴을 하거나 다양한 차원을 지니고 있다는 점을 인정하게 되었다. 우선, 권력의 첫 번째 측면은, 의사 결정을 내려야 할 경우, 어떤 사람들이 자신이 선호하는 것을 다른 사람들에게 강요할 수 있는 경우에 나타난다. 권력의 두 번째 측면은 어떤 사람들이 자기 공동체에서 발생한 문제를 놓고 의제를 설정하고 통제할 수 있는 경우에 나타난다. 즉, 의사 결정의 배경이 되는 맥락 자체를 좌지우지하는 방법을 통해 첫 번째 측면의 권력을 효과적으로 행사할 수 있도록 사전 정지 작업을 해놓는 것이다. 권력의 세 번째 측면은 어떤 사람들이 다른 사람들의 선호 자체를 좌지우지하는 경우, 자신의 선호를 결정당한 사람들이 자기들의 선호를 결정해 준 사람들의 목적에 기꺼이 순응할 때 나타난다.[16] 첫 번째 측면의 권력 개념(과 이 개념을 분석할 수 있는 조사 방법)을 발전시킨 사람들은 아마 자유주의자일 것이다. 이런 권력 개념을 통하면 선출직 공직자들이 자본가들보다 많은 권력을 가졌음이 입증될 수 있다고 예상했기 때문이다. 이와 대조적으로, 권력의 두 번째와 세 번째 측면의 개념을 발전시킨 사람들은 아마 네오마르크스주의자일 것이다. 현실을 분석해 보면 흔히 자본가들이 먼저 의제를 설정한 후 선출직 공직자는 그 의제를 추종하기 십상이며, 선출직 공직자들(또는 심지어 노동계급)의 정책 결정 선호도가 자본주의적 가치에 의해 결정될 것으로 예상되기 때문이다. 따라서 애초에는 이념적 동기에 의해 권력이 서로 다른 차원으로 개념화되었지만, 오늘날에 와서는 자유주의자와 네오마르크스주의자들 모두가 권력이 다차원적인 것이고, 권력이 적어도 앞에서 설명한 세 가지 차원을 모두 포괄하는 현상임을 인정하기에 이르렀다.[17] 더 나아가, 누가 실제로 다스리는가 하는 이념적 논쟁은 최근 다음과 같은 과학적 합의를 끌어냈다. 첫째, 선출된 국민의 대표나 자본가가 전적으로 모든 권력을 행사하지는 못한다. 둘째, 권력의 분포는 정치 공동체마다 차이가 있고, 심지어 한 공동체 내에서도 제기되는 문제의 성격에 따라 권력의 분포가 달라진다. 형식적으로 민주적인 정치 공동체에서도 사업가들의 이해관계가 권력을 지배하기도 하고, 사업가들의 이해관계에 반대하는 측이 권력을 지배하는 정치 공동체도 있다. 실제로 사회과학적 연구에 따르면, 공동체를 다스리는 문제를 탈정치화하는 제도(예를 들어, 비당파적 선거를 통해 선출직 공직자를 뽑는 제도)를 가진 정치 공동체에서는 사업가들의 이해관계가 관찰되기 쉽다고 한다.[18] 이런 연구에 따르면 사업가들의 이해관계가 경제적 사안에서는 특히 힘을 발휘하지만, 다른 쟁점 영역, 예컨대 도서관, 레크리에이션 시설, 쓰레기 처리 등과 같은 공공서비스의 제공과 배분에서는 그 영향력이 훨씬 작다는 사실도 밝혀졌다.[19]

요컨대, "누가 실제로 다스리는가?"처럼 이념적으로 촉발된 논쟁의 과학적 분석에 따르면 이념적 관점에서 제시하는 단순한 해답들만으로는 충분하지 않다는 점이 드러난다. 이런 논쟁에서 흔들리지 않는 이념적 확신을 견지하는 사람일수록 그런 문제에 대해 복잡한 과학적 조사 결과를 받아들이지 않는 경향이 있지만, 실제로는 이념적으로 투철한 입장을 넘어 권력과 기타 정치적 이슈에 대해 좀 더 정확하고 [상세한 조정을 거쳐] 발전이 이루어져 왔다. 정치 공동체의 권력 분포 연구 사례는 다음과 같은 사실을 보여 준다. 즉, 〈그림 1-1〉의 이론 틀에 나오는 정치에 관한 질문을 제기하고, 서로 다른 이념적 관점을 가진 사람들이 보유한 정치적 확신을 경합하는 가설이라고 간주하며, 정상적인 과학적 조사 방법을 동원해 이런 가설들을 분석하는 방식을 통해 더욱 적합한 정치적 지식을 얻을 수 있다는 사실이다. 물론 과학적 조사 방법에 이념적 편향이 전혀 없으며, 과학적 조사 방법만으로 객관적이고 진정한 일반화에 이를 수 있다고 주장하려는 것은 아니다. 다만 서로 다른 이념에서 제기된 경합하는 가설들을, 가장 과학적인 조사 방법을 통해 검토하면 정치 현실을 더 잘 서술하고 더 잘 설명할 수 있으리라는 정치학의 통설을 언급하려는 것이다.

정치철학

하지만 우리가 이상화·평가·처방 등을 분석할 때에는 과학적 조사 방법을 동원하더라도 완전한 분석 결과를 얻기는 어렵다. 왜냐하면 과학적 조사 방법은 현실 묘사에서의 편향성을 탐지하려는 것이지, 좋은 삶을 추구하는 '이상'을 다루는 데 나타나는 편향성을 탐지하려는 것은 아니기 때문이다. 소크라테스Socrates나 플라톤Platon과 같은 고대 철학자에 따르면 '정치적 이상'political ideals을 판단할 수 있는 최선의 방법은 변증법적 방법이며 오늘날에도 이 방식을 지지하는 사람들이 있다.[20]

가장 단순하게 말하자면, 변증법적 방법dialectical methods이란 자신의 정치적 원리를 타인이 비판적으로 검토하게끔 허용하는 것이다. 변증법적 방법을 쓰면, 자기와 반대되는 주장을 하는 사람을 논쟁에서 이기는 것만이 목적이 아니며, 설령 자신의 원래 견해를 수정하는 한이 있더라도 더 나은 지식을 발전시키는 것이 목적이 된다. 플라톤의 『국가』Republic에서는 이런 변증법적 방법을 '정의가 무엇인가?'라는 질문에 적용시켜 설명하고 있다. 예컨대, 아테네의 전통 사상이었던 트라시마쿠스Thrasymachus의 소피스트적 견해와 소크라테스의 정의관을 나란히 제시해 놓고 제삼자가 비판적으로 검토할 수 있게 하는 것이다. 하지만 플라톤이 위대한 사상가이긴 하나 현대 철학자들은 그의 대화법이 공평한 정의 원칙을 발견하기에는 충분치 않다고 지적한다. 플라톤의 논의에는 오늘날 통용되는 정의 관념이 상당 부분 결여되어 있다는 것이다. 플라톤이 자신의 저서에 등장하는 많은 인물들의 다양한 입장을 비판적으로 고찰하는 것처럼 보이지만, 소크라테스의 견해만큼은 곧이곧대로 수용하는 한계를 보인다고 한다. 따라서 '정의가 무엇인가?'라는 현대의 철학적 논의를 풀기 위해 사용하는 변증법적 방법은 플라톤이 적용했던 방법보다 훨씬 더 엄격하다.

이념에서 우러나온 정의 관념(또는 정치 공동체, 시민권, 사회구조, 권력의 보유자, 정부의 권위, 변화에 대한 관념)을 유지하는 수준을 넘어, 변증법적 방법을 써서 철학적 검토를 한 후 정의라는 이상을 선택하려고 한다면 어떻게 해야 할까? 데이비드 리치David Ricci는 "거대한 대화"a great conversation라는 방법론을 적용해야 한다고 말한다.

그렇게 하기 위해서는 일종의 '거대한 대화'가 필요하다. 이 대화는 특정한 직업이나 전문 직종과 같은 특수 사회집단의 구성원들이 자기들끼리 익숙한 방식으로 이야기하는 '세밀한 대화'small conversations보다 훨씬 더 규모가 큰 대화를 말한다. 이런 큰 범위의 대화를 하는 목적은 사회의 다양한 집단들이 자신들의 다양한 미적·도덕적·과학적 견해를 표출하면서 그것들을 일종의 공통된 토대 위에 위치해, 여러 세대가 지나면서 점진적으로 진리와 사회 풍조에 관한 합의를 이뤄 내게 되고, 그것이 정치 공동체의 구성원들을 한데 묶어 주는 사회연대의 근거로 작용하여 사람들이 함께 잘 살 수 있게 하자는 것이다. 또한 이런 방법은 다양한 사실들을 검토 ─ 그런 사실들을 옳고 그름, 좋고 나쁨, 죄와 덕, 권리와 책임 등의 정전canon과 비교해 ─ 하려는 지성적 기획이기도 하다.[21]

이런 대화는, 우리가 정치를 행하기 위해 선택할 일반적 공공 정치철학을 발견하기 위한 것이다. 또한 특정 정치 공동체를 다스릴 공공 정치철학을 발견하기 위한 것일 수도 있다. 정치 공동체마다 성격이 다를 수 있으므로, 일반적인 공공 정치철학에 관한 합의가 최소한의 수준에 불과할 것으로 예상해야 한다. 또한 서로 다른 정치 공동체는 그에 맞는 공공 정치철학을 선택할 것으로 예상해야 한다.[22] 공공 정치철학이 되려면 많은 질문에 답변해야 하므로 대화를 여러 번에 걸쳐 조금씩 진행해야 제대로 된 대화가 이루어질 것이다. 각각의 대화는 정치의 영원한 질문 가운데 한 가지 ─ 예컨대, '누가 다스려야 하는가?', '사회적 재화를 어떻게 배분해야 할 것인가?' 등 ─ 에 대해 여러 정치 공동체가 각각 답변을 할 수 있게 하는 방식을 취하는 것이 좋다. 대화를 매번 진행할 때마다 각 이념을 대표하는 대변인들을 한자리에 모아 놓고, 정치의 영원한 질문 가운데 한 가지에 대해 일종의 합의적 답변을 도출하려고 노력한다는 식으로 상상해 보면 좋겠다. 각 이념의 주창자들은 어떤 쟁점에 대해 자신들의 원칙을 각각 명확하게 표현하리라고 가정할 수 있다. 또한 각 이념의 주창자들이 자기 이념의 철학적 가정을 최대한 설명할 것이고, 그런 철학적 가정이 정치 공동체의 전체 사회구조와 거버넌스에 어떤 함의를 갖는지를 보여 줄 것이다. 각 이념의 주창자들은 자신의 이념이 지닌 원칙이 사회·경제·정치적 문제를 어떻게 해결(또는 감소)할 것인지, 다양한 정치적 목표를 어떻게 달성(또는 접근)할 것인지, 다양한 도덕적 관심 사안을 어떻게 반영할 것인지를 설명할 것이다. 물론 각각의 이념이 내놓는 주장에 대해 이 모임에 참석한 다른 모든 이념의 대변인들이 비판적으로 검토하고 각각의 주장이 얼마나 적합한지를 철저히 토론해야 한다.

리치가 시사하듯이 그런 대화는 논의되는 쟁점이 중요하다는 점에서 '거대'하고, 다루는 견해들이 다양하다는 점에서도 '거대'하다. 그리고 이런 대화는 그 대화의 지속 기간에서도 '거대'할 (어쩌면 끝이 없을) 것이다. 정치의 영원한 질문들이 엄청나게 거대한 범위를 다루는 질문임을 감안할 때, 단순히 말로 하는 토론을 통해 재빨리 답변을 만들어 내고 합의에 도달할 수 있으리라 기대해서는 안 된다. 실제로 난상 토론이 그 자체로서 소중한 것이긴 하지만, 거대한 대화가 현대 정치철학을 특징짓는 분석 방법을 은유적으로 나타내는 용어일 수도 있음을 인정해야 한다. 그러므로 이런 대화를 진행하기 위해, 또는 변증법적 방법론을 적용하기 위해 사람들이 실제로 한자리에 모여 구두로 자기 의견을 발표할 필요는 없다. 실제로 거대한 대화에 따르는 복잡한 문제들이 많기 때문에 불명확한 용어를 정리하고 논증을 명료하게 가다듬는 방식으로 자신의 견해를 문장으로 표현한다면 대화의 정확성이 더욱 늘어날 것이며, 대화에 참여하는 사람들도 각각의 주장을 더 잘 따져 보고 분석할 수 있는 기회가 생길 것이다. 요컨대 정치철학의 '거대한 대화'는 책과 논문을 통해 사람들이 자기 사상을 제시하고 옹호하는 곳에서, 다른 사람들이 그런 의견의 결함이라고 생각되는 점을 지적하는 곳에서, 그리고 그런 비판에 대해 원래 의견을 내놓았던 사람이 자신의 사상을 좀 더 정교하게 다듬는 곳에서 일어나는 것이다.[23]

〈그림 1-1〉에서 제시된 분석 틀에 따른 지금까지의 논의는 정치학과 정치철학을 이용해 정치의 영원한 질문을 어떻게 해결할 수 있는가에 초점을 맞추고 있다. 하지만 지금까지 이런 각각의 쟁점과 연관된 동심원들을 어떻게 해석

할지의 문제는 다루지 않았다. 이제 (이론적 성찰을 통해 우리가 실제로 얼마나 합의에 이를 수 있을지의 문제를 해결하기 위해 제안된) 이 동심원들에 관심을 기울일 차례가 되었다.

이미 지적한 바대로, 첫 번째 목표 — 동심원 가운데 가장 안쪽의 동그라미 — 는 정치의 영원한 질문들에 관해 최대로 가능한 합의에 도달하는 것이다. 완전히 보편적이고 항구적인 합의까지는 아니더라도 우리가 현재 처해 있는 다원적 정치 공동체 내에서 최대한 도달할 수 있는 합의 말이다. 안쪽에서 두 번째 동그라미로 표현되는 두 번째 목표는 다원적 사회에서 항상 쟁점이 되는 정치의 영원한 질문이 무엇인지를 찾는 것이다. 안쪽에서 세 번째(바깥에서 두 번째) 동그라미로 표현되는 세 번째 목표는 급진주의자radicals가 다원적 정치를 근본적으로 바꾸기 위해 제시하는 사상이 무엇인지를 찾는 것이다. 가장 바깥의 동그라미로 표현되는 마지막 목표는 극단주의자extremists가 품고 있는 (적어도 다원적 정치의 관점에서 볼 때 비현실적으로 보이는) 사상을 찾는 것이다. 지금부터는 이런 목표들을 하나씩 설명하려고 한다.

3
다원주의의 토대적 합의를 찾아서
...

이 책에서 제시하는 이론 틀은 현대 정치사상에서 다원주의가 얼마나 중심적인 위치를 차지하는지를 알려 준다. 정치의 개념 그 자체와 마찬가지로 다원주의도 정치 이론에서 논쟁적인 용어다. 정치학자들은 다원주의를 주로 (미국 정치를 오해한 것에 바탕을 둔) 하나의 경험적 정치 이론으로 이해한다. 20세기 중반부 정치학의 행태주의 혁명 시기에 발생한 정통 다원주의 정치 이론은 (어쩌면 유일한) 주류 정치 이론으로 출현했다. 정통 다원주의 정치 이론에 따르면 미국의 정치는 다음과 같은 규범적 목표를 지향한다. 즉, 다양한 이해관계들이 존재함을 인정하는 것, 다양한 이해관계를 정치 세력으로 조직하는 것, 서로 경합하는 사회집단들 내에서 권력을 폭넓게 분산하는 것 등이다. 가장 중요한 점으로 정통 다원주의 정치 이론가들은 미국의 다양한 정치 공동체들이 이런 목표를 실현할 수 있게 하는 제도와 정치과정을 보유하고 있어서 민주주의와 정의의 실현에 근접해 있다고 주장했다.[24] 그러나 그 후 수십 년간 정통 다원주의 정치 이론은 다원주의를 지나치게 협소하게 규정했다는 비판을 받았다. 권력의 분포 현황에만 지나치게 관심을 기울이고, 광범한 이해관계와 도덕적·정치적 원리를 지니고 있는 시민들로 이루어진 여러 정치 공동체들의 규범적 관심 사안들을 간과했다는 이유에서였다. 또한 정통 다원주의 정치 이론은 다원주의가 진화하는 정치 이론 — 정통 다원주의 정치 이론보다 역사적 연원이 앞서고, 규범적 개념과 경험적 일반화 모두에서 수많은 이론 수정을 받아들일 능력이 있는 이론 — 인 점을 간과했다는 이유로도 비판을 받았다.[25] 그 결과 현대 정치 현실의 문제점과 결함에 초점을 둔 여러 종류의 신다원주의neo-pluralism 정치 이론이 출현했다. 이 이론들이 초점을 맞춘 문제점들은 시민들의 우려를 정치적 쟁점으로 전환할 수 있는 적절한 기회가 부족한 점, 핵심적인 의사 결정 단계에서 다양한 사회집단이 충분히 대표되지 못하는 점, 다원적 정치체제의 정책과 프로그램에서 사람들에 대한 대우가 체계적인 편향성과 불평등을 띠고 있다는 점 등과 같은 현실이었다.[26] 여러 버전의 다원주의 정치 이론이 등장했다는 사실 자체가 다원주의가 계속 발전하고 있는 정치 이론임을 나타낸다. 정통 다원주의 정치 이론을 일종의 규범적·경험적·평가적·처방적 정치 이론으로 발전시키려는 것이 이 책의 집필 목적 가운데 하나다.

이 책에서 제기하고 여타 신다원주의 이론가들이 주장하는 바에 따르면 (정통 다원주의 정치 이론이 아닌) 넓은 의미에서의 다원주의 이론은 일종의 공공 정치철학이다. 학자, 정치 지도자, 정치 참여자, 일반 시민들 가운데 이 공공 정치철학을 지지하는 사람들이 많이 늘어났다. 요즘 특히 미국을 위시한 서구권에서 이런 경향이 많아졌지만 점차 비서구권에서도 같은 추세가 엿보인다. 다원적 정치철학의 사상을 받아들인 정치 공동체에도 결함이 많은 것이 사실이지만, 그래도 다원주의가 최소한의 평화와 번영을 제공하는 사상이라고 생각해도 무방할 것이다. 다원주의가 지상의 낙원을 이룩할 처방을 제시해 주지는 못하지만, 적어도 인류를 괴롭히는 최악의 정치 상황을 피하게 해주는 사상이라고 생각된다. 다원적 사상과 그 이상을 받아들이지 않는 정치 공동체도 존재하지만, 이들은 다원적 정치에 필요한 사회·경제·문화적 조건을 아직 구비하지 못한 것으로 보인다. 다원주의는 오늘날 각국의 사회가 달성한, (아직 미완이지만) 대단히 수준 높은 정치적 성과에 속한다.

〈그림 1-1〉은 각 범주의 동심원 가장 안쪽 중심에 다원적 공공 정치철학의 핵심이 되는 사상들이 자리 잡고 있음을 보여 준다. 이 부분은 다원주의자들이 모두 동의하는 기본적 합의점들로 이루어져 있다. 미국을 위시한 몇몇 다원적 사회 내에 일정한 정치적 합의가 존재한다고 지적하는 학자들이 꽤 있다. 리처드 호프스태터Richard Hofstadter나 루이 하츠Louis Hartz와 같은 역사가들은 미국의 정치발전을 인도해 온 넓은 의미의 합의가 존재한다고 주장했다. 이런 합의에는 개인주의의 강조, 기회균등, 민주적 권리, 기타 자유주의 가치 등이 포함되어 있다.[27] 정치학자 허버트 맥클로스키Herbert McClosky와 존 잴러John Zaller는 대중 여론조사에 근거하여 미국의 대중이 자본주의와 민주주의로 이루어진 기본 제도들을 폭넓게 지지한다고 주장했다.[28] 로널드 잉글하트Ronald Inglehart와 그의 동료들이 실시한 각국의 여론조사에서도 대다수 선진국 국민들은 현상의 유지 혹은 혁명적 변화와 같은 양 극단적 입장보다 점진적 정치 개혁, 그리고 여타 다원적 공공 정치철학과 부합되는 방향을 지지하는 것으로 나타났다.[29] 정치철학자들 역시 다원주의 내에 일종의 합의가 존재한다고 본다. 예를 들어, 조지 클로스코George Klosko는 다원적 사회란 '절차적 정의'procedural justice ─ 분쟁을 공평하게 해결하기 위한 원칙과 절차 ─ 에 관한 합의에 도달한 사회라고 주장했다.[30]

이 점에 대한 가장 중요한 이론적 기여를 한 이는 아마 존 롤스John Rawls, 1921~2002일 것이다. 롤스는 『정치적 자유주의』Political Liberalism에서, 다원적 사회의 일차적 특징은 그 사회가 다양한 종류의 '포괄적 도덕률'comprehensive moral doctrine을 받아들이는 사람들로 이루어져 있다는 것이라고 제안했다. 다원적 사회에서는 다양한 종교·이념·윤리 및 생활 방식을 받아들이기 때문에, 시민들은 서로 용인하고 최소한의 공동 원칙을 준수하겠다는 정치적 합의 — 안정된 정치 공동체 내에서 평화롭게 공존할 수 있게 해주는 — 를 해야만 한다. 다원적 사회에서는 정치적 지배를 위한 끝없는 싸움을 줄여 줄 '중첩적인 정치적 합의'overlapping political consensus가 필요하다. 이런 합의는 일종의 기본적 합의, 즉 권력투쟁에서 승리한 측이 나머지 사람들에게 자신의 특정한 도덕성을 강요할 수 없다는 원칙에 근거해 있어야 한다. 누가 권력을 잡고 다스리든 간에 모든 시민의 도덕적 자율성과 기본권을 존중해야만 하는 것이다. 롤스는 이런 합의 사항의 내용을 구체적으로 정해 놓지는 않았지만 다음과 같은 개요를 제안한다.

> 그런 [중첩적] 합의의 범위[넓이]는 민주적 절차를 마련하는 정치적 원리를 넘어서서 기본적 사회구조 전체를 포괄하는 원칙까지 포함해야 한다. 따라서 그런 합의에 따른 원칙은 양심의 자유 및 사상의 자유와 같은 실질적 권리, 그리고 공평한 기회균등과 핵심 필요를 포괄하는 원칙을 인정해야 한다.[31]

이 책은 다원주의 내에서 넓은 의미의 합의가 가능한지를 판별하려는 목표를 지니고 있다. 다양한 정치 이념들이 정치의 영원한 질문에 대해 각기 제시하는 답변들을 살펴봄으로써 서로 합의하거나, 합의하지 못하는 영역을 발견할 수 있다. 앞에서 본 대로, 정치의 영원한 질문에 관해 모든 정치 이념이 공통의 합의를 이룰 가능성은 비교적 낮다. 그러나 다원주의의 지지자[다원주의를 지지하는 이념]라면 정치의 영원한 질문들을 놓고 어느 정도 합의에 이를 수 있을 것이다. 버나드 크릭Bernard Crick은 다원주의의 지지자로 보수주의·자유주의·민주사회주의 등을 꼽았지만, 그런 이념들 내에도 여러 종류가 있으며, 새롭게 출현해서 각광을 받게 된 낯선 정치 이념들도 있다.[32] 다양한 정치 이념들이 정치의 영원한 질문에 어떤 답변을 내놓는지를 검토한 후, 흔히 인정하는 것보다 더 많은 합의가 다원주의 내에 존재한다고 주장할 것이다.

그러나 정치 이념들 간의 공통된 합의를 찾는 일이 쉽지 않은 과제인 것처럼, 다원주의의 지지자들 사이에 합의가 존재하더라도 그것을 항구적인 합의 또는 절대적인 합의로 간주할 수는 없다. 다원적 공공 정치철학이 자본주의와 민주주의라는 공통분모에 합의한다는 사실이 앞으로도 크게 변하지 않으리라고 확신하는 분석가들도 있다. 이들은 오늘날 정치에 관한 '거대한 대화'가 그 수명을 다했으므로 드디어 '이념의 종언' 또는 '역사의 종언' 시대를 맞았다고 주장한다.[33] 그러나 다원주의자들은 하나의 항구적인 합의가 존재한다고 주장하지 않으며, 다원적 합의는 다원적 사회의 인민이 새로운 문제와 정치 목표 및 새로운 인식을 접하는 가운데 시간이 경과하면서 앞으로도 계속 진화할 것이라고 가정한다. 다원주의에서는 모든 사회 구성원이 반드시 어떤 합의에 이를 필요가 없으며, 다원적 합의 내에서도 반대가 존재할 수 있다고 믿는다. 즉, 현존하는 다원적 정치 공동체에서 모든 사람이 똑같은 합의에 이를 수는 없고, 몇몇 핵심 원칙에 대해 대다수 사람들이 동의하기만 하면 된다는 말이다.[34] 이 책의 5~15장에 등장하는 각각의 쟁점에 대해 다원주의의 토대적 합의가 무엇인지를 앞으로 상세히 살펴보겠지만, 그런 합의조차도 (다원주의의 핵심 특징인) 잠정성을 전제한다.

인식론적 질문을 다룬 8장의 결론을 미리 소개하자면, 다원주의자들에게 정치적 지식에 관한 불변의 확실성은 있을 수 없고, 사회적으로 구성된 잠정적 인식을 추구하는 것이 옳다고 주장하려 한다.[35] 다원주의자들은 도덕적·정치적 지식은 고정불변한 것이 아니라, 헌법, 일반 법률, 국제적 합의, 국제조약 등으로 표현되는 사회적 동의 과정을 통해 출현한다고 본다. 이런 식의 동의는 완전한 '진리'(정치에서 절대적으로 최선인 것)가 아닐 수도 있지만 이런 동의는 무엇이 옳은 행동인지, 무엇이 잘못된 행동인지에 관해 (새로운 조건과 새로운 지식이 나타날 경우 당사자들이 수정할 수 있는) 잠정적인 동의를 가능하게 한다. 잠정성에 대한 이런 가정은 대단히 중요한 점이어서 흔히 다원주의의 지지자들의 핵심 공통분모를 형성하곤 한다. 그러나 잠정성과 (모든 사상은 다 똑같다는 식의) 회의적 시각은 동일한 것이 아니라는 점을 처음부터 분명히 짚고 넘어갈 필요가 있다. 다원주의자들은 다원적 사회와 그 정치철학이, 다원적이지 않은 사회와 그 정치철학보다 우월하다고 확신한다.[36] 특히 다원주의자는 극단적인 회의론을 거부한다. 그런 극단론은, 정치란 결국 적나라한 권력의 적용에 불과하다는 사상에 동조하기 때문이다. 회의론자들이 시민들 사이의 정치적 공통분모 같은 것은 전혀 존재하지 않고, 여러 이해 집단들 사이의 적나라한 권력투쟁만이 정치의 모든 것이라고 말할 정도가 되면 그들은 단순한 회의론자를 넘어 철저한 냉소주의자가 된 것이다. 회의론자들이 각국이 자국의 이익만을 추구하고, 국제정치란 각국 사이의 권력투쟁에 지나지 않는다고 말할 때 그들은 여기서도 냉소주의자가 된다. 우월한 힘을 가진 나라들이 국제법과 국제기구의 근본을 이루는 '합의된 이해'negotiated understandings의 제약을 받지 않는다면, 세계 공동체 내의 다른 구성원들은 그런 강대국들의 권력 행사를 억압적이고 위험한 행위라고 해석할 것이다.

4
다원주의의 토대적 합의를 넘어 존재하는 사상들
...

다원주의자들은 다원주의의 토대적 합의에 속하는 추상적 차원의 사상을 신뢰한다. 또한 이들은 여러 정치적 가치 — 특히, 안전·자유·도덕성·연대·번영·평등·민주주의 — 를 중시한다. 그리고 이들은 관용toleration, 상대방에 대한 정중함civility, 상호성reciprocity 등과 같은 정치적 덕목을 적극적으로 표현해야 할 책임을 받아들인다. 그러나 이런 의지와 책임만으로는 현대사회의 대다수 쟁점들에 대해 사람들이 원칙 있는 입장을 취하기가 어렵다. 다원주의 내에서 자신의 정치적 정체성의 위치를 정하고, 현안에 대해 자신의 입장을 마련하며, 수동적인 관전자가 아니라 능동적이고 열정적인 활동가로 살아가기 위해서, 사람들은 단순한 다원주의를 넘어선 구체적인 공공 정치철학을 가져야만 한다. 자신의 정치적 입장을 드러낼 수 있는 기본적 정치 이념 — 상대방의 사상이나 협상 가능한 차이점을 아예 처음부터 배제해 버릴 만큼 경직되지는 않은 이념 — 과 같은, 일종의 출발선이 되는 관점이 필요한 것이다. 일반적이고 추상적인 다원주의도 여러 정치적 가치들을 찾아 줄 수 있지만, 더욱 구체화된 사상이 있어야 우선적으로 선택할 가치를 좀 더 선명하게 정할 수 있다. 다원주의도 정치 활동의 구조를 정하고, 서로 경합하는 가치들을 화해시키며, 그들 사이의 순서를 정하는 매우 일반적인 원칙을 포함할 수 있지만, 좀 더 구체적인 관점이 있어야 더욱 실질적인 정치 원리가 나올 수 있다. 요컨대, '넓은 뜻의 공공 정치철학'인 다원주의를 원론적으로 지지하는 한편, (다원주의를 지지하는 동시에) 더욱 구체적인 각론을 펼치는 공공 정치철학들에 대해 이차적 동의를 할 수 있고, 또 그렇게 하게끔 권장해야 한다.

〈그림 1-1〉에 나오는 동심원들에서 가장 중심에 있는 토대적 합의 지점을 벗어난 안쪽에서 두 번째 동그라미에는 다원주의의 지지자들 내에 존재하는 경쟁적 신념·가치·원칙들이 묘사되어 있다. 20세기의 대부분에 걸쳐 보수주의·자유주의·민주사회주의는 다원주의의 주요 지지자들로 간주되어 왔는데, 최근 이 이념들 내에서 분파 이념들 — 예컨대, 사회적 보수주의와 신자유주의 — 과 새로운 이념들 — 예컨대, 환경주의와 페미니즘 — 이 출현했으며, 이들도 어쩌면 다원주의의 토대적 합의에 대해 대부분 찬성할지도 모른다. 하지만 다원주의의 새로운 지지자들은 (다원적 정치를 통해 해소되어야 할) 평범한 사회문제에 대해 새로운 원칙을 제시한다. 정치 이념을 둘러싸고 거대한 정치적 대화가 일어나려면 통상적인 다원적 정치 내에서 서로 경합하는 원칙들을 찾아야 하며, 그런 대화에서는 경합하는 각개 원칙들의 장단점을 평가해 보아야 한다. 경합하는 원칙들 가운데 최선(또는 최악)의 원칙이 무엇일지에 동의하는 일이 쉬운 것만은 아니다. 왜냐하면 경합하는 원칙들을 대변하는 사람들은 흔히 경합하는 이해관계를 대변하는 경우가 많고, 토대가 되는 철학적 가정을 서로 다르

게 내세우며, 서로 다른 가치들을 추구하기 때문이다. 또는 다원주의의 핵심 가치들을 다르게 해석하거나, 핵심 가치의 우선순위를 다르게 매기기 때문이다.

예컨대, 재산권에 대한 기본적 쟁점을 고려해 보자. 다원주의적 연속선의 오른쪽에 속한 사람들은 재산권이 정부의 통제와 과세로부터 비교적 자유로워야 한다고 믿는 반면, 왼쪽에 속한 사람들은 재산권이 폭넓은 공익을 위해 규제되고 그것에 대해 세금을 물려야 한다고 생각한다. 두말할 나위도 없이, 재산을 많이 가진 사람들은 통상 광범위한 재산권을 주장하려 할 것이고, 재산을 적게 가진 사람들은 통상 재산권을 제한할 필요성을 주장할 것이다. 그러나 우리가 이런 다양한 입장에 속한 사람들을 정치의 거대한 대화 과정에 참여시켜 자신들의 이해관계를 떠나 초연한 방식으로 서로 간의 차이를 해소하도록 한다고 가정해 보자.

이 지점에서 참여자들은 서로 자신이 선호하는 원칙을 지킬 수 있는 철학적 가정을 내세울지도 모른다. 예를 들어, 재산권의 옹호자들은 다음과 같은 전제를 들어 재산권을 옹호하려 들 것이다. 즉, 사회적 생산은 특정 개인들의 기여를 반영하는 것이고, 사람마다 사회에 기여하는 바가 다르며, 사람들이 소유한 자원에 따라 사회에 대한 기여도가 다를 수밖에 없다. 그러므로 이런 자원을 소유한 사람들은 자신이 기여한 바에 대한 결실을 누릴 권리가 있다는 식이다. 그러나 재산권의 확대에 반대하는 비판자들은 다음과 같이 반박할지도 모른다. 즉, 사회는 그 사회를 구성하는 개인들을 넘어서는 집합체이고, 사회적 생산은 특정 개인들의 기여가 아니라 전체 사회 공동체 내의 (공공 인프라와 같은) 많은 자원으로부터 비롯된 기여를 반영하며, 이런 기여는 개인의 노력뿐만 아니라 사회·역사적으로 축적된 투자를 반영하며, 그런 사회·역사적 축적은 공적 소유에 속한다. 그러므로 사회적으로 생산된 재산에 대해 대중은 일정한 몫을 주장할 수 있다는 식이다. 더 나아가, 사회적 생산에 적게 기여하는 사람도 있겠지만, 그것은 정당화될 수 없는 자연적·사회적 불평등으로부터 기인한 경우가 많으므로 이런 사람들은 오히려 그런 불평등에 대해 보상을 받아야 한다는 것이다. 따라서 재산권에 관해 다원주의의 지지자들 사이에 존재하는 차이를 해소하려면 서로 판이하게 다른 철학적 가정들의 일장일단을 토론할 필요가 있다. 그러므로 정치의 거대한 대화에서는 다원적 정치의 영역에서 발생하는 통상적 쟁점을 놓고 서로 경합하는 원칙들이 무엇인지를 확인해야 한다. 또한 원칙의 토대에 놓여 있는 상이한 철학적 가정들을 찾아야 하며, 이런 전제들의 공과를 평가해야 한다.

그러나 설령 토대적 전제들에 대해 합의가 이루어진다 하더라도 무엇이 최선의 원칙인지의 문제는 여전히 풀리지 않는 숙제로 남을 수 있다. 그런데 자신과 경쟁하는 상대방과 구분되는 일련의 정치적 원리를 갖는 것이 주는 함의 또는 그것이 초래하는 결과에 비하면 철학적 가정 ― 정치적 원리의 토대가 되는 ― 자체는 그리 중요하지 않다고 보는 사람도 있다. 예를 들어, 재산권을 옹호하는 사람들은 설령 자신들의 철학적 가정이 적절하지 않다 하더라도 재산권은 정치 공동체 전체의 번영을 위해 반드시 필요하므로 재산권을 지지해야 한다고 말할지도 모른다. 마찬가지로 재산권을 제한하고 싶어 하는 사람들도 설령 자신의 철학적 가정이 적절하지 않다 하더라도 공동체 내의 모든 사람을 평등하게 대우하기 위해서는 재산권을 제한해야 한다고 말할 수 있다. 다원주의자들은 다원적 정치 내의 통상적인 쟁점을 더 잘 해결하기 위해서 (번영과 평등한 대우를 포함한) 많은 가치들을 지금보다 발전시켜야 한다고 생각한다. 그런 쟁점을 해결하기 위해 서로 다른 원칙을 채택했을 경우 나타날 수 있는 결과를 놓고 거대한 대화를 진행하려 할 때, 어떤 가치 ― 예컨대, 민주주의, 안전, 도덕성, 자유, 사회연대, 번영과 평등 등 ― 를 가장 중요하게 취급할지에 대해 미리 합의해 놓을 수 있으면 좋을 것이다. 그러나 다원주의자들은 어떤 정치적 원리가 가장 가치 있는 효과를 낳을 것인지에 대한 합의를 방해하곤 하는, 적어도 세 가지 문제점을 잘 인식하고 있다.

첫째, 우리가 선택할 정치적 원리의 영향을 받게 될 많은 가치들이 어느 정도는 상호 충돌하며, 이런 경합하는 가치들을 취사선택할 수 있는 객관적인 공통 기준은 존재하지 않는다. 예를 들어, 사회의 전반적 번영이라는 가치와, 사람들 사이의 평등이라는 가치는 서로 충돌하며 불화한다.[37] 내가 판단하기에는 사회의 전반적인 번영이 개인들 간의 평등보다 중요하지만, 당신이 판단하기에는 평등이 전반적 번영보다 중요할 수 있으며, 우리 둘 다 서로 자신이 옳다고 당당하게 주장할 수 있지만 어느 쪽의 주장이 더 나은가를 결정할 수 있는 단일한 객관적 판단 기준은 존재하지 않는다.[38] 따라서 서로 경합하는 가치들에 대해 객관적으로 서열을 매기기는 어렵다.

둘째, 다원적 가치의 근본적인 의미 자체를 문제 삼을 수도 있다. 평등이 무엇을 뜻하는지에 대해 합의하는 것이 얼마나 어려운지를 지적한 로널드 드워킨 Ronald Dworkin의 입장이 이런 문제점을 잘 드러내 보여 준다.

> 우리는 사람들이, 정치제도의 디자인과 그 집행에 대해 평등한 관심과 존중을 받을 권리를 가졌다고 말할 수 있을 것이다. 그런데 이것은 대단히 추상적인 권리다. 예를 들어, 어떤 사람은 공직 진출에 대한 기회균등과 능력에 따른 지위 형평성을 보장해 줄 정치제도가 있으면 만족할 만한 상태라고 주장할지 모른다. 그러나 이와 반대로, 능력과 상관없이 소득과 지위의 절대적 평등을 보장해 줄 시스템이 있어야 만족할 수 있다고 주장할 사람이 있을지도 모른다.[39]

이와 마찬가지로 번영이라는 것도 '사적 번영'private prosperity(어떤 사회의 모든 구성원이 보유한, 개인의 필요와 욕구를 충족하기 위해 사용할 수 있는 소득의 총량), 또는 '공적 번영'public prosperity(공동체 내의 모든 사람에게 문호가 열려 있는 공적 재화 및 서비스의 양과 질)으로 각각 다르게 이해될 수 있다. 재산권의 확대가 기회균등과 사적 번영을 증대할지도 모른다. 반대로 재산권의 제한이 평등한 조건과 공적 번영에 도움을 줄 수도 있다. 만일 자기 입장에 따라 평등과 번영(그리고 기타 여러 다원적 가치들)을 각기 다르게 개념화한다면 여러 이념들의 원칙을 평가할 때 어떤 개념을 적용해야 할 것인가?

셋째, 서로 경쟁하는 원칙들의 결과에 대해 합의하지 못하게 하는 마지막 문제점은 정치적 원리와 추구하는 가치 사이의 관계에 대해 확고한 결론을 내리기가 어렵다는 사실이다. 현대 자유주의자와 현대 보수주의자는 자유의 중요성에 대해 합의할 수 있고, 개인이 자기 삶을 어떻게 살아갈 것인지에 대해 진정한 선택권을 가질 때에 자유가 올 수 있다는 점까지 동의할 수도 있다. 그러나 개인의 그런 선택권을 달성하거나 상실하게 하는 정부의 시책이 어떤 역할을 하는지에 대해서는 의견이 갈릴 수 있는 것이다. 오늘날의 다원적 정치에서 자유주의자는 흔히 모든 시민에게 그들이 선택한 삶의 길을 추구할 수 있도록 교육과 보건 혜택을 부여해 주는 적극적 정부 정책에 지지를 보내곤 한다. 그러나 보수주의자는 이런 영역에서 정부의 개입을 줄이는 정책을 지지한다. 왜냐하면 그들은 단일한 공적 제공자가 교육이나 보건 영역의 서비스를 제공하기보다, 개인이 공사립 학교와 의료 제공자를 선택할 수 있는지가 더 중요하다고 보기 때문이다. 정부의 적극적·소극적 정책과 개인의 선택 사이의 연관성이 이토록 복잡하기 때문에 개인의 자유를 늘리는 경우 자유주의 원칙이 맞는지, 보수주의 원칙이 맞는지를 판단하기는 대단히 어렵다.

다원주의자들은 (다양한 이념들이 정치에서 내세우는) 경합하는 원칙들을 평가할 때 필연적으로 어려움을 겪기 쉽지만, 그래도 이런 사안을 놓고 대화에 참여한다면 서로 다르게 생각하는 사람들 사이의 이해를 증진시킬 수 있고, 다원주의의 지지자들이 가능한 한 관용과 상대방에 대한 정중함, 그리고 상호성을 더 많이 가진 상태에서 서로 간의 차이를 해소할 수 있게 된다. 사람들이 자신만의 이념적 확신을 지니더라도 교조주의·절대주의·경직성을 피한다면 다원주의의 지지자들 사이에 화해가 촉진될 수 있을 것이다. 다원주의자들은 교조주의를 피하기 위해 경제·사회·정치 현실에 대한 자신의 신념을 실증적 평가와 반증의 대상으로, 그리고 (자기 신념의 한계를 파악하고, 자기 신념에 반하는 신념을 평가하는) 이성적 비판의 대상으로 삼을 수 있어야 한다. 다원주의자들은 절대주의를 피하기 위해, 다양한 가치들이 존재하며 그것들이 나름대로 의미를 지니고 있고 그런 가치들이 서로 충돌할 수도 있음을 인정해야 한다. 어떤 가치를 달성하려면 다른 가치를 희생시켜야 하는 경우가 종종 있으므로 다원주의자들은 자신이 소중하다고 생각하는 가치의 추구를 자제할 줄도 알아야 한다. 다원주의자들은 경직성을 피하기 위해, 자신이 품고 있는 원칙이 간혹 자기 자신이 품고 있거나 자기가 존중하는 타인이 품고 있는 다른 원칙들과 충돌한다는 사실을 인정하곤 한다. 정치에서 '원칙'이란 (신념과 가치에 근거한) 최선의 행동 방식을 가르쳐 주는 일반론적인 처방을 말한다. 그러나 원칙이 적용되는 행동 사례는 언제나 특정한 행동 사례이므로, 다원주의자들은 어떤 원칙에 근거한 행동 방식을 취하더라도 그것이 특정한 사안에 반드시 적합한 처방임을 보장할 수는 없다는 사실을 인정한다. 예컨대, 다원주의적 연속선에서 왼쪽에 있는 사람들은 흔히 누진적인 과세 원칙을 지지한다. 소득과 부를 가장 많이 가진 사람들이 세금을 많이 부담해야 하고, 그래야만 공공재를 마련하는 데 필요한 재원을 감당할 수 있고, 그런 방식이 사회적 재화의 평등한 분배를 가능하게 하므로 더욱 바람직하다는 이유에서다. 하지만 이런 원칙론에도 불구하고, 공동체에 따라서는 누진세가 여러 종류의 부작용 ― 예를 들어, 경제 상황에 도움이 되지 않거나, 심한 사회 갈등을 낳거나, 시민들의 탈세를 조장하거나, 행정 부담이 늘어나는 등 ― 을 가져올 수도 있고, 원래의 취지를 벗어나는 결과를 야기할 수도 있다. 정치적 원리는 특정 쟁점에서의 기본 성향과 입장을 정하는 데 중요하지만, 다원주의자들은 자신들의 원칙을 특정 사안에 구체적으로 적용할 때 나타날 수 있는 문제점을 주의 깊게 청취하며, 경직된 원칙의 노예가 되지 않도록 조심해야 한다.

그러나 일부 정치 이념의 옹호자들은 대부분의 다원주의자들보다 훨씬 강고하고 확신에 찬 태도로 자기 사상을 추구한다. 〈그림 1-1〉의 동심원 안쪽에서 세 번째 동그라미에 해당되는 급진적 다원주의자들이 (정치의 영원한 질문에 대해 나름대로 답하며) 제시하는 정치사상이 그것에 해당된다. 급진적 다원주의자들은 다원주의의 토대적 합의를 거부하지 않지만, 다원주의에는 근본적인 결함이 존재한다고 확고하게 믿는다. 그들은 자기들이 보기에 다원주의 내에 존재하는, (중요한 사회적 목표를 달성하지 못하게 가로막는) 문제의 근본 원인들을 찾고자 한다. 급진적 다원주의자들은 다원적 정치를 전복하려고 하지는 않지만, 현존하는 다원적 정치보다 나은 방식으로 다원주의를 변혁하려고 노력한다. 급진적 다원주의자들 가운데 일부는 강한 평등주의자이며, 다원적 규범인 평등한 처우의 원칙을 실천하려면 현재 다원적 사회에서보다 훨씬 더 균등하게 사회적 재화를 배분해야 한다고 믿는다. 또한 급진적 다원주의자들 가운데 다른 일부는 열성적인 자유 지상주의자이며, 이들은 정부의 규제 탓에 다원적 규범인 자유가 지나치게 자주 침해받는다고 생각한다. 그리고 급진적 다원주의자들 가운데는 강한 도덕주의자도 있는데, 이들은 서로 경합하는 개인들의 '포괄적 도덕률'들 사이에서 국가가 중립을 지켜야 한다는 원칙을 인정하면서도, 국가가 사람들의 도덕적 쟁점 — 다양한 도덕관을 지닌 사람들에게 진정으로 문제가 되는 쟁점 — 에 대해 수수방관하면 사회의 도덕적 타락을 조장하는 것밖에 되지 않는다고 주장한다. 5~15장까지 각 장의 소결에서는 다원적 이념들 사이의 합의와 갈등을 소개하거나, 다원주의를 변혁 및 개혁할 수 있는 급진적 다원주의 사상을 다룰 것이다. 다원주의는 계속 진화하는 공공 정치철학이므로, 급진적 사상이 다원주의에 해만 끼친다는 식으로 예단해서는 안 된다.

〈그림 1-1〉에서 가장 바깥에 있는 동그라미는 다원주의를 거부하고 이를 단절시키려 하는 관점을 띤 사상들이다. 우파 극단주의는 다원적 민주주의 체제를 권위주의 체제로 대체하려고 한다. 이렇게 되면 다원적 사회 내의 (적어도 어떤) 집단에게는 억압이 가해질 수도 있다. 좌파 극단주의는 통상 다원주의에 대단히 냉소적이어서 사람들에게 다원적 원리에 대한 믿음을 포기하라고 종용하며, 지속적 정치 활동을 통해 다원주의를 개선할 수 있는 투쟁에 미련을 갖지 말라고 촉구하곤 한다. 아니면 그들은 너무나 이상적이어서 대다수 사람들에게 설득력이 떨어지거나, 어쩌다 그것을 실천하더라도 성공할 가능성이 크지 않은 집단일 가능성이 크다. 어쨌든 극단주의 사상은 다원주의에 큰 도전을 제기하는 정치 이념이다.

5
소결
...

정치 이론은 정치와 철학에서 제기되는 영원한 질문들을 다루면서, 정치 공동체가 어떻게 구성되고, 그것이 어떻게 구성되어야 하는지를 모색한다. 정치학자들과 정치철학자들은 이런 질문에 대한 절대 진리를 아직 찾아내지 못했지만,[40] 다원적 정치를 지지하는 사상들 간에는 어느 정도의 합의가 (적어도 대단히 추상적인 차원에서라도) 가능할 것이다. 그러나 다원주의자들일지라도 구체적인 정치 쟁점으로 들어가면 서로 간에 일치하지 않는 점이 많을 것이다. 보수주의·자유주의·사회주의를 비롯한 다원적 이념들은 정치적 쟁점에 대해 좀 더 구체적인 안내를 필요로 하는 사람들에게, [통상적인] 다원주의에서 가능한 일반론적 합의보다 더 구체적인 도움을 줄 수 있을지도 모른다. 그러나 다원주의는, 다원주의가 옹호하는 유용한 정치적 이상을 무너뜨리려 하는 사람들로부터 보호받을 필요가 있다. 다원주의 정치 이론 및 정치철학은, 고정된 권위주의적 공공 정치철학에 의해 구성되고 통치되는 일원적 정치체제를 합리화하는 공공 정치철학에 대한 대안이다. 다원주의 정치 이론 및 정치철학은 도덕과 정치의 영역에서 그 누구도 진리를 독점하지 못한다는 전제를 둔다.

도덕의 영역에서 다원주의는 완벽주의perfectionism와 대비된다. 다원주의와는 달리, 완벽주의는 인간이 좋은 삶 혹은 윤리적인 삶을 살아야 한다고 주장하고, 좋은 삶의 구체적인 버전을 가졌으며, 국가와 사회가 인간이 좋은 삶을 살아갈 수 있도록 책임을 져야 한다고 믿는다.[41] 윤리적 다원주의 역시 사람들이 윤리적 삶을 살아가는 것이 좋다고 동의하지만, 객관적으로 정할 수 있는 좋은 삶과 객관적으로 옳은 윤리적 선택이 존재하는지에 대해 의문을 표한다. 따라서 윤리적 다원주의는 국가가 강제력을 동원해서 특정한 도덕률을 사람들에게 시행하는 것을 반대한다. 윤리적 다원주의는 전 세계를 통틀어, 그리고 대다수 국가 내의 하위문화 속에 다양한 윤리 전통이 존재한다는 점을 인정한다. 이렇게 서로 다른 윤리 전통들은 구체적인 도덕 문제를 논의할 때 서로 다른 해답을 내놓곤 한다. 이를 보면 각 윤리 전통마다 판단을 내리기 위해 사용하는 논거 자체가 다르다는 점을 알 수 있다.

정치의 영역에서 다원주의는 '일원주의'monism와 대비된다. 다원주의와 달리, 일원주의는 사람들이 좋은 삶, 덕스러운 삶을 살아가고, 타인을 공평하게 대우하는 데 필요한 대인관계를 구성하기 위해서, 단 하나의 최선의 방법이 있다고 주장한다. 정치적 다원주의 철학은 객관적으로 정할 수 있는 좋은 사회, 객관적으로 정할 수 있는 흠결 없는 정부의 모습이 존재할 수 있을지에 회의적이다. 다원주의 정치철학은, 다른 집단에 속한 사람들은 서로 다른 정치적 신념과 이해관계를 가졌으므로, 자신들의 (집합적·사회적인) 대인관계를 일원적으로 규제할 수 없다고 생각한다. 다원주의자들은 그런 불일치가 생기면 민주적 과정을 통해 평화적으로 해결하는 것이 최상의 방책이라고 생각한다. 시민이라면 누구나 (자신과 비슷한 이해관계 혹은 생각을 가진 사람들과 함께) 중요 관심사나 사회적 쟁점을 대중과 정치인들에게 온전히 알릴 수 있는 기회를 가져야만 한다. 이런 쟁점들이 정상적인 통치의 범위 안에 위치하는 문제라고 생각되면, 온전하고 개방적이며 공평한 청문 절차를 통한 '공적 이성'public reasons을 발휘하여 숙의의 대상으로 만들 수 있다. 불일치가 있을 때에는 협상·절충·타협을 통해, 그리고 (사전에 합의를 통해 도입된 절차에 따른) 민주적 투표 과정을 통해 그것을 해결할 수도 있다. 따라서 다원주의는 애초 서로 다른 사상과 이해관계를 지니고 있던 사람들 사이에서 '협상된 지식'을 담보하는 과정이기도 하다.

따라서 다원주의는 일종의 규범적인 정치 이론이다. 그러나 다원주의가 가장 명확하게 지지하는 규범이란, 대단히 추상적인 차원에 속하며, 흔히 과정 지향적process-oriented이거나 절차적이다. 다원주의의 실질적 목적이나 최종적 이상은 잘 규정되어 있지 않다. 왜냐하면 다원적 정치가 추구하는 목적이라는 것은, 결국 그 다원적 과정에 참여하는 이들 각자가 적용하려는 가치와, 그들이 숙의를 통해 궁극적으로 지지하는 목표가 무엇인지에 달려 있기 때문이다. 민주주의는 숙의와 의사 결정을 할 수 있게 해주는 공평한 절차를 제공하며, 바로 그 때문에 민주주의는 다원주의에서 주요한 절차적 가치를 이룬다. 또한 민주주의가 절차적 목표라면, 정의는 다원주의의 주요한 실질적 목표가 된다. 그러나 다원주의의 지지자들이라 하더라도 (다원적 정부의 법률·정책·프로그램에 반영된) 다양한 정의 원칙을 서로 다른 식으로 강조한다는 점을 이 자리에서 미리 지적해 두는 것이 좋겠다.

1부
정치적 대화의 참여자들

미국국립미술관NMAA에는 저명한 화가 조지프 코넬Joseph Cornell의 작품 〈이상은 별들과 같다〉Ideals are like stars라는 그림이 전시되어 있다. 약 10년 전에 메리 카펜터Mary Carpenter라는 가수가 비슷한 제목의 노래(〈Ideas are like stars〉)를 취입한 적도 있었다. 두 경우 모두 별들을 정치적 사상과 정치적 이상의 세계를 떠올리게 하는 적절한 은유로 사용한다.

밤하늘의 수많은 별처럼 정치 세계에도 셀 수도 없이 많은 사상들 — 각기 소중하다고 생각되는 정치적 이상을 다루는 — 이 존재한다. 아마 천문학자들은 아주 작고 희미한 별을 발견하더라도 그것을 중요하게 여기고 천문도에 포함할 것이다. 마찬가지로, 정치 이론가들도 모든 정치적 개념, 이론화, 기타 정치 활동에서의 추상적 사상들을 전체 정치 이론 체계의 중요한 발견으로 여겨야 할지도 모른다. 하지만 하늘의 별과 마찬가지로, 사상계에서도 다른 사상들보다 유독 더 밝게 빛나는 정치사상이 있기 마련이다. 또한 어떤 별들은 별자리나 은하계와 같은 거대한 성단星團의 일부로서 관찰될 때에만 비로소 관찰자에게서 제대로 된 의미를 부여받을 수 있다. 이와 같은 이치로, 특정한 정치사상은 전체 정치 이론 내에서 다른 정치사상과의 관계 속에서 관찰될 때에만 제대로 된 의미가 드러날 수도 있다.

개인마다 정치사상의 세계를 파악하는 방법이 다르고, 그것을 자기만의 독특한 방식에 의한 논리를 동원해 일정한 관점으로 조직하는 방법도 제각각이라고 생각하는 분석가들이 있다.[1] 이 말이 맞을지도 모르겠다. 그러나 정치사상의 세계에서 일종의 질서 있는 인식을 갖기 위해 정치 이론가들은 (적어도 지난 몇 세기 동안에는) 정치사상을 파악할 때 일관된 체계를 가진 이상적 정치사상 또는 특히 '정치 이념'의 형태로 정치사상을 파악하는 것이 좋겠다고 생각해 왔다. 그렇게 해서 정치 이론가들은 그런 정치 이념이 특정 개인들만이 아니라 더 큰 집단들의 정치적 신념과 정치적 가치를 반영한다는 사실을 알게 되었고, 정치 이념에 일정한 명칭을 부여할 수 있게 되었다. 정치 이념들은 정치의 영원한 질문들에 답하는 거시적 정치사상을 강조한다. 그것은 마치 어떤 별자리에 수많은 별이 있다 하더라도 그중에서 크고 밝게 보이는 별들만을 강조하는 것과 같은 이치다. 정치 이념은 일정한 정치사상들 간의 논리적 연관성을 중시한다. 이것 역시, 별들을 일정한 모양으로 유형화해서 별자리로 파악하는 방식과 흡사하다. 따지고 보면 모든 별자리는 인간이 만들어 낸 구성물에 불과하다. 예컨대, '북두칠성'은 지구에 사는 인간에게나 국자 형태로 보일 뿐이다. 같은 이치로, 정치 이념 역시 인간이 만들어 낸 구성물에 불과하다. 그러므로 각 정치 이념은 (이론가들과 분석가들이 자신의 역사·사회적 관점에서 보아 서로 연관성이 있고 특별히 중요하다고 간주하는) 특정 사상들의 일련의 통합체라고 볼 수 있다.[2] 별자리가 있으면 우주의 별들을 좀 더 잘 파악할 수 있듯이, 정치 이념을 이해하면 여러 집단의 사람들이 신봉하는 주요 정치사상들을 좀 더 잘 파악할 수 있게 된다.

    정치사상을 별과 같은 존재로 간주할 때 두 가지 교훈을 얻을 수 있다. 첫째, 별자리이든 정치 이념이든 인간이 만들어 낸 구성물이라는 점을 인정한다면, 인위적으로 만들어진 정치 이념은 그 자체로 내재적 본질을 가진 실체가 아님을 알 수 있다. 따라서 "어떤 정치 이념이 세상을 파악하는 방식을 가장 잘 반영하는가?"라는 식의 질문을 할 필요가 없다. 그런 질문을 하다 보면, 힘센 정치적 이해 집단들이 자신의 정치적 이해관계에 도움이 되게끔 구성해 놓은 정치 이념에 무의식적으로 동조하는 격이 될 수도 있고, 그런 태도가 오히려 역기능을 낳을 수도 있기 때문이다. 차라리 나름대로 의미 있는 정치사상을 가지려면 스스로 정치사상을 구상해 보거나, 아니면 기존 정치사상 가운데 특정 사상들을 조심스럽게 선택해서 자기가 보기에 합당하다고 생각하는 방식으로 재구성하는 편이 더 나을 수도 있다. 그런데 어떤 정치 이념을 스스로 고안해 내려면 기존의 정치사상들을 어느 정도 '확정되어 있는 것'으로 간주할 필요가 있다. 정치 이론화 작업은, 비판적 성찰 없이 받아들였던 자신의 정치사상을 옹호할 이유를 이제 와서 발견하기 위한 작업이 아니다. 그 과제는 정치의 영원한 쟁점에 대해 얼마나 다양한 답변들이 나와 있는지를 살펴보고, 그 답변들을 분석해 그중 어떤 사상 — 우리가 특히 의사소통을 잘 할 수 있고, 다른 여러 대안 사상들 가운데서도 특히 잘 옹호할 수 있다고 믿는 사상 — 을 제대로 받아들여야 할지를 판단하는 작업이 되어야 한다. 이 책을 다 읽고 난 후 독자가 '나는 마르크스주의자다', '나는 현대 보수주의자다'라고 하거나 이 책에서 만난 다른 이념의 동조자라고 선언한다면, 이 책은 소기의 목적을 달성하지 못한 셈이 된다. 반면에, 이 책을 읽고 난 후 독자가 정치의 영원한 쟁점들에 관한 다양한 답변들 가운데 어느 것이 내가 선택할 가치가 있는지를 잠정적으로 판단할 수 있다면 — 세상이 바뀌거나, 자신의 정치적 인식이 깊어지면 지금 정해 놓은 생각도 바뀔 수 있음을 인정하면서 — 이 책은 소기의 목적을 성공적으로 달성한 셈이 될 것이다.

둘째, 다양한 정치사상들을 각양각색의 별자리, 즉 정치 이념들로 구성할 때에 얻는 이점이 있다. 지난 두 세기 동안 전 세계 인간의 정치 활동은 정치 이념에 의해 깊은 영향을 받아 왔다. 그 결과, 정치 이념을 이해하지 못하면 사람들이 어떻게 해서 정치단체와 정치 운동을 조직하게 되는지를 이해할 수 없을 정도가 되었다. (정당과 정치 운동의 정책과 행동에 방향성을 제시해 주는) 정치 이념의 향방을 잘 파악하지 못하면 정당과 정치체제가 어떻게 정치 공동체를 다스리는지를 이해할 수 없게 된 것이다. 그러므로 특정한 이념적 관점만으로 정치 세계를 바라보는 우를 범하지 않고, 다양한 이념적 관점에서 정치를 바라본다면 정치 이념을 통해 진정한 정치적 이해에 도달할 수 있다. 정치의 영원한 쟁점들에 나름대로 답하는 다양한 정치 이념의 지지자들을 한자리에 모아서 그들의 이야기를 들어 보는 것은 정치사상의 세계를 이해하고 평가하는 방법으로 매우 좋을 것이다. 이 책의 2장과 3장에 소개된 정치 이념들은 누가 보더라도 이런 거대한 정치적 대화에 참여할 자격이 있다고 할 만한 이념들이다.[3] 19세기의 주요 정치 이념들을 다룬 대부분의 연구는 고전적 자유주의, 전통적 보수주의, 아나키즘, 마르크스주의에 초점을 맞추곤 한다. 고전적 자유주의는 모든 정치 이념들 가운데 최초로 출현한 이념이며, 이에 대응하여 보수주의자들은 전통적 사상으로부터 일정한 대안 정치 이념을 발전시켰다. 19세기 내내 서구 문명의 대다수 정치적 쟁점들을 발생시킨 산업화와 민주화의 흐름 앞에서 각국이 근대화를 위해 애쓰던 당시 고전적 자유주의자와 전통적 보수주의자가 가장 유망한 통치 이념을 내놓았던 것이다. 그러나 좌파들이 보기에는 고전적 자유주의와 전통적 보수주의 둘 다 구제불능일 정도로 반동적이었다. 그에 따라 19세기 후반에는 아나키즘과 마르크스주의가 저항 이념으로 출현했는데, 이들은 그 당시 대다수 선진 공업국에서 발흥하던 새로운 정치경제 현실을 비판하고 나섰다. 따라서 2장에서는 고전적 자유주의, 전통적 보수주의, 아나키즘, 마르크스주의를 소개한다(그리고 이런 이념들은 5~15장에서 정치의 영원한 쟁점들을 다룰 때 더 깊게 분석할 것이다).

그 후 20세기에는 두 가지 전체주의 정치 이념 — 파시즘(과 특히 사악했던 쌍둥이 이념인 나치즘)과 공산주의 — 이 출현했는데 이들은 정치사상의 세계지도를 그린다면 반드시 포함해야 할 이념들이다. 독일의 나치즘과 이탈리아의 파시즘은 서로 간에 중요한 차이점 — 그리고 파시즘 내에서도 이탈리아, 스페인, 루마니아 등의 버전이 서로 다르지만 — 이 있긴 하지만, 그 이전의 정치 이념들과는 뚜렷하게 구분되는 그들만의 공통점을 지니고 있으므로 하나의 연관된 이념으로 연구할 수 있다. 그리고 소련, 중국, 그 외 여러 나라에서 권력을 잡은 공산주의자들은 마르크스의 이론을 활용하여 자신들의 권위주의적·전체주의적 통치를 합리화하곤 했지만, 자본주의에 대항하는 전략을 개발할 때는 마르크스와 다른 길을 걸었으며, 공산주의 사회를 실제로 다스리는 데 필요한 사상을 개발할 때도 마르크스를 넘어선 방식을 개척했다.[4] 파시즘·나치즘·공산주의 때문에 야기된 새로운 문제에 대응하고, 폭넓게 변화된 각종 사회 상황에 대응하기 위해 그때까지 정치를 좌우하던 양대 이념인 고전적 자유주의와 전통적 보수주의는 완전히 탈바꿈하기에 이르렀다. 그 결과 오늘날 현대 자유주의와 현대 보수주의는 19세기의 고전적 자유주의 및 전통적 보수주의와 철저히 구분되는 독자적인 정치 이념들로 간주될 수 있다. 이런 이념 전통들의 변화 양상을 몇 가지만 살펴보더라도 이 같은 구분을 할 필요가 명백히 드러난다. 예컨대, 고전적 자유주의에서는 제한적인 정부를 핵심으로 내세웠지만, 현대 자유주의는 강한 정부를 옹호하고 있다. 전통적 보수주의에서는 자본주의의 장점에 대해 회의론이 우세했지만, 현대 보수주의에서는 자본주의를 열성적으로 지지하지는 않을지 몰라도 흔쾌히 받아들이고는 있다.[5] 파시즘, 공산주의, 현대 자유주의, 현대 보수주의는 3장에서 소개할 예정이다(5~15장에서 이런 이념들을 더 상세하게 다룰 것이다).

우리가 현대 정치 이념의 세계를 개관하면서 미래를 전망하려 할 때 극히 다양한 새로운 정치적 관점들이 시야에 들어온다. 민주사회주의, 페미니즘, 환경주의, 이슬람 근본주의 등은 거대한 정치적 대화에 반드시 포함해야 하는 여러 정치적 관점들에 속한다. 이런 관점들을 모두 깊게 다룰 수는 없으므로 이 책에서는 이런 대안적 관점을 네 가지 범주에 넣어 다룰 수 있는 방식을 고안했다. 즉, 이들을 급진적 우파radical right, 급진적 좌파radical left, 극단적 우파extreme right, 극단적 좌파extreme left로 나눠 설명하려 한다. 이런 분류법은 통상적인 구분과 많이 다르므로 좀 더 폭넓은 설명이 필요하며, 4장의 서두에서 소개할 것이다. 그러므로 4장에서는 정식 이념들과 비교했을 때 일종의 '유사 이념'이라고 부를 수 있는 관점들을 다룬다. 만일 서로 연관된 정치사상들로 이루어진, 잘 알려진 별자리를 '정규 이념'이라 한다면, 유사 이념은 아직 온전한 형태를 갖추지 못한 사상들의 별자리라고 할 수 있다. 하지만 이런 유사 이념들이 21세기를 지나면서 지금보다 더 분명한 초점을 가진 정규 이념으로 발전할 개연성도 크다.

2
...
19세기의 주요 정치 이념들

근대 이전에 발생한 중요한 정치사상들이 많이 있지만, 이 책에서 우리는 18세기 말에 출현하기 시작한 포괄적인 정치사상인 '정규 정치 이념'들에 국한해서 분석을 시도해 보려고 한다.[1] 정치 이념의 시대가 도래하기 이전에 토머스 홉스Thomas Hobbes, 1588~1679, 존 로크John Locke, 1632~1704, 애덤 스미스Adam Smith, 1723~90, 그리고 동시대의 여타 세계적 사상가들이 사회를 잘 조직하고, 생산을 증대하며, 좋은 통치를 하기 위해 많은 새로운 사상을 이미 발전시켜 놓았다. 이런 사상들이 최초의 근대적 정치 이념인 고전적 자유주의를 형성하기에 이르렀다. 이 장에서는 19세기의 고전적 자유주의와 그 이념에 대한 여러 가지 주요 비판 이념들을 소개할 것이다.

1
고전적 자유주의
...
민주 자본주의를 형성한다

고전적 자유주의classical Liberalism는 현대 자유주의의 여러 사상들에 토대를 제공했지만, 고전적 자유주의를 제대로 이해하려면 그것이 오늘날 흔히 자유주의라고 이해되는 '현대 자유주의' 이념과는 분명히 구분된다는 점을 먼저 인식해야 한다. '자유주의'liberalism라는 말 자체는 1810년 스페인 입법부의 리베랄레스● 들이 만든 용어이지만, 고전적 자유주의의 대다수 사상들은 그보다 수십 년 전 혹은 심지어 1백~2백 년 이전부터 이미 발전하고 있었다. 고전적 자유주의는 '정치의 과학'을 개척하려 했던 계몽주의의 산물이었다. 고전적 자유주의의 기획은 흔히 홉스와 로크에 의해 시작되었다고들 한다. 당시 계몽주의 철학자들은 전통이나 종교적 신앙에 기댄 채 정치사상을 논할 수 없다고 생각했다. 전통적 믿음, 종교적 교의, 형이상학적 억측으로 말미암아 개인의 자유에 대한 불필요한 제한, 케케묵은 경제적 관행, 정치적 절대주의의 정당화가 횡행했던 것이다. 프랜시스 베이컨Francis Bacon, 1561~1626과 르네 데카르트René Descarte, 1596~1650에게 영감을 받은 철학자들 — 일반적으로 계몽주의 철학자들, 특히 고전적 자유주의자들 — 은 이 같은 '마음의 우상'●●을 제거하고자 했다. 그들은 자연 세계를 형이상학적으로 해석하지 않고 자연 세계에 대해 최소한의 전제만을 한 채

● 리베랄레스(Liberales) : 1800년대 초부터 스페인 입법부에서 절대군주제에 반대했던 세력들을 '로스 리베랄레스'(Los liberales)라고 불렀다.
●● 마음의 우상(the idols of the mind) : 프랜시스 베이컨이 1620년에 저술한 『신기관: 자연의 해석과 인간의 자연 지배에 관한 잠언』(Novum Organum)에서 인간의 과학적 이성을 가로막는 원인으로 지목한 정신적·심리적 장애를 말한다. 종족의 우상, 동굴의 우상, 시장의 우상, 극장의 우상 등이 있다.

이성적 추론에 의거해서 정치·사회·경제적 사고를 진전시킬 방도를 찾았다.

고전적 자유주의자는 신이 존재한다거나 신이 이 세상을 창조했다는 사실을 부인하지 않았지만, 신이 이 세상을 완전히 좌우지한다고는 보지 않았다. 고전적 자유주의가 출현한 당시는 자연의 법칙이 아닌 신의 법칙이 세상과 인간의 행동을 규율한다고 생각했던 시대였다. 고전적 자유주의는 그 대신 인간의 행동이 '좋은 것을 추구'pursuit of pleasure하고, '싫은 것을 회피'avoidance of pain하는 것으로 설명될 수 있다고 생각했다. 개인들 간의 사회·경제적 교류에 의해 사회를 묘사할 수 있고, 그런 교류는 시장의 자연법칙에 의해 좌우된다고 보았다. 자신의 행복을 자유롭게 추구할 수 있는 인간이라면 자연히 상호 간에 혜택을 입을 수 있는 정치·경제적 교류를 하리라고 생각했던 것이다. 이들은 사람들이 전통적·종교적 교의에서 벗어나 자연스럽게 상호 교류하면 사회 진보가 일어날 것으로 가정했다. 자연적인 교류가 모든 사람에게 혜택을 줄 것이기 때문이었다. 고전적 자유주의자는 그런 자연법칙을 옹호한다면 당연히 자본주의 — 자유 시장에서 공개적으로 경쟁하는 경제체제 — 를 인정해야 한다고 보았다. 또한 고전적 자유주의자는 민주적으로 선출된 대표가 다스리는 정부 형태를 지지했다. 권력의 보유자는 선거 결과에 따른 정치적 책임성accountability을 지니기에, 자신에게 표를 찍어 준 시민들의 행복을 보장할 의무가 있었기 때문이다. 이런 식으로 해서 고전적 자유주의자가 '민주 자본주의'를 옹호하게 되었던 것이다.

자유주의 사상은 17세기부터 19세기 사이에 그 당시 유럽 — 봉건 중세의 과거를 뒤로하고 근대에 접어들던 — 이 직면한 여러 문제들에 대응하기 위해 발전되었다. 특히 사업가와 상인, 정치적 권리와 자유의 옹호자, 계몽주의 지성인들이 진보적이고 과학적이며 산업화된 유럽 사회를 지향했다. 중세 유럽 사회의 여러 특징들이, 상업 활동, 정치적 자유, 과학의 진보를 강조하던 근대사회로의 발전을 가로막는 장애물로 남아 있었다.

첫째, 정체된 사회구조의 문제가 있었다. 중세 때만 해도 사람들은 태어나면서 속한 계급 이상으로 신분 상승을 할 수 있는 기회가 거의 없었다. 대다수 평민들은 농사를 짓거나 농장에서 막노동을 하던 농노serf였고 그들은 기본적 자유가 없는데다 정치에 대한 발언권이 없었고, 법과 관습에 따라 자기가 일하는 땅과 자기가 섬기는 영주에게 매여 있었다. 나중에 부르주아지the bourgeoisie로 알려진 일부 평민들은 새로 생겨나던 중세의 타운에서 장사를 하기 시작했다. 농노와 신흥 부르주아지보다 더 높은 특권층으로는 성직자와 귀족들이 있었다. 예를 들어, 프랑스에서는 18세기 말까지도 귀족은 세금을 거의 내지 않았고 관직이나 종교직에 대해 거의 독점에 가까운 권리를 가졌다. 그런 특권을 평민들이 싫어한 것은 당연했다. 또한 농노에게 가해진 여러 제약 조건 때문에 새롭게 출현하고 있던 자본주의적 산업화에 필요한 자유로운 임금노동자가 부족했다. 따라서 자유주의자는 사람들이 각자의 계급을 넘어 신분 상승을 할 수 있는 자유로운 계급 이동 사회를 희구했다.

둘째, 경제활동 제한을 둘러싼 문제가 있었다. 중세 말 가톨릭교회와 유럽의 각국 정부는 사람들의 경제활동에 여러 제약을 가했다. 대출금에 이자를 부과하는 대금업usury의 금지, 이른바 '공정 가격' 제도(또는 상인들이 일정액 이상의 이윤을 내지 못하도록 지역의 성직자가 상품 가격을 정해 놓은 제도), 왕실이 후원하는 독점사업에 대한 경쟁 금지 등 경제적 교환과 상품 생산을 통제하는 규정이 많았다. 고전적 자유주의자는 상업 및 수공업 동업조합의 이해관계를 지지하면서 시장 활동의 자유를 가로막는 장애물들을 공격했고, 결국 자유경쟁이라는 이상을 적극적으로 옹호하기에 이르렀다.

셋째, 자유주의자의 우려를 자아낸 것으로 정부의 권력과 권한의 범위에 따른 문제가 있었다. 애초 분권화된 성격의 봉건사회에서 경제 발전을 달성하기 어려웠던 상인계급들은 영국·프랑스·스페인 등에서 국민국가가 등장하면서 왕정에 의해 권력 집중이 일어나자 처음에는 환영하는 입장을 보였다. 중앙집권화된 정부는 상인들이 원거리 시장으로 상품을 운송할 때 도둑으로부터 안전하게 지켜 주었고, 복잡하고 지역마다 제각각이던 법률과 규정들을 통일하고 도량형을 정비하는 한편, 단일 통화를 확립해 상인들의 경제활동을 촉진했다. 그러나 16~17세기에 왕정의 권위가 확대되면서 절대주의 정치의 문제점들이 나타나기 시작했다. 절대주의 왕정에서 국왕은 과거 지주 귀족과 교회 지도자들 사이에 분산되어 있던 권력을 자신에게 집중했고, 자신을 법 위에 군림하는 존재로 규정했으며, 사적 문제에까지 검열이나 조사권을 발동했고, 자신이 편애하는 상업 활동에 특혜를 주었으며, 신흥 중산층에 대해 세금과 각종 제약 규정들을 부과했던 것이다. 프랑스의 루이 14세는 "짐이 곧 국가다"L'état c'est moi라고 선언하기도 했지만, 계몽주의 철학자들은 그의 절대주의적 통치를 탐욕스러운 정부 형태로 간주했다. 자유주의자는 그런 전제정치를 막고 중앙집권적 권력의 폐해를 줄일 방도를 찾았다.

넷째, 종교적 지향과 순응의 문제가 있었다. 가톨릭교회의 지배가 중세의 특징이었으므로 교회는 사람들에게 무엇보다도 영적 구원을 얻기 위해 전심전력을 기울이도록 권면했다. 기독교적 덕성을 실천하고 영혼을 구제받는 것이 과학적 지식을 습득하거나 경제적 재화를 생산하고 부를 취득하는 것과 같은 현세적 행위보다 훨씬 더 중요하다고 생각했던 것이다. 16세기에 발생한 프로테스탄트 종교개혁은 신앙이란 하느님과 사람 사이의 개인적인 문제이고, 성직자라고 해서 평신도보다 신의 의지를 해석하고 선포하는 권위가 우월한 것은 아니라고 선언함으로써 가톨릭교회의 지배에 도전했다. 또한 종교개혁은 '프로테스탄트 윤리'Protestant ethic 의식을 사람들에게 심어 주었다.[2] 이런 윤리는 경제적 생산과 부의 취득이 일신의 호사를 누리게 해줄 뿐만 아니라, 영적인 축복을 받은 사람을 식별하게 해주는 덕목이며, 하느님께 더 큰 영광을 돌리는 행위라고 가르쳤다. 이처럼 프로테스탄트 정신이 사람들에게 세속적 삶에 대한 긍정적 지향을 심어 주었지만, 종교적 순응에 따르는 문제까지 해결해 주지는 못했다. 종교적 확신과 체제 유지를 위한 욕망에 사로잡힌 당시의 왕실은 신민들에게 특정한 교의에 순응하도록 강요하곤 했으며, 이교도들은 탄압을 받았다. 그 결과 유럽 전역에서 (프로테스탄트와 가톨릭교도 사이에서, 또는 프로테스탄트들 사이에서) 일련의 내전이 일어났다. 영국의 로크와 같은 자유주의 사상가들은 종교적 관용을 촉구하고, 종교와 국가를 가르는 벽(정교분리)을 세우라고 촉구하고 나섰다.[3] 그들은 종교는 사람들의 영혼을 구제하는 일에만 전념하고, 국가가 사람들의 (자유 및 재산과 같은) 세속사를 책임져야 사회적 안정이 올 수 있다고 주장했다.

종교전쟁은 좀 더 근본적인 문제를 드러냈다. 신흥 자유주의자들은 생명·자유·재산이 개인의 근본적 권리라고 믿었지만, 이런 권리가 확고한 기반에 서있지 않다는 점을 이해하고 있었다. 예를 들어, 홉스는 개인의 안전이 다른 개인의 행동으로 위협받을 수 있다는 점을 강조했다. 사회 불안 상태(또는 무정부 상태)를 극복하고, 사람들이 서로 타인의 권리를 침해 ─ 예를 들어, 타인의 재산을 훔치는 행위 ─ 하지 못하게 하기 위해, 주권을 보유한 국가가 타인의 권리를 침해한 사람을 처벌할 수 있어야 한다고 보았던 것이다. 그러나 토머스 페인 Thomas Paine, 1737~1807과 같은 후대의 자유주의자들은 그 정도로 강력한 정부는 그 자체가 인간 권리에 큰 위험이 된다고 보았다. 따라서 개인의 자유를 보호하기 위해 사회 전체가 합심하여 자의적이고 탐욕스러운 정부를 제한해야 한다고 했다.[4] 그러나 존 스튜어트 밀 John Stuart Mill, 1806~73과 같은 사상가는 영국의 경우 정부의 권력을 제한하는 데에는 성공했지만, 그것 말고 대중 여론 역시 개인의 자유에 거대한 위협이 되고 있다고 주장했다. 밀이 보기에, 정부가 다수 대중의 견해로부터 개인을 보호하고 각자가 지닌 특유한 개인성을 고무할 때에만 개인의 자유가 안전하게 보존될 수 있었다.[5] 고전적 자유주의 내에서도 이처럼 다양한 견해가 존재하고 있었으므로 자유주의를 다음과 같이 간략하게 요약할 수 있을 것이다. 즉, 고전적 자유주의자에게 가장 큰 문제는 인간의 권리를 침해하지 않는 동시에 개인의 자유를 보장할 수 있는 정부를 어떻게 수립할 것인가 하는 점이었다.

고전적 자유주의자를 괴롭힌 문제들을 정리해 보자면, 그들은 무엇보다도 개인의 자유의 신장, 자본주의 발전, 입헌 민주주의 수립, 사회를 과학적으로 파악하는 것 등에 관심을 기울여 왔고, 지금도 그렇다. 이 가운데 고전적 자유주의의 첫 번째 목표인 자유의 신장에 관해 알아보자면, 홉스는 자유주의자들이 이해하는 전형적인 '자유' 개념을 다음과 같이 설명한다. "자유인이란, 자신의 능력과 지혜로 할 수 있는 일들에 대해 자기가 하고자 하는 것을 방해받지 않는 인간을 말한다."[6] 일반적으로 고전적 자유주의자가 이해한 자유 개념은 다음 세 가지를 강조했다. 첫째, 자유의 가치는 개인에게 스스로 목표를 선택하고 추구할 수 있게 해주는 데에 있다. 고전적 자유주의자는 개인이 (쾌락을 극대화하고, 고통을 최소화하는) 행복을 원한다고 가정하지만, 모든 사람이 좋고 나쁜 것을 서로 다르게 경험하므로 각자가 생각하는 행복의 개념이 모두 다르다고 인정한다. 따라서 각자가 스스로 자신에게 좋은 것이 무엇인지를 정할 수밖에 없고, 자유는 이런 자신만의 행복 관념을 추구할 수 있는 권리를 말한다. 둘째, 모든 사람은 처음부터 자유를 타고난다. 자유는 모든 사람의 자연권이다. 셋째, 모든 사람이 행복을 추구할 평등한 권리를 타고났지만 그런 자유는 제한될 수 있고, 또 제한되어야 한다. 가장 일반적인 차원에서 말해, 고전적 자유주의에서는 완전한 의미의 자연적 자유는 무질서 상태로 귀결될 것이라고 생각했다. 사회의 구성원으로 살아가려면 어차피 어느 정도의 자유를 포기해야만 한다. 사람이 자유를 얼마나 누릴 수 있는지를 둘러싼 고전적 자유주의자의 논의는 밀의 다음과 같은 말 속에 잘 요약되어 있다. "우리가 타인의 자유를 빼앗으려고 하지 않는 이상, 그리고 타인이 자유를 추구하는 행위를 우리가 훼방 놓지 않는 이상 자유의 이름에 걸맞은 유일한 자유는 자기 방식대로 자신에게 좋은 것을 마음껏 추구할 수 있는 자유뿐이다."[7] 이런 주장은 사람들에게 자기가 원하는 대로 생각하고 믿을 수 있는, 그리고 사적 영역에서 내키는 대로 마음껏 행동할 수 있는 절대적 권리를 부여하기 위해 고안되었다. 하지만 어떤 개인이 다른 사람을 만나는 순간 절대적 자유는 사라진다. 사람들이 아무리 자유를 갖고 있더라도 타인에게 해를 끼칠 자유 또는 타인의 권리를 침해할 자유는 없다. 타인과 맺은 약정이나 계약을 마음대로 파기할 자유도 없다. 따라서 법의 목적은 개인의 자유가 어느 선까지 허용되는지를 명확히 규정하는 것이며, 정부의 존립 목적 역시 공적 영역에서 개인의 행동을 규율하는 법률을 제정하고 시행하는 것이 된다.

고전적 자유주의의 두 번째 목표는 자본주의적 경제체제를 수립하는 것이었는데, 이런 목표를 문자화한 것 가운데 가장 잘 알려진 것이 1776년에 출판된 애덤 스미스의 『국부론』*Wealth of Nation*이었다. 이 책에 따르면 자본주의는 다음과 같은 자유를 신장한다고 한다. 즉, 타인과 계약을 맺을 수 있는 자유, 사유재산을 취득하고 교환하고 유지할 수 있는 자유, 자기가 받을 수 있는 가장 높은 가격으로 자신의 노동을 팔 수 있는 자유, 잠재적으로 최고의 수익을 얻을 수 있는 분야에 자기 자본을 투자할 수 있는 자유 등이다. 요컨대, 고전적 자유주의는 자유 시장을 통해 장사할 자유, 노동할 자유, 투자할 자유, 생산할 자유, 소비할 자유를 추구했던 것이다. 다시 말해, 고전적 자유주의자는 사람들이 물자를 풍족하게 생산할 수 있는 역량과 동기를 가진 사회를 원했다는 뜻이다. 이들이 경제활동의 자유를 소중하게 여긴 부분적인 이유는 경제적 자유가 있어야 사람들이 경제적으로 풍족하게 되고, 개인이 잘살아야 사회 전체가 풍족해질 수 있다고 믿었기 때문이다.

고전적 자유주의의 세 번째 목표는 입헌 민주주의의 수립이며, 이 목표는 개인의 자유와 경제 발전이라는 앞의 두 목표와 연동되어 있다. 입헌 민주주의 정부는 왕정과 귀족정 — 왕과 귀족들은 여러 형태의 자유를 전통적인 특권에 대한 위협으로 간주하곤 했다 — 을 대체한 정치체제인데, 통치받는 사람들(피치자)의 동의를 구하기 위해 그들의 개인적 권리와 경제활동의 자유를 보장해 주려고 했다. 그러나 고전적 자유주의자들은 입헌 민주 정부를 수립하는 데에 고대 아테네에서 실천했던, 혹은 장 자크 루소Jean-Jacques Rousseau, 1712~78와 같은 급진주의자들이 주창했던 고도의 참여 민주주의를 지지하지는 않았다. 그 대신 자유주의자들은 정부 운영에 활발하게 참여하지 않는 시민들의 권리도 보호해 줄 수 있는 정도의 민주 정부를 모색했다. 시민들이 정치 활동에 적게 참여할수록 자본주의사회의 생산자 겸 소비자로서 자신의 경제적 이익을 추구할 수 있는 여력이 더 생길 수 있다는 논리였다. 고전적 자유주의자는 시민들이 정치에 직접 참여하는 체제보다 입헌 민주주의 체제야말로 정부가 개인의 권리를 침해하지 않고, 또 자본주의 경제활동에 지나치게 간섭하지 않도록 예방할 수 있는 핵심 제도라고 생각했다. 입헌 민주주의 체제에서는 선출직 공직자들이 시민들에게 정치적 책임성을 지기 위해 정기적인 선거를 실시하고, 국가 공직자들의 권력을 분할하고 제한하며, 공직자들은 선거로 선출된 후 자신의 행동에 주의를 기울이게 되리라고 생각했던 것이다.

고전적 자유주의의 네 번째 목표는 정치를 이해할 수 있는 과학적 방법을 발전시키는 것이었다. 그런 학문은, 개인의 자유를 폭넓게 보장하고 자본주의경제를 촉진하며, 입헌 민주주의를 실천할 수 있는 정치경제 체제의 이성적 토대가 될 것이었다. 이런 식의 합리적·과학적 토대는 5~8장에서 고전적 자유주의의 철학적 가정을 살펴볼 때 뚜렷이 드러날 것이다. 또한 9~15장에서 정치의 영원한 쟁점들에 대해 고전적 자유주의가 내놓을 수 있었던 (논리적으로 상호 연관된) 정치적 원리들을 살펴볼 때 이런 과학적 방법론의 종합적 성격이 뚜렷이 드러날 것이다.

고전적 자유주의는 최초의 체계적인 정치 이념이었으며 오늘날에도 그 영향이 강하게 남아 있다. 4장에서 우리는 자유 지상주의자들이 고전적 자유주의를 얼마나 차용했으며, 그것을 어떻게 급진화했는지 살펴볼 것이다. 또 우리는 같은 장에서 민주 자본주의의 현대판인 '신자유주의'(또는 지구화론)와 만날 터인데, 신자유주의는 아마 오늘날 전 세계 지배 엘리트들이 신봉하는 지배 이념이라 해도 과언이 아닐 것 같다. 또한 3장에서 현대 자유주의 역시 고전적 자유주의의 많은 사상들을 받아들였으므로 현대 자유주의 — 고유한 철학적 가정과 정치적 원리를 발전시켜 하나의 독자적인 정치 이념이 되긴 했지만 — 도 넓은 뜻에서 자유주의 전통에 속하는 정치 이념임을 알게 될 것이다. 따라서 자유주의 전통은 근대 이후 정치사상계를 지배해 온 이념이라고 할 수 있다.

2
전통적 보수주의
...
옛 사회질서를 옹호한다

고전적 자유주의가 만들어질 당시 그것에 대한 저항이 드물지 않게 나타났다.

미국의 2대 대통령이었던 존 애덤스John Adams, 1735~1826는 자유주의 이념을 다음과 같이 폄하했다. "그것은 바보들의 과학이다. 그 얼마나 심오하고 난해하며 신비한 과학인가. …… 자유주의는 물에 뛰어들어 빠져 죽으려는 국가의 싸구려 수사술이자 이론이며, 예술이고 기술이다. 우매한 자들의 학교에서나 가르칠 만한 짓이다."[8]

전통적 보수주의자들은 이성과 과학만으로는 신, 영혼, 도덕의식, 정치 공동체의 여러 미묘한 측면과 같은 문제를 이해할 수 없다고 주장했다. 이들은 궁극적 실재(존재)나 인간 본성 그리고 사회 등의 문제에 대해 고전적 자유주의자들이 제시한 이른바 과학적 구성 방식보다 전통적 이해 방식이 나라를 다스리는 좀 더 훌륭한 방법이라고 보았다. 또한 전통적 보수주의자들은 개인주의를 숭앙하는 자유주의의 태도를 잘못된 것으로 간주했다. 자유주의가 가족, 교회, 수공업 동업조합인 길드, 지역사회 등과 같은 전통적 사회 단위들을 해체한다고 생각했기 때문이다. 그 이전의 봉건제와 중상주의 경제체제를 자본주의가 대체하면서 사람들은 공동체 지향적인 행동보다 자기 이익과 관련된 행동을 더 많이 하게 되었고, 그와 함께 발흥한 개혁과 경쟁의 분위기는 기존의 사회질서를 크게 흔들어 놓았다. 보수주의자들은 사회를 공익을 위한 방향으로 인도하려면 (왕정과 지주 귀족, 그리고 종교 지도자들이 가진) 강력한 정치·종교적 권위가 필요하다고 생각했다. 이들은, 가장 일반론적으로 말해, 전통과 사회 관습을 존중하는 풍토가 있어야 한다고 믿었다. 고전적 자유주의자의 과학적 방법론보다 전통과 관습이 개인과 사회와 정치적 행동을 인도할 때 좀 더 신중하고 적절한 지침일 것이기 때문이었다. 이런 식의 전통적 보수주의는 최근의 정치철학자들—마이클 오크쇼트Michael Oakeshott, 1901~90나 러셀 커크Russell Kirk, 1918~94와 같은—에게까지 이어져 내려왔지만, 대다수 현대 보수주의자들은 전통적 보수주의의 일부 사상만을 취할 뿐이며 자기들 나름의 특유한 보수주의 이념을 발전시켰다. 현대 보수주의 이념은 다음 장에서 소개할 것이다.

세계 역사를 살펴보면 보수주의 사상에 힘입어 사회질서를 보존하고 사회의 발전이 이루어진 경우가 많았다. 예를 들어, 전통적 보수주의와 너무나 유사한 도덕철학인 중국의 유교 사상은 1905년에 공식적으로 종언을 고할 때까지,● 2천 년이 넘는 세월 동안 중국 문명의 정신적 지주 역할을 했다.[9] 마찬가지로, 중세부터 1700년대 후반까지 대다수 유럽인들은 전통적 보수주의 사상을 받아들였고, 이 사상은 기존의 정치체제와 당시 전통적 사회질서를 정당화하는 데 일조했다. 르네상스, 프로테스탄트 종교개혁, 과학혁명, 계몽주의 등과 같은 근대 초기의 역사적 변화 양상은 전통적 이해 방식에 도전을 가했고, 이에 대응하여 보수주의 성향의 사람들은 자유주의에 대해 역공세를 취하기에 이르렀다. 그러나 이런 비판과 보수적 성향이 보수주의라는 하나의 정식 이념으로 등장하기 위해서는 결정적인 계기가 필요했다.

프랑스혁명이 그런 계기를 제공했다. 1789년 루이 16세의 절대주의 왕정이 타도되었고 국민의회는 "인간과 시민의 권리선언"Declaration des droits de l'homme et du citoyen을 내놓았다. 1791년 들어 입헌군주제가 수립되었고, 세금을 납부하는 재산 소유자에게까지 시민의 권리가 확대되었다. 1792년과 1793년 사이 급진적 정치가들은 왕정을 완전히 철폐했고 국왕 부처를 처형함으로써 프랑스 공화국의 길을 텄다. 그러나 이 공화국은 오래지 않아 더욱 급진적인 세력에 의해 붕괴되었다. 이들은 혁명의 적을 억누르기 위해 '공포정치'를 개시했고, 대중 교육을 통해 윤리적 시민을 양성할 '덕성의 공화국'을 수립하고자 했다. 프랑스혁명 시기 가장 급진적인 양상은 1795년에 나타났는데 이때 급진파의 지도자 로베스피에르Maximilien François Marie Isidore de Robespierre, 1758~94가 처형되기도 했다. 프랑스에서 발생한 일련의 사태는 유럽의 다른 지역에도 혁명의 열기가 전파될지 모른다는 우려를 낳아, 혁명에 반대하는 일련의 원칙 형태로 전통적 보수주의 이념이 출현하기에 이르렀다. 실제로 이미 1790년경 영국의 철학자이자 정치인이었던 에드먼드 버크Edmund Burke, 1729~97는 『프랑스혁명에 관한 성찰』Reflections on

---

● 청조 말기 의화단사건 이후 중국 정부는 1905년 9월 2일 유교 경전의 학습에 입각한 과거제도를 공식적으로 철폐하는 칙령을 발표했다.

*the Revolution in France*이라는 저술을 통해 전통적 보수주의의 기본 사상을 위한 초석을 놓은 바 있었다. 버크가 보기에 프랑스혁명은 추상적 권리를 옹호하는 정치의 기반을 마련했고,, 계몽주의적 이성으로 정치 개혁을 추진케 했으며, 기존 권위를 배척하는 등의 위험한 결과를 초래했다. 버크가 자유주의 사상 — 그가 생각하기로 프랑스에 혼란을 몰고 온 원흉인 — 을 비판한 것을 살펴보면 전통적 보수주의 사상을 이해할 수 있는 길이 열린다.

프랑스혁명의 구호였던 자유·평등·박애는 자유주의 사상에서 영감을 받아 자유·재산·안전 및 억압에의 저항과 같은 추상적 권리를 요구했다. 이런 주장이 그럴듯하게 들리긴 하나 실제로 무엇을 뜻하는지는 확실치 않다. 자기 마음대로 할 수 있는 무제한의 자유를 모든 사람이 갖는다는 말인가? 모든 시민이 자의적인 체포로부터 자유로울 권리를 갖거나 언론의 자유를 똑같이 갖는다 하더라도, 현명한 사람과 우둔한 사람 또는 올바른 사람과 나쁜 사람에게 정치적 자유를 똑같이 분배해 주는 것이 좋은 일일까? 부지런한 사람과 게으른 사람에게 부를 똑같이 나눠 주는 것이 좋은 것일까?

버크는 자유니 평등이니 하는 추상적 권리를 요구하는 급진적 주장이 각국마다 서로 다른 진정한 권리들의 역사적 발전을 간과했다고 주장한다. 유럽 전역에서 국가 혹은 지역 정치 공동체들이 긴 세월 동안 자기들 나름의 권리와 책임 체계를 발전시켜 왔으며 그런 체계가 특정 집단들에 적용되어 왔다는 것이다. 하지만 버크는 이런 역사적인 권리에다 추상적 권리를 부과하면 진정한 권리인 역사적 권리가 퇴색할 것이라고 우려했다.

다른 전통적 보수주의자들처럼 버크 역시 계몽주의적 이성을 사회·정치적 개혁의 지침으로 삼는 것을 비판했다. 고전적 자유주의자들은, 합리적 개인이라면 자신의 행복을 극대화할 행동을 스스로 계획할 수 있을 것이고, 합리적 사회라면 대다수 사람들에게 혜택을 줄 수 있는 정치 개혁 방안을 발견할 수 있을 것이라고 믿었다. 전통적 보수주의자들은 오염되지 않은 이성이 개인의 선택과 정치적 개혁을 위한 지침이 될 수 있다는 자유주의의 주장을 배격했다. 버크는 인간이 편견 — 감정·습관 및 유대 관계 — 을 가진 존재이므로 이성을 순수하게 사용할 수 없다고 생각했다. 그러나 버크가 말한 편견 개념은 인간이 이성을 사용할 수 없다는 뜻이 아니라, 정치적 의사 결정을 내릴 때 인간의 '이성' 외에도 전통이나 관습을 감안해야 한다는 뜻이었다.

인간이 계산하는 기계가 아니듯, 사회 역시 쉽게 변화하고 바꾸고 고칠 수 있는 기계가 아니다. 그래서 버크를 위시한 전통적 보수주의자들은 사회를 유기적 실체로 이해하는 것이 가장 좋다고 보았다. 사회의 발전은 가능한 일이고 필요한 일일 수도 있지만, 그런 발전은 서서히 그리고 조심스럽게 이루어져야 한다. 버크는 프랑스의 혁명가들이 자신만만하게 사회에 급격한 변화를 야기한 것은 위험천만하고 교만한 일이라고 생각했고 유기적인 사회에 심각한 결과를 초래할 수 있는 행위로 보았다.

또한 전통적 보수주의자들은 자유주의가 전통적 권위, 특히 정치와 종교의 전통적 권위를 거부한 것을 개탄해 마지않았다. 버크는 『프랑스혁명에 관한 성찰』에서 국민의회의 구성에 대해서도 불쾌감을 감추지 않았다. 국민의회의 대다수 구성원들이 무명 인사들이고 특별한 재능도 없고 특출한 미덕도 없는 사람들이라는 이유에서였다. 특히 다음과 같은 점이 중요했다. "국정을 담당해 본 경험이라곤 단 한 사람에게도 찾아볼 수 없었다. 똑똑하다는 이들은 죄다 말로만 떠드는 자들이었다."[10] 버크는 나라를 다스리는 데에는 현실적 지혜 또는 신중함이 필요하다고 믿었다. 경험이 풍부하고 역사 인식이 있는 사람만이 올바른 정치적 판단을 내릴 수 있다. 신중함이란 단순한 이론 또는 수학적 공식으로 얻어질 수 있는 것이 아니었다. 제대로 된 판단력과 지혜와 덕성을 갖춘 사람들이 귀족층을 형성하는 것이 당연하다고 버크는 생각했다. 이 정도로 자격이 되는 사람들을 관직에서 내쫓고, 사회의 여러 이해관계를 대표하는 사람들과 (추상적인 원칙과 권리에 의존해서 세상 이치를 안다고 나불대는) 자유주의 이론가들에게 정치적 권위를 부여하는 것은 바보짓이나 다름없다고 보았다.

그리고 전통적 보수주의자들은 종교의 권위를 깎아내리거나, 자유주의자들처럼 종교란 순전히 사적이고 개인적인 문제에 불과하다고 생각하는 것 또한 바보짓이라고 개탄했다. 독실한 성공회 신자였던 버크는 프랑스혁명 당시 가톨릭교회에 가해진 공격을 접하고 충격을 받았으며, 기성 종교가 사회의 핵심적인 제도에 해당된다며 종교를 두둔했다.[11] 단일 종교의 권위는 사회적 조화를 촉진하고, 공통된 종교 의례를 확립하며, 공적·사적 도덕성을 강화해 국가를 도울 수 있다. 전통적 보수주의자들은 종교의 자유를 요구하고 정교분리를 요구하는 것이야말로 사회적 타락으로 나아가는 위험한 전 단계로 보았다.[12]

버크는 자유주의 이성과 추상적 평등을 지지하는 태도가 토지의 재분배를 요구하는 제안으로 이어질 수 있다고 우려했다. 전통적 보수주의자들은 몇몇 귀족 집안과 교회가 대부분의 토지를 소유하던 현실을 지지하고 있었다. 그들이야말로 자격 있는 토지 관리자라는 믿음 때문이었다. 토지에 대한 특권적 권리가 있으므로 그들은 그만큼 토지를 미래 세대를 위해 잘 보존할 책임을 지닌다고 보수주의자들은 해석했다. 보수주의자들은 토지를 단순한 상품으로 보지 않았다. 토지는 시장에서 형성되는 가격으로 가늠할 수 없는 심오한 가치를 지니고 있다고 생각했다. 자본주의에서 토지는 사고팔 수 있는 상품이 되었고, 흔히 미래의 수익을 올리기 위해 투자하는 대상으로만 간주되기도 했다. 그런 투기 행위는 토지와 그 소유자 사이를 이어 주는 성스러운 관계를 파괴하는 짓이었다.

또한 전통적 보수주의자들은 재산과 부의 재분배를 주장하는 논리들도 거부했다. 경제적 불평등은 사람들 간의 능력이 다르기 때문에 생겨난다는 이유에서였다. 전통적 보수주의자들은 (지배 계층은 동정심과 약자를 도울 책임감에서 자선을 실천해야 한다는) 노블레스 오블리주noblese oblige의 원칙에 의해 사회 내 불평등의 고통이 줄어들 것이라고 생각했다.

19세기가 지나면서 보수주의자들은 발전하고 있는 자본주의 경제체제를 마지못해 받아들이기 시작했다. 이들은 자본주의가 전통적 사회구조를 무너뜨리고, 지속적이고 피곤한 변화를 계속 일으키며, 사람들이 예전에 누리던 전통적이고 안전한 사회 기반으로부터 떨어져 나오게 하고, 빈곤을 양산하며, 엘리트들이 사회적 책임감을 잊게끔 만든다고 생각했다. 자본주의 경제체제의 초기부터 기업가들은 노블레스 오블리주의 정신과 거리가 멀었으므로 전통적 보수주의 정치인들이 정부의 힘을 빌려 빈민들에게 얼마간의 지원을 해주고 국민 전체를 위해 일종의 공공서비스를 제공하는 경우가 흔히 있었다. 예를 들어, 영국의 보수파 총리이던 벤저민 디즈레일리Benjamin Disraeli, 1804~81는 노동법을 개정하여 노동자들의 권리를 인정해 주었고, 공공 임대주택, 공공 의료, 깨끗한 공기와 식수 등을 제공하는 입법을 추진했다. 독일제국의 초대 총리인 오토 폰 비스마르크Otto von Bismarck, 1815~98는 노동자의 산업재해 보험, 노령연금 제도, 그리고 보편 의료보험 제도를 도입했다. 영국과 독일 두 나라 모두에서 이런 사회적 입법은 공공재를 증진하고, 노동계급이 급진적 사회운동에 끌려 들어가지 않도록 예방하기 위한 것이었다.

전통적 보수주의가 현상現狀의 보존, 또는 좋았던 옛 시절(중세)로 돌아가려는 목표를 갖는다고 볼 수도 있다. 하지만 전통적 보수주의의 문헌을 봤을 때 중세에 대한 향수가 잔뜩 묻어나는 것은 사실이지만,[13] 그들의 주된 목표는 현실을 되돌리기보다 전통과 관습을 존중하는 태도를 함양하려는 것이었다. 전통이란 과거 세대들의 축적된 지혜의 산물에서 우러나오는 인식이다. 관습은 습관적인 사회적 관행이며 전통과 마찬가지로 사회적 유대를 제공하고 삶에 질서 있는 리듬을 부여해 준다. 17세기와 18세기 사회의 여러 전통과 관습은 과학적 사고, 자유주의 개혁, 급진적 포부에 의해 큰 위협에 처했다. 당시 보수주의자들은 전통과 관습에 대한 존중심을 부활시켜 개인과 사회가 과거의 지혜를 다시 찾을 수 있게 하고, 수없이 쏟아져 나오는 (간혹 일회성의) 과학적 이론과 급진적 사상을 추구하는 데 따른 혼란을 줄이려 했던 것이다.

엘리트 계층뿐만 아니라 대다수 일반인들도 호감을 가질 수 있는 방식으로 전통적 보수주의의 여러 목표들을 묘사할 수 있다. 첫째, 전통적 보수주의는, 이해하기 쉽고 대다수 사람들의 상식을 반영하는 법과 행동 규칙이 지배하는, 질서 있고 평화로운 공동체를 모색했다. 정치 공동체를 다스리는 행위는 "특별히 정해져 있고, 제한된 행위여야 하고 …… 사람들이 스스로 선택한 바를 큰 어려움 없이 추구할 수 있게 해주는 것이어야 한다."[14] 이때 정부의 주된 의무는 사회집단들 사이의 긴장과 갈등을 줄이는 것이다. 정부는 완벽한 사회를 모색할 것이 아니라 열정을 줄이고 갈등을 최소화하는 데 전념해야 한다. 전통적 보수주의자들은 정부가 거대 이론과 유토피아적인 꿈을 추구하지 말고, 그 대신 세간에 통용되는 의례, 전통적 관행, 상식에 의존하여 안정되고 질서 잡힌 정치 공동체를 가꿔야 한다고 믿었다.

둘째, 전통적 보수주의자들은 다양한 자발적 조직의 보존과 발전을 목표로 했다. 교회, 지역공동체 조직, 자선단체, 학교 등의 결사체들은 지역 주민들에게 정기적인 결속력을 부여하고, 사람들에게 인생의 난관에서 벗어날 수 있는 피신처를 제공해 준다. 자발적 결사체는 사람들에게 사회생활의 중요성을 일깨우고, 협소한 자기 이익만을 추구하지 말고 공동체를 생각하게 하며, 시민들에게 서로 격려하는 분위기 속에서 자신의 사회적 책임과 의무를 실천할 수 있는 기회를 만들어 준다. 또한 자발적 결사체는 정부와 개인들 사이의 관계를 중재해 주는 역할을 한다. 이때 정부가 개인의 사생활에 개입할 여지가 줄어들고, 정부가 개인들에 대해 행사하는 권력이 축소될 여지가 생긴다.

셋째, 전통적 보수주의자들은 개인의 창의성과 능력을 함양하고 계발하려고 한다. 전통적 보수주의는 사회적 덕성과 시민적 헌신성을 지닌 시민들을 양성하기를 원한다. 전통적 보수주의가 개인의 능력을 증진하려 하는 이유는 그것이 사회 발전에 도움이 될 뿐만 아니라, 자본주의와 사회주의가 둘 다 개인의 창발성과 능력을 위협하기 때문이다. 자본주의는 시장이 허용하는 한도 내에서만 개인의 창발성을 허용하려 하며, 사회주의는 평균적인 수준의 사람만을 장려하는 식으로 개인의 창발성을 제한한다.[15] 전통적 보수주의에 따르면 고급문화가 대중들의 수준으로 내려올 필요는 없고, 재능을 가진 사람이 고급문화의 정점에 오를 수 있어야 한다.

넷째, 전통적 보수주의는 사람들에게 아무 대가 없이 행하는 활동을 권장한다. 오크쇼트는 현대의 개인들이 대가 — 예컨대 명예나 이익 — 가 주어지는 행동에만 지나치게 치중하는 경향이 있다고 지적한 바 있다.[16] 진정한 보수주의자는 문화적 소양을 갖추고 있어야 하며, 인간의 행복은 대가를 바라지 않고 (미래의 혜택과도 상관없이) 그 자체로 즐길 수 있는 인간관계나 행동을 통해 가장 잘 실현될 수 있다고 보았다. 예를 들어, 친구와의 우정은 그 자체로 즐길 수 있는 인간관계다. 또한 여가 활동 같은 것도 성공 여부와 관계없이 그 자체로 즐길 수 있는 행동이다. 요컨대, 전통적 보수주의는 사람들에게 고전적 자유주의자가 애지중지하는 것 — 경제적 생산성과 부의 축적 — 외에도 인생에는 다양한 측면이 있음을 가르쳐 준다.

전통적 보수주의자들은 이 같은 목표를 추구할 때 사회적 협력이 중요하다는 점을 거듭 강조한다. 이들은 개인보다 전체 사회가 더 중요하다고 강조한 적도 있었다. 전통적 보수주의는 정치·과학·경제·종교에서 과도한 개인주의는 질서 있고 평화로운 공동체에 해가 된다고 가르친다. 전통적 보수주의는 추상적이 아니라 구체적인 방식으로 개인들을 사회와 연결시키려 하며, '뿌리를 둔 개인주의'rooted individualism를 함양하려 한다. '뿌리를 둔 개인주의'란 시민들이 자기들보다 더 큰 것, 눈앞의 자기 이익보다 더 중요한 것에 귀속감을 느끼는 사상을 말한다.

19세기와 20세기에 전통적 보수주의자들은 정치와 경제 영역에서 일어나고 있던 새로운 변화들을 일부 받아들였다. 그 결과 민주주의의 어떤 측면들 — 선출직 공직자의 숫자가 늘어난 현상 또는 더 많은 사람들이 선거권을 갖게 된 현실 등 — 을 수용하기에 이르렀다. 그러면서도 전통적 보수주의자들은 강력한 정치적 권위의 필요성을 잊은 적이 없다. 마찬가지로, 그들은 자본주의의 어떤 측면들은 받아들였지만, (고전적 자유주의자들처럼) 자본주의를 열렬히 지지한 적은 없었다. 자본주의의 도덕성과 그것이 사회구조에 몰고 올 불안 요인을 우려했기 때문이다. 전통적 보수주의자들은 19세기와 20세기의 급격한 사회·경제·정치 변화에 저항하면서 마치 산사태와 같은 이런 변화들로부터 사회를 보호해야 한다고 느꼈다. 이런 노력이 불가능해질 때면 — 거의 불가능했다 — 이들은 근대화 과정을 어떻게든 늦춰 보려고 애썼다.

20세기에 일어난 엄청난 사회 변화로 전통적 보수주의자들은 큰 혼란에 빠졌고, 이 시대에 전통적 공공 정치철학은 사람들에게 구닥다리처럼 보였다. 따라서 변화된 세계를 많은 전통적 보수주의자들이 마지못해 받아들이면서 전통적인 보수적 공공 철학을 내세우기보다 보수적 성향을 지키는 것을 자신들의 소임으로 삼았다. 오크쇼트가 묘사한 보수주의의 성향을 읽어 보면 전통적 보수주의와 이 책에서 다룰 여타 정치 이념들 사이의 차이를 알 수 있다.

보수적 성향의 인간은 '미지의 더 좋은 것'an unknown better을 위해 '기존의 좋은 것'a known good을 쉽게 포기해서는 안 된다고 믿는다. 보수적 성향의 인간은 위험하고 어려운 일을 선호하지 않는다. 모험심도 없고, 막막한 대양을 항해해 보려는 충동도 없다. 길을 잃고 헤매거나 난파했을 때 기적이 일어나리라고 기대하지 않는다. 만약 미지의 바다를 꼭 항해해야 할 일이 생기면 매 순간마다 돌다리도 두드려 보고 건널 정도로 매우 조심스럽게 앞으로 나아간다. 다른 사람들은 그런 것을 소심하다고 할 수도 있겠지만, 보수적 성향의 인간은 그것을 합리적인 신중함으로 파악한다. 다른 사람들은 그런 태도를 복지부동이라고 말할 수도 있겠지만, 보수적 성향의 인간은 그것을 인생의 참맛 — 모험이 아닌 — 을 제대로 즐길 줄 아는 성격으로 본다. 보수적 성향의 인간은 매사에 조심한다. 그리고 자신의 호오好惡를 절대적으로 표현하지 않고 온건하고 상대적으로 표현한다. 그는 자신이 처한 상황을 해석할 때 그 상황이 자기가 속한 세상의 익숙한 특징들을 혼란스럽게 만드는 경향이 있는가의 여부로 판단한다.[17]

3
아나키즘
...
권위에 항거한다

19세기에 고전적 자유주의는 오른쪽에서 전통적 보수주의의 공격을 받았을 뿐만 아니라, 왼쪽에서는 아나키즘anarchism(그리고 노동계급과 빈곤 계급의 급진적 목소리들)의 공격을 받았다.[18] 오늘날 아나키스트를 흔히 무절제한 테러리스트로 보기도 하지만, 아나키즘의 원칙을 신봉한 사람 가운데는 정의·자유·비폭력을 철저히 주창했던 사람들이 많았다. 예를 들어, 헨리 데이비드 소로Henry David Thoreau, 1817~62, 레오 톨스토이Leo Tolstoy, 1828~1910, 모한다스 간디[마하트마 간디]Mohandas Gandhi, 1869~1948와 같은 인물을 들 수 있을 것이다.

아나키즘의 주요 사상은 다음과 같다. 사람들은 인간이 창조한 법률에 얽매이지 않고 자유롭게 살아가는 것이 가능하다. 자연의 한계만이 인간의 자유를 구속할 수 있다. 대다수 기존 제도들 ― 특히, 정부·교회·학교·(가부장적) 가족·공장, 그리고 자본주의 산업사회에 필수적인 사유재산 ― 은 인간의 자유를 억압한다. 이런 제도들은 인간 본성에 내재한 사회적·협동적 본능을 억누르고 조화로운 자연적 사회natural societies를 방해한다. 옛 사회질서는 고도로 분권화되고 자발적이며 공동체적인 새로운 사회질서로 대체되어야 한다. 이런 사회질서에서 불의 ― 전통적 권위와 사유재산의 소유로부터 발생한 ― 는 새로운 정의의 윤리로 대체될 수 있다. 새로운 정의의 윤리가 세워지면 사람들은 서로를 존엄과 존중으로 대하고 타인의 필요를 보살필 수 있게 된다.

'아나키즘'이라는 말은 그리스어 '아나르코스'άναρχος에서 유래되었는데, 이것은 "다스리는 사람이 없다"라는 뜻이다. 따라서 인간이 (다스리는 사람도, 다스리는 제도도 없는) 사회적 공동체에서 함께 살아가는 것이 가능하다는 믿음이 아나키즘의 핵심 사상이라 할 수 있다. 에마 골드만Emma Goldman, 1869~1940은 아나키즘을 다음과 같이 정의한다. "아나키즘이란 인간이 창조한 법률에 구속받지 않고, 자유에 기반을 둔 새로운 사회질서를 추구하는 철학이며, 어떤 형태의 정부라도 폭력에 의존할 수밖에 없기에 정부는 불필요할 뿐만 아니라 그릇되고 해로운 것이라고 믿는 이론이다."[19]

아나키즘은 고전적 자유주의(또는 마르크스주의)만큼 체계적인 정치 이념이 아니다. 실제로 아나키즘은 정교한 교의와 체계적인 이론 따위를 거부하는 자유 지상주의적인 태도를 지니고 있다. 따라서 서로 상당히 다른 정치적 성향을 가진 사람들이 아나키즘 사상을 발전시켜 왔다. 막스 슈티르너Max Stirner, 1806~56처럼 대단히 개인주의적 기질의 아나키즘이 있는가 하면, 표트르 크로포트킨Pyotr Kropotkin, 1842~1921과 같은 집합주의적 성향의 아나키즘도 존재한다.[20] 그러나 이 절에서는 아나키즘 내의 공통 주제와 사상들을 간략히 기술하려 하므로 내부 차이점은 되도록 거론하지 않을 것이다.

'아나키즘'이라는 용어가 근대 정치사상에 처음 등장한 것은 프랑스혁명 당시였다. 이때 아나키즘은 앙라제●라는 집단을 경멸적으로 지칭하기 위해 사용되었다. 앙라제는 조직화되지 않았지만 뜻이 통하는 혁명 동지들이었는데, 빈민들의 고통을 덜기 위해 민주 정부를 수립하는 것보다 코뮌을 발전시켜야 한다고 촉구했던 집단이었다. 이와 거의 같은 시기에 최초의 주요 아나키즘 문헌이 나왔다. 윌리엄 고드윈William Godwin, 1756~1836이 1793년에 출간한 『정치적 정의』An Enquiry Concerning Political Justice이 그것이다. 그러나 고드윈은 자신을 '아나키스트'라고 부르지 않았다. 자신의 사상을 그저 고전적 자유주의의 논리적 귀결 또는 그것의 급진적 해석으로 간주했던 것 같다. 1840년대에 들어서야 피에르 프루동Pierre Proudhon, 1809~65이 '아나르코스'라는 말 속에, 무질서를 조장하지 않는 동시에 일체의 권위를 철저히 비판하는 정신이 들어 있음을 인정하기에 이르렀다. 프루동은 아나키즘을 자랑스럽게 내세웠고, 다음과 같이 말했다. "질서는 상위개념genus(속屬)이고, 국가는 하위개념species(종種)이다."[21] 이 말은 정부의 권위를 통하지 않고도 사회질서를 유지하는 방법이 여럿 존재할 수 있다는 뜻이다. 프루동은 질서를 유지하는 데에 가장 비효율적이고 부당한 방법이 바로 국가의 권위라고 생각했다. 그렇지만 프루동을 추종했던 사람들 대부분이 아나키스트라는 용어를 쓰지 않았고 그 대신 '상조주의자'相助主義者, mutualists라는 명칭을

● 앙라제(Enragés) : '분노한 사람들', '미치광이'라는 뜻으로 프랑스혁명 시절 자코뱅파보다 더 급진적이었던 극좌파 집단을 지칭한다. 자크 루(Jacques Roux), 테오필 르클레르(Théophile Leclerc) 등이 주도했으며 1793년의 "앙라제 선언"을 통해 곡물 가격 통제, 반혁명 활동 탄압, 누진 소득세 등을 주창했다.

선호했다. 이 호칭은 정부의 권위가 아니라 자유로운 개인들의 상호 협력을 통해 질서를 유지할 수 있다는 의미를 지니고 있었다. 1870년대가 되어서야 미하일 바쿠닌Mikhail Bakunin, 1814~76의 추종자들 — 스스로 마르크스주의자들과 완전히 구분되고 싶어 했던 — 이 '아나키즘'이라는 말을 거리낌 없이 내세우게 되었다. 이들은 19세기 말에 자유주의 및 자유주의의 제도적 표현이던 자본주의와 대의 민주주의에 반대하는 혁명운동 진영 내에서 마르크스주의자들과 경쟁 관계를 형성하고 있었다. 20세기에 들어와서는 아나키즘보다 마르크스주의가 더 큰 영향력을 발휘했지만, 그럼에도 아나키즘은 중요한 정치 이념이며 거대한 정치적 대화에 독특한 사상을 추가할 수 있는 이념이다.

역사적으로 보아 아나키즘은 여러 중요한 사회운동에 이념적인 계기를 마련해 주었다. 19세기 말만 하더라도 유럽 대륙에서 아나키즘은 노동계급 사이에서 대단한 세력을 형성하고 있었다. 아나키스트들이 노동조합원들에게 단순히 임금 인상이나 노동조건 개선만을 요구하지 말고 총파업을 무기 삼아 자본주의와 국가를 타도할 투쟁을 전개하라고 촉구했기 때문이었다. 20세기 초 미국에서는 와블리스Wobblies라고 불리던 세계산업노동자연맹IWW, Industrial Workers of the World의 활동가들이 '아나르코 생디칼리즘'anarcho-syndicalism(무정부주의-투쟁적 노동조합주의)의 원칙을 수용하여 광부와 벌목공과 기타 비숙련 노동자들을 조직화하는 핵심 역할을 했다.[22] 러시아의 아나키스트들은 1917년의 임시정부를 붕괴시켰던 대중 봉기에서 중요한 역할을 했고, 그 후 수립된 볼셰비키의 국가주의적 정권에 대항했다. 스페인의 아나키스트들은 1934~39년의 스페인내전 당시 대단히 큰 세력으로 떠올랐으며, 몇 년 동안 스페인 동부의 상당 지역을 통제할 수 있을 정도로 위세를 떨쳤다. 이탈리아와 독일의 아나키스트들도 파시즘과 나치즘에 대한 저항에서 혁혁한 공을 세웠다. 제2차 세계대전 당시 조르주 바타유Georges Bataille와 같은 아나키스트들은 프랑스의 레지스탕스 운동에 적극 가담했다. 국가 개념에 대한 중시, 지도자와 위계질서를 숭상하는 자세, 시민들의 자율적 책임의식 등을 경시하는 나치즘의 입장에 반대했기 때문이었다. 1960년대와 1970년대 초 미국과 프랑스의 신좌파 계열 학생 그룹 사이에서 아나키즘 사상이 선풍적인 인기를 끌었다. 오늘날 지구화 경향에 반대하는 세력의 일부는 스스로 아나키즘의 신봉자임을 자랑스럽게 밝히곤 한다. 일반적으로 말해, 자본주의와 기성 정치에 대한 불만이 고조될 때마다, 그리고 당대의 문화적 풍토가 구속받지 않는 개인주의와 자유를 강조하면서 자연스럽고 자발적인 사회결사체를 꾸리고 싶어 하는 욕망이 커질 때마다 아나키즘이 주창하는 원칙들이 대단히 매력적으로 보이는 게 사실이다.

아나키즘은 자유주의의 급진화와 마르크스주의의 선구적 현상이 합쳐진 이념이다. 아나키즘은, 고전적 자유주의처럼 인간의 진보를 가져올 정치적 원리를 발전시키기 위해 자연과 개인에게 기대를 건다. 그러나 아나키즘이 고전적 자유주의와 다른 점은, 자연을 더욱 사회적이고 더욱 도움이 되는 현상으로 파악하며, 개인의 이익을 확보할 자유로부터 인간의 충족감이 비롯되는 것이 아니라 스스로 공익이라고 생각하는 바를 마음껏 추구할 수 있는 기회로부터 인간의 충족감이 비롯된다고 믿는다는 점이다. 아나키스트들은 이런 철학적 바탕에서 자유주의가 지지하는 최소한의 정부보다 오히려 정부가 전혀 없는 편이 낫고, 민주적으로 선출된 대표보다 자치가 좋으며, 평등주의 윤리가 자본주의에서의 불평등한 부와 권력보다 바람직하다고 믿는다. 그리고 아나키스트들은 마르크스주의처럼 자유주의 사회와 자본주의사회의 타도를 주장한다. 그리고 다음에 다시 보겠지만, 마르크스 자신도 (사회주의로 이행하고 난 후에는) 아나키스트들이 추구했던 분권화되고 자발적이며 비강압적인 사회질서를 달성할 수 있을지도 모른다고 믿었다.

4
마르크스주의
...
계급 없는 사회를 추구한다

19세기를 통틀어 자본주의와 대의 민주주의에 대한 가장 통렬한 비판자는 칼 마르크스Karl Marx, 1818~83였는데, 그는 고전적 자유주의에 양면 공격을 가하는 논법을 발전시켰다. 첫째, 마르크스는 이상적인 정치경제를 상정하고 보편적 지식을 제시하려는 자유주의적 정치학 관념이 오류라고 주장했다. 그런 이상만으로 인간의 사회적 조건이 직접 바뀔 가능성은 아주 낮다고 믿었기 때문이다. 그는 오히려 인간의 사회적 조건은 경제력, 경제 발전에서 비롯되는 사회적·계급적 관계에 의해 결정된다고 보았다. 둘째, 마르크스는 고전적 자유주의를 효과적인 국정을 위한 진정한 정치 원리가 아니라, 선전·선동이자 산업자본가들의 이해관계를 보호하려는 가면에 불과하다고 생각했다.

마르크스의 추종자들은 마르크스를 어떤 이념의 주창자가 아니라 새로운 정치경제학의 창시자로 간주한다. 그의 정치경제학은 자본주의 경제체제의 작동 방식과 그 결함, 그리고 자유민주주의의 기만적 성격을 분석하려고 했다. 그러나 마르크스는 자본주의가 결함이 많으므로 그것을 거부해야 한다는 식의 주장을 자신의 지적 과제로 여기지는 않았다. 그의 지성적 목표는 혁명의 과학적 근거를 제시하려는 것이었다. 마르크스는 역사와 경제의 법칙 — 경제적 변화가 어떻게 인간의 행동과 사회와 정치에서 예측 가능한 변화를 발생시키는지 — 을 찾으려 했다. 요컨대, 그는 민주 자본주의의 종말과 궁극적으로 공산주의의 출현을 주장하려prescribe 한 것이 아니라, 예견하려predict 했던 것이다. 마르크스는 자신이 사회를 구체적으로 다스릴 수 있는 원칙을 담은 정치 이념을 개척하려 한다고 말하지 않았지만, 마르크스의 사상과 프리드리히 엥겔스Friedrich Engels, 1820~95의 사상은 마르크스주의 이념이라고 불러도 좋을 만한 일관된 정치적 신념이라 할 수 있다.

마르크스주의를 냉전 당시 소련, '중공', 베트남, 쿠바, 그리고 여타 지역의 공산 정권이 받아들였던 수준 낮은 사상 정도로 폄하하는 사람들이 많다. 이런 견해에 따르면 마르크스주의는 '동서 냉전'의 국제적 갈등에, 그리고 '철의 장막' 너머에 살고 있던 사람들의 자유를 박탈한 책임이 있는 정치 이념이다. 또한 이런 견해는 마르크스주의가 독재 정권을 정당화해 주는 이념이고, 사람들 사이의 무미건조한 평등성을 강요하기 위해 생산성과 인간의 창의성 향상을 가로막은 실패한 경제적 교의에 지나지 않는다고 혹평하곤 한다. 어쩌면 마르크스주의를 이렇게 이해하는 것에 일리가 있을지도 모른다. 하지만 마르크스주의 이념을 선입견 없이 평가하기 위해서는 그것의 다양한 개념과 일반화 명제들을 깊이 있게 이해해야 한다. 우선 마르크스주의를 20세기 공산주의 혁명 및 공산 정권들이 기대고 있던 철학과 동일시해서는 그 이념을 올바르게 이해할 수도, 평가할 수도 없다. 마르크스주의와 공산주의는 서로 연관성이 있긴 하지만 별개의 독자적인 이념들이다. 이 점은 다음 장에서 공산주의를 소개할 때 더욱 분명히 드러날 것이다.

마르크스와 마르크스주의자들은 일반적으로 다음과 같이 주장한다. 인간은 타고난 본성상 노동하는 존재이며, 인간의 모든 활동은 궁극적으로 경제활동이라 할 수 있다. 모든 사회는 경제활동에 근거한 계급들로 나뉘어 있다. 지배계급은 (토지·공장·장비 등의) 생산수단을 소유하며, 피지배계급은 생산을 위한 노동에 종사한다. 이런 구분으로 모든 인간, 특히 노동하는 인간은 자신의 노동으로부터 소외되고, 또한 창조적 노동자라는 인간의 핵심적 성격으로부터도 소외된다. 이런 실상은 (두 가지 주요 계급만이 존재하는) 자본주의사회에서 유독 심하게 나타난다. 자본주의사회는 모든 생산수단을 소유한 소수의 자본계급, 그리고 자신의 노동만을 소유한 다수의 프롤레타리아 대중으로 이루어진다. 그런데 역사 법칙과 정치경제 법칙에 따르면 자본주의는 프롤레타리아계급의 혁명으로 타도되게끔 되어 있는 운명이다. 이런 혁명은 계급이 사라지고 공산주의가 실현되는 사회를 향한 길을 열어 줄 것이다. 사적 재산은 폐지되고, (지배계급의 이익을 대변하는) 정치적 국가는 그 효용성을 상실한 채 끝내 고사枯死, wither away할 것이다. 이런 미래 사회에서 모든 인간은 창조적 노동자로서 자기 잠재력을 획득하게 될 것이고, 그 누구도 자신의 노동, 자기 자신, 상대방으로부터 소외되는 일이 없게 될 터이다.

1848년에 나온, 마르크스와 엥겔스의 가장 유명한 저술인 『공산당선언』 Manifesto of the Communist Party은, 크고 작은 혁명이 유럽 대륙을 휩쓸고 있던 당시에 유럽 전역의 노동계급을 단합시키고, 이들이 합심해서 혁명에 나설 수 있도록 고무하려는 시도였다. 그러나 당시 발생하고 있던 혁명은 본질적으로 왕정과 전제정치에 항거하는 자유주의자들의 봉기였지, 마르크스와 엥겔스가 경멸해 마지않던 자본주의 정권에 대항한 혁명은 아니었다. 마르크스는 1850년대에 자본주의 체제, 그리고 노동자들 사이에서 계급의식을 발전시킬 수 있는 방안을 폭넓게 연구하기 시작하여, 거시 역사적 관점 및 경제적 관점에서 자본주의를 파악하는 거대 이론 체계의 윤곽을 그리게 된다. 이 시기에 그가 작성한 필기장을 『초고』 또는 『정치경제학비판 요강』栗綱, Grundrisse이라고 부르는데, 그것에 바탕을 둔 마르크스의 『자본』 Das Kapital 제1권이 1867년에 발간되었다. 마르크스 사후에 엥겔스의 편집으로 『자본』 제2권과 3권이 1885년과 1894년에 각각 나오게 된다.

마르크스는 또한 노동자들의 계급 정치 활동에도 열성적이었다. 1864년 마르크스는 국제노동자동맹●의 창립 과정에 관여했고 1870년대까지 활발하게 참여했다. 그는 (나중에 제1인터내셔널로 불린) 이 조직의 교조적 주도권을 놓고 바쿠닌과 같은 아나키스트들과 자주 불화를 빚었다. 그러나 1872년경 추종자들이 곁을 떠나면서 조직 내에서 마르크스의 영향력도 많이 줄었다.[23]

마르크스는 살아생전에는 영향력이 제한적이었지만 고전적 자유주의의 반

● 국제노동자동맹(International Workingmen's Association) : 1864년 9월 28일 런던에서 창립된 국제 노동계급 운동 단체로, IWA 또는 제1인터내셔널이라고 불린다. 전 세계 좌파 운동의 연대와 통합을 추구했으며, 1866년 제네바에서 제1차 국제총회를 개최했다.

대자들에게 여러 가지 경제·사회·정치·철학적 가르침을 남겨 주었다. 그가 세상을 떠날 무렵에는, 전부터 혁명을 통해 자본주의를 타도하려 한 지식인들이 마르크스의 이론을 다양하게 해석하는 한편, 어느 정도는 그 이론을 수정해 적용해 보기 시작했을 정도였다. 그들의 이런 활동을 보면 그 당시부터 사람들이 마르크스의 이론을 하나의 권위 있는 이론적 기점으로 생각했다는 점이 드러난다. 마르크스의 복합적이고 복잡다단한 저술을 가장 열성적으로 해석한 사람은 아마 엥겔스였을 것이다. 엥겔스의 해석은 오늘날 '정통 마르크스주의'orthodox Marxism라고 표현되곤 한다. 정통 마르크스주의의 중심 사상에 따르면 자본주의는 모순으로 가득 찬 체제이므로 자기 파멸로 나아가게끔 되어 있다. 정통 마르크스주의자들은 '조건이 성숙했을 때' 필연적으로 자본주의에 반대하는 혁명이 일어날 것이라고 믿는다(그 시점은 경제적 생산능력이 늘어나 사회 전체의 부가 크게 확대되었지만, 재화의 불평등한 분포로 말미암아 대다수 사람들이 자본주의가 생산하는 상품을 구입할 수 없을 만큼 가난한 상태에 처해 있는 시기를 말한다). 그들은 혁명이 발생하고 나면 종국에는 평등주의를 지향하는 사회주의 질서가 출현할 것으로 본다. 정통 마르크스주의자들은 20세기 유럽의 다수 공산주의 정당과 사회주의 정당에서 영향력을 발휘했지만, 스스로를 진정한 마르크스주의자라고 자처하는 여타 자본주의 비판자들은 마르크스를 전혀 다르게 해석하기도 했다.[24]

　마르크스와 엥겔스는 자본주의가 낳은 여러 문제점을 잘 파악했으므로, 마르크스의 이른바 역사 '과학'에 동의하지 않는 사람들조차 적실하다고 인정할 만한 비판 체계를 남겼다. 두 사람은 자본주의가 노동계급, 특히 여성과 어린이들에게 어떤 방식으로 경제·사회적 고통을 안겨 주었는지를 묘사했다. 자본주의가 등장하면서 성인 남녀들이 위험하고 비참한 노동조건을 감내한 채 생계를 겨우 유지할 수 있을 정도의 임금을 받으며 장시간 단조롭고 반복되는 일을 해야만 했는데, 그중에서도 여성과 어린이들은 더욱 열악한 환경에서 일하기 일쑤였다. 눅눅하고 분진이 자욱했을 뿐만 아니라 어두컴컴하고 더럽기까지 한 작업장에서 일한 수많은 노동자들이 쇠약해지고 병들어 죽어 갔다. 기계 조작이나 위험한 노동조건 때문에 상해를 당하는 경우도 많았다. 다른 한편, 성공한 산업자본가들은 풍족하고 사치스러운 삶을 누릴 수 있었다. 자본주의에서 큰 부를 쌓은 사람들은 흔히 자신의 성공이 자신의 도덕적 품성, 열성과 정력, 비상한 두뇌 덕분이라고 생각했다. 마르크스는 그런 해석을 받아들이지 않았고, 그런 식의 해석은 부르주아지가 자신의 억압적 행동을 합리화하기 위해 사용하는 이념적 장치일 뿐이라고 했다.

자본주의의 윤리적 결함에 대해서도 마르크스의 비판은 이어졌다. 1843년 아직 약관의 나이였던 마르크스는 "유대인 문제론"On the Jewish Question을 집필하여 자본주의가 공공의 이익과 정신적인 문제를 소홀히 하면서 자기 이익과 물신숭배적인 인간의 행동 동기만을 강조한다고 주장했다. 그는 자본주의가 사람들 사이의 협력보다 경쟁만을 부추긴다고 보았던 것이다. 더 일반적으로, 자본주의는 인간존재의 소외를 가져와 사람들이 동료 노동자들로부터, 자신이 생산한 상품으로부터, 그리고 생산이 이루어지는 과정으로부터 모두 멀어지게 된다고 그는 지적했다. 자본주의로 말미암아 사람들은 노동을 즐겁고 창조적인 과정으로 생각지 않고, 그저 살아가는 데 필요한 임금을 받아 내기 위해 억지로 참아야 하는 끔찍한 고역으로만 여기게 되었다는 것이다.

마르크스와 엥겔스는 노동계급의 분열에 대해서도 크게 우려했다. 노동계급의 분열이 노동자들의 정치력을 약화시키기 때문이었다. 마르크스에 따르면, 대다수 사람들은 생산수단을 소유하지 않으므로 객관적으로 노동계급에 속하지만, 그들은 다음과 같은 엄연한 사실을 깨닫지 못하고 (또는 주관적 의식이 결여되어) 있었다. 즉, 자신이 억압당하고 있다는 사실, 노동계급에 속한 다른 노동자들도 똑같은 억압을 당하고 있다는 사실, 계급의식을 가지는 것이 자본주의에 맞서 성공적인 혁명을 달성하는 데 필수적인 전제 조건이 된다는 사실 등을 인식하지 못했다는 말이다. 노동계급이 이런 의식을 갖추지 못한 데에는 여러 요인들이 복합적으로 작용했다. 노동자들은 생활이 워낙 쪼들리다 보니 음식이나 거처 등 즉각적이고 물질적인 필요를 충족하는 데에만 신경을 쓸 수밖에 없어서 자신이 역사 속에서 혁명적 세력이 될 수 있음을 깨달을 만한 시간이나 여력이 없었던 것이다. 지배적인 사조였던 자유주의 이념 역시 이들의 계급의식을 약화시켰다. 자유주의의 영향 때문에 노동계급은 사회를 계급이라는 틀로 보지 않고 개인들의 집합체로만 보았고, 모든 사람이 평등하게 자기 발전의 기회를 가질 수 있다고 믿었으며, 자본주의 체제가 낳는 경제성장이 모든 이들 — 노동계급을 포함한 — 에게 도움이 될 것으로 기대했기 때문이다. '대중의 아편'인 종교 역시 계급의식을 억누르는 데 일조했다. 서로 다른 종교를 가진 노동계급들이 신앙 문제를 놓고 서로 분열했을 뿐만 아니라, 현세의 억압에 주목하지 않고 내세의 구원에만 희망을 걸었기 때문이다. 노동계급은 이런 장애물들을 극복하지도 못하고, 자본주의에서 모든 노동자들이 함께 억압받고 있다는 현실을 깨닫지도 못했기 때문에 그런 구속에서 벗어나는 데 필요한 현실적 인식을 가질 수도 없었다. 마르크스와 엥겔스가 보기에 마르크스주의를 제외한 대다수 사회주의적 대안들은 비현실적인 이상향에 가까웠다. 그런 대안들 가운데는 소규모 사회주의 공동체의 건설도 포함되어 있었다. 로버트 오언Robert Owen, 1771~1858이 스코틀랜드의 뉴래너크● 혹은 인디애나의 뉴하모니에 세웠던 공동생산조합, 또는 샤를 푸리에Charles Fourier, 1772~1837가 꿈꾼 생산자협동조합인 팔랑주●● 등을 들 수 있는데, 이는 매사추세츠 주에 건립된 유토피아적 공동체인 브룩 농장●●●과 같은 사회적 실험의 토대가 되었다. 그러나 마르크스는, 이 같은 공상적 공동체가 자본주의에 의해 억압받고 있음을 인식하던 노동자들에게 어느 정도 낭만적인 호소력을 지닐 수 있겠지만, 공동체 운동은 노동계급으로 하여금 혁명 세력으로서 자신의 역사적 역할을 간과하게 만들 가능성이 있다고 보았다.

● 뉴래너크(New Lanark) : 유토피아 사회주의를 실험하기 위해 스코틀랜드의 뉴래너크에 세워진 공동체. 1786년부터 있었던 면방직 공장 시설을 오언 등이 매입하여 사회주의적 계획 공동체로 확대했다.
●● 팔랑주(phalange) : 프랑스의 사회주의 사상가였던 푸리에의 이상에 따라 19세기 중반 미국의 텍사스와 뉴저지 등에 건립되었던 생산 공동체.
●●● 브룩 농장(Brook Farm) : 1840년대 미국 매사추세츠 주에 세워진 초월주의자들의 실험적 공동체. 유토피아 사회주의자들의 영향을 많이 받았다.

마르크스는 거대한 자본주의 체제 내에서 자기 충족적인 소규모 공동체로 자잘하게 흩어지는 것이 노동계급의 역사적 과업이 되어서는 안 된다고 생각했으며, 오히려 자본주의사회를 사회주의로 이행시키는 보편적 혁명을 일으키는 것이 노동계급의 진정한 역사적 과업이라고 보았다. 그런 사회가 도래하면 인간은 소외와 억압의 상태를 극복하고, 창조적인 노동자로서 더욱 진실하고 충만한 삶을 영위하며, 과거에 비해 훨씬 더 생산적인 존재가 될 것이다. 그런 사회가 도래하면 자본주의에서 시작된 기술혁신이 국가의 소유와 통제 아래에서도 계속됨은 물론, 그 전보다 훨씬 더 생산적으로 이루어질 것이다. 그러다가 때가 되면 모든 사람의 경제적 필요를 충족할 수 있는 대단히 풍요로운 사회가 펼쳐질 것이다. 그 결과 사람들의 기본적 행동 동기가 공동체적이고 공적이며 사회적인 것으로 변할 터이므로, 그것은 다시 인간성 자체의 변모로 이어질 수 있다. 그런 인류의 대변화와 경제적 풍요를 얻고 나면 출현할 (이상향과 같은) 공산 사회는 계급이 사라진 사회일 것이다. 생산과 관계있는 재산은 공적으로 소유되고 관리되며, 어떤 계급의 사람도 다른 사람을 착취하기 위해 자신의 재산을 악용하지 않을 것이다. 마르크스는 그런 사회가 도래하면 재산을 소유한 계급의 강압적이고 억압적인 도구로서 국가는 폐지되고, 진정한 아나키즘의 시대가 올 것으로 믿었다.

5
소결

...

19세기 들어 네 가지 중요한 정치 이념이 발전했는데 이 이념들은 그 시대의 정치적 양상에 영향을 주었을 뿐만 아니라, 오늘날까지도 계속해서 영향을 끼치고 있다. 네 가지 이념 모두 그중의 일부 사상이 현대 정치 그리고 오늘날의 새로운 정치 이념 안에 들어와 있다. 이들 모두가 중요하고 독특한 사상을 보유하고 있으므로 그런 사상들이 오늘날에도 반향을 일으킨다는 점을 인정해야 한다. 정치의 영원한 질문을 두고 거대한 대화를 진행할 때 이 네 가지 이념 모두가 빼놓을 수 없는 참여자들이다.

고전적 자유주의의 원칙은 여러 나라, 특히 자유주의 이념이 직접 적용되었던 북미와 유럽 등지에 사회·경제·정치적 혜택을 많이 안겨 주었다. 고전적 자유주의는 사회적 신분 이동을 위한 기회를 선사했고, 사회적 신분이 고착되어 있던 사회에 큰 변화를 낳았다. 종교적 불관용과 종교전쟁도 많이 줄었다. 절대주의 국가는 입헌 민주국가로 탈바꿈했다. (언론의 자유, 말할 자유와 같은) 정치적 자유도 폭넓게 인정되었다. 자본주의 덕분에 부의 총량이 크게 늘어난 것도 사실이다. 또한 사람들이 폭넓은 사적 영역을 즐길 수 있게 되어 자신의 욕구에 따라 생각하고 행동하고 살아갈 수 있게 되었다.

그러나 고전적 자유주의에도 반대자가 없었던 것은 아니다. 자유주의의 철학적 가정 자체가 부적절하다면 어떻게 될 것인가? 물질세계가 우리에게 유일한 세계인가? 행복을 추구하고 고통을 회피하는 것, 이것만이 인간의 가장 근본적인 행동 동기일까? 인간 정신에서 그보다 더 존귀한 것이 있지는 않을까? 사회라는 것은 개인들의 상호 교류에 불과한 것일까, 아니면 사회가 개인들 이전에 먼저 존재하면서 모든 사람에게 제각각 사회적 역할과 책임을 부여하는 것일까? 모든 사람이 정말 개인적 권리를 가졌을까? 이런 질문에 관한 자유주의자들의 전제 자체가 의문시될 때 자유주의 원칙에 대해 갖가지 비판이 나올 수밖에 없다. 예를 들어, 정부는 개인의 권리를 보장해 주는 것 이상의 역할을 해야 하고, 공공의 도덕과 경제활동을 조정해야 할지도 모른다. 소득과 부가 불균등하게 창출되는 자유 시장에서 도태된 이에게 실패의 책임을 전가하는 것은 부당하다. 제한적인 정부, 권력분립이 되어 있는 정부만을 통해서는 공익을 추구할 수 있는 강력한 정치적 권위의 역량이 줄어들 가능성도 있다. 대의 민주주의로는 강력한 국가적 지도력 혹은 정치에 대한 충분한 시민 참여를 보장할 수 없을지도 모른다. 자유주의 원칙 때문에 시민들이 공적 활동에 적극적으로 참여하지 않거나 사회적 책임감을 덜 느낄지도 모른다. 고전적 자유주의자가 자신의 철학적 가정이나 정치적 원리가 지닌 한계를 깨닫지 못하고 맹목적인 이데올로그가 될 가능성도 없지 않지만, 대다수 자유주의자들은 자기 사상을 끊임없이 성찰하고 토론해 왔으며, 정치적 원리의 변화된 현실에 대응하기 위해 여러 형태의 '자유주의 이념들'을 발전시켜 왔다.[25]

20세기가 되자 전통적 보수주의는 강력한 정치 이념으로서의 지위를 잃었다. 지난 시대의 특징이었던 엘리트주의와 무지·빈곤 등의 여러 가혹한 현실에 대해 향수를 느낄 사람이 오늘날 많지 않기 때문일 것이다. 오늘날 전통적 보수주의를 지지하는 사람이 많지 않은 또 다른 이유는 이 사상의 옹호자들이 친근하고 기껍게 받아들였던 과거 삶의 양식이 사실은 일부 특권층에 국한된 현실이었기 때문이고, 나머지 대다수 사람들은 자기들이 봉착해 있던 사회·경제·정치적 문제를 개혁하고자 애썼기 때문이다. 전통적 보수주의자들이 미지의 대상에 대해 느낀 두려움은, 어쩌면 더 좋은 미래를 달성할 수 있는 가능성 자체를 은연중에 비관적으로 보았기 때문일 수도 있다. 대다수 사람들은 보수주의자들의 이런 태도를 납득하기 어려웠다. 개인의 자유, 더 많은 평등, 더 많은 민주주의 등의 가치가 일반 대중에게는 호소력이 컸기에, 이런 가치에 대해 적대적이거나 기껏해야 소극적이던 구시대 보수주의에 사람들이 매력을 느끼지 못한 것은 어쩌면 당연한 일이었을지도 모른다. 결국 대다수 전통적 보수주의자들이 과거로 되돌아가기보다 현재를 잘 보존하자는 정도로 입장을 정리하기는 했지만, 그들이 내놓은 정치적 프로그램의 내용은 사람들이 기대하고 요구하게 된 현실의 변화 양상에 비추어 기대에 턱없이 못 미치는 수준이었다. 전통적 보수주의 가운데 일부 사상들, 예컨대 매사에 완벽을 기하려는 태도의 중요성, 자발적 결사체의 핵심적 역할, 사회적 협력의 필요성 등은 폭넓은 지지를 받았고 여타 정치 이념들 속에 포함되기도 했다. 하지만 오늘날 대다수 현대 보수주의자들조차 과거의 전통적 보수주의 사상에 대해 창피함을 느낄 정도다. 따라서 현대 보수주의는 정치의 영원한 질문들에 대해 자기 나름의 독특한 관점을 발전시켰다. 그런 변화는 다음 장에서 살펴볼 것이다.

아나키즘은 오늘날에도 흡인력을 지니고 있다. 아나키즘은 전통 사회, 자본주의 경제체제, 심지어 민주주의 체제조차 어떤 방식으로 사람들을 지배하고 억압할 수 있는지를 밝혀내고, 우리에게 통상적인 권위·제도·사상에 대해 의문을 제기하라고 가르친다. 아나키즘 사상은 우리에게 안목을 더 넓히고 새로운 사회질서를 꿈꾸라는 자극을 준다. 그런 새로운 사회질서 속에서 사람들은 폭넓은 자유를 누리면서도 그 자유를 정의로운 사회관계를 추구하기 위해 사용할 것이다. 아나키즘은 오늘날 물질적 소유와 경제 발전에만 집착하고 있는 우리의 현실을 넘어서서, 인간의 도덕적 계발과 생태계의 보존에 더욱 도움이 되는 소박하고 자연적인 삶의 비전을 보여 준다.

아나키즘이 이런 매력을 지니고 있음에도 이 사상을 실제로 신봉하는 사람은 많지 않으며, 이 책에서 검토하는 다른 정치 이념들에 비해 역사적 영향력도 그리 크지 않았다. 어쩌면 아나키스트들은 사람들의 선의에만 지나치게 의존함으로써 자기 이익을 추구하는 인간 본성을 현실적으로 인식하지 못했을지도 모른다. 또한 아나키스트들은 정부가 사회의 여러 구성원들에게 제공해 줄 수 있는 각종 긍정적 역할을 무시하고 있는지도 모른다. 기존의 제도를, 특히 폭력적 수단을 통해 타파하려면 아나키스트들이 말하는 것보다 더 확실한 대안적 사회의 비전이 필요할 수도 있다.

21세기에 접어든 오늘날, 마르크스주의는 이상적 사회를 건설하는 데 관심이 있는 정치 활동가들보다 자본주의사회의 결함을 분석하려는 학자들에게 더욱 호소력이 있는 것처럼 보인다. 마르크스주의는 민주 자본주의 체제가 지배하는 현 사회에 대해 대단히 유용한 개념과 설명을 제공하고 비판을 제기한다. 그러나 경제와 사회에 대한 마르크스의 체계적 분석에 따르면, 사람들은 물질세계의 자연스러운 변화 — 자본주의가 종식되고 이상적인 공산 사회가 건설되리라는, 필연적으로 일어날 변화 — 가 일어나기를 그저 기다리기만 하면 되는 것처럼 생각된다. 마르크스주의의 목표에 찬성하는 일부 열성적 지지자들이 공산주의를 달성할 수 있는 의도적 정치 행동에 나설 수 있도록 마르크스주의를 재해석하거나 수정하기도 했지만, 이들의 사상은 대중에게 호소력이 크지 않다.

동유럽과 구소련에서 공산주의 정권이 붕괴하고 중국과 같은 나라에서 시장경제를 더욱 발전시키자, 공산주의뿐만 아니라 마르크스주의 — 이 두 사상은 20세기의 거의 전 기간에 걸쳐 공산 정권의 이념적 토대가 되었다 — 까지도 일반적으로 그 빛이 바랬다. 그러나 마르크스라면, 마르크스주의 과학의 해석에 따라, 역사적 조건이 충족되기 전에 이런 나라들에서 혁명을 일으켰던 공산주의자들을 비판했을 가능성이 크다. 마르크스(그리고 그의 추종자들)는 20세기에 실현되었던 '조야한 공산주의'를 폐기해야 마땅하고, 러시아나 중국과 같은 나라들은 민주 자본주의를 충분히 경험해 본 후 진정한 공산주의를 실현할 희망을 가져야 한다고 주장했을 것이다.

공산주의에 의해 마르크스주의가 현실 정치에서 실패했다고 해석할 수도 있겠지만, 그렇더라도 마르크스주의가 제기하는 이론적 질문의 중요성은 여전하다. 노동 그리고 생산의 물질적 과정이 인간존재의 핵심이라는 분석이 옳은가? 또는 이런 유물론적 가정에 결함은 없는가? 정신적·지적 현상은 그 자체로 진정한 현상이 아니라 물질적 힘의 '부수 현상'epiphenomena에 불과한 것인가, 그렇지 않으면 정신적·지적 현상도 그 자체로 존재론적 의미를 가지는가? 마르크스가 주장했던 대로 역사의 힘을 이해하는 것이 정녕 가능한가? 만일 그렇다면 마르크스가 예견한 대로 프롤레타리아proletariat의 혁명적 의식이 왜 발전하지 못했는가? 마르크스가 예견한 미래의 공산 사회는 그저 (조너선 스위프트Jonathan Swift가 『걸리버 여행기』Gulliver's Travels에서 "천공의 성"castles in the air이라고 묘사한 것처럼 황당무계한) 또 하나의 유토피아에 지나지 않는 것일까?

이런 풀리기 어려운 의문에도 불구하고 마르크스주의는 오늘날까지도 유용한 통찰을 제공해 준다. 전 지구적 시장 경쟁이 사람들에게 경제적 욕망을 충족하고 기업의 수익을 보장해 줄 수 있도록 전심전력을 기울이라는 지상 과제를 더욱더 강요하고 있는 이 시대에, 지배계급이 이념과 종교를 동원해 반대자를 억압하고 피지배자들을 무마하는 방식에 대한 분석, 계급 갈등이 정치의 영원한 쟁점이라는 통찰, 자본주의에서의 인간 착취와 소외에 관한 연구 등은 앞으로도 계속해서 빛을 발할 마르크스주의의 이념적 측면들이라 할 것이다.

3
...
20세기의 전체주의 및 다원적 정치 이념들

어떻게 보면 20세기는 두 가지 주요한 전체주의 이념인 공산주의 및 파시즘(과 그것의 특히 사악한 친척인 나치즘)의 발전과 그 이념들의 거대한 공세 속에서도 결국 살아남은 시대였다고 볼 수 있다. 전체주의는, 사회생활과 인간 생활의 대전환을 이루기 위해서 레닌·스탈린·마오쩌둥·무솔리니·히틀러와 같은 정치 지도자들이 사회의 모든 측면 — 경제·종교·예술, 심지어 가정생활까지도 — 을 완전히 통제할 수 있어야 한다는 주장이다.[1] 공산주의자들은 마르크스주의의 영향을 크게 받았지만 정통 마르크스주의에서는 상당히 이탈한 상태로 많은 개도국들에서 혁명운동을 일으켰고, 1917년 러시아에서 권력을 잡고 1920년대에 소비에트사회주의연방공화국USSR(소련)을 창설했으며, 그 후 1989년 이른바 '철의 장막'이 걷히기 시작할 때까지 동유럽과 아시아의 다수 지역을 다스렸다. 파시스트들은 1922년 이탈리아에서 권력을 잡았고, 아돌프 히틀러Adolf Hitler, 1889~1945는 1933년 독일의 총리로 임명되면서 나치당의 지배를 확립했다. 1945년 제2차 세계대전이 끝나고 나서야 연합국 측 전승국들이 파시스트 정권들을 해체할 수 있었다.

이런 전체주의 이념의 종언은 통상 다원주의의 지지자들 — 그중에서도 특히 현대 자유주의와 현대 보수주의 — 의 승리로 간주되곤 한다. 전체주의의 패배와 민주주의의 확산에는 다원주의와 민주주의를 지지하는 여러 정치 이념들이 모두 기여했지만, 현대 자유주의와 현대 보수주의가 (전체주의에 반대하고 그것을 대체하곤 했던) 다원적 민주주의 체제를 운영하는 데에 특히 그 공이 컸다는 점을 빼놓을 수 없다.

전체주의가 퇴조하고 다원주의가 성장하면서 (시민들이 정치적 기본권, 그리고 자유 경쟁 선거를 통해 공직자들을 통제할 능력을 보유한) 민주주의 국가의 숫자가 크게 늘어났다. 1900년 이전까지만 해도 전 세계 43개국에서 6개국만이 민주적이라고 부를 만한 요건을 충족하고 있었다.[2] 그러나 2006년경까지 민주국가의 수가 대폭 증가했는데 그 비율은 전 세계적으로 독립국가의 숫자가 늘어나는 것보다 더 빠르게 증가했다. 어떤 추산에 따르면 2006년 현재 전 세계 192개국에서 89개국(46퍼센트)이 완전한 민주국가로 간주될 수 있고, 29퍼센트가 부분적인 민주국가로 간주될 수 있다고 한다.[3] 이런 민주국가에서 수많은 정당들이 정치권력을 획득하기 위해 경쟁하며 그중 다수의 정당이 현대 자유주의 또는 현대 보수주의의 원칙에 기대어 유권자들에게 호소하곤 한다.[4] 현대 자유주의자들과 현대 보수주의자들(그리고 급진적 다원주의자들)은 그들의 정치적 원리에 따라 국가를 다스리기 위해서는 민주적 선거에서 승리해야 한다는 점을 잘 알고 있었으므로, 입헌 정부와 대의 민주주의의 원칙에 모두 동의한다. 이 같은 동의는 구체적 쟁점에서 서로 대립하는 것을 넘어서는 공통의 합의에 속한다. 다원적 민주주의가 민주주의의 적 — 제2차 세계대전 당시의 나치즘, 냉전 시기의 공산주의, 오늘날 이른바 '대테러 전쟁'에서의 이슬람 근본주의 — 으로부터 위협받을 때면 다원적 민주주의의 지지자들은 서로 간의 차이를 넘어

(물론 구체적 방법론을 놓고 서로 다투기는 했지만) 민주주의와 다원주의를 함께 옹호하곤 했다.

1

공산주의

...

제국주의와의 투쟁

공산주의는 마르크스의 목표를 상당 부분 추구했지만 역사적 조건이 무르익어야 혁명이 일어날 수 있다고 한 마르크스의 생각을 거부했던, 마르크스주의와 구분되는 독자적인 정치 이념으로 볼 수 있다. 블라디미르 일리치 레닌Vladimir Ilyich Lenin, 1870~1924이 지도하는 볼셰비키당이 1917년 러시아혁명을 통해 권력을 잡았을 때부터 공산주의는 새로운 의미를 지니게 되었다. 그 전까지만 해도, 공산주의라 하면 약간 모호한 미래의 이상향을 뜻했다. 즉, 마르크스주의 혁명이나 아나키즘적 변혁으로 말미암아 기존의 국가가 붕괴된 후 자유주의 체제를 대신하여 등장하게 될, 더 자유롭고 평등하며 협력적인 이상 사회를 뜻했던 것이다. 그러나 레닌은 자신을 마르크스주의자라고 규정하면서도, 마르크스주의를 하나의 저항 이념에서 정식 통치 이념으로 전환하는 과정을 개시했다. 공산당은 마르크스-레닌주의 이념(또는 마르크스-레닌주의의 수정 이념들)에 기반하여 소련(과 그 후 동유럽·중국·쿠바 및 여타 개도국들)에서 집권했다. 이런 수정 이념들은 유고슬라비아●의 요시프 티토Josip Broz Tito, 1892~1980, 중국의 마오쩌둥毛澤東,

●구유고연방은 냉전 종식 후 유고 내전을 거치면서 해체되어 다음과 같은 독립국들로 분리되었다. 슬로베니아·세르비아/몬테네그로·마케도니아·크로아티아·보스니아/헤르체고비나.

1893~1976, 쿠바의 피델 카스트로Fidel Castro, 1926~, 베트남의 호치민Ho Chi Minh, 1890~ 1969 등에 의해 도입되었다. 이런 정치 지도자들이 마르크스주의에 추가한 주요 수정 사항은 저개발국과 후발 산업국에서도 공산주의를 실시할 수 있다고 한 점이었다. 마르크스는 자본주의가 충분히 성숙된 사회에서만 혁명이 일어날 수 있고, 모든 사람의 물질적 필요를 충족해 줄 수 있는 산업 역량을 갖춘 풍요로운 사회에서만 이상적인 공산주의가 실현될 수 있다고 주장했지만, 20세기 들어 상당수의 공산 정권이 저개발국에서 정권을 획득했던 것이다.

제2차 세계대전과 1991년 소련의 붕괴 사이에 국제정치의 구조를 크게 좌우한 것은 바로 공산주의와 민주 자본주의 체제 간의 논쟁이었다고 할 수 있다. 공산주의의 중심 사상을 어느 정도 파악하지 않고 최근의 세계 역사 그리고 현재 많은 나라들의 정치적 조건을 제대로 이해하기란 불가능하다. 공산주의의 중심 사상은 다음과 같다. 전 세계 차원의 제국주의는 마르크스가 예견한 것보다 더 높은 단계의 자본주의를 의미한다. 따라서 변화된 제국주의적 현실로 말미암아 마르크스가 공산 사회의 출현 과정에 대해 예견했던 바를 어느 정도 수정하는 것이 불가피하다. 고도의 산업사회에서 혁명이 자동적으로 일어나는 것이 아니라, 초기 산업화 사회 ― 특히 제국주의 아래 가장 많은 고통을 받는 개도국들 ― 에서 지식인과 운동가들로 이루어진 전위 세력vanguard이 적극적으로 혁명을 일으켜야 한다. 혁명이 성공하고 나면, 공산당이라는 형태로 조직화된 전위 세력이 그 사회를 일시적으로 다스려야 한다. 이런 전위 세력의 의무는 프롤레타리아(와 농민)를 대신해서 행동하고, 미래의 이상적인 공산 사회를 위한 길을 닦는 것이다. 경제 발전을 달성하고 인간의 소외를 뿌리 뽑기 위해 ― 이 두 가지는 이상적인 공산 사회를 위한 전제조건이다 ― 공산당 지도부는 경제 투자 및 생산과 분배를 계획하고, 사유재산을 국유화하며, 반혁명 사상(자유주의와 보수주의)의 유포를 금할 책임이 있다. 공산당 지배 아래 일반 국민은 일시적 희생을 감내해야겠지만, 공산주의 이념에서는 이런 희생을 국가의 소멸, 계급의 소멸, 그리고 풍요한 사회를 위한 미래를 준비하는 데 필요한 희생이기 때문에 그만큼 가치 있는 행위라고 간주한다.

공산주의가 마르크스주의의 직계 이념이긴 하지만 이들 사이에는 두 가지 중요한 차이점이 있다. 첫째, 정치적 활동성으로 보아 (정통) 마르크스주의자는 공산주의자보다 덜 적극적이다. 마르크스주의자는 조건이 성숙되면 자본주의가 자연히 붕괴할 것으로 믿기 때문에 의도적으로 혁명을 불러일으키려 하지 않지만, 공산주의자는 인간이 주도적으로 혁명을 일으킬 필요가 있다고 생각한다. 둘째, 마르크스주의는 본질적으로 저항 이념이지만 공산주의는 흔히 통치 이념인 경우가 많다. 마르크스주의자들은 자본주의사회를 비판하는 것이 주목적이었으므로 사회주의사회 혹은 공산주의 사회에 관해 뚜렷한 원칙을 발전시키지 못했다. 마르크스와 그의 직계 추종자들은 국가를 직접 다스릴 기회가 없었고 자신의 통치 원칙을 정당화해야 할 필요도 느끼지 않았기 때문이다. 이와 대조적으로, 공산주의자들은 권력을 쟁취한 후 자신의 통치에 정당성을 부여해 줄 수 있는 구체적 이념의 형태로 마르크스주의를 승화시킬 필요가 있었다. 이런 차이점을 감안할 때 공산주의는 한마디로 일종의 '응용 마르크스주의'applied Marxism라고 할 수 있을 것이다.

마르크스의 저술과 사상으로부터 공산주의 이념을 가장 깊게 발전시킨 사람은 레닌이었다. 그는 1902년 "무엇을 할 것인가?"What Is to Be Done?라는 테제를 집필했고, 1903년 러시아 볼셰비키당의 지도자가 되었으며, 1917년 러시아혁명 후 소비에트 공산국가를 창설하여 그 초기 발전을 이끌었다. 20세기의 마르크스주의자들, 예컨대 로자 룩셈부르크Rosa Luxemburg, 1879~1919, 레온 트로츠키Leon Trotsky, 1879~1940, 안토니오 그람시Antonio Gramsci, 1891~1937, 에르네스토 체 게바라Ernesto Che Guevara, 1928~67, 그리고 자신을 공산주의로 자처한 여러 정당과 정권의 지도자들도 공산주의 이념 형성에 큰 영향을 미쳤다.

공산주의 이념의 지도자들은 마르크스의 반자본주의 혁명 이론에 수정을 가했다. 이들은 마르크스가 예견한 것 이상으로 자본주의가 현실에 잘 적응하고 있음을 알아차렸다. 마르크스는 자본주의 내에 근본적 모순이 포함되어 있어서 자본주의는 종말로 이어질 수밖에 없는 운명이라고 보았다. 자본주의적 생산양식(공장, 신기술, 특정 과업을 전담하는 숙련공 등)은 재화를 생산하는 노동자들이 물리적으로 생존하기 위해 필요한 것 이상의 물질적 재화를 초과로 생산하기 마련이다. 이렇게 초과 생산된 재화는 '잉여가치'surplus value를 낳는데, 자본주의사회에서는 생산을 담당한 노동자가 그 잉여가치를 갖는 것이 아니라, 생산수단을 소유한 자본가가 차지하게 된다. 이렇게 자본가가 잉여가치를 차지하게 되면 자본축적capital accumulation 및 추가 투자와 경제 효율성 달성, 그리고 소비재 생산 증가 등이 가능해진다. 그러나 이런 과정은 노동계급의 확대와 피폐를 동시에 수반한다. 마르크스에 따르면, 대다수 노동자들이 생계 임금 — 간신히 생계를 유지할 정도의 임금 — 정도만 지급받아 자본주의가 생산하는 재화를 직접 구매할 형편이 되지 못하므로 경제 침체가 올 수밖에 없고, 따라서 자본주의 체제의 혁명적 붕괴가 필연적으로 도래하게 되어 있다. 그러나 19세기 말이 되도록 마르크스가 예견했던 대규모 경제 파탄은 일어나지 않았다. 1902년 잉글랜드의 경제학자 존 애트킨슨 홉슨John Atkinson Hobson, 1858~1940은 『제국주의 연구』Imperialism: A Study라는 저서를 통해 마르크스의 이론이 오류였다고 주장했다. 홉슨은 자본주의에서는 대다수 시민들의 구매력이 제한되므로 자본가들은 합리적인 계산에 의해 내수용 생산을 줄이고 국내 투자를 제한할 것이라고 보았다. 따라서 자본가들은 국내의 경제적 한계 때문에, 계속해서 부를 축적하기 위해서는 해외시장에 상품을 내다 팔아야 하고, 저개발국에서 수익률 높은 투자처를 물색해야만 할 것이다. 요컨대, 자본주의는 제국주의에 의해 생명을 부지할 수 있다는 말이었다. 즉, 이때 제국주의란 선진 자본주의사회가 저개발국을 경제적으로 지배하는 행위라 할 수 있다. 제국주의 국가들은 자국의 생산품을 판매할 수 있는 시장을 확보하고 투자를 촉진하기 위해서, 저개발국을 직접 지배하면서 그 나라를 식민지로 만들거나, 아니면 형식적으로는 독립국인 그 나라 정부에 대해 엄청난 경제·군사적 압력을 가해서 그 나라를 실질적으로 지배할 수도 있다.

    1913년 폴란드 출신의 혁명 이론가였던 로자 룩셈부르크는 『자본축적론』The Accumulation of Capital에서 제국주의가 어떤 식으로 자본주의의 생명을 연장하는지에 관해 상세하게 설명했다. 룩셈부르크는 자본주의를 특정 국가 내의 폐쇄된 체제로만 보아서는 안 된다고 제안했다. 자본주의는 이미 전 세계적인 현상이 되었다는 것이다. 자본가들은 자본축적을 위해 자국 내 노동자들로부터 짜낸 잉여가치에만 매달리지 않게 되었다고 한다. 전 세계 자본주의에서는 선진 자본주의권이 초기 자본주의사회(또는 개발도상국)에서 상품을 판매하고 그곳에서 이윤을 내는 투자를 함으로써 잉여가치를 얻게 된다. 룩셈부르크는 선진 자본주의국가가 개도국을 수탈하여 얻어 낸 혜택을 자국의 노동자들에게 나눠 주고 그들을 무마함으로써 번영을 구가할 수 있다고 보았다.

그로부터 몇 년 뒤 1917년 레닌은 『제국주의: 자본주의의 최고 단계』 Imperialism: The Highest Stage of Capitalism에서 룩셈부르크의 분석에 동의하면서 그 이론을 한 단계 더 발전시켰다. 레닌은 자본주의가 새로운 성격을 갖게 되었다고 보았다. 마르크스가 분석했던 자본주의는 산업자본주의 industrial capitalism였다. 산업자본주의에서 시장 경쟁으로 기업들이 도산하거나 합병됨으로써 큰 기업들은 점차 독점기업 또는 과점 기업으로 발전해 가는 경향이 있다. 이런 기업들이 합병이나 투자를 충당하기 위해 동원하는 자본은 각 기업이 자국 내의 피고용인들로부터 쥐어짠 잉여가치에서 나왔다. 그러나 레닌은 금융자본주의 finance capitalism라는 새로운 형태의 자본주의를 발견했다. 금융자본주의에서는 금융가와 은행가가 직접 기업에 자본을 제공하기 때문에 산업자본가는 점차 금융 자본가들에게 의존하게 되며, 마침내는 은행이 산업을 실질적으로 직접 지배하게 된다. 금융자본주의라는 새로운 형태의 자본주의에서는 소수의 금융가들에 엄청난 권력이 집중되는데, 이 금융가들은 대체로 생산이 이루어지는 실제 과정과는 직접적인 연관이 없는 집단이다.

국제적으로 고도로 발전한 자본주의국가의 소수 은행들이 금융에 의한 부를 독차지함으로써 소수의 제국주의 세력이 다수의 저개발국들을 지배하게 되었다. 이렇게 제국주의 국가들은, 개도국에 자본을 수출하고, 개도국의 광물과 기타 자원을 개발하기 위한 대규모 사업에 투자하며, 개도국 내의 '토착 부르주아지'와 협력 사업을 벌이고, 빈곤층을 (최저임금으로) 고용함으로써, 개발도상국에 대해 경제·정치적 통제권을 획득하기에 이르렀다. 레닌은 이런 새로운 현상을 '제국주의 또는 금융자본의 지배'라고 불렀으며, 그런 제국주의를 '자본주의의 최고 단계'라고 생각했다. 레닌의 시대만 해도 자유주의 민주국가들이 그런 제국주의적 활동에 개입하곤 했다. 영국과 미국의 석유 회사들이 중동에서 활발하게 사업을 벌이고, 네덜란드의 고무 회사들이 동남아시아에서 거대한 농장을 경영한 것●이 그 예다.5

레닌과 여타 공산주의자들은 식민지의 인민들이 여러 종류의 민족주의 전략을 통해 제국주의에 저항한다고 인정했다. 공산주의자들은 이런 민족주의 운동을 공산주의의 지지 세력으로 간주했으며 식민지의 인민들을 공산혁명에 가담하는 세력으로 동원할 수 있는 방안을 모색했다. 식민지 개도국에서 공산혁명이 성공적으로 일어나 서구 제국주의 자본가들이 식민지를 잃게 된다면 자본가들은 하는 수 없이 자국의 무산계급을 착취할 수밖에 없고, 그렇게 됐을 때 선진 자본국 내에 또다시 위기가 고조되어 마르크스가 예견했던 혁명이 선진국에서도 일어나리라고 생각했던 것이다.

그러나 저개발국에서 그런 공산혁명이 일어나기 전에 선진 자본주의국가의 노동자들은 마르크스가 예견한 대로 더욱더 궁핍해지는 것이 아니라, 생활수준과 노동조건이 향상되는 시기를 거치게 된다. 자본가들은 개도국의 자원을 수탈하고 개도국의 노동자들을 착취해 잉여가치를 창출할 수 있으므로 자국 노동자들을 착취할 필요가 적어진다. 자본가들은 선진 자본국의 무산계급이 혁명 의식을 갖지 못하게 하기 위해, 식민지 노동자들로부터 얻어 낸 수익을 자국의 노동자들에게 나눠 주고, 자국 내 노동조합의 발전을 허용하는 여유를 보인다. 따라서 공산주의자들은 노동조합운동이 혁명 의식을 약화한다고 보았다. 노동자들이 임금 인상과 각종 혜택에만 정신을 쏟고 노동조건 개선에만 신경을 쓰

● 20세기 초 앵글로/페르시아 석유회사로 출발했던 브리티시 페트롤륨(BP, British Petroleum)이 대표적이며, 고무 회사로는 20세기 초 네덜란드 동인도령에서 활동했던 고무 회사인 남로즈 페노츠합 테이(Naamlooze Vennootschap Thee) 등이 있다.

게 되기 때문이다. 따라서 레닌은 노동조합운동이 본질적으로 자본가들이 무산계급에게 던져 주는 뼈다귀에 지나지 않는다고 생각했다. 자본주의에서 노동자들이 자본가들의 뼈다귀를 아무리 받아먹어도 생산에서 나오는 수익을 공평하게 배분받지는 못하며, 노동자들은 계속해서 소외된 존재로 남을 수밖에 없기 때문이다. 그러므로 제국주의와 노동조합운동이란 부르주아 자본가들이 무산계급을 계속 지배하기 위해 동원하는 간교한 수단에 지나지 않았다고 보았다.

자본주의의 성격이 변화됨에 따라 공산주의자들은 마르크스의 계급의식 이론을 수정하게 되었다. 마르크스는 자본주의의 객관적 조건으로 말미암아 무산계급의 혁명 의식이 저절로 생겨날 것이라고 믿었지만, 레닌은 노동자들이 스스로 혁명 의식을 발전시키기는 어렵다고 보았다. 발전한 선진 자본주의사회에서 노동조합과 제국주의의 혜택으로 무산계급은 자본가들 쪽으로 '팔려 넘어가거나' 포섭되었다. 자본주의가 발전하지 않은 사회에서는 농민이 산업 노동자들보다 수가 더 많았지만, 농민들은 혁명 의식을 고양할 만큼 자본주의의 착취 체제를 경험해 보지 못했다. 이 점을 간파한 레닌은, 산업 생산 활동에 종사하지 않는 다수 인민 대중들은 혁명에 대한 길 안내를 받고 혁명을 만들어 내기 위해 지도 계급 — 공산당 — 의 지휘가 필요하다고 역설했다. 따라서 공산주의는 공산당 지도자들이 무산계급을 대신한 엘리트 전위 세력으로서 인민들과 상관없이 (혁명을 고취하고, 공산당의 목표를 향해 역사를 이끌어 감으로써) 스스로 주도적으로 행동할 수 있다고 주장한다는 점에서 마르크스주의와 뚜렷이 구분된다.

공산주의자들은 또한 혁명 직후 초기 사회주의 단계에 대한 마르크스주의 사상을 확장했다. 마르크스주의와 공산주의는 둘 다 혁명 직후 시기를 프롤레타리아독재dictatorship of the proletariat 시기로 보지만, 두 이념은 이 시기를 서로 다르게 해석한다. 마르크스는 프롤레타리아독재를 상당히 민주적인 과정으로 그렸다. 마르크스의 이론에 따르면 무산계급이 그 사회의 다수를 차지할 것이므로 무산계급이 한데 뭉쳐 민주적 방식을 통해 부르주아지들에게 무산계급의 의지를 관철할 수 있다고 한다. 그러나 공산주의 이론가들은 무산계급을 대신해서 행동하는 공산당 지도부가 국가의 통치 기구를 장악하여 그 강압 수단을 통해 자본가들이 반혁명을 일으키지 못하게 해야 한다고 본다. 소련에서는 공산주의 이론에 따라 공산당이 국가의 모든 제도, 미디어, 경제 발전 정책, 대다수 산업체를 장악했다. 모든 사유지, 개인소유의 공장, 기타 경제적 재화를 생산할 사적 자원들은 무엇이든 몰수되고 사회화되었다. 사유재산의 소유권과 통제권이 국가로 귀속되었던 것이다. 공산주의의 교의에 따르면 이런 조치를 통해 경제적 계급들이 점차 자취를 감추고, 공산주의의 두 번째 단계가 출현한다고 한다. 궁극적으로 재화의 생산과 분배가 공산당이 주도하는 국가로부터 대중 전체에게 넘어갈 것이며 이때 평등한 시민들이 경제적 사안을 함께 관리하게 된다. 이런 과정을 통해 국가는 결국 고사해서 소멸할 것이라고 한다.

레닌이 죽은 뒤 사실상의 독재자로서 소련을 이끈 이오시프 비사리오노비치 스탈린Joseph Vissarionovich Stalin, 1879~1953은 자신이 다스린 낙후된 소련 사회를 풍족한 산업사회 — 시민들이 생산성 높은 노동자로 훈련된 — 로 전환하는 문제를 공산혁명의 중핵 과제로 삼았다. 그러나 정통 마르크스주의자들은 그런 문제를 염려하지 않았다. 왜냐하면 마르크스는, 풍요한 사회를 유지할 수 있는 기술적 기반과 (비록 소외되고 피폐하기는 하지만) 숙련된 무산계급을 가진 선진 산업사회에서 혁명이 일어날 것이라고 예견했기 때문이다. 러시아와 기타 농경 국가의 공산주의자들은, 소비재 생산을 억제하고 산업화에 필요한 물리적 기반 시설에 대한 국가 투자를 강조함으로써 마르크스가 주장했던 산업 역량을 일단 창출해 내야 했다. 더 나아가, 농경 사회의 공산주의자들은 농민들로만 이루어진 사회에서 무산계급 또는 노동계급을 만들어 내야 했다. 농경 사회의 대다수를 차지하던 농민들은 마르크스주의자들의 목표에 그리 흔쾌히 동조하지 않았고, 자기들이 농사지을 수 있는 농지의 소유권을 확보하는 데에만 정신을 쏟았다. 따라서 국가는 농민들을 강제로 집단농장에서 일하게 했고, 공장 노동력을 충원하기 위해 그들을 도시로 강제 이주시켰다. 스탈린은 또한 방대한 강제 노동 수용소 시스템을 만들어 소련 국민들을 산업사회의 엄격한 질서와 규율, 어느 정도의 동질성에 걸맞은 집단으로 훈련하려고 했다. 공산주의자들은 국가의 권위로 이 과정을 적절히 관리한다면, 오직 한 세대의 소련 시민들만이 이런 산업화 과정에 따르는 고통을 겪으면 될 것이라고 생각했다. 이는 산업화 과정에서 비인간적인 조건을 여러 세대에 걸쳐 감수해야 했던 영국의 노동자들과 비교되는 시도였다.[6]

애초 소련 공산주의 정권은 마르크스주의와 공산주의 교의를 해석하는 문제에서 소련이 전 세계적으로 수위권首位權을 가진다고 선언했다. 그러나 제2차 세계대전 이후 권좌에 오른 여타 공산주의 정권들은 소련의 수위권 주장을 자신들의 독특한 정치·사회·경제 상황에 맞춰 수정했다. 서유럽의 공산당 역시 시간이 갈수록 소련의 국익 추구 경향에 등을 돌렸다. 소련을 충실하게 추종하던 동유럽 공산 정권들조차 공산주의의 교의 문제가 생겼을 때 소련 지도부의 지령을 고분고분하게 따르지 않았다. 그 결과 공산주의는 역사의 공통된 과학이자 일련의 통치 원칙이라는 외양에서 멀어지기 시작했다. 1950년대 무렵 소련은 공산주의 교의를 일방적으로 선포할 수 없게 되었다.● 1980년대에 들어서 공산국가의 통치자들은, 점차 둔화되는 경제를 재활성화하고, 점점 더 불만이 늘어나던 주민들을 달래기 위해 공산주의 교의를 개혁할 필요가 있음을 인정하기에 이르렀다.●● 물론 그런 개혁 이후에 소련을 위시한 동유럽에서는 공산주의 자체를 거부하게 되었지만 말이다. 그리고 중국이나 쿠바의 공산 정권 그리고 기타 지역의 공산주의 운동이, 인류가 20세기 내내 받아들여 온 마르크스-레닌주의 형태의 공산주의를 마지못해 인정해 왔을 뿐이라는 주장도 흔히

● 1953년 스탈린 사후 탈스탈린화기 진행되면서 스탈린식 공산주의 교의의 영향력이 줄어들었고, 동유럽에서는 1956년 헝가리와 폴란드의 반공 시위를 소련군을 동원한 무력 진압으로 해결할 수밖에 없었다. 또한 1950년대 말 마오쩌둥이 흐루쇼프의 노선을 수정주의라고 비판하면서 러시아와 중국 간의 이념 논쟁이 격화되어 전 세계 공산주의 운동의 이념적 단일성이 크게 훼손되었다. 그 결과 캄보디아와 알바니아가 공식적으로 소련의 이념 주도를 거부하고 중국 공산당의 권위를 받아들이는 일도 벌어졌다.

●● 1985년부터 고르바초프가 추진한 일련의 개혁 정책이 대표적이며, 폴란드의 경우 정부가 주민들의 불만을 무마하기 위해 전국 규모의 원탁회의를 개최하기도 했다.

들린다. 그러나 아직도 러시아와 기타 옛 공산국가들에는 공산주의의 지지자들이 남아 있으며, 개도국 일부에서도 열성 지지자들이 존재한다. 공산주의 사상 — 레닌이나 마오쩌둥이 표현한 버전, 그리고 20세기 후반에 미하일 세르게예비치 고르바초프Mikhail Sergeevich Gorbachëv와 여타 개혁가들이 수정한 버전을 포함하여 — 은 우리의 거대한 정치적 대화에서 반드시 검토해 보아야 할 사상인 셈이다.

2
파시즘과 나치즘
...
전체주의적 통제로 집단성을 강화한다

20세기 전반에 파시즘과 나치즘은 민주 자본주의에 대해 엄청난 도전을 야기했다. 이들은 경제적 자유와 정치적 평등을 강조하지 않고 국가권력과 세계 지배를 모색했으며, 지도자 — 일 두체●로 불리던 베니토 무솔리니Benito Mussolini, 1883~1945와 퓌러●●라고 불리던 히틀러 — 에게 절대적인 권위[권한]을 부여함으로써 국력을 신장할 수 있다고 믿었다. 대다수 사려 깊은 사람들은 독일의 나치

● 일 두체(Il Duce) : 고귀한 '지도자'를 뜻하는 라틴어 'dux'에서 비롯된 이탈리아 어휘로 19세기 중엽부터 정치적 의미에서도 쓰이기 시작했는데, 1925년 무솔리니가 스스로 '두체'라고 칭한 뒤 파시즘의 대명사처럼 알려지게 되었다.
●● 퓌러(Führer) : 히틀러가 독일 제3제국(1933~45년)의 절대적 권력자로서의 자신의 역할을 정의하기 위해 사용했던 칭호. 1921년 7월 초 그는 지도자 원칙(Führerprinzip)이 나치당의 법이라 선언했으며, 1925~27에 나온 그의 저서 『나의 투쟁』에서는 그런 독재가 다가오는 제3제국에까지도 지속될 것이라고 단언했다.

즘과 이탈리아의 파시즘이 출현하면서 일어난 일련의 사건들 — 홀로코스트와 제2차 세계대전 — 을 인류 역사의 암흑기로 간주하곤 한다. 인류가 잔인하고 야만적인 행동을 한 것이 어제오늘의 일이 아니지만, 파시즘과 나치즘이 일반적으로 전 세계에, 특히 유대인들에게 가했던 해악의 규모와 범위는 역사적으로 유례가 없는 것이었다. 교육 수준이 높고 문화적 소양이 풍부한 사회의 시민들이 그렇게 사악한 행위를 저질렀다는 사실이 어쩌면 더 끔찍한 일인지도 모른다.

이탈리아의 파시즘과 독일의 나치즘 사이에 중요한 차이점이 있긴 하지만, 두 나라의 시민들이 각 이념을 수용하고 심지어 충성을 다하게 만든 공통점은 무엇일까? 두 이념 모두 자유주의를 거부하면서 개인보다 집단의 우월성을 강조했고, 정치 공동체 전체의 선익을 위해 전체주의적 국가의 권위로 사회·경제·종교·가족생활을 통제해야 할 필요성을 역설했다. 두 이념 모두 공산주의를 배격하면서, 마르크스주의의 계급투쟁 관념은 사회의 일체성을 훼손하고 공동선의 달성을 방해한다고 믿었다. 두 이념 모두 민주주의를 배척하면서, 민주주의가 인간의 나약함에 영합하고 사회 내의 특수 이익에 사로잡혀 있다고 주장했다. 두 이념 모두 엘리트에 의한 통치 대신 대중들을 직접 동원할 수 있는 권위주의적 지도자들의 통치를 지지했다. 또한 집단의 위대함은, 정치 활동에서 단지 제한적인 역할밖에 하지 못하는 인간의 이성이 아니라, 인간의 운명에 대한 직관적인 이해에 달려 있기에 무력 정복이나 국민 통합과 같은 목표를 제시함으로써 인간의 정념과 의지를 불러일으키는 것이 중요하다고 강조했다. 가장 근본적으로 파시스트와 나치는 공동체적 유대communal solidarity를 모색했다. 이들이 내세운 공동체적 유대란 국가 내 계급들 또는 개인들 간의 경쟁의 종언, 그리고 그런 경쟁 에너지를 국제 체제 내의 여타 국가들에 대해 발산하는 것을 뜻했다. 이 이념들의 근본 목표는 국력을 신장하고 사회·정치적 질서를 창출하기 위해 사회의 모든 구성원들이 한마음 한뜻으로 일할 수 있게 만드는 것이었다. 예컨대, 조업단축과 파업을 초래하는 노사분쟁은 고용주와 피고용인 간의 협력으로 대체되어야 했다. 도시와 농촌 간의 갈등 역시 전체 사회의 발전을 위해 협력 관계로 바뀌어야 했다. 무질서한 민주정치 과정에 수반되는 당파적 갈등과 특수 이익들 간의 경쟁은, 히틀러와 무솔리니가 가르친 공동체적 목표를 위해 일하는 입법가들의 노력으로 교체될 필요가 있었다. 공동체적 유대를 추구한 이유는 실제로는 효율성을 달성하기 위해서였다. 공동체적 유대를 통해 효율성을 올리면 기차는 정해진 시간에 운행되고, 경제·군사적 재화는 계획한 대로, 그리고 사회적 필요에 따라 생산될 것이었다. 또한 사회적 유대의 달성은 더욱 고양된 인간 윤리의 발전을 의미했다. 이렇게 되면 자유주의적 자본주의 사회 내 개인들의 물질적이고 이기적인 욕망은 공동체적 가치로 대체될 것이었다. 사람들은 집단의 선익에 공헌하는 행위에 따르는 기쁨을 배우면서 타인에게 책임과 의무를 다하는 존재가 될 것이고, 자신의 자만심과 부르주아적 실존을 제쳐 두고 집단의 위대함을 추구하는 병사로서 자신들을 기다리고 있는 장대한 모험을 기꺼이 선택한 결과 영웅적인 존재로 승화될 것이었다.

그러나 나치즘과 파시즘은 동일한 정치 이념이 아니었다. 파시즘은 사람들이 섬기고 충성을 다해야 하는 국가라는 집합체를 숭상했던 반면, 나치즘은 '아리아 인종'을 숭상해야 할 집합체로 떠받들었다.[7]

파시즘 사상은 1922년부터 1945년 사이에 이탈리아를 다스렸던 독재자 무솔리니의 사상과 통치행위에서 찾을 수 있다. 조반니 젠틸레Giovanni Gentile, 1875~1944와 같은 파시즘 철학자들은 진정한 파시스트라면 나치즘과 같은 인종주의 사상을 거부해야 하며, 그 대신 국력 및 국위 선양과 국가 확대를 최우선 원칙으로 삼는 국가주의자가 되어야 한다고 강조했다.[8] 이탈리아의 경우 로마제국의 영광을 되찾는 것이 그런 행위에 해당되었다. 하지만 무솔리니와 그의 추종자들은 국위 선양을 위한 계획성 있는 원칙과 정책을 개발할 필요가 없다고 생각했다. 무솔리니는 이렇게 말한다. "우리의 정책은 간단명료하다. 우리는 이탈리아를 다스릴 것이다. 사람들은 우리에게 구체적인 정책을 제시해 달라지만, 이미 나와 있는 정책만 해도 지나치게 많다. 이탈리아의 구원을 위해 부족한 것은 정책이 아니다. 우리에게 부족한 것은 참된 인간과 의지력이다."[9]

(간혹 '국가사회주의'라고 불리는) 나치즘 사상의 기원은, 1920년대에 독일에서

영향력을 떨치기 시작했고 1933년부터 1945년까지 독일 제3제국의 독재자였던 히틀러의 사상과 통치행위에서 찾을 수 있다.[10] 히틀러는 인종 간의 투쟁을 정치의 핵심 문제로 강조했다. 나치즘은 독일 사회의 여러 문제들은 유대인들이 다양한 사업을 독점하고 있고, 유대인들이 음모를 꾸미기 때문에 비롯된다고 주장했다.[11] 나치즘은 또한 아리아인의 후손들과 유대인, 집시, 여타 '하위인간' 집단들 간의 혼혈이 비극적인 결과를 낳았다고 믿었다. 나치즘은 순수한 아리아인을 발전시키면 인류에 축복이 내릴 것이며, 그렇게 되려면 열등한 인종들을 복종시키고 궁극적으로 그들을 모두 제거해야 한다고 주장했다. 그에 따라 나치들은 그들이 나중에 최종 해결책the Final Solution — 모든 유대인과 여타 '열등' 인종들의 물리적 박멸 — 이라고 불렀던 정책을 추진했다. 그들은 또한 아리아인 그 자체의 유전자 청소genetic cleansing 정책도 실행했다. 그래서 독일인 가운데 심신 장애가 있고, 질병에 시달리며, 신체적 '결함'이 있는 사람은 물론 '일탈' 행동을 하는 사람들도 모두 제거되었다.[12] 이로 말미암아 비롯된 홀로코스트에서 6백만 명의 유대인 그리고 기타 '비우량자' 및 나치의 반대자 6백만 명이 조직적으로 살해되었다. 나치의 인종 정책을 보면 나치즘과 파시즘 사이의 정치적 차이점이 결정적으로 드러난다. 즉, 파시즘에서는 국가 자체가 목적이지만, 나치즘에서 국가는 아리아인의 우월성을 달성하기 위한 하나의 하위 수단에 지나지 않는 것이다.[13]

제2차 세계대전이 추축국들의 패배로 끝나면서 이탈리아의 파시즘과 독일의 나치즘은 용도 폐기되었지만 이들의 사상은 20세기 후반 들어 각국의 정권과 여러 극우파 정치 운동의 토대가 되었다. 스페인의 파시스트 정당인 팔랑헤당●은 1936년 스페인 공화국에 대항하여 반란을 일으켜 프란시스코 프랑코Francisco Franco, 1892~1975 장군의 집권 시대를 열었다. 그는 1975년 사망할 때까지

● 팔랑헤(the Falange)당 : 1933년 스페인에서 미구엘 프리모 데 리베라(Miguel Primo de Rivera)가 창설한 파시스트 정치 운동 단체.

권좌를 차지했다. 아르헨티나의 후안 페론Juan Perón, 1895~1974은 파시즘 사상이 반영된 페론당*을 창당하여 아르헨티나를 1945년부터 1955년까지, 그리고 1973년부터 1976년까지 다스렸다. 여러 제3세계 군부독재 정권들 — 예를 들어, 이라크의 사담 후세인Sadam Hussein, 1937~2006과 같은 — 에서도 파시즘 원칙을 많이 받아들였지만 노골적으로 파시즘을 추종한다고 스스로 인정하는 경우는 드물었다. 남아프리카공화국의 국민당도 1990년대에 권력을 잃기 전까지 아파르트헤이트apartheid — 모든 백인과 모든 '유색인종'coloreds의 완전한 분리 — 라는 인종주의적 정책을 채택하여 소수 백인 정권의 집권과 흑인 탄압을 기도했다. 보스니아에서 세르비아계가 인종 청소 정책을 집행했던 사례는, 나치의 인종주의 목표와 흡사한 정치적 목표가 냉전이 끝난 시점에서까지 여전히 기승을 부리고 있음을 보여 준 가장 극적인 경우였다.

파시즘과 나치즘의 원칙들이 다양한 형태로 표출된다는 사실을 볼 때, 이 이념들이 대단히 예외적이고 특정한 상황에서만 발생하는 특별한 이념이라고 보는 것은 단견이라 할 수 있다. 실제로 파시즘과 나치즘적 요소들은 다양한 조건에서 언제든 다시 나타날 수 있다. 그렇지만 일단 여기서는 이탈리아의 파시즘과 독일의 나치즘이 발생한 특정한 사회·경제·역사적 상황 조건들을 이해할 필요가 있다.

첫 번째 조건은 제1차 세계대전을 종식시켰던 1919년 베르사유조약의 가혹한 처벌 조항으로 고조된 불만이었다. 특히 독일 국민들은 베르사유조약이 독일에게만 불공평하게 전쟁 책임을 지우고 독일만 가혹하게 처벌한다고 생각했다. 독일은 전체 농경지의 약 1퍼센트, 전체 인구의 10퍼센트, 모든 해외 식민지와 투자처, 대부분의 군함과 상선을 잃었다. 또한 프랑스와 영국에 막대한 전

● 페론당 : 정의당(PJ, Partido Justicialista)이라고도 한다. 아르헨티나 대통령이었던 후안 페론과 그의 부인 에바 페론(María Eva Duarte de Perón)이 주도했던 인민주의적이고 파시즘적인 정치 운동 단체.

쟁배상금을 지불해야 했다. 독일 국민들 사이에서는 베르사유조약에 조인하는 것 자체에 대해 여론이 대단히 좋지 않았다. 또한 애초 독일과 동맹을 맺었다가 1915년 그것을 파기하고 연합국 측에 가담했던 이탈리아는 승전국 반열에 올랐지만 전후 처리 과정에 대해 불만을 가지게 되었다. 이탈리아는 전쟁에서 승리할 경우 연합국 측으로부터 오늘날 슬로베니아에 해당하는 지역을 할양받기로 비밀리에 약속을 받아 놓은 상태였다. 하지만 전쟁이 끝난 후 연합국 측은 그 약속을 없었던 일로 해버렸다. 이런 처사로 이탈리아 국민들은 수치심을 감출 수 없었고, 국민적 자부심에 상처를 입었으며, 연합국 측에 배신감을 느끼게 되었다. 요컨대, 국제적 불만이 팽배했을 때 국민의 반감이 극도로 고조되었고 그런 분위기를 나치즘과 파시즘이 파고들 수 있었던 것이다.

두 번째 조건은 높아질 대로 높아진 경제적 기대치와 경제 불안의 결합이었다. 이탈리아와 독일 국민들은 제1차 세계대전 기간에 엄청난 경제적 희생을 감내해야 했다. 따라서 전쟁이 끝났을 때 경제 상황을 개선해 달라는 국민들의 요구가 걷잡을 수 없이 터져 나왔다. 1920년대 들어 독일과 이탈리아 두 나라 모두에서 경제적 생산성과 생활수준이 호전되었지만 경제적 난관이 완전히 사라진 상태는 아니었다.

이탈리아에서는 북부의 몇몇 도시에서만 산업화가 일어났고, 농촌 지역과 남부 지역은 경제적으로 낙후되어 있었다.● 당시 자유주의적 민주 정부는 예산 적자가 지나치게 커져 증세 조치와 예산 긴축 조치를 동시에 추구하지 않을 수 없었다. 이탈리아는 또한 경상수지 적자를 겪어야 했고, 리라화의 가치는 끝없이 하락했다. 이런 문제들이 겹치면서 이탈리아 국민들 사이에 실망과 불만이 만연했고, 노동운동이 급속히 확산되었으며, 노사분규가 아주 많이 발생했

● 19세기 중반 이탈리아가 통일되었지만 북부에 비해 압도적이었던 농업 경제, 봉건적 유제, 산업 시설 미비, 남부 이탈리아 주민의 해외 이주 등으로 남부 지역은 흔히 빈곤, 조직범죄, 높은 실업률 등의 특징을 보여 왔다. 이것을 흔히 '메초조르노'(이탈리아 남부) 문제라고 부른다.

다. 이런 분위기에서 중산층은 당시 권력을 놓고 경쟁한 자유주의 또는 사회주의 정당이 아닌 다른 정치적 대안을 모색했고, 노동계급은 노동계급대로 이탈리아의 경제 발전을 약속한 정치 세력에 호감을 가지게 되었다. 파시즘은 이 두 계급 모두에게 매력적인 대안으로 떠올랐다.

제1차 세계대전 직후 독일 경제는 여러 요인들로 피폐한 상태에 빠졌다. 국가가 감당할 능력 이상으로 전쟁배상금을 지불해야 하는 상황, 독일의 국제무역에 대한 가혹한 규제 조치, 독일의 전쟁배상금 지불이 이루어지지 않았다는 이유로 프랑스가 자행한 루르 지역 점령 등이 그 요인이었다. 바이마르공화국(1919~33년) 정부는 필요한 비용을 조달하기 위해 화폐를 더 찍어 냈고 1922~23년에 엄청난 인플레가 발생했다. 그 결과 국민들의 예금과 연금이 증발해 버렸고 기타 사회적 투자 기반이 완전히 붕괴되었다. 1920년대 중반에 일시적인 경기회복이 이루어지긴 했지만 1929년에 시작된 세계적인 경제 불황으로 독일 노동력의 25퍼센트가 실업 상태에 빠졌다. 이런 경제 상황에서 자유민주주의에 대한 독일 국민들의 믿음은 추락할 수밖에 없었다. 안정된 자유민주주의 전통이 일천한 독일에서 국민들은 나치의 권위주의적 선전·선동에 쉽게 귀를 기울였다. 나치는 독일 문제의 이른바 근본적 원인 — 경제권을 장악하고 있던 유대인들 — 을 해결하고, 국가의 경제통제 및 민간 생산, 기업 자유를 동시에 추구하는 국가사회주의 정책을 실시하면 독일의 경제난이 해결될 수 있을 것이라고 선전했다.

세 번째 조건은 의회 민주주의 제도가 무능한 제도로 간주되었다는 사실이다. 제1차 세계대전 이후 이탈리아와 독일은 비례대표 선거법을 채택했고, 이는 의회 내 소수 정당들의 난립으로 이어졌다. 예를 들어, 1932년 독일 총선에서 무려 38개 정당이 투표용지에 후보를 올렸고, 그중 18개 정당이 의석을 획득했다. 바이마르공화국 시대를 통틀어 과반수 의석을 획득한 정당은 하나도 없었으므로 언제나 연립정부를 구성해야만 했다. 그러나 서로 다른 정당들 사이의 협력은 쉽지 않았다. 정쟁과 사소한 경쟁 심리 및 정책적 이견 등이 복합적으로 작용하여 연립정부는 늘 위태로운 상태에 놓였고, 그 결과 연립정부가 빈번하게 해산되곤 했다. 심각한 정치적 분란에다 이런 국정 시스템의 불안정이 합해져 대중은 민주주의에 넌더리를 냈던 것이다. 유권자와 입법부 모두가 극단적 좌우파로 양극화되었다. 이런 문제들 때문에 나치와 파시스트들은 자유민주주의 체제가 파당들의 정쟁에 지나지 않으며 무능한 정부 형태라고 선전할 수 있었다. 파시스트와 나치는, 정부가 효과적으로 국정을 운영하려면 국민 통합을 위한 제도 그리고 최고 지도자가 다스리는 일당 국가 체제가 필요하다고 주장했다.

네 번째 조건은 이탈리아와 독일이 산업화 과정을 거치면서 많은 국민들이 도시 이주와 취업 때문에 농촌 공동체, 시골 교구, 대가족 등으로부터 뿌리 뽑힌 존재가 되었다는 사실이다. 사람들이 대도시 군중으로 편입되면서 과거의 집합적 귀속감이나 유대 의식이 사라졌다. 도시 대중들의 소외, 특히 높은 실업률 상황에서의 소외감으로 사람들은 안전하고 의미 있는 삶을 갈구하게 되었다. 나치즘과 파시즘은 이런 삶의 의미를 향한 욕망을 충족하기 위해 인종이나 국가와 같은 '더 높은' 삶의 목적에 눈을 뜨라고 부추겼다.

요컨대, 국제적 불만, 경제적 불안정, 정치적 무능, 사회적 소외 등의 문제가 합해져 이탈리아와 독일 국민들은 파시즘과 나치즘을 쉽게 수용했던 것이다. 하지만 단순히 대중의 지지만으로 무솔리니가 1922년 이탈리아에서 권좌에 올랐거나, 히틀러가 1933년 독일에서 권력을 쟁취했던 것은 아니다. 파시스트들은 1921년 이탈리아 총선에서 20퍼센트 미만의 득표를 했을 뿐인데, 당시 사회주의, 공산주의, 기타 좌파 세력들이 촉발한 총파업의 분위기 속에서 위협을 느낀 국왕이 무솔리니에게 정부를 구성해 달라고 요청했던 것이다. 히틀러 역시 1932년 총선에서 37퍼센트 미만의 득표율을 올렸을 뿐이었다. 선거 후 나치당이 의회 내 다수당이 되긴 했지만 과반수에는 미치지 못했다. 하지만 히틀러는 간계를 꾸미고 초헌법적 발상을 동원한 끝에, 1933년 1월 30일 노쇠한 파울 폰 힌덴부르크Paul von Hindenburg 대통령에 의해 보수파와 나치의 연립내각 총리로 임명되었다. 그로부터 두 달 만에 히틀러는 독재적 권력을 가지게 되었고 이른바 천년 성세의 제3제국이 시작되었다.[14] 이처럼 사회·경제·정치적 조건뿐만 아니라 역사적 우연이라는 요소도 작용하여 두 나라의 정치 공동체가 파시즘과 나치즘의 유혹 앞에 굴복하게 되었다고 할 수 있다.

3
현대 자유주의
...
자본주의와 민주주의를 개혁한다

현대 자유주의contemporary liberalism는, 정부가 자유를 억압할 수 있지만 반대로 자유를 촉진할 수도 있음을 사람들이 깨닫게 되면서부터 고전적 자유주의로부터 이탈해 나와 발전했다. 고전적 자유주의자들은 큰 정부가 자유를 억압하고, 자유 시장 체제와 최소한의 정부가 개인의 자유와 행복을 가장 잘 보장한다고 가정했지만, 현대 자유주의자들은 공산주의나 파시즘·나치즘으로부터 국민의 자유를 지켜 내려면 민주 정부가 더욱 강해질 필요가 있다고 믿었다. 이들은 또한 강력한 정부만이 순수한 자유방임형laissez-faire 자본주의의 문제를 해결할 수 있다고 생각했다. 따라서 현대 자유주의자들은 강력한 국가가 모든 시민에 대해 더 많은 안전, 안정된 경제 발전, 더욱 평등한 경제적 기회를 부여해야 한다고 역설한다. 더 나아가, 그들은 정치권력의 평등한 분산을 위한 다양한 정치 개혁을 시도하고, 각종 사회문제 — 예컨대, 인종차별이나 성적 차별 등 — 를 고전적 자유주의자들이 원했던 것보다 확장된 정부의 권위[권한]를 통해 해결할 수 있는 방안을 적극적으로 모색하곤 한다.

앞에서 자유주의 — 민주주의와 자본주의를 옹호하는 고전적 자유주의의 형태 — 가 19세기 및 20세기 초반부에 엄청난 비판을 받았음을 이미 살펴본 바 있다. 이런 비판에 직면한, 자유와 민주주의를 신봉하던 유럽의 많은 정치 이론가들은 자유주의를 수정하거나 재구성하기보다, (가령 민주사회주의 같은)

전혀 다른 정치 이념과 자유주의를 결합할 방안을 강구하기 시작했다. 그러나 미국에서는 자유주의가 결함이 있긴 하지만 여전히 중요한 정치적 교의로 남아 있었다. 따라서 자유주의의 핵심 사상을 간직하면서도 자유주의의 비판자들에게 응답하기 위해 자유주의의 이념을 재구성하려는 시도는 주로 미국을 중심으로 일어났다. 존 듀이John Dewey, 1859~1952와 같은 지성인, 그리고 프랭클린 루스벨트Franklin D. Roosevelt, 1882~1945와 같은 정치인들이 뒤에서 소개할 자유주의의 개혁에서 중요한 역할을 했다. 이들은 다음과 같은 교의를 발전시켰다. 정치·사회·경제적 자유가 가장 중요한 가치이긴 하나, 민주 정부일수록 그런 가치를 더욱 더 잘 보호할 수 있다. 사유재산의 소유나 자본주의에서 발생하는 부의 불평등이 근본적으로 불의한 것은 아니지만, 정부가 사유재산의 사용을 일정하게 규제하고, 부자에게 누진세를 부과하며, 빈곤층을 위한 공공복지 정책을 개발하는 것은 바람직하고 합당하다. 정부는 헌법 질서를 존중하고 선거제의 틀 내에서 행동해야 하지만, 경제를 진작하는 동시에 규제하고, 자유와 평등을 확대하기 위해서는 강력하고 적극적인 정부의 역할이 필요하다. 사회 변화와 진보가 필요한 것은 사실이지만, 그런 변화는 혁명이 아닌 개혁을 통해 일어나야 한다.

고전적 자유주의 이념이 산업혁명 초기에 자본주의 및 최소한의 정부를 합리화하기 위해 출현했지만, 산업화가 더 진전되면서 자유주의자들은 고삐 풀린 자본주의unfettered capitalism로 말미암아 많은 문제가 발생한다는 사실을 인정하기 시작했다. 그리하여 개혁 자유주의reform liberalism의 씨앗이 이미 1848년 존 스튜어트 밀에 의해 뿌려졌다. 밀은 그해에 출간된 저서인 『정치경제학 원리』Principles of Political Economy에서 자본주의 원리에 따라 재화를 생산하고 교환하는 것이 원칙적으로 옳지만, 그런 재화를 더욱 평등한 방식으로 분배(또는 재분배)하기 위해 정부가 일정한 역할을 할 수 있다고 주장했다. 하지만 이런 개혁 자유주의가 하나의 일관된 공공 정치철학으로 등장한 것은 20세기 들어서였다.

자본주의를 개혁한다는 사상은 양날을 가진 칼이라 할 수 있다. 한편으로, 개혁 자유주의 사상은 근본적 차원에서는 자본주의를 지지해야 한다. 고전적 자유주의자들과 마찬가지로 현대 자유주의자들도 사람이 잘 살기 위해서는 물질적 번영이 필요하고 그런 번영은 자본주의 경제체제를 통해 가장 잘 이루어질 수 있다고 믿는다. 현대 자유주의가 이처럼 꾸준한 경제성장을 지지하고 사업 활동을 장려하므로, 간혹 현대 자유주의자들은 간혹 기업 자유주의corporate liberalism를 옹호하는 것처럼 생각되기도 한다.[15] 이와는 반대로, 자본주의를 개혁하려는 사상은 흔히 자본주의에 적대적인 것처럼 여겨지기도 한다. 현대 자유주의가 기업 활동을 규제하고 복지권을 확장하려 하기 때문에, 간혹 현대 자유주의자들이 복지국가 자유주의welfare-state liberalism를 옹호하는 것처럼 생각되기도 한다. 현대 자유주의 속에 내재된 이런 두 가지 경향 때문에 활발한 논쟁이 벌어지기도 하고, 정치적 원리를 놓고 혼동이 빚어지기도 한다. 시어도어 로위Theodore Lowi는 현대 자유주의자들이 이익집단 자유주의자interest-group liberals가 되는 식으로 이런 두 경향 사이의 긴장을 해결하려 한다고 지적한다.[16] 이익집단 자유주의자는 사회의 여러 이익집단들의 요구가 나름대로 정당한 요구이므로 정부의 적극적인 대응이 필요하다고 주장한다. 만일 국가 경제나 국가 안보에 중요한 기업체가 파산할 위험에 빠질 경우 자유주의 정부라면 그런 기업에 보조금을 지급하여 파산으로부터 구할 것이라는 논리다. 만일 부유층이 새로운 경제활동에 투자하게 하기 위한 적극적 조치가 필요하다면 자유주의 정부는 그들에게 적절한 세제 혜택을 부여할 수도 있다. 노동자들에게 안전한 노동조건이 필요하다면 자유주의 정부는 작업장 환경을 규제할 수 있다. 사회의 소수자들이 차별받는다면 자유주의 정부는 공민권 관련 법안을 제정할 수 있다. 빈곤층에게 의료 지원이 더 필요하다면 자유주의 정부는 그들에게 의료 기관의 접근성을 높여 줄 수 있다. 이런 사례는 한없이 늘어날 수 있다. 현대 자유주의자들이 자신을 '이익집단 자유주의자'로 칭하는 경우는 드물지만, 현대 자유주의자들은 기업인, 복지 수급자, 소수자, 기타 사회의 여러 이익집단에 각각 호소력이 있는 정치 원리와 정책을 발전시켜 왔다.

따라서 이런 새로운 표현들 — 개혁 자유주의, 기업 자유주의, 복지국가 자유주의, 이익집단 자유주의 등 — 은 현대 자유주의를 고전적 자유주의와 구분하는 중요한 호칭인 셈이다. 고전적 자유주의는 특정한 철학적 가정으로부터 정치 원리들이 도출될 수 있는 정치의 과학을 창조하려고 의도적으로 노력했다고 볼 수 있지만, 현대 자유주의는 그보다 훨씬 더 실용적인 자세를 취한다. 현대 자유주의자는 여러 가지 특정한 문제들을 각각 해결하기 위한 정치 원리들을 발전시켜, 대중으로부터 폭넓은 정치적 지지를 끌어내려고 노력한다.

물론 정치 공동체가 직면하는 문제들은 한없이 많고, 자유주의적 의제의 일차적 쟁점들도 시간이 지나면서 많이 변했다. 그러나 20세기 동안 자유주의자들이 주로 관심을 기울여 온 경제·사회·안전보장 등의 (그 자체로 중요하고, 되풀이해서 나타나는 경향이 있는) 쟁점들을 일별하는 것이 좋을 듯하다.[17]

첫째, 자유주의자들은 자본주의에 장점이 있지만 그것이 시장 실패market failures에 의해 부분적으로 반감되곤 한다는 사실을 인정하게 되었다. 우선 19세기 말경이 되자 규제되지 않은 시장으로 말미암아 경제력이 소수에게 집중되면서 그것이 오히려 경제적 경쟁력을 떨어뜨리고, 거대 기업의 착취 역량을 키우며, 기업들이 경제적 효율성을 추구할 유인을 줄이는 역효과가 발생한다는 사실이 명백히 드러났다. 미국의 경우 존 록펠러John D. Rockefeller나 존 피어폰트 모건John Pierpont Morgan과 같은 자본가들은 경쟁 업체들을 시장에서 몰아낼 수 있었으므로 독과점 상태를 창출하여 석유나 철도 등의 산업 영역을 지배할 수 있었다. 그리고 자유주의자들은, 마르크스주의자와 마찬가지로, 규제되지 않은 시장경제가 경제적 비효율성과 경제 불안을 일으키는 경제 주기를 발생시킨다는 사실을 발견했다. 경제성장 시기에는 상품 가격이 인플레 방식으로 상승하곤 하며, 이에 따라 통화와 예금 가치는 줄어들게 된다. 그 대신 경기 침체기 — 예를 들어, 1930년대에 발생한 전 세계적 불황기 — 에는 많은 노동자들이 실직을 해서 빈곤 상태에 놓이기 쉽다. 또한 자유주의자들은 순수한 시장체제만으로는 국토방위, 빈곤층 교육, 전염성 질환에 대한 예방주사, 대중교통 등과 같은 공공재public goods를 제공할 수 없음을 깨닫게 되었다. 더 나아가, 자유주의자들은 자본주의로 창출된 부가 사회 속에 폭넓게 혹은 평등하게 배분되지 않는다는 사실을 발견했다. 어린이, 노인, 중증 장애인과 같은 사람들은 시장경제 활동에 참여하기 어렵다. 경제활동에 참여할 수 있는 사람이라 하더라도 불황이나 경기 침체 시기에는 일자리를 잃을 가능성이 있다. 자유주의자들은 경제적 불평등 자체는 문제시하지 않지만, 빈곤 문제는 중요한 사회문제로 간주한다.[18] 사람들이 빈곤 상태에 놓여 있을 때 그들은 생산성 있는 경제활동 주체가 되는 데 필요한 교육과 기술을 습득할 가능성이 적고, 범죄 등 여타 사회문제를 일으킬 소지가 크며, 지적·도덕적 성장 기회와 삶을 충분히 누릴 기회를 제한받는다. 마지막으로, 자유주의자들은 시장 활동에 참여하는 주체들의 자기 이익 추구 행동이 흔히 사회 전체에 해를 입히는 외부 효과externalities(외부성)를 발생시킨다는 사실을 깨닫게 되었다. 기업들은 흔히 생산과정에서 발생하는 산업폐기물을 강·대기·지하에 버려 생산 비용을 줄이려 한다. 이렇게 되면 환경오염과 공중 보건 문제가 발생한다. 이런 것들은 '외부성의 문제'externality problem를 잘 보여 주는 사례다. 환경오염을 방지하기 위해 정부 규제가 필요함을 강조하는 현대 자유주의는 비로소 환경주의자들이 지지할 수 있는 정치 이념이 되었다.[19] 이처럼 현대 자유주의자들은 환경문제를 위시하여 여타 시장 실패의 문제를 해결하기 위해 정부가 적극적으로 관여하는 것이 옳다고 믿는다.

둘째, 현대 자유주의자들은 고전적 자유주의와 마찬가지로 사회·경제적 진보를 위해 개인들이 자신의 재능과 정력을 발휘할 수 있는 평등한 기회를 가질 수 있어야 한다고 믿는다. 실제로 현대 자유주의자들은, 많은 사람들이 자신의 인종, 종족성ethnicity, 젠더, 성적 취향 등의 이유로 취업, 교육, 주거, 공공 임대주택 등에서 평등한 접근권을 부여받지 못하고 있다는 사실을 자신의 공공 정치철학의 중심적 문제의식으로 간주한다. 현대 자유주의자들은 공민권운동 초기에 (인종적으로 분리된 학교 시스템과 같은) 노골적인 차별적 법률들과 (부동산 중개업자들이 백인 거주 지역을 '금지 지역'처럼 취급하면서 흑인들이 그 지역에 주택을 취득하지 못하게 했던 것과 같은) 관행들을 철폐하려고 노력했다. 이런 노골적인 차별을 금하는 법률이 제정되어 형식적 기회균등이 이루어졌지만, 인종주의와 성차별 및 동성애 혐오 등의 역사적 유산으로 소수자·여성·동성애자의 신분 상승이 현재도 제한받고 있다는 사실을 자유주의자들은 잘 인식하고 있다. 또한 현대 자유주의자들은 일정한 문화적 가치와 전통적 관행들이 미묘한 형태의 차별을 발생시킨다는 사실도 인정한다. 예를 들어, 대학 입시를 판정하기 위해 사용하는 표준화된 평가 시스템이 사회 주류가 아닌 소수집단에 속한 학생들에게는 불리하게 작용한다거나, 직장에서 계속 근무한 연한을 기준으로 승진을 심사하는 것이 자녀 양육 때문에 휴직을 해야 했던 여성들에게 불리한 결과를 낳은 것 등이 좋은 예다. 그러므로 현대 자유주의자들은 모든 사람의 기회균등에 심각한 장애가 되는 사회적 규범과 관행들을 찾아내고 그것을 변화시키는 데 관심을 기울인다. 현대 자유주의의 이런 태도에 힘입어 수많은 시민운동가, 동성애 권리 옹호자, 여성 권리 지지자들이 큰 문제없이 현대 자유주의의 지붕 아래 들어와 있다.[20]

셋째, 현대 자유주의자들이 이런 경제·사회적 문제에 관심을 기울이긴 하지만 이들은 고전적 자유주의자들의 주 관심사 가운데 하나였던 시민의 안전보장 문제를 결코 망각하지 않았다. 자유주의자들은 안전을 위협하는 국제적 문제들을 인식하기 때문에 잠재적 침략자들을 물리칠 수 있는 군사력을 확보해야 한다고 믿는다. 프랭클린 루스벨트 대통령과 그의 국방장관 헨리 스팀슨(Henry L. Stimson)과 같은 자유주의자들은 제2차 세계대전 당시 나치즘과 파시즘을 격퇴하기 위해 미국을 연합국 측에 가담시켰다. 조지 케넌(George Kennan)은 공산주의의 확산을 막기 위해 봉쇄정책을 입안했다. 존 F. 케네디(John F. Kennedy) 대통령 당시 국방장관이던 로버트 맥나마라(Robert McNamara)는 자유 민주 진영에 대한 공산권의 핵 공격에 맞서기 위해 '2차 핵 타격'(second-strike) 능력을 갖추어야 한다고 주장했다. 자유주의자들은 제2차 세계대전 당시 추축국들에 의해, 베트남의 공산 정권에 의해, 2001년 9월 11일 이슬람 테러리스트들의 공격에 의해, 미국의 안보와 국익이 위협받았다고 느껴질 때면 서슴지 않고 군사행동을 지지했다. 또한 자유주의자들은 국내의 안전 위협 요인들에 대해서도 정부가 관여해야 한다고 말한다. 예컨대, 조직범죄와 마약 거래를 소탕하고 총기 규제 법률을 제정해야 한다고 주장하는 것이다.

넷째, 현대 자유주의자들은 다양한 시장 실패, 각종 차별 문제, 안전보장 문제 등을 해결하는 데에서 한 걸음 더 나아가, 꾸준히 늘어나고 새롭게 대두되는 사회문제들에 정부가 적극적으로 대처해야 한다고 믿는다. 실제로 자유주의자들은 그 이전 시대의 사회문제들에 대해 자신들이 내놓았던 이른바 '해결책'들이 다시 새로운 문제를 야기했음을 인정한다. 예를 들어, (과거 인종 집단별로 서로 다른 지역에 거주한 탓에) 인종별로 분리되어 있던 학교들을 통합하기 위해 자유주의자들은 애초에 흑인 학생들은 백인 학교로, 백인 학생들은 흑인 학교로 등교시키는 정책을 지지했다. 하지만 이런 학교 흑백 통합 정책이 시행되면서 소수집단들이 주로 모여 사는 도심지의 학군에 속해 있던 백인들이 그 지역 학군에서 이사를 가버리는 이른바 '백인 탈출' 현상이 벌어지자, 자유주의자들은 다른 방식을 고안하기에 이르렀다. 즉, 특별한 교육 프로그램을 제공하는 매력적인 '우수학교'●를 설립하여 인종을 가리지 않고 학생들이 그 학교를 선택하게 하는 교육정책을 만들었던 것이다.

이런 사회문제들을 해결하기 위해 현대 자유주의자들은 고전적 자유주의자들이 선호하던 '제한 정부'보다 오히려 '적극적 정부'active government를 주장하고 나섰다. 하지만 현대 자유주의자들은 고전적 자유주의의 주요 목표들을 완전히 포기하지는 않았다. 좀 더 정확히 말하면 현대 자유주의는 자유의 신장, 자본주의의 유지, 입헌 민주주의의 실천, 정치의 과학화 등 고전적 자유주의의 이상을 존중하는 바탕에서 그것을 확장하고 그것에 대해 새로운 해석을 가했다고 보는 것이 옳다.

고전적 자유주의자들이 개인의 자유를 추구한 것은 맞지만, 개혁 자유주의의 선구자 가운데 한 사람으로 꼽히는 영국의 철학자 토머스 힐 그린Thomas Hill Green, 1838~82에 따르면, 그들은 소극적 자유negative liberty에만 몰두했다고 한다. 고전적 자유주의자가 보기에 자유란 외부 제약의 부재 — 특히 강압적인 정부 혹은 억압적인 다수 대중으로부터의 자유 — 를 뜻한다. 이런 의미에서의 자유는 그

● 우수학교(magnet school) : 정상 교과 외에 특별 교육을 추가로 제공하는 우수 공립학교를 말한다. 1960년대 미국의 여러 주에서 시작되었으며 초·중·고교 전체에 실시되었다.

사람이 원하는 바를 마음대로 할 수 있도록 그냥 내버려 두는 것을 말한다. 현대 자유주의자들은 이런 소극적 자유를 존중하면서도 그린이 적극적 자유positive liberty 라고 칭했던 자유도 함께 추구했다. 적극적 자유 개념에 따르면 타인으로부터 간섭받지 않고 혼자 남겨지는 것보다, 자신이 좋다고 생각하는 삶을 추구할 수 있게 해주는 '선택할 수 있는 역량'을 가지는 것이 진정한 자유라고 한다. 예를 들어, 가난하고 무지하고 병든 아이를 그냥 내버려 둔다고 해서 그 아이가 진정으로 자유로운 선택을 할 수 있는 존재가 되지는 못한다. 어쩌면 그 아이가 의사나 법률가나 과학자가 되고 싶어 할지도 모르지만, 지금 현재 그 아이를 가로막고 있는 엄청난 현실의 벽을 감안할 때 그 아이가 자신의 포부를 실현할 수 있을 만큼 자유롭다고 말하기는 어렵다. 개인이 자유롭게 선택하는 것을 방해하는 장애물을 줄이거나 제거해 줄 때에 비로소 적극적 자유가 실현되는 것이다.[21]

적극적 자유를 지지한다는 것은 중요한 함의를 갖는다. 첫째, 사람들이 각자 가진 적극적 자유의 총량은 불평등하다. 왜냐하면 각자가 처한 환경이 다르기 때문이다. 누군가 빈곤·인종주의·질병 및 기타 환경적 제약에 직면해 있다면 그가 선택할 수 있는 자유는 제약을 받는다. 이런 상황에 처한 사람은 자신의 최소한의 경제적 필요와 안전보장의 필요를 충족하기에도 벅찰 것이다. 따라서 이 사람의 지적·도덕적·정신적 계발을 위한 선택의 폭은 이미 거의 존재하지 않는다고 볼 수 있다. 둘째, 따라서 정부는 시민들을 위한 보건·교육·복지 등을 신장하는 방식으로, 개개인의 환경적 제약을 극복하고 개인의 발전을 기하는 중요한 역할을 하는 셈이 된다.

현대 자유주의자들은 흔히 각국 정부가 시민들의 적극적 자유를 신장할 능력이 있을 뿐만 아니라, 그렇게 해야 할 책임이 있다고 주장한다. 정부는 시민의 권리 또는 복지 권리를 확대하는 법률과 정책을 제정하고 시행해 그런 책임을 다할 수 있다. 예를 들어, 자유주의자들은 모든 어린이들이 평등한 교육을 받을 권리가 있다고 주장한다. 따라서 가난하고 소수집단에 속한 어린이들에게 제공되는 공교육과 잘사는 백인 어린이들에게 제공되는 공교육이 동등한 수준이어야 한다고 강조한다. 또한 자유주의자들은 모든 시민이 건강 위협 요인으로부터 보호받을 권리를 가지며, 정부는 예방접종, 위생 시설, 공공 의료 시설을 통한 의료 접근권 등의 기초적인 보건·의료 서비스를 제공해야 한다고 주장한다. 최근 자유주의자들은 전 국민 의료보험을 통해 보건·의료 분야에서 시민의 권리를 확장해야 한다고 점점 더 주장하고 있다. 그리고 자유주의자들은 빈곤 계층이 여러 형태의 복지 권리 — 예컨대, 음식 구매권, 주택 임대 보조금, 현금 급여 등 — 를 보유해야 한다고 주장하곤 한다. 시민의 권리를 어떤 내용으로, 어느 정도나 제공할 것인가를 두고 현대 자유주의자들 사이에서 많은 논의가 오가고 있지만, 그들은 이런 문제를 해결하기 위해 정부가 적절한 역할을 해야 한다는 데에 모두 동의하는 편이다. 모든 시민의 적극적 자유를 촉진하기 위해 사회 속의 복지를 확장하는 과정에서 정부가 효과적인 수단이 되어야 한다고 믿는 것이다.

고전적 자유주의자들은 물질적 번영을 위해 자본주의적 경제를 발전시켜야 한다고 믿었다. 현대 자유주의자들도 기본적으로 자본주의경제를 유지하려 하지만 정부가 경제를 더 많이 통제해야 한다고 생각한다. 현대 자유주의자들은 지속적인 경제성장을 원하면서도, 경제 침체와 경기 과열을 방지하기 위해 정부가 적극적인 역할을 해야 한다고 믿는다. 현대 자유주의자들은 경기가 침체되면 사람들이 빈곤에 빠지고 자기 발전을 위한 진정한 선택의 기회에 제약을 받는다는 점을 인정한다. 이들은 또한 새로운 경제 기회를 창출하기 위해서는 어느 정도의 경제성장이 필요하며, 국가가 시민의 권리를 확대해 주려면 추가 재원이 필요하다고 믿는다. 그리고 전 세계의 수많은 저개발국에서 안정된 자유민주주의를 실시하려면 경제 발전이 선행되어야 한다고 생각한다.[22] 그러나 현대 자유주의자들은 경제성장이 과열될 경우, 그 대가가 지나치게 클 수도 있음을 잘 알고 있다. 급속한 경제성장은 사람들이 어디에서 일자리를 구할 수 있을지, 그리고 어떻게 일해야 할지에 대해 큰 영향을 미치며, 급속한 성장 뒤에는 승자보다 패자가 더 많아질 가능성이 크다.[23] 또한 규제되지 않은 급격한 성장은 환경에도 악영향을 미치고, 미관을 해치거나 건강 문제도 야기할 수 있다. 경기 침체와 경기 과열, 두 가지 모두가 가져올 위험을 감안하면서 현대 자유주의자들은 잘 관리되고 지속적인 성장을 달성하려고 노력한다.

현대 자유주의자들은 고전적 자유주의자들이 발전시킨 입헌 민주주의를 유지하면서도 민주주의를 일정 부분 개혁하려고 노력해 왔다. 첫째, 그들은 민주주의 체제 내에서 대표성을 꾸준히 증가시키려고 노력했다. 그래서 이전에는 소외되었던 집단들, 예를 들어 여성이나 소수자와 같은 이들에게 투표권을 부여하고, 이런 사람들이 더 많이 공직에 진출할 수 있게 했다. 현대 자유주의자들은 '중립적' 전문가들이 공익에 가장 적합한 정책을 결정할 수 있다는 식의 주장을 액면 그대로 받아들이지 않게 되었으므로, 정책 결정 과정 내에 모든 관점과 이해관계가 반영되어야 한다는 결론을 내렸다. 둘째, 현대 자유주의자들은 시대 변화에 따라 헌법의 여러 제한 조항들 — 변덕스럽고 전제적인 정부를 견제하기 위해 필요하긴 하지만 — 을 재해석하여 정부가 당대의 문제들을 더 적극적으로 해결할 수 있게 해야 한다고 주장해 왔다.[24]

추가적으로, 현대 자유주의자들은 과학적 정신에 입각해서 운용되는 정부 형태를 모색한다. 하지만 이들이 과학적 정치를 이해하는 방식은 고전적 자유주의자의 이해 방식과는 다르다. 고전적 자유주의자들은 자명한 철학적 가정으로부터 정치의 일반 원칙이 도출되는 과학적 정치 이론을 모색했다. 반면에 현대 자유주의자들은 사회·경제적 문제를 분석할 때 과학적 방식을 응용하는 것에 더 많은 관심을 기울인다. 현대 자유주의자들은 고전적 자유주의의 원칙들 — '규제되지 않은 시장이 바람직하다', '재산권은 절대 침해될 수 없다', '도덕에 관한 문제에는 입법을 통해 개입할 수 없다' 등등 — 이 지나치게 교조적이라고 생각한다. 그래서 현대 자유주의자는 그 어떤 원칙(심지어 자유주의 원칙 그 자체조차)도 정책 형성에 영구적으로 적절한 지침을 제공할 수는 없다고 생각한다. 존 듀이가 시사했듯이 문제 해결과 정책 결정은 실용적인 기술인 셈이다.[25] 어떤 문제에 관한 가장 좋은 해결책을 일련의 원칙들로부터 도출하지는 못한다. 그 원칙들 자체가 우주·인간·사회·지식의 본질에 관한 특수한 가정으로부터 도출되기 때문이다. 어떤 문제에 관한 가장 좋은 해결 방안은 어쩌면 경험적이고 실험적인 방식으로만 알아낼 수 있을지 모른다. 어떤 방안이 문제를 풀게 해

주는가? 어떤 정책이 효과적인가? 어떤 정책이 가장 바람직한 결과를 내면서도 역효과와 비용이 적은가?

고전적 자유주의자들은 모든 사람이 그런 문제를 스스로 해결해야 하며, 자신의 지능을 이용해서 시장의 생산자나 소비자, 또는 투표소의 유권자로서 처신해야 한다고 주장했다. 그러나 현대 자유주의자들은 지능이 순전히 개인의 특징은 아니라고 본다. 학문 공동체 내에 모인 학자들이 개별 학자의 통찰과 발견을 검증해야 하듯이, 전체 민주 공동체 내에서 "조직화된 지능"을 집단적으로 이용해서 인간 사회의 문제를 풀어야 한다는 것이다.[26] 민주 공동체라면 전통적인 사회문제에 대해 새로운 해법을 계속 실험해 보아야 한다. 그리고 현재의 정책과 해결책들이 어떤 결과를 낳는지에 관해 연구와 토론을 게을리해서는 안 된다. 과학적 탐구를 금지할 근거가 없듯이 사회·정책적 변화의 문을 닫아서도 안 된다.

아마 관용의 원칙이라는 개념이 현대 자유주의자들의 관점을 가장 잘 요약할 수 있을 터이지만, 이들이 말하는 관용은 고전적 자유주의의 창시자들이 강조했던 종교적 관용을 훨씬 넘어선 것이다. 현대 자유주의자들은 자신들의 철학적 기반이 허약함을 잘 알고 있으므로 고전적 자유주의자들보다 관용을 중시한다. 현대 자유주의자들은 자유주의의 원칙이 우주·인간·사회의 작동 원리에 입각해 도출되는 확고한 원칙이 아니라는 사실을 잘 알고 있다. 또한 그들은 자유주의의 원칙을 받아들이려면 먼저 일정한 자유주의적 가치를 수용해야 하는데, 다른 정치 이념을 지지하는 사람들이라면 그런 자유주의적 가치 자체를 의문시할 수도 있음을 인정한다. 현대 자유주의자들은 공산주의나 파시즘과 같이 절대주의적이고 관용성이 없는 이념에 대해서는 별 호감을 갖지 않지만, 민주사회주의나 현대 보수주의와 같은 이념들(그리고 페미니즘이나 환경주의와 같이 새롭게 대두하는 이념들)이 관용성과 타 이념에 대한 존중을 표시하는 한, 그 이념들을 자신의 우군으로 간주한다. 현대 자유주의는 이런 친구 이념들과 각각 일정한 공통점을 지니고 있다. 예를 들어, 현대 보수주의와는 자본주의를 유지하려는 의지가 있다는 점에서 같다. 민주사회주의와는 더 많은 평등에 대해 관심을 가진다는 점에서 같다. 환경주의와는 환경문제를 해결할 필요가 있다는 데에 동의한다는 점에서 같다. 그리고 이 모든 이념은 입헌 민주주의와 대의 민주주의를 지지한다는 점에서 현대 자유주의와 같은 생각을 갖는다. 이런 이념들의 정치적 원리가 서로 중첩되면서 이들 사이에는 근본적으로 자유주의적 제도들을 지지한다는 공통분모가 있으므로, 특정 정책 이슈에서 일시적 협력을 구축할 수 있는 여지가 많다.

현대 자유주의는 다른 다원적 이념을 인정할 뿐만 아니라, 자유주의 사회 내의 다양성도 적극 수용한다. 현대 자유주의자들은 인생 설계가 서로 다른 사람들, 그리고 생활 방식이 전혀 다른 사람들을 존중한다. 그리고 종교와 도덕성에 관한 다양한 관점의 표출을 용인한다. 또한 자기들 사이에서도 구체적인 정치 쟁점을 놓고 대립하곤 한다. 예를 들어, 사회문제 또는 경제문제들 가운데 어떤 것을 최우선적인 정치 의제로 다루어야 하는가? 사회의 중요한 문제를 해결할 수 있는 방안으로서 어떤 개혁 조치가 좋을까? 특정한 사회문제를 다룰 때 경합하는 원칙들 — 예를 들어, '효율성이냐 평등이냐?', 혹은 '안전보장이냐 시민적 자유냐?' 등 — 가운데 어떤 원칙을 강조해야 할까? 현대 자유주의의 추상적 원칙에서는 이런 질문에 대한 해답이 나올 수 없으므로 자유주의자로 자처하는 사람들조차 구체적인 문제를 놓고 서로 견해가 달라지는 것은 너무나 당연하다. 현대 자유주의자들은 특정 쟁점을 놓고 자신과 견해를 달리하는 여타 자유주의자들을 용인하면서 더 깊은 논의를 통해 상호 수용할 수 있는 합의에 도달하게 되기를 희망하고, 미래의 다른 쟁점에서는 의견 일치가 이루어지기를 기대한다. 특정 쟁점에 관해 내부적으로 불일치할 수 있다는 원칙이 자유주의 이념 속에 내재하므로 자유주의 정당은 내부 단합을 이루거나 조직의 기강을 세우기가 어렵다. 그러나 이런 단점에도 불구하고 현대 자유주의를 찬성하는 사람들에게 자유주의의 관용 정신과 여타 정치 원리들은 대단히 매력적인 지점으로 남아 있다.

4
현대 보수주의
...
자유주의와 사회주의 정책을 반대한다

고전적 자유주의의 원칙을 지키려 하는 많은 사람들이 보기에 현대 자유주의는 평등주의 및 강한 국가를 찬성한다는 점에서 자유주의 본연의 원칙을 저버린 이념이다. 이런 고전적 자유주의자들이 전통적 보수주의 원칙을 견지하는 사람들, 그리고 소련 공산주의나 이슬람 근본주의와 같은 국제적 위협을 염려하는 사람들과 어색한 동맹관계를 맺어 형성한 이념이 바로 현대 보수주의 정치 이념이다. 현대 보수주의자들은 고전적 자유주의로부터는 큰 정부가 개인의 권리와 창발성을 억압한다는 사상을 빌려 왔고, 나아가 시장에서의 더 많은 자유 그리고 경제 영역에서 정부의 더 작은 역할을 원한다. 또한 이들은 인간들 사이에 자연스러운 상하 질서가 있다고 믿는 전통적 보수주의의 신념을 지지하며, 복지국가의 바탕이 되는 평등주의를 거부한다.

그렇지만 작은 정부를 지지하는 현대 보수주의자들도 정부가 일정한 집합적 목표 — 예를 들어, 외부의 위협에 맞서 국가 안보를 지키는 것 — 를 추구하기 위해 정부의 권위를 유지하는 것은 지지하는 편이다. 실제로 미국에서는 최근 들어 보수 정권의 정부 지출 규모가 대폭 늘어났다. 특히 2001년의 9·11 사태 이후 조지 W. 부시George W. Bush 대통령 및 여타 공화당 내 인사들은 군사력을 증강했다. 그들은 또한 테러 집단의 공격과 자연재해에 대응하기 위해 대규모 정부 부처인 국토방위부를 신설하고, 전 지구적 경제체제 내에서 미국의 다음 세대들이 경쟁력을 갖추기 위해 필요한 기술을 가르칠 공공 교육 분야에서 정부가 적극적인 역할을 할 것을 크게 강조했다. 실제로 부시 정부에서 자유주의가 금과옥조로 여기는 작은 정부가 역전(또는 적어도 덜 강조)되었으므로 부시가 현대 보수주의의 모습을 완전히 바꿔 놓았다고 보는 분석가들도 있다. 어쩌면 보수주의자들은 정부 자체가 나쁜 것이 아니라, 개인의 선택과 책임을 중시하지 않는 정부가 나쁘다는 결론에 도달했는지도 모른다.[27] 어쩌면 보수주의자들은, 사람들에게 스스로 책임 있게 행동하도록 권장하는 정부 정책, 또는 사람들에게 진정한 선택권을 부여하려는 정부 정책 — 예를 들어, 봉급의 일부를 의무적으로 적립하여 투자한 금액으로 개인의 퇴직연금을 준비하게 하는 노령연금제도 — 에 대해서는 (그것이 아무리 정부의 간섭을 의미하더라도) 적극적으로 옹호할 가능성이 크다.

일반적으로 말해, 현대 보수주의자들이 비판하는 큰 정부란 모든 사회문제를 직접 나서서 해결하려는 적극적 정부라 할 수 있다. 현대 보수주의자들은 공산주의자, 민주사회주의자, 현대 자유주의자들이 정치가 해줄 수 있는 것에 대해 지나치게 비현실적으로 기대치를 높이는 경향이 있다고 믿는다. 이런 보수주의자들을 꼽아 보면, 잘 알려진 정치 지도자로 영국의 마거릿 대처Margaret Thatcher와 미국의 로널드 레이건Ronald Reagan, 저명한 학자로 토머스 소웰Thomas Sowell, 진 커크패트릭Jeane Kirkpatrick, 제임스 윌슨James Q. Wilson, 디네시 수자Dinesh D'Sousa, 영향력 있는 저널리스트로 조지 윌George Will, 윌리엄 크리스톨William Kristol, 데이비드 브룩스David Brooks, 러시 림보Rush Limbaugh, 앤 쿨터Ann Coulter 등을 들 수 있다. 이들은 인간 사회의 복잡다단한 문제들을 정부가 모두 해결해 주지 못한다고 본다. 국가 안보와 사회질서를 유지하기 위해 정부의 권위가 일정 부분 개입할 필요가 있긴 하지만, 정부가 확대될수록 개인의 자유, 시민사회의 자율성, 자유 시장에 의한 경제성장이 위협받게 된다고 주장한다. 그리고 사회 진보는 (전통적인 덕목을 실천하고, 시장에서 얻을 수 있는 보상과 자발적 결사체에 참여해 얻는 보람으로 움직이는) 개인의 노력으로 이루어져야 할 것이라고 본다.[28]

따라서 현대 보수주의는 현대 자유주의와 민주사회주의, 그리고 기타 민주 자본주의에 대항하는 다양한 외부 요인들에 대한 반발로 나타난 것이다.[29] 이런 세력들이 제기한 위협에 맞서기 위해 현대 보수주의는 고전적 자유주의의 시장 친화적 사상에 의존한다. 좌파가 사회 전통을 공격하는 것에 반박하기 위해 현대 보수주의자들은 전통적 보수주의가 발전시킨 문화친화적 사상도 끌어온다. 이들은 문화가 전통적인 도덕적 가치를 반영하고, 개인들도 이를 적극적으로 표출해야 한다고 믿는다. 이렇게 봤을 때 현대 보수주의는 역사・철학적으로 상극이었던 두 정치 이념 — 고전적 자유주의와 전통적 보수주의 — 을 섞어 놓은 것이다. 현대 보수주의자들은 좌파적 정치 의제를 추구하는 세력에 의해 발생한 문제들에 집중적으로 비판의 초점을 맞춘 뒤, 비로소 전통적 보수주의와 고전적 자유주의 사이의 모순과 긴장을 극복할 수 있었다.

1955년 『내셔널 리뷰』National Review의 창간호가 발행되었던 시점은 현대 보수주의가 일정한 정치이념으로 탄생했음을 알리는 순간이었다. 이 잡지의 초대 편집장이었던 윌리엄 버클리 2세William F. Buckley Jr.는 제2차 세계대전 이후 현대 자유주의, 사회주의, 공산주의에 의해 이루어진 사회 변화에 대해 개탄을 금치 못하고 있던 보수적 지식인들에게 불만을 마음껏 표출할 수 있는 지면을 제공했다. 이들 가운데 많은 지식인들이 자기네가 보기에 언론계・연예계・관계・학계 등에서 횡행하던 노골적인 자유주의적 편향에 대해 불편한 심사를 품고 있었다. 버클리의 잡지는 현대 보수주의자들이 자신의 공공 정치철학을 발전시킬 수 있었던 수많은 공론의 장 가운데 첫 번째 장이 된 셈이었다.[30]

1950년대 동안 보수주의자들은 주류 학계 또는 주류 정계에 포함되지 못하던 지식인 엘리트가 주를 이루었다. 1960년대 들어 (대개가 미국 동부에 살고 있던) 이 지식인들은 대중에게 직접 비판의 목소리를 전하기 시작했고, 오래지 않아 (개인주의와 자유 시장 내의 경쟁을 강조하는) 서부 지역의 공화당 지지자들과 동맹을 맺기에 이른다. 또한 이 세력들은 1964년 골드워터의 공화당 대통령 후보 출마와 같은 정치적 캠페인을 조직하기도 했다. 서부 지역의 보수주의자들은 동부 지역 보수주의자들보다 연방 정부의 역할 축소에 훨씬 더 관심을 기울여 왔지만, 해외의 공산주의와 국내의 자유주의적 사회정책으로 미국 사회가 망해 가고 있다는 우려 때문에 동・서부 보수주의자들은 단합해서 조직을 키울 수 있었다.

1960년대에 벌어진 미국 내의 여러 변화상으로 보수주의 운동에 큰 계기가 마련되었다. 복지국가의 발전, 말할 자유를 요구하고 반전을 촉구하는 학내 시위, 여성운동, 민권운동, 도심 폭동 사건 등은 일반 시민들이 현대 자유주의에

등을 돌리는 계기가 되었다. 애초에 현대 자유주의 정책, 특히 린든 존슨Lyndon Johnson 대통령의 '위대한 사회'Great Society 정책을 지지했던 많은 지식인들이 1970년대 초에 보수주의 운동으로 전향하는 일이 일어났다. 점점 더 자유주의의 내용이 유치하고 위험하게 변질한다고 느꼈기 때문이다. 이런 지식인들을 흔히 '신보수주의자'neoconservatives(네오콘)라고 칭하며, 이들은 과거에는 시장에 대한 정부의 규제와 개입을 통해 달성하고자 했던 목표를 이제는 시장을 통해 달성할 수 있다는 새로운 방법을 제시해 보수주의를 혁신했다는 평을 들었다.[31]

1970년대 이후 대서양 양안에서 보수주의자들이 선거에서 잇따라 승리했다. 미국의 로널드 레이건과 부시 부자George H. W. Bush; George W. Bush, 캐나다의 브라이언 멀로니Brian Mulroney, 영국의 대처와 존 메이저John Major, 독일의 헬무트 콜Helmut Kohl과 앙겔라 메르켈Angela Merkel, 프랑스의 니콜라 사르코지Nicolas Sarkozy 등은 보수주의자들이 근년 들어 대중의 인기를 얻어 선거에서 승리했던 좋은 본보기라 할 수 있다. 이 보수 정치인들이 선거를 통해 집권할 수 있었던 것은 이들이 공산주의, 사회주의, 현대 자유주의가 시민의 삶을 향상하지 못했다고 예리하게 비판한 것이 대중의 공감대를 자아냈기 때문이었다고 볼 수 있다.

보수주의자들은 근년 들어 다원주의 현대사회가 다음과 같은 네 가지 일반적인 문제에 직면했다고 지적한다. ① 서구의 대외 정책이 '자유세계'와 민주주의를 신장하지 못했던 점. ② 각국의 중앙정부가 점점 더 팽창하면서 자유주의 또는 사회주의적인 국내 정책이 늘어난 점. ③ 교육기관, 특히 대학가에서 급진 개혁가, 사회공학의 주창자, 사회주의적 이상주의자들이 명성을 얻고 영향력을 획득한 점. ④ 가치 상대주의와 다문화주의를 결부한 '방종의 문화'로 말미암아 시민의 덕목에 혼돈이 오고, 정치 안정을 유지하는 데 필요한 공통의 문화가 결여된 점. 보수주의자들이 이런 문제들에 대한 해법을 놓고 한목소리를 낸 것은 아니지만, 이런 문제들에 대한 공감대가 보수주의 운동 내의 다양한 관점들을 하나로 묶어 주는 주된 요인이 된 것은 사실이다.

첫째, 자유주의자들의 대외 정책에 대한 보수주의의 비판은 '4C'로 요약할 수 있다. 우선 보수주의자들은 미국과 그 동맹국들이 적들에게 지나치게 자주 굴복capitulation해 왔다고 주장한다. 자유주의자들이 이끈 미국과 그 동맹국들이, 제2차 세계대전 이후 소련이 동유럽에서 영향권sphere of influence을 확보한 것, 그리고 마오쩌둥의 공산당이 중국 본토를 차지한 것에 대해 제대로 대응하지 못했다는 말이다. 보수주의자들은 오늘날 미국의 동맹국들이 '악의 축'axis of evil — 사담 후세인의 이라크, 이란, 북한 등 — 을 상대하고, 안전보장 및 서구의 전지구적 이해관계를 위협하는 국제 테러에 대비하는 데 너무나 나약하다고 본다. 또한 공산주의 혹은 테러의 위협 앞에서 자유주의자들이 봉쇄containment정책 — 잠재적인 적들로 하여금 다원적 사회를 먼저 공격할 경우 그 후 엄청난 보복을 당하게 될 것임을 보여 효과적으로 견제하려는 의도를 띤 정책 — 에만 지나치게 매달렸다고 비판한다. 보수주의자들은 자유주의자들이 호전적인 세력을 제거하거나 그들에게 역공을 가하지 않고 단순히 적들의 공세를 봉쇄하는 것에만 만족하는 우를 범했다고 비난한다. 그리고 서구의 이익에 대한 국제 음모conspiracies에 대해 자유주의자들이 충분히 경각심을 갖지 않았다고 지적한다. 1950년대 초 보수주의자들은 공산주의 스파이와 그 동조자들이 서구 각국의 정부 기관과 연구 사업에 침투했다는 의심을 품었다. 보수주의자들은 그 당시 소련이 단기간에 원자폭탄을 개발한 사실만 보더라도 공산주의자들이 음모를 통해 미국의 안보 체계에 침투했음을 입증해 준다고 생각했다.[32] 오늘날 보수주의자들은 자유주의자들이 조국의 기술을 훔치려는 외국의 산업 스파이들에 대해, 그리고 비밀스러운 극단주의 운동 세력 — 그 동조자들이 서구 사회에 침투해서 서구에 대한 테러 공격을 지원하는 — 에 대해 충분히 경각심을 갖지 않는다고 우려한다. 마지막으로, 보수주의자들은 미국의 자유주의자들과 그 동맹국들이 순진하게도 국제 협력cooperation 및 유엔을 국제 갈등 해소를 위한 주요 수단으로 선선히 받아들인다고 주장한다. 미국의 보수주의자들은 언제나 유엔에 대해서 대단히 비판적이었으며, 그런 식의 국제기구가 국가의 정당한 주권을 빼앗고 '하나의 세계정부'로 나아가는 길을 연다고 주장한다. 보수주의자들은 세계정부가 실현되면, 미국과 동맹국의 국익에 적대적이고, 미국과 같은 사회의 전통적 문화와 제도를 해칠 가능성이 큰 세계관을 가진 국가와 관료들이 세상을 지배하게 될 것이라고 본다. 1980년대에 레이건 행정부가 들어서면서 보수주의자들은 평소에 비판해 오던 점을 반영한 대외 정책을 펼칠 기회를 처음으로 얻을 수 있었다. 레이건 대통령은 엄청난 규모로 군비를 증강하기 시작했고 그로 말미암아 발생한 일련의 상황이 마침내 동유럽의 여러 나라를 소련 공산주의로부터 해방하고, 1989~91년에 소련을 붕괴시키기에 이르렀다. 보수주의자들은 그 후에도 남아 있던 쿠바를 비롯한 몇몇 공산국가들에 대해 경계의 눈초리를 거두지 않던 중, 국제 테러리즘이라는 새로운 적대 세력에 관심을 기울이게 되었다. 그런데 부시 대통령의 '대테러 전쟁'war on terrorism을 새로운 보수주의 대외 정책으로 파악한 보수주의자들이 있었듯이, 보수주의의 원칙이라는 면에서 과거의 반공 정책과 새로운 반테러 정책 사이에는 일정한 차이가 있다. 보수주의자들은 자살 폭탄 공격을 감행하는 사람들이, 테러를 당한 국가가 보복을 가할 능력이 있든 없든 상관도 하지 않는 비합리적 상황에서 봉쇄정책은 큰 효과가 없다고 생각한다. 이들이 보기에 이런 식의 극단적 위협을 '봉쇄'로 해결하기는 어렵다. 따라서 선제공격을 고려해야만 하는 것이다. 이때 국제 협력과 유엔에 의한 문제 해결은 미미하고 부적절한 대응 방식이다. 따라서 대테러 전쟁의 상황에서 잠재적 동맹국들의 순진한 유화책으로 말미암아 미국의 국익이 손상되지 않도록, 미국은 스스로 일방적인 군사행동을 취할 필요가 있다고 한다.

둘째, 현대 보수주의자들은 중앙정부의 관료 조직에 힘을 실어 준 자유주의 및 사회주의적 정책을 가장 심각한 국내 문제로 간주한다. 유럽에서 일어난 기업의 국유화와 복지 정책의 발전에 대해 보수주의자들은 개탄을 금치 못한다. 미국의 경우 프랭클린 루스벨트 대통령의 뉴딜New Deal 정책이 1930년대의 대공황으로부터 자본주의를 구한 것이 아니라, 오히려 기업의 이해관계와 개인의 선택권에 심대한 타격을 가한 것으로 본다. 루스벨트 대통령이 1937년에 도입한 사회보장제도는 보수주의자들이 즐겨 공격하는 목표가 되었다. 사회보장제도가 시행되면서 시민들이 그 제도에 참여해야만 하고, 사람들이 자신의 미래를 스스로 보장하기 위해 독자적으로 신중한 결정을 내릴 필요가 없도록 국가가 그런 일을 대신 처리해 주며, 부자의 소득을 빈곤층에게 (약간) 재분배해 주게 되었기 때문이다. (이제 확실하게 자리를 잡은) 사회보장제도를 정면으로 공격하는 것은 정치적으로 대단히 민감한 사안이 되었지만, 여전히 보수주의자들은 사회보장을 간접적인 공격 목표로 간주하며, 시민들이 민간 사회보장 보험을 들어야 한다고 주장하는 보수주의자들도 많다.

미국의 보수주의자들은 제2차 세계대전부터 1980년대까지 미국의 정책 기조가 지나치게 반기업·친노동적이어서 자본주의 경제체제가 충분히 능력을 발휘할 수 없었다고 생각한다. 정부의 규제는 비용도 많이 들고 지나치게 개입적이며 과도한 것이었다고 평가한다. 루스벨트를 필두로 하여 여러 민주당 대통령들이 노동운동을 지지했기 때문에 시장가격 이상으로 노동임금이 상승했고, 그 결과 인플레를 초래했다고 믿는다. 이런 식의 친노동 정책 그리고 기업은 불필요한 고비용의 규제가 결부되어 세계시장에서 미국 기업의 경쟁력이 약화되었다고 한다. 미국의 중소기업 운영자들이 보수주의의 이런 규제 반대 논리에 특히 동조하기 쉽다.

1960년대 말 '위대한 사회' 정책과 함께 연방 지출이 늘어난 뒤부터 보수주의자들은 중앙정부의 기능을 확대하는 정책에 대해 대단히 비판적인 시각을 유지해 왔다. 이들은 정부가 개입하면 애초의 사회문제가 더 악화되거나 복잡해진다고 주장한다. 조지 길더^{George Gilder}의 말을 들어 보자.

> 실업 급여는 실업을 늘린다. 피부양 아동이 있는 가구에 대한 보조금 제도^{AFDC}로 말미암아 가족들이 더욱 의존적으로 되고 미혼모 가정은 늘어만 간다. 각종 형태로 존재하는 장애 보험 제도 덕분에 조금만 병이 들어도 일시적 장애인으로 등록하기 쉽고, 부분적 장애가 완전하고 영구적인 장애로 둔갑하곤 한다. 사회보장 급여 때문에 노인에 대한 관심이 줄었고 세대 간 유대도 사라졌다. …… (빈곤 계층을 위해 특별히 입안된) 자격 조건 심사에 의한 복지 정책은 '빈곤'을 무슨 자랑거리인 양 만들었고(빈곤 자격증), 그로 말미암아 빈곤이 영속되는 계기가 되었던 것이다.[33]

현대 보수주의에 따르면 자유주의적 국내 정책은 반생산적일 뿐만 아니라,

사회문제의 근본 원인에 대한 잘못된 분석에 기반하고 있다. 보수주의자들은 자유주의가 사회문제를 개인의 인성 문제가 아닌 구조적인 문제의 결과로만 파악하는 경향이 있다고 주장한다.[34] 예를 들어, 보수주의자들은 마약 사용 문제를 개인의 의지박약과 "무조건 '아니오'"Just say no●라고 말하지 못하는 무능함으로 돌리곤 한다. 빈곤과 같은 문제의 원인을 구조적 차원에만 전가하는 자유주의 정책 입안가들의 경향으로 정부의 규모가 커지고 (점잖고 질서 있는 사회를 위해 극히 중요한) 개인적 책임과 덕성의 역할이 무시된다고도 한다.

자유주의 정책으로 말미암아 정부 역할이 커지면서 중앙정부의 관료 조직이 비대해졌고 정부 지출도 방만해져 국가가 더욱더 고율의 누진세에 의존할 수밖에 없게 되었다고 보수주의자들은 주장한다. 세금이 많아지면 민간 경제권의 돈 흐름이 왜곡되어 일반 경제성장이 둔화되고, 누진세 때문에 부자들이 더 많이 벌어 개인 사업에 투자 — 경제성장을 촉진하는 — 할 의욕이 줄어든다고도 한다.

현대 보수주의자들은 애덤 스미스와 그 외의 고전적 자유주의자들처럼 경제문제에 대한 정부 역할은 최소한에 그쳐야 하고, 경제가 스스로 굴러갈 수 있게 해야 한다고 주장한다. 자유주의자들이 경제 흐름을 조정하려 들고, 적극적 재정정책fiscal policies을 통해 경기 침체를 막으려 했기 때문에 재정 적자가 발생했고, 이것이 다시 인플레가 만연하는 불경기로 이어졌다는 설명이다. 보수주의자들은 1930년대 이래 자유주의 정책 결정자들이 자본주의 경제체제를 신뢰하지 않았다고 지적한다.

셋째, 현대 보수주의는, 정책 당국뿐만 아니라 일반 시민들도 자본주의경제에 대한 믿음이 있어야 하는데, 고등교육기관 내에 존재하는 자유주의적·급진주의적 편향 때문에 일반 대중조차 자본주의에 대한 신뢰가 없어졌다고 진단한

● 1980년대와 1990년 초에 걸쳐 진행된 '마약과의 전쟁'의 일환으로, 레이건 정부 시기 낸시 레이건(Nancy Reagan)이 출범시킨 청소년 마약 반대 캠페인의 이름이기도 하다.

다. 보수주의자들은 제2차 세계대전 이후 (적어도 미국과 영국의) 대학들이 자유주의 및 사회주의 성향을 띤 학자들의 온상으로 전락했다고 비판한다. 이런 견해에 따르면, 사회과학자들이 외부 개입에 의한 사회문제 해결 방식인 사회공학이 반드시 필요하고 실천하기도 쉽다는 식의 믿음을 유포했고, 대규모 구조 개혁을 하면 지방정부와 민간 주체가 희생되고 중앙정부의 권력만 비대해질 뿐이라는 사실을 무시했다고 한다. 1980년대에 대처 총리가 영국의 대학가에 사회주의와 공산주의 학자들이 포진해 있다고 비난한 적도 있었다. 대처의 주공격 대상은 국공립대학의 사회학과들이었는데 대처가 이끈 보수당은 이 학과들을 약화시키거나 폐지하려고 했다. 미국의 보수주의자들은 미국 대학가가 서구 문명의 이상을 기리고 그것을 전파하는 제도가 아니라는 불만을 가졌다. 그 대신 대학 교육이 자본주의와 전통 신앙 및 사회 관행을 가차 없이 비판해 대는 장소로 전락했다고 한다.

넷째, 또한 대학가는 1960년대 중반부터 사회 전반에 유포된 '방종의 문화'를 만들어 냈다는 비판을 받아야 했다. 이런 비판에 따르면 교육자들이, 문화적 차이에 대한 감수성이 높고 독립적으로 비판적 사고를 할 수 있는 학생들을 육성하는 데에만 치중함으로써, 모든 가치를 상대적으로 평가하고 기성세대를 존중하지 않는 버릇없는 젊은이들이 양산되었다고 한다.[35]

따라서 방종의 문화라는 비판은, 사회 속에서 좋은 삶에 필요한 덕성을 강조하는 분명한 도덕 기준을 제시하지 못하는 자유주의적 상대주의를 주공격 대상으로 한다고 볼 수 있다. 보수주의자들이 보기에 현대 다원주의 사회가 직면한 많은 문제들은 인간의 덕성과 개인적 품성의 중요성을 간과하는 자유주의가 뿌린 씨앗의 산물이다. 범죄, 사회 무질서, 편부모, 퍼주기 복지 혜택, 과다한 공공지출 등은 모두 이런 방종의 문화에서 비롯되었다는 주장이다. 제임스 윌슨은 다음과 같이 말한다. "오늘날 우리를 괴롭히는 대다수 사회문제를 풀기 위해 아주 어린 세대부터 인격 형성을 어떻게 강화할 수 있을지를 놓고 신중하고 실험적으로 조사해 볼 필요가 있다. 길게 보자면 사회의 공익 자체가 개인의 사적인 덕성에 달렸다고 할 수 있다."[36]

그런데 1980년대부터 이런 방종의 문화가 다문화주의multiculturalism의 형태를 띠게 되었다고 보수주의자들은 지적한다. 특히 공교육과 대학가에서 자유주의자들이 소수민족과 이주자 집단들의 야단스러운 요구를 너그럽게 수용하여 그런 집단들을 위한 특별 교육 프로그램 — 예를 들어, '흑인 문화 연구' 과정● — 을 개설해 주었고, 소수자 문화의 가치를 반영하는 생활 방식을 향유할 기회 — 예를 들어, 캠퍼스 내에 다문화 센터 설립 — 를 허용했다고 한다. 보수주의자들은 대학가에 만연한 정치적 올바름●●에 대한 수용적 태도 때문에 그런 다문화적 조치들이 과연 바람직한지에 대해 질문조차 하지 못하게 만드는 분위기가 존재한다고 주장한다.[37]

현대 보수주의자들은 좌파 정책이 야기한 문제를 강조하는 한편, 비전과 공상에 가까운 목표를 설정하는 것 자체가 무리라고 지적한다. 보수주의자들은 자신들의 목표야말로 온건하고 현실적이어서 경제·도덕·사회적 활동의 방향을 재조정하는 정도만을 정책 목표로 추구한다고 말한다. 현대 보수주의자들은 세 가지 일반 목표 — 자유 시장 자본주의 옹호, 노동 윤리 권장, 가족 관계 유지 — 에 동의하는 편이고, 바로 이 점이 현대 보수주의와 전통적 보수주의를 가르는 분기점이기도 하다. 양자의 차이는 다음과 같다.

첫째, 전통적 보수주의자는 자본주의에 대해 어느 정도 우려와 유보적인 태도를 보였지만, 밀턴 프리드먼Milton Friedman과 같은 현대 보수주의자는 자유 시장을 완전히 수용하면서 특히 자유 시장의 두 가지 장점을 강조한다.[38] 첫 번째로, 정부가 최소한으로만 관여할 때 국내 경제가 역동적으로 살아날 수 있다. 정부가 경제활동을 규제하지 않아야 경제가 원활하게 돌아갈 수 있다는 말이다. 그

● 흑인 문화 연구 과정(Black Studies) : 아프리카계 미국인들의 역사·문화·정치를 다루는 학문 영역. 흔히 'African American Studies'라고도 한다. 19세기 후반부터 두 보이스(W. E. B. Du Bois) 등에 의해 시작되었다.

●● 정치적 올바름(political correctness) : '정치적 언어 순화'라고도 하며 인습과 차별을 시정하려는 태도와 언행을 지칭한다. 이것이 지나친 경우에는 냉소적으로 사용되기도 한다.

래야 경제가 성장하고 국가의 부가 커진다. 두 번째로, 국가 간 자유 시장이 활발해지면 조화로운 국제 질서가 창출된다. 국가들 사이에서 자유무역을 신장하면 (장기적으로 보아) 자유무역의 모든 당사자들에게 최대한의 경제적 효과가 발생하며, 그 결과로 국가들 사이의 갈등이 줄어들 수 있다.

보수주의자들은 국내 자유 시장 경제를 옹호하면서 민영화privatization의 장점을 강조한다. 그들은 민영화된 산업이 국유화된 산업에 비해 더 경쟁력이 있고, 혁신적이며, 탁상 행정의 구속을 적게 받고, 노사분규도 적다고 주장한다. 서유럽의 보수주의자들은 제2차 세계대전 이후 사회주의 정권들이 국유화했던 산업을 다시 민영화하는 데 성공했다. 대처 총리 집권기에 영국의 국가 소유 기업체의 절반 이상이 사기업체로 전환되었다. 브리티시 페트롤륨BP, British Petroleum, 자동차 제조업체인 재규어와 롤스로이스, 브리티시 스틸British Steel 등이 대표적인 예다. 미국의 보수주의자들도 여러 공공 정책을 민영화했다. 공공 부문의 관료들이 비효율적이라고 생각한 보수주의자들은 (학생들에게 공립학교뿐만 아니라 원한다면 사립학교도 선택할 수 있게 하여) 사립학교가 공립학교와 정면으로 경쟁할 수 있게 했다. 보수주의자들은 심지어 국방 부문에서도 민영화를 상당히 추진하여, 전통적으로 정규군이 수행하던 여러 지원 업무를 사설 보안 업체들이 담당하게 만들었다.

보수주의자들은 또한 탈규제deregulation의 장점에 초점을 맞추면서 정부의 규제로 말미암아 혁신이 줄어들고, 투자가 감소하며, 소비자에 대한 비용이 늘고, 미국 기업들의 국제 경쟁력이 떨어진다고 주장한다. 어느 정도의 규제는 필요하겠지만 대부분 지나친 것이어서 쓸데없이 고비용의 관료층만 두텁게 한다는 것이다. 사기업체들이 빡빡한 규제로부터 풀려나 시장에서 자유롭게 경쟁할 때 국내 경제가 건실해진다는 논리다.

둘째, 전통적 보수주의가 (신에 대한 외경심을 핵심 윤리로 신봉하는) 신성한 도덕성을 강조한 반면, 현대 보수주의는 일종의 노동 윤리를 강조하는 세속적 도덕성을 설파한다. 보수주의자들은, 끝도 없이 복지를 늘리고 가장 열심히 일하는 사람들에게 고율의 세금을 매기는 사회에서는 열심히 일한다는 것이 이제 영예로운 일이 아닌 셈이 되었다고 우려한다. 또한 젊은이들에게 즉흥적인 만족을 찾는 대신 잘 교육받고 숙련된, 생산적인 노동자가 되도록 동기를 부여하는 것이 핵심적 도덕 목표가 되어야 한다고 주장한다. 보수주의자들에 따르면 공립학교 교육 현장에서 학생들에게 공부를 지나치게 적게 시킨 나머지 사회에 효과적으로 기여할 수 있는 인재를 키워 내는 데 실패했다고 한다. 이런 추세를 되돌리기 위해 부시 행정부와 공화당이 주도하는 의회에서 〈낙제 학생 방지법〉●을 제정해서 학교 당국과 학생들에게 더 높은 교육 실적을 내도록 압력을 가하기 시작했다.

셋째, 전통적 보수주의자들은 아주 많은 자발적 결사체들이 유기적인 사회를 떠받친다고 믿었지만, 현대 보수주의자들은 개인을 양육하는 가족이 가장 중요한 사회적 단위라는 점에 초점을 맞추었다. 따라서 가족을 유지하는 것이 현대 보수주의의 핵심적인 사회 목표가 되었다. 어느 보수 단체의 말을 들어 보자.

> 결혼과 (사회가 인정하고 법적으로 맺어진 남편·아내·자녀로 이루어진) 가족이야말로 어린아이를 낳아 기르고, 성적인 열정을 잘 다스리며, 공동체 내에서 인간이 활짝 핀 존재가 되게끔 해주는 가장 효과적인 제도다. …… 인간관계의 종류가 여럿임을 구분해서 볼 필요가 있다. 예를 들어, 동성애자들의 '동반자 관계'가 정식 결혼 관계와 동등하게 인정되어서는 안 된다. 결혼과 가족은 우리의 지속적인 사회적 복리를 위한 제도들이다. 결혼과 가족은, 모든 속박으로부터 해방되려는 개인주의적 경향이 있는 현대사회에서 무너지기 쉬운 제도이므로 꾸준하고 조심스럽게 잘 가꾸어야 한다.[39]

그럼에도 정부 정책, 교육, 페미니스트, 아동권 운동가들이 전통적 가족제도에

● 〈낙제 학생 방지법〉(No Child Left Behind Act) : 미국 학생들의 학력 저하를 막기 위해 2001년 초당적으로 도입된 교육 입법.

공격을 가해 왔다고 보수주의자들은 주장한다. 그들에 따르면 부모 없는 아동을 돕기 위해 만들어진 복지 정책은 편모가 꾸리는 가구들이 많이 나오도록 부추긴 것이나 다름없다. 학교에서는, 자녀들에게 그 사회의 가치를 가르칠 때 가장 중요한 가족의 역할을 부정하는 교육과정을 개설하고 그런 관행들을 가르친다. 페미니스트들은 전통적인 가족 내의 분업 형태를 비판하며, 여성들에게 가족 내에서의 전통적인 역할을 하지 말라고 선동한다. 아동권 운동가들은 부모가 자녀에게 행사하는 권위에 의문을 제기하고 그것을 제한하곤 한다는 것이다.

보수주의자들은 공공 정책, 문화, 제도 등이 가족의 역할을 강화하는 쪽으로 개혁되어야 한다고 믿는다. 개방적인 무과실 이혼법●이 확대되는 경향도 역전되어야 한다고 강조한다. 그리고 어린이에게는 부모의 권위를 존중하도록 교육해야 하며, 자녀들에게 적합한 도덕 가치를 가르쳐야 할 부모의 책임을 인정해야 한다고 본다.

5
소결

20세기가 끝날 무렵 공산주의와 파시즘 등 전체주의 이념의 잠재력과 호소력은 많이 퇴조했다. 이 이념들 가운데 파시즘이 가장 먼저 붕괴했다. 1945년 제2차 세계대전이 끝나면서 독일의 나치즘과 이탈리아의 파시즘이 패배하자 사람들의 마음속에서 이 이념들에 대한 신뢰가 완전히 사라졌다. 하지만 나치즘과

● 무과실 이혼법(no-fault divorce law) : 배우자에게 과실이 없더라도 쉽게 이혼을 요구할 수 있도록 허용한 법.

파시즘의 사상을 신봉하는 사람들은 독일·미국 등지에서 발흥한 네오나치와 네오파시스트 정당, 그리고 그 외 극단적 우파 운동에 이끌리곤 한다. 이런 정당과 운동들은 다원주의자들에게, 인생에는 이성적이고 경제적인 차원만 있는 것이 아니라는 사실을 상기시켜 준다. 인간은 귀속감과 자신을 초월하는 목적의식 그리고 권능과 영광을 원하는 존재이므로, 파시즘이나 심지어 나치즘에조차 매력을 느끼는 사람들이 앞으로도 나올 가능성이 있다. 파시즘과 나치즘이 남긴 역사적 유산은 맹목적 애국주의chauvinism와 민족지상주의의 영향력에 대해 경각심을 불러일으키며, 공동체적 활동에 깊이 몰입하고 싶어 하는 인간의 심성 이면에 자리 잡고 있는 어두운 구석을 드러내 준다. 또한 나치즘은 공동체의식을 형성하기 위한 하나의 방편으로서 인종주의적 사고가 가진 힘에 대해 우리에게 경고를 보낸다.

동유럽과 소련에서 공산 정권이 붕괴하면서 공산주의의 호소력도 많이 줄어들었다. 공산주의는 국가가 소멸된 사회를 발전시키려는 비전을 가졌지만, 강력한 국가가 주도하는 지나치게 중앙집권적이고 관료화된 폐쇄적인 경제체제를 창조하고 말았다. 바로 이 점이 유력한 통치 이념의 하나인 공산주의가 퇴조한 가장 중요한 원인일 것이다. 공산주의는 계급 없는 사회를 꿈꾸었지만 공산국가 사회는 흔히 두 계급으로 나뉘곤 했다. 공산당에 속한 계급과 공산당에 속하지 않은 계급으로 전 국민이 구분되었으며, 공산당원에게 큰 혜택이 부여되었으므로 비공산당원들은 이런 구분에 대해 깊은 반감을 품었다.[40] 공산주의는 모든 사람에게 번영을 약속했지만, 동유럽과 소련에 거주하던 사람들은 자유 시장 사회에 살던 사람들에 비해 몹시 궁핍한 생활을 감내해야 했다. 또한 공산주의는 노동자들의 천국을 건설한다고 했지만 공산 사회의 평균수명은 전체적으로 낮았으며, 공해로 인한 환경문제가 산업화된 서구 사회보다 훨씬 더 심한 편이었다. 현재도 공산주의가 공식적인 통치 이념인 나라들을 관찰해 보면 이념적 순결성보다는 점차 시장 원칙에 따라 돌아간다는 사실을 알 수 있다.

소련과 동유럽 공산주의의 붕괴, 중국의 경제개혁, 그리고 노쇠한 쿠바 지도층 등을 보면 공산주의의 정치적 장래는 불확실한 것 같다. 전 세계적으로 자유 시장 경제체제 혹은 민주사회주의가 운영하는 혼합 경제체제가 중앙 계획 경제체제를 대체하고 있다. '프롤레타리아독재' 개념은 온건한 권위주의 또는 의회 민주주의 등의 다양한 버전으로 바뀌었다. 공산주의는 애초에 자신이 변화시키려 했던 역사의, 이념적 유물로 전락한 듯하다. 마르크스주의는 자본주의와 자유주의 사회를 비판하는 여러 형태의 비판 이론으로 남을 수 있겠지만, 공산주의는, (적어도 현재로선) 정치적·지성적으로 폐기된 것처럼 보인다.

미국에서는 현대 보수주의가 하나의 일관된 대안적 공공 정치철학으로 등장하기 이전에 이미 현대 자유주의가 출현하여 대세를 형성한 적이 있다. 그러나 현대 보수주의는 놀랄 만큼 재빨리 성장하여 큰 성공을 거둔 것처럼 보인다. 많은 다원주의 사회에서 보수주의가 선거에서 승리하여 정권을 장악했다. 과거 주류 언론으로부터 소외되어 있다고 느껴서인지 언론에 매우 비판적이던 현대 보수주의는 오늘날 신문과 잡지의 여론면을 당당히 차지하고 있으며 라디오와 텔레비전 방송도 아주 많이 타고 있다.

물론 그렇다고 해서 하나의 정치 이념으로서 보수주의에 어려움이 없다는 말은 아니다. 보수주의자들은 역동적 시장경제의 옹호(고전적 자유주의) 그리고 동시에 사회 안정을 향한 갈망(전통적 보수주의)을 추구하려는 이중적 목표가 낳은 도전에 직면하고 있다. 시장이 혁신과 급격한 변화를 계속 만들어 내는 와중에도 사회가 통합과 안정을 이룩할 수 있을 것인가? 경제적 여건으로 부부가 맞벌이를 해야 하거나, 또는 맞벌이가 매력적인 것처럼 보이는 상황에서 핵가족이 제대로 살아남을 수 있을 것인가? 즉각적인 만족만을 부추기는 시장경제에서 과연 보수주의자들이 찬양하는 자기 절제가 이루어질 수 있을까?

보수주의자들은 대외 정책에서도 최근까지 주적主敵이었던 공산주의가 이제 영향력을 갖지 못하는 세계 현실에 응답해야만 한다. 또한 강대국의 지원을 받지 못하는 테러 집단이 장기적인 주적 ― 그에 맞서 보수주의자들이 궐기해야 하는 ― 이 될 수 있을지 여부도 뚜렷하지 않다. 오늘날 보수주의자들은 대외 정책의 목표를 어떻게 설정할 것인지를 두고 내부적으로 논쟁을 벌이고 있다.

또한 보수주의자들은 자신들의 이념을 희석하지 않으면서도 서구 국가들에서 보수주의의 지지 기반을 넓힐 수 있을지에 관해 결정을 내려야 한다. 보수주의자들이 찬양하는 자유 시장 이념으로는 젊은 세대가 관심을 기울이는 환경문제를 잘 해결할 수 없기 때문이다. 그리고 보수주의자들은 보수주의적 이념이 여성과 소수자들 사이에서 인기가 별로 없다는 문제를 풀어야만 한다. 보수주의 이념의 지도자들은 보수주의의 외연을 넓혀 포용적인 보수 이념을 내놓는 데 그리 성공적이지 못했다. 보수주의가 자신의 지지 기반을 희생하지 않으면서 새로운 지지 기반을 넓힐 수 있을 것인가?

이런 문제들에도 불구하고 현대 보수주의는 우리의 거대한 정치적 대화에 반드시 포함되어야 할 많은 비전을 가진 강력한 정치 이념이다. 현대 보수주의가 고전적 자유주의의 경제적 이상을 옹호한 것에 대해 앞으로도 많은 사람들이 지지를 보낼 것이다. 정부가 경제를 계획하고 규제한 것, 특히 중과세와 방만한 복지 정책에 대한 반발이 대중 사이에서 아직도 폭넓게 존재하기 때문이다. 그리고 방종의 문화를 줄이고 좀 더 도덕적인 사회를 모색하는 태도는 사람들에게 계속 호소력을 가질 것이다.

오늘날, 현대 자유주의는 전례 없는 성공을 구가하면서, 동시에 엄청난 위기를 경험하고 있다. 한편으로, 파시즘과 공산주의의 종언으로 일부 관측통들은 자유주의의 원칙과 가치가 전 세계적으로 지배적인 위치를 차지하게 되었으므로 이제 이념의 갈등 시대는 끝났다고 주장한다.[41] 옛 공산권 사회에서도 자본주의가 도입되었다. 더 많은 나라들이 입헌 민주주의와 대의 민주주의의 틀 내에서 통치하고 있다. 시민의 권리를 확장하자는 움직임이 광범위한 지지를 받고 있다. 자유주의에 수반하는 세속적·물질적 가치가 전 세계의 문화권에서 점점 더 확산되고 있다. 보수주의자들이 복지국가에 대해 온갖 비난을 퍼붓지만 자유주의 복지 정책이 전 세계적으로 통용되고 있다. 다른 한편으로, 자유주의는 비판에 직면하고 있으며 자유주의Liberalism의 '자'L-word도 함부로 꺼내지 못하는 분위기에 시달리고 있으며, 자유주의적 원칙을 견지하는 정치인들조차 '자유주의자'라는 딱지가 붙는 것을 회피하려고 할 정도다. 자유주의 하면 대규모의 개입적인 정부, 관료 지배, 경제활동을 억누르는 규제 조치, 역차별, 범죄자에 대한 관용, 도덕적 방종, 그리고 (특히) 고율의 세금 등을 (많은 사람들이 마음속으로) 연상하게 되었기 때문이다.[42]

현대 자유주의가 이런 문제점들에 어느 정도 책임이 있을지도 모르지만, 자유주의자들은 도전에 맞서 문제를 해결하는 경우에 특히 강점을 보인다. 개혁에 대한 열정 그리고 개혁을 해본 경험으로 미루어 볼 때 현대 자유주의자들은 자신의 정치적 원리를 개혁하는 과제도 잘 처리할 가능성이 크다. 특히 어떤 원칙을 개혁할 것인가 하는 문제가 자유주의자들 사이에서 초미의 관심사가 되어 있다. 예를 들어, 마이클 토마스키Michael Tomasky는 최근 현대 자유주의자들이 (당혹스러울지라도) 반드시 채택해야 할 두 개의 '계획'big idea를 제안했다. 첫째, 자유주의는 '공동선'common good이라는 용어를 적극 수용해야 하고, 사회 내 작은 소수 집단들의 이해관계에 일일이 대응하는 것을 탈피하여 대다수 시민들의 이해관계에 도움이 되는 정책을 추구해야 한다. 둘째, 자유주의자들은 시민들이 전체 사회와 시민들 서로 간에 져야 하는 의무를 더욱 분명하게 지적해야 하며, 개인의 권리만 강조하는 것을 피해야 한다.[43] 더욱 진보적인 자유주의 철학 — 단순히 부시와 공화당을 반대하는 것으로 규정되는 자유주의가 아니라, 더 많은 지지자와 유권자에게 다가갈 수 있는 자유주의 — 을 발전시키기 위해 노력하던 자유주의자들은 토마스키의 이런 제안을 놓고 수많은 논평과 성찰을 제시했다.[44] 20세기를 통해 현대 자유주의 이념을 형성했던 핵심 사상과, 이런 사상이 넓은 의미의 다원적 공공 정치철학과 어떻게 연결되는지를 숙고한다면, 토마스키와 같은 이론가들이 제안한 개혁이 자유주의의 핵심 교의를 희생시키지 않으면서 자유주의 내에 수용될 수 있을 것인지를 더 잘 이해하게 될 것이다.

19세기와 20세기의 정치에서 일어났던 엄청난 변화를 감안할 때, 자유주의·보수주의적 이념들에 지배적인 영향을 미친 다원주의와, 자유주의·보수주의적 이념들의 차이점을 해소하고자 하는 오늘날의 민주적 [정치]과정이 21세기의 정치도 과거와 같은 방식으로 이끌어 갈 것이라고 생각한다면 크나큰 오류다. 다원주의에서 급진적인 변화를 도모하는 강력하고 매력적인 정치 이념들은 이미 많다. 또한 (다원주의의 존재 자체를 위협하는) 심대한 정치적 변화를 모색하는 극단적 세계관도 많이 나와 있다. 다음 장에서는 이런 급진적 사상과 극단적 사상들을 소개하려고 한다.

4

현대 정치의 급진적 이념과 극단적 이념

2~3장에서 소개한 여덟 가지 정치 이념은 정치 이론과 실천에 실질적 의미가 있다고 확인된 수백 가지 이념 가운데 단지 극소수에 불과하다.[1] 현대 정치 이론가들은 자유 지상주의와 공동체주의를 중요한 정치 이념으로 간주했다. 또한 앞서 논의한 사상들에 속하면서도 나름대로 새로운 중요한 문제를 다루는 분과 이념으로서 신자유주의, 신보수주의(네오콘), 평등주의적 자유주의, 사회적 보수주의 등을 꼽을 수 있다. 지난 수십 년 사이에 페미니즘과 여러 종류의 환경주의도 중요한 이념으로 등장했다. 정치 영역에 진입한 종교 성향의 사상 가운데는 이슬람 근본주의와 기독교 복음주의가 특히 두드러진다. 또한 다양한 종류의 민족주의 이념들이, 아프리카계 미국인African-American(미국 흑인), 프랑스계 캐나다인, 스페인의 바

스크족, 우크라이나인, 그리고 기타 문화적으로 연관된 집단들을 인종적·민족적 정체성과 포부를 중심으로 결집하려 한다. 그리고 존 버치 협회,[●] KKK단^{Ku Klux Klan}, 아리안 네이션^{●●}과 같은 우파 극단주의 집단들은 요즘 많이 퇴조했지만, 1995년 미국 오클라호마 시의 알프레드 머레이 연방 청사 건물 폭파 사건에서처럼, 백인 민족주의 집단, 증오를 선동하는 집단, 생존주의 집단^{●●●}들은 오늘날에도 다원주의 사회에 큰 혼란을 일으키고 있다. 1960년대의 좌파 극단주의 가운데 대부분은 이제 정치 무대에서 사라졌지만, 오늘날 많은 반지구화 단체들 — 예를 들어, 러커스 협회,^{●●●●} 직접행동 네트워크,^{●●●●●} 투테 비안체^{●●●●●●} 등 — 이 다원적 사회의 여러 측면에 대한 적대감을 표출하기 위해 거리 시위 등의 전술을 사용하고 있다. 개요를 다루는 설명글에서 이런 다양한 목소리를 모두 소개하기란 불가능하겠지만, 오늘날 대중의 이목을 끌고 있으며, 21세기 들어 앞으로 더욱 주목받을 수도 있는 다채로운 정치적 관점들을 우리의 논의에 포함하는 것은 중요한 일이라 생각된다.

이런 다변적 목소리들을 일정하게 정리하고 설명하기 위해서 분류 체계가 필요하다고 본다. 정치 이념들을 규정하고 호명하기 위해 여러 가지 분류법이 이미 사용되고 있지만,[2] 여기서 필요한 것은 지금까지 다룬 정규 정치 이념들을

- ●존 버치 협회(John Birch Society) : 1958년 12월 9일 미국의 로버트 H. W. 웰치 2세가, 1945년 8월 25일 중국 공산주의자들에게 살해당한 존 버치의 이름을 따 설립한 사조직으로, 사유재산권, 법의 지배, 반(反)국제주의 등을 내세우는 미국의 우파 정치 운동 단체.
- ●●아리안 네이션(Aryan Nation) : 미국의 네오나치 운동 세력으로서 미 연방 수사국(FBI)에 의해 테러 위협 집단으로 지목된 단체.
- ●●●생존주의 집단(survivalist groups) : 자연재해나 핵전쟁 등의 위기 상황에서 살아남기 위한 준비와 기술을 전파하는 운동인데 그중 일부는 준군사조직의 형태를 띤 경우도 있다.
- ●●●●러커스 협회(Ruckus Society) : 환경·인권·사회정의 운동을 위해 직접행동 기술을 전수하는 단체.
- ●●●●●직접행동 네트워크(Direct Action Network) : 아나키즘 및 반권위주의 운동 연합체.
- ●●●●●●투테 비안체(Tutte Bianche) : 일명 '하얀 원숭이'라고도 하며 이탈리아에서 유래된 반지구화 운동 단체.

넘어서는 여러 정치사상을 일목요연하게 정리할 수 있는 유형 분류법이다. 따라서 우리가 적용한 분류 체계에서는 두 가지 차원에 근거해서 정치적 관점들을 나누고자 한다.

첫 번째 차원에서는, 다원주의에 대한 태도를 기준으로 정치적 관점을 나눈다. 우리의 분석 틀에 따르면 정치의 영원한 질문들을 놓고 현대 자유주의와 현대 보수주의에서 폭넓게 합의하는 바가 일단 다원적 공공 정치철학의 주된 분류 근거를 제공한다. 그러나 다원적 공공 정치철학을 적절히 규정하려면 다원주의의 지지자들이 내는 목소리도 살펴야 한다. 더 나아가, 제대로 된 다원적 공공 정치철학이라면 이념적 반대자들의 도전을 견뎌 낼 수 있는 역량이 있어야 한다. 따라서 〈그림 1-1〉에 나오는 셋째, 넷째 동심원에 들어맞는 관점들도 검토할 필요가 있다. 셋째 동심원은 다원주의에 대해 급진적 태도를, 넷째 동심원은 극단적 태도를 가리킨다는 점을 기억하기 바란다.

급진주의자radicals는 다원주의 내에 심각한 결함이 있다고 생각하며, 좋은 다원적 사회를 형성하려면 그런 결함을 시정해야 한다고 믿는다. 급진주의자들은 정당화될 수 없는 불평등이 시민들 사이에 존재하고, 도덕성에 대해 사회의 관심이 미흡한 점을 문제 삼는다. 급진주의자들은 (선거에서는 자유주의와 보수주의 후보들 가운데 선택해야 하고, 정치에서는 자유주의 정책과 보수주의 정책 대안밖에 존재하지 않는) 통상적인 다원적 정치만으로는 이런 결함을 시정할 수 없고, 다원적 정치의 수준도 크게 높아질 수 없다고 본다. 이런 문제를 해결하기 위해 급진주의자들은 'radical'이라는 말의 원래 뜻대로 문제의 '근원'根源, root causes을 찾으려 한다. 그들은 다원적 사회의 밑바탕에 깔려 있는 구조에 중요한 변화를 일으키기를 원한다. 그들은 경제와 정치제도, 시민사회의 질, 문화적 가치 등을 변혁하기를 원한다. 그러나 그런 변화를 위해 혁명적 방식을 동원하려 하지는 않는다. 급진주의자들은 자본주의를 순치하려 하지만 자본주의 자체를 파괴하려는 것은 아니다. 급진주의자들은 기존 헌법의 개정이나 새로운 정치제도의 설립 등을 제안하지만 지금과 완전히 다른 새로운 정치체제를 수립하자는 것은 아니다. 급진주의자들 가운데는 시민사회 내의 특정 부문 — 예컨대, 노동조합이나 교회 조직 — 을 강화하고 싶어 하는 세력도 있겠지만, 그들조차 시민사회 내의 극히 다양한 결사체들을 금지하거나 대폭 통제하려고 들지는 않을 것이다. 또한 급진주의자들은 소수자의 처지에 더욱 민감한 문화를 함양하거나, 종교나 전통 가치를 강화하려고 할 수는 있겠지만, 사회에 대해 일률적인 문화적 가치를 주입하려고 들지는 않을 것이다. 급진주의자들은 어디까지나 다원적 정치를 통해 그런 변화를 추구하려고 한다.

반면에 극단주의자extremists는 다원주의의 이상과 그 실상이 철저하게 왜곡되어 있다고 생각한다. 그래서 다원주의 자체 혹은 적어도 다원주의에 필수적인 정치 구조들을 철폐하려고 한다. 다원주의자들은 다양한 가치·정체성·제도가 나름대로 중요하다는 점을 인정하지만, 극단주의자들은 흔히 특정한 가치·정체성·제도만을 높이 평가하므로 자기들 외의 다른 모든 이념을 악으로 간주하기 쉽다. 또한 다원주의자들 역시 현재의 사회구조와 제도에 문제가 있음을 인정하지만, 극단주의자들은 거기서 한 걸음 더 나아가 현재의 사회구조 전체를 악으로 취급한다. 일부 극단주의자들은 특정 공동체의 단결과 역량에만 전력을 기울이는 탓에, 다른 하위 공동체를 억누르는 목표 또는 더 큰 인류 공동체에 대한 책임을 부정하는 목표를 추구하기도 한다. 특정 종교에 절대적으로 헌신하는 정치 이념도 있는데 이들은 자기 종교만을 신봉하고 타 종교를 배제하는 신정국가theocratic state를 수립하기 위해 노력한다. 또 다른 극단주의자들은 특정한 대의명분에 매달리면서 자신들의 목표를 달성하는 데 방해가 되는 모든 것을 제거하려고 한다. 이런 예에서 볼 수 있듯이 극단주의자들은 스스로 옳다고 생각하는 것을 진정으로 믿어 의심치 않는 확신자들 — 자기네 목표가 반드시 신성하다고는 믿지 않더라도, 적어도 주류 사회의 가치가 사악하다는 점에 대해서만큼은 일말의 의혹도 품지 않는 — 이다. 이들은 다원주의의 다중적인 목소리들, 서로 경합하는 다양한 의제들, 끊임없이 이루어지는 타협을 경멸한다. 극단주의자들은 자기들이 보기에 다원적 정치가 낳은 썩어 빠진 현실 속에서 활동하고픈 생각이 추호도 없다.

두 번째 차원에서는, 통상적인 좌파와 우파의 구분에 따라 다원적 정치 내에 팽배해 있는 다양한 불평등에 대한 태도를 기준으로 각각의 이념을 나눈다. 우파는 어떤 공동체 내에 그리고 공동체들 사이에 존재하는 기존의 서열을 받아들인다. 그런 서열이 재능과 열정의 차이, 재산 소유의 차이, 여타 물질적 재화에 대한 접근성의 차이, 인종적·민족적 특성의 차이, 종교적 덕성의 차이는 물론 그 어떤 불평등에 근거하든 간에 기존의 서열을 인정하는 것이다. 우파들은 그런 불평등이 당연하고 바람직하다고 믿으면서 기존의 서열을 강화하며, 전통적 사회 서열이 오늘날처럼 그렇게 자주 도전받지 않던 과거로 돌아가고 싶어 한다. 이에 반해, 좌파는 현존하는 사회 서열을 비판하기 마련이며, 불평등에 대해선 그것이 당연한 것이 아니라 강자가 자신들의 특권을 연장하기 위해 만들어 낸 것이라고 생각한다. 좌파는 좀 더 개명된 인간관과 가치관에 비춰 본다면 인간이 본질적으로 평등한 존재이며, 사회적·자연적 불평등을 줄이기 위해 집합적 행동을 취할 수 있어야 한다고 믿는다.[3]

따라서 다원주의에 도전하는 여러 사상들을 포착하기 위해 이 장에서는 지금까지 설명한 두 가지 차원의 차이에 근거한 네 가지 범주 ─ 즉, 급진적 좌파, 급진적 우파, 극단적 좌파, 극단적 우파 ─ 에 따라 중요하고 흥미로운 사상들을 소개하려 한다.[4] 각각의 범주에도 여러 상이한 관점과 집단들이 포함되어 있으며, 이들은 같은 범주에 속하더라도 서로 다른 관심과 원칙을 강조한다. 이 장에서 각 범주에 포함되어 있는 주요한 이론적 관점들을 소개할 예정인데 각종 민족주의나 특정 집단들을 따로 다루지는 않으려 한다. 그런 내용을 제외했다고 해서 그것이 중요치 않다고 말하려는 것은 아니다. 이들 가운데 중요한 내용들은 5장 이후 부분에서 언급할 것이다. 따라서 이 장에서는 그런 내용을 다루지 않더라도 특정 정치적 목표를 옹호하는 철학을 구성하려는 의지가 있는 각종 정치적 관점들만 논의해도 충분할 것으로 본다.

이 장에서 논하는 정치적 관점들 가운데는 그 포괄 범위가 제한되어 있는 사상도 있으며, 같은 범주에 속한 정치적 관점들이라 하더라도 서로 비판적인 경우가 많다는 사실을 강조할 필요가 있다. 제한된 범위의 정치적 관점은 '유사 이념'이라고 부를 수 있다. 예를 들어, '심층 녹색주의자'deep greens(심층 생태주자)는 자신을 자유주의 환경론자liberal environmentalists와 구분하면서, 인간을 자연의 주인이 아니라 단지 자연의 한 부분으로 간주하고, 인간의 열망을 지속 가능한 환경의 필요성 아래에 종속시키는 '생태 중심적' 대안을 제시한다. 심층 녹색주의자는 모든 정치의 영원한 쟁점에 대한 (이치에 맞고 설득력이 있는) 해답을 제공할 수 있는 포괄적 관점을 발전시키고자 노력하고 있다. 하지만 이들이 하나의 완전한 정치 이념의 지위를 획득했는지 여부는 불분명하다. 사회를 꾸리기 위해 심층 녹색주의의 이상에 입각해 어떤 행동을 해야 할지를 두고 아직도 자신들끼리 논쟁을 거듭하고 있기 때문이다.[5] 또 다른 예를 들어 보자면, 자유주의 페미니즘, 급진적 페미니즘, 극단적 페미니즘 사이에도 서로 큰 차이가 있다.[6] 페미니즘 내의 여러 관점들은 각각 관심을 기울이는 분야가 다르며, 각 관점에 속한 운동가들은 정치의 영원한 쟁점에 빠짐없이 응답하기보다 각자가 관심 있어 하는 부분에만 치중하는 경향이 있다. 심층 녹색주의자와 페미니스트들 가운데는 정치의 영원한 쟁점들 전부는 아니라도 그중 일부에 대해서는 해답을 내놓으려 하는 이들이 있지만, 이 유사 이념들은 아직까지는 정치의 영원한 질문들 일부에 대해서만 독특한 해답을 내놓고 있다고 볼 수 있다. 여기서 우리는 유사 이념들을 다룰 때 그것들이 주로 초점을 맞추는 이슈만 살펴볼 것이며, 각 유사 이념들 내부의 이견이 아직 정리되지 않은 부분이나 기존 이념들과 큰 차이가 없는 부분은 제외할 것이다.

급진적 좌파, 급진적 우파, 극단적 좌파, 극단적 우파 등의 범주는 그 자체로는 아직 완전한 정규 이념이 되지 못했다고 볼 수 있다. 앞에서 말한 대로 각 범주에도 서로 다르거나 서로 적대적인 관점들이 포함되어 있다. 예를 들어, 극단적 우파를 다룰 때 우리는 이슬람 근본주의와 기독교 근본주의에 초점을 맞출 것이다. 두 근본주의 모두 다원주의에 반대되는 단일한 문화를 모색하지만, 그들이 자기 사회에 강요하려는 종교적 가치의 내용은 서로 너무나 다르다. 또한 급진적 우파를 다룰 때 우리는 (전 지구적 자유 시장을 더 많이 받아들이게끔 다원주의에 압력을 가하는) '전 지구적 신자유주의'global neoliberalism와 (특정한 다원주의 사회를 전 지구적 시장으로부터 차단하려고 노력하는) '일국적 보호주의'national protectionism

(국수주의)를 모두 포함해서 논할 것이다. 같은 범주에도 이렇듯 차이가 많이 나는 관점들이 모여 있으므로 이 장에서는 네 가지 범주에서, 그리고 그 범주들 사이에서 중요하고도 특징적인 관점들만 다루려고 한다. 따라서 각 범주의 각종 관점들을 단순히, 하나의 통일되고 일관된 이념 범주에 속한 여러 하위 관점들로만 이해한다면 아무런 도움이 되지 못할 뿐만 아니라 부정확한 일이 될 것이다.

1
급진적 좌파
…
좀 더 평등주의적·공동체적인 사회를 모색한다

민주사회주의는 20세기 각국의 급진적 좌파 진영 내에서 가장 특출한 관점이었다. 그러나 민주사회주의의 널리 알려진 많은 지도자들 — 예를 들어, 영국의 토니 블레어Tony Blair와 독일의 게르하르트 슈뢰더Gerhardt Schröder — 이 근년 들어 자기네 정당과 이념을 다원주의적 연속선에서 좀 더 중간 지대로 이동시켰다. 아마 민주사회주의는 2~3장에서 다룬 여느 정치 이념만큼이나 종합적인 이념일 테지만,[7] 급진적 좌파 내에서 여타 유사 이념들이 어떤 부분에서는 더욱 확고한 급진 이념으로 등장한 경우도 있었다. 예를 들어, 평등주의적 자유주의를 주창하는 정치철학자들은 웬만한 민주사회주의자보다 다원적 사회 내에서의 사회적 재화 분배에 더 확고한 입장을 견지하는 것처럼 보인다. 또한 전 세계 불평등 문제에서, 전 지구적 정의를 주장하는 세계주의자들의 입장이 웬만한 사회주의자들보다 더 비판적인 것 같다. '시민적 공동체주의'는 (사회적 유대를 강화하고, 사회주의적 공동체 건설에 필요한 정치적 덕성을 시민들 사이에 심어 주려는) 사회주의자들의 오랜 관심사를 포착해서 그것을 확장했다. 급진 민주주의 주창자들은 오늘날 웬만한 사회민주주의자보다 다원적 사회 내의 민주주의를 심화하려는 열성적인 대변인 역할을 하고 있다. 급진 녹색주의자는 자본주의를 제한해야 한다는 문제에서 (사회주의자들의 전통적 논리보다 오늘날 더 설득력 있게 들리는) 새로운 논거를 제시하고 있다. 이 절에서는 이런 유사 이념들을 소개할 것이다.[8]

민주사회주의는 애초 수정마르크스주의로 출발해서 오늘날의 특출한 지위에 오르게 되었지만, 다원적 사회를 더욱 왼쪽으로 이동시킬 정책을 주창하고 추구해 왔다.[9] 민주사회주의는 현대 자유주의보다 더 급진적으로 자본주의를 비판하지만, 자본주의의 문제를 해결하기 위해 혁명이 필요하다는 정통 마르크스주의 사상은 거부한다. 그 대신 민주사회주의는 사회주의 정당을 창설하여 민주적 선거를 통해 집권해서 정상적인 정치권력을 통해 마르크스주의적 목표 — 예컨대, 생산수단의 공적 통제를 강화하고, 사회적 재화를 더욱 평등하게 분배하며, 민주주의를 더 깊이 발전시키는 것 — 를 달성하려고 한다.

사회주의적 정서는 아마 인간의 역사만큼이나 유서가 깊을 테지만, 민주사회주의 이념은 자본주의에 대한 직접적인 반응으로 시작되었다. 1884년 영국에서 시드니 웹Sidney Webb, 1859~1947과 그의 부인 비어트리스 웹Beatrice Webb, 1858~1943, 그리고 유명한 극작가 조지 버나드 쇼George Bernard Shaw, 1856~1950와 같은 지식인들이 페이비언 협회Fabian Society를 결성했다. 페이비언들은 마르크스의 자본주의 비판에 공감했지만, 비폭력적이고 대중 합의적인 과정을 통해 자본주의 체제를 점진적으로 극복하고 사회주의 체제로 나아가야 한다고 믿었다. 당시 사회주의에 대한 지지가 늘어나면서 페이비언들은 민주사회주의자들이 의회에 진출해서 사회주의식 개혁을 도모할 수 있을 것으로 판단했다. 1901년 페이비언들은 영국의 노동운동 지도자들과 연대해서 노동당Labour Party을 창당했지만, 이들은 제2차 세계대전이 끝난 뒤에야 실제로 집권해 하원을 장악할 수 있었다. 노동당은 집권하는 동안 전력·철강·석탄 산업의 국유화와 같은 사회주의 정책을 관철했고 국립 의료 제도NHS, National Health Service를 통해 의료도 사회화했다. 20세기 내내 페이비언 협회는 민주사회주의를 발전시키고 옹호했다. 이 기간에 노동당은 보수당의 주요 경쟁 상대였고 영국 정치에서 막강한 영향력을 발휘했다. 영국 노동당 — 요즘은 '신노동당'New Labour이라고 불리는 경우가 많다 — 은 토니 블레어, 그리고 2007년부터는 고든 브라운Gordon Brown의 통수 아래 영국을 다스리고 있다.● 최근 노동당은 사회주의 원칙을 지나치게 자주 훼손한다는 비판을 받기도 한다.

유럽 대륙에서도 19세기 말경 독일 사회민주당SPD, Sozialdemokratische Partei Deutschlands을 비롯해 다양한 사회주의 정당과 운동이 출현했다. 1895년경 사회민주당 내에서 정통 마르크스주의자와, 페이비언 운동의 영향을 받은 수정주의자revisionists 간의 분열이 일어났다. 수정주의의 거두였던 에두아르트 베른슈타인Eduard Bernstein, 1850~1932은 정통 마르크스주의자들이 마르크스의 사회 변화 이론을 지나치게 결정론적인 것으로 오독했다고 주장했다.[10] 베른슈타인은, 상황이 무르익으면 자본주의가 저절로 붕괴하리라던 정통 마르크스주의 교의에 따르면, 사회민주당은 혁명의 때가 오기를 수동적으로 기다리는 수밖에 없다고 보는 인식을 지적했다. 1899년 베른슈타인은 『사회주의를 위한 전제와 사회민주주의의 임무』Die Vorraussetzungen des Sozialismus und die Aufgaben der Sozialdemokratie(일명 '진화 사회주의')를 집필하여 자본주의가 조만간 붕괴하지 않을 것이며, 노동계급의 혁명성이 점차 옅어지고 있고, 민주주의의 진전으로 사회민주당이 정치권력을 통해 사회주의로 가는 개혁을 추진할 수 있게 되었다고 주장했다. 사회민주당은 수정주의 노선을 채택하긴 했으나 1970년대가 되어서야 연립정부의 다수당이 되어 당수였던 빌리 브란트Willy Brandt가 독일 총리직에 오를 수 있었다. 사민당은 1998년부터 2005년 사이에도 연립정부를 통해 통일된 독일을 다스렸지만 당시 지도자였던 게르하르트 슈뢰더는 영국의 블레어와 마찬가지로 사회주의 원칙에 미온적이라는 평을 듣곤 했다.

● 2010년 5월 보수당의 데이비드 캐머런(David Cameron)이 총리가 되었다.

서구의 산업화된 민주국가들에서 미국만 빼고 모든 나라에 정치적으로 영향력이 큰 사회민주주의 정당들이 존재하고 있으며, 이 나라들에서 민주사회주의 이념은 다원적 정치 내의 주요한 정치적 목소리로 자리매김했다.[11] 1975년 이래 영국·독일·프랑스·스페인·포르투갈·그리스·노르웨이·덴마크 등 여러 서유럽 민주국가들에서 사회민주주의 계열 정당들이 여러 차례 집권에 성공했다. 또 1989년 이후에는 동유럽의 옛 공산권 국가들에서 사민당 계열의 정치 지도자들이 집권한 경우가 많았다. 또한 1950년대 이후 캐나다 여러 주에서 사회민주주의 정당들이 지자체 정부를 구성했다. 2006년 사회주의자인 미첼 바첼레트Michelle Bachelet가 칠레 최초의 여성 대통령으로 취임했고, 같은 해 베네수엘라의 우고 차베스Hugo Chávez 대통령이 재선에 성공하여 더욱 사회주의적인 노선을 추구할 수 있게 되었다. 사회주의 계열의 정당들은 아프리카 각국 ─ 예를 들어, 탄자니아, 카메룬, 모잠비크, 짐바브웨 ─ 에서도 집권하고 있다. 하지만 이 가운데서도 스웨덴은 사회민주주의의 최고 성공 사례라 할 만하다.

스웨덴 사회민주노동당SAP은 1932년 처음 정권을 잡은 이래 아직도 가장 많은 득표율을 올리고 있는 정당이다. 하지만 2006년 가을 총선에서 전체 투표율이 낮아지면서 사회민주노동당 출신 총리가 사임했고 온건 연립정부가 구성되었다. 사회민주노동당은 스웨덴을 거의 75년 동안 계속 통치하면서 유럽에서 가장 낙후된 나라를 세계에서 가장 잘사는 나라로 바꿔 놓았다. 이와 함께 스웨덴은 세계에서 소득분포가 가장 고른 국가를 건설했다. 스웨덴은 경제 번영과 소득 균등을 동시에 추구하면서 대규모 복지국가를 발전시켰지만, 생산수단의 공공 소유 정책을 채택하지는 않았다. 오늘날 스웨덴 기업의 약 85퍼센트가 개인 소유로 남아 있다. 사회민주노동당은 페이비언과 수정주의자들의 주요 정책인 생산수단의 국유화 정책은 취하지 않았지만, 스웨덴 모델이 성공하면서 민주사회주의 사상 자체의 초점이 생산에서 분배로 이동했다.

민주사회주의자 ─ 이후 민주사회주의자를 편의상 '사회주의자'로 표기한다 ─ 들은 현대 자유주의자들과 마찬가지로, 순수한 자본주의 체제가 여러 가지 시장 실패의 결함을 갖는다고 믿는다. 예를 들어, 심각한 경기 침체를 초래하는 경기순환business cycle, 불충분한 공공재의 제공, 소비자 대중이 생산 비용의 상당 부분을 부담해야 하는 부정적 외부 효과 등이 이런 결함들이다. 그러나 사회주의자들은 시장 실패에만 초점을 맞추는 현대 자유주의의 자본주의 비판은 피상적이라고 생각한다. 사회주의자들은 자본주의가 인간 생활의 모든 측면을 지배하고 있음을 현대 자유주의가 깨닫지 못한다고 본다. 즉, 자본주의로 말미암아 사람들이 지나치게 물질적·이기적으로 사회화되고, 대중이 믿는 것보다 실제로는 훨씬 덜 민주적인 정부가 구성되며, 사회적 분열과 서열 구조의 기초가 싹튼다는 것이다. 그러나 여전히 사회주의는 (사회주의가 자본주의를 즉각 철폐하려 하지 않기에) 다원적 전통에 속하는 이념이다. 사회주의자는 사유재산을 철폐하기보다 재산을 소유한 사람에게 발생하는 이익을 제한하려고 한다. 사회주의자는 절대적인 경제 평등을 추구하기보다 부의 집중에 따르는 과도한 허영과 사치 및 권력을 제한하려 한다.

자본주의를 당장 철폐하지 않으면서도 자본주의의 문제를 경감하기 위해서 사회주의자들은 사회 전체의 문화적 가치를 바꾸려고 노력한다. 사회주의자들은 (정통 마르크스주의와는 달리) 민주 자본주의가 지지하는 기본 가치들을 사회주의적 방식으로 재구성할 수 있으며, 그렇게 재구성된 새로운 가치를 그 사회 — 자본주의 제도가 중요한 역할을 하는 사회 — 의 문화 속에 포함할 수 있다고 본다. 예를 들어, 사회주의자들은 자유주의자가 생각하는 자유 개념은 경제적 자유와 재산 소유자의 권리에만 초점을 맞추는 자유이므로 왜곡된 개념이라고 판단한다. 사회주의자들은 적어도 전체 정치 공동체가 자본주의의 지배로부터 자유로워질 때에만 진정한 자유를 누릴 수 있다고 본다. 만일 '자유'와 같은 자유주의적 가치에 대해 대중의 이해 방식을 확장할 수 있다면, 자본주의의 해악을 줄여야 한다는 점을 놓고 대중의 폭넓은 지지를 얻을 수 있을 것이고, 그럴 때 비로소 자본주의를 민주적으로 통제할 수 있는 기초를 마련할 수 있다는 것이다.

다원적 사회에서 좌파 사상을 끌어안는 현실 정당들의 지배적 이념이 사회주의였다면, 세계 학계에서 이 사상의 지배적 정치철학은 평등주의적 자유주였다. 1971년 하버드 대학 철학 교수 존 롤스의 『정의론』 A Theory of Justice을 필두로 하여 주로 발전된 평등주의적 자유주의는 다원주의 사회에서 현대 자유주의가 통상적으로 주장하는 수준보다 더 평등한 수준으로 사회적 재화를 분배하자고 제안한다. 어떤 면에서는 평등주의적 자유주의가 민주사회주의보다 더욱 평등한 사상인 것처럼 보인다. 평등주의적 자유주의는 다원주의 사회 내에서 부·소득·교육 및 기타 성공 요인들이 자연적 차이 — 예를 들어, 지능과 체력의 유전적 차이 — 와 사회적 상황 — 예를 들어, 어떤 사람이 속해 있는 가족과 공동체의 자원 차이가 그 사람의 장래에 도움이 되거나 걸림돌로 작용하는 현실 — 에 의해 큰 영향을 받는다고 지적한다. 사람들은 자신의 타고난 재능과 사회적 조건을 스스로 선택할 수 없으므로, 성공에 도움이 되거나 방해가 되는 선행 조건들 — 자연적 차이와 사회적 상황 — 은 그 사람의 탓이 아니다. 평등주의적 자유주의는 날 때부터 재능을 적게 가진 사람들에게 공평한 기회를 제공하는 것이 사회정의라고 믿으며, 그렇게 하려면 정치 공동체 차원에서 자연적·사회적 불이익을 타고난 사람들을 북돋아 줄 조치를 폭넓게 취해야 한다고 본다. 또한 평등주의적 자유주의자들은, 어떤 사람들이 다른 사람들보다 평균 이상의 부·소득·교육 및 기타 인생 기회를 차지하는 현실 속에서, 그런 불평등은 가장 취약한 계층에게 상대적으로 유리하게 작용할 때에만 정당화될 수 있다고 믿는다. 롤스의 이론은 정의의 문제를 다룰 14장에서 상세하게 살펴보겠지만, 일단 여기서는 『정의론』의 독창적인 중요성을 지적해 두는 것이 좋겠다. 이 책은 정치 이론에 새로운 장을 열었고, 아직도 풀리지 않은 학문적 토론을 광범위하게 불러일으켰다. 그 당시 현대 자유주의가 (복지국가를 적극 받아들이는 등) 왼쪽으로 이동했던 경향과 롤스의 작업이 함께 이루어졌지만, 오늘날 자유주의자들은 전반적으로 그 전보다 평등을 덜 강조하는 쪽으로 돌아와 있다.[12] 『정의론』에서 현대 자유주의가 일반적으로 받아들이는 것보다 평등을 더 철저하게 강조하고 있긴 하지만, 그렇다고 해서 롤스와 같은 평등주의적 자유주의자들을 극단적 좌파라고 볼 수는 없다. 개인의 자유와 같은 다원적 가치와 평등에 대한 강력한 확신을 결합하려 했고, 자신들의 평등주의적 원칙에 기반을 둔 정의 관념을 여타 다원주의자들에게 설득하는 것 이상의 다른 전투적인 방식을 쓰지 않으면서 평등을 추구해 왔기 때문이다.

급진적 좌파에 속한 사람들 중, 한 국가 내에서 사회적 재화가 불평등하게 분포되어 있는 것보다, 국가들 사이의 불평등이 더 심하다는 점을 문제시하는 이들이 많다. 현재 세계 인구의 약 4분의 1이 국제 빈곤선 이하 — 연간 소득 140달러 이하 — 로 연명하고 있는 실정이다.[13] 카이 닐슨Kai Nielsen의 말을 들어보자.

> 자본주의 체제에서 전 세계 최부국과 최빈국 사이의 격차가 꾸준히 증가해 왔다. 전 세계 최부국의 부와 최빈국의 부의 비율이 1913년에는 11 : 1, 1950년에는 35 : 1, 1973년에는 44 : 1, 1992년에는 72 : 1이었다.[14]

이런 전 지구적 빈곤과 불평등 현실은 또 다른 급진적 좌파 관점인 세계주의cosmopolitanism를 낳았다. 전 지구적 정의를 주창하는 세계주의 이론가들은 본질적으로 롤스의 평등주의적 자유주의 원칙이 일국 내 사회적 재화의 분포에만 적용되어서는 안 되고, 전 세계 모든 사람에게 적용되어야 한다고 믿는다. 세계주의 이론가들은, 어느 나라에서 태어났느냐 하는 우연적 요소가 어떤 사람에게는 유리하고 다른 사람에게는 불리한 기회를 부여한다고 주장한다. 이 이론가들은 빈국에서 태어났다는 이유만으로 불리한 조건을 감수해야 하는 상황을 개선해야만 정의가 실현될 수 있다고 주장한다. 세계주의 이론가들은 전 지구적 불평등을 줄이기 위해 다양한 제안을 내놓았다. 14장에서 이 이론들을 고찰할 예정이다.[15]

전 지구적 정의에 대해 온건한 접근과 급진적 접근 사이의 차이를 명확히 파악하기 위해 빌 게이츠Bill Gates-멜린다 게이츠Melinda Gates 부부와 (아일랜드 출신 록 밴드 U2를 이끄는 가수인) 보노Bono의 활동을 살펴보자. 이들은 『타임』Time의 2005년 '올해의 인물들'로 선정된 바 있다. 게이츠 부부는 290억 달러 규모의 기금을 출연해 자선재단을 설립했고, 그 재단을 통해 아프리카와 세계 각지의 청소년과 병자를 돕기 위한 기부 활동을 벌였다. 게이츠 부부의 이런 활동이 고귀하고 대대적인 활동이긴 하나 그들의 자선사업은 온건한 접근으로 분류될 수 있다. 다원적 선진국 사회의 근본적인 변화를 추구하는 것이 아니며, 잘사는 다원적 사회의 구성원들이 마음만 먹으면 언제든 자선 활동을 벌일 수 있기 때문이다. 반면에 보노는 G8 국가의 지도자들을 설득하거나 윽박질러 최빈국의 채무 탕감, 대외 원조, 에이즈 치료제 구입 등을 위해 5백억 달러를 내놓겠다는 약속을 받는 데 성공했다.[16] 보노와 그의 동료들이 얻어 낸 정책은 다원적 정치에서 급진적 변화로 꼽을 만하다. 개인이 자발적으로 자선 활동을 벌이는 것을 넘어, 잘사는 나라들이 가난한 나라들을 도울 정치적 책임이 있다는 점을 확인했다는 의미가 있기 때문이다. 세계주의 이론가들은 국가들 사이의 경제 불평등을 규제할 목적의 분배적 원칙을 설정할 일종의 국제적 정치제도를 주장하곤 하는데, 잘사는 나라들이 국제적으로 협력해서 전 지구적 분배 정책을 편다는 것은 (과거 다원주의 이론가들과 다원적 국가들이 받아들이기를 주저하던) 세계주의적 정의 개념을 수용하는 방향으로 가는 대단히 중요한 (어쩌면 급진적이기도 한) 중간 단계라 할 수 있다. 평등주의를 주장한 롤스조차 잘사는 나라가 못사는 나라를 장기간에 걸쳐 대규모로 도울 의무가 있다고는 하지 않았다. "질서 잡힌 나라의 인민들은[질서정연한 만민은] 형편이 어려운 나라를 도울 의무가 있다. 그러나 이 말이, 국가 간 경제·사회적 불평등을 규제할 분배 정의 원칙을 따르는 것이 이런 지원의 의무를 다할 수 있는 유일한 또는 최선의 방식이라는 사실을 의미하지는 않는다."[17]

대다수 다원주의자들(과 일부 급진적 다원주의자들)은 전 지구적 차원에서의 분배 정의 원칙이 특정 국가에 속한 인민들의 역량을 약화시킬 수 있다고 생각하지만, 세계주의적 정의를 제창하는 이론가들은 진정한 정의를 구현하려면 전 지구적 차원의 분배가 필요하고, 다원적 국가들이 그런 의무를 받아들여야 한다고 주장한다.

시민적 공동체주의civic communitarianism는 다원적 사회의 급진적 변화를 의미하는 또 다른 사상이다. 시민적 공동체주의는 현대 자유주의자들 그리고 롤스와 같은 평등주의적 자유주의들이 지나치게 개인주의에 기반하고 있어서 '공동선'에 대해 충분히 주의를 기울이지 않았다고 비판한다. 시민적 공동체주의에 따르면 평등주의적 자유주의는 개인의 자율성 — 개인이 자신의 인생 계획을 선택하고 추구할 수 있는 역량 — 을 보호하는 이론에만 치중한 나머지 개인들이 선택을 내릴 때 사회적 맥락의 영향을 크게 받는다는 점을 간과했다고 한다. 하버드 대학의 정치 이론가인 마이클 샌들Michael Sandel은 좌파 이론가들이 인간이 사회 속에 뿌리를 내린 존재임을 언제나 인정해 왔고, 사회연대를 모색했으며, 공동선에 철저히 헌신하라고 시민들에게 권장했다는 사실을 우리에게 상기시켜 준다. 샌들 및 여타 시민적 공동체주의자들은 정부가 시민권에 대한 강력한 공감대를 발전시킬 정책을 추구해야 한다고 믿는다. 이때 사람들은 서로 간에 신뢰를 보이고 서로를 사랑할 것이며, 타인이 필요로 하는 것을 더 적극적으로 들어주어야 한다 — 자유주의·자본주의사회의 통상적인 관행보다 더욱 강하게 — 는 사실을 이해할 것이다. 시민적 공동체주의자는 시민들이 더욱 공동체적인 지향을 가질 수 있는 가장 좋은 조건이 "우리가 거주하고 있는 특정한 지역공동체에서 함양된, 재활성화된 시민적 생활" 내에서 만들어질 수 있다고 본다.[18] 요컨대, 시민적 공동체주의자는 시민사회의 급진적 재구성을 촉구한다. 즉, 알렉시 드 토크빌Alexis de Tocqueville, 1805~59이 19세기 미국 사회에서 관찰했고, 로버트 퍼트남Robert Putnam이 지난 반세기 동안 쇠퇴한 것으로 보고했던, 바로 그 '자발적 결사체들'voluntary associations을 부활시키자는 말이다.[19] 그런 사회에서 형성된 자발적 결사체들은 덕성을 지닌 시민들을 양성하는 데 필요한 기반이 될 수 있다. 그런 사람들은 복지국가 운영을 위해 필요한 시민들 간의 강한 유대감을 가졌으며, 현재 다원적 정치체에서 나타나는 것보다 더 확실한 형태의 민주주의에 참여할 수 있는 능력을 지니고 있다. 이런 사상은 '우파'도 '극단파'도 아니다. (전통적 공동체주의자를 포함한) 급진적 우파들도 시민적 덕성의 함양을 모색하지만, 이들은 덕성을 전통 가치를 받아들이는 것으로 규정한다는 점에서 시민적 공동체주의와 차이가 난다. 이와 대조적으로 시민적 공동체주의자는, 공동선을 위한 시민들의 열성적 참여를 포함한 사회주의적 가치를 더욱 추구해야 한다고 믿는다. 극단적 우파는 사회의 지배적 가치에 사람들이 순응하는 획일적 국민 문화를 주창하지만, 시민적 공동체주의는 가치의 다양성과 다원주의를 받아들인다.[20]

급진적 페미니즘radical feminism은 우리의 거대한 정치적 대화에 반드시 포함해야 할 사상을 가진 또 하나의 유사 이념이다. 자유주의 페미니즘이 다원적 사회의 기존 제도 내에서 기회균등을 달성하는 것에 만족하는 반면, 캐서린 매키넌Catharine MacKinnon과 같은 급진적 페미니스트들은 진정한 양성평등이 이루어지려면, 남성이 자신들의 이해관계에 유리하게끔 구축한 다원적 제도를 그대로 둔 채 여성들이 성공할 수 있는 기회를 보장하겠다고 하는 것만으로는 부족하다고 주장한다.[21] 따라서 이들은 진정한 양성평등을 위해 기본적인 사회·정치제도들을 심층적으로 재구성할 필요가 있다고 본다.

이런 제도들 가운데 가장 기초적인 제도가 아마 가족일 것이다. 자유주의 페미니스트들이 교육과 고용 등에서 여성의 기회균등을 확보하는 데 성공한 후에도 가부장적 가족 내에서 여성은 여전히 남성에게 종속적인 존재로 남아 있다. 자신의 전업 직장을 가진 여성들조차 가정에서 양육과 가사를 주로 떠맡는 경우가 많다. 가족 내에서 아내는 남편의 신체적·언어적 폭력과 위협의 대상이 되곤 한다. 여성은 남성에 비해 자신의 직장 생활을 희생해야 할 때가 많고, 출산 및 육아 휴직으로 승진 기회에 불이익을 당하거나 남편의 직장 생활 — 승진과 전근 등 — 을 위해 사직하는 경우도 있다. 이런 불평등은 흔히 누적적인 효과를 낳는다. 예를 들어, 여성이 가정생활을 위해 자신의 직장 생활을 희생하기 때문에 흔히 직장에서 남성에 비해 연공서열이 낮은 자리를 차지하기 쉽고, 직장에서 감원을 위해 '낮은 직급 우선 퇴출' 방침을 실시할 경우에 일차 정리해고 대상이 되곤 한다. 급진적 페미니스트들은 사적인 것이 정치적인 것the private is the political이라는 구호를 내걸고, 가족 구조를 변혁해 자유주의의 차별금지 정책에서보다 더 평등한 결과를 내기 위해 노력한다.[22]

급진적 페미니스트들은 남성의 지배가 가족 내에만 한정되지 않고 다원적 사회 전체에 확대되어 사회적 역할을 규정하는 방식에까지 적용되고 있다고 이해한다. 요즘 여성이 법이나 의학 분야에 더욱 진출하고 있지만, 이 전문직들은 여전히 남성의 전문 영역으로 여겨지고 있으며 여성은 돌봄 업무나 갈등 중재 업무 영역으로 진출하는 경우가 더 많다. 의사나 변호사는 돌봄 업무나 중재 업무 분야의 종사자보다 사회적 지위가 더 높으며, 급여도 더 많기 마련이다. 매키넌은 남성의 지배를 줄이려면 여성이 '힘을 지님'目力化, empowerment으로써 여성 스스로 여성적 가치와 지향을 반영하는 사회적 역할을 창조하고 규정할 수 있어야 한다고 주장한다. 따라서 급진적 페미니스트들은 자유주의가 발명한 공사 영역 구분에 근거한 정치보다 더 넓은 의미에서의 정치를 모색한다. 여성이 다원적 사회 내의 모든 제도에서 남성과 동등한 힘을 가져야 한다고 보는 것이다.

또 다른 급진적 좌파 이념으로 급진 민주주의 이론radical democratic theory이 있다. 급진 민주주의 이론은 현재 다원적 사회에서 통용되는 민주제도와 정치과정의 적합성을 비판한다. 급진 민주주의자들은, 시민들이 선거에서 자유주의 후보와 보수주의 후보 사이에서만 국민의 대표를 뽑아야 할 때, 다양한 이익집단들이 자신의 이익을 정치적 의사 결정의 결과에 적어도 어느 정도 반영할 수 있을 만큼 강력할 때, 그리고 정부가 다수자의 의지에 대해서만 반응을 보일 때 민주주의가 성립할 수 없다고 생각한다. 급진 민주주의자들은 민주주의란 끝없는 수평선처럼 최종적으로 달성할 수 없는 것이지만, 더 자유롭고 평등한 정치 공동체를 향한 움직이는 과녁으로 여긴다. 이런 입장에 따르면 급진 민주주의는 주변인들, 배제된 사람들, 억압받는 사람들을 해방하기 위한 일련의 끊임없는 사회운동이다.[23] 다원적 사회의 정부가 흑인·여성·동성애자에 대한 평등한 처우를 보장한다 하더라도, 타인에게 종속된 사람들 — 다원주의 내에 존재하는 여러 특정 집단에 속하는 이들 — 이 스스로 힘을 기르려면 새로운 '쟁의적 정치 행동'contentious political actions이 있어야만 민주주의가 이루어질 수 있다는 것이다.[24] 예를 들어, 가부장적 가족이 사라지더라도 여전히 가족제도 내에서 일부 가족 구성원들이 주변화 — 예를 들어, 연로한 부모를 본인 동의도 없이 노인 요양원에 맡겨 버리는 경우 — 될 가능성이 크다. 그러므로 가족과 같은 사회적 단위 내에서 모든 구성원들이 평등한 힘과 대우를 누릴 수 있어야 한다는 요구가 나온다.

그러므로 급진적 민주주의자들은 다원적 사회의 모든 제도들 — 한 나라의 입법부부터 지역사회의 교회 조직 및 핵가족에 이르는 모든 제도 — 에서 '더 많은 민주주의'를 실천하자고 주장한다. 더 많은 민주주의를 하게 되면 정치적인 것이 무엇인지를 적극적으로 확대해석할 수 있으므로 그 모든 것을 민주적 의사 결정의 대상으로 삼을 수 있다. 예를 들어, 사업체의 이전에 관한 문제는 경제적 결정일 뿐만 아니라 정치적 결정이기도 하다. 사업장이 폐쇄되면 지역 사회 전체가 악영향을 받을 것이기 때문이다. 인간 사회의 모든 영역에서 민주주의를 더 많이 실천하면 더 많은 주체들을 포용할 수 있다. 역사적으로 소외되어 왔던 집단에 특수 집단 권리special group rights를 부여할 수도 있다. 그런 집단의 이해관계를 대변할 새로운 조직을 만들어 주거나, 소외 집단의 구성원들에게 의사 결정에 참여할 수 있는 지위를 부여하는 것 등이 그 예다.[25] 또한 더 많은 민주주의는 더 많은 논의를 뜻한다. 미리 정해져 있는 다수파의 이해관계를 반영하는 피상적인 '단순 가부투표'up-or-down vote에서는 소수파의 정당한 불만이 아예 무시될 가능성이 있다. 급진 민주주의자들은 '투표 중심'vote-centric의 민주주의 개념을 '대화 중심'talk-centric의 민주주의 개념으로 대체하자고 주장한다. 소수파가 자신들의 정당한 관심 사안과 이해관계를 보장받으려면 단순 가부투표를 넘어 타인들을 설득할 수 있는 충분한 기회를 가져야 하기 때문이다.[26] 일반적으로, 급진 민주주의자들은 인간 사회의 모든 공동체에서 시민의 활발한 참여를 권장할 수 있는 '강한' 민주적 과정을 요구한다.[27]

다원적 사회 내에서 자본주의와 자본가들의 권력을 제한하는 문제는 급진적 좌파에 속한 모든 사람에게 중요한 과제다. 급진 녹색주의radical green 운동과 정당들 역시, 주로 환경을 보호하려는 의도에서이긴 하나, 어쨌든 자본주의의 통제를 원한다. 자본가들을 외부 통제 없이 그냥 내버려 둘 경우 그들은 환경을 훼손하는 새로운 경제 발전을 추구할 가능성이 크다. 자유주의 환경론자들은 정부에 대해 기업 활동과 경제성장에서 비롯되는 환경문제를 관리하라고 설득해 왔지만, 이들은 환경문제와 경제성장 간의 균형을 맞출 필요가 있다는 사실은 인정한다. 예를 들어, 자유주의 환경론자들은 자동차 매연을 정부가 규제하라고 요구하고 청정 연료 사용을 지지하지만, 이런 식의 규제는 상대적으로 온건한 조치이며, 경제에 대한 부담을 최소화하기 위해 점진적으로 시행되곤 한다. 자유주의 환경론자들은 요즘 '스마트 성장'이라고 부르는 정책 — 에너지가 적게 드는 단출한 건축 설계나 자동차 사용 필요성을 줄이는 토지 사용정책, 또는 폭넓은 대중교통 수단의 제공 및 공활지와 경작지를 보존하는 정책 등 — 을 오랫동안 지지해 왔지만, 경제개발의 추진자들에게 큰 부담을 지우는 정책, 즉 경제성장을 줄이거나 특정 산업체를 포기하는 방식을 통해 오히려 미래의 의미심장한 경제 발전을 도모하자는 식의 요구를 하지는 않는다. 하지만 급진 녹색주의자는 이보다 훨씬 공격적이다. 예를 들어, 독일 녹색당은 핵발전소 건립을 중단시킬 정책을 추구해 왔다. 브라질의 급진 녹색주의자들은 기업형 두류^{豆類} 생산을 위한 아마존 열대우림의 벌목을 중단시키려고 노력했다. 그리고 미국의 급진 녹색주의자들은 북극권의 자연야생보호구역에서의 원유·천연가스 시추사업을 반대해 왔다. 요컨대, 급진 녹색주의자들은 경제 효율성이나 경제 발전, 에너지 자립, 그리고 기타 다원적 정치 내에서 서로 경쟁하는 경제 목표들보다 환경보호가 더 중요한 우선순위를 차지해야 한다고 믿는다. 이들은 지속 가능한 환경은 타협의 대상이 아니라고 생각한다. 그러나 급진 녹색주의자들은 환경을 심각하게 위협하는 경제 발전을 중단시키기 위해서 다원적 정치를 통한 방법 — 공익 소송을 제기하는 것부터 특정 경제 발전 계획을 반대하거나 녹색당을 결성해서 급진 녹색주의자를 공직에 진출시키는 것 등 — 을 동원하는 것이 가장 좋다고 판단한다. 2000년 미국 대선에 환경운동가 랠프 네이더^{Ralph Nader}가 녹색당의 지원을 받아 출마했던 일은 녹색주의자들도 다원적 정치에 참여한다는 의지를 보여 준 사례이자, 기업의 지배자들에 맞서는 행동과 환경보호 목표 달성 사이에 강력한 연관성이 있음을 입증한 사례였다. 따지고 보면 네이더는 출마 이전부터 소비자 보호운동의 주창자이자 지구화 의제의 비판자로서 명성을 떨치고 있었다. 또한 그가 제시해 온 심도 있는 자유 시장 자본주의 비판은 오랫동안 급진 좌파 내에서 공감대를 이루어 오기도 했다. 네이더는 좁은 의미의 환경운동가는 아니었지만, 대다수 녹색주의자들은 네이더의 반기업적 견해와 자신들의 환경보호 주장 사이에 큰 차이가 없다고 보았다.[28] 그러나 다원적 정치에 참여하고 기업 활동에 대한 정부의 규제를 강화해 지속 가능한 환경을 달성할 수 있다고 믿는 사람들은 급진파이긴 하지만 극단주의자는 아니라고 할 수 있다. 이 장의 후반부에서 '심층 녹색주의'의 경우, 다원주의 내에서 활동하지 않고 다원주의를 아예 배척함으로써, 급진 녹색주의보다 더 극단적인 좌파 정치를 추구한다는 점을 살펴볼 것이다.

2
급진적 우파
...
경제적 자유를 확대하거나 도덕적 합의를 추구한다

좌파에 속하는 사람들은 다원적 사회 내에 그리고 다원적 사회들 사이에 존재하는 불평등을 비판하지만, 우파에 속한 사람들은 불평등이 정당하다고 보고 불평등을 도덕적으로 정당화하며 불평등이 사회적으로 도움이 된다고 믿는다. 급진적 우파는 그런 불평등을 증가시키는 정치사상과 현실 정책을 옹호하거나, 적어도 사회 지배 계층의 특권적 지위를 위협하지 못하게 하는 정치사상과 현실 정책을 옹호한다. 이 절에서 소개하는 급진적 우파에 속하는 현대 주요 사상에는 자유 지상주의, 전 지구적 신자유주의, 국수주의(일국적 보호주의), 신보수주의(네오콘), 문화적 보수주의 또는 사회적 보수주의 등이 포함된다. 이런 유사 이념의 신봉자들은 온건 보수주의자가 자신의 보수주의적 이상을 양보하면서 다른 이념들과 타협하는 것을 비난하곤 하지만, 그래도 자신들의 목표 달성을 위해 다원적 정치의 테두리 내에서 활동한다는 원칙을 지키므로 (극단주의로 볼 수는 없고) 급진주의로 보아야 할 것이다. 뒤에서 보겠지만 극단적 우파는, 급진적 우파와는 달리, 자신의 견해를 지고 지선으로 여기는 까닭에 자신과 생각이 다른 반대파들을 억누르고, 심지어 그들을 제거하려 하며, 다원적 정치를 통해 자신의 입장을 제시한다는 원칙 자체를 거부한다.

어떤 이념에 붙여진 호칭을 보면 그 이념의 핵심 목표를 알 수 있다. 자유 지상주의는 모든 형태의 자유를 극대화하려는 관점을 말한다. 자유 지상주의자들은 재산 취득과 재산권 행사, 사람의 고용 장소와 고용 방식, 자기 돈을 투자하는 방식, 사람들이 재화와 서비스를 사고파는 방식에 대해 정부의 간섭이 없으면 경제적으로 자유로워질 수 있다고 본다. 자유 지상주의자들은 사람들이 자신의 사회적 지위를 향상할 기회와 자신이 원하는 곳으로 거주 및 이동할 기회가 있고, 사회적 편견이나 배타성 때문에 자신의 삶의 계획이 방해받지 않으며, 타인의 권리를 존중하는 한도 내에서 자기가 옳다고 믿는 바를 마음대로 실천할 수 있을 때 사회적으로 자유로울 수 있다고 믿는다. 자유 지상주의자들은 사람들이 도덕적·정치적 쟁점을 놓고 폭넓은 여러 관점에 노출될 수 있는 기회를 갖고, 이런 쟁점에 관해 가능한 한 다양한 정보에 접근할 수 있는 기회를 가지며, 여러 관점과 다양한 정보를 분석하고 그것을 효과적으로 이용하게끔 하는 교육에 접근할 수 있는 기회를 가질 때 지성적으로 자유로워질 수 있다고 믿는다. 자유 지상주의자들은 사람들이 선거에 참여할 권리 또는 통치자의 정책에 반대할 권리 등과 같은 다양한 정치적 자유를 갖고, 정치 지도자들의 권위[권한]가 제한되어 있고 그들이 시민들에게 책임성을 갖는다면, 정치적으로 자유로워질 수 있다고 믿는다. 자유 지상주의자들은 권위주의 사회 또는 전체주의 사회에서 정부가 사람들의 지적·정치적 자유를 제한하는 것을 특히 반대한다. 다원적 사회에 사는 자유 지상주의자들은 사람들의 경제·사회적 자유에 대해 정부가 제한을 가하는 것을 특히 반대한다.

미국의 대학가에는 자신을 자유 지상주의자로 여기는 학생들이 많다. (보수주의자들이 법으로 정하거나 지지하는) 사회적 자유에 대한 제약을 싫어하기 때문이다. 이런 학생들은 마리화나를 합법화하자거나, 낙태에 대한 정부의 규제를 철폐하자거나, 개인의 권리와 사생활에 대한 정부의 침해를 원론적으로 반대하는 자유 지상주의의 제안에 동조하기 쉽다. 이들은 통상 사회적 자유의 확대를 좌파 사상으로 간주하기 때문에, 자유 지상주의가 급진적 우파로 분류된다는 사실을 알면 아마 대단히 놀랄 것이다.

사회적 자유에 대한 자유 지상주의의 의지가 확고하긴 하지만, 자유 지상주의를 폭넓게 살펴보면 그것이 애초에 개인의 재산권과 자본주의, 소득 및 부의 불평등을 옹호하기 위해 출현했음을 알 수 있다. 노벨경제학상 수상자인 프리드리히 폰 하이에크Friedrich von Hayek, 1899~1992는 자유 지상주의의 초기 형태를 발전시킨 사람이다. 하이에크는 인간의 이성에는 한계가 있으므로 무엇이 사회 전체를 위해 최선의 일인지, 혹은 심지어 무엇이 자기 자신에게 가장 좋은 것인지를 인간은 알지 못한다고 주장했다. 이렇게 무지한 상태에서 살아가므로, 우리는 자유를 가지고 스스로 자기 인생의 실험을 해볼 수 있어야 한다는 것이다. 1944년에 출간된 고전인 『노예의 길』The Road to Serfdom에서 하이에크는 정부가 아무리 사회공학 — 특히 정부의 경제정책 — 을 시행하려 해도 보통 사람들이 자유 시장에서 자유로운 선택을 통해 얻을 수 있는 결과보다 더 효과적이고 효율적인 결과를 얻을 수는 없다고 주장했다. 러시아 공산 정권을 떠나 미국으로 이주했던 아인 랜드Ayn Rand, 1905~82는 개인주의, 특히 자기 일에 몰두하는 다재다능하고 창조적인 사람들의 활동을 예찬한 1943년작 『마천루』The Fountainhead 와 1957년작 『아틀라스』Atlas Shrugged 와 같은 소설을 통해 자유 지상주의 사상을 대중적으로 널리 퍼뜨렸다. 또한 랜드의 자유 지상주의 사상은 1964년 『이기심의 미덕』The Virtues of Selfishness 그리고 1966년 『자본주의의 이상』Capitalism: The Unknown Ideal과 같은 저술을 통해 철학적 고찰로 이어졌는데, 랜드는 정부의 복지 정책뿐만 아니라 개인의 자선 행위까지도 비난하는 급진적 형태의 자본주의를 옹호했다. 1974년 하버드 대학의 철학 교수 로버트 노직Robert Nozick, 1938~2002은 아마 자유 지상주의의 가장 영향력 있는 저술이라 할 『아나키에서 유토피아로』Anarchy, State, and Utopia 를 출간했는데, 이 책에서 노직은 안전보장 — 경찰과 군대 — 을 위해 반드시 필요한 최소한의 지출을 넘어 공공 정책이나 복지를 제공하기 위해 거두는 모든 세금을 비판했다. 노직이 구상한 최소주의 정부 — 또는 '야경

국가'nightwatchman state — 란 사람들이 자신의 노력 및 타인과의 공정한 교환을 통해 정당하게 획득한 재산을 세금이라는 명목으로 압수하여 가난한 사람들에게 재분배하지 않고, 그 재산을 최대한 보호해 주는 국가다. 자유 지상주의자들은 개인의 자유를 내세워 정부의 권위[권한]를 대폭 축소하려 하지만, 이들을 극단주의자로 볼 수는 없다. 경제적 자유에 대해 약간의 제한을 가하는 것을 인정하기 때문이다. 즉, 개인이 부를 축적할 수 있는 권리는 다른 사람에게도 부를 축적할 수 있는 동등한 기회를 제공하는 과정을 통해서만 정당화될 수 있고, (강압이나 사기를 통해) 부당하게 모은 재산은 환수 대상이 되며, 잘사는 사람들은 다른 모든 사람을 위해 안전보장을 해줄 세금을 납부할 의무가 있다는 등의 제한을 인정하는 것이다. 더 나아가, 자유 지상주의자들은 어디까지나 다원적 정치를 통해 자유 시장 자본주의를 급진적으로 확장하고, 정부의 공공 정책을 대폭 줄이려고 한다.

자유 지상주의보다는 덜 알려졌지만 그보다 훨씬 더 중요한 이념으로 전 지구적 신자유주의가 있다. 지난 30년 사이 전 세계의 수많은 다원적 사회의 지배 엘리트들이 전 지구적 신자유주의의 핵심 사상 주위에 결집했다. 어쩌면 이런 정치 지도자들은 자신을 전 지구적 신자유주의자라고 생각하지 않을지도 모른다. 그러나 학자들과 분석가들은 이 지도자들이 내세우는 화법과 정책 속에서 (본질적으로 보아 국민국가를 넘어 자유 지상주의적 이상을 전 지구적 공동체에 전파하려는) 일종의 공공 정치철학을 발견하곤 한다. 전 지구적 신자유주의자들은 지구화 — 전 세계의 서로 다른 국가, 서로 다른 문화권에 살고 있는 사람들 사이의 경제·사회·정치적 교류와 상호 의존성을 증가시키는 과정 — 를 선호하고 그것을 추동한다. 전 지구적 신자유주의 — 이후 지구화론globalism도 같은 의미로 쓴다 — 는 모든 곳에서 자유 시장 자본주의가 바람직하다는 점을 특히 강조하는 본격적인 이념으로 떠올랐다. 지구화론자들은 전 지구적 자본주의가 전 세계적으로 (경제 발전으로부터 민주주의 확산에 이르는) 생활수준 향상을 가져 왔으므로, 그 공로만으로도 전 지구적 자본가들에게 자유를 허용해 발생한 소득과 부의 불평등 심화 등의 결함을 상쇄하고도 남는다고 주장한다.

지구화론자들을 꼽아 보면 학자로 프랜시스 후쿠야마Francis Fukuyama, 자그디시 바그와티Jagdish Bhagwati, 언론인으로 토머스 프리드먼Thomas Friedman과 요한 노르베리Johan Norberg, 세계무역기구WTO·국제통화기금IMF·세계은행 등과 같은 국제기구의 지도부, 정치 지도자로 마거릿 대처, 로널드 레이건, 빌 클린턴Bill Clinton 등을 들 수 있다.[29] 조지 W. 부시 대통령은 이민법 개정, 감세정책, 사회보장 민영화 등을 추진했으므로 그 역시 지구화 의제를 이어가고 그것을 심화한 장본인으로 볼 수 있을 것이다.

현재까지 지구화에 관해 가장 종합적인 견해를 내놓은 이는 아마 만프레드 스테거Manfred Steger일 것이다.[30] 스테거에 따르면 지구화론자는 몇 가지 중요한 주장을 제시한다. 즉, 전 지구적 탈규제와 시장의 통합이 모든 사람에게 경제적으로 도움이 되고, 지구화가 민주주의 역시 촉진하며, 정치 지도자들조차 ─ 심지어 초강대국의 정치 지도자조차 ─ 이제는 민주화의 대세와 자유 시장의 발전을 가로막을 수 없다고 한다. 따라서 지구화론자들은 지구화 과정과 자유 시장 및 민주주의의 발전, 그리고 이런 흐름에 수반되는 번영과 자유와 기회균등의 확대를 '필연적이고 되돌릴 수 없는' 것으로 간주한다. 스테거는 최근 새롭게 내놓은 지구화론에서 부시 대통령이 대테러 전쟁을 수행한 것이 지구화 이념의 중요한 신기원을 열었다고 평가한 바 있다.[31]

지구화론자들은 자유 지상주의자들과 마찬가지로 국가가 경제활동을 규제하고 부의 재분배를 추진하는 정책을 대폭 줄이려는 목표를 갖는다. 그러나 지구화론자들은 자유 지상주의자와 달리 경제가 진정 자유로워지려면, 사람들과 사람들이 추구하는 재화에 대해 국가가 간섭하지 않아야 할 뿐만 아니라, 국경선 역시 "철조망으로 둘러싸여" 있으면 안 된다고 주장한다. 지구화론자들은 전 세계 사람들을 갈라놓는 장벽 및 국경선을 허물 수 있는, 개방된 전 지구적 공동체를 희구한다.[32] 『뉴욕타임스』의 필자인 토머스 프리드먼은 이런 세계를 "평평한 세계"flat world라고 불렀다. 이 세계에서는 사업과 혁신을 가로막는 장벽이 사라지고 전 지구적 협력과 공평한 경쟁의 장을 위한 광범위하고도 평등한 기회가 생겨날 것이라고 한다. 그렇게 되면 인도나 중국이나 그 외 새롭게 떠오르는 개도국들의 사업가와 노동자들이 미국과 서유럽의 사업가 및 노동자들과 공평하게 경쟁할 수 있을 것이라고 프리드먼은 주장한다.[33]

지구화론자들은 전 세계에 민주주의를 확산할 의지를 갖는다. 아마 자유 지상주의자들보다 이 점에서는 더욱 열성적일 것이다. 자유 지상주의자들은, 민주주의 정치가 사회에서 (정부의 폭넓은 정책을 요구하는) 특수 이익집단들의 요구에 지나치게 순응하거나, (부의 재분배를 요구할 수도 있는) 다수 대중의 기호에 지나치게 영합할지도 모른다는 우려를 품곤 한다. 그러나 지구화론자들은 입헌 민주주의를 경제적 번영을 위한 핵심 요소로 간주한다. 민주화가 되면 정치 지도자들이 국민에 대해 책임성을 져야 하고, 정치 지도자들은 전 국민에게 혜택이 돌아가도록 정책을 발전시키게 된다는 이유에서다. 즉, 독재와 부패한 정치를 펼치는 나쁜 정부 때문에 가난한 나라들이 많다는 말이 되기도 한다.[34] 입헌 민주주의를 시행하면 자의적인 칙령이 아니라 법의 지배가 들어서게 된다. 법이 제대로 집행되면 재산권이 보장되고 사회가 안정되면서 투자가 늘어나고 경제 발전이 가능해진다고 한다. 이들에 따르면 지구화로 수많은 나라들이 민주화되었다. 민주화가 이루어지면 시민들이 정치적 권리와 법의 지배 덕분에 선거를 통해 진정한 경쟁을 할 수 있다고도 한다.[35] 자본주의의 확산과 민주화의 진전 덕분에 전쟁의 빈도와 강도가 줄어들었다. "민주국가들은 서로 전쟁을 하지 않기" 때문이다.[36]

지구화론자들 가운데는 민주 자본주의가 전 세계 모든 곳에서 최선의 정치 경제적 형태이며, 그보다 더 나은 체제는 있을 수 없으므로, 지구화론자들의 원칙이 시간과 공간을 초월해서 보편적으로 받아들여져야 한다고 시사하는 사람도 있다. 이들에 따르면 지구화론자들의 원칙이 그 어떤 사상보다도 우월하므로 이제 이념을 둘러싼 경쟁은 옛말이 되었고, 우리 모두가 "역사의 종언"을 맞고 있다고 한다.[37] 만일 이 말이 옳다면 모든 다원적 사회들은 크나큰 변화를 맞게 될 것이다. 전 지구적 자본주의의 역할은 획기적으로 늘어날 것이다. 자본주의를 규제하고 평등주의적 가치를 신장할 수 있는 국민국가와 민주 정부의 중요성은 대폭 줄어들 것이다. 그렇더라도 다원적 사회의 여러 특징들 — 다원주의의 특징인 다양한 사회집단의 존재 및 여러 가지 도덕철학 등 — 은 그대로 남아 있을 것이다. 또한 다원적 사회의 각종 제도들과 정치과정 내에서 자신의 목표를 추구한다는 점에서는 지구화론자들도 다원주의자라고 볼 수 있다. 그러나 지구화론이 전 세계 지배 계층들이 선호하는 통치 이념이긴 하지만, 우리가 과연 "역사의 종언" — 즉, 모든 사람이 지구화론자들의 원칙을 순순히 받아들일지 — 을 맞고 있는지는 회의적이다. 좌파에 속한 많은 관점들은 지구화론이, 부와 권력을 유례없을 정도로 소수에 집중하려는 전 지구적 자본주의의 노력을 치장하는 착한 얼굴을 한 가면과도 같은 이념이라고 생각한다.[38] 실제로 급진적 우파에 속한 이들 가운데서도 정치의 영원한 쟁점에 관한 대화에서 지구화론자들이 내세우는 이상에 의구심을 갖고 이를 절대 반대하는 목소리도 있다.

신보수주의는 통상 전 지구적 자본주의를 옹호하는 편이지만, 자본주의의 원심적 경향을 그대로 내버려 둘 경우 정치 공동체를 내적으로 결속해 주는 사회적 접착제가 녹아 버릴 위험도 있다고 우려한다. 신보수주의는 1970년대 초 자유주의 정부와 사회주의 정부의 정책에 환멸을 느낀, 과거 좌파에 속하던 사람들에 의해 결성되었다. 이들은 자신의 사상을 정교하게 가다듬기 위해 『코멘터리』Commnetary와 같은 저명한 잡지의 편집권을 확보했고, 어빙 크리스톨Irving Kristol이 편집을 맡은 새 잡지 『퍼블릭 인터레스트』Public Interest를 창간했다. 신보수주의자들은 자유주의와 사회주의에 대한 비판을 발전시켜 나가면서 점점 더 자본주의를 지지하기에 이르렀다. 그러나 이들은 자본주의가 자기 이익을 우선시하는 시민들을 양성할 가능성이 크다는 점을 알아차렸으므로, 국내외의 위협 앞에서 사회에 대한 통제를 행사할 줄 알고 시민들의 규율을 잡을 수 있는 강력한 정부가 필요하다고 인정하게 되었다. 따라서 신보수주의자들은 군사화된 정치 공동체를 지지하곤 한다.[39] '네오콘'들은 중동에 민주주의를 보급하는 것과 같은 국가 목표를 위해 시민들을 동원할 수 있는 정치적 권위가 있어야 한다고 믿는다. 따라서 이들은 시민들에게 삶의 도덕적 목표를 심어 주려 하고, 전통적인 문화와 종교적 가치를 대중이 지지하게 하는 방안을 모색한다. 그런데 신보수주의 사상이 현대 보수주의와 지나치게 밀착되어서 신보수주의를 현대 보수주의와 구분되는 별개의 목소리로 볼 수 없다고 보는 분석가들도 있다. 그러나 부시 행정부의 일부 지도자들 — 특히 딕 체니Dick Cheney, 도널드 럼스펠드Donald Rumsfeld, 폴 울포비츠Paul Wolfowitz 등 — 은 자신들의 독특한 대외 정책에 관한 한 '네오콘'이라는 명칭을 계속 사용했다. 이들의 대외 정책은, 결정적인 국익과 안보를 위해 미국의 우방과 적을 분명히 구분하고, 필요하다면 선제공격을 가하는 등 적국에 대해서 군사력을 사용해야 한다고 강조했다. 다른 보수주의자들에 비해 네오콘들은 훨씬 더 이상주의적이며, 미국에 상당한 부담이 오는 한이 있더라도 미국이 전 세계에 민주주의를 전파해야 할 도덕적 의무가 있다고 믿는다.

국수주의는 급진적 우파 가운데 지구화론에 가장 완강하게 반대하는 입장이다. 지구화론자는 경제적 혁신과 효율성을 근거로 다국적기업과 전 지구적 자본주의를 예찬하지만, 국수주의자는 그것들을 오히려 경원시한다. 국수주의자는 지구화가 전통적 세계 질서 — 세계질서 내에서 미국의 지배적 위치, 그리고 서구 문명권에서 유럽 국가들이 차지하는 특수한 지위 — 를 위협하는 것에 우려를 금치 못한다. 1990년대 초기 로스 페로Ross Perot는 전 지구적 자본주의의 권력으로 자신과 같이 자수성가한 토종 기업가들의 위치가 위협받고 있다고 주장하면서, 전 지구적 차원의 교역 때문에 엄청난 무역적자가 발생하면 결국 미국 경제가 타격을 입을 것이라고 지적하기도 했다. 페로가 북미자유무역협정NAFTA을 반대한 것에 대해 많은 사람들이 공감했으며, 그 덕분에 페로는 1992년 미국 대선에서 19퍼센트의 득표를 하기도 했다. 패트릭 뷰캐넌Patrick J. Buchanan 역시 지구화 때문에 미국 기업들이 미국보다 인건비가 훨씬 낮은 지역으로 공장을 이전하고 있고, 그 결과 미국 노동자들의 고용 전망과 임금이 엄청난 타격을 입었다고 주장한 적이 있다. 이런 사상에 힘입어 뷰캐넌은 페로의 뒤를 이어 2000년 개혁당Reform Party의 대통령 후보로 선출되었다.[40] 그 후 뷰캐넌은 미국으로 이주해 오는 사람들의 "침입"을 근절하라고 미국 국민들에게 촉구해 왔다.[41] 프랑스의 장마리 르펭Jean-Marie Le Pen과 독일의 게르하르트 프라이Gerhard Frey는 전 지구적 자본주의에 힘입어 자기네 나라로 쏟아져 들어오는 이주 노동자들을 가혹하게 비판했고, 이를 옹호하는 상당수의 지지층을 확보했다. 급진적 우파 내 국수주의적 경향의 인사들은 지구화론자가 지지하는 열린 국경선 사상을 거부하고, 자국 정부가 영향력을 동원해서 국경선을 넘나드는 무역·투자·직장·이주 등을 줄여 주기를 원한다. 이들은 자국에만 존재하는 고유한 덕목으로 생각되는 가치 — 실제로는 자국의 우월하고 특권적인 지위 — 를 보존하기 위해 지구화의 압력과 왜곡으로부터 자국을 보호하고 싶어 한다.

문화적 보수주의cultural conservatism는 전 지구적 자본주의가 초래하는 사회·문화적 문제에 초점을 맞춘다. 국수주의자들과 마찬가지로 문화적 보수주의자들도 지구화로 한 사회 내에 여러 종류의 새로운 하위문화 공동체들이 형성된다고 본다. 예를 들어, 미국 내 특정 지역에 히스패닉계 이민자들의 공동체가 몰리는 현상을 들 수 있다.[42] 다원적 사회에서는 외국인 이주자들을 늘 받아 왔지만 새뮤얼 헌팅턴Samuel Huntington에 따르면 오늘날의 이주 유형은 과거보다 훨씬 더 광범위하고, 주로 단일 송출국 — 멕시코 또는 일반적으로 남미 대륙 — 에서 몰려오는 경우가 많으며, 예전에 비해 주류 문화에 동화될 가능성이 훨씬 적다고 한다. 또한 히스패닉계의 라티노들은 흔히 영어를 유창하게 구사하려고 노력하지 않고, 미국적 가치를 그다지 열심히 따르지 않는다고도 한다.[43]

또한 문화적 보수주의자들은 지구화가 이루어지면서 사람들이 — 이민자들뿐만 아니라 다원적 사회의 일반 시민들과 그중에서도 특히 젊은 층이 — 더욱더 물질적 가치만 좇게 되었다고 믿는다. 시장에 근거한 사고방식이 확산되면서 사람들은 생산과 소비적 삶을 추구하게 되었고, 전 지구적 차원의 기업들이 제공하고 선전하는 재화와 서비스는 흔히 일고의 도덕적 가치도 없는 — 실제 도덕적으로 해로운 것도 많다 — 소비품에 불과하다는 것이다. 예의범절과 높은 도덕 기준을 중시하는 문화가 사라지면서 사람들의 저급한 충동에 호소하는 대중문화가 출현했다는 걱정이다.

물론 문화적 보수주의자들의 우려는 전 지구적 자본주의가 등장하기 이전부터 존재했다. 이들 가운데는 다원적 사회가, (훌륭하거나 저속한 생활 방식과 가치를 서로 분간하지 못하는) 도덕적 상대주의를 부추길 가능성이 많다고 우려하는 사람이 많았다. 1980년대에 전통적 공동체주의traditional communitarianism라는 중요한 학문적 조류가 등장하여 그런 우려에 대한 철학적 토대를 제공했고 더 넓은 뜻의 공동체주의 운동에 일정 부분 기여했다. 노트르담 대학의 철학 교수인 알래스데어 매킨타이어Alasdair MacIntyre와 하버드 대학 로스쿨의 법학 교수 메리 앤 글렌던Mary Ann Glendon이 이런 관점을 띤 사상의 가장 잘 알려진 이론가들이었다.[44] 전통적 공동체주의자들은 다원적 사회가 주로 자유주의적 사상의 지배를 받아왔다고 생각하며, 근대 이후 자유주의는 실패한 정치철학이었다고 믿는다. 이들에 따르면 사람들이 자유주의 사상의 영향을 받아 자신의 공동체 — 과거에 사람들에게 사회적 법칙과 사회적 정체성을 가르치고, 삶의 의미를 제공해 주던 — 로부터 뿌리가 뽑혔다고 한다. 자유주의 때문에 사람들은 전통이 아닌 다른 곳에서 도덕적 진리와 덕목을 발견하려고 한다는 것이다. 전통적 공동체주의자들은 사람들이 도덕과 정의에 대해 전통이 아닌 여타 대안적인 토대를 찾으려 노력하기 때문에 혼돈과 무질서의 바다를 떠다니게 된다고 지적한다.

또한 전통적 공동체주의자들은, 사람들이 흔히 실제로는 법적 혹은 도덕적 권리가 존재하지 않는 경우에도 자기가 그것을 원한다는 이유만으로 그것에 대한 권리를 주장하곤 한다고 비판한다.[45] 전통적 공동체주의자들은 인간으로서 타인들에게 져야 할 책임, 그리고 사회의 구성원으로서 각자가 속한 공동체에 져야 할 책임을 더욱 진지하게 생각해 볼 것을 권한다. 이런 주장이 어디서 이미 들어본 것 같다면 그 이유는 전통적 보수주의, 현대 보수주의, 전통적 공동체주의 사이에 상당할 정도의 공통분모가 있기 때문이다. 그러나 현대 보수주의가 현 시대의 대단히 영향력 있는 통치 이념이 되어 왔다면, 전통적 공동체주의는 통치 이념과는 거리가 멀고, 자유주의에 반대하는 비판 사상이자 다원주의의 한계를 지적하는 비판 사상이라 할 수 있다. 전통적 공동체주의는, 시민들에게 기성도덕의 가치와 폐해를 일깨워 현재의 다원주의를 더욱 우경화하려고 한다. 예를 들어 글렌던은, (자유주의자들이 입법과 법원 판결을 통해 점점 더 인정하고 있는) 행복하지 않은 결혼 생활을 해소할 수 있는 부부의 권리 — 합의 이혼권 — 가 자녀에 대한 부모의 전통적 책임을 방기하는 것이라고 비판한다.[46]

여타 급진적 우파 사상 및 전통적 보수주의와는 달리 전통적 공동체주의는 경제적 불평등과 사회적 위계질서를 옹호하는 데에는 큰 관심이 없다. 또한 전통적 공동체주의는, 문화적 보수주의와 달리 전통 가치들에 여러 종류가 있고 그 가치들이 서로 충돌하는 경우가 있다는 점을 인정하며, 특정한 도덕적 전통의 인도를 받아 정치적 분쟁을 해결할 수 있다고 생각하지 않는다. 전통적 공동체주의는, 다양한 문화적 전통이 우리에게 가르쳐 준 사상을 참고하고, 우리가 스스로 생각할 수 있는 능력을 통해 더욱 내실 있는 공동체와 더욱 윤리적인 개인들을 창조하기 위해 최선의 노력을 다함으로써 자유주의로부터 파생된 다원주의의 여러 문제점을 해결하려고 노력한다. 전통적 공동체주의는 다원적 사회 속에 존재하는 상이한 도덕적 전통들과, 도덕적 분쟁을 해결하기 위해 다원적 정치가 필요하다는 점을 인정한다. 그러나 전통적 공동체주의 사상이 실제로 사회에 적용된다면 그런 사회는 현재 자유주의에서 강조하는 자유 개념이 통용되는 사회와는 크게 다른 모습을 띨 것이다.47

마지막으로, 급진적 우파에는 영향력 있는 종교 집단들도 많이 참여하고 있음을 인식해야 할 것이다. 문화적 보수주의 및 전통적 공동체주의와 마찬가지로 종교적 우파religious right 역시 도덕성의 정치를 추구한다. 그러나 종교적 우파는 문화적 가치 혹은 전통보다 종교적 가르침에서 도덕성을 도출해 낸다. 종교적 우파의 추종자들은 낙태권, 동성애 권리, 미국 학교에서 진화론을 '과학적 진리'로 가르치는 것 등을 격렬하게 비판하곤 한다. 1980년대에 '도덕적 다수'● 라는 운동을 이끌었던 제리 폴웰Jerry Falwell이 종교적 우파에서 가장 유명한 인물이었다. 1990년대에는 '기독인 동맹'Christian Coalition(또는 기독교 동맹)이라는 운동을 이끈 랠프 리드Ralph Reed가 종교적 우파의 중심인물로 부상했다. 데이먼 링커Damon Linker에 따르면 오늘날에는 미국의 종교적 우파 내에서 신정 보수주의theoconserva-

---

● 도덕적 다수(Moral Majority) : 복음주의 기독교 정치로비 단체. 미국에서 제리 폴웰에 의해 1979년 창설되어 1980년대 후반에 해산되었다.

tism가 강력한 지도 이념이 되어 있다고 한다. 그리고 신정 보수주의의 지도자들
— 리처드 존 뉴하우스Richard John Neuhaus, 마이클 노박Michael Novak, 조지 와이겔
George Weigel 등 — 은 조지 W. 부시 전 대통령, 앤토닌 스칼리아Antonin Scalia 대법
관, 샘 브라운백Sam Brownback 상원 의원 그리고 기타 많은 정치 지도자들에게 영
향을 끼치고 있다고도 한다.[48]

여기서 말하는 종교적 우파와 뒤에서 설명할 종교적 근본주의는 둘 다 『성
경』과 같은 종교적 텍스트의 권위를 강조하므로 서로 엇비슷하게 보이지만, 종
교적 우파가 다원주의 내의 급진파라 한다면, 종교적 근본주의는 다원주의 자
체를 없애려고 한다는 점에서 극단주의에 속한다고 할 수 있다. 종교적 우파의
추종자들은 종교 경전 속에 도덕적 쟁점에 관한 신의 의지와 세계 창조에 대한
신의 역할이 분명히 나타나 있다고 확고하게 믿으며, 정치적 갈등 역시 신이 가
르치는 방식을 통해 해결하려고 노력한다. 그러나 이들은 신의 뜻에 관한 자기
들의 해석만이 유일무이한 해석이라고 주장하지는 않으며, 자기들이 신봉하는
종교만을 국교로 인정해야 한다고 주장하지도 않는다. 이들은 자기들의 견해에
동조하지 않는 사람들이 모두 죄인이므로 신의 벌을 받아야 한다고도 말하지
않는다. 따라서 종교적 우파는 자기들이 주장하는 대로 더욱 종교적인 사회를
만들기 위해 다원적 과정을 활용한다. 다만 종교적 우파가 꿈꾸는 사회는 종교
신앙에 대한 태도에서 기존 사회와는 다른 모습을 보일 것이다.[49] 그러나 뒤에
서 살펴보겠지만 일부 종교 집단들은 종교적 우파보다 더 극단적인 견해를 지
니고 있다.

3
극단적 우파
...
더욱 동질적인 사회로 회귀한다

2001년의 9·11 사태 이후 오사마 빈라덴Osama bin Laden, 알 카에다al-Qaeda, 그리고 이슬람 근본주의 등이 다원적 사회에 대해 핵심적인 위협을 가해 관심의 초점이 되었다. 그러나 이런 테러 행위를 저지른 개인이나 단체에 초점을 맞추기보다, 다원적 사회에 대해 이런 노골적 공격을 발생시킨 넓은 의미의 정치적 견해로 초점을 옮기는 것이 더 중요할 것이다. 그러나 이슬람은 우리가 지나치게 일반화하여 관심을 갖기도 하면서, 동시에 지나치게 협소한 의미로만 관심을 갖기도 하는 모순적인 대상이다. 이슬람은 전 세계에서 신도들의 숫자로 보아 기독교 다음가는 큰 종교이며, 극히 다양한 견해를 품고 있는 종교다. 그리고 이슬람 신도들 가운데 다원적 사회에 대해 정치·종교적으로 강하게 적대적인 태도를 지닌 사람들은 많지 않다. 따라서 대다수 분석가들은 이슬람 근본주의 또는 '정치적 이슬람'political Islam이라고 불리는 분파에만 초점을 맞춘다. 이 책에서도 다원주의에 적대적인 이슬람 분파에만 분석의 초점을 맞추려고 한다. 이들은 다원주의를 지구화·서구화·미국화와 같은 현상으로 간주하며, 이런 사상이 전통적인 이슬람 문화에 이질적인 가치를 주입하려 한다고 보기 때문에 다원주의자들을 적대시한다.[50] 하지만 여기서 이슬람 근본주의에만 초점을 두는 것은 논의를 지나치게 협소하게 만들 가능성이 있다. 이들 외에도 다원주의를 위협하는 극단적 우파 세력이 있기 때문이다. 따라서 이 절에서는 우선 이슬람 근본주의를 설명한 후 극단적 우파 내의 다른 목소리들을 소개할 것이다.

파리고등정치학교Science-Po의 아랍·이슬람 전문가인 질 케펠Gille Kepel 교수에 따르면 정치적 이슬람은 아랍의 지성인들이 (아랍권을 식민 지배로부터 해방시켰지만 세속적이고 부패하고 독재적인 방식으로 통치했던 이집트의 가말 나세르Gamal Nasser, 1918~70와 같은) 아랍의 정치 지도자들에게 환멸을 느끼기 시작한 1960년대에 발생했다.[51] 그런 세속적 정치 지도자에 맞서 혁명적 저항력을 창출하기 위해 이 지식인들은 주류 이슬람 사상보다 훨씬 근본주의적인 정치·종교 사상을 강조했다. 이들은 아랍권의 문제를 해결하기 위해서 지하드^{jihad}(성전聖戰) 전술에 따라 저항을 일으키고, 샤리아(이슬람법)● 에 따라 다스리는 것이 정답이라고 주장했다. 따라서 아야톨라 호메이니$^{Ayatollah\ Khomeini}$가 주도해서, 미국이 지원하던 이란의 팔라비^{Pahlavi} 정권을 무너뜨리고 [이슬람] 신정 체제^{theocracy}를 수립했던 1979년의 이란혁명은 이슬람 근본주의의 첫 번째 승리였다. 그런데 이란과 몇몇 아랍 국가에서의 성공에도 불구하고 이슬람 근본주의는 아랍권과 여타 무슬림 사회에서 소수파 목소리로 남아 있었다. 케펠에 따르면 이슬람 근본주의에 대한 이슬람 대중의 인기가 줄어들고 있던 시점에서 알카에다에 의해 (구미의 경제력과 군사력을 시각적으로 상징하는) 세계무역센터와 미국 국방성 펜타곤에 대한 공격이 일어났다고 한다. 공격의 주목적은 무슬림 권에서 정치적 이슬람의 영도력을 계속 과시하려는 것이었지만 대다수 무슬림들은 9·11 사태 직후 시점에서 이슬람 근본주의의 주장을 지지하지 않았다. 그러나 세상의 이치가 흔히 그러하듯 다원적 사회의 지도자들이 극단주의의 도발에 대응할 때 흔히 과잉 반응을 보이는 경우가 많다(케펠은 미국의 이라크 침공을 이런 과잉 반응의 대표적인 사례로 꼽는다). 이렇게 될 때, 미국이 다른 국가의 주권을 존중하는 민주국가가 아니라 제국주의 세력에 불과하다는 주장에 힘이 실린다. 어쨌든 이로 말미암아 이슬람 근본주의는 다시 한 번 (서구의) 다원적 사회에 대한 위협으로 부각되었다. 사담 후세인 이후 이라크에서 아야톨라 알리 알시스타니$^{Ayatollah\ Ali\ al-Sistani}$가 주도하는 통일이라크연합$^{United\ Iraqi\ Alliance}$ 세력, 이란의 마무드 아마디네자드$^{Mahmoud\ Ahmadinejad}$ 대통령 당선, 아프가니스탄에서 탈레반 세력의 재등장 등은 중동 지역에서 이슬람 근본주의가 발휘하는 지속적인 영향력을 잘 보여 준다.

● 샤리아(sharia) : 이슬람 종교에 근거한 신법. 세속 사회의 통치 원리를 이루기도 한다. 알라의 계명을 담은 『코란』(*Koran*)과 마호메트의 가르침을 수록한 『순나』(*Sunnah*)에서 비롯되었다.

넓은 뜻의 이슬람교에서 비롯된 이슬람 근본주의가 다원적 사회를 외부에서 위협하는 세력이 되었다면, 역시 넓은 뜻의 기독교에서 비롯된 기독교 근본주의도 다원적 사회를 내부에서 위협하는 세력이 된 것일까? 미국의 기독교 근본주의Christian fundamentalism는 지금까지 거의 모두 비정치적 현상이었다. 1910~15년에 기독교 근본주의의 교의를 정리한 책인 『근본교리』Fundamentals가 12권짜리 전집으로 출간되었을 때만 하더라도 그들은 기성 주류 교회가 정치에 지나치게 깊이 관여한다고 비판했을 정도였다. 그런데 기독교 근본주의는 1973년 '로 대 웨이드 사건'Roe v. Wade 판결에서 미국 대법원이 여성의 임신중절 자율권을 옹호하기로 결정한 사건을 계기로 정치에 뛰어들었다. 정부가 '유아 살해'를 공식적으로 인정했다는 인식으로 말미암아 많은 근본주의자들이 정치적 쟁점에 대해 자기 목소리를 내기 시작했고 정치 활동에 개입하게 되었다. 낙태에 반대하는 구출작전Operation Rescue이라는 단체 및 여타 반낙태 활동에 가담한 기독교 근본주의자들도 많다.[52]

기독교 근본주의자들은 『성경』에는 단 한 점의 오류도 없다고 믿는다. 이들은 『성경』에 역사 서술의 완전한 진리가 다 나와 있으며, 인간의 신앙과 행동에 관한 절대적인 지침이 들어 있다고 주장한다. 근본주의자들이 자기 교단의 교인들에게만 『성경』의 절대성을 강요한다면 다원주의자들은 그것을 반대하지 않을 것이다. 다원주의는 여러 종류의 포괄적 도덕률을 실천하는 집단을 용인하기 때문이다.[53] 그러나 다원주의자들은 근본주의자들이 정부에 압력을 넣어 일반 대중에게까지 자신의 신조를 강요할 가능성을 우려한다. 미국에서 기독교 신정국가를 실제로 건설하겠다는 기독교 근본주의자들은 많지 않다. 하지만 실제로 일어나는 사건들을 보면 걱정되는 바가 적지 않다. 예를 들어, 미국의 대법원이 앨라배마 주정부 소유의 시설에서 기독교의 십계명이 새겨진 기념비를 (정교분리 원칙에 입각하여) 제거하라고 명령했음에도 그 명령을 무시했던 로이 무어Roy Moore라는 판사의 사례가 있다. 그 결과 무어는 앨라배마 주 대법원장직에서 해임되었지만 이 사건은 기독교 근본주의적 신정 체제를 미국에 건설하려는 일부 대중의 십자군적인 움직임을 결속하는 계기가 되었다.[54] 요컨대, 기독교 근본주의가 다원적 사회를 (정부가 기독교 집단 및 그 신앙과 행동을 숭상하는) 획일화된 기독교 사회로 전환하려 한다면, 그들은 급진적 우파 세력을 넘어 극단적 우파 세력이 될 가능성이 있다는 말이다.

모든 극단적 우파가 종교의 영향을 받는 것은 아니다. 예를 들어, 백인 국수주의자들은 흑백 인종이 분리된 국가를 수립하고 싶어 할 수도 있다. 왜냐하면 이들은 나치와 마찬가지로 인종적으로 순수한 국가만이 사람들에게 안정된 정체성을 제공해 줄 수 있고, 국민들이 위대한 업적을 달성하도록 도울 수 있다고 믿기 때문이다.[55] 여타 동기로 움직이는 극단적 우파도 있다. 예를 들어, 일부 극단주의자들은 국가가 시온주의 점령 정부Zionist Occupation Government와 같은 음모 조직의 지배를 받을지도 모른다고 우려하며 수단과 방법을 가리지 말고 이런 음모를 물리쳐야 한다고 주장한다.[56] 거대한 정치적 대화에는 이런 집단도 참여할 필요가 있다.

4
극단적 좌파
…
전 지구적 신자유주의를 해체한다

오늘날의 극단적 좌파가 과거에 그랬던 것만큼 다원주의에 대해 강력한 반대 세력인지는 그리 확실치 않다. 극단적 좌파의 현대판 대변인들은 주로 대학에 자리 잡은 학자들인데 이들은 실제 정치 운동보다는 자본주의와 지구화의 사악한 측면에 대해 연구하는 정도에 머물고 있으며, 정치적 변혁을 위한 실제 프로그램을 가지고 있지는 않다. 리처드 로티Richard Rorty, 1930~2007가 말했듯 이 강단 좌파들의 정치철학은 "관객의 정치학"politics of spectatorship에 불과할지도 모른다.[57] 더 나아가, 오늘날의 극단적 좌파는 다원적 공공 철학에 대해 극단적 우파보다 덜 적대적인 것처럼 보인다. 극단적 좌파의 대변인들이 모든 인간의 차이점을 인정하는 다원주의를 긍정적으로 평가한다고 해석할 수 있기 때문이다. 그러나 이들은 미국을 위시한 서구 각국에서 실제 통용되는 현실에서의 다원주의는 자본주의와 대기업과 관료들의 권력에 의해 철저히 농락되고 있는 사기 행각에 지나지 않는다고 주장한다. 극단적 좌파는 다원적 제도의 테두리 내에서 활동하는 급진적 좌파보다 훨씬 더 반지구화·반자본주의·반체제 노선을 표방한다. 극단적 좌파는 다원적 사회의 여러 가지 측면을 강고하게 반대하는 입장을 지닌 다양한 관점 및 조직으로 이루어져 있다.

극단적 좌파 가운데 아마도 가장 주목할 만한 이론적·철학적 표현은 마이클 하트Michael Hardt와 안토니오 네그리Antonio Negri의 이론일 것이다. 이들이 2000년에 펴낸 『제국』Empire은 "우리 시대의 공산당선언"이라는 찬사를 받았는데, 이 책은 지역사회local 수준에서의 직접 정치 참여와 대중의 저항을 강조하는 이탈리아 공산당 내의 (네그리가 주도적 역할을 했던) 자율주의autonomism 운동을 주요 주제로 다루고 있다.58 하트와 네그리는 지구화야말로 자본주의의 가장 최신판 변형인데, 그것은 제국주의보다 전 지구적 차원에서 정치와 경제를 훨씬 더 진전된 형태로 지배하는 상태라고 주장한다. 『제국』은 난해하고 애매모호하게 기술되어 있어서 명료하게 해석하기가 쉽지 않지만, 어쨌든 그것은 현존하는 전 세계 질서가 다원주의에 기반하고 있다는 식의 주장을 일절 배격하는, 심층적 비판으로 볼 수 있을 것이다. 제국이 지구화론의 이념에 따라 통치될 수 있을지 몰라도, 제국의 통치 제도와 관행들을 민주적이라고 볼 수는 없다는 말이다.

하트와 네그리는 2004년 『제국』에 이은 중요한 속편인 『다중』Multitude을 출간했다. 이 책에 소개된 중요한 생각 가운데는 지구화론의 원칙을 견지하는 제국이 이제 (현재 영구적인 대테러 전쟁 상태에 돌입해 있다는 말을 곧이곧대로 받아들이는) 사람들에게 의존하게 되었다는 주장도 들어 있다. 또한 두 사람은 제국이 지속하는 전쟁 및 지배의 상태로부터 벗어날 수 있는 유일한 길은, '고유한 개별성'singularities(모든 인간의 독특한 속성)과 '공통된 것'the common(보통 사람들이 자기 공동체를 위해 물질적인 재화와 특히 비물질적인 재화를 생산하기 위해 협력하는 것)을 동시에 받아들이는 것이라고 시사한다. 그러나 마르크스와 엥겔스가 반자본주의 혁명을 주창하는 것보다 그런 혁명을 몰고 올 경제·사회적 힘들을 설명하는 데 더 관심을 둔 것처럼,[59] 하트와 네그리 역시 거대한 민주 변혁 운동을 주창하는 것보다 제국을 극복할 수 있는 운동을 낳는 현존하는 힘들을 분석하는 데 더 관심을 둔다. 하트와 네그리에 따르면 제국을 필수불가결한 것으로 만드는 지구화의 힘은 동시에 제국을 파괴할 수 있는 씨앗을 잉태하고 있다. 이런 일은 제국에 저항할 수 있게 만드는, 보통 사람들(다중) 사이의 새로운 협력과 의사소통 네트워크를 창조하는 것으로 가능해진다. 그런 저항이 제국과 제국을 다스리는 사이비 다원적 사회에 맞서는 폭력혁명의 형태로 일어날 필요는 없다. 오히려 저항은, 제국 내의 영향력 있는 행위자들이 사람들에게서 '공통된 것'을 박탈하는 방식에 대해 다중이 분노를 표출하게 되는 이탈●의 형태로 일어날 수도 있다. 저항에는 새로운 무기의 발명이 포함되는데, 이런 무기는 한편으로 제국의 삶권력biopower ― 모든 삶을 정치적으로 지배하는 권력 ― 을 거세하면서, 동시에 다중에 의한 삶정치biopolitics ― 삶의 물질적 수단이 아닌 삶의 진정한 목표를 사회적으로 생산하는 활동 ― 를 만들어 낸다. 그런데 하트와 네그리가 (주창하지는 않았다 하더라도) 예견한 이탈의 움직임은 오늘날 제국의 논리가 지배하고 있는 (사이비) 다원적 사회에서 통용되고 있는 제도 및 가치로부터 태동되어야 한다. 제국의 억압적인 구제도와 가치로부터 이탈이 일어난 후에도 사회에 남아 있을 협력 네트워크로부터 (충분히 분권화되고 충분히 민주적이어서 어떤 의미에서는 다원주의적이라고 볼 수도 있는) 일종의 새로운 탈근대적 정치 구조가 만들어질 것이다. 이런 정치 구조는 현존하는 대다수 민주 사회에서 통용되는 것보다 더 높은 단계의 다원주의를 창출할 가능성도 있다. 이런 극단적 좌파가 제시하는 비전에서 한 가지 명확한 점은, 현존하는 (사이비) 다원적 사회를

● 이탈(exodus) : 체제로부터 빠져나오는 모든 행위를 뜻한다. '도주' 또는 '탈주' 등으로 번역되기도 한다.

지배하고 있는 제국에서 이탈하는 모든 행위는 경축할 만하므로 그런 이탈 행위를 더욱 장려해야 한다는 사실이다. 다원주의의 관점에서는, 현재 통용되는 합의에 동조하는 행위는 바로 제국의 삶권력에 동조하는 것이고, 따라서 그것은 서글프고 퇴행적인 행위에 지나지 않는다는 것이다.

하트와 네그리는 이런 극단적 좌파의 비전을 발전시키기 위해 미셸 푸코Michel Foucault, 1926~84, 자크 데리다Jacques Derrida, 1930~2004, 샹탈 무페Chantal Mouffe, 1943~ 등 포스트구조주의 사상가들의 이론을 차용하고 있다. 포스트구조주의poststructuralism는 다원주의의 전제에 대한 비판자의 입장을 취하고 있다. 이들은 다원주의에 전제되어 있는, 중첩적 합의라는 생각 자체 — 만일 그런 중첩적 합의 개념을 통해 현존하는 다원적 사회 내에 실제로 존재하고 있으나 흔히 무시되곤 하는 각종 이해관계·비전·정체성 등을 모두 포용할 수 있다고 말한다면 — 를 의문시한다.[60] 포스트구조주의는, 다원주의자들이 모든 정치의 토대로 간주하는 개념과 인식에 대해 의문을 제기하는 것이 정치 이론의 주요한 책임이라고 생각한다. 포스트구조주의는, 사회 내의 막강한 이해집단들이 다원주의적 인식을 어떻게 사람들에게 강요하는지, 그리고 이런 인식이 어떻게 다원적 사회에서 주변화된 사람들의 이해관계를 무시하는지 등을 조사한다. 포스트구조주의는 정치의 개념 규정, 정치과정을 구성하는 방식, 정치의 목표가 무엇이어야 하는가에 관한 의문 등을 둘러싼 일체의 고정된 인식을 거부한다. 포스트구조주의는 정치가 끊임없는 '해체'의 과정이며, 모든 인식과 모든 제도에 도전하는 과정이라고 믿는다.

탈근대 페미니즘postmodern feminism 이론가인 보스턴 칼리지의 신학 교수 메리 데일리Mary Daly와 버클리의 캘리포니아 대학에서 비교문학 교수로 있는 주디스 버틀러Judith Butler 등도 극단적 좌파에 속한다고 볼 수 있으며, 이들은 포스트구조주의와 밀접한 연관이 있다. 자유주의 페미니즘은 현존하는 다원적 정치를 통해 여성의 이익을 증진하려 하고, 급진적 페미니즘은 다원적 제도들을 급진적으로 개혁해 여성의 이익을 증진하려 하는 반면, 탈근대 페미니즘은 여성의 진정한 이익과 필요를 충족하는 것은 우리의 사고방식을 완전히 바꿔야만 가능하다고 주장한다.[61] 삶의 방식에 관한 우리의 생각, 그리고 각자의 생각을 표현하고 분석하기 위해 발전시킨 언어는 남성들이 만든 구성물이므로, 그런 생각과 언어는 결국 남성의 이익을 증진하게 되어 있다는 것이다. 따라서 탈근대 페미니스트들이 보기에 다원적 정치 역시 남성들이 스스로 정치를 이해하는 방식에 따라 발전해 온 것에 불과하다. 그러므로 탈근대 페미니즘은 다원주의(와 그 지지자들) 내에 숨어 있는 남성적 가치를 탐지하고, 다원적 정치에서 배제된 여성의 고유한 경험 — 진정한 다원적 정치에 포함되어야 하는 것, 또는 다원주의를 넘어선 정치에 포함되어야 하는 것 — 이 무엇인지를 발견하고자 한다.

극단적 좌파 가운데 또 하나의 중요한 목소리는 앤드루 돕슨Andrew Dobson이나 윌리엄 오풀스William Ophuls 등이 주도하는 심층 녹색주의다. 심층 녹색주의는 자유주의 환경론자들이 특정한 환경문제에 대해 사용하는 일회성 해결책, 심지어 급진 녹색주의자들이 자본주의와 경제 발전 모델에 철저한 제한을 가하게끔 국가에 압력을 넣는 행동 등을 모두 거부한다.[62] 전 지구적 자본주의가 존재하는 한 대기업들은 환경 관련 규제를 회피할 수 있는 재간을 발휘할 것이기 때문이다. 대기업 자본가들은 이윤 동기에 의거해서 언제나 소비자들의 상품소유 욕구를 자극할 것이다. 그런 욕구를 충족하려면 지구 생태계의 한계를 초과해서 생산을 해야만 한다.[63] 거대한 다원주의적 정부들은 자본가의 이익과 더욱더 많은 물질적 소비를 원하는 유권자들의 욕구를 언제나 채워 주게끔 되어 있다. 그러므로 수익 창출을 위해 상품을 생산하는 대기업 활동을 (지역공동체에 꼭 필요한 상품만 생산하는) 지역사회에 근거한 소규모 기업 활동으로 대체해야만 한다.[64] 또한 중앙정부 역시 분권화되고 고도로 민주적인 지역공동체로 대체되어야 한다. 그래야만 지구의 생태적 한계를 이해하는 시민들이 지역사회의 의사 결정에 더 잘 참여할 수 있게 될 것이다. 지역사회의 의사 결정에 시민들이 실제로 영향을 발휘할 수 있음을 스스로 깨닫게 될 것이기 때문이다. 환경을 착취해 유지되는 경제·정치체제의 혁명적 변화 및 지구화로 말미암아 전 세계에 확산되고 있는 소비문화와 소비주의적 생활 방식의 혁명적 변화 없이는 아무리 전 지구적 합의가 이루어지더라도 환경 훼손 문제를 해결하지 못할 것이다. 따라서 심층 녹색주의자들은 인류의 습속과 관행을 철저히 바꿔야 한다고 제안한다. 인류는 물질적 재화의 소비를 훨씬 더 줄이고, 세계 인구를 통제하며, 자연을 보존하는 데 깊은 책임감을 통감해야 한다. 요컨대, 인류는 다원적 사회의 상징이나 마찬가지인 인간의 자율성 — 인간은 자신이 원하는 방식대로 살아갈 능력이 있다는 원칙 — 자체를 포기해야만 하는 것이다. 백보를 양보하더라도, 다원적 사회 내에서 용인되는 책임 있는 삶의 양식의 범위를 대폭 제한해야 한다는 말이다. 심층 녹색주의가 제안하는 사회의 정부는 인간에게 무엇이 좋은 삶인가 하는 문제에 중립을 지켜서는 안 된다. 그런 사회의 정부는, 좋은 삶이란 인간이 원하는 바를 마음껏 추구하는 삶이라고 하는 대신, 좋은 삶은 바로 소박한 삶 — 사람이 자연과 영적인 조화를 이루며 살아가는 삶 — 이라고 선언해야 할 것이다. 이런 정부는 사람들이 생태적 윤리에 따라 살아가도록 격려하고, 그런 윤리를 지키지 않는 사람을 처벌할 방안을 모색할 필요가 있다. 심층 녹색주의는 (현존하는 다원적 정치에 분명히 반대 입장을 취하는) 가장 높은 수준의 좌파 공공 정치철학으로 볼 수 있다.

극단적 좌파를 열거하고 분류하는 일은 논쟁의 여지가 대단히 많다. 극단적 좌파 내의 여러 이론들은 서로 중복되는 경우가 많고 서로 간에 큰 영향을 주고받고 있지만, 이들 가운데는 지금까지 우리가 거론했던 학파들 범주에 넣을 수 없는 (예컨대 노엄 촘스키 Noam Chomsky와 같은) 목소리들도 많다. 하지만 극단적 좌파 내의 모든 목소리들은 하나같이 현존하는 지배 질서에 도전할 필요가 있다는 점에서는 한목소리를 낸다. 따라서 현대의 극단적 좌파들을 모두 통틀어 네오아나키즘 neo-anarchism이라고 부를 수 있을 것이다. 예를 들어, 네오아나키즘이라는 말이 촘스키에게 적용된 적도 있었는데, 이 용어가 모든 극단적 좌파를 아우르는 개념이 될 수 있을 것 같기도 하다.[65] 촘스키의 대다수 저술은 미국 정부와 대기업이 주도하는 제국주의에 초점을 맞추고 있다. 그는 미국의 정책이 전 세계의 부를 가장 많이 차지하기 위해 고안된 방식 및 미국이 전 세계 국가들에 해악을 끼친 방식을 낱낱이 고발한다. 그러나 촘스키는 미국뿐만 아니라 사람들에게 '자의적인 권위'를 행사하는 모든 정부와 모든 제도들이 정당하지 않다고 주장한다. 진리 외의 그 어떤 근거에 의한 권위도 자의적이라는 말이다. 그러나 정치에서 진리를 찾기가 어렵다면, 권위를 설정하려는 모든 제도적 노력에 대해 의문을 제기할 수 있고, 또 제기해야 한다는 결론이 나온다. 그러므로 촘스키와 같은 네오아나키스트들이 다원주의적 동의에 기반을 둔 합의를 진리로 인정할지는 의문이다. 왜냐하면 그들이 보기에 사람들이 어떤 합의에 도달한다면, 그런 합의에 도달하도록 은밀하게 종용하는 숨은 권력이 반드시 존재할 것이기 때문이다.

5
소결
...

이 장에서 소개한 이념 가운데 가장 막강한 사상은 아마 지구화론일 것이다. 지구화 사상은 오늘날 전 세계의 정치 지도자와 기업 엘리트들 사이에서 큰 영향을 미치고 있다. 그리고 지구화론이 지향하는 이상은 모든 정부와 다국적기업의 행동 속에 내재되어 있으며, 전 세계 모든 곳의 경제·사회·문화·정치를 재형성하고 있는 거대한 변환에 크나큰 영향을 미치고 있다. 그럼에도 지구화론을 확고부동한 헤게모니 이념으로 간주하는 것은 오류일 것이다. 전체 정치적 연속선에서 지구화에 반대하는 경쟁 세력들이 많고, 심지어 급진적 우파 내에서도 지구화론에 반대하는 목소리가 있기 때문이다.

지구화론에 대해 급진적 좌파 내의 여러 목소리들(과 극단적 좌파 및 극단적 우파 내의 여러 목소리들)이 강력하게 반대를 하고 있다. 지구화론자들은 자본주의의 고삐를 풀어 주려고 하지만, 급진적 좌파는 그런 접근 방식의 한계와 위험을 상기시켜 준다. 자본주의의 지배를 줄이고 전 지구적 정의를 수립하며 시민권을 강화해야 한다는 급진적 좌파의 주장을 불합리하다고 거부하기는 어렵다.

여러 급진적 좌파들이 민주적 절차와 설득 방식에 따라 자신들의 목표를 추구한다면, 그들의 노력은 분명 다원적 정치의 영역에 포함된다고 할 수 있다.

그러나 급진적 좌파들도 많은 비판에 대해 응답할 필요가 있다. 우선 급진적 좌파가 제시하는 자본주의에 대한 비판적 시각은, 생산성과 물질적 번영을 기준으로 했을 때 지금까지 가장 앞선 경제체제인 자본주의를 무조건 철폐하자는 것으로 간주될 우려가 있다. 급진적 좌파의 주장이 실현되려면 시민의 자유를 제한하는 억압적 국가가 요구될지도 모른다. 사회정의를 부르짖는다는 점은, 실제 성취할 수 있는 것보다 더 평등주의적인 사회를 건설할 수 있을 것처럼 비현실적인 기대치만 높일 수도 있다. 급진적 좌파는 지나치게 많은 민주주의를 요구하기에, 시민들이 요구하는 바가 과도하게 높아졌을 때 감언이설로 꾀거나 혹세무민하는 정치인을 선출할 수도 있고, 공공선과 소수자의 권리를 침해하는 정책을 추구할 수도 있다. 급진적 좌파의 기획이 인간의 본성과 사회에 관해 지나치게 순진하고 낙관적인 가정에 기반하고 있을지도 모른다. 이런 우려들은 급진적 좌파가 정치적 대화에 참여할 때 흔히 맞닥뜨리는 도전이라 할 수 있다.

현대 이슬람 근본주의는 오늘날 새롭게 떠오르고 있는 지구화 이념과 다원주의에 대해 가장 큰 도전을 제기하고 있다고 보인다. 이슬람 근본주의는 지구화가 서구화 또는 미국화에 불과하며, 이슬람 문화에 향락적 가치를 강요하는 조류에 불과하다고 선언한다. 그리고 다원주의 역시 도덕적·종교적 타락으로 가는 지름길이라고 주장한다. 서구의 많은 정치 지도자들이 이슬람 근본주의가 다원주의의 새로운 적이라고 선전하지만, 자세히 살펴보면 정치 지도자들이 이슬람 근본주의가 다원주의에 일종의 기회를 제공한다는 사실을 잘 인식하고 있다는 점이 드러난다. 다원적 사회는 대단히 다양한 입장들로 이루어져 있으므로 사회의 집합적 역량과 안정에 필요한 결속·충성·애국심 등을 유지할 만한 공통의 유대감이 상대적으로 희박하다. 따라서 다원적 사회에서는 외부의 적이 있다는 사실이 전 사회를 결속하는 중요한 요소가 될 수 있다. 그러므로 9·11 사태는 조지 W. 부시를 위시한 각국의 정치 지도자들이 애국심을 호소할 수 있는 절호의 기회이기도 했다. 냉전이 끝나면서 다원주의를 따르던 사회는 전통적인 주적 — 소련식 공산주의 — 을 잃었다. 따라서 이슬람 근본주의는 공산주의의 위협을 대신한, 아주 편리하고 새로운 주적 역할을 할 수 있을 것이다. 이슬람 근본주의가 다원적 사회에 끼친 피해와 무질서를 경시할 수는 없지만, 이슬람 근본주의가 소련 공산주의의 자리를 손쉽게 차지하는 대체 위협이 될지는 확실치 않다. 소련 공산주의는 초강대국에 의해 추동되었지만, 이슬람 근본주의를 지도하는 단일 국가는 존재하지 않으며, 이슬람 근본주의를 숭상하는 국가들 — 이란, 시리아, 수단 등 — 은 구소련보다 훨씬 발전 정도가 낮고 영향력도 적다고 보아야 한다. 이슬람 근본주의는 전체 이슬람권에서 상대적으로 세력이 미미한 운동이라 할 수 있다. 정치적 의제를 추구하기 위한 전술로서 테러리즘에 의존하는 것은, 역으로 이슬람 근본주의가 그리 강고하지 않은 이념임을 보여 주는 방증이다. 마치 테러리즘 자체가 흔히 통상적인 정치·군사적 자원을 갖추지 못한 약자 집단의 전술인 것과 같은 이치다.

이슬람만이 다원적 공동체를 [이슬람] 신정 체제로 대체하려는 분파를 갖는 종교는 아니다. 기독교 근본주의, 유대교 근본주의, 힌두교 근본주의 역시 자신의 종교관을 강조하는 방식으로 정치 활동을 지배하고자 한다. 실제로 21세기는 극히 다양한 종말론적·메시아적 종교운동들이 전투적이고 폭력적인 수단을 통해 지구상에 신의 왕국을 건설하려고 노력하는 시대가 될 것으로 믿는 관측통들이 많다.[66] 다원주의자들은 그런 견해들과 '사상전'을 치르고 있음을 인식해야 한다. 다원주의자들은, 특정 종교만 편애하는 신정 체제를 추구하는 것보다 다양한 종교적 관점들을 포용할 수 있는 다원적 공공 정치철학을 수용하는 편이 훨씬 지혜롭다는 사실을 세계인들에게 적극적으로 알려야 할 것이다.

지구화론을 반대하는 사람들은 극단적 좌파의 견해 — 특히, 지구화가 하트와 네그리의 『제국』에 나오는 억압적인 세력 및 자유·평등·정의·민주주의를 짓밟는 식으로 전 세계인의 삶을 지배하는 세력의 참모습을 감추는 이념적 가면이라는 사상 — 에 마음이 많이 끌릴 것이다. 실제로 좌파 사상에 경도된 다원주의자들은 극단적 좌파의 사상에 공감하는 바가 적지 않을 것이다. 그러나 다원주의자들은 극단적 좌파가 다원주의와 다원적 정치를 폄하하는 것을 조심스럽게 받아들일 필요가 있다. 극단적 좌파는, 다원적 사회일수록 썩어 빠진 가치가 팽배해 있고 막강한 경제주체와 경제 세력의 지배를 받고 있으므로 그런 사회는 스스로 내세우는 가치를 달성할 능력이 없다고 단정한다. 그렇지만 다원적 사회의 시민들이 극단적 좌파가 주장하는 냉소적인 태도를 견지한다면, 과연 다원적 사회가 유지될 수 있을지 의문을 갖지 않을 수 없다. 극단적 좌파가 다원적 사회를 붕괴시킬 가능성은 적지만, 그런 극단적 사상의 영향을 받은 사람들이 다원주의에 냉소적이 되어 다원주의를 포기하는 경우에는 극단적 관념이 다원적 사회에 심각한 도전이 될 수 있다. 극단적 좌파 이념은, 정치 공동체에 소속된 이들의 집단적 정체성을 의문시하고, 자본주의 체제와 시장의 역할을 전면적으로 거부하고, 효과적인 민주적 권위의 가능성을 부정하고, 실제 이 세상을 다스리는 은밀하고 전지전능한 통치 세력이 따로 존재한다고 시사하며, 보통 사람에게 자기 삶을 바꿔 나갈 수 있는 능력이 있음을 부인하고, 정치 변화에 대해 허무주의적 태도를 취함으로써 사람들의 냉소주의를 부추길 가능성이 있다. 또한 극단적 좌파가 견지하는 철학적 가정에 (사회적으로 형성된 합의에 타당성이 존재할 가능성을 부정하는) 회의적인 인식론이 포함되어 있다면, 그것 역시 다원주의를 저해할 수 있다.

    급진적 좌파와 급진적 우파의 통찰을 통해 다원적 인식이 심화될 수도 있다. 다원주의자들은 지구화론으로부터 지구화에 긍정적인 측면이 있을 수 있다는 점을 알게 되고 그런 점을 수용하는 방식으로 자신들의 공공 정치철학을 수정할 수도 있을 것이다. 다원주의자들은 공동체주의로부터 도덕적·종교적 우려를 가진 시민들이 많다는 사실을 깨닫고 그런 태도에 공감을 가질 수 있으며, 오늘날 다원적 사회를 분열시키고 있는 '문화 전쟁'을 해소하는 교량 역할을 모색할 수도 있다. 다원주의자들은 문화적 보수주의 및 민주사회주의 이념으로부터도, 시민들이 공동체의 삶 속에 뿌리를 내리고 있을 때 더 행복해질 수 있다는 사실이나 시민들이 사회·정치적 책임을 더 많이 느낄 때 공동체의 삶이 더 풍요롭게 될 수 있다는 사실을 이해할 수 있다. 다원주의자들은 급진적 좌파의 주장을 통해 다원적 사회에서 발생하는 수없이 많은 부당한 불평등을 인식할 수 있고, 민주적 절차와 제도에 포함되어 있는 결함들을 깨닫게 된다. 또한 다원주의를 따르는 국가들로 이루어진 국제 질서 속에서 재분배 정책을 시행하자고 제안하는 세계주의자들의 주장에도 일리가 있음을 알게 될 것이다. 이처럼 급진적 좌파와 급진적 우파의 주장을 반영해서 다원주의를 향상할 수 있다. 또한 다원주의자들 역시 급진주의자들에게 다원주의에 대해 오해하는 바를 지적해 줄 수 있으며, 다원주의를 지지하는 다른 이념들의 주장에도 귀담아들을 만한 점이 있다는 사실을 알려 줄 수 있다. 이 책의 2부와 3부에서는 그런 오해를 교정하기 위한 내용을 제시할 것이다.

다원주의자들은 극단주의를 특히 조심스럽게 다룬다. 다원주의자들은 종교적 믿음이 깊은 극단적 우파를 무조건 적대시하지는 않는다. 그래서 당신들이 타인을 용인한다면 우리도 당신들을 용인하겠다는 식의 타협책을 제시하곤 한다. 극단적 좌파에게도, 다원주의자들은 자신의 주장과 정책이 언제나 정의롭고 고귀하다고 주장하지 않는다. 따라서 당신들이 자신의 주장을 조금만 덜 냉소적으로 표현한다면 우리도 당신들의 비판을 더욱 신중하게 검토해 보겠다는 식의 타협책을 제시하곤 한다. 예를 들어, 모든 정치 공동체가 처해 있는 생태적 한계를 더욱 분명히 인식한다면 — 심층 녹색주의의 비판을 받아들인다면 — 다원주의가 더욱 발전할 것이라는 점에는 의문의 여지가 없을 것이다.

2부
철학적 가정
∶
정치적 원리의 토대

여러 이념들의 정치적 원리는 그 이념의 저변을 이루는 존재론적·인간론적·사회론적·인식론적 가정에 상당할 정도로 많이 뿌리를 두고 있다. 달리 말해, 다양한 이념들의 정치적 원리는 그 이념의 지지자들이 우주·인간·사회와 지식의 본질 또는 근본 특성이라고 가정하는 것에 주로 토대를 두고 있다는 뜻이다. 예를 들어, 개인적 자유의 확대를 옹호하는 고전적 자유주의의 정치적 원리는 '인간을 포함해서 다수의 독립된 물질적 개체들이 모여 우주를 구성한다'는 존재론적 가정, '인간은 자기 이익을 추구하려는 동기를 가진다'는 인간론적 가정, '사회란 개인의 이익을 추구하기 위해 조직된 개인들의 집합체에 불과하다'는 사회론적 가정, '인간은 각자가 자신의 이익이 무엇인지 가장 잘 알고 있다'는 인식론적 가정에 근거하고 있다. 이와 대조적으로, 개인이 자신의 사회적 역할을 완수해야 한다고 주장하는 전통적 보수주의의 정치적 원리는 "한 사람 한 사람이, 신부터 하찮을 벌레에 이르는 '존재의 거대한 사슬'a great chain of being의 일부분을 이룬다"는 존재론적 가정, '인간에게 적합한 목표는 각자가 자신의 소명으로 부여받는 임무를 충실하게 완수하는 것이다'라는 인간론적 가정, '시간 순서로 보나 중요성으로 보나 사회가 개인보다 더 중요하다'는 사회론적 가정, '전통적 문화에 근거한 인식이 인간의 사고와 행동에 최상의 지식을 제공한다'는 인식론적 가정에 근거하고 있다. 지금부터 4개 장을 통해 여러 이념들의 정치적 원리의 밑절미를 이루는 존재론적·인간론적·사회론적·인식론적 가정들을 상세하게 짚어 보려 한다.

　이 과제를 시작하기 전에 지금부터 4개 장에 걸쳐 논할 철학적 가정philosophical assumptions과 그 이후 7개 장에 걸쳐 논할 정치적 원리political principles 사이의 차이를 알아볼 필요가 있다. 정치적 원리란 경험을 통해 검토할 수 있는 정치의 일반적 지침을 말한다. 정치적 원리는 특정한 목표를 달성하기 위해 무엇을 해야 할지를 가르친다. 예컨대, 인간의 자유와 물질적 풍요를 극대화하기 위해 규제받지 않는 자본주의경제가 있어야 한다고 선언하는 이념이 있는가 하면, 사람들이 평등하게 '좋은 삶'을 누리기 위해 정부가 수많은 사회재를 대폭 제공해 주어야 한다고 선언하는 이념도 있다. 따라서 정치적 원리에서 모색하는 목표는 '주어진' 것이라 할 수 있지만, 그 목표를 위해 각각의 원리가 정한 수단이 그 목표 달성에 효과적인지 여부는 경험적으로 검토할 수 있다. 그런데 주어진 목표가 바람직한지는 정치적 관점의 저변을 이루는 철학적 가정에 의해 주로 결정된다. 앞에서 거론한 사례들에 나오는 목표들 — 자유·풍요·평등 — 이 어째서 중요하고 바람직한가? 즉, [그 목표의] 저변을 이루는 철학적 가정에 의해 이런 목표 자체를 정당화할 수 있는 일차적 토대가 형성되는 것이다. 저변을 이루는 그런 가정을 '철학적'이라고 부르는 것은 정치적 원리를 검토하는 것과 같은 방식으로 어떤 '가정'을 경험적으로 검토할 수는 없기 때문이다. 가령 '인간은 평등하다'는 진술을 고려해 보자. 이 진술을 경험적으로 검증할 수 있을 것 같은 느낌이 들기도 한다. 예컨대, 우리 경험에 따르면 사람은 누구나 날카로운 칼에 찔릴 경우 고통을 느낀다. 따라서 이런 식으로 본다면 인간은 (그리고 동물들도) 모두 다 고통을 느낀다는 점에서는 평등하다. 그러나 사람에 따라서 고통을 느끼는 정도는 서로 다를 것이다. 그리고 사람은 모두 다 고통을 느낀다는 점을 넘어 그보다 더 중요한 측면에서는 서로 다른 존재일 수도 있다. 따라서 이런 복합성을 고려한다면 '인간은 평등하다'는 식의 진술이 타당한지를 검증할 때 경험만을 잣대로 삼는 것은 부족하다.

그리고 철학적 가정에 대해 생각해 보면, 우주·인간·사회·지식 등은 지나치게 어렵고 복잡한 주제여서 그것의 성격이나 본질을 한두 마디 진술로 단정하기는 어렵다. 따라서 사람들은 이런 복잡한 주제를 이야기할 때 인생 역정이나 자신의 인생 목적 등에 기대어 그 주제의 특정한 측면만 강조하곤 한다. 예를 들어, 내가 '인간은 이성적이다'라고 말하고, 당신은 '인간이 비이성적이고 감정적이다'라고 말한다면, 인간의 복합성을 감안할 때 우리 두 사람 모두 부분적으로 옳을지도 모른다. 나의 관점에서 볼 때에는, 인간의 비이성적 측면에 초점을 맞추기보다 인간이 이성적이라고 가정하는 편이, 어떤 정치적 문제와 그 문제를 풀기 위한 정치적 원리를 고안하는 좀 더 좋은 바탕이 될지도 모른다. 당신의 관점에서 볼 때에는, 인간의 비이성적 측면에 초점을 맞추는 편이, 똑같은 정치적 문제와 정치적 원리를 생각하는 좀 더 좋은 바탕이 될지도 모른다.

인간의 (비)이성적 측면에 관한 우리 두 사람의 믿음은 둘 다 완전히 옳거나 완전히 틀리지 않다. 그리고 정치적 원리에 관해 이론적 인식을 발전시키려는 과정에서 두 사람 모두의 믿음이 유용하게 활용될 수 있다. 이런 식으로 본다면, 우주·인간·사회·지식 등 복잡하고 어려운 주제의 일부 측면만 묘사하는 단순 명료한 가정들은 그 하나하나가 정치 이론이라는 큰 건물을 짓는 데 필요한 작은 벽돌들이라 할 것이다.

어떤 정치적 관점에서는 상당히 의도적으로 자신의 철학적 가정을 제시한다. 예컨대, 고전적 자유주의자들은 그들이 보기에 전통적 편견과 단절될 수 있는 철학적 가정, 그리고 더욱 보편적으로 타당한 정치적 원리를 도출할 수 있는 철학적 가정을 제시하기 위한 방편으로 자연 상태라는 개념을 만들어 냈다. 14장에서 살펴보겠지만, 존 롤스는 자신이 생각하는 정의론의 저변을 이루는 철학적 가정을 제시하기 위한 도구로서 원초적 입장original position이라는 장치를 고안했다.[1] 자신의 철학적 가정에 대해 이 정도까지 의도적이지 않은 정치적 관점들도 있다. 실제로, 통상 보수주의자들은 자기들이 특정한 철학적 가정으로부터 정치적 원리를 이성적으로 연역해 내는, 이른바 정치의 '거대 이론'을 거부한다고 말하곤 한다. 그러나 보수주의자들은 물론 정치를 그다지 철학적으로 접근하지 않는 사람이라 하더라도, 특정한 '정치적 원리'만큼은 주장하곤 한다. 또한 이들의 저술을 잘 읽어 보면 정치적 주장의 저변에 깔린 철학적 가정에 대한 실마리를 찾을 수 있다. 그러므로 이렇게 숨어 있는 철학적 가정을 찾아내는 것이 정치 이론가의 과제일 것이다.

정치적 원리의 저변에 놓여 있는 철학적 가정을 이해하는 것은 설명적 목적과 평가적 목적, 두 가지 모두를 위해 중요하다. 우선, 철학적 가정의 설명적 목적을 살펴보자. 정치적 원리의 저변을 이루는 철학적 가정을 알아낼 수 있다면, 왜 그런 정치적 원리를 주장하고 추구하는가 하는 질문에 대해 가장 만족스러운 설명을 내놓을 수 있다. 가령 내가 "사회적 재화가 불평등하게 분포되어 있는 상태는, 그런 상태가 빈곤층에게 상대적으로 유리할 때에만 정당화될 수 있다"라는 롤스의 정치적 원리에 동조한다고 치자. 만일 당신이 내게 왜 롤스의 정치적 원리에 공감하는지 이유를 묻는다면 나는 내가 처한 상황("나는 가난한 사람이니, 가난한 사람에게 가장 유리한 롤스의 이론을 지지한다")이나, 나의 가치관("나는 가난한 사람에게 동정이 간다"), 또는 생각을 형성하는 데 영향을 준 요인들("우리 부모와 내가 다닌 교회에서 약자를 보살피라고 가르쳤다") 등 그럴듯한 설명을 제시할 수 있다. 그러나 이런 설명을 넘어, 가장 일반화할 수 있고, 롤스의 원리에 동조하는 모든 사람에게 공통적으로 적용될 수 있으며, 그 원리의 타당성을 놓고 우리 사이에서 가장 건설적인 토의를 할 수 있도록 이끌어 주는 설명은 특정한 정치적 주장의 저변을 이루는 철학적 가정을 드러내는 방법을 따른 것이다. 나는 내가 믿는 인간 본성에 관한 가정에 근거하여 왜 롤스의 정치적 원리를 지지하는지 설명할 수 있다. 또는 모든 사람이 스스로 의미 있는 삶을 계획하고자 하고 이를 추구하는 능력이 동등하다고 가정하기 때문에 롤스의 정치적 원리를 지지한다고 주장할 수 있으며, 그러므로 사회는 (롤스의 정치적 원리에서 주장하는 바대로) 모든 사람에게 그런 삶의 계획을 추구하고, 자신이 좋은 삶이라고 생각하는 바를 성취하는 데 필요한 자원에 접근할 수 있는 기회를 부여해야 한다는 결론을 내릴 수도 있다. 또는 내가 사회라는 개념의 성격에 대해 품고 있는 철학적 가정에 기대어 정치적 입장을 설명할 수도 있다. 예컨대, 좋은 사회란 사람들이 서로 도움을 주는 사회이고, 롤스의 원리가 지배하는 사회가 있다면 사람들이 그런 사회를 기꺼이 선택하려 할 것이므로 — 그렇게 하는 것이 모든 사람의 가장 기본적 이익에 도움이 될 것이므로 — 롤스의 정치적 원리를 지지한다고 말할 수 있다. 지금까지 예로 든 가정들 및 이와 연관된 존재론적·인식론적 가정들 때문에 사람들이 롤스의 자유주의적 평등주의 정치 원리를 지지하는 것 같고, 또 지지해야 하는지도 모른다.

마찬가지로 롤스의 견해와 반대되고 그것과 경쟁하는 정치적 원리 — 노직과 같은 자유 지상주의자들이 제안한, 사회적 재화의 불평등한 분포를 지지하는 원리 — 역시 롤스의 철학적 가정과 전혀 다른 철학적 가정에 의해 설명될 수 있다. 당신은 인간 본성에 관한 당신의 철학적 가정에 근거해서, 사람들이 불평등하게 부를 누리게끔 되어 있다는 정치적 원리를 지지한다고 설명할 수 있을 것이다. 이때 당신은 인간이 자신의 노동을 정당하게 소유할 수 있는 유일한 존재이며, 그러므로 가장 열심히 효과적으로 일한 사람들이 더 많은 소득을 얻고 더 많은 부를 누릴 자격이 있다고 주장한다. 그러나 당신은 자유 지상주의의 정치적 원리를 지지하는 것은, (롤스와 마찬가지로) 좋은 사회란 서로에게 도움이 되는 사회 — 모든 시민이 동의해야 마땅한 주장 — 라고 당신이 가정하고 있기 때문이라고 설명할 수도 있다. 더 나아가, 당신은 롤스의 원리보다 자유 지상주의 원리가 지배하는 사회에서 그런 상호 이익과 공통의 합의를 더 잘 얻게 된다고 주장할 수도 있다.

다음으로, 철학적 가정의 평가적 목적을 살펴보자. 앞의 사례들에 따르면, 특정한 정치 이론의 저변을 이루는 철학적 가정에 기댄 설명이 그 이론을 평가하는 데 필요한 정보를 제공해 준다는 점을 알 수 있다. 예를 들어, 특정한 이론의 저변을 이루는 철학적 가정을 전혀 모르는 상태에서 나는 자유에 초점을 두는 노직보다 평등에 초점을 두는 롤스가 더 중요하다고 보기 때문에 노직보다 롤스의 정치적 원리를 더 선호한다고 말하는 반면, 당신은 평등보다 자유를 더 소중하게 생각하기 때문에 롤스보다 노직의 정치적 원리를 더 선호한다고 말할 수도 있다.[2] 그런데 어떤 합의에 이르기 위한 방법으로 이런 식의 평가는 아무런 도움이 되지 않는다. 다시 말해 우리는 서로 다른 가치를 신봉하므로, 서로 합의하지 않기로 합의하는 것밖에 되지 않는 것이다. 그러나 은연중에 전제하는 철학적 가정을 서로 드러낸다면 좀 더 의미 있는 방식으로 토론할 수 있다. 그것은 자신의 입장을 더욱 명확하게 고려하게 해주며, 자신의 철학적 가정을 깊이 있게 이해하면 자신의 입장을 수정할 가능성도 생긴다. 나는 당신이 말하는 '공정한 불평등'이라는 주장의 저변을 이루는 철학적 가정 — '개인이 자신의 노동 및 그 노동의 산물을 누릴 정당한 주인이다' — 에도 어느 정도 일리가 있음을 발견할 수 있을지도 모른다. 그리고 당신은 내가 말하는 '더욱 평등한 부의 분배'라는 주장의 저변을 이루는 철학적 가정 — '개인이 자신의 정당한 삶의 계획을 추구할 권리가 있고, 그것을 위해 필요한 최소한의 자원에 대한 접근권을 가진다' — 에도 어느 정도 일리가 있음을 발견할 수 있을 것이다.[3] 이렇게 새로운 방식으로 접근할 때 롤스나 노직의 원리가, 과연 우리 모두가 중요하다고 가정하는 최선의 사회 — 모두에게 이로우며 모든 사람이 동의할 수 있는 사회 — 를 창조할 수 있을지에 관해 개방된 토론을 할 수 있게 된다. 그런 토론을 시작하면 아마 분명히 우리의 결론이 롤스의 유명한 "무지의 베일"veil of ignorance 에 관한 인식론적 가정에 좌우된다는 사실을 깨닫게 될 것이다(이에 대해 14장에서 논의할 것이다). 자신이 어떤 상황에 놓여 있는지 전혀 모르는 상태에서 어쩌면 불리한 입장에 빠질지도 모른다고 두려워한다면, (잠재적으로 가난해질 가능성이 있으므로) 더욱 평등한 정치적 원리를 택하는 편이 유리하다고 생각할 것이다. 그러나 만일 무지의 베일이 존재하지 않고 자신이 좋은 형편에서 태어났다는 사실을 안다면 평등주의적 정치 원리가 재산을 많이 가진 사람에게는 유리하게 작용하지 않음을 알게 될 것이다. 그럴 경우 우리는 노동의 결실을 박탈할지도 모르는 사회에 소속되기를 달가워하지 않을 것이다. 토론이 이 수준에까지 이르면, 정치적 원리를 둘러싸고 서로 반대하는 입장을 가진 우리는 서로의 가치관을 둘러싼 피상적이고 일견 해소할 수 없어 보이는 견해 차이를 넘어서, 인간 본성과 사회에 관하여, 그리고 우리의 견해 차이를 해결하고자 할 때 무지의 베일에 관한 철학적 가정이 어떤 역할을 하는지를 깊이 인식할 수 있다. 어쩌면 당신이 내게, 사람들이 (자신의 정치적 원리를 선택할 때 영향을 끼치는) 타고난 재능과 사회적 배경을 전혀 인지하지 못한다는 것은 있을 수 없는 일이므로 무지의 베일이라는 철학적 가정 자체가 가당찮은 말장난이라고 설득할 수도 있다. 그러나 내가 당신에게, (각자의 이해관계를 떠나) 사람들이 정치적 원리를 객관적으로 파악하려면 '무지의 베일'이라는 인식론적 가정이 반드시 필요하다고 설득할 수도 있다.

우리가 신봉하는 정치적 원리의 저변에 깔린 철학적 가정을 발견하고, 이런 철학적 가정이 정치적 원리의 토대로서 중요하다는 점을 인식하고 나면 서로 경쟁하는 철학적 가정들 사이의 장단점을 논할 수 있다. 예를 들어, 무지의 베일이라는 철학적 가정 — 또는 다른 어떤 가정도 마찬가지다 — 이 과연 옳은지의 문제는 (이 자리에서 깊이 다룰 여지가 없지만) 여러 가지 고려 사항에 달려 있을 것이다. 그러나 정치철학자들은 이 지점에서 "우리가 심사숙고한 끝에 내리는 도덕적 판단"이 그런 철학적 가정의 장단점을 헤아리는 궁극적 선택 기준이 된다는 점에 동의한다.[4] 만일 당신과 내가, 사람들이 어떤 정치적 원리를 선택할 때 자신을 위한 원리뿐만 아니라 모든 사람을 위한 원리를 선택해야 마땅하다는 도덕적 판단에 동의한다면, '무지의 베일' 아래에서 자신의 원리를 선택하라고 요구하는 것이 각자의 협소한 사익을 넘어 모든 사람에게 바람직한 원리를 선택하게끔 하는 데 유용한 장치라는 점을 알게 될 것이다. 만일 이 점에 동의한다면 롤스의 평등주의적 원리가 노직류의 자유 지상주의자들이 내세우는 불평등 원리보다 더욱 적절한 철학적 토대를 가진다는 점에도 동의할 수 있다.

물론 이런 예는 본보기로 충분하지 않다. 롤스와 노직의 논쟁에는 다른 철학적 가정들도 개입되어 있기 때문이다. 따라서 '무지의 베일'에 관해 제시하는 분석은 더욱 확장될 여지가 많다. 중요한 점은 롤스와 노직의 정의론 가운데 어느 쪽이 더 나은가 하는 질문에 답하려는 것이 아니라, 저변을 이루는 철학적 가정을 분석할 때에, (각자의 가치관에 입각해서 주고받는 불만족스럽고 미숙한 정치적 대화를 넘어) 깊이 있는 성찰을 통해 더 큰 합의에 이르는 정치적 대화로 나아갈 수 있다는 사실이다. 이런 식으로, 각자의 철학적 가정을 이해하는 것이 정치 공동체의 통치 방안을 더욱 깊이 강구講究하는 데에 결정적으로 중요하다. 이런 식으로 (규범적 정치 이론의 철학적 토대를 이해하고 분석하면) 바람직한 정치 공동체가 무엇인가 하는 문제에 관해 더 큰 간주관적인 합의를 이끌어 낼 수 있다. 또한 그런 과정은 우리가 사는 불완전한 정치 공동체의 실제 작동 방식에 관한 경험적 이론을 과학적으로 분석하는 것과 비슷한 방식으로 이루어질 수 있다.

정치사상에서 철학적 가정이 수행하는 역할과 그 중요성을 소개했으므로, 이제 우주·인간·사회·지식의 본질에 관한 가정들을 하나씩 알아볼 준비가 된 셈이다. 그 과정에서 이 책은 정치 이론의 입문서에 지나지 않는다는 사실을 기억할 필요가 있다. 이 책에서 설명하는 철학적 가정들이 그것과 연관된 정치적 원리와 어떻게 연결되는지를 정확히 보여 주기는 대단히 어렵다. 그 대신 앞으로 몇 장에 걸쳐 할 수 있는 일은, 다양한 정치적 원리를 신봉하는 사람들이 각각 품고 있는 기초적 차원에서의 철학적 가정들을 묘사하고, 이런 가정과 정치적 원리들이 서로 연결되는 몇 가지 사례를 소개하는 일이 될 것이다. 3부에서 정치적 원리에 초점을 둘 때에는 이 과정이 정반대가 된다. 먼저 다양한 정치적 원리들을 묘사한 후 그런 원리의 토대가 되는 철학적 가정들을 고려해 볼 것이다.

서로 경쟁하는 철학적 가정들의 장단점을 분석하는 것은 더욱 복잡한 과제다. 여기서는 현존하는 수많은 철학적 가정들을 보고 감탄하면서 정치를 이론화할 때 그 가정들이 얼마나 중요한지를 이해한다면 그것으로 충분하다. 일단 스스로 이런 과정을 거치고 나면 다른 사람들과의 대화를 통해 정치 이념들의 상대적인 장단점을 토론하고 싶어질 것이다. 희망컨대 더 깊이 있는 정치 이론가가 되는 삶을 살아가면서 이런 문제를 추구하는 데서 충족감을 느낄 수 있기를 바라 마지않는다.

5

철학적 가정 1

존재론

궁극적 실재(존재)는 본질적으로 물질인가, 관념[이데아]인가, 아니면 초자연인가? 우리의 궁극적 목적을 결정하는 것은 신적인 요인인가, 초자연적 요인인가, 아니면 물질적이고 자연적인 요인인가? 이도 저도 아니라면 미리 예정된 궁극적인 목적 따위는 존재하지 않는 것일까? 그것은 인간의 의지와 힘에 달린 문제일까?

지구의 모든 생명을 창조한 '지적 설계자'intelligent designer가 존재한다고 주장하는 창조론을 공립학교에서 가르칠 것인지 여부를 둘러싼 문화 전쟁이 격화되는 것을 보고 있노라면 정치사상에 존재론적 가정이 얼마나 큰 영향을 끼치는지를 잘 알 수 있다. 인간이 보유한 가장 기본적인 두 가지 세계관의 운명이 바로 이 쟁점에 달려 있는 셈이다. 이 세상이 6천~1만 년 전에 신에 의해 창조되었고, 신이 이 세상의 모든 생명을 창조하고 인간의 운명을 좌우하며, 인간이 죽고 나면 신의 천국이나 마귀의 지옥으로 가게 될 운명이라고 믿는 이들은, 진화론은 잘못된 이론이고 공립학교에서 진화론을 '사실'로 가르치는 것은 자유주의와 세속주의의 편견을 반영하는 것이므로 과학 수업 시간에 진화론뿐만 아니라 지적 설계론도 가르치게 하려는 법을 제정해야 한다고 주장한다. 그러나 우주는 약 140억 년 전에 자연적으로 생성되었고, 삶은 인간과 자연의 영향으로만 변화하며, 인간에게는 이 세상 물질세계에서의 삶만이 확실한 것이라고 믿는 사람들은 과학 수업 시간에 종교적 신념을 가르쳐선 안 된다고 생각한다. 이들은 지적 설계론을 공립학교에서 가르치자는 정치적 시도는 국가와 종교가 분리된다(정교분리)는 '신성불가침한' 원리를 위배한 것이라고 비판한다.

물론 진화론과 창조론은 매우 중요하며 많은 사람이 소중하게 취급하는 이론이지만, 이 장에서 말하는 존재론은 단순히 이 두 가지 세계관으로만 환원될 수는 없다. 정치 이론과 정치철학에서 존재론의 개념은 창조론자와 다윈주의 진화론자 사이의 존재론적 토론에서 의미하는 존재론보다 훨씬 더 넓게 사용되곤 한다. 경우에 따라서는 존재론적 가정이 정치철학의 기본적 분석 단위, 가치관의 기본단위를 지칭하는 경우도 있다. 존재론을 이런 의미로 이해한다면, 자유주의의 존재론적 기반은 개인이며, 자유주의의 모든 정치적 원리는 개인의 권리와 이익이라는 식으로 정당화된다. 사회주의의 존재론적 기반은 공동체이며, 사회주의의 모든 정치적 원리는 인간공동체를 고려한다는 식으로 정당화된다. 녹색 정치사상의 존재론적 기반은 전체 자연이며, 녹색주의의 모든 정치적 원리는 "생명과 환경은 총체적 관계를 형성한다"라는 식으로 정당화된다.[1] 더 나아가, 경우에 따라서는 존재론적 가정이 인간존재의 가장 본질적인 힘(영향력)을 지칭하는 경우도 있는데, 이런 입장에서는 이를 확인하고 그런 힘을 공공 정치철학의 핵심 사항으로 취급해야 한다고 주장한다. 존재론을 이런 의미로 이해한다면, 나치즘의 존재론은 인종이라 할 수 있다. 나치즘은 인종 간의 투쟁을 정치 활동의 궁극적인 기반으로 여기며, 인종적 우월성을 정치적 목표로 간주하기 때문이다. 또한 하트와 네그리가 주장하는 극단적 좌파 이념의 '존재론적 차원'은 전쟁이라고 할 수 있다. 하트와 네그리는 다음과 같이 주장한다. "대학살과 핵폭탄으로 삶 자체가 핵심 사안으로 떠오를 때, 전쟁은 본격적으로 존재론적이 된다."[2]

어쩌면 정치적 원리의 근본 토대가 무엇인지를 놓고 벌어지는 주장들은, 가장 넓은 의미에서 모두 존재론적 주장이라고 할 수 있다. 스티븐 화이트Stephen White는 다음과 같이 말한다. "전통적 의미에서 볼 때 확고한 존재론이 정치 이론의 토대를 이룬다. 확고한 존재론은 인간 본성, 과학, 신 등의 문제에서 일종의 확실한 진리 — 윤리적·정치적 사상이 싹트는 기반으로서 토대 — 를 약속한다."[3] 이런 확고한 존재론의 가장 유명한 사례가 플라톤의 '형상 이론'theory of the forms(이데아론)일 것이다. 플라톤은 『국가』에서 '선'the Good('좋은 것')이 궁극적 실재의 초월적이고 본질적이며 신성한 형상이라고 묘사한다. '선'은 인간의 지각 및 사고와는 별개로 존재한다. 인간이 진정으로 좋은 삶을 살아가려 한다면, '선'의 형상(그리고 중요하긴 하나 '선'보다는 낮은 차원의 여타 덕성들 — 지혜·용기·절제·정의 — 의 형상)에 의해 인도를 받을 필요가 있다. 『국가』에 관한 일부 해석에 따르면 플라톤은 '선'(과 기타 덕성의 형상들)에 관한 존재론적 가정을 자신의 정치적 원리 — '선'이 무엇인지를 가장 잘 알고, 사람들이 '선'에 근거해서 살아갈 수 있도록 다스릴 줄 아는 철인왕이 정치 공동체를 이끌어야 한다는 원리 — 의 토대로서 제시했다고 한다. 반면에 현대의 철학자들은 플라톤류의 '선의 형상' 이론에 의문을 던지거나, 또는 심지어 사람들이 '좋은 삶'의 의미를 놓고 서로 합의할 수 있는 능력이 있을까 하는 점에 대해서 의문을 품기 때문에, 정치 이론을 구축할 때 이른바 의무론적deontological 접근 방식을 취하곤 한다. 이런 접근은 '좋은 것'의 내용이 지극히 주관적이라는 점만 제외하고 '좋은 것'의 의미에 대해 어떤 철학적 가정도 하지 않는 것이다. 각자가 '좋은 삶'이 도대체 무엇인가를 스스로 규정하고 추구할 권리가 있어야 한다는 말이다.[4]

이처럼 존재론의 여러 용법을 이해하면 정치철학에서 존재론적 가정이 얼마나 중요한지를 깨닫는 데 도움이 되지만, 이 장에서는 '존재론'이라는 말을 그보다 훨씬 협소하고 특정한 개념으로 사용할 것이다. 물론 존재론을 넓은 의미로 사용하는 경우도 많다. 예컨대, 인간 본성, 사회의 성격, 심지어 인식론까지도 가장 넓은 의미에서는 존재론이라 할 수 있다. 그리고 이렇게 넓은 의미의 존재론적 가정이 수많은 정치 이론의 존재론적 토대를 이루고 있음을 알 수 있다. 그렇지만 인간 본성, 사회의 성격, 인식론에 관한 존재론적 토대들은 하나하나가 대단히 중요하므로 단일한 존재론으로 일괄해서 묶기보다 그들 사이의 차이점을 분명히 드러낼 필요가 있다. 따라서 6~8장에서 인간 본성(인간론), 사회의 성격(사회론), 지식(인식론)에 관한 다양한 '존재론적' 가정들을 별도로 다룰 것이다. 그렇지만 이런 다양한 존재론적 가정들은 이 세계와 전 우주에 관한 궁극적 실재의 개념을 그 자체로 직접 다루지 않는다. 또한 인간과 사회에 대해 영향을 끼치는 근본적 (어쩌면 우주론적) 힘을 다루지도 않는다. 따라서 이 책에서는 **궁극적 실재와 궁극적 힘을 다룰 때에만 '존재론'이라는 개념을 사용할 것이다.** 그러므로 이 장에서는 다양한 정치 이념들의 토대가 되는 그런 궁극적 실재 — 존재론 — 에 초점을 맞추려 한다.

일반적으로 말해, 우리는 다원주의자들은 상대적으로 덜 확고한 존재론을 지니는 반면, 다원주의를 반대하는 사람들은 상대적으로 확고한 존재론을 믿을 것으로 예상한다. **확고한 존재론**strong ontology은 (그것이 신이든, 경제적 필수성이든, 지배 계층의 의지이든, 인민의 의지이든 간에) 유일한 궁극적 실재의 존재와 중요성에 초점을 맞춘다. 확고한 존재론은 정치적 활동에서 일어나는 모든 일 그리고 이 세상에서 일어나는 모든 현상이 궁극적 실재에 의해 결정되고, 또 결정되어야 한다고 주장한다. 반면에 **유연한 존재론**weak ontology은 인간이 자신의 생각을 정치와 역사에 투입할 수 있으며, 인간의 미래는 결정되어 있는 것이 아니라 인간이 스스로 만들어 갈 수 있는 것이라고 주장한다.

1
전통적 보수주의

...

'존재의 거대한 사슬'을 강조한다

중세 유럽에서는 신이 궁극적 실재를 이룬다고 흔히 가정하곤 했다. 신이 우주를 창조했으므로 그의 의지가 인류 역사의 진행 방향을 결정할 것이라는 논리였다. 이런 식으로 세계의 작동 원리를 가정했으므로 종교의 권위, 특히 교회 지도자의 영향력이 컸다. 교회 지도자들은 신의 의지와 신법을 잘 알고 있다고 주장했다. 신이 궁극적 실재라는 가정은 16세기와 17세기에 부상했던 군주들의 득세에도 도움이 되었다. 군주들은 신이 자기들을 특별히 간택하여 지상의 통치권을 맡겼다는 왕권신수설을 주장했던 것이다.

애초 전통적 보수주의자들은 '존재의 거대한 사슬'이 실제로 있으며 그것이 정치적으로 중요하다고 믿음으로써 이와 유사한 존재론적 가정을 견지했다. '완전한 선'을 몸소 체현한 신이 그런 사슬의 최고 꼭대기(그리고 벌레나 먼지와 같은 존재는 가장 밑바닥)에 자리 잡고 있었다. 또한 신의 의지가 세상을 창조했지만 그 의지가 세상의 모든 현실을 완전히 결정하지는 않는다고 믿었다. 존재의 거대한 사슬에서 인간은 (천사 및 기타 천상의 존재들보다) 낮은 위치에 있었는데, 모든 인간이 다 같은 위치에 있는 것도 아니었다. 귀한 신분으로 태어난 소수의 인간들은 신에 가까운 덕성을 지니고 있었지만 대다수 인간들은 신의 지혜와 선에서 멀리 떨어진 곳에 있다고 믿었다. 그러나 지위는 서로 달랐지만 모두 불완전하다는 — 신이 인간에게 어떤 삶을 살기를 원하는지를 인간이 제대로 이해하지 못한다는 — 점에서 인간은 동일했다. 존재의 거대한 사슬에서 사회는 신과 인간의 중간쯤에 위치하고 있었다. 신은 인간이 '좋은 (그러나 완전하지는 못한) 삶'을 살아가는 데 도움이 되도록 사회를 창조해 주었다. 사회를 보면 '좋은 삶'이 무엇인지에 대해 통찰을 얻을 수 있었다. 사회는 오랫동안 발전해 온 인류 지식의 집합적 저장고였기 때문이다. 사회는 사회적 규범과 과거로부터 전해 온 문화적 인식으로 이루어진다. 이런 규범과 인식은 특정 개인이나 집단이 추리해서 얻을 수 있는 것보다 더 우월했다. 바로 이 때문에 전통적 보수주의는 전통과 관습이 인간 활동에서 최고의 지침이라고 간주한다. 이 점을 이해하면 어째서 보수주의자들이 전통적 삶의 방식을 바꾸는 것을 싫어하는지 알 수 있다.

'존재의 거대한 사슬'이라는 사상에는 사회의 모든 구성원들이 서로 연결되어 있다는 생각도 포함된다. 그러나 살아 있는 사람들만이 서로 연결된 것은 아니다. 존재의 거대한 사슬에는 산 자와 죽은 자 사이의 연결 고리 및 산 자와 아직 태어나지 않은 자와의 연결 고리도 있다. 산 자와 죽은 자가 연결되어 있는 이유는, 죽은 자가 자신의 사회적 지식을 산 자에게 유산으로 남겨 두었기 때문이다. 또한 산 자는 계속 이어지는 역사의 일부인 미래의 시민들에게 일종의 책임을 지고 있다.

그런데 평등주의적·세속적 사상이 점점 더 늘어나면서 전통적 보수주의는 존재의 거대한 사슬에 대한 주장을 조금씩 줄이기 시작했다. 오늘날에도 전통적 보수주의를 따르는 사람들이 일부 있지만 이들은 보수주의 정치 원리가 신의 계획과 의지에 관한 존재론적 가정에 토대를 둔다고 주장하지는 않을 것이다. 마이클 오크쇼트에 따르면 보수주의의 정치적 원리는 특정한 철학적 토대에 기반하고 있지 않으므로, 오늘날의 보수주의자들은 자신의 주장을 뒷받침하기 위해 신이나 종교를 거론할 필요가 없다고 한다. 이런 뜻에서 오늘날의 전통적 보수주의는 이 세상을 있는 그대로 즐기자는 성향을 띠며 국가를 어떤 신적 실재에 관한 역할 때문이 아니라, 사회 안정과 사회적 조화를 보장해 준다는 이유로 정당화한다.[5] 물론 종교적 믿음이 도덕성을 함양할 수도 있고, 종교기관이 사회에서 일종의 중재 역할을 하는 제도로 효과적일 수도 있겠으나, 오늘날 보수주의의 성향과 신념은 신과 관련된 존재론적 토대에 기대지 않고 있다.

2
고전적 자유주의
...
이신론·자연론·유물론

고전적 자유주의자들 가운데는 존 로크와 같이 신의 존재를 믿어 의심치 않은 이들이 많았다. 그러나 자유주의의 시조들은 흔히 이신론理神論, deism을 지지했다. 이신론이란 신이 애초에 우주와 우주를 다스리는 신법을 창조하긴 했지만 그 후에는 세상사에 전혀 관여하지 않는다는 이론이다. 이신론적 가정에 따르면 신이 창조한 물질세계는 (기계적이고 수학적인 규칙성에 따르는) 정교한 법칙에 의해 움직이는 세계다. 신은 질서정연한 세계를 창조한 후 '일선에서 물러났다'. 이신론자들은 신이 세상사에 적극적으로 개입한다고 믿었던 중세의 생각을 거부하면서, 신이 애초에 창조했고, 움직임을 불어넣었던 자연 질서에 대해 신이 또 다시 간섭할 이유가 없다고 주장했다. 이신론이 자유주의의 중요한 철학적 가정이었던 이유는, 이신론에 의거하면 이 세상을 완전히 자연론적으로 해석할 수 있었기 때문이다. 그렇게 되면 과학을 동원하여 자연을 관찰하고, 신이 창조한 질서를 발견할 수 있을 것이었다. 만일 신의 법칙이 자연에 완전히 반영되어 있고, 신이 자연법칙을 통해 작용하는 것 외에는 우주의 운행에 대해 자신의 주권을 행사하지 않는다면, 종교 교리의 역할을 줄이고 정치에 대한 종교의 권위를 제거할 수 있을 것으로 자유주의자들은 생각했다. 예를 들어, 자유주의는 이신론을 동원하여 왕권신수설 사상 — 신이 군주에게 권력을 하사하고 그 권력을 정당화해 주었다는 사상 — 을 완전히 잠재울 수 있었다. 요컨대 자유주의 이신론은 신이 여전히 전 우주의 궁극적인 주재자이긴 하나 현세의 궁극적인 힘은 아니고, 현세의 실상에 대한 궁극적 원인 제공자도 아니라고 가정했던 것이다.

이렇듯 신이 처음에는 창조했지만 그 뒤로 지배하지는 않는 물질세계를 이해하기 위해 자유주의자들은 자연 상태라는 개념을 고안했다. 자연 상태는 문화·사회·정치적으로 아무 조건도 형성되지 않은 가상적 상황을 말한다. 세상의 사물과 인간이 원초적 상태로 존재하고 있어서, 우리가 전통에 의한 편견 또는 이해관계에 근거한 왜곡 없이, 선입관 없는 방식으로 이 세상을 관찰할 수 있다고 가정하는 것이다. 신, 덕성, 정의, 인간의 잠재성 등에 관해 기본적 사고를 형성해 주는 문화적 유산이 전혀 없는 세계를 상상해 보라. 사회구조 — 예컨대, 가족이나 교회 — 가 존재하지 않는 세상을 상상해 보라. 정치제도나 경제 제도가 존재하지 않는 세상을 상상해 보라. 그런 것들이 결여된 세상에는 무엇이 남아 있을까? 자유주의의 창시자들은 있는 그대로의 '자연 상태'에는 '움직이는 물체'matter-in-motion만 존재할 것이라고 믿었다. 자유주의의 존재론적 유물론ontological materialism에서는, 움직이는 물질적 사물들로 구성된 이 세상은 자연의 인과율에 따라 변한다고 주장한다. 다음 장에서 살펴보겠지만, 이 이론에 따르면 인간 역시 물질적 힘의 영향을 받는 물질적 존재에 지나지 않는다. 기존의 철학자들은 궁극적 실재 — 예컨대, 플라톤의 형상 및 신성한 성령 등 — 의 존재를 물질적 세계의 존재보다 더 우월한 것으로 가정하곤 했지만, 자유주의자들은 그런 궁극적 실재가 형이상학적 추측이나 종교적 믿음에 의해서만 파악될 수 있는 허상이라고 본다. 공적 활동의 영역 바깥에서는 그런 추측과 신앙이 사람들에게 큰 의미를 지닐 수도 있겠지만, 일단 공적 활동의 영역에서는 추측이니 신앙이니 하는 것들이 (피비린내 나는 종교전쟁을 통해서만 해결이 가능한) 엄청난 갈등의 원천이 되곤 한다는 것이다. 그러므로 공적 활동 영역에서는 추측과 신앙을 배제한 채 물질세계의 객관적인 현실에만 초점을 맞추고, 자연의 힘을 이해하기 위해 이성과 과학을 활용하며, 그런 깨달음을 통해 이 세상을 더 나은 곳으로 만드는 편이 더 좋을 것이라고 주장한다.

고전적 자유주의자들은 자연 세계를 철저히 고찰한 끝에 모든 개인들이 동등한 '자연적 권리'natural rights(자연권) — 생명권, 자유권, 노동의 결과에 대한 권리(재산권), 행복추구권 — 를 가진다는 결론을 내렸다. 따라서 자본주의와 대의 민주주의는 자연권을 보호하고 확대할 수 있는 자연적인 수단으로 간주되었다. 이처럼 역사를 신의 의지가 작용한 결과로 보지 않고, 자연적 과정의 결과로 보았기 때문에 자유주의는 찰스 다윈Charles Darwin, 1809~82의 진화론 — 자연 선택(도태) 과정을 통해 생명의 진화를 설명할 수 있다는 이론 — 을 받아들일 수 있었다. 또한 19세기의 자유주의자들은, 인간의 진화가 인간들 사이의 무제한적 경쟁에 달려 있다는 허버트 스펜서Herbert Spencer, 1820~1903의 이론도 수용했다. 이 이론에 따르면, 인간이 진보하려면 적자생존이 필요한데, 적자생존 과정에서 주위 환경에 가장 잘 적응한 사람들은 번창할 수 있지만, 환경에 적응하지 못한 약자와 부적응자는 멸종된다고 한다.

그런데 고전적 자유주의가 발전하면서 자유주의자들은 이와 같은 유물론과 자연론에 대한 확고한 존재론적 가정을 전보다 덜 믿게 되었다. 정치적 활동을 통해 이미 존재하는 자연법칙을 더욱 강화하는 것이 옳은가 하는 의구심을 갖게 되었기 때문이다. 설령 가장 잘 적응한 사람들이 생존하고 번창할 가능성이 실제로 높고, 타고난 재능이 적은 사람들이 고통을 받고 소멸할 가능성이 크다는 사실이 자연을 통해 입증된다 하더라도, 그런 자연적 힘에 저항하고, 재능이 적은 사람들을 도와 인간의 조건을 더 좋게 만드는 것이 옳다고 생각하는 자유주의자들이 많아졌던 것이다. 마치 전통적 보수주의에서 정치가 초자연적 질서를 반영해야 한다는 생각을 점점 덜하게 되었던 것처럼, 자유주의 역시 정치가 자연의 힘을 곧이곧대로 반영해야 한다는 생각을 점차 멀리하게 되었던 것이다.

3
아나키즘
...
자연적 연결성·생각·갈등

아나키즘에서는 자연 세계를 궁극적 실재로 본다. 아나키스트들은 초자연적 신성 또는 전통 사회의 신성함과 같은 것이 존재한다고 믿지 않으므로, 아나키즘의 존재론은 전통적 보수주의보다 고전적 자유주의에 훨씬 더 가깝다. 그러나 아나키즘은 고전적 자유주의가 자연 세계를 오해했다고 본다. 자유주의자들은 자연 세계와 물질적 현실을 동일한 것으로 간주했지만, 아나키스트들은 자연을 그보다 더 폭넓게 파악한다. 예컨대, 대지 위에 살고 있는 모든 동식물, 에너지, 사회생활, 도덕적 가치, 심지어 '신'조차도 '자연'이라 할 수 있으므로, 이 모든 자연이 현실의 중요한 측면이라 할 수 있다는 것이다.

대다수 아나키스트들의 존재론에서 '신'은 그다지 핵심적 역할을 하지 않지만, 톨스토이와 같은 종교적 아나키스트들에게 신은 초자연적 존재라기보다 자연적인 존재라 할 수 있다. 톨스토이의 신은 인간이나 자연의 바깥에 존재하지 않고, 모든 생명체의 내부에 현존하고 있다.[6] 이런 식의 범신론적 신관 pantheistic god 은 자연을 통제하지 않거나 인간을 지배하지 않으며, 오히려 (인간과 인간을 연결하고, 인간과 자연을 연결하는) 인간의 내부에 존재하는 필수적인 자연의 힘이라 할 수 있다. 자연의 힘 덕분에 개인의 의식이 더 큰 집단적 의식의 한 부분을 이룰 수 있게끔 되었다는 것이다.[7]

자연은 또한 사회생활을 가능하게 한다. 아나키즘은 자유주의가 인간을 고독한 물질적 존재로 묘사하는 가상적인 '자연 상태'를 주장함으로써 인간의 사회성을 평가절하하고, '자연에 가까운 사회'가 성립될 수 있다는 사실을 무시했다고 생각한다. 아나키스트들은 만일 전통적인 사회 바깥에서 자연적인 삶을 사는 인간들을 관찰한다면, 그들이 자기 이익만을 추구하는 단자들의 집합이 아니라 근본적으로 사회적 존재임이 분명히 드러날 것이라고 주장한다. 만일 전통적 권위나 인습에 의해 간섭받지 않는 자연스러운 인간들의 교류를 관찰한다면 '자연적 사회'가 존재할 수 있다는 사실에 의문의 여지가 없을 것이다. 아나키스트들은 이런 사회에서 사람들은 본능적 유대감에 따라 서로 돕고 협력할 것이 분명하다고 보았다.[8]

아나키스트들은 일반적으로 말해 인간의 생각이 외부 환경에서 비롯된다고 믿었다. 사람의 생각은 자연환경에서 비롯될 때 자연스러울 수 있고, 인습적인 관행에서 비롯될 때에는 극히 부자연스러울 수 있다. 인간의 가치와 신념들 — 물질적 진보가 내재적으로 바람직하다거나 정부의 권위가 반드시 필요하다는 생각 등 — 은 대개 인습에서 비롯되며, 전통적 제도를 장악하고 있는 사람들의 이해관계 속에 뿌리를 내리고 있다. 그러나 비인습적인 여타 생각들 — 타인의 자유를 존중할 필요성, 또는 물질적 사치로 물들지 않은 단순한 삶을 영위하는 것이 바람직하다는 생각 등 — 은 자연적인 본능이나, 자연의 과정을 이성적으로 성찰한 결과에서 도출되기도 한다. 전통적인 생각은 궁극적 실재가 될 수 없다. 인위적인 권력관계를 반영한 것에 불과하기 때문이다. 그렇지만 '자연적인 사상'natural ideas은 물질세계 및 통상적인 사회 바깥에 존재하고, 역사에 독자적인 영향력을 미칠 수 있기 때문에, 궁극적 실재의 독자적인 양상으로 볼 수 있다.

러시아의 아나키스트인 알렉산더 헤르젠Alexander Herzen, 1812~70에 따르면 "생명은 어떤 목적을 추구하지 않지만" 다양한 가능성을 열어 준다고 한다.[9] 역사의 전 과정은 갈등으로 점철되어 있다. 예를 들어, 가뭄이나 질병과 같은 자연적 힘에 대한 인간의 투쟁, 다른 동물에 대한 인간의 투쟁, 인간들 사이의 투쟁 등이 그렇다. 이런 투쟁의 결과가 자연법에 의해 미리 결정되어 있지는 않다. 최강자만이 생존 투쟁에서 승리한다는 허버트 스펜서의 견해와는 달리, 아나키스트들은 인간의 사회성이나 연대성 등이 역사의 투쟁에서 긍정적인 자원으로 작용한다고 본다. 자연계의 여러 종들 사이에서 인간이 살아남은 것은 인간이 강해서라기보다 서로 협력하거나 서로 도울 줄 — '상호부조'mutual aid — 알았기 때문이다. 예컨대, 서로 식량과 은신처를 제공해 준다거나, 자손들의 양육을 서로 도움으로써 생존할 수 있었던 것이다.[10] 따라서 만일 사회적 협력이 없다면 인간은 자연 속에서 그리고 다른 종들과의 투쟁에서 이길 수 없다고 봐야 한다.

아나키스트들은 투쟁을 일종의 자연스러운 힘으로 인정했다. 그들은 물질적 축적과 사유재산에 대한 욕구가 인간들 사이에서 발생하는 투쟁의 근본 원인이라고 믿었다. 아나키즘은 부자들이 자신의 부를 지키고 더 늘리기 위해 타인을 지배할 수 있는 제도 — 정부, 기업, 교회 등 — 를 창출했다고 가정한다. 그러나 이런 제도들은 모든 인간에게 공통적인 자유와 사회성에 대한 욕구를 짓밟고 그것을 억누르기 쉽다. 개인 안에 잠재해 있는 자유의 자연스러운 불꽃에 힘입어 억압받는 사람들이 억압에 맞서 투쟁하고, 사회성을 향한 자연스러운 불꽃에 힘입어 서로 연대하여 억압자들에게 맞서는 집단적 행동에 나선다. 따라서 억압하는 자와 억압받는 이들 사이의 투쟁이 바로 역사 발전의 특징이다. 억압하는 자가 승리할지, 억압당하는 이가 승리할지는 정해져 있지 않다. 그렇지만 자유를 향한 갈망과 같은 자연적 욕구는 너무나 강렬한 것이어서, 억압받는 사람들은 그런 욕구를 통해 억압하는 제도들을 분쇄할 수 있다. 이런 분쇄는 자연스럽고 좋은 것이다. 그런 파괴를 통해 인간은 억압에서 벗어날 수 있고, 자연스러운 사회적 본능을 꽃피울 수 있다. 억압을 위한 전통적 제도들이 파괴되고 나면 '자연적 사회'가 나타날 수 있다. 자연적 사회가 출현하면 인간 사이의 경쟁은 줄어들고 항구적인 투쟁은 종언을 고할 것이다.

4
마르크스주의
...
경제결정론

마르크스는 (종교가 '대중의 아편'이라는 표현에서처럼) 신을 거부함으로써, 고전적 자유주의의 유물론적 가정과 유사한 존재론적 토대를 제시했다. 마르크스는 아나키즘과 마찬가지로 유일한 궁극적 실재는 자연계라고 생각했지만, 아나키스트들이 상정한 것보다 훨씬 더 예측 가능하고 확정적인 방식으로 자연의 힘이 펼쳐진다고 믿었다. 또한 마르크스는 고전적 자유주의가 강조했던 유물론이 (그때까지만 해도 인류 역사와 인간 생명을 결정하는 중요 요인이라고 생각되었지만) 미래에는 극복될 수 있고, 또 극복될 것으로 믿었다.

마르크스의 존재론은 세 가지 기본 사상을 강조한다. 첫째, 마르크스는 역사주의historicism 사상 — 인류의 활동이 뚜렷한 역사적 단계들을 거치면서 발전한다는 가정 — 을 수용했다. 둘째, 서로 경쟁하는 역사적 힘들 사이의 투쟁이 포함된 변증법적 과정이, 역사가 한 단계에서 다음 단계로 이행되는 것을 결정한다고 가정했다. 셋째, 이렇게 경쟁하는 역사적 힘들이 바로 물질적 힘이라고 가정했다. 마르크스주의의 존재론을 제대로 이해하려면 이 세 가지 가정을 명확히 이해해야 한다.

역사주의란, 역사가 여러 역사적 단계들의 시작과 끝을 장식하는 주요 사건들로 이루어져 있고, 이런 사건들은 인간의 의도적인 통제를 벗어난 객관적 조건 및 과정의 영향을 받는다고 믿는 사상이다. 역사주의 사상은 마르크스 이전에 이미 나와 있었지만,[11] 마르크스는 인류의 역사가 세 단계 — 선사先史 단계, 역사 단계, 포스트역사 단계 — 로 이루어져 있고, 각 단계 내에 여러 시기들periods이 존재한다는 독특한 견해를 가졌다. 첫 번째 단계인 '선사 단계'에서 인류는, 모든 사람이 수렵·채취·낚시 등을 통해 자신의 기본적 필요를 충족해야 했던 사회 — 사회 계급이 없고, 상대적으로 궁핍하던 사회 — 내에서 타락하지 않은 자연 상태로 살았다. 두 번째 단계인 역사 단계는 사유재산과 권력이 모든 사회적 조직 방식의 토대가 되는 시대다. '역사 단계'에는 세 가지 중요한 시기들이 있다. 첫째, 노예제 시기는 인류가 더 높은 경제적 생활수준을 달성하기 위해 처음으로 분업을 시행했던 고대에 출현했다. 최상층의 귀족과 최하층의 노예로 이루어진 엄격한 계급 체제가 발전했는데, 이는 필요한 활동이긴 하지만 가혹한 경제활동을 강요하기 위해 고안된 것이었다. 둘째, 봉건 시기는 중세에 출현했는데 이때 비교적 소수의 귀족들이 토지를 독점하면서 (귀족의 장원에서 일하며 필요한 농산물을 생산하던) 농노나 농민들을 부렸다. 셋째, 자본주의 시기는 근대에 출현했는데, 자본주의 체제는 산업적 생산을 강조하고, (산업 기술을 소유하고 통제하는 소수의 자본가들, 그리고 자신의 노동만을 소유하는 다수의 무산 노동계급으로 이루어진) 독특한 계급 구조를 갖추고 있었다. 그러나 그 이전 시대의 계급 구조가 결국 무너졌던 것처럼 자본주의사회에서 부르주아계급의 무산계급 지배 역시 결국 무너질 것이다. 그러므로 마르크스는 사유재산, 지배 권력, 역사적 갈등이 사라진 (세 번째 단계로) '포스트역사 단계' — 미래의 공산 사회 — 를 예견했던 것이다.

마르크스는 역사의 한 단계 또는 한 시기에서 다음으로 넘어가는 변화가 변증법적 과정의 결과로 일어날 것이라고 생각했다. 마르크스가 강조했던 변증법 역시 고대 그리스의 철학으로까지 거슬러 올라가는 긴 역사를 지닌다. 1장에서 보았듯이 플라톤은 변증법이 현실을 놓고 상반되는 두 개념 사이에서 일어나는, 대화를 통한 토론을 뜻한다고 보았다. 변증법적 토론의 과정 속에서 대립되는 의견들의 차이점이 더욱 분명히 드러나고 해소되어 더 나은 인식에 도달하리라는 것이다. 19세기 초 독일의 위대한 관념론 철학자였던 게오르크 빌헬름 프리드리히 헤겔Georg Wilhelm Friedrich Hegel, 1770~1831은 이런 부류의 변증법적 개념을 역사적 과정에 적용하여 해석했다. 극히 일반적으로 설명하자면, 헤겔은 과거의 사상(정theses)과 새로운 사상(반antitheses) 사이의 갈등을 통해 인간 사회가 자유나 평등과 같은 가치를 더욱 잘 인식하게 되면서, 역사적 진보도 이루어진다고 헤겔은 제안했다. 몹시 부자유하고 불평등한 상태인 노예제사회를 떠받치던 사상에 맞서 자유와 평등을 옹호하는 정반대 사상이 출현했다. 그리고 이런 경쟁 사상들을 화해시킨 첫 번째 종합synthesis이 봉건사회에서 발생했다. 중세 봉건사회는 농노가 영주(귀족)에게 예속되긴 했지만, 농노에 대한 귀족의 지배력은 노예제사회에서 노예주가 노예에 대해 행사하던 권력보다 크지 않았으며, 귀족이 농노에 대해 지고 있던 (전통적 보수주의에서 '노블레스 오블리주'라고 표현하는) 일종의 책임 덕분에 계급 간의 불평등이 과거에 비해 약화된 사회였다. 시간이 흐르면서 봉건사회의 특징이었던 불평등과 부자유에 맞서 새로운 '반' 명제가 출현했고, 이런 갈등은, 자유 — 예컨대, 고용주와 자유롭게 계약을 맺을 권리 — 를 이해하고, 더욱 넓은 방식으로 평등 — 예컨대, 자유로운 상거래를 통해 재산을 축적할 수 있는 평등한 권리 — 을 규정하던 새로운 자유주의적 '종합'으로 귀결되었다. 요약하자면, 헤겔은 불충분한 인식('정')이 그와 정반대의 인식('반')과 만나서 더 높은 인식('종합')으로 귀결될 때에 더욱 발전된 사회·정치적 사상이 나타난다고 생각했던 것이다. 헤겔에 따르면, 사상이 진화를 거듭하여 발전할 경우 결국 포스트역사 단계인 "역사의 종말"에 이르게 되고, 그렇게 되면 모든 불충분한 사상들이 극복되어 인류는 절대적으로 옳은 사상, 완전한

이성의 지배를 받을 수 있게 된다고 한다.¹²

마르크스는 헤겔의 역사적 변증법에 관한 거대한 구상을 받아들였지만, 헤겔의 이론을 크게 손질하여 그의 관념론을 자신의 유물론으로 대체했다.

헤겔에 의해 변증법이 왜곡되어 신비화되었지만, 그럼에도 헤겔이 변증법의 일반적 형태를 종합적이고 의식적인 방식으로 제시한 최초의 인물이라는 점에는 의문의 여지가 없다. 그런데 헤겔은 변증법을 거꾸로 물구나무 세워 놓았다. 그러나 신비로운 껍질 속에 숨어 있는 합리적 핵심을 발견하려면 헤겔의 변증법을 다시 똑바로 돌려놓아야 한다.¹³

마르크스는 단순히 사상이 더 좋아진다고 해서 물질세계에 근본적인 변화와 발전이 일어난다고 보지 않았다. 오히려 물질세계에 변화가 일어나야 정신세계에도 변화가 일어난다고 생각했다. 요컨대, 헤겔은 더 좋은 사상에 의해 역사의 진보가 일어난다고 믿었지만, 마르크스는 이런 존재론적 가정을 뒤집어 물질적 조건의 변화에 의해, 그리고 이런 변화 조건의 경제적 모순 때문에 생기는 갈등이 해소되면 역사의 진보가 일어난다고 믿었다.¹⁴ 즉, 마르크스는 물질적 조건이 인간의 사상과 정치의 근본 원인이라고 가정했던 것이다.

선사 단계와 역사 단계를 통틀어 인류는 물질적으로 궁핍한 세상과 싸워야 했고, 이런 싸움은 지금도 계속되고 있다. 이런 상황에서 인간은 어떤 것을 자유롭게 선택하기 이전에 우선 의식주 문제부터 해결하고 봐야 한다. 이것은 경제적 필요성이 인간의 행동을 자극하는 힘이 되기에, 경제적 조건이 종교부터 정부에 이르는 인간의 모든 활동을 발생시키는 원천이 된다는 뜻이다. 정통 마르크스주의자들은 이런 (역사적 시기에 나타나는 인간 활동의 궁극적 실재와 근본 원인이 지성적이고 영성적인 것이 아니라 경제적·물질적이라는) 존재론을 **경제결정론** economic determinism이라고 부른다. 그리고 정통 마르크스주의자들은 서로 반대되는 경제적 힘들이 충돌해서 새로운 변화가 생기는 과정을 **변증법적 유물론** dialectical materialism이라고 부른다. 물론 마르크스는 이 같은 용어들을 직접 사용하지 않앉지만 '역사의 종말'이 오면 경제결정론 역시 종결될 것이라고 생각했다. 경제학의 자연법칙, 특히 지배적인 자본주의의 자연법칙은 소수의 사람들에게 경제적 부를 가져다줄 것이다. 자본주의의 엄청난 생산력과 자본주의 아래 불평등한 부의 분포 사이에서 일어나는 갈등과 모순은 새로운 경제적 종합, 즉 공산주의를 낳을 것이라고 한다.[15] 공산주의는 자본주의의 생산력만큼 또는 그보다 더 높은 생산력을 유지하겠지만 모든 사람의 필요를 충족해 주는 방식으로 경제적 재화를 분배할 것이다. 그런 공산 사회를 포스트역사 단계로 부르는 이유는 인류가 경제적 결핍에서 자유로워질 것이기 때문이다. 이제 인류 역사는 경제적으로 결정되지 않을 것이고, 아나키스트들이 원했던 것과 같이 수많은 가능성을 열어젖힐 것이다. 경제적 필요성에서 자유로워진 인류는 드디어 (모든 종류의 인간 욕구를 마음껏 충족해 주는) 포스트역사의 세계를 창조할 수 있다.

마르크스는 헤겔의 이론을 거꾸로 뒤집어 과거의 모든 역사주의적 억측들을 새로운 과학적 역사주의의 설명으로 대체할 수 있다고 믿었다. 헤겔이 강조했던 사상이 과학적 탐색과는 거리가 먼 뜬구름 잡는 희망 사항에 불과했다면, 마르크스는 물질적 조건과 경제적 힘을 (역사에서 경험적으로 검증 가능한 유형을 도출해 내고, 미래의 역사조건을 예견할 수 있는) 과학적 연구의 대상으로 삼을 수 있다고 생각했던 것이다.

마르크스의 존재론적 가정을 자본주의사회에 대한 여러 인식에 대입해 봄으로써 그 가정을 좀 더 자세하게 알아볼 수 있다. 논의를 단순화하기 위해, 우선 변증법적 변화가 자본주의를 어떻게 발생시켰는지를 생각해 볼 것이다. 그 후 자본주의의 경제적 조건들이 자본주의사회의 여타 측면들에 어떤 영향을 미쳤는지도 살펴볼 것이다. 마지막으로, 변증법적 유물론이 자본주의의 종언과 (마르크스의 역사주의 구상에서 새로운 시대인) 포스트역사 단계의 도래를 예견하고 실현하고자 할 때 어떤 의미를 갖는지 알아볼 작정이다.

변증법적 과정으로 봉건사회로부터 자본주의사회로의 이행을 설명할 수 있다. 봉건제적 경제는 하층계급인 농노들에게는 가까스로 생계를 유지할 수 있을 정도의 부, 그리고 상층계급인 귀족들에게는 사치품을 충분히 취득할 수 있을 정도의 부를 창출했다. 새로운 중산층인 도시 부르주아지가 등장하여 새로운 기술을 개발하고 사치품을 생산할 수 있는 새로운 공장을 건설했다. 그러나 부르주아지는 자신들의 공장에서 일할 새로운 계급, 즉 노동 무산계급이 필요했다. 무산계급을 만들어 내려면 영주에게 소속되어 있던 농노들을 해방할 필요가 있었다. 새로운 노동계급의 창출을 둘러싸고 귀족과 부르주아지 사이에 벌어진 갈등으로 계급 구조가 뒤바뀌지는 않았지만 ― 부르주아지가 귀족을 지배하지는 못했다 ― 그 갈등은 새로운 '종합'을 발생시켰다. 요약하자면, 봉건제 농업경제를 자본주의 산업 경제로 전환하려던 경제적 힘은 갈등을 유발했고 그 갈등은 새로운 계급 구조를 만들어 냈다. 봉건제의 특징이 귀족이 농노를 지배하던 계급 구조였다면, 자본주의는 부르주아지가 프롤레타리아를 지배하는 새로운 계급 구조를 창출했던 것이다.

산업화를 발생시켰던 자본주의와 부르주아지의 필요는 자본주의사회의 여타 측면에서도 많은 변화를 자아냈다. 마르크스의 개념에 따르면, 경제적 하부구조infrastructure가 사회의 상부구조superstructure에 변화를 일으킨 셈이다. 앞에서 말한 대로 자본주의적 과정은 부르주아지가 프롤레타리아를 지배하는 계급 구조를 발생시켰다. 부르주아지는 자신의 우월한 지위를 활용하여 자신의 특권과 자본주의 체제의 필요를 유지할 수 있는 상부구조 ― 사상·제도·규정 ― 를 발전시켰다. 종교 사상은 대중들에게, 현세에 자본가들의 공장에서 비참한 삶을 살아가야 하는 대가로 내세의 천국을 누릴 수 있다고 약속함으로써 고통과 불만을 무마했다. 고전적 자유주의는 자본주의가 무산계급을 포함한 모든 사람에게 혜택을 준다고 약속하는 이념으로서 발전했다. 대의 민주주의도 등장하여 정치적 평등을 선언했지만 실제로는 자본주의의 필요만 충족할 뿐이었다. 새로운 자유주의적 법률이 제정되어 모든 이의 권리를 보호하겠다고 확언했지만, 실제로는 부르주아지의 재산권을 보호했을 뿐이었다. 요컨대, 경제적·물질적 영향력에 발맞춰 그에 걸맞은 종교 사상, 정치 이념, 정부 형태 및 자본주의사회의 기초적 법규 등이 만들어졌던 것이다. 자본주의사회의 상부구조에서 일어난 이 모든 변화는 자본주의 체제의 권력과 이해관계 및 부르주아계급의 권력과 이해관계를 반영한 것이었다. 자본주의사회 내에서의 삶은 경제적으로 결정된 삶에 지나지 않았다.

마르크스의 존재론적 가정은 역사의 최종 단계에 관한 이론적 예견을 위한 기초와 자본주의에서 공산주의 사회로 변화하는 데 필요한 정치적 행동을 지도할 기초를 제공해 줄 수도 있다. 그러나 자본주의의 종언을 예견하고, 공산주의가 도래할 수 있으리라는 변증법적 유물론이 함축하는 바는 모순적일지도 모른다. 한편으로, 마르크스의 경제결정론은 경제적 조건이 무르익으면 자연히 자본주의가 붕괴하고 사회주의가 등장한다고 선언하는 것처럼 보인다. 이런 경제적 조건이란, 자본주의가 모든 이에게 경제적 부를 충족해 줄 수 있을 만큼 경제 역량이 늘어났지만 분배적 불평등으로 말미암아 대다수 시민들이 자신에게 필요한 재화를 구매할 수 있는 소득을 갖지 못한 때를 말한다. 다른 한편, 마르크스의 이론은 프롤레타리아가 혁명적 계급의식을 가지고 혁명을 불러올 수 있는 역사적 임무를 수행해야 한다고 주장하는 것처럼 보인다. 경제적 조건과 무산계급의 적극적 행동, 이 둘 가운데 어느 쪽이 더 중요한가를 둘러싼 긴장은 마르크스의 경제결정론적 존재론에 관해 (마르크스주의자들 사이에서도) 커다란 논쟁을 유발했다. 정통 마르크스주의자들은 '확고한' 결정론 — 경제가 모든 것을 결정한다는 주장 — 을 내세우지만, 여타 마르크스주의자들은 마르크스가 조건부로 결정론 — 경제가 역사의 변화를 완전히 결정하지는 않고 개인의 행동과 사상도 역사의 발전에 어느 정도 영향을 준다는 주장 — 을 제시했다고 본다. 이 논쟁에서 어떤 쪽을 지지할 것인가 하는 질문은, 부분적으로는, 마르크스와 엥겔스의 텍스트 가운데 어떤 책을 강조할 것인가 하는 질문과 관련이 있다. 엥겔스의 『반뒤링론』 Anti-Düring은 확고한 경제결정론을 가장 설득력 있게 주장하는 텍스트이다.[16] 그러나 마르크스의 '유연한' 해석을 읽을 수 있는 텍스트로는 마르크스의 『헤겔 법철학 비판』 Contribution to the Critique of Hegel's Philosophy of Right을 들 수 있다. 마르크스는 여기서 이렇게 말한다. "철학의 실질적 무기가 무산계급인 것처럼, 무산계급의 지적 무기는 철학이다. …… 철학은 이런 해방의 머리이고, 무산계급은 그 해방의 심장이다." 유연한 마르크스를 강조하는 이들은 엥겔스가 마르크스 이론을 체계화하는 과정에서 마르크스가 의도했던 것보다 더 결정론적으로 그의 이론을 정립했다고 주장한다. 이 질문을 어떻게 해석할지는 결코 사소한 문제가 아니다. 만일 마르크스주의자들이 결정론적 존재론을 지지하고, 그들의 경제결정론적 가정이 옳다고 본다면, 공산 사회(또는 더 나은 정치적 삶을 위한 변화)를 이룩하기 위해 인간이 할 수 있는 일은 거의 없게 되는 셈이다. 반면에 만일 마르크스주의가 덜 결정론적인 유연한 존재론을 허용한다면, 마르크스주의는 20세기의 정치에 밀접하게 개입했던 공산주의자 및 여타 좌파 급진주의자들에게 영감의 원천이 될 수 있을 것이다.

5
공산주의
...
변증법적 유물론을 수정한다

공산주의의 기본적 존재론의 핵심은 마르크스의 변증법적 유물론을 수정한 것이라 할 수 있다. 20세기 들어 공산주의자들은 선진 자본주의사회에서만 성공적인 혁명이 가능하다고 했던 마르크스의 이론에 네 가지 중요한 주장을 추가함으로써 정통 마르크스주의를 수정했다.

  첫째, 공산주의는 자본주의가 단순히 역사에 갇힌 수인이 아니며, 자본주의를 유지하고 혁명의 위협을 줄일 수 있는 방법으로 경제적 조건을 조절할 수 있다는 사실을 인정했다. 이 점에서 레닌이 기여한 바는 특히 중요하다. 인간의 주도적 행동이 (변증법적 유물론의 엄밀한 해석이 시사하는 것보다) 세계 역사에 더 큰 역할을 해낼 수 있음을 입증한 것처럼 보이는 자본주의의 몇 가지 사례를 발견했기 때문이다. 예를 들어, 자본가들은 식민지로부터 부를 추출하기 위해 자본주의의 새로운 체제인 제국주의를 발전시켰고, 무산계급을 매수했으며, 자본주의 체제를 계속 유지했다. 더 나아가, 자본주의국가들은 자본주의에 내재된 모순을 경감하기 위해 실업 급여 등 각종 복지 정책을 도입했다. 공산주의자들이 보기에 이런 정책들은 무산계급의 불평에 대해 약간의 양보를 하면서 자본주의의 본질적 지배 형태는 그대로 유지해 자본주의 체제를 지속하려는 시도에 지나지 않았다. 레닌은 이런 시도가 결국에는 실패하겠지만, 정통 마르크스주의 이론가들이 함축했던 것보다 자본주의의 생명을 훨씬 더 오래 인공적으로 연명시킬 것이라고 판단했다. 따라서 레닌은 자본가들이 혁명의 예봉을 피하기 위한 행동을 취한다면 혁명의 지도자들도 혁명을 재촉하기 위해 자본가에 반대되는 행동을 취할 수 있다고 생각했다.

둘째, 공산주의자들은 경제구조에서 마르크스가 예견하지 못했던 변화상과 변형들을 파악했다. 마르크스의 존재론에 따르면, 자본주의는 인간 활동의 가장 근본적인 구조적 힘이 되었고, 마르크스는 자본주의를 일괴암적인 경제체제로 파악했다. 마르크스는 모든 자본주의 체제를 본질적으로 동일한 체제로 보았다. 그러나 레닌은 자본주의가 분화된 세계체제differentiated world-system이고 이 체제 내의 전 세계 자본주의들 사이에는 중요한 차이점이 존재한다고 주장했다. 예를 들어, 당시 러시아는 산업화를 이제 겨우 시작했으므로 절반은 봉건사회나 마찬가지였다. 따라서 러시아의 주된 계급은 여전히 귀족계급과 농민 계급밖에 없었다. 반면에, 미국은 러시아보다 훨씬 산업화가 많이 이루어진 사회였지만, 광활하고 느슨한 신개척지를 보유하고 있었으므로 독자적인 가족 농장들을 많이 흡수할 수 있었고, 빚에 쪼들리는 도시 노동자들에게 혁명 이외의 다른 선택을 제공할 수 있었다. 그러므로 러시아나 미국에서 혁명을 일으키려면 (산업화가 대단히 깊숙이 진행되었고 무산계급으로서의 자의식을 일부 갖춘 대규모 노동자들이 있던) 영국과는 전혀 다른 조치가 필요하다고 보았다. 요컨대, 자본주의 체제(심지어 산업된 사회들) 내에도 차이점이 존재하므로, 사회가 다르면 자본주의에 도전하는 문제에 접근할 기회도 달라진다는 점을 인정했던 것이다.

셋째, 레닌·트로츠키·마오쩌둥과 같은 공산주의자들은 역사의 근본적인 방향이 공산주의를 향하고 있다는 마르크스의 견해에 동의하면서도, 역사가 마르크스의 이론대로 정확한 단계별로 진행되어야 한다는 견해에는 의문을 제기했다. 마오쩌둥은, 심지어 중국의 경우 자본주의 시기를 완전히 우회할 수 있다고 보았다. 특정한 역사적 시기를 건너뛸 수도 있다는 생각과, '분화된 자본주의 체제'라는 생각이 결부되자, 언제 어디에서 성공적인 혁명이 일어날 수 있는지를 설명하는 방식에 엄청난 변화가 일어났다. 압축혁명telescoping the revolution이라는 교의에 따르면, 자본주의는 안쪽의 핵심부 — 독일·영국·미국과 같이 고도로 산업화된 국가 — 가 가장 강하고, 바깥쪽의 주변부 — 러시아·중국 및 유럽의 식민지 국가 — 가 가장 약하다. 공산주의자들은, 자본주의가 아직 발전하지 않아서 가장 취약한 주변부 지역, 즉 '쇠사슬의 가장 약한 고리를 끊어 버리는 것'이 혁명의 가장 쉬운 길이라고 생각했다. 산업화가 가장 진전된 나라에서 혁명이 먼저 일어난 후 산업화가 나중에 이루어지는 나라들에서 혁명이 뒤따를 것이라고 본 마르크스와는 달리 트로츠키는 산업화가 가장 늦은 나라에서 혁명이 일어나기가 가장 쉬울 수도 있다고 주장했다. 이런 주장에는 세 가지 함의가 있다. 첫째, 봉건주의에서 공산주의로의 이행은, 부르주아혁명 후 오랜 기간 자본주의를 겪고 나서 무산계급 혁명을 일으킨다는 '두 단계 혁명' 없이, 한 단계만의 혁명으로 '압축될'telescoped 수 있다. 둘째, 이런 과정을 위해서는 영구혁명permanent revolution이 필요한데, 영구혁명 시기에는 공산 혁명가(전위 세력)들이 (권력을 잡았을 때만이 아니라 통치하고 있는 동안에도) 일련의 혁명적 활동을 벌여서, 하나의 연속된 긴 과정 속에서 봉건사회를 공산 사회로 변모시켜야 한다. 셋째, 혁명은 마르크스가 생각했듯이 정교한 역사적·물질적 요인으로 결정되는, 역사적으로 필연적인 사건이 아닐 수도 있다. 따라서 경제적 주변부 국가('약한 고리')에서는 혁명이 필연적인 사건이 아니므로, 인간의 의도적 개입으로 혁명을 일으켜야만 할 것이다.

넷째, 레닌은 프롤레타리아 전위vanguard of the proletariat라는 교의를 발전시켜 정통 마르크스 사상을 수정했다. 이 교의는, 혁명이 변증법적 유물론에서 설명한 바대로 전개될 것이라고 했던 마르크스의 견해와 거리가 있어 보이는 '혁명적 의지주의'revolutionary voluntarism의 느낌이 풍기는 주장이다. 물론 마르크스도 지식인들이 프롤레타리아의 계급의식을 함양함으로써 혁명을 도울 수 있다고 했지만, 그것 외에는 지식인 또는 무산계급에 분명히 속하지 않는 전문가들이 수행할 수 있는 별다른 중요 과업을 따로 적시하지 않았다. 이와 대조적으로, 레닌은 소수의 지식인들이 혁명이 일어날 수 있는 역사적 순간, 혁명이 요구하는 조건들, 무산계급의 필요 등을 인식할 수 있다고 주장했다. 이런 (지식인) 전위들은 무산계급을 대신해서 행동한다고 말할 수 있고, 혁명의 발발을 크게 앞당길 수도 있다는 것이다.[17] 레닌은 마르크스보다 전위의 역할을 더 많이 인정함으로써 정치 영역에서 인간의 자발적 의지의 역할을 훨씬 더 중요하게 — 심지어 마르크스의 유연한 결정론적 해석보다도 더 중요하게 — 취급했다고 볼 수 있다. 요컨대, 공산주의자들은 인간이 스스로 역사를 형성할 수 있다는 의지주의意志主義 — 주의주의主意主義 — 적 존재론을 발전시켰다고 할 수 있다.

6
파시즘과 나치즘
...
영웅적 의지와 인종 투쟁

파시즘과 나치즘의 존재론적 가정은 공산주의 및 마르크스주의의 존재론적 가정과 일정한 유사성이 있다. 파시즘은 공산주의처럼 인간의 의지가 역사를 만들어 갈 수 있다는 점을 강조했다. 나치즘은 마르크스주의처럼 인구 집단들 간의 갈등이 역사의 원동력이라고 강조했다. 그러나 이 우파 이념들 — 파시즘과 나치즘 — 은 자기들의 적이었던 좌파 이념들의 존재론적 가정에 중요한 수정을 가했다.

적어도 1914년까지는 마르크스-레닌주의를 신봉했던 무솔리니는, 인류의 역사에서 인간의 의지가 큰 역할을 한다고 강조했던 레닌의 영향을 많이 받았다. 레닌과 마찬가지로 무솔리니도 혁명이 사회·경제적 조건만으로 결정된다는 생각을 거부했다. 그 대신 무솔리니는 지배 엘리트가 역사를 확실히 바꿀 수 있다고 주장했다. 그는 인간사에서 인간 의지의 역할을 강조했던 프리드리히 니체Friedrich Nietzsche, 1844~1900의 저술에서도 도움을 받았다. 무솔리니는, 초인이라면 자신이 처한 환경을 넘어서서 자신의 의지에 따라 세계를 재구성할 수 있다는 식으로 니체의 주장을 해석했다. 이런 해석에 따르면 (적어도 영웅적인 초인의 의지일 경우) 인간의 의지가 바로 역사의 결정 요인이 된다. 무솔리니는 니체의 사상에서 창의적이고 의지적인 인간의 행위가 중요하다는 점을 도출한 후 그 주장을 개인을 넘어 집단에 적용했다.[18] 레닌은 용기 있는 개인이 정치 변혁을 위해 노동계급을 동원할 수 있다고 생각한 반면, 무솔리니는 영웅적인 개인이 국위를 선양할 변혁을 위해 대중들masses을 동원할 수 있다고 생각했다. 따라서 무솔리니의 의지주의 이론에 따르면 강력한 국가 지도자가 대중들을 동원해야 하며, 대중들의 도움을 받아 역사의 방향을 바꿔야만 한다.

그럼에도 파시즘 그리고 특히 나치즘에서는 인간이 자신의 뜻대로 역사를 완전히 바꿀 수 있다고는 주장하지 않았다. 인간이 자신의 의지에 따라 역사의 진행 방향을 완전히 좌지우지하기에는 상황의 제약이 지나치게 많기 때문이다. 무솔리니는 다음과 같이 말한다.

> 인간이 다른 인간과 더불어 활동하려면, 자연계 속에서 활동하는 것과 마찬가지로, 이미 존재하고 있는 현실 속으로 들어가야 하며, 이미 작동하고 있는 현실의 힘을 장악해야 한다. …… 인간은 기존의 영적인 과정 — 가족 영역이나 사회적 영역을 통해, 또는 국가 영역이나 모든 나라들이 함께 만들어 가는 일반 역사를 통해 자신이 직접 참여하는 — 의 요소가 되지 못하는 한 스스로 온전한 자기 자신이 될 수 없다. 역사의 일부가 아닌 인간은 존재하지 않는 인간이다.[19]

따라서 역사적 과정이 인간의 의지를 제한하거나, 아니면 적어도 그 의지를 조절한다는 말이다.

파시스트는 정치 지도자와 대중들이 함께 기여할 수 있는 역사적 과정이 이탈리아의 국가 통합과 국력 증대를 실현하는 것이라고 보았다. 나치는 이런 역사적 과정이 세계 역사에 아리아인이 지배적인 권력으로 등장하는 것이라고 보았다. 그러므로 나치즘의 존재론은 정치 활동과 정치 변화의 개념 규정에서 인종이 근본적인 역할을 한다는 점에 초점을 맞춘다. 유럽의 지성사에서 인종 사상의 역사는 복잡하지만, 나치가 인종 사상을 자신들의 입맛에 맞춰 전유했던 역사는 인종주의에 관한 세 갈래 설명으로 요약할 수 있다.

유럽에서 첫 번째 인종주의의 흐름은 인간을 자연과학적으로 연구했던 것과 밀접한 관련이 있으며, 뒤의 두 흐름에 속한 사람들도 자신들의 인종주의적 추측을 정당화하기 위해 흔히 자연과학적 연구에 의지하곤 했다. 이런 '과학적' 전통에서 그 핵심은 진화론이었다. 다윈의 이론은 진화의 척도에서 어떤 종이 다른 종보다 더 높은 위치에 있다는 생각을 낳았다. 이런 생각은 다시 어떤 아종亞種, subspecies 또는 인종은 다른 아종 또는 인종보다 더 진화되어 있고 지적 수준도 더 높다는 추측으로 이어졌다. 예를 들어, 새뮤얼 모튼Samuel Morton, 1799~1851은 두개골학craniology이라는 사이비 과학을 발전시켜 인종과 두개골 — 뇌를 둘러싸고 있는 두개골 부위 — 크기 사이에는 중요한 상관관계가 존재하고, 두개골 크기와 지적 능력 사이에도 상관관계가 있다고 주장했다. 이런 '과학'에 따르면 두개골 크기가 가장 큰 백인들이 다른 인종들보다 지능이 더 뛰어나다고 한다. 이런 생각이 그 후 다윈의 진화론과 결합해서 마침내 '골상학'이 백인 우월주의 사상을 낳았던 것이다. 이런 사상은 이미 나치즘이 등장하기 전부터 여론의 긍정적인 평가를 받았다.[20]

인종주의의 두 번째 흐름은 넓은 의미에서 민속지적·역사적 연구를 활용했던 사회이론 — 애매모호한 인종 개념에 근거해서 정치·역사적 발전을 설명하려 했다 — 이었다. 그런 민속지적 연구ethnographic studies를 최초로 시작한 사람은 프랑스의 외교관이자 사회이론가였던 조제프 아르투르 드 고비노Joseph Arthur de Gobineau, 1816~82였다. 고비노의 추정에 따르면 인종들 간에도 서열이 있는데 그중에서도 백인종이 인류의 특성을 가장 온전하게 보유하고 있다. 고비노는 인종적·민족적 열등성으로 문명의 역사적 쇠락이 시작된다고 보았다. 고비노는 우월한 인종이 열등한 인종들과 섞이기 시작하면 그 문명은 쇠퇴한다고 생각했다. 백인종에 잡다한 민족들이 존재하는 것도 백인들이 여타 인종들과 섞인 결과로 해석했다. 더 나아가 고비노는 인종적·민족적으로 가장 순수한 집단이 문명을 발전시킬 수 있는 최상의 잠재력을 갖는다고 주장했다. 가장 우월한 인종 집단은 튜튼족·게르만족·스칸디나비아족 및 잉글랜드인이라고 했다. 민족적으로 혼합된 집단들 — 슬라브족 또는 켈트족 — 은 문화적 쇠퇴만을 초래할 뿐이며 이들은 문명의 붕괴를 앞당긴다고 했다. 또한 최상의 인류 문명을 유지하기 위해서 튜튼족이 인종적으로 순수한 혈통을 보존해야 한다는 주장도 내놓았다.[21]

인종주의적 사고의 세 번째 흐름은 '폴크'volk라는 중요 사상이다. 폴크는 '서민'folk 또는 인민people에 해당하는 독일어로, 생물학적·문화적·영성적·언어적으로 동질적인 사람들의 중요성을 시사하게 되었으며, 독일 민족주의를 탄생시킨 개념이기도 하다. 폴크라는 단어의 정치적 의미를 발전시키고 영감을 불어넣은 독일의 초기 낭만주의 철학자 요한 피히테Johann Fichte, 1762~1814 이래로, 수많은 독일인이 예술과 문학 및 정치적 수사 등에서 즐겨 사용했다.

인종주의의 이런 세 가지 흐름이 나치즘으로 수렴해 일종의 인종주의적 존재론을 창조했다. 나치는 인종 투쟁을 발생시키는 역사적 동력에 대한 (계급투쟁 역사에 대한 마르크스의 이론에 필적하는) 깊이 있는 이론을 내놓은 적이 없지만, 나치가 인종을 강조한 것은 마르크스주의에서 계급을 강조하는 것과 유사한 점이 있다. 마르크스주의에서 계급 개념으로 사회와 정치의 전 영역을 설명하듯이, 나치즘에서는 인종 개념으로 모든 것을 설명하려고 했다. 나치는 역사의 본질이 인종 간의 지배권을 둘러싼 투쟁이라고 보았다. 이런 갈등은, 지고지순하고 가장 개명되었으며 가장 수준 높은 인종인 이른바 '아리아' 인종과 슬라브족·집시족·니그로 및 특히 유대인과 같은 '인간 이하' 종족들 간의 투쟁으로 나타난다. 이런 투쟁이 벌어질 때 아리아인 가운데도 유전적 결함이 있는 장애인을 제거하여 아리아인을 '정화'할 필요가 있다고 주장했다. 이 모든 행위는 인종의 영광과 힘을 위한 것이었다.[22]

7
현대 자유주의
...
존재론을 덜 강조하고 우연성을 인정한다

현대 자유주의는, 확고하고 의문의 여지가 없으며 철학적인 토대가 건실한 보편적 정치 이론을 구축하려 했던 고전적 자유주의의 목표를 포기했다. 현대 자유주의자들은 자유주의를 자연에 대한 진정한 이해에 근거한 고정된 교의로 이해하지 않고, 계속 진화하는 역사·정치적 과업 정도로만 받아들인다. 즉, 형이상학으로 정당화되는 이념이 아니라, 그것이 성취한 바와 앞으로 성취할 잠재력으로 정당화될 수 있는, 하나의 중요한 정치 전통으로 간주하는 것이다.[23]

고전적 자유주의와 마찬가지로 현대 자유주의는 이 세계를 자연적이고 세속적인 방식으로 파악한다. 그래서 이 우주 내에서 신의 역할을 사적이고 영적인 관심 영역에 국한하며, 정치적 원리를 구성하는 것과 신의 역할을 크게 관련이 없는 사안으로 분리한다. 그러나 고전적 자유주의에서 자연계가 명확한 자연법칙에 따라 작동한다고 믿었던 반면, 현대 자유주의는 사회생활과 인간의 삶을 결정하는 자연의 질서가 별도로 존재한다는 생각에 회의적인 태도를 보인다. 즉, 사회적 현상들은 자연적으로 구성된 것이 아니라 인간이 창조하는 것이다. 인간의 역량은 자연에 의해 규정되는 것이 아니라, 사회적 맥락과 인간의 선택에 의해 형성되는 것이다. 역사는 미리 정해진 사회·자연적 힘에 따라 전개되는 것이 아니라, 인간이 스스로 만들어 가는 것이다. 우리의 사회와 미래는 많은 가능성을 지니고 있으며 어떤 철칙의 지배도 받지 않으므로, 문화·정치적으로 수정할 수 있다.[24]

현대 자유주의자들이 인간의 선택을 강조하다 보니, 정치에서 일어나는 모든 활동 및 역사를 결정하는 요인들이 반드시 '인민의 의지'에 근거해야 한다고 믿는 것처럼 보일 때가 있다. 즉, 지배 엘리트에 의한 통치의 바탕이 객관적으로 '좋은 것'을 인정하는 플라톤의 사상에서 비롯된다면, 자유 민주주의 사회의 바탕은 객관적으로 좋은 것을 추구하는 것이 아니라 그저 '인민의 의지'를 따르자는 사상인 것처럼 보인다는 말이다.[25] 이런 식의 해석에 '인민의 의지'란 정치공동체 내에서 모든 사람의 공통된 욕망으로 존재한다. 그리고 바로 이런 '인민의 의지'가 (꼭 찾아내서 실천해야만 하는) 궁극적 실재라고 보는 것이다. 이런 식의 해석에 따르면, 정치인들이 '인민의 의지'를 존중해서 어떤 행동과 정책을 취하거나, 선거에서 자기들이 내건 선거공약에 따라 당선되어 유권자들로부터 위임을 받은 사실을 두고 "민의가 표출되었다"라고 주장한다면, 그들은 '자유주의자'로서 그리고 인민주의자populist[대중 영합주의자로서 그렇게 말하는 셈이 된다. 그러나 이런 식의 해석은 잘못된 것이며, 현대 자유주의자들은 민주정치의 존재론적 토대로서 '인민의 의지'라는 것이 실제로는 존재한다고 보지 않는다.[26] 자유주의자들은 여론이 가리키는 내용을 찾아내기 위해 사용하는 방식이 대단히 왜곡되어 있다고 본다. 예를 들어, 여론조사에서 사람들이 설문 내용이 묻는 쟁점에 대해 딱히 선호하는 대답을 갖고 있지 않을 경우, 흔히 '태도 없음'이라는 식으로 기록되곤 한다. 선거를 통해 알 수 있는 것이 있다면, 실제로 투표한 유권자들이 출마한 후보들 가운데서 누구를 가장 선호했는가 하는 사실뿐이다. 그러나 선거는 시민들 전체가 어떤 쟁점에 대해 어떤 생각을 하고 있는지를 알려 주지는 않는다. 그럼에도 선거에서 당선된 후보는 자신이 어떤 문제에 관해 완전한 '위임'을 받았다고 주장한다. 설령 시민들이 정치적 쟁점에 대해 진정으로 원하는 바가 있다 하더라도, 그 쟁점에 대해 폭넓은 대중적 합의가 이미 형성되어 있지 않은 한, 개인들의 선호를 종합하여 하나의 일관되고 명료한 '여론'으로 수렴할 수 있는 방식은 존재하지 않는다.[27] 일반적으로 말해, 자유주의자들은 모든 성향의 정치인들이, 복잡한 쟁점을 제대로 파악하지 못하는 고분고분한 유권자들 앞에서 사실은 정치인 자신의 욕구를 강요하는 것에 지나지 않으면서도, 더 많은 정당성과 더 많은 권력을 얻기 위한 방편으로서 '여론'을 들먹이는 것이 큰 잘못일 수도 있음을 우려한다. 최소한으로 보더라도, 자유주의자들은 '인민의 의지'라는 것이 자유주의 이념이나 공공 정치철학의 존재론적 토대가 되지 못한다는 사실을 인정한다.

그러나 여론이 존재론적 토대가 되지 못하고, 자본주의와 정치 및 사회적 활동에 고정된 철칙이 없다고 주장한다 하더라도, 그 말이 정치·경제·사회 영역에서 일어나는 발전이 헤겔 식의 관념적 힘이나 마르크스 식의 물질적 힘과 전혀 무관하다는 뜻은 아닙니다. 현대 자유주의자들은 사회의 진보가 인간적 가치와 인간의 조직 능력에 의해 영향을 받는다고 가정하는 것처럼 보입니다. 자유주의자들은 흔히 사람들이 다양하고 서로 상충되는 가치들을 지닌다는 점을 잘 알고 있다. 개인·집단·사회 속에 존재하는 가치들 가운데 가장 강력한 가치가 그 개인·집단·사회의 목표와 성취에 영향을 미칠 것이다. 그러므로 자유주의자들은 자유주의가 유지되고 발전하려면 일정한 자유주의적 가치들 — 예컨대, 개인의 안녕과 성취를 존중하고 타인의 권리를 배려하는 태도, 자본주의를 통한 사회재의 제공 외에도 다른 형태의 분배 정의가 필요하다는 사실, 자유주의적 사회에 대한 위협에 맞서 함께 싸울 의지 등 — 을 함양해야 한다는 사실을 잘 알고 있다.[28] 또한 자유주의자들은 이런 가치가 실제로 영향력을 발휘하려면 자유주의적 가치에 걸맞은 방식으로 정치권력이 행사되어야 한다고 생각한다. 현대사회에서 정치권력이 실질적 영향력을 발휘하려면 사람들과 물질적 자원을 제대로 잘 조직해야 한다. 역사 발전에 실제로 영향을 미칠 수 있는 조직화된 힘은 정부·기업·노동조합 및 기타 대규모 기관 등에서 찾을 수 있다는 말이다.[29] 요컨대, 현대 자유주의자들은 인간의 역사 발전에는 수많은 가능성이 존재하고, 우리의 운명은 우리가 강조하려는 가치 및 권력의 조직화 방식에 달려 있다고 믿는다. 자유주의의 이상이 제대로 실현되려면 자유주의적 가치를 고양해야 하며, 자유주의적 가치를 위해 정치권력을 민주적이고 효과적으로 잘 조직화해야 한다는 말이다.

8
현대 보수주의
...
있는 그대로의 현실을 중시한다

현대 보수주의는 궁극적 실재의 성격에 관한 질문에 그다지 관심이 없다. 현대 보수주의자들은 이 세상에 관한 형이상학적 가정을 되도록 회피하며, 자신의 정치적 원리를 정초주의적(토대론적) 가정 — 궁극적 실재에 관한 가정 또는 역사에 영향을 미치는 본질적 힘과 같은 가정 — 에 입각해서 전개하려 하지 않는다. 보수주의자는 자기들이 있는 그대로의 현실을 받아들이는 현실주의자라는 사실에 자부심을 느낀다. 실제로 이 세상은 인간을 포함해서 물질적 사물들로 이루어져 있으며, 인간은 물질적 이익과 동기를 지니고 사는 존재다. 그러므로 세계의 물질적 기반을 존중해야 한다. 그러나 이 세상은 인류의 관념 — 서로 다른 문화권의 사람들이 지니고 있는 믿음과 가치들 — 에 의해서도 규정된다. 물론 한 사회의 주류 문화적 신념과 가치가 그 '사람들의 정신'을 이루므로 (그런 식의 정형화가, 대다수 시민들이 실제로 믿는 바와 유리될 정도로 — 파시즘에서는 유리될 수 있다 — 그렇게까지 형이상학적이지 않은 한) 기존 문화의 그런 정신을 존중해 줘야 한다고 말할 수도 있다. 따라서 보수주의는 궁극적 실재를 인간의 궁극적 운명으로 규정하지 않고, 실재하는 물질적 목표와 문화적 가치를 인간의 선택을 도와주는 일종의 안내자로 간주한다. 현대 보수주의는 인간이 (인간이 아무런 영향력도 행사하지 못하는) 존재론적 힘에 의해 지배당하는 존재로 보지 않고, 자신의 개인적·정치적 선택을 스스로 책임 있게 내릴 줄 아는 존재로 본다.

통상적으로 현대 보수주의자들은 신이 궁극적 실재를 이루고, 신의 의지가 인간의 역사를 결정한다는 가정이 정치적으로 그다지 생산적이지 못하다는 점에 동의한다. 다원적인 현대사회에서 나타나는 종교적 세계관의 다양성을 감안할 때, 특정 종교의 강한 신념을 정치 세계에 도입하는 것은 전혀 도움이 되지 않는다는 것이다. 그럼에도 현대 보수주의자는 종교가 중요하며, 종교를 정치에 유용하게 활용할 수 있다고 믿는다. 다원주의 사회에서는 시민들에게 좋은 삶에 대한 공동체주의적 관점을 강요하거나, 다양한 도덕률을 법으로 제정하는 것을 내켜하지 않는다는 점을 감안할 때, 현대의 보수주의자들은 신에 대한 믿음과 다양한 종교의 도덕성을 따르는 행위가 시민들에게 도덕적 절제를 실천하도록 고무하는 데 도움이 될 수 있다는 것이다. 종교는 사람들에게 자기들이 신의 가호 아래 단일한 민족으로 뭉칠 수 있다고 믿게끔 해주기 때문에 (다원적 사회에서 사람들이 신과 신의 가르침을 다양한 방식으로 이해할지라도) 정치적으로 쓸모가 있다고 보는 것이다.

미국의 경우 현대의 온건 보수주의moderate conservatism와 급진적 우파 간에 갈등이 일어났던 주원인은, 급진적 우파 내의 사회적 보수주의자들이 강한 종교적 관점을 정치에 도입하려 했고, 그들 자신의 종교적 신념에 따라 정치 공동체를 다스려야 한다고 주장했기 때문이었다. 아마도 모든 보수주의자들이 통상 부도덕하다고 생각되는 행동 — 예컨대, 혼전 관계, 동성애, 낙태, 안락사 등 — 에 대해서 눈살을 찌푸릴 것이다. 그런데 급진적인 종교적 우파는 그런 행위를 신의 뜻을 거역하는 죄라고 보곤 한다. 실제로 에이즈가 처음으로 출현했을 때, 문란한 동성애를 저지른 죄에 대해 신이 내린 천벌이라고 주장한 사람들도 있었다. 그러나 급진적 우파와는 달리 온건 보수주의자는 이른바 '죄'를 도덕적으로 심각한 해악이 아니라 개인의 부덕 — 문화적으로 통용되는 규범을 일탈한 것으로서, 사회적으로 좋지 않은 결과를 낳는 것 — 정도로 간주하는 경향이 있으며, 신이 인간사에 관여해서 자신의 뜻을 따르지 않는 인간들을 몸소 처벌한다는 식의 주장에 대해서는 거리를 둔다. 또한 온건 보수주의는 공립학교의 교과과정에 창조론과 지적 설계론을 함께 가르치자는 종교적 우파의 입장을 지지하지도 않는다. 창조와 진화에서 신이 맡은 역할을 설명하는 이론들이 『성경』을 특정하게 논쟁적인 방식으로 해석한 것이라고 보기 때문이다. 흔히 보수주의자들은 현대 자유주의자들이 종교 활동에 대해 미온적이라고 생각하지만, 온건 보수주의자는 인간이 신과 종교에서 얻는 가르침일지라도 인간과 사회의 분석을 거쳐야 한다고 믿는다. 종교의 가르침이 사회 전체의 문화적 가치와 맞아 떨어진다면, 문화 규범에 맞춰 사람들에게 일정한 제약을 가할 수 있을 것이고, 종교의 가르침이 사회적 해악을 일으키는 행동의 원인에 대한 우리의 이해와 맞아 떨어진다면, 사회적으로 이로운 결과를 낳는 제약을 부과할 수 있을 것이다. 보수주의는 신의 뜻에 관한 존재론적 가정으로 말미암아 우리가 선을 행하고 좋은 사회를 창조할 수 있는 영감을 얻을 수 있다고 보지만, [온건 보수주의자는 그런 식의 종교적 가정에만 전적으로 의존해서 정치적 판단을 내릴 수는 없다고 생각한다. 그러므로 이런 가정들을 (곧이곧대로 받아들일 것이 아니라) 전통적인 문화적 신념과 상식 및 신의 뜻을 특정 방식으로 해석했을 때 초래될지도 모르는 예상치 못한 결과에 대한 검토 등을 통해 적절히 조절해 수용할 필요가 있다.

그리고 현대 보수주의자들은, 자연이 궁극적 가치라거나, 자연이 인간사에 대해 절대적인 안내자 역할을 할 수 있다는 식의 자연주의적 존재론을 유보적으로 평가한다. 보수주의는 지구가 지탱할 수 있는 발전에는 한계가 있을지도 모른다고 보지만, 그런 한계가 어디까지인지를 인간이 제대로 판단할 능력은 없다고 믿는다. 그 대신 자신들의 경험에 따르면, 인간이 자연에 가하는 각종 환경오염에 대해 지구가 지금까지 상당히 잘 견뎌 왔다고 생각한다. 이런 견해에 따르면 자연이 인간에게 상식적인 교훈 — 예컨대, 재생되지 않는 자원을 잘 보존해야 한다는 교훈 — 을 줄 수는 있겠지만, 자연이 그 자체로 평화적이어서 우리에게 비폭력의 정신을 가르쳐 준다는 식의 주장은 ('이전투구'가 벌어지는 세상에서 안전을 확보하려면 경찰력과 군사력에 의존해야 한다고 믿는 사람들에게는 씨알도 먹히지 않을) 단순한 억측에 지나지 않는다고 본다. 따라서 보수주의는 환경운동에 대해 별로 공감하지 않는다. 이들이 보기에, 지구온난화와 같은 쟁점에서 심층 녹색주의가 설파하는 종말론적 예언은 자연의 생명력을 과소평가하는 것이고, 환경론자들이 인간의 손길에서 자연을 '보호'하자는 것은 인간이 자연자원을 효과적으로 개발하지 못하게 하려는 주장일 뿐이다. 자연은 결국 인간이 활용하기 위해 존재하는 것이며, 잘 관리하기만 하면 자연과 인간이 모두 혜택을 받을 수 있다고 생각한다. 그러므로 보수주의자들은 자연을 어느 정도 보존하면서 적절하게 활용하는 것이 자연에 대한 올바른 접근법이라고 본다. 그런데 이런 입장은 상식에 기인할 뿐, 형이상학적 가정에 의존하는 것이 아니다.

9
급진적 우파
...
경제결정론과 신의 결정론을 모두 거부한다

급진적 우파의 여러 사상들은 갖가지 흥미 있는 존재론적 토대와 쟁점을 옹호하지만, 일관된 존재론적 주장은 없고 존재론적 가정에 대해 서로가 동의하는 공통점을 찾기도 어렵다. 급진적 우파가 강력한 물질적 이념 또는 종교적 존재론을 갖는다고 믿는 사람도 있지만, 이런 식의 해석은 잘못된 것임을 유념할 필요가 있다.

자유 지상주의자들은 고전적 자유주의의 존재론적 가정으로 돌아가려 한다. 이들은 개인, 그리고 개인의 '자연권'에 초점을 맞춘다.[30] 지구화론자들도 자유 지상주의와 마찬가지로 개인, 그리고 인간의 행동과 역사를 좌우하는 물질적 힘에 초점을 맞춘다. 그러나 이들이 어떤 결정론에 입각한 존재론을 믿는지, 또는 인간의 자유의지free will에 따라 미래가 결정된다고 믿는지에 관한 질문은 명확하게 풀리지 않은 채 남아 있다. 일부 지구화론자는 자신의 정치적 원리가 경제적 필연성에 근거를 두고 있으므로 그것이 정통 마르크스주의와 비슷하게 강력한 경제결정론적 원리라고 시사한다. 후쿠야마는 이 점에 대해 아주 확고한 입장을 취하는 것 같다. 그는 자유민주주의와 자본주의를 긍정하면서, 전 세계 인류가 지구화론의 원칙을 수용하고 있다고 주장한다. 경제학과 정치학의 통찰에 비추어 보아 자본주의와 민주주의가 유일하게 합당한 대안임이 드러났기 때문이라고 한다. 후쿠야마는 현대의 과학이 "역사의 방향성과 일관성을 설명하는 조절 장치 또는 작동 기제"인데, 이런 설명이 "사실상 역사 변화를 경제적으로 설명하는 결정론이라 할 수 있지만, 마르크스주의와는 달리 사회주의가 아니라 자본주의의 최종 종착점을 지향하는 이론"이라고 본다.[31] 지구화론의 가장 대중적인 전파자인 토머스 프리드먼 역시 이와 유사하게 지구화가 "절호의 제약 조건"golden straitjacket이므로 각국 정부에는 전 지구적 자유 시장을 지지하는 정책 외에 다른 대안이 없다고 한다. 따라서 각국 정부는 기업 활동 규제, 복지 지출, 법인세, 그리고 재정 적자 등을 억제해야 한다. 또한 각국 정부는 유동 자본을 자국으로 유치하기 위해 (다국적기업이 이전해 와서 일자리를 창출할 수 있게 하는) 민영화와 같은 조치를 취해야 한다.[32] 지구화론의 정치적 원리를 옹호하는 새로운 세계질서를 이끈 창시자 가운데 한 사람인 마거릿 대처는 사람들이 자유 시장 자본주의를 수용하는 것 외에 '다른 대안은 없다'TINA, there is no alternative고 선언한 바 있다. 이런 주장들이 득세함으로써 새롭게 대두된 지구화론 이념을 옹호하는 분석가들은 "지구화는 필연적이고 되돌릴 수 없는 현상이다"라는 주장이 바로 자신들의 기본 입장이라고 선언하게 되었다.[33]

그러나 지구화론의 원리에 따르는 것이 경제적으로 필연적이라는 입장이, 이 세상은 경제결정론의 논리에 따라 작동되어야 한다는 확고한 신념을 나타내는 것인지, 아니면 전 지구적 자본주의의 필요를 후원하는 정부 정책을 정당화하기 위해 나온 것인지는 분명치 않다. 지구화론자 가운데 전자의 입장을 취하지 않는 사람도 있다. 예를 들어, 후쿠야마는 "역사를 경제적으로만 해석하는 것은 충분치 않다"라는 점에 동의하면서,[34] 인류 역사에서 사상의 중요성을 역설했던 헤겔의 입장을 받아들여, 냉전이 종식된 덕분에 자유와 평등이라는 이상이 승리했으므로 민주 자본주의가 전 세계에서 받아들여지는 미래가 펼쳐질 것이라고 주장한다.

요한 노르베리는 역사적 필연성에 대해 아주 전형적인 지구화론을 펼친다.

미래는 예정된 것이 아니다. 단 하나의 길만 있는 것이 아니며, 지구화를 받아들이라고 억지로 강요하는 이도 없다. 자본을 가둬둘 수도 있고, 교역을 막을 수도 있으며,

국경선을 폐쇄할 수도 있다. 19세기 후반부에 지구화 현상이 발생한 이래 그런 단절이 적어도 한 번은 일어난 적이 있었다. …… 그러므로 지구화 추세를 반드시 '따라야만' 하는 것은 아니다. 다만 지구화 추세는 바람직하기 때문에 발생한다.[35]

이런 주장을 보건대 지구화론의 존재론적 토대는 경제결정론적인 확고한 존재론에 근거하기보다, 다원주의에서 말하는 유연한 존재론적 관념에 더 가깝다고 생각된다. 따라서 지구화론자는 역사 발전에서 사상과 도덕적 판단의 중요성을 인정함으로써 지구화가 무조건 '필연적이며 돌이킬 수 없는 것'이라는 교조적인 주장만큼은 피하고 있는 셈이다. 하지만 물론 개중에는 지구화를 교조적으로 이해하는 주장도 없지는 않다.

급진적 우파 내의 다른 목소리 가운데는 신과 문화의 중요성을 강조하는 이들도 있다. 그러나 이들이 신 또는 문화적 가치가 역사를 결정한다고 실제로 믿는지는 의문이다. 단지 이들은 종교의 전통적인 가르침과 전통적 문화가치를 더욱 많이 받아들일 때 정치 공동체에 도움이 되리라고 주장하는 것 같다. 이들은 시민들이 기독교 문화와 서구 문화에 깊이 공감할 때 정치 공동체가 더욱 번성할 수 있음에도 우리 정치 공동체는 현재 이질적인 가치 체계들을 상대로 (그 결과가 어떻게 될지 명확하지 않은) 문화 전쟁을 벌여야 할 지경에 처했다고 개탄한다. 사회적 보수주의, 전통적 공동체주의, 국수주의, 종교적 우파 등은 모두 정치 공동체에서 전통 종교와 문화적 가치를 강화할 수 있는 정치적 조치를 지지한다. 그러나 이런 입장을 견지하는 대다수 사람들은 신의 뜻이나 '미국적 가치'가 자신들의 정치적 원리를 정당화할 수 있는 일종의 정초주의적(토대론적) 근거가 된다고까지는 말하지 않는다.[36] 따라서 급진적 우파 내의 그런 입장들은 존재론적 토대로서 종교적 믿음이나 문화적 가치를 옹호하는 것이 아니라, 종교적 믿음이나 문화적 가치가 바람직한 결과를 자아내기 때문에 그것들이 결과적으로 중요하다고 보는 것이다.

10
극단적 우파
...
신의 계시에 의한 종말론

극단적 우파는 상호 연관된 두 가지 존재론 — 즉, 신의 결정론과 문화적 결정론 — 을 함께 받아들이는 것 같다. 극단적 우파 내에서도 가장 확고한 입장을 견지하는 측 — 종교 근본주의자들뿐만 아니라 다양한 백인 국수주의자들과 생존주의자들 — 은 신이 궁극적 실재이고, 전지전능하며, 세상사에 직접 개입할 것이라고 믿는다. 이들은 이브가 (에덴동산의 뱀인) 사탄의 유혹에 빠지기 전까지는 인간이 원래 자유를 누리고 자신의 운명을 결정할 수 있는 능력을 가졌다고 생각한다. 이브의 유혹으로 인류의 역사가 시작되었고, 사탄이 신과 신의 계획을 계속 훼방하게끔 되었다. 하지만 조만간 심판의 날이 다가와 지상에 (흔히 백인 기독교 국가로 생각되는) 신의 왕국이 세워질 것이다. 그 날이 오면 신이 인간의 역사에 적극적으로 개입하여 불의한 자들을 멸망시키고 의로운 이들을 구원할 것이다.[37] 이런 종말의 때가 다가오고 있으므로 모든 사람은 구원을 받기 위해 신의 뜻에 따라 올바르게 살 의무가 있다.[38]

극단적 우파의 일부에서는 종교적 존재론과 연관된 가정, 즉 문화적 결정론을 주장하는 이들도 있다. 이런 식의 세계관에 따르면 인간은 신이 정한 도덕률을 따라야 하고, 그런 도덕률이 그 나라의 문화에 반영되어야 하는데, 개인과 공동체는 신의 도덕률을 따를지 여부를 스스로 선택할 수 있다고 한다. 이런 선택이 각자의 사회 내 위치를 결정하고, 신의 왕국 내에서 각자의 궁극적인 운명을 결정할 것이다. 신의 완덕完德을 향해 흔들리지 않고 나아가는 사람이 가장 강한 사람일 것이고, 가장 강한 사람이 결국 구원받을 것이다. 이와 마찬가지로 한 나라의 문화·종교적 가치가 권력, 지위, 부에 관한 국제적 경쟁의 결과 또한 결정한다고 한다. 신의 완덕에 부합하는 문화 규범을 갖춘 나라가 세계 민족들 사이의 필연적인 경쟁에서 승리를 차지할 것이다. 정치 문화가 분열되어 있고 부도덕한 나라는 지배를 받게 될 것이다. 바로 이 지점에서 극단적 우파가 급진적 우파보다 더 극단적인 정치관을 보여 준다. 극단적 우파의 해석에 따르면, 인간은 신의 뜻에 맞게끔 자국의 국민을 하나로 만들어야 하고, 타인들에게도 자기가 믿는 신의 뜻을 강요해야 한다. 이런 식의 선택 없이는 타인들이 우리를 지배하고 멸망시킬 것이다.

11
급진적 좌파
...
사회주의적 이상으로 물질의 힘을 조절한다

민주사회주의의 존재론적 관점을 신칸트주의Neo-Kantianism로 규정하는 분석가들이 있는데,[39] 급진적 좌파 내의 여타 관점들에 대해서도 같은 분석을 할 수 있다고 생각된다. 신칸트주의는 헤겔의 관념론과 마르크스의 유물론을 종합하려고 한다. 임마누엘 칸트Immanuel Kant, 1724~1804는 사실facts과 가치values를 구분한, 영향력 있는 독일 철학자다. 칸트는 (마르크스의 경제법칙과 역사법칙처럼) '사실'이 현상계의 일부이고 인간은 경험과 사고를 통해 '사실'을 알 수 있다고 보았다. 그러나 (도덕성과 같은) 가치는 (신 그리고 불멸성 등과 같은) 더 깊은 차원의 궁극적 실재이며, 그것은 현상계를 넘어 사실적·물질적인 것과는 별개로 존재한다고 생각했다. 베른슈타인과 같은 초기의 민주사회주의자들은 마르크스의 경제결정론을 완전히 거부하지 않으면서도 그것을 더 깊은 차원의 가치에 종속시키고자 했기 때문에 신칸트주의에 관심을 기울이게 되었다. 신칸트주의를 받아들이면 (사회주의적 원칙과 같은) 특정한 도덕성을, 물질적으로 필요해서가 아니라 그것이 바람직하다는 이유만으로, 자유롭게 받아들일 수 있게 된다.

민주사회주의자들은 이런 존재론을 지니고 있었으므로 정치권력을 민주적으로 활용하여 사회주의적 가치를 추구한다면 자본주의가 지배하는 세계를 바꿀 수 있다고 믿을 수 있었다. 그런데 이런 관점은 마르크스주의의 경제결정론적 존재론보다 현대 자유주의의 존재론에 더 가깝다. 정통 마르크스주의자들은 지금도 경제적 하부구조가 사회적 가치관을 결정한다고 믿는다. 마르크스주의의 존재론에서는, 자본주의가 경쟁이니 강한 개인주의니 기회균등이니 하는 자유주의적 가치를 지지하고 그것을 필요로 하기 때문에, 자본주의가 존재하는 한 사회주의적 가치를 확산할 수 없다고 믿는다. 그러나 베른슈타인은 정통 마르크스주의의 존재론이 지나치게 유물론적이고 결정론에 기대고 있다고 보았다. 그는 이념·사상·윤리도 궁극적 실재의 중요한 측면이므로 미래에 영향을 미칠 수 있으며, 그것들이 적어도 부분적으로는 경제적 요소들과 별개로 존재한다고 주장했다.[40]

그런데 민주사회주의자들은 이뿐만 아니라 고전적 자유주의의 자연론적 존재론에 대한 대안으로 신칸트주의를 받아들였던 측면도 있다. 앞에서 보았듯이 고전적 자유주의자들은 역사 발전이 자연법칙에 의해 결정된다고 생각했다. 예를 들어, 허버트 스펜서는 인간의 진보가 적자생존에 달려 있다고 했는데, 이 말은 약자와 실격자는 멸종하도록 내버려 두어야 인류가 발전할 수 있다는 뜻이나 마찬가지였다. 그러나 사회주의자들은 인간이 이런 자연법칙의 지배를 받아야 한다는 생각을 거부한다. 토머스 헨리 헉슬리 Thomas Henry Huxley, 1825~95는 다음과 같이 말한다. "사회의 진보란 자연선택 이론에 따라 삼라만상이 진화하는 모든 단계에 인간이 개입해서 그것을 다른 어떤 것으로 대체하는 것이다. 이를 윤리적 과정이라 부를 수 있을 것이다."[41] 인간은 자기중심성·경쟁·지배 등이 통용되는 자연세계에 굴복하기보다, 자신의 도덕적 의지를 이용해서 자기 절제를 행하고 타인을 도우며 정의로운 사회를 건설할 수 있다는 말이다.

민주사회주의뿐만 아니라 여타 급진적 좌파 사상 역시 신칸트주의적 존재론을 수용한다고 보아도 무방하다. 롤스와 같은 평등주의적 자유주의자들은 칸트의 이론에 뿌리를 두고 있음을 강조한다. 칸트의 이론은, 어째서 평등주의 원리가 '우리가 심사숙고한 끝에 내리는 도덕적 판단'과 합치되는가 하는 질문에 대해 규범적인 논거를 제공해 준다. 그리고 이상적인 정의론을 개발하려는 평등주의자의 모든 노력 속에 은연중 전제되어 있는 것은 '도덕적 이상이 인류의 역사에서 중요한 역할을 할 수 있다'는 가정이다. 세계주의적 정의를 설파하는 이론가들은 자신들이 주장하는 전 지구적 정의 원칙이 현재의 세계에 존재하는 경제적 세력 관계의 속박에서 쉽게 벗어날 수 없는 이상주의적 이론임을 인정하지만, 그런 속박이 있다고 해서 자신들의 이상론이 (부국에서 빈국으로 자원을 재분배하려는) 국제적 지도자들의 정책에 전혀 영향을 주지 못하는 것은 아니라고 생각한다. 시민적 공동체주의자, 급진적 페미니스트, 녹색주의자 등도 공동체적 가치와 젠더 평등적 가치 그리고 환경 가치가 물질적·경제적 힘에 의해 오랫동안 예속되어 왔음을 인정하지만, 자신들의 이론을 통해 도덕적 이상이 인류의 역사에 중요한 역할을 한다는 점을 증명하려고 노력한다.

그러므로 급진적 좌파는 마르크스의 유물론 및 고전적 자유주의의 자연론 모두와 거리를 둠으로써 특정한 존재론에 근거한 정치적 원리를 주장하지 않는다. 급진적 좌파는 궁극적 실재를 알고 있다고 내세우지 않으며, 인간의 역사가 예정되어 있다고 주장하지도 않는다. 그럼에도 급진적 좌파가 일정한 존재론적 가정을 받아들인다고 말할 수 있을 것이다. 급진적 좌파의 지지자들은 '가치'라는 것이 실제로 존재해 사회적 삶에 영향을 미치며, 그런 가치가 적어도 부분적으로는 경제력과 자연법칙을 비롯해 우리의 선택에 영향을 주는 여러가지 속박들로부터 독립되어 있다는 사실을 믿는다. 이들은 인간의 삶이 경제력이나 여타 물질적 힘의 영향을 앞으로도 계속 받겠지만, 그럼에도 인간이 (그리고 인간의 선택이) 인류의 진화와 역사 발전에 큰 영향을 줄 수 있다고 믿는다. 그러나 이렇게 인간의 선택을 강조하는 존재론에 근거할 경우 궁극적 실재와 역사의 발전 경로가, (근본적 차원에서는) 알 수 없고 확정되지 않은 채로 남을 수밖에 없다. 인간의 가치와 인간의 선택은, 급진적 좌파가 지지하는 이념들과 상반되는 대안들을 가리킬 수도 있기 때문이다. 그렇게 되면 결국 평등주의적·공동체적·페미니즘적·환경적 가치를 지향한다는 것이 인간의 여러 가능성 가운데 단지 하나의 가능성에 지나지 않을 수도 있다. 결국 선택은 인간이 내린다는 뜻이다.

12
극단적 좌파
...
생태적 한계 내에서 인간의 상상력을 발휘한다

극단적 좌파의 저술들을 피상적으로 접하면 이들이 강력한 존재론적 가정에 근거하고 있다고 생각할지도 모른다. 이 장의 서두에서 우리는 하트와 네그리가 "전쟁이 존재론적 현상이 되었다"라고 주장한 것을 살펴보았다. 액면 그대로 받아들이면 제국이 지배하는 오늘날의 세계에서 전쟁이야말로 인간의 가장 근본적인 현실이라는 말처럼 들리기도 한다. 지금 이 순간에도 '대테러 전쟁'이 진행되고 있지 않은가. (전쟁이 특정 국가들 또는 민족들 사이에서 벌어졌고, 시작과 끝이 분명했던) 과거의 인류 역사와는 달리, 오늘날 우리는 전 세계에서 벌어지고 있는 항구적인 전쟁 상태 속에서 살아가고 있다. 오늘날 전쟁은 모든 곳에서 벌어지고 있을 뿐만 아니라, 삶을 근간부터 뒤흔들고 있다. 자살 폭탄으로 죽을지도 모른다는 걱정을 끊임없이 해야 하고, 소수민족 집단들은 제노사이드의 두려움 속에서 살아가야 하며, 인류 전체가 핵전쟁으로 파멸할 공포를 느끼며 살아가야 하니 말이다. 하트와 네그리는 이런 전쟁 상태가 삶의 가장 기본적인 현실이라고 본다. 그리고 전 세계를 지배하는 제국은 항구적인 전쟁의 세계 속에서 약간이나마 평화와 안정을 보장해 줄 능력이 있다고 내세움으로써 자신을 정당화하려 한다.

미셸 푸코와 같은 포스트구조주의자들 역시 확고한 존재론을 가졌다고 볼 수 있으나 그들은 우리 삶의 기본 현실로 '권력'을 지목한다. 권력이란 정치 지도자나 기업의 총수들이 우리의 삶을 통제할 수 있는 능력만을 뜻하지는 않는다. 사람들이 교사·의사·치료사와 같은 미시 수준의 권력자들에게 끊임없이 감시를 받고 있고, '정상적'인 상태를 유지하기 위해 옴짝달싹하지 못하게끔 통제받는 현실에서 볼 수 있듯이, 권력은 삶의 모든 측면에 언제나 작동하고 있다. 탈근대 페미니스트들도 이 점에 동의하면서 남성들이 그런 정초주의적 규범 ─ 우리 주위의 언제 어디서나 존재하는 규범이자, '권력-행위 주체'power-agent 들이 지원하고 강화하는 규범 ─ 을 창조했음을 지적한다. 그러므로 극단적 좌파는 남성 중심의 가치와 규범, 폭넓은 사회적 권력의 숨 막히는 네트워크, 온 세상에서 벌어지고 있는 전쟁 등을 오늘날 인간 실존을 규정하는 다양한 현실로 받아들인다고 볼 수도 있다.

하지만 이런 식으로 인간의 실존을 규정하는 현실이 진정으로 존재론적 힘이 될 수 있을까? 확고한 존재론적 힘이란 본질적인 힘을 말한다. 이런 힘은 궁극적 실재의 항구적인 특징이자 본질이라 할 수 있다. 따라서 우리는 존재론적 힘을 초월할 수도 없고 그것을 제거할 수도 없다. 그런데 극단적 좌파는 전쟁과 권력 및 남성적 규범을 중요하게 생각하긴 하지만 그것들을 존재론적 차원에서 본질적인 힘으로 간주하지는 않는다. 전쟁과 권력 및 남성적 규범이 현재의 세계와 오늘날 우리 실존의 크나큰 특징인 것은 사실이지만, 이전 시대 사람들은 오늘날과는 다른 권력관계·전쟁 및 다른 가치 체계를 가졌다. 더 나아가, 극단적 좌파 가운데는 오늘날의 현실을 초월할 수 있다고 믿는 이들도 있다. 예를 들어, 영구평화로 영구전쟁을 대체할 수 있고, "고유한 개별성"singularities(모든 인간의 독특한 속성) 내의 평등으로 지배를 대체할 수 있으며,[42] 여성적인 규범으로 남성 중심의 규범을 대체할 수 있다는 것이다. 극단적 좌파는 삶의 억압적 측면들을 폭로하고, 이런 억압이 대단히 포괄적이라고 규정함과 동시에 억압적 힘을 거부하라고 촉구한다.

요컨대, 극단적 좌파는 정초주의foundationalism(토대주의)를 반대하는 셈이다. 따라서 극단적 좌파 내의 여러 사상들은 우리의 정치적 세계가 신의 뜻, 경제력,[43] 전쟁, 권력, 남성적 규범, 그리고 그 외의 여러 주요한 힘들에 의해 분명히 결정된다는 존재론적 가정을 거부한다. 또한 극단적 좌파는, 우리의 미래가 자유주의적·보수주의적 (혹은 사회주의적) 가치와 이상을 구현하는 데에 달려 있다고 믿는 현대 자유주의와 현대 보수주의 및 여타 다원주의자들이 믿는 존재론을 반대한다. 극단적 좌파는 이런 가치와 이상을 정치 공동체가 추구해야 할 고정된 목표로 간주할 수 없다고 본다. 정치에서 길 안내를 해주는 정초주의적 가치를 받아들이지 않는다는 뜻이다. 그 대신 궁극적으로 인간의 상상력만이 존재한다고 한다. 그러므로 극단적 좌파에게 가장 기본적인 가정 하나만을 꼽으라면 상상력의 중요성과 힘을 들 수 있다. 인류는 가깝거나 먼 미래에 펼쳐질 새로운 세계를 꿈꿀 수 있다. 예를 들어, 하트와 네그리는 사랑으로 이루어진 세계를 상상할 수 있다고 말한다.

> 인간에 대한 신의 사랑과 신에 대한 인간의 사랑 모두 다중의 공통적인 물질적·정치적 기획 속에서 표현되고 구체화된다. 우리는 오늘날 사랑의 이러한 물질적이고 정치적인 의미 — 죽음만큼 강한 사랑 — 를 되찾을 필요가 있다. 이것은 당신이 당신의 배우자를, 당신의 어머니를, 당신의 자녀를 사랑할 수 없다는 것을 의미하지 않는다. 그것은 단지 당신의 사랑이 거기에서 그치지 않는다는 것을, 사랑이 공통적인 우리의 정치적 기획들과 새로운 사회의 구축을 위한 기초로 작용한다는 것을 의미한다. 이러한 사랑이 없다면 우리는 아무것도 아니다.[44]

또 다른 사례로, 사람들이 자연과 조화를 이루면서 지역공동체에서 단순하게 살아갈 수 있는 세상을 상상하는 심층 녹색주의가 있다. 이들이 꿈꾸는 세상은 영성적인 가치를 유지하면서도 오늘날 통용되는 다원적 사회의 특징인 물질만능주의가 사라진 세상이다.

따라서 극단적 좌파는 급진적 좌파와 마찬가지로 인간이 스스로 이 세상을 근본적으로 변화시킬 수 있고, 변화시켜야 한다고 믿는다. 또한 두 사상 모두 인간이 신의 의지와 권한의 지배를 받는다거나 인간이 경제력에 좌우되는 사로잡힌 존재라는 식의 확고한 존재론을 거부한다. 그러나 급진적 좌파가 이미 잘 규정되어 있는 사회주의적·자유주의적 가치들을 추구하면서 세상을 바꾸려 하는 반면, 극단적 좌파는 이런 가치들조차 비판하며 인간의 상상력에 의존해서 세상을 바꾸자고 한다. 또한 급진적 좌파는 어떤 목표를 달성할 때 경제·사회·정치적 제약 조건이 항상 있기 마련이라는 점을 잘 알고 수용하지만, 극단적 좌파는 이 모든 제약을 어떤 식으로든 극복할 수 있다고 시사하곤 한다. 극단적 좌파가 아닌 다른 사상들이 기존의 가치들을 존중하는 만큼이나, 극단적 좌파의 사상은 기존 가치에 대한 심각한 도전으로 받아들여질 여지가 있다. 극단적 좌파가 아닌 다른 사상들이 기존의 제약 조건들을 불가피한 것으로 받아들이는 것만큼이나, 극단적 좌파의 사상은 유토피아적으로 생각될 여지가 있다.

하지만 극단적 좌파의 존재론을 이렇게 규정하는 것이 심층 녹색주의에는 별로 해당되지 않는다. 심층 녹색주의는 지구의 생태적 한계를 강조하므로 인간이 훼손해서는 안 되는 궁극적 실재를 분명히 인식한다고 볼 수 있다. 심층 녹색주의는 다음과 같이 지적한다. 즉, 열역학 법칙에 따르면 이 세상은 물질과 에너지로 구성되어 있고 물질과 에너지는 파괴될 수 없고 완전히 새롭게 생성될 수도 없으며 단지 한 가지 형태의 물질이나 에너지에서 다른 형태의 물질이나 에너지로 전환되는 것만이 가능하다. 하지만 (인구가 늘어나고 인간의 경제 생산성이 향상되면서 일어나는 전환을 포함한) 모든 전환은 활용 가능한 자연과 에너지의 변질을 초래하며 엔트로피를 증가시킨다.[45] 이 말은 우리가 경제 발전을 추구할 때 "열역학 결손이 늘어날수록 궁극적으로 더 큰 파멸의 길을 걸을 수밖에 없다"라는 것을 의미한다.[46] 이런 사상에 따르면 인간은 세계의 운명을 완전히 통제할 수 있는 존재가 아니고, 오히려 생태적 한계에 순응해야 하는 존재인 것이다.

13
소결

...

사람들이 유연한 존재론적 사상을 지니고 있고, 따라서 궁극적 실재에 관한 자신의 가정과, 미래 세계를 창조할 궁극적 동인 등이 정치적 삶과는 별 관련이 없다는 점을 이해할 때, 다원주의가 잘 작동할 수 있다. 다원주의자들은 신의 존재나 물질세계의 중요성과 같은 생각을 거부하지는 않는다. 정치적 사건에 대해 신의 힘 혹은 자연의 힘이 영향을 미칠지 모른다는 생각도 거부하지는 않는다. 그러나 다원주의자들은 인간이 이런 외부의 영향력에 저항할 수 있으며, 인간이 스스로 선택한 방식으로 세계를 만들어 갈 수 있다고 생각한다. 다원주의자들은 인간의 생각(사상)이 이 세계에서 하나의 근본적인 요소이고, 그것이 초자연적 실재나 물질적 실재와는 별개로 존재한다고 가정한다. 또한 이들은 그런 사상들이 세계의 미래에 영향을 주겠지만, 어떤 사상이 우위를 점할지는 결정되어 있지 않다고 가정한다. 세계의 미래는 인간의 선택과 그런 선택을 실행하기 위해 인간이 동원할 수 있는 자원에 좌우될 것이다.

현대 자유주의와 현대 보수주의의 존재론은 이런 다원주의의 저변을 이루는 합의의 범위 안에 존재한다. 물론 자유주의자는 자유주의 사상의 중요성을 강조하고, 보수주의자는 보수주의적 가치의 중요성을 역설하겠지만, 두 사상 모두 인간의 삶과 역사에서 가치·문화·도덕성 같은 것들이 중요하다는 점을 인정한다. 따라서 통상적인 다원적 정치에서는 정책을 결정할 때 경합하는 가치들 가운데 어떤 가치에 우선순위를 두어야 할지를 놓고 전투가 벌어지기 마련이다. 개인의 시민적 자유를 강조해야 할까, 아니면 집단의 안전보장 조치를 강조해야 옳을까? 개인의 선택을 존중하는 정책을 선택해야 할까, 아니면 전통 도덕 가치에 더 잘 순응하는 정책을 취하는 것이 옳을까? 사회재의 좀 더 평등한 분배를 강조해야 할까, 아니면 사회재의 전체 몫을 일단 더 키울 필요가 있을까? 그러나 이런 가치 논쟁 외에도 다원적 정치의 주변부에서는 다원적 정치의 제도적 기반을 놓고 또 다른 전투가 벌어지고 있다. 급진적 좌파와 급진적 우파는 다원적 정치의 통상적 선거 이슈 혹은 통상적 정책 이슈에 대한 관심보다, 좌파 혹은 우파의 가치를 추구할 만한 힘을 지닌 제도를 근본적으로 바꾸는 데에 더욱 관심을 기울인다. 일반적으로 말해, 급진적 좌파는 평등과 사회연대를 실현할 수 있는 민주적·정치적 제도의 구축을 원하는 반면, 급진적 우파는 재산권의 강화와 전통적 도덕을 실현할 수 있는 기업 활동과 종교 제도를 확충하고 싶어 한다.

19세기의 정치와 20세기의 전체주의 이념의 특징이었던 확고한 존재론은 이제 다원적 정치에 부합되지 않는다. ('존재의 거대한 사슬'이든, '자연법과 자연권'이든, '경제결정론'이든, '총통의 의지'이든 간에) 초자연적 힘 또는 자연적 힘이 인간사의 근본을 이룬다는 가정은, 각각의 정치 공동체가 집합적으로 자신의 역사를 만들어 가야 하고, 자신의 권리와 책임 체계를 구축해야 하며, 민주적 방식으로 통치해야 한다는 다원주의적 신념과 부합되기 어렵다. 다원주의에서 상정하는 유연한 존재론 — '세상은 결정론으로 좌우되지 않는다', '인간 자신의 생각(사상)이 인류의 방향을 제시할 것이다', '인간이 정치적으로 성취할 수 있는 바를 추구하는 데 심각한 제약 조건들이 존재한다' 등 — 은, 돌이켜 생각해 보면 아주 단순한 가정들로 이루어져 있다. 하지만 이런 유연한 가정에 근거해서 정치를 한다는 것이 쉬운 일이 아니라는 사실 또한 잘 알려져 있다. 극단주의자들에 의해 위협받기 쉬운 입장이기 때문이다.

극단적 우파 가운데 어쩌면 이슬람 근본주의가 가장 눈에 잘 띄는 정치 운동일지도 모른다. 이들은 신의 뜻에 순종하는 정치를 창조하려고 노력하는 것 같다. 요즘 들어 철저한 종교적 가정이 점점 더 강력해지고 있고, 종교가 정치에서 좀 더 근본적인 역할을 해야 한다는 가정이 횡행하고 있음을 곧잘 관찰할 수 있기 때문이다.[47] 미국의 다원주의자들은 공립학교에서 지적 설계론을 가르치게 하는 법을 제정하자는 기독교 근본주의자들에게 경각심 — 이런 움직임이 극단적 우파가 다원적 정치에 공격을 가하려는 시도일지 모른다는 우려 — 을 가져야 할지도 모른다. 그러나 이는 기우일 수도 있다. 다원주의의 존재론적 관점에서 볼 때 지적 설계론의 지지자들이 다원적 정치로 해소될 주장을 한다고 볼 수도 있기 때문이다. 지적 설계론의 찬성자들은 그저 '우리의 공립학교에서 세속적 사상만을 강조해야 하는가?'라는 질문을 던지는 것일 수도 있다. 그러면서도 이들은 오직 인간만이 진화론이나 지적 설계론의 타당성을 결정할 사유 능력을 구사한다는 점에 동의할 가능성이 있다. 그러나 만일 지적 설계론의 지지자들이 이 쟁점의 결론은 오직 신만이 내릴 수 있고, 신이 인간의 역사에 직접 개입하여 '지적 설계론 가설'보다 진화론이 더욱 타당하다고 주장하는 사람들을 벌할 것이라고 주장한다면 이들은 극단주의자가 되며, 이때 이들은 다원주의자들에게 공포의 대상이 될 것이다.[48]

극단적 좌파가 오늘날 우리의 궁극적 실재라고 인식하는 존재론적 힘 — 영구전쟁, 널리 퍼져 있는 권력의 연결망들, 남성적 가치 중심의 문화 등 — 은 어쩌면 오늘날 우리의 실존에 팽배해 있는 경향일 수도 있다. 그러나 극단적 좌파는 그런 힘이 삶에 미치는 포괄적 영향에 대한 믿음을 검증할 만한 근거를 내놓지 않는다. 이들의 극단적 견해에 따르면, 삶의 복합적 현실에 포함되어 있을지도 모르는 '대항력'을 설명할 수 있는 길이 없다. 따라서 극단주의자의 견해는 우리가 현재 살아가고 있는 다원적 세계를 철저하게 냉소적으로 여기게 하기 쉽다. 물론 극단적 좌파가 상상하는 사랑의 세계, 자연과의 조화 등의 사상이 영감을 주는 것은 사실이다. 그러나 인간의 상상력이 비현실적이거나, 오도된 것일 수도 있다. 게다가 특정한 사상적 비전이 현실에서 실현되려면 정치과정을 거쳐야만 한다. 극단적 좌파도 이런 점을 잘 알고 있으므로 정치과정이 [자신들의 주장을 반영할 정도로] 최대한 포괄적이어야 한다고 주장한다. 이런 태도를 취한다면, 극단적 좌파의 주장 역시 (정치가 새로운 해방의 사상을 개방적으로 받아들여야 한다고 언제나 주장해 온) 다원주의자들과 비슷해진다. 극단적 좌파는 다원주의의 가능성에 대한 설명을 인정하겠지만, 현재의 다원주의로는 (극단적 좌파가 상상할 수 있는 거대한 변화를 일으키는 데 필요한) 개방적이고 포용적인 정치과정을 기대할 수 없다고 분명히 못을 박을 것이다. 이런 차이점에도 불구하고 극단적 좌파와 다원주의자들은 적어도 다음과 같은 존재론적 가정에는 동의할 수 있을 것이다. 즉, 역사는 언제나 사람들이 생각하는 바에, 그리고 사람들이 정치적으로 어떻게 행동하는지에 달려 있다는 가정 말이다.

6

철학적 가정 2

인간론

인간은 본질적으로 평등한가? 만일 그렇다면 어떤 식으로 평등하며, 그 근거는 무엇인가? [평등하지 않다면] 어떤 식으로 불평등한가? 인간의 기본적인 동기와 목적이 무엇이며, 무엇이 되어야 하는가? 인간은 자신의 목표를 선택하는 경우 자율적이고 이성적인가, 아니면 '좋은 삶'이라는 개념과 이를 향한 동기는 사회적·정치적으로 영향을 받는가?

인간 본성을 둘러싼 이런 질문들에 대해 (많은 정치적 쟁점들의 저변을 이루는) 여러 다른 종류의 응답들이 나올 수 있다. 예를 들어, 복지 정책에 관한 논쟁을 생각해 보자. 취약 계층에게 공공 부조를 더 많이 제공하자고 촉구하는 사람들은 복지 정책의 수급자들을 그들이 처한 (자력으로는 어찌할 수 없는) 상황의 피해자로 묘사하곤 한다. 예컨대, 이들은 가난한 동네에서 어렵게 살아가는 어린이들이고, 남편이 떠나 버린 집안에서 홀로 아이들을 키우느라 고생하는 여성들이고, 정서적·정신적·육체적 질환 때문에 일자리를 얻지 못하는 실업자들이거나, 경제 상황이 악화되어 구조 조정의 대상이 된 해고 노동자들이다. 반면에 공공 부조를 줄이자고 주장하는 사람들은 복지 정책의 수급자를 게으르고 무책임한 집단으로 그린다. 그런데 복지 정책의 (잠재적) 수급자들에 대한 표현의 저변에는 인간 본성에 대한 더욱 근본적인 전제가 깔려 있다. 복지를 지지하는 사람들은 인간이 각자의 가치는 물론, 가치 있는 삶을 살아가고 싶어 하는 욕망에서는 본질적으로 평등하지만, 자신의 뜻과는 상관없이 사회·자연적 환경으로 말미암아 좋은 삶을 살아갈 기회를 불공평하게 제공받는다고 생각한다. 복지를 반대하는 사람들은 복지 수급 대상자들이 정부의 최저 생계 보조금에 의존해서 그럭저럭 살아가려는 것 이상의 의욕을 보이지 않는다고 간주한다. 또한 복지 혜택이 지나치게 많아지면 사람들이 열심히 일하거나 스스로 책임 있게 살아가기보다, 차라리 공공 부조에 의존해서 사는 편이 더 낫다고 생각할 가능성이 크다고 가정하는 것 같다.

정치사상에서 이처럼 인간의 본성에 대해 (서로 경합하는) 지나치게 단순한 가정들을 내리는 경우가 흔하다. 인간은 원래 사악하고 절대 신뢰할 수 없는 존재이므로 인간 세상에서 질서를 유지하려면 광범위하고 강력한 권위가 필요하다고 주장하는 사람도 있다. 반면에 인간은 원래 선하므로 그들을 통제하기 위해 권력을 거의 사용할 필요가 없다고 보는 사람도 있다. 만일 인간 본성에 관한 질문이, 인간이 선한지 악한지를 묻는 단순한 질문으로 환원될 수 있다면, 정치 이론은 권위주의와 아나키즘 사이의 논쟁에만 초점을 맞춰도 될 것이다. 그러나 인간 본성을 사유할 때 이런 단순한 구분을 넘어 더 깊이 나아갈 필요가 있다.[1]

예를 들어, 인간 본성에 관한 가정의 단 한 가지 측면 — 인간의 본질적 행동 동기 — 만 살펴보도록 하자. 삶에서 가장 근본적인 목적은 무엇인가?

- 행복 : 자신의 즐거움을 크게 하고, 괴로움을 줄이는 것?

- 선익 : 인간의 잠재력과 성격을 계발하는 것?
- 성공 : 인간이 원하는 목표를 달성하는 것?
- 부 : 물질적 재화와 부를 축적하는 것?
- 명성 : 유명해지는 것? 또는 적어도 자신만의 개성 있는 정체성을 가진 사람으로 인정받는 것?
- 사랑 : (특히 가족끼리) 사랑하고 사랑받는 것?
- 도움 : 타인과 자신의 지역사회를 돕는 것?
- 평온 : 욕망으로부터 해방된 참된 자유의 상태?
- 성스러움 : 신을 섬김?

물론 이 외에도 얼마든지 많은 목록이 나올 수 있다. 그런데 인간이 삶의 각 시기에 서로 다른 행동 동기들을 갖고 있다고 할 때, 어떤 행동 동기가 인간 본성에 가장 기본적인지를 알아낼 방법은 무엇인가?

(이 장의 처음에 소개한 몇 가지 질문 속에 함축되어 있듯이) 인간 본성에는, 여러 다른 차원들이 존재한다. 우리는 자신의 행동 동기를 자유롭게 선택하는가, 아니면 그런 동기들이 외부로부터 부여되는가? 어쩌면 자유로운 '선택'이라는 것도 단지 (우리가 각자의 자율적이고 자유로운 선택이라고 가정하는 것을 실제로 크게 제한하는) 경제·사회·종교적 압력 또는 여타 영향력에 따라 정해지는 것일지도 모른다. 또한 인간의 능력에 대해서도 풀기 어려운 질문들이 있다. 예를 들어, (모두가 어느 정도 사유 능력을 갖춘 듯하지만) 오류 없이 완벽하게 사유하고 완벽한 지성을 지닌 사람은 아무도 없을 것이다. 어쩌면 골치 아픈 정치적 쟁점 앞에서 그 누구도 완전무결한 투표를 할 수 없을지도 모른다. 모든 사람의 사유 능력과 지적인 역량이 서로 달라 보일지라도, 우리는 (가령 심각한 정신장애를 지닌) 극히 일부를 제외하고는 대다수 인간이 자신의 삶에 대해 선택권을 행사할 수 있고, 자기가 속한 공동체의 삶에 영향을 미치는 사안을 다루는 정치적 결정에 참여할 권리가 있다고 생각한다. 어쩌면 대다수 사람들이 막강한 정치적 지위 — 미국 대통령 자리까지 — 에 오를 만한 정신적 역량을 지니고 있을지도 모른다.

(이데올로그들은 인간 본성에 대해 특수한 가정을 아주 강하게 주장할지 몰라도) 다원주의자들이라면, 사람들이 극히 다양한 행동 동기를 지녔을지라도 그들이 서로 근본적으로 평등하다는 사실을 인정할 것이다. 다원주의자들은 인간의 역량이 서로 다르긴 하나, 그렇다고 해서 대다수 사람들이 자신의 삶에 책임을 지고, 자신이 거주하는 공동체의 의사 결정에 참여하기에 충분한 이성을 지녔다는 전제가 허물어지지는 않는다는 사실을 인정한다. 또한 다원주의자들이라면 (즉, 인간의 복합성을 더 잘 파악하기 위해 인간 본성에 관한 다양한 견해들을 살펴보자는) 이 장의 근본적인 집필 목적에 포함된 가치에 찬성할 것이다. 인간이 처해 있는 서로 다른 행동 동기와 역량, 정황 등을 잘 알수록, 정치를 (특정한 인간성만을 존중하고 여타 인간성은 무시하거나 억압하는 도구가 아니라) 인간들 사이의 차이점을 인정하고 그것에 봉사하는 도구로 파악할 가능성이 더욱 커진다.

1
고전적 자유주의
...
평등하고 이성적으로 행복을 추구하는 인간

앞의 장에서 살펴본 것처럼 홉스·로크와 여타 초기의 자유주의자들은 인간 본성에 관해 타당한 전제를 발전시키기 위하여 자연 상태 속의 인간이라는 개념을 제시했다. 자연 상태에서 인간은 다른 자연적 대상들처럼 그저 '움직이는 물체'라고 규정될 수 있다. 인간을 물질적 존재로 가정할 때 인간은 존재론적으로 다른 인간들과 분리된 대상이 되어 버린다. 인간은 어떤 영성적인 연결성이나 일치성이 전혀 없이, 물리적으로 서로 떨어져 있는 별개의 존재들인 것이다. 이때 인간은 심리적으로도 타인의 안녕에 대해 별로 관심이 없는 독자적인 존재가 된다. 우리는 자신의 삶을 보전하고 행복을 좇는 데만 관심을 기울이는, 자기 이익을 추구하는 존재들이다. 스스로 자신의 행복이 무엇인지를 가장 잘 판별할 수 있는 것은 자기 자신이므로, 인간은 자신에게 가장 좋은 것이 무엇인지를 알아내기 위해 자율성autonomy — 자신에게 좋은 것을 추구할 수 있는 능력 — 을 가질 수 있어야 한다.

C. B. 맥퍼슨C. B. Macpherson은 자유주의가 생각하는 '인간형 모델'이 '효용을 극대화하는 인간'maximizer of utilities이라고 말한다.[2] 달리 말해, 고전적 자유주의는 인간이 가능한 한 쾌락을 즐기고, 고통을 피하려는 일차적 행동 동기를 지닌다고 상정해 왔다. 첫째, '인간의 선익'이라는 개념은 애초 자신에게 효용이 되는 것이 무엇인지를 자각하는 데서 비롯된다. 쾌락을 경험하는 것은 좋은 일이고 고통을 경험하는 것은 나쁜 일이므로, '좋은 삶'을 영위하려면 자기 이익을 추구해야만 하며, 이런 것은 결코 도덕적 타락의 징표가 아니다. 실제로, 인간이 만일 자신의 이익과 행복 및 삶의 보전에만 신경을 쓴다면 (도덕적으로 문제가 많고 사회적으로 파괴적인) '국가의 영광을 위한 전쟁' 따위의 행동 동기를 추구하지는 않을 것이다.

그럼에도 자유주의는 인간이 자기 이익을 과도하게 추구하면 사회적으로 문제가 발생한다는 점을 잘 안다. 인간이 타인의 이익을 침해하는 방식으로 자기 이익을 추구한다면 사람들은 언제나 갈등상태에 놓일 것이다. 그래서 자유주의는 사람들이 행복을 추구하더라도 일정한 제약을 받아야 한다는 사실을 받아들이게 되었다. 인간은 자신의 행복 추구가 타인의 행복을 짓밟으며 이루어져서는 안 된다는 사실을 이해할 필요가 있다. 둘째, 따라서 자유주의의 인간 선익 개념에는 사람들이 타인의 권리를 존중하는 방식으로 행동해야 한다는 도덕적 관점이 포함되어야 한다. 더 넓게 보아 고전적 자유주의는, 타인의 공격적인 행복 추구로부터 스스로를 보호해 주고, 타인에게 도움이 되는 방식으로 자기 이익을 조절할 수 있는 정치·경제적 제도를 마련해야 한다는 결론을 내렸다. 고전적 자유주의에서 형법·경찰·법원·교도소 등은 사람들이 자기 이익을 해로운 방식으로 추구하지 못하도록 막는 역할을 한다. 또한 자본주의는 사회 속의 인간이 타인들이 원하는 재화를 생산했을 때 보상을 받게 해줌으로써 인간의 자기 이익을 좋은 방향으로 조절해 준다.

인간은 자신의 효용을 극대화할 수 있게 해주는 능력을 많이 지니고 있다. 예컨대, 인간은 육신을 지니고 있다. 인간은 자신의 육신을 써서 노동하고 자연으로부터 (식량처럼) 자신의 생존에 필요한 재화를 얻을 수 있다. 그리고 육체노동을 통해 자연을 변환하여 기본적 필요 — 예컨대, 목화로 옷감을 짜고, 목재를 써서 거처를 짓는 것 — 와 쾌락 — 예컨대, 다이아몬드나 금과 같은 광물로부터 귀금속 장신구를 만드는 것 — 을 충족할 수 있다.

또한 인간은 시각 및 청각과 같은 감각을 지니고 있다. 감각을 통해 인간은 외부 세계를 감지할 수 있다. 로크에 따르면 우리의 감각기관은 주위 환경으로부터 감각을 받아들인다. 이런 감각은 우리 마음에 자극을 주고, 우리 마음은 그런 인식을 기록한 후 (마치 '아무 것도 쓰여 있지 않은 판'tabula rasa에 무엇을 그리듯이) 그 인식을 분류하고, 인식들을 서로 연결하여 이 세계에 관한 개념과 상호 연관성 및 추상적인 이론 지식을 만들어 낸다. 따라서 인간은 (감각과 감각에 대한 성찰에 근거하여, 마음이 유용한 사고를 할 수 있는 능력이라고 규정되는) 도구적 이성을 부여받은 것이다. 자유주의에서 말하는 이성에 대해, 평범하긴 하나 구체적인 예를 하나 들어 보자. 사람은 간혹 자기 배에서 꼬르륵 소리가 나는 것을 인지하는데, 시간이 지나면서 이 사람은 그것을 '허기'라는 범주로 분류한 후, 허기가 고통과 관련된 것이라고 기억한다. 또한 이 사람은 들판에서 자라는 빨간 열매를 '딸기'라는 범주로 분류하고 그것이 맛이 좋고 허기를 가시게 한다는 사실을 배운다. 그러므로 이성을 활용하면, 딸기를 따서 먹었을 때 허기를 채울 수 있고 기분도 좋아진다는 유용한 일반화를 얻을 수 있다는 것이다.[3]

자유주의가 이런 식으로 이성의 개념을 규정하는 방식은 과거와는 많이 달랐다. 예를 들어 전근대 이전의 학설에 따르면 이성은 궁극적인 지식을 자아낼 수 있다고 생각되었다. 이성 덕분에 인간은 모든 인간에게 선하거나 미덕인 것을 알 수 있었다고 한다. '올바른 이성'은 인간으로 하여금 적절한 삶의 목표나 목적을 알 수 있게 해주었다는 것이다. 하지만 자유주의 사상에서는 인간의 이성이 그런 궁극적 지식을 생성한다고 보지 않는다. 이성은 인간에게 개인적으로 행복을 줄 수 있는 것이 무엇인지에 대한 도구적 지식을 제공할 수 있을 뿐이다. 요컨대, 고대 철학자들은 이성을, 인간의 욕망과 욕구를 초월하거나 억눌러 일종의 더 높은 선익 또는 덕성을 얻을 수 있게 하는 인간의 능력이라고 보았다. 하지만 자유주의자들은 이성을 인간의 욕망과 욕구 — 개인들이 기본재*로 인식하는 — 를 충족하는 데 도움을 주는 자원으로 간주했다.

고전적 자유주의는 인간 세상에서 존재의 평등 equality of being을 가정한다. 모든 사람은 '움직이는 물체'이고, (적어도 자연 상태에서는) 모든 사람이 서로 소원疏遠한 상태에 있으며, 모든 사람이 근본적으로 자기 이익을 추구하고, 모든 사람의 행복이 다 똑같은 가치가 있다고 생각한다. 존재의 평등이란, 나의 생명·자유·행복이 너의 생명·자유·행복만큼이나 중요하다고 정당하게 주장할 수 있다는 뜻이다. 칸트의 정언명령은 자유주의에서 말하는 '존재의 평등' 사상을 도덕적으로 표현한 것이다. 누구도 자신의 행복을 위하거나 안녕을 증진하기 위한 수단으로 타인의 생명과 자유와 행복을 빼앗을 수 없다는 말이다.

또한 자유주의는 사람들이 '최소한의 역량'을 가지고 있다고 믿는다. 예를 들어, 홉스가 말했듯이, 모든 사람은 타인에게 신체적 위해를 가할 능력을 똑같이 지니고 있다. 로크가 생각한 인간 이성은 모든 사람의 학습 능력이 평등하다고 암시한다. 왜냐하면 배움이라는 것은 궁극적으로 모든 사람에게 열려 있는 경험에 토대를 두기 때문이다.

그러나 고전적 자유주의에서 모든 인간의 평등을 가정했다고 주장하는 것은 지나친 일반화일 것이다. 자유주의는 사람들이 서로 다른 목표와 행복의 관념을 지니고 있다고 생각한다. 자유주의는 사람들의 신체적·정신적 재능이 모두 다르고, 이런 재능을 사용하는 취향도 서로 다르다는 사실을 인정한다. 예를 들어, 존 스튜어트 밀은 사람들의 지성적 역량은 물론, 그런 역량을 발전시키는

● 기본재(primary goods) : 합리적인 인간이 획득하고자 하는 가장 일차적인 재화로, 자유·평등·부·자존·기회 등을 의미한다.

정도도 모두 다르다고 생각했다. 실제로 그는 사람들이 제대로 된 정치적 판단을 내릴 수 있는 능력이 모두 다르다고 생각했으므로 '1인 1표'라는 민주주의의 이상을 거부하고, 자격을 더 갖춘 사람에게 투표권을 더 부여하는 복수 투표제를 제안했다. 이와 함께 초기의 자유주의자들은 인간의 신체적·정신적 능력이 고정된 것이 아니라고 생각했다. 실제로 자유주의가 발전하면서 자유주의의 지지자들은 자유주의 (및 민주주의) 사회가 개인이 자신의 역량과 권한을 가능한 한 많이 발전시킬 수 있는 우호적인 환경을 제공할 수 있다고 생각했지만, 이들은 또한 그렇게 된다 하더라도 사람에 따라 결과는 모두 다를 수밖에 없을 것이라고 생각했다.[4]

2

전통적 보수주의

…

사회 속의 위치에 따라 인간을 규정한다

전통적 보수주의는 인간이 단지 좋은 것을 추구하고 괴로움을 피하려는 동기를 지닌 물질적 존재라는 주장을 거부한다. 앞 장에서 살펴보았듯이, 인간은 '존재의 거대한 사슬' 속에서 신과는 물론 서로 간에도 연계된 영적 존재다. 인간은 (자신이 몸담고 있는 공동체에서 강조하는 권리와 책임에 관한 도덕적 감성과) 영성적·사회적 의미를 지닌 동기를 가질 때에 현명하게 선택할 수 있다. 각자의 개별적인 이성만으로는 사람들이 좋은 선택을 하기에는 불충분하다. 하지만 인간은 신중하게 선택할 수 있는 능력을 가졌다. 그런 능력은 (사람들이 관습과 전통에 따라 선택을 할 수 있도록 안내해 주는) 질서가 잘 잡힌 사회에서 우러나오는 교훈을 통해 사람들을 이끄는 덕성이라 할 수 있다.

전통적 보수주의는 모든 사람이 악을 행할 수 있고, 자신과 사회를 파멸로 이끄는 본능적·감정적 욕망을 가동할 수 있는 심성을 지닌다고 가정한다. 그러나 모든 인간은 선을 행할 수 있는 심성과 자신의 성격을 발전시키고 인간적 덕성을 발휘하며 좋은 방식으로 공동체에 기여할 수 있는 심성도 함께 가졌다. 하지만 불행하게도 악을 향한 경향이 선을 향한 지향을 쉽게 이길 수 있다. 개인이 자기 이익을 추구하는 것을 사회가 장려할 때, 그리고 사람들이 통합되고 안정되고 유기체적인 사회의 관습과 전통으로부터 길 안내를 받지 않고 자기 자신의 헛된 이성에만 의존할 때, 악을 향한 경향이 늘어난다. 좋은 사회에서 살아도 인간이란 나약해지고 나쁜 습관에 빠지기 쉬운 존재인데 말이다. 따라서 어떤 사회도 완벽한 인간을 양성하지는 못하지만, 질서가 잘 잡힌 사회에서는 악을 향한 성향을 줄일 수 있고, 사회성을 함양할 수 있으며, 누구나 그 정도면 괜찮다고 할 수 있는 수준의 삶을 살 수 있게 해준다.

전통적 보수주의는 인간의 이성이 불완전하다는 점을 강조한다. 인간의 이성은 열정·정서·습관으로 얼룩져 있고, 이 세상과 우리 정치 공동체는 어떤 인간이라도 이성만으로 완전히 이해하고 감당하기에는 지나치게 복잡한 곳이다. 그렇다고 보수주의자들이 이성을 완전히 버려야 한다고 생각하는 것은 아니다. 다만 이성을 조심스럽게 활용해야 한다고 말하는 것이다. 인간이 활용할 수 있는 최선의 이성은 추상적이고 거대한 추론이 아니라, 구체적이고 특정한 사안에 초점을 맞추고, 자기의 경험에 의존하는 온건한 이성이어야 한다. 보수주의자들은 인간이 상식을 활용해야 한다고 강조한다. 다분히 추상적인 이성을 교정하는 방책이자, 사회의 전통적인 이해 방식의 길 안내를 받을 수 있는 수단인 상식이 반드시 필요하다고 한다.

전통적 보수주의는 인간이 자율성을 가질 수 있다거나, 인간의 자율성이 바람직하다고 보는 자유주의의 전제에 의문을 제기한다. 보수주의자들은 인간이 '좋은 삶'이 무엇인지에 관해 제대로 된 개념을 갖추려면 사회의 도움을 받아야 한다고 주장한다. 인간의 목표는 사회적으로 규정되어야 하고, 그렇게 되어야만 '존재의 거대한 사슬' 내에서 각자의 위치와 사회에서의 역할을 인식할 수 있으며, 자기 존재의 의미가 무엇인지를 알 수 있다는 말이다. 전통적 보수주의는 인간이 사회 관습과 전통을 따름으로써 선행을 할 수 있도록 길 안내를 받아야 한다고 가정한다.

보수주의는 자유주의가 고립된 개인주의를 부추긴다고 생각한다. 자유주의 사회 내의 개인은 관습의 제약과 전통적 권위의 안정된 상황으로부터 풀려나 자기 자신의 쾌락을 추구할 수는 있지만, 의미 있는 존재로 살아갈 수는 없다. 자유주의 사회는 소외된 개인들 — 자신이 귀속된 장소도, 친구도, 삶의 목적도 없는 자아 — 을 양산하는 사회다. 프랑스의 사회학자 에밀 뒤르켐Emile Durkheim, 1857~1917은 이런 소외 상태를 "아노미"anomie라고 불렀으며, 유럽에서 전통적 권위가 붕괴하고 개인주의가 발흥하면서 아노미가 급증 — 이것이 자살율의 증가로 이어지기도 했다 — 했다고 주장했다.[5]

고립된 개인주의를 퇴치하기 위해 추상적으로 인간 평등을 주장하는 방식은 별 소용이 없다고 한다. 전통적 보수주의는 사람들의 재능과 능력이 서로 다르다고 주장한다. 질서가 잘 잡힌 사회에서는 각자가 가진 서로 다른 재능에 근거하여 그 사람의 사회적 역할을 정해 줌으로써 인간이 가진 확실한 차이점들을 오히려 적극적으로 활용해야 한다고 한다. 개인마다 서로 다른 사회적 기여 — 서로 다르지만 모두 중요한 기여 — 를 할 수 있을 때에 그 사회는 가장 잘 작동할 수 있다. 시민들이 각자 서로 다른 과업을 수행하지만 전체를 위해 함께 일함으로써 귀속감 및 사회에 대한 공헌의식을 가질 수 있다는 말이다.

3
아나키즘
...
전통적인 제도가 인간의 이타성을 억누른다

아나키스트의 인간 본성에 관한 가정은 전통적 보수주의보다 고전적 자유주의에 훨씬 더 가깝다. 예를 들어, 아나키즘에서는 모든 사람이 자유를 갈망하고, 이성을 활용할 능력이 있으며, 똑같이 존중과 존엄을 받을 자격이 있다고 믿는다. 그러나 아나키즘은 자유주의가 주장하는 방식으로 자기 이익을 추구하고 효용의 극대화를 추구하는 인간존재를 상정하는 것은 적절치 않다고 본다.

일반적으로 아나키즘은 자연적인 인간의 상반되는 충동들이 서로 갈등을 빚는다고 주장한다. 예컨대, 러시아의 사상가 알렉산더 헤르젠은 인간이 이기적인 존재이자 동시에 사회적 동물이라고 제안한다. "인간의 사회적 본능을 없애면 흉포한 오랑우탄이 되고, 인간의 이기주의를 없애면 길들여진 원숭이가 된다."[6] 에마 골드만 역시 인간에게는 개인적 본능과 사회적 본능이 공존한다고 보았다. "한편은 개인의 노력·성장·포부 및 자기실현에서 가장 중요한 요인이며, 다른 편은 인간의 상호협력과 사회적 안녕에서 똑같이 중요한 요인이다."[7] 그런데 자유주의는 인간의 자기 이익 충동만 강조함으로써 (무의식적으로 이루어지곤 하는) 인간이 타인과 협력하려는 본능을 간과한 셈이다. 크로포트킨은 인간(과 여타 동물들)의 이타적 충동을 가장 철저하게 연구한 아나키스트였다.[8] 그는 이런 충동을 '상호부조'라고 불렀으며, 그것은 타인에 대한 사랑이나 연민 이상의 감정이라고 주장했다. 그런 충동은 도움을 요청하는 소리에 즉각 반응하는 인간의 본능이라고 한다. 타인이 고통을 받을 때 우리는 그들을 돕기 위해 자신의 안락을 희생하곤 한다. 타인이 위험에 처해 있을 때 우리는 그들을 구조하기 위해 자신의 목숨을 걸곤 한다. 인간이 자기 이익의 충동과 이타적 충동을 모두 갖는다는 견해는 (인간은 선을 행할 능력과 악을 행할 능력을 다 함께 갖는다고 했던) 전통적 보수주의의 견해와 많이 닮았다. 그러나 보수주의가 전통적 제도로 인간의 야수성을 길들일 수 있다고 믿었던 반면, 아나키즘은 전통적인 제도가 오히려 인간의 이타적 측면을 망친다고 생각한다. 우리가 억압적인 상황 — 예컨대, 기본적 필요가 충족되지 못하는 극빈상태 — 에 놓이거나 경쟁적인 제도 — 예컨대, 자본주의 — 를 접할 때 우리의 이기적이고 반사회적인 본능이 튀어나오기 쉽다는 것이다. 인류가 지금까지 주로 억압적이고 경쟁적인 조건에서 살아왔기 때문에 인간 본성의 이기적 측면이 특히 많이 드러나 있는 듯하다. 골드만은 다음과 같이 반문한다. "인간 본성이 좁은 철창에 갇혀서 날이면 날마다 매를 맞으며 복종을 강요당한다면, 과연 어떻게 인간 본성의 잠재성을 운위할 수 있겠는가?"[9] 크로포트킨이 관찰해 주장한 상호부조 본능이 특히 중요한 이유는 자연적인 조건에서 이타주의가 더욱 잘 발휘된다는 점을 입증했기 때문이다. 크로포트킨은 자연적 조건에서 살아가는 원시인들이 홉스와 같은 자유주의자가 묘사한 것처럼 자기 이익만 쫓는 호전적 존재가 아니었다고 주장한다. 오히려 "개인은 만인을 위해"라는 구호를 실천했다는 것이다.[10]

아나키스트들에 따르면 환경적 요인이 인간의 특성을 형성하기도 한다. 예를 들어, 인간은 간혹 게으르고 비생산적인 존재인 것처럼 보이지만 그런 것이 인간의 본성은 아니다. 오히려 그런 특징은 (사람들이 탈출하고 싶어지게 하는, 대단히 억압적이고 끔찍한 노동조건을 만들어 놓은) 자본주의의 대규모 제도 아래 만들어진 결과일 수도 있다. 만일 환경 조건이 달라진다면 인간은 즐거운 상황에서 자유롭게 창조적인 노동을 즐길 수 있고 사회적으로 유용한 생산물을 만들어 낼 수 있을 것이다. 또한 인간이 무지하고 불합리하게 보일 때도 있지만 이 점 역시 반사회적 환경 조건에서 살아온 결과일 가능성이 있다. 인간의 지적 능력은 (언어를 통해 지성이 발전하고 상호 소통하며, 다른 인간들이 쌓은 경험을 통해 나의 지성도 늘어나는) 자연스러운 협동 사회에서 살아갈 때에 더 커질 수 있다.

이처럼 아나키즘은 인간의 '변화 가능성'malleability을 중시한다. 삶의 조건이 가혹하면 인간 본성의 어두운 측면이 우세할 것이고, 삶의 조건이 자연스럽고 인간적일 때에는 상호부조를 행하는 성향과 타인을 공정하게 대하는 성향이 우세해질 것이다. 물론 이 말이 자연스럽고 인간적인 조건에서라면 인간을 완벽한 존재로 만들 수 있다는 뜻은 아니다. 그러나 강압적인 조건을 극복할 수 있을 때 인간이 더 나은 본성을 향해 얼마든지 향상될 수 있다는 점은 분명하다.

4
마르크스주의
...
인간은 창조적 노동자다

마르크스는 창조적 노동을 할 수 있는 능력을 인간의 본질로 보았다. 우리가 선호하는 대로 세상을 바꾸기 위해 세상 속에서나 자연에 대해, 창의적으로 일할 줄 아는 능력 말이다. 모든 인간은 창조적 노동자로서 존재할 수 있는 역량을 지니고 있지만 현재의 물질적·경제적 조건 때문에 그런 잠재력을 실현하지 못하고 있다. 마르크스가 인간 본성에 대해 이런 견해를 가지게 된 것은 헤겔의 영향이 컸다. 헤겔은 인간이 자아를 실현하고, 온전한 인간이 될 수 있는 잠재력을 구현할 때 가장 중요한 조건이 바로 노동이라는 생각을 제시했다.[11] 다른 동물들은 자신을 둘러싼 환경에서만 일하고 그 환경으로부터 자신이 필요로 하는 것을 추출하지만, 인간은 창의적 노동을 통해 환경 자체를 바꿀 수 있다. 또한 마르크스는 샤를 푸리에의 영향도 많이 받았다. 푸리에는 인간이 노동자로서 자신의 능력을 활용하고 계발할 수 있을 때 가장 행복하다고 믿었으며, 현재 존재하는 사회·경제적 구조 때문에 노동이 불유쾌하고 모욕적이며 소외적인 것이 된다고 주장했다.[12]

마르크스에 따르면, 소외alienation란 일종의 일반개념으로서, 인간이 지녔다고 생각되는 잠재력과 그것의 실질적 상태 사이에 놓인 격차를 지칭한다. 마르크스는 주로 인간 실존에 수반되는 물질적·경제적 궁핍과, 이런 궁핍을 극복하기 위해 조직적으로 노력한 결과인 '분업' 때문에 인간의 소외가 발생했다고 본다.

분업에는 권위와 복종을 규정한 '수직적 배치', 그리고 사람들이 각기 다른 과업을 수행하는 '수평적 전문화'가 모두 포함된다. 두 측면 모두, 인류가 궁핍을 극복하기 위해 역사 속에서 채택해 온 모든 생산양식의 본질적인 특징을 이루어 왔다. 생산을 극대화하고 사람들의 물질적 필요를 충족하기 위해서, 모든 사람에게 특정한 사회·경제적 역할과 성별에 따른 역할 — 이런 역할은 각 시대의 물질적·기술적 발전 정도에 따라 역사적으로 다양하게 변해 왔다 — 을 부여했던 것이다.

분업으로 다섯 가지 종류의 소외가 발생했다. 첫째, 인간은 자신의 노동의 결과로부터 소외되었다. 마르크스는 『경제학-철학 수고』 Economic and Philosophical Manuscripts of 1844에서 다음과 같이 설명한다. "노동자는 자신의 생명을 대상 속으로 집어넣는다. 그러나 이제 그 생명은 그에게 속하는 것이 아니라 대상에 속하는 것이다. 그러므로 이런 활동이 커질수록 노동자는 더욱더 대상을 잃어버리게 된다."[13] 분업을 통해 생산된 물건은 그 생산에 참여한 개별 노동자에게 속하지 않는다. 그 대신 분업 체계의 꼭대기를 차지한 사람들이 생산품의 소유권과 통제권을 행사한다.

둘째, 인간은 (노동자가 창의적으로 조작할 수 있는 물질을 제공하는) 자연으로부터 소외되었다. 미술가에게 그림을 그릴 캔버스가 필요하듯, 모든 창조적 노동자들은 캔버스와 같은 자연이 필요하다. 그 자연을 이용해 자기가 좋아하는 생산품을 만들어 낼 수 있기 때문이다. 마르크스는 다음과 같이 말한다. "노동자는 스스로 만들 수 있는 것이 없이는 살아갈 수 없다는 점에서, 자연은 노동자에게 '삶의 수단'means of life을 제공한다고 볼 수 있다."[14] 그러나 사람들이 전문화되고 그들이 만든 생산품을 타인이 소유하고 지배한다면, 생산자 개인은 자연과의 깊은 연계성을 잃게 되며, (자신과 타인의 즐거움을 위해) 자신의 창조적 노동을 통해 향상할 수 있는 원천으로 자연을 보는 것이 아니라, 타인의 이익을 위해 착취해야 할 원천으로 보게 된다.

셋째, 인간은 노동 그 자체로부터도 소외되었다. 이제 인간은 세상을 바꾸는 노동을 통해 내적인 즐거움이나 만족을 얻거나, 자기실현을 위해 창조적으로 일하지 않는다. 노동은 이제 창의적으로 노동하고픈 인간의 즉각적 필요를 충족하지 않는다. 노동은 (노동 자체와 직접 연관이 없는) 인간의 필요를 충족하는 수단으로 변질되어 버렸다. 그 사람들은 의식주 수단을 얻기 위한 방편으로 노동에 종사할 뿐이다.

넷째, 인간은 다른 인간들로부터 소외된다. 분업 체계에서 가장 좋은 지위를 차지하기 위해 인간들 사이에서 벌어지는 끝없는 경쟁은 이런 소외를 낳는다. 더 좋은 자리를 차지하고, 부족한 재화를 더 많이 차지하기 위해 경쟁하는 가운데 인간은 타인을 (인간들 자신의 공통된 혜택을 위해 협심단결해서 환경을 변화시킬 수 있는) 동지로 보지 못하게 된다.

다섯째, 앞에서 말한 네 가지 소외의 결과로, 인간은 자신의 종적 존재species-being로부터 소외된다. 이것은 인간이 자신을 (인간 본연의 상태인) '창조적으로 노동하는 인간 종種'에 속한 구성원으로 생각하지 못하게 된다는 뜻이다. 인간은 인간 특유의 속성, 즉 즐거운 노동을 통해 자기 환경을 재창조할 수 있는 능력을 깨닫지 못하게 된다. 효과적이고 창의적인 노동자로서 인간의 잠재력을 꽃피우는 행위에서 만족을 얻지 못하는 것이다.

역사적 조망 속에서 파악해 보면 자본주의사회는 유달리 인간들 사이가 분열되어 있고 경쟁적인 사회이며, 소외가 만연한 사회다. 이와 동시에 자본주의 사회는 (사회적으로 조직하기만 한다면) 더욱 진정한 삶을 가능하게 하는 생산수단을 제공해 주었다. 자본주의 체제의 기술력은 생산성과 풍요로움을 허락해 주며, 물질적 궁핍을 극복하기 위해 분업에 의존해야 할 필요성을 줄여 준다. 생산수단을 사회화하면, 제품을 생산하는 노동자에게서 그 제품을 빼앗지 못하게 될 것이다. 노동자들은 사회화된 생산 활동을 수행하면서 상대방과 경쟁자가 아닌 동지로 새로운 관계를 맺을 수 있다. 초기 사회화 단계에서는 노동자가 자신의 '종적 존재'를 자각하는 데 미숙할 것이다. 자본주의의 소외 과정에 지나치게 오랫동안 노출되어 왔기 때문이다. 당분간은 노동자들에게 노동을 위한 유인으로 임금을 제공할 필요가 있을 것이다. 그러나 사회주의적 사회가 발전하고 인간이 창의적이고 자유로운 노동의 즐거움을 경험하기 시작하면 종적 존재로서의 인간 의식이 굳건해질 것이 분명하다. 시간이 흐르면 자유롭고 창의적인 노동에 종사하고 싶은 욕망이 임금을 받고 싶은 욕망을 초월할 것이다. 이런 지점에 도달한 역사 단계에서, 인간은 자신의 소외를 극복할 수 있을 것이다.

5
공산주의
…
'새로운 인간'을 창조한다

이탈리아 공산주의의 주요 이론가인 그람시는 다음과 같은 기록을 남겼다.

> 우리가 '인간이란 무엇인가?'라는 질문에 대해 성찰해 볼 때 그것은 바로 '인간은 무엇이 될 수 있는가?'라고 묻는 것이라는 사실을 알 수 있다. 즉 인간은 자신의 운명을 지배할 수 있는가, 인간은 '스스로를 만들 수 있는가', 인간은 자신의 삶을 창조할 수 있는가? 그러므로 우리는 다음과 같이 주장한다. 인간은 하나의 과정이다. 더 정확히 말해, 인간은 자기 행위의 과정이다.[15]

이 인용문이 보여 주듯, 공산주의는 인간이 본질적으로 변화 가능한 존재라고 믿는다. 공산주의는, 마르크스주의와 마찬가지로 인간 정체성의 핵심은 창조적 노동자가 되는 것이라고 믿는다. 그러나 창조적 노동을 할 수 있는 능력은 철저하고 혁명적인 사회 변화를 통해 온전하고 비소외적인 형태로 표출되어야 한다. 공산주의는 마르크스의 인간 본성 이론을 받아들이지만, 인간의 변화가 필연적이고 특정한 역사 과정을 통해 결정론적인 방식으로 일어날 것이라고는 생각지 않는다. 공산주의는 인간을 '새로운 인간'new man으로 변화시킬 수 있는 여러 가지 방편들을 제시한다.

첫째, 레닌과 스탈린은 가장 극단적인 방법을 구사했다. (일부 공산주의자들이) 인간 의식과 실존의 변혁을 유도하기 위해 효과적이라고 믿었던 방법 가운데는 반대파에 대한 정치적 협박과 살해, 수백만 소련 시민들의 강제수용소 구금, 전체 사회를 공포에 몰아넣기 위해 동원한 비밀경찰의 감시 활동 등이 포함되어 있었다.[16] 이런 공산주의자들은 국가가 소유하고 통제하는 조직에 국민을 몰아넣고 일을 시키면 그들이 덜 소외되리라고 추측했던 듯하다. 자기 국민들에게 이전 시대의 상전보다 공산국가가 더 좋은 주인이 될 것이라고 가정했기 때문이다. 공산주의자들은 생산수단을 국유화하면 노동자들이 창조적으로 일할 수 있는 유인과 기회가 더 늘어나, 노동자들이 자기 노동에서 더 큰 만족을 취할 수 있으리라고 가정했던 것이다.

둘째, 지속혁명持續革命, continuous revolution — 마오쩌둥이 1960년의 대약진운동●과 1966년의 문화대혁명●●을 통해 중국에 적용하려고 했던 정책 — 이라는 교의 역시 인간의 행동 동기와 정체성에 혁명적인 변화를 가져오려고 했던 시도였다. 혁명기의 이런 정책들은 일상생활을 허물어뜨렸으며, 하방운동●●●을 통해 공장노동자와 지식인들을 시골로 내려보내곤 그 빈자리를 농민들로 대체했다. 이런 시도는 '제도주의의 사슬'을 단절해 그 누구도 자신의 사회적 지위를 영구히 차지하지 못하게 하려는 의도를 띠었다. 사람들이 각자의 역할을 서로 바꿔 보면 더 폭넓은 사회적 의식을 배우게 되리라고 보았기에, 혁명의 요구 조건에 부응하는 성격으로 개조하기 위해 인민들의 지위를 꾸준히 바꾸었던 것이다.

● 대약진운동 : 중국에서 농업증산 및 산업화·집산화를 위해 1958~61년에 시행한 대규모 경제·사회정책.
●● 문화대혁명 : 1966년 중국공산당 마오쩌둥이 개시한 사회문화 개조·변혁 운동. 정식 명칭은 '무산계급문화대혁명'이다. 많은 부작용을 낳고 마오쩌둥이 죽은 1976년에 공식적으로 종식되었다.
●●● 하방운동 : 중국에서 당원이나 공무원의 관료화를 방지하기 위하여 이들을 일정 기간 농촌이나 공장에 보내서 노동에 종사하게 한 운동. 1957년 정풍운동(整風運動) 때 시작해 문화대혁명 시기에도 시행되었다.

셋째, 노동자평의회에 의한 자주관리|self-management 제도 역시 이상적인 공산 사회에서 요구되는 바대로 인간의 의식을 완전히 바꾸려고 했던 방법이다. 제2차 세계대전 종전 무렵부터 1980년 사망할 때까지 유고슬라비아를 다스렸던 티토는 경제와 산업의 중앙 집중화를 반대했으며 정부와 공산당의 중앙집권도 거부했다. 그 대신 티토는 지역 공장 차원의 노동자평의회에 경제의 통제권을 부여했다. 티토는 노동자들에게 국영 기업체의 통제권을 부여함으로써, 노동자들이 자본주의 혹은 국가 관료의 지배를 받을 때 흔히 일어나기 쉬운 노동자의 소외를 없애려고 했던 것이다.

넷째, 혁명의 와중에서 카리스마가 있는 지도자의 영도력을 활용하여 새로운 사회주의적 인간을 창조하려는 시도도 있었다. 예를 들어, 쿠바의 카스트로는 백만이 넘는 군중 앞에서 몇 시간 동안이나 긴 연설을 하곤 했다. 카스트로는 이런 연설 시간에 미 제국주의자들이 쿠바에 끼친 해악을 낱낱이 열거했다. 미 제국주의를 비판한 뒤, 혁명이 어떤 식으로 쿠바 인민의 잠재력 — 그들의 용기, 희생정신, 비전, 영웅적 태도, 일치된 목표 등 — 을 드러내 보였는지를 설명했다. 또한 카스트로는 사람들이 사회주의 정책의 실제 집행을 경험하면 인간 의식이 바뀌게 될 것이라고 믿었다. 무상 전기·대중교통·교육을 제공하면 쿠바 인민들이 사회주의적 의식을 함양할 것으로 카스트로는 확신했다. 이렇게 되면 쿠바 인민은 "진정으로 우애에 가득 찬 규범과 인간적인 규범에 따라, 모든 남녀가 다른 사람들을 자신의 형제자매로 생각하는 삶을 살게 될 것이다. …… 이때 노동은 노역勞役이 아니라, 가장 즐겁고 고귀하며 창조적인 인간 활동이 될 것이다".[17]

6
파시즘과 나치즘
...
'무리'의 의지를 자극한다

파시즘과 나치즘은 모든 사람이 의지 ― 선택된 행위를 추구할 수 있는 능력 ― 를 가진다는 점이 바로 인간의 핵심적 특징이라고 보았다. '의지'가 인간 본성의 일부라는 생각은 적어도 데카르트까지 거슬러 올라갈 수 있는 관점이지만,[18] 파시즘과 나치즘은 의지를 자신들의 핵심적 전제로 삼았으며, 의지라는 말을 독특한 의미로 사용했다. 이들은 인간의 의지가, (개인을 초월하는) 일관되고 명확한 집단에 귀속되기를 갈망한다고 보았다. 그리고 집단의 가치와 국가의 권위를 강조하는 나치즘과 파시즘이 이런 인간의 귀속 욕구를 채워 줄 수 있다고 보았다. 국가의 권위에 복종하면 자유주의가 사람들에게 강요한 "부담스러운 자유"로부터 인간이 풀려날 수 있다는 말이었다.[19] 또한 인간의 의지는 영광과 폭력을 갈구한다. 영광과 폭력 행위를 원하는 열망은 전쟁을 통해 충족된다고 한다. 무솔리니에 따르면 전쟁이야말로 "인간의 열정을 최고조에 도달하게 하고, 전쟁을 직면할 용기가 있는 사람들에게 고귀함의 인장印章을 찍어 준다".[20] 전쟁과 폭력은 사회 통합의 역할도 수행한다. 파시즘 철학자였던 조반니 젠틸레는 다음과 같이 말한다. "전쟁만이 모든 시민을 하나의 사상·열정·희망으로 결속해 줄 수 있다. 전쟁은 모든 사람에게 우리 모두가 함께 추구하고, 사적 이익을 초월하는 무엇인가가 존재한다는 사실을 강조한다."[21] 대개의 경우 이런 행동 동기를 추구할 수 있는 인간의 의지가 잘 드러나지 않지만, 강력한 지도자는 그런 인간 의지를 약동시킬 수 있고, 국가와 인종의 목적을 위해 인간의 감정과 본능을 용기 있게 표출하라는 식으로 인간의 의지를 자극할 수 있다고 한다.

이처럼 파시즘과 나치즘은 자유주의의 다음과 같은 전제들, 즉 개인이 참된 기쁨과 고통의 원천을 발견하기 위해 자신의 내면을 탐색함으로써 자기의 행동 동기를 찾을 수 있다는 전제, 그리고 개인에게 가장 유익한 것이 무엇인지를 가장 잘 판단할 수 있는 주체는 바로 자기 자신이라는 전제를 거부한다. 파시즘에서는 대중사회의 대다수 사람들이 양 떼와 같다고 생각한다. 자기실현을 추구하지 못하는 대중이므로 이들의 의지는 쉽사리 조종될 수 있으며, 그 의지를 지배 엘리트가 부여하는 행동 동기와 정서적 호소력으로써 그들의 의지를 쉽게 좌우할 수 있다고 믿는다. 따라서 인류는 의지력이라는 측면에서 본질적으로 두 종류가 있다. 열등한 대중들은 의지가 박약하며, 타인이 지시하는 대로 자신이 추구하는 행동을 조절한다. 반면에 국가의 탁월한 영도자는 강력한 의지를 지니고 있으므로 대중의 필요를 파악할 수 있고, 흔들리지 않는 결의와 용기를 보여 그런 필요를 추구할 수 있다고 한다. 대다수 대중은 '무리 근성'herd mentality을 지니고 있으므로 사회 전체의 이익을 위해서 국가 지도자의 영도에 따르는 것이 대중에게 가장 좋다는 식이다.

요컨대 파시즘과 나치즘은 인간이 개인주의의 특징을 갖는다는 생각을 거부한다. 오히려 인간은 민족이나 인종 집단과 같은 집합적 실체로 서로 연결되어 있다고 규정한다. 파시즘과 나치즘은 인간이 본질적으로 평등하다는 관점 역시 거부한다. 의지력·용기 및 창의적인 통찰력과 같은 인간적 덕성이 우월한 사람도 있고 열등한 사람도 있기 때문이다. 파시즘과 나치즘은 대다수 사람들이 양 떼와 같다는 식의 사상을 공개적으로 천명하지는 않았다. 그러나 자유주의의 물질주의적이고 개인주의적인 인간 본성 개념에 찬성하지 않던 사람들은 파시즘이 내놓은 집합적 목적의식을 열렬하게 긍정적으로 받아들였다. 따라서 파시즘은 인간 본성에 내재된 정서적 요소를 인식해, 사람들이 자유주의 사회가 아닌 다른 종류의 사회에서 더욱 진정한 삶을 살 수 있다고 주장한 셈이다.[22]

7
현대 자유주의
...
자율성, 이성, 도덕적 발전을 함양한다

고전적 자유주의는 인간이 단일하고 특정한 성격을 지니고 있다고 가정했다. 즉, 인간은 본성상 효용을 극대화하려 하고, 도구적 이성을 타고났으며, 근본적인 측면에서 평등하다고 생각했다. 반면에 현대 자유주의는 인간 본성이 고정된 채 불변하다고 가정하는 것은 오류라고 믿는다. 현대 자유주의는 인간의 본성을 논의할 때, 인간존재의 타고난 행동 동기와 내재적 특성을 가정하는 것보다, 인간이 어떻게 살아야 하는가의 문제에 대해 도덕적 방향을 제시하는 것이 정치적 원리를 구성하는 과제의 좀 더 중요한 기반이 된다고 여긴다.

현대 자유주의는 개인들의 평등이 하나의 도덕적 이상이 된다는 점을 인정한다. 사람들이 가진 가치관과 이성 및 여타 능력과 재능이 모두 다르긴 하지만 자유주의자들은 본질적 평등intrinsic equality이라는 사상을 받아들인다.[23] 본질적 평등사상에서 도출되는 도덕적 명령에는 다음과 같은 것들이 있다. 즉, '모든 사람이 동일한 존중을 받아야 한다', '모든 사람의 이익을 평등하게 고려해 주어야 한다', '국가는 사람들의 다양한 인생 계획life plan을 공평하게 대우해 주어야 한다' 등이다.[24]

현대 자유주의는 모든 인간이 본질적으로 '좋은 삶'을 영위하는 데 관심이 있다고 가정하지만, 고전적 자유주의에서 가정했던 것과 같이 추상적이고 공리주의적인 방식으로 '좋은 삶'의 내용을 규정하는 것에 대해서는 의문을 던진다. '좋은 삶'이라는 것을 물질적 안락이나 안전과 같은 '부르주아적 가치'를 확보하는 것으로 받아들이는 사람도 있지만, 정서적 충족이나 집단에의 귀속, 또는 공익에의 기여나 아슬아슬한 스릴을 만끽하는 것처럼 전혀 다른 목표로 받아들이는 사람도 있다. 사람들은 서로 다른 목표를 강조할 수도 있고, 현재 추구하는 목표가 잘못됐다고 생각할 때에는 자신의 인생 계획을 바꿀 수도 있다.[25] 사람들은 완전히 자율적인 방식으로 자신의 목표를 선택하지는 않는다. 공동체의 전통이나 타인의 가치관으로부터 영향을 받을 수도 있기 때문이다. 그럼에도 우리는 타인들이 제시하는 다양한 가치관과 전통 및 생활 방식 가운데 선택할 수 있는 능력을 지니고 있으며, 역으로 자신의 선택이 자아를 규정하거나 재규정할 수도 있다.[26] 따라서 모든 사람에게 자신의 인생 계획을 선택하고 수정할 수 있는 기회가 주어져야 한다는 점이 현대 자유주의에서 생각하는 도덕적 명령인 셈이다. 이때 스스로 책임감 있게 처신하고 타인의 권리를 존중한다는 점 외에는 다른 어떤 제약을 받아서도 안 된다.

현대 자유주의는 또한 인간이 '도구적 이성'을 사용할 능력을 지니고 있다고 믿는다. 즉, 인간은 스스로 (자신의 인생 계획을 성취할 가능성을 높여 주는) 경제·사회·정치적 선택을 할 수 있는 잠재력이 있다. 그러나 인간이 온전히 이성적이 되려면 활용 가능한 선택지가 무엇인지 먼저 알 수 있어야 하고, 각 선택지를 따랐을 때 초래될 결과에 대한 정보를 가질 수 있어야 하며, 그중 어떤 선택지가 장·단기적으로 인생의 중요한 여러 가치들에 도움이 되는지에 관해 분별 있는 판단을 내릴 수 있어야 한다. 인간이 온전히 합리적일 수 있는 정도는 사람마다 다르고, 각자의 지적 발전 단계에 따라서도 다르다. 따라서 각자의 지적 발전을 함양하는 것이 도덕적 명령이라 할 수 있다. 자유주의자들은 인간의 이성적 능력을 부정하지 않고, 또 온정주의적인 정부의 권위가 개인들을 대신해서 선택을 내리게 하지도 않으며, 인간이 스스로 선택할 수 있는 기회를 부여받아 자신의 이성적 능력을 계속 발전시켜 나가야 한다고 주장한다.[27]

또한 현대 자유주의 이론가들은 자유주의의 원리와 제도와 정책이 융성해지기 위해 반드시 함께 발전해야 할 인간의 여타 특성들도 중시한다. 예를 들어, 윌리엄 갈스턴William Galston은 자유주의 사회 내의 인간은 다음과 같은 특성을 발전시켜야 한다고 주장한다. 즉, 일반적 덕성(예컨대, 진실된 인간형, 법의 준수), 경제적 덕성(예컨대, 노동 윤리, 더 큰 결과를 얻기 위해 눈앞의 쾌락을 뒤로 미룰 줄 아는 태도), 사회적 덕성(예컨대, 관용과 개방적 정신), 정치적 덕성(예컨대, 민주적 제도의 지원, 타당한 방식의 정치 참여, 정치인들에게 책임성을 물을 수 있을 정도로 충분히 정치에 관심을 기울이는 태도) 등이 그것이다.[28] 따라서 자유주의 사회라면 우선 인간의 경제·사회·정치적 덕성을 먼저 함양하는 것이 중요하다는 말이 된다.

8
급진적 좌파
...
인류의 공통성과 개인 간의 차이를 강조한다

급진적 좌파는 현대 자유주의에서 강조하는 도덕적 명령에 대해 전혀 반대하지 않는다. 그러나 급진적 좌파 내의 여러 목소리들은 현대 자유주의가 다음과 같은 점, 즉 자유주의 제도들이 자유주의가 추구하는 인간의 발전을 오히려 가로막고 있다는 사실을 제대로 이해하지 못했다고 지적한다. 급진적 좌파는 또한 현대 자유주의가 인간과 인간 발전의 개인주의적 측면만 지나치게 강조했다고 믿으며, 인간의 사회적 측면도 더 많이 인정하고 발전시킬 필요가 있다고 생각한다.

급진적 민주주의와 사회민주주의는 개인이, 서로 다른 개인적 특성과 서로 다르게 사회적으로 구성된 목표·관점·인정 등에 기반을 둔, 특유의 정체성을 지닌다는 점을 잘 알고 있다.[29] 그러나 오늘날의 다원적 사회에서 개인 특유의 정체성은 제대로 이해받지도, 제대로 발전하지도 못한다. 다원적 사회에서 사람들이 자신의 개인적 삶을 지키기 위해 어느 정도의 시민적 자유를 부여받고 있지만, 그들은 자본주의 체제의 필요를 반영하는 전통적인 목표를 추구하고, 순응하는 사람에게 보상이 주어지는 교육제도를 통해 전통적인 사회의식을 받아들이도록 권장받는다. 자본주의는 인간을 대량생산 체제에서 대체 가능한 부속품 정도로, 그리고 대규모 시장에서 교환 가능한 소비자 정도로 여긴다. 대의 민주주의는 유권자들을 사회학적으로 분류할 수 있는 거대한 집단들 가운데

(다양한 집단으로부터 표를 얻기 위해 필요한 핵심 유인책을 제공함으로써 교묘하게 조정할 수 있는) 일부로 간주한다. 급진적 좌파는 자본주의 경제권과 대의 민주주의 제도 아래 강력한 행위자들이 우리의 선호와 선택을 심대하게 좌우하기 때문에 개인의 자율성이라는 것은 단지 환상에 지나지 않는다고 주장한다. 자본주의와 민주주의를 둘러싼 문화가 (말로는 개인의 개성과 개인의 발전을 추구한다는 자유주의 사상을 지지하면서도) 실제로는 개인의 정체성과 발전을 가로막는다는 것이다.

급진적 좌파는, 좀 더 평등하고 협동적이며 세계주의적인 사회에서 인간의 정체성과 역량을 좀 더 잘 키울 수 있다고 믿는다. 극심한 불평등으로 점철된 사회에서는 많은 사람들이 자신의 잠재력을 발전시킬 자원을 갖지 못한다. 그러나 사람들의 기본적 필요가 충족되는 사회에서는 인간의 자기 발전을 가로막는 사회·경제적 제약 조건이 적을 것이다. 경쟁으로 가득 찬 사회에서 사람들은 타인의 성취를 경계하며 급기야 막으려고 한다. 왜냐하면 유능한 타인들은 나의 안녕을 위협하는 존재로 생각되기 때문이다. 그러나 (타인을 존중하고 지원하는) 공동체적인 조화를 중시하는 사회에서는 전체 사회가 번창하기 위해서 오히려 타인들에게 자신의 잠재력을 발휘하라고 장려한다. 사람들이 협소한 연고 집단에 매몰된 전통 사회의 사회집단에는 하나같이 편견과 무지가 만연해 있으므로 인간의 인식과 포부는 제한될 수밖에 없다. 사람들은 자신과 다른 종류의 사람들로 이루어진 집단과 공동체에 참여하거나, 낯선 문화에 몰입할 때 더 많은 도전을 해보고, 더 깊은 인식 ─ 따라서 전통으로부터 거리가 먼 새로운 정체성 ─ 을 획득할 수 있다. 그런 인간 유형을 발전시키는 과정을 더욱 장려할 필요가 있으며, 그 결과로 등장하는 정체성은 더욱 인정하고 존중할 필요가 있다.

시민적 공동체주의는 고전적 사회주의 사상으로부터 영감을 취하여, 인간이 (각자의 차이에도 불구하고) 전체적으로 사회에 속한 공동체적인 존재라는 점을 자유주의가 어떻게 오해했는지를 보여 준다. 마이클 샌들에 따르면 인간이 추구하는 목표는 언제나 인간이 처한 사회적 맥락에 의해 깊은 영향을 받는다고 한다.30 만일 인간이 개인의 권리와 자기만족 및 물질적 충족만을 강조하는 사회에서 산다면, 타인과 공동선에 대한 책임을 제대로 터득하지 못할 것이다. 인간은 집합적 포부를 중시하는 다양한 공동체들에 속해 있을 때에만 온전하게 발전할 수 있는 존재다. 급진적 좌파 내의 여러 목소리들은 인간존재의 공동체적 기반을 각기 다르게 강조한다. 샌들과 같은 시민적 공동체주의자는 사람들이 살아가는 지역공동체와 시민사회 내의 결사체들을 강조한다. 세계주의 이론가들은 우리가 전 지구적 공동체의 구성원들이며, 따라서 세계 공동체에서 우리의 책임 ─ 세계 도처의 빈곤층과 억압받는 집단들에 대한 의무 ─ 을 인식할 수 있는 제도적 수단을 발전시켜야 한다고 지적한다. 녹색주의는 우리가 전 지구적 생태계의 한 부분이라는 점을 중시한다. 이런 관점은 인간이 아닌 생물종과 지구에 대한 인간의 책임을 더 잘 자각하도록 가르칠 수 있다.

인간존재가 공동체에 깊이 뿌리 내리고 있다고 보는 급진적 좌파의 가정은 자유주의보다 훨씬 넓은 의미의 정치적 덕성 개념을 끌어낸다. 현대 자유주의는 지적·도덕적 발전을 통해 사람들이 개인적인 결정을 더 잘 내릴 수 있게 할 필요가 있다는 점을 강조하는 반면, 급진적 좌파는 인간이 집합적 결정을 내릴 수 있는 능력을 발전시킬 필요가 있음을 강조한다. 인간은 '도구적 이성'뿐만 아니라, 정치적 이성을 발휘할 수 있는 존재다. 사회민주주의는 보통 사람들이 자신의 직장과 지역사회에서 의사 결정 과정에 참여할 수 있는 기회를 부여받는다면, 그들 역시 정치적 기술을 발전시킬 수 있을 것이라고 오랫동안 생각해 왔다. 평등주의적 자유주의자들은 공동체의 의사 결정에 참여하는 사람들은 공적 **합당성**●을 발휘할 수 있다고 강조해 왔다. 이들은 정치적 함축성과 (자신의 개인적 필요와 신념을 넘어서는) 넓은 의미의 공적 가치를 이해하는 방식으로 관심 사안을 타인에게 전달할 수 있다고 본다.31 시민적 공동체주의자들은 인간이 타

● 합당성(reasonableness) : 자신의 이익 및 견해와 일치하지 않는 타인과의 협력 관계를 지속하는 방법을 모색하고, 제시하며, 수용하는 능력으로 롤스의 정의론에서 핵심 개념이기도 하다.

인의 관심 사안에 대해 공감하면서 그것을 들어줄 수 있는 능력, 그리고 사람들에 의해 가능한 한 폭넓게 받아들여질 만한 결과를 모색할 능력을 기를 수 있다고 믿는다. 그러므로 급진적 좌파는 모든 인간이 민주 시민의 덕성을 개발하는 것이 중요하다는 점을 강조하는 편이다. 급진적 좌파는 흔히 그런 덕성을 발전시키지 못하는 경우가 많다는 점을 인정하면서도, 민주적 과정에 대한 확신을 가진 (민주 시민으로서의 덕성을 간직한) 시민들이 충분히 많이 존재한다고 믿으며, 민주주의가 민주적 과정에 참여하는 사람들의 정치적 이성을 발전시켜 줄 것으로 믿는다.

전체적으로 보아, 급진적 좌파의 여러 목소리들은 사회주의의 도덕성과 가치를 지지한다. 평등과 우애와 민주주의를 지지하는 사회주의적 윤리를 통해 개인은 자신의 인간적 잠재력을 발휘할 수 있다는 것이다. 인간은 타인들에 대해 강렬한 동료 의식과 사회정의·공동선에 대한 의지를 발전시킬 수 있지만, 그런 감성은 사회주의적 가치와 시민적 공동체주의의 가치를 보유한 사회적 제도와 문화에 의해 의식적으로 유지될 때에만 강렬하고 적극적인 의지가 될 수 있다.

9
현대 보수주의
…
인간의 불완전성을 받아들인다

현대 보수주의는 20세기의 대단히 큰 특징이었던 자유주의 정치와 사회주의 정치를 통해 형성된 인간형에 찬성하지 않는다. 인간은 도덕적 감성을 지녀야만 덕성을 가진 존재로 고양될 수 있는데,[32] 자유주의 사회의 과도한 이기주의와 상대주의, 그리고 사회주의·자유주의 복지국가에서 사람들이 자신의 선택에 책임지지 않게 된 풍조 탓에, 이런 인간 정신의 고양이 빈번하게 간과되어 왔다는 것이다. 성실한 노동과 책임감 있는 선택에 대해 보상을 제공하는 경제, 인간의 품위를 중시하는 문화, 공익을 추구하는 정부를 통해 인간의 덕성을 장려하고 인간의 부도덕성을 막을 수 있다고 한다. 보수주의는 인간의 덕성과 부도덕성에 관한 개념이 시간과 장소를 초월한 보편적인 것이 아니며, 특정한 도덕적 가치는 사람들이 실제 거주하는 특정 공동체에서 제대로 발현될 수 있다고 가정한다. 예를 들어, 미국은 자본주의사회이기 때문에 사람들이 굳건한 노동 윤리를 견지해야 하고, 자신의 경제적 자유를 책임 있게 활용해야 하며, 자신과 자신이 부양하는 사람들을 확실히 돌볼 수 있게 하는 경제적 선택을 해야 한다고 본다. 또한 미국은 대부분 기독교 사회이므로 유대교-기독교 전통에서 강조하는 가족 가치를 부모가 실천하고 자녀들에게 가르쳐야 한다고 본다. 또한 미국은 공화국이므로 사람들이 개별적 이해관계를 초월해서 공익을 우선시하는 공동체적 시민이 되어야 한다고 본다. 그러나 더욱더 사회주의화되어 가는 경제, 타락한 자유주의 문화, 특수 이익의 입장을 대변하기 쉬운 민주주의 등으로 말미암아 사람들은 도덕적 품성을 상실했으므로 도덕적으로 갱생할 필요가 있다고 본다.

현대 보수주의는 본질적인 인간 본성에 관해 별다른 철학적 가정을 두지 않는다. 자유주의와 마찬가지로 보수주의 역시 인간이 자율성(또는 자신의 인생 계획을 선택하고 추구할 수 있는 능력과 기타 여러 자유들)을 가져야 한다고 믿지만, 자유주의가 인간의 자율성을 본질적인 필요로까지 격상한 것은 잘못이라고 생각한다. 특정한 인간의 자율성은 그 사람이 자신의 자유를 얼마나 책임 있게 구사할 수 있는지 여부에 의해 결정되어야 한다고 본다. 보수주의는 (인간 본성에서 자율성이 얼마나 중요한지를 규정하는 철학적 가정이 아니라) 상식이야말로 자율성을 언제 허용하고 제한할지를 결정할 수 있는 최선의 안내자라고 보지만, 보수주의자들 사이에서 인간의 자율성을 얼마나 허용해야 할지를 놓고 다양한 견해가 공존한다. 현대 보수주의에서 개인주의에 가까운 분파는 사람들이 자신의 선택 때문에 타인에게 해를 끼치지 않는 한, 그 사람은 대단히 다양한 삶의 선택지를 자율적으로 가질 수 있어야 한다고 가정한다. 그러나 이들은 자율성을 지지한다고 해도 그것을 철학적 근거가 아니라 주로 실용적인 이유로 지지한다. 인간이 더욱 자율적이 되면 정부의 독재적 경향을 막을 수 있으리라는 이유에서다. 그러나 현대 보수주의에서 공동체주의에 더 가까운 분파는 인간이 폭넓은 자율성을 가져야 한다고 생각하지 않는다. 이들은 인간이, 흔히 자기 파멸적인 방식이나 이미 확립된 규범을 어기는 방식으로 자율성을 오용하곤 한다고 믿는다. 따라서 성적 행동, 마약 사용, 여가 시간 활용 방식 등에 대해 수많은 선택 가능성을 가질 때 개인과 사회에 모두 해악이 온다고 생각한다. 무책임한 자율성 남용은 용납되기 어려울 정도로 사회적 비용을 많이 발생시킨다. 이런 생각을 가진 보수주의 분파는 인간의 덕성을 증진하기 위하여 개인의 자유 선택권을 제한해야 한다고 믿는다.

또한 현대 보수주의는 인간의 이성에 대해 확고한 가정을 내리지 않으려 한다. 그래서 현대 보수주의는 인간이 얼마든지 이성적이 될 수 있다는 자유주의의 확신을 믿지는 않지만 전통적 보수주의만큼 인간 이성의 한계를 강조하지도 않는다. 현대 보수주의는, 시장과 그 시장 내에서의 행위자가 각자의 이익을 위해 합리적인 결정을 내릴 수 있는 능력이 있다는 점을 대단히 긍정적으로 본다는 점에서 개인의 도구적 이성을 어느 정도 신뢰하는 것 같다. 예를 들어, 조지 W. 부시 행정부가 (사람들에게 공립학교, 의료 제공자, 은퇴 후 연금 등에 대한 선택권을 폭넓게 부여하고자) 추진한 많은 정책들은 사람들이 자신의 복리를 효과적으로 증진할 이성적 결정을 내릴 수 있다는 가정에 근거하고 있다. 이런 면에서 현대 보수주의는 전통적 보수주의보다 고전적 자유주의에 훨씬 더 가깝다. 그러나 현대 보수주의자들이 성적 행동, 마약 사용, 과학적 탐구 등의 문제를 둘러싼 도덕적 결정에 대해 엄격한 제한을 가하려는 경향이 있는 것을 보면, 개인이 자신은 물론 사회 전체에 도움이 되는 이성적 선택을 내릴 수 있는 능력이 있다는 점을 반신반의하는, 보수주의의 낯익은 입장이 드러난다.

현대 보수주의는 개인이 자신에게 필요한 적절한 도구적 이성을 지니고 있다고 가정하면서도, 사람들이 집합적 차원에서 정치적 이성을 활용할 능력이나 폭넓은 공익을 찾을 수 있는 능력을 지니고 있다는 점에 대해 회의적이다. 현대 보수주의는 대개의 경우 그런 도구적 이성이 우리의 신체적 안전에 관한 공통의 이익을 찾는 데에 국한된다고 가정한다. 이보다 더 폭넓은 공통의 이익을 추구하는 입장이 있다면 그것은 흔히 공통의 경제적 이성으로 표출된다고 믿는다 (집단 이기주의). 이런 경제적 이성의 추구는 흔히 사람들이 자신의 이익을 위해 정치적 설득이나 권력을 차용하는 것에 불과하다는 것이다.[33] 예를 들어, (교사와 같은) 공공 부문의 노동자들은 자기들이 (교육과 같은) 공공재를 제공한다고 주장하면서, 이를 위해 공공 예산을 증액하려고 노력한다. 그러나 만일 그런 공공재가 효과적으로 실행되지 않거나 대중이 좋게 평가하지 않을 경우, 예산 증액 요구는 단지 '사익 추구' 행위에 지나지 않게 된다. 즉, 납세자들에게 정당한 혜택을 주지도 못하면서 자신의 사익을 위해 공공 예산을 전용하려는 시도나 마찬가지라고 보는 것이다.[34] 요컨대, 현대 보수주의는 대중이 집합적 목표를 위해 정치적 이성을 발휘할 수 있는 능력보다, 개인이 자신만의 이익을 위해 도구적 이성을 활용하는 능력을 훨씬 높게 평가한다.

전통적 보수주의가 과거에는 인간의 (계급·인종·성별에 근거한) 근본적인 불평등을 의심할 바 없이 확고한 현실로 받아들였지만, 이 점에서도 현대 보수주의는 전통적 가정에 그다지 연연해하지 않는다. 그렇지만 현대 보수주의는 간혹 남성과 여성이 근본적으로 다르기 때문에 남성과 여성이 법적으로 다르게 취급될 수도 있다고 믿곤 한다. 예를 들어, 미국의 보수주의자들은 헌법의 평등권 수정조항●을 반대했다. 젠더의 차이점을 무시하고 단순히 기계적인 평등주의 개혁만을 하게 될 것이라는 이유에서였다. 흔히 보수주의자들은 여성이 남성보다 자신의 직장 생활에 대해 덜 집착하며 결혼과 자녀 양육을 위해 직장 생활을 그만두는 경우가 많으므로 임금과 승진에서 남성과 여성 간에 어느 정도의 차등이 존재한다고 주장하곤 했다. 그랬던 보수주의자들도 점차 남성과 여

● 1920년에 통과된 미국 연방헌법 수정조항 19조를 말한다. 조문은 다음과 같다. "합중국 시민의 투표권은 성별에 따라 합중국이나 주에 의해 거부 또는 제한되지 아니한다."

성이 법 앞에서 평등해야 한다고 믿게 되었다. 그러나 보수주의자들이 동성애자들의 결혼을 인정하지 않으려는 것을 보면, 법적으로 동성애자를 일반인과 동등하게 취급하지 않으려는 경향이 엿보인다. 그리고 보수주의자들은 결혼이라는 제도가 개념상 남자와 여자 사이의 관계를 규정하는 것이므로, 남성과 여성 사이에서만 결혼할 수 있는 권리를 허용해야 한다고 주장한다. 그럼에도 현대 보수주의자들은 일반인에게 적용되는 시민적·정치적 권리를 동성애자들에게도 확대 적용하는 것을 요즘 점점 더 찬성하게 되었다고 대답할 것이다. 인종에 관해서 보더라도 현대 보수주의는 인종의 우열성에 관한 과거의 가정을 거의 모두 폐기했다. 일반적으로 말해 보수주의자들은 여전히 인간들의 재능과 덕성은 서로 많이 다르다고 가정하지만, 이제 그런 차이점이 그 사람의 타고난 특징에 의해 확실히 결정된다는 식으로 주장하지 않는다. 현대 보수주의는 사람의 인종·계급·젠더 등의 특성과 상관없이 모든 이가 자신의 재능과 덕성을 개발할 수 있는 능력이 있고, 그런 능력에 대해 보상을 해주어야 한다고 믿는다. 또한 어떤 인종·계급·젠더이든 간에 결함과 부도덕성을 보일 수 있으나 그것은 타고난 것이 아니고 스스로 자신의 재능과 덕성을 발전시키지 않았기 때문이라고 본다. 보수주의자는 그런 사람들에 대해 우리가 어느 정도 동정심을 가질 수는 있겠지만, 결국 모든 사람이 자신의 운명에 책임을 져야 하며, 정치 공동체가 그런 약자들에게 일일이 책임질 필요는 없다고 믿는다.

그러므로 현대 보수주의는 일차적으로 인간의 도덕적 특성에 관심을 가진다. 보수주의는 유토피아적 이상을 추구하기 때문에 덕성을 장려하고 부도덕성을 막으려 하는 것이 아니다. 보수주의는 인간의 불완전성을 인정한다. 부지런한 사람과 게으른 사람, 현명한 사람과 우둔한 사람, 재능이 많은 사람과 적은 사람, 세련된 사람과 촌뜨기 같은 사람이 앞으로도 꾸준히 존재할 것이다. 자유와 업적주의를 부정하는 것은 아니지만, 평등주의적 몽상가들이 아무리 개혁을 해도 사람들의 성향과 능력이 크게 다르다는 점을 바꾸지는 못할 것이다. 따라서 현대 보수주의는 완벽한 인간을 만들려 하기보다, 인간의 나쁜 행동을 줄이려는 사상이다.

10
급진적 우파
...
인간을 도덕 공동체 그리고/또는 자유 시장에 편입시킨다

급진적 우파 내의 여러 목소리들은 인간 본성에 관해 각기 다른 견해를 지니고 있다. 전통적 공동체주의, 국수주의, 문화적 보수주의, 종교적 우파는 인간이 도덕적 공동체 내에 뿌리를 둔 존재라는 점을 강조한다는 점에서 전통적 보수주의와 닮았다. 이와 대조적으로, 자유 지상주의는 개인의 자율성을 강조한다는 점에서 현대 보수주의 내의 개인주의적 성향과 궤를 함께한다.

좌파 내의 시민적 공동체주의처럼 우파의 전통적 공동체주의도 인간이 어떻게 특정 공동체 내에 뿌리를 내리고 있는지, 그리고 왜 공동체에 기반을 둔 존재여야 하는지를 강조한다. 매킨타이어는 자율적인 자아를 가정하는 자유주의의 관념은 오류라고 주장한다. 인간은 (인간의 모든 선택에 영향을 미치는) 특정한 사회적 정체성을 지닌 존재이기 때문이다.[35] 여러 인생 계획들 가운데 자신에게 맞는 선택을 하기 전에 인간은 도대체 자기 자신이 어떤 존재인지를 알고자 한다. 그러려면 자신이 이미 속해 있는 공동체를 제대로 알아야 한다. 어떤 공동체에 뿌리를 내리고 있다는 것은 대단히 중요하고 소중한 일이다. 우리는 공동체 정체성과 공동체에서의 역할로부터 삶의 의미와 목적을 도출하기 때문이다. 그런 사회적 뿌리가 없다면, 어떤 것에도 행할 만한 가치는 없다.[36] 과도한 이기심과 저급한 물욕에 대한 집착을 줄여야 하는 이유는 공동체에 대한 책임 때문이다. 공동체에서 (고독하고 물질만능적인 자유주의 사회에서 오랫동안 잊혀온) 영적인 자의식을 다시 일깨울 수 있다. '좋은 삶'이란, 오랜 시간을 거치면서 증명된 도덕적 원칙을 제공해 주는 공동체에서만 구현될 수 있다. 좌파의 시민적 공동체주의는, 평등주의적 가치를 고양하기 위해 사회주의적 가치를 지닌 새로운 공동체의 건설 또는 기존 공동체의 민주적 재구성을 모색하곤 하지만, 전통적 공동체주의, 문화적 보수주의, 종교적 우파는 교회 또는 민간단체와 같은 기존의 사회조직이 중요하다는 점을 강조한다.

그런데 급진적 우파에는 인간의 공동체적 뿌리를 강조하지 않는 자유 지상주의도 포함되어 있다. 자유 지상주의는 고전적 자유주의처럼 인간을 자율적이고 자기 이익을 추구하는 존재로 보며, 따라서 자유 시장에서 가장 잘 번창할 수 있는 존재라고 생각한다. 인간의 주된 행동 동기는 원하는 삶을 마음껏 살아갈 수 있게 하는 자유를 확보함으로써 행복해지는 것, 그리고 물질적 재화를 취득하고 이를 각자의 목적에 맞춰 마음껏 쓸 수 있는 것이라고 한다. 인간이 스스로 공동체를 추구한다면 그것은 어쩔 수 없겠지만, 정부가 나서서 사람들에게 공동체와 연계를 가지라고 장려하거나 가로막아서는 안 된다고 생각한다. 그런 일은 정부의 목적이 아니라는 것이다.

급진적 우파 내의 일부 세력들—특히 전 지구적 신자유주의(지구화론)와 신보수주의(네오콘)—은 공동체주의와 자유 지상주의 사이의 일견 화해 불가능한 주장들을 해소하려고 노력해 왔다. 이들은 인간이 경제적 영역과 사회적 영역을 동시에 차지하고 있는 존재임을 강조한다. 경제적 영역에서 인간은 물질적 재화와 개인의 행복을 찾는, 자율적이고 이성적이며 자기 이익을 추구하는 행위자다. 그런데 지구화로 인간이 생산하고 소비하는 재화와 서비스가 늘어나면서 경제적 영역이 확대된 것처럼 보인다.[37] 단순히 더 많은 자유와 물질적 재화를 원하는 것을 넘어, (자연적인—최소한의—필요에 비추어 보거나, 조상들 혹은 가까운 이웃들과 비교하는 것이 아니라) 전 세계인들과 비교해서 얼마나 잘 사는지를 확인하는 것으로 자신의 만족감을 측정한다. 인간은, 점점 늘어나는 물질적 갈망 외에 오락과 유흥에 대한 욕구도 더욱더 커졌다.[38]

그런데 인간이 경제적 영역에서는 자기 이익을 추구하는 개인주의자라 하더라도, 사람들은 사회적 영역에 뿌리를 내리고 살아갈 필요가 있다. 토머스 프리드먼이 지적하듯이 지구화로 말미암아 "올리브 나무"—인간이 공동체에 뿌리를 내린 존재라는 의미의 상징어—가 사라졌기 때문에, 지구화론과 신보수주의는 지역사회와 사람들 간의 유대를 되살리는 데에 관심을 기울인다. 지역 공동체 내의 유대는 부분적으로 (다국적기업이 지역사회의 노동자들에게 외주를 주는) 전 지구적 시장을 통해 이루어질 수 있다. 산업화된 생산에서는 사람들이 전통적인 농촌 공동체를 떠나 공장이 소재해 있는 도시 지역으로 이주해야 했지만, 서비스업이 중심이 된 포스트산업사회의 지구화된 경제 조건에서는 노동자들이 원래 살던 지역공동체를 떠나지 않고 전화와 같은 통신수단을 통해 핵심 서비스 업무에 종사할 수 있게 되었다.[39] 또한 지구화론자들은 사이버공간에서 만들어지는 누리꾼들의 새로운 웹공동체를 찬양하며, 신보수주의자들은 교회와 같은 민간 조직의 활성화를 예찬한다.[40] 이들은 지역공동체와 시민사회 내의 자발 조직들이 과거에 비해 극히 다양한 계급·인종·민족적 특성을 지닌 사람들로 이루어진 이질적인 조직들로 변하고 있다고 말한다. 이런 다양한 조직들이 다원적인 사회 발전에 기여하며, 그와 동시에 사람들에게 (어딘가에 귀속되고 싶어 하는 인간의 필요를 충족해 줄) 공동체에 소속되어 일체감을 느끼고자 하는 문제에 대해 더 많은 선택지를 제공해 준다는 것이다.

급진적 우파는 인간의 여러 능력 — 지능·야망 등 — 이 분명 서로 다르다는 점을 인정하며, 이런 차이점 때문에 사람들의 권력과 재산 및 사람들이 누리는 기회 등에 차이가 나는 것은 당연하다고 본다. 그러나 급진적 우파는 거의 모든 인간들이 나름의 능력을 가졌으므로, 그런 능력을 선용하도록 장려하는 환경에서 살 수만 있다면, 각자 나름대로 번창할 수 있다고 가정한다. 급진적 우파는 자본주의가 인간의 능력을 활용한 만큼 보상을 해주는 체제라고 믿으며, 민주주의 정부가 할 수 있는 일은 자본주의 경쟁 체제에서 생존하기 어려운 사람들을 위해 그저 최소한의 안전망을 제공해 주는 것뿐이라고 믿는다.

11
극단적 우파
...
인간을 선한 존재 또는 악한 존재로 간주한다

극단적 우파에서는 인간 본성을 주로 이원론적인 관념으로 파악한다. 즉, 인간은 선한 존재 아니면 악한 존재라는 식이다. 우파에서도 그런 구분은 타고난 것이고 인종적으로 이미 정해진 것이라고 주장하는 측도 있다. 백인 국수주의자들은 아리아족과 앵글로색슨족이 선한 인류에 속한다고 생각한다.[41] 악한 인간 또는 열등 인간에 속한 자들은 (사탄의 자손인) 유대인 또는 (흔히 '진흙인종'이라고 부르는) 유색인종들이다. 흑인 국수주의자들 또한 나름의 인종주의적 방식으로 인간 본성을 표현하곤 한다. 이들은 백인들을 '야쿱'●이라는 사악한 인종의 못된 후예라고 본다.[42]

극단적 우파 내의 다른 세력들은 이렇게까지 이분법적으로 인간을 파악하지는 않는다. 기독교 근본주의와 이슬람 근본주의에서는 인간이 그 본성상 결함이 많은 존재라고 강조한다. 하느님(또는 알라)만이 선하고 인간은 그분의 선함을 따르고자 희망할 수 있을 뿐이다. 이슬람 근본주의에서는, 인간은 자기 안에 내재한 죄악성 때문에 종교법과 종교적 권위에 완전히 복종해야 한다고 믿는다. 이슬람의 교의에 따르면 인간은 영원한 평화 아니면 영원한 고통이라는 식의 허구적인 선택을 해야 한다. 그러나 진정 올바른 선택은 '올바른 길'을 걷는 것이다. 이슬람 근본주의자들은 알라의 길을 따르지 않으면 불신자가 되는 것이고, 그런 사람은 정치적 탄압을 받아 마땅하다고 믿는다. 기독교 근본주의도 이슬람 근본주의와 유사한 신념을 가진 경우가 있지만, 이와 달리 인간이 신

● 야쿱(Yacub) : 이슬람 네이션이라는 미국 종교 단체에 따르면 6천600년 전에 사악한 인종인 백인종을 창조한 장본인이라고 한다.

을 따른다기보다 신이 은총을 베풀어 인간을 선택한다고 믿는 장 칼뱅Jean Calvin
의 교의를 신봉하는 측도 있다. 칼뱅 신앙을 가진 사람들의 가정은 정치적 함의
로 보면 덜 극단적인 주장이라 할 수 있다. 신이 누구를 선택할 것인지, 그리고
신의 은총으로 간택되지 않은 사람을 정치적 권위에 의해 벌해야 할 것인지가
불분명하기 때문이다.

극단적 우파의 철학적 가정은 인간이 본질적으로 사악한 존재이지만 말과
행동을 통해 종교의 가르침을 받아들이면 선량한 존재가 될 수 있다는 믿음으
로부터 출발한다. 따라서 미국의 기독교 근본주의는 이런 믿음의 측면에서 보
면 가장 낙관적이라 할 만하다. 즉, 대다수 사람들이 신의 가르침을 따를 수 있
다고 믿거나, 또는 신의 부름을 받아 선량한 존재로 변할 수 있다고 믿기 때문
이다. 이슬람 근본주의는 개인이 이런 선택을 할 수 있다고 보지는 않는다. 이
슬람 근본주의는 사람들이 올바른 길을 걸으려면 그들이 신을 거역하는 세속적
사상으로 물들지 않은 정치 공동체에서 살아야 하고, 그 정치 공동체가 구성원
들을 통제할 수 있어야 한다고 믿는다. '올바른 길'을 온전히 걷기란 결코 쉽지
않으므로, 정치적으로 잘 조직된 사회 속에서 다른 신도들의 격려와 동반이 따
라야 하기 때문이다. 따라서 이슬람 근본주의는 이슬람 사회에서 불신자들을
몰아내 (사람들을 선량하게 만들고 그런 상태에 계속 머물도록 이끌어 주는) 동질적인
사회를 만들려고 한다.

12
극단적 좌파
...
본질적 인간 본성을 인정하지 않는다

극단적 좌파 내의 모든 사상에서 공통적으로 발견되는 하나의 일관된 주제는

인간에게 본질적 특성이 존재하지 않는다고 생각하는 점이다.[43] 인간은 환경의 산물이므로 인간의 근본적 특성을 제시하려는 시도는 성공할 수 없으며, 그런 시도 자체가 억압적일뿐더러 인간의 무한한 가능성을 한정하려는 것이다.

극단적 좌파가 사람들에 대해 흔히 제기하는 비판은 인간 본성에 원래 결함이 있다는 식의 주장이 아니다. 그 대신 잘못된 사회제도로부터 인간의 결함이 발생한다고 보는 극단적 좌파의 경향은 적어도 루소까지 거슬러 올라간다. 루소는 근대성으로 말미암아 인간의 교만·탐욕·야심 등의 특성이 생겨났다고 주장했다. 오늘날의 극단적 좌파는 인간이 점점 더 (자기만족과 즉각적 만족을 향한 탐욕을 포함한) 소비주의적 행동 동기에 빠져들고 있으며, 이것은 신자유주의 이념 및 오늘날 세계 공동체에 산재해 있는 자본주의적 제도들 때문이라고 주장한다. 인간이 점점 더 남성 중심적이 되어 갈수록 많은 여성들이 경쟁이나 지배와 같은 전통적 남성 가치를 내면화하고 있다. 또한 인간은 사물의 사용가치가 아닌 교환가치에 더욱더 매달리게 되었다. 그리고 인간은 점점 더 인간 중심적이 되어서 자연이나 동물을 (대수롭지 않은) 자신의 쾌락을 충족하기 위해 착취할 수 있는 대상으로 여기곤 한다. 그러나 극단적 좌파는 인간의 그런 지향이 궁극적으로 인간의 욕구를 만족시킬 수 없다고 본다. 우리에게 주어진 자유와 무료에서 벗어나기 위해 여러 형태의 마취제 ― 종교, 마약, 음주, 과식, 쇼핑, 관중 스포츠, 텔레비전 및 여타 중독들 ― 로부터 안식을 구하는 모습이 현재 인간의 자화상이라는 것이다.

구좌파들 역시 인간에게 이런 부정적인 특징이 있다고 생각하곤 했다. 마르크스를 비롯해 여러 급진 사상가들은, 오늘날의 인간들이 드러내는 특성과 질적으로 다른 근본적인 인간 본성이 존재한다고 주장했다. 앞에서 보았듯이 마르크스는 인간을 본질적으로 창조적인 노동자로 보았다. 창조적인 노동자는 인간 특유의 능력을 활용하여 인간의 필요와 욕망을 만족시킬 수 있도록 자연을 전환시킴으로써 삶의 의미를 얻는다고 한다. 현대의 극단적 좌파 ― 특히 포스트구조주의 ― 는 이런 식의 개념을 비판하면서, 자신들의 특정한 행동을 정당화하기 위해 인간의 본성을 특정한 방식으로 규정하는 것에 반대할 것이다. 인간의 가능성을 열어 둠으로써 정치적 가능성도 열릴 수 있다고 믿기 때문이다.

그런데 극단적 좌파에서도 근본적인 인간 본성의 가능성을 제안하는 측이 간혹 나온다. 심층 녹색주의는 마르크스가 말했던, 소외되지 않은 노동자와 이에 부합하는 인간 본성을 주장할 가능성이 가장 클 것이다. 인간이 자연과 조화를 이루며 살아갈 때 가장 만족스러운 삶을 살 수 있다고 강조하기 때문이다. 통상 극단적 좌파는 인간이, 자유주의에서 말하는 고립되고 단자화된 물질적 존재가 아니라, 평등한 사회적 존재가 될 수 있다고 (또는 그렇게 되어야 한다고) 가정하곤 한다. 자본주의와 지구화에 반대하는 저항을 통해 인간은 자신의 '더 높은 자아' — 인간의 창의성, 자율성, 너그러움, 공익을 추구하는 정신, 그리고 '가이아'gaia와의 합일 등 — 를 실현할 수 있다고 보는 녹색주의자들도 있다.

지성적인 좌파들은 인간을 특정한 방식으로 범주화하려는 시도에 반대하겠지만, 극단적 좌파 일각에는 극단적 우파에서 많이 이야기하는 '선인과 악인' 식의 이분론을 구사하는 이들도 간혹 있다. 이런 좌파들은 자기들과 생각이 다르거나 자신들의 전투적 행동을 따르지 않는 사람들을 비인간적인 표현 — 예컨대, '꼴통들', '체제의 하수인', '정권의 꼭두각시' 등 — 으로 묘사하곤 한다. 반대파의 특성을 그런 식으로 묘사하면 그들에게 강압을 가할 경우에 도덕적으로 신경이 쓰일지 모르는 상황을 줄일 수 있기 때문이다.[44] 이런 식의 언행은 좌파 이론가들의 고결한 철학적 가정에 분명 흠이 될 것이다.

13
소결
...

다원주의의 저변을 이루는 합의는 인간존재에 관해 최소한의 가정을 내리고 있다. 인간은 기본적인 차원에서 평등하다고 가정한다. 모든 사람의 생명이 똑같이 소중하므로 다원적 사회를 다스리려면 모든 사람의 이해관계를 공평하게 고려해 주어야 한다는 뜻이다.

다원주의자들은, 모든 사람이 자신의 삶을 잘 영위하기 위해 스스로 판단할 수 있는 기회를 부여받아야 하며, 자신이 책임질 수 있는 '좋은 삶'의 이상을 각자가 추구할 수 있도록 국가가 개인에 대해 지나치게 간섭해서는 안 된다는 점에 동의한다. 다원주의자들은 인생에서의 행동 동기가 사람마다 다르므로, 다원적 공공 정치철학의 기초로서 근본적인 동기 혹은 유일무이한 동기를 강요할 수 없다는 점을 인정한다.

따라서 다원주의자들은 인간의 다양한 선택을 존중한다. 이들은 사회나 시장에서 사람들이 다른 사람들의 모든 선택을 소중하게 생각하거나 그런 선택에 대해 똑같은 보상을 해주어야 한다고 생각하지 않는다. 그러나 책임 있는 개인의 선택, 그 사회의 정당한 법을 준수하는 개인의 선택, 다원주의의 저변을 이루는 최소한의 합의를 훼손하지 않는 개인의 선택에 대해서는 정부가 중립을 지키는 편이 좋을 것이라고 믿는다.

다원주의자들은 모든 인간이 자율성을 누릴 권리가 있다고 가정하지만, 모두가 자율성을 원한다거나 자율성을 갖게 되리라고 가정하지는 않는다. 사람에 따라서는 자신의 자율성보다 다른 도덕률 — 자신이 속해 있는 사회적 집단(예를 들어 근본주의 교회, 또는 소수민족으로 이루어진 공동체 집단)이 가르치는 도덕률 — 에 따라 살아가는 것을 더 소중히 여길 수도 있다. 다원주의자들은 이렇게 자율적이지 않은 사람들로 이루어진 집단이 있다 하더라도 그들의 생각을 존중한다. 다원주의자들은, 어떤 종류의 '좋은 삶'을 추구할지 결정할 때 누군가는 (어쩌면 대다수의 사람들이) 사회적 요인의 영향을 크게 받을 것이라고 인정한다. 하지만 다원주의자들은 개인의 자율성을 더 강조해야 할지, 혹은 인간이 공동체에 더 깊이 뿌리를 내려야 할지를 놓고 서로 의견이 다르다. 자유주의와 급진적 좌파에 속한 이들은, 사람들이 다양한 사회적 현실에 그대로 직면하게 하고, 그런 사회적 현실이나 크게 도움이 되지 않는 공동체 집단에서 벗어날 수 있는 정치적 자유를 주는 것이 사람들에게 실제로 이득이 된다고 믿는다. 많은 보수주의자들 및 급진적 우파에 속한 많은 이들은, 사람들이 ('좋은 삶'에 대해 명확한 기준을 제공하고, 인간의 자율성만 강조했을 때 생기기 쉬운 부담을 줄여 주는) 가족, 자발적 결사체, 공동체에 깊이 뿌리를 내리는 편이 그들에게 이득이 된다고 믿는다. 사람들에게 자기 자신을 위해 더욱 책임감 있고 공익에 잘 부합하는 선택을 내리도록 촉구해야 한다는 것이다.

다원주의자들은 통상적으로 인간이 상당 수준의 이성을 지니고 있지만 (개인적 결정이나 정치적 결정을 내릴 때 활용할 수 있고, 활용해야만 하는) 이성의 능력에는 한계가 있다고 가정한다. 다원주의자들은 [심각한] 정신병 환자들만 빼고 대다수 사람들이 자신의 '좋은 삶'을 스스로 결정하는 것을 비롯해 자신에 관한 대다수 결정에 책임을 지기에 부족하지 않은 이성을 지니고 있다고 인정한다. 그러나 동시에 인간의 도구적 이성이 불충분하다는 점 역시 인정한다. 다원주의자들은 인간이 자신에게 진정으로 좋은 것이 무엇인지 모르는 경우가 흔히 있으며, 자신의 욕망을 획득하기 위해 어떤 수단을 써야 하는지에 대해서도 잘못된 판단을 내리곤 한다는 점을 받아들인다.[45] 그러므로 다원주의자들은 인간의 '좋은 삶'에 (심지어 자신의 사생활에서도) 완전한 자율성이 꼭 필요하다고는 믿지 않는다. 그래서 간혹 이들은 시민들에게 안전벨트를 착용하게 한다거나 사회보험에 의무적으로 가입하게 하는 등의 온정주의적 정책을 지지하기도 한다.

더 나아가, 다원주의자들은 대다수 사람들이 자신의 집단적 삶에 관한 결정에 참여할 수 있는 이성을 지녔지만, 그런 공적인 의사 결정을 하면서 활용하는 이성은 불완전하므로 잘못된 공공 정책이 만들어지는 경우가 있다고 본다. 그러므로 다원적 정치에서는 현시점에서의 정치적 결정에 도전해 그 결정을 늘 수정할 필요가 있다.

그러나 다원주의자들은 사람들이 자신의 사적·집합적 결정을 내릴 때 활용할 수 있는 이성이 어느 정도나 필요한지에 대해서 합의하지 못한다. 보수주의와 급진적 우파에 속한 사람들은 인간의 개인적 결정 능력에 대해서는 수긍하면서도 집합적 결정 능력에 대해서는 회의적이다. 이와 대조적으로 좌파에 속한 사람들은 인간의 집합적·정치적 이성에 관한 능력에 더욱 낙관적이다. 이런 차이는 8장에서 인식론을 다룰 때에 다시 깊이 있게 다룰 것이다.

다원주의자들은, 이성에 대한 서로의 차이를 넘어, 사람들이 서로 다른 재능을 지녔고, (자신들의 다양한 목표를 추구하는 데 도움이 되는) 사회적 자원에 대한 접근성에도 각자 차이가 있다고 가정한다. 이들은 사람들의 재능과 특성이 서로 크게 다르고, 한 방면에 재능을 많이 갖더라도 다른 방면에는 거의 재능이 없을 수도 있으며, 사람의 어떤 한 가지 특성 — 예컨대, 지능 — 만으로 그 사람의 절대적 우월성을 주장할 수 있는 지표가 될 수 없다는 점을 인정한다. 또한 다원주의자들은 인간이 속한 하나의 집단 — 예컨대, 인종 또는 성별 — 내에 존재하는 재능의 차이가, 다양한 인간 집단들 사이에 존재하는 평균적 재능의 차이보다 더 크다고 믿는다.[46] 그러나 다원주의자들은, 사람들에게 부여된 자연적 재능과 사람들이 활용할 수 있는 사회적 자원 등에서 실제로 차이가 존재한다는 사실이 도덕적으로 어떤 의미를 갖는지에 대해 서로 견해가 다르다. 현대 자유주의와 특히 급진적 좌파는, 자신의 탓으로 돌리기 어려운 불평등을 겪는 불우 계층에게 사회가 보상을 해주어야 한다고 강조한다. 현대 보수주의와 급진적 우파는 이런 불평등을 자연적이고 불가피한 것으로 받아들이며, 따라서 이 문제를 타개하고자 제시되는 여러 정치적 해결책을 반대하곤 한다.

인간 본성에 대한 어떤 가정들은 다원적 정치를 분명히 위협하는 것들이다. 다원주의자들은, 인간이 공동체의 결속, 신과의 일치, 완벽한 인간 본성을 전제하는 태도 — 예를 들어 '창조적 노동자' — 등을 (일부 사람들이 이런 것들을 고결한 사상으로 받아들일지 여부를 떠나) 추구해야 한다는 집합적 사상이 전체주의적 지배의 기초가 될지 모른다는 점을 우려한다. 그런 전체주의적 지배는 사람들이 고귀한 행동 동기에 따라 살아가도록 강제하기 쉽기 때문이다. 또한 다원주의자들은 누군가는 본성적으로 선하고, 다른 누군가는 본질적으로 악하다는 식의 고정관념이, 인간 집단이 다른 인간 집단을 억누르는 데 사용될 가능성이 크다고 믿는다.

7
...
철학적 가정 3
...
사
회
론

사회적 삶은 어디에서 비롯된 것일까? '정치사회'의 기본적 특징은 무엇일까? 좋은 정치사회란 어떤 특성을 가진 사회일까? 한 사회는 비슷한 사람들끼리 모여 있는 것이 좋을까? 한 사회의 구성원들 사이에 존재하는 주요한 차이점으로 어떤 것들이 있을까?

'사회'society라는 개념은 흔히 '공동체'community라는 개념과 비슷하게 사용되기도 한다. 그러나 공동체(또는 '정치 공동체') 개념은 9장에서 따로 다룰 예정이다. 일반적으로 사회, 특히 정치사회라는 개념의 근본적 성격에 관한 가정은, 어떤 종류의 정치 공동체가 중요한지에 대한 논쟁에 앞서 제기되는 질문이다. 인간이 애초 어떻게 사회를 이루어 살게 되었는가 하는 질문에 대해 사람들은 대단히 다양한 추측을 하며, 사회의 본질에 대해서도 서로 전혀 다른 이미지를 갖는다. 따라서 우리는 어떤 정치 공동체를 선택해야 하는가의 문제를 명확하게 해결하기 이전에, '사회 자체의 근본적 특성'에 관해 생각해 볼 필요가 있다.

마르크스가 산업사회는 자본가와 노동계급으로 이루어져 있다고 강조한 이래, 여러 층으로 이루어진 케이크와 같은 이미지로 사회를 묘사해 왔다. 오늘날에는 자본가와 노동계급의 두 가지 층 외에도, 중산층 전문직 계급과 숙련 노동자들이라는 범주 역시 현대사회의 중요한 특징을 내포한다고 생각하는 사람들이 많아졌다. 더 나아가, 오늘날에는 (부의 소유권, 소득과 교육 수준, 직업 등으로 구분되는) 계급 외에도 사회에 여러 층들이 존재한다고 가정할 수 있게 되었다. 예를 들어, 인종, 종족ethnicity, 젠더, 성적 지향, 기타 차이점들 등을 들 수 있다. 지난 반세기 동안 발생했던 가장 중요한 정치 운동들 — 공민권운동, 여성운동, 동성애 해방운동 — 은 이런 식의 다양한 층위를 가진 사회의 이미지로부터 자기 운동의 통찰을 끌어냈다. 그러므로 사회 내의 계급, 인종, 성, 성적 지향 등을 둘러싼 불평등과 상하 관계를 없애는 문제가 여전히 중요한 쟁점으로 남아 있다.

대다수 사람들이 사회 내에 여러 구분들이 존재한다는 사실을 인정하지만, 이런 구분이 별로 중요치 않다고 생각하는 사람들도 많다. 정치 지도자들은 간혹 하나로 뭉쳐진 사회의 이미지를 내세우곤 한다. 서로 긴밀하게 연관된 사람들로 이루어진 교향악단이 지휘자의 지도 아래 사회적 조화를 창출한다는 식의 그림을 상상해 보면 될 것이다. 또는 대단히 개인주의적 사회 속에서 사람들이 자신의 이익을 추구하기 위해 협력하거나 경쟁하면서 살아가는, '시장'과 같은 그림을 상상해 볼 수도 있다. 사회를 묘사하는 상이한 이미지들은 서로 다른 정치적 목적에 도움이 된다.

이 장에서는 사회의 기원과 근본적 특성에 대해 주요 정치 이념들의 주창자들이 내리는 다양한 가정들을 살펴보려 한다. 다원주의의 지지자라면, 사회의 기원에 대해 특정한 가정을 하지 않을 것이고, 다양한 형태의 사회적 분절과 통합이 가능하다는 점을 강조하는 입장을 유용하다고 여길 것이다. 여러 종류의 과일과 야채로 이루어진 (여러 종류일 수 있는) 샐러드가 다원적 이미지를 가장 잘 묘사하고 있다고 생각된다.

1
고전적 자유주의

...

사회계약을 통해 사람들 사이의 상호 이익을 모색한다

고전적 자유주의는 자연 상태에서 발생하는 외로움과 무질서와 불편함으로부터 벗어나기 위해 개인들이 서로 일종의 약정을 맺음으로써 사회가 생겨난다고 가정한다. 고전적 자유주의는 다양한 종류의 '사회'에서 인간들이 서로 결속해 있다고 생각했다. 이 가운데 가장 친밀한 '사회'는 혼인에 의한 결합으로, "남자와 여자 사이의 자발적인 계약"에 근거한 사회를 뜻한다.[1] 가장 범위가 넓은 '사회'는 사회계약에 근거한 시민사회와 정치사회다. 사회계약은 사람들이, "공동체[시민·정치사회]에 속하지 않는 자들로부터 좀 더 확실하게 안전과 재산권을 보장하면서, 사람들 간에 평온하고 안전하며 평화로운 삶을 누리기 위해 함께 공동체를 결성"할 목적으로, 자연 상태에서 자기들이 행사하던 무제한의 자유를 상호 간에 자제하자고 약속한 조치를 말한다.[2] 이런 자유주의적 정치사회 개념에는 여러 중요한 특징들이 있다.

첫째, 자연 상태에서는 '사회'가 존재하지 않지만, 사회는 자연 상태로부터 자연스러운 과정을 통해 발생한다. 토머스 홉스는 자연 상태를 전쟁 상태로 파악했다. 홉스는 자연 상태 속의 모든 인간이 (모든 사람이 가질 수는 없는) 극히 희소한 재화를 서로 차지하려 하기 때문에 항구적인 갈등이 발생하며, 그런 갈등 상황에서 사람들은 자신이 원하는 것을 확보하기 위해 타인을 굴복시키려 들 것이라고 가정했다. 그런 상태에서 인간은 "끊임없는 두려움과 처참한 죽음의 공포 속에서" 살아가며, "인간의 삶은 외롭고 황량하고 무자비하고 흉포하고 단명할" 운명이라고 보았다.[3] 이런 상태에서 벗어나 안전이라는 목표를 달성하기 위해, 인간은 당연히 다른 사람들과 규약 또는 사회계약을 맺는 것이 좋겠다고 생각할 것이다. 즉, 계약을 통해 각자가 타인의 생명·자유·재산을 침해하지 않기로 약정할 것이다. 홉스는 사람들의 그런 약정 ― 사람들은 이런 약정을 맺음과 동시에 잠재적으로 권위주의적일 수도 있는 (또한 사람들 사이의 약정을 시행할 권한이 있는) 절대 권력을 자기네의 대표로 지명한다 — 을 통해서 일종의 '커먼웰스'commonwealth(공동사회) 또는 정치사회를 창조할 것이라고 생각했다.

존 로크는 좀 더 유연한 사회 개념을 제시했다. 로크는 홉스보다 자연 상태를 덜 투쟁적으로 보았지만, 사람들이 자연 상태를 벗어나 정치사회를 형성하려 할 것이라는 점에서는 홉스와 의견을 같이했다. 로크는 자연 상태 속의 사람들이 일종의 중요한 자연법칙을 이해할 것이라고 생각했다. 그 자연법칙이란 "그 누구도 타인의 생명·자유·소유물을 해쳐서는 안 된다"라는 원칙이다.[4] 로크는 사람들이 이런 점을 깨닫는다면 자연법칙에 순응하기 위해 타인들과 기꺼이 약정을 맺을 것이라고 보았다. 로크의 첫 번째 사회계약인 이런 상호 계약을 통해 (인간 집단으로 이루어진 문명사회인) 시민사회civil society가 창조된다. 로크는 시민사회에서도 누군가는 사회계약의 자연법칙을 어길 것이라고 보았으므로, 피해자에게 자기 자신을 방어하고 가해자를 처벌할 권리를 부여했다. 자연법칙에 따르면 처벌의 강도는 가해행위의 강도와 균형을 맞추어야 하고, 추가적인 가해를 예방할 정도면 족하다고 되어 있으나, 피해자는 이런 처벌을 직접 담당할 적임자가 아닐 것이다. 피해자는 자신의 이해관계에 따라 판단하므로 공평해지기 어렵고, 가해자에게 복수하고픈 욕망을 품을지도 모르기 때문이다. 따라서 사람들 사이에서 벌어진 권리침해 문제를 중재할 수 있는 공평한 권력이 존재하지 않을 경우에 '시민사회'는 말뿐이며, '불편한' 상태에 머물러 있을 수밖에 없다. 자연 상태에 가까운 이런 불편함을 해결하기 위해 사람들은, 타인의 권리를 침해한 가해자들을 처벌할 권한을 "공동체의 수중에 양도"하게 된다.[5] 시민사회에서 이런 식으로 로크의 두 번째 사회계약에 합의하여 사람들이 공중을 위해 그런 갈등을 전담할 정부를 설립하게 되면서 결과적으로 정치사회가 수립된다는 것이다.[6] 요컨대, ① 사람들은 자연 상태의 불안에서 벗어나기 위해 시민사회를 형성하고, ② 정부가 없이 단지 시민사회만 존재할 때에 빚어질 법한 불편함에서 벗어나기 위해 정치사회를 창조한다는 말이다.

둘째, 이런 자연스러운 과정을 거쳐 만들어진 사회는, 개인들의 총합 그리고 개인들 간 상호 교류의 장이라고 생각할 수 있다. 고대와 중세에는 사회에 대해, 그 구성원인 개인을 넘어선 특성을 지닌 존재로 간주했지만, 자유주의에서는 사회를 그렇게 거창한 개념으로 파악하지 않는다. 사회는 신이 창조한 실체가 아니라, 인간이 만들어 낸 것이다. 사회가 인간을 규정하고 그 정체성을 부여한 것이 아니라, 인간이 사회를 규정하고 그에 대해 정체성을 부여했다는 뜻이다. 이런 사회 개념을 포착하기 위해 두 가지 은유가 사용되곤 한다. 자유주의의 반대자들은 자유주의자들이 기계론적 사회관 — 사회가 일종의 기계에 지나지 않는다고 보는 견해 — 을 지니고 있다고 주장하곤 한다. 개인이 자신의 목적에 맞춰 기계를 조립하듯이, 개인들의 이익을 위해 정치사회를 조립했다고 보는 것이다. 기계의 부속품들이 서로 큰 마찰을 일으키지 않고 작동할 때 기계가 잘 돌아갈 수 있듯이, 사회 속의 개인들이 서로 간섭하지 않고 살아가면 정치사회가 잘 돌아갈 수 있다는 말이다. (현대 기계류를 조작하는 컴퓨터와 같은 식의) 통제 장치가 있을 때 기계가 잘 작동할 수 있듯이, 사회 역시 정부에 의해 조정될 때 정치사회가 원활한 기능을 수행한다. 그러나 정부는 사회의 구성 요소들이 원활히 상호 교류를 하게끔 촉진하는 데 그쳐야 한다. 영화감독 스탠리 큐브릭Stanley Kubrick의 고전인 〈2001 스페이스 오딧세이〉 2001: A Space Odyssey에서 우주선의 중앙 컴퓨터인 할HAL이 우주선의 통제권을 장악하는 장면이 통제 불능의 기계를 보여 주듯이, 강력한 정부가 자신의 목적을 위해 전횡을 부리는 것은 (사회 내 개인들의 목적에 봉사하지 않은 채) 통제 불능 상태에 빠진 정치사회로 볼 수 있다. 기계의 은유 외에도 고전적 자유주의의 사회 개념을 표현하기 위해 '시장'의 은유도 흔히 사용된다. 기본적으로 시장이 상호 간의 경제적 이익을 위해 교류하는 개인들로 이루어지듯이, 정치사회 역시 상호 간의 사회적 이익을 위해 교류하는 개인으로 이루어져 있다는 의미다. 시장에 대한 정부의 감독이 최소한으로만 필요하듯이, 정치사회에도 정부의 감독은 최소한으로만 필요하다.

셋째, 고전적 자유주의에서 사회를 개인주의적 이미지로 본 것은, 자유주의가 사회의 권리와 필요보다 개인의 권리와 욕구를 중시한다는 점을 보여 준다. 고대와 중세에는 개인이 사회의 필요에 종속되어야 한다고 생각했다. 이와 대조적으로, 자유주의자들은 사회가 개인에게 반대되는 자기주장을 할 수 없다고 가정했다. 예를 들어, 사회는 개인에게 사회의 대의를 위해 죽음을 선택하라고 강요할 수 없으며, 환경을 살리기 위해 자연 자원을 개발하지 말라고 요구할 수도 없다. 실제로 사회를 바라보는 고전적 자유주의의 관점은, 사회가 개인에 대한 주장을 하려면 사회 자체를 위해서가 아니라 사회 내의 다른 개인들의 필요에 해를 끼쳐서는 안 된다는 식으로 표현해야 한다는 것이다. 개인에게 특정 행동 — 예컨대, 군복무를 위한 징집 — 을 요구해서 그 사회의 대다수 구성원에게 더 큰 이익이 돌아간다면, 그 개인의 자유를 침해하는 것이 정당화될 수 있다. 그러나 단순히 '조국' — 사회 구성원들의 필요가 아닌, 자체의 필요를 지닌 새로운 실체로서의 조국 — 의 부름에 응하라는 식으로 개인에게 자기 뜻에 어긋나는 어떤 행동을 강요할 수는 없다는 것이다.

넷째, 자유주의 사회는 그런 사회에 어떤 제도가 있어야 하는지에 대해서는 구체적으로 언급하지 않는다. 로크에 따르면, 시민사회 내에 존재한다고 생각되는 제도는 '다수결' 원칙majority rule밖에 없다. 개별 시민사회는 갈등을 평화적으로 해결할 수 있는 법률을 제각기 제정하고, 운영하며, 집행할 수 있도록 제도를 설립해야만 한다. 각 시민사회는 자기 정부에 대해 그 사회에 적합한 기능을 수행하도록 권위[권한]를 부여해야 하며, 만일 정부가 그런 기능을 제대로 수행하지 않을 때에는 시민사회가 정부를 해산할 수 있다. 이 경우 사회의 구성원들이 어떤 정부에 그런 권위[권한]를 부여할지, 그리고 언제 그런 정부를 해산할 수 있을지에 관해 서로 의견이 다를 수 있으므로, 다수결로 결정하라고 한다.

요약하자면, 고전적 자유주의에서는 소략한 사회 개념을 상정한다. 사회는 개인들이 모여 있는 것에 불과하고, 이 개인들은 다양한 자기 이익을 추구하기 위해 서로 간에 교류를 하곤 한다. 사람들이 모여서 사회계약을 맺음으로써 시민사회와 정치사회가 만들어진다. 사회는 그 구성원들이 가진 특성을 초월한, 자체적인 새로운 특성을 갖지 않는다. 그리고 사회는 그 구성원들에게 제한적인 간섭을 할 수 있을 뿐이다.

2
전통적 보수주의

...

유기체적 사회가 개인보다 우선한다

프랑스혁명의 반대자들은 자유주의의 사회 개념이 대중의 반란을 부추겼고, 유럽 전역에서 전통 사회를 붕괴시킬 위험을 초래했다고 믿었다. 에드먼드 버크는 새롭게 떠오르는 자유주의 철학에 반대하여 중세적인 사회 개념을 옹호했으므로 영향력 있고 존경받는 공공 정치철학자로 대두되었다. 버크는 『프랑스혁명에 관한 성찰』에서 다음과 같이 선언했다.

> 사회는 진정 일종의 계약contract이다. 단순히 일시적인 이익을 목표로 한 하급 계약들은 임의로 해소될 수 있다. 그러나 국가는 후추와 커피, 캘리코 직물이나 담배, 다른 그처럼 저급한 물품을 취급하는 장사에서, 사소한 일시적 이익을 얻고자 체결했다가 당사자의 기분에 따라 해소될 수 있는 동업 합의partnership agreement보다 더 나은 바가 없다고 간주되어서는 안 된다. 국가는 그것과는 다른 존경심을 지니고 우러러보아야 할 대상이다. 왜냐하면 국가는 일시적이며 사라져 버릴 성질인 저차원의 동물적 생존에 도움이 되는 물자에 관련된 동업partnership이 아니기 때문이다. 그것은 모든 학문에서 동업이다. 모든 기예에서 동업이며, 모든 도덕과 모든 완전성에서 동업이다. 그러한 동업 관계가 목표로 삼는 것은 여러 세대를 거치더라도 성취될 수 없으므로, 그 동업은 살아 있는 자들 사이뿐 아니라 산 자와 죽은 자들 사이의 동업이 된다. 개별 국가를 형성하는 각 계약은, 모든 물질적 본성과 덕성을 각각 정해진 위치에 유지하는 범접할 수 없는 선서에 의해 재가된 확정된 맹약compact에 따라, 하급 본성을 상층 본성과 연결하고 보이는 세계와 보이지 않는 세계를 결합하는 영원한 연합의 위대한 원초적 계약의 한 조항에 불과하다. 이 법은 상위의 무한히 우월한 것에 대한 의무 때문에, 자신들의 의지를 그 법에 종속시켜야 하는 사람들의 의사에 지배되지 않는다.[7]

따라서 버크는 정치사회가 불만을 품은 개인들에 의해 해산될 수 있는 단순 계약관계 이상의 실체라고 생각했던 것이다. 사회는 부분들의 총합보다 더 큰 어떤 것이다. 정치사회는 그 자체로 존재하는 별개의 실체다. 과거와 미래를 가진 살아 있는 실체인 것이다.

전통적 보수주의는 자유주의에서 상상하는 기계론적 사회 이미지를 거부하며 '정치체'the body politic라는 유기체적 은유를 더욱 선호한다. 유기체적 사회는 건강한 인간의 신체와 마찬가지로 서로 연관성이 있는 부분들로 이루어져 있다. 유기체적 사회는 제대로 수행될 때에는 정치체 전체의 필요를 충족해 주는 사회의 여러 역할들을 구축하는 제도들을 발전시킨다. 개인은 자신만의 역할을 부여받았으며, 그런 역할을 성실하게 수행해야 할 의무를 지고 있다. 이런 사회제도들과 그 제도들에서 인간의 역할은 오랜 세월에 걸쳐 발전되어 온 것이므로 함부로 훼손해서는 안 된다. 사회구조와 역할을 지나치게 자주 바꾸는 사회 개혁가들은 사회의 복잡한 상호 연관성을 흔히 간과하기 쉬우므로 정치체의 자연적인 조화를 깨뜨릴 수 있다. 인간의 신체에 생긴 조그만 질병에 쓰는 치료약도 예상치 못한 심각한 부작용을 낳을 수 있는 것처럼, 정치체의 작은 문제를 해결하려는 개혁 조치 역시 예상치 못한 심각한 부작용이나 후유증을 남길 수 있다. 이처럼 전통적 보수주의는 전통적인 역할과 전통적 사회구조에 대한 개입을 매우 조심스럽게 생각한다.

유기체적 사회는 서열로 이루어져 있다. 인간의 몸에 (두뇌와 심장과 같은) 중요한 부위와 (모발과 편도선처럼) 덜 중요한 부위가 있듯이, 정치체 내에도 더 중요한 인간과 집단이 있는가 하면 덜 중요한 인간과 집단이 있을 수 있다. 즉, 사회는 계급으로 이루어져 있다는 말이다. 18세기의 전통적 보수주의는 중세 시대에 통용되었던 (도시 부르주아지, 노동자, 농민들보다 왕실과 토지 소유 귀족과 성직자들에게 더 큰 특권과 책임을 부여한) 계급 분리 제도를 유지하려고 애썼다. 오늘날 전통적 보수주의자들 사이에서 봉건적 계급 구조에 충성을 바치는 사람들은 예전보다 크게 줄었겠지만, 계급의 구분이 여전히 중요하다는 분위기는 남아 있다. 예를 들어, 의사·판사·정치인이 농민·배관공 및 굴뚝 청소부보다 더 중요하다고 보는 것이다. 그러나 농민이나 배관공 같은 사람들 역시 건강한 사회를 위해서는 반드시 필요하며 그들의 공헌을 인정해야 한다.

　전통적 보수주의가 보기에는, '정부와 구분되는' 일반 사회가 그 사회 속에서 살아가는 개인들에게 핵심적인 기능을 제공해 준다. 그리고 자유주의가 이런 기능을 간과했다고 본다. 보수주의자들은 개인이 자기 이익과 정념에 의해서만 인도를 받을 경우, 자신은 물론 사회를 위해서도 좋지 않은 결정을 내릴 가능성이 크다고 믿는다. 사람들이 '좋은 삶'이 무엇인지 이해하고 그것을 성취하려면 사회의 인도를 받을 필요가 있다. 요컨대, 사회는 덕성을 장려하고 구성원들 가운데 바람직하지 못한 시민들을 계도할 책임이 있다. 사회는 개인의 정념과 성향을 되도록 줄여 줄 필요가 있다. 다수의 개인들 — 대중들 — 이 똑같은 정념(예컨대, 부의 재분배 욕구)을 지니고 있다 하더라도, 그 사회에 속해 있는 전통 규범과 개명된 지도자들이 그런 정념을 사회 전체의 필요 아래 종속시킬 수 있을 것이라고 한다.

　또한 전통적인 유기체적 사회는 교회, 자발적 결사체, 지역 주민, 대가족과 같은 매개 제도들을 보유하고 있다. 시민사회 내의 매개 제도들은 사람들이 유대감과 귀속감을 가질 수 있게 해주고, 사회적 책임이 무엇인지를 이해할 수 있게 도와준다. 그런 매개 제도들이 사회에서 큰 역할을 해준다면 국가가 사회에 개입할 필요가 줄어든다. 따라서 매개 제도들은 자유주의의 고립된 개인주의와 파시즘의 위험한 민족지상주의적 호소력으로부터 사람들을 보호해 준다. 전통적 보수주의는, 20세기 들어 자유주의에 의한 아노미가 확산되면서 (국가의 영광을 위해 국민국가의 대중을 일치시키자는) 파시즘의 호소에 쉽게 속아 넘어가는 대중이 나타나게 되었다고 주장한 바 있다.[8] 전통적 보수주의는, 파시즘에서 주장하듯 국가와 개인들이 직접 연결되는 단일한 사회가 아니라, 다원적인 유기체적 사회를 지지했다.

　전통적 보수주의는 다원적인 유기체적 사회가 중요하다고 가정하긴 하지만 개인의 자유를 완전히 거부하지는 않는다. 그러나 이들은 개인이 사회 속에 뿌리를 내리고 있어야 하며, 그 사회의 구성원들이 수행하는 다양한 역할들에 수반되는 권리와 책임 안에서 자유가 행사되어야 한다고 주장한다. 따라서 사회는 존재론적으로 개인에 우선하며, 건강한 사회를 유지하기 위해서 개인주의는 엄격히 규제되어야 한다.

3
아나키즘
...
친교에 기초한 자연적 사회

아나키즘의 사회에 관한 가정은 전통적 보수주의보다 고전적 자유주의에 가깝다. 아나키스트들은 개인이 유기체적 사회의 전통에 순응해야 한다고 믿지 않으며, 사람들이 사회의 인습에 도전해야 한다고 생각한다. 자유주의와 마찬가지로 아나키즘도 개인들 간의 약정으로부터 사회가 비롯되었다고 믿는다. 그러나 아나키즘은 이런 약정에 들어 있는 사회계약 덕분에 정치사회가 만들어지고 그것이 정부의 권한을 통해 사람들에게 안전을 제공해야 한다는 자유주의의 사상을 거부한다. 그런 정치사회는 인위적이기 마련이다. 개인이 정부의 허구적인 혜택을 누리기 위해 자신의 자연적 자유를 포기하기로 동의했다는 신화에 근거하고 있기 때문이다. 자유주의가 이성적 인간들이 사회계약을 맺도록 유도하기 위해 아나키스트들이 실제로 인류의 자연 상태라고 믿었던 것보다 훨씬 더 갈등적이고 적대적인 자연 상태를 제시했다는 것이다. 앞 장에서 토의한 대로 사람들이 자연히 사회적이라면, 그들은 사회질서를 유지하기 위해 정부가 강요하는 강압력에 굴복하는 대신 자연적 사회를 구성할 수 있을 것이다.

정치사회가 국가 영토에 기반해 있고, 대규모이고, 거리가 멀리 떨어져 있으며, 강압에 토대를 둔 사회인 반면, 자연적 사회는 소규모, 대면 관계, 그리고 자발적인 성격을 유지한다. 헤르젠에 따르면 인간은 자유롭게 내버려 두면 누구를 사랑할지, 누구와 친교를 나눌지, 누구와 사귈지 등을 스스로 깨우칠 것이며, 이런 능력이 자연사회로 발전하게 될 것이라 한다.[9] 만일 인위적이고 중앙 집중화되어 있는 정치사회가 폐지된다면 사람들은 자연사회, 그리고 지역사회에 근거를 둔 이웃들이 (서로 간의 우정 및 타인의 도움과 지지를 받고자 하는 필요에 기반해) 결성한 다양한 결사체들을 발전시킬 가능성이 크다.[10] 이때 사람들은 지속적인 대면 관계를 통해 서로를 존중하고 도울 줄 알게 되며, 그런 대면 관계를 통해 (인간의 의식에 새겨질) 상호성의 규범과 사회성의 습관이 형성될 것이다. 사회주의적 가치관은 이런 규범과 사회 인식을 더 강하게 만들 수 있으며, 그렇게 될 때 크로포트킨이 꿈꾼 공산 사회가 도래할 수 있다. 그런데 이런 입장과 달리, 타인들도 나와 마찬가지로 자족적인 존재이므로 그들의 고독과 개인적 자유를 존중해 주어야 한다는 식으로 아나키즘을 이해한다면 막스 슈티르너가 상상한, 이기주의자들로 이루어진 사회가 도래할 수도 있다. 달리 말해, 자연사회는 (광범위한 상호부조 항목으로 이루어진) 대단한 연대심, 또는 (최소한의 상호부조만으로 이루어진) 대단한 개인주의의 가능성을 모두 보여 줄 수 있다. 그것은 결국 자연사회를 자유롭게 구성할 개인들의 특정한 규범과 습관에 달린 문제가 될 것이다. 그러나 이 가운데 어떤 종류를 선택하든 아나키즘에서는 모든 사회가 분권화되고 자발적인 사회가 되어야 하며, 전통적인 공동체에서 발견되는 강압과 권위가 아니라 상호 존중과 공통의 이익으로써 결속되어야 한다고 믿는다.

4
마르크스주의
...
계급사회를 계급 없는 사회로 전환한다

마르크스주의는 사회를 전체 유기체로 보는 보수주의적 개념과, 사회를 개인들의 사회계약으로부터 비롯된 것으로 보는 자유주의적 개념을 모두 거부한다. 그 대신 마르크스주의에서는 사람들의 물질적 필요를 충족하기 위해 시민사회가 만들어졌고, 시민사회에서 재산을 많이 획득한 사람들이 무력과 권력을 동원해 정치사회를 만들었다고 믿는다. 이런 주장은 마르크스보다 거의 한 세기 전에 최초의 급진적인 사회 개념을 발전시켰던 루소의 견해에 바탕을 둔 것이다.[11]

루소는 '제2논문'이라고 불리는 『인간 불평등 기원론』Discourse on the Origin of Inequality에서 인간이 어떻게 해서 현재의 암울한 상태, 즉 이기심·소외·불평등으로 가득 찬 사회에 살게 되었는가 하는 의문에 답하는 형식으로 일종의 추측성 역사를 저술했다. 루소는 인류가 일종의 원초적 상태(또는 자연 상태), 즉 독립적인 존재이지만 타인에 대해 동정심을 가진 '고귀한 미개인'noble savage의 상태에서 출발했다고 주장한다. 이때만 해도 인간은 본능과 의지가 이끄는 대로 살아가는 존재였고, 타인과 사회계약을 맺는 데 필요한 사고를 가능하게 하는 언어 자체를 갖고 있지 않았다는 점이 대단히 중요하다. 그러나 인간은 자연 상태에서 자신에게 득이 되도록 자연을 다스릴 줄 알게 되었으며, 타인과의 일정한 협력을 통하면 자연재해에 대처할 수 있고 자연을 더욱 효과적으로 이용할 수 있음을 깨닫게 되었다. 그런 협력을 통해 미개인들은 원시사회를 이루었는데 그 사회는 루소에 따르면 "인간에게 최선"의 사회였고, 인류 역사를 통틀어 "가장 행복하고 가장 건강한 시대"였다고 한다. 그러나 이 원시사회는 그 속에 이미 쇠퇴의 씨앗을 품고 있었다. 인간이 자기 보전 이상의 것을 탐하기 시작하여 인간의 필요와 욕구가 자꾸 커졌던 것이다. 더 많은 '필요'를 충족하기 위해 인간은 분업 형식을 만들어 냈다. 한 가지 일을 할 줄 아는 사람 — 예컨대 농부 — 은 다른 일을 할 줄 아는 사람 — 예컨대 대장장이 — 으로부터 도구를 구해야만 했다. 따라서 인간이 재화와 서비스를 서로 교환하기 시작하여 사람들 사이의 상호 의존이 발생했는데 이는 인간의 독립성을 저해했다. 그런 교환 활동은 사유재산이라는 개념을 전제로 해야만 했기 때문이다. 따라서 농부는 자신이 수확한 것을 자기 소유라고 주장하기 시작했다. 그렇게 해야 자신의 수확과 타인이 생산한 재화를 서로 교환할 수 있었기 때문이다. 그런데 사람들의 재능과 정력이 서로 다르기 때문에 재산을 남달리 많이 취득하는 사람이 나타나기 마련이었다. 따라서 사유재산을 주장하는 것은 결국 재산의 불공평한 소유를 주장하는 것이나 다름없는 말이 되어 버렸다. 일종의 편의적 조치로 시작되었던 사회적 협력과 분업이 불평등한 재산제도로 변해 버린 것이다. "어떤 사람이 땅뙈기에 울타리를 치고 '이 땅은 내 것'이라고 말했을 때 다른 사람들이 순진하게 그 말을 곧이곧대로 받아들였다. 따라서 그 사람이 시민사회를 실제로 창설한 사람이 되어 버린 것이다."[12]

인간이 시민사회를 형성하고 불평등하게 재산을 소유하게 되니 그 즉시 인간관계가 서로 경쟁·시기·각축하는 관계로 변했다. 시간이 흐르면서 부유한 사람들과 가난한 사람들 간에 전쟁 상태가 시작되었다. 부자들은 자기 재산을 지키기 위해 '자연적 자유'natural liberty를 '시민적 자유'civil liberty로 대체하고자 했다. 즉, 모든 사람이 법의 지배 아래 들어오기를 원했던 것이다. 정부가 법을 제정해서 불평등한 재산 분포를 보호하게 되면 가난한 사람들이 영원히 부자들에게 종속될 수 있을 것이기 때문이었다. 그러므로 사회계약에 근거한 정치사회의 탄생이라는 생각은 허구에 불과하다. 자발적인 협약이나 사회계약에 의해 정부가 탄생한 것이 아니기 때문이다. 그 대신 정치사회란 것은 부자가 가난한 사람들에 대해 강요한 권력 놀음의 결과일 뿐이다.

마르크스와 엥겔스는 정치사회의 기원에서는 권력이 큰 역할을 했다는 루소의 생각에 대체로 동의하지만, 정치사회가 발전하는 과정에서는 인격화된 권력의 역할보다 비인격적인 경제적·집합적 영향력의 역할이 컸다고 생각한다. 마르크스는 다음과 같이 말한다.

물론 다음과 같은 일을 상상하기는 쉽다. 즉, 힘이 세고 신체가 건장한 사람이 이전에는 동물을 직접 사냥하다가 그 후 다른 사람을 잡아서 그에게 사냥을 해오게 만들었다. 한마디로 말해 다른 인간을 자신의 재생산 — 이때 자신의 노동은 남들을 부리는 행위로 변한다 — 을 위한 자연적 조건처럼, 마치 자연의 피조물처럼 부려 먹는 셈이다. 그러나 이런 생각은 특정 부족이나 공동체의 관점에서 보면 옳을지 몰라도 전체적으로 보면 우둔한 상상에 불과하다. 역사를 개별적인 개인들이 만들어 가는 것처럼 보기 때문이다.[13]

마르크스의 『정치경제학비판 요강』과 『자본』에는, 경제·사회적 힘이 자본주의사회의 계급 관계를 만들어 내는 역사적 과정에 대한 복합적인 설명이 나와 있다. 그러나 이 책의 목적을 위해서는 다음 정도만 이해하면 충분할 것이다. 즉, 마르크스는 자본주의에서 형성된 계급사회가 역사의 자연적인 과정으로만 이루어진 것이 아니라, "인류의 연대기에 피와 불의 글씨로 기록되어 있다"라고 믿었다는 점이다.[14] 또한 마르크스는 그의 동지였던 엥겔스와 마찬가지로 "계급 갈등을 통제할 필요성 때문에 국가가 형성되었다"라고 믿었던 점도 의심할 여지가 없다. 엥겔스에 따르면, "이 계급은 국가의 힘을 빌려 정치적으로도 지배하는 계급이 되며 그리하여 피지배계급을 억압하고 착취하는 새로운 수단을 획득한다.[15]

정치사회의 계급적 기원과 토대에 관한 이런 식의 사상은 『공산당선언』의 유명한 구절로 표현되었다. 마르크스와 엥겔스는 다음과 같이 선언한다. "지금까지 존재해 온 모든 사회의 역사는 계급투쟁의 역사이다."

> [그러므로] 자유민과 노예, 귀족과 평민, 영주와 농노, 장인과 직인, 요컨대 억압자와 피억압자는 끊임없는 대립 속에서 서로 마주섰으며, 때로는 은밀하고 때로는 공공연한 끊임없는 투쟁을, 즉 매번 사회 전체가 혁명적으로 개조되는 것으로 혹은 투쟁하는 계급들이 함께 몰락하는 것으로 끝난 투쟁을 수행했다.[16]

요컨대, 마르크스는 사회란 언제나 분열된 계급의 특징, 즉 지배계급과 피지배계급으로 이루어지는 특징을 가진다고 본 것이다.

마르크스주의는 사회의 계급 구조의 객관적 측면과 주관적 측면이 모두 중요하다고 강조한다. 사회는 '그 자체로서의' 계급들을 드러낸다. 이런 계급들은 어떤 계급이 다른 계급을 지배할 자원을 갖는지에 근거하여 객관적으로 규정될 수 있다. 각 사회는 나름의 기술과 생산조직에 바탕을 둔 특유의 계급 구조를 보유하고 있다. 농사짓는 장원으로 이루어진 봉건적 생산양식은 지주 귀족과 농노라는 두 가지 계급을 낳았고, 산업적 공장으로 이루어진 자본주의적 생산양식은 객관적으로 구분할 수 있는 두 계급, 즉 부르주아지와 프롤레타리아를 낳았다. 부르주아지 또는 자본가는 생산수단 — 공장, 장비, 은행 등 — 을 소유한 사람들이다. 프롤레타리아 또는 무산 노동계급은 생산수단을 갖지 못한 사람들이다.

객관적 계급 조건은 현존하는 사회의 핵심적 특징들 — 예컨대, 그 사회의 정부 형태 — 을 낳는 반면, 주관적 계급 조건은 사회변혁을 낳는다. 사회가 변하려면 객관적인 '즉자적 계급'이, 자의식을 가진 '대자적 계급'으로 전환되어야 한다. 그런 대자적 계급은, 공통의 이해관계를 가지고, 공통조건 속에서 살아가는 인간 집단이 자신을 그 사회 내의 동질적인 한 덩어리로 인식할 때 비로소 탄생할 수 있다. 무산계급이 계급의식을 가질 때에만 혁명이 일어날 수 있다는 말이다. 그리고 자본주의사회에 존재하는 계급 지배를 타도하기 위한 혁명이 발생해야만 (무산계급이 일시적으로 부르주아지를 지배하는 전환기를 거친 후) 계급 없는 사회를 이룩할 수 있다. 이상적인 공산 사회에서는 생산수단을 집합적으로 소유할 것이므로 계급에 기반을 둔 사회의 객관적 조건이 사라질 것이다. 이때 생산적 재산을 소유한 계급은 사라질 것이고, 생산수단을 소유한 사람들에게 의존해 온 계급 역시 사라질 것이다. 그러면 사람들의 근본적인 이해관계와 인식이 생산수단의 소유 여부에 달려 있지 않게 될 것이므로, 계급에 기반을 둔 사회의 주관적인 조건 역시 사라질 것이다.

5
공산주의
...
비(非)무산계급이 계급 없는 사회 건설에 기여한다

20세기의 공산주의는 사회의 기원과 계급 구분에 관한 마르크스주의 사상에 동조한다. 공산주의는 서로 투쟁하는 계급들이 모여 사회를 구성한다는 마르크스의 교의를 추종했다. 그러나 마르크스는 자본주의가 부르주아지와 무산계급 사이의 갈등으로 이루어진 사회를 낳았다고 믿었던 반면, 혁명을 일으키려고 노력하던 공산주의 지도자들은 훨씬 복합적인 상황에 직면했다. 이들은 (마르크스가 예상했던 대로) 아직 산업화가 일어나지 않은 사회에서는 다양한 이해관계를 가진 수많은 계급들이 존재한다는 사실을 알게 되었다. 이 가운데 가장 중요한 계급은 러시아와 중국에서 절대 다수를 차지하던 농민이었다. 레닌과 마오쩌둥은 농민이 혁명의 중요한 자산이라고 주장했다. 레닌은 농민들의 적극적 지원 없이는 러시아의 무산계급이 자본가를 타도하고 혁명을 수행할 수 없다고 생각했다.[17] 마오쩌둥은 한 걸음 더 나아가 주로 농민에 기반을 둔 혁명적 교의를 발전시켰다. 이런 식의 독자적 사상으로 마오쩌둥은 (무산계급만이 혁명을 이끌고 완수할 수 있으며, 그것을 통해 공산 사회가 도래할 것이라고 가정했던) 정통 마르크스주의와 멀어지게 되었다.

공산주의자들은 이보다 더 발전한 자본주의사회에서조차 마르크스가 예견한 것보다 더 복잡한 사회구조가 등장했음을 알게 되었다. 독일·영국·미국과 같은 나라에서 상당한 규모의 복합적인 중간 계층이 성장했다. 이 중간 계층은 관리 계급, 봉급을 받는 전문직 종사자 계급, 소상인 계급, 숙련 기술자 계급 등으로 이루어져 있다. 이런 변화상은 자본주의가 다수의 프롤레타리아 대중과 소수의 부르주아 자본가들로 양분되리라고 내다봤던 마르크스의 예견과 어긋나는 것처럼 생각된다. 마르크스주의가 이런 변화를 설명하지 못했으므로 새로운 이론과 전략이 필요하게 되었다. 그 결과 유럽의 공산주의 계열 정당들은 혁명과 즉각적인 무산계급의 지배를 강조하지 않고, 여러 계급들 간의 대중적 연합을 모색하거나, 권력 쟁취를 위해 민주적인 선거 정치과정을 활용하곤 했다.

공산주의는 마르크스주의와 마찬가지로 계급들 간의 구분이 완전히 사라진 이상 사회를 꿈꾼다. 그런 사회는 모든 사람이 자유롭게 창조하는 노동자가 되는 사회, 그리고 타인에게서 소외되지 않는 사회다. 즉, 계급 갈등이 해소된 사회인 것이다.

6
파시즘과 나치즘
...
민족과 인종으로 사회를 규정한다

전체주의는 사회를 동질적인 유기체적 실체로 본다. 전통적 보수주의가 사회의 유기체적 성격을 강조하듯이, 파시즘과 나치즘은 사회적 역할이 잘 규정되어 있고 상하 서열이 있는 사람들이 서로 의존하는 특징을 가진 사회를 강조한다. 파시즘과 나치즘 사회의 개인들은 국가적·인종적 목표라는 공통의 대의 아래 서로 뭉친다고 한다. 그런 목표는 사회질서의 최정점에 위치한 지도자들이 제시한다. 전통적 보수주의가 유기체적 사회 내의 매개 제도들을 강조한 반면, 파시즘과 나치즘은 시민사회 내의 자발적 결사체들을 억압했다. 그런 결사체들은, 국가적·인종적 목표를 향한 시민들의 충성을 약화시키지 않기 위해, 위계질서의 꼭대기에 있는 지도자들의 통제를 받을 때에만 허용된다. 그러므로 파시즘과 나치즘에서 사회적 다원주의social pluralism는 저주의 대상이다.

파시즘은 사회가 민족/국민nation의 형태로 조직되어야 한다고 주장한다. 사회집단을 형성했던 모든 사람이 민족/국민의 형태로 조직된 것은 아니었으며, 여러 민족주의들이 자기 집단을 민족/국민의 형태로 조직하고 싶어 했다. 그러나 민족주의 운동이 자기 집단 내의 사회적 다원주의를 없애려고 할 때에만 그 운동을 파시즘이라고 부를 수 있다. 따라서 파시즘은 이미 민족/국민의 지위를 획득한 사회집단들 — 하지만 역사적 이유로 상처를 받은 집단들 — 에서만 출현했다. 그 결과 자기 민족/국민의 과거의 영광을 회복하고 전 세계적 차원에서 그들의 국위를 선양하는 것이 파시즘의 근본적인 포부로 떠올랐다. 무솔리니를 비롯한 이탈리아의 파시스트들은 로마제국을 계승한다는 거창한 역사관을 지니고 있었고, 조국을 결속하고 강화할 목적으로 파시즘 철학을 동원했다. 이탈리아 파시즘에서는 인종적 순수성이라는 고려가 없었고 단지 모든 이탈리아 시민들을 한곳에 결속한다는 목표만 있었다.

나치즘은 사회가 인종 집단을 중심으로 조직되어야 한다고 믿었고, 순수 아리아 종족으로만 이루어진 사회를 창조하자고 역설했다. 나치즘은 아리아인에 관한 미심쩍은 이론과 역사적 서사를 발전시켰다. 나치 이론가인 알프레트 로젠베르크Alfred Rosenberg, 1893~1946에 따르면 아리아족은 원래 북유럽에서 비롯되었는데 그곳의 가혹한 기후조건 덕분에 힘차고 탁월한 전사들의 인종이 탄생했다고 한다. 이들은 북유럽 출신이면서도 고대에 이미 현재의 이란과 인더스 밸리 부근에 정착했다가 — 그래서 '아리안'이라고 불렀다 — 그 후 독일 주변의 영토로 다시 돌아왔다고 한다. 아리아족은 독특한 두상과 신체조건 — 예를 들어, 커다란 두뇌 — 을 가진 탓에 다른 인종과 구분되는 존재가 되었다고 말해진다. 그러므로 나치즘은 아리아족이 하나의 정치사회 속에 뭉쳐야 하고, 이 사회에서 여타 인종은 말끔히 제거되어야 하며, 그런 후 이 사회가 전 세계를 지배할 것이라고 주장했던 일종의 공공 철학이었다.

요컨대 파시즘과 나치즘은 모든 사람이 근본적으로 민족/국민 또는 인종 집단의 형태로 조직화되어야 한다고 강조했다. 각각의 민족/국민 또는 인종은 그 구성원들의 정신을 규정하는 독특한 문화를 지니고 있다. 각각의 민족/국민 또는 인종은 그 구성원들의 총합보다 더 큰 어떤 실체다. 그러므로 파시즘과 나치즘에서는 그 구성원들에게 초점을 맞추지 않고, 민족/국민 또는 인종만이 '실재'한다고 주장한다.

7
현대 자유주의
...
사회적 다원주의를 장려한다

현대 자유주의는 사회를 구상할 때 사회적 다원주의를 강조한다. 현대 자유주의는 전통적 보수주의나 고전적 자유주의 혹은 마르크스주의에서 설명하는 사회의 기원에 대해 기본적으로 관심이 없다. 최초의 정치사회가 신 혹은 합의에 의해 형성되었는지, 무력을 통해 형성되었는지 여부와 상관없이, 과거의 유기체적·개인주의적, 혹은 계급 중심적 사회가 오늘날 '현대사회'—다양한 이해관계를 지닌 수많은 집단으로 이루어져 있다고 보는 편이 가장 정확한 사회—로 진화했다고 본다. 정치사회는 인종적·종족적·경제적으로 어느 정도 동질적일 수 있겠지만, 실제로는 언제나 이질적인 성격을 지니고 있다. 공통의 이해관계를 가진 사람들이 자신들의 공통 이익을 추구하기 위해 새로운 결사체를 구성하기도 하고, 기존의 결사체들이 새로운 구성원을 충원하고 동화시켜 자신들의 가치관을 공유하게 하기도 한다. 어떤 방식이든 간에 이런 결사체는 인간 정체성의 기초가 된다.[18] 서로 다른 집단들이 품고 있는 경합하는 이해관계들은, 그런 집단들이 잘 조직화되어 있든, 조직화되지 못한 채로 남아 있든 간에 이미 설정되어 있는 자유민주주의적 제도를 통해 평화롭게 해소될 수 있다고 본다.

현대 자유주의는 자유주의 사회 내에 존재하는 사회적 다원주의가 바람직하다고 믿는다. 어떤 집단에 속한 귀속성이 인간을 사회 속에 자리 잡게 해준다. 인간은 이런저런 집단에 속해 봄으로써 어떤 쟁점의 반대되는 측면들을 알 수 있게 되고 자신의 정치적 요구를 순화할 수 있다. 다양한 집단에 대한 귀속성이 구성원들로 하여금 권위주의와 선동가들의 호소에 영향을 덜 받게 해준다는 말이다.

사회적 다원주의를 지지하는 입장에서 여러 규범적 원칙들이 도출된다. 첫째, 집단에 귀속될 때에 수반되는 개인적·사회적·정치적 혜택을 얻기 위해 개인들에게 다양한 집단에 참여하라고 장려하는 것이 좋다.[19] 둘째, 개인들이 사회의 기존 권위와 기성 정책에 반대하기 위해 결사체에 가담한다 하더라도 그런 관계 맺기를 허용해야 한다.[20] 셋째, 모든 집단이 영향력을 추구할 권리가 있으며, 어떤 쟁점을 해결하는 상황에서 모든 정당한 이익을 대변하는 이에게 공정한 발언 기회를 주어야 한다. 넷째, 모든 집단이 똑같은 영향력을 가질 필요가 없을지 몰라도, 다른 집단을 지배하는 집단이 있어서는 안 된다. 서로 다른 집단들 사이에 존재하는 권력의 불평등에 비추어 볼 때 그 집단들이 각기 선호하는 바가 과연 얼마나 공익과 정의에 부합되는지가 드러날 것이다.

요약하자면 현대 자유주의는 수많은 집단과 결사체로 이루어진 다원적 사회를 장려해야 한다고 믿는다. 이런 다원적 사회가 유지되려면 독재를 예방하고 자유와 민주주의를 증진하는 방식으로 권력을 광범위하게 분산해야 할 것이다.

8
현대 보수주의
...
사회를 '정교한 시계'로 파악한다

현대 보수주의는 (전통적 보수주의보다) 사회의 특성에 관한 어떤 확고한 가정에 근거해서 자신의 공공 정치철학을 제시하는 것을 상당히 경계할 것이다.[21] 현대 보수주의는 그런 가정이 보수주의를 지나치게 이념적으로 경도된 사상으로 몰고 간다고 주장한다. 따라서 현대 보수주의는 자신을 자유주의·사회주의 및 기타 이념들의 지나친 주장을 완화하는 관점의 한 가지로 제시하고 싶어 한다. 사회에 대해 확실한 가정을 하지 않기 때문에 현대 보수주의에 내재된 사회적 가정에 대한 사람들의 추측이 분분하다. 예를 들어, 현대 자유주의자들은 조지 W. 부시 행정부의 보수주의가 사회를 대단히 개인주의적이고 기업 친화적인 방식으로 본다고 주장한다. 마이클 토마스키는 현대 보수주의의 두 가지 전제를 다음과 같이 표현한다.

> 첫째, 현대 보수주의는 개인을 신성불가침하게 취급하며, 그 결과 사회를 조직하는 근본적인 단위로서 공동체를 상정하지 않는다(여기서 종교 조직들은 제외된다. 오히려 종교 조직을 정치적 행동과 사회적 투자의 대체물로 본다). 둘째, 기업을 예찬한다. 현대 보수주의는 미국을 하나의 국가로 보는 것이 아니라 하나의 기업으로 본다. 이 말은 우리가 시민이 아니라 주주라는 뜻이고, 그러므로 우리는 평등하지 않다는 뜻이다. 주주들은 서로 평등하지 않기 때문이다.[22]

보수 정치인들은 자기들이 다스리는 정치사회를 이처럼 개인주의적이고 기업적인 이미지로 볼 수도 있겠지만, 보수주의의 이론가들은 그런 이미지가 대다수 현대 보수주의자들이 스스로 사회에 대해 품고 있는 이미지와 상당히 다른, 부정확한 표현이라고 여길 것이다.

오늘날의 보수주의는 유기체적인 '정치체'라는 전통적 보수주의의 사회적 가정을 받아들이고 있지 않지만, 사회를 여전히 대단히 복합적이고 상호 연결된 실체로 파악한다. 현대 보수주의는 전통적 보수주의와 마찬가지로 (사회의 바탕을 해체할지도 모르는) 사회 개혁의 예기치 못한 결과를 두려워한다. 또한 현대 보수주의는, 사람들을 지역공동체에 연결해 주고 중앙정부의 간섭으로부터 막아 주는 가족이나 교회 등의 매개 제도를 지지한다. 그러나 현대 보수주의는 전통적 보수주의가 못마땅하게 생각했던 역동적인 시장경제를 오히려 지지한다. 그런데 현대 보수주의자들은 잘 조직된 사회라면 역동적인 시장을 키워야 한다고 보면서도, 보수주의가 정치·문화·가족생활에서 소중하게 생각하는 안정된 사회관계를 경제 영역이 해치지 않아야 한다고 생각한다.

따라서 현대 보수주의는, 좋은 사회가 되려면 삶의 여러 영역에서 제각기 다른 속도로 운행되는 메커니즘이 구축되어야 한다고 생각한다. 경제 영역에서는, 기술 변화와 사회이동이 생겨나 사람들이 살아가고 서로 교류하는 방식이 상당히 급격하게 변할 것이다. 정치 영역에서는, 조심스럽고 신중한 고려를 통해 천천히 변화가 일어나는 것이 좋을 것이다. 문화 영역에서는, 변화가 더욱 느리게 일어나야만 종교나 전통 가치를 통해 경제 영역에서의 혼란을 줄일 수 있을 것이다. 현대 보수주의가 문학과 예술의 전위적 경향을 비판하고 '탄탄한 중산층 가치'를 지지하는 것은, 보수주의자들이 문화적 변화를 우려한다는 점을 보여 주는 사례다. 개인과 가족생활 등의 사적 영역에서도 사람들이 친숙한 삶의 형식을 기대하고 향유할 수 있게 하기 위해 변화 속도가 느린 것이 좋다고 한다.

현대 보수주의가 꿈꾸는, 잘 작동되는 사회를 묘사하기 위해서 '정교한 시계'의 은유가 유용할 것이다.[23] 이 시계에서 초침은 경제 영역, 분침은 정치 영역, 시침은 문화와 가족 영역이다. 각각의 시계침이 자기 몫에 맞는 속도로 움직일 때 사회 전체가 번창하겠지만, 사회는 상당히 섬세하고 부서지기 쉬운 실체다. 사회의 각 영역들이 제각기의 속도로 움직이므로, 서로 다른 영역들 간에 조심스러운 조정을 통한 교류가 있을 때에만 사회적 조화를 얻을 수 있다. 시장 경제의 역동적인 변화를 허용해야겠지만, 문화적·사적 영역에서 정부가 급격한 변화를 추진해서는 절대로 안 된다. 정치 영역과 문화 영역에서 광범위한 변화를 몰고 오려고 노력하는 자유주의 개혁가들을 비판해야 하며, 그렇지 않으면 이들이 생산적인 동시에 안정적인 우리 사회의 업적을 허물어뜨릴 수도 있다는 것이다.

사회 내의 섬세한 균형을 깨트리려는 위협 및 보수주의가 반드시 맞서야 할 위협이 무엇인지를 예시하기 위해 최근 자유주의가 다문화주의multiculturalism를 받아들인 것을 생각해 보자. 다문화주의란, 다양한 문화의 풍요로움을 예찬하고, 상이한 세계관들을 장려하며, 다중 언어의 사용을 받아들이는 경향을 말한다. 보수주의는 자유주의가 다문화주의를 장려하면 천천히 움직여야 할 시계침(즉, 문화 영역)을 급격하게 변화시키게 될 것이라고 우려한다. 그런 시도는 사회적 응집력을 유지하는 데 필요한 공통의 인식, 가치관, 의사소통 수단 등을 해칠 것이다. 다문화주의는 서구 중산층이 지닌 원칙의 우월성을 인정하지 않으려는 문화상대주의를 부추길 것이다. 이중 언어교육은 문화를 영구적으로 분리시킬 것이고, 이주자 집단들이 (교육적·경제적 성공에 이르는 데 반드시 필요한) 주류적 가치관에 순응하지 못하게 가로막을지도 모른다. 자유주의자들은 자기네가 소수자들을 돕고 이중 언어교육을 주장함으로써 다른 문화를 존중한다고 생각할지 모르겠으나, 보수주의자들은 자유주의자들이 실제로는 모든 이주자들이 직면할 수밖에 없는 정상적인 문화적 동화 과정을 무시하고, 이주자와 소수자 집단의 미래를 해치고 있다고 주장한다. 또한 다문화주의가, 사회를 하나로 묶어 주는 공통의 문화 전통을 저해한다고 보수주의자들은 생각한다.

9
급진적 우파
...
공동체주의 혹은 자유 지상주의 사회관

급진적 우파는 다원적 사회에서 일어나고 있는 급격한 변화에 경악을 금치 못하는 사람들과 정치·문화의 족쇄로부터 시장을 해방했을 때 나타날 수 있는 이로운 변화를 환영하는 사람들로 나뉜다. 정교한 시계의 은유를 급진적 우파가 받아들인다면 이들은 문화적 변화라는 '시침'이 지나치게 빨리 움직이고 있으므로 그 속도를 늦춰야 한다고 가정하거나, 또는 경제라는 '초침'이 다원적 사회의 안정을 해치지 않으면서도 지금보다 훨씬 더 빨리 움직일 수 있다고 가정하는 것이다.

전통적 공동체주의, 문화적 보수주의, 종교적 우파는 일반적으로 현대 다원적 사회 탓에 사람들이 (사람들을 이끌어 주고 사회적 안정을 제공해 주는) 문화 규범과 종교적 인식으로부터 멀어졌다는 데에 동의한다. 이들은 사람들이 공통의 문화적 가치에 대해 깊은 의지를 갖고 있지 않는 한, 그 사회가 결속될 수 없다고 믿는다.[24] 이들은 모든 사회에서 따라야 할 단일한 문화적 가치가 존재한다고 생각지 않는다. 모든 사회가 나름의 문화적 가치를 갖고 있으며 큰 사회일수록 다양한 지역 문화들이 있기 때문이다. 여기서 중요한 점은, 특히 지역공동체와 자발적 결사체 내에서 타인과 맺는 유대를 새롭게 강화해야 하고, 지역공동체와 결사체의 중요성을 강조해야 한다는 점이다. 정부는 지역공동체·교회 및 기타 자발적 결사체를 유지하는 정책과 지역 문화를 우대하는 정책을 발전시켜야 한다.

그러나 급진적 우파에는 자유 지상주의와 지구화론도 포함되어 있다. 이들은 가장 기본적인 사회의 유형을 자발적 사회와 강제적 사회로 구분한다. 그와 함께 이들은 자발적 사회가 더 낫다고 가정한다. 자유 시장은 자발적 사회를 상징한다. 자유 시장이 투자자, 재산 소유자, 노동자, 소비자로 이루어져 있고, 이들이 자신의 이익과 자유 선택에 맞춰서 계속 타인들과 결사체를 형성하거나 해체하는 등의 활동을 하기 때문이다. 국가는 강제적 사회를 상징한다. 자유 지상주의자와 지구화론자는 경제·사회적 기능을 위해 어느 정도 정부의 규정과 규제가 필요하긴 하지만, 될 수 있으면 그런 기능이 자발적 사회에 의해 수행되어야 한다고 생각한다.

자유 지상주의자와 지구화론자는 개인의 자유에 대한 정부의 강제력과 제약을 줄이면 사람들이 자신의 이해관계를 더욱 효과적으로 추구하고, 사회적으로 이로운 행동을 알아서 행하리라고 가정한다. 자유 지상주의자와 지구화론자는 시장에서 개인의 선택과 행동을 제한하는 문화 규범과 정부의 규제로 좋은 사회·경제적 변화 — 자유 시장 경제의 '초침'을 좀 더 빨리 움직이게 하면 가능할 수도 있는 변화 — 의 속도가 불필요하게 늦춰지고 있다고 본다.

10
급진적 좌파

...

더욱 공동체적이고 평등한 사회를 모색한다

급진적 좌파는 (전 지구적 사회와 국가 사회에서 지역공동체, 학교, 교회, 노동조합, 직장 및 여타 결사체에 이르는) 수많은 종류의 사회를 인정한다. 이 모든 사회는 집합적 재화를 창조하고 사회적 재화를 분배할 능력이 있다는 점에서 모두 정치적인 조직이라 할 수 있다. 이런 다양한 사회 내에서 그리고 그 사회들 사이에서, 더욱 강조하고 분석할 필요가 있는 두 가지 유형의 중요한 차이점이 존재한다. 첫째, 사회마다 그 구성원들이 서로 간에 유대를 맺고 공동의 삶을 모색하는 정도가 다르다. 둘째, 권력과 특권이 공동체 내 개인들 사이에 어떻게 분포되어 있는지도 사회마다 다르다. 사회에 대해 급진적 좌파가 내리는 가정과 현대 자유주의가 내리는 가정이 서로 차이가 나는 이유는, 두 입장이 권력과 특권의 분포 현황을 규범적으로 서로 다르게 받아들이기 때문이다.

그 구성원들의 집합적 삶이나 공동의 삶을 축소하려는 사회도 있고, 그것을 강조하려는 사회도 있다. 어떤 사회에서 인간의 공통성을 줄이려 한다면 그런 사회는 (사람들이 서로 간에 재화를 교환함으로써 자신의 이익을 추구하는) 시장과 별반 다를 바가 없다. 이런 사회에서 가장 중요한 질문은 다음과 같다. "나는 어떻게 살 것인가?" 이와 대조적으로 공통성을 강조하는 사회에서는 다음과 같은 질문이 중요해진다. "우리는 어떻게 살 것인가?" 이런 사회에서는 구성원들(또는 구성원들의 대표들)이 자신의 집합적 목표를 규정하기 위해 함께 모인다. 이들은 함께 모여서 공동체를 위해 어떻게 전체 사회에 속한 재화를 만들고, 무엇을 보호할지를 결정한다. 이들은 그 사회 속의 모든 사람이 필요로 하는 재화가 무엇인지, 그리고 그런 재화에 대해 모든 사람에게 동등한 접근권을 보장해 주려면 어떻게 해야 할지를 함께 결정한다. 특히 이런 사회의 구성원들이 기꺼이 시간을 내고 자원을 써가며 공동의 삶을 개선하려 한다는 점이 중요하다. 구성원들의 공통된 삶을 강조하는 사회가 개인주의적이고 이기적인 사회보다 훨씬 더 매력적이라는 생각을 가장 열성적으로 지지하는 사람은 아마 시민적 공동체주의자일 것이다.[25] 그럼에도 급진적 좌파에 속한 사람들은 존중받고 보호되어야 할 중요한 개인적 삶의 영역이 존재한다는 점에도 동의한다. 사람들이 일단 공동체에 대한 책임을 완수하고 나면 자기 자신의 (어쩌면 엉뚱할지도 모를) 꿈을 추구할 수 있는 폭넓은 기회를 가져야 한다. 왜냐하면 모든 사람이 서로 중요한 측면에서 차이가 나며, 개인의 그런 차이점을 존중해 주고 활짝 피어날 수 있도록 허용해야 하기 때문이다.

각 사회가 권력·특권 및 기타 사회적 재화의 비교적 평등한 분포를 갈망할 수도 있지만, 급진적 좌파는 완전히 계급이 없어진 사회가 존재하기 어렵다는 점을 인정한다.[26] 어떤 사회에서든 사람들은 다양한 방식으로 계층화되어 있다. 마르크스가 생산적 자원의 소유권에 근거한 계층화를 강조한 것은 옳은 지적이었다. 생산적 자원을 더 많이 소유한 계급이 흔히 생산적 자원을 거의 갖지 못한 계급을 지배하기 때문이다. 그러나 한 사회 내의 권력과 특권의 불평등한 분포는 다른 여러 요소들 — 예컨대, 직업에서의 지위, 권위 있는 지위에 대한 접근성, 교육 성취도, 종족, 인종, 젠더 등 — 에 의해서도 일어난다. 따라서 사유재산을 폐지한 공산 사회에서조차 계급 없는 사회를 이룩하지 못하는 경향이 있었다. 재산에 근거한 계층화를 권위 있는 지위에 의한 계층화로 대체한 것에 불과했기 때문이다. 어느 사회이든지 각종 불평등이 존재하지만, 급진적 좌파는 그런 불평등이 최소화된 사회, 그리고 불평등이 존재하더라도 모든 사람이 평등한 사회 구성원이고 인간으로서 평등한 존중을 받을 권리가 있다는 인식이 무시되지 않는 사회를 희구한다.

연대와 평등에 기초한 사회주의적 윤리를 통해, 구성원들이 공동의 삶을 건설하려는 의지 및 특정 개인이 다른 개인을 지배하려는 경향을 최소화하려는 의지가 강력한 사회를 발전시킬 수 있다. 세계주의적 이론가들은 전 세계의 모든 인류가 지닌 공통성을 강조하는 윤리를 설파한다. 그리고 이들은 선진국의 저개발국 지배를 줄일 방도를 모색한다. 평등주의적 자유주의자는 재능이 많은 사람과 적은 사람 간의 공통성을 강조하는 윤리를 설파하며, 부자가 가난한 사람을 마음대로 지배하지 못하게 할 방도를 찾는다. 급진적 페미니스트는 남성과 여성의 공통성을 역설하며 남성의 여성 지배를 줄일 방안을 찾는다. 급진적 민주주의자는 아마 이런 점에서 가장 일반적인 관점을 견지하고 있을 것이다. 이들은 사회 내에 존재하는 모든 지배 유형을 찾아내려 하고 민주주의를 (사람과 사람을 갈라놓는 모든 종류의 불평등을 찾아내고 그것을 줄이려는) 지속적 과정의 하나로 파악한다.

급진적 좌파 내의 여러 목소리들은 이와 같은 윤리를 설파하지만, 공동체적 사회가 발전하려면 그런 윤리가 일상적으로 실천되어야 한다. 따라서 직장이나 동네, 학교와 같은 지역공동체는 사람들이 실제로 함께 일하면서 공동의 삶을 규정하고, 사람마다의 차이점을 인정하며, 서로를 똑같이 존중하는 공간이 될 수 있다. 이런 지역공동체들이 급진적 좌파가 선호하는 공동체적 결사체와 아주 유사하므로, 국가 내의 공동체나 심지어 전 지구적 사회 역시 사회주의의 방향으로 진화할 수 있을 것이다.

11
극단적 우파
...
동질적인 사회를 모색한다

극단적 우파는 인간에게 가장 중요한 사회가, 자신이 선택하지 않은 동질적인 인간 집단이라고 생각한다. 극단적 우파는, 인간은 자신이 태어난 가족·부족·종족·국가·문명 등의 사회에 근본적으로 속해 있는 구성원이라고 믿는다. 극단적 우파는 파시즘처럼 이런 인간 집단을 역사적 실체로 믿으며 그런 집단들이 어떻게 생겨났는지에 관해서는 별로 깊이 생각하지 않는다. 인간은 이런 사회에 소속되어 살 수밖에 없으므로 사회와 한 몸을 이루어야 하며, 사회로부터 (사악한) 이물질을 배제함으로써 위대함을 보존해야 한다는 식이다. 계급·인종·종족에서 사회가 동질적이지 않다면 적어도 종교와 문화적 가치에서는 사회가 동질적이어야 할 것이다.

그런데 다원적 사회에서는 이런 동질성이 결여되어 있다고 한다. 극단적 우파는 계급으로 분리된 사회 대신에 '우리'와 '저들'이라는 식의 감정적인 구분을 강조한다. 이는 이분법적으로 인간 본성을 파악하는 개념과 유사하다. 백인 국수주의는 '우리'가 백인 — 신의 백성 — 이고, '저들'은 유색인종 — 사탄의 무리 — 이라고 본다. 종교 근본주의는 '우리'가 신자이며, '저들'은 불신자라고 본다. 국제사회를 이런 식으로 '서구'와 '비서구'로 구분하는 우파들은 서구가 월등한 문화적 가치관을 체현하고 있으므로 그 가치관을 전 세계적으로 함양해야 한다고 믿는다.[27] 또는 생산자 — 일하면서 사회에 기여하는 사람 — 와 비생산자 — 빈곤층, 외국인, 복지 수급자, 정신 나간 엘리트들 — 로 국내 사회를 나누는 우파도 있다. 마르크스주의에서는 사회적 구분을 사회 진보를 위한 중요한 계기로 간주하지만 극단적 우파는 사회적 구분에 아무런 가치를 두지 않는다. 계급으로 분열된 사회에서는 지배 집단이 피지배 집단을 억누르는 것이 가장 좋은 방법이라고 여긴다. 그렇게 해야 사회가 진보한다는 뜻이 아니라, 그렇게 해야 지배계급이 적대 세력에 의해 덜 위협받았던 원초적 상태로 되돌아갈 수 있기 때문이다.

극단적 우파가 상상하는 사회적 이미지에는 독자적인 시민사회가 들어설 여지가 없지만, 일부 우파 운동은 파시즘·나치즘과 같은 과거의 극단적 우파보다는 시민사회를 좀 더 적극적으로 평가하곤 한다. 일부 우파 운동들은 사회의 저변으로부터 자신의 목표를 달성하기 위해 시민사회에 침투해서 그것을 장악하려 하기도 한다. 이집트·알제리·레바논·팔레스타인 등에서 이런 유형이 발견된다. 이슬람 근본주의 세력이 자발적 자선 조직을 설립하여 다양한 의료 서비스와 주택·고용·교육 등을 제공하는 동시에, 시민들에게 특정 사상을 주입하고 이슬람 규범에 순응하라는 사회적 압력을 가하곤 했다.[28]

12
극단적 좌파
...
'공통된 것을 추구하는 고유한 개별성들'의 사회를 갈망한다

극단적 좌파에 속한 사람들은 인간의 본성을 고정된 것으로 보지 않듯, 사회의 성격 역시 고정된 것으로 파악하지 않는다. 이들은 계급으로 분리된 사회를 가정하지 않는다. 그 대신 포스트마르크스주의에서는 사람들이 지닌 다양한 사회적 정체성, 그리고 이런 정체성들로 말미암아 발생하는 다양한 사회적 균열을 강조한다. 오늘날 인종·종족·성별 및 여타 차이점들이 모두 일종의 토대, 즉 개인들이 정치적 목표를 위해 뭉칠 수 있고, 반대파들과 다투기 위해 기댈 수 있는 토대가 될 수 있다. 실제로 포스트구조주의에서는 고정된 거대한 균열 지점을 상정하지 말라고 경고한다. 심지어 남성과 여성을 가르는 젠더의 구분조차도, 현대사회에서 가장 억압되기 쉬운 양성애자의 존재를 놓치기 쉬우므로 지나치게 제한적인 정치 이론적 토대로 여겨질 수 있다.[29] 오늘날의 전 지구적 경제체제에서 (지구화의 혜택을 입은 서구권 백인 여성을 포함한) '여성'이라는 일반 범주는 '비서구 여성 노동자'와 같이 세분화된 정체성보다 적합성이 떨어진다.[30] 극단적 좌파는 계급 구분에 관한 가정을 포기함으로써 다원적 견해를 점점 더 받아들이고 있는 것처럼 보인다. 그러나 여전히 좌파 사상에서는, 적어도 정치적 해방을 위한 투쟁에 필요한 특정한 투쟁에서는, (모든 곳에서 언제나 동일하지는 않겠지만) 사회적 구분에 대한 강한 의식이 엿보인다.

극단적 좌파들 내에서 사회에 대한 일반적 개념이 있다면 하트와 네그리가 거론하는 개념과 유사할 것이다. 이들의 견해에 따르면, 전 지구적 사회가 이미 부인할 수 없는 현실이 되어 있고, 그것은 제국과 같은 구조를 갖추고 있다. 이 제국은 각국 정부, 초국적 기업, 초국적 supranational 제도들, 그리고 이 세계에서 삶권력을 행사하는 권력들의 폭넓은 네트워크로 이루어진다. 제국의 네트워크 제도들을 관리하는 권위는 모든 사람의 삶—우리의 외적 행동뿐만 아니라, 내면의 의식(우리의 자아 정체성, 생각, 가치관)까지도 ─ 을 통제한다. 그럼에도 모든 사람에게는 제국과 그 지배에 맞서는 일정한 반항의식이 잠재해 있다. 따라서 사회는, 전 지구적 제국 외에도, 이런 다중multitude으로 구성되어 있기도 하다. 다중이란 제국의 권위가 우리에게 강요하려는 넓은 의미의 규범에 동화되지 않는 정체성·의식·이해관계를 가진 독특한 개인들로 이루어져 있다. 다중은 제국이 추구하려는 목표를 반대할 수 있는 의사소통 능력과 협동 능력을 키우고 있다. 현시점에서 다중을 극히 개략적으로만 확인할 수 있다. '고유한 개별성'을 지닌 구성원들이 공통의 이익을 달성하기 위해 서로 효과적으로 의사소통하고 협력하는 사회가 이제 겨우 나타나기 시작했기 때문이다. 그러나 19세기의 아나키스트들처럼 하트와 네그리는 좋은 사회란 제국 ─ 전 지구 사회를 통틀어 지배와 통제를 행사하는 모든 권위의 총합체 ─ 의 지배로부터 자유로운 사회라는 점을 믿어 의심치 않는다. 과거의 아나키스트들처럼 하트와 네그리는 (타인들을 사랑으로 대하기 때문에, 다중을 통제하는 억압적인 권위가 없어도 공동체 생활을 영위할 수 있는) 자유로운 개인들로 이루어진 유토피아 사회의 비전을 지니고 있다.[31]

또한 극단적 좌파들은 분열되는 사회의 이미지를 갖고 있는 경우도 있다. 산업화·자본주의·지구화가 우리의 사회조직들을 대부분 해체했다. 사회적으로 서로 의존해 있던 구시대의 유대감이 사라지면서, 대중사회가 출현했고, 현재의 사회적 조직들은 자유주의에서 말하는 자연 상태 ─ 고독하고 고립된 개인주의가 팽배한 사회 ─ 와 유사하다. 따라서 극단적 좌파는 퍼트남이 묘사한 시민사회의 해체와 사회자본의 상실현상에 동의하는 편이다. 그러나 극단적 좌파는, 신자유주의적 제도와 관행이 우리 삶을 지배하는 한 그것에 대항하는 시민사회가 어쨌든 재도약할 수 있으리라고 낙관한 퍼트남의 견해에는 동의하지 않는다.[32] 그 대신 극단적 좌파는 지구화와 친자본주의적 정책으로 말미암아 우리의 사회적 교류가 점점 더 일시적이고 천박한 것으로 변해 가고 있다고 생각한다.

일반적으로 말해, 극단적 좌파는 인간들 사이에 상하관계가 없으며 현재 존재하는 사회적 관계보다 훨씬 더 친밀한 관계를 지닌 사회 — 사람들 사이에서, 또 인간과 다른 생물들 사이에서 상호 의존과 윤리적 관계를 증진하는 사회 — 가 출현하기를 원한다. 예를 들어, 심층 녹색주의자 가운데는 버크가 주창했던 유기체적 사회 — 하지만 생태계에 뿌리를 내린 더욱 평등한 사회 — 로 돌아가자고 촉구하는 이들도 있다.[33]

사람들이 이렇게까지 고도로 상호 의존하는 사회를 희구할 때, 사회가 더욱 동질적인 신념 체계를 지니고 있어야 한다는 믿음이 생겨날지도 모른다. 예컨대, 모든 사람이 '공산주의적 형제애'를 신봉해야 한다는 주장이 있다면 그런 주장은 흔히 다음과 같은 결과를 가져온다. 즉, 그런 헌신이 없으면 이단아이고, 타인들의 진정한 믿음을 위협하며, 그런 태도가 사회적 조화를 해칠 우려가 있다고 볼지도 모른다. 물론 오늘날 대다수의 극단적 좌파들은, 다원적 사회 내에 존재하며, 존재해야 마땅한 (다양한 정체성 및 '좋은 삶'에 대한 다양한 관점을 인정하는) '차이의 정치'를 열렬히 지지하지만, 더욱 동질적인 사회를 갈망하는 입장이 일부 남아 있는 것이 사실이다. 예를 들어, 심층 녹색주의 사상은 사람들이 (소박한 탈물질주의적 가치관에 근거한) 공동체적인 신념을 따라야만 한다고 주장하는 경우가 있다. 그렇다면 극단적 좌파가 그 도덕 체계에서 일종의 동질적인 사회를 모색하는 것만큼, 그들이 상상하는 훌륭하고 안정된 사회는 다원주의자들이 가정하는 다양한 사회와 상당히 다를 수밖에 없다.

13
소결
...

다원주의자들 모두가 받아들이는 깊이 있는 사회 기원 이론은 존재하지 않는다. 이들은 '사회가 어떻게 — 신, 권력자들이 행사한 무력과 강압, 자발적 상호 교류, 개인 간의 약정에 의해 — 만들어졌을까?라는 질문을 이론적으로 흥미롭게 간주할지도 모른다. 그러나 이런 질문에 대한 대답이 (다원적 사회를 옹호하거나 그런 사회의 정치과정에 참여하려면 마땅히 채택해야 할) 정치적 원리에는 그리 중요치 않다. 다원주의자들은, 정치사회가 공통의 사상과 이해관계를 가진 다양한 집단 — 통상적으로 안정된 결사체의 형태로 조직화되곤 하는 집단 — 들로 구성되어 있다고 상상한다. 그러나 이런 집단들은 고정된 것이 아니라, 얼마든지 새로 생겨날 수 있고, 수정되거나 해산될 수도 있다.

다원주의자들은 정치사회의 특징들이 매우 다양하다는 점을 인정한다. 정치사회에는 비교적 동질적인 사회도 있지만, 대부분의 사회가 (재산이나 기타 사회적 자원에서 차이가 나며, 서로 다른 인종·종족·종교적 배경 및 서로 다른 이해관계와 도덕률을 지닌) 다양한 인구 집단들로 이루어져 있다.[34] 다원주의자들은 이런 차이점들이 다양한 사회적 균열 지점들 — 계급·인종·젠더·연령·이념 등 — 을 중심으로 조직되고, 상황과 쟁점에 따라 어떤 균열이 현저하게 부각되는지가 달라지며, 한 가지 균열만으로 모든 것을 설명하기는 어렵다고 가정한다.[35]

다원주의자들은 시민사회 내에 다양한 자발적 결사체들이 공존하는 것을 인정하며 그 사실을 소중하게 여긴다. 또한 이런 조직들이 사람들에게 중요한 정체성과 삶의 목적 및 사회적 유대를 제공해 준다고 생각한다. 정치사회는 시민들에게 사회 전체의 공통된 이익을 추구할 수 있는 터전을 제공해 주지만, 자발적 결사체들은 시민들로 이루어진 작은 집단이 소중히 여기는 이익을 추구할 수 있는 터전을 마련해 준다. 다원주의자들은 어떤 자발적 결사체 — 예컨대, 가톨릭교회 또는 상공회의소 — 라 하더라도 (심지어 유사한 결사체들의 연합조직이라 하더라도) 그것이 정치사회를 지배해서는 안 된다고 본다. 자발적 결사체의 정치적 영향력은 한곳에 집중되기보다 다원주의 사회 내에서 되도록 폭넓게 분포되는 편이 낫다.

다원주의자들에 따르면 사회가 다양한 영향력 — 자본주의경제, 문화 규범, 정치과정에서 발생한 영향력 등 — 의 지배를 받는다고 한다. 어떤 사회의 특징이 경제·문화·정치적 영향력에 의해 얼마나 좌우되는지는 사회마다 다르다.

다원적 사회에서 한 가지 영향력이 사회 전체의 특성을 크게 바꾸지는 못하지만, 그 모든 영향력들이 모여 중요한 결과를 내기도 한다. 이런 영향력들은 되도록 서로 균형을 맞추는 것이 좋다.

다원주의자들 사이에서도 사회에 대한 견해가 모두 다르다. 이 가운데 좌파에 속한 사람들은 강한 사회적 균열 지점들이 존재하며 이런 것들이 정당화될 수 없는 불평등을 낳는다고 지적하는 경향이 있다. 이들은 이런 불평등을 줄이려고 노력한다. 다원주의적 우파에 속한 사람들은 사회적 균열 지점을 강조하지 않으며, 대부분의 불평등은 정당화될 수 있다고 본다. 이들은 사회 구성원들 간에 공통의 이익이 있다고 강조하며, 계급·인종·젠더 등에 기반을 둔 사회적 균열을 운운하는 것이 공평한 기회를 가진 사람들로 이루어진 사회에 대해 불필요한 흠집을 내는 행위라고 본다. 급진적 좌파는 자본가들의 지나친 영향력에 대항하기 위해 정치적 영향력을 늘리려고 노력한다. 급진적 우파는 자유 시장 경제의 혜택을 자본주의가 창출하고 있으므로 정치사회가 자본주의에 간섭하지 않도록 정치사회를 약화시켜야 한다고 본다. 다원주의의 지지자들이라면 모두가 각자의 원칙이 더 잘 반영되는, 정치 공동체의 문화를 만들어 가기 위해 애쓴다.

다원주의자들은 다원적 사회의 복합성을 인정하지 않는 사상, 그리고 그런 복합성의 중요한 측면들을 훼손할 수도 있는 사상에 대해 경계의 눈길을 보낸다. 이들은 극단적 우파가 추구하는 동질적인 사회 건설이라는 목표가, 사람들이 서로 다른 방식으로 사회에 기여하는 바를 이해하지 않고, 그것을 제대로 평가하지 않는 행위라고 생각한다. 다원주의자들은 극단적 좌파가 자본주의를 무조건 거부하는 것이 다원적 사회에서 자본주의가 수행하는 역할을 인정하지 않는 행위라고 생각한다. 또한 다원주의자들은 정치와 정부가 사라진 세상을 꿈꾸는 아나키즘이 완전히 유토피아적 사상에 가깝다고 생각한다. 이들은 아나키즘이, 사회를 다스리고 다원적 사회 내에 반드시 포함되어 있는 수많은 이해관계를 조절할 때 정치가 수행해야 할 근본적인 역할을 오해했다고 판단한다.

8
...
철학적 가정 4
...
인
식
론

정치에서 진리는 어떤 역할을 하는가? 정치에서 일정하게 확실한 진리, 또는 잠정적인 진리를 가질 수 있을까? 아니면 정치의 근본적 질문에 대한 어떤 답도 확실하지 않다는 점을 인정할 수밖에 없는가? 정치적 쟁점에서 어떻게 하면 진리를 확보할 수 있을까, 아니 어떻게 하면 인간적으로 가능한 한 최대치의 진리를 확보할 수 있을까?

통상적인 정치에서도 정치적 행위자들의 진정성에 대한 질문이 늘 제기되고 있다. 조지 W. 부시가 이라크 침공의 이유를 국민들에게 설명했을 때 그는 진실을 말했던가? 사담 후세인과 그 정권이 대량 살상 무기를 확보하기 위한 구체적인 계획에 돌입했다는 주장이 사실인가? 이라크가 이슬람 테러리스트들에게 피신처를 제공했다는 (또는 제공하려고 했다는) 주장이 사실인가? 부시가 전쟁을 시작하게 된 동기를 국민들에게 정직하게 설명했는가? 아니면 여타 행동 동기를 숨기고 의회와 미국 국민을 오도했는가? 여타 행동 동기라는 것이 '정유업계'의 이해관계를 대변했던 것인가, 아니면 한때 자기 아버지를 암살하려 했다는 정권에 대해 사적인 복수를 하려 한 것일까? 다시 말해, 이라크의 상황을 둘러싼 진실이 대체 무엇인가? 이라크에서 미국의 진정한 국익이 무엇이었으며, 현재는 무엇인가? 이라크에서 미국의 국익을 추구할 수 있는 최선의 전략이 무엇이었는가? 이런 질문들은 두말할 것도 없이 극히 중요한 질문이므로, 다원적 정치라면 이런 문제를 조사해, 대중을 기만하고 허구의 정보에 의존해서 정책을 취한 사례를 밝혀내기 위해, 자유 언론 및 독립된 조사위원회가 필요할 것이다. 그러나 인식론적인 쟁점은 자유 언론이나 '진실위원회'가 제대로 작동할 수 있어야 한다는 주장보다 더 깊은 차원의 질문을 다룬다.

아마 여기서 가장 중요한 문제는 정치 지도자들이 각종 정치적 현안을 다룰 때 공동체에 가장 '좋은 것'이 무엇인지를 알 수 있는 능력이라 할 것이다. 어떤 정치적 관점에 따르면, 정치가 제대로 이루어지려면 (무엇이 공동체에 좋은 것인지를 알고, 공익을 추구하기 위해 필요한 도구적 지식을 가진) 정치 지도자를 잘 뽑아서 훈련해야 하며, 그런 지도자가 일반인들의 수호자가 되어 통치해야 한다고 믿는다. 이때 일반인들은 공익의 진리에 관한 지도자의 권위를 받아들이게 된다.[1] 그러나 이와 다른 정치적 관점도 있다. 이 관점은 정치 공동체에 무엇이 좋은지를 판단할 수 있는 인식 및 윤리의 토대 같은 것은 존재하지 않는다고 믿는다. 모든 사람이 자신의 이해관계를 반영하는 편견을 지니고 있기 때문이다. 공동체에 무엇이 좋은가에 관한 객관적인 지식이 존재하지 않는 상황에서, 자신에게 이익이라고 생각되는 바와 합치되게끔 쟁점을 해결할 수 있는 힘을 누가 가졌는지에 근거해서 정치적 결정이 이루어진다고 한다. 또 다른 관점도 있다. 이 관점은 진리에 의해 통치하는 한쪽 극단과 적나라한 힘으로 통치하는 다른 쪽 극단 사이에 (무엇이 좋은 것인지를 인간이 정확하게 알지 못하더라도 그런 인식을 정치 공동체에서 활용할 수 있는) 다양한 대안들이 존재한다고 믿는다. 어쩌면 좋은 정치를 하는 데 필요한 지식은 여론조사, 사회과학적 탐구, 사회적 실험, 다양한 사고 실험, 역사 연구, 전통적 지혜의 참조, 또는 종교 경전 연구 등을 통해 얻어질 수 있을지도 모른다.

이 장에서는 정치적 지식의 원천들을 논하고, 그것들을 세 가지 인식론적 방향성과 연관해 알아보려 한다. 첫째, 정치를 넘어서 존재하는 근본 진리를 찾으려는 인식론적 접근이 있다. 이때 정치에서 '진리 신봉자'의 목표는 '좋은 삶', '좋은 사회', 좋은 정치에 관한 (절대적이거나, 달리 생각할 여지가 없는) 진리를 찾아내어 선포하는 것이다. 진리 신봉자들은, 진리에 대해 합의를 도출할 수도 있는 정치과정과는 무관하게, 사람들에 의해 무조건 인정되어야 하는 객관적인 절대 진리를 추구한다. 이런 접근은 좋은 삶을 규정하는 데에 정치와 별개로 존재하는 어떤 객관적 근거 — 예컨대, 종교 경전 — 가 있다고 주장함으로써, 정치(또는 적어도 다원적 정치)를 제한하고 축소하려 한다. 이런 접근 방식은, 정치를 넘어서 찾은 진리를 실행하는 것만이 정치의 목적이라고 규정짓는다.

둘째, 정치 안에서 기본 진리를 찾는 인식론적 접근이 있다. 당파심이 강한 사람들partisans은, 어떤 정치적 원리를 받아들이도록 (또는 거부하도록) 할 수 있고, 그런 원리를 다원적 민주주의 내의 정치적 쟁점에 적용할 수 있는 근거를 제시하려는 목표를 지니고 있다. 당파적 접근은 대단히 정치적이어서 이들은 다원적 정치 내에 자기들이 최선이라고 믿는 정치적 원리를 더 많이 포함하려고 노력한다. 그러나 진리 신봉자와 비교해 볼 때 당파심이 강한 사람들은 그나마 자기주장이 온건한 편이다. 자기들과 다른 식의 접근이 갖는 장점과 자신들의 오류 가능성을 인정하기 때문이다. 당파심이 강한 사람들은 또한 자신들의 접근 방식 그리고 자신들이 믿는 진리가 민주 절차 내에서 끊임없이 평가된다는 사실을 잘 알고 있다.

셋째, 정치에 관하여 근본 진리를 모색하는 인식론적 접근이 있다. 다원주의자들은 민주정치와 다원적 정치의 우월성을 입증하면서 그와 함께 민주적 다원주의를 지속적이고 전향적으로 개선하려는 목표를 지니고 있다. 다원주의자들은 정치 바깥의 절대적 진리를 활용해서 민주적 다원주의를 정당화하려 하지 않고, 민주적 다원주의 그 자체의 미덕에 관해 사회적 합의를 모색한다. 그러나 민주적 다원주의의 장점에 대해 완전한 합의가 바람직할지라도, 그것을 달성하기는 어렵다. 민주적 다원주의의 결함을 드러내고 그것보다 더 좋은 방안을 꿈꾸는 사람이 반드시 나올 것이기 때문이다. 다원주의자들은, 정치적 진리를 찾는 행위가, 어떻게 하면 사람들이 효과적으로 현명한 결정을 내릴 수 있게끔 민주적 다원주의를 운용하고, 어떻게 하면 서로 간의 이견을 되도록 공평하게 해결할지의 방안을 찾으려는 시도라고 믿는다. 이런 방안을 달성할 수 있는 만큼에 비례해서 민주적 다원주의를 지지하는 합의가 늘어날 수 있다. 많은 사람들이 이런 접근이야말로 정치의 '진정한' 철학이자 과학이라고 믿게 될지도 모른다.

이 장에서는 여러 정치 이념들의 인식론 ― 정치에서의 진리와 지식을 찾는 접근 ― 을 다룬다. 당파심이 강한 사람들의 접근이 가장 많은 주목을 받고 있는 것이 사실이지만, 정치에서 인식론의 미래는, '진리 신봉자'의 접근과 다원주의자의 접근 가운데 어떤 것이 주류 인식론이 될지에 달려 있을 가능성이 크다.

1
고전적 자유주의
...
자연권에서 공리주의로 이동한다

고전적 자유주의는, 전통·종교 및 고전철학적 방법론으로 정치적 지식을 발견할 수 있다고 보았던 가정에 도전하는 정치철학으로 출발했다. 자유주의자들은 전통적 인식이라는 것이 단순한 편견, 즉 권위에 의해 강요된 것에 불과하고, 객관적 토대란 존재하지 않는다고 생각했다. 자유주의자들은 정치에서 종교적 처방을 (종교 경전의 해석과 종교 지도자들의 선언에서 비롯된) 신앙의 표현에 불과한 것으로 간주했던 셈이다. 또한 자유주의자들은 플라톤주의나 아리스토텔레스주의와 같은 철학적 접근 역시 정치에서는 적절치 않은 해석이라고 배격했다. 고전 철학자들이 제시했던 모순적인 지식으로 혼동과 고민이 발생했다고 보았기 때문이다. 그러나 고전적 자유주의자들은, 좋은 사회와 좋은 국가에 대한 (정치를 넘어서 존재하는) 객관적이고 보편적인 진리에 우리가 도달할 수 있으리라는 희망을 버리지 않았다. 그런 의미에서 고전적 자유주의자들은 순수한 이성을 통해 정치를 과학적으로 이해할 수 있다고 믿었던 '진리 신봉자'였다. 자유주의자들의 과학만능주의scientism는 프랑스의 수학자이자 철학자였던 르네 데카르트가 (1637년 『방법 서설』Discourse on Method에서) 제시한 방법론에 그 뿌리를 두고 있었다.[2]

데카르트의 방법론은, 너무나 자명해서 이성적인 사람이라면 도저히 부정할 수 없을 정도로 정말 명확하고 확실한 생각만 제외하고, 나머지 모든 주장의 진리성을 회의적으로 보는 입장이다. 이런 최소한의 확실하고 자명한 생각들이 (자명한 생각으로부터 파생된) 그보다 더 복잡한 생각을 이루는 작은 벽돌들이 된다고 한다. 정치에 관한 궁극적 지식에는 '좋은 삶', '좋은 사회', '좋은 국가'가 포함되므로 데카르트류의 자유주의자들은 '좋은 것'이 무엇인가에 관해 명확하고 확실한 개념을 찾아야 했다. 그러나 '좋은 것'이 무엇인가에 관한 자명한 명제는 찾아내기가 여간 어렵지 않다. 인간의 포부·능력·정황이 모두 다르기 때문이다. 따라서 고전적 자유주의자들은 각자가 자신에게 '좋은 것'을 스스로 알아서 규정하는 것이야말로 자명한 일이라고 본 것이다. 초기의 자유주의자들이 '좋은 것'이라고 규정했던 명확하고 확실한 생각은 바로 각자가 자기 자신에게 '좋은 것'이 무엇인지를 알고 있다는 가정이었던 셈이다. 그것은 각자 최고라고 느끼는 효용이나 행복을 제공해 주는 '좋은 것'을 스스로 알아내는 행위였다. 효용이나 행복은 '쾌락의 감각'에서 '고통의 감각'을 소거한 나머지 부분으로 규정되었다. 그러므로 고전적 자유주의자들은 상당히 쾌락주의자들이었던 셈이다.

이런 식의 사고로 말미암아 자유주의자들은 개인들 각자가 지니고 있는 '좋은 삶'에 대한 각기 다른 관념들을 서로 존중해 주자고 주창하게 되었고, 정부 또는 어떤 권위이든 개인의 '좋은 삶'에 대한 특정한 관념을 국민들에게 전파할 자격이 없다고 보았다. 또한 이런 입장 때문에 자유주의자들은 모든 사람이 나름의 가장 좋은 방식대로 자신에게 좋은 것을 추구할 수 있는 권리를 지닌다는 결론을 내렸다. 초기 자유주의자들은 생명·자유·행복을 추구할 수 있는 '자연권'을 (자신만이 자기에게 가장 좋은 것을 가장 잘 알 수 있다는) 이런 '자명한 진리'로부터 바로 끌어낼(연역할) 수 있다고 생각했다. 그리고 존 로크와 같은 자유주의자들은 이런 원리로부터 한 걸음 더 나아가 '보호 민주주의'protective democracy — 개인의 권리를 보호하는 정부, 그리고 정부가 개인의 권리를 침해했을 때 시민들에게 그 잘못에 대해 책임성을 갖는 정부 — 의 장점을 적극적으로 주장했다. 이것과 마찬가지로 초기 자유주의자들은 경제적 자유 시장과 사유재산의 장점도 적극 주창했다. 그런 제도가 사람들로 하여금 자기 자신의 자연권과 일치되는 방식으로 노동하고 장사하고 소비하며 재산을 취득할 수 있게 해주었기 때문이다. 요컨대, 초기의 고전적 자유주의자들은, 모든 사람에게 '좋은 삶'이 되는 보편적인 기준은 있을 수 없다는 회의론을 뒤집어, 그것을 오히려 어떤 새로운 보편적 진리 — 좋은 정치에는 보호적 민주주의가 필요하고, 좋은 경제에는 자본주의가 필요하다는 점에 모든 사람이 동의하게 될 것이라고 자유주의자들은 생각했다 — 로 전환할 수 있는 방법론을, 데카르트의 인식론에서 발견했던 것이다.

그러나 이런 합의에 도달하고자 했던 자유주의자들의 희망은 오래지 않아 벽에 부딪쳤다. 다음 절에서 전통적 보수주의가, 자유주의에서 주장했던 자연권 사상에 대해 의미심장한 반기를 들었던 점을 살펴보겠지만, 어쨌든 이런 반대에 봉착한 자유주의자들은 자연권을 강조하던 초기의 입장을 바꾸어, (제러미 벤담Jeremy Bentham, 1748~1832과 그의 지지자들이 내놓은) 더욱 복잡하고 정교한 공리주의적 방법론을 발전시켰다.

벤담은 자연권과 전혀 관계없는 정치적 구조와 정치적 실천을 정당화할 수 있는 방법론으로서 총체적 공리주의aggregative utilitarianism를 발전시키는 데 중요한 기여를 했다. 벤담은 개인의 행복이나 효용을 권리 주장의 근거로 보거나, 권리 보호를 정치제도의 기본으로 보지 않고, 집합적인 정치제도나 정책의 결과 — 사람들에게 총체적으로 최대한의 효용을 제공할 수 있는 능력 — 에 근거하여 그런 제도나 정책을 정당화할 수 있는 분석적 기법으로서 공리주의를 발전시켰다. 달리 말해, 벤담은 공리주의를, 퇴행적인 기법 — 자연 상태에서 사람들이 자신의 효용을 극대화하기 위해 지니고 있었다고 생각되는 자연권을 되찾으려 하는 자연권 사상 — 으로부터, 제도 개혁과 정책 변화를 정당화할 수 있는 전향적인 기법 — 대다수 시민들의 미래 효용에 도움이 되는 총체적 정책을 수립하려는 공리주의 사상 — 으로 변화시켰던 것이다. 1776년 출판된 애덤 스미스의 획기적인 자본주의 관련 저서가 이런 식의 공리주의를 예견했다고 볼 수 있다. 스미스의 기본적 논증은, 자본주의가 개인의 권리를 보호하는 데 필요하다는 뜻이 아니었다. 오히려 스미스는 자본주의 및 자유 거래가 '각국의 부'를 늘려 결과적으로 총체적인 효용을 키우기 때문에 그것이 정당화된다고 주장했다. 즉, 자본주의는 '최대 다수의 최대 행복'을 낳는다는 말이었다.

로크류의 초기 자유주의에서는 개인의 권리 특히 부자의 재산권을 보호하기만 하면 되는 최소한의 정부를 정당화했지만, 벤담의 새로운 '총체적 공리주의'에서는 정부가 '공공선'the public good — 오늘날에는 이것을 어떤 정치 공동체 내의 모든 시민들이 누릴 '총체적 효용'the aggregate utility이라고 이해한다 — 에 도움이 되는 법과 정책을 적극적으로 채택하는 것이 정당화될 수 있다는 것이다. 산업화가 진전되면서 마르크스와 같은 급진 사상가들은 경제 영역에서 (모든 사람에게 최대한의 경제활동 자유를 보장하는) 정부의 비개입 정책이 부자들의 특권을 보호하는 반면, 빈곤층을 돕는 데는 전혀 도움이 되지 않았다고 주장했다. 예를 들어, 정부가 공립학교를 세워 주지 않는다면, 부자들이야 자신의 경제적 자원과 자유를 이용해서 자녀를 비싼 사립학교에 보낼 수 있겠지만(그리고 이런 교육에서 얻을 수 있는 경제적 혜택을 누리겠지만), 빈곤층은 그럴 엄두도 내지 못하므로 자기 자녀를 학교 대신 일터로 내보내는 것 외에는 다른 자유가 없다는 말이다. 이때 개인들의 눈앞의 이익만 놓고 본다면, 부자들이 자녀를 사립학교에 보낸다면 자기 재산을 쓸모 있게 사용한 셈이 될 터이고, 빈곤층은 자녀를 일터에 내보냄으로써 당장의 집안 살림(효용)에 보탬이 될 것이다. 그러나 개혁을 추구하는 자유주의라면 정부가 모든 사람에게 공립학교 교육을 제공할 경우,

식견이 있고 숙련된 기술을 지닌 시민들이 생겨날 수 있으므로 전체 공공선에 더 큰 도움이 된다고 주장할 수 있을 것이다. 벤담은 사회를 구성하는 개인들과 무관하게 공공선이 존재한다고 말한 것이 아니라, 사회 속 모든 개인들의 효용을 총체적으로 합한 것이 바로 공공선이라고 말한 것이다. 앞에서 거론한 교육의 예를 보자면, 정부는 공립학교 교육을 제공해 사회 속의 개인이 얻게 될 쾌락과 고통을 자세히 따져 봐야 한다. 공립학교 교육을 제공해 개인에게 돌아 갈 효용의 총량이, 공립학교 교육이 없을 경우에 발생할 수 있는 효용의 총량보다 더 크다면 공립학교 교육을 제공하는 것이 좋은 공공 정책이 될 수 있다. 그런데 효용의 총량을 계산하는 것은 복잡한 일이다. 예상되는 쾌락과 고통의 강도, 지속 기간, 확실성 등의 요소들을 계산해야 하며, 사람마다 쾌락과 고통에 대한 감수성이나 민감성이 다르다는 점도 고려해야 한다. 어떤 정책이 공공선에 부합되느냐 하는 점을 판단하는 데 사용되는 이런 행복 계산법 felicific calculus 의 복합성 때문에 벤담도 다음과 같은 점을 인정한다. "물론 모든 도덕적 판단과 모든 입법행위 및 사법행위에 앞서 이런 계산 과정을 반드시 밟을 수 있다고 기대해서는 안 된다. 그러나 공리적 계산을 언제나 염두에 두고는 있어야 한다."[3] 법을 제정하거나 정책을 채택할 때 모든 시민의 쾌락과 고통을 늘 염두에 둠으로써 정부가 공공복지를 지속적으로 증가시킬 수 있는 법률을 점진적으로 제정할 수 있으리라고 벤담은 확신했던 것이다.

    19세기에 자유주의가 발전함에 따라 공리주의에서 공공선을 찾고자 접근하는 방식이 좀 더 복잡한 형태로 변화했다. 존 스튜어트 밀은 공리주의에 세 가지 중요한 수정을 가했다. 첫째, 밀은 벤담의 쾌락 개념이 지나치게 육감적이고 유물론적이라고 생각했다. 벤담은 만일 맥주를 한잔하는 행위가 읽을거리가 가득한 책 한 권을 읽는 것보다 더 큰 쾌감을 준다면 맥주를 마시는 것이 더 큰 효용을 줄 수 있다고 보았다. 이런 식의 합계가 나올 위험을 교정하기 위해 밀은 어떤 종류의 쾌락 — 특히 이지적인 쾌락 — 은 다른 종류의 쾌락보다 객관적으로 더 우월하다고 주장했다. "행복한 돼지보다 불만족한 인간이 되는 편이 낫다. 행복한 바보보다 불만족한 소크라테스가 낫다."[4] 둘째, 밀은 즉각적인 쾌감이 아니라 흡족한 실존이 '좋은 삶'의 목표라고 주장했다. 지금 당장 즉각적인 쾌락을 얻는 것이 미래의 손실 가능성을 높인다면 그런 식의 즉각적 쾌락을 취해서는 안 된다는 말이다. 셋째, 그는 사람들이 개인의 즉각적인 행복 추구보다 공공선에 기여하는 삶을 택할 때 더 행복한 상태에서 살 수 있을 것이라고 내다봤다. 예를 들어, 만일 사람들이 사회 내 타인들의 교육·건강·복리를 증대하기 위해 세금을 내야 하는 고통을 겪는다면 전체적으로 더 좋은 사회에서 살 수 있게 되므로, 길게 볼 때 세금을 내는 고통으로 말미암아 발생하는 효용의 상실이 보상될 수 있다는 뜻이다. 요컨대 밀은 개명된 자기 이익enlightened self-interest을 옹호했던 것이다. 밀이 생각한 좋은 삶이란 사람들이 자신의 지성적·영성적 쾌락을 증대하고 자기의 전 생애에서 고통을 되도록 줄이는 삶, 그리고 자신만이 아니라 타인들도 만족해하는 사회 속에서 살아가는 것이 좋다는 점을 모두가 인정하는 삶이다. 따라서 좋은 국가란 사람들에게 그런 좋은 삶을 증진해 주는 법률과 정책을 시행하는 공동체라고 할 수 있다.

자연권을 찾으려는 인식론적 접근으로부터, 개명된 공리주의적 계산에 의거한 공공선을 찾으려는 접근으로 자유주의의 강조점이 변한 것은 엄청난 의미가 있다. 이 때문에 당시 벤담을 위시한 공리주의자들은 철학적 급진주의자philosophical radicals로 간주되었다. 만일 자연권을 제대로 찾을 수 있었다면 제한 정부를 지지하는 자유주의적 제도를 위한 보편적 토대를 구축할 수 있었을 것이다. 그렇게 됐더라면, 자연권이라는 것이 정치제도 내에서 타협 불가능한 절대적 개념이라는 점을 고려할 때, 정치 바깥의 진리가 제시되는 셈이 되었을 것이다. 이렇게 됐을 때 자본주의 시장경제 내에서의 자유방임을 통제하기 위해서, 그리고 정부의 기능을 확대하기 위해서 정치를 활용할 수 없었을 것이다. 정부의 개입 정책은 사람들의 자연권인 재산권을 침해할 것이기 때문이다. 반면에 공공선이 무엇인지를 결정하는 일은 본질적으로 정치적 행위다. 벤담을 위시한 공리주의자들은 정치적 논쟁에서 영국의 상업 관련 법규와 정책을 철저히 개혁하기 위한 하나의 방법으로 공리주의를 활용했다. 그런 법률과 정책이 공리주의적 공공선에 한층 더 도움이 될 것으로 보았기 때문이다.

공리주의는 공공 정책의 철저한 개혁을 정당화할 수 있는 방법이었을 뿐만 아니라, 정치과정 자체의 개혁을 추구하는 방법론이 되었다. 벤담의 동료였던 제임스 밀James Mill, 1773~1836은 그의 『정부론』*Essay on Government*에서 더욱 민주적인 정부를 권장할 수 있는 기초로서 '총체적 공리주의'를 주장했다. 로크가 주장한 (재산 소유권을 비롯해 다른 권리를 보호하는) 민주주의에서는 재산 소유자만이 투표권을 행사할 수 있었지만, 제임스 밀은 대다수 시민들에게 선거권이 확대되어야 한다고 주장했다. 그렇게 해야 국민의 대표들이 재산을 가진 소수 사람들만이 아니라 모든 사람의 공공선을 위한 정책을 펼칠 것이라는 이유에서였다. 또한 제임스 밀은 여타 개혁 정책들, 예컨대 빈번한 선거와 비밀투표 등 여러 개혁 방안을 주창했다. 그는 이런 장치가 있어야만 선출된 대표들이 국민을 위해 최대 다수의 최대 행복을 낳을 수 있는 법률을 제정할 것이라고 믿었다. 따라서 결국 공리주의는 효과적인 민주 절차에 관한 처방을 내놓기 위한 인식론적 접근으로 발전했던 것이다.

그 후 자유주의자들은 한 번도 공리주의를 완전히 포기한 적이 없었다. 그러나 그들은 공리주의의 결함을 인식하게 되었다. 그 결과 현대 자유주의자들은 자신의 정치적 원리를 옹호하면서 공리주의에 덜 의존했다. 이 점은 뒤에서 곧 살펴볼 것이다.

2
전통적 보수주의
...
이성을 회의하고 전통적 지혜를 강조한다

전통적 보수주의는 고전적 자유주의에서 주장한 자연권 사상과 총체적 공리주의적 접근, 두 가지를 모두 거부했다. 전통적 보수주의자들은 자연권과 공리주의를 지나치게 과학적인 사상이라고 보았고, 정치 영역에 과학이 침투해 들어오는 것을 경계했다. 그렇게 되면 이성과 인과관계만이 중요하다는 식의 엄청난 주장을 하게 되고, 정념·편견·습관의 위력을 평가 절하할 것이기 때문이다. 마이클 오크쇼트는 자유주의 합리성에 대해 보수주의 진영의 전형적인 비판을 내놓으면서, 자유주의가 개별적으로 모두 다른 정치적 사례들을 섬세하게 이해하지 않고 획일적인 정치 행위만 추구한다고 주장했다. 오크쇼트와 다른 보수주의자들은 정치가 과학이 아니라 예술이라고 생각한다. 일류 요리사가 요리책을 보면서 요리하지 않듯이, 정치를 하는 사람들도 미리 정해진 규정이나 공식을 따르려 해서는 안 된다는 말이다. 정치란 다음과 같은 것이다.

> 정치는 가르칠 수도 배울 수도 없는 것이고, 오로지 전승되거나 자연스레 몸으로 익힐 수밖에 없는 것이다. 정치는 이론이 아니라 실천 속에서만 존재하며, 정치를 터득하는 요령은 정치의 대가 문하에서 도제 수업을 받는 길밖에 없다. 그 대가가 정치를 가르쳐 줄 수 있어서가 아니라 ― 그는 가르칠 수 없다 ― 정치란 정치를 실제로 행하는 사람 옆에 있으면서 끊임없이 배워야만 하는 것이기 때문이다.[5]

전통적 보수주의는 이성을 포기해야 한다고 생각하지 않지만, 각각의 실제 사례를 면밀히 살펴보면서 조심스럽게 이성을 활용해야 한다고 생각한다.

초기의 전통적 보수주의자들 가운데 정치에서 종교의 역할을 중시하기 위해 과학적 정치와 추상적 이성을 반대한 사람들도 많았을 것이다. 그러나 그 후 보수주의자들은 종교에 의존해서 정치에 대해 길 안내를 받으려는 입장으로부터 후퇴했다. 신이 여전히 진리의 원천이긴 하지만, 신앙이라는 것이 지나치게 개인적이고 부정확한 것이어서 정치 공동체에서 모두에게 신의 진리를 전하거나 신의 선함을 알 수 있게 하기가 어렵다는 점을 깨달았기 때문이다. 그 대신 전통적 보수주의는 특정한 사회 내에서 발전한 관습과 전통에 의존하는 것이 정치사상과 정치 행동을 이끌 수 있는 최선의 길 안내라고 생각한다. 전통은 여러 시대의 지혜가 온축된 것이다. 한때 유망해 보였지만 좋지 않은 것으로 판명된 생각들을 가려내고, 특정 공동체에서 오랜 기간을 통해 유용하다고 판명된 생각들을 유지하는 것이 바로 전통이다.

전통적 보수주의가 종교 대신 전통에 의존하긴 했어도 종교 신앙에 대해 큰 공격을 하지는 않았다. 수많은 관습과 전통들이 유구한 세월 동안 종교에 뿌리를 두고 발전해 왔음을 알기 때문이다. 그 대신 보수주의자들은 이성과 과학을 목표로 삼아 공격을 가하면서 자유주의 경쟁 세력의 인식론적 가정을 허물어뜨리기 위해 분투했다. 데이비드 흄David Hume, 1711~76은 인간의 이성에 의거해서 자연권이 존재한다고 단언할 수 있다는 사상에 가장 먼저 중요한 비판을 제기했다. 흄에 따르면 인간의 정신은 자기가 지각하는 것만을 알 수 있으며, 모든 인간의 지각은 제각기 특유하다고 한다. 인간은 자신이 지각한 자연을 알 수 있을 뿐, 자연 자체를 알지는 못한다. 따라서 자유주의자들은 인간이 자연권을 가진다고 가정하긴 했어도, 자연이 정말 그런 자연권을 보유하고 있거나 그런 권리를 장려하는지 여부를 알 도리가 없었다. 에드먼드 버크는 자유주의자들이 제안한 자연권이라는 것이 단지 이성의 추상적 사고에 지나지 않는다는 결론을 내렸다. 자유주의자들이 그 어떤 자연권을 강조하든 그것의 결과를 실제로 알 수 없다는 말이다. 자연이 그런 권리를 시행하지 않기 때문이다. 사회적 관습에 포함되어 있는 권리, 그리고 법으로 뒷받침되는 권리만이 진짜 권리다. 또 다른 보수주의자들은 이런 비판을 더 넓혀서 사람들이 자신에게 좋은 것이 무엇인지를 충분히 알 만큼 이성적이라는 가정 자체를 문제 삼으면서, 흔히 이성보다 정념과 습관이 사람을 이끈다고 주장하곤 한다. 만일 사람들이 자신에게 정말 좋은 것이 무엇인지 알지 못한다면, 자기가 좋은 삶이라고 오해한 것을 마음껏 추구하도록 권리를 부여하는 것이 과연 합당할까?

자유주의자들은 과학적 세계관에 입각해 인과관계적 방식으로 사고하게 되었고, 그 결과 그들은 법을 바꾸기만 하면 바람직하다고 생각되는 결과가 초래될 것이라고 믿게끔 되었다고 한다. 경기 침체의 원인이 무역 관련 법조문의 제약 때문이라고 생각되면 규제를 푸는 무역법을 만들면 경제가 더 잘 돌아갈 것이라고 믿는 태도가 그 예다. 전통적 보수주의자들은 이런 식의 인과관계에 의거한 인식에는 언제나 한계가 있다고 생각했다. 사회는 대단히 복합적인 유기체이므로 한 부분에서 아주 작은 변화만 일어나도 그것이 전체 유기체에 대해 심각하고 예상할 수 없으며 바람직하지 못한 변화를 초래할 수 있다고 생각했던 것이다. 보수주의자들의 이런 공격에 대해 자유주의 개혁가들은 이 세상의 복합성으로 인과관계 예측이 어렵긴 해도, 과학이 점점 더 발전할 수 있으므로, 변화에 의해 나타나는 수많은 인과관계를 더 쉽게 이해할 수 있으리라고 반박한다. 그 결과 사람들은 (전통적 보수주의에 따르면 언제나 예측 불가능한) 어떤 행위의 효과를 더 잘 이해할 수 있게 되었다고 한다. 전통적 보수주의는 (인간은 외부 세계가 어떻게 작동하는지를 절대로 이해할 수 없다고 했던) 흄의 통찰에 기대어 자유주의자들의 낙관론을 비판한다. 인간은 외부 세계에 대한 자신의 지각만을 알 수 있을 뿐이다. 원인 A가 결과 B를 초래했다고 말할 때 진짜 주장하는 바는, A에 대한 생각이 B에 대한 생각과 연관(또는 연속)되어 있다는 사실뿐이다. 사물들에 대해 상정하는 연관성은 사실 마음속에서 내리는 판단일 뿐이며, 그나마 이런 마음속의 연관성조차도 외부 세계에 대한 정확한 지각에 기초한 것이 아니라 편견·관습·습관·정념에 의해 형성된 것이라고 한다. 보수주의자들은 자유주의가 인과관계 사상을 통해 외부의 실재를 정확히 포착할 수 있다고 오해했다고 보며, 우리 사고의 바깥에 존재하는 세계는 언제나 우리가 파악할 수 없는 신비로 가득 찬 현실이라고 생각한다.

    따라서 전통적 보수주의는 이성과 과학이 진리에 대한 안내자로서는 부적합한 수단이라고 본다. 어떤 쟁점에 대해 가장 적합한 접근 방식을 이해하려면 우리 사회의 전통과 관습, 우리의 역사 지식과 구체적 경험 및 상식 등에 의존하는 편이 가장 좋다. 그러므로 고전적 자유주의의 인식론적 가정은 잘못된 것이다. 특정 사회 내에서 온축되어 온 지혜를 무시하고, 해결하려는 문제의 핵심을 제대로 파악하지 못하기 때문이다.

3
아나키즘
...
인간과 사회의 가능성에 대한 비전

아나키즘의 인식론적 기초는 19세기의 다른 지도적인 이념들과 비교해 그 발전 정도와 일관성이 떨어진다. 아나키스트들은, 기존 사회에서 지배적인 권력을 가진 사람들의 이익을 반영하는 것에 불과한 전통적 주장을 배격한다. 아나키즘이 과학을 거부하지는 않지만 아나키즘이 어떤 과학적 기초를 지니고 있는지는 명확하지 않다. G. P. 막시모프G. P. Maximoff가 『바쿠닌의 정치철학: 과학적 아나키즘』The Political Philosophy of Bakunin: Scientific Anarchism이라는 책을 출간했을 때 어느 저명한 바쿠닌 연구자가 다음과 같이 반대했다고 한다. "'과학적' 아나키즘이라는 것은 존재하지 않는다."[6] 실제로 많은 아나키스트들이 아나키즘의 과학을 창조하는 것이 바람직하지 않다고 생각한다. 모든 과학적 학문은 대단히 권위적이고 엄밀한 지성적 프레임을 보유하고 있기 때문이다.[7] 아나키스트들 가운데는 진리라는 생각 자체를 (진리가 과학에 기초해 있든, 아니면 어떤 다른 인식론적 토대에 기초해 있든 상관없이) 거부하는 이들도 있다. 아나키스트는 자기 자신의 생각에 근거한 사상가가 되고 싶어 하지, 외부의 어떤 출처로부터 주어진 생각을 따르는 신봉자가 되려 하지 않는다.[8]

아나키스트는, 인간이 어떻게 하면 기존 제도의 구속을 받지 않고 자연계에서 살아갈 수 있을지의 비전 위에다 자신이 생각하는 '좋은 삶'의 사상을 구축하려고 한다. 아나키즘에서는 좋은 사회에 관한 진리를 다음과 같이 설명한다.

> 자연의 우위라는 비전 위에 좋은 사회에 관한 진리가 세워질 수 있다. 물론 자연을 재발견한다는 것은 무척 힘든 일이었지만, 아나키스트들은 결코 희망을 포기하지 않았으며, 자연에 관한 세 가지 전제 위에 자신의 신념을 구축했다. 첫째, 자연의 진리를 규명할 수 있다. 둘째, 자연은 좋은 것이다. 셋째, 궁극적으로 모든 인간이 자연

을 이해하고 자연에 따를 수 있다.⁹

아나키스트들은 자연의 진리를 규명하는 데에 과학이 제공한 도구를 완전히 포기할 수 없었다. 실제로 크로포트킨은 경험과학의 방법론을 동원해서 (현대사회에서 억눌렸지만 자연환경에서 더 잘 규명될 수 있다는) 상호부조 본능이 존재한다는 증거를 제시했다. 더 나아가, 크로포트킨은 다음과 같이 제안한다. "모든 인간의 필요를 해결하고 충족할 수 있는 수단을 강구하기 위해 과학을 활용해야 한다."¹⁰ 따라서 과학적 연구가 일정한 아나키즘적 가정을 지원하고, 아나키즘의 목표에 도움이 될 수 있지만, 그것만으로 아나키즘을 과학적이라고 말할 수는 없다. 마르크스와 엥겔스가 제안한 '과학적 사회주의'와는 대조적으로 아나키스트들은 자본주의의 경제나 정치를 상세하게 실증적으로 연구하지 않았으며, 아나키즘의 출현을 예견하는 과학적 역사 발전 법칙을 제안하지도 않았다. 아나키스트들은, 자본주의와 국가가 가지는 결함이 너무나 자명하다고 생각했고, 아나키즘의 출현이 과학적 이론의 예견에 달려 있지 않고 인간의 의지와 행동에 훨씬 더 의존한다고 믿었다.

일반적으로 아나키스트들 그리고 특히 고드윈은 자연적 사회에서 사람들이 서로 간에 어떻게 행동해야 하는가에 관한 원리를 제시하기 위해 이성의 역할을 중시했다. 아나키스트들은 이성이라는 것이 정치 내부의 집합적 논의가 아니라, 자연에 대한 개개인의 (정치를 넘어서 존재하는) 성찰이라고 보았다. 고드윈은 자연이 도덕적 행위에 관한 영구불멸의 진리를 찾는 데 하나의 기준을 제시한다고 믿었다. 예를 들어, 모든 이가 공공선을 창출하는 방식으로 행동하라고 자연이 명한다는 것이다. 더욱 일반적으로 말해, 고드윈은 사람들이 자신의 이성을 활용한다면 옳고 그른 행위에 관한 원칙을 도출할 만한 적절한 결론에 도달할 것이라고 믿었다. 그러나 그는 그런 원칙에 대한 정치적 해답이 필요하다고 보지는 않았고, 그런 인식을 실제로 집행하기 위해 정치적 제도가 필요하다고도 보지 않았다.¹¹

따라서 아나키즘은 그들의 원칙을 정당화하기 위해 이성에 의존하지 않는다. 그 대신 아나키스트들이 정부의 권위 없이도 질서 있는 사회가 가능하다고 믿는 것은, 인간 본성과 자연적 사회에 대한 (비이성적이지도 않고 과학적 증거에 반하는 것도 아닌) 비전에 의존하고 있다. 관습적 제도들이 상호부조 본능을 억누른다는 생각은 상당히 타당한 가설일 수 있고 그 가설을 연구하기 위해 과학적 방법을 동원할 수도 있을 것이다. 그리고 사람들이 정부의 통제 없이도 질서 있고 안전한 삶을 영위할 수 있다는 생각은 또 하나의 흥미로운 가설이며, 여기에는 일정한 역사적 증거도 존재한다.[12] 아나키스트들은 현존하는 제도들의 사악한 성격을 보면 그것들을 폐기해야 마땅하고, 그것을 통해 자연적 사회가 통상적 사회보다 더 많은 자유와 평등 및 사회적 조화를 제공한다는 가설을 온전하게 확인해 보는 것이 좋으리라고 믿는다. 그런데 평화적으로 아나키즘 사회를 건설하려는 사람들은 그런 실험을 해볼 가치가 있다는 점을 다른 사람들에게 납득시켜야 하는 과제에 직면한다.

4
마르크스주의
...
공산주의의 '우월성'이 아니라 '필연성'을 입증하는 과학

마르크스주의는 흔히 공산 사회를 좋은 사회라고 주장하는 철학이라고 이해되곤 하지만, 마르크스는 이상적인 공산 사회를 위한 청사진을 제시하지 않았고, 그런 사회가 왜 좋거나 정의로운지에 관한 체계적인 논증을 제시하지도 않았다. 그는 사회주의가 바람직하다고 했던 과거의 논증들이 단순히 유토피아적인 희망 사항에 지나지 않는다고 생각했다. 엥겔스는 다음과 같이 말한다. 특정한 사회 시스템을 옹호하는 "절대 진리들 사이의 논쟁에는 끝이 없다".[13] 따라서 마르크스와 엥겔스는 그런 방식을 따르지 않고, 공산주의를 지지하는 자신들의 논증을, 일반적으로는 역사법칙의 과학적 인식 위에, 특히 정치경제학 법칙의 과학적 인식 위에 구축하기로 했다. 그들은 과학적 법칙으로 공산주의의 도덕적 완전성을 증명할 수 없을지는 몰라도, 공산주의의 필연성만큼은 증명할 수 있다고 생각했다. 이런 식으로 마르크스와 엥겔스는 유토피아적 사회주의를 과학적 사회주의scientific socialism로 대체하고자 했다.[14]

자유주의자들은 애초에 정치의 과학을 찾으려 했지만, 그들의 시도가 실제로는 과학이라기보다 인간 본성에 관한 명확한 사실로부터 도덕적 진리를 연역적으로 끌어내려는 것에 불과했다. 이와 달리 마르크스는 귀납적 과학을 동원하여 역사가 어떻게 작동하는지에 관한 진리를 사실적으로 구성했다. 마르크스는 다음과 같이 말한다. "내 연구 결과는 정치경제의 꼼꼼한 연구에 근거한 철저한 실증적 분석을 통해 도출된 것이다."[15] 마르크스와 마르크스주의자들은 이 세계를 일반적인 방식으로 묘사하는 일정한 개념들을 창조한 후, 이런 개념들 사이의 관계를 파악하는 실증적 관찰에 근거하여 일반화를 시도했다. 그런 일반화는 사회생활을 묘사하고 설명하며, 미래에 관한 예측을 내릴 수 있는 토대가 된다. 역사 속 인간존재의 문제에 대한 이 같은 과학적 접근은 궁극적으로 마르크스의 인식론을 마르크스주의의 핵심으로 격상했다.

마르크스의 과학에서는 앞에서 논했던, 세계에 관한 다양한 존재론적 가정들을 내포하고 있다. 우선 역사가 전향적인 단계를 밟으며 전진한다는 '역사주의'를 가정한다. 그리고 각 역사 단계에서 물질의 힘이 사회적 삶을 결정하며, 그 힘이 역사의 한 단계에서 다음 단계로 나아가는 변화를 추동한다는 경제결정론을 가정한다. 마르크스주의 과학은 변화를 강조하는 '역동적' 분석이지만, 특정한 역사 단계의 다양한 삶의 영역에서, 그리고 그 영역들 사이에서 발생하는 상호 관련성에 대해서는 정태적인 분석을 내놓고 있다.[16] 정태적 분석은 각 역사 단계의 당면 현실을 드러낸다. 그런 분석은 당시의 지배적인 생산양식과 생산수단에 관한 묘사, 그리고 이런 경제적 하부구조가 그 시기의 지성·문화·종교·법적 상부구조에 어떻게 영향을 미치는지 등으로 이루어진다.

마르크스에 따르면 역사의 자본주의 단계를 실증적으로 관찰할 때 다음과 같은 과학적 명제가 도출된다고 한다. 두 종류의 주요 계급이 존재한다. 즉, 공장이나 토지와 같은 생산수단을 소유한 부르주아지와 자신의 노동만을 소유한 무산계급이 있다. 부르주아지는 비교적 부유하고 숫자가 적은 반면 무산계급은 가난하고 숫자가 많은데, 이 두 계급은 형식적으로는 법적 평등을 누리고 있지만 실제로는 서로 평등하게 경쟁하거나 협상하지 못한다. 부르주아지는 고용을 무기로 해서 더 큰 협상력을 지니고 있으므로 무산계급으로부터 잉여가치(수익)를 뽑아낼 수 있으며, 무산계급에게 노동을 생계임금 수준으로 팔도록 요구할 수 있다. 더 나아가, 부르주아지들은 시장 경쟁으로 말미암아 경제적으로 살아남으려면 생산 단가를 줄일 수밖에 없다. 따라서 이들은 노동력을 줄일 수 있는 기술혁신 조치를 위해 자신들의 수익을 재투자한다. 이런 경쟁 과정을 통해 자본은 계속 축적되지만, 무산계급의 고용률은 떨어지고 그들의 고통도 가중된다. 이런 경쟁으로 부르주아의 숫자도 줄어든다. 경쟁에서 패배한 자본가들이 파산하여 무산계급의 대열에 합류하기 때문이다.[17] 권력을 가진 자본가들은, 무산계급 및 낙오한 부르주아들에게 참담한 자본주의적 조건을 받아들이게 하기 위해, 자유주의 이념 — 자본주의가 모든 이들의 생활 조건을 향상한다는 생각 — 과 기독교 신앙 — 현세는 '눈물의 골짜기'이고, 가난한 자들은 천국에서 보상받으리라는 사상 — 을 강화한다.[18]

자본주의를 과학적으로 묘사한 마르크스의 설명은, 그 자체로서는 현존 체제에 대한 비판을 불러올 수는 있을지언정, 현 상황의 변화를 예견하는 근거가 될 수는 없다. 따라서 마르크스는 변화를 예견하기 위해 역사법칙 또는 변증법적 유물론에 관한 역동적인 과학을 발전시켰다. 우리는 앞서 변증법적 유물론을 다룬 5장에서 이런 거대한 역동적 변화상을 이미 살펴보았고, '변화'를 다룰 15장에서 자본주의사회로부터 사회주의사회로 이행하는 특정한 과정을 토의할 예정이다. 이 장에서는 일단 마르크스의 역동적 과학이 자본주의가 언젠가는 붕괴하리라고 예견했다는 사실만 기억하는 것으로도 충분하다. 자본주의는 사람들이 필요로 하는 물질적 재화를 생산할 수 있는 역량을 발전시키겠지만, 사람들이 그런 재화를 구입할 수 있을 만큼 충분히 고용을 늘리거나 급여를 지불하지 않을 것이다. 이렇게 되면 심각한 불황이 발생하고 그로 말미암아 자본주의사회의 대다수 사람들이 고통을 겪게 될 것이며, 결국 이들이 자본주의에 대항하는 혁명을 일으킬 것이라고 한다. 마르크스는 이런 식의 귀납적 과학을 동원해 마르크스주의자들이 보기에 정치에 관한 객관적 예견이 될 수 있는 방법론을 창출했던 것이다. 이들은 그런 지식이, 좋은 사회와 좋은 정치를 이해하려고 했던 다른 이념들의 철학적 접근보다 훨씬 더 중요하다고 생각했다.

5
공산주의
…
마르크스의 권위 있는 독해를 통해 진리를 생성한다

공산주의는 마르크스의 이론 혹은 다른 마르크스 이론가들의 해석에서 정치적 진리를 찾는 권위주의라고 표현할 수 있을 것이다. 이들의 진리 개념을 '일원론적'monistic이라 할 수 있다. 진리는 유일한 것이며, 하나의 권위 있는 목소리가 모든 정치적 결정을 인도한다는 뜻이다. 이때 권위 있는 목소리는 곧 마르크스다. 마르크스 이론의 해설가들이 정통 마르크스주의에 대해 여러 가지 변형 이론을 도입했지만, 크게 보면 마르크스의 이론 틀 내에서 그렇게 한 것이고, 마르크스의 저술에 근거해서 새로운 해석을 내놓았던 것이다. 따라서 공산주의자들은 마르크스의 저술을 일종의 성전聖典 비슷하게 취급하며 모든 정치적 행동을 이끄는 권위 있는 지침으로 간주한다.

그러나 공산주의자들이 주장하는 진리가 일괴암적인monolithic 것은 아니었다. 레닌·스탈린·마오쩌둥·호치민·티토·카스트로 및 여타 공산주의 지도자들은 마르크스를 각기 다르게 해석했고 그 결과 숱한 버전의 공산주의가 출현했기 때문이다. 이렇게 서로 다른 해석들은 시의에 따른 결과였고, 그런 다양성은 확고불변한 보편적 교의에서 나온 것이 아니라 특정 상황의 맥락과 자국의 실정을 반영해서 나온 것이었다.[19] 또한 그 해석들은 대부분 특정한 정권의 통치를 정당화해야 하는 맥락에서 도출된 것이었다. 달리 말해, 새로운 해석들은 다음과 같은 질문들을 설명하려는 시도에서 비롯되었다. 즉, '왜 정통 마르크스주의에서 예견한 대로 상황이 발전하지 않는가?', '왜 마르크스의 혁명적 전략으로부터 일종의 이탈이 필요한가?', 또는 '왜 마르크스가 강조하지 않았던 통치 방침이 새로운 공산 사회 건설을 위해 필요한가?' 등의 질문에 답해야 했기 때문이다. 따라서 공산주의에서 생각하는 인식론적 가정은, 마르크스의 과학적 사회주의의 핵심적 진리를 재확인하면서도 공산주의 지도자들이 특정한 상황 속에서 필요하다고 판단했던 행동을 정당화할 수 있게끔 마르크스의 교의를 다양하게 해석하도록 허용한 것이라 할 수 있다.

6
파시즘과 나치즘
...
정치 지도자의 직관에서 절대적 진리를 찾는다

파시즘과 나치즘은 약한 진리 개념과 강한 진리 개념을 동시에 보유하고 있다고 말해도 무방할 것이다. 우선 약한 개념을 보면, 파시즘과 나치즘에서는 '좋은 삶'을 이해하거나, 정치적 원리·행동을 결정하는 이성적 토대 따위는 있을 수 없다고 생각한다. 이들은 정치적 지식이 전통, 이성적 추론, 공공 효용의 계산, 귀납적 과학에 의거해서 생성될 수 없다고 믿으며, 이런 방식들은 잘해야 지식의 외관만을 보여 줄 수 있을 뿐이라고 생각한다. 파시즘과 나치즘은 궁극적으로 직관을 통해 진리를 접할 수 있다고 본다. 이것은 강한 진리 개념으로 귀결되는 인식론적 접근이라 할 수 있다. 지도자는 집합적 선익 — 공동체가 진정으로 원하는 것 — 을 직관적으로 알고 있으며, 그의 직관은 절대적으로 옳기 때문에 사람들은 이에 부합되는 행동을 할 의무가 있다. 지도자가 국민의 의지를 알 수 있는 이유는 그가 날카로운 직관을 가졌기 때문이며, 따라서 지도자는 국민의 진정한 의지를 다시 대중들에게 전해 주고, 국민들은 이런 의지에 따라 자신의 역사적 운명을 완수하도록 최선을 다할 의무가 있다. 따라서 진리는 간주관적인intersubjective 공통 인식에서 나오는 것이 아니라, 진리라고 인정되는 직관을 보유한 사람들의 권위에서 나온다. 파시즘과 나치즘의 이념은 공산주의보다 더 권위주의적이다. 지도자들의 직관은 절대적인 권위가 있고 어떤 도전도 허용하지 않기 때문이다. 이에 반해 공산주의자의 언행은 (가령 마르크스의 저술과 합치되지 않는다는 식의) 어떤 외부 준거에 비춰 비판할 수 있다. 그렇다고 해서 무솔리니와 히틀러가 자신의 직관을 이론적으로 정당화하지 않았다는 말은 아니다. 히틀러는 분명히 5장에서 논한 인종 이론과 인종 개념으로 인종주의 정책을 정당화할 수 있다고 생각했다. 그러나 파시스트와 나치는, 공산주의자들이 자신의 행동을 정당화하기 위해 마르크스를 준거로 삼은 것처럼, 어떤 외부의 준거에 비추어 자신의 행동을 정당화해야 할 필요를 느끼지 않았다.

따라서 파시즘과 나치즘은 정치 지도자의 행동도 윤리적으로 잘못될 수 있다는 전통적 믿음을 완전히 거부했다. 지도자의 행동은 자기 직관에 근거해 있고 그 직관은 언제나 옳다고 전제하기 때문에, 윤리적 성찰 따위는 불가능하고, 윤리적 성찰이 지도자 휘하의 모든 사람 — 고위 참모부터 공장 노동자나 전선의 병사에 이르는 모든 이들 — 에게 바람직하지도 않다. 파시즘과 나치즘에서 부하들은, 자기 행동에 대해 윤리적·비판적으로 사고할 능력이 없는 노예 또는 어린아이처럼 취급된다. 이들은 그저 지도자의 명령에 복종할 뿐이다.[20]

직관주의intuitionism의 교의는, 직관이 파시즘이나 나치즘에 포함된 것과 별 상관이 없는 철학 전통에서 비롯되었다. 그중에는 아르투르 쇼펜하우어Arthur Schopenhauer, 1778~1850의 철학적 저술로부터 발전한 독일의 낭만주의 철학도 포함된다. 계몽주의 및 자유주의의 공리주의적 경향에서 중시했던 이성과 과학 정신의 일견 지나친 면에 대한 반발로 발생한 낭만주의는 감정과 직관 및 인간 생활의 여타 비합리적 영향력을 강조했다. 낭만주의자들은 이 세계에 관한 '진정한' 지식을 얻기 위해 예술·음악·시나 신비주의 등에 깊이 경도되었다. 또한 앙리 베르그송Henri Bergson, 1859~1941과 같은 철학자들의 직관주의도 중요하다. 베르그송의 철학은 주로, 인간이 세계의 피상적인 외관을 측정하고 묘사하는 것 외에는 다른 것을 바랄 수 없다고 주장한 과학자들에 대한 반발로 출현했다. 베르그송은 세상에 대한 피상적 관찰을 넘어 "존재 내면의 핵심에까지 침투할 수 있다"라고 반박했다.[21] 이런 식의 '침투'는 단순한 지각이나 지능만으로는 불가능하다. 베르그송 역시 그렇게 해서는 피상적인 면만을 파악할 수 있을 뿐이라고 보았다. 단순한 지각이나 지능 대신 궁극적 실재를 우리에게 알려 줄 수 있는 직관이 필요하다. 베르그송의 직관주의는 인간 경험의 정서적·영성적 차원에 필요한 공간을 마련하고, 이런 경험이 19세기를 휩쓸던 실증주의적·기술관료적 인식론으로 파악할 수 있는 것보다 더욱 중요하다고 주장하기 위한 하나의 시도였다고 볼 수 있다.[22]

나치즘과 파시즘은 낭만주의의 신비적 개념과 직관주의를 동원하여 인간 정신의 불합리한 측면에 호소했다. 예를 들어, 나치는 대중들의 정서에 호소하기 위해, 유명한 뉘른베르크 군중집회 당시 깃발과 조명, 음악, 연설 등을 최대한 활용했던 것이다.[23] 그런 정서적 호소는 일정 기간 전체주의 체제에 대한 지지를 유지하는 충분히 강력한 수단이 되었다. 파시즘과 나치즘이 붕괴한 것은, 그들의 정서적 호소를 국민들이 거부해서가 아니라 제2차 세계대전의 추축국들이 상대적으로 민주적이었던 연합국 진영에 패배했기 때문이었다.

7
현대 자유주의
...
실용주의를 강조한다

일반적으로 현대 자유주의에서는 자연권에 기초하여 정치에 대한 과학을 달성하려 했던 데카르트류의 접근 — 고전적 자유주의의 접근 — 이 오류였다고 믿는다. 따라서 자유주의의 정치적 원리를 도출해 낼 수 있는, 세계와 인간에 관한 자명한 진리 같은 것은 존재하지 않는다고 본다.[24] 또한 오늘날 많은 자유주의자들은 자유주의의 적합한 원리가 되는 토대가 총체적 공리주의라는 것을 믿지 않는다. 공리주의적 접근에 분석적·도덕적 문제가 허다하게 포함되어 있기 때문이다.[25] 예컨대, 분석적으로 보아 공리주의가 다음 가운데서 어떤 것을 선택해야 할지 정하기 어렵다. 즉, 모든 사람이 원하는 것, 모든 사람이 (잘못 알고 선택한 것을 제외하고) 제대로 알고 선택한 것, 모든 사람이 (도덕적으로 문제가 많은 요구를 제외한) 정당하게 요구한 것 가운데 어떤 것을 최대한 만족시키는 방향으로 공리주의자가 행동해야 할지는 불분명하다. 이도 저도 아니라면 최대한 만족시켜 주어야 할 '좋은 것'이, 사람들이 직접 원하는 것과 상관없이, 그것을 가졌을 때 흡족한 삶을 사는 데 도움이 될 것이라고 객관적으로 판명된 결과일 수도 있다. 또한 분석적으로 보아, 공리주의적 판단을 내릴 때 어떤 이익을 고려해야 할지도 불분명하다. 미국 의회가 오늘날의 미국 국민에게 좋은 것을 최대한 충족해 주어야 할 것인가, 아니면 현재와 미래의 미국 국민을 위해, 아니면 미국의 결정에 의해 영향을 받을 전 세계인들의 이익을 고려해 주어야 할까? 그러므로 분석적으로 볼 때 이처럼 측정하기도 계산하기도 어려운 문제가 발생한다. 도덕적으로도 마찬가지다. 정치적 행위자가 (어떤 지역을 대표하는 정치인으로서) 자신의 즉각적이고 개별적인 책임보다, 사회 전체의 최대 다수의 최대 행복을 우선적으로 추구해야 하는지는 불분명하다. 또한 공리주의적 목표를 달성하기 위해 소수 개인들의 권리를 배제하면서까지 최대 다수의 최대 행복이라

는 원칙을 추구해야 하는지 여부 또한 불분명하다.[26]

현대 자유주의를 옹호하려면, 고전적 자유주의를 옹호하기 위해 사용되는 데카르트류의 연역법이나 공리주의적 주장과는 다른 입장을 통해 옹호해야 할 것이다. 그래서 현대 자유주의자들은 오늘날의 정치적 원리를 창안하기 위해 여러 가지 대안적 정당화 이론을 제시했다.

첫째, 정치 이론가와 정치철학자들이 내놓은 이론 가운데 현대 자유주의에서 가장 영향력 있는 이론은 존 롤스의 의무론적 계약 정당화 deontological contractual justification 이론이다. 롤스의 접근은 "좋은 것the good보다 옳은 것the right을 우선시한다"는 점에서 의무론적이다.[27] 롤스의 이론에 따르면 '좋은 것' 그리고 '좋은 삶'과 같은 개념은 주관적이므로,[28] 국가는 다양한 개인과 집단이 선호하는 '좋은 삶'이라는 관념에 대해 중립을 취해야 한다고 주장한다. 정부는 시민이 스스로 ('좋은 삶'이라고 생각해) 선택한 인생 계획을 규정하고 추구할 수 있는 권리를 보호해 주기만 하면 된다. 사람들이 만일 가능한 한 경제·정치·사회적 제약이 적은 상태에서 자신의 자율성을 확보하는 일이 가장 중요하다고 생각한다면, 다른 사람들 역시 그런 권리를 갖는다는 점에 동의해야 할 것이다. 이때 사람들은 그런 권리를 증진하고, 모든 사람에게 그런 사회적 재화를 부여해 줄 수 있도록 일종의 사회적 계약 — 다른 사람들과 함께 자유주의적 원칙·제도·관행 등으로 통치되는 사회를 이룩하자는 일종의 합의 — 을 맺어야 옳다. 이런 논증에 따르면 자유주의 사회란 자율적인 개인이라면 누구나 좋아하고 이성적으로 선택해야 마땅한 사회다. 롤스의 논증은, 보편적 진리를 창출했다고 고전적 자유주의자들이 믿었던 사회계약 사상에 기반한, 고전적 자유주의 옹호 논리와 일견 공통점이 있다. 그러나 롤스는 자신의 주장이 "형이상학이 아니라 정치적인" 주장이고, 자유주의의 보편적 정당화를 꾀하는 이론이 아니라고 한다.[29] 물론 그는 자신의 의무론적 정당화 이론이, 사람들이 다음과 같은 일정한 자유주의 사상을 이미 가지고 (또는 가정하고) 있느냐 여부에 의해 판가름 난다는 점을 부정하지 않는다. 예를 들어, '타인의 동등한 존중', '무엇보다도 사람들의 자율성을 소중히 여김', '사람의 인생 계획을 실현하기 위해 일정한 사회적 재화가 필요하다는 점을 인정함', '자신이 가진 자연적 재능과 자신이 처해 있는 사회적 상황을 스스로 모른다고 가정한 상태에서 논의에 참여함' 등이다. 그런데 롤스와 여타 자유주의 이론가들은, 일반인들이 이런 '정초주의'적 가정을 흔쾌하게 받아들이지 않는다는 사실을 알게 되면서, 롤스의 의무론적 접근만으로 자유주의 원칙에 대한 합의에 도달할 수 없음을 깨닫게 되었다.[30]

둘째, 자유주의를 옹호하는 또 다른 이론에서는 자유주의적 원리와 제도가 더 긍정적인 결과를 낳을 수 있으므로, 자유주의가 다른 경쟁 이념들의 원리 및 제도보다 더 낫다고 주장한다. 이 가운데 첫 번째 주장을 들어 보자. "자유주의 사회에서만 인간이 온전하게 능력을 발휘할 수 있다."[31] 이런 논증에서는 자유주의적 제도가 사람들에게 (자기 결정권을 행사하고, 자신의 행동에 책임을 지며, 정책 결정에 관한 집합적 논의에 참여하고, 그럼으로써 모든 인간의 도덕적·지성적 발육을 자극하는) 자유와 기회를 가장 잘 부여할 수 있다고 주장한다. 두 번째 주장에서는 자유주의적 제도가 사회적 안녕을 촉진한다고 말한다.[32] '좋은 삶'에 대해 서로 다른 개념을 갖는 집단들이 서로 간에 관용하자는 자유주의 사상을 받아들이지 않는다면, 그리고 모든 이들의 근본적 인권을 보장할 제도를 발전시키지 않는다면, 사회에서 가장 힘센 집단이 자신의 '좋은 삶'의 비전을 타인들에게 강요할 것이고, 그렇게 됐을 때 모든 사람이 억압으로부터 벗어나기 위해 '종교전쟁'을 벌여야 할지도 모른다는 두려움을 느끼면서 하루하루를 살아가게 될 것이다. 세 번째 주장은 자유주의적 원리·제도·정책을 받아들이면 여러 방면에서 사회 진보가 일어날 수 있다고 본다.[33] 자유주의는 장기간의 안정된 경제성장을 이룩했다. 현대 자유주의는 경제권력을 규제할 수 있었고, 기업이 환경보호와 같은 공익사업에 더욱 관심을 기울이도록 만들 수 있었다. 자유주의는 빈곤도 많이 줄였다. 자유주의는 소수자·여성 및 기타 약자 계층을 위한 기회균등을 확대했다. 자유주의는 권력의 안정적이고 민주적인 분포를 가능하게 했다. 그러나 이런 식의 결과론적 논증이 자유주의를 옹호하는 데 효과적일 수 있겠지만, 이것만으로는 자유주의가 바람직하다는 증거가 되지 못한다. 논쟁거리가 많은 경험적 주장을 하고 있고, 모든 사람이 자유주의의 긍정적 결과를 인정할 것이라고 미리 가정하며, 자유주의적 제도의 부정적 결과에 대해서는 무시하거나 경시하기 때문이다.

셋째, 현대 자유주의를 정당화하는 또 다른 이론으로, 자유주의가 인간의 오류와 무지에 가장 잘 부합하는 정치적 원리와 관행을 제공해 준다는 주장도 있다. 이 논증을 이해하기 위해 존 듀이와 같은 실용주의자pragmatist들이 제시한 과학과 자유주의 정치 사이의 연관성을 잠시 고찰해 보자. 듀이에 따르면 과학이란, (절대적 진리를 모르고, 삶에 대한 지식이 틀릴 수도 있는) 사람들이 실험을 통해 자신의 지식을 향상하려는 자유해답식open-ended 활동이라 할 수 있다. 마찬가지로, "과학적 방법론의 확장 버전"인[34] 자유민주주의 정치 역시, 정치에 대해 절대 진리를 보유하고 있다고 주장하지 않으며, 사람들이 매일의 삶 속에서 경험하는 구체적인 문제를 해결하려는 자유해답식 과정이라 할 수 있다. 그러므로 자유민주주의는 사람들을 조직해서 점점 더 (사회적 실험을 통해 얻어지고, 사회문제를 해결하는 데 도움이 되는) 정확하고 유용한 정보를 생산하려는 하나의 과정인 셈이다. 칼 포퍼는 듀이가 연결시킨 과학과 자유주의 사이의 연관성을 확장해서, 과학이 어떤 이론을 결코 검증하지는verify 못하고, 단지 부적합한 사상을 반증할 수 있을falsify 뿐이라고 강조했다. 그러므로 모든 과학적 진리는 잠정적인 것이고, 향후 수정될 가능성이 있다. 포퍼는 『열린 사회와 그 적들』The Open Society and Its Enemies에서 '열린' 자유주의 사회는 진정한 과학자 공동체와 비슷하다고 주장했다. 사람들이 자신의 정책이 '진리'라고 검증될 수 없음을 잘 알고 있고, 자신과 다른 사상을 언제나 관용해야 하며, 질서 있는 사회 변화를 추진할 수 있는 제도가 존재해야 하기 때문이다. 이와 대조적으로, 권위주의 사회 또는 '닫힌' 사회에서는, 정부 당국이 좋은 사회에 대한 절대 진리를 획득할 수 있고, 그런 사회를 만들기 위한 수단을 잘 아는 전지전능한 정부를 창설할 수 있다고 잘못 가정한다. 최근 들어, 찰스 앤더슨Charles Anderson은, 철두철미한 자유주의적 원리가 존재하지 않고, 좋은 사회가 무엇인지 불확실하며, 개혁의 효과에 대해 잠정적인 지식밖에 없다 하더라도 실용주의의 실험과 그 실험이 낳은 결과를 평가할 수만 있다면 지속적인 사회 진보가 일어날 수 있다고 주장했다.³⁵ 요컨대, 좋은 사회에 대한 인간의 지식이 언제나 제한되어 있고 잠정적이기 때문에, 가장 좋은 통치 체제는 자유주의 체제뿐이라는 말이다. 자유주의 체제는 인간의 자유를 보장하고, 사회문제와 경제문제를 해결하기 위해 다양한 해법을 끊임없이 실험하는 체제라고 한다.

리처드 로티는 현대 실용주의적 자유주의의 주도적 옹호자로 떠올랐다. 로티에 따르면 미국과 같은 자유주의 사회에서는, 미국이 어떤 나라가 되어야 한다는 식의 외부에서 강요된 개념을 피해야 하며, 민주적 과정에 따라 어떤 사회가 되어도 좋다는 식의 믿음을 가져야 한다고 주장했다. 우파는 현재 상태가 좋다고 생각하고(그래서 현 상황을 그대로 보존하기 위해 노력하고), (자국의 결함과 부진에 환멸을 느낀) 좌파는 진보 정치를 포기한 탓에 자유주의 사회 전체가 정체 상태에 빠졌을 때, 실용주의적 접근은 사람들에게 왜 자유주의적으로 생각하고 행동해야 하는지의 문제에 관해 토대론적·철학적 논증을 제시해서는 안 된다. 오히려 로티에 따르면 실용주의적 접근에서는 토대론적 논증을 피하고, 사람들에게 (자유주의가 제공할 수 있는 해방을 필요로 하는) 억압받는 사람들에 관한 "슬프고 감상적인 이야기"를, 그리고 자유주의가 달성할 수 있는 "영감에 찬 이야기"를 들려주기만 하면 된다고 한다.³⁶

8
현대 보수주의

...

'정치적 실패의 사회과학'을 적용한다

현대 보수주의는 깊이 있는 인식론적 접근을 발전시키기보다, 정치를 안내해줄 네 가지 형태의 이성을 제시한다. 그것은 전통, 역사 지식, 상식, 과학이다. 현대 보수주의는 오늘날 현존하는 사회의 민주적 다원주의 과정을 당연하게 주어진 것으로 받아들이므로, 이 네 가지 인식론적 도구를 써서 다원주의 자체를 옹호하는 보수주의 이론을 제시하지는 않는다. 그 대신, 보수주의자들은 다원적 민주 사회 내에서 보수주의의 원리와 정책에 대한 지지를 끌어내려는 당파적 목적에서 네 가지 형태의 이성을 활용한다.

첫째, 현대 보수주의는 버크와 같은 초기 보수주의자의 견해에 동조하면서 전통적 믿음과 (오랜 세월을 통해 입증된) 관행이 인간 이성에 소중하다고 믿는다. 그러나 현대 보수주의자들은 전통만으로 사회적 삶의 확실성이 드러나거나, 변치 않는 사회질서의 토대를 전통이 제공해 줄 수 있다고 생각지 않는다. 현대 보수주의가 존중하는 전통은 먼 과거의 전통이 아니다. 귀족정치, 중상주의 경제, 고착된 사회 계급들, 국교회 등은 케케묵은 과거의 유습임을 잘 알고 있기 때문이다. 그 대신 오늘날의 미국 보수주의자들은 약 50~75년 전쯤에 존재했다고 생각되는 전통을 소중하게 여긴다. 이런 전통은, 정부의 규제가 거의 없었던 자본주의 체제, 헌법을 그 기초자들의 원래 의도를 좇아 해석하곤 하던 대법원, 학교에서의 기도문 낭독, 현모양처와 같은 가정주부 등을 의미한다.

둘째, 역사의 교훈에 주의를 기울이는 것도 오늘날 보수주의가 활용하는 이성이다. 역사 지식이 있으면 오류의 반복을 막을 수 있고, 효과적인 실천 방안을 찾을 수 있다. 예를 들어, (연합국들이, 추가 침공을 하지 않겠다는 히틀러의 약속을 대가로 독일의 체코슬로바키아 합병을 허용했던 역사가 남긴) '뮌헨의 교훈'lesson of Munich으로부터 민주주의 체제 국가들이 호전적인 국가들의 침략 행위를 유화적으로 수용해서는 안 된다는 사실을 배워야 한다는 것이다. 조지 W. 부시의 감세 정책은, 1992년 대선 직전 아버지 부시George H. W. Bush 대통령이 증세 정책을 채택했다가 국민들의 반발을 초래하여 인기가 급락했던 사건을 지켜봤던 교훈 때문일 수도 있다. 그러나 역사적 지식은 절대 완벽하지 않다. 같은 사건에서 전혀 다른 교훈을 끌어낼 수도 있고, 과거의 사건이 현재 상황과 전혀 다를 수도 있기 때문이다. 역사는 일반적 방향을 가리키는 안내자의 역할을 할 수 있을 뿐이다.

셋째, 현대 보수주의에서 이성의 한 형태로서 상식에 의존하는 것은 일상적 경험의 가치를 인정하는 것이기도 하고, 현대 과학적 사고의 추상적이고 이론적인 경향에 대한 반작용이기도 하다. 예를 들어, 상식에 의하면 핵무기에 관한 한 소련을 절대로 믿어서는 안 되고, 무기 감축 협정을 추진하는 것은 바보짓이며, 소련 측의 선의에 의존한 일방적인 군비 철폐 정책은 더 나쁜 짓이라고 한다. 흔히 하는 말로 이런 상식에 따르면, 적의 공격으로부터 조국을 수호해야 하는 더욱 긴급한 목적을 위해서라면 시민적 자유와 테러 용의자의 권리 보호 따위에 대한 관심을 포기해야 한다고 한다. 이런 상식은 이론적인 사고 없이도 작동하는 이성의 형태이고, 사람들의 일상적 필요에 초점을 맞춘다. 또한 이런 상식은 유토피아적 목표와 추상적 이론가들의 고매한 원칙 같은 것을 거부한다.

넷째, 현대 보수주의는 과학에 대해 전통적 보수주의만큼 비판적이지는 않다. 많은 현대 보수주의자들, 특히 미국의 신보수주의자들은 사회과학 공부를 한 사람들이고, 사회적 행동을 분석하는 데 사용되는 사회과학적 조사 기법과 연구 방법론을 능숙하게 다룰 줄 안다. 일반적으로 말해, 보수주의자들은 자유주의의 사회공학이 실패한다는 것을 입증하기 위해 사회과학을 활용하곤 한다. 이들은 실용적 자유주의의 실험이 스스로 내세운 목표를 달성하지 못할 때가 많고, 의도하지 않은 역효과를 낳기도 한다고 주장한다. 구체적으로 말해, 앨버트 허쉬만Albert Hirschman에 따르면, 보수주의자들의 과학적 탐구는 세 가지 기본 명제로 요약될 수 있다고 한다.[37] 첫째는 전도顚倒 이론perversity thesis이다. 보수주의 사회과학은, 의도가 좋은 사회정책이라 하더라도 원래 의도와 정반대되는 결과를 낳기 쉽다는 점을 보여 준다. 예를 들어, 자유주의자들이 흑백 인종통합을 위해 서로 다른 학군에 속한 흑백 학생들을 스쿨버스에 태워 같은 학교에 다니게 했지만, 이는 오히려 역효과를 빚어 백인들이 도심부의 공립학교에서 빠져나와 사립학교나 교외에 소재한 학교로 전학을 가버리는 사태를 빚었다. 그 결과 점차 새로운 흑백 분리 교육 환경이 조성되었다는 것이다.[38] 둘째는 무용론無用論, futility thesis이다. 보수주의 사회과학은 자유주의 개혁가들이, 사회 개혁에 반감을 갖는 사회의 심층적 조류를 잘 이해하지 못함을 보여 준다. 개혁을 해도 별 소용이 없다는 말이다. 예를 들어, 신보수주의자들은 연방 정부가 재분배 정책을 추진하더라도 유의미하게 바뀌지 않는 소득분배에는 지속적인 특성이 항존한다는 사실을 보여 주는 실증적 자료를 제시했다.[39] 셋째는 훼손 이론jeopardy thesis이다. 보수주의 사회과학은 이전의 개혁 조치를 무작정 확대하려면 원래의 개혁 조치로 얻었던 발전조차 훼손될 가능성이 있음을 보여 준다. 예를 들어, 신보수주의자들은, 1960년대의 기회균등 법규들이 사회 소수자들의 고용 장벽을 제거하는 데 크게 성공했지만 자유주의자들이 '적극적 차별 시정 조치'affirmative action를 확대했을 때 백인들의 저항이 늘어나고 흑인의 고용 기회가 오히려 줄어드는 등 의도하지 않은 결과가 초래되었다고 주장한다.[40]

이처럼 자유주의 정책의 실패를 입증하기 위해 보수주의가 사회과학을 활용해 왔지만, 보수주의자들은 통상 사회과학을 회의적으로 보곤 한다. 정치철학자인 레오 스트라우스Leo Strauss, 1899~1973와 에릭 보에글린Eric Voegelin, 1901~85은 현대 사회과학의 활동에 대해 특히 회의적인 인물로 명성이 높았다. 이들은 현대 사회과학이 사회적 삶의 작동 방식을 '객관적'으로 설명한다는 명목으로, 좋은 정치 공동체 내에서 훌륭한 시민을 양성하고자 하는 노력 ─ 고전적 정치철학에서 전통적으로 규명하려고 했던 관심 사안 ─ 을 포기했다고 주장했다.[41] 또한 사회과학자들이 이 세상을 실제보다 훨씬 더 개혁하기에 용이한, 만만한 곳으로 오해하게 되었다고 한다. 세상을 설명하기만 할 뿐 판별하지 못하는 사회과학은 강의실에서 상대주의를 장려한다. 그리고 모든 형태의 정치 활동에 똑같은 관심과 존중을 표시하므로 학생들의 비판적 능력이 훼손되고, 그런 주장에 대해 최선의 서구 전통과 부합하는 방식으로 시민들이 호응하지도 않는다고 한다.[42] 그러므로 사회과학은 고전적 정치철학과 역사적 지식 및 상식과 통념이 제시하는 신중함을 통해 순화될 필요가 있다고 한다.

보수주의자들도 이성을 활용한다. 그러나 그들은 어떤 형태의 이성이라도, 인간이 터득하기에 너무나 복잡한 자연적·사회적 세계를 모두 이해하기에는 역부족임을 인정한다. 인간의 조건을 가장 잘 이해하려면 보수주의자들이 쓰는 네 가지 이성을 다 함께 활용해야 한다. 이렇게 했을 때 풍부하고 다면적인 인식을 달성하겠지만, 그렇더라도 우리 삶의 풍요로움과 복합적인 측면을 모두 포괄하지는 못할 것이다.

9
급진적 우파
...
전통에서 의미를 찾고 과학에서 진리를 찾는다

급진적 우파는 여러 다른 이념들에서 발견될 수 있는 상반되는 인식론적 지향을 많이 지니고 있다. 예컨대, 자유 지상주의의 인식론과 전통적 공동체주의의 인식론을 비교해 보면 이런 상호 모순을 찾을 수 있다. 자유 지상주의는 초기 고전적 자유주의의 개인주의적 공리주의로 되돌아간다. 물론 자유 지상주의자들의 효용 개념은 단순한 육체적 쾌락보다 더 포괄적이다. 오직 자신만이 자기에게 '좋은 것'이 무엇인지를 알 수 있으므로 각자 원하는 바를 추구할 수 있는 최대한의 자유를 가질 수 있어야 한다. 자유 지상주의자들은 아인 랜드의 소설에 나오는 (향락주의적 방탕보다도 자신의 창조적 충동을 추구할 수 있는 자유를 요구했던) 주인공 하워드 로아크Howard Roark를 우상으로 섬긴다.[43] 그런데 이런 식의 접근은 도덕적 상대주의를 허용하므로 전통적 공동체주의로는 참으로 받아들이기 어려운 입장이다. 매킨타이어는 현대 다원적 사회의 가장 시급한 문제로서, 개인이 스스로 '좋은 삶'이라고 생각하는 대로 발전할 수 있는 자유를 누려야 한다고 주장하는 자유주의 및 자유 지상주의의 득세를 꼽는다. 이런 관점이 사람들을 혼란에 빠지게 하고 사회를 무질서하게 만들기 때문이라고 한다. 우리 시대에 진정으로 필요한 것은 사람들이 자신을 공동체, 특히 지역공동체에 속한 존재로 인식하는 것이다. 이런 지역공동체가 사람들에게 문화 전통에 순응하는 삶이 의미 있다는 식의 서사를 제공해 준다. 사람들이 이런 전통 속에 굳건히 뿌리를 내릴 때에만 개인의 안녕 및 공동체의 원활한 기능에 필요한 덕

성을 획득할 수 있을 것이다.[44]

급진적 우파 가운데 (국수주의와 문화적 보수주의와 같은) 많은 목소리들도 매킨타이어의 견해에 동조하며, 사람들이 오랜 세월을 견뎌 온 문화 전통의 안내를 받지 않고서 굳건하고 안정된 정치 공동체를 이룰 수 있을지를 우려한다. 이들은 전통적 보수주의 및 공동체주의와 마찬가지로, 어떤 나라의 문화 전통만이 진리라고 주장하지는 않는다. 문화 전통에도 여러 종류가 있음을 인정하기 때문이다. 그 대신 문화적 전통은 그 공동체와 그곳에 사는 사람들에게 (전체적으로 보아) 나름의 기능을 하며, 사회를 하나로 통합해 주는 접착제 역할 및 사람들에게 정체성과 사회적 목적을 제공하는 역할을 한다. 종교적 우파 역시 문화 전통을 강조하지만, 동시에 문화 규범의 종교적 토대도 강조한다. 이들은 정치 공동체의 문화 규범이 도대체 무엇인지 불확실할 때에는 자기 종교의 권위를 따르기만 하면 쉽게 문제를 해결될 수 있다고 믿는다. 이런 급진적 우파 이념들은 문화(종교) 전통에 합치되는 공공 정책을 현대 보수주의보다 더욱 열렬히 지지한다. 급진적 우파는 자신들이 보기에 개인의 욕구를 추구할 자유를 위해 전통 규범을 지나치게 자주 포기하는 온건한 현대 보수주의자에게 실망을 표하곤 한다.

전 지구적 신자유주의는 일반적으로 전통을 강조하지 않고, 인식론적 가정에서 자유 지상주의적인 특징을 보인다. 그러나 지구화론에서도 좋은 삶에 관한 지식을 얻는 방식을 놓고 또 다른 접근을 취하는 입장도 있다. 프랜시스 후쿠야마는 이런 접근을 "현대 자연과학의 논리"라고 부른다.[45] 현대의 응용과학이 전 지구적 경제를 추동하는 기술적·경영적 혁신들을 많이 내놓고 있는 것이 사실이다. 민간 기업들은 이런 방법을 고품질의 신제품 개발에 활용하며, 전 지구적 시장에서 경쟁을 하기 위해 응용과학의 논리를 이용해서 더욱 효율적인 생산조직 방식을 찾는다. 예를 들어, 경영과학은 저렴한 노동시장에다 서비스 업무를 외주하는 방식, 그리고 재고 비용을 줄이기 위해 생산부품의 "공급 사슬"에 의존하는 방식이 도움이 된다는 사실을 발견했다.[46] 지구화론자에 따르면 응용과학의 논리가 몇몇 서구 사회에만 국한되지 않고, 전 세계의 모든 사람에게 효과적으로 적용되면서 전 지구적 시장에서 활용 가능한 혁신이 계속 나오고 있다고 한다.

대개의 경우 과학의 논리는 전 지구적 경제의 미시적 차원에 적용되고 있지만, 그런 논리는 (전 지구적 공동체를 포함한) 정치 공동체에 '좋은 것'을 찾기 위해 거시적 차원에도 적용될 수 있다. 근본적으로 이런 과학은 사람들이 서로 다른 궁극적 가치들을 지니고 있다는 점을 인정하지만 [따라서 궁극적 가치를 과학으로 발견하지는 못하지만] 궁극적 가치보다 한 단계 낮은 차선의 가치를 얻기 위해 사용할 수 있는 수단들이 존재한다는 사실은 알고 있다. 예를 들어, 당신과 나는 궁극적인 행복과 만족에 관하여 서로 대단히 다른 관념을 가졌을지도 모르지만, 그보다 한 단계 낮은 차선의 차원에서 우리 모두가 안전·자유·기회·부를 원하는 것은 사실이다. 여기서 가장 중요한 점은 우리 둘 다 돈을 원한다는 사실이다. 돈이야말로 그 소유자가 (어떻게 규정하든 간에) '좋은 삶'을 살아갈 수 있게끔 해주는, 가장 전환하기 쉬운 자원이기 때문이다.[47] 이것을 정치적으로 표현한다면, 정치에서 궁극적인 가치를 찾기보다 자유·기회·부 등을 극대화하는 것에만 관심을 기울일 필요가 있다. 따라서 현대 과학을 활용하여 돈이나 안전과 같은 차선의 목표를 고려할 때 우리의 공통 이익을 추구할 수 있는 효과적·효율적 방식을 찾을 수 있다 ― 이때 우리는 과학적 방식이 궁극적인 (그러나 주관적인) 목표인 행복과 자족을 얻는 데 효과적인 방식인가 하는 질문은 일단 미뤄 둘 수 있다.[48] 예를 들어, 경제학은 (비교우위 법칙에 따라) 자유무역과 (독점보다 경쟁이 더 유리하므로) 민영화가 여타 지구화론 원칙들과 더불어 부를 창출하는 능력을 지녔음을 입증할 수도 있을 것이다. 이와 유사하게, 군사 과학 역시 적어도 원리상으로는 전 지구적 안전보장을 제공할 수 있는 가장 효과적이고 효율적인 수단이 무엇인지에 관한 지식을 제공할 수 있다. 그러므로 신자유주의자들은 전 지구적 공동체의 평화와 번영을 이끌 과학 지식을 생산하고 그것을 활용할 줄 아는 전문 기술자들에게 큰 신뢰를 보낸다.

10
급진적 좌파
...
정치적 이성을 강조한다

급진적 좌파는 과학의 논리로 제공되는 지식만으로는 '좋은 삶'을 추구하기에 적당치 않으므로 그런 논리가 정치에 의해 보완되어야 한다고 믿는다. 과학 지식의 한계에 관해 두 가지 보기만 들어도 충분할 것이다. 첫째, 과학의 논리는 '제한적 이성'bounded rationality만을 창출할 수 있을 뿐이다. 과학은 어떤 이론의 범위를 넘어서는 잠재적 인과관계는 무시하면서, 이론화된 몇몇 변수들 사이의 인과관계만을 설정한다. 보수주의자들은 바로 이런 문제 때문에 과학에 대해 오랫동안 회의적인 태도를 견지해 왔지만, 급진적 좌파는 과학의 이런 특징을 받아들이면서 과학적 결과를 그 자체만으로 받아들여서는 안 되고, 정치적 지식을 획득하려는 포괄적인 접근 속에 과학이 포함되어야 한다고 믿는다. 예를 들어, 경제학적 합리성은 대단히 큰 경제적 생산성을 낳을 새로운 기법을 내놓을 수 있겠지만, 그런 기법이 예상치 못한 미지의 결과 — 예를 들어, 사회적 혼란이나 환경 훼손 — 를 낳을 수도 있다. 그런 결과는 애초 경제 과학 이론의 범위 바깥에 존재하기 때문이다. 따라서 보수주의자들은 예상할 수 없는 결과에 대한 두려움 때문에 새로운 기법을 대단히 신중하게 채택할 것이다. 그런데 급진적 좌파는 적어도 가장 중요한 결과만큼은 미리 이론화할 수 있다는 점을 믿을 것이다. 따라서 환경 영향력을 완벽하게 결정할 수는 없다 하더라도, 환경 리스크를 적절하게 추산해서 새로운 기법의 타당성을 정치적으로 결정할 때 참고 자료로 쓸 수 있다는 말이다.

둘째, 차선의 목표를 달성하기 위해 특정한 정책을 취했을 때에 초래될 결과에 대해 과학의 논리가 상당히 많은 것을 우리에게 알려 줄 수 있겠지만, 그런 결과가 긍정적·부정적 측면을 모두 지닌다면, 과학의 논리만으로는 어느 쪽을 택해야 할지 판단을 내릴 방도가 없다. 예를 들어, 동일한 사례에 대한 과학적 일반화가 다음과 같은 결론을 내릴 수도 있다. 즉, 사담 후세인과 같은 독재자를 제거하는 것이 우리의 안보를 위해서 좋은 일이지만, 오랜 우방들과의 외교 관계에서는 나쁜 일이라는 결론이 나올 수 있다. 그러나 과학적 방법만으로 안보에서의 이득이 외교에서의 비용을 능가할 것인지를 계산할 수는 없다. 과학에는 그런 결정을 내리기 위해 필요한 궁극적 종착점이 존재하지 않기 때문이다.

과학의 한계에 대한 해독제가 바로 정치다. 정치적 의사 결정에는 여러 가지가 있다. 우파의 여러 목소리들은 최악의 정치적 의사 결정의 위험성을 강조하곤 한다. 권력자가 자기 이익에 근거하여 결정을 내리는 '권력 정치'power politics가 — 독재 체제이든 민주 체제이든 마찬가지로 — 대표적인 예다. 수많은 정치적 결정이 이런 식으로 이루어진다는 점에는 의문의 여지가 없다. 그러나 급진적 좌파는 이것과 다른 — 더 나은 — 형태의 의사 결정 방식, 즉 현대 자유주의의 실용주의적 인식론을 더욱 첨예하게 발전시킨 의사 결정 방식이 존재한다고 믿는다. 이것을 정치적 이성이라고 부를 수 있다.

정치적 이성은, 실용주의와 마찬가지로, 달성하고자 하는 궁극적 목표에 관한 궁극적 지식이 존재하지 않는 상황에서 구체적인 사회·경제문제를 해결하고자 한다. 또한 사회문제를 줄이고 사회적 목표를 달성하기 위해 사회적 실험을 실시하는 것에 찬성한다. 그러므로 실용주의는 사회문제에 대해 실험적 방식을 통해 목표를 달성하려는 것을 절대로 반대하지 않는다. 예를 들어, 실용주의자는 기존의 복지 정책에 문제가 많다는 점을 인정하고, 국가가 '어떤 정책이 효과적인가?'라는 문제를 결정하기 위해 여러 가지 복지 정책을 실험해 볼 수 있는 융통성을 가질 수 있어야 한다는 점에 동의한다. 그러나 실용주의자는 구체적인 목표 또는 정책 효과를 평가하기 위해 사용할 평가 기준을 미리 정해 놓는 데에는 미온적이다. 따라서 정책 효과를 판별하는 데 다양한 판단 기준을 적용할 수 있다. 보수주의자들은 정책 비용을 절감하고 복지 혜택 수급자들의 숫자를 줄이기 위해 그런 판단 기준을 활용하겠지만, 자유주의자들은 빈곤선 이하 주민들의 숫자를 줄이고 공동체 내에서 전체적인 경제 불평등 수준을 낮추기 위해 그런 판단 기준을 이용할 것이다. 따라서 실용주의는, 사회문제를 전향적으로 해결하려는 접근에서뿐만 아니라, 가치 상대주의라는 측면에서도 개방적이라 할 수 있다. 실험적 정책이 좌파의 목표 또는 우파의 목표에 부응하는지는 적어도 원칙만으로 보면 정해진 해답이 없는 질문이다. 그러나 급진적 좌파는, 현대 다원적 사회의 자본주의적 측면이 실제로는 지배적이며, 따라서 자본주의 체제가 경제적 가치를 평가할 때 재산권과 경제적 자유를 중심으로만 생각하며, 어떤 정책이 효과적인지를 정치적으로 결정할 때 경제성장에 최우선적인 가치를 부여한다고 믿는다.

실험적 개혁을 디자인하고 평가할 때 나타나는 이런 편향을 상쇄하기 위해 급진적 좌파는 자본주의에서 충족되기 어려운 가치들 — 예를 들어, 평등, 연대, 지속 가능한 환경, 좋은 사회를 추구할 수 있는 민주적 과정을 효과적으로 활용할 줄 아는 능력을 지닌 시민됨 등 — 을 평가 항목에 포함하자고 한다. 급진적 좌파 내의 여러 목소리들은 이 같은 가치들의 중요성을 강력하게 옹호하지만, 이런 태도는 정치적 목표에 관한 정당화이지, 정치적 목표 바깥의 정당화 논리가 아니다. 아마 가장 강력한 평등 옹호 논리로 존 롤스의 논리를 꼽을 수 있을 터이지만, 그의 자유주의적 평등주의는 형이상학적 추론이 아니라 정치적 추론이다.[49] 윌리엄 줄리어스 윌슨William Julius Wilson 역시 사회연대를 강화하기 위해 인종·계급 및 여타 사회적 분열을 줄여야 한다고 강조하는 급진적 좌파 이론의 기나긴 계보에 속한다.[50] 알도 레오폴드Aldo Leopold, 1887~1948는 아마 지속 가능한 환경의 중요성을 강조했던 수많은 생태론자들 가운데서도 시조에 해당할 것이다.[51] 마이클 샌들은 정책을 입안하고 평가하는 핵심적 가치로서 훌륭한 시민성의 덕목을 포함해야 한다고 강하게 주장해 왔다.[52] 요컨대, 급진적 좌파는 좌파의 가치가 우파의 가치보다 더 우월하다는 것을 입증할 수 있는 인식론이 존재하지 않는다고 인정하면서도, 정치 공동체가 좌파적 가치를 신봉해야 할 좋은 근거가 많이 있다고 믿는다. 급진적 좌파에게 문제의 핵심은 좌파적 가치에 대한 인식론적 토대를 제시하는 것이 아니라, 정치적 결정을 내릴 때 좌파적 가치를 어떻게 하면 더 잘 포함할지에 있다.

급진적 좌파는 공동체에서 의사 결정을 할 때, 더 많은 정치적 이성을 달성하기 위해 의제 설정 — 공동체의 문제를 확인하고, 공동체를 키울 수 있는 의제 설정 — 과정이 사회 모든 계층의 시민들에게 대폭 개방되어야 한다고 믿는다.[53] 힘센 행위자들이 흔히 자기들의 이익을 위협하는 쟁점을 억누르곤 하기 때문에, 급진적 좌파는 권력자들이 장악하고 있는 경로를 통해 전달되는 것과 다른 목소리의 메시지를 시민들이 듣고 전달할 수 있어야 한다고 강조한다. 그렇게 해야 시민들이 강자의 이익을 자신의 이익으로 오해하지 않을 수 있기 때문이다.

정치적 이성을 달성하기 위해 제기되는 공공 의제에 관한 쟁점은 공식·비공식적으로 모두 논의될 필요가 있다. 그렇게 하려면 사람들이 숙의민주주의deliberative democracy를 실천하는 데 필요한 시민적 역량과 덕성을 키워야 한다.[54] 이런 시민적 역량 가운데 하나가 바로 빌헬름 딜타이Wilhelm Dilthey, 1833~1911가 이해●라고 부른 것이다. '이해'란 타인들과 함께 살면서 지속적으로 그들과 교유함으로써 얻어지는, 타인에게 공감할 줄 아는 지식이나 이해 방식을 말한다. 시민들과 관리들은 자신과 가깝거나 개인적인 이해관계와 생각을 넘어서 볼 수 있어야 한다. 공동체 내 다른 사람들의 "관점에서 볼 줄" 알아야 하며, 다른 사람들의 이해관계나 생각을 이해하려고 노력해야 한다.[55] 그런데 '이해'를 제대로 실천하려면, 전통적으로 배제되고 주변화되어 온 사람들과 집단을 이런 논의 과정에 포함하려는 특별한 노력이 필요하다. 그래야만 이런 사람들의 고충이 제대로 드러날 수 있을 것이다.[56]

또 다른 시민적 역량을 꼽자면 공적 이성을 발휘하는 것이다.[57] 이 말은 사람들이 자신의 생각과 이해관계를 분명하고 조리 있게 표현함으로써 타인이 그것을 이해할 필요가 있다는 뜻이다. 또한 타인의 생각과 이해관계에 대해서도 예단하지 말고 그들의 말을 주의 깊게 들어줄 필요가 있다는 뜻도 된다. 타인들에

● 이해(verstehen) : 타인의 관점에 서서 사물 또는 현상을 이해·해석·파악하는 것을 의미하는 독일어 어휘.

게 자기 말을 이해시키려면, 우선 자기주장이 다원주의의 저변을 이루는 합의와 얼마나 부합하는지, 그리고 자신의 주장이 사람들에 의해 널리 받아들여질 수 있는 가치 — 번영, 평등, 연대, 지속 가능한 환경, 시민권 — 를 얼마나 잘 얻게 해줄지를 입증할 필요가 있다. 타인에게 자기 말을 이해시킬 때, 그 정치 공동체의 일부 사람들이 받아들이는 도덕·정치·종교적 교의에서만 통하는 이상에 호소한다면 그것은 생산적이지 못하거나 반생산적이라고 보아도 무방할 것이다. 어떤 공동체 내에서 특정 종교를 가진 사람들만이 『성경』을 신성한 경전으로 간주함에도 『성경』 구절을 인용해서 자기주장을 편다면 일반 대중에게 자신의 입장을 설득하기엔 그리 효과적이지 못할 것이다.

정치적 이성을 실천하려면, 적절한 논의를 한 다음에 기존에 합의해 놓은 의사 결정 규칙에 따라 쟁점을 해결할 필요가 있다. 공동체의 의사 결정 규칙에서는 통상 시민들의 대표자에게 투표권을 부여한다. 그러나 의사 결정 규칙은 공동체의 대표들이 공정한 선거를 통해 자신의 결정에 대한 책임성을 가질 수 있도록 보장하기도 한다.[58] 규칙·정책·프로그램을 채택한 뒤에는 이들이 적합한지 평가해 보아야 하며, 평가를 수행하려면 사람들이 규칙·정책·프로그램이 얼마나 효과가 있는지를 품평하고, 효과가 적다고 판명된다면 이들을 수정·재고할 수 있게 하는 과정을 마련해야 한다. 이처럼 정치적 이성의 결과는 고정불변한 것이 아니라 잠정적인 성격을 띤다.

정치적 이성의 결과가 잠정적일 뿐만 아니라, 정치적 이성을 달성하려는 노력이 과연 적절한지도 늘 의문의 대상이 된다. 현실 속에서 앞서 말한 의제 설정의 개방성, 민주적 논의가 공적으로 합당한지를 묻는 질문, 사람들이 발휘할 수 있는 공감 능력, 기존 의사 결정 규칙의 공정성, 사람들의 품평과 정책 재고려에 따른 효과 등은 급진적 좌파가 중시하는 이상과는 거리가 있다. 우파에 속한 사람들은 정치적 이성이 미흡한 방식이라고 늘 강조하면서, 정치적 이성에 근거해서 내리는 공적 결정은 자유 시장을 움직이는 사적 결정보다 이성적이지 못하다고 주장한다. 그러나 급진적 좌파는 우파들의 이런 주장에 대해 두 가지 강력한 응답을 제시한다. 첫째, 좌파는 정치적 이성이 불완전하다고 해서 평등과 연대와 지속 가능한 환경 및 여타 목표들 — 자유 시장 내에서 사람들의 자발적인 행동만으로는 제대로 달성하기 어렵고, 민주정치를 통해 접근하는 것이 가장 좋은 목표들 — 을 달성하려는 노력을 포기할 수 없다고 주장할 수 있다. 둘째, 급진적 좌파는 정치적 이성의 과정과 결과 모두가 잘못될 수도 있다고 인정하지만, 정치적 이성의 잠정적 특징 덕분에 비록 지금은 잘못된 결과가 나왔더라도 미래에는 진보가 이루어질 수 있다고 반박할 것이다. 급진적 좌파는 사람들과 늘 협력해서 정치적 이성의 이상과 실제 현실 사이에 존재하는 격차를 찾아내고 그것을 메우기 위해 노력한다.

요컨대, 급진적 좌파는 정치적 이성이 객관적으로 반드시 진리를 도출하지 않을 수도 있음을 수긍하지만, 어떤 절대적 진리가 존재하지 않는 상황에서 정치적 이성은 우리에게 앞으로 전진할 수 있는 방법에 관한 잠정적 길 안내를 해줄 수 있다고 믿는다. 즉, 정치적 이성은 공동체가 사회문제에 대한 해결책을 취하기 위해 국가의 집합적 힘을 활용할 수 있게 해준다는 말이다.

11
극단적 우파
...
권위 있는 경전과 지도자로부터 진리를 찾는다

극단적 우파의 정치적 견해에는 권위주의적 인식론이 상당히 많이 포함되어 있다. 미국의 우파 가운데 많은 사람들이 미국 건국 시조들과 미국 헌법을 금과옥조처럼 떠받들면서, 자신들의 정치적 신조의 토대로 삼은 채 '엄밀한 축자적 법 해석주의'constructionist에 따라 해석한다. 이런 인식론은 다음과 같은 가정을 내린다. 즉, 미국 헌법이 원초적인 정치적 합의이므로 그것은 후대의 모든 정치적 결정에 반영되어 마땅한 진리를 제공해 주고, 미국 헌법의 제정자들이 국가의 통치에 대해 엄청난 지혜를 가졌으며, 선조의 그런 지혜를 오늘날의 정치에서도 계속 활용해야 한다는 것이다.[59] 이런 식의 가정에 근거해서 극단적 우파들은 미국 헌법이 미국 민주주의의 신성한 경전이고, 헌법을 그 조문대로 엄격히 해석해야 할 뿐만 아니라, 그것도 헌법 제정자들의 의도와 인식을 토대로 해석해야 한다고 주장한다. 예를 들어, 극단적 우파는 사생활 권리를 재생산 권리 reproductive rights로까지 확대해 헌법을 해석하는 것은 자유주의적 대법원의 발명품에 불과하다고 본다. 극단적 우파는 (무기를 소지할 권리와 같은) 자신들이 지지하는 권리 항목들이 헌법에 다 나와 있다고 말하고, 자신들이 혐오하는 (적극적 차별 시정 조치나 다문화주의와 같은) 정부 정책에 권위를 부여하는 항목은 헌법에 나와 있지 않다고 주장한다.

그러나 미국 헌법이 극단적 우파가 지지하는 원칙들을 모두 증명할 수 있는 확실한 출처가 아니기 때문에 이들은 정치적 진리를 제시해 줄 또 다른 신성한 경전을 찾는다. 그런 텍스트 가운데 악명 높은 것들을 꼽아 보면 다음과 같다. 히틀러의 『나의 투쟁』Mein Kampf, 윌리엄 피어스William Pierce가 앤드루 맥도널드Andrew Macdonald라는 가명으로 쓴 『터너 일기』The Turner Diaries라는 소설, 그리고 벤 클라센Ben Klassen의 『백인 성경』White Man's Bible과 『자연의 영원한 종교』Nature's Eternal Religion 등을 들 수 있다. 이런 책들은 정체불명의 유대인들이 다원적 사회를 실제로 지배하고 있다는 식의 음모론을 퍼뜨리고 인종적 갈등을 부추긴다. 극단적 우파 내에서 가장 널리 유포되어 있는 경전을 들자면, 기독교 근본주의의 경우 『성경』이고, 이슬람 근본주의의 경우 『코란』을 꼽을 수 있다. 가장 호전적인 이슬람 근본주의자들은 오사마 빈라덴이 쓴 『아프가니스탄 성전聖戰 전범典範』Encyclopedia of Afgan Jihad을 서구의 다원주의에 맞서 싸울 수 있는 권위 있는 지침의 원천으로 간주한다.[60] 극단적 우파는 이런 경전을 문자 그대로 해석해야 하고, 그 권위를 절대적으로 인정해야 한다고 믿는다. 예를 들어, 마호메트를 통해 암송되고 신의 사자使者에 의해 정확히 기재된 『코란』이 알라신의 말씀을 한 자도 틀리지 않고 그대로 전하고 있다고 여기는 이슬람의 믿음은, 성스러운 경전을 무오류한 절대적 대상으로 간주하는 전형적인 예다. 자기들의 경전에 절대 진리가 들어 있다고 믿는 태도로 말미암아 근본주의자들은 도덕적 믿음을 '경험 속에' 구축하기보다 '경전 속에' 구축한다. 즉, 도덕적 믿음과 정치적 원리를 현실 속에서 궁리하려는 것이 아니라, 경전 속에 도덕과 정치의 지도 원리가 이미 들어 있다고 보는 입장인 것이다. 물론 경전에 들어 있는 경구를 오늘날의 쟁점에 적용하려면 현실에 맞게 해석할 필요가 있지만, 극단적 우파에게 이런 점은 전혀 문제가 되지 않는다. 경전의 전통에 통달한 사람들이 이런 현실적 쟁점에서도 권위자라고 간주되며, 이런 판단에 의문을 제기할 수 있는 외부의 독자적인 근거는 존재하지 않는다. 이런 식의 가정은, 정치적 논쟁을 초월해서 존재하는 진리를 찾으려는 인식론이며, 대중의 반대가 있더라도 사람들에게 강요해야 하는 권위주의적 인식론의 본보기라는 점에 의문의 여지가 없다.

12
극단적 좌파
...
모든 진리를 거부하고 해체한다

오늘날의 극단적 좌파는 마르크스의 과학적 방법론 또는 공산주의자들의 다양한 마르크스 해석 이론들과 같은 구좌파의 권위주의적 인식론을 거부한다. 극단적 좌파의 다양한 목소리들은 정치적 지식을 추구할 때 그런 경직성을 타파하려는 여러 가지 인식론적 입장을 채택했다. 이 가운데 가장 유명한 것으로, 모든 사람에게 통용되는 보편적 의미라는 개념(또는 개념 구조 및 개념 범주)을 거부하는 포스트구조주의의 입장이 있다. 그 대신 포스트구조주의자들은 어떤 개념의 의미가 언제나 그 개념에 노출된 사람들의 경험에 달려 있다고 본다. 가령 선·정의·민주주의·정치 등과 같이 널리 사용되고 있긴 하나 언제나 불분명한 개념의 경우 그 의미를 확정하기 어렵다.

프랑스의 철학자 자크 데리다가 그 이유를 설명한다. 데리다에 따르면 개념들의 의미는 그 개념과 특정 대상 간의 관계에 의해 결정되는 것이 아니다. 여기서 데리다는, 민주주의와 같은 개념은, 그것이 어떻게 운용되는지를 나타내는 지표들을 통해 이해할 수 있다는 실증주의자의 주장에 반대한다. 예를 들어, 실증주의자(경험주의자)들은, 어떤 나라가 특정하게 관찰 가능한 민주주의의 지표들 — 예컨대, 실질적 경쟁을 통한 공직자 선출, 공정한 선거, 정치적 권리 등 — 을 나타낼 경우 그 나라를 민주주의 국가로 분류할 수 있다고 주장한다. 데리다는 실증주의의 이 같은 주장을 거부하고 다음과 같이 주장한다. 즉, 의미는 개념들과 여타 어휘들 간의 관계로부터 도출된다는 것이다. 누구의 말이나 글에서 민주주의라는 개념을 접할 때, 우리는 민주주의라는 개념을 둘러싸고 있는 많은 다른 어휘들과의 관계 속에서 그 개념이 어떻게 사용되는지를 보고 민주주의 개념의 의미를 도출한다. 예를 들어, 선거 유세 토론, 정당 경선이나 유권자 토론 등의 맥락에서 '민주주의'라는 말을 듣는다면 그 말을 (가령 '자유민주주의'와 같은) 특정한 방식으로 이해할 것이다. 그러나 변혁이니 배제니 소외 집단이니 하는 어휘의 맥락에서 '민주주의'라는 말을 듣는다면 그 말을 (가령 '급진 민주주의'와 같은) 다른 방식으로 이해할 것이다. 더 나아가 어떤 용어 주위를 둘러싸고 있는 어휘에 따라, 그리고 과거의 경험에 비추어 그 어휘들에 대해 느끼는 호오의 감정에 따라 어떤 용어가 일종의 규범적인 판단 또는 가치를 나타낸다고 생각할 가능성이 있다. 그런데 불행하게도 개념을 둘러싼 어휘들에 대해 우리가 내리는 판단과 의미가 한없이 많을 가능성이 있으므로, 이런 개념에는 고정불변의 의미가 없다고 한다. 그러므로 어떤 글을 읽을 때 그 텍스트에 대한 고정불변의 해석도 불가능하다. 왜냐하면 개념이 가진 의미는 그 개념을 둘러싸고 있는 어휘들과 독자의 과거 경험에 좌우되기 때문이다.

그런데 지식을 획득하려는 욕망이 커질수록 이런 불안정성의 문제도 커진다. 예를 들어 우리는 민주주의의 개념만을 이해하려는 것이 아니라, 민주주의의 역사적 변천 과정 및 민주주의를 둘러싼 조건들도 이해하고 싶어 한다. 이처럼 우리는 인간에게 흥미롭고 중요한 것들을 이해하고자 한다. 따라서 (한 체계 내의 다른 사상과의 관계 속에서 그 의미를 찾을 수 있는) 여러 사상들이 포함된 하나의 거대한 체계를 창조하고 싶은 충동이 발생한다. 이런 충동으로 (이 책에서 논의하는 것들을 포함한) 각종 이념과 포괄적인 공공 철학들이 생겨난다. 이런 이념 또는 정치사상들의 체계에서 더 포괄적이고 분명한 의미를 생산할 수도 있겠지만, 포스트구조주의에서 말하는 해체 이론에 따르면, 명료한 의미는 체계에서 배제된 것들을 통해서만 얻을 수 있다. 어떤 이념으로부터 배제된 사상이 (그것이 어떤 체계 내에 들어 있는 것만큼이나) 이 거대한 지적 체계가 주장하는 것을 이해하는 데 결정적으로 중요하다고 한다. 그 어떤 이념도 인간의 모든 의미와 경험을 담지는 못하므로, 보이지 않는 것 — 어떤 이념에서 배제되어 있는 점 — 을 보이게 함으로써 그 이념의 한계를 입증하기 위해 그런 이념들을 해체해야만 한다는 것이다.

극단적 좌파는 가장 기본적인 정치적 개념을 거부하는 것에 특히 흥미를 가진다. 예를 들어 보자. 우리가 속해 있는 다원적 세계에서 자본주의는 흔히 자유와 번영의 상징처럼 해석되곤 한다. 우리가 가진 소략한 민주주의가 인민주권을 제공해 주고 시민 참여를 가능하게 해주는 것처럼 해석되곤 한다. 정치는 공적 영역에 국한된 활동처럼 해석되곤 한다. 과학과 이성은 집합적 실존을 살아가기 위해 우리가 필요로 하는 지식을 획득하는 객관적인 방법론으로 흔히 예찬되곤 한다. 이런 식의 해석은 틀렸다기보다 제한적인 해석이라 할 수 있다. 이 모든 개념들에 대해 또 다른 의미와 함축성들이 존재하지만 오직 정통적이고 주류적인 의미와 해석들만이 득세하기 때문이다. 그 이유는 무엇인가? 이 질문에 대해 극단적 좌파는 '권력의 분포' 때문이라는 대답을 내놓는다. 미셸 푸코가 주장했듯이 지식은 권력을 낳지만, 권력은 다시 지식을 결정한다.[61] 개념들에 대해 다양한 의미와 해석이 부여될 수 있음에도, 우리가 보통 진리라고 받아들이는 의미는, 권력을 가진 행위 주체들이 우리에게 강력하게 인식시킨 것이다. 분권화된 권력 체계 내에서 그런 행위 주체들이 대단히 많을 수 있지만, 가장 막강한 주체들은 서로를 강화하면서 지배적인 의미를 사람들에게 주입한다.

그렇게 될 때, 권력을 갖지 못한 행위 주체는 (다원적 정치 내에서) 타인에게 자신의 해석과 의미를 진지하게 전달할 능력도 가질 수 없다.

13
소결
...

다원주의자들은 정치적 지식에 관해 확실성의 이상을 거부하고, 그 대신 잠정적인 인식을 모색한다. 이들은 수많은 형태의 잠정적인 도덕적 인식과 정치적 인식이 존재한다고 가정한다. 여러 형태의 인식이 존재할 수 있다는 점이야말로, 정치철학자와 정치 이론가들 사이에 넓은 뜻에서의 합의점이 될 수 있다. 이것이 바로 이 책에서 주장하는, 다원주의자들이 공유하는 저변의 합의이기도 하다. 그러나 이런 점은 문화 내에서, 그리고 여러 문화들 사이에서 폭넓게 받아들여지는 정치적 규범이 될 수도 있다(철학자들은 문화를 절대 무시할 수 없다). 또한 이런 점은 정치 지도자들이 달성하는 일종의 잠정적 합의, 즉 헌법·일반법·국제협정·조약의 형태로 성문화되는 정치적 인식일 수도 있다. 이런 식의 약정이 (정치사회에서 절대적으로 최선인 진리에는 미치지 못하는 불완전한 표현일 수도 있으나) 옳은 행동과 그릇된 행동을 가르는 잠정적인 합의를 제시할 수 있다. 새로운 조건이 출현하고 새로운 생각이 제안되었을 때, 철학자들은 자신의 원칙을 수정할 수 있고, 정치 문화는 새로운 규범을 제시할 수 있으며, 정치 지도자는 헌법·법률·조약을 개정할 수 있다. 정치에서 매우 핵심적인 '잠정적 이해'라는 가정은, 다원주의의 지지자들에게 본질적인 인식론적 가정을 이룬다.

    다원주의자들은 넓은 뜻에서의 문화적 합의가 중요하다는 점을 인정하지만 그런 합의에 이를 방도가 없다. 이들은 위로부터 — 종교 권력, 정치권력, 기업 권력에 의해 — 문화적 합의를 만들어 내려는 시도는, 스스로 도덕적·정치적 판단을 내릴 권리가 있는 사람들에게 외부에서 강제로 어떤 생각을 주입하려는 것과 마찬가지로 전제정치의 낌새를 풍기지는 않을지 우려한다. 그럼에도 서로 다른 이해관계와 도덕률을 가진 사람들로 이루어진 정치 공동체일지라도 근본적인 원칙에 관해 여전히 "중첩적인 합의"를 할 수 있을 것이다.[62] 그런 합의는 외부에서 강요되었기 때문이 아니라, 공동체 내 온갖 종류의 사람들의 인식 속에 이미 내재해 있기 때문에 존재한다. 지금까지 설명한 것들은 (솔직하게 표현되기만 하면) 대다수 사람들이 상식으로 받아들일 수 있는 생각이라 할 수 있다.

다원주의자들은, 포용적이고 심의적인 민주 절차로 마련된 법률·조약 등의 성문화된 약정이 가장 높은 수준의 합의 형태라고 믿는다. 모든 견해가 발언권을 얻어야 한다. 모든 참여자가 상대방이 주장하는 가치를 이해하고 왜 그 사람이 그런 가치를 중요하게 여기는지를 이해하기 위해 진정한 노력을 기울이면서, 모든 견해에 공감하며 경청할 줄 알아야 한다. 공통의 의미와 인식을 얻을 수 있는 방향을 제대로 보기 위해 주의를 기울여야 한다. 완전한 합의에 도달하기는 어렵겠지만, 최종 결정에서 배제된 사람들이라도 자신의 주장이 공평하게 발언권을 얻었다고 느낄 수 있어야 하고, 모든 정치적 해법은 수정 가능하고 잠정적인 것이므로 지금은 압도적인 결정이 났을지라도 향후 바뀔 가능성이 있다고 느낄 수 있어야 한다. 어려운 쟁점을 해결하기 위해 다수결제를 적용할 필요가 있겠지만, 소수파의 우려에 귀를 기울이고 그에 반응하기 위한 노력을 충분히 기울이지 않은 상태에서 다수파가 자신의 의지를 소수파에 강요한 끝에 제정된 법률은, 다원주의자들이 모색하는 합의적 인식과 거리가 멀다고 할 것이다.

다원주의자들은, (정치철학자와 정치 이론가들이 제시해) 다원적 공공 정치철학의 저변을 이루는 합의인 '잠정적 인식'이라는 개념이 다원적 민주주의 절차와 유사한 학문 절차를 통해 만들어진다고 믿는다. 학문적 토론과 출판 활동을 통해 모든 학문적 견해가 검토되고 비판적 검증 과정을 거친다. 정치철학 역시, (1장에서 소개한) '거대한 대화'에 참여하는, 양식 있는 '간주관적인 합의'intersubjective agreement에 도달하려고 애쓴다. 만일 (언제나 그렇듯) 포괄적인 합의가 어렵다면 철학자들은 가능한 한 많은 합의에 도달하려고 노력한다. 이 책에서는, 현대 세계에서 정치철학이 성취할 수 있었던 최대한의 합의가 바로 다원주의를 지지하는 이들에게서 도출되는 합의라고 제안한다.

'다원주의의 저변을 이루는 합의'라는 개념은 참으로 중요한 정치적 성취라고 할 수 있다. 정치 이론가들이 이 개념에 도달하는 데 수백 년 또는 심지어 수천 년이 걸렸기 때문이다. 하지만 이 개념은, 우리가 이제 정치 이론화 작업을 하지 않아도 될 정도로 안심할 만한 완벽한 개념은 아니다. 앞으로 9~15장에서 더 살펴보겠지만 근본적인 불일치점들이 아직도 많이 남아 있기 때문이다. 분석과 논의를 더 진전시키면 이런 불일치점 가운데 일부가 해결되고, 다원주의의 저변을 이루는 합의가 더 확장될 수도 있다. 또는 더 깊은 성찰을 통해 다원적 합의 가운데 의문이 제기되는 측면이 생기면 기존의 합의가 축소될 가능성도 없지 않다. 그러나 지금까지 논의한 것만큼이나 중요한 정치 이론 작업은 다음과 같은 것들이다. 즉, 계속해서 합의가 이루어지지 않는 부분이 있다면 그 이유가 무엇인지 이해하고, 서로 다른 입장들의 논증을 분석해 보고, 다원적 공동체라면 최선을 다해 해결해야 하는 구체적 쟁점에 적용할 만한 정치적 원리들을 (이런 원리에 대해 합의가 존재하지 않더라도) 찾아서 권장하는 것 등이다.

모든 사람이 동의하는 보편적·영구적인 정치적 진리가 없다는 사실이 유감스러울 수도 있으나, 그런 사실 자체가 인간 조건의 일부다. 정치뿐만 아니라 다른 영역에서도 보편적 진리가 없어서 문제가 많이 생긴다. 그럼에도 정치 영역에서 이 사실이 유독 두드러져 보이는 것은 정치적인 불일치가 대단히 가시적이고 중요하기 때문이고, 그 점이 우리가 바라 마지않는 '좋은 삶'과 정의로운 사회에 깊은 영향을 미치기 때문이다.

통상적인 다원적 정치 속에서 주요한 경쟁 이념들과 그 이념들에 내재해 있는 정치적 원리들이 결집해 경직된 경우가 꽤 많으므로, 합의를 도출할 수 있는 희망이 없어 보이기도 한다. 그런 갈등이 평화로운 방식으로 해결되려면 사람들은 자신이 갖는 정치적 원리의 한계는 물론, 반대자가 지닌 정치적 원리의 토대를 인식할 필요가 있다. 3부의 집필 목적은 부분적으로는 이런 인식을 촉진하기 위해서다. 그러나 3부로 들어가기 전에 다원적 정치에서 서로 경쟁하는 정치적 입장들을 옹호하기 위해 사람들이 활용하는 인식론들을 요약해 보는 것이 좋겠다.

오늘날의 정치를 이끌어 가기 위해 전통적 인식에 의존하거나 역사적 교훈의 안내를 받으면 과거의 지혜를 오늘날의 문제에 적용하는 데 도움을 받을 수 있겠지만, 우리의 정치 공동체는 대단히 빠르게 변하고 있는 것 같고 늘 새로운 문제에 직면하는 것 같아서 전통적 인식과 역사적 교훈이 과연 적합한지 의문이 들 수도 있다. 설령 전통적 인식과 역사적 교훈이 적합하다 하더라도, 그 가운데 과연 어떤 것이 오늘날의 특정한 정치적 쟁점에서 최선의 안내자가 될 수 있을까?

고전적 자유주의 및 롤스의 평등주의적 자유주의와 같은 관점에서 사용하는 연역적 추론은 수많은 정치적 원리를 정당화하는 소중한 사고실험이 될 수 있다. 그러나 이런 추론 방식은 정초주의적(토대론적) 가정에 근거를 둔다. 합리적인 사람들은 이런 정초주의적 가정이 적합한지를 놓고 늘 의문을 제기할 수 있다.

마르크스의 과학적 사회주의의 인식론과 지구화론에서 주장하는 '과학 논리'와 같은 인식론에서 활용하는 귀납적 추론은 각종 정치적 목표에 대한 수단과 과정에 대해 중요한 인과론적 인식을 깨우쳐 준다. 그러나 사회생활의 복잡다단한 특징을 고려할 때 미래를 예견하기란 만만치 않다. 정치적 목표를 달성하기 위해 제안된 개입 방식이 의도했던 결과를 달성하지 못할 뿐만 아니라, 전혀 예상치 못한 결과를 낳기도 한다. 그리고 과학 논리로는 특정한 행동의 결과가 바람직할지를 거의 설명하지 못한다.

공리주의적 논증은 공공선을 개념화할 수 있는 중요한 방식이다. 그러나 특정한 조치가 효용을 극대화할 것이라는 진술은 결국 과학 논리에, 그리고 자기 제안이 어떤 결과를 초래할지를 제대로 알고 있는지에 달려 있다. 그리고 모든 결과를 미리 알 수 있고 그런 결과의 가치에 모두가 동의한다 하더라도, '최대 행복'을 추구하는 과정에서 누군가의 권리가 희생되어야 한다면 그 조치를 받아들일 수는 없을 것이다.

다양한 사회문제를 해결하려는 실용주의적 실험은 그 자체로선 나쁠 것이 없지만, 실용주의를 받아들인다 하더라도 풀리지 않는 문제들이 많다. 도대체 어떤 문제를 풀어야 할까? 어떤 실험을 해볼 것인가? 효과를 보이는 실험이 무엇인지를 판단할 기준은 무엇일까?

정치 지도자의 직관, 권위 있는 선언, 경전에 적혀 있는 말씀 등은 사람들에게 고귀한 정치적 목표에 헌신하게끔 고무할 수도 있지만, 이런 것들이 역사 속에서 크나큰 횡포를 초래한 적이 많았다. 그리고 이런 방식은 그 자체로 보더라도 다원주의에서 반드시 필요한 '간주관적인 합의'라는 측면을 결여하고 있다.

정치적 지식에 관한 이런 접근들이 각기 결함을 지녔다고 해서 이 모든 것을 포기해야 한다는 말은 아니다. 각각의 인식론적 접근이 정치적 주장을 위한 토대로 사용될 수 있지만, 이는 정치적 논의를 통해 엄밀성을 갖추어야 한다. 정치적 이성을 강조하는 급진적 좌파의 접근은 정치적 논의의 이상적인 형태를 그려 보려고 한다. 급진적 좌파의 이상론이 실현된 적은 거의 없지만, '정치적 이성'에서 요구되는 바를 이해하고 실행하기 위해 더 많은 노력을 기울이자는 입장을 반대하기는 어렵다.

마지막으로, 현재 실행되고 있고 또 실행되어야 할 정치를 왜곡하는 인식론적 지향은 폭로하고 거부해야만 한다. 극단주의자들이 사용하는 인식론은 다원주의에 부합되지 않을 뿐만 아니라 그것에 대단히 큰 도전이 되기 쉽다. 아마 가장 위험한 인식론적 가정은, 진리가 보통 사람의 이해 범위를 넘는 특별한 곳에 존재한다거나, 선택된 극히 일부의 사람들만이 진리를 알 수 있고 이들이 다른 이들에게 그런 진리를 강요해야 한다고 보는 입장일 것이다. 성스러운 경전의 중요성, 그리고 그런 경전을 해석할 수 있게끔 훈련받았거나 재능을 부여받은 사람들이 특별한 역할을 한다는 극단적 우파의 입장이 이런 인식론적 접근의 좋은 예다. 극단적 좌파가 내세우는 가정 가운데 포스트구조주의의 인식론적 가정을, "정치적 개념은 매우 주관적인 의미를 지니고 있으므로 간주관적인 의사소통과 이해 및 합의는 불가능하다"라는 뜻으로 해석한다면, 이 또한 다원주의에 위협이 될 수 있다. 권력자들이 일반 시민들에게 강요하는 인식을 거부하려는 포스트구조주의의 태도는 옳지만, 다원주의자들은 일반 시민들도 민주적 과정을 통해 자신들의 포부를 펼치는 데에 필요한 인식을 획득할 수 있다고 주장한다.

3부

정치적 원리

⋮

합의점과 쟁점

2부에서 살펴본 철학적 가정들은 정치를 고찰하는 데에 중요하고 흥미로운 점이라 할 만하다. 그러나 이제 정치의 영원한 쟁점들에 초점을 맞출 때가 되었다.

우선 우리가 속해 있거나 앞으로 속하게 될 수도 있는 정치 공동체에 관해 질문해야 할 것이다. 공동체에서 살고 있다는 것이 정치적 삶의 전제 조건이 되기 때문이다. 사람들은 여러 공동체에 속해 있으며, 모든 공동체는 정치적이다. 예를 들어, 가족·종교단체·직장 및 여타 결사체들은 각각 나름의 집합적 목표를 추구하며 권력과 특권을 구성원들에게 분배한다. 따라서 우리는 가족 내 정치, 교회 내 정치, 직장 내 정치 등의 표현을 사용하곤 한다. 이 모든 공동체가 정치적 특성을 지니고 있으므로, 그 구성원들이 자신의 '정치'를 이끌어 줄 공공 정치철학을 개발하기 위해 영원한 정치의 쟁점들에 관한 대화에 참여한다면 많은 도움을 받을 수 있을 것이다.

각종 공동체들 가운데서도 특히 규모가 크고, 영토에 의해 경계가 구분되며, 그 영토 내에 거주하는 모든 사람에게 영향을 끼치는 정치적 쟁점을 해결할 수 있는 통치 제도를 보유한 공동체가 있다. 이런 공동체를 '정치체'politiy라고 부를 수 있다. 근대 시기를 통틀어 가장 근본적인 정치체는 국가로 간주되어 왔다. 물론 그 영토 안의 하위 단위들 — 예를 들어, 주·도·시 등 — 이나 영토 밖의 상위 단위들 — 예를 들어, 국제연합(유엔)·유럽연합·북대서양조약기구(나토) 등 — 역시 매우 중요하게 생각되어 왔지만 말이다. 정치체의 다양성과 한시성을 감안할 때 '정치적인 것'을 이론화할 때에는 '어떤 종류의 공동체가 일차적 또는 이차적으로 중요한가?', 그리고 '사람들이 왜 특정한 정치체와 자신을 동일시하고 그 정치체에 귀속감을 느끼는가?'와 같은 질문에서 시작해야 한다.

모든 공동체의 구성원들은 변하기 때문에 누가 구성원이 되어야 하며, 구성원들이 자기 공동체 내에서 어떤 지위를 가질 것인가 하는 질문이 제기된다. 통상 정치체에는 시민들이 존재한다. 물론 정치체 내의 모든 거주자가 시민인 것은 아니지만 말이다. 외부자들이 어떤 정치체의 시민이 되고자 하는 경우가 흔히 있으며 이 때문에 '시민권'citizenship의 문제가 제기된다. 누가 정치체의 시민이 될 수 있는가 하는 질문은 시민권 개념에 어떤 내용이 포함되는지를 생각해 보지 않으면 대답할 수 없으며, 이 질문은 시민의 권리와 책임에 관한 질문으로 이어진다.

일단 우리가 속하는 공동체를 규정하고, 이 공동체의 구성원과 시민들에 대한 원리를 마련한 후에는 이런 공동체가 어떤 구조를 가졌으며, 가져야 하는지를 질문해야만 한다. 사람들이 자신의 개인적 삶에만 신경을 쓰는 경우 공동체에 따라서는 이렇다 할 구조가 존재하지 않을 수도 있다. 그러나 사람들이 자기 삶에만 충실할 때에도 공동체 내의 사람들은 서로 교류하고 잠재적으로 영향을 미치기 마련이다. 사람들은 서로 상거래를 하고 싶어 할 수도 있고, 이런 거래에 적합한 구조를 갖춘 시장경제에 편입될 수도 있다. 사람들은 공통의 목적 ─ 스포츠 활동, 음악, 신앙 등 ─ 을 추구할 수도 있고 이를 위해 다양한 자발적 결사체를 형성할 수도 있다. 공동체에는 문화 규범이 있어서 그 규범이 거주자들의 삶을 조건 짓기도 한다. 어떤 사람들은 시민사회가 시장경제와 자발적 결사체로 이루어져 있으며 문화 규범이 그 정치체가 필요로 하는 모든 ─ 적어도 거의 모든 ─ 구조를 제공한다고 믿는다. 또한 이들은 정부가 공동체의 삶에 어떤 구조를 부여할 필요가 (많지 않거나) 없다고 생각한다. 따라서 공공 정치철학을 구성하려면 정부의 역할과 시민사회의 요소들을 반드시 논의해야 한다.

공동체의 종류가 각양각색이고 시민사회가 정치체의 구조를 형성하는 데 (잠재적으로) 중요하기 때문에, 반드시 정부의 권위만이 여러 공동체들을 완전히 지배하고, 사람들의 삶에 큰 통제력을 행사한다고 가정해서는 안 된다는 점을 알 수 있다. 예컨대 아버지와 남편이 자녀들과 아내를 지배할지도 모른다. 성직자가 신도들에게 큰 통제력을 행사할 수도 있다. 기업의 대표와 회사 사장들이 (그들이 내리는 결정에 따른) 피고용인들에 대해서뿐만 아니라 정치체 전반에 영향력을 미칠지도 모른다. 민주적 공동체라면 시민들이 정부를 통해 스스로를 다스린다는 주권재민의 규범을 지닐 수 있겠지만, 그런 공동체에서 민주주의가 얼마나 유의미하게 실천되는지는 분명하지 않다.

국가에서 누가 주도적인 권력을 보유하든 간에 ─ 그것이 시민이든, 선출직 공직자든, 임명직 공직자든, 특수 이익집단이든, 그 외 다른 세력이든 간에 ─

여전히 정부의 권위[권한]에 관한 질문은 남는다. 어떤 경우에 정부가 특별한 (또는 강압적인) 권력을 행사할 수 있을까? 정부가 상상 가능한 모든 경제·사회·환경·도덕적인 문제를 해결하기 위해 자신의 권력을 행사해야 옳을까? 개인과 공동체의 삶에 속하는 사생활·가족·종교·경제 영역 및 그 외의 영역에 정부는 개입하지 말아야 하는가?

모든 정치 공동체의 일차적 덕목으로 간주되곤 하는 정의의 문제는 14장에서 다룬다. 정의는 공동체 내에서 생성되는 모든 사회적 재화(및 부담)의 분포에 관한 문제다. 소득 또는 물질적 재화만이 아니라, 교육 기회, 의미 있는 일거리, 의무적으로 수행해야 하는 과업, 타인에 대한 권력 등이 모두 정의의 문제에 포함된다. 정부 영역에서뿐만 아니라 자유 시장, 문화적 가치, 가족, 직장, 기타 시민사회 내의 다양한 결사체 등에서 사회적 재화가 불공평하게 분포되어 있다는 식의 믿음이 광범위하게 유포되어 있다면 그런 공동체는 해체될 수도 있다. 그렇지만 우선 정의가 도대체 무엇을 의미하는지, 그리고 사회적 재화를 배분할 수 있는 정의로운 절차가 무엇인지를 알 필요가 있다.

15장에서는 변화의 문제를 다룬다. '변화'란 그 앞부분에서 다루었던 여러 정치사상들을 요약하는 데 유용한 개념이 된다. 우리가 원하는 변화를 실현하는 것은 정치 공동체, 시민권, 사회구조, 권력의 보유자, 정부의 권위, 정의 등에 대해 품고 있는 이상과, 우리의 정치적 행동이 얼마나 그 이상에 부합하는지에 달려 있다. 만일 가졌다고 믿는 것과, 가져야 한다고 생각하는 것 사이에 격차가 크다면 우리의 정치를 바꿀 방법을 고민해야 한다. 그러나 우리가 생각하는 정치적 이상을 추구하다 보면 다른 사람들 그리고 전체 공동체에 해를 입힐 수도 있다. 개혁가·혁명가·반체제파가 극단적인 성향을 띨 경우, (변화를 추구하는) 이 세력들을 억누르는 행동은 정당화될 수 있을까?

지금까지 제기한 질문들에 대한 답변이 바로 '정치적 원리'를 구성한다. 그러나 사람들의 정치적 삶을 인도할 수 있는 정치적 원리에는 수많은 종류가 있을 수 있다. '인문 교양 교육'에서 주요한 전제 하나는, (공동체의 구성원인 우리가) 개인으로서든 집합으로서든 다양한 정치적 원리들을 이해한 후 그것들 가운데

'제대로 알고 하는 선택'을 내릴 수 있어야 한다는 점이다. 아마 (사람들이 크고 작은 정치적 쟁점들을 풀기 위해 동원하는) 수많은 정치적 원리들을 이해하려면 정치적 판단 능력과 정중함을 갖춰야 할 것이다. 정치 공동체에는 다음과 같은 점이 필요할 듯하다. 즉, 각종 정치적 쟁점을 풀고자 각자의 정치적 원리를 거론할 때에, 자신의 원리와는 지향하는 바가 상반된 원리들도 있다는 사실을 인정하는 정치적 겸손이 필요할 것이다. 평화와 번영 속에서 타인들과 공존하려면 서로의 차이점에 대한 (크고 작은) 정치적 대화를 허심탄회하게 나누어야 하며, 타인과 정치 공동체 내에서 함께 살아갈 수 있는 방법을 놓고 되도록 최대한의 합의에 이르러야 할 것이다.

9

정치적 원리 1

정 치 공 동 체

사람들이 자신과 동일시하고, 자신의 사회적 실존과 관련된 문제를 놓고 의사 결정에 참여하며, 자신의 정치적 책임을 주로 느끼는 일차적 정치체(및 기타 공동체)는 어떤 공동체일까? (지역공동체부터 전 지구적 공동체에 이르는) 공동체들 가운데 사람들의 삶에서 가장 큰 영향을 끼치는 공동체는 무엇일까? 또는 어떤 공동체가 가장 큰 영향력을 끼쳐야 옳을까? 사람들은 왜 특정한 공동체와 자신을 동일시하며 충성을 바칠까?

공동체 정체성이 정치사상사에서 연원이 깊은 중요한 문제라는 점은, 소크라테스가 아테네 시민들이 자신에게 (사회적 상식에 끊임없이 의문을 제기함으로써 젊은이들을 나쁜 길로 이끌었다는 이유로) 사형 선고를 내린 후에도 아테네를 떠나지 않으려고 했던 사례에서 잘 드러난다. 소크라테스는 아테네가 아닌 다른 어떤 국가(또는 폴리스)의 시민이 된다는 것을 상상조차 할 수 없었기 때문에 차라리 죽음의 길을 택했던 것이다.[1] 공동체의 문제가 예나 지금이나 중요하다는 점은 소련의 붕괴와 유럽연합의 강화에서도 잘 나타난다. 정치 공동체는 끊임없이 흥망성쇠를 거듭하며, 정치 공동체가 변함에 따라 개인의 정치적 정체성과 정치적 충성도 변하기 마련이다. 냉전이 종식되면서 사람들이 자신을 '자유세계' 또는 '공산 진영'의 일원으로 동일시하는 경향 역시 줄어들었다. 지구화로 국가적 정체성의 비중이 줄었을 수도 있지만, 과연 그런 변화 때문에 사람들이 보편적인 전 지구적 공동체와 자신을 더욱더 동일시하게 되었는가?

인류의 역사를 살펴보면 정치 공동체들이 부침을 거듭하면서 우리의 정치적 지도 역시 변화를 거듭해 왔다. 전 세계에서 국경선이 변화해 왔을 뿐만 아니라, 정치적 실체로서 국가의 중요성 역시 변해 왔다. 국가가 정치 공동체 사상에서 중심적인 역할을 하게 된 것은 4백 년도 채 안 된, 비교적 최근의 변화상이다. 정치철학자와 정치 이론가들이 우리의 정치 공동체에 관해 피상적인 가정을 넘어 본격적인 탐구를 시작한 것은 극히 최근의 일이다. 예를 들어, 로버트 달Robert Dahl은 1989년에 출간한 『민주주의와 그 비판자들』Democracy and Its Critics에서, 도대체 누가, 민주적 방식으로 자신의 정치 공동체를 다스릴 사람이 될 자격이 있는지의 질문이 이제껏 민주주의 이론에서 빠져 있었다고 지적했다.[2] 대개 민주주의는 기존의 국민국가(그리고 국민국가의 하부 단위인 도와 시 등)에 의해 실행되는 제도라고 인정되어 왔지만, 이런 국민국가들의 국경선을 당연한 것으로 가정해 온 측면이 없지 않다. 역설적으로, 민주적 정치과정에서도 누구를 (민주) 국가의 구성원으로 볼지를 본격적으로 다룬 적이 거의 없었다. 그 대신 국경선을 가르는 정치적 지도는 주로 군사적 갈등의 결과와 역사적 우연의 소산 및 그 외 (도덕적으로 문제가 많다고 생각되는) 수많은 요소들에 의해 결정되어 왔다.

정치 공동체들이 생겨났다 없어지곤 하고, 그 공동체들의 경계도 변하기 마련이어서, 사람들이 기존의 공동체에 귀속감을 느끼거나 새로운 공동체를 찾는 이유가 무엇인지 하는 질문이 제기된다. 대다수 정치 이론가들은 정치적 충성과 정치적 정체성의 형성에 이성적 근거가 있다고 보지 않는다.[3] 예를 들어, 미국인들은 캐나다·스웨덴·타이에 사는 것보다 미국에 사는 것이 자신의 이익에 도움에 되기 때문에 미국이라는 나라에 정치적 충성심을 갖지는 않는다. 오히려 미국인들의 정치적 충성과 정체성은 정서적 측면에 달려 있으며, 구체적인 이유가 아닌 상징적인 이유에 훨씬 큰 영향을 받는다.

지난 수십 년 사이에 '인민'people이라는 단위를 중심으로 한 수많은 민족주의 운동 — 이들은 공통의 역사·언어·종족성·종교 및 문화 전통 등을 지닌 사람들과 서로에게 정서적 유대감을 느끼는 사람들로 이루어진 정치 공동체를 구성해 정치적 지도를 다시 그리려 했다 — 이 발생했다. 그러나 전 지구적 교류와 이동 과정으로 말미암아 정치 공동체들이 점점 더 이질적이고 다원적인 공동체로 변해 왔다.

이 장에서 다원주의자들이, 국가를 중심으로 한 정치적 정체성이 여전히 가장 중요하며, 인종·종족·문화가 몹시 다양하게 구성되어 있더라도 안정된 사회를 구성할 수 있다는 데에 동의한다는 사실을 살펴볼 것이다. 하지만 통상 다원주의자들은 국가적 정체성이 모든 것을 포괄할 수 있다고 보지는 않는다. 즉, 다원적 국가에 속한 시민이라면, 전 지구적 공동체나 여러 지역공동체, 혹은 종족과 종교 및 기타 공통의 특징과 이해관계로 결합된 국가의 다양한 하부 공동체 — 공식적인 통치 제도를 보유하지 않은 공동체이더라도 — 들과 자신을 동일시할 수 있으며, 그렇게 하는 것이 좋을 수도 있다는 말이다. 다중적 공동체 정체성은 개인들에게 사회적 유대와 도덕적 가치를 제공해 주면서도 개별 공동체가 그 구성원들 및 비구성원들을 완전히 장악하지는 못하게 하므로, 전체적으로 개인의 자유와 사회적 안정이 오히려 강화될 수 있기 때문이다. 그렇다면 지금부터 다양한 정치적 이념들이 이런 문제를 어떻게 다루는지를 상세하게 살펴보자.

1
고전적 자유주의
...
민족/국민을 선결 조건으로 간주한다

홉스와 로크 및 다른 선구적인 고전적 자유주의자들은, 유럽 국민국가 체계를 공고하게 형성했던 베스트팔렌조약Treaty of Westphalia이 체결된 1648년 직후 시기에 활발한 저술 활동을 했다. 이 당시의 자유주의자들이 정치 공동체의 문제에 정면으로 관심을 기울이지는 않았지만, 이들이 (스스로 내세웠던) 자유주의적 정치에 관한 과학을, 국민국가 통치의 정치적 원리를 구성하기 위한 학문 정도로 간주했다고 해도 무방할 것이다. 홉스와 로크는 그들의 조국 영국이 일련의 위기에 봉착해 있었을 때 각자의 정치적 이론을 발전시켰다. 홉스가 애초에 제시한 사회계약 이론은 영국의 내전에 대한 응답으로 집필된 것이다. 홉스의 사회계약론은, 영국 시민들이 나라 전체에 질서와 안전을 제공해 줄 절대 권력에 의해 통치되는 것에 동의하기 때문에, 영국(또는 그 어떤 나라일지라도)의 주권 또는 지배적 권위 — 그런 지배적 권위가 1649년 찰스 1세의 처형* 이전처럼 군주에 속했든지, 1649~60년에 존재했던 공화정 시기**처럼 의회에 속했든지 간에 — 이 정당하다는 점을 암시하고 있었다. 그 후에 나온 로크의 사회계약론은, 국왕이 성공회 신자들에게 가톨릭을 강요할지도 모른다는 우려가 팽배한 가운데 제임스 2세가 등극했을 즈음에 집필되었다. 그의 『통치론』Second Treatise on Government은 1688년의 영국 명예혁명을 정당화하려는 시도로 생각되었다. 오랜

---

* 찰스 1세의 처형 : 의회파와 왕당파 간의 제2차 내전 후 체포되어 반역죄로 처형되었다. 찰스 1세가 죽은 뒤 군주제가 일시적으로 폐지되기도 했다.
** 공화정 시기 : 찰스 1세의 처형 후 올리버 크롬웰(Oliver Cromwell)이 이끈 영국 의회가 국정을 주도했던 시기.

세월이 지난 후 제러미 벤담, 제임스 밀, 그리고 기타 철학적 급진주의자들이 공리주의의 토대 위에 고전적 자유주의의 정치적 원리를 구축하려 했을 때에, 당시 존재하고 있던 국민국가의 구성원들은 행복 계산법에 따라 이미 자신의 이해관계를 따지고 있었다.

　18세기 말에 발생한 두 개의 거대한 사건 — 미국 건국과 프랑스혁명 — 역시, 고전적 자유주의의 원칙에 기대어 창설되고 통치되는 정치 공동체 가운데 국가라는 존재가 대단히 중요하다는 사실을 보여 준다. 1776년 영국으로부터 독립을 선언한 직후 미국의 13개 식민 주들은 저마다 별개의 신생 국가로 간주될 만했다. 각 주의 시민들은 자신이 거주하는 주에 대해 일차적으로 정치적 충성심 — 이들은 가령 '버지니아 주 시민', '뉴욕 주 시민', '펜실베이니아 주 시민' 등으로 자신을 규정했다 — 을 품고 있었던 것이다. 각 주 대표들이 1777년에 채택한 연합 헌장Articles of Confederation은 각 주의 위상을 강화하려 했으며, 주보다 더 큰 미국 전체에 대해서는 최소한의 국가 연합체 지위만 부여했다. 그러나 이런 식의 합의는 한계가 많아서 더욱 실질적인 국가 연맹이 필요하다는 인식이 생겨났다. 1787년의 미국 헌법은 실질적으로 단일한 국가적 정치체를 창조하기 위한 일종의 사회계약이었다. 제임스 매디슨James Madison, 1751~1836은 『연방주의자 논설』Federalist Papers를 통해, 개인의 자유와 재산권, 경제적 번영과 같은 것들이 국가라는 정치 공동체에서 가장 잘 보장될 수 있다는 이유로 강력한 중앙정부의 창설을 옹호했다. 따라서 미국 헌법은 자유민주주의 원칙에 의거해서 한 나라를 통치하려 한 거대한 정치적 실험에 해당되는 셈이었다.

　프랑스혁명에서도 국가 공동체 사상이 핵심을 이루었다. 1789년 8월 17일 프랑스의 국민의회가 제정한 "인간과 시민의 권리선언"은 루이 16세의 절대 군주제를 대체할 새로운 정치 공동체의 토대로 일련의 자유주의 원칙들을 담고 있었다. 이 선언은 주권적인 통치 권력은 국왕이 아니라, 전체 국가에 속해 있다고 주장했다. 또한 그것은 현존하는 프랑스 국가의 모든 사람은 자유롭고 평등한 시민으로 다 함께 결속되어 있고, 자신들의 정치 공동체에 존재하는 모든 법률은 민족/국민의 의지를 반영해야 한다고 선언했다. 그 후 급진주의자들이 이 선언에 들어 있던 자유주의 원칙들을 많이 저버리기는 했지만, 이 문헌은 고전적 자유주의 사상에서 국가 공동체가 중요하다는 점을 보여 주는 강력한 증거로 오늘날까지 남아 있다.

고전적 자유주의가 (시민들이 자신을 오직 국민국가와 동일시하고, 국가에만 충성을 바치는) 하나의 일괴암적인 국가만을 모색한 것은 아니었다. 매디슨과 같은 자유주의자는, 다중적 정치 공동체들이 크기순으로 포갠 상자들처럼 이루어진 '연방주의'federalism 원칙을 발전시켰다. 대단위 정치 공동체(국가) 아래에 그보다 작은 공동체들(주)이 들어 있다는 뜻이다. 또한 각각의 주 안에는 도시와 읍면 등 더 작은 지역공동체가 들어 있다. 이 모든 형태의 공동체들이 각각 수행할 수 있는 역할이 따로 있고 시민들은 이 모든 공동체에 대해 다중적 정치적 충성심을 품을 수 있으므로, 국가 공동체 하나에만 절대적으로 충성을 다해야 하는 단일한 정체성이 순화될 수 있다.

더 나아가, 자유주의자들은 시민들이 시민사회 내의 여러 공동체에 가담하는 것이 좋다는 사상을 받아들였다. 자유주의 국가 내의 시민사회에 존재하는 여러 종류의 결사체들 — 예컨대 교회 조직, 교육기관, 문화단체, 상업 조직 등 — 덕분에, 시민들은 국가 정치기구의 감독이나 간섭을 거의 받지 않고 공통의 이익을 추구할 수 있다는 것이다. 자유주의에서 다중적 공동체 정체성을 핵심적 교의로까지 주장하지는 않았을지 몰라도, 자유주의자들은 연방주의와 시민사회(그리고 시민사회가 만들어 내는 수많은 결사체들)의 중요성을 인정하고, 자유주의 국가의 시민들이 여러 종류의 공동체에 속해 있다는 사실을 예찬하곤 한다.

고전적 자유주의 이론에서 사람들이 자신을 국가(또는 다른 어떤 정치 공동체)와 동일시하고 그것에 대해 충성심을 표한 것은 근본적으로 자신의 이익과 관련이 있었다. 자유주의자들은 (개인의 권리를 보호하는 법률을 강제할 수 있는 힘을 지닌 정부를 갖춘) 정치 공동체내에서만 생명·자유·재산·행복 등 자신들의 근본적인 이익을 보장받을 수 있다고 믿었다. 정부 기관들이 시민의 권리를 보호해 주는 대신, 시민은 국가의 법률을 준수한다는 상호 약속이 서로에게 도움이 되는 약정임을 모든 시민들이 인식하리라는 믿음 때문에, 사람들이 특정한 국가의 정부에 충성을 표할 것이라고 봤던 것이다. 요컨대, 고전적 자유주의는 이런 식의 상호 사회계약에서 정부가 자신에게 부여된 의무를 수행한다면 그 정부는 시민들의 충성을 얻을 수 있고 더 나아가 (여전히 개인주의를 강조하는 '약한 공동체'이긴 하지만) 정치 공동체에 대한 시민들의 귀속감을 형성할 수도 있다고 믿었다.

그러나 고전적 자유주의가, 개인의 권리를 효과적으로 보호하는 정치제도만 있으면 정치 공동체에 대한 시민들의 귀속감을 계속 유지할 수 있을 것으로 믿었는지 여부는 명확하지 않다. 적어도 일부 고전적 자유주의자들은 국가의 정체성이 유지되려면 인종적·종족적으로 공통된 특징이 있어야 한다고 믿었던 것 같다. 이런 면에서 아마 가장 악명 높은 사례는 (미국 건국 시조들 가운데 대표적인 자유주의자로 오랫동안 생각되어 온) 토머스 제퍼슨Thomas Jefferson, 1743~1826의 신념이었을 것이다. 그는 노예제도를 폐지하고 흑인들을 아프리카로 강제송환해야 한다고 믿었다. 미국의 국가적 정체성이 백인 국가로 남아 있어야 미국이 하나의 자유주의 국가로 유지될 수 있다고 보았기 때문이다.[4] 물론 과거에 노예였던 흑인들에게 남북전쟁 이후 평등한 시민권을 부여한 것이, 다인종 정치 공동체가 가능하다는 사실을 자유주의자들이 점차 인식하게 되었음을 반영한다고 볼 수 있지만, 19세기의 많은 자유주의자들은 흑인을 비롯해 아시아인·히스패닉계와 심지어 비앵글로색슨 유럽인들까지도 미국 정치 공동체에 포함하는 것을 불편하게 여겼다. 아마 이런 자유주의자들은 단순히 정치제도를 지지하는 것만이 아니라, 인종적·종족적 유대감이 더해져야 국가적 귀속감이 생긴다고 믿었던 것 같다. 이런 식의 생각을 버린 것이 고전적 자유주의에서 현대 자유주의로 넘어오는 핵심 분기점이 되었다.

2
전통적 보수주의
...
국가에 대한 열정 없는 애국심

보수주의자들이, 특히 에드먼드 버크류의 사상을 통해, 고전적 자유주의에 대항하는 대안 사상을 발전시켰을 무렵에 국민국가는 이미 정치에서 극히 중요한 요소가 되어 있었다. 전통적 보수주의 역시 국가가 중요하다고 생각했다. 국가가 사람들의 삶에 지침을 제공하는 문화 규범의 원천이자, 사회적 조화를 조절할 수 있는 중앙정부를 형성할 수 있기 때문이었다. 전통적 보수주의는 국가 내의 사람들이 상호 의존하게 되었으므로 (개인의 사소한 이익보다 국익을 앞세우는) 애국심이 필요해졌다고 믿었다. 실제로 애국심(또는 나라 사랑)은 보수주의자들의 일차적 덕목이다. 애국심은 사람들이 속한 거대한 정치 공동체에 대한 정서적 애착에 토대를 두고 있으며, 자국의 선조들로부터 전승되어 온 많은 유산을 향유하고 수용한다는 의미이기도 하다. 또한 애국심은 자신의 동료 시민들과 미래 세대들에 대한 책임을 느끼게 한다.

그러나 전통적 보수주의자들은 여러 측면에서 강한 국가주의자들이 아니다. 첫째, 많은 민족주의자들이 기존의 국가를 해체해야 한다고 믿는다. 기존의 국가들이 민족주의자들이 선호하는 대안적 국가 형태가 아니기 때문이다. 민족주의nationalism란 특정한 종족·종교·언어 및 역사적 유산 등을 공유하는 사람들이 자신들만의 국가를 창설할 권리가 있다고 주장하는 사상이다. 그들[민족]이 스스로를 통치할 수 있어야 한다는 말이다. 만일 스코틀랜드인(또는 웨일스인)들이 영국 내에서 소수파이고 고유한 공동체의 특성을 갖추고 있다면, 민족주의 원칙에 따라 스코틀랜드(또는 웨일스) 독립국가를 요구할 것이다. 만일 캐나다의 (프랑스계 캐나다인들인) 퀘벡 주민들이 캐나다 내에서 소수파이면서 고유한 언어·종족·유산을 갖는다면 이들은 민족주의 원칙을 통해 캐나다로부터 분리 독립을 요구할 것이다. 스페인의 바스크족, 러시아의 체첸족, 미국의 하와이 원주민 등도 마찬가지다. 전통적 보수주의는 이런 이유로 국가 독립을 지향하는 민족주의를 배격한다. 그런 식의 운동이 오래된 국가 형태를 유지함으로써 얻을 수 있는 안정성을 해친다고 보기 때문이다.

둘째, 많은 민족주의자들은 국가 하부의 작은 정치 공동체(주 또는 군 등)를 희생해서라도 더 큰 국가 공동체를 강화해야 한다고 믿는다. 전통적 보수주의는 민족주의의 이런 경향을 반대한다. 이는 지역공동체가 정치적 협력을 만들어 내는 데 중요한 역할을 하며, 국가 하부의 작은 정치 공동체들이 그들만의 문제와 포부 및 전통을 지닌다고 보기 때문이다. 전통적 보수주의는 (모든 나라와 그 나라의 하부 정치 공동체들을 다스릴 수 있는 단 하나의 최선의 방식이 존재한다는) 자유주의 원칙의 보편성에는 잘못이 있다고 생각한다. 고유한 전통을 지닌 지방의 문화가, 자유주의 이론에서 말하는 하나의 고정된 정책보다 정치적 쟁점을 관리하는 데 더 효과적인 지침을 제공할 수 있다고 보는 것이다. 국가 차원의 공동체와 중앙정부가 중요하긴 하지만 그들은 한계가 있으며, 그 나라의 모든 정치 공동체는 국가와 중앙정부의 이런 한계를 인정해야만 한다.

셋째, 민족주의자들 가운데는 시민사회에서 생성되는 (국가 정체성을 훼손할 수 있는) 각종 공동체 정체성을 해체함으로써 국가 차원의 정체성을 강화하려는 사람들도 있다. (마키아벨리에서 루소에 이르는) 일부 정치 이론가들은 국가 내에 존재하는 다양한 종교들에 대한 시민들의 신앙적 귀속감을, 모든 시민들이 믿는 단일한 시민 종교civic religion로 대체해야 한다고 주장했다. 그렇게 해야만 종교적 정체성이 국가적 정체성을 제대로 반영해 강화할 수 있으리라는 이유에서였다. 보수주의자들은 기성 종교들에 대해 자유주의자들보다 반감을 덜 가졌으므로, 시민사회 내의 교회 조직 및 여타 공동체들을 해체하려는 시도에 경계심을 품어 왔다. 보수주의자들은 한 나라 내의 수많은 '소대들'이 중요한 사회적 기능을 수행한다고 믿기 때문이다.

국가의 정체성과 국가에 대한 충성심의 근거가 무엇인지가, 전통적 보수주의와 고전적 자유주의를 가르는 중요한 판단 근거가 된다. 전통적 보수주의는 (강력한 국가적 정체성과 충성심에 대한 근거인) 공통의 문화가 정치제도에 꼭 필요한 보완재라는 점을 고전적 자유주의보다 훨씬 더 강조해 왔다. 미국의 보수주의자들은 정치 공동체의 모든 구성원들이 초기에 미국에 정착했던 영국인들의 앵글로-프로테스탄트 문화를 공유할 필요가 있다고 믿었다. 보수주의자들은 거의 19세기 내내 미국에 도착한 새로운 이주자들을 용인하면서도 조건을 달았다. 즉, 이민자들이 미국인임을 규정할 수 있는 문화 — 기독교 신앙, 개인의 책임성, 노동 윤리 및 기타 앵글로-프로테스탄트 문화 등을 강조하는 가치관 — 에 신속하게 동화된다는 조건에서 이들을 수용했던 것이다.[5] 또한 보수주의자들은 자유주의자들보다 늦게 아프리카계 미국인들을 평등한 시민으로 인정했다.

전통적 보수주의는 자유주의 담론에서 잘 나타나지 않는, 오랜 국가 전통에 대한 애착심을 흔히 표출하곤 한다. 전통적 보수주의는 (자유주의와는 다르게) 자국을 특정한 의미와 가치관이 구현된 실체로 본다. 전통적 보수주의는 자국의 고유한 전통과 성취를 자랑스레 여기는 반면, 고전적 자유주의에서는 자국이 지금까지 해온 바를 수정하고 싶어 하며 자국이 (자유주의자들이 모든 국가 공동체에서 존중되어야 한다고 믿는) 추상적인 자유주의 원칙에 동조하기를 원하곤 한다.

3
아나키즘
...
전통적 공동체를 거부하고 자연적 공동체를 모색한다

정치 공동체에 대한 아나키즘의 관점은 전통적 보수주의와는 정반대다. 아나키스트들은 사람들이 그 어떤 정치체에 대해서도 귀속감을 가질 필요가 없다고 본다. 국가·주·지방의 모든 정치 공동체들이 나름의 정부 조직을 갖추고 있으며 이런 정부 조직들이 강압력을 행사하여 사람들의 자유를 불필요하게 제한한다고 보기 때문이다. 다른 전통적 공동체들 — 경제 생산을 위해 사람들을 조직하는 기업체, 신앙을 위해 사람들을 조직하는 교회 조직, 자녀 양육을 위해 사람들을 조직하는 가족제도 등 모든 결사체들 — 역시 사람들 위에 군림하는 권위 구조를 갖추고 있다. 즉, 아나키즘은 모든 전통적 공동체를 거부하는 정치적 관점인 것이다.

아나키스트들은 전통적 공동체들은 거부하지만, 자연적 공동체는 받아들인다. 공통의 이익을 추구하기 위해 사람들이 대면 관계를 통해 결속하고 즐기는 공동체, 즉 이미 수많은 자연적 공동체들이 존재한다는 것이다. 아마 단주자들의 모임인 '익명의 알코올 중독자 모임'AA, Alcoholics Anonymous과 같은 집단이 이런 자연적 공동체의 본보기가 될 것이다. 사람들은 '단주'라는 공통의 이익을 위해 이런 모임에 참석해 서로를 격려한다. 이들은 자발적으로 모임에 참가하며 또 이런 모임이 참석자들이 서로를 잘 알 정도로 충분히 소규모여서 평등한 관심과 존중으로 구성원을 대하고 염려해 줄 수 있다. 이런 모임은 사회적 규범과 도덕적 설득만으로 유지되는 조직이므로 공동체 내의 개인 권리를 확실히 보장할 수 있다고 한다. 이런 (소규모) 공동체들은 개인적·자발적·유동적이어서 사람들이 자신의 흥미에 따라 마음대로 가입과 탈퇴가 가능하다. 아나키스트들은 (개인에게 고유한 필요를 채우고 이익을 도모하는 데 도움이 되는) 이런 종류의 자발적이고 자연적인 공동체에 가입함으로써, 모두가 자신에게 고유한 공동체 정체성에 귀속되고자 하는 필요를 충족하고 공동체적 삶의 혜택을 누릴 수 있다고 믿는다.

적극적인 아나키스트가 아니라 아나키즘 성향을 가진 정도의 사람이라면, 전통적인 공동체에서 탈출할 수 없어서 어쩔 수 없이 받아야 하는 간섭을 무시하거나 그것에 의문을 제기하는 데 그치면서, 자신이 좋아하는 자연적 공동체에만 관심을 기울일지도 모른다. 그러나 정치적 신념이 높은 아나키스트들은 전통적 공동체를 적극적으로 파괴해야 한다고 믿는다. 이들은 전통적 공동체의 억압에서 해방되어야 사람들이 (타인과 사회적 조화를 이루면서 자유롭게 사고하고 자유롭게 살아갈 수 있는) 자율적인 도덕적 존재로서 활짝 꽃필 수 있다고 본다.

4
마르크스주의
...
노동계급 그리고 궁극적으로 인류 전체와 동일시한다

마르크스주의는 (아나키즘과 비슷하게) 자본주의 시대에 현저하게 나타난 대다수의 공동체들에 대해 거부감을 표현한다. 그러나 마르크스주의는 전통적 형태의 공동체를 거부하는 것만으로는 충분치 않고 어떤 대안적인 공동체 정체성이 있어야 한다고 믿는다. 마르크스가 노동계급을 단결시키고 그들에게 계급의식을 불어넣으려고 했던 것은 잘 알려진 일이다. 노동자들이 자본주의에 맞서 성공적인 혁명을 이룩하려면 그들은 자기들을 갈라놓는 여타 정체성들 — 예컨대 국적의 차이나 종교적 차이 — 을 극복해야 한다. 만일 자본가들이 주는 생계 임금을 받으며 일하는 독일의 루터교 신자, 프랑스의 가톨릭 신자, 영국의 성공회 신자, 미국의 침례교 신자들이 국적과 종교적 정체성을 초월해서 자기 자신을 자본주의 체제로부터 억압받는 동질적 존재로 볼 수 있다면, 일종의 계급적 연대 의식을 가지고 자본주의 타도를 위한 집합적 역할에 눈을 뜨기 시작할 것이다.

이런 계급의식이 정확하게 어떻게 자라날 수 있는지는 불분명하다. 자본주의적 모순 상태에서 살아 보는 것만으로 무산계급의 모든 구성원이 공통의 계급적 이익을 인식할 수 있을지 모른다. 아니면 그런 모순 상태로 말미암아 노동계급 가운데 일부의 의식이 깨어나고, 이들이 의사소통의 매개자로서 사상을 전파하는 핵심 역할을 떠맡음으로써 모든 무산계급 구성원들이 자신이 처해 있는 상황과 역할에 대해 광범위한 인식을 갖게 될지도 모른다. 그러나 마르크스는 자기 자신 그리고 자신과 유사한 지식인들이 이런 문제에서 노동계급을 이끌 수 있다고 생각했던 것 같다. 따지고 보면 『공산당선언』 자체가 무산계급에게 자신의 처지를 인식시키고 서로 단결할 것을 촉구하기 위해 발표된 글이다. 정통 마르크스주의에서 생각하는 정치 공동체 개념은 무산계급 사이에서 응집력 있는 초국적 정치 공동체를 발전시키는 데에 초점을 맞추고 있다.

마르크스주의는 혁명 후의 정치 공동체에 대한 구상에서도 아나키즘과 갈라진다. 마르크스는 아나키즘에서 모색하는 자연적 공동체가 사람들을 조직화하는 데에 (적어도 혁명 직후 시점에서) 충분한 역할을 할 수 있을지 의구심을 품었다. 일부 자본가들이 반혁명가가 되어 자본주의 체제를 재건하려 들 수 있으므로 이런 사람들을 억누르거나, 적어도 재사회화할 필요가 있다. 이런 과업을 수행하기 위한 강제적 공동체가 필요할 것이다. 심지어 무산계급조차 자본주의에서 몸에 익힌 소외를 당장 극복하지는 못할 것이다. 보상과 처벌을 통해 이런 노동자들을 생산적인 노동자로 만들려면, 단순히 도덕적 설득이라는 조치만으로 부족할지도 모른다. 혁명 이후 출현할 정치 공동체는 국민국가보다는 규모가 작겠지만, 경제 및 사회생활을 조직하고 관리하는 데 필요한 강제적 권력을 보유한 정치적 실체로 계속 존립할 것이다. 정통 마르크스주의는 이런 강압적 정치 공동체가 이행기에만 필요하고, 궁극적으로는 아나키즘에서 바라는 자연적 공동체가 출현할 것이라고 주장했다. 마르크스주의자들은 시민들이, 그런 이행기적 조치가 공산 사회로 나아가려면 참아 내야 할 일시적인 필요 조치에 불과하다는 점을 이해한다면 기꺼이 그런 강압적인 공동체에 순응하리라고 믿었던 것 같다.

정통 마르크스주의는 전 지구적 정치 공동체를 모색한다고 할 수 있다. 마르크스 자신이 1864년 국제노동자동맹[제1인터내셔널]의 결성에 참여했을뿐더러 현존하는 국민국가에 별다른 의미를 부여하지 않았다. 일반적으로 말해, 마르크스주의는 전 세계의 모든 인간이 전 지구적 정치 공동체 내에서 자유롭고 평등하게 살 수 있는 도덕적 이상에 호소하는 이념이다. 물론 이때 사람들은 일차적으로 자기가 속한 소규모의 자연적 공동체 내의 타인들과 주로 교류하겠지만, 다른 자연적 공동체에 속한 사람들을 (목적과 이해관계가 서로 상충되어 적으로 대해야 할) '타자'로 인식하지는 않을 것이다. 먼 곳의 공동체에 속한 사람이라도 상호 이익에 부합하는 한 협력할 수 있는 존재라는 말이다. 이런 의미로 보면 마르크스가 제안한 전 지구적 공동체와 오늘날의 신자유주의자들이 모색하는 전 지구적 공동체 사이에 공통점이 있는 것처럼 보일지도 모른다. 그러나 마르크스의 전 지구적 공동체는 자본주의 원칙이 아니라 사회주의 원칙에 따라 조직되는 사회일 것이다. 따라서 마르크스주의 내의 더욱 유토피아적인 분파에서 모색하는 전 지구적 공동체는 지금까지 출현한 뒤 소멸했거나 현재 존재하고 있는 그 어떤 공동체와도 본질적으로 다른 사회라고 할 수 있다. 뒤에서 정치의 다른 영원한 쟁점들을 다룰 때 이 점이 좀 더 명확히 드러날 것이다.

5
공산주의
...
민족주의에 대한 호소로 제국주의에 대항한다

20세기의 공산주의는 정치 공동체에 대해 마르크스주의와 많은 점에서 유사성이 있다. 공산주의자들은 자신들도 마르크스가 모색했던, 궁극적으로 계급이 없고 국가도 없는 전 지구적 공동체를 추구한다고 주장했다. 그러나 공산주의자들은 국제적 현실 때문에 그런 이상을 신속하게 달성하기가 어렵다는 점을 잘 알고 있었다. 그래서 러시아 공산주의자들은 스탈린이 말한 일국 사회주의를 실천에 옮겼다. 러시아혁명 이후 공산주의자들은 국가·광역·지역사회 수준에서 '소비에트'라고 불리는 평의회를 설립하여 인민들이 통치와 행정에 폭넓게 참여하게 했고, 사회적 교류를 촉진해 사회적 유대를 강화했으며, 창조적인 노동자가 출현하도록 권장하여 러시아 인민들이 이상적인 공산 사회로 나아가도록 이끌었다.

그러나 중국이나 동유럽 등 다른 국가에서 공산주의자들이 권력을 쟁취했을 때 이들은 기존의 국민국가 체제를 고수한 채 계속 나라를 다스렸다. 이런 공산권 진영에서는 통상 러시아가 자신들을 후원하고 이끌어 주기를 바랐으며,

공산국가들로 이루어진 광범위한 정치 공동체를 설립하고자 했다. 그러나 공산권이 서구를 지배하거나 전 세계 사람들에게 공산 통치를 강요할지도 모른다고 우려했던 서구인들은 단일화된 공산 진영이 무엇을 의미하는지 너무나 잘 알고 있었다. 그렇지만 실제로는 공산주의 정권들은 나라마다 차이를 드러냈기에, (서구가 두려워했던 대로) 일사불란한 공산권 진영은 출현하지 않았다.

또한 공산주의자들은 계급의식에 대한 사상을 마르크스주의보다 덜 강조했다. 대다수 공산주의자들은 제국주의로 고통을 겪은 사회에서 활동했으므로, 자본주의와 제국주의에 의한 지배를 종식시키고 싶어 하던 저개발 사회의 (노동계급만이 아니라) 광범위한 인민들에게 호소했다. 요컨대, 공산주의 혁명가들은 흔히 민족주의를 강조하면서, 러시아·중국·베트남·쿠바 및 기타 피식민 국가의 시민들에게 민족주의적 항거를 통해 제국주의의 멍에를 벗어던질 수 있다고 강조했다.

공산주의자들은, 이런 나라들에서 정권을 잡은 뒤에는 일반 시민들이 집권 공산당 및 공산당이 지배하는 국가와 강한 유대감을 가질 수 있게 만드는 방법을 찾았다. 이들은 시민들에게 그들의 새로운 공산 사회가 외국의 자본주의 세력—특히 미국의 군사력과 경제력—에 의해 위협받고 있음을 확실히 믿게 할 이념적 장치를 발전시켰다. 또한 내부적으로 공산주의자들은 사회·정치적 다원주의를 해체할 수 있는 정책을 개발했다.[6] 공산주의자들이 교육과 강압을 동원하여 자기들이 이끄는 공동체의 정체성 외의 다른 모든 공동체 정체성을 근절하려고 했던 것은 분명 전체주의적인 행보였다. 그러나 공산주의자들은 마치 파시즘이 그랬던 것처럼 단일한 공산당 정체성이나 단일한 국가 정체성을 궁극적 목표로 간주한 적은 없었다. 단일한 공동체 정체성은 사회주의사회가 이행기를 거쳐 공산 사회로 나아가는 데 필요한 잠정적이고 도구적인 수단에 불과하다고 여겼던 것이다. 그러나 이런 잠정적 이행기가 끝없이 계속되면서 이상적인 공동체가 조만간 도래하리라고 주장했던 공산주의자들의 구호가 거짓말처럼 들리기 시작했다.[7] 결국 공산주의는 그 호소력을 대부분 상실하게 되었고 대다수 공산 정권도 그 정당성을 상실하게 되었다. 그 결과 냉전 당시 공산권 사회를 하나로 묶어 주던 정치사상과 제도들보다 더 강력한 정치적 정체성을, 종족·언어·문화 등에 근거한 여러 민족주의들이 제공할 수 있게 됨에 따라 구소련·유고슬라비아·체코슬로바키아 등은 해체되었다.

6
파시즘과 나치즘
…
단일민족과 아리아 국가

파시즘은 철저히 민족지상주의적 이념이다. 또한 파시즘은 시민들이 국민국가와 완전히 일체를 이루도록 강권한다. 1920년대 이탈리아에서 파시스트당은 시민들에게 국가와 철저하고 완전하게 결합하도록 설득하면서 일종의 전체주의 국가를 창조하기 시작했다 — 결국 그 목표를 완전히 달성하지는 못했다. 시민들이 국가 이외의 다른 공동체 정체성으로부터 자극을 받지 않도록 사적 공동체에 대한 귀속감은 권장되지 않거나 국가 지도자들의 은밀한 통제를 받았다. 예를 들어, 이탈리아 파시스트들이 가톨릭교회를 해체하려고 시도한 적은 없었지만, 이들은 교회로 하여금 국가를 장악한 파시스트들의 이상과 정책을 지지하게끔 만들어 놓았다. 국민국가와 하나가 된 정체성이 만들어지면 국론 통합과 중앙 집중화된 권력이 형성되고, 파시스트 국가가 타국들과 벌이는 (문화·경제·군사 등 모든 영역에서의) 국제 경쟁에서 승리할 수 있을 것이라고 믿었다.

파시스트들의 민족주의에서 저변을 이루는 토대는 궁극적으로 역사와 문화에 근거한 공통의 유대다. 1815~70년에 걸쳐 근대적 의미의 국가 통합을 달성했던 이탈리아의 시민들은 로마 공화정과 로마제국 등 과거의 영광에서 자부심을 찾으려 했다. 이탈리아의 파시스트들은 이탈리아인들의 공통 언어와 전통을 강조했다. 파시스트들은 이탈리아인들에게 자국의 문화를, 강력한 이탈리아 국가를 재창조할 수 있는 원천으로 간주하라고 부추겼다. 그리고 이탈리아 국민들이 서로 간에 경제·사회·정치적 이견을 접어 두고 단합한다면 그런 이상을 이룰 수 있다고 주장했다.

이와 대조적으로 나치즘은 국가보다 인종을 훨씬 더 강조했다. 나치는 독일 내에 다양한 인종적 전통들이 있음을 알아차렸다. 그중 어떤 독일인은 특히 순수한 백인 혈통이었는데 나치는 이런 사람들이 독일 내의 다른 인종들보다 우월하다고 주장했다. 나치는 그런 아리아인들이 다른 아리아인들과 하나가 되고 유대감을 느껴야 하며, 독일 공동체 내에서 유대인의 존재는 '진정한' 독일인의 능력을 희석하고 변질시킨다고 믿었다. 물론 독일 국경선 바깥에 거주하는 아리아인도 있었는데, 나치는 이를 빌미로 아리아인이 사는 지역을 정복했고 이들을 모두 합해서 아리아인으로 이루어진 거대한 독일제국을 건설하고자 했다. 따라서 나치는 인종·종족·문화적으로 다양한 정치 공동체를 반대한 셈이다. 나치는 사람들의 인종적 특성만이 정치적 정체성의 (필요조건과 충분조건을 모두 충족하는) 토대가 된다고 믿었던 것이다.

7
현대 자유주의
...
개인의 차이 및 집단의 차이를 인정하는 국가

현대 자유주의는 고전적 자유주의를 이어받아 국가 공동체 사상과, 국가 내에서 연방주의 및 시민사회의 역할 등을 강조한다. 또한 현대 자유주의는 사람들이 자신이 거주하고 있는 국가 공동체뿐만 아니라, 국가 하부의 도나 지역사회, 여타 다양한 자발적 결사체들과도 자신을 동일시하는 것이 바람직하다고 인정한다. 오늘날 자유주의자들은 점점 더 전 지구적 정체성을 가지기 시작했으며,

전 세계의 모든 사람에게 관심을 기울이면서 전 세계의 상황을 개선하려고 노력하는 국제 비정부기구^{NGO} 활동에도 참여하고 있다.

아마 현대 자유주의자들은 오늘날 다원주의를 지지하는 여러 중요 세력 가운데 국가 공동체에 대한 지향이 가장 분명한 사상일 것이다. 뒤에서 살펴보겠지만, 오늘날 좌파 내의 여러 목소리들은 비교적 국제주의적이며, 보수주의는 지역사회를 지향하는 편이다. 현대 자유주의자들은 국민국가가 우리의 주된 정치적 정체성을 발휘하고 정치적 책임을 다할 수 있는 적절한 공간이라고 믿는다. 자유주의자들은 한 국가 내의 시민들이 자국의 동료 시민들을 우선적으로, 가장 열심히 도와야 한다고 생각한다.[8] 예를 들어, 미국에서 테러 희생자들, 태풍 피해자들 및 그 외의 불우한 사람들이 생기면 이웃 주민들만이 아니라 미국 국민 전체가 이들을 도와야 할 책임을 느껴야 마땅하다고 본다. 그리고 이런 의무에는 정부의 지원도 중요한 몫을 차지한다. 자유주의자들은 피해자들을 돕기 위해 자발적으로 시간과 돈을 내놓겠지만, 그들은 연방 정부의 (세금으로 이루어진) 일반 재원에서 충당되는 공적 지원이야말로 시민들이 동료 시민들에 대한 책임을 완수할 수 있는 공정한 토대가 된다고 믿는다. 그런 정부 지원이 있어야만 우리도 예상치 못한 불행을 겪었을 때, 공적 지원을 받을 권리가 생기기 때문이다. 또한 현대 자유주의자들은 (이차적인) 전 지구적 시민의 정체성도 지니고 있으므로 해외의 어려운 사람들을 위해 자국 정부가 도움을 주는 데에 찬성할 것이다. 하지만 현대 자유주의에서 그런 국제적 지원을 실시할 책임은 자국 내 동료 시민들에 대한 의무에 비해 부차적인 고려 사항이 된다.

보수주의에 비해 현대 자유주의는 오늘날의 수많은 사회·경제적 문제가 국가적 문제이고 국가적 해결책을 필요로 한다는 점을 강조하는 편이다. 자유주의자들은, 과거 미국의 남부 주에서 법률로 규정되어 있었고, 1950년대와 1960년대에 공민권운동을 촉발했던 공공연한 흑인 차별 조치들이 단순히 남부 지역만의 문제가 아닌, 미국 전체의 문제 — 진정한 "미국 전체의 딜레마"American dilemma[9] — 라고 보아, (그저 미시시피 주나 앨라배마 주의 흑인이 아니라 미국의 시민인) 남부 흑인들을 도울 전국적 조치가 필요하다고 생각했다. 또한 특정한 주에 소재한 공장에서 대기나 강물로 쏟아 내는 오염 물질은 그 주뿐만 아니라 다른 곳에까지 악영향을 미치므로 국가 차원의 환경기준과 해결책이 필요했다. 이처럼 현대 자유주의는 다양한 정치 공동체들의 중요성을 인정하면서도, 국가 공동체와 국가의 각종 기구들이 다양한 사회문제를 해결할 수 있는 역량을 키울 것을 강조하는 편이다.

현대 자유주의에서 국가 정체성의 토대는 정치제도들이다. 파시스트(및 일부 사회적 보수주의자)와는 달리 현대 자유주의자들은 국가 정체성과 애국심의 문제에서 시민들 간 공통의 문화가 중요하다고 보지 않는다. 나치(및 고전적 자유주의자)와는 달리 현대 자유주의자들은 국가 정체성을 형성하는 데 종족이나 인종이 같아야 한다는 것을 중요하게 여기지 않는다. 현대 자유주의자들은 다문화 국가와 다인종 국가에 대해 거부감이 없다. 따라서 현대 자유주의자들은 (명목상 자유주의 국가이면서도 모든 시민을 평등하게 다루어야 한다는 자유주의의 이상을 실천하지 못했던) 자국 내에 존재하는 소수자 집단, 여성, 동성애자를 비롯한 배제되고 주변화된 시민들을 위한 사회운동을 지지해 왔다.

현대 자유주의는 개인들이 집합적 목표를 위해 힘을 합쳐 협력할 때 공동체의 연대가 발생한다고 본다. 이런 협력은 정치 공동체에서는 물론 시민사회 내 여러 집단에서도 일어날 수 있으며, 심지어 공통의 도덕적 인식이 없다 하더라도 그런 협력이 일어날 수 있다. 실제로 자유주의자들은 개인의 도덕적 자율성을 철저히 신봉하기 때문에 (공통의 도덕적 지향과 가치관을 주장하는) 공동체주의를 유독 강력하게 권장하는 결사체들에 대해 경계심을 품곤 한다. 따라서 자유주의자들은 사람들의 가치 체계가 서로 다르더라도 공통의 목표를 위해 협력할 수 있다고 생각한다. 그래서 자유주의자들은 다양한 계급·인종·종족·종교 등의 배경을 지닌 아이들이 함께 모여 기본 교육을 받고, 더불어 살아가는 방법을 배울 수 있다는 이유로 공립학교를 선호한다. 자유주의자들은 서로 다른 성격과 가치관을 지닌 시민들이 함께 모여 공동체의 특정한 (그러나 초점이 분명히 제한된) 목표를 위해 협력할 수 있으므로 시민 단체를 지지한다. 자유주의에서 말하는 자발적 단체들은 흔히 그 구성원들의 차이를 넘어 효과적으로 협력해야 하기 때문에, 이들은 내용적 동질성이 있는 "구성적"constitutive 공동체라기보다 "절차적"procedural 공동체라고 불러야 할 것이다.[10] 자유주의에서 말하는 공동체의 구성원들은 서로 다른 도덕적 가치를 지니고 있으므로 공동체 내부의 연대가 약해질 우려도 있지만, 구성원들이 자신의 가치를 초월해서 서로 중요한 유대감을 가질 수도 있다. 이들은 서로 가치가 다르더라도, 어떤 공동체 차원의 결정을 내리는 과정에서 공평하고 효과적인 절차에 대한 공통의 신뢰를 키워 나갈 수 있다. 또한 이들은 혼자서는 하지 못했을 일을 집합적인 노력을 통해 성공적으로 성취한 것에 만족감을 느낀다.

현대 자유주의는 이런 식의 집단 연대 의식을 국가 차원의 공동체에도 적용할 수 있다고 믿는다. 그러나 자유주의에서 생각하는 민족주의 의식은, 보수주의에서 말하는 민족주의 의식보다 유연한 사회적 연대감에 토대를 두고 있다. 예를 들어, 자유주의자들은 보수주의자들보다 국가 공용어에 대한 의지가 적으며 ─ 미국의 경우 자유주의자들은, 영어 외의 다른 언어를 쓰는 소수집단이 '영어 전용법'과 같은 강제 규정 때문에 큰 부담을 느끼는 것에 동정적인 태도를 취하는 편이다 ─ 국가의 상징물에 대해서도 보수주의자들에 비해 큰 의미를 두지 않는다 ─ 자유주의자들은 미국 국기를 불태울 수도 있다. 자유주의자들은 평등한 권리와 책임을 보장한다는 의미에서 하나의 민족주의를 지지한다. 따라서 자유주의의 민족적 연대 의식은, 동료 시민들과 내가 가진 권리가 평등하다는 인식, 그리고 나는 (내 나라 바깥의 사람들에 대해서보다) 내 나라의 동료 시민들에 대해 더 큰 책임을 느낀다는 인식에 토대를 두고 있다. 자유주의의 민족적 연대 의식은, 헌법 ─ 민주적 조항에 아무리 결함이 많더라도 ─ 이나[11] 대통령제 ─ 현직 대통령이 아무리 무능하더라도 ─ 등 국가 제도에 대한 애착심을 공유하는 시민들에 그 토대를 두고 있다. 자유주의자들은 (시민들을 하나로 묶어 줄 수 있는) 국가 제도들은 시민들의 충성을 받을 만하다고 생각한다. 그런 제도들을 통해 각자의 차이점들을 공평하게 해결하고 집합적인 목표를 효과적으로 추구할 수 있기 때문이다.

자유주의자들이 동일시하는 국가 공동체 ─ 그리고 국가 하부의 공동체 ─

는, [자유주의 외에] 다원주의를 지지하는 다른 이념에서 동일시되는 공동체만큼 강하지 않다. 민주사회주의자와는 달리 자유주의자들은 중앙정부가 전체 시민들에게 공동체적인 조치를 취해 주어야 한다는 점을 강하게 주장하지 않는다. 예를 들어, 통상 민주사회주의자들은 모든 시민을 위한 보편적 의료 제도를 지지하곤 하지만, 현대 자유주의자들은 아직 그런 정도까지 나아가지는 않았다. 또한 자유주의자들은 많은 보수주의자들이 하는 방식대로 도덕률이나 국가적 가치를 중시하지 않는다. 예를 들어, 보수주의자는 동성애자의 결혼을 금지하기 위해 미국 헌법을 개정하고 싶어 하지만, 자유주의자는 결혼 제도를 포함해서 여러 상이한 도덕적 관행에 대해 보수주의자보다 훨씬 개방적인 태도를 취한다. 즉, 자유주의자가 사랑하고 귀속감을 느끼는 국가 공동체는 개인의 차이를 용인하는, 느슨한 공동체라 할 수 있다.

8
현대 보수주의
...
공동체적 국가가 아닌 도덕적 국가를 지향한다

현대 보수주의는 고전적 자유주의와 전통적 보수주의로부터, 국가 공동체에 대한 깊은 존중 및 반드시 자신이 시민권을 보유한 나라에 대해 일체감을 느끼고 애국적 충성심을 가질 필요가 있다는 점을 물려받았다. 미국의 현대 보수주의자는 현대 자유주의자보다 미국 역사를 더욱 긍정적이고 낭만적으로 인식한다. 미국의 보수주의자는 (자유 시장과 사유재산의 중요성을 강조하는) 경제적 자유주의와 (종교적 각성을 촉구하고 도덕적 순결성을 강조하는 대중운동의 근간인) 사회적 보수주의의 전통을 이어 왔다는 이유로 자국을 사랑한다.

그러나 적어도 미국의 현대 보수주의자는 원래 국가 공동체보다 주 단위와 지역사회 단위의 공동체를 더욱 지지하고 중시해 왔다. 보수주의자들이 1950년대와 1960년대의 인종 문제에서 자유주의자들이 취했던 국가적 조치에 저항하기 위해 '개별 주의 권리'states rights를 옹호한 것만은 아니었다. 그들은 국가 차원의 경제 규제와 전국 차원의 정책을 각 주에 강요하는 경향에 반대하기 위해 주의 권리를 강조했던 것이다. 특히 보수주의자는 연방 정부가 주 정부에 대해 연방 재정을 지원하지 않으면서 장애인과 기타 불우 계층을 위한 접근권을 보장하라는 의무를 지우거나 안전 및 환경 보건 기준을 전국 수준에 맞추라고 요구하는 것에 대해 반감을 가졌다. 보수주의자들은 워싱턴[중앙 정치]의 정치인과 관료들이 지역의 시민들과 관리 및 지역의 특유한 필요와 제약을 잘 알지도 못하면서 탁상공론식의 지시를 내린다고 생각했으므로, 국가 차원의 정책에 저항했던 것이다. 또한 보수주의자는 주 정부와 지역사회에 권한을 이양하여 사회·경제적 문제를 해결하기 위한 정책을 자체적으로 개발하게 하면 대안적인 정책 접근이 가능해질 것이라고 생각했다. 보수주의자는 지방에서 내놓는 정책이 자유주의자의 접근 방식보다 훨씬 더 구체적이고 신중한 것이라고 본다. 보수주의자는 자유주의적 접근이 국가 차원의 잘못된 사회공학이라고 믿는다. 즉, 미리 국가적 목표를 정하고, 목표를 달성하기 위해 이론적 추론에 의거한 정책을 개발하며, 이 (국가 차원의) 정책이 지역공동체에 초래한 의도하지 않은 결과는 제대로 평가하지 않는 것 등을 말한다.

물론 보수주의자들은 아직도 중앙 정치를 반대하는 정치적 수사를 활용하고 있긴 하지만, 보수주의 운동이 진화하면서 확실히 과거에 비해 국가적 의제를 많이 다루기 시작했다. 이는 국가 차원에서 보수주의의 영향력이 커졌고, 보수주의의 목표를 달성하기 위해서라도 국가 차원의 문제를 중요하게 다룰 필요성을 인식하기 시작했음을 의미한다. 보수주의는 전국 차원의 선거에서도 점점 더 성공을 거두기 시작했다. 과거에는 민주당과 자유주의자들이 워싱턴 정가를 지배하곤 했지만, 지난 25년 사이에 공화당과 보수주의자들이 국가 차원의 많은 제도들을 지배하기 시작했다. 보수주의자들이 국가 차원의 정치가 중요함을 더 크게 인식하게 된 것이다. 1970년대 중반까지만 해도 보수주의자는 전국 단위의 공동체보다 지역 차원의 공동체에 경도되어 있었다. 보수주의 운동이 막 나타나던 당시의 보수주의자들은, 멀리 떨어진 워싱턴에서 일어나는 일이 아니라, 주변에서 자신들에게 직접 영향을 주는 일에 대해 자신들이 구체적이고 현실적으로 대처한다는 사실에 자부심을 느끼고 있었다. 보수주의자는 주 차원과 지역사회 차원의 정치가 일상생활에 더욱 중요하다고 생각했다. 주 정부가 음주와 도박 및 성적 행동을 규제하고 시민들의 범법 행위에 대해 엄격한 형벌 규정을 제정하는 것이 옳다고 보았다. 보수주의자들은 동네 학교에서 아이들이 교육을 받게 했으며, 교육을 지방정부의 소관으로 여겨 학교의 이사회와 운영위원회 등에 열심히 참여했다. 지방정부가 토지 사용 정책을 통해 지역의 부동산 가치에 영향을 미칠 수 있었으므로 보수주의자들은 시의회의 권력을 지배하려고 들기 일쑤였다. 그러나 1970년대가 되면서 중앙정부의 결정이 점점 더 지역 차원에 영향을 미칠 수 있다는 점을 보수주의자들이 이해하기 시작했다. 1973년 대법원이 '로 대 웨이드 사건' 판결을 통해 여성에게 낙태 권리가 있다고 판정한 후, 보수주의자들은 전국 단위의 선거에서 대중을 동원하여 백악관과 [연방]의회에 (앞으로 자유주의 성향의 판사들이 대법원을 차지하지 않도록 조치할) 보수주의자들을 더 많이 진출시키지 않는 한 자신들의 도덕률이 계속 훼손될 것이라는 결론을 내렸다. 보수주의가 전국 차원의 정치에 점점 더 관여하면서 보수주의자가 자신의 정치적 의제 ― 중앙정부가 재량으로 시행하는 정책 축소, 연방 예산 감축, 국가적 사회정책에 보수적 가치의 주입 등 ― 를 추구할 수 있는 능력 또한 늘어났다.

 그럼에도 대다수 현대 보수주의자들은, 서로 다른 도덕적 가치관을 지닌 사람들로 이루어진 국가에서 국민들에게 단일한 도덕적 지향을 강요하려는 유혹에 완전히 넘어가지는 않았다. 급진적인 사회적 보수주의와는 달리 현대 보수주의는 중앙정부가 모든 국민에 대해 단일한 공통 문화와 단일한 도덕적 지향을 불어넣어야 한다고 보지 않는다. 그 대신 이들은 공동체주의를 지향하는 조직들이 나름의 방식대로 마음껏 활동할 수 있도록 중앙정부가 허용해 주기만 하면 그것으로 만족하는 편이다. 이 말은, 수많은 교회 및 특정 도덕률에 기반을 둔 단체들의 존립과 활동을 촉진해 주는 — 물론 정부 자신이 특별히 선호하거나 반대하는 도덕률에 따라 특정 교회나 단체를 지원하지는 않으면서 — 중앙정부를 보수주의자가 지지한다는 뜻이다. 물론 이렇게 될 때 보수주의자는 잘해야 작은 (교회의 여러 교파들 내에서) 집단들, 그리고 지역 정치 공동체 내에서 확고한 사회적 결속을 얻을 수 있을 뿐이다. 보수주의자는, 낙태나 동성애와 같은 문제에 대해 국가 차원에서 결여된 도덕적 합의를 지역공동체나 주 차원의 공동체에서는 가질 수 있고, 따라서 지방정부가 중앙정부보다 더 큰 도덕적 절제력을 발휘할 수 있다고 믿는다.

또한 현대 보수주의는 공동체주의 지향의 단체들을 지원하고 지역공동체가 지역 실정에 맞는 도덕률을 시행할 수 있도록 융통성을 발휘하자고 주장하는 것을 넘어, 국가 공동체의 전체 차원에서 자유주의가 선호하는 절차적 공화국이 제공할 수 있는 것보다 더욱 확고한 충성과 귀속감을 불러일으켜야 한다고 본다. 보수주의자는 공통 언어, 국가 상징물, 자국의 올림픽 선수들을 응원하는 행위 등이 모두 다원적 정치 공동체 내에서 건강한 사회연대 의식을 고취하는 데 도움이 된다고 믿으며, 따라서 국가적 정체성을 확립할 수단을 강조하곤 한다.

9
급진적 우파

...

전 지구적, 일국적, 국가 하부적 충성심이 서로 경쟁한다

정치 공동체에 관한 쟁점에서 급진적 우파는 내부적으로 극심하게 분열된 양상을 보인다. 급진적 우파 내의 다양한 관점에는 전 지구적·대륙적·일국적·지역사회적 정체성을 강조하는 입장들이 모두 포함되어 있다. 또한 하나의 관점에서도 정치적 공동체를 강조하는 입장과, 종교나 경제에 기반을 둔 다른 결속체를 강조하는 입장이 다양하게 나타난다.

그러므로 급진적 우파라는 공동체 정체성이 급진적 우파 모두를 하나로 묶는다고 생각할지 몰라도, 자유 지상주의의 경우 개인의 자유에 우선순위를 두고 있으므로, 개인들을 공동체에 결속하는 문제에 대해서는 거의 주의를 기울이지 않는다. 자유 지상주의자는 좋은 삶이라는 개념이 개인의 내부에서 우러나오는 개념이며, 그 개인이 살고 있는 공동체와는 아무런 연관이 없다고 본다. 이들은 좋은 공동체란 개인에 대해 최소한으로만 간섭하는 공동체이고, 그러므로 개인의 자유를 최대한 보장하는 공동체만 지지할 수 있다고 믿는다. 만일 어떤 자유 지상주의자가 라스베이거스 시에 애착을 느끼고 시 차원의 정치에 대해 충성을 표하더라도, 그것은 그 도시가 자기 자신의 개성을 형성해 주었거나 그 도시에 사는 시민들에게 어떤 책임을 느껴서가 아니다. 오히려 그 도시가 '어떤 행동이든 허용하는' 특징을 가졌고, 자유를 예찬하고 보호해 주기 때문에 그곳에 애착을 보일 가능성이 있다.

이에 비해 전통적 공동체주의자들의 입장은 전혀 다르다. 이들은 개인의 권리를 강조하는 자유 지상주의의 입장을 반대하며, 공동체 전체의 선익the community good을 강조한다. 자유주의자와 자유 지상주의자는, 공동체 내에 거주하는 사람들이 그 공동체에서 받을 수 있는 편의성을 제외하고, 공동체 전체의 선익이 별도로 존재한다는 생각 자체를 형이상학적 난센스로 치부하겠지만, 전통적 공동체주의자는 공동체의 생활이 개인에게 구체적으로 제공해 주는 편의성과 상관없이 별도로 존재하는 공동체 전체의 선익을 거론하는 것도 나름대로 의미를 지닌다고 생각한다. 이에 따르면 공동체 전체의 선익은 (간혹 먼 과거와 미래 사람들까지 포함한) 사람들 간의 교류에서 비롯될 수 있다.[12] 예를 들어, 어떤 나라의 명예 또는 그 나라가 지향하는 바를 수행하는 데 따르는 평판과 같은 것은 극히 소중한 공동체 전체의 선익이라 할 수 있을 것이다. 그런 선익의 혜택은 어느 한 사람에게만 돌아가는 것이 아니며, 그 선익을 얻기 위해 그 공동체에 속한 사람들이 커다란 대가를 치러야만 하겠지만, 일단 그런 선익을 확보하면 전체 공동체에 영향을 미치게 되며, 현재와 미래 세대들에게 도움이 될 것이다. 따라서 전통적 공동체주의자는 사람들이 공동체 전체의 선익과 합치되는 도덕률을 실천할 필요가 있음을 강조하지만, 자유 지상주의자는 이런 주장을 일언지하에 거부할 것이다.

전통적 공동체주의자는 (대단히 특정적이며, 일상생활에서 사람들 간의 교류로부터 생겨나는) 지역 정체성과 공동체적 뿌리의 중요성을 강조한다. 개인이 지역 공동체에 뿌리를 내리고 있으면 (전국적 차원에서는 결여되기 쉬운) 삶의 도덕적 목표를 명확하게 알 수 있다. 그리고 그것은 (자유주의가 우리에게 물려주었고 전 지구적 신자유주의가 현재 추진하고 있는) 지나치게 개인주의적인 사회에서 나타나는 외로움을 떨쳐 버릴 수 있는 진정한 사회적 유대감을 제공해 준다.

국수주의자는 두말할 필요도 없이 국가적 정체성을 강조한다. 게르하르트 프라이가 이끈 독일인민연합German People's Union은 "독일 제일"이라는 구호를 내세웠고, 로스 페로와 패트릭 뷰캐넌이 이끈 미국개혁당도 "미국 제일, 그리고 제이, 제삼도 미국"이라는 구호를 강조했다.[13] 이런 구호를 보면 국수주의자들이 다중적 공동체 정체성의 중요성을 폄하하는 것처럼 보이기도 하지만, 이런 주장은 (경제적 불안정을 발생시키고 전통적 생활양식을 훼손하는) 지구화 및 지구화 경향에 맞서는 국수주의자들의 투쟁이라는 맥락에서 보아야 할 것이다. 국수주의자는 지구화가 국가주권을 약화하고, 자국의 경제적 이익을 침해하며, 자국 노동자들의 생활수준을 저하하지나 않을까 염려한다. 또한 이들은 무역 또는 환경보호 관련 국제 협약들을 전 지구적 공동체에 대한 전반적인 영향력이라는 점에서 평가해서는 안 되고, 자국에 대한 구체적인 영향력으로 판단해야 한다고 믿는다. 국수주의자는 전 지구적 정체성이나 대륙적(지역적) 정체성을 분명히 줄이고 싶어 하겠지만, 국가 하부의 공동체 또는 시민사회 내 결사체들에 대한 사람들의 유대를 단절하라고 주장하지는 않는다.

사회·문화적 보수주의자들 역시 국가의 정체성을 강화하려 한다. 새뮤얼 헌팅턴은 『우리는 누구인가?』Who are We? 라는 저서에서 미국의 문화적 동질성이 약화되는 것을 우려한다. 국민 모두가 공유하는 가치를 (국가의 안정, 힘, 효과적 통치에 극히 중요한) 강력한 국가 정체성의 핵심으로 간주하기 때문이다. 헌팅턴은 앵글로-프로테스탄트 문화가 미국적 정체성의 핵심인 데 반해 히스패닉·아프리카·아시아적 문화는 그렇지 않다고 주장한다. 문화적 보수주의자들은, 이민자들이 미국과 강한 결속력을 유지하려면, 그들이 미국의 문화적 가치 — 프로테스탄트 노동 윤리와 기독교적 도덕성 — 에 완전히 동화되고, 미국 문화의 핵심을 이루는 유럽 문학과 문화에 친숙해지며, 영어를 유창하게 구사할 수 있어야 한다고 강조한다. 미국 문화에서 특유하고 모범적인 측면을 강조하지 않는 다문화주의, 그리고 그와 연관된 자유주의 정책들은 문화적 혼동과 국가 정체성 쇠락으로 이어질 수 있고, 이는 다시 양분된 사회 및 기존 정치 공동체의 정당성을 인정하지 않는 경향으로 악화될 수 있다고 한다.

헌팅턴의 도발적인 저작 『문명의 충돌』 The Clash of Civilizations에 따르면 냉전 이후 시대에 접어들어 문명적 정체성이 다시 등장했다고 한다. 이런 문명적 정체성은 공통의 문화와 종교에 기반하고 있지만, 『우리는 누구인가?』에서 헌팅턴이 강조했던 구체적인 문화·종교적 정체성보다 훨씬 더 폭넓은 측면을 가리킨다. 예를 들어, 서구인들 — 로마에 사는 가톨릭교도이든, 유타 주에 사는 모르몬교도이든 — 은 일반적으로 기독교적 가치를 공유하고, 동일한 문학·예술·정치적 전통을 인정하곤 한다. 서구인들 사이의 문화적 차이는 서구인과 비서구인들 — 이슬람·힌두·중국 및 기타 문명 — 사이의 차이보다 훨씬 작다는 것이다. 문명 간의 차이로 수많은 갈등이 유발되고, 그 결과 다른 문명권에서 발생한 위기에 대해서는 이쪽 문명권에 속한 초강대국들조차 대처하기 힘들 정도로 문제가 복잡해지곤 한다. 문명 정체성에 초점을 두는 입장 때문에 헌팅턴은 전 세계 문명 간의 화해 불가능한 차이점만 강조한다는 비난을 감수해야 했지만, 그는 모든 문명들 간의 종교적·문화적 차이점을 존중하는 건강한 문명 정체성이 있을 때 비교적 안정된 전 지구적 공동체가 만들어질 수 있다고 주장했던 것이다.[14]

전 지구적 신자유주의는 전 지구적 시장에서 개인의 자유가 확보될 것을 강조하며, 그 때문에 전통적 공동체주의자들이 강조하는 '공동체에 뿌리 내린 개인'이나, 강력한 국가 정체성과 같은 관념에 별로 관심을 두지 않는 것처럼 보인다.

그러나 대다수 지구화론자들은 현대의 정치적 기정사실로서의 국민국가 또는 우리 삶에 의미를 부여하는 규범적 영향력으로서의 국민국가가 중요하다는 사실을 부정하지 않는다. 예를 들어, 토머스 프리드먼은 『렉서스와 올리브 나무』 The Lexus and the Olive Tree에서 한편으로 지구화를 예찬하면서도 다음과 같이 주장한다. "국민국가는 약화될지언정 사라지지는 않을 것이다. 즉, 국가는 최후의 올리브 나무이다. 언어·지리·역사적으로 국가는 우리가 어디에 속해 있는지를 표현해 주는 최후의 보루다."[15] 그러나 지구화론자는 경제 지구화가 진행될수록 사람들이 자국에 대해 덜 동일시하고 충성도 줄여야 한다고 믿는다. 국가에 지나치게 비중을 두면 국가의 자급자족이나 무역 장벽 설정 등을 추구하는 등, 잘못된 경제적 결정이 나올 수 있기 때문이다.[16] 과도한 국가적 자부심과 불충분한 국가적 자존감이 국제 분쟁과 전쟁을 일으키는 중요한 요소가 되기 쉽다.[17]

지구화론자는 지구화 시대에 걸맞은 (특히 전 지구적 시장에 부합되는) 비민족주의적 정체성을 발전시키고자 한다. 지구화론자는 우리에게 전 지구적 공동체 및 (잠재적으로 고객·투자자·노동자인) 세계인들과 일체감을 가지라고 권장한다. 그런 전 지구적 공동체는 국가가 강압력을 동원하여 우리 삶을 규제하는 정치 공동체가 아니다. 전 지구적 공동체는 사람들이 상호 혜택을 누리기 위해 구체적인 개인들과 서로 교류하는 자발적인 공동체다.

지구화론자는 지구화로 말미암아 전통적인 공동체의 결속이 해체되어 사회 질서가 붕괴되었음을 인정한다. 그러나 이들은 그런 문제가 일시적인 현상이고, 조만간 지구화에 따른 더욱 풍요롭고 다양한 공동체적 삶이 창출될 것으로 믿는다. 후쿠야마에 따르면 지구화에 수반된 사회불안으로 종교 공동체의 중요성이 다시 부각되었다고 한다. 그러나 이런 공동체는 과거의 정통적이고 내세 지향적인 교회가 아니라, 신도들에게 사회적 활동을 장려하고 사회적 유대를 제공해 주는 새로운 형태의 교회라고 한다.[18] 요한 노르베리는 지구화가, 전통적으로 동질적이었던 지방 공동체들을 더욱 이질적이고 다원적인 문화로 대체하고 있다고 본다. 전 세계 대부분의 도시에는 수많은 종족적·종교적 하위 공동체들이 존재하며, 이들은 쉽게 접근할 수 있는 장소에서 사람들에게 문화적 선택의 폭을 다양하게 넓혀 주고 있다고 한다.[19] 요컨대, 지구화론자는 사람들의 관점을 재조정해서 자기 삶에서 국가적 정체성의 비중을 줄이고, 타국 및 다른 문화권의 사람들에 대한 결속력을 늘리며, 자신이 속한 지역공동체를 더욱 포용적이고 다양한 공간으로 만들려고 한다. 이들은 그런 식으로 공동체의 지향을 바꿔 나가면 관용, 종족 및 계급을 초월한 사회적 교류, 전 세계 인류의 상호 혜택 등을 고양할 수 있을 것이라고 믿는다.

급진적 우파 내의 목소리들은 서로 대단히 다르지만 이들은 우리가 다중적 공동체 귀속 의식, 다중적 정체성, 다중적 책임 등을 갖기를 원한다. 현대적 우파 내의 어떤 목소리도 파시스트와 나치 및 극단적 우파에서 강조하는 단일한 공동체 정체성을 모색하지는 않는다. 또한 급진적 우파들이, 현대 자유주의 및 현대 보수주의가 중시하는 국가 정체성을 완전히 없애려고 할 것 같지는 않다.

10
급진적 좌파
...
수많은 정치체 내 다양한 인민들 간의 연대

급진적 좌파는 급진적 우파보다 훨씬 더 국제주의적이다. 급진적 우파인 지구화론자 역시 일국적 정체성에 대한 초점을 줄이고 전 지구적 공동체를 지향한다지만, 그들이 강조하는 전 지구적 공동체는 전 지구적 시장일 뿐이지 하나의 정치 공동체는 아니다. 이와 대조적으로 급진적 좌파 내에는 국제적 정치 공동체에 초점을 맞추는 정체성을 채택하자고 촉구하는 여러 목소리들이 있다. 민주사회주의자는 사회주의적 목표를 달성하는 궁극적인 무대가 전 지구적 공동체라는 사실을 오랫동안 인식해 왔다. 국제 정치 공동체를 지향하는 민주사회주의자야말로 세계주의적 정의를 주창하는 사람들 가운데서도 돋보인다. 세계주의적 정의의 주창자들은 산업화된 서구 국가들과 개도국 사이에 존재하거나, (상대적으로 비교했을 때) 풍족한 북반부와 궁핍한 남반부 사이에 존재하는 엄청난 부의 불평등을 줄이려고 노력한다.[20] 급진적 좌파 내의 많은 목소리들은 국제기구들, 특히 세계무역기구와 국제통화기금이 현재 취하고 있는 정책을 반대한다. 급진적 좌파는 이런 기구들의 입장이, 지구화로 발생한 혜택을 개도국들에게 더 많이 분배하는 정책이 아니라, 가장 발전한 선진국들에 본거지를 둔 다국적기업들에게 유리한 신자유주의 무역정책을 답습하고 있다고 본다. 그러나 급진적 좌파는 모든 국제기구를 무조건 부정하는 것이 아니라, 평등주의적 원칙에 기반해서 운용되는 국제기구들은 가치가 있다고 본다. 급진적 페미니즘과 급진 녹색주의는 흔히 비정부기구 운동에 참여하곤 하는데, 이 비정부기구들은 많은 나라에서 온 활동가들로 이루어져 있고, 전통 사회 내에서 여성들이 처한 곤경과 저개발국에 영향을 미치는 환경문제를 다룬다.[21] 그런 비정부기구들과 각종 사회운동들은 다국적기업의 영향력을 축소하기 위해 노력하고, 초국적인 방식으로 노동자들을 조직하며, 전 지구적 정의를 주창하고, 여성들에게 중요한 문제를 국제사회에 제기하며, 전 지구적 환경을 보호한다.

그러나 급진적 좌파 내에 여전히 국민국가에 강한 초점을 두는 목소리들도 적지 않다. 존 롤스와 같은 자유주의적 평등주의자들은 자기들의 정치적 원리가 국제사회에는 적용되지 않는다고 명백하게 밝히면서, 그런 원리가 (시민들이 상호 간에 정치적 책임을 지는) 현존하는 국가 정치 공동체에만 적용된다고 주장한다.[22] 시민적 공동체주의자는, 평등주의적 자유주의가 한 나라의 시민들 상호 간에 강한 책임을 유지하는 문화적 가치를 시민들이 공유하게 하는 문제에 대해 충분한 관심을 기울이지 않았다고 주장하지만, 평등주의적 자유주의자는 다양한 문화적 가치를 지닌 사람들이 자신의 시민적 의무를 각별하게 느끼지 않더라도, 결국 우리가 동료 시민들에게 그들이 본질적 필요를 충족할 수 있게 보장할 책임을 지고 있음을 인정하는 정치적 합의에 도달할 수 있다고 믿는다.[23]

민주사회주의자 역시 오랫동안 국가 공동체의 중요성에 주목해 왔다. 20세기 동안 민주사회주의자들이 몇몇 나라에서 두각을 나타내고 권력을 쟁취하기도 했다. 이 나라들에서는 민주적 정치과정이 상당히 발전했기 때문에, 자본주의의 비판자들이 정치적 수단을 통해 자본주의에 수반되는 주요 문제들과 불의를 제거하거나, 적어도 그것을 길들일 기회를 가질 수 있었다. 사회주의자는 선거로 권력을 잡을 경우 산업 국유화를 시도하여 통신과 대중교통 부문을 활성화하는 국가적 목표를 추진하곤 했다. 또한 사회주의 정부는 대규모 정책을 입안하고 시행하여, 다양한 재화와 서비스 — 예를 들어, 교육과 의료 — 를 그 나라의 모든 시민에게 공통적으로 제공하기 위해 노력했다.

시민적 공화주의는 정부에 시민들이 참여하는 것을 찬성하는 동시에, 시민들이 크고 작은 여러 공동체에 귀속되는 다중적 정체성 역시 강화되어야 한다고 본다. 마이클 샌들은 효과적인 자주적 거버넌스를 가능하게 하는 시민적 덕성을 가진 시민들을 국가 차원에서 많이 육성해야 한다고 생각한다. 그는 20세기 동안 미국에서 민주주의를 이해하는 방식이 완전히 변해 버렸다고 개탄한다. 20세기 이전만 해도 미국인들은, 민주주의를 통해 시민들이 자신의 집합적 운명을 개척할 수 있다고 생각했다. 그러나 오늘날 시민들은 민주주의를 통해 집합적 운명이 아니라 자기 자신의 가치관과 목표를 선택할 수 있다고 생각한다. 국력이 강성했을 때에는 민주주의를 집합적 목표가 아닌 개인적 목표의 관점으로 보더라도 별 문제가 없었다. 그런 관점의 변화 자체가 눈에 잘 띄지 않았기 때문이다. 그러나 국내에서 — 가령 1960년대의 사회적 소요와 1970년대의 경제 상황에서 — 그리고 해외에서 — 가령 베트남전쟁과 이란 인질 사태●에서 — 국력이 쇠퇴했을 때에는 시민적 덕성을 다시 일깨우고, 국운을 이끌 집합적 능력을 강화할 필요가 발생한다. 그러나 이런 깨달음을 얻었을 때는 이미 지구화가 진행되어 현실적 조건도 달라졌다. 따라서 샌들은 설령 시민들이 국가 공동체와 자신을 더욱 동일시하고 효과적인 거버넌스에 필요한 시민적 덕성

● 이란 인질 사태 : 1979년 11월 이란혁명을 지지하는 학생들과 급진운동가들이 테헤란에서 미국 시민 52명을 444일 동안 구금했던 사건. 미국과 이란의 외교 관계 악화에 결정적 계기가 되었다.

을 더 많이 확보한다 하더라도, 전 지구적 정치제도가 존재하지 않는 상황에서, 시민들이 스스로 전 지구적 경제를 규제할 가능성이 없음을 인정한다. 따라서 샌들은 다음과 같이 결론을 내린다.

> 오늘날 '자치'self-government의 희망은, 주권을 다른 곳으로 이동하는 데에 있지 않고, 오히려 주권을 작은 단위로 분산하는 데에 있다. 주권국가를 대체할 가장 유망한 대안은 인류의 연대에 기초한 세계주의적 공동체가 아니라, 주권이 분산되어 있는 다양한 종류의 공동체들과 정치적 단위들 — 국가보다 더 큰 집단도 있을 수 있고 더 작은 집단도 있을 수 있다 — 이다. 주권을 상향·하향으로 분산할 수 있는 정치를 통해서만, 전 세계적 시장 권력에 맞서는 데 필요한 권력과, (시민들의 충성을 일깨우고 싶어 하는) 공적 생활에 필요한 분별력을 결합시킬 수 있다.[24]

샌들은 계속해서 우파 공동체주의와 좌파 공동체주의가 만들어 낸 전국적 복지국가를 비판한다. "미국식 복지국가는 정치적으로 취약하다. 그 목표에 부합하는 국가적 공동체 의식에 기반하고 있지 않기 때문이다."[25] 샌들은 전국적 정체성을 강화할 필요가 있지만, 지역공동체와 동네 및 시민 단체 내에서 시민권을 재활성화하는 것 또한 중요하고, 타당하다고 주장한다.

이처럼 급진적 좌파는 인간이 수많은 정치 공동체에 속해 있고, 다양한 자발적 결사체에 참여한다는 사실을 잘 알고 있다. 급진적 좌파 내의 다양한 목소리들은 사회연대, 평등, 강한 민주주의 등의 가치를 모든 공동체에 전파하려는 의지를 지니고 있다. 급진적 좌파는 정치 공동체 내에서 공통의 경험과 사회연대를 얻는 수단으로서 '관여'engagement 또는 '참여'participation의 가치를 중시한다. 급진적 좌파는 사람들이 정치적으로 힘을 합쳐 활동하는 과정과, 사람들 사이에서 더욱 사회주의적인 에토스를 키울 수 있다는 희망 모두가 (보수주의가 주장하듯 과거 지향적이지 않은) 전향적인 공동체 건설에 도움이 된다고 본다.[26]

자유주의와 비교할 때 급진적 좌파는 공동체가 수단만이 아니라, 내재적으로도 실질적인 가치를 지녔다고 생각한다. 자유주의자는 공동체를, 사람들이 다양한 공통의 가치를 찾고 이를 성취할 수 있는 도구적 가치라는 측면에서 평가하지만, 급진적 좌파는 그 외에도 공동체가 사람들의 (타인과 결속하려는) 본질적 필요를 제공할 수도 있다고 본다. 사람들은 공동체에서 박애심과 연대감을 누릴 수 있다. 급진적 좌파가 대규모 공공사업을 통해 국립 의료 제도나 아동 보육 센터, 대중교통 시설 도입 및 확충 등을 추진하려는 것은 그런 제도들이 공동체 내의 모든 사람에게 제공될 수 있기 때문이다. 부자와 빈자, 흑인과 백인, 그리고 다른 사회적 균열 지점에 놓여 있는 사람들이 사회화된 의료 시설, 지역사회 육아 센터, 지하철 등의 공공시설을 다 함께 이용한다면, 자신과 다른 사회계층에 속한 이들이 지닌 생활 방식과 가치관을 확인할 기회를 가질 수 있다. 20세기 초 밀워키 시는 미국 역사상 아주 드문 사회주의적 도시 행정을 통해 미국 전체에서 가장 울창한 시립 공원 체계를 만들어 냈다. 이런 공적 공간은, 모든 사회계층의 사람들이 (상하 관계로 이루어진 직장에서 퇴근하고) 하루 일과를 마친 뒤에는 평등한 시민으로서 함께 교류할 수 있어야 한다는 취지에서 창조되었다. 급진적 좌파는 오늘날 스포츠 경기장에 따로 마련된 특별관람석이야말로 이런 사회연대의 크나큰 상실을 상징적으로 보여 준다고 생각한다. 관람객을 신분에 따라 나누고, 시민들의 공통된 경험을 줄이기 때문이다. 급진적 좌파가 공통의 경험을 강조하는 이유는 시민들이 서로를 알고, 공통의 기억을 가지며, 자신과 다른 입장에 처해 있는 사람들을 공감하며 연대하기 위해서다.

11
극단적 우파
…
다중적 공동체 정체성을 거부한다

극단적 우파는 가장 중요한 정치 공동체와 공동체 정체성이 무엇인가 하는 문제에 대해 매우 다양한 생각을 갖는다. 물론 극단적 우파에 속한 많은 목소리들이 국민국가를 중시한다는 점에서 파시스트와 닮았다. 미국의 국민연합National Alliance, 포세 코미타투스,● 애국자운동Patriot Movement 등의 단체들은 지구화를 혐오하고 세계정부를 두려워한다는 점에서 극단적인 민족지상주의로 생각된다. 그러나 애초에 이들의 애국적 열정이 분출된 것은 미국에서 일어나고 있는 현상에 대한 경각심에서 비롯된 것이다. 즉, 이들은 미국이 백인 사회에서 다종족 사회로 변한 것을 개탄하며 중앙정부가 억압적인 세력이 되었다고 믿는다. 이런 생각을 가진 대다수의 우파들은, 강력한 지역사회 공동체가 억압적인 지구화 및 국가 세력에 맞서 싸울 수 있는 방어진지의 역할을 해주기를 바란다. 이와 대조적으로, 특히 미국 바깥의 극단적 우파들은 현존 국가 체제를 넘어서는 포괄적인 정체성을 찾는다. 예를 들어, 이슬람 근본주의자는 아랍 세계의 국민국가들과 국경선을 식민 지배의 유산이라고 생각한다. 오사마 빈라덴의 정치적 목표 역시 현존하는 국가적 차이를 뛰어넘어 단일한 이슬람 정체성의 기치 아래 모든 무슬림을 단결시키려는 것으로 생각된다.

이처럼 우파 극단주의자들이 추구하는 정치 공동체는 제각기 다르지만, 다중적 공동체 정체성을 좋지 않게 평가하고, 적개심을 보인다는 점은 공통적이다. 이들은 언제나 종교·인종·종족 등에 근거한 단일한 공동체 — 하나의 목적과 하나의 도덕성으로 이루어진 공동체 — 에 속한다는 비전을 꿈꾸는 것 같다. 흑인 민족지상주의와 백인 민족지상주의가 모두 이 같은 동질성에 대한 믿음이 확고하다. 오늘날 미국의 백인 민족지상주의자에게, 과거의 백인 인종주의자들이 '열등한' 인종으로부터 분리되어 살기 위해 (인종적으로 순수한) 백인만의 국가 공동체를 수립하려 했던 경향은 덜하다. 그 대신 이들은 인종들마다 문화와 가치가 너무나 다르기 때문에 다른 인종들끼리 함께 모여 살기가 어려우므로

● 포세 코미타투스(Posse Comitatus) : 라틴어로 '지역공동체의 힘'이라는 뜻. 카운티 수준의 지방자치만을 유일한 정부 형태로 인정하는 극우파 사회운동.

따로 살아야 한다고 주장한다.[27] 물론 이런 식의 폐쇄적인 동질성은 다원주의에 반하는 인식이다.

또한 극단적 우파는 단일한 전 지구적 공동체나 세계정부에 속한다는 생각을 몹시 혐오한다. 아직까지도 자신의 종교나 문화를 다른 민족에게 강요해 전 세계적인 지배를 구축하고자 하는 세력도 일부 있을지 모르지만, 오늘날 대부분의 극단적 우파들은 그런 식의 세계주의자가 아니다. 이들은 다원적인 국가들과 문명들이 존재하는 현실을 이해하며, 상이한 문화·종교·종족성을 지닌 사람들과 어쩔 수 없이 어울려 살아야 하는 일종의 '삶의 양식'을 인정하기도 한다. 따라서 극단적 우파는 그들의 주된 공동체에서는 일치를 모색하지만, 다른 공동체들과의 관계에서는 마지못해 다원성을 인정한다고 볼 수도 있을 것이다. 그러나 극단적 우파가 수용하는 국가 간 다원성 개념은 매우 취약하다. 이들은 다른 문화권에 속한 사람들과, 국가 사이에서 발생하는 쟁점을 처리하는 규정·통로를 제공해 주는 국제기구들을 혐오하기 때문에, 그들이 말하는 전 지구적 다원성이란 실제로는 경쟁적인 무정부 상태라고 할 수 있다.

지구화의 진행 속도가 점점 더 빨라지고, 지구화가 진행되면서 서로 다른 문명·문화·인종·종족적 정체성을 가진 사람들을 갈라놓았던 장벽이 허물어지며, 지구화가 기존 질서를 허물어 많은 이들을 위협한다면, 극단적 우파의 여러 목소리들은 자신들의 (동질적인 공동체를 수립하고 '그들'과 '우리' 사이에 장벽을 쌓으려는) 이상에 동조하는 청중을 점점 더 많이 확보하게 될 것이다.

12
극단적 좌파
...
기존의 정체성을 해체한다

극단적 좌파는 다양한 공동체 정체성에 도전한다. 이들은 다원주의자들이 국가를 근본적인 인간 결사체로 특별 대우한다고 믿으며, 이런 국가 중심 사상에 대해 실증적·규범적으로 도전한다. 이들은 지구화로 국가의 문화·경제·통치 구조가 약화되었다고 믿는다. 그리고 전 지구적 통신·기술·시장으로 말미암아 이전까지 존재해 온 각국의 특유한 문화가 동질화되었다고 본다. 또한 초국적 기업 때문에 토착 투자자·노동자·소비자가 해외시장의 필요와 불안정 및 착취 앞에 노출되었다고 본다. 그리고 각국 정부들은 유동자본을 유치할 필요성 때문에 자국의 시민들보다 해외 자본이 원하는 바에 훨씬 더 잘 반응하게 되었다. 따라서 지구화로 말미암아 사람들은 점점 더 세계시장의 노동자와 소비자로 변하고, 사람들의 삶에서 국가의 역할은 더욱 줄어들었다는 것이다.

극단적 좌파는 국가적 정체성과 애착심이 상실된 것보다, 국가의 중요성을 축소시킨 과정 자체를 더욱 비판적으로 본다. 따지고 보면 서구 국가들이 우월하다는 식의 그릇된 믿음으로 서구가 저개발국들을 지배해야 한다는 도착(倒錯)된 논리가 형성되었고, 국가 정체성이 강할수록 국제분쟁이 늘어나고 전 지구적 정의에 대한 의지가 줄어들기 때문이다.[28]

통상 극단적 좌파는 국제 공동체를 지향하며, 사람들에게 전 지구적 정체성을 갖도록 권장하는 편이다. 하트와 네그리는 전 지구적 통신망과 협력 체계를 통해 서로 연결된 사람들로 이루어진 초국적인 "다중"을 거론한다. 좌파 극단주의자가 보기에 다중에 속하지 않는 사람은 단 한 명도 없다. 다중은 전 지구적 지배 세력에 저항하고, 더 많은 민주주의를 생성하려는 일종의 보편적 인간 공동체다.[29] 하트와 네그리는 전 지구적 정치제도들을 강화할 수 있는 방안을 강구한다. 예컨대, 유엔을 개혁하여 진정으로 대표성을 지닌 세계 기구를 만든다거나, 세계사회포럼WSF, World Social Forum의 모델을 본뜬 전 지구적 기구를 설치한 다거나, "인민들과 국가들, 심지어 문명들에 토대를 둔 전 지구적 의회"를 창설하는 것 등을 들 수 있다.[30] 심층 녹색주의는 사람들에게 "전 지구적 차원에서 사고하고, 지역사회 차원에서 행동"할 것을 촉구하며, 간혹 "지구 행성 공동체" planetary community 개념을 활용하여 인간이 자신을 (인간들뿐만 아니라 모든 동식물과 토양 및 자연 자원을 연결하는) 전 지구적 생태계의 일부로 인식하는 것이 중요하다고 강조하기도 한다.[31]

이와 동시에 극단적 좌파는 현재 전 지구적 공동체 및 지구 생태계가 구성되어 있는 실태와 그것을 관리하는 체계에 대해서 극히 비판적이다. 이에 따르면 국제 공동체는 전 지구적 자본주의에 의해 지배되고 있고, 이 체계의 주도적 경제 행위자들이 가진 엄청난 권력이 전 지구적 공동체에서 사람들이 맺는 관계를 왜곡한 결과 불의와 적대감이 확산되고 있다고 한다. 또한 생태계가 탐욕스러운 경제적 이해관계에 의해 너무나 자주 훼손되고 착취당하며 교란되고 있으며, 사람들은 이 연약한 행성[지구]을 유지하기 위해 스스로 어떤 역할을 감당해야 하는지 전혀 인식하지 못하고 있다. 국제기구는 거의 대부분 막강한 경제적 이해관계를 대변하는 하수인에 불과하다. 이런 문제점에 대한 극단적 좌파의 진단에 많은 급진적 좌파들도 동의할 것이다. 그러나 급진적 좌파에 속한 사람들은 흔히 국제 시민사회 내에 존재하는 제도들 내의 운동가로서 활동 — 다양한 비정부기구에 가담하거나, 국제 사회운동을 조직하는 등 — 하곤 하지만, 극단적 좌파는 그런 식의 정치적 활동으로 긍정적 변화가 올 수 있으리라고 기대하지 않는 편이다.

일부 극단적 좌파는 지역공동체로 돌아가는 것이 최선의 해결책이라고 믿는다. 예를 들어, 심층 녹색주의자는 지구 행성과 지상의 모든 피조물들이 거대한 조직들 — 대규모 전 지구적 시장, 대기업, 거대한 관료제 정부 등 — 에 의해 위협받고 있다고 믿으며, 사람들에게 분권화된 공동체 내에서 "지역사회 차원의" 활동에 나서라고 촉구한다. 심층 녹색주의자는 "생존을 위한 청사진"● 에서 다음과 같이 촉구한다. 즉, 5백 명 정도의 주민으로 이루어진 공동체를 조직해서 자신이 속한 환경에 일어나는 변화를 인식하고 자신의 삶에 대해 일종의 자율적 통제력을 가질 수 있어야 한다는 것이다.[32] 물론 심층 녹색주의자는 이런 소규모 지역공동체가 더 큰 지역공동체·지방·국가 및 전 지구적 공동체들과 연결될 필요가 있음을 인정한다. 그러나 여전히 가장 강조하는 것은 지역공동체다. 예컨대, 절대적으로 필요한 수준을 넘어선 높은 차원에서 집합적 결정을 할 수 없게끔 하는 원칙과 지역공동체들 간의 관계가 (중앙집권화된 정부의 권위에 의한 감독을 받지 않고) 완전히 자발적일 수 있도록 보장하는 연맹 구조 원칙 등을 통해 지역공동체의 우선성을 강조하는 것이다.

결국 극단적 좌파는 정치적 삶을 재구성하는 문제에서 '높은 이상'을 건지한다고 볼 수 있다. 하트와 네그리는 "모든 것을 원점으로 돌려 사회와 정치에 관한 새로운 과학을 구상"하자고 말한다.[33] 높은 이상을 건지하는 것은 고귀한 과제일 수 있고, 하트와 네그리 같은 좌파 사상가들이 추구하는 변화는 보통의 극단적인 변화보다도 더 근본적인 변화일 수 있다. 그러나 하트와 네그리가 주권 개념에 대해 최종적으로 가하는 공격은 아나키즘적 비판에 가까운 것이며, 그것은 기존의 통치 체제에 대한 공격일 뿐만 아니라, 현존하는 모든 정치 공동체 자체에 대한 공격이기도 하다. "이는 사실상 지배자들이 더욱 더 기생적이 되고 주권이 점차 불필요진다는 것을 의미한다. 이에 상응하여 피지배자들은 점차 자율적이 되고 그들 자신의 사회를 형성할 수 있게 된다"[34]

그런데 하트와 네그리는 자신들이 아나키스트가 아니라면서, "주권과 아나키, 이 둘 가운데 어느 쪽을 선택해야 하는지는 중요치 않다"라고 주장한다. 이들은 정치 공동체의 해체를 촉구하기보다 새로운 사회적 관계와 공동체를 창조하려고 한다.[35] 이런 새로운 정치 공동체가 어떤 모습을 취할지는 분명치 않지

● "생존을 위한 청사진"(Blue Print for Survival) : 1970년 영국에서 창간한 잡지 『에콜로지스트』 (The Ecologist) 1972년 1월 특집호 커버스토리로 나온 심층 녹색주의의 핵심 주장. 나중에 단행본으로 재출간되었다. http://www.theecologist.info/key27.html.

만 하트와 네그리에 따르면 다중이 거대한 "이탈"을 감행하여 기존의 정치 공동체를 떠나 기존의 모든 권위적 관계에 저항할 것이라고 한다.[36] 하트와 네그리는 기성 정치 공동체를 급진적으로 개혁하기보다 그것에 정면으로 맞서는 반항의 정치를 부르짖음으로써, 자신들이 추구하는 정치가 극단적인 함의를 띤 것임을 잘 보여 준다.

13
소결
…

다원주의자들은 자신을 다양한 공동체들과 동일시하고, 공동체들에 참여하며, 책임을 느낀다. 이들은 자신을, 작은 정치체에서 큰 정치체에 이르는 다단계 상자 속에 속해 있는 존재로 파악한다. 미국의 경우, (자신이 속한 도시·주·국가에 대해 모두 귀속감을 갖는) 연방주의 원칙에 동의하는 것을 이런 생각의 한 가지 표현으로 볼 수 있다. 좀 더 세계주의적 방식으로 본다면 다원주의자들은 자신을 부분적으로 미국, 서구 문명, 전 지구적 공동체에 속한 존재로 규정할 수 있다. 이렇게 영토로 규정된 공동체를 넘어, 다른 종류의 귀속성을 가지는 사람들도 있으므로 문제는 좀 더 복잡해진다. 다원주의자들은 자신을 교회·직장·교육기관과 같은 자발적 결사체와도 동일시한다. 또한 이들은 서로 (아주 일시적일 수도 있는) 약간의 공통적 이익을 지니고 있다는 점을 제외하고는 구성원들의 속성이 불명확한 공동체와 동일시하기도 한다. 예를 들어, '우리는 아프리카계 미국인들'We are African-American이나 '우리는 인터넷 채팅 그룹'We are part of a chat group, 또는 동성애 권리를 옹호하는 모임이나 축구 응원 모임처럼 공통적 이익에 근거한 집단에 속할 수도 있는 것이다.

현대 자유주의와 현대 보수주의 및 급진적 좌파와 급진적 우파 등은 모두 사람들이 다양한 공동체 정체성을 유지하고 이를 옹호하는 것이 중요하다고 믿는다. 다원주의자들은, 하나의 공동체 또는 극소수의 공동체에만 귀속감을 가진다면 그것은 개인에게나 정치 전반에 모두 불건전한 영향을 미칠 것이라고 본다.[37] 단일한 공동체 정체성은 속 좁고 편협하며 융통성 없는 사고방식을 불러일으킨다. 만일 어떤 사람이 하나의 공동체에만 완전히 빠져 있다면 그 공동체의 믿음·가치·원칙만을 지고지순한 것으로 여기고, (자신이 전혀 모르는) 다른 공동체의 믿음·가치·원칙과 비교해 자기가 속한 공동체를 객관적으로 평가할 수 있는 기회를 박탈당할 것이다.[38] 다중적 공동체 정체성을 가질 때에 타인들과의 결속감이 높아질 수 있고, 우리가 속한 공동체가 편협한 이익이나 좁은 인식만을 추구하지 않도록 예방할 수 있다.[39] 우리가 다중적 공동체에 대한 책임을 진정으로 느낀다면, 우리 공동체의 권위가 일방적으로 지시하는 바를 무조건 따를 경우에 우리가 속해 있는 다른 공동체들 내에서 우리가 타인들에게 보여 주어야 할 도덕적·정치적 책임이 훼손될지도 모른다는 점을 기억할 필요가 있다. 다중적 공동체에 대한 구성원의 역할을 유지할 때, 우리 자신이 그 구성원이기에 참여할 권리를 갖는 공동체에는 어떤 것들이 있고, 그 구성원이 아니기 때문에 우리의 참여 혹은 영향력과는 상관없이 독자적인 통치 권리를 갖는 공동체에는 어떤 것들이 있는지를 평가할 수 있다. 이와 대조적으로 파시즘과 나치즘 및 오늘날의 다양한 극단적 우파들은 공동체의 일치를 위해 단일한 정체성을 모색하므로, 공동체에 관한 이들의 견해는 다원주의의 범위 바깥에 존재한다고 볼 수 있다.

다중적 공동체 정체성이라는 사상을 받아들이더라도 공동체에 관한 여러 중요한 쟁점들이 모두 풀리지는 않는다. 쟁점들이 남아 있는 경우, (다원적 세계 질서를 포함한) 다원적 사회에서는 전 지구적 상호 연결성, 국가의 주권, 각 주의 권리, 지역사회의 자치에 대한 우선순위를 달리하는 이들 사이의 갈등이 계속될 것이다.[40] 이런 갈등이 있더라도 다원주의자들은 여러 종류의 정체성을 부정하거나 그런 공동체를 해체하려 하지 않는다. 그 대신 다원주의자들은, 만일 특정 공동체에 대한 정체성이 역효과를 낼 경우에 그런 공동체를 해체하려 들기보다, 공동체에 대한 우리의 귀속감과 공동체가 우리에게 미치는 영향력 등을 강화하거나 순화할 수 있는 방도를 찾는다.

그러나 끝까지 다원주의자들을 가르는 한 가지 쟁점은 공동체 정체성의 토대가 무엇인가 하는 문제다. 다원주의자들은 공동체들이 인종·종족·종교 등에서 반드시 동질적이어야 한다고 보지 않는다. 그러나 다원주의자들 가운데 문화적 보수주의자와 (좌·우파) 공동체주의자는 정치 공동체에 필요한 정체성과 충성심을 함양하려면 사람들이 공통의 문화적 가치를 공유해야 한다고 믿는다. 시민적 공화주의는 공동체의 운명을 민주적으로 결정하고 사회정의를 위한 정책을 지지하려면 그 사회에서 폭넓게 받아들여지는 시민적 덕성 ─ 예컨대, 자기 이익보다 공동체 전체의 선익을 앞세우고, 공적인 사안에 대해 자신의 시간과 관심과 경제적 지원을 제공하는 등 자신의 몫을 기꺼이 행하는 것 ─ 을 시민들이 이해하고 실천하려는 의지를 가져야 한다고 믿는다. 전통적 공동체주의자는 사회적 안정과 공공질서가 자리 잡히려면 (노동·가족·종교, 그리고 성적 표현과 행동에서의 품위 등을 중심으로 한) 전통 깊은 도덕적 가치를 시민들이 이해하고 그것의 인도를 받을 필요가 있다고 믿는다. 문화적 보수주의자는 국가의 효율성과 국력이 늘어나려면 그 공동체의 시민들이 단일한 공용어를 사용하고, 자기 공동체에서 큰 업적을 낸 사람들에 대해 (다른 사람들도 그와 같은 업적을 내도록 동기를 부여할 수 있는 방식이 되게끔) 같은 구성원이라는 자부심을 갖게 할 필요가 있다고 믿는다. 그러나 자유주의·자유 지상주의·신자유주의 등에서는 공동체 정체성의 기초로 공통의 문화가 중요하다는 점을 강조하지 않는다. 자유주의자는 시민들이 공통의 문화를 지니는 것이 중요한 것이 아니라, (새뮤얼 헌팅턴이 "정치적 신조"political creed라고 부른) 공통의 정치적 원리를 적극 지지하기만 하면 강건하고 안정된 국가 공동체를 가질 수 있다고 믿는다.[41] 만일 시민들이 자국의 헌법, 정치제도, 모든 시민의 평등한 정치적 권리, (법의 지배, 기회균등, 관용 등과 같은) 근본적인 정치적 가치를 지지하는 것으로 자국의 국가적 가치를 확인하기만 하면, 그것만으로도 안정된 다원적 정치가 이루어질 수 있는 충분한 토대가 된다고 보는 것이다.[42]

많은 공동체주의자들이 모색하는 문화적 단일성은 다원적 원리에서 지지하는 '자기 결정'self-determination의 원칙, 그리고 도덕과 종교 문제에 관한 국가 중립성 원칙에 어긋나는 것처럼 보인다. 다원주의에서는 각자가 자신이 좋은 삶이라고 생각하는 바를 선택하고 추구할 수 있는 능력이 부여되어야 하며, 정부는 특정한 도덕적·종교적 교의를 편애해서는 안 된다고 본다. 다원주의자들은 여러 문화에 노출되어 보는 것이 개인 자율성이라는 목표를 고양하는 데 도움이 된다고 믿기 때문에, 문화적인 동질성을 창출하려는 노력을 호의적으로 받아들이기 어렵다. 상이한 문화에 노출되어 보면 시민들이 자신의 도덕적 선택을 더 잘 이해하고 평가할 수 있고, 자기 자신의 선택에 따른 '좋은 삶'의 개념을 추구할 수 있으며, 만족스럽지 않은 현재의 인생 계획을 수정해서 (다른 문화에 노출됨으로써 깨닫게 된) 대안적인 계획을 추진할 수도 있다. 다원주의자들은 시민들이 문화적 동일성보다, 한 공동체의 정치적 신조에 관한 일반적인 합의에 근거한 정치적 정체성 정도만 지녀도 충분하다고 본다. 공동체주의자와 문화적 보수주의자가 시민들에게 문화적 순응을 강요하면서 강력한 공동체 정체성 의식을 주입하려 한다면, 그것은 다원주의에 큰 위협이 된다. 또한 정부가 특정한 문화를 편애하는 것은 다른 문화를 신봉하는 사람들에게 공평하지 않은 처사가 된다. 다른 문화를 신봉하는 사람들은 정부가 선호하는 문화에 동화되는 데 소요되는 비용을 불공평하게 지불해야 하기 때문이다. 그러므로 공동체주의와 문화적 보수주의가 다원적 합의 영역에 포함되려면 문화적 일치를 강요하지 말고, 국가가 특정한 문화를 편애하라고 요구하지도 말아야 한다. 공동체주의와 문화적 보수주의는 이런 식의 자제력을 발휘하면서 다원적 합의를 지켜 가면서, 지금보다 더 강한 공동체 정체성을 모색할 수도 있을 것이다. 예를 들어, 자기들이 선호하는 특정한 공동체 외에 여타 다양한 정치적 공동체와 자발적 결사체 내에도 사람들이 뿌리를 내릴 수 있게 허용해야 한다. 그리고 특정한 도덕적 문제를 해결해 달라고 국가를 상대로 요구할 때, 특정한 가치관에 근거하는 것이 아니라, 도덕적 문제에 관한 정부 정책이 공동체에 어떤 결과를 초래할지와 같은 결과론적 논증에 근거해서 문제를 요구할 수도 있을 것이다. 하지만 궁극적으로는 다원적 사회에 존재하는 문화적 가치들이 서로 다를 수밖에 없다는 사실을 받아들이고 그런 차이를 수용하기 위해 노력해야 한다.

다원주의자들을 가르는 또 하나의 쟁점이 있는데, 그것은 정치 공동체 내에서 사람들 사이의 유대가 어느 정도나 되어야 하는지의 문제다. 고전적 자유주의, 개인주의적 성향의 아나키즘, 자유 지상주의, 지구화론, 현대 보수주의 등은 개인의 자유를 훼손할 수 있다는 우려 때문에 강력한 공동체 유대감을 강조하지 않는다. 전통적 보수주의, 공동체주의, 문화적 보수주의는 공통의 도덕적·문화적 인식에 기반을 둔 강력한 공동체 유대감을 찾는다. 현대 자유주의, 평등주의적 자유주의, 민주사회주의, 세계주의, 급진 민주주의, 시민적 공동체주의는 사회정의 원칙에 기반을 두고 강한 공동체 유대감과 강한 정치적 책임을 모색한다. 이런 차이점들은 앞으로 시민권, 사회구조, 정부의 권위, 정의 등을 논할 때 더욱 분명히 드러날 것이다.

다원주의자들은 전 지구적 공동체의 실체와 실질적 내용에 대해서는 서로 생각이 다르지만, (전 지구적 시장 그리고 전 세계적 거버넌스를 위한 제도를 무조건 경멸하는) 극단적 우파들과는 달리, 서로 도움이 되는 전 지구적 경제 관계를 탐색하고 국제적 쟁점을 다룰 전 지구적 정치제도를 발전시키고자 한다. 다원주의자들은, 국제 공동체가 엄연히 존재한다는 사실을 부정할 때 질서 잡힌 전 지구적 공동체를 수립하기가 어려워진다고 믿는다. 그리고 다원주의자들은, 설령 국민국가들의 존립 근거가 정당하다 하더라도 모든 국가가 국제적 협약을 준수하지 않는다면 국제적 약속들이 구속력을 갖지 못한다는 점을 인식한다. 만일 국민국가들이 국제 공동체에 대해 지금보다 더 강한 정체성을 갖지 않는다면, 국가들은 국제적인 약속을 언제든 파기할 수 있을 것이고, 질서 잡힌 전 지구적 사회를 위협할 수 있는 일방적인 행동을 취할 것이다.[43] 각국이 국제적 책임을 인정하지 않고, 국제적인 약정이 민족지상주의를 적절히 통제하지 못하는 한, 20세기 전반에 그랬던 것처럼 민족지상주의의 출현은 21세기에도 걷잡을 수 없을지 모른다.

다원주의자들은, 다른 국가에 대한 폄하나 두려움을 통해 강력한 민족지상주의적 정체성을 유지하려는 극단적 우파들에 대해 특히 우려를 금치 못한다. 다원주의자들은, 자신의 정치 공동체에 관한 문제에만 전적으로 매달리는 (하지만 다른 공동체와 비교해 자신의 우월성을 과시하지는 않는) 국가적 정체성에 대해서는 아무런 문제도 제기하지 않는다. 하지만 '그들'과 '우리' 사이의 불공평한 비교에 의존하여 자신의 공동체 정체성을 구축하고 과시하려는 노력은 위험하다고 생각한다. 따라서 다원주의자들은 그런 식의 비교를, 다원적 정치에 필요한 평등과 상호 존중의 정신에 어긋나는 행위로 간주할 것이다.

10

정치적 원리 2

시
민
권

도대체 누가 시민이며, 누가 각종 정치체의 시민이 될 수 있을까? 시민들의 지위에서 (예컨대, 1등 시민과 2등 시민과 같은 식의) 차별을 정당화할 수 있을까? 시민들에게 어떤 권리를 부여해야 하고, 시민들의 권리가 확대되는 것이 좋은가 아니면 축소되는 것이 좋은가? 시민들이 어떤 의무를 다해야 하는가, 그리고 시민들의 책임을 강화해야 옳을까 아니면 줄이는 것이 옳을까?

이런 질문은 시대에 따라 긴급성은 달라도 정치 논쟁에서 영원한 주제가 되어 왔다. 과거에는 대다수 인민이 시민이 아니라 국가의 신민臣民에 불과했으며, 이들에게는 권리에 관한 문제보다 책임에 관한 문제가 훨씬 더 중요했다. 예를 들어, 거의 2천5백 년 전 작가 소포클레스Sophocles는 안티고네가 테베의 국왕인

크레온의 명령에 무조건 복종해야 하는지, 아니면 그보다 더 중요한 도덕적 책임 — 국왕이 반역자라고 지목한 자기 오빠의 시신을 매장하는 것 — 을 따라야 하는지에 관해 질문을 제기했다.

그러나 근대에 와서는, 과거와 달리 권리에 초점을 맞추는 경향이 늘어났다. 시민들이, 의식주와 의료 등의 필수 항목에 대한 접근성을 보장해 주는 광범위한 복지 권리를 가진다는 (주로 좌파에서 제기하는) 주장보다 더 많이 논의된 정치적 쟁점도 아마 없을 것이다. 이런 주장에 대해 우파는 시민들의 재산권 원칙에 의거해서, 정부가 빈곤층에게 복지를 제공한다는 명분으로 시민의 정당한 소득과 부에 대해 세금을 많이 물려서는 안 된다고 반박하곤 한다.

이런 식으로 시민권과 관련해 과거 및 현재의 쟁점들이 오늘날에도 여전히 문제로 남아 있지만, 요즘에는 지구화 시대를 맞아 외국인들에게 시민권을 얼마나 보장해 주어야 할지에 더욱 초점이 맞춰지고 있다. 예를 들어, 현재 미국에는 약 1천2백만 명의 불법 이주자가 있는 것으로 추산되는데, 이 때문에 다음 세 가지 정책 가운데 어떤 정책을 채택해야 하는지에 관한 논쟁이 격화되었다. 국경선을 더욱 철저하게 통제하고 불법 이주자를 강제 송환해야 할까? 노동자 초청 정책을 채택하여 일정 기간 고용된 외국인들을 등록하고 그들에게 한시적인 체류 허가를 부여한 후 고용계약 기간이 끝나면 본국으로 돌아가게 할 것인가? 아니면 미국에 와서 시민권을 취득하려는 사람들에게 지금보다 훨씬 더 쉽게 길을 열어 줄 것인가? 이 장에서는 정치 공동체에 새로운 시민을 받아들이는 문제와, 시민권에 따르는 권리와 책임의 문제를 다양한 이념들이 어떻게 해석하는지를 다룰 것이다.

1
고전적 자유주의
...
시민권을 억제하고 제한된 권리와 책임을 부여한다

앞에서 보았듯이 고전적 자유주의는, 가까운 범위에 거주하는 사람들이 모여 사회계약을 맺음으로써 정치 공동체가 시작되었고, 이런 사람들이 자신의 권리를 지키기 위해 정부에 권위를 부여했다고 믿었다. 애초 자유주의자는 국가 공동체 내에서 재산을 소유한 남성만이 시민의 자격을 받을 수 있다고 가정했다. 존 로크가 상상한 사회계약은 생명·자유·재산을 보호하기 위한 약정이었다. 재산을 가진 사람만이 자국을 다스리는 문제에 대해 근본적인 이해관계를 가질 것이므로 재산 소유자에게만 시민권을 허용했는데, 당시 법률에 따르면 대다수 여성들이 재산을 소유할 수 없게 되어 있었으므로 여성은 시민권 개념에서 제외된다는 식이었다. 그 후 고전적 자유주의자들은 남성 재산 소유자의 시민권을 그 외의 다른 사람들에게도 확장할 것인가를 놓고 논쟁을 벌였다.

고전적 자유주의가 이런 쟁점에 대해 포괄적인 대답을 내놓기까지는 많은 시간이 걸렸다. 자유주의 철학자 가운데 제임스 밀 같은 경우, 시민 개념에서 여성과 빈곤층을 제외하는 데 찬성했다. 그의 아들인 존 스튜어트 밀은 여성에게 투표권을 부여하는 데에는 찬성했지만, 자선 기관의 도움을 받아 연명하는 사람과 문맹자는 시민권에서 제외했다. 이런 식으로 사람들을 제외했던 기본적인 근거는, 어떤 사람이 제대로 된 시민이 되려면 일정한 자격이 필요하다고 생각했기 때문이었다. 그렇게 하지 않으면 무자격자가 자유주의 사회의 효과적인 운용을 방해하기 위해 자신의 시민권을 행사할 것이라고 믿었던 것이다.[1] 예를 들어, 빈곤층과 무학자는 자신의 투표권을 이용해 부자들의 재산권을 박탈하려 할 것이고, 그렇게 되면 자본주의경제가 약화될 것이라고 생각했다.

미국은 자유주의 지도자들의 통치 아래서도 시민권에 제한을 가하는 법률을 많이 제정했다. 흑인 노예와 여성들은, 헌법 제정 당시(1787년)와 첫 번째 이민귀화법이 통과했을 때(1790년) 시민권 그리고/또는 투표권에서 제한을 두었다. 그 후 자유주의적 경향에 힘입어 1868년에 연방헌법 수정조항 14조●가 추가되어 과거의 흑인 노예들에게 시민권을 부여했고, 그 후 거의 한 세기가 지난 1965년에 이르러서야 흑인들이 더욱 효과적인 정치적 권리를 획득할 수 있었다. 자유주의자는 19세기 내내 시민권에 대해 여러 가지 제한을 가했다. 1831년 대법원은 아메리카 원주민들이 "자신의 부족 생활에서 확실히 벗어나 미국 주류 사회에 편입되지 않는 이상" 미국의 시민권을 취득할 수 없다고 결정했다.[2] 1848년 세니커폴스에서 시작된 여성 참정권 확보 운동●●이 그 후 활발하게 확산되었지만 여성들은 여전히 국가 차원의 선거에서 배제된 채 2등 시민 취급을 받았고, 이런 상황은 1920년 연방헌법 수정조항 19조가 통과된 뒤에야 개선되었다. 19세기 동안 아일랜드계, (많은 유대인을 포함한) 동유럽계, (대다수가 가톨릭인) 남유럽계, 그리고 기타 비앵글로색슨계 이주자들이 미국에 도착하면서 이들이 제대로 시민 역할을 할 수 있을지에 관해 많은 우려가 제기되었다. 1882년 이른바 '중국인 배제법'이 제정되었지만, 이것은 당시 미국 사회를 휩쓸던 토착주의 물결 가운데 눈에 특히 잘 띄는 사례였을 뿐이다. 더 나아가, 이민 반대 운동의 영향으로 1924년 의회에서 엄격한 이민 통제 정책이 제정되기도 했다. 이 법은 매년 이주자의 숫자를 15만 명 선으로 고정하고, 북유럽계와 서유럽계 출신자에게 특혜를 주는 특별 쿼터 제도를 마련한 것이었다. 이 법의 목적은 앵글로색슨 종족의 가치관과 (크게 보아) 고전적 자유주의의 가치관을 보

● 연방헌법 수정조항 14조 : 1868년 제정된 조항으로 미국에서 태어나거나 미국에 귀화한 모든 사람들에게 시민권을 부여한다는 내용이다. 1절은 다음과 같다. "합중국에서 출생하거나 귀화하고, 합중국의 관할권에 속하는 모든 사람은 합중국 및 자신이 거주하는 주의 시민이다. 모든 주는 합중국 시민의 특권과 면책권을 박탈하는 법률을 제정하거나 시행할 수 없다. 모든 주는 정당한 법절차에 의하지 않고는 어떤 사람으로부터도 생명, 자유, 또는 재산을 박탈할 수 없으며, 그 관할권에 있는 어떤 사람에 대해서도 법률에 따른 동등한 보호를 거부하지 못한다."

●● 1848년 7월 19~20일 미국 뉴욕 주의 중서부에 있는 도시인 세니커폴스에서 소집된 여성들의 회의. 미국 여성운동의 선구가 된 "감정의 선언문"을 채택했다.

유하지 않은 사람들이 미국 땅에 발을 붙이지 못하게 하려는 것이 분명했다.

고전적 자유주의자들은 한정된 시민권을 지지했지만, 그들은 원래 시민권이라는 개념 자체가 극히 제한적인 혜택밖에 주지 못한다고 가정했다. 고전적 자유주의자는 시민들에게 광범위한 복지 권리를 부여하자고 주장하지 않았다. 고전적 자유주의는 작은 정부 및 자본주의를 중요시했으므로, 외부의 도움이 필요한 사람들은 자선단체 및 국가 하부 단위의 조직(지방정부)에서 제공하는 복지 혜택 같은 것에 의존해야만 했다. 또한 고전적 자유주의는 시민의 권리 역시 중요한 의제로 취급하지 않았다. 복지 권리와 시민의 권리는 현대 자유주의를 비롯한 현대 사상에 이르러서야 비로소 구현될 수 있었다.

더 나아가 고전적 자유주의는 정치에서 시민들의 참여 기회를 확대하는 것에 별 관심이 없었다. 대개의 경우, 자유주의자는 정치에서 시민들의 직접 참여를 제한하는 것이 시민들에게 일종의 특전을 ─ 박탈이 아니라 ─ 베푸는 것이라고 보았다. 고전적 자유주의는, 사적 영역을 넓혀 시민들이 자신의 정력을 경제적 생산과 소비 및 기타 개인적 이익을 충족하는 데에 집중하기를 원했으므로, 시민들이 정치에 많이 참여하지 않게 하면서 그들의 핵심 권리를 보호하는 데에만 신경을 쏟았다.

고전적 자유주의는 인민의 정부government of the people와 인민을 위한 정부government for the people를 옹호했지만, 인민에 의한 정부government by the people를 주창하지는 않았던 것이다. '인민의 정부'란 정부의 권위가 (가상적) 사회계약을 통해 인민의 동의로부터 우러나온다는 의미다. '인민을 위한 정부'란 사회계약에 규정된 대로, 정부가 각 시민의 생명과 자유와 재산권을 보호할 목적으로 존립한다는 의미다. 그러나 '인민에 의한 정부'란 시민들이 자신의 대표를 선출하는 과정에 참여한다는 제한된 의미에서만 그렇다. 자유주의에서 말하는 시민권이란 시민들이 자신의 대표가 행하는 활동을 감시할 필요가 있으며, 자신의 평가 ─ 현재 권력자나 혹은 그 반대자가 시민들의 권리를 잘 보호하고 시민들의 이익을 잘 증진했는지에 대한 평가 ─ 에 근거하여 투표할 기회를 가진다는 것을 의미할 뿐이었다.

이 정도의 시민 참여라면 시민들이 정치적 덕성을 반드시 계발해 지닐 필요가 없다. 자유주의적 시민권을 비판하는 공화주의자는 민주주의가 제대로 작동하려면 공동선에 의거하여 행동하는, 덕성 있는 시민들이 필요하다고 본 반면, 고전적 자유주의자는 정기적이고 빈번하며 경쟁적인 (자기 이익에 근거한 정치적 동기를 공익에 근접한 내용으로 변환할 수 있는) 선거와 같은 제도에 주로 의존했다.[3] 하지만 자유주의가 발전하면서 정치적 덕성을 갖추는 것이 중요하는 점을 점점 더 강조하게 되었다. 존 스튜어트 밀은 다음과 같은 덕성, 즉 "판단력, 분별력, 정신력, 그리고 심지어 도덕적 품성" 등을 갖춘 사람에게 시민의 권리를 많이 부여해야 한다고 생각했다.[4] 또한 자유주의자는 여타 정치적 덕성들, 예컨대 새로운 사상과 경험에 노출되고 사람들 사이의 차이를 관용하는 것 등도 긍정적으로 평가하기 시작했다.[5] 그러나 고전적 자유주의는 대부분의 경우 시민들이 경제적 덕성을 갖출 필요가 있음을 더욱 강조했다. 예컨대, 애덤 스미스는 시민들이 시장에서 자신의 개인적 이익을 마음대로 추구할 수 있음을 인정하면서도 시장이 효과적으로 작동하려면 시민들이 다음과 같은 "경제적 덕성" — 노동 윤리, 근검절약, 미래에 대한 투자 의욕, (가장 중요하게는) 자신의 경제적 필요에 대해 스스로 책임을 지는 자세 등 — 을 지니고 있을 필요가 있다고 보았다.[6]

고전적 자유주의자는 또한 자유주의 사회 내의 모든 사람이 (설사 시민권을 취득하지 못한 사람이더라도) 그 나라의 국법을 준수해야 한다고 주장했다. 자유주의자는 사회계약으로 말미암아, 그 나라에 거주하는 모든 사람에게 법을 준수할 정치적 책임이 주어진다고 생각했다. 로크가 시사하듯이 정부가 제공하는 안전을 향유하고, 정부의 공권력이 미치는 영역에 거주하는 모든 사람은 "정부에 대해 암묵적인 동의를 표해야 하고, 정부가 제정한 법률을 반드시 준수할 필요가 있다".[7] 그러나 법률을 준수할 책임은 그다지 부담스러운 것이 아니다. 자유주의 정부에서 법률이란 모든 이의 권리를 보호하자는 취지에 국한된 것이기 때문이다. 그러므로 자유주의 정부는 개인의 양심에 어긋나는 도덕률에 순응하라고 시민들에게 요구하지 않을 것이다. 자유주의 정부는 특정한 도덕성을 법

룰의 형태로 제정하지 않을 것이기 때문이다. 자유주의 국가의 법률은 사람들에게 사적 영역에서 어떻게 생각하고 행동해야 할지를 일일이 지시하지 않을 것이다. 왜냐하면 자유주의 국가라면 공적 영역에서의 개인적 행동만을 규율할 것이기 때문이다.

자유주의 정부가 권력을 남용하거나 부당한 법률을 제정한다면 어떻게 될까? 고전적 자유주의자는 자기 정부가 부당하게 행동한다고 생각하는 사람들에게 두 가지 선택이 주어질 수 있다고 본다. 첫째, 그들은 불의한 법률을 제정한 국민의 대표들을 선거에서 반대할 수 있다. 다른 시민들도 자기와 생각이 같기를 바라면서, 새로 선출된 대표가 악법을 제거해 주리라고 희망할 수 있다. 둘째, 그들은 그 나라를 떠날 수 있다. 정부가 시민들의 권리를 계속 침해해도 그런 횡포에 반대하는 사람들이 소수에 지나지 않는다면, 그가 취할 수 있는 마지막 선택은 그 나라를 떠나는 것이다.

요컨대, 고전적 자유주의는 다음과 같은 세 가지 의미에서 제한된 시민권을 선호한다. 첫째, 자유주의는 일정한 유자격자에게만 시민권을 허용한다. 둘째, 자유주의는 법적·정치적 자유에 초점을 맞춘, 간략한 시민적 권리 목록을 제시하는 것에 만족한다. 셋째, 자유주의는 시민들에게 정당한 법을 준수하고 최소한의 세금을 납부하라는 등 최소한의 요구만 부과한다.

2
전통적 보수주의
...
충성심과 권위에 대한 복종을 강조한다

전통적 보수주의는 정치체의 구성원들이 각자의 지위에 따라 다양한 차등이 있다는 사실을 수용해 왔다. 즉, 모든 거주자는 어느 정도의 법적 보호를 받을 자격이 있다. 그러나 소수의 거주자들만이 폭넓은 경제·정치적 권리를 누릴 수 있다. 그리고 그중에서도 극소수 엘리트만이 정치에 직접 참여할 수 있다는 것이다. 따라서 보수주의는, 재산이 없거나 배우지 못한 이들, 여성, (1등 시민과 2등 시민을 가르기 위해 흔히 사용되어 온) 불리한 특징을 지닌 사람에게 평등한 시민권을 부여하자는 주장에 대해, 고전적 자유주의보다 더 강하게 반대한다. 그러나 전통적 보수주의는 이같이 다양한 배제 양상들을 정치적 원리의 문제로까지 격상하지는 않았다.[8] 시대 상황이 바뀌고 민주적 규범이 발전되면서 보수주의는 과거에 2등 시민의 지위에 머물렀던 사람들에게 좀 더 많은 권리를 부여하기 시작했다. 예를 들어, 오늘날 보수주의는 여성의 참정권이나 소수자의 투표권에 반대하지 않는다.

또한 이민 문제에서도 보수주의의 이상을 좌우하는 확고한 정치적 원리가 존재하는 것 같지 않다. 예를 들어, 미국의 대표적인 전통적 보수주의자인 러셀 커크가 이민에 대해 입장을 바꿨던 사례를 살펴보자. 1989년까지만 해도 커크는 이민을 강하게 찬성했다. 당시에 그는 다음과 같이 주장했다.

외국에서 이 나라로 사람들이 평화롭게 이주해 오기 때문에 미국 경제가 쇠퇴하는 것은 아니다. 오히려 이주자를 받아들이는 나라가 더 많은 인적 자원을 획득할 수 있다. 대다수 이주자들, 특히 미국 역사를 살펴봤을 때 수많은 이주자들은 근면하고 꿈을 가진 사람들이어서 자신의 경제적 조건을 스스로 향상할 수 있었다. 이주 노동자들은, 적어도 이주 초기에는 어렵고 위험한 기피 업종에서 기꺼이 일하곤 한다. 기존 노동력에서 이런 업종에 종사할 사람들을 충분히 확보하기 어렵다. 장기적으로 보면 대다수 이주자들은 자기가 정착한 나라의 문화·정치체제·경제를 열렬히 지지하는 애국자가 된다.

그러나 커크는 자기 입장을 바꿔 1992년 대통령 선거 예비 경선 과정에서 패트릭 뷰캐넌의 미시간 주 선거운동 대책 본부장이 되었다. 커크가 그 자리를 맡았던 부분적인 이유는 뷰캐넌이 "미국으로 이민자들이 감당할 수 없을 정도로 쏟아져 들어오는 현실"을 시정해 줄 것이라고 믿었기 때문이다. "전 세계의 모든 사람을 받아들이면서 미국 특유의 문화와 성공적인 경제 및 사회적 응집력을 그대로 유지하기는 힘들기 때문이다."[9]

커크의 입장 선회를 보면, 전통적 보수주의자가 이주 문제에 대해 취하는 태도가 잘 드러난다. 결국 이민자를 더 많이 받을지 말지의 문제는 이민자들이 유입국 공동체의 사회적 응집력에 어떤 결과를 초래할지에 대한 보수주의자의 인식에 달린 셈이다. 사회적 안정을 해치지 않는 범위에서 유입국 공동체의 필요를 채워 줄 수 있는 신청자에게만 시민권을 부여할 수 있다는 말이다.

시민권과 관련해 전통적 보수주의는 권리보다 의무를 강조하는 편이다. 따라서 시민권을 바라보는 전통적 보수주의의 관점은 고전적 자유주의보다 더 수동적이다. 이에 따르면 좋은 시민이란 전통적으로 구성되어 있는 정부의 제도를 받아들이고, 국법을 준수하며, 최선을 다해 사회 속에서 자신에게 주어진 역할을 하는 사람을 말한다. 이때 시민들이 국가에 복종하는 것이 중요하다. 모든 이가 (사람들을 한데 묶고 사람들에게 삶의 역할과 목적을 부여하는) 유기적 사회 공동체의 일부분을 이루기 때문이다. 보수주의자는 시민들이 복종할 책임이 사회계약에 의해 생겨난다는 사상을 거부한다. 오히려 자유주의의 사회계약 이론을 근거로 하여 시민들이 사회에 대한 충성심과 복종심에 의문을 제기하는 결과가 빚어지기도 한다고 믿는다. 자유주의에서는 사람들이 자기 정부에 대해 만족을 느끼지 못할 때 정부에 복종할 필요도 없다고 가르치기 때문이다. 전통적 보수주의에서는 사회의 결속을 '단순한 계약'보다 훨씬 더 중요하게 간주한다. 사회의 결속이란 매우 깊이 있는 도덕적·문화적 인식이며, 이를 통해 보수주의자들은 사회질서를 확립하고 사람들에게 개인적 욕망을 뛰어넘어 사회적 의무를 다할 것을 촉구한다.

전통적 보수주의는 다음과 같은 자유주의 사상, 즉 보편적이고 추상적인 원칙에 의거해서 정치적 권리를 결정할 수 있다는 사상을 거부한다. 시민들은 특정한 정치 문화에서 전통적으로 인정되어 온 권리와 법률에 규정된 권리만을 가질 뿐이다. 투표권이나 배심원단 참여권 등이 그런 예다. 보수주의자는, 시민들이 국정에 덜 관여할 때 대다수 나라에서 정치가 더 잘 이루어질 수 있다고 믿는다. 공적인 참여에 필요한 능력·신중함·덕성 등을 갖춘 사람이 흔치 않기 때문이다. 시민들의 참여 기회는 시민들의 의식 수준에 따라 아주 천천히 확대되어야 한다. 시민들의 의식 수준이 갑자기 높아질 수는 없다. 대다수 사람들이 공공선보다는 자기 자신과 지역사회의 관심사에 더 몰두하기 때문인데, 사실 이런 태도가 옳다고 볼 수 있다. 만일 보통 사람들이 공동체의 삶에 굳이 참여하고 싶다면 정치를 통한 참여보다 시민사회 내의 자발적 결사체에서 봉사할 수 있는 기회를 찾으면 된다.

3
아나키즘
...
정치적 책임 없는 동지들

아나키즘에서는 시민권이라는 개념 자체를 거부한다. 아나키스트는 정치 공동체가 온전한 시민, 2등 시민, 비시민 등으로 구분할 수 있는 권한을 가진 것은 정당하지 않다고 본다. 아나키스트는 외부인이 어떤 공동체에 편입되어 들어올 수 없게끔 제한하는 이민 관련 법률을 인정하지 않는다. 아나키스트는 정치 공동체에서 시민에게 부여하는 권리가, 모든 사람이 단지 인간이라는 이유만으로 갖는 천부적 권리보다 언제나 열등하다고 믿는다. 아나키스트는 정치 공동체가 시민들에게 강요하는 책임이, 사람들이 타인과 조화를 이루면서 살아가기 위해 반드시 필요한 책임보다 훨씬 더 많다고 믿는다. 아나키스트는 다른 시민 또는 비시민과 어떻게 관계를 맺으며 살아갈지를 생각하기보다, 자연적 공동체에서 함께 살아가는 자신의 동지, 이웃, 친구들과 어떻게 관계를 맺을지를 고민하고 싶어 한다.

아나키스트가 추구하는 자연적 공동체는, 시민이라는 명확한 지위를 부여받은 사람들에 의해 규정되거나, 그들에게만 적용되지도 않을 것이다. 자연적 공동체는, 비록 일시적이라도 공통의 이익을 공유하고, 그 이익을 추구하면서 서로 연계를 맺고자 하는 사람들로 이루어진다. 실제로 작동하는 자연적 공동체에서는 들어오겠다는 사람을 억지로 배제하지는 않겠지만, 자기 공동체에 별로 기여할 것 같지 않은 외부인이 들어오는 것은 환영하지 않을 것이다. 자연적 공동체는, 서로 간의 교류와 이해를 통해 자신들이 하나의 공동체를 이루는 일부분이라는 상호적 (또는 암묵적) 인식을 갖게 된 사람들로 구성될 것이다.

아나키스트는 시민을 정치 공동체에 예속된, (정부의 권위에 의한 명령에 복종하는) 구성원으로 보기 때문에, 사람들에게 정부의 권위가 부여하는 시민권 따위를 거부하라고 촉구한다. 예를 들어, 초기의 아나키스트들은 사람들에게 투표에 참여하지 말라고 선동하기도 했다. 프루동에 따르면 인간이 투표를 할 경우 자신의 도덕적 자율성을 포기하는 것이나 다름없다고 한다. 선거에 기권해야만 정부의 불의하고 억압적인 행동에 대해 자신이 아무 책임이 없다고 주장할 수 있다는 것이다. 국가의 통치행위에 참여하지 않아야 그 사람이 정부에 복종하지 않을 권한이 강화된다고 한다. 아나키스트는 그렇게 함으로써 스스로 주인이 될 수 있음을 보여 준다. 그러나 현대의 아나키스트 가운데는 정부의 기반을 허물어뜨리기 위해 참여적 아나키즘participatory anarchism 노선을 모색하는 이들도 있다. 예를 들어, 이탈리아의 영화감독이자 아나키스트인 리나 베르트뮐러Lina Wertmuller는 동료 아나키스트들에게, 선거에서 대단히 구체적인 문제에 대해 정강 정책을 제시하는 군소 정당에 투표하라고 촉구한다. 국회에 그런 정당들이 진출하면 연립정부를 구성하는 과제가 대단히 복잡해지므로 국가가 강압적 권력을 행사하기가 더욱 어렵게 된다는 이유에서다.

아나키스트는 국가에 복종해야 한다는 정치적 책임 관념은 무조건 거부하지만 사람들이 서로의 관계에서 공정하게 행동해야 할 도덕적 책임을 지고 있다고 믿는다. 윌리엄 고드윈의 말을 들어 보자. "모든 사람은 옳은 것을 찾기 위해 자신의 능력을 최대한 발휘하게끔 되어 있고, 자신이 익히게 된 옳은 것을 실천에 옮기기 마련이다."¹⁰ 개인은 외부 권위에 복종하기보다, 도덕적 자율성을 지키면서 자기 자신의 양심이 명하는 바에 복종해야 한다는 뜻이다.

고드윈은 덕성이 있는 사람이 지녀야 할 세 가지 특징을 거론한다. 첫째, 덕성이 있는 사람은 인仁을 지향하며, 자신의 이익보다 타인의 선익을 추구한다. 둘째, 덕성이 있는 사람의 행위는 타인에게 이로운 결과를 낳고 사회 전체의 안녕에 도움이 된다. 셋째, 덕성이 있는 사람의 행위는 자신이 그렇게 할 수 있는 역량만큼의 이익을 도출할 수 있다.¹¹ 따라서 만일 부자가 덕성을 갖추려면 그는 타인을 도우려고 노력해야 하고, 타인에게 실제로 도움을 주어야 하며, 자신보다 덜 부유한 사람보다 더 많이 타인을 도와야 한다. 완벽하게 정의롭고 완전한 덕성을 갖춘 사람은, 자신이 가진 시간과 돈 등의 자원을, 그런 자원이 있으면 크게 도움이 될 타인들에게 나눠 줄 것이다. 만일 어떤 '좋은 것'을 소유했더라도, 이를 더욱 필요로 하는 사람이 있다면 정의와 덕성의 원칙이 요구하는 바에 따라 '좋은 것'을 그 타인에게 주어야 마땅하다는 뜻이다.

아나키스트는 일반인들이 이 정도로 절대적인 인간 덕성의 기준에 도달할 가능성이 크지 않다는 점을 이해한다. 그러나 덕성을 갖추려는 성향 자체는 장려할 만하다. 외부 권위에 복종하게 되면 아나키즘이 중시하는 도덕적 자율성과 그 자율성에 부수되는 덕성을 향한 성향을 키우기가 어렵다. 따라서 아나키즘은 시민들에게 국가에 복종하라고 가르치지 않고, 도덕적 행위 원칙에 복종하라고 가르친다.

4
마르크스주의

...

소외된 노동자를 '공적 정신을 갖춘 동지'로 변모시킨다

아나키즘과 마찬가지로 마르크스주의도 '시민' 개념은 별로 중시하지 않는다. 자유주의 또는 보수주의 정부가 권위를 이용해 누가 시민이 될 것인가를 결정해 주고, 시민적 권리를 부여하며, 시민의 순종심을 가르치는 것만큼 (대다수 사람들이 초국적 노동계급에 속한다는 근본적인 인식을 저해하는) 일국적 정체성은 더욱 강화되기 마련이다. 마르크스주의는 노동자들이 민주 자본주의사회의 시민이라는 정체성에 갇히지 말고, 그 너머를 볼 수 있어야 한다고 생각하며, 자유주의 사회에서 시민들이 갖는 부르주아적 권리를 경멸한다. 그 대신 노동자들은 노동계급 운동의 구성원임을 자각해 필요한 의무를 받아들여야 한다고 생각한다. 노동운동이야말로 노동자들이 계급이 없고 (서로 동지로서 함께 살아갈 수 있는) 비정치적인 공동체를 지향하게 해줄 것이기 때문이다.

마르크스주의는 민주 자본주의사회에서 시민 참여 운운하는 것은 결국 상징적이고 무의미한 발상에 지나지 않는다고 주장한다. 민주주의 제도 아래 시민들을 참여시키려 하는 것은 민주주의에 대한 정당화 시스템legitimation system을 구축하려는 시도에 불과하다. 이 "정당화 시스템"은 대중들의 순종과 충성을 끌어내려는 의도를 갖는다.[12] 시민들이 자기 스스로 제정한 법률에 자발적으로 순종한다는 착각을 가지게끔 만드는 것이 바로 민주국가가 창조한 신화라는 말이다. 사실상 국가의 법률을 제정하는 것은 일반 시민이 아니라 자본가와 그 하수인이다. 마르크스는 자본주의사회에서 무산계급이 정치에 참여할 수단이 무엇인가에 대해 거의 논한 바가 없다. 그는 노동조합과 노동계급 정당 활동은 무산계급이 정치에 참여하는 수단이 될 수 없고, 혁명운동의 에너지를 분산하는 역할밖에 하지 않는다고 보았다.[13]

혁명이 발생하면 무산계급은 파리코뮌 — 1871년 봄 프랑스의 수도를 지배했던 사회주의적 현상 — 과 같은 이행기 정치 공동체에 잠시 속하게 될 것이다.[14] 마르크스는 그렇게 됐을 때 무산계급이 직장과 동네에서 토론하고, 쟁점을 직접 해결할 기회를 더욱 많이 갖게 될 것으로 보았다. 또한 무산계급은 상급 정치기구에 속할 대표들을 직접 선출하고 그들에게 책임성을 물을 수 있게 될 것이다. 그러나 마르크스가 이런 이행기에 프롤레타리아독재가 필요하다고 강조한 것을 생각해 보면, 이 시기에는 (자본주의사회에서 기승을 떨치던) 허위의식을 극복한 사람에게만 참여의 통로가 허용되리라는 점이 분명히 드러난다. 자유주의 사상과 그 삶의 방식에 젖은 사람들은 공산주의 사상을 받아들일 때까지 사회참여에서 배제될 것이다.

사회주의 국가는 이행기를 거치는 동안 사람들에게 수많은 책임을 부과할 것이며 폭넓은 순종을 요구할 것이다. 과거 상류층과 자본가 계층에 속했던 사람들은 국가가 토지와 공장을 집단화·국유화할 수 있도록 자신의 재산을 포기해야 할 의무가 생긴다. 대단히 부유한 사람들에게는 중과세 의무가 부과되고, 상속 권리는 폐지될 것이다. (이와 생각을 다르더라도) 모두가 프롤레타리아독재를 받아들여야 하며, 무산계급의 지배를 순순히 따라야 한다. 사회주의 이행기 사회에서 프롤레타리아독재에 순종해야 하는 의무가 상당히 부담스럽게 느껴질 수도 있겠지만, 마르크스주의 이론에 따르면 그런 부담은 완전한 공산 사회를 성취하기 위해 필요한 수단이기에 정당화될 수 있다고 한다.

공산 사회에서 시민권은 최소한에 그치겠지만, 실제로 공산 사회의 시민권에 참여할 구성원은 광범위하게 형성될 것이다. 국가가 결국 소멸할 것이므로 시민권은 최소한에 지나지 않을 것이며, 그렇게 되면 사회의 구성원들도 더는 어떤 국가의 시민이 아니게 될 것이다. 이제 사람들은 정부의 의사 결정에 참여할 필요가 없고, 정부의 권위에 순종할 의무도 없다. 사람들은 국가의 시민이라는 정체성을, 공산 사회의 동지라는 정체성으로 대체할 것이다. 사람들은 사회적 문제가 발생하면, 그 공동체의 평등한 동지로서 그 문제를 해결하는 데 참여하게 된다. 공산 사회의 구성원들이 마르크스가 제안하듯 "오전에는 사냥, 오후에는 낚시"를 하는 생활을 즐기려면,[15] 그들은 어떤 동물과 물고기를 멸종 위기에 속한 것으로 간주해 보호해야 할지, 적절한 사냥과 낚시 철이 언제인지, 사냥과 낚시를 위해 어떤 장비를 쓸 수 있을지를 논의할 필요가 있다. 공산 사회의 구성원들은 이 모든 문제를 스스로 결정해서 풀어 나가야 하며 그렇게 하려면 노력과 시간이 매우 많이 들 것이다.

특히 공산 사회에서 시민권이라는 개념은 자유주의 사회에서 통용되던 방식과는 완전히 달라진다. 마르크스가 상상한 공산주의의 동지들은 자기 권리를 보호하고 자기 이익을 추구하는 수단으로서 시민권을 가진 존재가 아니라, 고도의 공적 정신을 갖춘 존재다. 그런 인간은 완전히 공적 영역에서 살아갈 것이며, 자신의 이익과 공익이 서로 긴밀하게 연관되어 있음을 이해할 것이다. 공산 사회의 인간은 국가의 법률에 순종해야 하는 피치자가 아니라, 공동체 내에서 타인들이 집합적으로 내린 결정에 기꺼이 순응하는 존재가 될 것이다. 만일 삶의 조건이 풍요롭고 모든 사람이 공적 정신으로 충만해 있다면 자율적으로 다스리는 동지들의 결정이 사회 구성원들에게 부담이 될 리가 없다. 오히려 그런 결정은 ('좋은 삶'이 무엇인지에 다 함께 동의한 끝에) 마침내 그들 자신의 역사를 창조하게 된 자유인의 일반의지를 반영할 따름이다.[16]

5
공산주의
…
억압받는 인민을 충실한 혁명가로 변화시킨다

공산주의는 마르크스주의에서 말하는 (혁명 이전 국민국가 시대의 시민이라는 지위에는 문제가 있고, 이런 체제의 권위에 반항하는 것이 중요하다고 말하는) 시민권 사상을 거의 대부분 받아들일 것이다. 그렇지만 공산주의는 정통 마르크스주의를 확장하면서 그것에서 벗어난 '시민권' 사상을 발전시켰다.

공산주의 교의에 따르면 피지배계급에 속한 사람들은 혁명에서 특별한 역할을 할 수 있으며, 혁명 직후 공산주의가 통치할 사회 내에서 특정한 책임을 완수해야 한다. 이런 역할과 의무는 1920년 제3인터내셔널 총회에서 제시된 '21개 조항'에 상세하게 나와 있다.[17] 이 문건에 나오는 책임 사항에는 다음과 같은 것들이 있다. 즉, 공산주의에 대한 절대적 헌신, 혁명 활동에 대비한 지하조직과 반합법 조직을 건설할 의무, 제국주의 지배에서 식민지 인민 혁명을 지원할 의무, 다른 국가의 국민이라도 소련을 지원할 의무, 혁명에 성공한 뒤 (공산당 조직부터 이른바 개혁파, 수정주의 분파, 노동조합파 등을 축출하는 것을 포함한) 민주적 집중제democratic centralism의 원칙과 실천을 고수하는 것 등을 들 수 있다.[18] 또한 전 세계 모든 공산주의자들은 인터내셔널 집행위원회의 결정을 따르게 되었다.

공산주의자들은 혁명 이후에 이상적인 공산 사회로 나아가는 시기보다, 특히 혁명 초기에 지도자와 추종자를 명확히 구분한다. 혁명이 발발했을 때 공산주의자들은 자기들이 당 지도부 특히 소련 공산당 지도부의 권위에 복종할 책임이 있다는 레닌의 교의를 받아들였다. 혁명 직후 공산당이 사회에 대한 장악력을 강화해 나가는 동안 이런 엄격한 명령-복종 조항은 대체로 지켜졌다. 스탈린 치하에서는 당의 명령에 절대복종해야만 했다. 하지만 지도자와 추종자 사이의 격차를 줄일 수 있는 기회를 많이 만들어 낸 공산 정권도 있었다. 예를 들어, 티토가 통치한 유고슬라비아에서 노동자들은 비교적 큰 자율성과 재량적인 의사 결정권을 누릴 수 있었다.

더 나아가, 공산주의를 향한 이행이 더욱더 진전되면서 공산당과 공산 정권의 구성원들은 더 많은 자유를 얻게 되어 종국에는 완전히 자율적인 노동자이자 공적인 정신으로 무장한 동지들로 다시 태어나게 된다. 공산 정권들마다 제각기 이행기의 '시민' 역할에 대한 관념이 다르긴 했지만, 서로 다른 개념이라도 모두 정당성을 인정받을 수 있었다. 각각의 경로가 모든 사람이 동지로서 조화롭게 살아갈 수 있는 이상적인 국제 공동체로 나아가는 독특한 길을 열어 주리라는 믿음이 있었기 때문이다.

6
파시즘과 나치즘
...
순종하는 시민들을 국가의 목적에 동원한다

파시스트와 나치는 지도자의 권력과 권위에 초점을 맞추고 시민권에 대해선 주의를 기울이지 않았던, 전형적인 엘리트들이었다. 그럼에도 나치와 파시스트 공동체에서 누가 시민 자격을 누리는가 하는 질문에 대해 일종의 원칙을 그려 볼 수는 있다.

파시스트와 나치 지도자들은 강력한 국가의 중요성, 그리고 통일된 시민 집단의 중요성을 강조한다. 이는 이탈리아 파시즘의 경우, 이탈리아의 유산과 문화를 공유하는 시민들이 있어야 한다는 뜻이었다. 나치 독일의 경우, 인종적으로 동일한 시민들이 있어야 한다는 뜻이었다. 두 이념 모두 문화적·인종적 요건에 부합하지 않는 외부인들을 국가 공동체에 받아들이지 않았으며, 두 정권 모두 이런 요건에 부합하는 국민들의 해외 이주를 제한하려고 했다. 예를 들어, 무솔리니 정권은 1920년대에 파시스트들의 득세를 반대한 이탈리아 국민들의 해외 이주를 막는 법률을 제정하기도 했다.[19]

파시즘과 나치즘은 둘 다 시민들을, 국가권력을 쟁취하는 핵심적인 자원으로 간주했다. 따라서 공식적인 정부 방침이나 정책 외에 시민들의 대대적인 동원을 모색하곤 했다. 어떤 지도자가 그 나라를 통치하면서 민족/국민의 의지와 이익을 구체적으로 제시해 줄 때, 그리고 지도자가 정해 준 국가적 목표를 달성하기 위해 파시스트 정당이 대중들의 열정을 동원할 때에 파시즘이 원하는 대중들의 동원이 일어나는 것이다. 대중들을 동원하려면 시민 참여가 필요하지만, 시민들이 정치적 영향력을 행사하거나 개인적 이익을 추구하기 위한 참여를 의미한 것은 아니다. 파시즘과 나치즘의 관점에서 시민들의 참여는, 그 정권에 대해 인민이 애착을 느끼고 충성을 다하며 순종한다는 말이다. 국가에 대한 충성과 순종심을 키우기 위해 시민들은 파시스트 정당의 조직과 집회에 참여하라는 적극적인 권유를 받는다.

파시즘과 나치즘에서 시민들은 국가의 권위에 절대 복종하게 되어 있으며, 이런 의무를 완수한 시민만이 윤리적 덕성을 갖춘 것으로 여겨졌다. 파시즘과 나치즘에서는 사회 갈등을 줄이기 위해 개인의 자기표현이나 언론 자유, 시민 단체 가입 등을 억압했다. 또한 (시민으로서) 국가에 대해 주장할 수 있는 권리 조항은 제공하지 않은 대신, 국가 목표에 기여하기 위해 달성해야 할 의무 조항만을 제시했다.

파시스트는 말로는 자기들도 자유를 원한다지만 이들이 이해하는 자유는 자유주의에서 이야기하는 자유와 많이 다르다. 무솔리니는 다음과 같이 파시즘에서 생각하는 자유 개념을 묘사한다.

자유가, 개인주의적 자유주의에서 발명한 허수아비의 속성이 아니라, 진정한 인간의 속성이 된다면, 파시즘의 목표가 바로 자유라 할 수 있다. 파시즘의 자유야말로 진정으로 소중한 종류의 자유다. 그것은 국가의 자유이자 국가 내 개인의 자유를 말한다. 파시즘에서는 모든 이가 국가에 속하며, 국가 바깥에는 영적인 것도 인간적인 것도 존재하지 않는다고 — 가치가 없다는 것은 말할 나위도 없으며 — 본다. 이런 점에서 파시즘은 일종의 전체화 개념이라 할 수 있다. 그리고 모든 가치의 통일과 종합인 파시즘 국가는 전체 인민의 삶을 해석하고 발전시키고 그것에 힘을 부여한다.[20]

알프레도 로코Alfredo Rocco 역시 다음과 같이 선언한다.

우리의 자유 개념은 개인이 국가를 대신해서 자신의 개성을 발전시킬 수 있도록 허용되어야 한다는 것이다. 그렇게 될 때 자유는 시민에게 그리고 계급들 전체에 속하게 된다. 하지만 조건이 있다. 시민들은 자신의 자유를 사회 전체의 이익을 위해, 그리고 사회적 특수 조건의 한도에서 사용해야 한다. 왜냐하면 여타 개인의 권리처럼 시민의 자유 역시 국가가 개인에게 양도해 준 것이기 때문이다.[21]

7
현대 자유주의
...
포용을 추구하고 권리를 확대한다

현대 자유주의는 공동체 내 시민들의 지위 문제에서 두 가지 점을 들어 고전적 자유주의를 상당히 반동적인 이념으로 생각한다. 첫째, 현대 자유주의는, 고전적 자유주의가 스스로 표방한 평등의 이상을 저버렸다고 생각한다. 인종적 소수자, 여성, 기타 주변화된 집단들을 2등 시민의 지위에 내버려 두었기 때문이다. 둘째, 현대 자유주의는, 고전적 자유주의가 인종과 종족이 동질적인 시민 집단을 모색하는 실수를 저질렀다고 생각한다. 우선 이 두 쟁점을 살펴보자.

고전적 자유주의에서는 시민권을 시민의 능력에 따라 부여하려고 했다. 여러 집단의 사람들이 시민으로서 자격을 갖추었다고 생각되면 조금씩 시민적 권리를 부여하는 식이었다. 그러나 현대 자유주의에서는 시민의 능력을 기준으로 시민권을 부여하는 데 반대한다. 그 대신 공동체의 정치적 결정에 의해 영향을 받는 모든 시민에게 시민 자격이 있다고 주장한다. 오늘날의 자유주의에서는 정신병자와 어린이 및 일시적 체류자를 제외한 모든 사람에게 시민권을 인정하는 최대한의 포용maximal inclusion 원칙을 채택해 왔으며,[22] 요즘 들어서는 어떤 유형의, 얼마나 많은 '외부인들'에게 영주권과 시민권을 부여해야 할지에 초점을 맞추고 있다.

20세기 들어 자유민주주의 사회는 일정 수준의 경제적 번영, 정치적 자유, 사회적 유동성, 복지 권리를 누리게 되었으며, 이에 따라 자유민주주의가 아닌 사회에서 살고 있는 사람들 역시 자유주의 사회를 대단히 매력적으로 보게 되었다. 그 결과 누가 시민이 될 수 있는지의 문제에 대한 규제가 없으면 자유주의 사회에 진입하려는 사람들이 지나치게 많아질 우려가 있었다. 현대 자유주의자는 외부인들이 마음대로 시민권을 획득할 수 있는 무제한적 이민정책을 시행할 경우 여러 가지 어려움이 생길 수 있음을 알고 있다. 외부인들이 영주 허가를 받았을 때 이들은 그 사회의 통상적인 급여 수준보다 더 낮은 임금을 받더라도 기꺼이 일자리를 얻으려 하기 때문에, 기존 시민들의 경제적 안전에 위협이 될 수도 있다. 또한 무제한의 이민정책은 자유주의 복지국가를 위협할 수도 있다. 만일 가난한 나라의 사람들이 복지 혜택을 받기 위해 그 나라로 이주할 우려가 있다고 납세자들이 생각한다면, 복지 정책의 유지 또는 확대에 반대할 가능성도 있기 때문이다. 가장 본질적으로 보아, 국경을 무제한으로 개방하면 (국가는 자신의 가치와 절차에 따라, 어떤 외부인을 받아들일지 결정할 권리를 가진다는) 국가주권 사상 자체가 위협받게 된다.[23]

그럼에도 현대 자유주의에서는 토박이 주인의식nativist conceptions에 근거하여 이민자들을 제한 — 또는 대규모 국경 폐쇄 — 하려 하지 않고, 이민을 폭넓게 (그러나 조건부로) 옹호하는 편이다. 현대 자유주의자는 새로운 이주자들이 지닌 높은 자질을 인정하고, 타국에서 박해받는 사람들을 자국으로 받아들이는 정책을 도덕적으로 지지하며, 이주자들이 유입국 사회에 기여하는 엄청난 경제·문화적 공헌을 높게 평가한다. 자유주의자는 다음과 같은 사람들, 즉 자신의 나라에서 정치적으로 박해를 받아 이 나라에서 난민 자격을 취득하고자 하는 사람들, 자신의 가족들이 이미 이 나라의 시민이 된 사람들, 자신의 직업과 기술이 이 나라의 경제에 기여할 수 있는 사람들, 정치적 가치관과 언어 등에 힘입어 이 사회에 쉽게 동화할 수 있는 사람들에게 이주 허가를 더 많이 부여해야 한다고 믿는다. 그러나 이런 판단 기준이 있다 하더라도 인종·종족·종교적 이유로 신청자들을 배제해서는 안 된다. 자유주의 사회의 이민정책은 토박이적인 편견이 아니라 다양성을 촉진해야 하기 때문이다.

이미 온전한 시민이거나 온전한 시민이 된다는 것은 세 가지 이유에서 중요하다. 시민은 그 나라에서 권리를 획득할 수 있고, 시민은 공적 책임을 지며, 시민에게는 정치 참여 기회가 생기기 때문이다. 현대 자유주의는 고전적 자유주의와 비교해서 시민적 권리, 책임, 참여 기회 등에서 상당히 광범위한 개념을 발전시켰다.

현대 자유주의는 시민의 권리를 확대했다. 그리고 이런 권리가 하층계급, 소수자 집단, 여성 및 기타 주변화된 사람들에게도 확대되도록 노력해 왔다. 이렇게 확대된 권리들 — 예컨대, 여성과 소수자들에게 새로이 부여된 투표권 — 을 자유주의 사회의 민주적 삶에 더욱 적극적으로 참여할 수 있는 정치적 권리로 볼 수도 있다. 그러나 대개의 경우 현대 자유주의가 지원해 온 넓은 의미의 권리들은, 국가에 '맞서서' 개인이 누리는 권리 — 예컨대, 사생활 권리 — 또는 '국가'로부터' 개인이 받을 수 있는 권리 — 예컨대, 다양한 공공재와 공공서비스를 받을 수 있는 권리 — 였다. 현대 자유주의는 이런 식의 개인적 권리와 복지 권리를 강조함으로써 고전적 자유주의에서 규정했던 시민권 개념을 충실하게 유지한 셈이었다. 현대 자유주의는 시민들을, 개인적 즐거움과 경제적 생산·소비에 자신의 삶을 바치는 개인들로 파악한다. 즉, 현대 자유주의는 공적 보호와 지원을 통해 인간의 사적 영역을 강조하고 확장하려고 노력해 온 것이다. 그 결과 현대 자유주의는 개인들로 하여금 좀 더 적극적으로 공적 영역에 참여하게 하는 공적 시민권 개념을 도외시한 셈이 되었다.

이와 같은 한계에도 불구하고 현대 자유주의자 — 특히 자유주의 정치인보다는 자유주의 이론가들 — 는 시민들이 단순히 수동적인 권리의 향유자가 아니라 (자유주의자가 '의무'duty라는 말 대신에 사용하곤 하는) 정치적 '책임'obligation도 지닌 존재임을 인정한다. 의무라는 개념은 (파시즘에서처럼) 권리라는 개념과 분리될 수 있지만, 자유주의에서 말하는 '책임' 개념은 시민의 권리와 긴밀하게 연결되어 있다.● 가장 기본적 차원에서 보자면, 정부가 각 시민에게 권리를 부여한다는 것은, 동시에 다른 시민들에게 그 사람의 권리를 존중해야 한다는 법적 책임을 부과하는 것이다. 개인이 가진 재산권은 다른 모든 시민에게 무단 침입

● 'duty'와 'obligation'은 모두 '의무'로 흔히 번역된다. 하지만 두 단어 사이에는 미묘한 차이가 있다. 즉, 전자가 개인의 권리 및 자발성과 상관없이 부과된 의무라면, 후자는 권리 및 자발성과 밀접히 연결된 개념이다. 여기서는 이 둘을 구분하기 위해, 'duty'는 의무로, 'obligation'은 책임으로 번역했다. 다만, 이를 명확히 구분하고 있지 않은 부분들에서는 일괄 의무로 번역하기도 했다.

금지법을 준수해야 할 책임을 부과한다. 범죄 혐의로 소추된 사람이 갖는 적법 절차 권리는 다른 모든 시민에게 시민 배심원단에 (만일 선정된다면) 참여해야 할 책임을 부과한다. 또는 타국의 침략으로부터 나 자신이 보호받을 수 있는 권리로 말미암아 모든 시민에게 군복무 책임이 부과될 수도 있다. 미국의 자유주의자들은 제2차 세계대전, 한국전쟁, 베트남전쟁 당시 징집령에 찬성했고, 베트남전 말기에는 징집 대상자를 선정하는 데 공평성을 보장하기 위해 추첨식 징집을 지지하기도 했다. 그러나 오늘날 자유주의자는 국가 비상사태 시에만 징집제 부활을 찬성하며, 비상사태가 아닌 전쟁 — 가령 이라크 전쟁 — 의 경우 지원병을 충당하기 위한 세금 납부로 시민의 책임을 충분히 완수할 수 있다고 믿는다.

현대 자유주의가 지지하는 복지권의 확대는, 적어도 원칙적으로는, 시민들에게 복지 재정 충당을 위한 증세 책임을 부과한다. 시민들은 복지권을, 정부에 대해 요구할 수 있는 권리라는 식으로 표현하곤 하지만, 사실상 복지권은 동료 시민들에 대해 요구하는 권리나 마찬가지다. 왜냐하면 정부는 시민들로부터 납세의무에 따른 세금을 징수하고, 시민들의 복지 권리를 효율적이고 공평하게 충족해 주는 도구에 불과하기 때문이다. 물론 대다수 시민들은 권리를 원하면서도 책임을 지고 싶어 하지 않기 때문에, 자유주의 정치인들은 유권자들에게 되도록 권리는 강조하면서 시민의 책임에 대해서는 말을 아끼기 쉽다. 따라서 현대 자유주의자가 시민의 책임을 거론하기 시작하면 흔히 부정적인 반응에 직면하곤 한다. 케네디 대통령이 "당신의 조국이 당신에게 무엇을 해줄 것인지를 묻지 말고, 당신이 조국에 대해 무엇을 할 수 있을 것인지를 자문해 보라"라고 말했을 때, 언론은 정부가 국민의 공복임을 망각했다고 비판했다. 월터 먼데일Walter Mondale이 1984년 민주당 대통령 후보직을 수락했을 때 세금 증액을 공약하는 바람에 스스로 선거 실패의 구덩이를 판 셈이 된 적도 있었다. 이 교훈을 바탕으로 2000년과 2004년의 대통령 선거 당시 민주당 후보였던 앨 고어Al Gore와 존 케리John Kerry는 세금에 대해 발언할 때, 먼데일이 이야기한 것보다 더 조심할 필요가 있음을 느꼈다.

요약하자면, 자유주의 이론가들은 자유주의 복지국가가 일종의 암묵적인 사회계약에 근거해 있다고 주장한다. 이때 시민들은 자신의 기본적·공통적 필요에 대응되는 권리를 규정하고, 이런 필요를 충족해 주는 정부 정책을 발전시키며, 그런 정책을 운용하는 데 드는 비용에 대해 자신의 몫을 지불하기로 약속한다는 말이다. 그럼에도 자유주의자는 일상 세계 속에서 "자신이 사용하는 권리의 언어에 상응하는 완숙한 책임의 언어를 갖고 있지 않다".[24] 따라서 자유주의 이론가들은 최소한으로나마 권리와 책임 간의 긴밀한 연결 고리를 설정하고 싶어 한다.[25] 정당한 법의 준수, 공공 봉사 활동, 필요한 세금 납부 등은 시민들이 (만일 자유주의 국가가 제공하는 권리를 계속 누리려면) 반드시 이행해야 할 책임이라 할 것이다. 더 나아가, 어떤 자유주의 이론가들은, 우리의 권리와 (흡사 구색을 맞추는 양) 짝을 이루는 책임 개념을 넘어, 적극적인 시민의 책임 개념을 설정할 필요가 있다고 느낀다. 시민들에게 미래 세대와 자연환경 보존에 대한 책임이 — 그런 책임에 대응하는 권리를 가진 주체가 없고 자연계의 동식물만 있다 하더라도 — 있는 것은 확실하다.[26] 그러나 그런 책임 개념이, 현대 자유주의처럼 철저히 권리 지향적인 이념 내에서 적절히 조화를 이룰 수 있을지는 불분명하다.

많은 현대 자유주의자들이 좀 더 충실한 시민의 책임 개념을 발전시키려 하고 있지만, 정치에 참여할 의무가 있다는 식의 개념까지 주장하는 것은 아니다. 자유주의자가 보기에 투표해야 할 의무를 설정할 수는 없다. 투표할 권리 속에는 투표하지 않을 권리도 포함되어 있기 때문이다. 따라서 자유주의자는 투표 불참에 대해 벌칙을 가하기보다, 차라리 투표를 하게끔 유도하고 여러 참여 방식을 실천할 수 있는 기회를 늘리는 데에 만족한다. 그리고 그런 기회를 부여하는 것이 사람들에게 관용이나 공적 정신과 같은 덕성을 불어넣기에 더 용이하다고 믿는다.[27]

고전적 자유주의가 투표에 초점을 두는 반면, 현대 자유주의는 하나의 선거가 끝난 후 다음 선거 때가 돌아오기 전까지 시민들이 조직화된 이익집단 활동이나 일시적인 항의 모임을 비롯해 각종 사회운동에 참여할 것을 권해 왔다. 이런 식의 참여는 철저한 지속적·항구적 개입을 요구하지 않으므로 (자신의 삶의 목표가 정치 바깥에 있지만, 특정한 이익이나 이상을 정치적으로 추구하고 싶어 하는) 자유주의적 시민들에게 적합한 형태의 참여라 할 수 있다. 시민들은 단지 회비를 납부하는 것에 불과하더라도 자신의 이익이나 이상을 증진해 주는 단체에 가입해서 참여를 실천할 수 있다. 예컨대, 개발 사업이나 정부의 특정 정책 때문에 자신의 이익을 크게 위협받게 된 시민들은 그런 사업이나 정책에 반대하기 위해 자신과 같은 처지에 놓인 다른 시민들과 일시적으로 힘을 합칠 수 있다. 그런데 시민들은 그런 문제가 일단 지나가고 나면 다시 과거의 비정치적인 생활로 복귀할 것이다. 자신의 이익보다 더 거대하지만 특정한 (범위의) 이상을 추구하는 시민들은 사회운동에 가담할 수도 있다. 자유주의자들은 오랫동안 노동·공민권·여성·LGBT(레즈비언·게이·양성애자·성전환자)·환경·반전 등의 이슈에 깊이 관여해 왔다.

현대 자유주의자는 항의 운동이나 사회운동의 참여자로서 간혹 시민 불복종 civil disobedience에 가담하기도 한다. 시민 불복종 행위는 대상이 분명한 공적 목표를 위해 이루어질 수 있다. 이때 불법 또는 탈법이라고 흔히 간주되는 방식과 미리 준비된 비폭력적 방식을 동원한다.[28] 공민권운동 당시 마틴 루터 킹 목사와 그의 추종자들이 벌였던 운동은 미국 역사에서 가장 유명한 시민 불복종 사례로 꼽힌다.[29] 킹 목사는 흑백 분리주의 법규의 종식이라는 제한적 목표를 추구했지만, 그런 법률을 애초에 제정했던 국가를 타도하자고 하지는 않았다. 그는 개인적인 이익을 도모하지 않았고, 억압받는 거대한 집단의 권리 보장을 주장했다. 그가 활용한 방식은 제한적이었다. 그가 취했던 '직접행동' 방식은 폭력을 쓰지 않으면서 위기 상황을 조성하려는 의도를 지니고 있었다. 킹 목사는 당시 미국 법의 부당성을 지적하면서도 그의 행동이 실정법을 어기고 있음을 인정했고 그런 불복종에 따르는 처벌을 기꺼이 감수하겠다고 했던 것이다.

자유주의자는 시민들이 통상 국법을 준수할 책임이 있지만, 그럼에도 시민 불복종이 도덕적으로 정당하다고 본다. 자유주의자는 시민들이 다중적인 책임을 지고 있음을 인식한다. 자신의 가족, 억압받고 있는 동료 집단, 인류 전체에 대해 품고 있는 책임감과, 국법을 준수해야 한다는 책임감이 서로 충돌할 때가 있다. 이런 상황에서는 논란의 여지가 많은 법에 불복종하는 것이 좋은 사회를 만드는 데 도움이 될 수도 있다. 물론 현실 자유주의 사회에서도 시민들 나름의 자유주의 원칙을 완전히 받아들이지 못하는 경우가 많다. 또한 자유주의 사회에서도 독재자가 정치권력을 획득할 가능성이 있고, 의욕이 앞선 공직자가 억압적이고 부당한 법률을 제정할 수도 있다. 자유주의자는 시민 불복종 행위를 존중하지도, 권장하지도 않는 사회에서는 독재와 불의에 굴복하는 시민들이 나타날 위험이 있다고 믿는다. 그러므로 시민 불복종은 자유주의적 시민들에게 시민적 덕성을 가르치고, 자유주의적 이상으로부터 멀어진 현실을 교정하는 이중적 역할을 한다.

8
현대 보수주의
...
더욱 책임 있는 시민을 양성한다

현대 보수주의의 시민권에서 일련의 원리 ― 시민권에 관한 대부분의 질문에 답할 수 있는 명백한 지침 ― 를 찾기는 어렵다. 실제로 외부인을 시민으로 받아들이는 문제에서 보수주의자들의 성향이 서로 달라 정반대의 답변이 나오기도 한다. 한편으로, 이들은 자유 시장을 예찬하기 때문에 해외 노동자들의 자유로운 국내 유입을 정부가 규제하는 것에 반대한다.[30] 반면에, 어떤 보수주의자들은 문화적 응집성에 대한 우려 때문에 전체 이민을, 특히 미국에서 역사적으로 주도적인 위치를 차지해 왔던 가치관과 정반대되는 가치관을 가진 지역 출신 주민들의 이민을 제한해야 한다고 본다. 보수주의자의 입장을 다음과 같이 정리할 수 있을 것이다. 이주자들이 (가령 낮은 임금의 일자리를 맡아) 국가 경제에 도움이 되고, 미국 문화에 큰 무리 없이 잘 동화되는 한 그들을 환영한다는 입장이다.

시민 참여 역시 현대 보수주의자들을 갈라놓는 쟁점이다. 보수주의 내 인민주의자들은 '평균적 시민'들을 양성하여 보수주의 성향의 유권자들을 찾아내고 동원할 수 있는 첨단 기법을 발전시켰다. 미국의 경우 이런 보수주의자들이 앞장서서 미국의 의회를 통해 보수주의 대의명분을 추구하기 위해 전국적인 활동 네트워크를 발전시켰다. 이들은 지지자들에게 지방 정치에 활발하게 참여하라고 촉구하고, 특히 다음과 같은 사회적 쟁점, 즉 학교에서의 기도문 낭독 허용 또는 낙태 시술 병원의 출입을 막는 행동 등을 위해 활동가들이 적극적으로 관여할 것을 촉구했다.

그럼에도 많은 보수주의자들 — 특히 보수주의 지식인들 — 은 시민 참여가 확대되는 것에 반대한다. 이들은 시민들이 적절한 정책을 선택할 수 있는 지혜, 기술적 지식, 덕성 등을 갖추고 있는지에 대해 의문을 제기한다. 조지프 슘페터 Joseph Schumpeter, 1883~1950는 그의 고전적 저서 『자본주의, 사회주의, 민주주의』 Capitalism, Socialism, and Democracy에서 현실적인 민주주의 이론을 발전시켰다. 이 책에서 그는 시민의 역할은, 서로 경쟁하는 정당들 가운데 한 정당을 선택하는 데만 국한되어야 한다고 주장했다.[31] 슘페터에 따르면 정치에 대한 시민들의 개입이 늘어나는 것을 권장해서는 안 된다. 일반 시민들은 비이성적인 군중심리와 충동에 사로잡히기 쉽고, 선동가들에게 조종을 당할 수도 있기 때문이다. 그런데 1970년대 들어서는 많은 보수주의자들이 새뮤얼 헌팅턴의 주장에 공감하기 시작했다. 헌팅턴은 시민들의 참여가 지나치게 늘어나면 정치의 불안 요인이 늘어나면서 '민주주의의 혼란'democratic distemper이 올 수 있다고 경고했다.[32] 이런 관점에서 보면 시민 참여는 한낱 '시민의 요구'에 지나지 않는다. 시민들의 다양한 집단이 각자의 이익을 추구할수록, 권리를 내세우고 공공 재정을 더 지출하라는 요구가 이어져 결국 정부 전체의 활동이 늘어난다. 그러나 정부는 온갖 종류의 상충되는 요구를 모두 들어줄 수도 없고, 들어줘서도 안 된다. 시민들은 권리 주장이 받아들여지지 않을 때 정부에 대해 냉소적·반항적인 태도를 보이기 쉽고, 그 결과 정부의 권위가 땅에 떨어질 수 있다. 따라서 투표를 제외하고 국정에 시민이 참여하도록 권장하는 것은 절대 좋지 않다.

모든 현대 보수주의자들은 시민들이 자발적 결사체에 참여하는 것을 지지한다. 시민들은 정부에 대해 다양한 빈곤 계층을 지원하라고 요구하는 대신, 각종 지역사회 자선 기관이나 봉사 조직에 가입해야만 한다. 이런 조직들은 불우 계층을 도울 수 있고, 참여자들의 품성을 함양하며, 그들 사이에서 공동체 의식을 창출할 수 있다. 아버지 부시 대통령은 그런 자발적 조직을 '수많은 자선의 불빛'이라고 불렀다. 부시 대통령 부자는 자발적 결사체에 시민들이 참여하면 미국의 진정한 시민 정신이 진작된다고 믿었다. 물론 현대 자유주의도 자발적 결사체에 시민들이 가담하는 것을 예찬하지만, 그런 자발적 참여는 어디까지나 정치적 행동에 뒤이은 보완책일 뿐이다. 보수주의자가 국가 복지를 줄일 때 자유주의자가 할 수 있는 최선의 길은 복지 정책을 회복하기 위해 정치적 운동을 벌이는 것 그리고 유나이티드 웨이*에 참여하는 것이다.[33] 이와 대조적으로 현대 보수주의는 자발적 조직에 대한 시민 참여를, 자유주의에서 내세우는 '유모' 복지국가를 대체할 수 있는 대안으로 본다.

물론 현대 보수주의도 시민의 책임을 중요하게 생각하지만, 점점 더 많은 보수주의자들이 시민들의 정치적 책임 원칙을 책임감 있는 시민성의 함양이라는 원칙 아래에 두려고 한다. 보수주의자는, 정치적 책임을 강조하다 보면 시민들에게 복종을 명하는 권위적 정부의 느낌을 줄 수 있다고 우려한다. 물론 질서 있는 사회를 유지하기 위해 정부가 제정한 법률을 시민들이 준수해야 한다고 믿고, 시민들은 납세의무를 완수함으로써 공적인 책임을 다해야 한다는 점은 (모든 보수주의자들이) 인정한다. 그러나 그들은 효과가 불분명한 정책을 추진하기 위해 정부가 시민들에게 과도한 납세의무를 지우는 경우가 지나치게 많다고

● 유나이티드 웨이(United Way) : 지역사회 발전을 돕는 자발적 결사체 모임. 전 세계적 네트워크를 갖추고 있다.

생각한다. 과도한 복지 제공과 같은 불필요한 정책은 시민들에게 무책임한 삶을 살아가게 한다. 그래서 현대 자유주의자는 시민들의 책임 있는 행동을 권장하는 정부를 원한다. 반면에 보수주의자는 시민들의 무책임한 행동을 부추기는 '피부양 자녀가 딸린 가족 지원 프로그램'AFDC, Aid to Families with Dependent Children과 같은 복지 정책을 없애고,[34] 책임 있는 행동을 권장하는 '기초생활보장을 위한 일시적 생계 지원 프로그램'TANF, Temporary Assistance to Needy Families과 같은 정책을 추진하는 것에 적극 찬동한다. 현대 보수주의는 노령연금 정책 — 예를 들어, 미국의 사회보장 프로그램 — 을 개혁하여 시민들이 각자 자기의 책임 아래에 노후에 대비한 투자를 할 수 있게 하자고 주장한다.[35]

보수주의자는 책임 있는 시민을 양성하자는 주장을, 시민들이 다양한 도덕적 덕성을 확보할 수 있도록 권장하자는 식으로 일반화한다. 보수주의자는 자유주의 사회에서 시민들의 덕성을 키우는 일을 소홀하게 취급했다고 본다. 레오 스트라우스와 같은 보수주의 철학자들은, 그들이 '도덕적 상대주의'라고 부르는 자유주의의 사조를 비난한다. 이들은 자유주의가 결과적으로 "본질적으로 고결한 일과 저급한 일이 별도로 존재한다는 사실을 부정함으로써 …… 인간이 수치스러워 해야 할 일은 아무 것도 없다"라고 가르친다고 주장한다.[36] 윌리엄 베넷William Bennet, 로라 새비지Laura Savage, 린 체니Lynn Cheney 등과 같은 일단의 보수주의적 '덕성론자'들virtuecrats은 이 주제에 관해 끊임없이 주장을 제기해 왔다. 이들은 자유주의자가 '자기 표출의 윤리'ethic of self-expression를 가르쳐 왔지만, 실제로 우리에게 필요한 것은 자기 절제의 윤리ethic of self-control라고 본다.

그럼에도 보수주의자는, 모든 이들이 따라야 할 강고한 공동체주의적 에토스나 특정한 시민 덕성 개념을 제시하는 데에는 조심스러워 한다. 주류 보수주의에서는 엄밀하게 규정된 시민 덕성의 항목들을 강요하기에 앞서, 정부가 시민들의 품성과 덕성을 직접 함양하는 데 한계가 있다는 점을 주목한다. 물론 입법부에서 거의 모든 대중이 '나쁜 것' — 예컨대, 매춘·마약·포르노 등 — 으로 여기는 행동을 규제하는 법률을 제정할 수는 있다. 입법부에서 사람들이 무책임하게 행동할 수 있도록 허용하는 공공 정책 — 예컨대, 무과실 이혼법* —

을 개혁할 수도 있다. 학교에서는 숙제를 통해 규율을 습득시키고, 성적 향상을 독려하며, 인간의 덕성에 관한 통상적 기준에 부합되는 행동을 권장함으로써 어린이들로 하여금 좋은 품성을 기르게 할 수는 있다. 타인의 권리를 침해한 사람과 사회질서를 문란하게 한 사람을 경찰이 잡아들이고 법원이 처벌할 수도 있다. 범죄를 강력히 처벌하고 가석방 기회를 축소하며 경찰 인력을 확충하는 것 등이 일탈 행위를 방지할 수 있는 최선의 방법이고, 이를 통해 사람들에게 범죄는 결코 좋은 선택이 아니기에 법을 지키며 열심히 일해야만 좋은 삶을 즐길 수 있다고 알려 줄 수는 있다.

그러나 보수주의자는, 국가권력을 도덕적 목표를 위해 사용하면 개인의 자유와 사회질서가 위협받을 수 있다고 믿는다.[37] 예를 들어, 제임스 버클리James Buckley에 따르면 정부는 흡연을 금지하는 조치를 취해서는 안 된다. 정부의 정당한 몫은 대중에게 흡연이 건강에 위험이 되는 요소를 알려 주는 것으로 충분하다. 그런 정보에 입각해서 궁극적으로 개인들이 스스로 선택해야 한다.[38] 대다수 사람들은 정부의 엄격한 통제보다 다음과 같은 친근한 안내에 더 잘 반응할 것이다. 보수주의 칼럼니스트인 조지 윌의 말을 들어 보자. "가난해지지 않으려면 세 가지 실천 법칙이 있다. 전혀 어렵지 않다. 첫째, 고등학교를 졸업하라. 둘째, 결혼하기 전에 아이를 갖지 마라. 셋째, 십대 청소년 신분으로 결혼하지 마라. 이런 법칙을 따르는 사람들은 대개 덜 가난한 생활을 한다."[39]

제임스 윌슨은 대다수 시민들이 자기 절제, 동정심, 공평함, 의무 등이 중요하다는 것을 직관적으로 알고 있으므로, 정부가 사람들에게 도덕적 덕성을 가르칠 필요가 없다고 주장한다. 오히려 시민들이 자신의 도덕적 감수성을 확실하게 인정하고, 자유주의가 주창하는 잘못된 회의론과 관용 정신을 거부하며,

---

● 무과실 이혼법(no-fault divorce law) : 미국에서 1970년대 여성해방운동의 영향으로 채택된 이혼법으로, 배우자의 과실이 없더라도 부부 가운데 어느 한쪽이 (상대방의 동의를 필요로 하지 않고) 이혼을 제기할 수 있게 허용한다.

부도덕한 행동을 반대하는 것이 필요하다. 우리 내면의 덕성 의식을 강화하고 시민들의 성품을 강건하게 만드는 것이야말로 건전한 사회제도들 — 가족·교회·학교 및 기타 자발적 결사체들 — 이 감당해야 할 임무라 할 수 있다.[40]

9
급진적 우파
...
재산권을 중시하고 덕성을 지향한다

급진적 우파 내에서 자유 지상주의와 공동체주의는 시민권에 대해 서로 매우 다른 점을 강조한다. 자유 지상주의자는 개방적 국경과 시민의 광범위한 권리를 모색한다. 공동체주의는 자기 사회에 외부인의 유입을 제한하려 하며 시민권에 따르는 책임을 중시한다.

자유 지상주의에서는 전 세계 모든 사람이 자신이 원하는 곳에 가서 살고 일할 수 있는 자유, 그리고 그 정치 공동체의 시민이 될 수 있는 자유를 허용하는 개방적 시민권 정책을 모색한다.[41] 카토연구소CATO Institute의 대니얼 T. 그리스월드Daniel T. Griswold는 다음과 같이 말한다. "불법 이주자의 문제는 이주 자체가 아니라, 그 이주를 불법으로 규정한 현실이다."[42] 일반적으로 말해 자유 지상주의자는 국경 개방을 지지한다. 사람들이 원하는 곳에 가서 살 수 있는 자유를 인정하고자 하는 도덕적 열망이 크기 때문이고, 이민자들이 그 나라의 경제와 문화에 긍정적인 기여를 할 수 있기 때문이다. 자유 지상주의자는 이주 제한 정책을 다음과 같이 비판한다. "그것은 일종의 사회주의다. 엄청난 예산, 관료제, 중앙 계획, 과세, 경찰 공권력 남용, 시장에 대한 간섭, 광범위한 부패 등이 따르기 때문이다."[43] 또한 미국의 자유 지상주의자는 미국 헌법에 연방 정부가 이민을 제한할 수 있다는 규정이 없는 사실을 지적한다.

이와 유사하게, 전 지구적 신자유주의에서는 영토를 가르는 국경이 비교적 느슨해야 한다고 믿는다. 요한 노르베리는 다음과 같이 말한다. "이주자를 유입국에 대한 부담으로 생각하면 잘못이다. 이주자는 인력과 소비 증대를 뜻하므로 시장의 성장에 도움이 된다. 이민이 많을수록 더 많은 사람들이 일하고 소비하며, 새로운 생각도 더 많이 탄생한다."44 노르베리는 미국과 유럽이 노령자와 은퇴 인구를 위한 공적 프로그램을 충당하려면, 그런 재정을 위해 세금을 납부할 수 있는 이민자가 앞으로 더 많이 들어와야 한다고 덧붙인다. 그러나 대다수 지구화론자들은 완전 개방적 이주 정책까지 찬성하지는 않는다. 그저 지금보다 제한이 적은 이민정책을 지지할 뿐이다.

자유 지상주의자와 지구화론자는 시민의 권리와 책임의 원리를 받아들이며, 그런 원리가 지구화 시대에 적절한 지침이라고 생각한다. 이들이 생각하는 시민 권리 개념 ─ 공동체의 모든 구성원에게 평등하게 적용되는 접근성·서비스·재화 등 ─ 은 조건이라기보다 기회에 더 초점을 맞춘 개념이다. 이때 사람들은 재산·고용·수익을 획득할 수 있는 평등한 법적 기회를 가질 수 있지만, 이들은 평등한 경제적 자원, 아니 최소한의 경제적 자원조차 갖지 못한다. 요컨대 자유 지상주의와 신자유주의에서는 고전적 자유주의자들이 강조했던 제한적인 시민 권리로 되돌아가려고 한다. 이들은 지구화 시대 들어 좌파들이 지지하는 복지 권리를 줄여야 한다고 믿는다. 이들은 복지권을 바람직하지 않은 것으로 파악한다. 타인의 재산권을 침해하고, 노동할 유인을 줄이며, 시장을 교란하기 때문이다. 복지권을 축소하면, 비교적 자유로운 이민정책이 시행되면서 생산적이지 않은 외국의 빈민들이 자국 내로 유입해 들어올 우려도 줄어든다.

자유 지상주의나 지구화론자는 사람들이 자기가 거주하거나 사업을 벌이는 곳의 정치 공동체가 보유한 법률, 경제 규제 정책, 납세 정책 등을 준수할 의무가 있다는 사실을 부인하지 않는다. 그러나 이런 의무는, 현대 자유주의 혹은 사회주의 정부가 부과하는 과도한 규제와 세금보다 훨씬 가벼워야 한다.

자유주의와 마찬가지로 자유 지상주의자와 지구화론자는 (시민들이 세상 물정을 잘 알고, 공동체를 아끼는 마음이 있으며, 정치에 참여하는) 적극적이고 이상적인 시민권 개념을 지지하지 않는다. 예를 들어, 영국의 대처 총리는 민주주의에 관한 '공공 선택' 이론을 받아들였다. 이 이론에서는 시민들이 자신의 이익에 의거하여 투표해야 하며, 선거에만 이따금 참여하고 그 외의 정치 행위를 하지 않더라도 민주적으로 선출된 국민의 대표들이 충분히 책임성을 가질 수 있다고 가정한다.[45] 이런 이론에서는 공동체의 구성원들을 시민이 아니라 경제적 행위 주체(즉, 소비자·투자자·노동자)라고 생각한다. 그들은 자기 지갑이 가리키는 대로 잘 '투표'할 수 있고, 자신이 좋아하는 재화를 구입하기 위해 자기 소득을 지출하며, 가장 수익률이 좋은 투자 기회에 자신의 재산을 투자한다.[46] 지구화론자는 투자자들이 어떤 나라에 자기 자본을 투자 혹은 회수할지를 결정하는 것이 (시민들이 행사한 투표보다) 그 나라 공공 정책의 효과성을 더 잘 보여 주는 지표라고 강조한다.

　급진적 우파 내의 공동체주의에서는 자유 지상주의와 지구화론이 주장하는 시민권 개념을 강하게 반대한다. 전통적 공동체주의자와 문화적 보수주의자는 국경을 개방하거나 시민의 책임을 줄이려 하지 않으며, 흔히 이민정책을 제한하려 하고 시민들의 정치적 책임을 강조한다. 패트릭 뷰캐넌과 같은 국수주의자는 미국 내에 불법 이주자가 급증하는 것에 특별히 우려를 표하면서, 그런 이민자들이 미국 시민들의 실업률을 높이고, 임금을 떨어뜨리게 한다고 주장한다. 문화적 보수주의자는 불법 이주자들 가운데 큰 몫을 차지하는 라티노들 — 전체 불법 이주자들 가운데 80퍼센트가 라틴아메리카에서 유입되며, 특히 멕시코가 큰 비중을 차지한다 — 이 국가를 양분할 수도 있다고 우려한다. 라티노들은 흔히 스페인어와 라틴계 문화를 유지하며, 그 이전 세대의 이주자들보다 기존 문화에 잘 동화되지 않고 자기들이 역사적으로 영토권을 주장해 왔던 미국 서남부 지역에 주로 밀집되어 있다.[47] 국수주의자와 문화적 보수주의자가 보기에 이런 이민정책은 미국 정치의 약화와 사회적 불안정, 어쩌면 분리주의 운동으로까지 이어질 수 있는 위험한 정책이다.[48]

　전통적 공동체주의자는 시민들이 실질적인 공동선 개념에 애착을 가질 필요가 있다고 본다. 그래야 사람들이 의미 있는 삶을 살 수 있기 때문이다. 미국의 경우, 이런 문화와 가치관은 미국인들이 앵글로색슨계 조상으로부터 물려받은 것이다. 이 조상들은 기독교적 도덕성, 노동 윤리, 법의 지배, 그리고 유럽 예술과 문학에 나타난 인간의 능력 등을 강조하는 문화를 남겨 주었다.[49] 시민들이 이런 가치를 강조하는 문화 속에 깊이 뿌리내리지 않고 (모든 문화의 가치가 평등하다고 보며, 한 사회 내 지배적인 문화의 인도를 받기 싫어한다는 점에서 개인주의를 강조하는) 자유주의적 세계 속에서 떠돌아다닌다면, 그들은 분명한 목적도, 의미도 결여된 삶을 살아야 할 운명에 빠질 것이다.[50] 그러나 널리 유포되어 있는 공동체주의적인 공동선 관념의 궁극적인 근거는 다음과 같은 가정일 것이다. 즉, 만일 "공적 덕성의 원천이 말라 버린다면" 정치 공동체가 소멸된다는 가정이다.[51] 만일 문화가 사람들에게 사회적 일탈이 무엇인지를 가르치지 않거나, 권위를 존중하라고 가르치지 않거나, 각자에게 해당하는 본분을 정해 주지 않거나, 충성과 의무 수행의 중요성을 강조하지 않는다면, 정치 공동체는 약화되고 불안정해질 수밖에 없다는 말이다. 전통적 공동체주의자는 실제로 공적 덕성의 원천이 고갈되어 버렸다고 개탄하면서, 지금이야말로 시민의 권리와 책임이 함께 가야 하고, 권리장전Bill of Rights에 '의무장전'Bill of Duties을 추가해야 한다고 믿는다.[52]

10
급진적 좌파
...
다중적이고 심층적인 시민권

여타 다원주의자들처럼, 급진적 좌파는 사람들이 일차적으로 한 국민국가의 (그리고 국가 하부의 여러 지방자치단체에 속한) 시민이라는 사실을 인정한다. 그러나 급진적 좌파는 대다수 사람들이 어떤 의미에서는 수많은 공동체에 속한 구성원이기도 하다는 점을 강조한다. 예를 들어, 사람들은 전 지구적 공동체의 일원이기도 하고, 국가가 아닌 공동체 ─ 기업, 노동조합, 소수자 집단, 여성 단체 등 ─ 의 구성원이기도 하다. 이런 다중적 귀속성은 우리의 공적인 삶의 일부를 이룬다. 이는 다중적 귀속성들이 정치적 결과를 낳기 때문이다. 정치 공동체와 마찬가지로 비국가 공동체들도 집합적 목표를 추구하고, 사회적 재화를 분배하며, 구성원들에게 책임을 부여하는 것이 사실이다. 따라서 비국가 공동체에 대한 귀속성은 국가에 대한 시민권과 유사한 속성을 가진다. 이런 이유로 모든 다원주의자들이 여러 공동체에 대한 다중적 귀속성을 선호하지만, 급진적 좌파는 이런 귀속성을 다중적 시민권multiple citizenship으로 부르고 싶어 하며, 이런 다중적 시민권에 부수되는 광범위한 권리와 책임을 강조한다.

어떤 나라에서 도대체 '누가 시민인가?'라는 질문에 대해 급진적 좌파 내의 대다수 관점들이 언젠가는 모든 사람이 자신이 원하는 나라에서 마음대로 살 수 있는 날이 오기를 고대하지만, 이민정책을 (온건하게) 규제할 수밖에 없었던 자유주의자와 마찬가지로 급진적 좌파 역시 완전한 이민 개방이 어렵다는 현실을 이해한다. 영향력 있는 시민적 공동체주의자인 마이클 왈저Michael Walzer는 완전 개방적 이주 정책이 시행되면 각국이 (시민들이 서로 간에 폭넓은 책임을 인정하고 존중하며, 상대방의 필요에 너그럽게 반응하는) "인격을 지닌 공동체"가 될 수 있는 역량을 잃게 될 것이라고 지적한다.[53] 그러나 세계주의적 이론가들은 전 지구적 차원에서 정의를 추구하는 것에 더욱 열의를 보이고, 시민적 공동체주의와 현대 자유주의 및 여타 다원주의자들보다 더욱 개방적인 이민정책을 주창하곤 한다.[54] 세계주의자는 경제적 난민 ─ 자국에서 고용 기회를 얻지 못해 타국에 가서 일자리를 찾으려는 사람들 ─ 을 받아들이는 문제에 더욱 긍정적이다.[55] 그럼에도 흔히 세계주의 이론가들도 일자리 기회를 찾는 이주자에게 기회를 주는 것과 이주자에게 시민권을 부여하는 것을 구분하곤 한다. 세계 각국은 이주자들에게 시민권과 그것에 부응하는 정치적·경제적 권리를 부여하는 것보다, 고용 기회를 찾는 이주자들에게 일자리를 제공하는 것을 더 용이하게 생각할 것이다.[56] 단순히 일자리를 찾는 사람들에게 국경을 개방하는 것은 국제적으로 경제 기회를 고루 제공하고 경제 상황에서의 불평등을 줄이는 일이 될 수 있지만, 시민권 취득을 제한하는 일은 국가가 (누가 한 나라의 시민이 될 수 있는가 하는 근본적 문제에 관한) 자신의 주권을 유지할 수 있게 해준다. 물론 선진국에 와서 사는 '초청 노동자'들은 자신의 출신국 국적을 유지하고 있다. 하지만 급진적 좌파는 자국 안에 해외에서 초빙되어 온 노동자들이 영구적으로 살아가는 현실을 묵인하려 하지 않는다. 이런 노동자들은 2등 시민이 되어 기본권이 박탈당하는 불의를 경험하게 되고, 분열과 불안의 원천이 되곤 하기 때문이다. 따라서 급진적 좌파는 초청 노동자들이 정규 시민이 되는 데 필요한 명확한 기준을 정하자고 요구하며, 귀화 과정을 신속하게 처리하기를 원한다. 각국이 자국의 형편에 맞는 판별 기준을 정할 수 있겠지만, 급진적 좌파는 인종과 종족 및 출신 지역이 다른 전 세계의 사람들에게 시민권 취득에서 각기 다른 기준과 과정을 적용하는 것에 단연코 반대한다.

급진적 좌파가 생각하는 시민권 개념은 현대 자유주의보다 훨씬 더 광범위한 참여·권리·책임이 내포된 개념이다. 자유주의자는 시민들이 주기적인 선거에서 투표를 하고, 자신의 이익을 대변하는 단체에 가입하며, 간혹 항의 행동에 참여하는 정도만 돼도 시민들에게 충분하다고 보지만, 급진적 좌파는 이보다 훨씬 더 철저한 시민들의 참여를 촉구한다. 시민 참여는 가족과 학교와 교회와 지역사회 집단, 그리고 (특히 중요하게는) 일상적인 직장에서 시작되어야 한다. 시민들은 그런 지역공동체에 활발하게 참여함으로써 다른 시민들과의 귀속감·관심·상호성 등을 더 많이 느낄 수 있다. 그런 참여를 통해 시민들은, 지역사회의 결사체들을 공통의 문제를 해결하기 위한 일종의 수단으로 활용할 수 있으며, 따라서 자신의 삶을 더 잘 통제할 수 있게 된다. 지역사회 공동체와 직장에서의 참여는 (국가 차원의 선거와 정책 결정 과정에 온전히 참여하기 어려운) 비교적 취약한 계층을 정치화하는 데에도 도움이 된다. 또한 국가 차원에서 더욱 큰 대표성을 가지고 참여하면 대의 민주주의의 한계를 수정할 단초를 찾을 수 있고, 대중이 정부를 더 잘 통제할 수 있으며, 시민들에게 꼭 필요한 공적 지원을 제공하라는 압력을 높일 수도 있다. 전 지구적 거버넌스에 더욱 많이 참여하면,

지금까지처럼 모든 문제를 전 지구적 자본에 대한 규제를 완화하는 것으로 해결할 수 있으리라는 주장을 불식할 만한, 개도국과 노동자에게 유리하고 환경 친화적인 근본적 정책이 도출될 수 있을 것이다.

급진적 좌파는 광범위한 시민 참여를 추구하면서도 그것을 달성하기가 어렵다는 점을 잘 안다. 정통 다원주의에서는 시민들이 자신의 집합적 집단 이익을 추구하기 위해 활동가로 참여하거나 단체의 형태로 함께하는 등 용이하게 조직화되고 동원될 수 있다고 가정하지만, 급진적 좌파는 그런 시민적 동원을 어렵게 만드는 여러 장애물들이 실제로 존재한다고 생각한다.[57]

첫째, 가장 일반적으로, 시민권이 점점 더 개인 지향적으로 되어서 집합적 이익을 위해 시민들을 동원하기가 어려워졌다. 매튜 크렌슨Matthew Crenson과 벤저민 긴스버그Benjamin Ginsberg에 따르면 정치 지도자들과 정치 운동가들이, 시민들의 새로운 지지를 동원하지 않고도 자기들에게 유리한 목표를 추구할 수 있도록 정치를 바꿔 놓았다고 한다. 예를 들어, 공직에 출마하는 후보는 믿을 만한 지지자들을 어떻게 양성하고, 반대자의 잠재적 지지자들을 어떻게 무력화할지를 이미 터득했으므로, 굳이 새로운 유권자에게 지지를 호소하려는 노력을 기울이지 않게 되었다고 한다. 이와 함께 사회운동 지도자들은 자신의 목표를 추구하는 데에 대중 동원 전략보다 점점 더 체제 내적 전략과 소송 등의 방식에 의존하게 되었다.[58] 그 결과 미국은 "완전히 '사적인 시민'private citizen의 국가로 변했다. 집합적 정치 행동을 통해 명확한 공통의 이익을 표출하기 어려운 소비자요 고객의 나라가 되어 버린 것이다".[59] 예를 들어, 우리는 '사적인 시민'으로서 교육 바우처 제도를 활용하여 자녀를 좋은 학교에 보내거나, 차별을 시정하기 위해 개별 소송을 제기할 수도 있다. 그러나 집합적 이익을 추구하는 '공적인 시민'public citizen이 되려고 하지는 않는다. 예를 들어, 부실한 공립학교를 위한 자원과 지원을 끌어내기 위해서나, 일반적으로 일어나는 차별을 더 엄격히 처벌하게 하는 법을 제정하기 위해 다른 시민들과 힘을 합치는 경우가 줄어든 것이다.

둘째, 국제통화기금과 같은 세계적 기구부터 지방의 특별 행정 도시에 이르는 조직들을 운영하는 사람들은 자신의 업무가 고도로 기술적이어서 경험자와 전문가만의 소관 사항이라고 생각하곤 한다. 이들은 대중과 협의를 한다고 하더라도 기껏해야 정책 유관 기업의 소유자 혹은 경영인과 만날 뿐이지, 이런 문제와 직접적인 관계가 없다고 보는 일반 대중과 협의하는 경우는 드물다.

셋째, 기존의 다원적 정치체제에서는 '정치적인 것'을 협소하게 규정하곤 한다. 사적 영역에 속한다고 치부되는 각종 쟁점들이 정치적 의제로부터 배제되어 아예 고려할 대상조차 되지 않는 일이 발생한다.[60] 예를 들어, 부동산을 임대하는 소유주와 문제가 생긴 임차인은, 만일 소유주와 임차인의 관계가 사적인 시장 관계 내에서 풀어야 할 계약 사항인 것처럼 규정되어 있는 한 (법적으로 계약 조건에 따른 불이행이 발생하여 소송을 제기하지 않는다면), 그런 문제를 해결해 달라고 정부에 요구하기 어렵다.

넷째, 노동계급·소수자 및 과거에 배제되었던 집단은 사회에 온전히 참여하려고 해도 높은 내부 장벽에 맞닥뜨릴 가능성이 크다. 이때 차별을 없애기 위해 집합적 행동을 취하는 것이, 주변화된 계층의 사회운동 지도자들에게 특히 어려운 문제로 대두된다. 이 지도자들은 극소수 당사자만을 위해 노력하는 것이 아니라 그 집단에 속한 모든 사람에게 혜택을 줄 정책 변화를 도모하므로 추종자들 사이에서 '무임승차자'가 나올 가능성이 크기 때문이다. 즉, 자신은 운동에 열심히 참여하지 않으면서, 그런 운동에 참여한 사람들이 이룬 성공의 혜택만을 누리려는 경향이 존재한다는 것이다.[61] 소외된 계층일수록 혜택 받은 계층에 비해 집합적 행동에 따르는 장벽을 낮춰 줄 수 있는 사회적 자본과 신뢰를 부여해 줄 시민 단체에 가담할 확률이 낮다.[62]

급진적 좌파는 흔히 쟁의적 민주주의 모델contentious models of democracy을 주장하는데, 이에 따르면 경우에 따라 저항적 대중을 형성할 수 있는 기회를 활용해야 한다고 한다.[63] 예를 들어, 급진적 좌파는 세계무역기구와 같은 국제기구들이 민주적이지 않다고 판단한다. 그런 기구들의 정책이 환경과 노동 및 배제된 계층에 대단히 큰 영향을 미치면서도 미리 정해진 의제만을 다루고, 협의 및 결정 과정도 배타적이기 때문이다. 하지만 급진적 좌파가 보기에는, 세계무역기구와 같은 국제기구들의 회합이 적어도 권력에서 배제된 사람들에게 자기 자신이 배제되어 있다는 사실과, 그런 기구들을 그대로 내버려 둘 경우에 발생할 억압적인 결과를 직시할 수 있는 기회를 제공한다. 그런 기회를 맞아 급진적 좌파는 여러 가지 방법 — 세계사회포럼과 같은 대안적 장을 조직하거나, 무역 협상에 자신들의 관심이 반영되기를 요구하거나, 공평한 세상을 위해 기꺼이 투쟁하겠다는 의지를 과시하는 방법 등 — 을 통해 지구화에 저항한다.[64] 급진적 좌파는 현재의 세계 질서 내에서 지배적인 권력을 가진 측이 웬만한 저항이 없는 한 비판자들에게 순순히 굴복하지 않을 것이라고 믿는다. 따라서 급진 민주주의자는 일반 시민들이 사회정의와 더 많은 민주주의를 위해 싸울 수 있는 기회를 찾고 전술을 개발하는 데 큰 의지를 표한다.

급진적 좌파 가운데 시민적 공동체주의는 시민들에게 다양한 시민적 덕성을 주입할 필요가 있음을 강조해 왔다. 그런 덕성이 시민들을 더욱 효과적인 참여자로 만들 수 있을 것이다. 시민들은 자신의 이해관계에만 신경을 써서는 안 된다. 공익과 사회정의에도 관심을 기울여야 하는 것이다. 시민들은 공적인 목적을 위해 시간과 정열을 기꺼이 투자해야만 한다. 시민들은 다원적 정치에서 효과적인 결과를 내는 데 필요한 기술과 지식을 발전시켜야 한다. 시민들은 사회적 쟁점을 어떻게 표출하고, 대중의 우려를 해소할 정책을 어떻게 제안할 수 있는지를 배워야 한다. 그리고 시민들은 자기가 의도하는 목표에 대해 (다원적 정치의 다른 수많은 참여자들이 이해할 수 있고, 그들을 설득할 수 있는) 올바른 근거를 제시하는 방법을 배워야 한다. 시민들은 꾸준히 노력하는 존재가 되어야 하고, 저항의 실패와 작은 성공은 모두 앞으로 더 효과적으로 참여할 수 있게 하는 기본적 구성 요소가 된다는 점을 인식할 줄 알아야 한다.

급진적 좌파는 자유주의 정부가 시민들에게 제대로 된 책임을 부과하지 않는다고 믿는다. 기껏해야 자유주의에서는 시민의 권리와 책임을 일대일로 연결시킬 뿐이다. 자유주의 사회계약론은 "나는 내가 받은 것만큼 공동체에 돌려주겠다"라고 규정하기 때문이다. 급진적 좌파는 시민들이 덜 개인적으로 생각하고 더 멀리 내다보는 혜안을 통해, 사회계약의 진정한 의미를 해석해야 한다고 믿는다. 사회주의적 사회계약론에서는 사회계약이란 개인들이 자신의 권리를 지키기 위해 서로 간에 맺은 약정이라고 보지 않고, 시민들이 공통적으로 가진 필요와 그 필요를 충족하기 위해 상호 협력해야 할 책임을 폭넓게 이해하는 것이라고 본다. 사람들에게 필요한 것은 단순히 개인의 권리가 아니라 공동체 그 자체이며, 따라서 사람들은 하나의 공동체 안에서 함께 살아가기 위해 필요한 존중과 지원을 서로 제공해 줄 필요가 있다는 것이다.[65] 더 나아가, 시민들은 모든 시민이 자기 공동체 내에서 잘 사는 데 필요한 것을 찾는 집합적 의사 결정 과정에 참여해야만 한다. 급진적 좌파는 시민들의 책임을 규정한 공통적인 목록을 만들어 내려 하지는 않는다. 그런 목록은 각각의 공동체마다 공통의 필요와 필요한 책임이라고 간주하는 것이 무엇인지에 따라 달라질 것이기 때문이다. 그러나 급진적 좌파 내의 여러 사상들은 미국의 정치체가 규정하는 공동체의 역할과 공동체에서 시민들에게 부과하는 책임이 미흡하다고 본다.[66]

시민들의 책임이라는 측면에서 자유주의와 급진적 좌파 간의 차이가 무엇인지 살펴보기 위해 공익 봉사 문제를 생각해 보자. 클린턴 대통령은 젊은이들이 융자받았던 학자금을 상환하기 위해 졸업 후 1~2년 동안 공익 봉사 관련 업무에 종사하게 하자고 제안한 적이 있었다. 이것은 현대 자유주의에서 생각하는 시민적 책임 개념을 확대한 것이었다. 시민들은 (일부 시민들만) 공익에 봉사하도록 요구받으며, 그들의 봉사 책임은 구체적이고 물질적인 혜택 — 학자금 융자 — 과 직접적으로 대응된다. 봉사를 하지 않으면 혜택도 없다는 식이다. 이와 대조적으로, 급진 민주주의자는 흔히 "미국의 모든 남녀 시민이 일종의 봉사단 — 군 복무나 민간 훈련 및 봉사 — 에 1~2년간 참여하는 보편적 시민 봉사 프로그램"을 시행하자고 주장하곤 한다.[67] 이런 보편적 봉사 프로그램에 참여하는 사람들은 직업훈련과 같은 혜택을 받기도 하겠지만, 프로그램에 참여해 얻는 가장 큰 이점은 "동지 의식과 동료애, 협력 활동, 팀워크, 타인을 위한 봉사 및 타인과 함께하는 봉사, 공동체 의식 …… 협동 …… 그리고 상호성"일 것이다.[68] 급진적 좌파가 제안하는 공익 봉사는 자유주의 정책과 비교해 보면 광범위하고 의무적이지만, 파시즘 국가에서 요구하는 봉사보다는 훨씬 소규모이고 덜 강압적이다. 젊은 시절의, 그다지 길지 않은 기간을 요구하는 것이고, 어디에서 봉사할지를 스스로 선택할 수 있기 때문이다.

　자유주의자는 급진적 좌파의 광범위한 시민권 제안을 경계하는 편이다. 오스카 와일드Oscar Wilde, 1854~1900는 공적 참여보다 사적인 여가 활동을 더욱 선호하는 자유주의적 성향을 다음과 같이 표현한 적이 있다. "사회주의의 문제는 개인적인 저녁 시간이 없다는 것이다." 급진적 좌파는 이런 식의 비판에 대해 (인생을 공적 시민권의 삶과 사적 만족을 추구하는 삶으로 나누는) 자유주의의 믿음에 의문을 제기하는 방식으로 역비판한다. 급진적 좌파는 모든 삶이 사회적 삶이라고 본다. 급진적 좌파는 사람들이 의사 결정에 참여할 필요가 있음을 인정해 그렇게 행동하고, 자신이 속한 공동체 내에서 타인에 대한 책임을 수행하면서 공동체 전체의 조화와 사회적 평등 및 정치적 민주주의라는 목표에 좀 더 가까이 다가갈 수 있을 것으로 기대한다.

11
극단적 우파
...
시민권을 제한한다

아마 현대 극단적 우파에서 시민권에 관해 가장 잘 알려진 점은 자신의 정치 공동체에 대한 외부인의 유입을 제한하려는 시도일 것이다. 미국의 스톰프런트Stormfront라는 백인 국수주의 단체는 다음과 같이 선언하고 있다. "이민은 우리 정부가 시행해 온 모든 정책 가운데 최악의 정책이다."[69] 지난 10년간 외국인의 이민을 반대하는 정강 정책으로 선거에서 상당한 성공을 거두어 온 극단적 우파 정당을 살펴보면 장마리 르펭이 이끈 프랑스의 국민전선, 외르크 하이더Jörg Haider가 이끈 오스트리아의 자유당, 뉴질랜드의 국민전선 등을 들 수 있다. 우익 정당의 지지자들은 자국이 동질적인 인종·종족으로 이루어져 있고, 자신과 다른 종족의 국내 이민을 금지해야 하며, (불법 이주자는 물론이거니와) 합법 이주자를 본국으로 송환해야 한다고 믿는다. 극단적 우파는 적어도 경제적 이유 때문에 자국에 온 이주자들에게는 시민권을 부여하지 말고, 권리와 서비스 등에 제한을 두어야 하며, 이민자들로만 이루어진 하위 공동체 내에서 생활하도록 활동 반경을 제한해야 한다고 강조한다. 극단적 우파는 인종적 동질성을 달성하기 위해 국가를 분리하자고 제안하기도 한다. 예를 들어, 미국의 백인 우월주의자들은 태평양 연안의 북서부 지역에 미래의 백인 국가를 건설하자고 촉구한다.[70] 남아프리카공화국의 아프리카너 저항운동AWB, Afrikaner Weerstandsbeweging은 남아프리카공화국 내에 백인으로만 이루어진 (흔히 보어슈타트Boerstaat라고 불리는) 아프리카너(보어) 공화국을 부활하자고 주장한다.

극단적 우파는 시민권 정책의 경제적 측면보다 사회·정치적 영향을 더 우려한다. 이들의 목표는 일관된 시민권을 시행해 지배적이고 전통적인 문화가치를 지키고, 그 나라를 오랫동안 지배해 온 집단이 정치권력을 계속 유지(또는 탈환)하게 하자는 것이다. 극단적 우파의 비전은, 종족적·문화적 공통성을 많이 가진 시민들, 그리고 도덕적 일치를 촉진하는 시민들로 이루어진 정치 공동체를 건설하는 것이다.

그러나 극단적 우파 내의 여러 사상들은 시민의 권리와 책임의 내용이나 그 중요성에 대해 서로 다른 견해를 갖는다. 미국의 극단적 우파는 개인의 권리를 강력하게 지지한다. 이들은 신 또는 헌법이 절대적 재산권과 무기 소지 권리처럼 양도할 수 없는 권리를 부여한다고 믿는다. 이들은 흔히 멀리 떨어져 있는 (불의한 존재라고 보는) 정부 공직자들에 대해 준법의 의무와 납세의무 등을 다할 필요가 없다고 생각한다. 애국주의 운동의 활동가 가운데는 지방자치 수준을 넘어선 [정부의] 권위에 복종할 책임은 없다고 주장하는 사람들도 있다.

이와 대조적으로 이슬람 근본주의를 지지하는 사람들은 개인의 권리에 대해 별 관심이 없고, 시민의 책임만 중시하곤 한다. 이슬람이라는 말 자체가 '순종'을 의미하므로 이슬람 근본주의 지지자들은 이슬람 시민들이 (알라신의 의지를 이해하고 구현하는) 이슬람 지도자들의 명령에 완전히 복종해야 한다고 믿는다. 이슬람 근본주의자들은 의로운 삶의 길을 따르고자 한다. 즉, 도덕성 개념에 대해 같은 생각을 가진 사람들과 모여 살고, 이슬람 권위가 강조하는 의무를 철저하게 실천하는 것을 의미한다. 무슬림들이 모여 사는 나라 가운데 지도자가 무슬림이 아니거나 타락한 무슬림 — '불신자'들 — 인 곳이 많아서 그런 나라의 무슬림들이 부정한 정권을 상대로 투쟁할 의무가 있다고 보기도 한다. 이슬람의 일부 근본주의자들은, 불신자를 반대하기 위해서라면 올바른 이슬람 시민들에게 자살 폭탄 테러리스트가 되어야 할 의무가 있다고 믿는다.

12
극단적 좌파
...
수동적인 시민을 투쟁적인 시민으로 변화시킨다

극단적 좌파는 다원적 사회에서의 이민 제한, 2등 시민의 존재, 시민의 권리와 책임 등과 같은 쟁점에 대해 별로 할 이야기가 없다. 물론 극단적 좌파는 오늘날 이런 쟁점들을 다루는 방식에 의문을 제기하고 그것에 반대할 것이 분명하지만, 이런 쟁점 자체에 관심을 두기보다는, 다원적 사회 내 시민들의 성격과 불충분한 기존 사회의 현실을 타파하려면 시민들의 결손을 어떻게 극복해 낼 수 있을지의 문제에 초점을 맞춘다.

극단적 좌파 가운데 일부 사상에서는, 현행 민주주의 체제 내에서 시민들이 갖는 특성으로 말미암아 오늘날 민주주의의 결손이 발생한다고 시사하는 시민권 이론을 제시하기도 한다. 극단적 좌파는 현 세계의 모든 문제를 치유할 기본적 처방으로 더 강한 민주주의가 필요하다고 본다는 점에서 급진적 좌파와 생각을 같이한다. 그러나 극단적 좌파는 그런 강력한 민주주의가, 각종 권력 주체들이 시민을 지배하는 방식 때문에 위로부터 훼손되는 것만큼이나, 비정상적인 시민들로 말미암아 아래로부터도 훼손되고 있다고 본다. 예를 들어, 윌리엄 오폴스는 다원적 민주주의가 일종의 폭민暴民 정치mobocracy로 전락했다고 개탄한다.[71] 자유주의에 따른 시민권은 시민들이 간혹 참여하는 투표 행위 — 이때 사람들은 어떤 비누를 사용할지를 고르는 것과 비슷한 방식으로 공직 후보를 선택한다 — 정도에 불과하게끔 변질되어 버렸다는 것이다. 우리는 인지도가 높은 사람들, 그리고 그들이 얼마나 선거 마케팅을 잘해서 유권자에게 호소력을 갖는지에 따라 한 표를 행사할 뿐이다. 또한 지구화로 말미암아 실질적인 선택의 폭도 한정된 (신자유주의 정책에 대한 옹호라는 점에서 서로 큰 차이가 없는) 후보군으로 좁아졌다. 대다수 시민들이 사람들의 경제적 욕망을 충족해 줄 정책을 추구할 후보를 국민의 대표로 뽑으려 하기 때문이다. 일반 시민들이 선거 때가 아닌 평상시에 이익 단체나 반대 운동에 참여한다 하더라도, 이들은 시민으로서가 아니라 정부의 재화와 서비스를 요구하는 소비자처럼 행동하는 경우가 많다.

이렇듯 현실을 진단하는 데는 극단적 좌파와 급진적 좌파의 입장이 별로 다르지 않지만, 그들이 내놓는 문제 해결책은 상당히 다르다. 급진적 좌파는 시민들이 재분배를 위한 정치에 다시 참여해야 하고, 경제 현실의 바닥에 놓여 있는 사람들의 삶을 개선할 공공 정책을 창출하기 위해 폭넓은 집합적 행동에 가담해야 한다고 생각한다. 급진적 좌파는 물질적 혜택의 분배를 위한 사회정의를 지향하므로 '탈물질주의' 정치the politics of post-materialism에는 별 관심이 없다.[72] 이와 대조적으로, 극단적 좌파는 급진적 좌파가 견지하는 물질주의를, 그들의 안목이 협소하다는 것을 보여 주는 증거로 간주한다. 극단적 좌파는, 시민들이 제로섬 성격 — '내가 많이 가질수록, 당신은 적게 가지게 된다' — 을 지닌 물질적 재화의 획득에 대한 관심을 줄이고, 탈제로섬 성격 — '내가 많이 가질수록, 우리 모두가 더 많이 가질 수 있다' — 을 지닌 탈물질주의적 재화를 추구해야 한다고 강조한다. 심층 녹색주의자는 사람들이 자연 그리고 전 세계 인류와 조화를 이루면서 살아가는 '영적' 가치의 중요성을 강조한다. 설령 그것을 위해 우리 삶의 수준이 떨어지더라도 기꺼이 감내해야 한다는 입장이다.[73] 하트와 네그리는 사람들이 비물질적immaterial 생산과 소비를 더욱 지향해야 한다고 촉구한다.

우리의 시야를 가리는 자본주의사회의 장막을 걷어 낼 때, 우리는 마르크스가 말했듯이 상품·재산·돈 등의 물질적 부가 그 자체로서 목적이 아니라는 사실을 알게 될 것이다. 이런 인식을 가진다고 해서 금욕적인 자기부정을 실천하자는 말은 아니다. 그 자체로 목적인 진정한 부는 '공통된 것' 속에 존재한다. 그것은 우리 모두가 공유하는 즐거움·욕망·역량·필요의 총합이다. 이렇게 공통된 것으로 만들어 내는 부야말로 우리가 진정으로 생산해야 할 적절한 대상인 것이다.[74]

하트와 네그리는 심층 녹색주의에서 흔히 말하는 금욕적 절제를 주장하는 것이 아니고, 시민들에게 지식이나 사회적 관계와 같은 비물질적 재화의 생산을 지향하고, 사유재산을 획득하려고 혈안이 되기보다는 공통의 재산을 소유할 때 생기는 충족감을 지향하라고 한다. 극단적 좌파에게는 시민들에게 탈물질주의적 윤리를 주입하는 것이 극히 중요한 과제다. 극단적 좌파의 관점에서 보자면, 협소하고 (궁극적으로) 파괴적인 물질적 자기 이익이나 계급 이익을 추구할 수 있는 자유를 절제해야 하고, 오히려 [같은 세대의] 타인과 미래 세대 및 대지에 대해 넓은 의미에서의 책임을 져야 한다는 점을 사람들이 이해할 필요가 있다.[75]

그런데 이런 윤리를 도대체 어떻게 추구할 수 있는지에 대해 극단적 좌파 내에서도 여러 견해가 대립한다. 하지만 이들을 하나로 묶어 주는 가장 분명한 태도는, 과연 그런 변화가 일어날 수 있을지에 관해 깊이 회의하는 태도일 것이다. (시민들의 성향을 좌지우지할 수 있는 힘을 지닌) 전 지구적 자본주의는 재화를 계속해서 판매해야 유지될 수 있기에, 자본주의 아래 (타인보다 더 많은 부와 더 많은 물질적 재화를 가지려는 동기에 의해 움직이는) 시민들은 물질만능주의에서 헤어나지 못할 것이다.[76] 그런데 하트와 네그리는 첫 번째 저작인 『제국』에서는 이런 점을 놓고 대단히 비관적이었지만 두 번째 저작인 『다중』에서는 훨씬 낙관적인 인식을 표출한다. 하트와 네그리는 『다중』에서 전 세계적으로 더욱 개명된 사람들, 특히 비물질적 사상 및 관계의 생산에 힘을 기울이는 사람들의 자취가 존재하며, 이들 간의 네트워크가 점차 확장하고 있다고 기술한다. '다중'들 내의 이런 보석과 같은 존재들이 사회적·비물질적 생산을 달성하기 위해 서로 협력하고 협동하고 있다. 하트와 네그리는 이런 네트워크가 아직까지는 인간 의식의 변혁을 위한 잠재성을 보여 주는 정도에 불과하지만, 마르크스가 자본주의의 지속 불가능성을 생각했던 것처럼, 현재의 전 지구적 체제 역시 지속 불가능하다고 믿으며, 제국의 지배를 벗어나려는 "욕망의 메커니즘이 우리를 쏜살같이 생명의 미래를 향해 날릴 것"이라고 믿는다.[77]

13
소결
...

정치 공동체 내 시민권의 분포에 관해, 다원주의자들이 동의하는 기본적인 생각은 다음과 같다. 첫째, (아마 가장 근본적인 차원에서) 사람들이 자신의 시민권을 버리고 그 공동체를 떠날 권리가 있음을 인정한다. 자기의 뜻에 반해, 적어도 암묵적인 동의조차 없는 상태에서 사람들을 어떤 정치 공동체에 강제로 묶어 둘 수는 없다. 둘째, 외부인이 (스스로 결정했다고 해서) 어떤 공동체의 시민이 될 수 있는 권리가 있다고 생각하지 않는다. 그 외부인을 공동체의 성원으로 받아들일지 여부를 결정할 수 있는 권리는 기존의 공동체 전체에 있다고 본다. 이를 통해 자기 공동체의 성격과 운명을 스스로 통제할 수 있다. 이에 따라 다원주의자들은 공정한 이민 절차, 판정 기준, 과정 등을 발전시킬 필요성이 있음을 인정한다. 그러나 이런 식의 이주 절차를 정할 권리는 가장 높은 차원의 정치 공동체 — 예를 들어 국가나 (유럽연합과 같은) 국가 연합체 — 에 속하는 것이다. 가령 미국의 주나 타운 차원에서 시민 자격을 박탈하거나 외부인에게 미국 시민권을 부여할 수는 없으며, 유럽연합의 가맹국들 역시 유럽연합 내 시민들의 이동의 자유에 관해 스스로 유럽연합 차원에서 약정했던 바를 준수해야 한다.[78] 이차적 결사체 — 컨트리클럽이나 여성 단체 등 — 는 자기 단체의 회원 가입에 대한 내규를 자체적으로 정할 수 있는 권리를 가진다. 물론 이런 단체들이 정부의 보조금 등을 받을 수 있을지 여부는 정치적으로 규정된 공평 대우 기준과 그 외의 공정한 처우 기준에 따라 결정될 것이다.

셋째, 한 공동체 내에서 오랜 기간 거주해 온 사람들이 평등한 시민권과, 그런 시민권에 따르는 권리를 누리고 책임을 질 수 있음을 인정한다. 도착한 지 얼마 되지 않은 이주자들은 귀화 과정을 거쳐야 하고, 미성년 이주자의 경우 성년이 될 때까지 기다려야 할 경우도 있지만, 그런 과정을 거치게 하는 목적은 그 사람들이 온전한 시민권을 습득할 준비를 하고, 시민으로서의 기본적 권리와 (그에 상응하는) 책임에 친숙해지게 하려는 것이지, 항구적인 2등 시민 집단이나 권리를 갖지 못한 외국인 거주자들을 양산하려는 데 있지 않다.[79] 물론 자유민주주의 국가에서 이런 기준을 언제나 제대로 준수했다는 말은 아니다. 여성, 인종적 소수자, 소외 계층들이 오랫동안 2등 시민 취급을 당해 온 역사가 이를 증명한다. 또한 전시와 국제적 불안정 시기에 자유민주주의 국가에서 적국의 인종·종족·종교적 배경과 동일한 집단에 속한 자국 시민들에게 일정한 법적 권리를 박탈했던 전례가 있었다. 제2차 세계대전 기간에 12만 명에 달하는 일본계 미국 시민들을 강제이주·구금했던 사례가 이런 권리침해의 역사를 보여 주고 있다. 9·11 사태 이후 아랍계 미국인들에게 가해졌던 사회적 냉대와 불공평한 법적 권리 적용 등의 사례를 보더라도, 평등한 시민권과 관련한 다원적 이상과 실천 사이의 격차에 대해 각종 의문을 제기하게끔 한다. 온전한 시민권 취득을 가로막는 각종 장벽을 낮추고, 평등한 시민권에 관한 이상과 현실 사이의 격차를 줄이는 것이 성숙한 다원적 사회의 징표일 것이다.

넷째, 시민의 권리가 상당히 커져야 한다는 점에 합의한다. (선거권, 공무담임권과 같은) 정치적 자유, 사상과 양심의 자유, 언론과 집회의 자유, 사생활 권리, (자의적 체포로부터의 자유, 공정한 재판을 받을 권리와 같은) 법적 권리 및 다양한 경제적 자유 등은 다원적 사회의 핵심 요소로 널리 인정되고 있다.

다섯째, 시민들이 갖는 권리와 책임 사이에 기본적인 대응 관계가 설정되어야 한다는 점에 합의한다. 가장 기본적 차원에서 이것은 다음을 의미한다. 즉,

당신이 기본권을 가졌다면, 타인의 기본권을 존중할 책임 역시 가져야 한다는 사실이다. 경제권·재산권·복지권에서 효과적인 다원적 정치에 해가 되는 방식으로 이런 대응 법칙이 훼손되는 경우가 있다. 예를 들어, 정치인들은 유권자의 환심을 사기 위해 시민들에게 특정한 권리를 부여하는 법 — 예컨대, 교육권 보장이나 각종 복지 혜택을 받을 권리에 관한 법 — 을 제정할 수도 있다. 그러나 이런 권리를 시행하기 위해 필요한 재원을 충당할 납세의무를 부과하는 문제에 대해서는 적극적이지 않다. 권리에는 그에 상응하는 책임이 따른다는 원칙에 추상적으로 동의하기는 쉽지만, 시민들이 요구하는 권리를 제공할 때 필요한 책임을 시민들에게 부과하는 문제에서 다원적 민주주의는 큰 숙제를 지게 된다.

이처럼 과제가 어려운 탓에, 다원주의자들은 공동체에서 인정해 주어야 할 권리에 대해 서로 생각이 다르다. 현대 보수주의자와 급진적 우파에 속한 사람들은 통상 시민들에 대한 납세의무를 줄이기 위해 복지 권리의 축소를 주장하곤 한다. 현대 자유주의자와 급진적 좌파에 속한 사람들은 재산권의 축소 그리고 무기소지 권리의 제한 등을 주장해 왔다. 그런 권리가 타인들에게 부담과 위험을 가져온다는 이유에서였다. 물론 이런 식의 상반되는 주장들은 통상적인 다원적 정치가 다룰 수 있는 문제다. 그런 문제를 놓고 자유와 정의에 관한 정치적 원리를 놓고 경쟁하고, 자신의 정치적 원리와 이해관계를 법률로 제정할 수 있는 정치권력을 쟁취하는 방식으로 그 문제의 해결을 시도할 수 있다.

다원주의자들이 합의하지 못하는 또 다른 분야는 이주 정책에 관한 것이다. 현대 자유주의자, 급진적 좌파, 지구화론자들은 비교적 제한이 적은 이주 정책을 선호하지만, 급진적 우파와 현대 보수주의자들은 더욱더 엄격한 이주 정책을 지지하는 경우가 많다. 다원주의자들은 자기 영토에 유입되는 이주자들에 관한 정책 기준을 정할 권리가 해당 나라에 있다는 점을 인정하므로, 한 나라가 그 사회에 진입하고 싶어 하는 외부인에게 이주권과 시민권을 부여하지 않는다고 해서 그것이 본질적으로 잘못됐다고 말할 수는 없다. 그러나 극단적 우파가 주장하는 이주 정책의 내용은, 다원적 사회의 구성원이 되어 있는 많은 시민들에게 불쾌감을 줄 정도로 과도하다. 아프리카계 미국인들을 추방하자거나 흑인들의 이주를 제한하자는 요구는 (이미 미국 사회의 인종적·종족적 다원성을 소중하게 여기며 살아가는) 아프리카계 미국인들에게 크나큰 모욕이 된다. 라틴아메리카로부터 매년 15만 명의 이주자만 허용하자는 새뮤얼 헌팅턴과 같은 급진적 우파의 주장은 한 국가의 국경 통제 권한의 범위에 속한 주장이라고 말할 수도 있겠다.[80] 다원주의자들은 멕시코계 또는 라틴아메리카 출신 이주자들을 추방하려는 시도에 대해서는 절대 찬성하지 않겠지만, 라티노들이 무제한 유입되는 현실을 개선하자는 제안 — 신규 유입자들이 미국 사회 내의 기존 종족 구성비를 좀 더 잘 반영하고, 유입자들이 자기들끼리만 하위 공동체를 형성해 고립되지 않게끔 하며, 종족적으로 분리된 사회가 만들어지지 않게 하는 제안 — 을 민주적으로 논의하는 것 자체는 정당화될 수 있다고 볼 것이다.[81] [다원적 사회라면 자기의 진로를 스스로 결정할 권리를 지니기 때문이다.] 다원주의자들은 그런 논의를 할 때 미국 사회의 현실과 미국 사회가 지향하는 바에 대해 초점을 맞춰야 하고, 기존 사회의 종족적·문화적 다양성을 존중해야 한다고 본다. 특정 종족이나 인종 집단 및 문화 특성에 대해 부정확하고 선동적인 표현을 일삼는 행위는 다원적 사회에서 본질적으로 중요한 만인의 존중 원칙을 허물어뜨릴지도 모른다.

극단적 우파와 극단적 좌파가 가진 시민권 사상을 다원주의자들이 거부할 수도 있다. 인종적·종족적으로 동질적인 정치 공동체를 수립하자고 주장하는 극단적 우파의 염원은, 최근의 지구화 역사를 포함하여 (동질적이지 않은 정치 공동체를 형성해 온) 지금까지의 수많은 역사적 과정을 감안할 때, 제대로 현실화되기 어렵고 바람직하지도 않다. 국토를 분할해서 종족적으로 동질적인 구역을 창설하자는 주장은 사람들에게 (오늘날의 지구화된 전 세계 공동체에서 기대하고 요구하는) 기본적인 이동의 자유를 가로막는 결과를 낳을 것이다. 또한 그런 식의 주장은 다원적 사회 내의 자율적 개인들에게 외부의 문화와 사람들을 접할 수 있는 기회를 부여하는 다양성 자체를 박탈할 것이다. 사람들의 도덕적 지향을 변화시키려는 극단적 좌파의 염원은 바람직한 희망이지만, 시민들을 창조적 노동자로 변화시키고자 했던 마르크스의 염원이 유토피아적이었던 것처럼, 아마 지나치게 유토피아적인 염원일 수 있다. 어쩌면 다원주의자들은, 시민들이 이런 가치를 더욱 잘 받아들일 수 있는 문화적 변화를 끌어내자는 극단적 좌파의 노력에 전혀 반대하지 않을 것이다. 그러나 시민들에게 특정한 단일 도덕 체계를 부과하기 위해 정치적·강압적 시도를 하려고 한다면 그것에 대해서는 경계심을 품을지도 모른다. 시민들 사이에 다양한 도덕적 교의들이 존재한다는 사실이 다원적 정치 공동체의 핵심적 특징이기 때문이다.

11

정치적 원리 3

사 회 구 조

정치 공동체에 일정한 구조를 부여하는, (시민들의 삶에 의미와 방향성을 부여하고, 경제·사회·정치적 목적을 위해 시민들을 조직할 수 있는) 주요 정치과정과 제도에는 어떤 것들이 있을까? 시장 거래나 문화 규범 및 (정부, 기업, 노동조합, 자선단체, 교회, 가족 등과 같은) 여타의 제도들에 의해 공동체의 삶이 얼마나 구조를 갖출 수 있을까? 이런 각종 사회구조들이 서로 어떤 권력 균형을 유지하고 있는가? 현재의 권력 균형을 바꾸는 것이 옳을까?

역사주의 사상에서는 사회구조의 중요성을 강조해 왔다. 이것은 인류 역사를 이해하려면, 문명의 주요 단계와 이행기에서 그 사회를 규정한 지배적인 구조가 무엇이었는지의 측면에서 역사를 이해하는 것이 가장 좋다고 보는 관점이다.¹ 2장에서 다루었던 마르크스주의의 존재론에 관한 설명이 이런 부류의 역사 해석을 가장 잘 보여 주는 사례다. 이에 따르면 고대 세계의 사회구조는 노예제였고, 중세의 사회구조는 봉건제였는데, 시대가 지나면서 이런 사회구조들이 역사의 뒤안길로 사라졌다고 한다. 마르크스는, 근대에 접어든 이후 나타난 지배적인 사회구조가 자본주의인데, 이 시대 이후의 역사적 단계에서는 국가가 통제하는 사회주의가 출현할 것으로 예상했다. 20세기에 소련을 위시한 여러 지역을 지배했던 공산 정권이 이런 자본주의 이후의 역사 단계를 이룬다고 볼 수 있을 것이다. 파시즘과 나치즘은 사회주의를 넘어선, (전체주의 국가가 지배하는) 네 번째 역사 단계를 제시했다. 프랜시스 후쿠야마는 국가 주도의 사회주의와 파시즘이 둘 다 완전히 실패했다고 주장한 주요 사회 이론가다. 후쿠야마에 따르면, 역사를 장기적 관점에서 봤을 때 사회주의와 파시즘의 실험은 독자적인 역사 단계로 보기에는 그 시기가 지나치게 짧았다. 후쿠야마는 그 대신 자본주의와 민주주의의 사회구조를 갖춘 현재의 역사 단계가 "역사의 종언"이라고 제안했다. 역사가 종료된 이후에는 다른 역사 단계가 나타나지 않을 것이다. 자본주의와 민주주의로 이루어진 정치 구조 및 경제구조보다 더 우월한 사회구조를 상상하기 어렵기 때문이다.² 그런데 이런 주장은 마르크스의 주장과 정반대되는 입장이다. 마르크스는 자본주의와 민주주의로 이루어진 사회구조를 마지막으로 역사가 종료되지 않고, 자본주의와 민주주의 정부가 사라진 사회구조가 출현할 때에만 역사가 종료될 수 있을 것으로 보았기 때문이다. 따라서 사회구조의 문제는 자본주의 경제구조와 민주주의 정치 구조의 역할을 중심에 놓고 제기된다고 볼 수 있다. 자본주의와 민주주의의 중요성에 동의하는 이념들 내에서도 자본주의와 민주주의 양자 간의 관계, 그리고 이 양자를 어떤 식으로 더 나은 사회구조로 변화시킬 수 있을지를 놓고 여러 입장들이 날카롭게 대립하고 있다. 또 어떤 이념적 입장에서는 자본주의 그리고/또는 민주주의를 덜 강조하면서, (신정 체제로부터, 생태적으로 지속 가능한 자급자족 공동체에 이르는 다양한) 대안적인 관점들을 추구하려는 시도도 나오고 있다. 지금부터 정치 공동체의 사회구조에 관한 다양한 관점들을 상세히 검토해 보자.

1
고전적 자유주의
...
자유 시장과 대의 민주주의의 창안

고전적 자유주의는 정치 공동체의 사회구조를 창출하는 데에 자유 시장의 중요성을 가장 먼저 선언했던 사상이었다. 자유 시장은 사람들로 하여금, 자발적이고 상호 이익이 되는 방식으로 경제활동에 종사할 수 있게 해준다. 노예제도나 봉건질서 또는 국가 주도의 경제체제는 경제적 과업을 달성하기 위해 사람들에게 이러저러한 형태의 강압을 가해야 하지만, 자유 시장은 사람들이 자신의 욕망에 따라 마음대로 일하고 투자하고 거래하며 소비할 수 있게 해준다고 한다. 경제활동을 할지 여부가 자유로움에도 사람들이 경제활동에 참여하는 것은 바로 자기 자신이 경제활동으로부터 혜택을 받을 것이라는 (또한 그 정치 공동체 내의 타인에게도 도움이 된다는) 믿음 때문이다.

존 로크는 사람들이 재산권을 가진다고 선언함으로써, 자유 시장과 자본주의를 옹호하는 자유주의의 토대를 놓았다.[3] 개인은 자신의 노동을 정당하게 소유하고, 재화의 가치는 그 재화의 생산을 위해 투입된 노동으로 창출되기 때문에 사람들은 자신의 노동이 투입되어 만들어진 재화에 대해 재산권을 가진다고 한다.[4] 사람들은 자신의 노동을 임금과 교환할 수 있으며, 그렇게 자신의 노동으로 생산된 재화에 대한 소유권을 임금을 지불한 사람에게 넘겨주었다고 할 수 있다. 하지만 노동과 임금의 교환은 어디까지나 자발적이고 상호 이익이 되는 방식으로 일어난다. 서로 도움이 되지 않는다면 그런 교환관계가 성립될 수 없을 것이다.

애덤 스미스는 자유 시장의 기본 구조 — 예컨대, 사유재산의 역할, 상품 생산에서 분업의 효율성, 수요와 공급 과정의 효과, 국제적 차원에서 자유무역의 이점 등 — 를 더욱 상세하게 묘사하고 분석했다. 스미스는 자유 시장 체제가 정치 공동체와 그 시민들에게 그 이전의 경제체제보다 훨씬 더 많은 부를 생산해 줄 것이라고 주장했다. 자유 시장에서 비로소 사람들이 진정으로 원하는 물질적 재화 생산을 위해 경제활동이 이루어질 것이고, 가장 수익이 많이 나는 분야에 투자가 촉진될 것이며, 사람들이 개인적 이득을 얻기 위해 혁신을 추동하며 효율적으로 생산성을 높일 것이기 때문이다. 스미스 이후의 자유주의 경제철학자들도 이런 사회구조와 그 정당화 논리를 연구했지만, 정도가 다를지언정 모두 한결같이 자유 시장의 합리성과 효율성을 찬양하는 편이었다.[5]

고전적 자유주의는 자유 시장이 제대로 작동하려면, 자본주의경제에 필요한 기능을 수행할 수 있을 만큼 견고한 정부의 뒷받침 ─ 예컨대, 재산권의 보호, 계약의 이행 감시, 분쟁의 유권해석, 도로 및 항만과 같은 기초 인프라 제공 등 ─ 이 있어야 한다고 보았다.[6] 하지만 고전적 자유주의는, 개인적 권리의 부당한 침해와 과잉 경제 규제 및 부의 재분배 등을 피하기 위해 정부 권력을 제한해야 한다고도 주장했다. 따라서 자유주의자는 정부가 필요한 기능을 수행하면서도 권력을 남용하지 않도록, 정부의 구조를 어떻게 짤 것인가 하는 문제와 씨름해야 했다. 이 문제에 대해 자유주의자는 다음과 같은 해법, 즉 헌법에 의한 정부의 제한, 국가권력의 분립과 균형, 정치적 책임성 확보라는 해법을 내놓았다.[7]

고전적 자유주의에 따르면, 국가의 활동을 조직하고 제한하는 특별한 규칙을 담은 성문헌법이 제정되어야 사회계약을 완성할 수 있다. 자유주의자는 네 가지 방식을 제안한다. 첫째, 헌법은 일반적 의미에서 국가가 할 수 있는 일과 할 수 없는 일을 규정한다. 예를 들어, 미국 헌법에서는 연방 정부가 세금을 거두고 화폐를 발행하며 전쟁을 선포할 수 있지만, 정부가 국교를 제정하거나 개인이 총기를 소지하고 사용할 권리를 제한하거나 권리장전에 나와 있는 여타 권리들을 침해하지 못한다고 정해 놓았다. 둘째, 헌법에 의거하여 국가의 정책을 제정하고 시행할 수 있는 각종 제도들 ─ 예컨대, 미국의 대통령직, 의회, 대법원 등 ─ 을 수립할 수 있다. 셋째, 헌법에 의거하여 이런 제도들을 담당할 공직자를 선출하고 해임할 방법과 절차를 결정한다. 넷째, 헌법에는 헌법 개정을 위한 특별 절차가 미리 정해져 있다. 예를 들어, 미국 연방헌법 5조●에는 헌법 개정을 위해 전체 주들의 4분의 3 이상이 찬성해야 한다고 규정되어 있다.

고전적 자유주의자는 이런 헌법 규정들이 국가권력의 남용을 방지할 수 있는 중요한 도구라고 생각하지만, 어떻게 하면 국가가 헌법이 정한 범위를 지키게 할 것인지의 문제에 봉착한다. 미국에서 법원이 입법부나 행정부의 행위를 위헌으로 판정할 수 있는 심사 권한을 가졌으므로 국가권력에 대한 헌법적 제한이 가능하긴 하겠지만, 일반적으로 말해 국가는 (스스로 권력을 자제해 행사할 가능성이 적으며) 단지 자신의 정당성을 잃을까 우려하기 때문에 헌법의 규정을 따를 가능성이 크다. 자유주의자는, 만일 국가가 헌법이 부과한 제약을 존중하지 않는다면, 그 시민들은 사회계약이 파기되었다고 판단하여 국가에 대한 동의를 철회할 것이라고 주장한다.

많은 자유주의 헌법들이 국가권력을 제한하기 위해 연방주의와 권력분립을 택하고 있다. 연방주의는 국가·지방·지역사회 차원의 권력을 분산시켜 중앙정부의 권력을 제한한다. 그리고 '권력분립' 사상은 고대의 혼합 정치체제mixed regimes 사상에서 비롯되었지만,[8] 프랑스의 정치철학자 몽테스키외Charles Louis de Secondat Montesquieu, 1689~1755가 이 사상을 변용하여 국가권력을 제한하고 개인의 자유를 보장할 수 있는 수단으로 재창조했다고 한다. 모든 공직자들의 권력은 다음과 같은 장치를 통해 제한되고 감시를 받는다. 즉, 입법·행정·사법 권력을 분리해서 서로 다른 제도적 형태로 설립하고, 각각의 제도 내에 마련된 여러 공직들을 서로 다른 이익을 대변하는 사람들이 맡게 하며, 다른 제도에 속한 공직자들이 간섭하거나 권력을 찬탈하지 못하게 막을 수 있는 장치를 부여함으로써 권력을 감시하겠다는 발상인 것이다. 독립적인 사법부가 존재하면 입법가나 행정가들이 정치적 반대자를 탄압할 목적으로 정치 재판에 회부하지 못하게 된다. 서로 다른 이해를 바탕으로 하는 상하 양원으로 구성된 입법부는, 대중 선거를

● 미국 연방헌법 5조 : 헌법 개정을 규정한 부분으로서, 상하원 의원의 2/3 이상 또는 연방 주들 2/3 이상이 발의하고, 전체 주의 3/4 이상이 찬성할 경우 헌법을 개정할 수 있다고 규정한다.

통해 선출된 입법가들이 개인의 자유를 침해하거나, 경제를 과도하게 규제하거나, 지나치게 부를 재분배하지 못하도록 제한을 가할 수 있다.

국가권력의 남용을 방지하기 위해 자유주의자가 마련한 또 하나의 수단이 바로 책임성을 물을 수 있는 절차를 둔 것이다. 이런 정치적 책임성의 대표적인 예가 바로 자유주의 체제에서 문민정부가 군을 통제하는 것이다. 미국을 창설한 자유주의 시조들은 대통령이 군통수권자가 되고 의회만이 전쟁을 선포할 수 있게 함으로써 군의 지도자들이 자신의 무력을 이용해서 국가를 지배하지 못하게 했다.

정치적 책임성을 보장할 수 있는 좀 더 일반적인 방법은 선거를 통해 공직자를 선출하는 것이다. 제임스 매디슨에 따르면 공직자가 "인민에 의존"하게 하는 것이 "정부를 확실하게 통제할 수 있는 방법이며, 심지어 권력분립보다 더 중요한 조치"라고 한다. 고전적 자유주의자는 선거를 (적극적 의미에서 정부에게 무엇을 하라고 명령하는) "인민의 의지"가 표출될 수 있는 수단으로 여기지 않았다. 또한 자유주의자는 선거를 정부가 대다수 시민들의 뜻에 따르도록 강제할 수 있는 수단으로 간주하지도 않았다. 대다수 시민들이 "돈에 대한 열망, 사채 탕감, 재산의 평등한 분배, 그리고 기타 부적절하고 사악한 계획들"에 눈이 멀 수도 있기 때문이다.[9] 오히려 선거는 시민들에게 (시민의 권리를 침해하거나, 부패하고 무능한) 공직자를 몰아낼 기회를 부여하기 위해 마련되었다. 즉, 자유주의의 창시자들은 시민들이 권력을 남용하는 공직자를 교체할 수 있는 동시에, 시민들이 그저 군중의 감정에 영합해 정책을 제정하는 대표를 선출하지 못하도록 예방할 수 있는 선거 절차를 마련했던 것이다. 미국의 상원처럼 [하원에 비해 상대적으로] 긴 임기를 보장하고, 시간차를 두고 일정 비율의 의원만을 새로 선출하는 제도●는, 선거를 통해 다수파의 뜻에만 부응하는 정책이 도출될 가능성을

● 미국의 상원 의원의 임기는 6년이고, 2년마다 3분의 1씩 교체하는 반면, 하원 의원의 임기는 2년이고, 2년마다 전체를 교체한다.

줄이기 위한 전형적인 보완책이라 할 수 있다.

따라서 고전적 자유주의자는 자본주의와 제한적이고 대의제적인 정부가 정치 공동체에서 가장 중요한 사회구조를 형성할 수 있다고 강조한다. 그리고 자유주의자는 이런 사회구조들이 서로 반대되는 것이 아니라 보완관계를 이룬다고 생각한다. 고전적 자유주의에서는 대의 민주주의가 자본주의를 위한 기본적 필요를 충족해 준다고 믿었으며, 정부가 자본주의의 필요에 적대적인 정책을 제정하지 않게 하는 정치 구조를 창출하기 위해 노력했다. 고전적 자유주의자는 권력이 서로 상쇄력countervailing powers을 발휘해야 함을 잘 알고 있었지만, 그런 개념을 국가의 내부 구조에 적용했을 뿐 국가와 자본주의 사이의 관계에 적용한 것은 아니었다.

고전적 자유주의는 자본주의 및 대의 민주주의 정부 이외의 여타 사회구조의 역할도 인정했다. 자유주의자는 교회와 국가의 분리[정교분리]라는 개념을, 종교가 국가와는 다른 방식으로 사회구조에 일정한 역할을 할 수 있다는 뜻으로 받아들였다. 정부는 특정 종교를 국가 내에 포함하지 않고, 다양한 종교들이 시민사회 내에서 각기 발전하게끔 해야 한다. 더욱 일반적으로 말해, 고전적 자유주의자는 개인주의를 강조한다고 알려져 있지만, 자유주의자가 (시민사회 내에서 어떤 목적을 위해 서로 자발적인 결사체를 형성하려는) 개인들의 결속 욕구 및 필요를 부인하는 것은 아니다.

고전적 자유주의자는 문화 규범 역시 사회구조를 형성하는 데 유용한 역할을 할 수 있음을 인식했다. 자유주의자는 근면한 노동, 근검절약, 투자, 그리고 기타 경제적 덕성의 중요성을 강조하는 규범들이 효과적인 자유 시장 경제에 반드시 필요한 윤활제라고 생각했다.[10] 또한 자유주의자는 타인의 권리 존중, 관용, 공직자들에 대한 감시 등을 강조하는 규범들이 효과적인 정치에 반드시 필요한 요소라고 생각했다. 그러나 고전적 자유주의자는 정치 공동체가, 전통적으로 강조되어 온 문화 규범에 따라 구조를 갖추어야 한다는 생각은 거부했다. 공동체 내의 과거 문화를 지배해 온 관습과 전통에 무조건 고개를 숙이게 되면 개인이 독립적으로 생각해 선택할 수 있는 능력이 침해되어, 개인의 성장은 물론 사회의 진보도 꾀할 수 없기 때문이다.

2
전통적 보수주의
...
시민사회와 문화 규범을 강조한다

전통적 보수주의는 정치 공동체의 구조에 관한 일사불란한 지배적 사상을 갖고 있지 않다. 각각의 정치 공동체가 자체의 역사를 지니고 있고, 그 공동체의 사회구조를 어떻게 짤지에 대해서도 각자의 전통적인 인식이 따로 존재한다는 말이다. 더 나아가, 보수주의자들은 자신의 문화적 인식이 변함에 따라 그에 맞춰 달라진 사회구조를 강조해 왔다.

애초에 전통적 보수주의는 자본주의적 경제구조를 상당히 두려워했다. 보수주의자는 노예제도 — 노예들이 미국 남부 주들의 대농장에 필요한 노동을 제공했다 — 나 봉건제 — 농노와 평민들이 유럽의 귀족층에게 필요한 노동을 제공했다 — 및 중상주의 — 해운이나 조병창과 같은 국책 산업을 왕실 재원으로 후원했다 — 의 유습이 당시에 발휘하던 역할을 중시했기 때문에 그런 경제제도들을 하루아침에 포기하기가 어려웠다. 시장경제가 그 이전에도 존재했고 경제활동에서 시장이 중요한 제도로 형성되어 있었지만, 보수주의자는 자본주의를 통제하지 않고 그대로 내버려 두면 사회에 악영향이 많이 발생할 것이라고 염려했다. 예를 들어, 평민들에게 전통적인 역할을 내던지라고 부추기거나, 과도한 경쟁을 권장하거나, 인간의 가장 저급한 물질적 이익에 호소하거나, 도덕적 절제를 벗어던지는 등의 폐해가 초래될 수 있다고 보았던 것이다. 하지만 시장경제가 발전하면서 이런 식의 우려가 줄어들자 보수주의자는 자본주의를 점차 수용하게 되었다.

전통적 보수주의에서는 자유주의에서 강조했던 '제한 정부' 사상을 반대했다. 정치 공동체에서 국가의 주도적인 역할을 옹호했기 때문이다. 사회가 하나의 오케스트라여서 개인이 전체 사회의 조화를 위해 각자가 맡은 부분을 연주한다고 간주할 때 국가가 지휘자 역할을 하는 셈이었다. 국가를 좌우하던 왕실과 귀족층은 가장 유능한 마에스트로이자 천부적인 지도자로 간주되었다. 이들은 오케스트라의 모든 연주자들이 지닌 역할이 중요하다는 점을 이해했고, 각각의 역할을 맡은 사람들을 총동원해야 최선의 연주를 이끌어 낼 수 있다고 생각했다. 전통적 보수주의자는, 정부 지도자들의 행동을 제약하는 성문헌법을 흔히 불필요하거나 심지어 혐오스러운 짓거리로 여기곤 했다. 예를 들어, 버크는 영국의 헌법이 의회의 모든 조치와 보통법 및 수많은 비공식 전통들을 모두 합친 무형의 실체라고 생각했다. 이런 것들이 정부가 해야 하는 것과 해서는 안 되는 것을 규정한, 정부의 권위를 제한하는 살아 움직이는 관습이라고 보았다.

애초에 전통적 보수주의는 민주주의라는 사회구조가 보통 사람들의 변덕과 감정에 좌우될 것을 두려워했다. 효과적인 국정 운영과 사회 조화에 오히려 해가 될 것으로 생각했기 때문이다. 그러나 자유주의자가 국민 문화 속에 민주주의 규범을 성공적으로 이식하면서 전통적 보수주의자 역시 (군주·귀족·민주주의자들이 하나의 국가 속에서 각자의 역할을 한다는) 공화주의의 이상을 수용하기에 이르렀다. 공화주의적인 사회구조는 원칙적으로 '혼합' 정부 제도들을 주창했는데, 이런 제도 아래에서는 그 사회 내 다양한 요소들의 이해관계가 서로 균형을 맞추고 혼합되기 때문에, 그 사회 내의 어떤 분파도 자기만의 이익을 추구함으로써 정치체에 부조화와 갈등을 초래할 수 없게 된다. 그런 혼합 정치체제 내에서는, (주도적인 사람이나 계급이 있을지는 모르나) 적어도 사회 내 모든 요소들이, 국가 정책이 사회의 전체적 이익을 증진해야 한다고 주장할 수 있을 만큼 충분히 자기 목소리를 낼 수 있다고 한다. 그 결과 전통적 보수주의는 귀족적 공화주의aristocratic republicanism — (흔히 고전적 자유주의에서 사용했던 수단보다 더 심하게) 대중의 영향력을 제한할 목적으로, 대중이 선거를 통해 공직자들의 책임성을 물을 수 있도록 한 것을 대폭 제한했다 — 를 옹호하기에 이르렀다.[11]

20세기에 미국에서 민주주의를 제한하기 위해 전통적 보수주의자들이 노력했던 것을 보면 공직자를 시민들의 비판으로부터 보호하려고 했던 보수주의의 욕망이 잘 드러난다. 이런 보수주의자들은 1913년에 통과된 미국 연방헌법 수정조항 17조*를 비판했다. 이 조항은 상원 의원의 선출 방식을 바꾸는 내용으로 이루어져 있었다. 보수주의자는 헌법 개정을 통해 대중의 직접선거로 상원 의원을 뽑을 수 있게 된 것을 반대하고, 주 정부 의회에서 상원 의원을 선출하던 과거의 방식을 선호했던 것이다. 그리고 보수주의자가 대법원의 판결에 반대하는 경우가 흔하긴 하지만, 어쨌든 전통적 보수주의자는 (대법관의 주기적 선출을 통해 민주주의의 압력 앞에 노출시키는 것을 반대하면서) 대법관을 종신직으로 임명하는 것을 누구보다 열렬히 찬성해 왔다. 전통적 보수주의자는 지금도 국민의 직접 선거로 대통령을 선출하는 것을 반대하면서, 선거인단 투표에 의한 대통령 선출 방식을 선호한다.[12]

전통적 보수주의자는 자유 시장이 만들어 내는 개인주의와, 민주주의가 양산하는 평등 지향성으로 말미암아 자기가 소중하게 생각하는 공동체가 와해될 수도 있다고 우려하기 때문에, 시민사회 내 자발적 결사체의 중요성을 자유주의자보다 열성적으로 지지한다. 토크빌은 초기의 미국 사회에서 자발적 결사체들이 수행한 역할을 대단히 높게 평가했다. 그는 미국인들이 그와 같은 결사체 덕분에 자신의 자유를 (결사체들의 자발적 성격을 고려할 때) 유지하고 확대하는 동시에 집합적 목표 역시 달성할 수 있었다고 생각했다.[13]

전통적 보수주의는 문화 규범 역시 민주 자본주의사회가 와해되지 않도록 결속해 주는 접착제 역할을 한다고 믿었다. 뉴욕 주 상원 의원을 역임했던 대니

● 미국 연방헌법 수정조항 17조 : 1913년에 제정된 조항으로 연방 상원 의원을 주민들의 직접투표로 선출하게 한다. 1절 내용은 다음과 같다. "합중국의 상원은 각 주 2명씩의 상원 의원으로 구성된다. 상원 의원은 그 주 주민이 선출하고 6년의 임기를 가진다. 각 상원 의원은 1표의 투표권을 가진다. 각 주의 선거인은 주 의회 중 의원 수가 많은 원(院)의 선거인에 요구되는 자격을 갖추어야 한다."

얼 패트릭 모이니한Daniel Patrick Moynihan, 1927~2003은 다음과 같이 말한 적이 있다. "보수주의의 핵심 진리는, 한 사회의 성공을 결정하는 요인이 (정치가 아니라) 문화라고 보는 점이다."[14] 자유주의자는 개인의 선택권을 중시하지만, 전통적 보수주의자는 사회 전체의 필요가 개인의 자율성보다 앞서야 하고, 개인은 일시적인 감정에 휘둘리지 않도록 전통·관습·습관의 지도를 받아 자신의 진정한 필요를 찾을 필요가 있다고 생각한다. 전통적 보수주의자가 예찬하는 문화 규범에서 성과 가족생활에 관련된 규범이 대표적이다. 자유주의자는 성관계나 결혼 여부와 같은 문제를, 상호 동의하는 성인들 사이의 개인적 선택의 문제로 간주하곤 하지만, 보수주의자는 이런 문제들이 사회 전체에 큰 결과를 초래할 수 있다고 본다. 젊은이들이 성숙한 성인에게 요구되는 자제력을 키우려면 혼전 관계를 문화적으로 금해야 한다고 보는 것이다. 서로 사귀는 남녀는 결혼 전 양가 부모들의 축복을 받아 집안 전체의 결속력과 안정을 유지해야 한다. 여성은 무엇보다 집안 살림을 하는 현모양처 역할을 함으로써 미래 세대에게 각자의 적절한 사회적 역할을 가르칠 수 있어야 한다. 이런 문화 규범을 무시하면 정치 공동체가 쇠퇴할지도 모른다.

3
아나키즘
...
모든 전통적 사회구조를 거부한다

아나키스트는 전통적 사회구조가 폐기되고 그 자리에 자연적 사회구조가 들어서야 한다고 믿는다. 아나키스트는 이런 자연적 사회구조가 정확히 어떤 모습일지에 대해 별로 거론한 적이 없다. 사람들이 갖가지 대안들을 상상하고 직접 시험해 보고 싶어 할 것이기 때문이다.[15] 그럼에도 아나키즘에서 받아들일 수 있는 사회구조는 다음과 같은 특징을 갖는다는 점에서 통상적인 사회구조와는 판이하게 다를 것이다.

첫째, 분권화된 사회구조가 중앙 집중화된 사회구조를 대체해야 한다. 중앙 집중화된 국가 및 기타 제도들은 위로부터 조직된 실체이며, (상부에 있는 사람이 내린 명령을 하부에 있는 사람이 따라야 하는) 수직적인 권위 관계를 지니고 있다. 이와 대조적으로, 분권화된 제도들은 아래로부터 조직된 실체이며, (조직 내의 모든 구성원들이 비교적 평등한 권력을 갖는) 수평적인 권력관계를 유지한다. 사람에 따라 자신의 역할과 책임이 다르겠지만, 그 누구도 영구적으로 권위를 행사하거나 권위에 복종해야 하는 위치에 있어서는 안 된다.

둘째, 소규모 사회구조가 대규모 사회구조를 대체해야 한다. 국민국가는 해체되어야 하고, 지역사회 공동체가 주된 역할을 해야 한다. 사람들은 되도록 자신이 속한 사회 단위의 모든 구성원들을 개인적으로 알고 지내야 하며, 모든 사람이 아침저녁으로 마주치는 관계를 형성해야 한다. 같은 동네 사람들이 저마다 무엇이 필요한지를 해당 구성원들이 알고 있어야 한다는 뜻이다.

셋째, 자발적 조직이 강압적 조직을 대체해야 한다. 그 누구도 자신의 뜻에 반해서 어떤 주 또는 여타 조직의 구성원이 되지 않아야 한다. 아마 현재 시민사회 내의 자발적 결사체들이 아나키스트가 지지하는 사회구조와 비슷하겠지만, 아나키스트가 보기에 그런 결사체들은 여전히 지나치게 강압적이다. 대부분의 교회와 학교 및 (가족을 포함한) 기타 '자발적 결사체'들은 권위 구조를 내포하고 있어서 어떤 사람이 다른 사람을 지배하는 경향이 있으며, 결사체의 관행 때문에 그 조직을 떠나는 것도 결코 쉽지 않다. 아나키스트가 선호하는 자발적 결사체는 시민사회 내에 현존하는 대다수 조직들보다 덜 위계적이고 덜 강압적인 결사체일 것이다.

넷째, 아나키스트는 영토에 기반을 둔 결사체보다 영토와 무관한 결사체를 중시한다. 예를 들어, 국가는 같은 지역에 사는 사람들이 모여서 이룬 공동체이며, 국가는 그 영토 내에 사는 모든 사람에게 강압적인 경찰력을 행사할 수 있다. 그렇지만 같은 지역에 사는 거주자라 하더라도 실제로는 공통점이 거의 없을 수도 있다. 어떤 영토 내에 함께 사는 사람들 가운데서도 일부 사람들만이 공통의 경제·교육·사회·종교적 이해관계 때문에 함께 모여 살고 싶어 할 것이다. 그리고 이런 공통의 이익에 근거하여 함께 살고 싶어 하는 사람들은 비단 그 나라에서뿐만 아니라 세계 각지로부터 올 수도 있다.

요컨대 아나키스트는 중앙 집중화, 국가, 강압, 영토 등에 기반을 둔 사회구조를 폐지하고, 그것을 분권화, 지방, 자발성, 비영토 등에 기반을 둔 사회구조로 대체하기를 원한다. 공동체의 구조는 상부상조 정신을 밑거름 삼아 형성되어야 한다. 경제활동에서는, 경제적으로 독립된 사람들이 자발적인 계약관계에 의거해서 재화와 서비스를 생산하고 분배하는 지속적인 결사체가 바로 그런 상부상조 정신을 드러낼 것이다. 원칙적으로 자본주의의 자유기업 체제에서도 자발적 계약에 의거한 결사체가 형성될 수 있지만, 아나키스트는 자본주의적 결사체가 실제로는 강압에 근거한 것이라고 본다. 자본주의적 결사체에 가담하는 사람들을 진정으로 독립적인 주체로 보기 어렵기 때문이다. 만일 계약의 한쪽 당사자가 상품 생산에 사용되는 토지나 기계 설비를 소유하고 있다면, 자신의 노동만을 소유한 다른 쪽 당사자는 협상에서 불리한 입장에 놓이게 되므로, 착취당하기 쉽다. 그러나 만일 모든 당사자들이 자신의 땅이나 공구를 소유하거나, 또는 사람들이 그런 생산수단을 공유한다면, 그 누구도 생산수단을 사적으로 소유한 사람에게 매달릴 필요가 없을 것이다. 이런 식의 독립적인[자립적인] 지위가 보장된다면, 이들은 협력을 통해 서로가 혜택을 누릴 수 있음을 깨달을 수 있으며, 좀 더 효율적으로 재화를 생산하는 작업장이나 조합syndicates의 동료가 될 수 있다. 상부상조의 정신에 부합하는 교육도 이루어질 수 있다. 아나키스트는 중앙 집중식이나 위계적인 방식으로 공립·사립 학교 체제를 조직하지 않고, 부모·교사·학생 간의 자발적인 합의에 따라 도움이 될 만한 교육 방식을 모색한다. 일반적으로 말해, 아나키즘에서는 상호 이익에 근거한 결사체가 엄청나게 많이 만들어질 것이다. 그 안에서 지성·예술·영성은 물론 오락 차원에서 이해관계를 공유한 사람들이 (각각의 결사체들이 채택한 약속에 따라) 서로에게 도움이 되는 활동을 전개하는 데에 동의할 수 있을 것이다.

상호 이익에 근거한 결사체들은 관심거리가 비슷하고 이상을 공유하는 사람들로 구성되고, 사람들은 자신에게 필요하다고 여기는, 공정하게 조직된 결사체에만 가담할 것이므로, 사람들과 결사체 간에 갈등이 발생할 소지는 적을 것이다. 그러나 아나키스트는 어떤 갈등도 발생하지 않을 것이라고 상상할 만큼 비현실적이지 않다. 각각의 결사체는 불공정한 행동을 적발할 내부 '경찰' 조직을 결성할 수도 있고, 중재와 화의和議를 통해 내부 구성원들 사이의 분쟁을 해결할 수도 있다.

또한 아나키스트는 각각의 결사체가 그 조직 내의 구성원들이 서로 간에 해를 입히지 않게 하는 데에 필요한 자연적 수단 — 사회적 압력 — 을 동원할 수 있다고 본다. 예를 들어, 어떤 작업장 내에서 다른 동료들에 대해 책임 있게 행동하지 못한 구성원은 비판이나 훈계, 또는 심지어 추방을 당할 수도 있다. 그런 사회적 압력은 보수주의자가 중시하는 문화 규범과 유사한 것이지만, 아나키스트는 사람들이 도덕성에 관한 전통적 믿음에 순응해야 한다는 주장을 단연코 거부한다. 아나키즘 사회에서 만들어 내는 사회적 압력은 사람들에게 아주 얇은 제약의 장막을 부과하는 정도에 불과할 것이며, 누가 보더라도 심각한 위반 사항에 대해서만 적용될 것이다. 하지만 아나키스트는 사람들에게 (타인에게 별다른 해를 끼치지 않는 활동을 금지하는) 규범에 복종하라고 절대 강요하지 않는다.

아나키스트는 결사체들 사이에도 상호 간의 이해관계에 따라 약정을 맺을 필요가 있음을 인정한다. 프루동은 이런 결사체 간의 관계를 구조적으로 형성할 수단으로 흔히 '연방 원칙'federal principle 이라는 것을 거론하곤 했지만, 이 점에서 '동맹'confederation이라는 용어가 아나키스트의 이상을 더 적절하게 묘사하는지도 모른다. 실제로 아나키즘에서는 지역사회의 작은 결사체들이 모여 상호 약정에 따라 더 큰 우산 조직을 결성할 수도 있다. 바쿠닌은 다음과 같이 말한다. "지역공동체들이 자유롭게 아래로부터 자유 연방을 결성해서 주를 만들고, 그 주들이 모여 국가를 만들고, 국가들이 모여 유럽합중국United States of Europe을 결성할 수도 있을 것이다."[16] 아나키스트는 이런 움직임이 있더라도 주권이 어디까지나 지역사회 차원에 남아 있을 것이고, 상급의 조직들은 지역사회 공동체들

간의 협력 사업을 조정하는 업무만을 취급할 것이라고 주장한다.[17]

4
마르크스주의
...
자본주의의 억압성을 부각한다

마르크스주의에서는 현대사회의 핵심적 사회구조가 바로 자본주의이며, 자본주의는 자유주의에서 강조하는 단순한 자유 시장 교환 체제를 넘어선 여러 특징을 내포하고 있다고 믿는다. 즉, 자본주의는 사적 소유제도, 사적 소유제에 근거한 생산수단 지배, 독점화 경향(또는 소유 구조의 집중과 재산의 통제), 그리고 사회의 모든 측면 ─ 가족생활·문화·정부 등 ─ 에서 부르주아적 가치의 지배 등을 특징으로 한다. 사기업이 국가를 지배하므로, 마르크스주의는 자본주의사회의 국가구조가 자본주의의 필요와 가치를 강화하는 데 복무하고, 또 사회에 대해 독자적인 영향력은 거의 없으며, 국가가 사회 전체를 이롭게 할 수 있는 개혁을 추진하는 것은 불가능하다고 파악한다. 국가의 민주주의적 측면 역시 별 가치가 없다. 무산계급에게 민주주의와 권리를 이야기하면서 그들을 속이고, 자본주의가 국가를 지배하는 현실을 감추는 외양에 지나지 않기 때문이다.

국가의 상대적인 무기력 때문에 (어떤 재화를 생산하고 그것을 어떻게 분배할 것인가 하는 문제를 포함한) 가장 핵심적인 의사 결정은 정치경제 체제 내에서 가장 막강한 권력을 가진 자본가들의 손아귀에서 좌우된다. 마르크스에 따르면 자본주의의 이런 구조적 특징이 여러 이유에서 산업화 초기에 긍정적인 사회 기능을 수행했다고 한다. 첫째, "부르주아지는 타고난 상전들에 사람을 묶어 놓고 있던 잡다한 색깔의 봉건적 끈들을 무자비하게 끊어 버렸으며, …… 한마디로 그들은 종교적·정치적 환상에 의하여 은폐되어 있던 착취를 공공연하고 파렴

치하며 직접적이고 무미건조한 착취로 바꾸어 놓았던 것이다".[18] 둘째, 자본주의의 지배는 "과거의 모든 세대들을 합친 것보다 더 많고 더 거대한 생산력"을 창출했으므로 인간이 자연을 지배할 수 있게 되었다.[19] 자본주의의 생산력에는 새로운 물질적 기술 — 전력과 석유에 근거한 에너지 — 뿐만 아니라, 새로운 조직 기술 — 조립라인과 관료적 산업관리 형태 — 까지 포함되었다. 자본주의가 망하고 난 후에도 이런 생산력은 계속 남아서 이상적인 공산 사회를 건설하는 데 필요한 자원을 제공하게 될 것이다. 셋째, 자본주의 시장에서의 경쟁으로 산업 활동의 효율성이 계속 높아지며, 이로 말미암아 물질적 생산력의 혁신 및 생산 조직 방식의 혁신이 발생한다. 이렇게 되면 사회에도 다시 큰 변화가 일어난다. 마르크스는 다음과 같이 말한다.

> 부르주아지는 생산 도구들에, 따라서 생산관계들에, 그러므로 사회적 관계들 전체에 끊임없이 혁명을 일으키지 않고서는 존립할 수 없다. …… 굳고 녹슨 모든 관계들은 오랫동안 신성시되어 온 관념들 및 견해들과 함께 해체되고, 새롭게 형성된 모든 것들은 정착되기도 전에 낡은 것이 되어 버린다. 모든 신분적인 것, 모든 정체적(停滯的)인 것은 증발되어 버리고, 모든 신성한 것은 모독당한다.[20]

바로 이런 이유로 마르크스는 부르주아지가 역사상 "가장 혁명적인 역할"을 했다고 주장하며 다음과 같이 말한다. "부르주아지의 시대는 계급 대립을 단순화했다는 점에서 특이하다. 사회 전체가 두 개의 커다란 적대적 진영으로, 서로 직접 대립하는 두 개의 커다란 계급, 즉 부르주아지와 프롤레타리아트로 더욱더 분열되고 있다".[21]

이런 변화상들은 마르크스가 보기에 모두 긍정적이다. 그런 변화가 도덕적으로 특별히 가치가 있어서가 아니라, 그 때문에 더 빨리 공산주의가 도래할 것이기 때문이다. 그러나 이것은 또한 자본주의와 그것의 환상인 민주주의 제도들이 그것의 실질적인 유용성을 넘어 더 오래 지속될 것임을 뜻하기도 한다. 자본주의적 생산양식은, 그것의 분배 양식에 비추어 보건대 소비될 수 있는 것보다 더 많은 상품을 생산할 수 있다. 자본주의적 생산수단은 풍요로움을 약속하지만, 경쟁과 수익 창출 압력이 생겨 전체적으로 궁핍해진다. 따라서 자본주의의 유용성이 떨어지면서 그것에 대항하는 반란이 필연적으로 일어날 수밖에 없고, 그렇게 되면 자본주의를 떠받치는 각종 제도들도 휩쓸려 사라질 것이다.

혁명이 일어난 후의 정치경제 체제는 중앙 집중화된 무산계급 국가에 의해 새로운 구조를 갖추게 될 것이다. 후대의 공산주의자들이 주장했던 것과는 달리 마르크스는 공산당이 아닌 국가가 사회주의 이행기 사회에서 주도적인 제도로 기능할 것이라고 생각했다. 그는 『공산당선언』에서 이 점을 명확히 한다. 공산당은 "모든 생산 도구들을 국가의 수중에, 즉 지배계급으로 조직된 프롤레타리아트의 수중에 집중시킬 것이다". 그러나 사회주의가 발전하면서 중앙 집중화된 국가 역시 낡은 제도가 될 것이다. 사회주의 국가는 이제 자본주의로부터 공산주의로 넘어가는 이행기를 모두 관리했으므로 필요치 않게 될 것이고, 따라서 "고사枯死해 버릴" 것이다. 그 후 사회는 분권화되고 자발적인 조직을 기반으로 하여 다시 조직될 것이다. 계급 간 적대 관계는 존재하지 않으며, "한 계급이 다른 계급을 억압하기 위해 조직된 권력에 지나지 않았던" 정치권력과 제도들은 필요치 않게 된다.[22] 요컨대, '역사의 종언'이 이루어질 때쯤이면 마르크스주의 역시 아나키즘에서 이상으로 여기는 분권화된 사회구조를 지지할 것이다.

5

공산주의

...

공산당 조직을 강조한다

마르크스주의처럼 공산주의도 자본주의가 현대의 정치 공동체에서 핵심적인 억압 구조임을 강조한다. 이에 더해, 공산주의는 자본주의가 폐지된 후, 국내적으로 또 국제적으로 정치 공동체의 구조를 어떻게 짤 것인가 하는 문제에 대해 대단히 정교한 사상을 내놓았다.

국내적으로 보면, 자본주의와 미약한 민주주의 정부가 공산당이 지배하는 통합된 정치경제 체제로 대체되어야 한다. 적어도 이행기에는 공산당이 정부와 경제의 모든 제도와 과정을 총괄해야 한다. 국유화 프로그램에 의해 국가는 모든 산업과 농업 부문의 재산을 소유하게 것이다. 그 후 국가는 경제계획에 착수하여 어디에 투자하고, 어떤 소비재를 생산하고, 가격을 어떻게 매기며, 임금은 얼마나 지급할 것인지 등 자본주의 경제체제에서 시장의 힘이 결정했던 여타 모든 사안들을 직접 결정하게 된다.

국가가 경제의 구조를 정하지만, 공산당이 국가의 구조를 정하므로, 실질적으로 공산당이 전체 정치경제 체제의 구조를 정하는 셈이 된다. 레닌에 의하면, 공산당('프롤레타리아 전위당')은 민주적 집중제의 원칙으로 결성되어야 한다. 첫째, 공산당의 모든 간부는 아래로부터 선출된다. 지역 조직의 평당원들이 조직의 지도자들을 선출하고, 이 지도자들이 다시 더 높은 단계의 지도자들을 선출한다. 둘째, 모든 결정이 공산당 당대회의 자유롭고 공개적인 토론을 통해 이루어져야 한다. 셋째, 공산당 당대회의 모든 결정이 모든 하부 조직과 당 간부 및 정부 관리들에게 의무적으로 적용된다. 넷째, 공산당 내에는 어떤 분파도 용납될 수 없고, 어떤 소수집단도 당으로부터 이탈할 수 없으며 공개적으로 이견을 표명할 수 없다. 다섯째, 공산당 집행부는 당의 공식적 명령체계를 따르지 않는 당원을 숙청할 권위[권한]를 지닌다. 원칙적으로 보아 이런 구조는 민주적이라 할 수 있다. 당의 지도부가 일반 당원들에게 공식적인 책임성을 갖는 구조이고, 자유로운 토론을 허용하기 때문이다. 그렇지만 이런 구조는 독재적이라 할 수도 있다. 지도부가 결정을 내리고 그것을 시행하는 데에 어떤 반대도 있을 수 없기 때문이다.

공산주의자들 사이에서 정치 공동체의 구조를 놓고 가장 큰 쟁점이 되어 온 부분은 중앙 집중화냐 분권화냐 하는 문제였다. 대다수 공산주의자들은, 마르크스와 레닌이 혁명 이후 사회의 정치경제가 중앙 집중화된 국가에 의해 지배

될 것이라고 주장했다고 해석했다. 그러나 분권화를, 심지어 사회주의 이행기에조차 분권화를 주장한 공산주의자도 있었다. 이들은 중앙당 조직에 의해 통제되지 않는 노동단체와, 지역사회 차원에서의 민주적 의사 결정에 상당한 비중을 두었다. 스탈린 시대와 그 직후 시대에 대다수 공산 정권에서는 중앙 집중화를 시행했는데, 이로 말미암아 비효율적인 관료 조직이 대거 형성되었고, 국고 낭비와 경제 침체가 발생했다. 공산주의 정권이 1970~80년대에 구조 개편을 시도했던 것도 바로 이런 이유에서였다.

공산 사회를 분권화하려고 했던 가장 유명한 시도는, 1987년 소련의 지도자 고르바초프가 도입했던 페레스트로이카 정책이었다. 페레스트로이카의 원래 목표는 거대하게 중앙 집중화된 소련의 관료제 권력을 줄이려는 것이었다. 관료들이 모든 경제활동을 지도하지 않고, 지역사회 공장의 관리인이 자유롭게 생산을 계획하고, 원자재를 확보하고, 노동자를 고용하며, 가격을 책정할 수 있게 했다. 이런 개혁으로 소련의 정치경제 체제에 일종의 분권화가 이루어졌지만, 그 개혁이 처음부터 민영화를 목표로 한 것은 아니었다. 고르바초프가 1989년 11월 '혁명적 페레스트로이카'를 도입하고, 생산수단의 소유권을 사유화하며, 민영화된 자유 시장 체제를 추구하겠다는 의도를 천명하고 나서야, 소련은 정치경제 체제의 중앙화된 국가 통제로부터 확실히 벗어나기 시작했다.

공산주의자는 사회의 구조를 짜는 문제에서 시민사회의 역할을 과소평가했다. 이들은 러시아 사회 전통의 일부였던 정교회를 (시민들이 좋은 공산주의자가 되지 못하도록 억누르는) 반동적 역할을 하는 세력으로 흔히 간주했다. 공산주의자는 이런 교회들을 엄청나게 탄압했다. 또한 여타 자발적 결사체들 역시 의혹과 적개심으로 대하곤 했다.

또한 공산주의자는 문화적 가치의 역할을 그리 대수롭게 여기지 않는다. 전통문화 역시 반동적이므로, 공산주의 이념으로 대체되어야 하기 때문이었다. 세계의 공산당들은 '끊임없는 설득과 세뇌 작업'에 전념했다. 공산당은 일반 시민들이 당지도부가 설정한 이념적 교의에 순응하도록 "신문·라디오·텔레비전·학교 및 시민들의 사고방식을 개조할 수 있는 모든 예술을 총동원했다".[23]

공산주의가 직면했던 또 다른 구조 차원의 쟁점은 국제적 조직 문제였다. 마르크스주의와 마찬가지로 공산주의 역시 종족이나 국가 경계선을 초월하는 계급운동의 목표를 지녔다. 따라서 공산주의자들은 공산주의 인터내셔널이라는 국제기구를 창설했다. 이 조직에서는 전 세계 혁명 활동과 통치 활동을 위한 정책을 논의하고 결정했다. 마르크스 자신이 1864년 제1인터내셔널의 창설에 힘을 보탰지만 이 조직은 내부적으로 정파 분열, 대외적으로 각국 정부의 탄압 등의 시련을 겪어야 했고 1873년에 해산되었다.[24] 엥겔스는 1889년 제2인터내셔널의 창설을 도왔는데, 이 조직은 노동계급이 어떤 전쟁에도 가담해서는 안 된다는 원칙을 세웠다. 하지만 제2인터내셔널은 1914년 제1차 세계대전 발발 직후 대다수 노동계급 구성원들이 전쟁에서 자국을 지원한 탓에 해산될 수밖에 없었다. 제3인터내셔널인 코민테른은 1920년대에 출현했다. 소련의 대외 정책 도구의 하나로 볼 수 있는 코민테른은 1939년경 세계 각국의 60개 공산주의 정당에 전 세계 혁명을 창출하기 위한 이념·재정·조직적 유대를 제공했다. 그러나 1943년 소련은 나치즘에 대항하는 투쟁에 직면해 서구 연합국들에 대한 호의의 표시로 코민테른을 해체했다. 종전 후 소련 측은 전 세계 공산주의 운동을 다시 지배하려 했지만, 마오쩌둥이나 티토 및 여타 공산주의자들과의 이견을 좁히지 못해 그런 노력이 완전히 성공하지는 못했다. 요컨대, 공산국가들 사이의 이해관계가 해결되지 못한 탓에, 통일된 국제공산주의 공동체를 유지하려는 과제가 큰 도전으로 남았던 것이다.

6
파시즘과 나치즘
...
전체주의 국가의 권력을 극대화한다

파시즘과 나치즘은 정치 공동체를 완전히 지배하기 위해, 그리고 강력하고 통일된 국가를 건설하기 위해 국가 외의 다른 권력 중심들을 제거하려고 했다. 이들은 사회 내의 서로 경합하는 구조적 권력들을 묘사하는 다원주의 모델과, 정부 내의 서로 경쟁하는 권력 중심들을 파악하는 공화주의 모델 양자를 모두 거부한다.

이탈리아의 파시즘 치하에서 무솔리니는 생산수단의 사적 소유를 인정하지만, 기업 소유주에게 경제활동을 수행하는 데에 노동계급 및 파시스트정당과 협력하라고 촉구한 조합주의 정치경제 체제를 마련했다. 파시스트는 전체 경제활동 영역을 대변하는 22개 대기업 군을 구성했다. 경제의 각 부문 — 예를 들어, 대중교통, 철강, 방직, 곡물 생산 등 — 에서 노동자·노동조합·관리자·임원 등으로 이루어진 자체적인 기업을 보유했다. 파시스트정당의 당원들이 각 기업체의 지배 구조 속에 포함되어 있었다. 이런 기업 구조에 힘입어 파시스트는 노동자와 관리자를 통제하고, 국가가 목표로 하는 방향으로 생산성을 지도할 수 있는 메커니즘을 확보할 수 있었다.[25]

독일의 경우, 나치가 강조한 국가사회주의National Socialism는 (파시즘의 조합주의와 마찬가지로) 생산수단의 국유화를 단행하지는 않았다. 나치즘 치하에서 기업가들과 독일 국가를 이끈 나치 당원들 간의 긴밀한 공조가 이루어졌다. 대기업들 및 페르디난드 포르셰Ferdinand Porsche, 1875~1951와 같은 기업가들이 나치 정권에 부역했으며, 이들은 나치 정권이 제정한 가혹한 강제노동법의 혜택을 직접적으로 누렸다.[26] (해외에서 포로가 된 구금자들을 포함해서) 노동자들은 강제 노동자로 강등되었고 극히 열악한 임금을 받으며 장시간 동안 고강도의 속도로 일해야 했다. 독일의 자본가들은 히틀러의 방대한 군사 목표에 필요한 병기를 생산하는 대가로 엄청난 수익을 보장받았다.

파시즘과 나치즘에서는 국가 제도 내의 권력분립과, 감시와 견제를 모두 거부한다. 나치는 **총통 지도 원리**Führerprinzip라는 개념을 적용하여 다중적이고 중복되는 (수직적으로 구분되는 기능·조직 구조가 아닌) 활동·역량 영역을 만들어 냈다.[27] 다중적이고 중복되는 제도가 있다는 것은 권력 구조의 분산을 뜻하기도 하지만, 실제로는 모든 제도들이 중앙의 통제 아래 놓여 있음을 의미한다. 이런 통치 구조에 힘입어 히틀러는 가장 효과적으로 작동하면서도 자신의 의지를 충실히 받드는 조직들에 업무를 위임할 수 있었다. 총통으로부터 개인적으로 직접 권위[권한]를 위임받아 과업을 수행한 여러 기구들은 관료적 경직성을 타파하고, 대단히 효율적으로 업무에 임하는, (상부의 뜻에 기꺼이 따르기 위해 열렬히 충성을 다하는) 부하직원들을 양산하곤 했다. 이렇게 권력을 중앙으로 집중해 놓았으므로 정부는, 여러 분파들이 모여 있는 관료들의 이해관계와 상관없이, 총통이 설정한 국가 목표에 초점을 맞출 수 있었다.[28]

파시스트와 나치는 시민사회 내의 이차적 결사체와 전통적인 문화 규범을, 일치를 저해할 수 있는 구조적 세력으로 간주하여 제거하려 했다. 이들은 시민사회 내의 여러 집단들이 제시하는 다양한 방향성을 존중하기보다 유일 정당을 강조했다. 또한 정권에 대한 대중의 지지를 약화할 수도 있는 문화 규범보다 강력한 선전기구를 통해 모든 시민을 세뇌할 수 있는 통일된 유일 이념에 중점을 두었다. 서로 경합하는 모든 구조적 세력들을 제거하는 (또는 적어도 그것들을 지배하는) 것이 파시즘, 특히 나치즘의 결정적인 요소라 할 수 있었다. 이런 경향이 이들을 전체주의 이념으로 규정한다.

7
현대 자유주의
...
정부 역할과 자본주의 간의 균형과 통합

현대 자유주의는 경제를 운용하는 자본주의의 긍정적 역할을 지금도 인정하지만, 순수한 형태의 자본주의보다 개혁 자본주의reformed capitalism를 강조한다. 현대 자유주의에서는 이제 자본주의가 '중소기업'들이 노동자를 고용하여 경쟁시장에 내다 팔 물건을 생산하는 체제가 아니라는 점을 이해한다. 오늘날의 대기업 주도 자본주의에서 경제적 주체의 규모는 더 커져, 수많은 주주들, 대규모 경영 조직, 전 지구적 시장에서 상품과 서비스를 판매하는 거대 노동력 등이 이들에 속한다. 현대 자유주의자는 이런 거대 자본주의에 대해 정부가 어느 정도는 통제와 감독을 해야 할 필요성이 있음을 인정한다. 현대 자유주의는 민주 정부가 자본주의에 맞서는 대항 구조 — 시장 경쟁을 가로막는 담합 또는 합병과 같은 시장 실패를 방지하기 위해 자본주의를 규제하고, 공중과 환경에 피해를 주는 방식으로 회사들이 자신의 생산 비용을 외부화하려는 유인책을 줄이는 구조 — 가 되어야 한다고 촉구한다. 그러나 현대 자유주의는 또한 정부가 기업과 협력할 수도 있다고 믿으며, 공공·민간 부문 사이의 동반자 관계를 지지하곤 한다. 이와 같은 취지에서 정부는 보조금을 지급해서라도 도심 재개발 사업을 도울 필요가 있다. 그런 사업은 전체 지역공동체의 시민들에게 폭넓은 경제·사회·문화적 혜택을 줄 수 있기 때문이다. 또한 정부는 스포츠 경기장이나 공항 등과 같은 주요 시설의 건축을 지원해야 한다. 그런 시설을 직접 이용하는 사람들은 물론, 지역사회 전체에 대해 다양한 기회를 제공하기 때문이다. 정부는 항공사에 구제금융을 제공하거나 파산 보호 정책을 시행해야 한다. 시장 수요가 적은 곳에 사는 사람들도 항공 서비스를 이용할 수 있게 해야 하기 때문이기도 하며, 또한 9·11 사태와 같은 급작스러운 사태로 말미암아 항공사가 위기에 처하게 되는 경우가 있기 때문이다. 정부는 새로운 자본을 창출하기 위해 세금 인센티브를 부여하거나, 철강이나 자동차와 같은 산업에서 해외 경쟁자들에게 수입관세를 부과해야 한다. 그런 산업이 자국 경제에 미치는 영향이 절대적이기 때문이다. 이런 사례를 끝없이 열거할 수 있겠지만 공통된 핵심 메시지는 명백하다. 현대 자유주의는, 부분적으로 자유 시장 활동에 의해 구성되고, 부분적으로 정부의 규제로 짜이며, 또 부분적으로 공공 부문과 민간 부문 간의 협력으로 형성되는 혼합 정치경제 체제를 지지한다.

이런 경제체제는 고전적 자유주의에서 말하는 제한 정부 형태보다 훨씬 더 크고 강력한 정부 개입을 필요로 한다. 이렇게 강한 정부는 오늘날의 정치경제 현실로부터 비롯되는 수많은 문제와 기회를 다룰 수 있도록 그 구조가 마련되어야 한다. 이 가운데 한 가지 문제만 꼽아 보자. 자본주의가 만들어 내는 '시장정의'market justice는 공정한 사회를 구성하는 여러 요소 가운데 하나의 요소에 불과하며, (사회정의를 창출하기 위해 시도되는) 정부의 다양한 정책을 통해 보완되어야 한다. 그런데 이런 과업을 위해 강한 정부가 요구된다 하더라도 정부의 강화된 권력이 남용되지 않게 하는 구조 또한 창안해야 한다. 고전적 자유주의와 마찬가지로 현대 자유주의 역시 헌법을 통해 정부의 활동을 제한해야 한다고 믿는다. 또한 국가권력이 분리되어야 한다는 사실 역시 인정한다. 그리고 책임성을 보장할 수 있는 다양한 절차를 통해 정부 권력의 남용을 감시하려 한다.

하지만 현대 자유주의에서 헌법의 중요성을 인정하긴 하지만, 헌법을 정태적인 것으로 간주하지는 않는다. 새로운 문제와 새로운 도덕적 인식이 출현한다고 해서 수백 년 전통을 가진 헌법을 폐기할 필요는 없지만, 헌법을 수정하고 재해석할 필요는 있다. 예를 들어, 정부는 헌법 개정 — 가령, 소득세 조항을 신설한 미국 연방헌법 수정조항 16조● — 을 통해 강력한 국가의 재정을 충당하

● 미국 연방헌법 수정조항 16조 : 1913년 제정된 조항으로 연방의회가 각 주와 관계없이 소득세를 직접 징수할 수 있게 했다. "연방의회는 모든 소득원에서 얻어지는 소득에 대해, 각 주에 배당하지 않고 국세 조사나 인구수 산정에 관계없이, 소득세를 부과·징수할 권한을 가진다."

기 위해 세금을 거둘 수 있는 새로운 권한을 가질 수도 있다. 또한 자유주의자는, [헌법을 개정하기보다] 기존의 헌법 조문을 새롭게 해석하는 경우도 많다. 뉴딜 시기에 자유주의자는 경제 규제와 재분배 영역에서 연방 정부의 확대된 역할을 허용했던 대법원의 여러 판결을 환영했다. 1950~60년대에 자유주의자는 평등권을 규정한 연방헌법 수정조항 14조를 사법부가 재해석하여 학교 흑백통합을 명령한 것 역시 지지했다. 또한 자유주의자는 1973년 대법원이 '로 대 웨이드 사건' 판결을 통해 헌법의 사생활 보호 권리 조항에 여성의 낙태권이 포함된다고 판결한 것을 열렬히 환영했다. 일반적으로 말해, 현대 자유주의자는 **사법 적극주의**judicial activism를 찬성한다. 사법 적극주의란 판사가 헌법의 모호하고 추상적인 조문을 적극적으로 해석하여, 정부가 경제문제나 소수자, 여성, 범죄 피의자들의 정치·사회·법적 권리를 촉진하는 문제에서 정부의 권한을 확대할 수 있도록 허용하는 방식을 지칭한다. 현대 자유주의자는 헌법을 적극적으로 재해석하는 행동이 정당화될 수 있다고 믿는다. 헌법 조문이 추상적이고 모호하게 표현되어 있으므로 사회가 발전하면서 생겨나는 새로운 문제들을 해결하기 위해 헌법의 언어를 현대의 도덕·사회·정치·경제적 인식과 융화해야 하기 때문이다.[29]

미국의 현대 자유주의에서 헌법을 재해석한 주요 쟁점을 하나 더 들어 보면 주 정부의 권한과 중앙정부의 권한에 관한 문제가 있다. 고전적 자유주의는 주 정부에 대다수 권력을 위임했던 연방헌법 수정조항 10조●를 지지했다. 그 결과 19세기 내내 주 정부는 사업·회계·재산·노동·복지·범죄 등과 관련된 대다수 법률을 제정하고 시행했다.[30] 그러나 현대 자유주의는 (의회에 대해 '마땅하고 옳은 법이라면 무엇이든 제정'할 수 있는 권한을 부여했던 헌법의 '탄력 조항'을 인용하면

● 미국 연방헌법 수정조항 10조 : 1791년에 제정된 조항으로 각 주와 국민들이 보유한 권한의 포괄성을 규정했다. "본 헌법에 따라 미국 연방에 위임되지 않았거나, 각 주에 금지되지 않은 권한은 각 주나 인민이 보유한다."

서) 9장에서 언급했던 것처럼 중앙정부의 역할을 확대하는 방안을 지지해 왔다. 현대 자유주의에서 중앙정부를 확대하려 했던 것은 인구 이동이 잦은 현대사회에서 주 정부나 지방정부보다 중앙정부가 복지권을 제공할 수 있는 능력이 훨씬 더 크기 때문이었다.[31] 주 정부나 지방정부의 경우 경제 재분배 정책을 취하지 않아야 할 강력한 유인 요소가 존재하는 것도 문제였다. 다른 주보다 관대한 복지 정책을 시행하는 주는 '방랑 빈곤층'을 끌어들이는 반면, (세금을 더 많이 부과해서, 늘어나는 복지 비용을 충당해야 하기에) 사업체나 부유한 시민들을 그 주에서 떠나게 만드는 경향이 있다. 그런데 중앙정부가 복지 정책을 시행할 경우, 중앙정부는 타국의 빈곤층이 자국으로 유입되는 것을 제한할 수 있으며, 부자들은 설령 세금이 높아지더라도 자기 시민권을 포기하면서까지 세금이 낮은 나라로 이주해 갈 가능성이 상대적으로 낮으므로, 중앙정부는 주 정부에 비해 복지 정책을 취하지 않을 유인 요소가 적은 편이다.

그러나 현대 자유주의에서 중앙정부를 지지하는 경향을 과도하게 해석하는 것 역시 경계해야 한다. 미국의 예산 적자로 연방 정부의 복지권 확대 및 공공서비스 제공 능력이 줄어들었고, 보수파가 의회와 백악관을 장악했을 때에는, 자유주의자들이 오히려 주 정부로 눈을 돌려 각종 사회·경제적 문제를 주 정부 차원에서 창의적으로 해결할 수 있는 방안을 모색하기도 했기 때문이다. 요컨대, 현대 자유주의에서 중앙정부, 주 정부, 지방정부의 적절한 권력을 바라보는 관점은 근본적이기보다 파생적이다. 현대 자유주의자는 어떤 차원의 정부인지를 핵심 문제로 여기는 것이 아니라 경제·사회문제를 해결하고 사회정의를 증진하기 위해 정부의 권력을 어떻게 활용할 것인지에 주된 관심을 둔다. 따라서 그 같은 목적을 위해서라면 중앙정부나 주 정부를 가리지 않고, 그 권력을 활용할 수 있게 해주는 헌법 해석을 지지한다.

미국의 자유주의에서 헌법을 재해석했던 영역을 하나 더 꼽아 보자면 행정부와 입법부 사이의 권력 배분에 관한 문제를 들 수 있다. 고전적 자유주의에서는 주로 입법부 중심의 국가를 지지했지만, 현대 자유주의에서는 주로 행정부 중심의 관료제 국가를 지지해 왔다.[32] 적어도 레이건과 부시 행정부를 통해 보수주의 공화당이 권력을 장악하기 전까지는 자유주의자들이 몇 가지 이유로 행정부의 강화를 원하는 편이었다. 첫째, 입법부는 다양하고 협소한 이익을 대변하고 거부권을 행사할 수 있는 지점을 많이 포함하고 있어서, 사회문제를 해결하고 사회정의를 증진하는 진보적 법안을 통과시키기 어렵다. 시민권과 복지정책 영역에서 진보적 법률이 제정되려면 자유주의적 민주당이 상하원 모두에서 압도적인 다수를 차지하고, 자유주의적 대통령도 그것을 적극 지원할 때에만 가능하다는 사실이 흔히 관찰되어 왔다.[33] 둘째, 미국 대통령과 같은 최고 권력자는 사회문제를 둘러싼 의제를 규정하고, 그것에 대한 관심을 대중에 전달할 수 있는 막강한 비공식 권력을 키워 왔다. 이런 비공식 권력을 활용하는 대통령은 자유주의적 목표를 위한 정책의 폭넓은 지지 기반을 구축할 수 있다. 셋째, 사회가 더욱 현대화하고 사회문제도 점점 복잡해지면서, 입법부를 차지한 [특정 영역에 뛰어나지는 않은] '만능선수'들보다 행정부에 포진한 전문 관료들이 이런 문제를 풀 수 있는 전문성을 보유하고 있는 것 같아 보인다. 어떤 사회문제를 풀기 위해 정부의 개입이 필요하다고 입법가들이 동의할 수는 있겠지만, 이들에게 구체적인 정책 해결책을 제시할 전문성까지 기대하기는 어렵다. 그 결과 입법부의 입법행위는 "일반적이고 고결한 정서를 표현하긴 하지만, 구체적인 방향을 거의 제시하지 못하고, 단지 행정 권력과 행정 지식 및 이익집단의 지혜가 이 세계를 올바르게 만들어 주기를 기원하는 수밖에 없게" 되기 쉽다.[34]

현대 자유주의는 행정부 중심의 중앙정부를 확고하게 지지하지만 그런 정부가 권력을 남용할 수도 있음을 잘 알기에 정치적 책임성을 보장할 수 있는 구조와 관행을 지지한다. 일반적으로 말해, 대통령의 행동과 관료들의 정책은 입법부의 감독 아래에 두는 것이 좋다. 입법부에 소속된 전문가들은 관료들이 취하는 행위의 적법성·효과성·공평성을 평가해야 한다. 입법부는 행정부의 권력 남용을 조사할 수 있으며, 만일 그런 행위가 발견될 경우 입법부는 예산 배정 취소에서 탄핵에 이르는 여러 제재 조치를 취할 수 있다.

또한 현대 자유주의자는 역으로 입법가 역시 시민들에게 정치적 책임성을 지닌다는 사실을 잘 알기에 그런 책임성을 확장할 수 있는 각종 개혁을 지지해 왔다. 예를 들어, 미국의 자유주의자는 인구 비례에 맞는 선거구를 획정하는 데 노력해 왔다. 이는 입법가들이 도시의 유권자와 농촌의 유권자 모두에게 평등하게 정치적 책임성을 질 수 있도록 보장하기 위해서다. 최근에 많은 자유주의자들이 선거 공영제를 주장해 왔다. 그렇게 해야 국민의 대표들이 거액 기부자들에게 책임을 지는 것이 아니라, 일반 대중에게 더욱더 정치적 책임성을 지게 될 것이기 때문이다.

현대 자유주의자는 사회의 구성에서 시민사회 내의 이차적 결사체가 수행하는 역할을 지원한다. 그러나 그런 조직의 자발적인 성격상 현대사회의 각종 문제들을 적절하게 다룰 능력이 제한될 수밖에 없다고 생각한다. 예를 들어, 적십자사는 태풍 카트리나 같은 대규모 재난의 문제를 해결할 역량을 충분히 보유하고 있지 않다. 오직 중앙정부만이 이런 문제를 다룰 능력이 있다. 즉, 정부의 구속력 있는 권력만이 핵심적 공공재를 전달하고 사회정의를 실현하는 정책에 필요한 재정을 충당하기 위해 세금을 징수할 능력을 지녔다는 말이다.

또한 현대 자유주의자는 수많은 문화 규범이 정치 공동체의 구조를 짜는 데 중요하다는 사실을 잘 이해한다. 자유주의자는 공립학교, 이차적 결사체, 가족 등이 젊은이들에게 노동 윤리, 관용, 점잖음, 동정심 등과 같은 가치를 전달해 준다고 믿고 있다. 그러나 자유주의자는 이와 함께 전통문화도 간혹 (소수자·여성·동성애자 등을 차별하는) 좋지 않은 규범을 전파하는 경우가 있다고 믿는다. 자유주의는 전통문화가 현재 상황 — 예를 들어, 무기 소지 문제 — 에서 더는 적절한 해답을 내놓지 못하거나, 개인의 선택 — 예를 들어, 동성 간의 결혼 — 을 과도하게 억누를 수도 있다고 본다. 따라서 간혹 전통문화가 공동체 내에서 사람들 삶의 구조를 억압하는 방식에 대해 자유주의가 비판해야 할 때도 있다고 생각한다.

8
현대 보수주의
...
강한 국가에 고삐를 채운다

현대 보수주의는 다원주의자들 — 특히 현대 자유주의와 민주사회주의 — 이 정치 공동체의 구조를 형성하는 데에 정부의 역할을 지나치게 강조했으며, 전체주의 이념은 이 점에서 더욱 심했다고 믿는다. 정부를 중시하는 이념들이 정부가 할 수 있는 역할 — 예를 들어, 사회정의를 확립하거나, 각종 경제·사회적 문제를 효과적으로 해결하는 과제 — 에 대해 과도하게 기대치를 높여 놓았다는 것이다. 반면에 현대 보수주의는 정부 정책의 수많은 실패 사례, 강력한 정부의 사회공학적 시도가 초래한 해로운 결과들, 과도한 야망이 낳은 불안 요소들을 강조한다. 좌파 이념들이 영광된 미래상에 관해 정부가 달성하지도 못할 기대치를 지나치게 높게 제시한 바람에 시민들이 오히려 정부에 등을 돌리게 되었고 국가의 정당성에 의문을 제기하게 되었다고 한다. 그래서 정부가 수행해야 할 (현실적으로 달성할 수 있는) 핵심적 과제에 대한 능력조차 의심받는 결과가 초래되었다.

현대 보수주의는 자본주의가 경제활동에 효과적인 구조를 가장 잘 만들어 낸다고 생각한다. 대규모 공공 정책을 시행하고자 세금을 올리면 자본가들의 돈이 정부로 흘러들어가 버리므로 경제성장을 위한 혁신 기술에 필요한 투자가 줄어들게 된다고 한다. 다양한 사회·환경적 목표를 달성하고자 정부 규제가 지나치게 많아지면 기업가들의 활동이 위축된다고도 한다. 수익 추구 동기와 자유 시장 경쟁이 정부가 시행하는 정책에 도움이 될 수도 있다. 따라서 현대 보수주의자는 과거에 사회주의 정부 또는 자유주의 정부에서 관료들이 제공했던 여러 사회정책들을 민영화 — 공공 정책 관리를 사기업에 넘기는 것 — 하려고 한다. 이렇게 민영화가 이루어지면 자본주의의 활력 및 자본주의의 효과적인 경제활동 구성 능력이 회복될 수 있으리라고 본다.

현대 보수주의는 대의 민주주의 제도를 정당하다고 보지만, 국가의 구조를 짜는 문제에 단 하나의 최선책만이 있다는 생각에는 반대한다. 서유럽의 보수주의자는 의원내각제 아래 활동해 왔고, 미국의 보수주의자는 권력분립과 연방주의를 포함한 대통령제를 지지해 왔다.

미국의 경우, 보수주의에서 국가 구조에 대한 최대 쟁점은 (9장에서 논의한 바와 같이) 미국 연방주의의 성격에 있다. 보수주의자는 통상 강한 중앙정부를 반대하고 개별 주들의 권리를 옹호한다. 주 정부와 지방정부가 현지의 문제와 이를 해결할 능력을 가장 잘 알고 있으므로, 자기 공동체를 위해 적합한 법률과 정책을 가장 잘 결정할 주체도 이들이라고 본다. 현대 보수주의는 수많은 공공 정책을 지역사회에서 직접 관리하면, 시민들이 공공 정책에 드는 비용이 얼마나 되는지를 인식하게 되어 그런 비용을 줄이는 데 찬성할 것이라고 믿는다. 조지 W. 부시 대통령은 연방세의 감축분을 충당하기 위해 전국의 시정부(와 그 안에 살고 있는 빈곤층)에 대한 연방 지원을 중단한 적이 있다. 부시가 도시 행정 분야에서 취했던 가장 특징적인 공공 정책 — 교회 조직에게 노숙자들에게 거처를 제공하고, 무료급식소를 운영하며, 사회서비스를 제공하라고 촉구했던 정책 — 을 살펴보면 보수주의에서 중앙정부가 지역사회 문제에 최소한으로만 개입해야 한다고 믿는 바가 잘 드러난다.[35]

정치 공동체, 시민권, 정의 등의 정치적 원리 항목에서 현대 보수주의를 논할 때 흔히 지적되듯이, 현대 보수주의는 시민사회의 자발적 결사체가 시민들의 품성을 함양하는 데 중요하고, 정부 복지 정책의 대안으로도 중요하다고 간주한다. 자발적 결사체가 정부 지원 프로그램보다 더 좋은 이유는, 자선단체에서 제공하는 지원은 순수한 도움일 뿐이고 그것을 받는 사람의 경제적 권리로 주어지는 것이 아니므로, 빈곤층이 스스로 자립할 유인을 저해하지 않기 때문이라고 한다.

현대 보수주의는 자유주의가 시민 문화를 저급하게 만들었다는 점에 특히 분노한다. 보수주의자는 자유주의가 도덕적 상대주의를 부추기는 정치적 관점이며, 자유주의가 대중문화에서 나타나는 도덕적 타락을 인식하지 못하고 있다고 판단한다. 선정적인 음악과 영화가 건전한 가족용 프로그램을 쫓아내고 있다고도 한다. 또한 자유주의자가 에이즈 등의 문제에서도 젊은이에게 성인이 되는 데 필요한 자기 절제력을 갖추기 위해 금욕을 권장하기보다, '안전한 섹스'를 하라고 가르친 탓에 성적 풍기 문란이 도를 넘었다고 판단한다. 이런 사례를 끝도 없이 열거할 수 있겠지만, 여기서 중요한 점은 자유주의자와 자유 지상주의자가 그 전까지 도덕적으로 불미스러운 행위를 막는 역할을 해오던 문화 규범을 해체하고 있다고 보수주의자가 믿는다는 점이다.[36] 보수주의자는 사회에 대해 유일무이한 도덕적 관점을 주장하지는 않지만, 정치 공동체가 (다원적 정치에 필요한 책임성을 충족할 수 있는) 충분한 덕성을 갖춘 시민들로 이루어지려면 잘못된 문화에 대해 일종의 제한을 가하는 것은 필요하다고 믿는다.

전통적 보수주의처럼 현대 보수주의 역시 빈곤·질병·무지와 같은 사회문제를 해결하는 데 '문화가 가장 중요하다'고 믿는다. 데이비드 란데스David Landes는 다음과 같이 말한다. "일종의 세속적 행동 강령이 필요하다. 근면한 노동, 정직, 진지함, 돈과 시간의 근검절약 등이 중요하다." 란데스는 "살기 위해 일하고, 행복해지기 위해 산다"는 사상을, "일하기 위해 살고, 노동의 부산물인 행복을 얻는다"는 관념으로 대체할 것을 촉구한다. 더 나아가, 그는 "긍정적인 것을 강조하는" 문화적 가치를 중시한다. "교육받고, 개방적인 정신의 낙관주의"가 있어야만 어떤 일을 성취하고 향상할 수 있기 때문이다.[37] 란데스는 우둔하게도 좌파가 "평범성"platitudes과 같은 소중한 문화적 가치를 경시하고, 그런 가치가 "결코 낡지 않을 전통의 지혜"임을 인식하지 못한다고 지적한다.[38]

9
급진적 우파
...
시장의 자유를 확대하고, 문화적 자유를 축소한다

급진적 우파는 중앙정부가 수행하는 활동을 대폭 줄여야 한다고 생각한다. 다원적 사회 내에서 급진적 우파가 추구하는 구조적 개혁을 꼽아 보면, 시장에서 행위 주체들에게 더 많은 자유를 부여하고, 사람들이 교회와 같은 자발적 조직에 더 깊이 뿌리내리게 하며, 전통적인 문화가치를 강화하는 것 등이 있다.

현대 보수주의와 마찬가지로 급진적 우파 역시 사회의 구조를 정하는 데에 정부의 역할 확대를 중시하는 현대 자유주의와 좌파들을 비판한다. 자유 지상주의자는 급진적 우파 내에서 자본주의의 역할 강화와 정부의 강압적 권한 축소를 중시하는 사상이다. 대다수 지구화론자 역시 자본주의의 역할과 중요성이 확대되어야 한다고 생각하며, 전 지구적 정치경제 체제 내에서 민주적 국가의 역할이 축소되어야 한다고 주장한다. 토머스 프리드먼은 지구화 시대의 개막이 "정치권력에 대한 시장권력의 승리"를 뜻한다면서, 자본주의가 이제 모든 정치경제 체제의 기본 "골격"이 되었다고 강조한다.[39] 고전적 자유주의와 마찬가지로 자유 지상주의와 지구화론 역시 자본주의를 경제적 자유와 물질적 번영의 핵심으로 간주한다. 자유 시장은 사람들에게 개별적인 전문화를 지향하고, 혁신을 추구하고, 투자를 하며, 경쟁이 주는 이익을 누릴 수 있도록 허용하고 격려한다. 그리고 이를 통해 급속한 번영이 오고, 급속한 빈곤 감소가 이루어진다.[40] 자유 지상주의자와 지구화론자가 지지하는 자본주의는 정실 자본주의crony capitalism가 아니라 자유 시장 자본주의다. 정부의 특혜와 보호를 통해 발전하는 기업을 옹호하는 것이 아니다. 진정한 자유 시장에서의 기업이란 "생산을 향상하고 사람들에게 질 좋은 상품과 서비스를 제공함으로써 시장 우위를 지킬 줄 아는" 기업을 말한다.[41]

지구화론자는 정부의 역할을 축소해야 한다는 데 동의하지만, 자기들이 민주국가를 약화하려는 것이 아니고, 민주국가가 존재하지 않는 곳에 민주 정부를 수립하려는 의지가 있다는 점을 강조한다.[42] 지구화론자는 정치경제의 운용에 정부가 적게 개입하기 — 예를 들어, 공공 정책의 민영화 — 를 원하지만, 자유 시장이 시장 활동을 교통정리해 주는 효과적인 규칙을 제공하는 민주적 제도에 크게 의존한다는 사실을 잘 알고 있다. 그런 규칙은 재산권을 보장하고, 투자와 모험 정신을 장려하며, (사람들에게 자신의 자원과 정력을 생산적 경제활동에 투자하게끔 권장하는) 일종의 정치적 안정을 제공해 주어야 한다.

대다수 지구화론자는 민주 자본주의가 존재하지 않는 나라의 경우 자유 시장을 창출하는 것보다 민주주의의 발전이 급선무라고 믿는다. 지구화론자는 대체로 민주주의가 효과적인 자본주의의 전제조건이라고 지적한다. 투자자들은 자의적인 통치로 투자가 불안정해지기 쉬운 독재국가나, 부정부패가 만연하여 사업의 비용이 올라갈 수밖에 없는 수탈정치● 국가의 경제 발전에 필요한 자본을 유입하려 하지 않을 것이기 때문이다.[43] '자유 시장'보다 '좋은 정부'가 급선무라고 주장하는 입장은 다음과 같은 분석을 따른다. 즉, 빈곤과 경제 붕괴는 자유 시장 지구화 과정에 참여하는 사람들의 착취와 오판에 따른 결과가 아니라, 부패하고 반민주적인 정부와 독재 정권의 잘못된 정책에 기인한다는 것이다.[44]

급진적 우파 내의 다른 목소리에서는, 정부가 정치 공동체의 구조를 형성할 수 있는 권위[권한]를 가진 점이 문제가 아니라, 정부가 잘못된 활동에 개입하면서 그런 권위[권한]를 확산하려는 경향이 문제라고 강조한다. 급진적 우파는 정부가 국가 안보, 특히 외부의 적으로부터 자국을 보호하는 일을 최우선적으로 다루어야 한다는 데 동의한다. 그러나 이때 정부가 얼마나 공격적으로 국가 안보를 추구해야 하는지에 대해서는 의견이 갈린다. 미국의 네오콘들은 미국의 중앙정부가 국제 문제에서 군사적 우위를 점해야 하고, 군사력을 이용해서 민

● '수탈정치'(kleptocracy) : '도둑'을 뜻하는 그리스어 'kleptes'에서 유래한 용어.

주 자본주의가 존재하지 않는 지역에 그것을 전파해야 한다고 믿는다. 그러나 새뮤얼 헌팅턴과 같은 보수주의자는, 각 문명마다 "핵심 국가"들이 있으므로 이런 국가가 그 지역의 안전보장을 담당해야 하며, 미국 정부는 세계 다른 지역의 분쟁과 갈등에 개입해서는 안 된다고 본다.[45] 그리고 국수주의자는 핵심적 국익을 보호하는 임무에만 국가의 군사력이 사용되어야 한다고 강조한다.

미국의 문화적 보수주의와 전통적 공동체주의에서는, 정부의 권위[권한]를 경제활동 규제나 소득재분배를 위해 활용해서는 안 되고, 전통적 문화가치를 지원하는 쪽으로 활용해야 한다고 믿는다. 정부는 앵글로색슨 문화와 기독교 문화를 보존하고, 시민들에게 덕성을 불어넣고, 가족을 강화하며, 교회의 역할을 확대하기 위해 권위[권한]를 활용해야 한다. 전통적 공동체주의와 종교적 우파는, 자유주의자의 다음과 같은 헌법 해석을 특히 비난한다. 즉, 보수주의자는 자유주의자가 국교를 금지한 헌법 수정조항을, 건국 시조들이 '종교를 위한 자유'freedom for religion가 아니라 '종교로부터의 자유'freedom from religion를 추구했다는 식으로 해석하는 경향을 못마땅하게 여긴다. 보수주의자의 견해에 따르면 정교분리 원칙으로 정부가 종교 조직에 대해 대단히 적대적이 되었다고 한다. 공립학교에서 기도문 낭송 금지 조치, 혹은 공공장소에서 종교적 상징물의 전시 금지 등이 이런 것을 잘 보여 주는 사례다.

공동체주의자, 종교적 우파, 문화적 우파 등은 시민사회 내의 다양한 결사체를 극히 중요하게 취급한다. 다원적 정치 공동체에서는 개인의 행동을 계도할 포괄적 도덕률을 제정하기가 어렵다. 그러나 시민사회 내의 교회 또는 여타 결사체들은 특정한 도덕률을 강하게 제안할 수 있으며, 그런 도덕률이 시민사회 내의 하위 공동체를 유지하고 그 안에서 개인들에게 삶의 의미를 제시할 수 있다.

전통적 공동체주의자는 구성원들에게 도덕률을 강조하고 강행할 수 있는 하위 공동체들이 반드시 필요하다고 강조한다. 가톨릭교회는 자기 신도들에게 성적 행동에 관한 교리를 정해 주고 강요할 수 있는 권한을 갖는다. 이처럼 다원적 사회 내의 개인들은 자발적 결사체에 가담해 필요한 도덕적 지침을 얻을 수 있다. 자발적 결사체를 통해 확산되는 도덕적 지침은 다원적 사회가 흩어지지 않게 구심점이 되어 줄 수 있다.

지구화론자와 자유 지상주의자는 급진적 우파 내의 다른 목소리만큼이나 자발적 결사체를 강조하는 편은 아니지만, 적어도 두 가지 이유에서 자발적 결사체를 지지한다. 첫째, 자선단체와 박애활동 재단들은 복지국가를 대신할 수 있는 중요한 대안이기 때문이다. 노르베리는 "우리는 정치에서보다 박애정신을 실천하는 자본가들에게서 더 많은 것을 기대한다"라고 주장한다. 그는 이어서 다음과 같이 말한다.

> 마이크로소프트사의 빌 게이츠는 현대 자본주의의 화신이라 할 만한 인물이지만, 개도국 질병 퇴치 캠페인에서 미국 정부보다 더 많은 일을 해내고 있다. 1999년 11월~2000년 빌 게이츠와 그의 부인의 이름을 딴 '빌 앤드 멜린다 게이츠 보건재단'Bill & Melinda Gates Health Fund이 보유한 230억 달러의 출연금에서 14억4천만 달러가 개도국 어린이들의 질병 퇴치용 백신 사업 그리고 에이즈·말라리아·폐결핵 연구 등에 지출되었다.[46]

둘째, 시민사회 내의 자발적 결사체는, 지구화의 이동성과 변화 양상으로 말미암아 자신의 지역사회로부터 뿌리가 뽑힌 사람들에게 정체성과 귀속 의식이라는 중요한 요소를 제공해 준다. 토머스 프리드먼은 이런 자발적 결사체가 사람들에게 (지구화의 영향력을 상쇄할 수 있는) 뿌리 역할을 해준다고 주장한다.[47]

요컨대, 급진적 우파는 각종 사회구조의 중요성을 인식한다. 일반적으로 말해 급진적 우파 내의 여러 목소리들은 정부로부터 시장으로 권력균형을 옮기려고 노력한다. 또한 이들은 자발적 결사체와 문화 규범이 정치 공동체 내의 개인들에게 일종의 뿌리 역할을 해주기를 바란다.

10
급진적 좌파
...
시장 사회주의와 민주적 문화를 추구한다

급진적 좌파는 자본주의의 제도와 과정 및 도덕적 가치 등이 현대사회의 특징에 깊은 영향을 미치고 있다고 본다. 자본주의의 힘이 지나쳐서 정치 공동체에 온갖 바람직하지 않은 영향을 끼친다고 한다.

첫째, 자본주의는 경제적 분배 과정을 지배한다. 급진적 좌파는 사람들이 시장이나 쇼핑몰 및 인터넷 사이트에서 구입하고 싶어 하는 상품을 분배하는 데에 자본주의가 정당한 역할을 한다는 점을 인정한다. 하지만 삶에 꼭 필요한 재화와 서비스까지도 자유 시장을 통해 분배되는 경우가 매우 흔하다. 예를 들어 미국의 경우, 의사의 진료를 받으려면 아픈 사람이 치료비를 자부담해야 한다. 그리고 부유한 사람들이 최선의 진료를 위해 아낌없이 돈을 쓰는 경향으로 의사와 병원이 진료비를 지나치게 높게 책정해 놓아 가난한 사람들은 진료를 받을 수도 없을 지경이 되었다. 급진적 좌파에 따르면 의료와 같은 필수적 서비스는, 환자의 부담 능력에 의해서가 아니라 환자의 필요에 따라 분배되어야 한다.[48]

둘째, 자본주의는 사람들이 보통 상황이라면 손대지 않을 일을, 생존을 위해서라면 억지로라도 하게끔 강요하는 식으로 인간의 자유를 제한한다. 수많은 필수 재화와 서비스가 시장을 통해 분배됨으로써 사람들은 흔히 "절박한 교환"과 "마지막 수단으로서의 거래"를 하도록 내몰린다.[49] 빈곤층은 기본적인 음식과 거처를 구하기 위해 위험하고, 과도하고, 모욕적이며, 소외를 자아내는 노동에 종사해야 할지도 모른다. 사람들이 그런 필수 재화와 서비스를 구입하기 위해 이런 일거리를 억지로 받아들여야 할 때, 이들이 시장의 교환 과정에 진정 자유롭게 참여한다고 주장하는 말은 허구일 것이다.

셋째, 자본주의는 국가를 지배한다. 권력을 가진 사람들에게 영향력을 행사하고 정부 정책을 왜곡한다. 자본주의는 부를 불평등하게 배분하며, 부에 접근할 수 있는 사람은 민주적 선거제도에서 쉽게 승리할 수 있거나 공직자들에게 쉽게 영향을 미칠 수 있다.[50] 자본가들의 수익성을 위협하는 사회적 쟁점이 있을 경우 민주국가는 그것을 도외시하기 일쑤다. 자본가들에게 손해를 끼치면서까지 소외 계층의 권력과 물질적 복리를 확대하는 정책을 채택하는 경우는 드물다.[51] 자본주의가 지배하는 경제체제에서 정부는 우선 부자들에게 수익을 올려준 후 부자가 그 돈을 재투자하여 수익이 더 커지게 되면 그것이 결국 하향침투식trickle down으로 노동자와 빈곤층에 도움이 될 것으로 기대하는 정책을 추구할 수밖에 없다.

넷째, 자본주의는 자본을 소유하고 관리하는 사람들이 노동자 및 소비자와 일반 대중을 좌지우지할 수 있게 해준다. 기업의 소유주와 관리자들은 수많은 결정 — 예를 들어, 새로운 노동 절약 기술을 도입할 것인지, 또는 공장을 이전할 것인지 등[52] — 을 내릴 권한을 갖고 있다. 그런 결정은 노동자와 지역사회에 엄청난 결과를 초래할 수 있다. 요즘 급진적 좌파 내의 여러 목소리들은 자본의 소유자가, 투자를 통해 수익을 올릴 권리를 가진다는 점을 받아들이지만, 이들은 그런 소유권을 근거로 자본가들이 자본의 사용에 대한 중요한 결정을 내릴 수 있는 권력을 독점할 권한을 부여받았는지에 관해 의문을 제기한다. 급진적 좌파 내의 사회주의자들은 직장 민주주의workplace democracy가 없기 때문에 자본가가 피고용자를 불법적으로 지배한다고 오랫동안 주장해 왔다.[53]

다섯째, 자본주의는 가족생활도 지배한다. 가족은 자본주의가 생산하는 상품에 대한 수요를 창출한다. 남편이 가장이어서 이런 제품을 구입할 수 있는 일차적인 수입 창출자라면, 그에게는 자신의 몫보다 더 큰 힘이 생긴다. 아내는 흔히 무급 가사 노동 하녀와 같은 종속적인 위치에 놓이게 되며, 저임의 파트타임이나 임시직 노동력을 형성하기도 한다. 자녀들은 자신의 커다란 잠재력을 계발할 기회를 거의 얻지 못한 채 가족생활 내에서 사회화되어 생산 활동에 예속된 (자본주의 체제에서 성공하는 존재로 커가는 것을 미래의 일차적 기능으로 삼는) 순종적인 인간으로 자라난다. 요컨대 급진적 페미니즘에서는 자본주의가 가부장적 가족을 만들어 낸다는 사실을 강조한다.[54]

여섯째, 자본주의는 사회의 문화를 지배하면서 구성원의 가치관을 결정하고, 물질의 획득과 경제 발전을 사회의 지고지순한 목표로 만든다. 급진적 좌파는 자본주의가 (직접적으로는 광고를 통해 구매를 부추기고, 간접적으로는 물질 소유를 척도로 인간 가치를 매기는 사회체제를 유지해) 시민의 욕망을 조종한다고 주장한다. 그 결과 경쟁적인 자본주의 체제는 사람들에게 부와 권력 및 지위를 일차적인 삶의 목표로 추구하도록 만든다. 우리는 물질적 가치 외의 다른 가치들 ― 예컨대, 의미 있고 창조적인 노동에 종사하고, 건강한 환경 속에 살아가고, 타인과 조화롭게 생활하며, 지성적·영성적 역량을 계발하는 것 ― 을 적절히 평가하지 못한다. 자본주의사회에서 그런 것들은 경제적 가치가 적기 때문이다.

마지막으로, 자본주의는 인간의 심리를 지배하면서 자긍심과 자신감을 좀먹는다. 사람들이 직장에서 종속적인 위치에 놓이거나, 반복적이고 무의미한 노동에 종사할 때, 자기 자신이 중요한 존재임을 자각하기 어렵다. 자본주의적 가치가 삶을 지배할 때 경제적 경쟁에서 실패한 사람은 자신을 경제적 패배자로 볼 뿐만 아니라, 삶의 낙오자로 보는 경향이 있다.[55]

급진적 좌파는 이 모든 문제의 근저에 자본주의가 있다고 생각하므로 "자본주의의 부정적 경향에 대해 경계를 늦추지 않는다"라는 말을 듣는다.[56] 그러나 급진적 좌파 내의 모든 목소리들은 다원적 전통에 속해 있다. 어쨌든 자본주의를 용인하기 때문이다. 급진적 좌파는 자본주의의 완전한 폐지를 모색한다기보다, 경제·사회·정치적 삶을 지배하지 못하게끔 자본주의를 억제하려 한다. 급진적 좌파는 사유재산을 철폐하기보다, 사유재산을 가진 사람들이 누리는 혜택을 제한하려 한다. 급진적 좌파는 절대적인 경제적 평등을 모색하기보다 부의 집중에 수반되는 과도한 허영·사치·권력을 규제하려 한다.

급진적 좌파는 세상을 개혁하고 싶어 하므로 다원적 정치 공동체에 존재하는 경제·정치·사회·문화적 제도들을 동원하여 더욱 평등하고 민주적인 사회를 지향하는 쪽으로 나아가려 한다. 급진적 좌파는 현대 자유주의보다 더 근원적인 변화를 원하므로 다원주의자들이 통상 추구하는 사회구조보다 훨씬 폭넓은 변화를 모색하곤 한다.

대부분의 경우 급진적 좌파는 폭넓은 정치경제 체제의 재편을 강조해 왔다. 초기의 민주사회주의자는 강력하게 중앙 집중화된 국가가 대다수 생산수단을 소유하고, 많은 경제적 재화를 분배하는 사회구조를 모색했다. 그러나 최근 들어 평등주의적 자유주의와 시민적 공동체주의에서는 더욱 분권화된 사회구조를 강조해 왔다. 예를 들어, 롤스는 사유재산제를 인정하는 민주주의property-owning democracy[사유 재산제적 민주 체제]를 주장했다.[57] 그런 정치경제 체제에서는 사유(생산)재산의 광범위한 분배를 모색할 것이므로, 자유 시장이 작동하더라도 현대 자본주의사회에서 재산이 집중되어 있는 현실보다 훨씬 적은 불평등이 나타날 것이다.[58] 중앙 집중화된 자유주의 복지국가에서는, 시장의 힘에 의해 일차적으로 대단히 불평등한 결과를 낳은 것에 대해, 소득을 약간 재분배하는 정도의 이차적 조치를 취하지만, '사유재산제를 인정하는 민주주의' 체제에서는 생산수단의 일차적인 소유 단계부터 불평등을 대폭 줄일 것이므로 시장에서 훨씬 더 평등한 결과가 나오게 될 것이다.

시장 사회주의market socialism라는 용어는, 대규모 자본주의적 기업체의 역할을 줄이고, 국영 기업체의 경직성과 비효율성을 피하며, 사유재산제를 인정하는 민주주의가 큰 역할을 하게 하는 정치경제 구조를 묘사하기 위해 흔히 사용된다. 시장 사회주의에서는 공공 부문의 경제활동과 민간 부문의 경제활동이 둘 다 중요한 역할을 맡는다. 중앙정부는 대중교통이나 통신과 같은 산업 분야 ― 경제적 힘에 의해 '자연적 독점'natural monopoly 현상이 일어나는 경향이 있는 분야 ― 에서 '국유화된nationalized 기업'을 소유하고 관리한다. 또한 정부는 '사회화된socialized 기업'을 소유할 수도 있는데, 이런 경우 기업의 경영을 사설 업체 그리고/또는 노동자들에게 위탁하곤 한다. '협동조합'cooperatives을 집합적으로 소유하고 경영하는 노동자들도 있다. 더 나아가 개인이 소유한 사기업, 소규모 동업회사, 자영업체도 시장 사회주의 체제에서 중요한 역할을 담당한다. 물론 이들은 정부의 각종 규제를 받는다.

시장 사회주의 경제체제에는 '시장적' 특성이 많다. 예를 들어, 대다수 기업체가 개인 소유다. 또한 경쟁적인 시장 내에서 자원을 확보해야 한다. 예를 들어, 심지어 국유화된 기업조차 노동시장에서 노동자들을 경쟁적으로 유치해야 한다. 노동시장에서 노동자들은 다른 회사의 고용주들에게서 더 많은 임금과 다른 혜택을 받을 수 있을지 여부를 타진해 볼 수 있다. 노동자는 시장에 들어갈 자유와 시장에서 퇴장할 자유를 가진다. 성공적인 기업은 사람들로 하여금 자기 업체에 더 많이 투자하도록 만들 수 있는 반면, 그렇지 못한 기업은 파산의 길을 걸을 수도 있다. 따라서 시장 사회주의는 생산성과 혁신을 장려한다. 여기서 가장 중요한 점은 시장 사회주의에서 시장적 고려에 의거하여 (사람들이 소유하기를 원하지만 생필품은 아닌) 상품에 가격을 매겨 판매한다는 사실이다. 만일 거액을 지불하고 호화 주택을 구입하려는 사람들이 있다면 분명 그런 주택을 공급하는 기업이 출현할 것이다.

그러나 시장 사회주의 경제체제에는 '공적'인 특성도 많다. 자연적 독점 기업체는 공적 소유의 대상이다. 국가가 경제 신용도를 통제하고, 민간 투자자에게 다양한 금융 유인책과 탈유인책을 제공하기 때문에 대중이 민간의 투자 결정 사항에 영향을 미칠 수 있다. 또한 국가는 노동·안전·환경·무역에 관한 입법 및 기타 입법 등을 통해 생산을 조절한다. 이 가운데 가장 중요하게는, 국가기관이 대중교통·주택·보건과 같은 재화를, 꼭 필요한 것으로 인정해 공급하거나, 형편이 안 되는 사람들이 지닌 복지 권리를 충족하고자 공급한다는 사실이다.

사회주의자는 정부 기관이 국유화된 분배를 통해 꼭 필요한 재화를 제공해야 한다고 오랫동안 주장해 왔다. 그런 분배 구조는 (서로 간에 본질적 필요를 제공해 주려는 열의로 가득 차 있고, 그런 정책을 위해 세금을 기꺼이 부담하겠다는 의지가 있는) 그 나라 동포들 모두를 위한 기관 역할을 할 수 있다. 그러나 시민적 공동체주의에서는 국유화된 분배를 담당하는 국가기관이 지나치게 큰 역할을 담당해 인간들 사이에서 우애의 가치가 저하되지 않을까 염려한다. 꼭 필요한 재화를 이런 식으로 분배하는 것을 상호부조가 아니라, '납세자의 돈을 관료들이 탕진한다'는 식으로 볼 여지도 있다. 시민적 공동체주의에서는 국유화된 분배 제도를 '사회화된 분배' 제도 — 형편이 어려운 시민에게 다른 시민들이 국가를 통하지 않고, 각종 상조 단체를 통해 직접 도움을 주는 지원 제도 — 로 보강하기를 원한다. 여기서 말하는 상조 단체는, (자발적이지도 않고 개인적이지도 않은 취지에서 국가의 과세 대상이 되는 것과는 달리) 자발적이고 개인적인 취지로 자신의 시간과 열정과 돈을 쾌척하는 시민들로 이루어져 있다.[59]

급진적 좌파는 다원적 정치 공동체가 헌정 체제와 제도적 장치를 보유하고 있으므로, (시장 사회주의 및 기타 사회·환경적 목표를 추구할 수 있는 기회를 제공해 주는) 각종 정치적 권리와 민주적 원칙을 정치 공동체에 포함할 수 있고, 그런 장치를 통해 대중의 지지를 얻을 수 있으며, 나라를 통치할 수도 있다고 믿는다. 따라서 그들은 이런 목표 달성을 촉진해 주는 기존 제도들 — 노동조합이나 사회주의 계열 정당 및 녹색 정당 등 — 을 강화하는 방안에 초점을 맞춘다. 그러나 만일 국가의 여러 제도들 속에 보수주의 이념과 기업의 이해관계가 확고히 자리를 잡고 있을 경우, 급진적 좌파는 (일반 시민들이 정치에 참여하고 권력을 쟁취할 기회를 더 많이 가질 수 있게 해주는) 정치를 '재편'하고 재조직하라는 제안을 내놓을 것이다. 예를 들어, 급진적 민주주의자는 공공 재원을 통해 소외 계층의 조직화를 지원하고, 소외 계층이 정책 결정 영역에서 더 많은 대표성을 가질 수 있게 하자는 제안을 지지할 것이다.[60]

여타 다원주의자들과 마찬가지로 급진적 좌파 역시 자발적 결사체가 사회 구조를 구상하는 역할을 인정한다. 실제로 시민적 공동체주의자는 시민사회 내의 각종 제도들 — 학교, 직장, 교회와 시너고그(유대교 회당), 노동조합, 사회운동 등 — 이 핵심적인 공공의 역할을 한다는 점을 강조한다.[61] 급진적 좌파는 흔히 삶의 공적인 영역과 사적인 영역을 구분하는 자유주의의 관점에 반대하면서, 시민사회 내의 결사체 역시 공적이고 정치적인 실체라고 규정한다. 급진적 좌파의 관점에서 볼 때, 가족과 직장 및 각종 자발적 결사체에서는 모두 평등주의·공동체주의·페미니즘·환경주의 등의 가치를 추구해야 한다. 이처럼 급진적 좌파는 가족과 직장 및 자발적 결사체와 같은 영역이, 좌파가 강조하는 가치와 덕성에 대한 사람들의 헌신을 강화할 수 있는 좋은 영역이라고 생각한다.[62]

사회주의자는 문화 규범이 사회구조를 창안하는 역할을 자유주의자보다 더욱 중시한다. 민주사회주의가 가진, (혁명적 마르크스주의와 구분되는) '진화론적' 측면의 주된 특징은 사회주의의 방향으로 문화적 가치를 근본적으로 변화시켜 가자는 데에 있다. 일반적으로 말해, 급진적 좌파는 (개인적 목표 달성과 물질적 번영을 강조하는) 자유주의적 가치가 집단적 목표 달성, 사회연대, 사회정의, 지속 가능한 환경 등의 가치로 보완되어야 한다고 믿는다. 급진적 좌파는 마르크스주의의 다음과 같은 믿음, 즉 자본주의가 현대사회를 완전히 지배하고 있으므로 자본주의 자체를 완전히 붕괴시키지 않는 한 좌파적 방향으로 문화적 가치를 변화시키는 것이 불가능하다고 보는 믿음을 거부한다. 그 대신 급진적 좌파는 교육과 설득을 통해 문화적 가치를 바꿀 수 있다는 믿음을 견지한다.

11
극단적 우파
...
신정 체제를 모색한다

극단적 우파 내의 여러 목소리들이 자본주의적 소유권에 근거한 시장경제의 장점을 비판하거나, 적어도 공개적으로 민주주의를 거부하는 일은 드물지만, 이들은 현존하는 자본주의적 민주주의가 다원적 사회를 형성하는 현실이 근본적으로 잘못됐다는 인식을 갖는다. 그러나 극단적 우파의 주장 가운데 가장 극단적인 점은 현재 형성되어 있는 시민사회를 거부한다는 사실이다. 이들은 현대 다원적 사회 내에 극히 다양한 인종·종족·종교 집단이 공존하는 현실을 혐오하며, 소수자나 복지 수급자와 같은 사람의 이익을 대변하는 집단들이 정부에 영향을 줄 수 있는 현실에 경악을 금치 못한다. 극단적 우파에 속한 사람들은 자신을, (자기들보다 더 영향력이 커진 수많은 불법적 이익집단으로부터 전체 정치 공동체를 구원하는) 교회나 준군사조직과 같은 특정한 조직의 구성원으로 간주하는 경향이 있다.

이들은 전 지구적 자본주의가 국익과 전통적 문화가치를 저해하는 무역정책 및 투자 정책을 추구하는 초국적 엘리트들의 지배를 받고 있다고 본다. 제대로 된 민주 정부라면 그런 엘리트로부터 국가를 보호해야 하고, 국가의 자급자족을 추구하는 정책을 취해야 한다고 생각한다. 극단적 우파 역시 (생산적 재산을 소유할 수 있는 권리를 포함하여 경제적 자유를 허용하는) 자본주의 경제체제를 인정하는 편에 속한다. 그러나 이들은 그런 경제체제가 외국의 지배를 받지 않고 적절한 투자를 촉진하며 조화롭게 작동할 수 있게 하기 위해, 국가가 경제에 어느 정도 개입하는 것을 허용한다. 이들에게 파시즘에서 말하는, (국가의 감독 아래 기업과 노동이 조화롭게 협력하는) 조합주의 모델이 매력적이긴 하겠지만, 이는 정부가 '의로운' 목표를 지향한다는 전제에서만 가능하다.

그러나 극단적 우파는 이런 정부가 현재 존재하지 않는다고 믿는다. 이들은 다원적 사회의 민주 정부가 시민들의 진정한 관심사 및 정치적 책임성으로부터 멀어졌다고 보며, 외국의 (흔히 유대계) 이익집단, 삼자간위원회●와 같은 신자유주의적 기구, 자유주의 관료들 — 극단적 우파는 자유주의 관료들이, 열심히 일하는 일반 시민들을 무시하면서 소수자, 부유한 자본가들, 게으르고 (따라서) 가난한 자들, 기타 사회의 기생충 같은 존재들에게 동정적이라고 본다 — 의 지배를 받고 있다고 본다. 극단적 우파 내의 많은 목소리들은, 다원적 정치를 실시하는 국가가 (꼭 집어 특정하기는 어려운) 사악한 엘리트들의 음모에 의해 지배되고 있다고 주장한다.

미국의 극단적 우파는 국가가 종교에 대해 중립적인 태도를 취하지 말고, 미국적 정체성의 핵심을 이루는 도덕적 문화를 옹호하는 기독교회를 지지해야 한다고 믿는다. 극단적 우파 가운데는 이보다 한 걸음 더 나아가 (국가와 교회 조직

● 삼자간위원회(Trilateral Commission) : 미국·유럽·일본 간의 협력을 도모하기 위해 1973년 결성된 영향력 있는 사설 단체. 삼각위원회나 삼변회 등으로도 불린다.

간의 경계선이 무너지거나 아예 제거된) 기독교 신정국가를 창설해야 한다고 주장하는 이들도 있다.

이슬람 근본주의자도 일종의 [이슬람] 신정 체제 수립을 염원한다. 이런 노선의 무슬림들은 오랫동안 "딘 와 다울라"●를 모색해 왔다.63 무슬림 가운데는 이슬람 사회의 통치 구조를 개방하거나 세속화하려 했던 이들도 있었다. 이 가운데 가장 유명한 사례로 무스타파 케말 아타튀르크Mustafa Kemal Atatürk가 오토만 제국의 해체 이후 터키를 '서구화'하려고 했던 노력을 꼽을 수 있다. 그러나 '케말주의 노선'the Kemalist option은 많은 저항에 직면했으며 이슬람 신정 체제가 부활한 경우도 있었다. 1979년 이란혁명●● 이후의 [이슬람] 신정 체제가 좋은 예다. 현재 이슬람권의 국가들을 '이슬람화'하려는 여러 운동들이 일어나고 있다. 예를 들어, 지배층이 서구의 엘리트들에게 지나치게 고분고분하고, 전통적인 무슬림 가치를 크게 존중하지 않는다고 생각되는 파키스탄과 사우디아라비아에서 벌어지는 운동들이 대표적이다. 이런 [이슬람] 신정 체제에서는 종교가 수위권을 갖는 정부가 수립되어야 하고, 이런 정부는 알라신의 계명을 반영하는 법을 제정하고 시행해야 하며, 종교에서 규정한 개인 도덕률을 견지해야 한다고 본다. 이슬람 근본주의자 가운데는 이런 [이슬람] 신정 체제가 있어야 무슬림들을 앞으로 도래할 종말에 대비시킬 수 있다고 믿는 이들도 있다.

● 딘 와 다울라(din wa dawla) : 이슬람은 국가와 신앙이 일체가 된 종교라는 뜻.
●● 이란혁명 : 미국이 지원하던 팔라비 황제를 호메이니 등이 주도한 이슬람 혁명 세력이 타도하고 이슬람 신정국가를 수립한 사건.

12
극단적 좌파
...
지구화 및 기타 지배 형태에 저항한다

극단적 좌파 가운데 가장 유력한 이론가로 꼽히는 하트와 네그리에 따르면 기존의 자본주의론과 제국주의론으로는 새롭게 부상하고 있는 국제정치경제 체제를 완전히 파악할 수 없다고 한다.

> 우리가 '제국'Empire이라고 부르는 새로운 전 지구적 질서 형태가 출현하고 있는지를 인식하기 위해 노력했다. 우리의 출발점은, 현재의 전 지구적 질서가, 원래 해외 영토로 확장된 국민국가 주권에 기초를 두고서 근대 권력들에 의해 실천되었던 제국주의라는 용어로는 이제 적실하게 이해될 수 없다는 인식이었다. 그것을 대신하여 지금은 '네트워크 권력'이, 새로운 주권 형태가 출현하고 있다. 그것은 초국적 기관들, 주요한 자본주의 기업들 그리고 다른 권력들과 더불어 지배적인 국민국가들은 자신의 일차적인 요소들이나 마디들로 포함한다.[64]

과거의 제국주의에서는 제국주의 권력이 경제활동을 지배하는 것에 불과했지만, 하트와 네그리가 말하는 '제국'에서는 삶정치적 생산biopolitical production을 지배한다. 이때 경제뿐만 아니라 사회적 행동의 모든 측면이 사회통제의 대상이 되며, 제국의 규칙이 "피지배자들 자신 속에 내면화"된다.[65] 자본은 이전에 비해 훨씬 더 이동성이 높아졌고, 선진국과 개도국 모두에 철저히 침투할 수 있는 기술력을 갖추었으며, 시민들을 더욱더 잘 조종하고 통제할 수 있는 능력을 가지게 되었다. 이때 자본은 기업 엘리트들의 이익에 복무하는 방식으로, 시민들을 생산과 소비를 중심으로 한 삶의 방향으로 인도한다. 전 세계 정치 공동체의 모든 지도자와 시민들은 전 지구적 경제체제에 기꺼이 참여하고, 유동적 자본을 유치하기 위해 자본에 일방적으로 유리한 약정을 체결하곤 한다. 그런 계약이 미래의 번영에 반드시 필요하다고 믿기 때문이다. 극단적 좌파는 이런 행위가 환상에 불과하며 미래의 번영이라는 것도 허구라고 주장한다. 경제성장이 이루어지고 사람들의 임금이 늘어나더라도 그에 따르는 비용은 엄청나다고 한다. 사적인 물질적 재화는 풍부해질지 몰라도 대중에게 필요한 공통의 재화는 더욱 줄어들고 비물질적 재화의 가치는 인정받지 못하게 된다. 경제적 번영이라는 것도 언제나 상대적인 개념이다. 경제적 발전은 실제로나 가상으로나 물질적 필요를 더욱더 불러일으키며, 그런 필요를 채우려면 더 많은 경제적 활동을 해야 하기 때문이다. 생활수준이 높아짐에도 사람들이 느끼는 전체적인 행복감은 줄어든다. 소외된 노동에 자기 삶을 더 많이 바쳐야 하고, 여가 시간은 더욱 줄어들고, 높아진 생활수준을 감당하기 위해 빚에 의존해야 하며, 우리 삶을 어지럽히는 물질적 재화를 유지하는 데에 평생을 바쳐야 하고, 직장과 생계를 박탈할 수도 있는 급변하는 경제적 현실 앞에서 더욱더 불안감과 취약함을 느끼며, 자연환경은 심각하게 파괴되고 훼손되기 때문이다.[66] 더 나아가, 제국은 항구적인 전쟁 상태를 유지한다. 현재 전 지구적 질서에 반대하는 저항자들이 제국에 대해 통상적인 전면전을 벌이지 않고, 마치 이슬람 테러리스트들처럼, '벌레떼'가 되어 언제 어디서나 제국에 대해 위험 요소를 만들어 내고 있기 때문이다. 이때 제국은 지속적인 "비상사태"를 발하여 전 세계를 감시 대상으로 삼게 되는데, 그렇게 되면 안전감이나 시민적 자유 및 민주주의는 훼손될 수밖에 없다.[67]

극단적 좌파에 따르면 다원적 정치 공동체 내에는 이런 파멸적 힘으로부터 우리를 보호할 공간이 없다고 한다. 다원적 사회의 민주 정부들은 자본주의적 이익에 의해 지배되고 있으므로, 정치 공동체를 전 지구적 자본주의 체제에 더욱더 가담시키는 것이 자신의 역할이라고 생각한다. 노동과 환경의 이익을 대신해서 다국적기업과 전 지구적 시장을 봉쇄할 수 있는 국제정치 기구를 상상할 수도 있겠지만, 극단적 좌파는 현존하는 국제기구들로부터 전혀 희망을 찾지 못한다. 세계은행은 개도국의 경제성장을 추진하지만, 어디까지나 선진국과 다국적기업의 이해관계에 부합되는 조건에서만 그렇게 한다. 국제통화기금은 금융 위기를 겪는 나라에 재정 지원을 해주지만, 지원을 받는 나라가 (전 지구적 자본의 이익에 도움이 되는) 신자유주의 정책을 이행해야 한다는 식의 지원 조건을 부과하는 경우가 많다. 세계무역기구 역시 (경제 지구화를 촉진하고 초국적 기업의 이익을 보장하는) 자유무역과 금융 투자 정책을 추진하는 쪽으로 완전히 방향이 정해져 있다. 유엔과 같은 국제기구는 정당성도 없고, 문제를 해결할 역량 또한 결여되어 있다. 하트와 네그리(및 기타 극단적 좌파들)가 전 지구적 개혁이라는 실험을 구상해 볼 수도 있겠지만, 이들은 그런 실험이 효과가 있을 것으로 낙관하지 않으므로 현존하는 모든 형태의 주권적 통치를 거부하고 "새로운 민주주의의 과학을 상상"하라고 촉구한다. 그런 새로운 민주주의는 아직 정확히 규정되지는 않았지만 오늘날 수많은 정치 공동체에서 작동하고 있는 다원적 정치제도와는 분명히 구분되는 것이라고 생각된다.[68]

정치 공동체의 사회구조에 대해 극단적 좌파가 지니고 있는 원칙은 확실한 대안을 제시하기보다 현재의 구조를 비판하는 데에 초점이 맞춰져 있다. 이 가운데 심층 녹색주의가 대안적 경제구조에 대해 가장 진전된 대안을 제시하고 있는 것 같다. 이들이 제안하는 분권화는 단순히 지리적 영토에 한정된 개념이 아니라, 경제의 조직 방식에도 해당될 수 있다. "작은 것이 아름답다"라는 원칙이 정치 공동체뿐만 아니라, 경제활동에도 적용된다는 말이다.[69] 오늘날의 거대 기업을 대신하여 '인도적 차원'의 코뮌들과 협동조합적 경제활동이 제시되어 있다. 이런 경제조직에서는, 교환가치 — 자본을 축적하고 은행 잔고를 불리는 방식의 경제 교환으로 수익을 올린다 — 를 위해서가 아니라, 사용가치 — 시민들의 진정한 물질적 필요를 충족한다 — 를 위해 재화를 생산하는 것에 주안점을 둔다. 지역에 기반을 둔 경제조직들은 지역공동체에서 꼭 필요한 재화만 생산해 대단히 효율적으로 작동할 수 있으며, 광고와 마케팅과 원거리 운송 등에 소요되는 불필요한 비용 또한 피할 수 있다. 경제성장과 발전 그 자체가 목적이 아니라고 보기 때문에, 활성화된 지역 차원의 경제구조는 (환경을 착취하지 않고 지속 가능하게 유지하며, 사람들이 끊임없는 경쟁이 아니라 협업적인 경제활동에 종사하는) '지속적인' 경제구조가 될 수 있을 것이다.

13
소결
...

다원주의자들이 동의하는 바에 따르면 정치 공동체에는, 삶에 질서를 부여하고 행동에 규칙을 부과하기 위해, 다양한 사회·경제·정치 구조들이 있어야 한다. 이 가운데 가장 중요한 제도들만 꼽아 보더라도 정부(와 군대), 사업 조직, 노동조합, 교회, 학교, 가족 등이 있다.

이런 다양한 구조들이 서로 간에 "상쇄력"을 발휘하여 어느 한 제도가 사람들의 삶을 완전히 지배하지 못하도록 보장하자는 것이 다원적 사회의 핵심적인 관점이라 할 수 있다.[70] 다원주의자들은 군국주의를 방지하기 위해 군의 문민통제 원칙이 확립되어야 한다고 믿는다. 다원주의자들은 혼합 정치경제 체제를 모색하는바, 이때 정부는 기업과 노동조합의 영향력을 조절하고, 기업과 노동조합은 서로 간에 영향력을 견제한다. 다원주의자들은 정교분리를 지지한다. 단지 종교가 국가를 지배하지 않게 하려는 것이 아니라, 국가가 종교의 영역에 간섭하지 못하게 하려는 이유도 있다. 다원주의적 정부는 그 정치 공동체 내의 가장 막강한 가문의 지배로부터도 자유로워야 하며, 동시에 (가족 구성원들 사이에 어떤 인권유린 행위가 있지 않은 한) 개인의 가정사에 참견해서도 안 된다.

하지만 다원적 공공 정치철학에서는 정치 공동체 내의 다양한 사회제도들 가운데 민주적 정부가 가장 강하고 확실한 권위를 갖는 편이 좋다고 주장한다. 정부는 테러리즘과 같은 외부 위협으로부터 자기의 정치 공동체를 방어할 수 있어야 하고, 시장경제 내의 부정부패, 자발적 결사체의 자의적인 권한 행사, 타자를 관용하지 않는 문화 등을 제압할 수 있어야 한다. 민주적 정부는 이런 점에서 특히 정당성이 있다고 할 수 있다. 전체 대중이 통제할 수 있는 유일한 사회구조이기 때문이다.

그러나 상호 견제하는 사회구조들 및 민주적 주권 사상에 대해 폭넓은 합의가 있다 하더라도 각 제도들 간의 권력 균형을 정확히 맞추는 문제를 놓고 다원적 사회 내에서는 늘 갈등이 빚어지기 마련이다. 각기 다른 정부에 따라 기업이나 노동조합의 활동을 더 규제할 수도 덜 규제할 수도 있다. 또는 기업이나 노동조합에 따라 정부에 대한 영향력이 클 수도 있고 작을 수도 있다. 각기 다른 정부에 따라 종교 활동에 대한 통제를 늘릴 수도 줄일 수도 있으며, 각기 다른 종교에 따라 정부에 대해 여러 차원에서 개입할 수 있다. 하지만 그런 갈등은, 적절히 제어될 수만 있다면, 다원적 정부의 '통상적 정치'politics as usual의 일부로 이해될 수 있을 것이다.

다원주의는 아마 급진적 우파와 급진적 좌파가 모색하는 구조적 개혁을 충분히 감당할 수 있을 것이다. 예를 들어, 정부 활동을 축소하려는 자유 지상주의의 목표, 시장 활동의 정부 규제를 줄이려는 지구화론자의 목표, 전통적 문화 가치와 자발적 결사체를 강화하려는 공동체주의의 목표, 정부가 교회 조직에 대해 더 많이 지원하게 하려는 종교적 우파의 목표, 사유재산제를 인정하는 민주주의를 더욱 지향하려는 평등주의적 자유주의의 목표, 환경문제를 우선시하려는 급진 녹색주의의 목표, 소외 집단들을 공동체의 의사 결정에 더욱 결합시키려는 급진 민주주의의 목표 등, 이 가운데 어느 것에 의해서든지 간에 다원주의가 재편될 수는 있어도, 다원적 사회 자체가 무너지지는 않을 것이다. 실제로 다원주의가 이런 여러 이념들의 개혁을 통해 더욱 강화될 수도 있다.

급진적 좌파와 극단적 좌파의 자본주의 비판이 다원주의에 대한 도전으로 생각될지 몰라도, 그런 비판을 통해 다원주의자들은 자유 시장과 자본의 권력과 전 지구적 자본주의를 추동하는 물질적 가치관에 대해 경각심을 가질 수 있을 것이다. 하지만 오늘날 대다수 좌파 사상들은 구좌파가 자본의 국유화와 계획경제에 대해 품고 있던 열정을 지니고 있지 않으며, (사람들에게 경제적 기회와 번영을 가져다줄 수 있다고 다원주의자들이 생각하는) 현재의 경제구조를 해체할 수 있는 구체적인 방책을 아직 마련하지 못했음을 기억해야 할 것이다.

심층 녹색주의에서 주창하는 분권화된 경제구조는 좌파에서 나온 사상 가운데 현행 다원주의에 커다란 도전이 될 수도 있다. 현재의 다원적 사회에서 중심적 지위를 차지하는 경제 제도들을 해체하지 않는 한, 그렇게 분권화된 녹색

경제구조가 출현하기가 쉽지 않기 때문이다. 심층 녹색주의에서 제시하는 경제구조가 실행되려면, 전 지구적 자본주의 시장에 참여하는 형태의 생활 방식을 억누르고, (물질적이지 않은 생활 방식을 추구하는) 다른 생활양식을 숭상하는 정치적 결정이 필요할 것이다. 다원주의는, 좋은 삶이 무엇인가 하는 질문에 대해서 정치적 중립을 지키는 공공 정치철학 — 다원주의자들은 선택의 자율성 및 대안적 생활 방식 추구의 자유를 허용할 수 있는 사회구조를 염원한다 — 이므로, 그런 개인의 자율성을 줄이는 방식으로 정치경제 구조를 창출하려 한다면 다원주의에 심각한 도전이 제기될 수도 있다.

그러나 무엇보다 신정 체제를 원하는 극단적 우파의 주장이, (권력의 집중으로 인한 억압을 방지하기 위해, 사회의 주요한 구조들이 서로 상쇄력을 발휘하면서 존재해야 한다는) 다원적 합의 틀에 대해 오늘날 가장 큰 위협이 되고 있다. 극단적 우파의 구성원들은 이런 식의 일원적 사회구조를 창출할 능력이 없고, 현재의 사회구조가 타락하고 이질적인 세력에 의해 철저하게 지배되고 있다고 믿기 때문에, 아이다호 주의 헤이든 레이크와 같은 고립된 지역 — '아리안 네이션'이라는 단체가 있다 — 또는 세계창조주교회World Church of the Creator나 이스라엘교회Church of Israel와 같은 근본주의 교단 내로 은신하는 경향이 있다. 그런 도피 행위가, (아프가니스탄이나 파키스탄 산악 지대의 알카에다 조직이 보여 주듯) 그들이 적으로 간주하는 목표에 대한 적대 행위를 가르치는 훈련 장소를 마련할 목적으로 행해진다면 다원주의가 위협받을 수도 있다. 그러나 그런 도피 행위가 단지 심각한 소외 심리의 표출에 불과하다면 다원주의자들은 그것을 용인할 것이다. 다원주의자들은 극단적 우파가 주류 사회로부터 도피하려는 태도가 다원적 사회에 대한 오해에서 비롯되었다고 믿지만, 다원적 정치철학에서는 그런 태도를 가진 사람들의 도덕적 자율성 역시 존중하는 입장을 유지한다. 따라서 극단적 우파의 구성원들이 타인의 권리를 위협하지 않거나 다원주의를 해치지 않는 방식으로 기존의 사회구조로부터 이탈한다면, 그 정도의 경미한 일탈 행위는 (다원주의의 저변을 이루는 합의와 거리가 있는 사람들과도 불편하나마 평화롭게 지내기 위해) 용인될 수 있을 것이다.

12

정치적 원리 4

권력의 보유자

누가 실제로 지배하는가? 누가 지배하는 것이 좋은가? 일반 시민들과 국민의 대표들이 정치권력을 갖는가, 아니면 자본가와 특수 이익집단 또는 기타 엘리트들이 정치 공동체를 지배하는가? 일반 시민들이 지금보다 더 많은 권력을 가져야 하는가? (시민을 포함한) 각종 정치적 행위자들의 권력에 대해 어떤 식의 제한이 가해져야 하는가?

모든 시민이 자신의 정치 공동체를 다스리는 행위에 참여해야 한다는 민주주의 사상은 고대로 거슬러 올라가 찾을 수 있으며, 시민들의 정치 참여를 도모하는 각종 민주주의 제도들도 오랫동안 존재해 왔다. 2천 년 전의 아테네와 로마의 정치에서는 민주주의적 요소가 있었으며, 전 세계 다른 곳에서도 이미 오래전에 민주적 제도들이 작동하고 있었다.[1] 그러나 계몽주의 시대에 접어들기 전까지 민주주의는 별로 높게 평가받지 못했으며, 20세기에 들어서기 전까지는 민주주의를 시행하는 나라가 손에 꼽을 정도였다. 인류 역사를 살펴봤을 때 민주주의가 안정적으로 운용된 적이 별로 없었다는 사실과, 민주주의가 최근에 와서야 만인의 추앙을 받게 되었다는 점을 상기한다면, 오늘날의 "민주주의 시대"라는 것도 혹시 영구적인 상태라기보다 역사에서의 막간에 지나지 않는 것이 아닐까 하는 상상을 하게 된다.[2]

그럼에도 오늘날 민주주의의 대안으로 꼽을 수 있는 독재 체제와 군사정권 및 또는 기타 정치체제는 대중에게 거의 호소력이 없다. 현대의 대다수 정치 이론가들은 후견 정치guardianship — 특별히 선택되고, 훈련을 통해 흔치 않은 지혜와 지식과 덕성을 갖추게 된 소수의 엘리트들이 정치 공동체를 다스린다는 이상 — 를 거부한다. 후견 정치는 언제나 부패로 이어지기 쉽고, 선의의 지속적인 후견 정치라 하더라도 민주주의에 꼭 필요한 폭넓은 자유를 부여하지 못할 것이기 때문이다.[3]

민주주의의 주창자들은 시민들과 선출된 대표들이 폭넓은 정치권력을 가질 수 있어야 한다고 믿는다. 이때 권력이라 함은, 공동체의 쟁점을 찾아내고 그것을 해결하려 하며, 또 그 해결책을 이행할 때 정치적 행위자들이 자신이 원했던 바를 얻을 수 있는 능력이라고 정의할 수 있다. 예를 들어, 당신이 노동자의 최저임금을 올리고 싶어 할 경우, 당신의 자원을 활용하여 최저임금 문제를 쟁점화할 수 있고, 최저임금 인상안을 관철할 수 있으며, 임금 인상 방침이 완전히 이행될 수 있도록 보장할 수 있는 정도만큼, 당신은 직접적 권력을 보유하고 있는 것이다. 또한 만일 당신의 자원을 활용하여 타인들도 당신이 원하는 것을 함께 원하게끔 만들고, 타인들을 잘 설득하여 어떤 쟁점을 정치적 의제로 만들어, 그 해결책을 모색하고, 그것을 시행하는 데 힘을 보태게 한다면 간접적인 권력도 가지는 셈이 된다. 여러 정치적 행위자들의 전체 권력의 총량을 추산하는 일

은 극히 어려운 작업이다.[4]

다원주의자들은 민주주의 통치가 최선책이며, 선출된 대표들과 시민들이 여타 행위자들보다 더 많은 권력을 행사할 수 있어야 한다는 점에 동의하지만, 국민의 대표와 시민들 사이의 권력 분포에 관하여 서로 다른 원칙을 지니고 있는 경우가 많다. 그리고 다원주의자들 가운데에도 국민의 대표와 시민들이 아닌 여타의 행위자들 — 자본가와 '큰손들', 특수 이익집단, 그리고 이른바 '숨어 있는 권력' 등 — 이 실제로는 정치 공동체를 좌지우지하는 세력이라고 믿는 사람들이 많다. 서로 다른 정치 이념들이 권력의 보유자를 어떻게 규정하는지를 살펴봄으로써, 사람들이 민주주의를 파악하는 방식에 관한 공통점과 차이점을 찾을 수 있을 것이다.

1
고전적 자유주의
...
국민의 대표에게 권한을 부여하고 책임성을 묻는다

고전적 자유주의는 근대가 시작될 무렵 유럽의 권력 분포 방식을 바꿀 수 있는 대안을 모색했다. 그래서 군주와 귀족 및 종교 지도자들의 권위[권한]를 축소하려고 했다. 고전적 자유주의 사상을 발전시키고 그것을 신봉하던 지성인과 산업가들은 권력을 자신들이 속해 있던 중산계급으로 이양하고 싶어 했다. 이들은 재산을 소유한 사람들에게 정치권력을 부여할 수 있는 대의 민주주의를 모색했지만, 노동계급에게까지 발언권을 준다는 생각에 동의하는 데에는 많은 시간이 걸렸다.[5] 정부통치를 민주화하려는 고전적 자유주의의 일차적 동기는, 재산 소유자에 대해 공직자들이 자신의 행동에 책임성을 갖게 하려는 것이었다. 그렇게 해야 재산 소유자의 재산권이 보호될 것이기 때문이었다. 그런데 19세기를 거치면서 고전적 자유주의가 성숙해 가는 과정을 통해 자유주의자는 민주주의가 단지 재산 소유자만을 위한 것이 아니고, 국가가 대중 전체에 대해 책임성을 갖는 정치를 의미한다는 사실을 받아들이게 되었다.

고전적 자유주의자는 민주적 선거가 그 시점에서 공직자의 정치적 책임성을 물어서 그 사람의 진퇴를 결정하는 것만이 아니라는 사실도 인정하게 되었다. 선거에서 뽑힌 사람에게는 임기 동안 국정을 통치할 수 있는 권한이 부여되기 때문이다. 선거에서 승리한 국민의 대표는 일반인보다 더 많은 권력을 정당하게 가질 수 있게 된다. 그런데 고전적 자유주의는 대의 민주주의를 옹호했지만, 선거로 뽑힌 입법가들과 행정가들의 수중에 모든 권력이 집중되는 것을 원치 않았다. 일반 시민들 그리고 선출되지 않은 전문가들도 권력 배분에 참여할 수 있기를 원했다. 그럼에도 자유주의자는 선출된 국민의 대표들이 정치 공동체 내에서 핵심적인 권력을 보유하게 되는 것이 피할 수 없는 현실이라고 가정해 왔다.

자유주의자는 대표들의 권력은 법률을 제정할 수 있는 능력에서 나온다고 본다. 대표들은 이런 능력을 발휘하면서 단순히 다수 대중의 여론에 따라 쟁점을 판단하는, 지침에 따라 움직이는 대리인instructed delegates이 되어서는 안 된다. 또한 대표들은 자신의 독자적인 판단에 따라 무엇이 사회에 도움이 되는지를 마음대로 결정하는 수탁자受託者, trustees가 되어서도 안 된다. 그 대신 자유주의자는 국민의 대표들이 전문가의 권고, 공적인 논의, 토론, 이해 당사자들 간의 협상 등에 근거하여 정책 쟁점을 결정하기를 바란다. 효과적이고 공정한 정책이 출현하게 하기 위해 자유주의자는 정책 결정 과정에 광범위한 이해관계들이 대변되어야 한다고 믿는다. 따라서 자유주의자는 오래전부터 대표[대의]의 문제the question of representation에 상당한 관심을 기울여 왔다.

10장에서 설명한 대로 초기의 자유주의자들은 대부분 모든 시민이 유권자가 될 수 있어야 한다는 생각을 반대했다. 이들은 애초 재산 소유자만이 투표권을 가질 수 있다고 주장했지만, 19세기 들어 이런 제한 조건을 누그러뜨렸다. 그러나 교육을 많이 받은 사람에게 투표권을 더 많이 부여하자고 했던 존 스튜어트 밀의 가중 투표[복수투표] 제안을 보면, 가난한 노동계층이 잘사는 사람들보다 더 많은 대표를 가지는 것을 여전히 두려워했던 고전적 자유주의의 태도가 확연히 드러난다.

누가 투표권을 가질 수 있는가 하는 문제를 다루는 선거권 대표성representation in the electorate에 대한 관심 외에도, 고전적 자유주의에서는 누가 국민의 대표로 뽑힐 수 있는지의 문제를 다루는 피선거권 대표성representation in legislatures에도 관심을 기울였다. 존 로크와 같은 초기 자유주의자는 재산 소유자만이 국민의 대표가 되어야 한다고 제안할 정도로, 선출직 공직을 위해 재산 소유 조건이 충족되어야 한다는 입장을 견지했다. 그래서 자유주의자는 농촌 장원의 지주, 신흥 산업 소유주, 도시주택 소유자, 그 외 여러 재산 소유자들이 중요한 이해관계를 지니고 있으므로 그들만이 정치에 참여할 수 있는 대표성을 인정받아야 한다고 생각했다. 이런 까닭에 재산이 없는 사람들 또는 재산적 이해관계를 보존하고 촉진하는 문제 외의 쟁점에 관심을 가진 사람들은 초기의 자유주의 국가에서 국민의 대표로 선출되지 못했다. 그러나 19세기에 자유주의가 발전하면서 자유주의자는 모든 시민이 국민의 대표로 선출될 수 있는 더 나은 방법에 관심을 기울이기 시작했다. 예를 들어, 밀은 『대의정부론』Considerations on Representative Government에서 비례대표제를 주창하기도 했다. 예컨대, 어떤 정당이 모든 선거구에서 근소한 표차로 낙선했을 경우 전국적으로 단 한 명의 의원도 배출하지 못할 위험이 있는 선거제도를 개선하여, 총선에서 득표 비율에 따라 모든 정당이 입법부에 일정한 의석을 확보할 수 있게 하자는 안 — 오늘날 많은 나라에서 채택하고 있다 — 을 내놓았던 것이다.

고전적 자유주의자들은 대의 민주주의에 대한 지지와 승인을 통해, 유럽의 구체제에서 존재했던 것보다 더 폭넓은 권력 분배를 모색하긴 했지만, 모든 시민에게 직접적이고 평등한 권력을 줄 수 있는 인민민주주의populist democracy에 대해서는 언제나 주저하는 모습을 보여 왔다. 따라서 매디슨부터 밀에 이르는 고전적 자유주의자는 토크빌과 같은 보수주의 사상가의 주장에 동조하여 다수의 횡포tyranny of the majority에 대한 우려를 표명했던 것이다. 자유주의자는 재산 소유와 양심의 자유 고수 및 사적 영역의 행동 자유 등과 같은 소수집단의 권리가 다수 대중의 무제한적 통치로 침해될 수 있음을 두려워했다. 매디슨은 소수집단의 권리가 보장되지 않을 경우 그들이 선거 결과에 승복하지 않을 수도 있다고 우려했다. 만일 선거에서 승리한 다수 집단이 소수집단의 권리를 침해할 수 있는 법률을 제정하는 일이 생긴다면, 소수집단은 선거에 패배할 때마다 폭력을 써서라도 자기 권리를 지키려 들 것이다. 그래서 고전적 자유주의는 사회 전체의 안녕과 평화를 유지하기 위해 설령 다수 집단이 통치한다 하더라도 소수집단의 권리에 대해 양보해야 한다고 주장했다.

자유주의가 인민주의populism[대중 영합주의]의 폐해를 염려했던 점을 보여 주는 실례로 밀의 기량 민주주의skilled democracy 제안 — 정치권력의 분포에 관한 삼단계 구조 — 을 들 수 있겠다. 이 이론에서 최상 단계에는 선출되지 않은 전문가 지배계급이 있다. 이들은 공리주의적 분석에 의거해 정치 공동체 전체에 도움이 되는 법안을 제정한다. 중간 단계에 있는 선출직 공직자들은 상층에 있는 전문가 지배계급을 감독하고, 그들이 내놓는 제안을 받아들이거나 혹은 거부한다. 역으로, 최하 단계에 있는 일반 시민은 그 위층에 있는 대표들의 결정을 감독하고, 만일 대표들이 시민의 권리를 침해하는 법을 제정할 경우 선거 과정에서 그들을 축출한다. 요컨대, 밀은 시민들이 구체적인 통치의 내용으로부터 몇 단계 거리를 두고 있어야 한다고 보았던 고전적 자유주의의 견해를 잘 보여 주고 있다.

2
전통적 보수주의
…
민주주의 내에서 지배계급의 위치를 모색한다

정치 공동체를 민주화하려 했던 고전적 자유주의(와 급진주의)의 시도에 맞서 전통적 보수주의는 19세기의 상당 기간에 걸쳐 기존의 군주제와 귀족제를 옹호했다. 전통적 보수주의자는 그 성향상 왕정과 지배계급의 통치에 대해 늘 향수를 품고 있었지만, 이들은 또한 현실주의자였기 때문에 광범위한 사회 변화를 받아들이려고 노력했다. 예를 들어, 에드먼드 버크는 왕권에 대한 의회의 우위를 인정했고, 지난 2세기 동안 보수주의는 국가의 민주화 추세를 점진적으로 받아들여 왔다.

전통적 보수주의는 원래 천부 귀족계급natural aristocracy이 존재하고, 이런 가문에서 태어난 사람들이 사회 지도층 역할을 할 때에 사회가 가장 잘 발전할 수 있다고 주장했다. 그러나 시간이 지나면서 이런 믿음이 (교육과 경험으로 얻어진) 후천적 재능에 근거한 정치적 서열 개념으로 바뀌었지만, 어쨌든 정치적 구조의 최상층에 위치한 엘리트들만이 현명한 통치를 할 수 있는 덕성과 능력과 신중함을 갖추고 있다고 보았다. 따라서 민주주의 체제 내에서 이런 엘리트들의 적절한 자리를 찾아 주는 것이 전통적 보수주의자에게 중요한 과제로 떠올랐다.

버크는 대의 민주주의 내 엘리트들의 권력을 강화하기 위해 가상적 대의제virtual representation(또는 '실질적 대의제') 이론과 수탁자 대의제trusteeship 이론을 발전시켰다. 자유주의자가 시민들이 직접 투표권을 행사하여 자신들의 대표를 선출할 수 없다면 정치에서 배제된 것이나 마찬가지라고 주장한 것에 대해 보수주의자 버크는 '가상적 대의제' 이론으로 대응했다. 이 이론에 따르면, 선거권이 없는 사람 ─ 여성 혹은 재산 소유 조건을 충족하지 못한 사람 ─ 이라 하더라도 투표 자격 조건을 제대로 갖춘 시민들이 합당하게 선출한 입법가들에 의해 '가상적으로'[실질적으로] 대변될 수 있다고 한다. 선출된 대표들은 투표권이 있는 시민이든 투표권이 없는 시민이든, 모든 사람의 이익을 대변해야 할 의무가 있기 때문이다. 많은 전통적 보수주의자들이 이 이론을 활용하여 영국의 입법가들이, (대표들을 직접 선출할 수 없었던) 아메리카 식민지의 주민들을 대변할 수 있다고 주장했다. 대표자들은 본토에 거주하든 식민지에 거주하든 모든 영국민의 이익을 대변할 의무가 있기 때문이라는 논리였다.[6]

또한 버크는 선출된 대표들이 단순한 대리인 ─ 자기 선거구 유권자의 희망에 따라 투표하는 단순한 심부름꾼 ― 에 불과하다는 주장 역시 반대했다. 그 대신 버크는 선출된 대표들이 수탁자가 되어야 한다고 주장했다. 수탁자는 공공의 이익을 대행하는 관리자이므로 사회 전체에, 그리고 장기적으로 무엇이 이익이 될지를 따져 입장을 정해야 하고, 대중의 여론에 장단을 맞추지 않아야 한다.

이런 이론의 배경에는 버크의 다음과 같은 견해, 즉 대다수 사람들은 통치를 감당하기에 지나치게 감정적이고 일관성이 없으며 능력도 부족하다고 보는 견해와, 대의 민주주의란 통치 능력이 있는 엘리트들 가운데서 누구를 고를지의 문제를 처리하는 수단에 불과하다고 보는 견해가 도사리고 있었다. 이때 일반인들의 역할은, (최대한으로 잡아도) 권위[권한]의 오·남용을 견제하는 정도에 머물러야 한다. 버크의 견해를 들어 보자.

> 인류 역사의 그 어떤 시점에서도 입법가들이 실제 권력의 행사 권한을 다수 대중의 수중에 넘긴 적이 없었다. 그랬을 때 통제 불능, 조정 불능, 일관성 있는 방향성 부재의 상태에 빠지기 때문이다. 그런데 대중에게는 권력 행사 능력은 없어도, 권력을 통제할 수 있는 천부적인 능력은 있다. 그러므로 권위[권한]를 행사하면서 동시에 그것을 통제하려고 든다면 그것은 자가당착이고 불가능한 일이다.[7]

따라서 시민들은 통치를 제대로 하지 못한 공직자를 선거를 통해 통제할 수 있는 기회를 얻을 수 있을 뿐이다.

3
아나키즘

...

모든 권력자를 거부한다

아나키즘은 어떤 형식의 지배도 받으려 하지 않으므로 권력의 보유자가 존재하는 체제 자체를 거부한다. 아나키즘에서는 통상적인 (군주, 귀족, 자본가가 지배하는) 국가, 그리고 (프롤레타리아독재가 지배하는) 혁명적 국가를 모두 반대한다. 어떤 국가이든 통치자와 피치자로 이루어진 위계질서를 만들어 내기 때문이다. 프루동은 이 같은 아나키즘의 정서를 다음과 같이 선포한다. "나를 지배하기 위해 내게 손대는 자는 그 누구든 찬탈자요 독재자다. 나는 그런 자를 내 적으로 간주할 것이다."[8]

하지만 민주적 국가라면 어떻게 할 것인가? 이상적인 상황에서라면 민주주의는 사람들이 스스로 다스리는 정부 형태라 할 수 있다. 실제로 초기 아나키스트였던 윌리엄 고드윈은 민주주의가 다른 형태의 정부보다 우월하다고 주장한 바 있다. 이상적인 민주주의에서는 모든 사람이 평등하다고 간주될 것이기 때문이고, 민주적 참여가 시민들 사이에서 동지적 감정을 불러일으킬 것이기 때문이다.[9] 하지만 후대의 아나키스트들은 민주적 정부라 하더라도 억압적인 실체에 지나지 않는다고 강조했다. 모든 시민이 참여해서 법률을 제정하는 이상적인 민주주의 체제가 있다 하더라도 인민은 하나의 집합체로서 그 나라를 다스리게 되므로, 이렇게 해서 만들어진 법률은 개인의 자유를 제한할 수밖에 없기 때문이다.

아나키즘에서는 모든 사람이 자기 스스로를 다스려야 한다고 주장한다. 진정 자유로워지려면 모든 사람이 자신이 제정한 원칙에만 복종하면 된다. 그런데 민주주의를 시행하면 두 가지 측면에서 아나키즘의 절대적 명제가 허물어진다. 첫째, 대부분의 민주주의 체제는 시민들에 의한 직접 참여보다 대의제를 채택하고 있다. 국민의 대표들이 지역구 주민들의 뜻과 어긋나는 식으로 법률을 제정할 때마다, 그런 법률은 인민의 뜻을 반영하지 않게 된다. 하지만 대의 민주주의에서 시민들은 자신의 뜻에 반대되는 법률에도 복종해야 한다. 둘째, 대부분의 민주주의 체제는 의사 결정에서 다수결제를 채택하고 있다. 이 말은 소수집단이 자신이 지지하지 않은 법률에 대해서도 복종해야 한다는 뜻이 된다. 따라서 만장일치로 운영되는 직접민주주의만이, 모든 사람이 스스로를 다스려야 한다는 아나키즘 원칙에 부합할 수 있다. 그런 절차를 통해서만 각자가 스스로 발언하고 그 결과에 동의할 수 있기 때문이다.[10] 아나키스트는 아주 소규모의 대면對面 교류가 가능한 공동체에서만 모든 사람이 의사 결정에 직접 참여할 수 있고 만장일치에 이를 수 있다고 본다.

4
마르크스주의
...
한시적 프롤레타리아독재가 필요하다

마르크스는 자본가들이 자유주의 사회를 지배한다고 주장했다. 자본가들이 시장경제에서 물질적 재화의 생산과 분배에 관해 중요한 결정을 내린다. 이때 무산계급의 대표들은 두말할 나위도 없고, 심지어 공직자들조차 거의 영향력을 행사할 수 없다. 자유주의 사회에서 만일 국가 공직자들이 권위[권한]를 행사한다면 그것은 일반 시민의 이익이 아니라, 자본가들의 이익에 부응해서 그렇게 하는 것이다. 그 결과 마르크스는 민주적으로 선출된 국민의 대표라 하더라도 부르주아지의 집행위원에 불과하다고 규정한 바 있다. 그러므로 민주적 선거는 시민들의 힘을 키우는 데 도움이 되지 않는다. 사회 내에서 실제로 권력을 보유한 사람 — 자본가들 — 은 선거에 후보로 출마하지 않으면서 막후에서 권력을 행사하므로, 이들은 공직으로부터 민주적으로 축출될 수도 없기 때문이다. 더 나아가 선거에 출마하려는 사람은 자본계급의 이익을 존중해야 한다. 왜냐하면 자본가들이 잘살게 되지 않는 한 자본주의 역시 발전하거나 공동체의 경제성장을 이루지 못할 것이기 때문이다. 이런 이유로 마르크스는 민주적 선거를 통해서는 노동계급의 이익을 중시하는 대표들, 그리고 일반 시민들의 뜻에 따르기 위해 국가권력을 사용할 대표들이 권력을 잡기가 어려울 것이라고 보았다.[11]

마르크스는 자본주의에 항거하는 혁명이 발생할 때야말로, 근대 들어 최초로 진정 민주적인 순간이 될 것이라고 생각했다. 그런 혁명이 일어나려면 그 전까지는 정치 공동체에서 자기 목소리를 내지 못하던 대다수 노동계급의 광범위한 참여가 필요하다. 그런데 다음에 다시 보겠지만, 후대의 공산 혁명가들은 대체론substitutionism이라는 개념을 창안하여, 무산계급이 혁명에 직접 참여하지 않더라도 무산계급을 대신해서 혁명이 일어날 수 있다고 주장했다. 하지만 마르크스가 이 개념에 동의했다는 증거는 없다. 마르크스는 (무산계급을 대신하긴 하지만 무산계급은 아닌) 전위 세력이 일으키는 혁명이 가능하다고 생각지 않았다. 지식인과 당 지도부는 프롤레타리아의 계급의식 형성에 도움을 주고, 광범위한 무산계급 혁명의 불꽃을 지필 수 있을 뿐이다. 엥겔스는 다음과 같이 말한다. "마르크스는 노동계급의 자체적인 지적 계발을 철저히 신뢰했다." 그러므로 "노동계급의 해방은 노동계급의 자체적인 행위가 되어야만 한다".[12]

마르크스는 혁명이 일어난 후 부르주아지의 독재가 프롤레타리아독재로 대체될 것이라고 주장했다. 그는 '독재'dictatorship라는 용어를 프롤레타리아계급이 부르주아계급을 지배한다는 의미로 사용했을 뿐이고, 무산계급 내의 독재를 말한 것은 아니었다. 마르크스가 혁명 시기의 프롤레타리아 전위당을 상정하지 않았던 것처럼, 혁명 후에도 프롤레타리아계급을 대신해서 국가를 다스릴 전위당을 언급한 적이 없었다. 또한 공산당 지도부에 의한 국가의 일당 통치를 상상하지도 않았다. 마르크스는 프롤레타리아독재가 (토니 스미스Tony Smith의 표현에 따르자면) "모든 인민이 참여하는 사안"이 될 것으로 믿었다.[13] 그러나 부르주아계급은 이와 같은 인민 독재popular dictatorship에 참여하지 못할 것이다. 사회주의혁명이 몰고 올 민주주의는 다음과 같은 생각을 받아들이는 사람들, 즉 자본주의의 이상과 부르주아지의 이해관계를 모두 수용해서는 공산주의 혁명의 이상을 추구할 수 없다고 믿는 사람들에게만 국한될 것이기 때문이었다.

파리코뮌 사건은 마르크스에게 사회주의 이행기 사회에서 민주주의가 어떻게 작동해야 하는지에 관한 모델을 제공해 준 것처럼 보인다. 언론과 집회의 자유가 보장될 것이고, 지역사회와 공장에서도 공개적인 토론과 논쟁이 벌어질 것이다. 상급 조직에 파견할 대표를 선출하게 될 것인데, 그들은 수탁자가 아닌 대리인으로 활동할 것이며, 만일 이들이 인민이 민주적으로 지시한 내용대로 행동하지 않을 경우 소환될 수도 있다. 대리인은 그 직책에 따르는 약간의 특전을 누리겠지만 그들의 봉급은 평균적 노동자의 봉급 수준과 같을 것이다.[14]

오늘날 포스트마르크스주의자는 마르크스에 대한 수정주의적 설명을 제시하면서 그가 두 가지 의미에서 성향상 민주주의자였다고 주장한다. 첫째, 마르크스는 시민 참여가 더욱 가능한 민주제도를 수립하고, 노동계급의 정치 참여를 확대하고자 했다. 둘째, 마르크스는 민주적으로 해결될 수 있는 쟁점들의 의제를 확대하고 싶어 했다. 이런 점에서 마르크스는 공적 영역과 사적 영역을 분리하던 자유주의 사상 — 경제적 쟁점과 자본가의 권력을 사적 영역에 둠으로써 민주적 통제가 원천적으로 불가능하게끔 했다 — 을 거부했다.[15] 마르크스가 보기에 자본가들은 경제활동을 지배할 수 있는 능력을 결코 포기하지 않을 것이고, 마르크스가 제시하는 민주적 개혁안에 저항할 것이므로 민주혁명에 의해 타도되어야 했다.

마르크스주의는 국가가 소멸하면 프롤레타리아독재의 필요성이 사라질 것이라고 생각했다. 이상적 공산 사회에서는 분권화된 작업장과 결사체의 노동자들에게 권력이 골고루 분산될 것이며, 진정한 의미에서의 자주관리가 이루어질 것이다. 경제구조가 바뀌면 인간 본성과 사회의 특성 역시 큰 변화를 겪을 것이며, 그렇게 됐을 때 인간이 다른 인간을 지배해야 할 필요성 역시 사라질 것이다.

5
공산주의
...
프롤레타리아 전위당이 필요하다

정통 마르크스주의와 마찬가지로, 레닌이나 스탈린 혹은 마오쩌둥 같은 공산주의자 역시 기존의 모든 사회에서 지배계급이 우월한 위치를 점하고 자기들의 이익에 맞춰 그 사회를 다스린다고 믿었다. 또한 공산주의자는 이런 권력 구조의 변혁이 두 단계로 일어날 것이라는 마르크스의 생각에 동의했다. 첫 번째 단계에서, 프롤레타리아독재가 사회를 지배해야 하고, 이때 자본주의(그리고 저개발 사회에서는 봉건주의)의 모든 흔적을 지우게 될 것이며, 사람들의 사고방식을 바꿔서 소외되지 않고, 창조적 노동을 받아들이는 쪽으로 변화시키게 될 것이다. 두 번째 단계에서, 시민들이 완전히 변한 후에는 국가가 강압적으로 추진해야 할 과업이 사라질 것이고, 권력의 보유자가 필요치 않게 될 것이다. 그러므로 이상적인 공산 사회가 도래하면 아나키즘 ― 권력의 보유자가 존재하지 않는 사회 ― 이 가능해질 것이다.

그러나 공산주의는 혁명의 시기에, 그리고 혁명 이후에 누가 사회를 다스릴 것인가 하는 점에서 마르크스와 생각을 달리한다. 마르크스는 준비가 채 되지 않은 사회 ― 선진 자본주의사회가 아닌 사회 ― 에서 성공적인 혁명이 일어날 수 있다고 믿지 않았고, 무산계급을 대신한 엘리트들이 혁명을 수행할 수 있다고도 보지 않았다. 그러나 레닌과 마오쩌둥 및 카스트로 등은 산업화되지 않고 무산계급이 없거나 적은 나라에서 혁명을 이끌었으므로, 그 혁명을 선동하기 위해 전위당이 필요했다.

혁명이 일어난 후 스탈린을 위시한 많은 공산주의자들이 이행기를 관리할 일당 통치 국가가 필요하다고 판단했다. 앞에서 논한 대로 이런 처방이 뜻하는 엘리트 지배는 마르크스가 상상했던 프롤레타리아의 민주적 독재와는 거리가 멀었다. 그러나 레닌과 여타 공산주의 이론가들은, 노동계급이 발전함에 따라

— 전체 인구에서 노동계급의 비중이 커지고, 노동계급이 스스로를 협동적·창의적 노동자로 파악하는 계급의식이 자라나면서 — 공산당의 권력이 자연히 줄고 무산계급의 권력이 늘어날 것이라고 시사했다. 따라서 혁명 이후에는 권력의 분포가 변할 터인데, 처음에는 혁명적 전위당이 권력을 보유하겠지만, 점차 프롤레타리아계급에게 권력이 이양될 것이고 마침내는 모든 형태의 지배가 사라진 온전한 공산 사회가 올 것이라고 한다.

6
파시즘과 나치즘

...

단일 통치자의 수중에 권력을 집중한다

파시즘과 나치즘에서는 민주주의 정부 형태를 거부하고 한 사람의 통치자 수중에 모든 정치권력이 집중되는 엘리트 지배 형식 — 이탈리아의 '일 두체' 또는 독일의 '퓌러' — 을 선호한다. 이런 엘리트주의에는 세 가지 핵심 요소가 포함되어 있다. 첫째, 선거를 통한 정치적 책임성 확보라는 사상을 배격한다. 둘째, 자유민주주의 체제에서처럼 권력을 서로 분리하여 상호 감시와 견제의 대상으로 두지 않고, 무제한의 권력을 중앙 집중화한다. 셋째, 인민과의 협의를 통해 정치의 목표와 정책을 결정하지 않고 통치자가 자신의 직관에 의존해 국익에 대한 탁월한 지혜를 얻을 수 있다고 가정한다. 이 세 가지 요소를 상세히 살펴보면 파시즘과 나치즘에서 권력의 보유자 문제를 어떻게 다루는지 알 수 있을 것이다.

첫째, 경쟁적인 민주 선거를 통해 통치자를 선출해서는 안 된다. 적어도 진정한 지도자가 권좌에 오르고 나서는 그런 방식으로 선출해서는 안 된다. 무솔리니와 히틀러는 애초에 선거를 통해 권력을 추구했다. 그러나 이탈리아의 파시스트당과 독일의 국가사회주의(나치)당은 선거로 권력을 쟁취한 직후, 고분고분한 입법부를 통해 독재적 권력을 위임받은 뒤 정치적 반대파를 탄압했다. 파시즘이나 나치즘 체제에서 선거가 실시되면 그런 선거는 집권당의 지도자로 부상한 사람의 권력을 추인해 주는 요식적 국민투표plebiscite에 지나지 않았다. 진정으로 경쟁적 선거를 허용했더라면 파시즘과 나치즘에서 중시하는 단결과 조화가 깨졌을 것이다.

둘째, 지배 엘리트들의 권력에 대한 헌정적 제한과 제도적 감시가 미약하거나 아예 존재하지 않았다. 이탈리아와 독일에서 파시스트당과 나치당은 지배계급의 지시에 저항할 수 있는 대중 여론, 교육, 미디어, 그리고 여타 대부분의 집단이나 제도들을 통제했다. 국가의 모든 기구는 당의 최상층에 있는 '일 두체' 혹은 '퓌러'에게 복종하는 당원들의 수중에 장악되었다. 히틀러의 절대 권력은 하향식 행정 구조에 의해 강화되었다. 이렇게 되어 행정부의 관료들이 서열 체계 속에서 중간층을 형성하여 독자적인 판단과 영향력을 발휘할 수 있는 여지가 사라졌다. 한나 아렌트Hannah Arendt에 따르면 이런 지배 구조 내에서 "총통의 의지가 언제 어디서나 구현될 수 있었으므로", 나치는 극단적으로 집중된 권력을 획득하여 "정권에 대한 반대 혹은 태업이 이루어질 수 있는 기회를 거의 원천적으로 제거했다".[16] '일 두체'의 권력 역시 위계화된 당과 국가의 권위를 통해 하향식으로 전달되었지만, 나치와 비교해 볼 때, 모든 권위가 무솔리니 개인으로부터 비롯된다는 관념은 적은 편이었다. 물론 궁극적인 권위가 '일 두체'에게 있긴 했지만, 파시즘의 경우 하급자들이 스스로 정책을 개발하고 재량권을 발휘할 여지가 어느 정도 있었다.

셋째, 지도자의 역할을 특히 강조했다. '일 두체'와 '퓌러'는 입법 의제를 정하고, 국가의 행정부를 관할하며, 군의 최고사령관이 되고, 외교에서 국가를 대표하는 정도를 넘어, 국가 전체의 의지와 운명을 잘 알고 그것을 명확하게 표현할 수 있다고까지 기대되었다. 파시즘과 나치즘 사상에서 지도자의 의지는 바로 국민 전체의 의지였다. 이상적으로 보자면 '일 두체'나 '퓌러'가 개인의 이익이나 즉흥적인 이유에서 행동하지는 않을 것이다. 두 지도자 모두 국가의 모든 인민과 신비한 일체를 이루고 있었고, 국민의 의지와 국가의 운명을 직관적으로 알아차릴 수 있었다. 지도자는 국민의 의지와 국가의 운명을 찾아내서 그것을 해석한 다음 사람들에게 그것을 잘 설명하는 역할을 (국민들의 동의와 복종을 끌어내는 방식으로) 수행해야 한다. 파시즘이나 나치즘에서는, '일 두체'나 '퓌러'의 목표와 정책 및 프로그램이 실제로 국민의 의지에 합치되는지를 판단할 수 있는 합리적·객관적 근거가 있다고는 주장하지 않았다. 그저 지도자가 모든 것을 안다고 가정하거나 그렇게 주장했을 뿐이다. 이런 식의 인식론적 가정은 그 지도자들의 권력을 엄청나게 확대했다. 파시즘이나 나치즘 이념에 따르면 지도자의 지침에 의문을 제기할 수 있는 근거 자체가 없기 때문이었다.

이런 식의 지도자 원리는 민주주의의 규범에 익숙한 사람들의 눈에 이상하게 보이겠지만, 파시즘과 나치즘이 득세했던 1920년대에 이탈리아와 독일에서는 민주주의 규범이 그다지 발전해 있지 않았다. 실제로 사회과학계에서 20세기 초 하나의 학파를 형성했던 엘리트 이론the elite theory은 민주주의 통치를 대단히 비판적으로 보았다. 빌프레도 파레토Vilfredo Pareto, 1848~1923는 재능 있는 소수와, 무리를 이룬 다수를 구분했고, 대중들은 양 떼처럼 지도자를 따라야 한다고 주장하기도 했다. 가이타노 모스카Gaetano Mosca, 1858~1941는 엘리트들이 스스로를 정당화하는 신화를 창조해 권력을 쟁취했다 하더라도 그들의 지배가 대중들의 필요에 비교적 잘 호응할 수 있다고도 했다. 로베르트 미헬스Robert Michels, 1876~1936는 유명한 과두제의 철칙iron law of oligarchy을 제안했는데 이것에 따르면 모든 형태의 정치조직은 소수의 지도층과 다수의 추종자로 발전하는 경향이 있다고 한다. 파레토·모스카·미헬스 같은 이들은 모두 민주주의의 가능성과 형태에 관해 중요한 질문을 제기한 학자들이었지만, 파시스트와 나치는 이들의 이론에서 지극히 단순한 결론, 즉 사회는 엘리트의 지배를 받는 것이 당연하다는 식의 결론을 이끌어냈다.

엘리트 이론 외에도 여타 수많은 유럽 지식인들이 엘리트 지배를 정당화하는 사상을 발전시켰다. 예를 들어, 프리드리히 니체의 저술들은 흔히 영웅적 존재, 즉 (자신의 창조적인 '권력의지'를 통해 다수를 지배하는 위치에 오르게 된다는) 초인Übermensch을 추구했다는 식으로 단순히 해석되곤 한다. 조르주 소렐Georges Sorel, 1847~1922의 저술은 무솔리니에게 다음과 같은 영감, 즉 대중들을 조종하기 위해 조작된 신화를 활용하는 방법과, 정치적 목적을 달성하기 위한 폭력 사용의 가능성을 일깨워 주었다. 소렐은 지도자가 자신의 탁월한 능력에 근거해서 다스려야 하고, 국가의 목표를 달성하기 위해 신화적 이미지를 활용하면서 대중들을 약동시키기 위해 폭력을 사용해야 한다고 제안했다.

7
현대 자유주의
…
대의 민주주의와 자상하게 반응하는 민주주의를 강조한다

자유주의에서는 모든 시민이 정치에 참여할 수 있는 권리와 기회가 보장되어 있는 이상, 대다수 사람들이 정치에 참여하지 않기로 마음먹거나, 주기적인 선거 때에 투표하는 정도만 정치에 참여한다 하더라도, 민주주의가 효과적이고 공정하게 작동할 수 있다고 믿어 왔다. 저명한 자유민주주의 정치학자인 로버트 달은 시민들을 두 집단, 즉 정치에 열렬하게 참여하는 호모 폴리티쿠스homo politicus와 그렇지 않은 호모 시비쿠스homo civicus로 나눈다.[17] 시민들이 필연적으로 이렇게 두 집단으로 나뉘므로 모든 시민의 정치적 평등이라는 민주주의의 이상은 달성하기 어렵게 된다. 그러므로 현대 자유주의는 민주주의의 차선책인 체제, 즉 달이 다두정polyarchy이라고 부른 체제를 선호한다. 다두정에서 모든 시민은 정치 참여의 기회를 포함한 모든 정치적 권리를 가진다. 그리고 선출직 공직자들이 정부를 운영하는데, 이들은 선거 경쟁에서 다른 후보와 정당을 누를 수 있도록 자신의 모든 행동을 선거 승리 쪽으로 맞춘다.[18] 현대 자유주의자가 이런 체제를 선호하는 이유가 몇 가지 있다. 우선 '호모 시비쿠스'는 정치에 지나치게 많은 시간을 할애할 필요가 없다. 이런 시민들은 정기적인 선거에서 투표하는 것만으로 '간접적 영향력'을 획득한다. 이때 정치 지도자들은 선거가 있기 때문에 시민들의 선호도와 필요를 반영하는 정책을 입안할 유인이 생긴다. '호모 시비쿠스'는 시민적 덕성의 이상적인 기준을 충족할 필요가 없다. 모든 시사 문제와 쟁점을 일일이 꿰고 있을 필요도 없다. 정교한 이념으로 무장할 필요도 없다. 공익을 잘 몰라도 되며, 공익을 사익에 우선시할 필요도 없다. 시민들은 일상적인 관찰을 통해 공직자들의 일반적인 실적만 파악하고 있으면 된다. 공직자들이 대중의 신뢰를 저버렸는가? 중요한 문제들이 줄었는가, 아니면 늘어나고 있는가? 국민의 대표들이 지역구 유권자들의 필요에 제대로 반응했는가? 비교적 단순한 시민들이라 하더라도 이런 질문에 답하지 못한 공직자를 경쟁 선거를 통해 낙선시킬 수 있다. 따라서 선출직 공직자는 시민들의 선호도와 필요를 충족해 주어야 할 강력한 유인이 있는 셈이다. 선거에서 모든 시민이 투표하지 않는다 하더라도, 또 이런 시민들이 정치에 대해 잘 알지 못한다 하더라도, 공직자들은 자신의 실적에 따라 시민들의 통제를 받고 정치적 책임성을 가져야 하기 때문이다.[19]

현대 자유주의는 고전적 자유주의와 마찬가지로 대의 민주주의를 신봉한다. 현대 자유주의자는 선출직 공직자에게 확실한 권력을 부여해야 한다고 믿으며, 그런 공직자들의 대표성을 확대할 수 있는 길을 모색해 왔다. 애초에 현대 자유주의자는 대표되는 유권자의 범위를 넓히는 것이 공직자들이 모든 시민을 잘 대변할 수 있게 하는 데 선결 조건이 된다고 보았다. 고전적 자유주의가 재산의 보유 정도에 따른 투표권 제한 규정을 제거하기 위한 과정을 밟았다면, 현대 자유주의에서는 여성과 인종적 소수집단 및 젊은이들에게 투표권을 확대해 왔다. 더 나아가, 이들은 입법부의 대표성을 넓힐 수 있는 여타의 방안도 모색했다. 예를 들어, 미국의 자유주의자는 흑인과 히스패닉계(그리고 빈곤층·여성 등의 집단)가 시의회에 상당히 적게 진출해 있다는 점을 우려해 왔고, 소수집단이 공직에 쉽게 진출할 수 있도록 공직 선출 규정을 개정하기 위한 활동 — 예를 들어, 주로 소수집단 출신 의원으로만 이루어진 구역을 지정 — 을 벌였다.[20]

자유주의자는 또한 행정가의 대표성 문제에도 관심을 기울여 왔다. 예를 들어, 시 경찰 당국에 대해 더 많은 흑인·히스패닉계·여성 경관을 채용하도록 촉구하는 캠페인을 벌이기도 했다.

선거권 대표성(유권자의 확대)과 피선거권 대표성(공직자의 다양성) 문제가 많이 개선되었지만, 현대 자유주의자는 정책 결정에서 실제 권력이 아직도 민주적 이상과는 거리가 먼 방식으로 분포되어 있다고 믿는다. 대다수 시민들과 비교해서 기업가들의 이해관계는 "특권적 지위"를 차지하고 있는 관계로 대의 민주주의 체제 내에서 강력한 이익집단을 형성하게 되었다.[21] 자유주의자는 이런 이익집단 체계 균형을 잡기 위해 소비자·빈곤층·소수집단·여성 및 기타 비교적 조직화되지 못한 시민들을 대변할 수 있는 새로운 집단을 결성해야 한다고 촉구해 왔으며, 노동조합을 강화하는 쪽으로도 노력하고 있다.[22]

이것과 비슷한 맥락에서 자유주의자는 특정 영역에서 특화된, (흔히 하위 정부● 또는 '준정부'라 불리는) 정책의 장이 출현했다는 사실을 알게 되었다.[23] 이런 정책 영역은 보통 세 가지 집단 — 특정 쟁점 영역에서 큰 경제적 이해관계가 걸려 있는 사기업체, 그 정책에 특히 부응하는 전문성을 제공해 주는 관료들, 정부의 예산편성으로 자신의 지역구가 혜택을 받을 수 있는 의회 소관 상임위원회의 의원들 — 에 의해 지배된다. 미국에서 가장 유명한 하위 정부의 예로 군산복합체|military-industrial complex — 방위산업 계약 업체, 국방부 및 군 지도자들, 자기 선거구에 군사기지 및 지역구민을 많이 고용하는 방위산업체가 있는 의원들로 이루어진다 — 를 들 수 있다. 이 밖에도 과학-교육, 농업, 의료, 기타 이해

● 하위 정부(subgovernments) 또는 하위 정부 모형 : 다원주의 사회에서 특정 이익집단, 관료, 의회의 관련 위원회가 상호간의 이해관계를 보호하기 위해 각 정책 영역별로 안정적인 관계를 형성해 해당 분야의 정책 과정을 지배하는 현상을 가리키는 개념이다. 하위 정부 모형은 하위 체제 모형으로도 불리며, 특정 정책 영역에서 관련 이익집단, 관료 조직, 의회의 관련 위원회 삼자 간에 동맹이 형성되고 있는 현상을 가리키는 철의 3각 동맹(iron triangle)과 거의 동일한 의미를 지닌다.

관계 영역과 관련된 하위 정부들도 존재할 것이다.

현대 자유주의자는 이런 권력 구조에 대해 양면적인 태도를 취한다. 우선 각종 하위 정부들은 [중앙] 정부 권력이 국가적인[전국적인] 수준의 문제들을 해결하는 데 전념할 수 있도록 돕는 효과적인 수단이 될 수 있다. 특정한 전문 영역에서는 이익집단이나 관료들의 전문적인 지식을 적용할 수 있다. 의회 의원들 역시 [이와 같은 과정에서] 특정 영역에 대한 전문성을 기를 수 있고, 이를 통해 다른 의원들이 효과적인 결정을 내릴 수 있도록 인도할 수 있다. 그럼에도, 현대 자유주의자들은, 상당수의 이익집단이나 시민들은 이런 권력 구조에 들어올 수 없으며, 이에 따라 공공의 이익보다 강력한 영향력을 가진 특수 이익에 도움이 되는 정책만이 만들어질 수 있다는 점을 인정한다. 하위 정부의 이런 부정적 측면에 초점을 맞춘 일부 자유주의자는 하위 정부의 권력을 통제하는 방법을 찾게 되었다. 시어도어 로위는, 이런 통제가 제대로 효과를 발휘하려면 법치 민주주의juridical democracy의 원리를 실행하는 입법부로부터 개혁이 시작되어야 한다고 주장한다. 이때 입법부는 하위 정부들에 대해 권력을 되도록 적게 위임해야 한다.[24] 다양한 해석이 가능한 애매모호한 법률을 제정하여 행정기관이 어떤 정책 — 예컨대 공립학교에서 교육성과를 향상하기 위한 취지의 정책 — 을 자의적으로 처리할 수 있게 하거나 그것을 위해 재정을 지원할 것이 아니라, 법의 지배를 회복해야 한다는 말이다. 로위에 따르면 입법가들은 정책의 목표가 정확히 무엇이고, 예산을 어떻게 집행하며, 정책의 수혜를 받을 대상이 누구인지를 확실하게 정해 놓는 법률을 제정해야 한다. 하위 정부 내에서 더 높은 투명성과 대표성을 요구하는 자유주의자도 있다. 이들은 가령 미국식품의약국FDA에서 각종 신종 의약품을 시장에 출시하도록 허가할 때 (의약 정책 영역에서 전통적으로 영향력이 큰 제약회사와 의사와 과학자들뿐만 아니라) 잠재적인 환자들의 의견도 들어보자고 주장한다. 마지막으로, 실적에 따른 판단 기준 강화를 주장하는 자유주의자도 있다. 이에 따르면 실적이 좋지 않은 정책 프로그램은 법률 제정 당시에 포함된 '일몰 조항'●에 의해 종료되어야 한다. 이런 식으로 행정기관에 위임된 재량권을 줄이고, 하위 정부가 더욱 다양한 이익집단들에게 노출될 수 있게 하며, 권력을 가진 집단이 입법부에 대해 더 많은 정치적 책임성을 갖게 하는 방법을 통해, 현대 자유주의는 하위 정부의 권력이 남용되지 않도록 보장하려고 노력한다.

요컨대, 현대 자유주의는 사회 내의 권력 분포가 민주적 이상 — 자유주의 사회에서 가장 중요한 권력의 보유자는 시민들과 선출된 대표들이라는 이상 — 에 더 잘 부응하게 하기 위한 각종 개혁을 지지한다. 그러나 자유주의자는 무엇보다 선출된 대표들이 가장 큰 권력을 가져야 한다고 주장한다. 자유주의자는 인민주의적인 민주주의 절차를 통해 시민들의 세력화를 추진하는 개혁을 지지하는 경우가 드물다. 자유주의자는 각종 사회적 쟁점들의 우선순위를 정하고, 절충을 통해 서로 상반되는 이해관계를 조정하며, 행정 부처를 감독할 때 시민들이 선출한 대표가 시민들보다 더 유능할 것으로 믿는다.

8
급진적 좌파
...
더욱 포용적이고 참여적인 민주주의

급진적 좌파는, 그 어떤 정치 이념보다도 더 많이, 시민들의 개입을 통해 강한 민주주의strong democracy를 실현하고자 한다. 자유주의자라면 대다수 시민들이 주기적인 선거에서 투표하고 자신의 일차적 이해관계가 걸린 몇몇 쟁점에 대해 적극적으로 개입하는 정도로만 정치에 참여하면 충분하다고 생각하겠지만, 급

● 일몰 조항(sun-set clause) : 의회가 정기적으로 그 조항의 존속 시한을 연장해 줘야 프로그램이 유지되고 만일 연장해 주지 않으면 그 조항이 자동적으로 사라지도록 법을 만드는 것.

진적 좌파는 시민들이 자본주의의 지배에 항거하고 공동체의 문제를 해결하기 위해 더욱 적극적으로 정치에 참여해야 한다고 본다.[25] 급진적 좌파는 자유민주주의가 자본주의를 적절하게 제어하지 못한다고 판단한다. 왜냐하면 정부 기관의 대표들이 일반 대중이 아니라 자본주의의 대변인 노릇을 하는 경우가 더 흔하고, 대부분의 경우 기업 내의 의사 결정에서도 민주주의 원리 및 민주주의 제도의 영향을 받지 않기 때문이다. 따라서 급진적 좌파는, 정치권에서 사회당과 녹색당 및 기타 좌파 정당들의 대표성을 확대하고, 직접민주주의의 수단을 더 자주 활용하며, 노동 현장을 더 민주적으로 만들고, 일상생활의 여러 조직들 내에서 더 평등한 권력 분포를 가능하게 함으로써, 정치 공동체 내에서 자본주의의 영향력을 되도록 줄이려고 노력한다. 일반적으로, 급진적 좌파는 쟁의적 민주주의 — 민주주의에 완성이란 있을 수 없고, 정치적 평등을 향한 지속적인 운동 과정이 있을 뿐이라고 보는 개념 — 를 수용한다.[26] 이런 과정에는 현존 민주주의의 실행과 구조에서 발견되는 불평등과 배제를 탐색하고, 피억압자들이 벌이는 다양한 투쟁을 지원하는 것 등이 포함된다.

민주사회주의는 20세기 내내 더 강한 민주주의를 누구보다 앞장서서 주창해 온 사상이었다. 민주사회주의자는 사회주의의 이상을 실현하려면 마르크스가 예견한 혁명이 필요한 것이 아니라, 민주주의를 강화하는 장기간의 발전 과정을 통한 노력이 필요하다고 믿었다. 민주사회주의자는 19세기에 미국과 영국 및 기타 몇몇 유럽 국가에서 출현한 기초적 형태의 민주주의에 의해 고무되었다. 예를 들어, 영국에서 1837~48년 사이에 특히 활발하게 일어났던 차티스트운동Chartist movement 덕분에 남성 보통선거, 동일한 면적의 선거구, 비밀투표, 의회 의원 출마자에 대한 재산 소유 자격제도 폐지, 의원들의 세비 지급 등이 이루어졌다. 이런 변화로 노동계급이 의회에 더 많이 진출하게 되었고, 노동계급과 빈곤층에 유리한 정책 개혁이 이루어졌다.[27] 20세기 들어 여러 나라에서 사회주의 정당이 집권했지만 사회주의의 목표를 향한 진전은 미약했다. 따라서 오늘날 급진적 좌파는 산업자본가와 은행가와 부동산 중개업자와 같은 자본가 계층의 이익을 줄이고, 자본가보다 더 적은 권력을 지닌 여러 사회집단들 — 노동조합, 지역사회 단체들, 소수자 집단, 여성 단체, 환경 단체 등 — 의 영향력을 늘리기 위해 민주주의 제도를 지속적으로 개혁하고 강화할 필요가 있음을 인정한다.

급진적 좌파는 대의 민주주의의 필요성을 부정하지 않는다. 따라서 현대 자유주의가 추구하는 많은 개혁 조치들 — 예컨대 유권자들이 모든 시민의 대표가 될 수 있도록 투표율을 높이고, 강력한 기업 이익을 통제하기 위해 압력집단 정치 내에서 대응 집단들을 조직하고, 공직자들이 일반 시민을 더욱 잘 대표할 수 있게 하는 조치들 — 을 지지한다. 급진적 좌파 가운데는 노동계급의 영향력 확대뿐만 아니라, 소외된 시민들의 집단을 발굴하여 정치에서 그들의 참여와 조직 및 목소리를 확대하려고 노력하려는 이들도 있다. 이런 노력이 상당히 성공한다 하더라도 국가 의제에서 자본과 기업의 영향을 줄이기가 쉽지 않다. 따라서 급진적 좌파는 국민의 대표들이 소외된 시민들의 어려움에 더 많은 관심을 기울이도록 압력을 넣을 수 있는 방안을 모색한다.

이 가운데 한 가지로 직접민주주의의 수단 — 예컨대, 주민 발의, 주민 투표, 주민 소환 등이 있다 — 을 강조하는 방법이 있다. 주민 발의initiatives란 입법가들이 보기에 눈에 잘 띄지도 않고 우선순위도 낮은 사안을 해결하기 위해 일반 주민들이 직접 법안을 상정하여 투표에 부칠 수 있게 하는 방법이다. 주민 투표referenda는 입법부에서 논의했지만 해결하지 못한 쟁점을 주민들에게 직접 회부해서 결정하게 하는 방법이다. 주민 소환recall은 자기 지역구 유권자들을 효과적으로 대변하지 못한 선출직 공직자를 임기가 끝나기 전에 해임하는 방법을 말한다. 급진적 좌파의 일부는 주민 발의, 주민 투표, 주민 소환을 할 수 있는 규정이 투표권의 영향력을 크게 확대하며, 시민들에게 사회주의·환경운동·여성운동 및 기타 여러 소외 계층들의 목표에 합치되는 정책을 직접 제정할 수 있는 기회를 부여한다고 믿는다. 예를 들어, 급진적 좌파는 흔히 주민 발의 제도를 활용해서, 환경을 훼손하거나 시의회로부터 거대한 보조금 — 기업 복지corporate welfare — 을 지원받는 경제개발 정책을 저지하곤 한다.

소외 집단을 위한 또 다른 전술로서 파업이나 태업 및 시위와 같은 직접행동 방식이 있다. 이런 전술은 목표 대상에 피해를 입히고, 공직자들이 도외시하는 쟁점에 대해 대중이 관심과 지지를 보내도록 선전활동을 전개하려는 목적으로 전개된다. 베트남전쟁 당시와, 현재 미국의 이라크 침공에 따라 생겨난 반전 항의활동은 급진적 좌파가 대의 민주주의 내에서 여론 주도층의 관심을 환기하기 위해 어떻게 항의 행동을 전개하는지를 잘 보여 준다.

급진적 좌파의 의견이 잘 대변되고 좌파의 견해가 민주 정부에 더 많은 압력을 행사할 수 있다 하더라도, 전체 정치경제 체제 내에서 이같이 강한 민주주의를 통한 권력 행사는 한계가 있기 마련이다. 이것과 연관해서 자본주의 경제체제 내의 가장 강력한 조직들이 사적으로 소유·관리되고 있으므로, 급진적 좌파는 직장 민주주의를 중요한 목표로 간주한다. 사람들이 일하는 직장은 민주적 참여에서 중요한 장이다. 권위와 종속 관계가 가장 명확하게 나타나는 곳이고, 사람들이 자기 삶의 대부분의 시간을 보내는 곳이기 때문이다. G. D. H. 콜 G. D. H. Cole, 1889~1959은 이미 거의 한 세기 전에 사회주의에서 직장 민주주의가 중요하다고 강조했다. 그는 노동자들이 직장의 상관에게 복종하는 것을 일종의 노예제로 간주했다.[28] 콜은 직장에서의 의사 결정에서 노동자들의 참여와 영향력을 높이는 것이 각종 긍정적 결과를 가져온다고 지적했다. 직장 민주주의는 노동자들 사이에서 사회주의적 이상을 불러일으키고, 참여의 기량을 높여서 바깥세상에서 사회민주주의를 실천할 수 있도록 노동자들을 훈련할 수 있다고 한다. 또한 참여 민주주의는 노동자들이 권위에 대해 지닌 두려움을 줄여 주고, 노동자의 역량을 사측이 인정할 수 있게 하며, 사회적·계급적 구분을 낮춰 준다. 노동자의 참여가 늘어나면 억눌려 있던 재능과 열정이 분출되어 경제 생산성이 늘어난다고도 한다. 경제 조직 내에서 이루어졌던 노동자 참여의 효과에 대한 많은 실험은 사회주의자들에게 고무적이었다.[29] 1980년대 일본의 경제 기적은 노동자 참여의 확고부동한 효과라고 자주 거론되어 왔다. 비교적 평등주의적인 보상 구조를 가지고, 노사 간 정기적이고 깊이 있는 협의를 함으로써 일본 기업들은 우애와 조화, 각자의 재능에 대한 인정과 활용 및 사회정의 등과 같은 사회주의적 목표를 달성해 가며 진보를 이룰 수 있었다고 한다.[30]

또한 급진적 좌파는 풀뿌리 민주주의를 지지한다. 급진적 좌파가 시민들이 직장 내에서 더 많은 권한을 행사할 수 있기를 바라는 것처럼, 특히 시민적 공동체주의자는 시민들이 일상생활을 살아가는 조직—가족, 동네, 학교, 종교 기관, 시민 단체 등—내에서도 더 많은 권한을 행사해야 한다고 주장한다.[31] 급진적 페미니스트는 가족 관계를 민주적으로 만들어 남편과 아내의 권한을 평등하게 만들어야 한다고 본다.[32] 급진적 민주주의자는 지역공동체를 민주적으로 만들어, 마을 협의체에서 시민들이 자신의 일상적 문제와 목표를 논의할 기회를 갖게 하고, 공동체 내의 임원 회의와 프로젝트 팀을 가동하여 구체적인 정책안을 개발하며, ('성장 산업'만 대변하는 것이 아니라 도시지역에 거주하는 다양한 시민들을 대변하는) 시의회를 통해 정책을 제정하고자 한다.[33] 풀뿌리 차원에서 취하는 이런 조치는 시민들이 더 활발한 민주적 의식을 가지도록 고무해 준다고 생각된다. 시민들이 지역사회 차원에서 공익과 공동체의 조화 및 사회정의를 증진하는 방법을 배움으로써 규모가 큰 정치 공동체에서도 그런 가치를 추구할 수 있을 것이라는 뜻이다.

9
현대 보수주의
...
더욱 형식적인 대의 민주주의

현대 보수주의는 기업체와 시민사회 내의 자발적 결사체들 및 가족을 더욱 민주적으로 만드는 문제에 대해 거의 관심이 없으므로, 급진적 좌파보다 덜 민주적이라 할 수 있다. 현대 보수주의자는 특히 직장 민주주의에 대해 경계심을 놓지 않는다. 그런 민주주의가 그 회사 소유주의 재산권—특히 최대한의 이윤을 위해 투자처를 마음대로 결정할 권리—을 침해할 것이라고 믿기 때문이다.

그럼에도 현대 보수주의는 국가 내의 대의 민주주의를 수용한다. 자유주의와 마찬가지로 현대 보수주의 역시 권력자는 시민들에 의해 선출되고 시민들에게 책임성을 가져야 한다고 믿는다. 현대 보수주의는 국민의 대표들과 대중의 민심 사이에 거리를 두는 정치 메커니즘—미국의 선거인단 제도가 아마 가장 확실한 사례일 것이다—이 타당하다고 믿으므로 보수주의자는 자유주의자보다 덜 민주적이라 할 수 있을 것이다.

현대 보수주의자는 한편으로 '직업 정치인'을 비판하면서도 재능 있는 개인들이 입법부와 행정부에서 권력을 차지해야 한다고 믿는다. 현대 보수주의는 오늘날 국민의 대표들이 버크류의 수탁자로 행동할 가능성이, 전통적 보수주의자가 주창했던 것보다 더욱 적어졌다고 보지만, 오늘날의 보수주의자는 좋은 지도자라면 일반 시민들의 애로 사항을 경청하면서도 정치 공동체에 대해 독자적인 지침과 방향을 제시해 줄 수 있어야 한다고 믿는다.

보수주의자는 오늘날, 특히 미국에서 대의 민주주의의 적절한 작동을 위협하는 여러 요인들이 있다고 믿는다. 첫 번째 위협은 이익집단 정치를 추구하는 자유주의다. 보수주의자는 자유주의가 특수 이익집단들—노동조합, 인종적 소수집단, 복지 수급자, 환경운동 단체, 여성 단체 등—의 각종 요구로 이루어진 사상에 지나지 않는다고 본다. 자유주의자가 국정을 다스릴 때에는 공익을 희생시키면서 갖가지 협소한 특수 이익에만 관심을 기울인다는 것이다. 보수주의자는 그런 자유주의 정치인을 물갈이하여 진정한 정치 지도자에게 기회를 주어야 한다고 믿는다.

두 번째 위협은 '사법 적극주의'가 대의 민주주의에 가하는 위협이다. 현대 보수주의에 따르면 사법 적극주의란 진보적 판사들이 헌법을 잘못 해석하여 (민주적으로 선출된 입법부에서 거부할 가능성이 큰) 특정 사회정책들을 정당화하는 것을 말한다. 구체적인 사례로, 미국 대법원이 1973년에 내린 '로 대 웨이드 사건' 판결—낙태를 금하거나 제한하고 있던 많은 주법들을 위헌으로 규정한 결정—을 들 수 있고, 2004년 매사추세츠 주와 캘리포니아 주의 판사들이 주법과 지방자치단체 조례에서 금지했음에도 동성애자들에게 동성 결합●과 심지어 법적 혼인의 권리를 부여한 것을 들 수 있겠다.

세 번째 위협은 이른바 신계급이 제기하는 도전이다. 진보적 전문가, 지식인, 언론인, 정부 관료, 문화계 저명인사들인 이들은, 인권이니 경제적 평등이니 하는 여러 추상적 가치들을 추구한다. 진 커크패트릭Jeane Kirkpatrick, 1928~2006은, 신계급이 지적인 추측과 예술적 상상력을 발휘하여 유토피아의 가능성을 꿈꾸지만, 인간과 경제적 현실의 진짜 한계에 대해선 망각하고 산다고 힐난한다.[34] 또한 신계급은 전통적인 믿음과는 상치되지만 언론에서는 미국의 이상을 위해 발언하는 것처럼 포장되고 수많은 쟁점에서 대중의 사고에 영향을 준다고 한다. 그러나 정치적 삶의 현실은 신계급이 주장하는 이상과는 거리가 멀고, 그런 식으로 대중의 기대치를 높여 놓으면 정치 냉소주의만 늘어날 가능성이 있다고 한다. 요컨대, 신계급은 특히 유명인에 대해 사족을 못 쓰는 대중에게 큰 영향을 미치는데, 그런 것은 일고의 가치도 없고, 민주적이지도 않으며, 역기능만 낳을 뿐이라고 한다.

네 번째 위협은, '스스로 통제되는 정부'에서 나타나는 정치체제를 의미하는 자가정自家政, autonarchy[35] 개념에서 잘 드러난다. 그러나 자가정은 결국 전혀 통제가 안 되는 정부 형태에 불과하다고 한다. 자가정이라는 신조어를 만들어 낸 보수주의 평론가는 의회 청문회 석상에 증인으로 나오는 거의 모든 인사들이 정부의 새로운 정책과 예산 지출에 찬성한다고 지적한다. 이런 사람들은 대개 그런 정책을 집행하는 연방 정부 관료들, 새 정책에 대해 예산 배정을 원하는 주정부와 지방정부 관료들, 정책에 이해관계가 걸려 있는 의회 의원들, 그리고 이런 프로그램의 수혜를 입을 단체에 고용된 로비스트들로 이루어져 있다. 요컨대, 정부 프로그램의 확대로 득을 볼 정책 공동체의 내부 인사들인 '정치꾼 계급'political class에 의해 정부가 지배되고 있다는 말이다. 그럼에도 이런 프로그램

● 동성 결합(civil union) : 동성 커플에게 법적 지위를 허용하는 제도로 법률상 부부가 누리는 건강보험이나 연금 등의 권리를 누릴 수 있도록 보장하는 제도. '시민 결합'이라고도 한다.

의 재정을 부담해야 할 납세자들과, 이런 정책의 결과로 누적될 국가 적자를 감당할 미래 세대는 '자가정'을 통제할 방법이 없다는 문제가 제기된다.

이익집단 자유주의와 사법 적극주의, 신계급, '자가정' 등은 모두, 민주적으로 선출된 대표들이 이상주의적 엘리트들과 자기 이익을 추구하는 내부 인사들에 의해 압도당하는 것을 우려한 보수주의자의 심중을 표현하기 위해 나온 개념이지만, 국민의 대표들이 인민주의적인 분위기에 의해 압도당하는 것을 우려하는 보수주의자도 있다. 실제로 미국의 보수주의자들은 대의제 정부 체제에서 얼마나 많은 민주주의가 필요할지의 문제를 놓고 서로 의견이 갈렸다. 미국의 서부에서 상당히 영향력 있는 보수주의 분파는 인민주의적 경향을 띠고 있다. 이런 보수주의에서는 재산세 인하, 이민 규제, 동성애자 권리 제한 등의 문제에서 주민 투표와 주민 발의를 폭넓게 활용하여 보수주의의 입장에 부응하는 법을 제정했다. 또한 주민 소환제를 활용하여 캘리포니아 주의 주지사였던 그레이 데이비스Gray Davis를 낙마시키고, 그 대신 역설적으로 또 다른 신계급 저명인사에 속하는 공화당의 아널드 슈워제네거Arnold Schwarzenegger를 주지사로 추대하기도 했다. 현대 보수주의의 또 다른 분파는 미국 동부의 기득권층에서 발견되는데 이들은 귀족적인 성향을 지니고 있다. 동부의 보수주의자는 인민주의적인 노선을 (국민의 대표들이 행하는 사려 깊은 대의 행위와, 지역구 주민들의 열정 사이의 거리를 좁히는) 불필요한 잔재주 정도로 폄하한다. 일반적으로, 동부의 보수주의자는 통치자와 피치자 사이의 거리를 멀게 유지하려는 공화주의적 구조와 절차를 지지한다. 예를 들어, 조지 윌은 상원의 토론을 케이블 텔레비전으로 중계하는 C-SPAN2 채널 때문에, 상원이 대중과의 사이에 유지하고 있던 적절한 거리감과 초연함이 사라져 버렸다고 개탄한다.[36]

마지막으로 보수주의자는 현대 민주주의 체제에서 비대해진 행정부의 권력을 해결해야 했다. 미국의 보수주의자는 프랭클린 루스벨트 대통령이 대통령직의 권한을 확대시켰던 조치 — 예컨대, 의회와 대결할 때 대중의 지지를 확보하기 위해 대중과의 직접 소통을 시도했던 것 — 를 언제나 비판적으로 보았다. 루스벨트 대통령은 제왕적 대통령제imperial presidency라고 명명된 현상을 창조했다는 비판을 받았다. 보수주의자는 권력의 집중을 우려하면서 의회 권력의 중요성을 옹호해 왔으며, 인민주의적이고 강력한 대통령제의 위험성을 경고해 왔다. 그러나 보수주의자는 로널드 레이건 대통령이 행정권을 발동하여 그 이전의 민주당 정부에서 제정했던 수많은 프로그램을 수정하거나 제거한 것에 찬사를 보냈고, 더욱 위험해지는 국제관계 현실 속에서 국가 안보를 강화하기 위해 대통령 권력을 크게 활용했던 조지 W. 부시 대통령을 효과적인 대통령이라고 보았다. 9·11 사태 이후 부시는 최고 통수권자인 자신의 권위[권한]에 의거하여 테러 위협에 대응하겠다고 선언했다. 이런 조치에는 법원의 허가를 받지 않고 미국 시민을 감시할 수 있는 (따라서 적법절차가 무시된) 정책도 포함되어 있었다. 대부분의 경우 보수주의자는 이런 공세적인 행동과 일방적인 조치에 찬성했다.

여기서 현대 보수주의가 직접민주주의 및 대통령제에 대해 갖는 상반되는 태도와 긴장을 엿볼 수 있지만, 보수주의자는 자신의 태도가 그다지 일관성이 없다고 보지 않을 것이다. 보수주의는 확고한 원칙이라기보다 하나의 성향에 가까운 사상이다. 보수주의자는 직접민주주의와 같은 인민주의적인 수단을 활용하고 강력한 대통령, 심지어 제왕적 대통령을 선출하는 행위라 하더라도 때에 따라서는 그것이 정부 활동을 (자유주의적 사회·경제 프로그램에서 국가 안보 쪽으로) 재조정하려는 보수주의의 목표에 부합되는 시의적절한 수단이 될 수 있다고 옹호한다.

10
급진적 우파
...
자유로서의 민주주의

급진적 우파 역시 기존의 권력 분포에 대해 부정적인 인식을 지니고 있다. 패트릭 뷰캐넌과 같은 미국의 국수주의자는 좌파가 경제 지배 계층에 대해 우려하는 바에 공감하면서, 비즈니스 원탁회의,* 외교평의회,** 그리고 기타 다양한 초국적 이익집단의 수장들이 진짜 권력을 휘두른다고 생각한다. 그러나 대부분의 경우 급진적 우파는 현대 보수주의자의 비판 — 즉, 오늘날 이익집단, 특히 친노동·친복지·친환경·다문화적 의제를 추구하는 집단, 진보적 판사, 팽창한 국가에 기대어 먹고사는 '신계급' 세력 등이 지나치게 많은 권력을 쥐고 있다는 비판 — 에 동조하면서 그것을 더욱 첨예하게 부각한다. 급진적 우파는 두말할 필요도 없이 이런 세력들에게 고삐를 채우고 싶어 한다. 급진적 좌파와는 달리, 급진적 우파는 시민 참여를 고무하고 소외된 시민들에게 더 열려 있는 강한 민주주의에 별 관심이 없다.

일반적으로, 급진적 우파의 민주주의 개념은 고전적 자유주의자의 민주주의관과 유사하다. 물론 고전적 자유주의에 비해 모든 시민에게 평등하고 보편적인 투표권을 부여하자는 차이는 있지만 말이다. 급진적 우파는 일반 시민들의 권한을 확대하는 것에는 별 관심이 없고, 오히려 정치·경제적 자유의 확장에 관심이 많다.[37] 민주주의는 시민들에게 (보호 민주주의와 성과 민주주의performance democracy에 참여할 수 있게 해주는) 정치적 권리를 제공해 준다.[38] 프리드리히 하이에크와 같은 자유 지상주의자는 (보호) 민주주의를, 정부의 권위[권한]를 통제할 수 있는 수단이자 자유선거를 통해 독단적인 공직자나 무능한 공직자를 몰아낼 수 있게 보장해 주는 자유를 보호하는 수단 그 이상도, 그 이하도 아니라고 본다. 자유 지상주의는 정치의 의사 결정 과정에 시민의 참여와 영향력을 더욱 많이 반영하려 하는 확장된 민주주의 개념은 (일반 시민들보다 특수 이익에

---

* 비즈니스 원탁회의(Business Roundtable) : 미국 주요 기업체들의 최고경영자(CEO)들이 모여 결성한 경제인 연합회.
** 외교평의회(Council on Foreign Relations) : 외교 연구, 토론, 협의를 전문으로 하는 미국의 민간단체.

더 잘 반응하는) 잘못된 정부를 낳게 한다고 믿는다. 이런 특수 이익집단들은, 정책의 혜택을 받는 대가로 공직자를 지원하곤 하는데, 그렇게 되면 대중은 늘어난 세금과 줄어든 자유라는 대가를 치러야 한다. 급진적 우파 내의 또 다른 목소리는 '성과 민주주의'를 지원하는 것처럼 보인다. 성과 민주주의란 조지프 슘페터가 발전시킨 이론으로, 민주주의를 엘리트 간의 권력 경쟁으로 파악한다. 엘리트 그룹들이 경쟁 정당들을 결성하여 선거를 통한 권력 쟁취를 노린다는 것이다. 이때에도 보호 민주주의에서와 마찬가지로 시민들의 역할은, 자기가 좋아하는 '제품' — 정책과 프로그램 등 — 을 잘 생산하는 성과를 올린 특정 정당을 그저 선택하기만 하면 된다. 이 모델에서는 시민들의 역할이 제한되기 때문에 경제를 효과적으로 운영하는 데 필요한 전문성과 지도력을 전문 관료들이 제공하며, 선출된 지도자는 시민들에게 사회적 조화와 안정을 유지하는 데 필요한 책임을 부과할 권위[권한]를 갖는다.

이런 민주주의 개념을 받아들이면 시민들의 권한은 단지 선거에서 공직자를 고르는 것에 국한되지만, 만일 그들이 민주 자본주의 체제에서 제공하는 광범위한 경제적 권리를 지닐 수 있다면 자유 시장 경제의 참여자로서 상당한 영향력을 행사할 수 있다. 자유 지상주의 경제학자들은 소비자 주권 consumer sovereignty, 즉 경제적 결정은 궁극적으로 소비자들의 선호로 이루어진다는 점을 강조한다. 우리 모두는 자신이 원하거나 필요로 하는 재화를 구입하므로 사실상 지갑을 통해 투표하는 것과 다름없다. 소비자는 그런 방식으로 무엇이 생산되고, 시장에서 누가 보상을 받을지에 대해 영향을 미친다.

토머스 프리드먼과 같은 전 지구적 신자유주의자는 전 지구적 시장에서 무명의 투자자들이 거대한 영향력을 행사한다고 주장한다. 이런 투자자들이야말로 경제의 어떤 부문과 어떤 지역이 성장하고 번창할 것인지를 결정하기 때문이다. 실제로 투자자들의 권한은 정치적 영역에까지 확장된다. 공직자들이 정치적 결정을 내릴 때 투자자들의 반응을 미리 예상해야 하기 때문이다. 예를 들어, 정부가 예산 적자를 기록하거나 복지 지출을 증액하면, 투자자들은 경제 환경이 좋지 않다고 여겨 다른 곳에 투자할 것이다. 투자자들이 국경을 넘나들며 자본을 쉽사리 이동시킬 수 있게 된 전 지구적 경제체제에서, 정부 지도자들은 자국에 대한 투자 유치를 장려하는 정책을 취해야 한다.[39] 이렇게 되면 시민들이 바라는 바가 아니라 투자자의 요구 사항이 정부 정책에 큰 영향을 미치게 된다고 볼 수도 있지만, 급진적 우파는 그런 것이 큰 문제라고 생각지 않는다. 첫째, 급진적 우파는 민주적 정부의 자율성과 주도력이 계속되고 있다고 확신하며, 국가가 전 지구적 자본가들에 의해 포위되어 투자자들의 필요를 무조건 들어준다는 주장을 거부한다. 자기들이 신봉하는 성과 민주주의 모델에 따르면 정치권력을 차지하려는 경쟁자들이 앞으로도 유권자들에게 여러 형태의 선택지 — 가령 모든 이의 경제적 번영을 약속하는 정책뿐만 아니라 각종 복지 혜택 — 를 제시하면서 선거에서 승리하고자 상호 경쟁할 것이라고 한다.[40] 둘째, 투자자 계급이 확장하고 성장하면서 권력이 전 지구적 경제체제 내에서 더 폭넓게 확산되고 있다고 한다. 지구화로 부가 늘어나면서 수많은 시민들이 직접 주식과 채권의 포트폴리오 투자 — 특히 은퇴 연기금 투자 — 를 하게 되었다는 것이다. 따라서 이제 투자자라는 존재가 소수의 단일한 지배 세력이 아니다. 이제 이들은 시민이나 소비자들만큼이나 다양한 목표를 지니므로 대단히 분권화되었다고 한다. 또한 투자자들은 자기가 투자한 회사를 직접 경영하지는 않는다. 프리드먼에 따르면 전 지구적 시장의 극심한 경쟁에서 살아남으려면 기업들도 내부 운영이 분권화·민주화되어야 한다.[41]

따라서 급진적 우파는 현존 민주주의의 심화에 대해서는 큰 관심이 없고, 보호 민주주의와 성과 민주주의를 (정치적 기본권과 경제적 기본권이 존재하지 않는) 세계 각지의 낙후된 지역으로 확산하는 데에 관심이 있다. 그러나 신자유주의와 신보수주의(네오콘)는 민주주의 확산에 대해 서로 다른 모델을 강조한다.

전 지구적 신자유주의자는 (지구화가 제공하는) 경제 발전을 장려하는 것이 민주주의를 전 세계로 확산할 수 있는 적합한 방식이라고 본다. 자그디시 바그와티는 지구화와 민주화 추세 사이의 연관성을 입증하는 대규모 조사 결과를 인용하면서 지구화론자의 관점을 다음과 같이 요약한다.

지구화는 직간접적으로 민주주의를 증진한다. 직접적 연관성은 다음과 같은 경우에서 찾아볼 수 있다. 즉, 이제 농민들이 정보 기술 덕분에 전통적인 지배계급과 카스트 구조의 간섭을 받지 않고 농산물을 직접 시장에 내다 팔 수 있게 되었다. 따라서 이 전통적 헤게모니 집단의 통제력이 줄어들고 있다. 이렇게 되면서 농민들은 더욱더 독립적인 주체가 되고 있으며 정치 영역에서도 민주적인 포부를 품을 수 있게 되었다. …… 다른 한편, 간접적 연관성은 세이무어 마틴 립셋Seymour Martin Lipset이 주장하여 널리 알려진 이론[근대화론]● — 즉, 경제적 번영이 중산층을 키운다는 이론 — 으로부터 나온다. 중산층의 확대는, 그것이 아무리 불완전하다 하더라도, 정치 민주화를 요구하는 효과적인 목소리가 될 수 있다.[42]

요컨대, 전 지구적 시장에서의 개방 경쟁을 통해 각국이 경제 투자를 유치할 수 있게 되면 더욱 민주적인 정부를 요구하는 주장이 나오기 마련이며, 민주 정부가 자의적인 통치로 다스리던 독재 정권을 대체하고 나면 투자자들은 법의 지배가 마련해 주는 안전한 투자 환경에 더욱 끌리게 된다는 말이다. 이렇게 되면 경제 발전과 민주 발전 간의 효과적 인과관계가 나타날 수 있다. 신자유주의자는 지구화가 민주 자본주의를 낳으며, 이때 권력이 투자자와 소비자 및 기타 시장 내 행위 주체들과, 정부의 선출직 공직자들의 수중으로 폭넓게 확산될 수 있으며, (민주주의를 통해 선출직 공직자들의 정치적 책임성을 물을 수 있으므로) 이것은 궁극적으로 시민들에게 권력을 부여하는 셈이 된다.

네오콘은 신자유주의자의 근대화에 의한 민주화democratization by modernization 이론에 한편 동의하면서도, 경우에 따라서 군사적 수단을 통해 민주주의를 전파할 수 있고, 또 전파해야만 한다고 믿는다. 미국이 이라크를 침공하여 사담 후세인을 제거한 것은 결국 민주국가들이 타국의 인민을 독재에서 해방해 줄 도덕적

● 근대화론 : 전근대 사회 (또는 전통 사회)에서 근대사회 (또는 현대사회)로 진화적인 체제 전환이 일어나는 동인과 조건을 연구하는 이론.

의무가 있고 실제적 필요성도 있다는 네오콘의 믿음에 근거한 행동이었다. 소련의 반체제 인사였다가 이스라엘로 이주했던 나탄 샤란스키Natan Sharansky는 『민주주의를 말한다』A Case for Democracy라는 책을 공저했는데, 이 책은 부시 행정부 당시 네오콘들에 의해 널리 인용되었다. 샤란스키는 모든 사람은 자유 사회에서 살아갈 권리가 있으며, 그것은 그는 "마을 광장 시험"이라고 불렀다.

> 만일 어떤 사람이 마을 광장 한복판에 서서 체포나 투옥 및 신체적 위해의 염려 없이 자신의 의견을 마음껏 표현할 수 없다면, 그 사람은 '자유 사회'free society가 아닌 '공포 사회'fear society에 살고 있다고 할 수 있다. 우리는 이런 '공포 사회'에 사는 사람이 한 명도 빠짐없이 자유를 얻을 수 있는 날까지 결코 방심해서는 안 된다.[43]

네오콘에 따르면, 시민들의 안전을 위협하는 환경을 조성하는 통치자 — 후세인과 같은 독재자나 팔레스타인의 하마스와 같이 테러를 지원하는 파당 — 들을 제거하는 것이 미국 국민과 여타 민주 사회에서 살아가는 시민들의 이익에 도움이 된다고 한다. 시민들이 민주적 권리를 허락받는다면 그들은 스스로를 효과적으로 다스리고, 경제적 자유를 보장하며, 자유를 통해 경제적 번영을 이룩하는 일에 전념을 다할 것이다. 사람들이 자유로운 존재가 될 때, 그들이 (전 지구적으로 상호 연결된 세상 속에서) 9·11 사태에서 나타난 것과 같이 먼 나라의 목표물에 엄청난 공격을 가하는 일 따위를 벌이는 투사가 될 가능성이 줄어든다는 말이다.

11
극단적 우파
...
음모론을 상상한다

극단적 우파는 진짜 권력을 보유한 사람들은 숨어 있는 지배 집단들이라고 믿으므로 민주국가에서 선거로 선출되고 임명된 지도자들에게 진짜 권력이 있다고 보지 않는다. 이와 관련해 백인 국수주의자의 음모론이 유명하다. 이에 따르면 사악한 유대인 도당들이 미국을 위시한 전 세계를 실질적으로 지배하고 있으므로 미국 정부는 사실상 '국제시온주의 점령 정부'IZOG, International Zionist Occupied Government라고 한다. 극단적 우파가 이런 숨은 세력들을 제거하겠다곤 하지만, 그들이 다른 민주적 대안을 찾는 것도 아니다. 극단적 우파 내에는 (토착주의와 인종주의를 설파하는 카리스마 있는 지도자에 대한) 지도자 숭배와 같은 풍습이 있으며 이는 아마 파시스트와 나치가 민주주의를 혐오했던 것의 유습이라고 생각된다. 극단적 우파는 하향식 국가조직을 선호한다. 이때 지도자는 시민들에 의해 선출되는 것이 아니라 추대된다. 예를 들어, 미국의 백인 국수주의자들도 카리스마를 뽐내는 선동가인 데이비드 듀크David Duke — 한때 KKK단의 간부였고, 미국 대통령 후보를 포함해 여러 관직에 출마한 전력이 있다 — 와 같은 사람, 그리고 창조주의 운동●의 지도자인 매슈 헤일Matthew Hale을 지지한다. 이런 운동의 지도자들은 흔히 추종자를 배가하기 위해 기독교적 언어와 상징을 사용해서 자신들의 백인 우월주의 메시지를 포장한다. 4장에서 언급한 것처럼 앨라배마 주 대법원장이었던 로이 무어의 경우는 극단적 우파의 카리스마적 지도력을 보여 주는 사례다.

● 창조주의 운동(Creativity Movement): 이전에는 세계창조주교회로 알려졌으며, 종교와 창조주의를 옹호하는 백인 분리주의 결사체로, 인종주의 활동가인 벤 클라센(Ben Klassen)이 설립했다.

이슬람 근본주의 역시 권력의 보유자에 관해 이와 유사한 개념을 지니고 있다. 서기 632년 이슬람교의 창시자 마호메트의 사후 누가 지도자가 될 것인가를 놓고 촉발된 논쟁이 지금껏 이슬람권을 양분해 왔지만 근본주의자에게 주된 쟁점은 민주적 통치에 관한 것이 아니었고, 권력의 보유자를 어떻게 제대로 찾아낼 수 있는지였다.[44] 수니파 무슬림들은 역사적으로나 원칙적으로 이슬람 지도자들이 마호메트의 계승자인 칼리프를 선출해야 한다고 믿는다. 칼리프가 그의 신앙 및 이슬람 전통에 대한 헌신에 근거하여 커다란 권위를 인정받고 있긴 하지만, 그는 신적인 존재이거나 무오류의 존재로 간주되지는 않으며 정치적 권위를 독차지할 만한 위치에 있지도 않다. 이와 대조적으로 시아파 무슬림들은 이슬람 지도자가 마호메트의 살아 있는 후예라고 믿는다. 이들은 수니파와는 달리, 첫 번째 이맘(마호메트)이 알라신의 뜻을 오류 없이 완벽하게 해석했던 것처럼 오늘날의 이슬람 지도자가 정치와 종교 문제에 대처하는 권위는 절대적이라고 본다.[45] 요컨대, 이슬람 근본주의자는 국가 내에서 민주제도들이 지배적인 영향력을 가져서는 안 된다고 생각한다. 이들은 알라신의 뜻을 가장 잘 이해하고 해석하는 종교적 권위를 통해 이슬람 사회를 가장 잘 통치할 수 있다고 믿는다. 따라서 정치 지도자는 반드시 종교인이 되어야 하고, 법률은 세속적 근거가 아닌 신법에 의해 제정되어야 한다.

12
극단적 좌파
...
급진화된 전 지구적 민주주의를 막는 큰 장벽을 인정한다

급진적 좌파와 마찬가지로 극단적 좌파 역시 심층 민주주의를 원하지만, 그런 목표를 달성할 전망을 놓고 급진적 좌파보다 더욱 큰 환멸을 느끼고 있다. 이들은 현존 민주주의에 심각한 결함이 있다고 본다. 대다수 사람들이 다원적 민주정치로부터 배제된 것과 다름없다고 한다. 심지어 노동자, 소수 인종·종족, 여성, 동성애자를 위한 사회운동 — 자유주의와 급진적 좌파는 이런 운동들이 민주주의의 기회를 확대했다고 평가하면서 예찬하곤 한다 — 역시 그 효과가 과장되었다고 한다. 이런 운동 덕분에 (다원적 정치라는 특징을 가진 규범과 실행을 인정하고 그 속에서 활동하는) 운동의 지도자들은 주류 사회에도 꽤 받아들여졌지만, 일반 활동가들의 자력화로 이어지지는 못했다고 한다. 더 나아가 이런 운동들이 사람들에게 노동계급, 아프리카계 미국인, 여성, 동성애자와 같은 집단에 대한 정체성을 가지라고 촉구해 왔지만, 그런 정체성 자체가 또 다른 배타성이 될 수 있고, 우리 사회에서 새롭게 대두되고 있는 억압과 배제에 대해 적절하게 대응하지 못한다고 지적한다.[46] 아마 오늘날의 전 지구적 경제체제 내에서 제3세계의 여성 노동자들이 가장 혹독한 착취와 배제를 당하고 있는 것으로 보이지만, 그런 사람들에게 하나의 공통된 정체성을 가지게 하고, 정치적 행동을 조직하게 하며, 실질적인 변화를 달성하게 하는 일은 정말 어려운 과제일 것이다.[47]

극단적 좌파는 현존하는 권력 제도들이나, 민주적 의사 결정에 영향을 미치는 이해관계와 정체성을 결코 고정불변의 '주어진 것'으로 인정하지 않는다. 오늘날 득세하고 있는 모든 정치적 구조와 이해관계 및 정체성이 다원적 사회 내의 지배적 권력을 반영하고 있을 것이다. 즉, 사람들이 자신의 자율적인 행위의 산물이라고 생각하는 것이 실제로는 환상에 불과하고, 권력자들의 조종과 통제에 의한 산물이라는 말이다.

누가 권력자인가? 현대의 극단적 좌파는 자본주의와, 자본을 소유하고 통제하는 자가 세상의 모든 것을 지배한다는 단순한 마르크스주의 교의를 넘어 사고한다. 자본의 힘을 과소평가하는 것은 아니지만 현대의 극단적 좌파는 '누가 실제로 지배하는가?'라는 질문에 대해 대단히 복잡한 이론을 발전시켰다.

그 가운데 하나가 미셸 푸코의 이론이다. 푸코는 주권에 대한 관념이 낡았다고 보기 때문에 그것을 거부하기 위해 분산된 권력 개념을 발전시켰다.[48] 전통적 관념에 따르면 사회 내의 주권 또는 최고 권력은 국가에 의해 독점되어 있다. 물론 민주주의 사회에서 시민들이 정부를 통제할 수 있어야 하며 이것이 바로 인민주권popular sovereignty 사상의 요체다. 그러나 푸코는 주권 및 인민주권이 해체되었다고 생각한다. 이런 해체는 과거에 자율적 국가 속에 내장되어 있던 권력(또는 그런 국가를 통제했던 시민들이 가졌던 권력)을 자본가가 찬탈했기 때문에 발생한 것이 아니고, 권력이 (법과 정치적 책임성이 미치지 못하는 방식으로 개인과 사회를 지배하는) 다양한 규율 주체들에게 확산되었기 때문에 발생한 것이라고 한다. 일상생활 속의 각종 제도 — 공장, 학교, 병원, 정신질환자 수용소, 교도소, 기타 수많은 기구들 — 내에서 수많은 공장 감독, 교사, 의사, 정신과 의사, 간수, 기타 행정가들이 우리의 행동과 사고는 물론 정체성에까지 엄청난 영향력을 미치고 있다는 것이다. 이들은 법의 지배 아래 활동하는 것이 아니라, (무엇이 정상이며, 비정상을 어떻게 다룰 것인가 하는) 규범norm이라는 관념으로 활동한다. 그 결과 일종의 감시 체제가 만들어져 우리가 정상적인 범위로부터 일탈할 경우 그것을 탐지해 내게 되었다. 이렇게 해서 생성된 규율 권력은 비정상을 다루고 통제하며 사람들을 '정상성' 쪽으로 이끈다. 신생아 분만 시에 이와 관련된 극적인 예가 나타나기도 한다. 신생아가 양성아兩性兒, intersexed child 또는 자웅동체아雌雄同體兒, hermaphrodite child라고 진단이 내려질 경우 의사는 부모에게 수술을 권하여 그 영아가 확실하게 남아 또는 여아의 특성을 가지게 하는 경우가 있다. 사람들의 가장 기본적인 개인 정체성이 수많은 규율 주체들의 지배를 받게 되는 것이다.[49] 극단적 좌파는, 이런 권력 분산을 감안할 때 유의미한 인민주권이나 민주적 통제는 사실상 불가능하다고 믿거나, 그렇게 시사하는 것처럼 보인다.

하트와 네그리는 지구화된 현실 속에서 일상생활을 누가 지배하는가 하는 문제에 대해 푸코보다 더욱 가공할 모델을 제시했다. 즉, 제국이 지배한다는 것이다. 제국이란 과거 제국주의 시대에 지배력을 행사했던 옛 식민 지배 권력을 지구화 시대에 더 발전시킨 새로운 버전이다. 이때 제국은 (신자유주의적 지구화 논리라고 생각되는) 단일한 지배 논리에 의해 결속된 일국적 기구들과 (다국적기업을 포함한) 초국적 기구들이 모여 네트워크를 이룬 것으로 그려진다. 제국을 말하면 미국과 같은 강대국이 분명히 연상되지만 미국 자체가 제국은 아니라고 한다. 제국의 지배력은 전 세계적 차원에서 형성되며, 중심이나 경계가 없기 때문이다. 제국이 투자·생산·배포·소비를 추동하는 자본주의 체제를 포함하고 있는 것은 사실이다. 또한 제국은 일종의 '자유주의 문화', 즉 '몰가치'non-values한 문화를 지니고 있어서 창의성·공동체·자유·인간성 등이 침해받기 쉽다. 제국은 한편으로 질서·평화·권리라는 긍정적인 얼굴을 하고 있지만, 착취·소외·억압이라는 더 큰 부정적인 얼굴을 갖는다. 여기서 가장 중요한 점은, 제국은 푸코의 규율 권력을 넘어서는 지배체제라는 사실이다. 규율을 감행하는 주체에 대해서는 우리가 저항하곤 하지만, 제국의 명령에 대해서는 저항하지 않고 그것을 내면화하는 경향이 있기 때문이다. 우리의 정체성·이익·행동은 모두 제국의 권력을 반영한다. 제국이 끊임없이 우리를 감시해서가 아니고, 수많은 규율 주체들을 보내 우리를 정상성으로 인도하기 때문도 아니다. 진정한 이유는 제국이 우리 내면에 이미 들어와 있기 때문이다. 각자의 민주적 수단을 통해 우리의 진정한 이익을 추구할 수 있는 자율적 시민이라는 생각은, 적어도 대부분의 경우 거대한 환상에 지나지 않는다.

이렇게 권력 개념을 서로 달리 규정하면서, 극단적 좌파 내에서는 지배체계 내에 발생한 균열의 크기를 놓고 논쟁이 벌어지고 있다. 크게 보면 우리 모두가 지배당하고 있지만 이런 지배에서 벗어날 수 있는 기회의 순간이 있기 마련이다. 기존 체제 내의 균열이 상당히 크다고 보는 극단적 좌파의 목소리는 다원주의자들의 입장과 비슷해지기 시작한다. 사람들은 일상생활에서 억압을 경험하지만, 또한 그런 억압에 개인적·집합적으로 대항하기도 한다. 이런 현실에는 하나도 이상할 것이 없다. 보통 사람들은 민주적 이상이 배제와 억압을 막아 준다고 믿기 때문에, 수많은 방식으로 저항하게 된다, 이런 관점에서 극단적 좌파는 억압받는 사람들이 자신이 영구적으로 당하고 있는 불의에 대해 눈뜨고, 집합적 행동에 나서거나 아니면 정치적으로 효과적인 다른 방식으로 행동할 수 있도록 돕는 역할을 자임한다. 그런데 현대 자유주의나 심지어 급진적 좌파와 비교해 보더라도, 극단적 좌파는 억압된 사람들을 돕는 문제에 훨씬 더 전투적이고 '상향적'인 방식으로 행동한다. 극단적 좌파는 다원적 정치체제 내에서 권력을 보유한 이들을 인정하지 않으므로 진보적인 정치인이라 하더라도 진짜 변화를 가져올 수 있을지 미더워 하지 못하며, 억압받는 사람들이 자신의 힘으로 행동에 나서야 한다고 믿는다. 극단적 좌파는 기존 체제 내에서 이용할 수 있는 자원이 많지 않으므로 투쟁을 선택할 때가 많다. 즉, 다원적 사회 내에서 편안한 위치에 있는 사람들에게 비용을 치르게 만들고, 혼란을 야기하며, 필요하면 폭력도 불사한다는 것을 의미한다. 극단적 좌파는 자기들이 이런 전투적 행동에 나서면 지배 계층이 다음과 같이 계산할 것이라고 희망한다. 즉, 혼란을 초래하는 행동에 따른 비용을 계속 감수하느니 차라리 억압받는 사람들에게 양보를 하는 편이 더 낫겠다는 계산을 하리라는 것이다.

지금까지 말한 극단적 좌파는 현 지배 체제 내에 존재하는 균열이 상당히 크다고 가정하고 있다. 그러나 전투적 활동을 할 수 있는 기회가 극히 제한되어 있다고 보는 극단적 좌파도 있다. 이들은 현 체제 내에 균열이 거의 존재하지 않는다고 본다. 이들은 권력의 보유자들이 혼란을 통제하기 위해 동원하는 억압 수단을 잘 알고 있다. 이들은 권력자들이 사회의 혼란상으로부터 초연하게 비껴 날 수 있는 능력을 가졌다는 점을 잘 안다. 이들은 특히 억압받는 사람들을 각성시켜 자기들이 잘못 생각한 이해관계와 자기들을 순종적인 존재로 만드는 정체성으로부터 깨어날 수 있도록 만드는 것이 참으로 어렵다는 점을 강조한다. 이런 제약 조건을 감안할 때 억압받는 사람들이 행할 수 있는 최대치는 "뱀처럼 타격을 가하는" 것이다.[50] 지배하는 주체와 세력에 대해 가하는 이런 타격은, 그것이 언어적인 것이든 신체적인 것이든 간에, 초월적이고 고양된 의식의 순간에 일어나며, 정치적이라기보다 주로 카타르시스적인 행위라고 봐야 할 것이다. 제국의 엄청난 규모를 감안할 때 이런 행동으로 광범위한 영향력을 미칠 것이라고 기대하기는 어렵다. 그러나 '타격'을 가하는 '뱀' 같은 개인에게 이런 행동은 자신의 온전한 인간성을 순간적으로 경험하게 해주며, (기존의 세계를 해체하고 그것에 도전하는 삶에서 의미를 찾을 수 있는) 극단적 좌파의 구성원이 되는 개인적 여정을 시작하게끔 해준다.

13
소결

다원주의자들은 권력이 정치 공동체 내에서, 그리고 정치 공동체들 사이에서 폭넓게 분포되는 것이 좋다는 데에 동의한다. 이들은 시장·시민사회·정부에 권력 분포가 불평등한 것은 감내할 수밖에 없다 해도, 독점에 가까운 권력의 집중에 대해서는 크게 우려한다. 예를 들어, 다원주의자들은 경제 엘리트들에게 권력이 지나치게 집중될 경우 민주주의의 힘을 동원하여 그런 권력을 제한해야 한다고 믿는다.

다원주의자들은 선출된 대표들과 시민들이 전체적으로 정부의 권력 행사에 함께 참여할 수 있어야 한다는 점에 동의한다. 다원적 민주정치 과정이 효과적으로 작동할 때에 선출직 공직자들은 통상 정치적 의제를 설정하고, 정책을 입안하며, 결정 사항의 이행 여부를 감독할 수 있는 집합적 판단에 이를 수 있을 것이고, 그런 판단은 대다수 시민들이 원하거나 지지하는 것과 일치할 것이다. 국민의 대표들은 어떤 결정을 내릴 때 최대한 큰 합의에 도달하기 위해 노력해야 하지만, 그럼에도 계속 풀리지 못하는 쟁점은 다수결제로 해소해야만 한다. 대표들의 결정 사항이 시민들 다수의 지지 사항과 일치되어야 하겠지만, 대표들은 간혹 압도적인 시민 여론에 맞서 독자적인 판단을 내려야 한다고 믿을 때도 있을 것이다. 이런 경우 대표들은 자신의 행동을 시민들에게 설명할 의무가 있으며, 시민들이 원하는 바와 다른 결정을 내린 것에 대해 정치적 책임성을 질 각오를 해야 한다.

다원주의자들은 가장 좋은 통치 체제가 '귀족적 공화주의'aristocratic republicanism인지, 아니면 '민주적 공화주의'democratic republicanism인지에 대해 의견이 일치하지 않는다.[51] 에드먼드 버크와 알렉산더 해밀턴Alexander Hamilton으로까지 거슬러 올라가는 귀족적 공화주의는 강력한 리더십의 중요성을 강조한다. 즉, 지혜·지식·덕성을 가장 많이 가진 사람들에게 권한을 대폭 부여해야 한다고 보며, 그런 사람들이 통치할 때 대중의 감정에 호응하지 말고 독자적인 판단을 내릴 수 있어야 한다고 주장한다. 이런 사상은 비교적 엘리트주의에 가깝지만, 귀족적 공화주의자는 엘리트도 정기적이고 공평하며 경쟁적인 선거를 통해 시민들에게 정치적 책임성을 져야 한다는 점만큼은 이해하고 있으므로, 약하긴 하지만 다원적 민주주의 개념을 지녔다고 할 수 있다. 그러나 장 자크 루소와 토머스 제퍼슨으로까지 거슬러 올라가는 민주적 공화주의에서는 시민 참여가 중요하고, 시민들이 원하는 바에 따르는 것이 중요하다는 점을 강조한다. 민주주의 규범이 확산되고 심화되면서 민주적 공화주의 역시 여러 요구들 — 소외 집단이 정치과정에 더 많이 포함되어야 하고, 소외 집단의 관심사를 해결하기 위해 정치 의제를 확장해야 한다는 등의 요구 — 을 받아들이게 되었다.[52]

귀족적 공화주의와 민주적 공화주의 사이의 논쟁은 주민 발의와 주민 투표에 찬성하는 사람과 그에 반대하는 사람들에게서도 살펴볼 수 있다. 한편으로, 민주적 공화주의자는 이런 직접민주주의의 수단을 민주주의의 심화를 위한 중요한 수단으로 간주한다. 다른 한편으로, 귀족적 공화주의 성향의 사람은 주민 발의와 주민 투표 같은 제도들이 '투표 중심적'vote-centric 민주주의 개념을 지나치게 강조하고, '토론 중심적'talk-centric 민주주의 개념을 경시한다고 주장한다. 주민 투표는 입법부에서 대표들이 행할 수 있는 사려 깊은 논의보다, 다수파의 열정과 편견을 반영하는 정책으로 귀결될 수도 있다고 한다. 또한 주민 투표는, 대다수 시민들이 받아들일 수 있는 합리적인 타협을 배제한 채, 극단적 선택들 사이에서 더 많은 지지를 받은 한 가지 결과만을 반영하는 정책으로 귀결될 수도 있다. 다원주의자들은 주민 투표와 주민 발의가 대의 민주주의 및 입법부의 논의를 완전히 대체할 수는 없다고 본다. 그러나 이런 제도들이, 헌법에 특별히 규정된 상황에서, 기존의 대의제와 입법부의 논의를 보완하는 역할을 할 수 있을 것으로 본다. 직접민주주의를 헌법 조항에 얼마나 반영할 것인가 하는 논의에서는 언제나 다원적 사회 내 소수집단의 권리도 고려해야만 한다. 주민 투표로 어떤 쟁점을 해결하는 것이 민주주의의 심화에 도움이 될 수도 있다. 그러나 소수파의 권리를 위협할 수도 있는 쟁점들 — 가령 경제적으로 풍족한 소수, 인종적·종교적 소수파, 동성애자 및 (전통적 생활 방식에서 벗어난) 기타 소수집단에 관한 쟁점들 — 은 통상 대표성이 있는 입법기구에서 다루는 편이 낫다. 이때 대중의 열정과 편견을 원칙 있는 심의로 제어할 수 있고, 제도적 감시를 통해 소수파의 권리를 보호할 수도 있다.[53]

대다수 정치 이념들은 다원적 합의 영역에서 권력의 보유자 문제를 다루지만, 이런 합의를 확고히 유지하기 위해서는 각 정치 이념들 내의 비민주적 경향을 줄일 필요가 있다. 전통적 보수주의는, 평등하고 폭넓은 정치적 권리를 갖게 된 시민들이 선거를 통해 정치 지도자들에게 더욱더 책임성을 물을 수 있게 하는 최근의 동향으로부터 퇴행해서는 안 된다. 마르크스주의는 전위당을 지지하는 입장에 빠져들어서는 곤란하고, 오히려 포스트마르크스주의의 입장에서 경제를 민주적으로 통제하는 쟁점에 대해 시민들의 참여를 심화할 수 있는 방안을 모색하는 편이 옳다. 현대 자유주의는 정치과정에 특수 이익 또는 (판사 또는 관료와 같은) 선출되지 않은 공직자들에게 지나치게 많은 권력을 위임하지 않도록 조심해야 한다. 현대 보수주의와 자유 지상주의는 자유 시장에 대해 규제를 풀려는 욕망이 지나쳐서 부가 한곳에 집중되어 시장과 정부를 지배하는 일이 발생하지 않게 해야 한다. 지구화론자는 전 지구적 기구들을 민주적으로 개혁하려는 노력을 반대하는 기존 입장을 재고할 필요가 있다.[54] 또한 급진적 좌파는 강한 민주주의를 형성하려는 노력이 자칫 다원주의에 반하는 정념을 불러일으키는 '떼거리' 정치가 되지 않도록 유의해야 할 것이다.

마지막으로, 누가 실제로 지배하는가 하는 문제에 관한 극단주의자의 신념이 다원주의에 큰 도전이 될 수 있음을 인정해야 할 것이다. 다원주의자들은 숨어 있는 지배자 — 예컨대, 국제시온주의 점령 정부 — 를 믿는 음모론에 빠진 극단적 우파의 태도가 망상에 불과하며, 객관적으로 검증될 수 없다고 본다. 다원주의자들은 이런 음모론을 많은 사람들이 믿는 현실이 위험하다고 생각한다. 음모론은 현존 체제의 정당성을 무조건 부정하고, 이를 바탕으로 등장하는 (음모론에 근거한 위협에 맞서려면, 현존하는 제도적 제약을 벗어나야 한다는) 선동가의 주장이 시민들을 현혹하기 때문이다.

급진적 좌파에서도 음모론을 제기해 왔는데, 검증하기도 어려운 그런 주장이 정치 현실을 오도할 우려가 있다. 1장에서 설명했듯이 급진적 좌파는 이미 반세기도 전에 엘리트 이론을 내세워 다원주의를 비판하면서, 명목상 민주 공동체라 하더라도 실제로는 민주적 통제가 전혀 통하지 않는 협소하고 은밀한 권력 엘리트에 의한 지배를 받기 쉽다고 주장한 적이 있었다. 경제 엘리트들이 대개 과도한 영향력을 갖는 것이 사실이며, 다원주의자들은 마땅히 그런 영향력을 탐지하고 그것에 저항해야 하겠지만, 엘리트 이론은 우리 사회에서 누가 실제로 지배하는가 하는 실증적 질문에 대한 적절한 모델을 제시하기보다, (억압된) 보통 시민들을 대신하여 민주주의 정치가 달성할 수 있는 긍정적 가능성에 대해 사람들 사이에서 회의적 심리를 조성하는 데 일조를 한 것도 사실이다.

푸코나 하트와 네그리 및 기타 현대 좌파 이론가들의 연구에 대해서도 같은 식으로 말할 수 있다. 이들은 사실 기존의 다원적 사회 내에서 작동하는 복잡한 권력 구조에 대해 도발적인 통찰력을 제시한다. 푸코의 규율 주체가 작동하는 방식을 실제 관찰할 수도 있지만, 이 규율 권력의 존재는 실증적인 확인 대상이라기보다 이론적 추측에 가까운 것일 수도 있다. 하트와 네그리의 『제국』에는, '제국이란 무엇인가?', '제국이 어떻게 작동하는가?', '제국이 얼마나 많은 권력을 행사하는가?' 등을 놓고 간주관적인 인식을 가능하게 하는 구체적인 '조작적 지표'operational indicator들이 결여되어 있다. 따라서 『제국』에서 주장하는 이론이 전 지구적 지배 현실이라는 음모론 — 이에 따르면 다원적 사회 내에서 심층적인 민주주의를 추구한다는 것이 처음부터 불가능하다는 식으로 주장하는 격이 된다 — 으로 귀결될 가능성이 있다. 만일 그렇게 된다면 현존하는 다원적 정치체제 자체가 부정될 것이고, 음모론에 근거한 위협에 맞서기 위해서는 현존하는 제도의 틀을 완전히 벗어난 활동만을 전개해야 한다는 선동가의 주장을 시민들이 지지하게 될 것이다. 다원주의자들은, 정치 현실이 다양한 민주적 영향력에 의해 재구성될 수 있다고 전제하는 권력 구성 이론이, 암울한 음모론적 묘사보다 더욱 정확할 뿐만 아니라, 민주파에게 자신들의 노력이 결실을 맺을 수 있다는 희망을 줄 수 있다고 본다. 시민들이 그런 희망을 포기하고 정치적 현실에서

도피해 버릴 때, 정당성이 없는 권력 추구 세력이 그 틈새를 차지할 것이기 때문이다.

13

정치적 원리 5

정부의 권위

인간 공동체의 삶 가운데 국가가 자신의 권위[권한]를 행사할 수 있는 영역은 어디까지인가? 경제활동, 사회적 교류, 종교생활, 개인의 생활 방식 등과 같은 영역의 개인적 자유에 대해 국가가 정당하게 가할 수 있는 제약은 무엇인가? 국가의 권위[권한] 가운데 어떤 부분을 확장하고, 어떤 부분을 축소해야 할까?

정부의 권위[권한]를 논할 때 흔히 '큰' 정부 또는 '제한' 정부 가운데 어느 쪽이 더 좋은지를 따지는 식으로 논의가 진행되곤 한다. 그리고 이 쟁점은 정부의 예산편성이라는 더 구체적인 문제에 초점이 맞춰지기도 한다. 이런 논의 구도

⟨표 13-1⟩ GDP 대비 미국 연방 정부 지출의 변화 양상

연도	GDP✜	연방 정부 전체 예산✜	국방 예산✜	비 국방 예산✜	GDP 대비 연방 정부 전체 예산 비율(%)	GDP 대비 국방 예산 비율(%)	GDP대비 비 국방 예산 비율(%)
1945	223.2	92.7	83.0	9.7	41.5	37.2	4.4
1950	294.6	42.6	13.7	28.8	14.4	4.7	9.8
1955	415.1	68.4	42.7	25.7	16.5	10.3	6.2
1960	526.6	92.2	48.1	44.1	17.5	9.1	8.4
1965	719.1	118.2	50.6	67.6	16.4	7.0	9.4
1970	1,035.6	195.7	81.7	114.0	18.9	7.9	11.0
1975	1,630.6	332.3	86.5	245.8	20.4	5.3	15.1
1980	2,784.2	590.9	134.0	456.9	21.2	4.8	16.4
1985	4,180.7	946.4	252.8	693.6	22.6	6.1	16.6
1990	5,743.8	1,252.5	299.0	953.5	21.8	5.2	16.6
1995	7,269.6	1,519.1	275.0	1,244.1	20.9	3.8	17.1
2000	9,365.4	1,706.5	294.5	1,494.3	18.2	3.0	15.2
2005	10,043.9	2,050.5	465.9	2,013.6	20.4	3.8	16.6

✜ 1998년 기준 10억 달러.

에서, 미국의 경우 진보 자유주의 민주당으로 대표되는 좌파의 목소리는 흔히 '과세와 지출'이라고 표현되고, 보수주의 공화당으로 대표되는 우파의 목소리는 흔히 정부의 낭비를 반대하고 '당신의 돈'에 세금을 적게 매기는 예산 절감이라고 표현된다. 이런 논쟁에 일정한 관점을 갖기 위해 미국 연방 정부의 지출이 그동안 어떻게 변해 왔는지를 보여 주는 역사적 동향을 검토하면 좋을 것이다. 그 현황이 ⟨표 13-1⟩에 나와 있다.[1] 이 표는 인플레율을 감안하더라도 미국 정부의 지출이 1950년 426억 달러에서 2005년 2조505억 달러로, 반세기만에 약 48배나 늘어났음을 보여 준다. 같은 기간 미국의 국내총생산GDP이 34배 이상 증가했음을 고려한다면 연방 정부의 이 같은 대규모 지출이 그렇게 지나친 증가로 생각되지는 않을 것이다. 그러나 이 표의 'GDP 대비 연방 정부 전체 예산 비율'의 수치를 보면 정부 활동이 경제의 총규모에서 점점 더 큰 비중을 차지해 왔다는 점을 알 수 있다. 예를 들어, 1950년에는 GDP 대비 연방 정부 전체 예산 비율이 14.4퍼센트였지만 2005년에는 그 비율이 20.4퍼센트로 늘어났다. 이 표에서 흥미로운 점을 몇 가지 더 발견할 수 있다. 첫째, 국가 전체의 경제활

동에서 연방 정부의 지출이 차지하는 비중은, 미국이 제2차 세계대전 종전 직전 군사적으로 강력하게 동원되어 있던 1945년 시점에 최고조에 달했다. 둘째, 전쟁이 끝난 이후에는 GDP 대비 연방 정부 전체 예산 비율이 1980년대 중반 다시 최고점을 찍었다. 셋째, GDP 대비 연방 정부 전체 예산 비율이 케네디, 존슨, 카터 등 민주당 대통령 정부 시절에도 오르긴 했으나, 레이건과 조지 W. 부시 공화당 대통령 정부 때는 그보다 더 올랐으며, 1990년대 빌 클린턴 민주당 대통령 정부 당시에는 이 비율이 오히려 크게 줄었다. 1980년대 초와 2001년 이후 공화당 정부의 국방 예산이 상당히 늘어났고, 국방비를 제외한 여타 국내 지출 부문의 예산 삭감에도 성공하지 못했다.

적절한 정부의 크기에 관한 주장을 뒷받침하기 위해 이런 자료와 관찰을 인용하는 경우가 있지만, 정부의 권위[권한]에 관해 명백한 규범적 결론을 내리기는 어렵다. 큰 정부를 반대하는 세력이, 막대하게 늘어난 정부 지출과 경제 규모 대비 연방 정부 예산 비율의 증가 추세를 비판하더라도, 큰 정부의 옹호자들은 국가적 필요에 따라 정부 지출이 늘어나는 (또는 줄어드는) 것이라고 주장할 수 있다. 그리고 심지어 보수적으로 재정 정책을 펼치는 정부라 하더라도 (제2차 세계대전을 승리로 이끌고, 냉전 당시 소련 세력에 맞서며, 9·11 사태에 대처하기 위해서 이루어진) 국방 예산의 증가에 대해서는 별 문제 제기를 하지 않는다. 또한 진보 자유주의 진영은 지난 반세기 내내, 경제 규모의 확대와 더불어 점진적으로 꾸준히 증가해 온 연방 예산 덕분에 시민들이 이용할 수 있는 공공재와 서비스를 정부가 향상할 수 있었다고 주장할 것이다. 요컨대, 〈표 13-1〉에 나오는 수치들은 지난 반세기 동안의 연방 정부 활동의 추세를 보여 주지만, 정부의 권위[권한]가 어디까지인지에 대한 질문을 제대로 논하려면 이런 식의 경제적 자료를 넘어서는 개념과 논증에 근거해야 한다.

정부의 권위[권한]에 관한 우리의 생각은 아주 구체적인 측면, 즉 정부가 실제로 행하는 특정한 활동에 초점을 맞출 수도 있고, 정부가 어떤 일을 해야만 하는가와 같이 극히 일반적인 논의에 초점을 맞출 수도 있다. 다원적 정치에서는 일상적으로 대단히 구체적인 측면들을 다룬다. 예컨대, 최근 증액된 군비 예산을 대테러 전쟁에 쓸 것인가, 아니면 이라크와 같은 나라에 민주적 제도를 확산할 수 있는 가능성을 높이기 위해 쓸 것인가? 특정 주 의회에서 예산을 편성할 때 초등학교 공교육에 초점을 맞출 것인가, 고등교육에 초점을 맞출 것인가? 물론 이런 질문은 끝도 없이 이어질 수 있으며, 답변은 그런 질문이 제기되는 특정 정치 공동체 내에 존재하는 특별한 상황에 달려 있을 것이다. 그러나 정부의 권위[권한]에 관한 질문을 다룰 때에는 정부가 취해야 할 특정 정책을 넘어선 이야기나, 심지어 정부의 전체 예산이 늘어나는 것이 옳은가 하는 질문조차도 넘어서서 좀 더 일반적인 질문을 다루어야 한다. 이때 국가의 활동 전반에 대한 논의 ─ 가령 국가가 경제활동, 시민들의 도덕적 선택, 자연환경 보존 문제에 대해 통제를 가하는 것이 옳은가 ─ 가 이루어져야 할 것이다. 이런 질문을 제대로 이해하려면 각종 정치 이념들이 정부의 권위[권한]를 어떻게 파악하는지를 살펴보는 것이 가장 좋은 방법이다.

1
고전적 자유주의
...
시민의 (재산)권리를 보장하는 제한 정부

고전적 자유주의에서는 정부의 권위[권한]에 대한 구상을 명확히 하기 위해 사회계약설을 발전시켰다.[2] 예를 들어, 존 로크는 시민사회의 구성원들이 하나의 정부를 구성하기로 합의하는 것이 이성적이라고 주장했다. 그렇게 구성된 정부에 대해 사람들은 다음과 같은 권위[권한], 즉 개인의 권리를 명시하고 보호하는 법을 제정·집행하고, 이런 법률이 특정한 경우에 어떻게 적용될지에 관한 이견들을 중재하며, (타인의 권리를 보호해야 한다는) 실정법을 어긴 사람을 처벌할 수 있는 권위[권한]를 부여했다고 한다. 자유주의자는, 정부가 이런 과업을 수행하기 위해 외부의 적을 방어할 군사적 역량과, 범죄자로부터 일반인을 보호할 경찰력을 보유해야 한다고 생각했다. 또한 정부가 사인私人들 간의 계약을 다루는 민법을 제정·집행할 수 있어야 한다고 생각했다. 이런 정부의 권위가 잘 행사될 때 시민들은 안심하고 생업에 종사할 수 있다. 투자자·노동자·상거래인·소비자는 정부가 자신의 재산을 보호해 줄 것임을 확실히 믿을 수 있었다. 가령 누군가가 자신과 맺은 계약을 위반했다고 생각한 사람은, 자기주장의 타당성을 입증하고 적절한 보상 수준을 정하기 위해 공평한 재판관 — 국가의 사법적 권위 — 에게 자신의 고충을 호소할 수 있다. 그런데 사람들 간의 경제적 거래 관계가 더욱 복잡해지면서 새로운 민법 규정들이 더욱 많이 필요해졌다. 예를 들어, 개인 사업자가 아닌 법인 기업들이 점차 경제활동을 주도하면서, 기업의 권리와 책임을 다루는 법률이 제정되었다. 투자자들이 주식을 구입하여 기업의 부분적 소유자가 되자, 금융시장 규제 관련 법이 입안되었다. 경우에 따라 실패한 투자 건들이 생기면서 부채를 진 사람들이 나타났으므로 파산 관련 법률이 발전했다. 요컨대, 고전적 자유주의자는 (사람들이 안심하고 시장 거래를 하는 데 필요한) 민법을 제정하고 집행하는 것이 정부의 고유 기능이라고 생각했다.[3]

또한 고전적 자유주의자는 공공의 목적을 위해 물리적이고 사회적인 인프라가 어느 정도 필요하며, 그런 목적을 위해 정부의 권위를 동원하는 것은 인정된다고 생각했다. 경제활동을 촉진하기 위해 도로나 운하 및 기타 공공사업을 전개할 필요가 있었다. 공중위생을 위해 안전한 식수와 하수처리 시설도 필요했다. 더 나아가, 고전적 자유주의자는 어느 정도 교육받은 시민들이 있을 때 민주주의와 자본주의가 더 잘 운용된다고 믿게 되었으므로, 공교육을 제공하는 것도 정당한 정부 활동에 속한다고 인정하게 되었다.

고전적 자유주의는 이런 영역에서 정부의 권위[권한]가 늘어나는 것은 지지했지만, (오늘날의 자유주의적 정부가 권한을 행사하는) 수많은 영역에서 정부의 광범위한 개입의 필요성을 역설한 것은 현대 자유주의였다. 고전적 자유주의는 언제나 제한 정부를 강조했으므로, 시민들을 억압하지 않도록 정부의 권위[권한]를 축소하려고 노력했다. 고전적 자유주의자는 정부의 권위[권한]에 대해 네 가지 종류의 제한이 있다고 강조한다.

첫째, 정부는 사상과 표현의 자유를 침해해서는 안 된다. 고전적 자유주의에 따르면 정부는 "시민들에게 어떤 교의 또는 논쟁을 허용해 줄 것인가를 결정할 수 있는" 권한이 없다.[4] 정부는 종교적 신앙을 제한하거나 정치적 견해를 억눌러서는 안 된다. 그 신앙이 많은 시민들에게 아무리 거슬리더라도, 그 견해가 공직자를 아무리 비판한다 하더라도 그렇게 해서는 안 된다. 초기의 자유주의자는 이런 자유를 일종의 자연권으로 간주했지만, 임마누엘 칸트와 존 스튜어트 밀은 양심·연설·언론의 자유에 대해 정부가 개입하지 말아야 한다는 점을 공리적 관점에서 옹호했다. 칸트에 따르면, 정부는 언론의 자유를 억제해서는 안 된다. 왜냐하면 언론의 자유를 박탈할 경우 효과적으로 통치하는 데에 필요한 귀중한 정보를 얻을 수 없기 때문이다. 밀에 따르면, 정부(와 사회 전체)는 모든 사상 — 심지어 대단히 유해한 사상이라도 — 의 자유로운 표출을 허용해야 한다. 정부가 일반적으로 불간섭 원칙을 견지해야만 인간의 진보를 창출할 지성적 실험을 할 수 있기 때문이다.

둘째, 국가는 시민이 자신과 관련된 일 self-regarding acts을 자기 마음대로 행할 때 쓸데없이 참견해서는 안 된다. 밀과 같은 고전적 자유주의자는 인간의 삶을 두 영역으로 나눈다. 사적 영역이란 "어떤 사람의 행위가 다른 사람의 이해관계에는 영향을 미치지 않고 오직 자신의 이해관계에게만 영향을 미치는" 삶의 부분을 말한다. 사적 영역에서는 "법적으로든 사회적으로든, 원하는 대로 행동하고 그 결과를 스스로 책임질 수 있는 완벽한 자유가 있어야 한다".[5] 공적 영역 public sphere이란 어떤 사람의 행동이 타인에게 해를 입히거나, 어떤 개인의 행위가 사회와 그 제도들에 대해 상당한 영향을 끼치는 삶의 부분을 말한다. 대부분의 경우 사적 영역과 공적 영역은 나뉘어 있다. 고전적 자유주의자는 국가가 개인의 공적 영역에 해당되는 행위에 대해서만 정당하게 규제할 수 있다고 믿었다. 그런데 종교와 도덕심이 지나치게 강한 사회에서는, 국가에 대해 '사적인 유흥' — 춤을 추거나 게임을 하는 등 — 을 규제하고, 음주를 금지하며, 안식일에 가게 문을 닫게 하고, 결혼을 통제 — 예를 들어, 모르몬교 근본주의자들이 실천하는 일부다처제를 금지하는 것 — 하는 등의 압력을 가할 때가 있다. 밀에 따르면 "남의 일에 참견하기 좋아하는 신앙심 깊은 사람들(과 국가)에게는, 자기 일이나 똑바로 하라고 말해 줘야 한다".[6]

셋째, 국가는 자유 시장의 효과적인 작동에 필요한 정도 이상으로 경제활동에 대해 규제를 가하면 안 된다. 각국 정부는 (고리대금업과 같이) 부도덕하다고 생각되거나 또는 (외제품 구입과 같이) 공익에 어긋나는 것으로 간주된 경제활동에 대해 오래전부터 개입해 왔다. 그러나 고전적 자유주의자는 자유무역에 대한 규제를 반대하면서, 한 사회가 경제적으로 생산성이 높고 부유해지려면 사람들에게 자신의 사적 이익을 추구할 수 있도록 허용하는 것이 최선책이라고 주장했다. 자유무역에 대한 정부의 규제를 거부하는 이론을 내놓았던 자유주의자 가운데는 프랑스의 중농주의자들이 포함되어 있었다. 특히 프랑수아 케네François Quesnay, 1694~1776와 안 로베르 자크 튀르고Anne Robert Jacques Turgot, 1727~81 같은 이론가들은 정부가 규제하지 않을 경우에 경제 생산성이 얼마나 높아지는지를 입증한 경제학 이론을 내놓았다. 또한 이들은 다음과 같은 구호를 만들어 내기도 했다. "그대로 두라, 내버려 두라"Laissez-faire, laissez-passer(자유방임). 애덤 스미스는 사람들이 국가의 규제로부터 자유롭게 풀려나 자기 자신의 경제적 이익을 추구할 수 있는 자유를 가질 때, 보이지 않는 손이 사회적 조화를 이루어 내며, 모든 사람의 생활 조건이 향상될 수 있다고 보았다. 스미스는 『국부론』에서 상거래, 농업, 제조업 등에 대한 국가의 수많은 간섭을 비판적으로 지적했다.

넷째, 국가는 빈곤층의 필요를 충족하기 위해 부자들의 재산을 몰수하거나 과중한 세금을 부과해 부의 재분배를 시행해서는 안 된다. 로크는 다음과 같이 주장한다. "최고 권력자라 하더라도, 본인의 동의 없이 그 사람의 재산을 함부로 빼앗을 수 없다."[7] 중농주의자와 스미스 역시, 사람들이 재산을 축적할 수 있을 때에만 사회 전체가 부유해질 수 있는 방식으로 그 재산을 재투자할 것이라고 주장했다. 또한 부자는 사람들 사이에서 좋은 평판을 누리기 위해 자선 활동에도 열심히 나설 것이다. 따라서 고전적 자유주의자는 자본주의로 생겨난 불평등 현상에 대해 국가가 간섭하지 않아야 결과적으로 빈곤층의 조건이 향상된다고 믿었던 것이다. 19세기 자유주의 가운데서도 특히 사회진화론Social Darwinism 계열의 분파가 국가의 재분배 정책을 격렬히 반대했다. 허버트 스펜서는 사회 진보가 사람들 사이의 경쟁에 달려 있고, 빈곤층의 고통을 경감하기 위한 조치를 취하면 (나약하거나 부적격한 이들을 제거해 가는) 자연의 순조로운 진행 과정에 제동을 거는 셈이 된다고 주장했다. 따라서 스펜서는 정부가 "자선을 시행하고 …… 식품 가격을 조절하며 …… 어린이에게 예방접종을 실시하고 …… 서민들의 주택에 식수를 공급해야 한다는" 사상에 반대했다.[8]

고전적 자유주의에서 정부의 권위[권한]에 대해 제한을 가해야 한다고 강조하긴 했지만, 고전적 자유주의자가 약한 국가를 원했다고 가정하는 것은 잘못이다.[9] 몽테스키외 혹은 칸트와 같은 자유주의자는 모름지기 중앙정부는 개인의 권리를 침해할 수도 있는 사회세력들 — 예를 들어, 종교적 다수파 또는 지역 유지들 — 보다 더 강력한 권력을 보유해야 한다고 주장했다. 제임스 매디슨은 미국 헌법을 옹호한 것으로 잘 알려진 『연방주의자 논설』 제10편에서 중앙정부가 (작은 지역사회를 지배하곤 하는) 파당factions들의 전횡으로부터 시민을 보호할 수 있을 만큼 충분히 강력해야 한다고 주장했다. 역사적으로 보아 자유주의 정치 원리에 기반을 둔 정부가 국력을 키우는 데 극히 효과적임이 판명되었다. 19세기와 20세기 초까지 거대한 제국을 세워 전 세계를 지배했던 영국의 국력이 좋은 예다. 실제로 고전적 자유주의자는 특정한 기능만 수행하는 제한 정부가, 시민들의 협력과 부자들의 역량을 가장 효과적으로 동원해 큰 국가적 목표를 추구할 수 있는 정부 형태라고 믿는다. 요컨대, 고전적 자유주의는 정부의 권위[권한]가 특정 기능에만 집중되어 있고, 그 기능을 효과적으로 수행하는 데 필요한 체계를 갖춘 정부를 원한다고 할 수 있다.

2
전통적 보수주의

...

사회의 조화를 꾀한다

전통적 보수주의는 사회 진보를 위해 거대한 국책 사업을 수행하는, 활동력이 왕성한 정부를 반대하지만, 고전적 자유주의에서 주창하듯 한정된 역할만 수행하는 정부 역시 반대한다. 정부는 정치 공동체를 주도하는 주체답게 중요한 기능을 수행해야 하기 때문이다. 전통적 보수주의자는 정부가 그 권위[권한]를 공동체의 선익을 위해 사용해야 한다고 주장한다.

첫째, 정부는 개인·집단들에서 나타나는 갈등을 줄여 사회의 조화를 증진해야 한다. 정부는 단순히 '심판'umpire — 고전적 자유주의에서 선호하는 은유적 표현 — 이 되어서는 안 된다. 심판은 갈등이 일어난 후에야 그것을 해결하기 위한 규칙을 제정하곤 하기 때문이다. 정부는 개인들에게 정부의 권위에 순종하고, 필요하다면 눈앞의 자기 이익을 희생하라고 권면하는 등 적극적으로 사회 구성원들 간의 갈등을 줄이려고 노력해 사회의 조화를 추구해야 한다.

둘째, 정부는 교회나 시민사회 결사체와 같은 매개 조직들 — 도덕성을 함양하고, 빈곤층을 도우며, 특정 공동체 내에서 구성원들이 자신의 위치를 인식하게끔 상기시켜 주는 역할을 한다 — 을 장려함으로써 사회의 조화를 증진해야 한다. 따라서 자발적 집단을 만들고, 유지하며, 확장하는 일이 정부의 중요한 책임이 된다.

셋째, 정부는 전통 규범과 시민들의 관습적 권리를 보호해야 한다. 그런 규범과 권리는 오랜 시간에 걸쳐 (각 공동체에서 독특하게 발전된) 특정한 법적·제도적 약정에서 비롯되었으므로, 사람들이 이런 제도들을 존중하게끔 만드는 것 또한 정부의 책임이다.

넷째, 정부는 자본주의의 출현으로 야기된 부작용으로부터 사회를 보호해야 한다. 시장경제는 영주와 농노 사이의 결속을 와해하고, 그것을 소유주와 노동자 사이의 계약관계로 대체했다. 노동자는 가장 높은 임금을 지불하는 사람에게 자기 노동력을 팔 수 있는 명목적인 자유를 얻었지만, 노동자는 실제로 (노동자에 대해 계약에 준하는 임금을 지불하는 것 외에 어떤 책임도 갖지 않는) 한 사람의 고용주에게 매여 있는 신세나 마찬가지였다. 전통적 보수주의자는 이런 식의 자유 시장 제도를 못마땅하게 여겼다. 전체 공동체 및 부자들이 사회의 빈곤층을 돌볼 책임이 있다고 믿었기 때문이다. 전통적 보수주의는 시간이 지나면서 점차 시장 제도를 받아들이긴 했지만, 극심한 불평등과, 노동자들의 열악한 처우를 해결하기 위해 정부가 개입해야 한다고 주장해 왔다. 보수주의 정권들은 19세기 후반부에 급격한 산업화로 고통을 받던 노동자들을 보호하는 정책을 제정했고, 이런 보호 조치들이 노동자들의 충성을 확보하는 데 유용할 것이며, 따라서 자본주의 체제에 반대하는 마르크스주의 성향의 혁명을 제압하는 데에도 쓸모가 있을 것이라고 생각했다.

또한 전통적 보수주의는 부도덕하거나 무절제한 시장 행태를 억누르기 위해 정부가 시장에 개입하는 것을 찬성했다. 전통적 보수주의자는 구매자와 판매자가 자신의 욕구와 이해관계를 가장 잘 안다는 자유주의의 주장을 일축하면서, 사람들이 자유 시장 내에서 부도덕한 일까지 마음대로 추구하게끔 허용해서는 안 되며, 생산업자 역시 사람들의 저급한 본능에 부합되는 재화를 생산해서는 안 된다고 믿었다. 예를 들어, 전통적 보수주의자는 흔히 다음과 같은 행동, 즉 성매매, 포르노물 판매, 도박, 음주 및 마약 복용 등을 금하기 위해 정부의 권위[권한]를 행사하는 것은 정당하다고 주장하곤 했다.

요컨대, 전통적 보수주의자는 공익을 증진하고, 시민들에게 공익을 위해 각자가 맡아야 할 소임을 일깨워 주는 역할을 정부가 수행해야 한다고 믿는다. 전통적 보수주의에서는 고전적 자유주의에서 강조하던 제한 정부보다 더 활발하고, 눈에 띄며, 권위 있는 정부를 촉구한다. 그러나 전통적 보수주의에서는 그 어떤 완벽주의도 추구하지 않는다는 점을 기억해야만 할 것이다. 전통적 보수주의자는 정부가 모든 인간사와 사회문제를 해결할 수 있다고 생각하지 않으며, 정부가 자기 역할을 무조건 늘리는 것에도 반대한다. 따라서 전통적 보수주의가 중시하는 권력 체계는 제한된 형식의 정치limited style of politics라 할 수 있다.[10] 그러므로 보수주의 정부가 활동적으로 일한다 하더라도, 보수주의는 기존의 현상現狀을 유지하려 하고, 되도록 변화를 일으키기 싫어하므로, 보수주의 정부의 활동을 정부의 적극적인 개입이라고까지 보기는 어렵다.

3
아나키즘
...
모든 정부의 권위를 거부한다

아나키즘에서는 정부가 시민들을 다스릴 권위[권한]가 없다고 주장한다. 따라서 아나키스트는 시민의 안전을 보장하기 위해 정부의 권위[권한]가 필요하다는 고전적 자유주의의 논리와 사회를 통합하기 위해 정부의 권위[권한]가 필요하다는 전통적 보수주의의 논리를 둘 다 거부한다. 아나키즘이 제시하는 거부 이유는 세 가지다.

첫째, 아나키스트는 정부가 존재하기 때문에 사회 내에서 권력 투쟁이 일어나고 그것이 사회의 무질서를 낳는다고 주장한다. 실제로 국정을 담당할 공직자의 숫자는 정해져 있는데 '관직의 매력'에 끌린 사람들은 많으므로 서로 공직을 차지하기 위해 무한 경쟁을 벌인다는 것이다. 역사적으로 사람들이 권력을 쟁취하기 위해 타인에게 잔혹하고 폭력적인 행동도 불사한다는 점을 발견하기는 어렵지 않다. 또한 권력 이양기에 흔히 엄청난 사회적 불안정이 야기되곤 한다는 점도 역사가 잘 보여 준다. 요컨대, 정부가 안전을 보장해 줄 수 있는 능력보다, 정부 권력을 쟁취하기 위한 투쟁 과정에서 발생하는 정치 공동체 내의 불안정이 더 크다는 뜻이다.

둘째, 아나키스트는 국가의 법률이 통상 빈곤층과 힘없는 사람들의 필요를 외면하고, 부자와 힘센 사람들의 자유와 재산을 보호해 주는 경향이 있다고 본다. 국가의 법률은 자본주의와 전통 규범에 의해 억압받는 사람들을 범죄자로 규정하곤 한다. 크로포트킨의 말을 들어 보자. "법원에서 다루는 모든 사건의 4분의 3이, 직간접적으로 부의 생산 및 분배와 관련하여 현 사회의 무질서한 상태로부터 비롯된 것들이다. 사악한 인간 본성으로 인한 범죄와는 아무 상관이 없는 사건들인 셈이다."[11] 국가의 법률은 범죄자에게서 사회를 보호하기보다, 자본주의에서 착취당하는 사람들이 기본적 필요를 충족하기 위해 저지를 수밖에 없는 행위를 '범죄'로 규정할 뿐이다. 만일 자본주의가 (부자들이 소비하는 사치품을 생산하지 않고) 사람들이 필요로 하는 재화를 생산한다면, 그리고 만일 사회에서 착취당하는 사람들의 고생과 필요를 반영하는 방식으로 이런 재화를 분배한다면 대다수 범죄는 사라질 것이다. 또한 국가의 법률은 공동체의 전통 규범에 도전하는 — 타인에게 해악을 끼치지 않더라도 — 사람을 범죄자로 만든다. 만일 정부가 사회적 편견을 다루는 법률 — 성적 자유를 억압하거나 마약 사용을 금지하는 등의 법률 — 을 제정·시행하지 않는다면, 법원과 감옥에는 자신의 생활 방식 때문에 '범죄자'로 낙인찍힌 사람들이 덜 붐빌 것이다.

셋째, 아나키즘에서는 국가의 법률이 장기적으로 인간의 도덕적 타락과, 사회의 무질서를 초래할 것이라고 주장한다. 아나키스트는, 인간의 사회적 행동이 (인간의 행동 강령처럼 되어 버린) 국가의 법률에 의해 규율받게 되면서, 사람들이 자신의 도덕적 원칙에 의해 규율받지 않게 되었다고 지적한다. 이렇게 될 때 사람들은 국가의 처벌을 받지 않으려는 행동 동기에 의해 국가의 법률을 준수하게 된다. 이런 식의 행동 동기가 생길 경우, 사람들은 정부 당국의 눈을 피할 수만 있으면 타인의 권리를 침해할 것이다. 더 일반적인 차원에서, 올바른 행동이 무엇인지를 국가의 법률이 정해 준다고 사람들이 믿게 되면, 무엇이 진짜 옳은 일인지에 관해 자신의 도덕적 판단력을 행사할 가능성이 줄어든다. 그러나 국가의 법률이 정의롭지 않은 경우도 적지 않으며, 도덕적 판단이 개재된 쟁점에 곧잘 침묵한다는 점에서 법률이 도덕적 지침이 되기에는 부적합하다. 사람들이 자신의 도덕률에 의해 행동하지 않고 국가의 법률에만 의존한다면, 국가의 불의를 지속할 가능성이 커지고, 도덕적 원칙보다는 개인적 편의에 따라 행동할 가능성이 커진다.

정부의 권위가 인간의 도덕적 발전을 저해하기 때문에 정당하지 못하다는 사상은 오래전부터 아나키즘에서 주장해 온 것이지만, 정부의 권위가 정당하지 않은 이유를 로버트 폴 울프Robert Paul Wolff만큼 간결하고도 명확하게 정리한 사람이 없었다. 울프의 『아나키즘: 국가권력을 넘어서』In defense of Anarchism에 따르면 권위와 자율성 사이에는 화해할 수 없는 갈등이 존재한다고 한다. 권위는 명령할 권리와 복종 받을 권리로 이루어진다. 정치 이론가들은 지금까지 왜 정부가 그런 권위를 보유해야 하는지에 관해 수많은 (허구적인) 정당화 논리를 제시해왔다. 전통적 보수주의에서는 권력자들이 탁월한 지혜와 덕성이 있음을, 그리고 그런 권위에 복종하는 것이 어째서 안정되고 조화로운 공동체를 낳는지를 설명했다. 고전적 자유주의에서는 사회계약 사상을 만들어 내어, 시민들이 자신의 생명과 재산을 보장받는 대가로 국가 지도자들에게 권위를 부여했다고 주장했다. 울프에 따르면 이런 식의 정당화 논리들은 도덕철학의 핵심 쟁점 — 개개인이 도덕적 자율성을 지녀야 한다 — 을 해결하지 못한다. 도덕적 자율성은 자유와 책임이 결합된 개념이다. 사람들은 자유의지를 소유하고 있기 때문에 자유롭다고 할 수 있다. 자유의지 덕분에 어떻게 행동할 것인가에 대해 스스로 선택할 능력이 생기기 때문이다. 자신의 선택이 도덕적으로 옳은 것과 부합되어야 한다는 사실을 인정할 때, 인간은 책임 있는 존재가 될 수 있다. 인간은 이성을 가진 존재이므로 "성찰하고, 탐구하며, 어떻게 행동해야 할지를 숙의하는 과정"에 참여할 수 있다.[12] 따라서 정부의 권위 — 정부가 국민의 복종을 받을 수 있는 권리 — 와 개인의 자율성 — 각자가 자기 자신을 위해 자유롭고 책임감 있게 선택할 수 있는 권리 — 사이에는 본질적으로 화해할 수 없는 갈등이 존재한다. 이런 갈등을 없애기 위해 국가에 권력을 부여해 사람들의 복종을 강요하는 것은, 사람들의 도덕성을 빼앗고 타락하게 만드는 것이나 다름없다. 정부의 권위에 복종하는 사람들은 도덕적 방임 상태에 빠진다. 정부의 명령대로 맹종하고, 또한 도덕적 판단을 내려야 할 상황에서 무엇이 자신과 타인에게 도덕적으로 옳은지를 판단하는 데 인간의 역량을 활용하지 않게 되기 때문이다. 따라서 사람들은 스스로 도덕적 이성을 실행할 기회를 충분히 가져야만 공동체 내에서 타인들과 조화롭고 자연스럽게 살아갈 수 있는 도덕적 역량을 발전시킬 수 있다.

이런 갈등은 단지 개념 규정의 문제가 아니라, 일상생활에서 매일 부딪치는 현실이기도 하다. 예를 들어, 어떤 사람이 나쁜 것이라고 생각하는 정책 — 예를 들어, 타국을 군사적으로 침공하는 것 — 을 정부가 세금을 써서 추진하려 한다면, 그 개인이 세금을 납부하는 것 자체가 자신의 도덕적 자율성을 허무는 행동이 된다.[13] 또한 어떤 사람이 도덕적으로 필요한 것이라고 생각하는 행동 — 예를 들어, 안락사 — 을 정부가 금지한다면, 이 경우에도 그 개인의 자율성이 침해받게 된다. 만일 이때 인간이 자신의 도덕적 자율성을 포기하고 국가의 명령에 따르기만 한다면, 그 사람은 자신의 인간존재를 규정하는 능력(도덕적 자율성) 자체를 포기하는 것이나 다름없다.[14]

아나키스트는 만일 정당한 권위가 있다면 그것은 사회로부터 자연적으로 우러나오는 권위뿐이라고 주장한다. 이런 점에서 아나키스트는 흔히 '국가의 성문법'the written laws of government과 '사회의 불문율'the unwritten laws of society을 구분한다. '국가법'은 탄압자의 지배를 위한 수단에 불과하지만, '사회법'은 사회의 조화를 돕는 사회적 규범인 것이다. 국가법은 강압적으로 집행되지만, 사회법은 사회의 여타 구성원들이 행사하는 유연한 사회적 압박의 형태로 실시된다. 국가법은 개인의 도덕적 자율성과 부합되기 어렵지만, 사회법은 개인이 올바른 도덕적 선택을 내릴 수 있도록 그 사람을 안내해 준다.

4
마르크스주의
...
억압적 권위, 필요한 권위, 그리고 권위의 소멸

마르크스는 자유주의 사회의 정부가 그 권위[권한]를 이용하여 자본가들의 이익을 증진해 준다고 믿었다. 이런 자유주의 정부는 자본축적을 배양하고, 더욱 독점화되어 가는 엘리트 지배계급 — 이들은 노동을 절감해 주는 혁신 기술에 투자할 수 있다 — 의 수중으로 부를 집중했다.[15] 오늘날의 마르크스주의자는, 민주 자본주의가 성숙하면서 국가가 이제 일종의 신화 창조와 포섭을 통해 계급 갈등을 무마하려 한다고 주장한다.[16] 국가는 지배 이념, 종교적 신앙, 사회적 관습 등을 활용하여 교묘한 신화를 창조해 사람들이 민주 자본주의의 이른바 보편적인 장점에 현혹되게끔 한다. 또한 국가가 제공하는 복지 정책과 고용 보험 프로그램 등은 소외 계층을 포섭하고 무마하기 위한 책략이었다.

자본주의가 전복된 후 나타나는 사회주의사회에서는 정부의 권위[권한]를 제대로 활용하여 경제의 모든 영역을 통제할 수 있게 된다.[17] 생산수단 — 은행과 교통·운송·통신 부문의 산업체 등 — 은 사회화되어야 한다. 농업도 집단농장화되어야 한다. 혁명을 반대하는 사람들의 재산은 모두 몰수해야 한다.[18] 정부의 권위[권한]는 시장의 무질서를 타파하고, 계획을 통해 생산을 합리적으로 조절해야 한다. 공적 권위[권한]는 사회적 필요를 확정할 수 있어야 하고, 이런 필요에 부응하기 위해 생산을 조직화해야 한다. 생산의 공적 관리를 통해 사익이 공익을 지배하지 못하게 해야 한다. 또한 공적 권위[권한]는 반대파 및 부르주아지에 의한 반혁명 책동을 분쇄해야 하며, 사람들이 미래의 공산 사회에서 내면화할 평등주의적·박애주의적 가치를 받아들이게끔 교육하는 역할을 해야 한다.

미래의 공산 사회가 도래하면, 국가는 단순한 행정 기능만을 담당하게 될 것이다. 이때가 되면 시민들이 공동체를 우선시하는 창조적 노동자가 되어 있을 것이고, 경제적인 결핍도 사라졌을 것이며, 계급 없는 사회가 창조되었을 것이므로, 개인의 행동을 규제하고, 사회재를 분배하며, 지배계급의 이익에 복무할 정부의 권위[권한]에 대한 필요성이 사라질 것이다.

5
공산주의
…
국가를 폐지할 수단으로 광범위한 권위를 정당화한다

마르크스주의와 마찬가지로 공산주의 역시 자유주의 사회에서 정부의 권위는 자본가들의 이익을 증진하기 위해 사용된다고 믿는다. 혁명이 발생한 후 (이제 공산당의 통제 아래 있게 된) 국가의 권위를 이용해 이상 사회로의 이행을 추진해야 한다. 이런 미래가 도래했을 때에 마르크스가 예견했듯이 정부의 권위에 대한 필요성이 사라질 것이다. 공산주의는 마르크스의 국가의 권위에 대한 생각을 발전시켜, 완벽한 사회로 이행하는 동안 국가권력의 역할에 대한 새로운 구상을 내놓았다. 공산주의는 이행기 동안 국가의 권위가 절대적이어야 하고, 그것이 사회적 권위, 경제적 권위, 해석적 권위 등 세 가지 종류의 권위로 이루어져야 한다고 주장해 왔다.

첫째, 공산국가는 사회적 권위를 이용해서 새로운 인간 — 이상 사회를 건설하기 위해 반드시 출현해야 하는 인간형 — 을 구현할 수 있는 방식으로 사회를 형성해야 한다. 국가는 시민들을 직접적으로 통제해야 하며, 자본주의사회에서 인간의 존재를 규정해 온 이기적이고 경쟁적인 규범을 멀리하도록 사람들을 '재사회화'해야 한다. 또한 국가의 사회통제를 통해 사람들이 공동체를 지향하고 협동적이며 창조적인 노동자가 되는 것의 가치를 깨달을 수 있게 해주어야 한다. 그리고 국가는 시민사회 내의 다양한 사회제도들 — 가족·학교·종교 및 지역사회 결사체 — 을 통제해 그 제도들이 사회주의적 시민을 양성하려는 국가의 노력에 도움이 되도록 만들어야 한다.

둘째, 공산국가는 경제적 권위를 이용하여 자본주의 이전의 전통 사회를 산업화해 이상적인 공산주의가 상정하는 부를 창출해야 한다. 냉전 당시 대다수 공산권에서는 이런 목표를 달성하기 위해 매우 권위적인authoritative 국가의 역할을 옹호했다. 원형적인 본보기는 1929년 스탈린이 도입한 집산주의적 소비에트 국가형태 — 1980년대 중반 고르바초프가 개혁을 도입했을 때까지 유지되었다 — 라 할 수 있다. 스탈린은 모든 사기업체를 국유화했고 집단농장제를 실시했다. 또한 국가 경제를 완전히 중앙에서 관료적으로 통제하게 만들었다. 중앙의 계획 담당자들은 '5개년 계획'Five-Year Plans을 추진해서 생산의 우선순위를 정하고 생산 목표와 할당량을 지시했다. 여러 직업군들의 급여 수준도 중앙에서 결정했다. 지역의 산업은 고객의 만족도(또는 불만족도)에 따라 상향식으로 결정되는 것이 아니라, 노멘클라투라nomenklatura(공산당 고위 관료)가 하향식으로 감독했다.

경제의 국가 통제 — 예컨대, 혁신과 노력에 대해 적절한 보상책이 결여된 점 — 에 대해 많은 비판이 가해졌지만[19] 계획경제 덕분에 적어도 여러 해 동안 경제 상황이 좋아진 것은 사실이었다. 예를 들어, 1960~73년 소련의 연간 경제 성장률은 5.3퍼센트로 추산되는데, 이는 미국을 포함한 대다수 자본주의국가보다 더 높은 실적이었다. 더 나아가, 이 시기에 소련은 투자 지출을 계속 늘릴 수 있었으며 1977년에는 미국의 투자 지출을 능가하기도 했다. 소련 사회의 소비율이 미국 수준에 도달한 적은 없었지만 1955~75년에 두 나라의 소비율 격차가 상당히 줄었다.[20] 그럼에도 1980년대 들어 소련의 중앙계획 및 중앙통제 경제가 지속 가능하지 않다는 사실이 분명해졌다. 자본주의사회와 대등한 경제 수준을 달성하지 못했을 뿐만 아니라, 공산 사회에 필요한 부를 생산하지도 못했던 것이다. 이에 실망한 공산권 시민들은 미래의 이상 사회를 위한다는 명분 아래 자기들이 짊어져야 했던 희생에 의문을 제기하기 시작했다. 또한 그들은 이런 희생을 정당화하던 공산주의 이념 자체가 단순히 허구와 기만일지도 모른다고 생각하기 시작했다. 이런 분위기가 확산되자 공산권 지도자들은 경제의 국가 통제 정책을 재검토하기 시작했다.

그런데 국가가 경제를 얼마나 통제할 것인가 하는 문제가 공산주의의 핵심 원칙은 아니라고 주장할 수도 있다. 일찍이 1921년에 레닌은 소비에트 경제를 통제하려는 극단적 볼셰비키들의 요구에 대응하여 신경제정책NEP, New Economic Policy을 도입한 바 있었다. 1928년까지 지속된 신경제정책이 시행되면서 자유무역에 대한 규제가 많이 풀렸고, 일부 중소기업체의 국유화 조치가 철회되었으며, 농업 부문에서 시장 자유가 늘어났다. 유고슬라비아의 티토는 노동자평의회에 의한 자주관리 제도를 도입하여 산업체 노동자들이 관리자를 선출하거나 해임할 수 있고, 공장의 각종 의사 결정을 심의할 수 있게 했다. 1986년 고르바초프는 페레스트로이카(재편) 정책을 도입하여 중앙 집중화된 소련 경제의 경직성을 탈피하고자 했다. 이런 정책들로 우선 지역 단위의 관리자들이 소비자의 수요에 부응하는 생산을 하고, 생산성을 독려할 수 있는 방식으로 임금과 보너스를 책정할 수 있게 되었다. 이런 조치는 오래지 않아 산업과 농업 부문에서 제한된 형태의 사적 소유와 수익성의 증가로 확대되었다. 근년 들어, 중국에서도 경제의 과도한 국가 통제를 탈피하여 가격통제 정책을 없애고, 기업의 사적 소유를 허용하며, 해외 직접투자를 개방했다. 2004년에 대대적으로 개정된 중국 헌법은 경제활동에서 민간 부문의 역할을 강조하고, 사유재산이 자의적인 몰수 대상이 되지 않도록 보호해야 한다고 규정했다.[21] 1992년 이래 쿠바에서도 새로운 농산물 시장을 허용했고, 경제의 일부 영역에서 자영업을 합법화했다.[22] 그러므로 공산주의를 실천할 때 국가의 광범위한 계획경제가 필요한지, 혹은 국가가 지역 기업체에 더 많은 자율성을 부여할 수 있을지 등은 결국 해석의 문제라고 볼 수 있다.

셋째, 해석적 권위는 어쩌면 공산주의자가 그 이상을 달성하기 위해 가장 중요한 핵심적 기능일지도 모른다. 공산주의의 관점에서 볼 때 마르크스의 연구가 이상적인 공산 사회를 건설하는 방법을 제시해 주는 적절한 지침이긴 하지만, 마르크스의 저술은 대단히 복잡하고, 정부의 권위를 구체적으로 적용하는 데에 불명확한 점이 적지 않다. 따라서 이런 문제에 관한 마르크스의 견해를 해석할 수 있는 적임자는 정치 이론가도 아니고, 일반 시민도 아니며, 오직 공산당 지도부뿐이다. 그런데 공산당의 해석에는 자의적인 측면이 엿보인다. 예를 들어, 스탈린주의자는 마르크스 저작의 어떤 부분을 인용하여 집단적 소유와 경제의 중앙통제가 중요하다고 지적할 수 있고, 고르바초프는 마르크스 저작의 다른 부분을 인용하면서 경제적 결정에서 분권화를 추구해야 한다고 주장할 수도 있다.[23] 공산당 지도부 내에서 마르크스에 관해 서로 다른 해석을 내릴 수는 있으나, 어쨌든 공산주의에서는 당 지도부만이 그런 해석적 권위를 보유하는 것이 필수적이라고 규정한다. 공산당의 임무 가운데는 이상적 공산 사회로 나아가는 진보를 가로막을 수도 있는 해석의 오류를 제거하는 임무도 포함되어 있다.[24] 이렇게 본다면, 고르바초프의 개혁이 소련 공산주의 모델로부터 가장 많이 이탈한 부분은 경제적 권력에 관한 페레스트로이카(재편)가 아니라, 해석적 권위에 관한 글라스노스트(개방)라고 할 수 있다. 글라스노스트를 통해 공산당은 궁극적인 해석적 권위를 포기했고, 사회·경제적 쟁점에 대해 열려 있는 논쟁을 허용했기 때문이다.

6
파시즘과 나치즘
...
전체주의적 국가의 권위를 수용한다

파시즘과 나치즘에서는 국가의 권위[권한]를 하나의 수단, 즉 특정한 국가 또는 인종이 자신의 궁극적 목적을 달성하기 위한 권력을 획득하는 수단으로 간주한다. 파시즘의 교의에 따르면 정부의 권위는 국가의 의지를 표현하고, 국가의 위대함을 달성하는 데 필요한 권력을 제공하기 위해 사용되어야 한다. 파시즘의 목표가 강력한 국가 건설에 있으므로 정부는 그런 목표를 달성하기 위해 필요한 절대적인 권위[권한]를 가져야만 한다. 그러므로 파시즘에서는 시민들에게 국가에 대한 완전한 충성을 주입시켜야 한다. 젠틸레는 그런 국가를 일종의 전체주의적 존재로 묘사한다.

> 따라서 국가와 시민 — 그저 이 시민 또는 저 시민이 아닌, 모든 시민 — 간의 관계는 지극히 친밀한 관계이므로, 시민이 국가를 존재하게 할 때에만, 그리고 그렇게 하는 한도에서만 국가가 존재할 수 있다. 그러므로 국가의 형성은 개인들의 마음속에, 대중의 마음속에 국가라는 의식이 형성되는 것과 같은 과정이다. 바로 이 때문에 파시스트당, 그리고 모든 선전·교육기관들이 필요하다. 파시즘은 이런 조직을 통해 총통의 사고와 의지를 대중들의 사고와 의지로 전환한다.[25]

국가는 민족적 일치를 이룩하기 위해 사회·경제·종교·사생활 등 모든 측면에 대해 완전하고도 배타적인 통제권을 행사해야 한다. 가족·교회 및 기타 모든 정치적·사회적·사적 조직 또는 활동이 모두 국가의 관할권에 속한다.

나치는 특정 인종이 지배권을 획득하기 위해 사용하는 도구가 바로 국가라고 생각했다. 히틀러의 말을 들어 보자.

> 국가는 목적을 위한 수단이다. 국가의 목적은 동질적인 심신을 가진 피조물들로 이루어진 공동체를 보존하고 향상하는 것이다. 공동체의 보존이라 함은 무엇보다 한 인종으로서 존립한다는 말이며, 따라서 인종 내에 잠복해 있는 모든 잠재력의 자유로운 발전을 촉진한다는 말이다. 이런 잠재력의 일부는 언제나 물리적 인간의 보전이라는 과업에 일차적으로 복무하며, 그 나머지 잠재력은 정신적 발전의 증진이라는 과업에 복무한다. 실제로 하나의 과업이 언제나 다른 과업을 위한 전제 조건을 창출한다. …… 이런 목표에 복무하지 못하는 국가는 불출(不出)의 존재, 아니 흉측한 기형에 불과하다.[26]

나치즘의 교의에서 **총화단결론**Gleichschaltung — 국가가 앞장서서 나치즘의 목표를 달성하기 위해 사회 전체의 사적·사회적·정치적 제도 및 활동을 동질화하는 것 — 은 파시즘에서 추구한 것보다 훨씬 더 전체주의적인 국가 통제를 달성하려는 목표를 이론화한 개념이다. 인종적 순수성을 달성한다는 목표는 국가적 일치라는 다소 모호한 목표보다 더욱 강력한 권위[권한]를 필요로 하기 때문이다.

그럼에도 국가의 권위에 관한 파시즘과 나치즘의 원리는 일반적으로 서로 유사하며, 아주 단순하게 표현되어 있다. 원칙적으로 국민 혹은 인종 집단의 목표를 추구하기 위해 국가가 무제한의 권위를 부여받아야 한다는 것이다. 이 말은 국가가 모든 시민의 삶에서 주도적인 세력이 되어야 하며, 시민들의 믿음·이상·감정·동기 및 충성심을 통제해야 한다는 뜻이다. 또한 국가는 경제생활에서도 주도력을 발휘하여, 생산·소비 및 투자를 계획하고 통제해야 한다. 그리고 국가는 문화생활에서도 주도력을 발휘하여 예술·문학·종교를 통제해야 한다. 그러나 실제로는 나치즘이나 파시즘에서 모든 기업을 국유화하지는 않았다. 기업의 사적 소유가 정상으로 간주되었기 때문이다. 파시즘과 나치즘은 기업을 소유하기 위해 국가의 권위를 이용하지 않는 대신, 기업을 통해 (경제활동의 결과가 국가적 목표에 부응하도록) 경제를 지배하는 방법을 활용했다. 이와 마찬가지로 나치즘이나 파시즘은 국가의 권위를 동원하여 교회를 완전히 배척하지 않고, 종교 지도자들을 위협해서 정권에 수동적으로 동조하도록 만드는 정도에 만족했다. 그러나 파시즘과 나치즘의 전체주의적 측면을 완전히 파악하려면 다음과 같은 사실, 즉 국가의 권위가 잠재적으로 무한정하며 완전하다고 믿었던 점과, 권위의 행사를 어느 정도 자제한다고 하더라도 그것은 치밀한 계산 — 적어도 단기적으로는 개인들과 하부 조직에 약간의 재량권을 부여하더라도 그것이 국가적·인종적 절대 목표를 구현하는 데 방해가 되지 않으리라는 계산 — 에 근거한 실용적인 양보에 불과했다는 점을 이해해야 한다.

7
현대 자유주의
...
제한 정부에서 강력한 국가로

현대 자유주의는 시민들이 국가의 과도한 권위[권한]로부터 보호되어야 한다고 믿는 점에서 고전적 자유주의와 견해가 같다. 개인의 자유를 보호하기 위해 절대주의와 자의적 행동이 통제되어야 하기 때문이다. 그러나 고전적 자유주의와 비교해서 현대 자유주의는 국가의 권위[권한]에 대해 훨씬 더 큰 역할을 부여한다. 시민의 권리를 확대해야 하는 이유도, 그렇게 해야만 시민들이 정부에 대해 자신의 복리를 제공해 달라고 요구할 수 있기 때문이다. 또한 국가는 지속적이고 잘 관리된 경제성장을 이룩하기 위한 정책을 입안하고 시행해야 한다. 국가는 경제·사회·안보 문제를 해결하기 위해 실용적이고 과학적인 방법론을 구사할 줄 알아야 한다.

문제를 확인하도록 돕고 국가 활동의 우선순위를 정하기 위해 자유주의 정부는 각종 사회·경제적 지표를 동원해서 다음과 같은 영역들 — 보건, 폭력 범죄, 학생들의 학력 신장, 소수자와 여성의 사회 진출, 환경적 조건의 변화 등 — 에서 일어나는 변화 양상을 측정한다. 따라서 현대 자유주의에서는 실업률 또는 기타 경제활동 지표들을 추적하는 정기적인 보고에 특별히 주의를 기울인다. 또한 자유주의자는 소득과 부에서 부유층과 빈곤층, 백인과 소수집단, 남성과 여성 사이에 존재하는 불평등을 감시한다. 이 모든 자료를 수집하고 축적하는 활동 뒤에는 다음과 같은 전제, 즉 국가가 경제·사회·환경적 조건의 악화에 대해 적절히 대응해야 한다는 전제가 깔려 있는 것이다.

그러나 현대 자유주의자는 국가가 이런 문제들을 전지전능한 법률이나 만능 정책을 통해 해결할 수 있을 것으로 기대하지 않는다. 인플레가 극심하더라도 자유주의자라면 여간해서 의무적인 급여 수준이나 가격통제를 주장하지 않는다. 실업률이 높더라도 자유주의자라면 여간해서 정부가 실직한 사람들의

(마지막으로 기댈 곳으로) 고용주 역할을 하라고 주장하지 않는다. 학생들의 수학 성적이 떨어졌다 하더라도 자유주의라면 여간해서 획일적·의무적인 수학 교과 과정 편성을 주장하지 않는다. 자유주의자는 정부가 시장경제 및 다원적 사회라는 대원칙 아래 운용되어야 한다고 본다. 이런 대원칙은 권위주의적인 접근을 취할 가능성을 낮추고 그 효과를 줄인다. 따라서 자유주의자는 사회 상황이 악화되더라도 개인과 사업체 및 기타 집단들이 속해 있는 사회 상황과 법률을 일부 수정하는 정도에 만족한다. 자유주의 정부는 가격을 통제하기보다 화폐 공급을 축소하고 소비자의 수요를 줄여 인플레 압력을 내리려고 노력할 것이다. 자유주의 정부는 의무적인 수학 교과과정을 강요하기보다 교육 당국에 적절하다고 생각되는 방식으로 교육의 질을 향상할 자원과 유인을 제공할 것이다. 요컨대 자유주의자는 정부가 미시적 차원에서 모든 일을 감독하거나 경제·사회 생활을 일일이 통제하기를 원치 않는다. 그 대신 자유주의자는 정부가 개인과 조직이 사회문제를 해결할 수 있는 방식으로 행동할 수 있도록 유인하는 법률과 정책 및 조건의 큰 틀을 만들어 내고, 거시적 차원의 계획을 수립하기를 원한다. 현대 자유주의자는 고전적 자유주의와 마찬가지로 사적 영역을 존중하지만, 고전적 자유주의와는 달리 사람들이 공공의 목적에 종사할 수 있도록 유인하기 위해 공적 권위[권한]를 효과적으로 활용할 수 있다고 믿는다.

현대 자유주의자는 사적 영역과 공적 영역 사이를 명확히 구분하기가 점점 더 어려워지고 있음을 인정한다. 현대 자유주의는 개인이 자기 스스로 선택한 '좋은 삶'을 추구할 만한 사적 공간을 많이 보존할 수 있기를 바라지만, 경우에 따라서 정부의 권위[권한]를 동원해 일정한 도덕적 입장을 추구해야만 풀릴 수 있는 사회문제도 있다는 사실을 인정하게 되었다.[27]

현대 자유주의자가 보기에 인종과 젠더 및 기타 '귀속적 특성'ascriptive traits에 근거한 차별은 정부가 나서서 해결해야 하는 도덕적 쟁점의 한 가지 사례다. 만일 정부가 도덕적 문제에서 엄격하게 중립을 지킨다면, 편견을 가진 사람들이 자기가 싫어하는 사람과 상대하지 않겠다고 해도 어찌할 수가 없을 것이다. 그러나 자유주의자는, 여성이라는 이유만으로 고용을 거부하거나 흑인이라는 이유만으로 부동산을 팔지 않겠다고 한다면, 그런 행동은 상당히 심각한 사회문제에 해당된다고 본다. 따라서 자유주의에서는 반차별nondiscrimination이라는 도덕적 덕목을 법의 형태로 제정했던 것이다.

포르노, 마약중독 및 알코올의존증, 가족 해체, 미성년자 임신 등이 확산 — 만연하지는 않았다 하더라도 — 되면서 현대 자유주의에서는 이런 사회문제를 해결하기 위해 정부가 어떤 역할을 해야 하는지를 자체적으로 논의하기 시작했다. 이 가운데 자유주의 입장의 한 가지를 들어 보면, 포르노의 생산자와 소비자는 상호 동의하는 성인들이 사적 영역에서 행동한 것이며, 그 누구에게도 (자기 자신 외에는) 해악을 입히지 않은 것으로 봐야 하므로 포르노를 허용해야 한다고 주장한다. 하지만 포르노가 사람들을 착취한다고 보는 자유주의자도 있다. 낙태 문제에서는 많은 자유주의자들이, '낙태의 불법화'와 '무제한적 낙태 허용'이라는 양 극단 사이에서 어느 정도의 정부 규제가 필요하다고 본다. 자유주의자는 임신 3개월 이후의 낙태 금지와, 미성년자가 원치 않는 임신을 종결하기 전에 부모의 동의를 구하게 하는 조치 등 낙태에 대해 제약을 가하는 것에 동의하는 것으로 낙태 문제에 대해 자신의 우려를 표시할 수 있다. 그러나 자유주의자는 여성이 자신의 몸을 통제할 수 있는 근본적인 권리와 같은 사안에서까지 국가의 권위[권한]를 동원하는 것에는 유보적인 태도를 보인다.[28]

현대 자유주의는 개인의 도덕적 자유에 대해 국가가 어느 정도 개입하는 것을 마지못해 인정하지만, 경제활동에 국가가 개입하는 것은 상당히 열성적으로 지지한다. 현대 자유주의에서는 독일과 일본 및 아시아의 '호랑이'로 불리는 신흥공업국에서 정부가 경제활동에 (손을 뗀 것이 아니라) 개입했기에 경제적 성공이 이루어졌다고 생각한다.[29] 그러나 자유주의자는 개인의 도덕적 선택을 되도록 존중하려고 하듯이, 개인의 경제활동 자유 역시 최대한 보장해 주려고 한다. 자유주의자는 정부가 자유 시장을 폐지하라고 요구하는 것이 아니고, 자유 시장의 질서를 잘 잡아주기를 바란다.

현대 자유주의는 지속적이고 안정된 경제성장을 모색하며, 국가의 권위[권한]를 통해 (통제되지 않은 자유 시장에서 발생하는) 경기순환 문제를 해결할 수 있다고 믿는다. 매년 약 3퍼센트 정도의 경제성장이 이루어지면 적당한 수준에서의 완전고용, 투자 기회 증가, 임금 인상, 그리고 공공재와 서비스를 확대하는 데 필요한 세수 증대를 달성할 수 있다는 것이다. 경제가 하강하거나 침체되면 이런 목표를 달성하기 어려워진다. 물론 지나친 성장으로 경기가 '과열'되면 높은 인플레와 같은 문제도 발생할 수 있다. 이런 문제를 다루기 위해 현대 자유주의에서는 존 메이너드 케인스John Maynard Keynes, 1883~1946가 발전시킨 재정 운용 정책fiscal policies을 활용했다. 이런 정책을 적용하려면 (정책의 구체적 내용은 상당히 복잡하지만) 경제적 사안에 정부의 광범위한 개입이 필요하다는 정도만 이해해도 우리의 목적에 충분할 것이다. 한편으로 경제 침체기에는 공공 지출 확대 그리고/또는 감세와 같은 정부의 경기 부양책이 필요하고, 다른 한편으로 경기가 과열되었을 때에는 정부 지출 축소 그리고/또는 증세와 같은 정부의 경기 억제책이 필요하다.

현대 자유주의자는 정부가 부정적 외부 효과의 문제를 다루어야 한다고 믿는다. 부정적 외부 효과란 사람들이 자기 자신에게는 유리하나 '제삼자' 또는 대중에게는 불리한 결과를 초래하는 — 또는 이들에게 비용을 전가하는 — 방식으로 상품을 생산하거나 거래를 진행할 때 나타난다. 예를 들어, 기업체들은 흔히 생산 비용을 낮추기 위해 생산 폐기물을 무단 방출해서 환경을 훼손하곤 한다. 건축업자들은 수익을 극대화하기 위해 편부모 가족들이 거주하는 단독주택 세대들에게 피해를 주는 방식으로 아파트 단지 재개발을 추진하기도 한다. 자유주의자는 이런 경향을 해결하기 위한, 다수 대중의 건강과 복지를 보호할 목적의 공해 규제, 지역 재개발사업 규제, 기타 유사한 경제활동 규제 조치에 찬성한다.

또한 자유주의자는 시장이 공공재public goods를 적절하게 공급하지 않는 문제를 정부가 나서서 해결해 주기를 바란다. 공공재란 (적어도 어느 정도는) 특정 개인에게만 나눠 줄 수 없는 이득이 생기는 어떤 것을 말한다. 공공재의 고전적 사례로 국토방위를 들 수 있다. 국토방위는 나눌 수 없는 어떤 것이다. 특정 개인에게만 이득이 되는 것이 아니고, 모든 시민에게 이득이 돌아가는 것이기 때문이다. 정부의 개입이 없을 때, 시장에만 의존해 공공재를 공급할 수 없게 되는 문제가 발생한다. 이성적으로 자기 이익을 추구하는 사람이라면 자신의 몫을 지불하지 않으면서 타인이 지불한 공공재를 공짜로 누리는 '무임승차자'가 되고 싶을 것이다. 그런데 자유 시장에서, 모든 사람을 위한 공공재를 제공할 시설 업체에 대해 기꺼이 자기 몫을 지불하겠다고 할 '호구'는 거의 없을 것이다. 그러므로 자유주의자는 공공재를 적절하게 공급하려면 정부가 개입할 필요가 있으며, 모든 사람이 의무적인 납세를 통해 자기 몫을 지불할 필요가 있다고 주장한다. 자유주의 경제학자들은 공급이 부족한 공공재가 많다는 점을 강조한다.[30] 교육, 직업훈련, 공중 보건, 공공안전, 기타 인적 자원 등에 대한 정부의 투자는 사회 전체에 이득이 된다. 대중교통 체계, 쓰레기 처리 시설, 기타 각종 사회 인프라에 대한 정부 지출 역시 사회 전체에 큰 이익이 된다. 또한 (암이나 에이즈 치료제로부터 에너지 효율성이 높은 차량에 이르는) 다방면의 과학 연구 및 기술 발전을 위한 정부 보조금도 공공재로 볼 수 있다.

마지막으로 자유주의자는 시장경제에 참여하지 못하는 사람들을 정부가 지원할 필요가 있음을 인정한다. 보수주의와 달리 자유주의에서는 빈곤층이 원래 게으르다거나, 모든 사람이 '복지 혜택만 바라보고 있지 말고, 일자리를 구하기만' 하면 빈곤 문제가 자연히 해결될 수 있을 것으로 보지 않는다. 자유주의자는 많은 빈곤층이 일할 수 없거나, 혹은 일을 하더라도 극히 낮은 임금을 받는 일자리를 얻을 수 있을 뿐이라고 주장한다. 아동, 청소년, 어린아이가 딸린 독신모, 장애인일수록 빈곤 상태에 놓이기 쉽다. 자유주의자는 자본주의 경제체제에서 일어나는 경기 침체와 다른 문제들로 구조적 실업이 야기될 수 있으며, 이렇게 되면 생산성 있고 일할 의욕도 있는 노동자들이 노동시장에서 쫓겨나기 쉽다는 사실을 인정한다. 요컨대, 현대 자유주의는 자본주의가 빈곤 문제에 부분적으로 책임이 있다고 믿는다. 또한 자유주의자는 순수하게 자본주의적인 경제체제는 빈곤층의 필요를 충족하지 못하지만, 그렇다고 해서 자본주의를 철폐하면 빈곤 상황이 더 악화될 것이라고 믿는다. 개인적인 자선 역시 빈곤층을 구제할 수 있는, 믿음직하고 효율적인 수단이 되지 못한다. 따라서 현대 자유주의는 국가가 빈곤층에 대해 폭넓은 책임을 져야 한다고 믿는다. 이 주제는 정의의 문제를 다루는 14장에서 더 상세히 거론할 것이다.

8
현대 보수주의
...
정부의 역할을 제한한다

현대 보수주의는 정부의 활동과 권위[권한]가 제한되어야 한다고 생각하지만, 제한된 범위에서만큼은 강력하고 효과적이어야 한다고 믿는다. 모든 사회문제를 해결하기 위해 정부의 권력을 동원하려 해서는 안 된다. 실제로 보수주의자는 에이즈 확산이나 마약중독과 같은 문제를 '개인 문제'personal problems라 하지 않고 '사회문제'social problems라고 표현하는 일이 정부의 개입을 확대하려는 자유주의자의 술책이라고 생각한다. 문제를 가진 모든 집단을 돕기 위해 정부의 권위[권한]를 함부로 동원하려 해서는 안 된다. 특히 자신의 나쁜 선택에서 빚어진 문제일 경우, 정부가 절대로 그것을 도우려 해서는 안 된다. 그러므로 현대 보수주의는, 자유주의와 사회주의 정부가 미심쩍은 '사회문제'를 해결하겠다고 나서는 바람에 정부의 역량이 지나치게 소진되어 정부의 고유 목표를 달성할 능력이 줄어들었다고 본다.

현대 보수주의자는 정부의 가장 중요한 임무는 국가 안보를 지키고 국내 질서를 유지하는 것이라고 믿는다. 정부는 대외 정책을 수행하면서 국익을 효과적으로 추구해야 하며, 공산주의 확산과 국제 테러리즘 및 기타 적들에 의한 적대 행위를 막을 수 있는 강한 군사력을 유지해야 한다. 따라서 9·11 사태 이후 국가 안보 위협이 늘어나면서 조지 W. 부시 대통령은 장관급 위상의 국토방위부를 신설했고, 국방예산을 증액했으며, 대테러전쟁을 전개했다. 이런 대응 방식은 (복지 제공보다 안보와 군사 요구가 우선이라는) 보수주의의 평소 관점과 부합하는 것이었다. 또한 보수주의자는 정부가 국내 질서 유지에 초점을 맞추어야 한다고 믿는다. 보수주의에 따르면 자유주의는 범죄자의 권리에만 관심을 기울이는 바람에 오히려 경찰의 운신의 폭을 좁혀 놓았고, 범죄에 대해서도 유화적인 태도로 일관했다고 한다. 이와 대조적으로 보수주의는 경찰력을 증강하고, 법망이 허술해 진범이 풀리는 일을 줄이고, 범죄자에게 더욱 확실하고 가혹한 처벌을 부과하며, 특히 사형제를 부활해 흉악한 범죄를 단죄하고 싶어 한다.

보수주의자는 일반적으로 정부의 권위[권한]가 필요하다고 생각하지만, 정부의 권위[권한]가 지나치게 비대해지면 개인의 자유가 위협받기 쉽다고 우려한다. 따라서 보수주의자들은 정부의 권위[권한]와 자유 사이의 어디에 경계선을 그어야 할지를 놓고 내부적으로 활발한 논쟁을 벌이고 있다. 많은 보수주의자들이 국가의 권위[권한]를 옹호하기 위해 토머스 홉스의 사상에 기대고 있다. 홉스의 견해는, 부시 행정부가 외국계 테러리즘으로부터 미국을 방어하기 위해 추진했던 정책처럼, 시민적 자유를 제한하는 것이라고 이해할 수 있다. 부시가 대법관으로 지명한 두 사람 — 존 로버츠John Roberts와 새뮤얼 알리토Samuel Alito — 역시 홉스적인 가정을 받아들이고 있는 것처럼 보인다. 그러나 이들을 제외한 여타 보수적 판사들은 과도한 국가의 권위[권한]로부터 개인 권리를 보호해 온 기록이 있다. 따라서 보수적인 성향의 대법원이라 하더라도 이런 쟁점들을 어떻게 해결할지는 확실하지 않다. 개인의 도덕적 덕성을 함양하기 위해 정부의 권위[권한]를 동원해도 되는가 하는 문제를 놓고 현대 보수주의 내에서 이와 유사한 긴장이 존재한다. 사회적 보수주의자는 자기들이 도덕적 타락이라고 여기는 활동에 대해 정부가 강력한 금지 조치를 내려야 한다고 생각하지만, 이보다 온건한 보수주의자는 이런 문제에 정부가 직접 나서기보다 (교회와 같은) 더욱 도덕적인 문화를 배양하고 전통 가치를 옹호하는 자발적 결사체들을 정부가 지원하면 될 것이라고 믿는다.

현대 보수주의에 따르면, 정부가 경제에 어느 정도 개입하는 것은 정당하지만, 좌파 이념에 속한 사람들이 주창하는 것에 비해서는 훨씬 적게 개입해야 한다고 한다. 예를 들어, 보수주의자는 오랫동안 '강제 수용' 원칙을 인정해 왔다. 이때 정부는, 도로 건설이나 공공시설 건립 등 공적인 목적을 위해 (재산 소유자에게 적절한 보상을 해준다는 전제로) 개인의 사유재산을 수용할 수 있다. 그러나 대다수 보수주의자들은 2005년의 '켈로 대 뉴런던 시 사건' 판결●에 불만을 품어 왔다. 이 판결로 주 정부와 지방자치 정부가 강제수용 권한을 발동하여 개발업자들이 (단지 간접적으로만 공익에 도움이 되는) 민간 개발 사업을 위해 땅주인으로부터 토지를 취득하는 것을 지원할 수 있게 되었던 것이다. 자유주의자는 정부의 강제수용 권한이 늘어나야 하고, 그 권한을 활용하여 민관 합작 사업 ― 민자를 유치하여 스타디움, 경기장, 회의 시설물 등을 건설하고 민간에게 그 운영을 위탁하는 것 ― 을 펼칠 수 있어야 한다고 주장해 왔다. 통상 보수주의자는 강제수용 명령을 점차 폭넓게 활용하는 요즘 추세가 전통적인 재산권을 침해하는, 좌파의 또 다른 공세라고 본다.

더 넓은 의미에서, 현대 보수주의자는 완전히 자유방임적인 시장이 때로는 바람직하지 않은 결과를 낳을 수도 있음을 이해한다. 보수주의자는 부정적 외부 효과 문제를 해결하기 위해 어느 정도 정부의 적극적인 조치가 필요하다는 자유주의자의 견해에 동의하는 편이다. 예를 들어, 보수주의자도 대기·식수·토양 등의 오염을 줄이기 위해 정부 규제가 필요하다는 것을 잘 안다. 그러나 보수주의자는 자유주의가 사회문제에 접근하는 '명령과 통제' 방식 ― 예를 들어, 미국의 환경보호국EPA이 사기업에 대해 활용 가능한 최고의 기술을 활용해 환경보호 기준을 준수하라고 요구하는 것 ― 이 대단히 강압적이고, 극히 관료적이며, 민간 부문에 자체적으로 (정부 기준치보다 오히려 더 많이 공해를 줄일 수도

● 켈로 대 뉴런던 시 사건(Kelo v. New London) 판결 : 2005년 6월 미국 대법원에서 (공공의 목적을 위해 보상을 대가로 사유재산을 거두어들여 사용하는) 수용권(收用權, eminent domain)을 좀 더 폭넓게 인정한 판결. 이후 수용권이 행사되는 과정에 큰 영향을 행사하지 못하는 사회적 약자와 소수민족의 희생에 주목한 반대가 이어졌다.

있는) 혁신적 해결책을 내놓을 수 있는 기회나 유인을 전혀 부여하지 않는다고 비판한다. 보수주의 경제학자들은 정부의 환경보호 기관들이 공해 배출 요금제를 시행하고, 공해 배출 실태를 감시하며, 기업에 대해 배출한 공해만큼 세금을 납부하게끔 해야 한다고 주장한다. 이들에 따르면, 이런 식의 시장적 해결 방식을 통해 민간 부문이 새롭고 효율적인 공해 방지 기술을 개발할 수 있도록 ― 비용을 절감하고 시장에서 경쟁력을 갖출 수 있도록 ― 권장하는 편이 강제 규정보다 더 효과적이라고 한다.

또한 보수주의자는 공공재가 사회에 필요하며, 정부 예산으로 이를 충당할 필요가 있다는 점을 이해한다. 질병 확산을 막기 위한 예방접종 사업이나, 양식 있고 숙련된 시민들을 육성하는 공교육 등이 공공재에 속한다. 보수주의자는 자유 시장을 통하면 이런 공공재가 제대로 공급되지 않을 수도 있다는 점을 이해하며, 정부가 이런 공공재를 산출하는 것을 지원해야 한다고 믿는다. 그러나 보수주의자는 관료들이 반드시 공공재를 잘 창출할 수 있다고는 보지 않는다. 예를 들어, 보수주의에서는 정부가 설립한 공립학교에서 학생들에게 공교육을 일률적으로 실시하기보다, 정부가 학부모에게 바우처●를 배포하여 학부모가 그것을 이용해서 자녀를 어떤 학교 ― 가령, 공립학교 또는 사립학교 ― 에 보낼지를 선택할 권리를 가져야 한다고 생각한다.[31] 바우처 제도를 도입하면 정부가 (거의 모든) 교육비를 감당하면서 빈곤층을 포함한 모든 이들이 바우처를 지급받는다. 그렇게 되면 (일종의 내부 시장적 메커니즘을 써서) 학교가 학부모의 선택을 유치하기 위해 스스로 혁신하고 효과적인 교육을 실시하게 하는 유인 효과를 발생할 수 있다고 한다. 이렇게 되면 교육을 제대로 제공하지 못하는 부실 학교는 학생들을 유치할 수 없으므로 바우처 제도로 형성된 교육 시장에서 살아남을 수 없게 된다. 하지만 좋은 학교는 현행 공교육의 독점 구도 아래 제

● 바우처(voucher) : 정부가 특정 수혜자에게 교육, 주택, 의료 따위의 복지 서비스 구매에 대해 직접적으로 비용을 보조해 주고자 지불을 보증하는 취지로 발행한 전표.

공되는 것보다 양질의 교육을 제공할 수 있으므로 많은 학생들을 유치하고 번창하게 될 것이다.

또한 현대 보수주의는 빈곤 문제 역시 일정 부분 정부 개입이 필요한 사안이라고 인정하긴 하나, 그렇다고 해서 현대 자유주의와 사회주의가 만들어 낸 대규모 복지국가를 찬성하지는 않는다. 14장에서 현대 보수주의가 빈곤 문제에 접근하는 원칙을 알아볼 것이다.

9
급진적 우파
...
정부를 축소하고 사회적 규제를 강화한다

급진적 우파는 자유주의 및 사회주의 정부가 경제에 지나치게 관여하면서 도덕적 타락에는 지나치게 무심했다고 믿으며, 현대 보수주의가 좌파의 이런 실정失政에 맞서 유용한 대응책을 어느 정도 제시했다고 생각한다. 그러나 급진적 우파는 보수주의 정권이 시장 개입을 축소하는 과제에 지나치게 미온적으로 대처했고, 정부의 권위[권한]를 동원하여 시민들이 사회의 주도적인 가치관을 따르게 하는 데 지나치게 소극적이었다고 믿는다. 하지만 급진적 우파 내에서도 이런 쟁점들에 대해 의견이 서로 갈린다. 자유 지상주의의 경우 경제와 도덕 영역 모두에서 국가의 권위[권한]를 더 적게 행사해야 한다고 보는 반면, 전통적 공동체주의와 사회적 보수주의 및 종교적 우파는 도덕적 쟁점 영역에 초점을 맞춰 국가의 개입을 주장한다. 그런가 하면 국수주의자는 전 지구적 경제체제 내에서 미국 노동자들의 권익을 보호하기 위해 정부가 규제 권한을 더욱 행사해야 한다고 말한다.

경제에 대한 정부 개입과 재산권의 제한 등의 쟁점에서는 자유 지상주의가 고전적 자유주의 전통의 진정한 계승자라 할 수 있다. 실제로 로버트 노직의 자유 지상주의는, 국가의 역할이 사회안전을 보장하는 정도에 그쳐야 한다고 강조했던 존 로크의 자유주의를 더 급진화한 것으로 볼 수 있다.[32] 로크는 개인의 권리를 보호하려면 정부를 구성할 필요가 있다고 선선히 인정한 반면, 노직은 치안을 유지하고 개인들 간의 분쟁을 판단해 줄 정부를 창설하기 전에, 개인들의 권리를 보장할 수 있는 자발적인 계약을 더 많이 강구해야 한다고 주장했다. 어쩌면 치안과 같은 행위도 (안전이 필요한 고객과 안전을 제공해 줄 수 있는 보안 업체 사이의) 자발적인 시장 거래를 통해 구할 수 있을지도 모른다. 보안 업체 — 예를 들어, 이런 일을 핑커턴*이나 심지어 마피아와 같은 조직이 맡을 수도 있을 것이다 — 는 고객의 요금을 받는 대신, 고객의 권리를 보호해 주는 경찰 업무를 수행하고, 고객의 권리를 침해하는 사람을 체포하고 처벌하며, 고객의 권리를 침해한 가해자로부터 보상을 받아 줄 수 있을 것이다. 처음에는 수많은 사설 보안 업체들이 난립하겠지만 고객들에게 안전을 보장해 준다는 논리가 확대되면 결국 주도적인 보안 전문 업체들이 출현할 것이다. 그렇게 되면 모든 사람이 (서로 다른 보안 업체를 이용하는 고객들 간의 분쟁을 해결할 수 있는 힘을 지닌) 가장 영향력 있는 보안 업체의 보호를 받고 싶어 할 것이다. 따라서 궁극적으로 모든 사람이 가장 강력한 보안 업체로부터 보안 서비스를 구매하게 될 것이고, 그런 최강의 보안 업체는 일종의 '최소 국가'와 비슷한 조직이 될 것이다.

하지만 가장 강력한 보안 업체라 하더라도 그것이 정부가 될 수는 없다. 두 가지 이유가 있다. 첫째, 이 업체의 보호, 중재, 보상 업무 능력은 그 업체의 '힘'power에서 나오는 것일 뿐 합법적이고 정당한 권위authority에서 나오는 것은 아니다. 어떤 강력한 조직이 권위를 갖게 되어 마침내 정부의 위치로 격상되었다면 그것은 사람들이 그 조직의 '정당성'legitimacy 또는 통치할 수 있는 도덕적 권리

● 핑커턴(Pinkertons) : 미국의 사설 보안·흥신 업체.

를 인정해 준 연후에야 가능하다. 그러나 단지 막강한 힘만 가진 보안 업체는 남들보다 우월한 강제력에 근거해서 다스릴 수 있을 뿐이다. 둘째, 아무리 거대한 보안 업체라 하더라도 요금을 지불하는 고객에게만 보호 서비스를 제공한다. 주도적인 보안 업체가 사업을 벌이는 지역에 사는 사람들 가운데 이용료를 내지 못해 고객이 되지 못한 사람은 체포와 처벌만 당할 뿐, 보호받지는 못한다. 온전히 자발적인 계약에 의한 보안 업무의 이 같은 결함 때문에, 노직은 (유권자들의 승인에 의해 정당성을 확보한) 저강도의 자유 지상주의 정부가 모든 사람에게 보안을 제공할 수 있는 가장 적절한 정부 형태일 것이라고 인정했다. 보안 서비스 요금을 낼 수 없는 형편의 사람들을 위해 이런 정부에서는 더 잘사는 사람들에게 세금을 좀 더 거두어 못사는 사람의 요금을 충당하는 방식의 (미약한) 재분배 정책을 취할 필요가 있다. 그러나 모든 사람에게 동일한 보안을 제공하는 일만 해도 정부의 권위가 감당하기에 벅차다.[33] 따라서 정부는 시민의 사회·경제적 행동을 규제해서는 안 되며, 경제적 재화 역시 모든 사람에게 동일한 보안을 제공하는 것 이상으로 재분배해서는 안 된다. 왜냐하면 정부의 존재이유가 자유 시장의 보안 업체가 제공하는 보안 서비스의 결함을 보충하는 정도에 지나지 않기 때문이다.

노직의 이론이 정부의 권위를 지나치게 제한했다고 믿는 자유 지상주의자도 있다. 예를 들어 하이에크류의 자유 지상주의에서는, 정치 공동체가 헌법을 통해 명백하게 규정해 놓은 것만을 정부가 담당하게 하자고 제안한다. 하이에크에 따르면, 정부 역할을 헌법적 규정의 준수에 한정하는 것이 필요한 이유는, 그렇게 해야만 공직자들이 (정책 수혜자가 선거 동맹을 결성해 그런 정책을 입안한 공직자를 재선출해 줄 것이라고 믿으며 입안한) 불필요한 정책을 위한 예산으로, 사유재산에 매긴 세금으로 충당한 재원을 탕진하지 않을 것이기 때문이다.[34] 자유 지상주의 경향을 지닌 일부 경제학자들은 애초 헌법을 제정했던 사람들이 미처 생각지 못했던 추가적인 정부 활동이 발생할 수 있다고 지적했다. 예를 들어, 밀턴 프리드먼은 정부가 공공재를 제공해야 하고, 대중을 외부 효과로부터 보호해야 하며, 극심한 빈곤을 완화해야 하는 추가적인 활동이 필요하다고 인정했다. 그러나 정부가 행하는 많은 일들 — 예컨대, 사회보장 프로그램 운영, 수입관세 부과, 최저임금제 실시, 마약 판매 처벌 등 — 이 개인의 권리와 경제적 효율성이라는 원칙에서 봤을 때 정당화될 수 없다고 주장한다.[35] 정부가 이런 식의 불요불급한 업무를 모두 포기할 때 정부의 크기가 줄어들고, 개인의 자유가 활짝 꽃필 것이다. 자유 지상주의자는 정부가 부당한 활동을 줄일 수 있는 최선책은 감세 정책을 통해 정부를 '굶기는'to starve 것이라고 주장하곤 한다.

전 지구적 신자유주의자 역시 자유 지상주의적 경향을 지니고 있지만, 전 지구 경제체제 내에서 정부 개입을 줄이는 문제에서는 자유 지상주의보다 덜 강고한 입장을 나타낸다. 지구화론자는 정치경제 영역에서 정부의 역할이 다음과 같아야 한다고 주장한다. 즉, 진정한 시장 경쟁을 보장하는 데 필요한 규제만 시행하고, 시장 활동의 투명성을 보장하며, 부정부패를 통제하면 된다는 것이다. 정부 규제가 철폐되어야 할 항목 가운데는, 사적 이익을 보호하고 증진하는 정책 — 국내 기업을 경쟁으로부터 보호하기 위해 수입을 금지하거나 수입관세를 많이 매기는 정책 — 과 시장 진입을 가로막는 관행 — 가령 산업 안전 기준을 높게 설정해서 개도국이 전 지구적 시장에 진입하지 못하게 막는 행위 — 및 효과가 불분명함에도, 공익을 명분으로 과다하게 예산을 지출하는 정책 등이 포함된다.[36]

지구화론자는 지구화의 혜택을 온전하게 누리려면 과세 부담을 줄이고 정부 지출을 축소할 필요가 있다고 지적한다. 이들은 정부 예산을 줄이려면 다음과 같은 조치가 필요하다고 믿는다. 정부의 관료 집단 — 특히 규제 관련 업무 부서의 공직자들 — 을 감축하고, (현재 독점화된 공공서비스 제공자들의 비효율을 줄이고 시장 경쟁으로 인한 효율성을 도입하기 위해) 공공서비스를 민영화하며, 복지를 축소해야 한다는 것이다. 복지권 때문에 오히려 구직 동기가 약한 빈곤층은 물론, 정부 보조금이 없으면 시장 경쟁에서 살아남지 못하는 기업체를 위해서도 복지를 축소할 필요가 있다고 한다. 그러나 지구화론자는 교육이나 보건과 같은 각종 공공재와 사회적 필요를 충족하기 위해 정부의 권위[권한]를 동원할 필요가 있다는 점을 인정한다.[37] 정부의 공공재 제공은, 모든 사람이 전 지구

적 경제활동에 참여할 수 있는 기회와 능력을 부여하기 때문에 정당화될 수 있다고 한다.[38]

지구화론자는, 정치 공동체 내의 주류적인 도덕적 이상에 개인의 행동을 맞추게 하기 위해 정부의 권위를 행사해서 개인의 자유를 제한하는 문제에 대해서는 이렇다 할 주장을 밝히지 않는다. 이런 유보적인 태도는 도덕의 규제가 경제 규제 — 예를 들어, 선정물과 섹스 상품이 유통되는 거대시장의 규제 — 로 이어지기 쉽다는 지구화론자의 우려 때문일 것이다.[39] 아니면 지구화론자는 국가가 아니라 지역사회 및 교회와 같은 자발적 결사체가 도덕률을 정하고 증진하면 된다고 볼지도 모른다. 현재 전 세계에는 다양한 형태의 도덕성이 존재하므로, 도덕의 문제를 국가와 같은 거대 공동체 차원의 문제로 격상해 버리면 경제적 번영을 가져올 수 있는 사업 활동에서 불필요한 혼란이 초래될 수 있기 때문이다.

급진적 우파 내의 다른 목소리들은 정부가 그 권위를 동원해서 전통적 문화가치의 훼손을 저지하고, 가치 상대주의를 억제해 주기를 원한다. 문화적 보수주의자는, 시민들이 전통적 문화가치에 애착을 느끼지 않는 한, 국제 현실 속에서 자국이 강력한 비교 우위를 갖기 어렵고, 국내 문제를 효과적으로 해결하기 위해 국론을 통합하기 어렵다고 본다. 그러므로 문화적 보수주의는 정부에 대해 (자국의 강력한 정체성을 약화하는) 다문화주의 정책이나 느슨한 이민정책을 시정하라고 요구한다. 사회적 보수주의는 이보다 더 초점이 분명한 도덕적 의제를 주장한다. 사회적 보수주의자는 불쾌하게 여기는 문학·영화·미술·음악 등을 정부가 검열하고, 낙태를 금지하며, 동성 결합과 같은 "혐오스러운" 행동을 규제해야 한다고 본다.[40]

미국의 국수주의자는 미국 정부의 권위[권한]를 동원하여 모든 미국인들을 지구화의 영향력으로부터 보호해야 한다고 주장한다. 이들은 미국 정부가 "불공정한 국제 경쟁"으로부터,[41] 그리고 (미국 정부의 특혜를 받으면서도 정작 미국인의 몫이었던 일자리를 타국에 외주를 주는) 초국적 기업의 행태로부터 미국 국민을 보호하기 위해 정당한 권위[권한]를 행사해야 한다고 믿는다. 또한 가장 중요하게는, 미국 내로 유입되는 이민을 규제해야 한다고 주장한다. 이민자들이 미국 시민들의 일자리를 빼앗거나, 적어도 미국 노동자들의 급여 수준을 낮추기 때문이다.

10
급진적 좌파
...
공적 영역을 확장한다

현대 보수주의 및 급진적 우파와 비교해서, 급진적 좌파는 현대인들이 직면하는 대다수 문제를 정부의 개입이 필요한 사회문제로 파악한다. 급진적 좌파는 자유주의 정부가 통상 자신의 권위[권한]를 동원해서 사회문제의 근원 — 또는 궁극적 원천 — 을 파헤치지 못한다고 생각한다.

　예를 들어, 교육과 관련된 사회문제를 살펴보자. 현대 자유주의자는 부유한 백인 아동이 가난한 흑인 아동보다 더 좋은 학교에 다니는 것이 중요한 교육 문제라고 본다. 이런 진단을 놓고 미국의 자유주의자는 정부의 권위[권한]를 동원해 학교를 인종적으로 통합하고, 주 내의 부유한 학군과 가난한 학군 사이의 교육예산을 평준화하며, 헤드스타트Headstart나 업워드바운드Upward Bound와 같은 특별 프로그램●을 도입해서 가난한 집안의 학생들이 동급생들을 따라잡을 수 있도록 조처했다. 급진적 좌파는 교육 문제에 관한 자유주의의 접근 방식을 거부하지는 않지만, 이런 방식이 충분치 않다고 생각한다. 이보다 더 근본적인 문제

● 소외 계층 자녀들의 학교 적응 및 학력 신장을 위해 특별히 고안된 교육·사회정책 프로그램들로 연방정부 및 주 정부가 모두 개입한다.

는 학교 체제가 전통문화 및 자본주의 체제의 지배로부터 벗어나지 못하는 것이다. 급진적 좌파는 학교가 학생들에게 사회·경제적 체제 내에서 수동적인 역할을 받아들이도록 만든다고 믿는다. 대부분의 학교는 학생들을 분류하고 그들에게 명칭을 부여하는 역할을 한다. 이런 과정을 통해 가장 유리한 학생들은 전문직·관리직 경력자의 길을 걷게 되고, 가장 불리한 위치의 학생들은 임금이 낮은 직종을 받아들이고 그곳에서 일하도록 훈육된다. 급진적 좌파는, 학교가 학생들에게 (전통적 가치관을 받아들이고 자본주의 경제체제가 바라는 바대로 살아가는) 수동적인 시민이 되라고 가르칠 것이 아니라, 학생들이 민주 사회 내의 자유롭고 평등한 시민으로 자라날 수 있도록 도와주어야 한다고 생각한다. 이렇게 하기 위해 정부 당국은 공립학교의 모든 학생들에게 평등한 기본 교육을 제공해 주어야 하고, 이런 학교가 다음과 같은 압력, 즉 전통문화와 자본주의경제의 가치를 증진시킬 수 있는 커리큘럼을 따르라는 압력을 받지 않도록 보호해 주어야 한다.[42]

급진적 좌파 내의 여러 목소리들이 사회문제의 근본 원인을 해결하기 위해 정부의 권위를 동원해야 한다는 점에는 동의하지만, 이들이 중시하는 문제는 모두 다르다. 급진 페미니즘은 가부장적 가족제도를 타파하기 위해 정부의 지원을 모색해 왔다. 심층 녹색주의는 자연 자원을 보호하기 위해 정부의 규제가 필요하다고 역설해 왔다. 민주사회주의는 공공재의 생산과 소비, 시장 규제, 그리고 자본주의에서 생산한 재화를 재분배하는 정부의 광범위한 역할을 특히 강조해 왔다. 급진 민주주의는 다문화주의를 지원하는 정부 정책을 모색해 왔다.

급진 페미니즘은 제한 정부를 강조하는 자유주의의 입장 및 자유주의에서 말하는 공사公私 영역 구분에 대해, '사적인 것이 정치적인 것'이라는 모토를 내세우면서 직접 비판을 가하고 있는 것처럼 보인다. 그러나 그렇다고 해서 페미니스트들이 모든 가족과 사적 영역에 정부의 권위[권한]가 동원되어야 한다고 선언하는 것은 아니다. 페미니즘은 여성의 자기 몸에 대한 통제권 — 가령 낙태권 — 과 같은 문제는 (정부의 권위[권한] 행사 범위 바깥에 존재하는) 순전히 개인적인 결정이라고 믿는다.[43] 그 대신 '사적인 것이 정치적인 것'이라는 슬로건은 다음과 같은 생각에 주의를 환기하고 있는 것이다. 즉, 가족 내에서 일어나는 일들도 정치적 의미를 담고 있으므로, 간혹 정부의 개입이 정당한 경우가 있다는 말이다. 특히 가족 내 폭력 문제는 이제 남편과 아내 사이의 사적인 일로 치부되어서는 안 된다. 이런 경우 경찰과 법원이 개입해야 한다. 더 일반적인 차원에서, 자녀 양육과 가사에서 부부간에 불평등이 사라지지 않고 있으므로 정부가 보육 프로그램을 제공할 필요가 있다.

심층 녹색주의는 정부에 대해 환경을 보호할 수 있는 프로그램을 위해 더 큰 권위[권한]를 행사하라고 촉구해 왔다. 수많은 환경 관련 프로그램이 현대 자유주의 정부의 의제에 포함되었고 심지어 현대 보수주의자들조차 이런 조치들을 받아들이게 되었지만, 심층 녹색주의자는 이에 만족하지 않고 환경 분야에서 더 많은 규제를 요구하고 있다. 예를 들어, 많은 심층 녹색주의자들이 (운전자는 생태적으로 지속 가능한 운전 습관을 키우고, 생산자는 생태적으로 지속 가능한 자동차를 개발할) 일종의 유인으로 휘발유에 지금보다 훨씬 더 높은 세율을 매기자고 주장한다.

급진적 좌파 내의 많은 목소리들이 경제 영역에서 정부의 권위[권한]를 확대하려고 노력해 왔다. 11장 "사회구조"에서 이 문제를 이미 논한 바 있고, 다음 장에서도 이 문제를 좀 더 다룰 것이다. 따라서 이 장의 논의는 경제적 사안에서의 정부 역할에 대해 급진적 좌파 내 여러 관점들이 지니고 있는 서로 다른 원칙들에 초점을 맞출 것이다.

시민적 공동체주의는 상품 시장과 노동시장을 존중하지만, 이들은 결국 넓은 의미에서 인민의 의지를 들어야 하며, 정부의 권위[권한]는 인민의 의지에 따라 행사되어야 한다. 마이클 왈저는 다음과 같이 말한다.

사회적 생산을 할 때 사회적으로 인정된 필요 충족이 우선적인 의무가 된다. 사회적 필요가 충족될 때까지 잉여 수익은 있을 수 없다. 잉여 수익으로는 필요의 영역 너머에 있는 상품의 생산과 교환을 부담한다. 사회적 필요가 충족되지 않은 상태에서 자기 자신만을 위해 거금을 전유하는 사람은 독재자와 다를 바 없다. 그런 사람은 사회

의 안전과 복리의 분배를 지배하고 왜곡하는 장본인이다.[44]

요컨대, 시민적 공동체주의는 정부의 권위[권한]가 (공동체 내 모든 구성원들이 공통적으로 필요로 하는 것을 인정하고, 사회의 구성원들이 극빈층에 대해 져야 할 책임을 받아들이는) 공적 영역을 우선시해야 한다고 촉구하고 있는 셈이다. 이런 사회적 필요가 충족된 후에야 시민들이 (소유하기를 원하지만 생필품은 아닌) 각종 경제적 재화 또는 상품에 대한 개인적 욕망을 추구할 수 있어야 할 것이다.

존 롤스와 같은 평등주의적 자유주의자 역시 강력한 국가를 요구한다. 이런 국가는 자신의 권위[권한]를 적극적으로 행사하여, 대다수 국가에 존재하는 것보다 더욱 평등한 사회를 달성하기 위해 노력해야 한다. 롤스는 자신의 평등주의적 원칙은 과격한 것이 아니라, 현대 자유주의에서 추구하는 통상적인 정부 정책을 정당화할 뿐이라고 주장한다. 정부는 "사회적 최소치"를 보장해야 하고, 누진세를 통해 그런 복지 예산을 충당해야 하며, "일하고 싶어 하는 사람이 직장을 구할 수 있다는 의미에서 상식적으로 가능한 수준의 완전고용"을 달성하기 위해 전체 경제를 규제해야 한다.[45] 하지만 롤스의 이론은 자유주의자가 통상적으로 추구하는 것보다 더 철저하게 불평등의 감소를 요구하는 이론으로 해석되어 왔다. 이 점은 다음 장에서 살펴볼 것이다.

민주사회주의는 경제적 재화의 생산과 분배에서 확장된 정부의 권위[권한]가 갖는 역할에 대해 가장 명확하고 잘 발전된 사상을 제시한다. 수정 사회주의자와, 페이비언 사회주의의 창시자들은 경제 생산에 초점을 맞추었고, 산업의 국유화를 지지했다. 이들은 국가가 대다수 산업체를 소유하고 관리하며, 따라서 대부분의 노동자들을 고용해야 한다고 생각했다. 이들은 국유화가 공동체의 조화를 증진할 것으로 믿었다. 생산을 결정할 때 시장의 힘에 대응하는 식이 아니라, 사회적 필요를 이성적으로 평가해서 정하기 때문이다. 또한 생산수단의 사적 소유자가 더는 노동자들을 지배하지 않으므로 국유화 조처는 진짜 자유를 가져다줄 것이다. 그리고 국유화는 사회·경제적 평등을 촉진할 것이다. 모든 사람이 정부가 소유한 산업체 — 자본주의에서보다 더욱 평등한 임금을 책정할 수 있다 — 에서 일할 때 부르주아지와 프롤레타리아 사이의 계급 구분이 사라질 것이기 때문이다.

이런 이유로 많은 사회주의 정당들이 권력을 잡았을 때 특정 산업을 국유화했다. 예를 들어, 제2차 세계대전 이후 영국에서 집권한 노동당은 탄광·철도·전기·가스·철강 산업 등을 국유화했다. 1980년대 초 프랑스에서 프랑수아 미테랑François Mitterrand 대통령이 이끈 사회당은 거의 대부분의 민간은행, 철강 생산기업, 주요 방위산업체, 그리고 다국적기업 몇 개를 국유화했다. 스웨덴 사회민주노동당은 공사公社들의 집합체인 '스타츠포어타그'Statsforetag AB라는 국영기업을 설립했다. 그러나 이런 사례들 모두가 보여 주듯, (특히 자연적 독점 경향이 있는 산업과, 국가적 중요성 때문에 정부의 과감한 투자가 정당화될 수 있는) 특정한 산업체에서만 국유화가 이루어진다.

실제로 국정을 담당했던 사회주의자들은 모든 민간 기업을 완전하게 국유화한다는 구상을 한 적이 없었다. 개인기업을 인수할 때 소요되는 엄청난 비용이 국유화를 가로막은 거대한 제약 조건이었다. 공산당 정권은 힘을 동원해서라도 사유재산을 몰수하는 데 주저하지 않았던 반면, 사회주의 정권은 헌법과 법률에 의해 자본가들의 재산이 보호된다는 사실을 잘 안다. 자유주의 법률에 따르면, 정부의 국유화 정책으로 개인 소유 기업을 인수할 때에는 적절한 보상을 해주게끔 되어 있다. 모든 사기업의 소유주에게 정당한 보상을 해준다는 과제는 그 어떤 민주 정부도 감당하기 어려운 일이며, 이 자본가들에게 완전한 보상을 해주면 부의 평등한 재분배라는 목표에도 별로 도움이 되지 않는다. 따라서 사회주의자는 어떤 산업체를 국가가 취득하고 관리할 것인지를 잘 선택해야 한다.

이런 어려움 때문에 1970년대 이래 사회주의자는 생산수단의 국가 소유를 전보다 덜 강조해 왔으며, 요즘에는 부분적인 국가계획을 통한 경제 생산의 공공 통제를 강조하고 있다. 이런 입장은 구소련 공산당이 실천했던 종합적인 계획경제보다 범위가 좁지만, 미국의 자유주의 정부가 실천했던 거시경제적 계획보다는 범위가 큰 것이다. 부분적인 사회주의 계획경제에서 국가는 은행과 금융 부문의 통제를 통한 사적 투자 유도라는 수단으로 자본주의를 통제하게 된다. 국가는 급여와 임금 수준을 감시하고, 규제되지 않은 노동시장의 (정당화될 수 없는) 심각한 불평등을 줄이기 위해 공평한 보상 지침을 정한다. 또한 사회주의 계획 담당자들은 노동자의 고용 안정성을 보장해 줄 방안을 모색하고, 노동자의 자의적인 해고를 방지할 수 있는 노동법을 제정하며, 직업 재교육과 재배치 보조금과 같은 프로그램을 통해 노동자들이 더욱 생산성 높은 산업 분야로 이직할 수 있게 도와준다.

 사회주의는 다음과 같은 인식, 즉 자유 시장이 개인의 즉각적인 결핍을 해소해 줄 수는 있지만, 장기적인 (사회적) 필요를 해소해 주기는 어렵다는 인식에 의거하여 국가 계획경제를 정당화한다. 사람들에게는 '부담할 만한' 수준의 주택과 같은 재화가 필요하지만, [보통 그런 수준을 상회하는] 시장가격으로는 주택을 구입할 수 없는 경우가 많다. 사회주의 계획경제는 이런 재화를 생산하기 위해 필요하다. 또한 지속 가능한 경제 및 교육과 같은 재화는 먼 미래의 혜택과 관련이 있다. 사회주의자는 국가 계획경제가, 계획하지 않고 규제되지도 않는 시장에 비해, 단기적 '욕구'wants와 장기적 '필요'needs 사이의 균형을 더 잘 맞출 수 있다고 믿는다.

 사회주의는 재화와 서비스의 생산에서 정부의 광범위한 역할을 선호하는 데 그치지 않고, 재화와 서비스를 분배하는 데에 정부가 더 큰 역할을 해야 한다고 강조한다. 사회주의자는 (소유하기를 원하지만 생필품은 아닌) 대부분의 상품이 시장을 통해 분배되어야 한다는 점을 잘 알고 있다. 그러나 사회주의자는, 모든 사람이 원하지만 흔히 감당할 형편이 못 되는 재화만큼은 국가가 보편적인 권리로서 분배해 주어야 한다고 믿는다. 현대 자유주의자 역시 특정한 재화는 권리의 일환으로 국가가 사람들에게 제공해 주어야 한다고 주장하지만, 사회주의 복지국가는 자유주의 복지국가보다 두 가지 측면에서 더욱 광범위하다. 첫째, 사회주의자는 사람들의 최저한의 필요를 자유주의자가 생각하는 수준보다 훨씬 넓게 잡는다. 둘째, 자유주의자는 빈곤층의 필요에 초점을 맞추고 흔히 특정 집단의 권리를 보장해 주기를 원하곤 하지만, 사회주의자는 모든 사람에게 보편적인 필요를 충족할 권리가 부여되어야 한다고 강조한다.

고전적 자유주의에서 현대 자유주의로, 그리고 사회주의로 넘어오면서 '필요'라는 개념이 계속 확대되었으며, 그런 필요를 제공하는 사회계약의 개념 역시 계속 확대되어 왔음을 알 수 있다. 고전적 자유주의는 사람들을 의지를 가진 존재volitional beings로 파악하며, 사람들이 스스로 느끼는 결핍은 많이 가졌지만, (사회가 충족해 주어야 할) 필요는 거의 없다고 생각한다. 따라서 고전적 자유주의에서는 개인이 자신의 이익을 추구하기 위해 자기 권리를 확보할 필요가 있다고 보며, 사회계약이란 시민들이 (시민들의 권리 확보 욕구를 충족해 줄) 권위체인 정부를 창조하자고 서로 간에 약속한 것이라고 생각한다. 현대 자유주의는 사람들을 목적을 가진 존재로 파악하며, 사람들이 자신의 인생 계획을 추구하고 싶어 하므로, 그것을 성취할 수단으로 일정한 사회적 재화 — 특히 소득 — 가 필요하다고 생각한다. 따라서 현대 자유주의에서는 개인이 자신이 선택한 인생 목표를 추구하는 데에 최소한의 기회를 가지려면 최저한의 소득과 같은 기본 재화가 필요하다고 보며, 사회계약이란 시민들이 정부가 이런 최저한의 재화를 제공해 주게 하자고 서로 간에 약속한 것이라고 생각한다. 사회주의는 사람들을 사회적 존재로 파악하며, 사람들의 욕구와 필요는 사회·문화적으로 규정된다고 생각한다. 따라서 사회주의에서는 개인에게 필요한 특정한 필요의 목록을 미리 제시하지는 않는다. 다만, 사회·경제·문화적 조건이 사람들에게 (이런 조건 내에서 개인적으로 충족된 삶을 살고, 사회적으로 생산적인 삶을 영위하고자 하는 데에) 필요한 것에 영향을 미친다는 점을 인정한다. 사회주의사회에서는 사회계약이 "우리의 공통된 삶에서 어떤 재화가 필요한지를 함께 결정하고, 그것을 서로 제공해 주겠다고 약속하는 것"으로 간주한다.[46]

적어도 풍요로운 사회라면, 사회주의적 시민들이 모든 사람들에게 필요하다고 인정하는 재화가 자유주의자가 정한 필요의 범위보다 훨씬 더 넓을 가능성이 크다. 예를 들어, 의학 치료 기술과 역량이 크게 발전하면서 사람들이 건강에 대한 새로운 필요를 개념화했고, 이에 부응하여 의료 서비스를 시장을 통해 분배하지 말고, 공동체에서 제공해야 한다는 인식이 생겨났다. 또한 도시의 물리적 구조가 엄청나게 변화하면서 사람들이 교통에 대한 새로운 필요를 개념화했고, 이에 부응하여 대중교통을 공동체에서 제공해야 한다는 인식이 생겨났다. 이와 같은 수많은 사례를 열거할 수 있겠지만, 인간의 필요에 관한 객관적이고 당연시되는 목록이 선재하지는 않는다는 점을 이해해야 한다. 정부가 제공하는 권리를 정할 때 사회주의에서는 정치적 토론과 정치적 결정이라는 방식에 의존한다. 모든 시민이 자기가 속한 사회 내에서 사람들이 잘 살아가기 위해 필요한 것이 무엇인가 하는 질문에 대해 상당히 합리적인 인식을 갖는다고 볼 수 있으므로, 정부가 제공하는 권리를 결정할 수 있는 적합한 방식은 개방적이고 민주적인 과정이라고 보는 것이다.

또한 사회주의 복지국가는 자유주의 복지국가보다 더 보편적이다.[47] 사회주의자는 사회적으로 인정된 필요가 보편적 권리universal entitlements로 전환되며, 보편적 권리가 궁핍한 상태에 놓여 있는 사람에게만 제공되는 것이 아니라, 공통의 시민적 소속성(시민권)에 근거하여 누구에게나 제공되어야 한다고 믿는다. 미국의 의료 부조 제도인 메디케이드Medicaid는 빈곤층이 일정한 의료 서비스를 받을 수 있게 해주는 자유주의 복지 프로그램이다. 그러나 사회주의자는 모든 시민이 (재산 수준이나 납세 정도와 관계없이) 누릴 수 있는 보편적 의료 제도를 선호한다. 자유주의자는 빈곤 계층 가족의 자녀 양육을 보조해 주자고 제안하지만, 사회주의자는 주간 보육 시설이 보편적 필요이므로 자녀를 둔 모든 가구가 이런 시설을 이용할 수 있어야 한다고 주장한다.

자유주의 복지 정책이 주로 빈곤층에 초점을 맞추므로 사회주의 복지 정책보다 사람들의 생활 조건을 더 평등하게 만들 수 있는 것처럼 보이기도 한다. 이는 '사회주의가 자유주의보다 더욱더 평등을 원한다'는 말과 부합하지 않는 것처럼 들린다. 그러나 사회주의자는 보편적 권리를 여러 가지 근거에서 옹호한다. 첫째, 보편적 권리는 공통의 시민권을 인정하는 개념이다. 보편적 권리를 인정하면 모든 사람이 인간이 공통적으로 필요로 하는 것을 서로 채워 주자는 의지를 표시하는 셈이 된다. 예를 들어, 가난한 형편의 어머니뿐만 아니라 직업을 가진 여유 있는 어머니도 질 좋은 주간 보육 시설이 필요하기는 마찬가지다.

둘째, 사회주의자는 중산층과 상류층이 자유주의 복지국가에 대해 반감을 가지는 것을 방지하는 중요한 대응책으로 보편적 권리가 유용하다고 본다. 부유층은, 자기들이 보기에 사회에 아무런 기여도 하지 않는 빈곤층을 위한 복지를 부담하기 위해 많은 세금을 내야 하는 정책에 반감을 갖기 쉽다. 하지만 보편적 권리는 빈부를 가리지 않고 모든 이에게 혜택을 주므로 복지국가에 대한 만인의 지지를 끌어낼 수 있고, 복지국가를 장기적으로 유지하는 데도 도움이 된다. 셋째, 사회주의자는 보편적 권리 정책을 시행해도 빈곤층을 대상으로 하는 정책 못지않게 생활 조건의 평등을 촉진할 수 있다고 생각한다. 보편적 복지로 제공되는 재화를 모든 사람이 받는다고 가정할 때, 그 재화는 빈곤층에게는 자기들 형편에 상당히 큰 몫이 될 것이고, 부유층에게는 비교적 적은 몫이 될 것이다. 따라서 이런 식으로 새로운 보편적 복지가 제공되면 부유층의 삶의 질보다, 빈곤층의 삶의 질을 훨씬 더 향상할 수 있다. 더 나아가 사회주의 국가에서 보편적 복지는 통상 누진세로 충당된다. 부유층은 이때 빈곤층보다 더 많은 세금을 내므로, 부유층과 빈곤층 간의 경제적 불평등이 완화될 수 있다.

급진적 좌파 내의 대다수 목소리들은 국가가 보편적 권리를 증진하기 위해 더 큰 권위[권한]를 동원해야 한다고 주장하지만, 그 가운데 다문화주의의 지지자들은 국가가 억압받고 주변화된 집단을 위해, 보편적 권리에 덧붙여 특수 집단 권리도 함께 제공해야 한다고 믿는다. 이런 집단 권리는 소수집단으로 하여금 정치 공동체의 주류 문화와 구분되는 행동을 취하고, 그런 언어를 구사하며, 독자적인 정체성을 드러낼 수 있게 해준다. 소수집단의 특수한 관행을 잘 드러낸 것이 1989년 프랑스에서 일어난 '스카프 사건'l'affaire du foulard이었다. 이는 프랑스에 사는 무슬림 여학생들이 이슬람권의 머리 두건인 '히잡'을 착용한 채 등교하여, 공립학교에서 종교·인종·종족이 다양한 사람들을 프랑스 문화 속에 동화시키도록 규정한 프랑스 법의 '정교분리 원칙'(라이시테laïcité)을 어긴 사건이었다. 라이시테 규정에 따르면 학생은 학교에서 특정한 문화의 상징물을 착용할 수 없다.[48] 다문화론자가 보기에 라이시테 규정은 국가의 권위[권한]를 부당하게 행사한 것이고, 소수집단에게 주류 문화 또는 전통문화의 관행에 순응하도록 강요하는 것이었다. 오히려 다문화주의자는 정부의 권위[권한]를 동원하여 소수집단이 자기네 문화에 온전히 접근할 수 있도록 보장해야 한다고 믿는다. 예를 들어, 소수집단이 모여 사는 집단 공동체에서 이중 언어 프로그램을 제공해야 한다는 말이다. 좌파는 다문화주의가 사회의 모든 사람에게 모든 도덕적 관점을 경험해 볼 수 있게 하기에, 다양한 선택지의 실상을 제대로 파악한 상태에서 어느 하나를 택하도록 도와준다고 믿는다. 다문화주의는 사람들이 자신의 문화권에 내재된 한계를 깨닫게 하고, 주류의 문화적 가치관을 단순히 수동적으로 받아들이는 것이 아니라 적극적으로 개선할 방안을 찾게끔 해준다.

그러나 시민적 공동체주의는 간혹 다문화주의를 불편하게 바라보면서, 공동체와 사람들 간의 유대를 강화하려는 (시민적 공동체주의의) 새로운 노력과 다문화주의를 연동해 둘 사이의 균형을 맞출 필요가 있다고 주장한다. 이런 주장 가운데 한 가지 지향을 보여 주는 사례로 코넬 웨스트Cornell West의 입장을 들 수 있다. 그는 미국 사회에서 '인종의 중요성'을 전적으로 인정하고 소수집단들의 공동체를 강화할 필요가 있다고 보지만, 오로지 흑인들의 사회·정치·경제적 문제에만 초점을 맞추는 아프리카계 미국인들의 '아프리카 중심적' 지향성으로만 세상을 바라보면 자신들이 겪는 문제들이 점점 더 모든 미국인들이 겪는 공통의 문제가 되어 가는 현실을 간과하게 된다고 주장한다. 그러므로 아프리카계 미국인은 모든 미국인과 하나가 되어야 하고, 모든 미국인이 아프리카계 미국인과 하나가 되어야 한다. 웨스트는 다음과 같이 말한다. "우리는 (미국의 운명 및 이 세상의 운명의 저변을 이루는) 공적인 광장에 관심을 집중해야 한다. 한 사회에서 공적인 광장의 생명력은 궁극적으로 시민들이 더불어 사는 삶의 질을 얼마나 소중히 여기느냐에 달려 있다."[49]

11
극단적 우파

...

신성한 경전을 무시하는 권위에 저항한다

극단적 우파는 다원적 정부가 그 권위를 행사하는 방식을 강도 높게 비판한다. 지구화, 다문화주의, 공공복지, 적극적 차별 시정 조치, 낙태권, 총기 규제 등을 정부가 지지하는 것에 대해 미국의 우파는 격분을 감추지 못한다. 이들은 특히 정부의 너그러운 이민정책을 반대한다. 그런 정책이 서구 문명과 기독교적 가치를 손상한다고 보기 때문이다. 백인 국수주의자는 미국 정부의 정책이 이종족 간의 성적·사회적 혼합miscegenation을 부추겨 백인종을 희석하고 있다고 주장한다. 유럽의 극단적 우파 역시 이와 유사한 견해를 유포하고 있다. 이슬람 근본주의자는 자신들의 정부가 행사하는 권위가 이슬람법에 충실하지 않고, 서구의 '사악한' 세속적 이해관계를 너그럽게 포용한다고 비난하곤 한다.

이들의 구체적인 불만이 무엇이든 간에 결과적인 공통점 하나는 극단적 우파가 현재의 정부가 행사하는 권력의 정당성을 인정하지 않는다는 점이다. 이 가운데 일부는 오직 헌법만이 모든 정치적 권위의 정당한 원천이며, 헌법 제정자들의 원래 의도와 어긋나는 정부 활동이나 정책은 모두 불법이라고 주장한다. 또 다른 이들은 오직 신만이 모든 정치적 권위의 정당한 원천이며, 신의 뜻에 어긋나는 정부 활동이나 정책은 모두 불법이라고 주장한다. 극단적 우파 가운데 일부는 (개인에게 더 많은 자유를 보장하고 지방자치단체에 더 많은 정치권력을 이양하는 등) 매우 덜 권위적인authoritative 정부를 원한다. 극단적 우파 가운데 또 다른 목소리는 다원적 사회에 내재된 도덕적 타락에 맞서기 위해서는 신법을 제정하고 집행하는 권위 있는 정부가 필요하다고 본다. 이슬람 근본주의와 기독교 근본주의는 둘 다, 성스러운 경전의 해석에 따라 특정 도덕을 법으로 정하고 (동성애와 같은) 죄스러운 행동을 법으로 처벌하는 신정국가를 모색한다.

12
극단적 좌파
...
정부의 권위에 저항한다

극단적 좌파는 다원적 사회에서 정부의 권위가 (부도덕하거나 비인간적이지는 않다 하더라도) 잘못된 목적을 위해 사용되고 있다고 믿는다. 심층 녹색주의자인 에드워드 애비Edward Abbey의 이야기는 그 전형이다.

> 미국의 대의 민주주의는 작동 불능 상태에 빠졌다. 우리의 입법가들은 자신을 선출해 준 유권자를 대변하지 않는다. 입법가들은 선거운동의 재정을 지원해 주고, 정치를 부자들만의 게임으로 만들어 버린 매스컴 ─ 텔레비전, 신문, 광고 게시판, 라디오 ─ 을 지배하는 소수의 목소리를 대변할 뿐이다. 사람이 아닌 돈을 대변하는 미국의 대의 정부는, 스스로 우리의 신뢰와 도덕적 지지를 내팽개쳤다. 우리가 국가에 빚진 것은 국가가 우리에게 강탈해 가는 ─ 그러기 위해 재산 차압이나 투옥 등으로 위협하는 것은 물론, 심한 경우 국가에 저항하는 시민에게 총격을 가해 참혹하게 죽이기도 했다 ─ 세금밖에 없다.[50]

국가는 사회정의를 추구하기 위해 권위를 행사하는 것이 아니라, 기업체의 이익을 지켜 주고 배를 불리는 정책을 추구한다. 환경을 보호하기 위해 권위를 활용하지 않고, 기업이 자연 자원을 남용하고 고갈시킬 수 있게끔 허용하는 정책을 추구한다. 공공재를 확보하기 위해 권위를 활용하는 것이 아니라, 막강한 특수 이익을 섬기는 정책을 추구한다. 전 세계 민주 정부의 발전을 돕기 위해 권위를 활용하는 것이 아니라, 해외투자를 적극적으로 유치하는 권위주의 정부를 지원해 준다. 자본주의 체제와 민주주의 과정 사이에는 언제나 무너지기 쉬운 균형이 존재해 왔고, 그것 때문에 국가권력이 손상되어 왔지만, 지구화로 말미암아 이 균형이 더욱 자본주의 쪽으로 기울어져 이제 다원적 정부가 "정부 기

업"이 된 느낌마저 든다.[51]

극단적 좌파는 전 지구적 수준, 일국적 수준, 지역사회적 수준에서 국가의 권위를 어떻게 동원하는 것이 좋을지를 이론화하기란 불가능에 가깝다고 믿는다. 어차피 기존의 권력이 그런 이상적인 시도를 저지할 것이기 때문이다. 또한 그런 식으로 원칙을 미리 정해 놓고 국가의 적절한 역할을 권위 있게 보편적·영구적으로 선포해 버리면 그것 자체가 억압적일 수 있다. 국가가 (또는 정치인이) 수행하는 활동에 대해 언제나 도전해야만 하기 때문이다. 지금까지 주변화되어 온 새 집단이 끊임없이 출현해서 정부에 새로운 요구를 할 것인바, 그런 요구가 기존 원칙에 따라 정해 놓은 권위의 범위 바깥에 속한다는 이유만으로 이를 배척해서는 안 될 것이다. 새로운 문제와 새로운 기회가 언제나 출현할 것이고, 국가가 이런 문제에 어떻게 대응할 것인지는 (공동체 내의 모든 사람을 포용하며, 미리 정해 놓은 원칙에 매달리지 않는) 급진화된 민주주의 과정에 달려 있다.

13
소결
...

다원주의자들은 정부의 권위[권한]가 각종 사회·경제·안보 문제 등에 대응할 수 있을 정도로 충분히 커야 한다는 점에 동의한다.[52] 다른 한편으로, 시민들이 자신의 행복과 인생 계획을 마음대로 추구할 수 있는 자유를 보장하기 위해 다원적 사회에서는 국가의 권위[권한]가 제한되어야 하지만, 다원주의자들은 정부의 권위[권한]가 간혹 공공의 목적을 위해 개인의 자유를 제한하는 방식으로 동원될 수도 있음을 이해한다.

다원주의의 모든 지지자들은 자유주의 철학의 영향을 받아, 개인이 타인의 자유와 권리를 침해하는 경우 정부가 권위[권한]를 행사해 그 가해자의 자유를 제한해야 한다는 점을 받아들인다. 그러나 다원주의는 보수주의 및 사회주의의 도덕 체계에서 영향을 받아, 인간의 자유를 더 제한해야 할 경우도 있다는 점을 받아들인다. 인간의 복리를 증진하고, 개인의 발전을 함양하며, 개인들이 서로에게 해를 끼치지 못하게 하기 위해, 사람들에게 어느 정도 제약을 가하는 법률과 정책을 제정하고 집행하는 방향으로 정부의 권위[권한]를 동원할 수 있다.[53] 사회정의를 증진하기 위해 다원적 정부는 경제적 자유와 재산권 행사에 제약을 가할 수 있다.[54] 그리고 사회와 환경을 보호하기 위해 사람들의 자유를 제한할 수도 있다.

다원주의 내에서도 정부가 행사할 수 있는 권위[권한]의 크기와 개인의 자유를 두고 엄청난 갈등이 존재한다. 정치적 우파에 속한 측에서는 통상 전통적 도덕의 가치관을 증진하기 위해 더 많은 정부의 권위를 동원해야 한다고 주장하고, 자본주의를 규제하고 경제적 자유를 억압하는 정부의 권위를 더 적게 동원해야 한다고 주장해 왔다. 정치적 좌파에 속한 측에서는 통상 경제활동을 규제하고 부의 재분배를 추진할 수 있도록 정부의 권위를 더 많이 동원해야 하며, 전통적 문화가치를 개인들이 준수하라고 강요하는 문제에서는 정부의 권위를 더 적게 활용해야 한다고 주장해 왔다. 다원적 사회에서 사람들이 (정부가 가진 권위[권한]의 범위를 설정하는 문제를 포함한) 구체적인 쟁점에 대해 확고한 이념적 입장을 취함에 따라 정치가 더욱 갈등적으로 되고 양극화되어 왔다.[55] 이런 상황에 빠지지 않는 가장 좋은 방법은 정치 지도자와 시민들이 구체적인 문제를 다룰 때 되도록 이념의 렌즈를 통하지 말고, 정부가 내놓은 정책의 시행 또는 폐지가 정치 공동체의 구성원들에게 실제로 미칠 영향에 초점을 맞추는 것일 듯하다. 정부 역할에 관한 거시적인 이념적 지향을 넘어서서 사고하고, 정책 대안의 경제·사회·환경적 영향력을 숙고하면, 새로운 정책이 공동선과 정의에 부합한다고 판단될 경우 그 정치 공동체가 아주 쉽게 그 정책을 채택할 수 있을지도 모른다. 물론 그런 식의 심사숙고를 할 수 있으려면 사람들이 무엇이 공동선이며 무엇이 정의인지를 제대로 이해할 수 있어야 한다. 따라서 다음 장에서는 이런 개념들을 다룰 것이다.

일반적으로 말해, 급진적 우파는 다원적 사회에 대해 더 자유로운 경제활동을 보장하고 도덕적 문제를 더 온전하게 규제하기 위해 정부가 어떤 역할을 해야 하는지의 문제를 철저하게 사고하도록 자극한다. 급진적 좌파는 다원적 사회에 대해 경제를 더 철저하게 규제하고, 공동체가 다양한 재화와 서비스를 더 많이 공급할 수 있으며, 특수 집단 권리를 증진하기 위해 정부가 어떤 역할을 해야 하는지의 문제를 철저하게 사고하도록 자극한다. 다원주의자들은 이런 모든 주장에 본질적인 잘못은 없지만, 모든 구체적인 제안을 민주적 절차를 통해 신중하게 논의하고 해결해야만 한다고 믿는다.

다원주의자들은 정치적 권위를 사용하는 데 극단적 우파가 반대하는 것을 용인한다. 이런 반대 목소리 자체가 다원주의에서 주창하고 옹호하는 정치적 자유를 실천하는 것이기 때문이다. 그러나 이런 반대 목소리가 특정한 정책(그리고 그 정책을 추진하는 당국자)을 넘어 다원적 정치체제와 공동체 자체에 대한 공격으로 변질될 경우, 다원주의자들의 관용이 줄어들 수 있다. 다원주의자들은 동질적이고 전통적인 사회를 재창조하거나, 신정국가를 수립하려는 시도를 극력 반대한다. 다원주의자들은 (근본주의 설교가들, 혹은 헌법의 원초적 입장이나 '엄밀한 축자적 법해석주의' 법철학에 동조하는 법률가들이 내리는) 신성한 경전의 해석에 의거하여 정치적 결정을 내리는 것을 극력 반대한다.

다원적 정부가 그 권위를 행사하는 방식에 대해, 극단적 좌파가 제기하는 비판은 분명 다원적 정치 내에서 수용될 수 있는 비판이다. 극단적 좌파가 제기하는 비판이 다원주의에 도전이 된다면, 그것은 비판 내용 때문이라기보다 그런 비판의 논조와, 향후 다원주의를 잠식할 수도 있는 정치적 요구가 커질 가능성 때문이라 할 수 있다. 만일 다원적 권위가 반드시 부정적인 목적을 위해 동원될 수밖에 없다는 극단적 좌파의 목소리에 동조하는 세력이 늘어날 경우, 그런 움직임이 뜻하지 않게 (다원적 정부에 압력을 가해 그 권위를 더욱 정당한 목적에 활용하라고 요구하는 데에 필요한) 민주적 참여 자체를 위태롭게 할지도 모른다. 만일 극단적 좌파가, 민주주의 체제의 권위가 그 어떤 목적 — 다원주의의 저변을 이루는 합의(예컨대, 소수자 존중, 사생활 존중, 재산권 존중 등)를 넘어선 목적 — 을 위해

서든 사용될 수 있다는 식의 믿음을 유포한다면, 그들이 주장하는 더욱 자유롭고 평등한 사회라는 목표를 오히려 해치는 사회적 양상이 나타날지도 모른다.

14

정치적 원리 6

정의

정치 공동체의 시민들 사이에 금전 및 기타 사회적 재화가 얼마나 공평하게 분배되어 있는가? 소득·재산·권력·교육 및 (사람들이 자기 인생 목표를 달성할 수 있는 기회에 영향을 주는) 여타 자원을 분배할 때 어떤 원칙과 절차가 적용되고 있으며, 적용되어야 옳은가? 정의를 달성하는 데에 공평한 분배 외에 필요한 다른 원칙은 또 무엇인가?

2004년 12월 미국정치학회APSA 산하의 한 태스크포스 연구팀은 미국의 불평등이 늘어나고 있다는 보고서를 발표했다.[1] 연구팀은 센서스 자료를 활용하여 1947년부터 1973년 사이, 전 계층을 통틀어 모든 가구의 실질소득이 두 배 가까이 늘어났음을 입증했다. 실제로 이 기간 전체 인구의 최하 5분위(하위 20퍼센트)에 속하는 가구의 소득이 가장 많이 증가했는데, 연간 115퍼센트의 평균 증가율을 기록했다. 그러나 1973년부터 2000년 사이 빈곤층의 소득은 단지 10퍼센트만 증가한 데 반해, 부유층의 소득은 평균 60퍼센트 이상 늘어났다. 다른 연구들도 심각한 소득 불평등 추세를 보고했다. 척 콜린스Chuck Collins와 그의 동료들은 1979년부터 2003년 사이의 센서스 통계를 이용하여 이 기간 상위 20퍼센트에 속하는 부유층 가구의 소득이 75퍼센트 증가한 반면, 하위 20퍼센트에 해당하는 빈곤층 가구에서는 인플레를 감안하면 실질소득이 오히려 2퍼센트 줄어들었다고 보고했다. 불평등의 확대를 보여 주는 또 다른 척도로서, 콜린스는 1980년 당시 미국에서 가장 큰 365개 대기업 CEO들의 평균 연봉이 공장 노동자보다 약 42배 정도 많았는데, 2003년이 되면 이런 격차가 훨씬 더 커져서 CEO의 평균 소득이 공장 노동자보다 301배만큼 많게 되었다고 보고했다. 2003년 CEO들은 평균적으로 시간당 약 3천800달러를 벌었던 반면, 평균적 생산직 노동자들은 시간당 약 13달러를 벌었다.[2] 가르 알페로비츠Gar Alperovitz는 1980년 미국에서 연봉을 가장 많이 받던 10명의 CEO들이 매년 평균 350만 달러를 벌었지만, 2000년이 되었을 때 이 수치는 1억5천400만 달러로 늘어나 20년 사이에 무려 44배가 되었다고 지적한다.[3] 레스터 서로Lester Thurow는 다음과 같이 말한다. "혁명 또는 전쟁 패배와 점령 등을 당하고 있지 않은 정상적인 국가 가운데, 1976년부터 1995년 사이 미국에서 불평등이 증가한 만큼 그렇게 급격하고 광범위하게 불평등이 발생한 나라는 없었다."[4]

재산 또는 순자산 — 개인과 가구의 자산에서 채무를 뺀 금액 — 의 경우 소득보다도 불평등이 심하다. 예를 들어, 미국정치학회 연구팀의 보고에 따르면, 1998년 모든 가구 가운데서 가장 부유한 1퍼센트에 해당하는 가구가 미국 전체 소득의 (단지) 16퍼센트만을 벌었을 뿐이지만, 국가 전체의 재산으로 따지면 38퍼센트를 차지하고 있었다.[5] 재산의 불평등 역시 지난 수십 년 사이에 극히 많이 늘어났다. 1976년에는 가장 부유한 1퍼센트의 국민들이 국가 전체 재산의 20퍼센트를 보유하고 있었지만, 2001년이 되면 그 비율이 33퍼센트로 증가했다.[6]

전체 불평등 현상을 넘어 인종 집단 간에도 의미심장한 격차가 존재한다. 흑인 가구의 평균 소득은 (히스패닉계를 제외한) 백인 가구의 평균 소득에 비해 62퍼센트에 지나지 않는다.[7] 그러나 소득에서의 인종적 격차는 재산에서의 인종적 격차에 비하면 아무 것도 아닌 셈이다. 2001년 현재 미국 백인 가구가 소유한 평균 순자산이 12만1천 달러인 데 반해, 아프리카계 미국인 가구의 평균 순자산은 1만9천 달러밖에 되지 않았다.[8] 돌턴 콘리Dalton Conley는 흑인들의 재산 불평등을 다음과 같이 지적한다. 즉, 1865년 아프리카계 미국인이 소유한 개인 재산은 미국 전체 재산의 0.5퍼센트에 불과했는데 이는 당시만 해도 노예 상태에서 해방된 직후였기 때문에 어느 정도 이해할 만하다고 할 수 있다. 그런데 135년이 지난 1990년에 들어서도 이 수치는 겨우 1퍼센트에 지나지 않았다.[9] 한 나라 인구의 13.5퍼센트를 차지하는 인종 집단이 겨우 1퍼센트에 해당하는 재산밖에 소유하고 있지 않은 것이 미국의 현실인 셈이다.

마지막으로, 이런 불평등은 미국에만 국한된 것이 아니다. 국제연합개발계획UNDP에 따르면 1998년 전 세계 인구의 상위 10퍼센트가 전 세계 소득의 거의 50퍼센트를 벌었던 반면, 전 세계 인구의 절반이 하루에 2달러 이하를 벌며 생존을 위해 몸부림치고 있었다.[10]

20세기 후반부의 가장 중요한 정치철학자로 꼽힐 만한 존 롤스는 다음과 같이 말한다. "정의는 사회제도의 첫째가는 덕목이다."[11] 전제와 압정이라는 개념 자체에는 각종 권리와 기회, 소득과 재산, 권력, 교육, 지위 등의 중요한 사회적 재화를 공정하게 분배하는 시스템을 갖추지 않았다는 의미가 담겨 있다. 반대로, 정의를 구현하는 정치 공동체는 그 공동체 내 인민의 동의와 충성을 확보할 수 있다. 그러나 정의의 요건에 관한 합의에 이르는 것이 결코 쉽지 않다. 앞에서 묘사한 소득과 재산의 불평등한 분포 상황이 정의롭지 않다고 모든 사람이 동의하는 것은 아니다. 이런 점에 동의하지 않는 이들은, 사람마다 타고난 재능과 노력 및 시장에 대한 기여도가 모두 다르기 때문에 사람들이 서로 다른 대우를 받는 것이 당연하다고 생각한다.

이 장에서 우리는 각종 정치 이념들이 서로 다른 정의 관념을 강조한다는 점을 살펴볼 것이다. 그러나 이념마다 정의 관념이 다른 이유는, 전체적인 정의에 초점을 맞추기보다, 정의의 극히 국부적인 측면에만 초점을 맞추기 때문인지도 모른다.[12] 어쩌면 각각의 정치 이념들이 어떤 사람들 — 특정 이념을 발전시키고, 옹호하며, 그 이념의 신봉자가 된 사람들 — 의 이익에 부합하는 정의의 일부 측면만 강조할 가능성도 있다. 각각의 이념들이 서로 중요한 정의의 요소라고 주장하는 것들을 잘 살펴봄으로써 정의의 온갖 복잡한 양상에 관해 더 분명한 전모가 드러날 수도 있을 것이다. 다원적 사회는 다음과 같은 희망 위에 건설될 수 있다. 즉, 사회 내의 다양한 이해관계들이 자신의 일면적 견해를 자유롭게 표출하고, 타인들이 이런 일면적 견해에 공감하면서 경청하며, 사회의 모든 구성원들이 이렇게 다양한 (나름대로 정당하다고 할 수 있는) 일면적 견해들을 가능한 한 많이 만족시킬 수 있도록 집합적으로 노력할 때, 정의가 가장 잘 구현될 수 있다는 희망이 바로 그것이다.

1
고전적 자유주의
...
평등한 존엄성, 그러나 불평등한 보상

미국독립선언문은 다음과 같이 제창하고 있다. "모든 인간men은 평등한 피조물이다." 선언을 기초한 토머스 제퍼슨은 대표적인 고전적 자유주의자로 분류되며, 미국독립선언은 초기 자유주의의 정서를 아주 명료하게 표현하고 있다고들 한다. 하지만 본 선언은 대단히 이상한 선언이라 할 수 있다. 인간을 논하면서 여성women을 포함하지 않았던 점은 여기서 잠시 제쳐 두자. 제퍼슨은 그저 'men'이 모든 인간을 뜻한다고 생각했을 수도 있고, 아니면 초기 자유주의자들이 습관적으로 그랬듯이 (여성은 남성men보다 열등한 존재라고 가정했으므로) 여성을 아예 무시하려 했을지도 모른다. 어쨌든 이런 점은 현재의 관점으로는 용납되기 어렵지만 당시의 언어 습관과 편견에 비추어 볼 때 이해할 수는 있다. 그러나 이보다 이해하기 어려운 점은 이 선언이 표면적으로 보아 인간의 가장 기본적인 관념과 상반된다는 사실이다. 제퍼슨은 장님도 아니거니와, 세상 물정을 모르는 사람이 아니었으므로, 그가 신체적·정신적으로 똑같은 상태로 태어났다는 뜻에서 모든 인간이 평등한 피조물이라고 말했을 리는 없다. 오히려 제퍼슨이 진정으로 말하고자 했던 바는, 사람들이 서로 불평등한 특징을 타고 나긴 했지만 모든 이가 평등한 존재로 대접받게 되리라는 점이었다. "모든 인간은 평등한 피조물이다"라는 말에 이어, 조물주가 인간에게 "양도할 수 없는 권리를 부여했는데, 이런 권리에는 생명권·자유권·행복추구권이 있다"라고 부연한 것은, 사람들이 이런 '동등한 권리'equal rights를 가질 수 있어야 한다는 뜻이었다.

그 후 자유주의가 오랫동안 진화해 왔지만, '인간의 평등한 처우'에 관한 본질적인 신념은 모든 자유주의자들이 아직도 유지하고 있는 핵심 사항이다. 초기 자유주의자들이 누구를 인간으로 간주할지의 문제를 놓고 편견을 보이긴 했지만, 개인의 생명과 자유 및 행복이 모두 똑같은 가치를 가진다는 가정이 언제나 자유주의 이념의 저변을 이루고 있었다.[13] 바로 이 때문에 로크와 제퍼슨과 같은 초기의 자연권 자유주의natural-rights liberalism 전통에서는 처음부터 그저 모든 인간이 동등한 자연권을 가진다고 선언해 버렸던 것이다. 그리고 전통적 보수주의에서 자연권에 대해 공세를 퍼부은 데 대해 자유주의가 제대로 대처하지 못했을 때, 벤담과 밀 부류의 공리적 자유주의utilitarian liberalism가 (어쨌든 모든 이의 동등한 처우를 강조하는) 일종의 정의론으로 출현했던 것이다. 이런 공리적 정의론에서 정의란 '최대 다수의 최대 행복'을 위해 행동하는 것을 뜻했지만, 여기서 **총체적 선익**aggregate good이란 모든 사람의 이익을 똑같이 존중한다는 전제가 깔려 있는 것으로 해석되었고, 그런 전제에 의거하여 공리(효용)를 산출했다. 한 사회에서 모든 사람의 이해관계를 똑같이 고려한 후, 최대 다수에게 정의로운 것 또는 최대 다수에게 최선인 것이 무엇인지를 가늠할 때, 재능을 많이 타고난 사람의 가치와 재능을 적게 타고난 사람의 가치가 동등하다고 보았던 것이다.

그런데 이런 평등주의적 전제에도 불구하고, 고전적 자유주의는 확고하지 못한 미약한 평등주의다. 모든 사람이 평등한 피조물이므로, 모든 사람이 자신의 기회를 관할하는 법률을 적용받을 때에 똑같은 처우를 받을 자격이 있다. 범죄 혐의를 받는 피의자는 누구나 법률에 의해 그리고 법원에 의해 똑같은 처우를 받을 자격이 있다. 자신의 정치적 견해를 표출하거나 그런 견해에 맞춰 행동하고 싶은 사람은 누구나 평등한 정치적 권리를 누릴 자격이 있다. 더 많은 교육을 받고 싶어 하는 사람, 더 좋은 직업을 가지려는 사람, 또는 공직에 출마하고자 하는 사람은 그 누구나, 그런 사회적 재화를 얻기 위한 평등한 경쟁 기회를 부여받을 자격이 있다. 그러나 이런 식으로 평등한 처우를 받는다고 해서, 각자가 원하는 것을 모두 똑같이 분배받을 수 있다는 말은 아니다. 법률상 평등하다지만, 똑같은 죄를 지었더라도 어떤 사람은 무죄 석방되고 또 어떤 사람은 투옥되곤 하는 것이 현실이다. 정치에서도 평등한 처우를 한다지만 어떤 사람은 정치적 경쟁에서 승자가 되고 어떤 사람은 패자가 된다. 사회생활·경제생활에 평등한 기회가 주어진다지만 어떤 사람은 더 많은 교육을 누리고, 더 나은 직업을 가지며, 더 큰 보상을 받지만, 어떤 사람은 손해를 보기도 한다. 요컨대, 고전적 자유주의자는 모든 사람이 일정하게 평등한 권리와 기회를 가질 수 있어야 한다고 믿었지만, 모든 사람이 똑같은 양의 경제적 자원이나 사회적 재화 — 교육, 사회적 위세, 정치권력 등 — 를 향유해야 한다고는 생각지 않았던 것이다. 고전적 자유주의에서 인간의 가치는 평등하고, 기회는 동등하게 부여되어야 한다고 믿으면서도, 어떻게 사회적 재화의 불평등한 분배를 동시에 수용할 수 있었는지를 이해하기 위해 존 로크의 이론 — 특히 그의 노동가치설 labor theory of value — 을 좀 더 살펴보는 것이 도움이 된다.

로크에 따르면 대지와, 대지에서 산출되는 물질적 자원은 개인에게 따로 주어진 것이 아니라 사람들 모두에게 함께 주어졌다. 이와 함께, 개인에게는 자기 자신의 몸과 마음을 온전히 소유할 수 있는 권리가 주어졌다. 따라서 모든 사람은 자기가 원하는 대로 '자신의 몸과 마음을 활용할 수 있는' — 즉, 노동할 수 있는 — 평등한 권리를 갖는다. 다른 사람보다 더 근면하게 일하는 사람도 있고, 다른 사람보다 더 생산성 높게 일하는 사람도 있기 마련이다. 그러므로 얼마나 열심히, 얼마나 효율적으로 노동하는지는 사람마다 다른데, 이런 차이 때문에 각자가 정당하게 재산을 소유하는 정도가 달라진다. 각자는 자연에 대해 자신의 노동을 추가해, 자신의 노동 이전에는 존재하지 않았던 '가치'를 창출하게 된다. 예를 들어, 아무 가치도 없이 그냥 방치되어 있던 숲에서 누가 나무를 베어 내 목재를 만들고 그 목재로 집(또는 기타 재산 형태)을 지으면 비로소 가치가 발생하는 것이다.[14] 이처럼 노동이 어떤 재산에 가치를 부여하므로, 노동을 한 개인은 자연에 대해 자신이 노동을 가한 부분만큼 재산권을 획득한다. 만일 재산을 취득할 수 있는 기회가 모든 개인에게 똑같이 부여된다면, 그리고 개인이 자유롭게 자신의 노동을 통해 자연에 가치를 부여할 수 있다면, 사람들이 취득한 사유재산의 정도가 모두 다를 것이다. 각자가 투입하는 노동의 질과 양이 서로 다를 것이기 때문이다.

그런데 로크는 사람들이 자연으로부터 정당하게 추출할 수 있는 재산의 정도 — 자신의 노동을 통해 취득할 수 있는 재산의 총량 — 에 대해 두 가지 단서를 추가한다. 첫째, 다른 사람들에게도 충분한 몫을 남겨 주어야 한다. 둘째, 다 못쓰고 상해서 버릴 만큼 자연으로부터 지나치게 많은 재화를 추출해서는 안 된다. 그러나 로크는 만일 사람들이 자신의 노동의 결실을 누릴 수 있다는 보장을 받는다면 대단히 근면하게 일을 할 것이고, 그렇게 되면 다른 사람들도 혜택을 누릴 수 있을 만큼 재화가 많이 생산될 것이라고 생각했다. 따라서 첫째 단서 조항 속에 함축되어 있는 전제, 즉 이 세상에 존재하는 재화의 총량에 한계가 있다는 전제 자체가 덜 중요해진다. 또한 로크는 사람들이 돈을 발명한 덕에, 금방 상해 버리기 쉬운 재화를 더 오래 저장할 수 있는 재화와 교환할 수 있으므로, 둘째 단서 조항 역시 별 의미가 없어질 것이라고 생각했다. 요컨대, 로크의 노동가치설은 사람들이 형식적으로 평등한 권리를 지니고 있지만, 실제로는 부의 분포가 불평등하다는 사실을 정당화한 것이다. 또한 그의 이론은 사람들에게 더 생산적인 노동자가 되라고 권장하면서, 더욱 풍요로운 사회를 향한 진보를 주창한 것이었다.

18세기와 19세기를 거치면서 로크의 노동가치설을 바탕으로 한 경제 이론이 도출되면서, 고전적 자유주의자는 보편적인 시장 정의의 원칙 — 시장에 대한 각자의 기여분에 따라 보상을 받아야 한다는 원칙 — 을 받아들이게 되었다.[15] 고전적 자유주의자는 경제적 재화 — 금전과 상품 — 가 가장 중요한 사회적 분배 자원이라고 생각한다. 경제적 재화는 자유 시장의 활동을 통해 분배되어야 하고, 시장은 몇 가지 내재적 법칙 또는 '자연법'에 따라 사람들에게 적절한 보상을 부여한다. 첫째, 개인의 자유로운 선택이 상품과 노동의 가치(및 가격)에 영향을 미친다. 타인들의 수요가 높은 형태의 노동을 제공하는 사람은 더 많은 보수를 요구할 수 있을 것이다. 둘째, 수요에 비해 부족한 재화나 서비스는 가격에 영향을 미친다. 공급이 제한된 형태의 노동을 제공하는 사람은 더 많은 보수를 요구할 수 있을 것이다. 셋째, 만일 노동자가 자기 이익을 추구하고, 목적 달성을 위해 합리적인 사고를 하며, 자기 마음대로 장사를 할 수 있다면 — 시장에 대한 진입을 막는 인위적인 장애가 없다면 — 그 노동자는 수요가 많고 공급이 부족한 영역에서 노동하고자 할 것이다. 수요·공급 법칙으로 공정한 가격과 공정한 보수 사이의 평형 상태가 이루어진다. 예를 들어, 법률가가 교사보다 더 많은 보수를 받는다면 학생들은 자연히 로스쿨로 몰려갈 것이고, 그렇게 되면 법률가의 공급이 늘어나면서 법률가들 사이에서 경쟁이 치열해져 그들의 보수가 낮아질 가능성이 커진다. 넷째, 만일 투자자가 자기 이익을 추구하고, 목적 달성을 위해 합리적인 사고를 하며, 자기 마음대로 투자할 수 있다면, 그는 경제적으로 손해를 보는 생산 영역에서 자신의 자본을 회수해, 수익률을 올릴 수 있다고 생각되는 생산 영역 — 수요가 높을 것으로 예상되지만 현재 공급은 부족한 영역 — 으로 옮길 것이다. 예를 들어, 자동차에 대한 수요가 줄어들어 자동차 산업에 투자한 사람의 수익이 줄면, 투자자는 더 나은 투자 기회 — 예를 들어, 에탄올 생산 부문 — 를 개척하려 할 것이다. 만일 이 투자자가 현재의 에탄올 생산이 소비자들의 수요를 충족하는 데 부족하다는 점을 정확히 예견할 수 있다면, 그는 에탄올 생산에 투자해 큰 수익을 올릴 수 있다. 투자자는 수요가 높은 재화의 공급을 증가시켜 줌으로써 경제적으로 생산성 높은 일을 한 셈이 되고, 그만큼 시장에 기여했기 때문에 높은 수익을 올리는 것이 정당화될 수 있다. 요컨대, 시장의 법칙에 따라, 재화가 부족해서 수요가 높은 부문의 공급을 늘리기 위해 노동을 제공하고 투자를 시행한 사람들에게 보상이 주어진다는 말이다. 즉, 사람들이 수요가 높은 재화를 시장에 공급해 준만큼 적당한 보상을 받을 수 있을 때에, 시장 정의가 이룩되었다고 말할 수 있다.

고전적 자유주의자는 시장에서 이루어지는 개인들의 자유 선택에 대해 외부에서 간섭하는 것은 부당하다고 생각했다. 어떤 사람은 열심히 일하면서 타인과 서로 유리한 거래를 해 재산을 모았고, 또 다른 사람은 열심히 일하지 않고 타인과 서로 유리한 거래를 하지도 않아서 가난해졌다면, 그것은 자신이 내린 선택의 결과다. 만일 평등한 기회를 강조하지 않고 평등한 사회적 재화를 강조하는 정의 관념을 구현하기 위해, 생산적인 사람이 정당하게 취득한 재산을 비생산적인 사람에게 재분배해 준다면 그것은 각자의 자유로운 선택을 부당하게 취급한 셈이 된다.

2
전통적 보수주의
...
불평등한 권리, 그러나 각자에게 합당한 책임

전통적 보수주의는 고전적 자유주의와 마찬가지로 사람들이 사회적 재화를 불평등하게 부여받았다고 믿는다. 하지만 전통적 보수주의는 세 가지 근본적인 측면에서 고전적 자유주의와 갈라진다. 첫째, 전통적 보수주의는 모든 추상적 권리 개념을 거부하므로, 고전적 자유주의에서 인정하는 최소한의 협소한 평등주의 윤리조차 인정하지 않는다. 둘째, 전통적 보수주의는 재산과 관련된 추상적인 권리 역시 거부한다. 보수주의자는 '진정한' 재산권이 노동이나 시장 거래에 의해서 부여되는 것이 아니라 전통적인 인식과 법률에 의해 부여된다고 믿으므로, 전통적 보수주의자는 재산 보유의 자격에 대해 고전적 자유주의자와는 다른 방식으로 접근한다. 셋째, 전통적 보수주의는, 그럼에도 일정한 '공평성의 규범'을 인정하므로 빈곤층의 복리를 위해 부유층이 더 큰 책임을 져야 한다고 생각한다. 이것이 고전적 자유주의와 다른 점이다.

전통적 보수주의가 정의를 생각하는 사고방식은 다음과 같은 전제, 즉 자유주의에서 선언한 자연권 또는 양도할 수 없는 권리가 (현실에 근거하지 않은 계몽주의 사상가들이 발명한 관념의 소산이라는) 추상적 선언에 불과하다는 전제로부터 출발한다. 자신의 노동을 통해 새로운 재산 가치를 창출했다 하더라도 그 재화에 대해 반드시 자연권이 발생하는 것은 아니라고 한다. 당신의 노동을 통해 집을 지었는데 타인이 그 집을 빼앗거나 파괴했다고 치자. 이때 자연권 개념이 당신을 보호해 줄 수는 없다. 오직 (시민의 재산을 보호해 주어야 한다는) 사회적 인식과 국가의 법률만이 당신을 보호해 줄 수 있을 뿐이다.

버크는 사람들의 진정한 권리real rights란, 전통적 인식과 사회적 합의로부터 비롯된 권리와, 국가의 법률과 제도를 통해 시행될 수 있는 권리뿐이라고 주장했다.[16] 고전적 자유주의에서는 평등한 자연권 원칙을 선언했지만, 보수주의에서는 사람들의 진정한 권리가 아주 복잡하고 불평등한 실체라고 해석했다. 초기 근대국가의 군주들은 모든 백성들에게 똑같이 적용되는 법률을 제정하거나 시행하지 않았다. 그 대신 지방의 특성에 따른 다양한 권리와 특권을 인정해 주었다. 그 결과, 마을, 길드, 지방 교구, 대학, 그리고 기타 결사체들이 각기 특색 있는 특권 개념과 구성원들의 의무 개념을 발전시켰다. 예를 들어, 신기료장수나 직조공과 같은 사람들이 제각기 길드를 구성했고 그 안에서 대표 장인, 장색, 도제 등의 구분이 있었다. 그리고 각각의 길드는 그 직분에 따른 권리와 책임에 관한 자체 규정을 두고 있었다. 길드의 대표 장인들은 가격을 책정하고, 생산기준을 정하며, 누가 길드에 들어올 수 있는지를 결정할 수 있는 권리를 가졌다. 그리고 장인들은 자신의 권리 행사가 길드 전체 구성원의 이익을 위해서라고 내세웠다. 큰 정치 공동체에서도 위계적인 계급 구조를 가졌는데, 여기에서도 귀족과 평민들에게 달리 적용되는 권리와 책임이 존재했다. 예를 들어, 귀족들만이 고상한 복장을 착용할 권리가 있었다. 영국의 경우 귀족들이 일정한 형식의 사냥과 낚시를 할 특권을 누린 반면, 평민들에게는 그런 권리가 없었다. 대토지를 소유한 귀족 집안 — 영국의 약 4백 개 가문 — 의 맏아들은 상원 의원이 될 특권을 누렸지만, 평민들에게는 대표성이 주어지지 않았다. 프랑스의 대다수 귀족들은 토지세taille를 납부하지 않을 권리를 가졌고, 그 부담은 다른 재산 소유자들에게 전가되었다.[17] 자유주의자는 이런 불평등에 대해 비판의 날을 세웠지만, 전통적 보수주의자는 이런 현실이 정당하다고 보았다. 그런 불평등이 수많은 전통과 사회적 합의로부터 비롯되었으므로 공동체의 필요에 부합한다고 보았기 때문이다. 그래서 자유주의자가 만인의 평등권 이론이 현실 사회의 (오랫동안 그 공동체에서 잘 적용되어 온) 복합적인 '진정한 권리'보다 중요하다고 믿는 것을 주제넘은 짓이라고 생각했다.

경제적인 가치를 생산하는 노동의 역할이 중요하다고 강조한 로크의 관점은 이른바 유한계급leisure class에게 위협이 되었다. 그리고 자유주의에서 시장 정의를 강조한 것 역시 기존의 재산 및 사회적 재화의 분포 현실에 위협으로 다가왔다. 따라서 전통적 보수주의에서는 오랫동안 재산 및 여타 사회적 재화가 분포되어 온 방식을 옹호할 수 있는 정의 관념을 발전시켰다. 일반적으로 말해, 전통적 보수주의에서는 귀속적 원칙ascriptive principles에 의거한 정의 관념을 내세웠다. 귀속적 원칙에 의거하여 (사회적 특성 및 그런 특성을 지닌 사람들에게 필요한 것이 무엇인지에 대해 전통적으로 인식하는 바에 따라) 재화가 분배되어야 한다고 주장했던 것이다.[18] 러셀 커크는 이런 원칙을 다음과 같이 설명한다.

> 서로 다른 종류의 성격을 지닌 사람들은 서로 다른 종류의 보상을 받아야 마땅하다. 학자에게 최선의 보상은 정관적靜觀的인 마음의 여유다. 군인에게 최선의 보상은 세상의 명예다. 조용히 살아가는 사람에게 최선의 보상은 일상생활에서의 확실한 질서다. 정치인에게 최선의 보상은 정당한 권력이다. 숙련공에게 최선의 보상은 좋은 물건을 만들 수 있는 기회다. 농부에게 최선의 보상은 넉넉한 목가적인 삶이다. 사업가에게 최선의 보상은 자신이 건설한 생산 단지의 장관이다. 좋은 아내에게 최선의 보

상은 착한 자녀들이다. 이렇게 다양한 재능과 포부를 지닌 사람들의 특성을 금전 관계로 환산해 버린다는 것은, 덜떨어지고 시기심으로 가득 찬 인간의 짓이 아닐 수 없다. 그렇게 해놓고 모든 사람에게 똑같은 방식으로 금전을 일률적으로 지급한다는 것은 이 사회의 가장 우수한 인재들이 영원한 불만을 품고 살도록 만들려는 계산된 행위와 다름없다.[19]

사람들이 자신의 독특한 특성에 따라 각기 다른 보상을 받아야 할 뿐만 아니라, 사람들이 가진 바람직한 특징들도 서로 그 정도가 모두 다르다. 커크의 말을 다시 들어 보자. "선량하고 근면하고 근검절약하는 사람과, 사악하고 나태하고 씀씀이 헤픈 사람에게 똑같은 보상을 내리는 것보다 더 큰 불의는 없다."[20] 따라서 재화는 정신적·육체적·도덕적 특성에 따라 서로 다르게 분배되어야 옳다는 말이다.

애초에 전통적 보수주의에서는 오로지 일정한 유형의 인간들 — 귀족계급 및 좋은 가문에서 태어난 백인들 — 만이 가장 큰 보상을 받을 수 있는 덕성을 지니고 있다고 믿었다. 그러나 전통적 보수주의가 전반적으로 자유주의적인 문화 분위기 내에서 진화함에 따라, 보수주의자는 다양한 사회 계급 출신의 사람들도 여러 재능과 덕성을 지닐 수 있음을 인정하게 되었다. 따라서 보수주의자는 서서히 (계급이나 인종·젠더와 상관없이 가장 바람직한 특성을 지닌 사람들이 사회의 가장 중요한 위치를 차지하고, 그에 걸맞은 보상을 받아야 한다는) 능력주의meritocracy의 이상을 받아들이게 되었다.

전통적 보수주의와 고전적 자유주의는, 부의 평등한 분포를 거부한다는 점에서 서로 비슷한 정의 관념을 지닌 것처럼 보이지만, 근본적인 차이가 존재한다. 전통적 보수주의자는 능력의 차이에 따라 재산 및 지위의 차이가 나야 한다고 믿는다. 하지만 고전적 자유주의자는 노동 및 시장에 기여한 정도의 차이에 따라 (제한된 범위에서) 재산 및 지위의 차이가 나야 한다고 믿는다. 보수주의자는 능력이 떨어지는 사람이 사회의 높은 지위를 차지하는 것을 부당하다고 볼 가능성이 크지만, 자유주의자는 그렇지 않다. 자유주의의 정의관에는 행운과,

결과에 영향을 미치는 요행수가 차지하는 비중이 높기 때문이다. 만일 당신이 소유한 토지가 한창 상승세를 타는 지역에 속해 있어서 부동산 가치가 천문학적으로 뛰었다고 가정해 보라. 이때 발생한 부는 당신의 노동이나 시장에 대한 당신의 기여가 아니라, 행운 덕분이다. 그럼에도 고전적 자유주의자는 전통적 보수주의자와 달리 이런 행운을 통해 잘살게 되는 것에 아무런 문제가 없다고 본다.

그런데 보수주의에서 믿는 귀속적 특성에 따른 특권을 누리지 못하는 사람이라 하더라도 전통적 보수주의의 정의관 가운데서 높이 평가할 만한 측면이 한 가지 있다. 즉, 보수주의자는 더 큰 권리와 특권을 누리는 사람에게 더 큰 의무와 책임이 따른다고 본다. 나라에 따라 구체적인 권리와 책임은 모두 다르겠지만, 이런 상응하는 권리와 책임commensurate rights and obligations이라는 사상을 잘 보여주는 두 가지 사례가 있다.

첫째, 중세 프랑스에서 유래된 사례다. 당시 파리의 법에 따르면 가난한 사람과 여행하고 있는 농노는 야간에 다리 아래에서 잠잘 수 있었다. 그러나 귀족은 그 어떤 경우에도 다리 아래에서 잠자는 것이 불법이었다. 귀족들이 누리는 다른 특권이 많았으므로 가난한 사람들이 쉴 수 있는 자리까지 빼앗는 것은 부당하다고 보았던 것이다.

둘째, 20세기 영국의 사례다. 제2차 세계대전 당시 영국군의 장교는 거의 예외 없이 지배 계층의 자제들로 이루어졌다. 그들은 사병들보다 훨씬 좋은 대우를 받았다. 그런데 장교들은 이런 특권에 대해 그에 상응하는 책임이 따른다는 점을 잘 알고 있었다. 군의 폭발물 처리반Bomb Squads — 독일이 영국 본토에 투하했지만 폭발하지 않은 불발탄을 해체하기 위해 특별히 조직된 부대 — 은 장교와 사병으로 구성되어 있었다. 불발탄이 발견되면 사병들이 우선 해체 준비 작업을 한 다음 위험지역을 빠져나와 대피했다. 그 후 장교들이 투입되어 실제 해체 업무를 수행했다. 폭발물 처리반의 사망률은 대단히 높은 편이었지만, 거의 예외 없이 장교들만 전사했다. 하지만 장교들은 결코 불평하지 않았다고 한다. 자신들이 누리는 특권에는 더 큰 위험부담이 따른다는 전통적인 사회 관습을 철저히 인정했기 때문이었다.

요컨대, 전통적 보수주의는 추상적인 평등권 주장을 거부하고, 서로 격차가 나는 정의 원칙을 내세웠다. 전통적 보수주의에서는 사람들이 특성과 재능과 중요성에서 서로 차이가 나기 때문에, 각자 서로 다르게 대우받아야 한다고 믿는다. 전통적 보수주의에서는 정의란 특정 공동체의 제도와 관습 내에서 발전해 온 권리와 책임을 시행하는 것이라고 본다.

3
아나키즘
...
정당한 제도가 존재하지 않는 상태에서의 행동

아나키즘에서는 전통적 보수주의와 고전적 자유주의의 정의 관념을 모두 거부한다. 아나키스트는, 상층계급이 보수주의의 정의 관념에 힘입어 자신에게 유리한 권리를 최대한 확보할 수 있었고 하층계급에게 불필요한 책임을 지울 수 있었다고 믿는다. 아나키스트는, 재산권을 강조하는 자유주의의 정의 관념에 힘입어 부유층이 시장 거래에서 사람들을 착취할 수 있었다고 믿는다. 아나키스트가 보기에는 전통 사회도, 자본주의사회도 정의를 이룩하지 못한다. 정의는 제도를 통해 온전히 구현될 수도 없고, 사회적 재화의 공평한 분배에 관한 단일한 법칙으로 환원될 수도 없다.

아나키즘에서는 사람들이 서로를 올바르게 대우할 때에 정의가 이루어질 수 있다고 본다. 앞 장에서 보았듯이, 아나키즘에서는 도덕적 자율성을 지닌 사람들이 올바른 행동이 무엇인지에 관해 스스로 결정을 내려야 한다고 믿는다. 더 나아가, 도덕적으로 올바른 사람이라면 상호 존중, 정직함, 상호성, 관대함, 공정함, 평등과 같은 가치를 잘 고려할 것이라고 강조한다.

프루동에 따르면 정의란 "어떤 사람에 대해서든, 아무리 나쁜 상황에서든, 정의를 옹호한 결과 어떤 위험에 노출되든 간에, 자발적으로 인간 존엄성을 느끼고 그것을 서로 보장해 주려는 존중심"을 뜻한다.[21] 고드윈은 정의로운 사람의 행위의 핵심 요소로 정직함을 꼽았다. 즉, 사람들이 자신에게 유리한 대로 꾸며 대는 모든 기만을 배제해야 한다는 것이다. 또한 프루동은 인간관계 및 거래에서 상호성을 중시했다. 즉, 한 사람이 다른 사람에게 혜택을 주고, 그에 상응하는 혜택을 받아 두 사람 모두에게 득이 되는 관계가 바로 정의로운 관계라고 할 수 있다. 가난한 사람이나 기본적 필요를 충족하지 못한 사람을 돕고 지원하는 관대한 정신이 정의의 요건이라고 강조한 아나키스트도 있었다. 일반적으로 말해, 아나키즘에서는 전체를 위한 선익과 자기 자신을 위한 선익을 혼동하지 않는 '공정함'impartiality을 높게 친다. 고드윈은, 만약 어떤 사람이 죽을 경우 사회 전체의 선익에 도움이 된다면 정의의 원칙에 따라 그 사람은 죽음을 선택해야 마땅하다고까지 주장한다.[22]

아나키스트는 보수주의자와 자유주의자보다 더욱 평등 지향적이다. 고드윈에 따르면 "삶의 모든 좋은 측면이 공평하게 분배되는 것"이 바로 정의다.[23] 그는 이 주장을 입증하기 위해 여러 가지 정당화 논리를 제시한다. 첫째, 불평등은 타인에 대한 의존감을 키우고, "다수 인류 대중을 소수 인류에게 봉사하는 노예 또는 가축의 위치로 전락시키는" 정신을 키운다. 둘째, 불평등은 지적인 발전을 저해한다. 인간이 정신적 발육보다 재산 축적에만 눈멀게 하기 때문이다. 셋째, 불평등은 부유층에게 호사를 즐기고 물질적 환락을 누리려는 끝없는 욕구를 불러일으키고, 빈곤층에게 부당하다는 감정을 불어넣으며 시기와 분노의 정서를 부추긴다. 이렇게 되면 부유한 사람이나 가난한 사람 모두의 인간 정신이 타락하게 된다.

하지만 아나키즘에서는 모든 재화가 모든 사람에게 평등하게 분배되어야 한다고 제안하지는 않는다. 어떤 공동체 내의 모든 구성원에게 재화를 완전히 평등하게 분배해 주려면 권위적이고 강압적인 제도의 힘을 빌려야 할 것이기 때문이다. 그러므로 아나키즘은 모든 사람이 사회적 재화를 평등하게 소유할 권리가 있다고 강조하기보다, (모든 이가 대부분의 사회적 재화를 똑같이 향유할 자격이 있으며, 모든 이의 필요가 똑같이 중요하다는 규범을 사람들이 받아들이는) '평등주의 윤리'를 강조하는 편이다.

아나키즘 연구자들은 흔히 (재화를 그 사람의 행위에 따라 분배해야 한다고 제안하는) '개인주의적 아나키즘'과 (재화를 그 사람의 필요에 따라 분배해야 한다고 제안하는) '집단주의적 아나키즘'을 구분하곤 한다. 따라서 아나키즘의 상이한 분파들이 서로 다른 분배 유형을 강조하는 셈이다. 개인주의적 아나키즘이든, 집단주의적(공산주의적) 아나키즘이든, 강압적인 수단을 쓰지 않고, 구성원들 개인의 도덕적 원칙을 존중하는 한, 모두 정의로울 수 있다.

개인주의적 아나키즘 사상은 프루동이 제안한 원칙이다. 프루동은 농촌 공동체에 비교적 관심이 많았다. 프루동은 로크와 마찬가지로, 재화의 가치를 높이는 데 노동이 핵심적 요소이고, 농부나 장인은 각자 (자신의 노동을 생산적으로 만드는 데 필요한) 토지나 연장과 같은 재산을 보유할 권리가 있으며, 개인이 자기 노동의 생산성에 상응하는 보상을 받을 자격이 있다고 믿었다.

집단주의적 아나키즘 사상은 크로포트킨이 제안한 원칙이다. 크로포트킨은 도시와 산업화된 공동체에 비교적 관심이 많았다. 그는 사회적 재화의 가치가 복잡한 사회적 과정으로부터 도출되기 때문에 개인이 재화의 가치를 창출하는 데 얼마나 기여했는지를 정확히 계산하기 어렵다고 생각했다. 예를 들어, 크로포트킨은 어떤 사람이 상트페테르부르크와 시베리아에 각각 똑같은 집을 짓는다 하더라도, 상트페테르부르크의 집이 훨씬 가치가 높게 평가될 것이라고 보았다. 상트페테르부르크에서는 다른 사람들이 이미 지어 놓은 극장, 상점, 기타 편의 시설 덕분에 그 도시에 지은 집의 가치가, 시베리아에 지은 집의 가치보다 분명 올라갈 것이기 때문이다. 크로포트킨은 산업적 생산에 초점을 맞추었고, 그런 생산양식이 집단적인 과정이어서 개인의 기여분을 정확히 따지기 어렵다는 점을 잘 알고 있었다. 따라서 그는 사회적 생산의 산물은 공동 소유해야 한다고 주장했던 것이다. 그럼에도 개인들은 이런 생산의 산물을 소비해야만 한다. 공정하고 관대한 사람들로 이루어진 공동체라면 이런 사회적 재화를 그 재화에 대한 필요가 가장 큰 사람들에게 우선적으로 분배해 줄 것이다. 집단주의적 아나키즘에서 필요에 따른 분배를 정의롭다고 보는 이유는, 가난한 사람이 공동체의 지원을 받을 권리를 지녀서가 아니라, 정의에 대한 의지가 있는 공동체라면 가난한 사람을 적극적으로 지원할 의무를 가져야 마땅하기 때문이다.

행동에 따른 분배가 필요에 따른 분배와는 아주 다른 형태의 분배일 가능성도 있다. 한 사회 내에서 가장 생산성이 높은 노동자가 가장 빈곤한 사람인 경우가 극히 드물기 때문이다. 그럼에도 행동에 따라 분배하든, 필요에 따라 분배하든 간에, 아나키즘의 분배 방식이 전통적 권리에 따른 분배나 자본주의 경제체제의 분배에 비해 훨씬 더 평등한 것을 부정할 수 없다. 프루동과 크로포트킨은 자신들의 분배 원칙이 착취와 지배를 방지하려는 목적을 가졌음을 잘 이해하고 있었다. 행동이나 필요에 따라 분배가 이루어질 때, 대다수 인류 대중이 사회의 상층계급에 예속되지 않을 것이며, 힘센 지배 계층이 대다수 인민을 착취하지 않는 상황에서 살 수 있게 될 것이다.

4
마르크스주의
...
정의가 필요한 사회 상황 자체를 초월한다

마르크스주의자들은 마르크스가 정의를 어떻게 생각했는지를 두고 열띤 토론을 벌여 왔다. 마르크스가 정의에는 별 관심이 없었다고 주장하는 평자도 있다. 그가 평등한 권리니 공평한 분배니 하는 사상을 "케케묵은 말장난"으로 여겼기 때문이라고 한다.[24] 반면에 자본주의가 정의가 아닌 불의 ─ 노동자에게 속한 것을 부당하게 빼앗는 자본가 ─ 에 기반을 둔 체제라고 간주한 마르크스가 사회적 재화를 더 공평하게 분배할 수 있는 대안체제를 모색했다고 주장하는 평자도 있다.[25] 여기서 한 가지 확실한 사실은, 마르크스가 공정한 분배의 문제보다 효과적인 생산방식을 더 중요하게 여겼다는 점이다.[26] 자본주의적 생산양식은, 공정하든 공정하지 않든 간에, 효과적이지 않은 요소들로 이루어져 있다. 노동자들을 착취하고 소외시키기 때문이다. 따라서 사유재산을 철폐하고 생산수단을 사회화하자는 것이 마르크스가 생각한 정의의 핵심이었다.

마르크스주의자는 자본주의에는 착취가 필연적으로 따른다고 강조한다. 노동계급이 자기가 한 노동만큼의 가치를 온전히 누리지 못하기 때문이다. 노동자들이 (그들이 공장에서 생산하고, 자본가들이 시장에서 판매하는) 상품의 가치를 대부분 만들어 낼지라도 그들은 최소한의 생계 임금만 받을 수 있을 뿐이다.[27] 노동시장에 따라 노동자가 받는 임금에 차이가 나긴 하지만 "임노동의 평균적 보수는 최저임금 수준에 불과하다. 즉, 노동자가 다시 노동을 하기 위해 겨우 생존하는 데 꼭 필요한 절대적 최소치인 생계 수단을 획득할 수준밖에 되지 않는다".[28] 노동자들이 최소한의 임금을 지급받는 이유는 자본가가 반드시 탐욕스럽고 저열한 인간이어서가 아니라, 자본주의적 경쟁 논리가 그러하기 때문이다. 만일 어떤 자본가가 자기 노동자들에게 생계 임금 이상의 임금을 지불한다면 생산 비용이 늘어나게 되고 제품의 가격도 높아지는데, 이렇게 됐을 때 소비자들은 (자기 노동자들에게 최소한의 임금만 지불하는) 경쟁 업체의 더 싼 제품을 구입할 것이다. 그러므로 실직과 굶주림에 대한 두려움 때문에 노동자들은 최저 임금이라도 받아들일 수밖에 없다. 모든 노동자들은 자기 말고도 수많은 산업예비군이 생존을 위해 생계 임금이라도 기꺼이 받아들이고 취업을 하려 한다는 사실을 잘 알고 있다.

한편, 자본가는 노동자들의 노동으로부터 잉여가치 또는 수익을 추출해 낸다. 자본가는 생산수단을 소유하고 있으므로 노동자들이 실제로 생산한 가치와 그들이 지급받는 생계 임금 사이의 차액(수익)을 가로챌 수 있다. 이렇게 모은 수익은 노동을 절감할 수 있는 기계 설비에 재투자되므로 자본가는 향후 노동 비용을 줄일 수 있으며, 시장 경쟁에서도 살아남을 수 있게 된다. 따라서 노동자들은 나중에 자신의 실직을 불러오기 위해 사용될 바로 그 잉여가치를 지금

생산하고 있는 셈이 된다. 자본주의 체제는 이런 식으로 노동계급을 착취하고, 인간의 비참함을 자아낸다.

그럼에도, 마르크스는 이런 식의 노동 착취가 반드시 부당하다고 보지는 않았다. 자본가와 노동자 사이의 교환관계가 어떤 점에서는 자발적이고 서로 도움이 되는 교환이기 때문이다. 이렇게 보면 노동자는 자신의 노동과, 생계에 필요한 임금을 서로 맞교환하는 셈이다.[29] 그러나 마르크스는 자본가와 노동자의 관계를 넘어, 생산수단의 사적 소유에 기반을 둔 전체 자본주의 체제 자체가 정의롭지 못하다는 점을 분명히 인정했다.

따라서 사적 소유제의 철폐가 마르크스의 정의 관념에서 핵심을 차지한다. 마르크스는 의복·주거·가구·유흥재 등의 사유재산을 반대하지 않았지만, 자본가들에게는 "(마르크스가 '자본'이라고 표현한) 생산적 자원의 사적 소유와 통제에 관해 그 어떤 도덕적 권리도 없다"라고 주장했다.[30] 마르크스는 자본가들이 신중하게 투자하고, 자기가 벌어들인 부를 재투자하며, 대단히 큰 리스크를 걸고 사업을 벌인 덕분에 정당하게 생산수단을 획득할 수 있었다는 주장을 가당찮게 여겼다. 그는 전형적으로 "정복과 노예제도와 강도짓과 살인을 통해" 자본이 축적되었다고 보았을 정도였다.[31]

마르크스주의자는 생산수단의 사적 소유를 완전히 철폐하는 것이 몇 가지 이유에서 중요하다고 생각한다. 사유재산이 철폐되는 날까지 부당하고 불평등한 권력관계가 지속될 것이기 때문이다. 자본가가 노동자에 대한 통제권을 계속 유지할 것이기 때문이다. 생산적 자원을 소수의 자본가들이 통제하는 불평등한 상황을 감안할 때 고전적 자유주의에서 말하는 평등한 권리는 단지 형식적인 표현에 지나지 않는다. 또한 사유재산이 없는 사람은 최저임금과 자신의 노동을 교환할 수밖에 없기 때문이다. 사유재산제도가 폐지되는 날까지 노동자들은 소외되고, 창조적인 존재도 되지 못하며, 쥐꼬리만 한 급여를 받아 살아가기 위해 필요한 만큼만 일할 수 있을 뿐이다. 사유재산제도가 폐지되는 날까지 자본계급은 계속해서 경제에 관한 핵심적인 결정을 좌우지할 것이다. 자본가는 상품을 구입할 형편이 못 되는 노동자들을 위해 그들에게 꼭 필요한 생필품을 생산하지 않고, 부자들만이 누릴 수 있는 사치품을 생산할 것이다. 생산과정의 공적 통제가 없다면 무자비한 경쟁이 계속될 것이고, 많은 생산 업체들이 문을 닫을 것이며, 경제 위기의 악순환이 재발되면서 거의 모든 사람이 빈궁한 상태로 전락할 것이다. 요컨대, 마르크스는 산업화 덕분에 인류가 잘살 수 있게 되었지만, 재산의 사적 소유제 때문에 오히려 경제적 결핍이 발생할 가능성이 크다고 생각했다.

따라서 마르크스는 자본주의가 초래한 결핍 상태로 말미암아 '정의가 필요한 사회 상황'이 계속 조성될 것으로 보았다. 왜냐하면 궁핍 상태가 계속되는 한 사람들은 '부족한 자원을 어떻게 하면 공정하게 분배할 수 있을까?'라는 문제에만 사로잡혀 있을 것이기 때문이다.[32] 마르크스는 정의가 필요한 사회 상황을 넘어서 풍요로운 사회로 나아갈 수 있는 길을 모색했던 것이다. 진정으로 좋은 사회라면 "협력에서 비롯된 부가 샘물처럼 흘러넘칠" 것이므로 정의라는 개념 자체가 필요 없어질 것이다.[33] 마르크스는 경제적 결핍을 완전히 제거한 이상적인 공산 사회 — 자본주의에서 산업·기술 발전이 이루어진 후에, 국가가 권력을 동원해서 산업사회가 사람들이 진정으로 원하는 재화를 생산하도록 한 후에, 그리고 사람들이 창조적인 노동자가 된 후에 도래할 것이다 — 에서만, 정의가 필요한 사회 상황 자체가 극복될 수 있을 것이라고 보았다.

마르크스는 자본주의를 철폐한다고 해서 정의가 필요한 상황을 넘어 선 조건이 곧바로 형성될 것이라고 가정하지 않았다. 대신 공산 사회로의 이행기 동안에는 재화가 기여도 원칙contribution principle에 따라 분배되어야 할 것이라고 보았다. 이것은 생산에 가장 크게 기여한 사람이 가장 큰 몫을 차지할 수 있다는 원칙이다. 마르크스는 '일한 만큼 분배받는다'는 관념이, 자본주의 체제에서 발생했던 착취에 비해 더 훌륭한 관념이고, 사람들이 자본주의에서 체득했던 소외를 극복할 때까지 그들에게 동기부여를 해줄 수 있는 유용한 수단이라고 보았지만, 오로지 노동에만 근거한 분배가 완전히 옳다고도 보지 않았다. 그는 사람들마다 재능과 사회적 조건이 다르기 때문에 노동으로 기여할 수 있는 바도 모두 다를 것이라고 생각했다. 불평등한 재능과 사회 상황은 결코 옳지 않으므로,

이런 불평등을 반영하는 노동에 근거해서 분배를 한다는 것 역시 결코 옳지 않고, 공평하지도 않을 것이다.

만일 사회로부터 결핍을 완전히 제거할 수 있다면, 그 사회는 사회적 재화의 공평한 분배를 놓고 벌어지는 갈등을 해소하기 위한 정의의 원칙을 더는 필요로 하지 않을 것이다. 마르크스는 이상적인 공산 사회라면 다음과 같은 말을 휘장에 새겨 넣어야 한다고 말한다. "능력에 따라 일하고, 필요에 따라 분배받는다."[34] 하지만 이 말은 정의의 원칙 — 희소한 자원을 분배하기 위한 방법론 — 이라기보다, 풍요로운 공산 사회에서 발생할 현상을 예측하는 표현일 수도 있다. 결핍이 사라지고 나면 사람들은 풍족하게 쌓여 있는 자원의 산더미에서 자신이 원하는 것을 그저 집어 가기만 하면 될 것이다.[35]

5
공산주의
...
사회통제를 통해 모든 필요가 충족되는 사회를 건설한다

공산주의에서는 마르크스의 저술이 자본주의사회에서 노동자들이 당하는 착취의 부당함을 강조했다고 해석한다. 그리고 공산주의자는 제국주의 역시 개도국의 농민과 토착민을 착취한다고 강조한다.

또한 공산주의자는 마르크스에 기대어, 공산주의의 권위주의적 통치가 (결핍이 사라지고 모든 사람의 물질적 필요가 충족되는) 미래의 유토피아를 위해 꼭 필요한 단계라고 정당화한다. 레닌·스탈린·마오쩌둥·카스트로 등의 공산 정권은 모든 생산수단을 통제했고, 공산주의 정부는 모든 노동자들을 직접 고용하여 그들의 숙련도와 노동량에 따라 임금을 지불했다. 마르크스와 마찬가지로 공산주의자 역시, 혁명 이후 사회에서도, 노동자가 노동의 대가로 지불받는 임금이 그 노동자의 노동가치를 완전히 반영하지는 못할 것이라고 생각했다. 노동자가 받는 임금으로부터 일종의 사회적 공제분social deductions을 빼야 한다고 본 것이다. 예를 들어, 저개발 상태의 사회를 산업화하기 위해 필요한 기술혁신을 충당하거나, 생산과정을 거치면서 노후화되는 기계 설비를 교체하거나, 그리고 "학교와 의료 서비스 등의 공동체적 필요 충족을 위한 비용"을 부담하기 위해 국가가 노동자들로부터 "의무 저축액"을 공제해야 할 것이라고 한다.[36] 이런 공제액은 미래의 이상 사회를 위한 투자이므로 노동자에 대한 부당한 처우라고 할 수 없다. 자본주의사회에서 노동자가 생산에 기여하는 정도와 노동자가 지급받는 임금 사이의 차액은 (자본가가 그 가치를 빼앗아 가므로) '착취적인 잉여가치'라 할 수 있지만, 혁명 이후 사회에서 발생하는 차액은 사회주의 이행기 사회에서 노동자가 부담해야 할 '사회적 기여분'social contribution으로 보아야 한다는 말이다.

시민들이 의무 저축액을 사회적 기여로 생각하게 하기 위해 공산주의에서는 사람들의 사고와 행동을 사회적으로 철저히 통제했다.[37] 사람들이 자원 분배에 대해 갖는 생각을 바꾸기 위해 사회 통제술을 실시하는 것이 자유주의자가 보기에는 부당하다고 생각되겠지만, 공산주의자는 그것을 긍정적인 변화로 보기 때문에 부당하다고 생각하지 않는다. 인간이 경쟁적이고 이기적인 성격을 극복하고, 협동적이며 공동체에 봉사하는 존재로 다시 만들어지는 과정에서 일어날 수 있는 과도기적인 현상이라고 보는 것이다.[38]

공산주의자는 이런 이행기가 지나가면 사람들이 자기실현과 창조적 노동에 전념할 수 있게 될 것이라고 주장한다. 이때가 되면 노동의 정당한 보상을 보장해 주기 위한 제도로서의 국가가 필요치 않게 될 것이다. 모든 사람이 자기 능력에 따라 사회에 기여할 것이고, 자신의 필요를 충족할 수 있을 것이기 때문이다.

6
파시즘과 나치즘
...
정의보다 국가 및 인종의 우위를 중시한다

파시즘이나 국가사회주의(나치즘) 사상에는 이렇다 할 정의론이 나와 있지 않다. 두 사상 모두 법적 정의, 공평한 소득분배, 개인의 권리와 복리 등에 별 관심을 두지 않는다. 그 대신 집단의 안녕 및 권력에 초점을 맞춘다.[39] 국가 또는 인종의 중요성을 크게 강조하다 보니 분배 정의 문제에 대한 관심이 원천적으로 배제되어 버린 것이다. 자원의 분배 또는 재분배에 관한 이론, 혹은 일반적 차원에서 법의 지배에 관한 이론은 집단적 목표 달성에 복무하는 조처라는 식으로 취급된다. 파시스트는 만일 국가가 생산성과 국력을 극대화하는 정책을 시행한다면 모든 사람에게 혜택이 돌아갈 것이라고 주장한다. 따라서 부의 분배는 그것이 생산성과 국력 향상에 영향을 끼치는 경우에만 문제가 된다.

그렇다고 해서 파시스트와 나치가 권력을 쟁취하는 초기 과정에서 분배 정의의 수사를 활용하지 않았던 것은 아니다. 독일과 이탈리아에서 나치와 파시스트는, 불안정한 경제 상황이나 좌파 정당의 재분배 정책을 위협적으로 느끼고 있던 사회집단들을 집중적으로 파고들었다. 파시스트는 사회 취약 계층의 물질적 복리를 보장하겠다고 약속하면서도 부유층에 대한 세금을 올리겠다고는 하지 않았다. 아마 그런 복지 정책을 충당하기 위해 전쟁의 전리품들을 활용할 계획이었는지도 모른다. 파시스트와 나치가 실제로 권력을 잡았을 때 이런 자가당착이 더욱 첨예화되었다. 두 집단 모두 노동자의 권리와 경제적 평등에 관한 문제를 철저히 외면했기 때문이다.[40] 어쩌면 파시스트와 나치가 벌였던 대규모 공공사업 프로젝트가 공리주의적 원칙에 근거하여 정당화될 수 있고, 이런 사업들이 대다수 시민들에게 이득을 가져다주었다고 주장할 수도 있을 것이다. 그러나 공공사업들 — 예컨대, 독일의 아우토반(미국의 주간州間 고속도로와 같은 도로 체계) — 이 시민들의 복지 향상을 위해 처음부터 계획된 것이 아니라는 점을 기억해야만 한다. 오히려 이런 대규모 공공사업들은 군사적 목적을 위해, 그리고 무솔리니와 히틀러의 국가주의적·인종주의적인 목표를 달성하는 데 필요한 사회 통합을 위해 추진되었던 것이다.

7
현대 자유주의
…
부당한 불이익을 보상해 준다

린든 존슨 대통령의 '위대한 사회'Great Society 프로젝트의 발전기에 경제자문협의회의 의장을 지낸 아서 오쿤Arthur M. Okun은 1975년에 저술한 『평등과 효율: 거대한 흥정』Equality and Efficiency: The Big Tradeoff이라는 책에서 현대 자유주의에서 생각하는 정의의 문제를 잘 설명했다. 고전적 자유주의와 마찬가지로 오쿤은 자본주의의 효율성을 강조했다. 시장 시스템에 힘입어 투자자와 노동자는 자신의 자원과 역량을 생산적으로 사용할 수 있으며, 자본주의 체제에서는 보상이 불평등하게 분배되기 때문에 개인이 더욱 노력할 계기가 생긴다고 했다. 그 결과 자본주의에서 경제의 파이가 더욱더 커지게 되며, 다른 경제체제보다 생활수준이 향상된다. 하지만 오쿤은 자본주의가 빚어내는 부의 불평등 — 서로 지나치게 다른 파이 조각들 — 을 개탄했다. 통상, 현대 자유주의자는 자본주의가 공평하게 각자 몫의 파이를 나눠 준다고 생각지 않는다.

각자가 시장에 기여하는 바대로 보상을 받는다 하더라도 시장 정의는 불평등할 수 있다. 여기에는 몇 가지 이유가 있다. 첫째, 시장이 개인에게 나눠 주는 불평등한 보상은, 개인이 시장에 기여한 노력과 부분적으로만 연관될 뿐이다. 타고난 재능 — 지능이나 건강 등 — 이 서로 다르고, 각자 처한 사회 상황이 서로 다르므로 — 가령 도시 빈민가의 열악한 상황에서 성장했을 수도 있고, 교외 거주지역의 부유한 가정에서 자랄 기회를 얻었을 수도 있다 — 시장에 기여할 수 있는 정도 역시 모두 다를 수밖에 없다. 그러나 남다른 재능을 타고났거나 좋은 환경에서 자라날 수 있었던 사람이 자신의 '행운'에 대해 보상을 받는다는 것은 도덕적으로 문제가 될 수 있다. 둘째, 시장은 어떤 사람의 행동 및 고객의 욕구에 근거하여 그 사람에게 보상을 한다. 어떤 사람이 오랜 시간을 들여 뛰어난 양서를 집필했지만 서점에서 잘 팔리지 않은 반면, 싸구려 통속소설가가 도서 시장에서 인기를 끌어 대성공을 거두었다고 치자. 이런 점을 고려해 본다면 시장이 사람들에게 공평하게 물질적 보상을 나눠 준다고 말하기 어렵다. 셋째, 모든 사람은 시장에 어떤 기여를 했는지와 상관없이 한 인간으로서 지닌 가치에 근거하여 일정한 권리를 향유할 자격을 지닌다고 볼 수도 있다. 아마 모든 사람이 일정한 수준의 교육, 적절한 영양 상태, 꼭 필요한 의료 서비스 및 여타 재화를 누릴 권리를 가져야 할 것이다.

오쿤은 효율성과 평등성 사이에 일정한 흥정trade-off이 필요하다고 보았다. 국가가 경제의 파이를 국민들에게 공평하게 나눠 줄수록 그와 동시에 파이의 전체 크기가 줄어들 수도 있기 때문이다. 재분배는 비용이 많이 드는 제도다. 평등성을 더 많이 보장하려면 소득이 높은 계층에 적용되는 세율을 높여서 그 비용을 충당해야 하는데, 그렇게 되면 부유층이 자본을 축적하여 투자할 의욕이 줄어 경제성장의 발목을 잡는 결과를 낳을 수 있기 때문이다. 또한 복지 권리가 늘어날수록 사람들이 열심히 일할 유인이 준다는 것도 한몫한다. 재분배는 경제적 효율성을 떨어뜨리기도 한다. 복지 정책을 제정하고 시행하기 위해 국가가 모든 행정비용을 부담해야 하기 때문이다. 현대 자유주의자는 효율성 — 전체 부의 증가 — 과 평등성 — 복지 권리의 확대 — 을 모두 원한다. 그러나 효율성과 평등성 가운데서 어느 쪽에 주안점을 두어야 하는지를 놓고 현대 자유주의 내에서도 서로 의견이 다르다.

효율성을 강조하고 경제적 파이의 크기를 일단 키우는 것이 중요하다고 생각하는 현대 자유주의자도 있다. 이런 입장은 1980년대 미국의 자유주의자들이 취했던 입장인데, 이들은 현대 자유주의가 왼쪽으로 지나치게 기울어져 복지 권리와 재분배 정책을 심각할 정도로 확대시켰다고 우려했다. 이런 입장을 취한 사람 가운데는 빌 클린턴 대통령과 같은 온건 민주당원들이 포함되어 있었는데, 이들은 신자유주의자neoliberals라고 불리게 되었고 오늘날 전 지구적 신자유주의 노선의 선구가 되었다. 신자유주의자들은 경제성장이 여타 자유주의의 목표를 달성하기 위해 반드시 필요하므로, 자유주의자라면 경제적 부흥과 재산업화 정책을 추구해야 마땅하다고 주장했다. 유의미하고 평등한 기회를 보장하기 위해 경제성장이 꼭 필요한 이유는 경제성장이 일어나야 새롭고 더 나은 일자리가 창출될 수 있기 때문이다. 경제성장은 현재 최상의 일자리를 가진 사람들과, 그 일자리를 차지하고 싶어 하는 사람들 사이의 갈등을 피할 수 있게 해준다. 또한 경제성장은 시민의 권리를 확대하는 데에도 필수적인 전제 조건이 된다. 복지국가를 유지하기 위한 조세수입을 창출하기 때문이다. 매사추세츠 주의 전 상원 의원이었던 폴 송가스Paul Tsongas는 다음과 같이 말한다. "만일 경제가 성장하면 타인의 소망을 위해 우리의 가슴을 열 수 있다. 그들의 요구를 들어줄 수 있는 여력이 생기기 때문이다."⁴¹

현대 자유주의가 효율성과 경제성장 쪽으로 기울어진 현실은 오늘날 민주당 지도자평의회DLC, Democratic Leadership Council와 같은 단체를 보면 잘 드러난다. 이 단체에는 빌 클린턴, 앨 고어, 존 케리와 같은 민주당원들이 회원으로 등록되어 있고, 현재 중앙정부, 주 정부, 지방자치단체 수준의 선출직 및 임명직 공직자들 약 4백 명이 회원으로 활동하고 있다. 민주당지도자평의회는 경제성장을 더욱 강조하고 복지 지출을 더욱 줄여 자유주의를 탈바꿈하려고 노력한다.⁴² 민주당지도자평의회가 평등성보다 효율성을 강조하긴 하지만, 이 단체를 이끄는 사람들은 자신들의 원칙과 현대 보수주의의 원칙 사이에 큰 차이가 있다고 주장한다. 첫째, 이런 자유주의자들은 '단순히 서류에만 보이는 성장이 아닌, 진짜 성장'을 원한다고 주장한다. 이들은 전체적인 부는 증가하지만 부유층의 소득만 늘어나고 중산층과 빈곤층의 삶을 향상하지는 못하는 경제성장 정책을 거부한다. 예를 들어, 주가가 대폭 상승하면 (탈규제와 법인세 인하 등의 보수주의 정책을 통해) 부유층의 재산은 늘어나지만, 그것만으로는 경제 생산성이 높아지거나 임금이 늘어나거나 중산층의 일자리가 확실히 보장되지 않는다. 둘째, 민주당지도자 평의회는 현대 보수주의와 달리 정당한 복지 권리를 줄이거나 없애려 하지 않는다고 주장한다. 그 대신 경제성장을 활용하여 (사회의 극빈 계층을 대상으로 한) 국민건강보험과 같은 새로운 영역으로 시민의 권리를 확대하려고 한다.

그러나 효율성보다 평등성을 강조하는 현대 자유주의자도 있다. 이들은 모든 인간은 평등한 대우 equal treatment를 받아야 한다는 단순명료한 전제에서 출발해 '평등한 대우'에 대한 의지라는 원칙 속에 내포된 논점과 정책을 명확히 이론화하려고 노력한다. 예를 들어, 형식적 기회균등 formal equal opportunity — 인종, 성, 사회적 출신성분 등에 의해 불이익을 당하지 않고, 사회 속에서 가장 양호한 위치를 차지하기 위해 서로 공정하게 경쟁할 수 있는 권리 — 이 필요하긴 하지만 그것만으로는 '평등한 대우' 원칙을 실현하기에 많이 부족하다. 그런 차별금지 법률과 정책이 중요하지만, 그것만으로는 공평한 기회균등 fair equal opportunity이라 할 수 없다. 타고난 재능과 성장 환경이 서로 다를 경우, 그 이후에 일어나는 경쟁에서 어떤 사람이 다른 사람보다 부당한 이득을 누릴 수 있기 때문이다. 이런 차이가 어쩔 수 없는 현실이고 완전히 타파하기 어렵다 하더라도, '평등한 대우'를 강력하게 지지하는 자유주의자는 국가가 적극적으로 '공평한 기회균등' 정책을 시행해야 한다고 본다.

자유주의 사회에서는 정부의 보상 정책과 복지 정책을 통해, 일정한 핵심적 재화와 서비스를, 그것을 필요로 하지만 구입할 형편이 못 되는 사람들에게 일종의 자격 entitlements으로 제공해 줄 수 있다. 타고난 장애 혹은 불우한 성장 환경으로 불이익을 당하는 사람들에게 보상을 해줄 수 있는 정책은 교육 영역에서 가장 잘 드러날 수 있다. 공교육 현장에서 '특별 지도 학생' at risk students들의 다양한 필요를 충족하기 위해 제공되는 각종 프로그램을 일반적으로 부르는 명칭이 바로 '특수 교육' special education이다. 특수 교육 프로그램에서는 기초 읽기, 쓰기, 산수 등을 익히지 못한 어린이들에게 보충 교육을 실시하며, 외국계 어린이들에게 영어를 가르쳐 주고, 정서적·정신적 문제를 가진 아동들에게 심리 상담을 실시하며, 더욱 평등한 교육 결과를 달성하기 위해 다양한 노력을 기울인다. 자유주의 사회에서 제공하는 복지 프로그램에는 빈곤층을 위한 (식품 교환권, 주택 보조금, 메디케이드 등의 수단을 통한) 기본적인 영양, 주거, 의료 서비스 제공 등이 포함된다. 자유주의 복지국가에서는 흔히 특정한 판단 기준에 의거하여 비교적 소수의 복지 수급 대상자들에게 복지 혜택을 집중적으로 제공하려 하지만, 모든 사람이 복지 혜택을 받을 수 있는 자격을 강조하는 경우도 있다. 공교육 정책에서는 모든 사람이 기초 교육을 받을 권리가 있음을 인정한다. 공공 도서관에서는 모든 사람에게 도서 및 기타 교육 자료에 접근할 수 있는 자격을 부여한다. 그럼에도 현대 자유주의는 사회주의보다 보편적 복지 권리를 덜 강조하는 경향이 있다.

더 나아가, 통상 현대 자유주의자는 불우한 계층의 사람들이 가장 바람직한 기회를 얻기 위해 좀 더 쉽게 경쟁할 수 있도록, 그런 기회에 대한 접근성을 조정하려고 한다. 예를 들어, 적극적 차별 시정 조치는 고용주와 대학 등이 흑인과 여성 및 기타 불이익을 당하는 집단 구성원들에게 문호를 더 많이 개방하도록 권장한다. 적극적 차별 시정 조치는 '단순한 권장'에 그치지 않고, 고용주와 대학 등이 특정한 집단에 속한 사람들을, (설령 자격이 미달하더라도) 입사나 입학에서 특별히 우대해 주는 정책을 말한다. 이보다 더 강력한 적극적 차별 시정 조치로, 특정한 소외 집단을 일정한 정원 비율 내에서 반드시 뽑도록 정해 놓은 정책도 있다. 그런데 이런 특별 우대preferential treatment 정책 및 정원 배정quota 정책은 역차별이라는 비판을 받기도 했다. '형식적 기회균등' 사상 ― 사람을 성별, 인종 등의 기준으로 분류해 성공 기회에 영향을 미쳐서는 안 된다는 원칙 ― 에 어긋난다는 이유에서였다. 그러나 현대 자유주의자는 이런 비판에 대해 흔히 다음과 같이 응답하곤 한다. 즉, 적극적 차별 시정 조치가 '공평한 기회균등' ― 장애 또는 사회적 불이익을 당하는 사람들에게 바람직한 지위에 도달할 만한 더욱 평등한 기회를 주어야 한다는 입장 ― 을 위해 필요하다는 말이다.[43] 특히 어떤 사회적 불이익 ― 예를 들어, 아프리카계 미국인 ― 이 과거의 역사적 불의 ― 노예제와 인종차별의 유산 ― 에 뿌리를 두고 있는 경우, 이런 불의를 바로잡으려면 적극적 차별 시정 조치와 같은 보상 프로그램이 필요하다는 뜻이다.

자유주의자 가운데는 공동체 전체에 도움이 된다는 공리주의적 이유로 적극적 차별 시정 조치를 찬성하는 사람도 있다. 대법관이었던 샌드라 데이 오코너Sandra Day O'Conner가 바로 이 같은 논지를 편 경우였다. 오코너는 '그루터 대 볼링거 사건'Grutter v. Bollinger 판결에서 미시간 대학 로스쿨의 온건한 차별 시정 조치를 확고하게 지지하는 편에 섰다.[44] 오코너 논리의 핵심은 다음과 같았다. 즉, 미시간 대학 로스쿨이 소수집단 출신 응시자들을 특별히 우대한 정책은 다양한 학생 집단을 구성하는 데 필요하고, 소수집단 출신 학생들이 학내에 어느 정도 이상 분포되어 있을 때 그 다양성에서 비롯되는 혜택을 모든 학생들이 누릴 수 있다는 것이었다. 좀 더 일반적인 의미에서, 적극적 차별 시정 조치를 통해 소수집단 출신의 의사, 변호사 및 기타 전문직 종사자가 배출되면, 이들이 속한 소수집단 주민들에게 도움이 된다는 이유에서 적극적 차별 시정 조치를 지지하는 자유주의자도 있다.

또한 자유주의자는 적극적 차별 시정 조치가 언제나 역차별로 이어지는 것은 아니라는 논리를 펴기도 한다. 표준화된 시험 양식을 통한 경쟁 제도가 시행되는 경우, 백인 남성들이 자기들도 일정한 지분을 할당받을 권리가 있다고 주장하는 것은 성립되지 않는다. 왜냐하면 그런 시험제도 자체가 주류 사회의 규범과 기준에 맞춰 자의적으로 형성된 것이고, 이미 주류 사회에 유리한 편향을 내포한 기준이기 때문이다. 한 사회는 어떤 자리에 인재를 뽑을 때 (다양한 배경을 지닌 사람들이 대중에 얼마나 잘 봉사할 수 있을지에 관한 예측을 포함한) 다양한 선발 기준을 동원할 수 있다. 적극적 차별 시정 조치가 소수집단에 평등한 전망을 부여할 수 있다고 정당화될 수 있는 판단 기준과 과정을 거치기만 한다면, 그리고 특정한 경우에 이런 판단 기준을 공정하게 적용하기만 한다면, 이런 조치로 설령 불이익을 받는 사람이 나온다 하더라도 그것을 부당하다고 볼 수는 없다는 말이다.

8
급진적 좌파
...
더욱 평등한 사회를 추구한다

급진적 좌파 내의 모든 목소리들은 사회적 재화가, 규제되지 않은 자본주의 경제체제에서 분배되는 것보다 더 평등하게 분배되어야 한다고 생각한다. 이 절에서 급진적 좌파 내 모든 사상들에 공통적인 평등주의 에토스를 우선 정리한 후, 정의를 추구하는 방식의 차이점들을 알아보면 도움이 될 것이라 생각된다.

급진적 좌파는 사회정의를 추구하지만 그들이 사회적 재화의 특정한 분배 상태를 정의로운 것으로 규정하지는 않는 편이다. 급진적 좌파는 이 장의 서두에서 인용한 것과 같은 연구들을 활용하여 자본주의에서는 (국내적으로든 국제적으로든) 소득과 재산의 분배가 정의롭지 않다는 결론을 내린다. 급진적 좌파는 사람들이 재산을 모으기 위해 타인(과 환경)을 착취하는 경우가 많고, 빈곤층이 갖가지 형태의 억압을 당하기 쉽다고 주장한다. 급진적 좌파는, 사람들의 소득 수준은 그들이 열심히 일하는 정도, 사회에 기여하는 정도, 도덕적 자질 등과 별 상관관계가 없다고 주장한다.

급진적 좌파에 따르면 자본주의가 재화를 공평하게 분배하지 못하는 이유는, 자유 시장을 시행하는 다원적 사회에서 가장 기초적인 차원의 정의 운용 원칙이 기회균등 — 모든 사람이 바람직한 재화를 더 많이 획득하기 위한 경쟁에서 승리할 수 있는 기회를 똑같이 부여받는 것 — 에 불과하기 때문이다. (고전적 자유주의에서 인정하는 정의 관념인) '형식적 기회균등'은 모든 경쟁자들이 넘어야 할 허들의 높이가 같아야 한다고 본다. 그런데 (현대 자유주의에서 인정하는 정의 관념인) '공평한 기회균등'은 사회적으로 불리한 입장에 놓여 있는 경쟁 집단들이, (사회적으로 유리한 경쟁 집단들이 서있는) '출발선'에 더 가까이 갈 수 있게 해주는 사회정책을 시행해야 한다고 본다. 그런데 급진적 좌파는 형식적 기회균등과 공평한 기회균등의 중요성을 부정하지 않지만, 기회균등이라는 개념이

"완전한 정의"라는 개념만큼이나 적절치 않다고 생각한다.[45] 시민들이 기회균등만을 중시할 때, 그들은 인생이 단지 경쟁적인 시합에 불과한 것처럼 행동하게 되고, 모든 사람의 본질적 삶의 가치를 경시하게 된다. 기회균등은 사람들에게 타인보다 더 많이 성공하는 데 ─ 교육·재산·지위·권력 등의 영역에서 피라미드의 꼭대기에 올라가는 것 ─ 에만 관심을 기울이라고 부추기기 쉽다. 따라서 기회균등 개념은 성공을 향한 투쟁 과정에서 일어나는 승리와 패배를 당연한 것으로 정당화한다. 경쟁에서 승리한 사람은 자신이 기회균등의 조건에서 공정한 경쟁을 통해 이겼다고 생각하므로 자신을 타인보다 우수한 존재로 간주하기 쉽다 ─ 다른 사람들도 이렇게 생각하곤 한다. 다른 한편, 경쟁에서 패배한 사람은 자신이 기회균등의 조건에서 공평한 경쟁을 통해 졌다고 생각하므로 자신을 타인보다 열등한 존재로 간주하기 쉬우며, 다른 사람들도 그렇게 생각하곤 한다. 그러나 이런 식의 인식은 흔히 잘못된 인식일 수 있고 ─ 승자가 패자보다 그저 운이 좋았을 수도 있고, 승자가 물불을 가리지 않고 승리를 쟁취했을 수도 있다 ─ 왜곡된 자존감과 왜곡된 사회적 조화로 이어질 수 있다. 이처럼 기회균등이라는 개념이 적절치 않은 사회정의 개념이므로 급진적 좌파는 기회균등을 넘어선 평등 개념을 중시한다.

상식과는 달리, 급진적 좌파는 단순히 조건의 평등만을 강조하지는 않는다. 급진적 좌파는 모든 사람이 완전히 똑같은 교육·재산·권력 및 사회적 재화를 가진 사회는 존재할 수 없고 바람직하지도 않다는 점을 인정한다. 사회적 재화를 무조건 똑같이 분배하게 되면 평등하게 분배되었을 때의 몫보다 더 많은 것을 획득할 수 있는 능력과 동기를 가진 사람의 자유를 제한하는 것이 될 수 있다. 일정한 재화의 불평등한 분배 ─ 예를 들어, 의사나 과학자와 같은 전문가 후보들에게 많은 교육을 제공하는 것 ─ 가 대중에게 도움이 될 수도 있다. 재산과 같은 재화를 완전히 똑같이 분배하려고 한다면 절대적인 국가가 있어야 하는데, 그렇게 되면 국가가 사람들의 삶에 사사건건 간섭하게 될 것이다. 설령 그런 국가가 있다 하더라도 완전히 평등한 조건을 달성하기는 불가능하다. 마이클 왈저는 다음과 같이 말한다. "일요일 정오에 사람들에게 똑같이 돈을 분배해 주더라도 주말이 되기 전에 이미 그 돈은 불평등하게 재분배되어 있을 것임을 우리는 잘 안다. (각자 다른 방식으로) 어떤 사람은 그 돈을 저축할 것이고, 어떤 사람은 투자할 것이며, 어떤 사람은 지출할 것이다."[46] 급진적 좌파는 기회균등보다는 더 많은 평등을, 그러나 조건의 평등보다는 더 적은 평등을 창조해 평등주의 사회를 건설하려고 한다. "이런 사회는 모든 사람이 서로를 동등한 가치와 잠재력을 가진 형제와 자매로 보는 사회다."[47] 급진적 좌파 내의 모든 사상은 이런 평등 사회를 추구하려는 기본 관점을 공유한다.

첫째, 불평등에 대해서는 의문을 제기해야 하고, 불평등을 어떻게 정당화할 수 있는지 설명할 수 있어야 한다. 만일 불평등에 대해 합당한 설명을 제시할 수 있다면 사회적 갈등이 줄어들 것이다. 그런 상황이 정당하다고 간주될 수 있기 때문이다. 적절한 설명을 제시하지 못할 때에는, 불평등을 줄이는 공공 정책을 채택할 수 있어야 한다. 미국증권거래위원회SEC는 전혀 급진적 좌파 조직이 아님에도 이런 식의 접근 방식을 취하기 시작했다. 2006년 1월 증권거래위원회가 채택한 정책에 따르면 공개 상장회사들은 자기 회사의 최고 경영자와 임원들에게 지급하는 급여와 각종 혜택의 수준을 증권거래위원회에 보고하게끔 되었다. 회사들이 스톡옵션이나 퇴직연금과 같은 각종 혜택에 대한 추산치를 보고하게끔 규정해, 이들은 일 년에 수백만 달러에 달하는 각종 보상금이 어째서 필요하고 어떻게 정당화될 수 있는지를 대중에게 설명할 의무를 지게 되었다.[48]

둘째, 재산과 권력 및 기타 재화의 불평등이 정당한 경우라 하더라도, 그런 불평등을 줄일 수 있는 방안을 강구해야 한다. 예를 들어, 상속세를 늘리고 상속세에서 얻은 세수입을 시민들의 복지 혜택으로 쓴다면 재산이 더 평등해질 수 있다. 그리고 주변화된 집단의 조직화와 참여를 권장하는 정책을 채택할 경우 정치권력 역시 더 평등해질 수 있다.

셋째, 불평등한 분배에 따르는 폐단을 줄일 수 있는 방안을 강구해야 한다. 부유층이 (빈곤층은 택하지 못할) 특정한 선택을 하려 할 때 그것을 차단할 수 있는 법률을 제정할 수 있다.[49] 예를 들어, 돈을 이용해 정치적 영향력을 사거나 부유층이 자기 자녀들에게 고급 교육을 시키지 못하게 할 수 있다는 말이다. 또한 불평등이 영구적으로 지속되지 않게 하는 노력을 경주해야 한다. 예를 들어, 누구나 선망하는 자리 또는 명예는 그것을 받을 만한 수많은 시민들이 서로 나누어 맡을 수 있을 것이다. 불평등이 누적되지 않게 하는 노력을 기울일 수도 있다. 예를 들어, 특정한 사회적 재화를 더 많이 가진 사람은 다른 사회적 재화를 적게 받게 할 수 있을 것이다. 이런 점에서, 예컨대 최고 수준의 연봉을 받는 사람이 가장 긴 휴가를 즐기는 관행을 없애는 것이 바람직할 수도 있다.

이런 지향성을 살펴볼 때 급진적 좌파가 추구하는 사회정의가 특정한 재화의 분배를 뜻하는 것이 아니라는 사실을 알 수 있다. 실제로 사회정의의 구체적인 내용은 "어디까지나 약간 불명확하고 개방적이며 신축성 있고 논의 가능한 상태로 남아 있을 것이다. 이것은 일종의 움직이는 지평선과 같다. 그 궁극적인 지점에 도달하기는 어렵고, 일정한 경제 공식이나 법적 조치로 환원될 수도 없다".[50]

평등주의 정의론을 발전시키려는 시도에서 가장 유명한 노력이 아마 1971년에 출간된 존 롤스의 『정의론』일 것이다. 이 기념비적인 저술에서 롤스는 정의에 관한 두 가지 기본 원칙에 초점을 맞췄다. 첫째, '평등한 자유의 원칙'은 모든 사람에게 폭넓은 평등한 기본적 자유 체계 — 이와 유사한, 모든 사람을 위한 자유 체계와 부합한다 — 를 제공한다. 둘째, '차등 원칙'은 평등을 유보할 수 있는 경우를 특별히 규정한다. 돈이나 권력과 같은 사회적 재화가 불평등하게 분배되는 것이 허용되는 경우는 다음과 같다. 즉, 이런 재화를 더 많이 받을 수 있는 기회가 모든 사람에게 (공평한 기회균등의 조건에서) 똑같이 개방되고, 또한 불평등한 현실이 가장 불우한 계층에게 상대적으로 유리하게 작용할 경우에 사회적 재화의 불평등한 분배가 허용될 수 있다는 것이다.

우선, 평등한 자유의 원칙the equal liberty principle은 롤스의 이론에서 핵심을 차지하며, 비교적 논란의 여지가 적다. 고전적 자유주의에서 지지했고 그 후 다원주의의 모든 지지자들이 받아들이게 된, '온건 평등주의'thin equalitarianism 원칙을 재확인하고 있기 때문이다. 평등한 자유의 원칙은, 자유로운 사회라면 모든 구성원들이 평등한 정치적 자유(투표권, 공직 출마권, 언론의 자유와 집회의 자유), 양심의 자유(사상과 종교의 자유), 재산권(사적인 재산을 취득하고 보유할 권리), 법적 권리

(자의적 체포로부터의 자유, 공정한 재판을 받을 권리) 등을 보장받아야 한다고 규정한다. 물론 이런 원칙이 있다고 해서 무제한의 자유가 허용되는 것은 아님을 기억하라. 예를 들어, 투표할 권리가 있다고 해서 사회의 모든 구성원들이 모든 공직자를 선출할 권리를 가진다거나, 어떤 법을 제정해야 할지를 결정할 수 있는 권리가 있다는 뜻은 아니다. 예를 들어, 판사는 선출되기보다 임명될 수도 있고, 직접민주주의가 아니라 대의 민주주의를 채택할 수도 있다. 그러므로 '평등한 자유의 원칙'은 사회가 개인들에게, 실행 가능하고 바람직한 자유를 최대한 제공해야 한다는 점과, 그런 자유를 모든 사람에게 똑같이 제공해야 한다는 점을 천명한 것으로 해석해야 한다.

더 나아가, 롤스에 따르면, '평등한 자유의 원칙'이 '차등 원칙'보다 더 중요하다. 기본적인 평등한 자유의 원칙은 어떤 경우에도 희생되거나 타협의 대상이 될 수 없다. 예를 들어, 빈곤층이 최소한의 물질적 필요를 확보하기 위해 자신의 투표권을 팔거나, 심지어 스스로 노예로 전락할 유혹에 빠질 수도 있다. 설령 이런 행위가 빈곤층에게 경제적으로 도움이 되거나 유리하다 하더라도, 모든 사람의 존엄을 보장하기 위해 이런 식의 거래는 금지되어야 한다. 사회가, 설사 빈곤층이 살아남기 위해서일지라도 자신의 기본적 자유를 팔지 못하도록 금지했다면, 이는 사회 스스로 시민들이 너무나 극악한 조건에 처해 있어서 생존에 필요한 재화를 얻기 위해 자신의 기본적 자유를 다른 무엇과 교환하고 싶다는 유혹을 느끼지 않게끔 막아야 한다는 책임을 부과한 셈이 된다. 그리고 둘째 원칙은 바로 이 목표를 달성하려고 한다.

차등 원칙the difference principle은, 불평등한 분배가 모든 사람에게 유리하게 작용하지 않는 한, 주요한 사회적 재화가 평등하게 분배되어야 한다는 전제에 입각하고 있다. 예를 들어, 모든 사람의 삶의 질을 향상할 재화를 생산하기 위해 재능과 정열을 온전히 사용하라는 의미로 (일종의 유인을 제공하고자) 일부 사람들에게 더 많은 부를 허용하는 정도라면 누구나 받아들일 수 있을 것이다. 요컨대, 불평등이 모든 사람이 가질 재화의 분배 몫을 늘려 준다면 허용하겠지만, 불평등이 사람들의 몫에 손해를 끼친다면 허용할 수 없다는 말이다.[51]

차등 원칙에서는, 불평등이 용납될 수 있는 수준으로 조절되려면 무엇보다 모든 사람이 더 큰 몫을 받을 수 있게 해주는 '공평한 기회균등'이 있어야 한다고 규정한다. 이때 '형식적 기회균등'만으로는 미흡하다. 타고난 재능과 성장 환경이 사람마다 다르므로 불공정한 특권을 누리는 사람이 나오기 마련이다. 이 문제를 해결하려면 철저한 보완 체계가 갖춰져야 한다. 그렇게 해야만 모든 사람이 더 큰 역할을 성취할 수 있다는 전망을 동등하게 가질 수 있고, (타고난 재능과 성장 환경이 다르다는 자의적이고 부당한 이유가 아니라) 자신의 노력과 자신의 책임 아래 내린 선택이라는 이유로 더 큰 보상을 받을 수 있게 된다.[52]

또한 '차등 원칙'은 설령 주요한 사회적 재화가 불평등하게 분배되더라도, 그것이 가장 낮은 경제사회 계층을 대표하는 사람들에게 상대적으로 더 유리하게 분배되어야 한다고 규정한다.[53] 롤스는 "모든 사람에게 유리한" 방식으로 불평등 체제가 작동되어야 한다고 흔히 말하곤 했지만, 그의 주된 관심은 분명히 빈곤층과 취약 계층의 처지에 놓여 있었다. 따라서 유리한 계층에게는 사회적 재화의 분배를 상대적으로 줄이고, 불리한 계층에게는 사회적 재화의 분배를 상대적으로 늘리는 정책과 조치는 정당하다. 그런 정책이 사회를 더 나은 평등의 상태로 움직여 갈 수 있기 때문이다. 반면에 (사회적 재화의 총량을 늘리고, 모든 사람에게 공평한 기회균등을 제공하더라도) 유리한 계층에게 사회적 재화의 분배 수준을 상대적으로 높이지만, 불리한 계층에게는 사회적 재화의 분배를 상대적으로 줄이는 정책과 조치는 부당하다. 그런 정책이 사회를 더 나은 평등의 상태로부터 멀어지게 하기 때문이다.

예를 들어, 레이건과 부시 행정부의 경제정책을 생각해 보자. 두 행정부 모두 부유층에 감세 정책을 시행하는 동시에 각종 복지 정책을 제거하면 경제가 더 성장할 것이라고 주장했다. 더 나아가, 두 행정부 모두 이런 정책을 통해 부유층과 빈곤층을 포함한 모든 사람의 경제 상황이 나아질 것이라고 주장했다. 이런 주장에 따르면 일견 레이건과 부시 행정부의 경제정책이 롤스의 '차등 원칙'과 부합되는 것처럼 보인다. 그러나 이런 주장에 대해 롤스와 같은 평등주의적 자유주의자는 적어도 두 가지 반대 의견을 제시할 것이다. 첫째, '공평한 기회균등'이라는 맥락에서 창출하고 추구한 경제정책이 아니다. 부유층은 법인과 기업체에 대한 감세 조치로 빈곤층보다 더 큰 혜택을 누릴 수 있었기 때문이다. 둘째, 실제 증거를 봐도 이런 정책을 시행했어도 빈곤층의 삶이 개선되지 않았다. 여러 연구에 따르면 레이건 시기의 세후 소득 증대분이 "전체 고소득 계층의 20퍼센트에만 주로 집중되었다. 전통적으로 취약한 계층 출신이 이끄는 빈곤 가구는 상대적으로 불리한 대우를 받았다. 1983년부터 1987년 사이에 가장 극빈층에 속하는 흑인과 히스패닉 가구의 실질소득이 약 30~40퍼센트나 감소했다".[54] 조지 W. 부시 행정부의 경제정책 효과는 현재 평가가 진행되고 있지만, 일부 증거에 따르면 2001년과 2002년의 감세 조치 및 여타 정책으로 극빈층의 생활 조건이 전혀 개선되지 않았다고 한다. 오히려 2000년부터 2004년 사이에 전체 미국 가구 가운데 최하위 20퍼센트 가구의 실질소득은 7.9퍼센트나 하락했다.[55]

그런데 도대체 무슨 근거로, 정의의 원칙에 따라 (그리고 그 사회의 사회·경제 정책을 통해) 취약 계층에게 혜택을 주어야 하는가? 롤스는 『정의론』에서 자신의 정의 원칙을 사회계약적 논증에 기대어 옹호한다.[56] 롤스는 고전적 자유주의에서 말하는 자연 상태와 비슷한, 원초적 입장이라는 개념을 제시한다. 원초적 입장이란, 롤스의 원칙에 의해 다스려지는 사회에 살기 위해 모든 사람이 동의해야 하는 정초주의적(토대론적) 관념을 규정하는 일종의 가상적 상황이다. 롤스는 만일 다음 목록과 같은 정초주의적 관념에 모든 이가 동의한다면, 그 사람들은 평등한 자유의 원칙과 차등 원칙에 의해 다스려지는 사회 속에서 살고자 할 것이라고 주장한다. 그런 사회라면 모든 사람의 이익에 도움이 될 것이기 때문이다.

① **평등한 존중**Equal respect : 개인의 목표 혹은 인생 계획을 다른 모든 사람이 똑같이 존중해 주어야 한다. 국가는 사람들의 다양한 인생 계획의 가치에 대해 중립을 취해야 한다. 국가의 국정 운영 원칙과 정책이 특정한 인생 계획에 특혜를 주면서 다른 식의 인생 계획에는 불이익을 주는 일이 없어야 한다. 여기서

가장 중요한 점은, 그 누구의 인생 목표도 하찮다거나 가치 없게 여겨서는 안되고, 사회의 더 큰 선익을 위해 희생될 수 있는 것으로 여겨서도 안 된다는 점이다.

② **극단적 리스크 없는 합리성**Non-risky rationality : 누군가가 인생 계획을 달성하려면 일정한 사회적 재화가 있어야 하며, 그런 사회적 재화가 최저 수준 이하로 떨어질 경우 인생 계획 자체가 무산될 가능성이 크다. 그러므로 더 많은 사회적 재화를 추구하는 것이 합리적이라 할 수 있지만, 특정한 상황 — 사회적 재화를 크게 늘릴 수는 있지만, 경우에 따라서는 자신의 인생 계획을 추구하는 데 필요한 최소한의 사회적 재화조차 갖지 못할 지경에 빠질 수도 있는 상황, 즉 성공할 가능성도 있지만 실패할 경우 커다란 대가를 치러야 하는 상황 — 에 처하게 되는 것은 불합리하다고 할 수 있다.

③ **무지의 베일**The veil of ignorance : 누군가가 더 많은 사회적 재화를 획득하려고 노력할 때에, 그 사람이 성공하거나 실패할 확률에 영향을 주는 타고난 재능과 성장 환경에 관한 사항이 베일에 가려져 있다. 모든 사람은 자신이 타인과 비교해서 똑똑한지, 건강한지, 열성적인지를 알지 못한다. 그 누구도 자신이 태어나 자란 곳이 유복한 성장 환경인지, 불우한 환경인지를 알지 못한다. 따라서 모든 사람은, 자신이 타고난 재능이 별로 없을 수도 있고, 그리고/또는 자신의 기회를 제약하는 성장 환경 속에 태어날 가능성도 있다는 점을 유념해야 한다.

④ **서로 간에 초연함**Mutual disinterestedness : 모든 사람은 타인이 가진 사회적 재화에 대해 관심이 없어야 한다. 사람들은 자기 자신의 인생 계획과, 그 목표를 달성하기 위해 필요한 사회적 재화에만 관심을 기울이므로 타인에게 필요한 사회적 재화를 이타적으로 제공해 주지 않을 것이다. 마찬가지로, 설령 타인이 사회적 재화를 많이 가진다 하더라도, 그 사실로 자신의 상황이 불리한 영향

을 받지 않는 이상 (또는 그것이 자신의 상황에 오히려 이로울 수도 있으므로) 질투심으로 타인의 사회적 재화를 반대하지는 않을 것이다.

롤스는, 이런 정초주의적 관념을 지닌 사람이라면 앞에서 살펴본 정의의 두 가지 원칙이 여타 정의 원칙들보다 더 낫다고 인정할 것이라고 주장한다. 예를 들어, 사람들은 공리주의 — 국가가 최대 다수의 최대 행복을 추구해야 한다는 원칙 — 를 반대할 것이다. 공리주의 정의 원칙에 따르면 사회의 총체적 이익을 위해 일부 개인들과 그 인생 계획이 희생되는 것을 허용할 수 있기 때문이다. 또한 사람들은 순수한 평등 역시 반대할 것이다. 어떤 불평등은 서로 간에 유익할 수도 있기 때문이다. 사람들은 '평등한 자유의 원칙'과 '차등 원칙'을 받아들일 것이다. 왜냐하면 이런 원칙들 덕분에 타인의 이득을 위해 자신의 본질적인 이익이 침해되는 일이 방지되고, 사람들이 자신의 유전적 결함이나 불우한 성장 환경으로 인한 괴로움을 겪지 않아도 될 것이기 때문이다.[57]

롤스의 이론은 수많은 비판과 수정의 대상이 되었지만 현대 정치 이론의 상당 부분은 롤스의 평등주의 정의론에 대한 응답으로 볼 수 있다.[58] 그럼에도, 그의 이론은 급진적 좌파에 속한 사람들에게 계속해서 강한 호소력을 불어넣어 주었다. 왜냐하면 롤스의 이론은 급진적 좌파가 주장하는 평등주의 원칙이 단순히 도덕적 정서의 문제가 아니라, (정의의 요건에 대해 깊이 생각하고자 하는 사람들에게 확실한 증거로 다가오는) 확고한 철학적 토대를 갖추고 있다는 사실을 드러냈기 때문이다. 급진적 좌파 내의 다른 목소리들이 주장하는 정의 관념은 자기들이 롤스의 평등주의에 함축되어 있다고 생각하는 바를 더욱 발전시킨 것이라 해도 과언이 아니다.

민주사회주의는 정의 문제에 관해 가장 기본적인 접근법을 구사한다. 민주사회주의자는 산업 국유화와 공정한 생산에 초점을 맞추려는 구상을 접은 후, (13장에서 본 것처럼) 사회주의 복지국가 사상을 가다듬는 쪽으로 방향을 돌렸다. 이들은 본질적으로, 자유 시장이 심각한 소득 불평등을 양산할 경우, 사회적 재화를 재분배하는 과제에 초점을 맞추었다. 그러나 사회주의 복지국가는 롤스의 평등주의 원칙을 실현하기에 부적합할지도 모른다. 왜냐하면 사회주의 복지국가는 '소득 및 여타 물질적 재화의 재분배'에 주로 초점을 맞추기 때문에 불평등의 근본 원인을 제거하는 과업을 제대로 수행하지 못할 수도 있기 때문이다.

급진적 좌파 내에서 '재산의 재분배'를 주장하는 목소리는 '사유재산제를 인정하는 민주주의'를 모색한다고 말할 수 있다. 제이컵 해커 Jacob Hacker는, 한 개인의 인생 기회를 결정하는 데에 소득보다 재산(또는 순자산, 부동산, 자본)이 훨씬 더 중요하다고 주장한다. 재산을 소유한 사람은 (일상생활을 영위하는 데 필요한 가처분 소득을 손쉽게 취득할 수 있게 해주는) 교육을 받거나 재산을 증식하고 여타 경제적 기회를 증진하는 데 그 재산을 투자할 수 있다. 오래전 마르크스가 지적한 대로, 자본이 없는 사람은 자신의 노동을 통해 소득을 얻을 수밖에 없으며, 노동을 통해 최저 임금 이상의 소득을 올리려면 기술과 지식의 습득을 통해 노동을 '자본화'해야 하며, 그렇게 해야만 노동의 가치와 생산성이 늘어나게 된다. 현대 세계에서 사람들이 인생 기회를 더 많이 얻으려면, 충분한 재산을 바탕으로 기술과 지식을 습득해 상당한 '인적 자본'human capital을 축적하든지, 충분한 재산을 바탕으로 재산과 설비를 소유하여 자신의 노동을 더욱 생산적이고 가치있게 만들어야 한다. 더 나아가 재산은 다음과 같은 불상사, 즉 실직자가 되었을 때, 오랫동안 병마에 시달리거나 상해를 입었을 때, 가족생활에 우환이 생겼을 때 완충작용을 해준다. 대다수 사람들이 살아가면서 이런 불의의 사태를 한번쯤 겪는데, 이때 재산이 없는 사람은 큰 빚을 지기 쉽거니와 그 빚에서 헤어나기도 어렵다.[59]

재산을 많이 가진 사람은 별 사회적 기여를 하지 않고도 자신이 원하는 대로 살 수 있고, 타인에 대해서도 엄청난 영향력을 발휘할 수 있으므로, (급진적 좌파가 금기시하는) 타인에 대한 지배력을 행사할 수 있게 된다. 현존하는 재산의 불평등 상태는 기회균등이라는 사상을 무색하게 만든다. 그 결과, 사유재산제를 인정하는 민주주의를 주장하는 급진적 좌파의 제안은 최근 더욱더 중요해지고 있다. 이런 제안에 따르면 '소득의 재분배'를 시행하기보다, '재산의 재분배'를 시행해야 한다고 한다. 이런 제안 가운데 가장 단순한 형태는, 이해 당사자 사회 stakeholder society를 지향하자는 브루스 애커만Bruce Ackerman의 제안일 것이다. 이는 빈곤층의 소득을 늘리기 위해 복지 혜택을 주는 대신, 모든 시민에게 성인이 되었을 때 일시불로 목돈 ― 애커만은 1999년 당시 8만 달러를 제안했다 ― 을 지급하자는 제안이었다. 이 돈은 모든 사람의 재산에 대해 연 2퍼센트의 세금을 부과하면 충당할 수 있다고 한다.[60] 일시불을 지급받은 사람은 자신의 자본을 자신이 원하는 대로 사용할 수 있다. 자신의 인적 자본을 늘릴 수도 있고, 이자나 배당금을 만들어 낼 주식 혹은 채권을 구입할 수도 있으며, 집을 살 수도 있고, 사업을 시작할 수도 있으며, (자신의 재산을 활용하기에 바람직한 생각은 아니지만) 심지어 긴 휴가를 즐길 수도 있다. 사유재산제를 인정하는 민주주의를 위한 여타 제안들은 애커만의 제안만큼 눈에 띄는 것은 아니지만, 여전히 우리의 관심을 끌 만하다. 돌턴 콘리는 정의로운 사회라면 시민들의 자산 형성을 돕는 정책을 추구해야 한다고 주장한다. 역사·사회적 요인 때문에 재산을 취득할 기회가 없었던 흑인 및 다른 사회적 배제 집단들에게 특히 이런 정책을 실시해야 한다.[61] 어떻게 이 목표를 달성할 수 있을지는 불분명하지만, 콘리는 국회의원들이 좀 더 창의적인 정책을 마련하라고 촉구한다. 예를 들어, 복지 보조금 수령자들이 자산을 축적하더라도 보조금을 줄이지 않는 방식으로 자산 축적을 권장할 수도 있고, 공영 임대주택 거주자들이 자기 주택을 구입할 수 있도록 도와주는 시책을 실시할 수도 있으며, '개인발전계좌'Individual Development Account를 개설하여 자산이 적은 빈곤층이 자녀를 위한 미래 교육비용을 미리 예금할 수 있게 해줄 수도 있다.[62] 가르 알페로비츠는 각 회사들이 '종업원지주제도'ESOP, Employee Stock Ownership Plans(일명 '우리사주신탁제도')를 채택하도록 권장하게끔 한 연방법이 제정된 것을 높이 평가한다.[63] 이런 제안들이 재산의 평등한 분배를 달성하는데 성공한다면, 가령 사회주의 복지국가와 같은 기존 방식 ― 더욱 평등한 소득을 추구하려 했지만 많은 사람들이 짊어진 채무를 덜지 못했고, 부유층과 그 자녀들이 누리는 훨씬 더 큰 인생 기회를 줄이지 못했던 방식 ― 보다 훨씬 더 평등한 인생 기회를 사람들에게 부여할 수 있을 것이다.

급진적 페미니즘과 시민적 공동체주의에서는 더 많은 소득분배나 재산 분배를 겨냥한 정책만으로는 가족 및 지역공동체 내에 존재하는 불평등한 인생 기회의 문제를 해결하지 못할 것이라고 지적한다. 급진적 페미니스트는, 가부장적 가족제도가 여성에게 대부분의 가사와 자녀 양육 책임 — 보상받지 못하는 중노동 — 을 부과하기 때문에 여성이 억압을 당할 수밖에 없다고 지적한다.[64] 따라서 급진적 페미니즘에서는 이런 과제를 공평하게 나눠 가정에서부터 정의가 시작되어야 한다고 주장한다. 시민적 공동체주의에서는 거주지에 따라 사람의 인생 기회가 크게 달라진다고 지적한다.[65] 중산층 거주 교외 지역에 사는 사람들에 비해 도시 내 과밀 지역에 사는 빈곤층은 직업, (질 좋은 교육을 포함한) 공공서비스, 좋은 의료 제도, 좋은 시장, 심지어 깨끗한 공기 등에서도 불이익을 당하기 쉽다. 그러므로 도시가 팽창하면서 발생하는 계급 분리와 인종 분리를 막는 정책을 개발하지 못하면 또 다른 형태의 부당한 불평등이 현대 정치 공동체의 전체 공평성을 저해할 것이다.

이런 급진적 좌파 내의 여러 목소리들은 국민국가 및 지역공동체 내의 불평등을 완화할 수 있는 방안을 모색한다. 롤스는 자신의 정의론이 국경선으로 한정된 일국적 사회를 위한 이론임을 분명히 밝혔고, 후기 저작에서도 자신의 이론을 전 지구 공동체로까지 확대하는 것을 반대했다.[66] 그러나 세계주의에서는 전 지구적 정의 원칙에 따라 (이 장의 서두에서 소개한 것과 같은) 전 지구적 불평등을 완화해야 한다고 믿는다. 만일 대도시 내의 어느 지역에서 태어나느냐 하는 문제가 그 사람의 인생 기회에서 큰 차이를 발생시킨다면, 전 세계의 어느 지역에서 태어나느냐 하는 문제는 그 사람의 인생 기회에서 (불평등하고 부당한 인생 기회를 포함해) 더욱 큰 차이를 발생시킬 것이다. 이 문제를 풀 수 있는 한 가지 방법은 부유한 나라가 가난한 나라의 시민들에게 자기 국경선을 개방 — 가난한 사람들에게 자원이 풍족한 나라에 가서 살 수 있도록 허락 — 하는 것인데, 10장에서 논했듯이 이런 해법은 자신의 국경선 내에서 주권적 통치를 할 수 있는 정치 공동체의 권리를 침해할 소지가 있다.

따라서 대다수 세계주의자는 부국의 시민들로부터 빈국의 시민들에게 자원을 재분배하는 방안에 초점을 맞춘다. 부국과 빈국 사이의 재분배는 흔히 인권이라는 근거에서 정당화된다.[67] 인권을 도덕적으로 정당화하는 주장에는 다음과 같은 논증, 즉 누구나 고통을 느끼는 능력이 똑같이 존재하며, 따라서 모든 인간은 타인의 고통을 경감할 의무를 가진다는 논증이 포함되어 있다.[68] 인권을 정치적으로 정당화하는 주장은 국가들 사이에서 합의하여 제정한 국제법 — 예를 들어, 1948년 유엔에서 제정된 세계인권선언 — 에서 찾을 수 있다. 이 선언은 모든 인간을, 특정한 정치 공동체의 구성원으로서가 아니라, 자신의 기본적 욕구를 충족하는 데 필요한 재화를 가질 수 있는 권리를 지닌 보편적 존재로 파악한다. 이런 권리에는 건강, 교육, 품위 있는 삶, 노동, 환경 조건 등에 대한 권리가 포함된다. 그러나 이런 규정을 달성하기 위한 노력을 가로막는 엄청난 어려움이 존재한다. (단기 외환 투기로 매일 거래되는 수조 달러 규모의 외환에 대해 0.1~0.25퍼센트의 세금을 매기자는) 토빈세Tobin Tax와 같은 제안을 통해 연간 약 1천억 달러에서 3천억 달러에 달하는 재원이 마련될 수 있으며, 이를 (저개발국에 사는 사람들에게, 특히 의료와 교육 기회를 제공하는) 각종 국제 사업에 돌릴 수 있다.[69] 그러나 이런 전 지구적 재분배 정책을 수행할 수 있는 권위를 가진 전 지구적 제도가 존재하지 않으므로, 전 지구적 정의를 향한 전망은 국내의 사회정의를 향한 전망보다 훨씬 더 암울하다.[70]

9
현대 보수주의
...
사회정의를 비판하고 온정을 강조한다

현대 보수주의는 전통적 보수주의와 비슷하게 부의 불평등한 분배를 옹호하지만, 양자 간의 정의 관념은 한 가지 점에서 중요한 차이가 난다. 전통적 보수주의자는 유기적인 사회가 안정되려면 사람들이 (가문의 배경에 의해 결정되는 인생의 진로에 부여되는) 서로 다른 특권과 책임을 져야 한다고 믿었다. 이와 대조적으로, 현대 보수주의자는 사람들이 법적으로 평등하게 대우받으면서 공정하게 벌어지는 경쟁에 의해 서로 다른 특권 — 명문 대학 입학, 높은 지위, 부의 축적 등 — 이 정해져야 한다고 믿는다. 반드시 좋은 가문 출신이 아니더라도 최고의 재능과 장점을 지닌 사람들이 사회의 서열 구조 내에서 가장 높은 자리를 차지해야 한다는 말이다.

따라서 현대 보수주의자의 정의 관념은 전통적 보수주의보다 오히려 고전적 자유주의의 정의 관념에 더 가깝다. 국가는 공정한 시장 경쟁을 보장하고 사유재산을 보호해야 한다. 정의로운 사회라면 사람들에게 법 앞의 평등, 그리고 교육과 고용에서의 (형식적) 기회균등을 보장해 주어야 한다. 하지만 경제적 불평등은 부당하지 않으며, 그 불평등이 각자의 재능과 노력의 산물이라면 사회적 관심이나 사회적 조치의 대상이 될 필요가 없다. 그러므로 보수주의자는 현대 자유주의와 급진적 좌파가 가진 평등주의적 경향을 거부하며, 대규모 복지국가를 건설하거나 적극적 차별 시정 조치를 시행하여 사회에 존재하는 불평등을 없애려는 노력을 특히 비판적으로 본다.

보수주의자는 현대 자유주의와 민주사회주의에서 발전시킨 복지국가를 반대해 왔다. 이들의 일반적인 비판은 다음과 같다. 첫째, 복지 정책은 근면하게 노동하는 시민들에게 세금을 부과해서 게으르고 무책임한 시민들을 먹여 살리자는 발상이고, 사람들이 각자 좋아서 내린 선택을 공평하게 대우해 주지 않는 조치라는 것이다. 어째서 열심히 일하기를 선택한 사람에게는 세금을 매기고, 빈둥거리며 놀기를 선택한 사람에게는 복지 보조금을 주는가? 둘째, 복지 정책은 그것이 해결하려는 문제를 오히려 악화하는 도덕적 해이|moral hazards를 가중한다. 자유주의의 복지 정책은 애초 삶의 리스크를 줄이기 위해 발전했다. 즉, 일시적 실직, 상해, 질환, 생계를 책임진 가장의 죽음 등으로 고통을 받는 사람들을 돕기 위한 조치였다. 그러나 보수주의자는, 만일 사람들이 복지 정책에 의해 자신의 리스크를 보호받는다면, 리스크가 큰 행동이나 도덕적으로 해이한 행동

을 마음 놓고 행할 것이라고 주장한다. 만일 국가가 사회화된 의료를 제공한다면 사람들이 자신의 건강을 제대로 돌보지 않고, 공적으로 제공되는 의료 시설을 과도하게 이용하려 할 것이다. 만일 국가가 결혼하지 않은 여성이 낳은 자녀를 위해 복지 보조금을 지급한다면 여성들이 성적으로 무책임하게 행동할 것이다.[71] 이와 연관된 비판으로, 복지 때문에 사람들의 의존성이 더 늘어난다는 비판도 있다. 이 말은 복지 수급자들이 자신의 상황을 개선할 노력을 하지 않고 복지에만 더욱더 의존하게 되는 경향을 뜻한다.[72] 복지 의존성에 대한 비판은 특히 의미심장하다. 보수주의자라고 해서 취약 계층을 무조건 돕지 말자는 것은 아니라는 점을 시사하기 때문이다. 또한 자유주의 복지 정책이나 사회주의 복지 정책이 실제로 빈곤층을 돕는 것이 아니라 그들을 오히려 더 악화시킨다고 보기 때문이다.[73] '기초생활보장을 위한 일시적 생계 지원 프로그램'과 같은 미국의 보수주의 복지 정책은 각 주별로 각종 복지 프로그램을 실험해 보도록 허용했다. 그렇게 해서 사람들이 복지 수급자 위치에서 벗어나 더 잘 살 수 있도록 실질적인 복지 정책을 찾아보자는 취지에서였다.

또한 현대 보수주의자는 적극적 차별 시정 조치도 반대하며, 소외 집단을 위한 특별 우대 혹은 정원 배정 정책이 정의롭지 않다고 비판한다. 보수주의자는 이런 제도 때문에 대학의 입학 사정에서 자격을 훨씬 더 갖춘 학생이 떨어지고, 실력은 부족하지만 소외 집단에 속한 학생이 합격하게 되는 불합리한 일이 벌어진다고 주장한다. 이런 정책은 두 집단의 학생들 모두에게 부당하다. 실력이 있는 학생은 역차별의 피해를 받고, 실력이 없는 학생은 자신의 수준보다 더 높은 학교에 입학하게 되어 진도를 따라가기에 벅차고, 심지어 중도 탈락하는 경우도 생길 수 있다는 것이다.

스탠퍼드 대학 후버 연구소의 흑인 경제학자 토머스 소웰은 이런 특별 우대 정책에 대해 특히 신랄한 비판을 가하는 것으로 유명하다. 그는 적극적 차별 시정 조치의 근거 및 그런 정책의 효과 모두를 공격하는 실증적인 증거를 내놓고 있다.[74] 특별 우대 정책의 지지자들은 소수집단과 백인들 간 소득 격차를 벌어지게 하는 주된 원인이 인종차별이라고 가정하곤 한다. 그러나 소웰은 소수집단의 낮은 소득에 대한 인과관계는 그보다 더 복잡하다고 반박한다. 소수집단과 백인들 간의 소득 격차 분석에 여타 요소들 — 교육 격차 또는 거주지 격차 등 — 을 포함하면 인종(또는 인종주의)이 그 자체로 소득 격차에 끼치는 영향이 크지 않은 것으로 나온다고 한다.[75] 설령 약간의 인종차별이 아직 남아 있다 하더라도, 역사 발전을 감안하면 이행기의 현상에 불과하며, 불필요한 특별 우대 정책이 없더라도 시간이 지나면 자연히 사라지리라는 것이다. 미국의 역사를 돌이켜 볼 때, 아일랜드계·유대계·폴란드계와 같은 이주자 집단이 처음 미국에 도착했을 때에는 사회적 차별을 당했지만, 그 후 시간이 지나면서 주류 앵글로색슨 이주자들의 경제적 지위를 추격하거나 그들을 추월하는 경우도 흔히 있었다. 예를 들어, 현재 미국에서 유대계 및 아시아계 주민들의 가구당 평균 소득수준은 앵글로색슨계 주민들보다 높다.[76] 소웰은 경제적으로 어려운 집단들 — 예를 들어, 아프리카계 미국인, 히스패닉, 아메리칸인디언 등 — 이 특별 우대 정책이 시작되기 이전에 이미 전국 평균 소득수준을 향해 전형적인 성장을 하고 있었다고 주장한다.[77]

또한 소웰은 적극적 차별 시정 조치가 갖가지 부정적인 결과를 초래했음을 입증하는 자료를 제시한다. 첫째, 특별 우대 정책으로 말미암아 소수집단에 속한 사람의 업적이 저평가되곤 한다. 성공한 소수자에게 그의 노력에 의해서가 아니라 특혜를 받은 것에 불과하다는 식의 의혹의 눈길이 쏟아진다거나 그 사람이 취득한 자격을 무시해 버리는 일 등이다. 그리고 자기 스스로 역차별의 피해를 당했다는 원망을 품은 사람들이 소수집단 출신자의 성공을 인정해 주지 않는다는 점에서 소수자는 또 다시 차별을 겪는 셈이다.[78] 둘째, 정원 배정 정책은 소수집단 내에서 이미 많은 자격을 취득한 사람에게는 도움이 되지만, (적극적 차별 시정 조치의 대상이 될 수도 있는) 그러지 못한 소수자들에게는 오히려 기회를 막는 역할을 할 수도 있다. 예를 들어, 어떤 고용주가 개인적 자질은 훌륭하지만 객관적인 자격 요건이 미흡한 소수자를 고용하고 싶어 하더라도 그렇게 하기가 힘들어진다. 왜냐하면 이미 고용한 소수자 가운데 그 자리에 잘 맞지 않는 피고용인을 해고하고 다른 소수자를 채용하고 싶어도, 적극적 차별 시정 조치 규정을 준수하면 해고 절차에 비용이 많이 들고, 시간이 오래 걸리기 때문이다. 셋째, 특별 우대 정책은 가장 취약한 집단에게 오히려 해가 된다. 민주정치 체제에서 이런 정책이 남용되기 쉽기 때문이다. 원래 특별 우대 정책은 가장 취약한 집단을 돕기 위한 제도로 출발했다. 그러나 시간이 지나면서 정치인들이 이익집단화된 소외 계층의 요구를 들어주면서 더욱더 많은 집단들이 적극적 차별 시정 조치의 혜택을 받게 되어 이 제도가 점차 변질되었다. 애초에 아프리카계 미국인, 히스패닉, 아메리칸인디언 등을 돕기 위해 제정된 적극적 차별 시정 조치가 점차 확대되면서 여성 집단, 재향군인 단체, 동성애 집단 등에게까지 특별 우대를 해주는 상황이 벌어진 것이다. 소웰에 따르면 특별 보호 대상이 증가하는 한편, 특별 우대를 받을 수 있는 "자격을 중시하는 경향"credentialism 역시 늘어나면서 지원할 만한 일자리가 줄어든 나머지, 적극적 차별 시정 조치가 없었더라면 직업을 구할 수 있었을 "저학력 흑인 남성들의 취업 기회가 오히려 줄어들었다"고 한다.[79] 그 결과, 고용주들은 일자리가 났을 때 정원 배정 규정에 해당되는 여성을 채용하게 되고, 그렇지 않았더라면 그 자리에 채용되었을지 모를 흑인은 고용 기회를 놓치게 된다고 한다.

현대 보수주의자는 요즘 국가의 복지 정책과 적극적 차별 시정 조치를 통한 사회정의의 구현 대신, 빈곤층에 대한 온정compassion을 점점 더 강조하고 있다. 온정적 보수주의compassionate conservatism라는 용어가 선거운동용 구호에 불과하다는 악평을 듣기도 했지만, 이 개념을 깊게 발전시킨 언론학자 마빈 올라스키Marvin Olasky는 온정적 보수주의가 "심사숙고를 거친 철학으로 무장한 온전한 사상"이라고 주장한다.[80] 온정적 보수주의는 부시 행정부가 빈곤층에 적용했던 철학일 것이다. 올라스키에 따르면 온정적 보수주의는 빈곤층과 부유층 모두의 책임감을 강조한다. 사회는 빈곤층이 자급자족할 수 있도록 "엄격한 사랑"을 베풀어야 한다고 한다. 빈곤층에게 "물고기를 주기"보다 그들이 "낚시 기술을 배울 수 있게" 해주어야 하고, 빈곤층은 자신의 노력이 성공을 거두리라는 희망을 품을 수 있어야 한다. 따라서 빈곤층에게 "성공을 위한 성품을 갖추도록 만드는 일이 어렵긴 하지만, 그것은 이 과정에서 반드시 성취해야 할 과업"인 것이다.[81] 관료적인 복지 정책을 통해서는 당사자가 그런 노력을 기울이고 희망을 품으리라고 기대하기 어렵다. 그 대신 낚시질 방법을 먼저 배운 사람이 빈곤층에게 그 기술을 전수해 주어야 한다. 따라서 부유층은 복지 관련 세금을 납부한 것으로 자기 책임을 다했다고 생각해선 안 되고, 개인적인 시간과 정력을 들여서 빈곤층에 속한 이를 가르치고 도와야 한다는 것이다.[82]

빈곤층을 돕는 일은 빈곤 가족을 대상으로 우선 시작되어야 하고, 빈곤 가족들은 자립하려는 의지를 가져야 한다. 이 과정에서 더 많은 자원이 필요할 경우 자선단체 — 특히 교회 조직이나 신앙에 근거한 조직들 — 가 큰 역할을 담당해야 한다.

그러므로 중앙정부는 국가 복지를 담당하는 관료 조직을 직접 운영하지 않고, 되도록이면 가족·자선단체·지역공동체 등이 빈곤 집단을 돕는 책임을 맡게끔 장려해야 한다. 이를 위해, 예컨대 자선 기부금에 대해 세금 공제 혜택을 더 많이 부여하고, 민간단체와 종교단체들이 빈곤층 지원을 위한 중앙정부 예산을 둘러싸고 공공 조직들과 직접 경쟁하는 것을 허용하고 있다. 올라스키에 따르면, 온정적 보수주의는 다원주의의 가치를 포용하는 사상이라고 한다. 지원을 받는 수혜자들이 개신교·가톨릭·유대교·무슬림 단체 및 기타 종교단체나 세속 자선단체들이 각각 제공하는 다양한 복지 프로그램 가운데 자신에게 맞는 프로그램을 선택할 수 있기 때문이다. 사회 서비스를 공적 자금으로 지원할 때 그 재원이 종교단체의 선교 활동으로는 절대 사용되지 않게 하는 한편, 사회 서비스를 제공하는 모든 단체들은 수시로 활동 실적을 (그 단체가 도덕적으로 어떤 지향을 가졌는지가 아니라, 빈곤층을 얼마나 실제로 자활하게 했는지에 의해) 평가받아야 한다. 요컨대, 온정적 보수주의에서는 국가가 제공하는 사회정의보다 사적 자선 활동을 강조하는 편이지만, 자선단체와 정부 기관이 공조해 빈곤층이 빈곤과 의존 상태에서 벗어나도록 유도하려는 목표를 지니고 있다.

10
급진적 우파
...
공정한 절차와 공동선의 추구에 초점을 맞춘다

다른 사상들과 마찬가지로 급진적 우파 내의 여러 목소리들 역시 나름의 다양한 정의 관념을 지닌다. 정의에 관하여 급진적 우파 내에서 가장 특징적인 주장을 제기하는 목소리로 신자유주의적 지구화론, 자유 지상주의, 전통적 공동체주의를 꼽을 수 있을 것이다.

지구화론자는 사회적 재화의 분배에 관한 절차적 정의나 공정한 국가 규정, 그리고 시장 정의를 강조한다. 이에 따르면 만일 사람들이 공정한 생산 및 거래 과정을 거쳐 각각 다른 분량의 재화를 취득했다면 그런 불평등은 공정하다. 하지만 지구화론자는 이런 절차적 정의 및 시장 정의에 더하여 두 가지 추가적인 원칙 — 더 많은 기회균등과 사회 안전망 제공 — 을 제시한다.

첫째, 지구화론자는 기회균등을, 인종과 젠더 및 성적 지향 등과 관계없이 모든 사람이 시장에 평등하게 접근할 수 있게 해주는 차별금지법을 제정하는 것만으로는 부족하다고 여긴다. 또한 대다수 지구화론자는 시장에 접근할 수 있는 징검다리를 갖지 못한 사람들에게 시장 접근성을 늘려 주는 기본 교육과 의료 서비스를 제공하는 등의 정책을 지지한다.[83]

둘째, 지구화론자는 자본주의사회에서 일어나는 경쟁에서 패한 사람들과, 자본주의의 '창조적 파괴'로 말미암아 이전하거나 파산한 기업체들 때문에 삶의 뿌리가 뽑힌 사람들을 위한 최소한의 사회 안전망을 제공하는 데 동의한다. 마거릿 대처조차 "경쟁에서 살아남지 못하는 진짜 취약한 사람들을 위한 사회 안전망"이 있어야 한다는 점을 인정했다.[84] 또한 토머스 프리드먼은 "우리는 여전히 전통적 안전망, 즉 사회보장, 메디케어, 메디케이드, 식료품 할인 구매권, 복지 정책 등 여러 복지 제도를 필요로 한다"라고 인정하면서도, 그런 조치를 제공하는 데에 "새로운 균형"을 찾아야 한다고 말한다.[85] 한편으로 지구화가 이루어지면서 새로운 사회적 필요가 발생한 영역에서는 복지 정책을 확대해야 할 필요도 있을 것이다. 예를 들어, 인터넷에 접속해야 학습, 의사소통, 정부 민원 신청, 최저가 쇼핑 등을 할 수 있는 시대에 보편적 인터넷 접근성universal internet access 은 일종의 기본권으로 취급될 수 있다. 하지만 다른 한편으로, 냉전 당시 (노동자들이 공산주의에 빠지지 않게 하기 위해) 민주 진영에서 발전된 정교한 복지 시스템을 이제 축소할 수도 있다. 어쨌든 지구화론자는 새로운 평형 상태가 수립되는 곳마다 지구화 덕분에 창출된 부에 힘입어 일종의 새로운 안전망을 갖출 수 있을 것이라고 생각한다.

    지구화론자는 자신의 정의 원칙이 공정한 정치 질서를 창출해 줄 것이라고 확신하며, 지구화가 부익부 빈익빈을 정당화하는 이념이라는 주장을 억측이라고 일축한다. 지구화론자의 반박은 다음과 같은 점에 근거를 두고 있다. 즉, 지구화로 개도국 빈민들의 생활 조건이 얼마나 향상되었는지에 대한 서사와, 국제정치경제 및 비교정치경제의 통계 연구 등이다.

    이 가운데 전형적인 서사의 예로, 지구화론자가 자주 인용하는 페루의 경제학자 에르난도 데 소토Hernando de Soto가 내놓은 재산권 옹호 연구를 들 수 있다. 재산권이 인용된다는 점은 매우 의미심장하다. 왜냐하면 재산권은 흔히 부자의 재산을 법적으로 보호해 주고 가난한 사람에게는 필요한 자원을 박탈하는 것으로 묘사되곤 하기 때문이다.[86] 그러나 소토에 따르면, 저개발국의 빈곤층이 실제로는 토지와 건물 등으로 이루어진 천문학적인 재산을 소유하고 있음에도 이런 재산을 정식으로 등록된 재산 — 그렇게 되면 법적 권리를 가진다 — 으로 전환하기가 참으로 어렵기 때문에 가난한 상태에 머문다고 한다. 빈곤층이 가진 잠재적 재산들이 법적 재산으로 인정되지 못할 때 이 재산을 자본화할 수도 없고, 그 재산을 담보로 융자를 받을 수도 없으며, 그 재산을 거래할 수도 없으므로, 빈곤층은 자기 재산을 잘 가꾸어 생산적인 용도에 활용해야겠다는 유인을 가질 수 없다. 요컨대 소토의 연구는 만일 지구화의 힘을 통해 세계 구석구석 — 아직 민주 자본주의가 도달하지 못한 지역과, 법률을 통해 빈곤층의 소유물이 정식으로 등록되고 보호될 수 있는 지역 — 까지 민주 자본주의가 확산된다면, 빈곤층의 상황이 크게 개선되리라는 점이 입증된다고 주장한다.

지구화론자는 여러 연구 결과를 인용해 제시한 통계적 증거를 토대로, 전 지구적 자본주의가 개도국 인민들의 삶을 대폭 향상했고, 불평등과 빈곤을 감소했다고 주장한다. 바그와티는 지구화론자의 주장을 다음과 같이 간결하게 요약한다. "무역이 빈곤에 미친 영향에 대한 학문적 분석 결과는 명확하다. 이런 분석은 두 단계의 논증으로 이루어져 있다. 첫째, 무역이 성장을 촉진한다. 둘째, 성장이 빈곤을 줄인다. 이런 명제들이 오랫동안 다양한 이념적 배경을 가진 경제학자들과 정책 입안가들에 의해 입증되어 왔다."[87] 이런 연구들은 지구화로 인한 성장이 부자들에게 이득을 준 만큼이나 빈민층에게도 이득을 주었음을 보여 준다고 한다.[88] 이런 연구들에 따르면, 지구화 과정의 초기 단계에서 개도국의 임금 수준은 선진국에 비해 훨씬 빠르게 증가했다.[89] 이 가운데서도 노르베리의 다음과 같은 주장은 가장 놀랍다. "지구화 증가 추세와 소득 평등의 증가 추세는 대다수 국가 — 선진 경제권과 신흥 경제권 모두 — 에서 입증되었다."[90] 만일 이런 증거를 믿을 수 있다면, 전 지구적 신자유주의가 가난한 개도국을 희생시키면서 부자 선진국의 이익을 증진하는 이념이라는 주장에 대한 강력한 반박 증거가 될 것이다.

지구화론은 자유 지상주의에 비교하면 전 지구적 자본주의 체제에서의 불평등과, 피해자의 운명에 대해 더 관심을 갖는 편이라 할 수 있다. 가장 급진적인 자유 지상주의자라면 로버트 노직의 자격 이론entitlement theory에 찬성할 것이다. 이는 시장 정의에 관한 자유주의의 원칙을 명확하게 정리하고 확대한 이론이다.[91] 노직에 따르면, 부의 불평등한 분배가 부당하지 않은 — 강제 혹은 기만이 없는 — 역사적 과정으로부터 비롯되었다면 현재의 불평등을 정당하다고 말할 수 있다고 한다. 농구 선수인 월트 체임벌린Wilt Chamberlain을 내세운, 노직의 (약간 낡았지만) 유명한 예를 들어 보자. 모든 사람의 소득이 똑같은 사회가 있다. 그런데 많은 사람들이 월트가 농구 시합을 하는 것을 관람하기 위해 경기장에 입장할 때마다 자발적으로 25센트씩을 관람료로 낸다고 치자. 이렇게 자유로운 거래를 통해 월트는 엄청난 부자가 되었고 그의 팬들은 관람료만큼 약간씩 가난해졌다. 노직은 만일 국가가 이런 불평등을 막으려면 "서로 동의하는 성인들 사이의 자본주의적 행위"를 금지해야 할 것이라고 주장한다.[92] 유산 문제도 검토해 보자. 시장 정의의 원칙을 유산 증여에 곧이곧대로 적용한다면 어떤 사람이 상당한 유산을 받는다는 것이 불공평하다고 할 수 있다. 시장에 아무런 기여도 하지 않은 사람이 큰 부자가 되기 때문이다. 그러나 노직의 자격 이론에 따르면 유산은 완전히 정당한 행위다. 그 누구의 권리도 침해하지 않으면서 발생하는 과정이기 때문이다. 만일 국가가 유산으로부터 초래되는 불평등을 막으려면 사람들이 유증遺贈을 하지 못하도록 금지해야 할 것이다. 요컨대 노직은 만일 사람들이 자기가 원하는 대로 재화와 서비스를 거래하고 그것을 유증할 수 있는 자유 — 독재국가만이 이를 금지할 것이다 — 를 부여받는다면, 불평등한 결과가 초래될지언정 경제적 재화의 분배가 불공정하게 이루어졌다고 말할 수는 없다고 주장한다.

노직과 같은 자유 지상주의자는 국가가 정의 구현을 위해 오직 세 가지 역할만을 수행해야 한다고 믿는 것 같다. 첫째, 국가는 법적 정의 또는 절차적 정의를 확립하여 자유 시장에서 재화와 서비스를 생산하고 거래하는 데 필요한 공정한 규칙을 설정하면 된다. 둘째, 국가는 이런 규칙이 침해되었다고 주장하는 사람과, 자신이 불공정한 대우를 받았다고 주장하는 사람이 제기한 고발 건에 대해 판결을 내리면 된다. 국가는 강제력이나 사기로 말미암아 발생한 불의를 교정할 능력이 있다. 셋째, 13장에서 다룬 것처럼, 국가는 모든 사람의 안전을 보장해 줄 수 있다. 그러나 국가가 빈곤층을 지원하려면 세금을 거두어야 하는데, 그것은 자기 재산을 정당하게 취득한 사람들의 권리를 부당하게 침해하는 셈이 된다. 자유 지상주의자는 자유주의 복지국가, 사회주의 복지국가, 지구화론에서 말하는 사회 안전망, 심지어 온정적 보수주의 국가가 빈곤층에게 제공하는 지원조차 불법적으로 사회정의를 추구하는 행위라고 간주한다.[93]

전통적 공동체주의에서는 일반적으로 정의의 문제를 사회적 재화의 공평한 분배문제가 아니라 공동선과 덕성의 문제로 취급한다. 매킨타이어는 『덕을 찾아서』*After Virtue* 라는 저서에서, 사람들이 어떤 재화에 대한 권리를 갖기 전에,

우선 '좋은'good 것이 무엇인지를 알아야 하며, 정치 공동체에서 '좋은' 것이란 모든 사람에게 공통된 어떤 '좋은 것'the good — 예를 들어, 도덕적으로나 지적으로 발전하는 것 — 을 발견한다는 뜻이라고 주장한다. 따라서 정의란 모든 사람의 덕성을 키우기 위해 정치적인 노력을 경주하는 것을 말한다.

　전통적 공동체주의에서는 분배적 정의 원칙을 특별히 따로 규정하는 것에 미온적이다. 공동선과 덕성의 추구 속에 이미 포함되어 있기 때문이다. 대부분의 경우, 전통적 공동체주의자는 사람들을 (전통적인 도덕관념에 따라 살아가는 것이 중요함을 강조하는) 문화 속에 깊이 뿌리 내리게 하는 일이 중요하다고 강조한다. 그러나 전통적 공동체주의자는 아마도 국가가, 문화 전통에서 드러나는 "최선의 삶의 방식"에 따라 모든 이가 살아가는 것을 권장하도록 자원을 분배해야 한다고 암시하는 것 같다.[94] 어쩌면 전통적 공동체주의자는 그 정치 공동체에서 죄악이라고 여기는 삶의 방식을 (설령 그 방식이 타인의 권리를 침해하지 않으며, 단지 그 사회가 상식적으로 인간의 덕성이라고 믿는 바에 위배된 것에 불과하더라도) 사람들이 추구하지 않게 하기 위해, 국가가 죄인을 처벌하기를 원하는지도 모른다. 만일 이 말이 옳다면 전통적 공동체주의자는, 개인이 스스로 선택한 인생 목표나 목적에 대해 국가가 가타부타 간섭하지 않는 중립적인 자유주의 국가의 이상을 거부한다. 이런 전통적(비중립적) 공동체주의 국가를 옹호하는 논리는 다음과 같다. 즉, 국가는 개인의 권리 및 시장 정의를 실행하는 자본주의 체제만을 강조하는 일반 국가보다, 더 덕성 높은 시민들과 더 훌륭한 공동체를 함양해야 한다는 논리다.

●『덕의 상실』로 번역하는 것은 오역이다.

11
극단적 우파
...
도덕적 선함을 공정한 결과의 토대로 간주한다

극단적 우파는 다원적 정치나 전 지구적 자본주의가 정의를 구현하지 못한다고 생각한다. 예를 들어, 백인 국수주의자는 다원적 정부가 인종적 소수집단이나 복지 수급자, 도울 가치가 없는 다른 집단들을 극히 편애한다고 생각한다. 이슬람 근본주의자는 지구화로 말미암아 (다국적기업들이 이슬람 문명 공통의 재산과 자연 자원을 수탈한 것과 같은) 경제적 착취와 (무슬림에게 '금지된 것'의 소비와 물질주의적·세속적 생활 방식을 권장하는 식의) 문화적 퇴폐와 같은 부조리가 발생했다고 믿는다. 수많은 무슬림들이 이슬람권의 정치 지도자들이 이런 부조리에 가담했고, 부패한 관행에 매몰되었으며, 타락한 삶의 양식을 추구해 왔다고 믿는다.

좌파든 우파든, 극단주의자들은 오늘날의 세계가 엄청난 불의를 자아내고 있다고 주장해 왔으므로 이런 견해가 특별히 놀라울 것은 없다. 그러나 좌파가 정의의 문제를 상당히 평등주의적 관점으로 파악하는 반면, 극단적 우파는 사람마다 그 가치가 서로 다르다고 보는 관점에 근거해서 불평등한 보상과 상이한 처벌을 지지한다. 극단적 우파 내에서, 사람마다 공평한 응보를 받는 기준이 서로 다르다는 점을 정당화하는 두 가지 근거가 있다.

첫째, 백인 국수주의 집단에서 강조하는 주류 인종·종족 집단의 품격과 가치에 대한 순응 및 비순응이다. 백인 국수주의자는 그 사람의 인종과 같은 특질이나 전통 가치를 고수하는 태도를 통해 그 사람의 도덕적 선함을 알아볼 수 있다고 주장한다. 이런 특질과 전통 가치에 대한 충성을 드러내 보이지 않는 사람은 정치권력에서 배제되거나, 사회적 인정을 받지 못하거나, 각종 사회적 재화를 박탈당할 수도 있다. 이런 정의 관념의 가장 극단적인 본보기로서, 흑인 남성과 성관계를 맺은 백인 여성에게, 백인종을 '더럽혔다'는 이유로 사형에 처하자고 하는 견해를 들 수 있다.[95]

둘째, 신법의 준수다. 이슬람 극단주의자는 신법에 복종하지 않는 불신자와 이교도를 강력하게 벌하는 것이 옳은 일이라고 생각한다. 이런 견해에 따르면 이교도의 처형은 공평할 뿐만 아니라 처형당한 사람을 위해서도 도움이 된다고 한다. 이런 극형을 통해 그 이교도의 영혼이 정화될 수 있고, 알라신의 의지를 거역할 기회가 없어지므로 본인의 진정한 영혼의 이익에 도움이 된다는 논리다.[96]

12
극단적 좌파
...
전 지구적 불의를 비판하고 '공통된 것'을 공유한다

극단적 좌파는, 선진국(특히 북반부)이 개도국(특히 남반구)을 착취하는 제국주의적 행태를 부추기는 전 지구적 자본주의로 말미암아 국가들 사이에서 불의가 초래되었다는 점을 오랫동안 강조해 왔다. 최근 들어 극단적 좌파는 다음과 같은 주장을 제기하고 있다.

> 지구화로 말미암아 세계의 모든 곳에서 불균등성과 불평등으로 이루어진 전도된 메커니즘이 일반화되었다. 오늘날 불균등한 발전과 불평등한 교환관계가 세계 도처에서 발견된다. 로스앤젤레스의 부자 동네와 가난한 동네 사이에서, 모스크바와 시베리아 사이에서, 유럽 모든 도시의 중심부와 주변부 사이에서, 지중해의 북부 연안과 남부 연안 사이에서, 일본의 북방 도서와 남방 도서들 사이에서 불균등과 불평등이 자리 잡고 있는 것이다.[97]

요컨대 극단적 좌파는 전 지구적 자본주의가 엄청나게 복잡한 지리적 속성을 지니고 있지만 대단히 분열되고 분리된 계급 구조를 가진 체제라 할 수 있는

'전 지구적 아파르트헤이트'global apartheid 체제로 변질되었음을 강조하고 있다. 이 체제의 밑바닥에는 전 지구적 경제로부터 "단절되고, 아무런 가치도 없으며, 일회용 소모품에 불과한" (대체로 배제되고 종속된 상태의) 거대한 인구 집단이 자리 잡고 있다. 이 체제의 맨 꼭대기에는 소수의 엘리트 집단이 자리 잡고 있으면서 "다수의 노동과 빈곤 덕분에 소수의 부를 지속적으로 유지할 수 있는 위계적인 생산 시스템"을 통제한다.[98]

심층 녹색주의자는 전 지구적 자본주의가 지구의 생태계를 착취하는 동시에, 생명을 가진 모든 존재들이 지닌 기본 권리를 부정한다고 본다. 심층 녹색주의자는 (초국적 자본에 한층 더 호의적인 국가 경제를 만들기 위해) 다원적 사회의 국내 정치에서 복지국가를 약화하려는 지구화론자에 맞서기 위해 인권 정신을 상기시킬 필요가 있다고 믿는다.[99] 더 나아가, 국가들 간의 합의 속에 인권이 반드시 포함되어야 하고, 국제 조직들이 인권을 더욱 증진해야 한다고 본다. 그러나 심층 녹색주의자는 인권 개념이 지나치게 폭넓게 해석되어서는 곤란하다고 생각한다. 즉, 인권 개념을 다른 동물들의 희생을 통해서만 얻을 수 있거나, 지속 가능한 전 지구적 공동체에서는 얻을 수 없는 물질적 조건으로 인식해서는 안 된다는 것이다.[100] 인간뿐만 아니라 동물들도 고통을 느낄 수 있으므로,[101] 인간은 동물에 대해 되도록 고통을 주지 말아야 하고, 동물들의 고통을 경감해 줄 도덕적 의무를 가진다. 심층 녹색주의에서는 우리가 인간 중심적 관점homocentric perspectives — 자연과 비非인간종들은 인간이 활용하거나 통제하고 착취할 대상이라고 보는 관점 — 을 배제해야 한다고 주장한다. 심층 녹색주의자는 지구가, 모든 나라의 인민들과 모든 생물 종들이 함께 공유해야 할 자원임을 강조한다. 우리가 다른 종들과 함께 공유해야 할 지구를 보존하는 것이 바로 정의의 원칙이라고 한다.

오늘날 극단적 좌파가 역사의 마지막 단계로서 이상적인 공산 사회를 꿈꾸는 마르크스적인 이미지를 불러일으키는 경우는 드물지만, 그들은 급진적 좌파와 구분되는 방식으로 공통된 것을 강조한다. 급진적 좌파가 더 많은 평등을 이야기할 때에는 사유재산과 소득의 평등한 분배를 일컫는 경우가 많고, 급진적 좌파가 공동체의 기여를 이야기할 때에는 통상 개인이 자신의 개인적 목적을 위해 이용할 수 있는 공공시설과 서비스 — 예를 들어, 어떤 사람이 자신의 건강 문제를 돌봐 주는 사회화된 의료 시설을 이용하는 것 — 를 지칭하는 경우가 많다. 급진적 좌파는 사적으로 소비되는 재화가 불평등하게 분배된다는 문제의식만을 지니고 있다고 한다. 그러나 극단적 좌파는 분배의 문제에만 치중하는 급진적 좌파의 입장이 더 큰 쟁점을 간과하는 것이라고 본다. 심층 녹색주의자는 정의의 문제를 생각할 때 재화의 공평한 분배를 넘어서서 사고하고, 인류의 공통 환경에 대해 우리가 지고 있는 책임을 인정하라고 요구한다. 더 나아가, 하트와 네그리는 공평한 분배를 넘어, 그들이 '공통된 비물질적 재화'common immaterial goods라고 부르는 것의 생성과 제공이 과연 적절한지의 문제까지 생각해 볼 것을 제안한다. 지식과 사고 및 기쁨·흥분·안락과 같은 감정은 사적인 소비재라기보다 모두가 공유하거나 공유할 수 있는 것들이다.

    기술 발전과 지구화로 모든 곳의 사람들('다중')이 새로운 사고와 비물질적 재산을 공동으로 생산할 수 있게 되었으므로, 음악에서부터 의약품에 이르는 갖가지 생산품들이 협력 활동을 통해 만들어지고 있으며, 일종의 '비非제로섬적인 재화'nonzero-sum goods로 향유될 수 있게 되었다. 아마 리눅스와 같은 개방적 컴퓨터 운용체제 혹은 온라인 무료 백과사전인 위키피디아와 같은 것들이 하트와 네그리가 꿈꾸는, (자본주의사회의 분배방식을 넘어서는) 대안적 방식의 생산 및 소비재를 예시하는 공통의 재산일지도 모른다.[102] 컴퓨터 프로그램, 음악, 의약품과 같은 것들에 대해 기업이나 개인이 지적 재산권을 주장하지 않는 이상, 이 모든 재화를 모든 사람이 함께 누릴 수 있을 것이다. 일단 창조되기만 하면 거의 공짜로 전 세계에 배포될 수 있기 때문이다. 또한 많은 사람들이 협력해서 창조하는 재화에 대해 지적 재산권을 주장하는 것 자체가 논란의 여지가 대단히 큰 일이 될 것이다. 오랜 세월 동안 저개발국에서 사용되어 온 자연산 의약품을 현대 제약회사가 '발견'하여 특허를 내고 사유화하는 사례를 생각해 보라. 또 다른 예로, 이 책에서 인용된 수많은 사상들은 (현재와 과거의) 수많은 사람들의 노력으로 창조된 것이므로, 거의 한 푼의 비용 부담도 없이 인터넷을 통해 원하는 모든 사람에게 제공될 수도 있을 것이다. 하지만 이런 저작들이 저자와 출판사의 사적 이익 때문에 저작권으로 묶여 있는 것이 오늘의 현실이다. 하트와 네그리에 따르면 이런 식으로 '공통된 것'을 수탈하는 행위가 오늘날 전 세계적으로 특징적인 새로운 형태의 불의가 되었다고 한다. 과거에는 모든 사람이 함께 소유하던 재화, 모든 사람이 누릴 수 있는 재화가 오늘날 사유화되고 있기 때문이다. 이런 자원을 전 인류가 공유할 수 있는 기술적 가능성이 그 어느 때보다 더 높아졌음에도 그렇다.

요컨대 극단적 좌파는 오늘날 물질적 재화의 분배가 마르크스가 예견한 대로 점점 더 양극화되고 있지만, 불평등의 유형은 마르크스의 예견보다 훨씬 더 복합적이라고 주장한다. 이런 복합성을 감안할 때 극단적 좌파가 물질적 재화의 공정한 분배를 가져올 단순명료한 해법을 제시하기는 어렵다. 지금도 물질적 재화의 분배를 놓고 갖가지 전략을 상정하고 있는 급진적 좌파와 비교해 볼 때, 극단적 좌파는 물질적 재화 분배에서 근본적 변화를 향한 희망을 쉽게 지니기도 어렵다. 하지만 극단적 좌파는 '공통된 것'을 중심으로 한 새로운 형태의 생활양식이 필요하고 또 가능하다고 본다. 심층 녹색주의에서는 우리가 공동의 환경 조건을 유지해야 한다고 주장하고, 하트와 네그리 같은 네오아나키스트는 우리가 점점 더 비물질적 재화를 생산하고 소비할 수 있게 되었다고 주장한다. 이때 인류는 (또는 적어도 대다수 다중은) 정의가 필요한 환경 자체를 초월한 상태에서 살 수 있으며, 진정으로 행복한 삶을 영위할 수 있다고 한다. 그러나 마르크스의 공산 사회가 인간의 물질적·비물질적 삶이 공유되는 일종의 완벽한 사회라면, 극단적 좌파가 상상하는 전 지구적 사회는 지구를 지속 가능하게 유지하고, 사람들이 비물질적 재화를 함께 나누는, '확장된 공동의 영역'enlarged common sphere ─ 설령 사적 영역에서는 물질적 재화의 불공정한 분배가 지금처럼 계속된다 하더라도 ─ 을 강조하는 편이다.

13
소결

…

다원주의자들은 정의라는 개념이 다양한 '흥정'을 포함하는 복잡한 개념이라고 생각한다. 이들은 일차적으로 (갈등을 해결하는 형식적이고 정례화된 절차 및 법 앞의 평등한 대우를 보장하는) 법적·절차적 정의가 중요하다고 본다.[103] 또한 이들은 시장 정의 개념을 부정하지 않는다. 시장 정의란 개인이 자유롭게 내린 선택을 반영하고 강압과 착취가 없는 조건 아래의 생산과 거래 과정을 통해 소득과 재산에 불평등이 발생했다면, 그런 불평등은 정당하다고 보는 사상을 뜻한다.[104] 그러나 공평한 법적 절차 및 시장 정의는 (평등, 필요, 응보 등을 포함한) 여타 정의 원칙들에 의해 보완되어야 한다.[105] 다원적 사회 속에서, 어떤 정책은 일정한 사회적 재화(예컨대, 기본 교육)를 모든 사람에게 평등하게 제공하고, 어떤 정책은 또 다른 사회적 재화(예컨대, 복지)를 가장 빈곤한 계층에게 제공하며, 어떤 정책은 전혀 다른 사회적 재화(예컨대, 선망의 대상이 되는 직업)를 자격 조건을 구비한 사람에게 제공한다. 다원주의자들은 그 어떤 단일한 정의 개념도 보편적으로 타당하지는 않다고 본다. 다원적 정치 내에는 다양한 정의 원칙 가운데 어느 쪽을 강조할지를 놓고 지속적인 갈등이 상존한다. 그러나 다원적 정치는 단순히 개인과 집단이 선호하는 바를 성취하기 위해 정치 자원을 성공적으로 활용하는 권력 정치만은 아니다. 다원적 정치는 다양한 방식으로 정의를 호소한다.

단순한 절대적 평등을 요구하는 과격한 주장 — 경제적 재화의 생산과 분배에서 각자가 기여한 바와 상관없이 모든 사람이 완전히 똑같은 소득과 부를 가질 권리가 있다는 주장 — 은 분명 다원주의자들이 이해하는 복합적 정의 관념에 반대되겠지만, 아나키즘이나 마르크스주의 혹은 여타 급진적 좌파나 극단적 좌파가 그런 절대적 평등을 추구한다고 가정한다면 큰 오류다.

통상 급진적 좌파가 사회정의와 관련한 제안을 내곤 한다. 급진적 좌파의 이런 요구는 다원적 정치의 정상적인 부분이라 할 수 있다. 좌파가 사회정의를 추구하기 위한 정책을 제안할 때에 다음과 같은 두 가지 주요 장애물을 넘어서야 한다. 첫째, 급진적 좌파는 제한된 정의 관념, 특히 시장 정의에만 초점을 맞추는 사회 상식을 넘어서야 한다.[106] 다원적 사회라면, 대화를 통해 사람들이 정의를 어떻게 생각하는지를 알 수 있다. 그렇게 되면 자연스레 평등주의 및 필요에 기반을 둔 정의의 이상에 많은 사람들이 관심을 기울이게 될 것이다. 만일 일반인들이, 억압받는 사람들의 "슬프고 감상적인 이야기", 그리고 (빈곤층에 대한 연민과 공감에 호소하는) 여타 서사 방식을 접하게 된다면 이 같은 정의의 이상에 대해 더 호응할지도 모른다.[107] 둘째, 급진적 좌파는 주변화된 사람들과, 억압받는 사람들의 무기력과 소외를 극복해야 한다. 사회정의가 구현되면 이런 사람들이 가장 큰 혜택을 입게 될 것이다. 이런 집단들은 쟁의적 정치에 가담할 필요가 있을 것이다. 다원적 사회 내의 부유층이 호락호락 자신의 특권을 내놓지 않을 것이기 때문이다.[108]

극단적 좌파는 사람들이 지향하는 바를 근본적으로 변화시켜야 한다고 주장한다. 물질적 재화를 더 많이 소유하려 들지 말고, 자연과 조화를 이루며 살아가는 자족적인 삶에 눈을 뜨며, 타인과 비물질적인 재화를 나눠 가져야 한다는 말이다. 이런 주장은 정당하고 예찬할 만한 포부라 할 수 있다. 문화적 가치와 (더 나아가) 인간 자체를 바꾸려는 노력은 다원적 정치의 내용까지 변화시킬 가능성이 크지만, 극단적 좌파가 민주정치 및 시장경제의 필요성을 인정하고, 개인의 도덕적 자율성을 존중한다면 극단적 좌파의 노력에 대해 다원주의자들이 우려할 필요가 별로 없다.[109]

정의의 쟁점에 관한 한, 다원주의자들이 가장 크게 우려하는 집단은 급진적 우파와 극단적 우파들이다. 극단적 우파는 사람의 인종이나 종교에 따라 그 사람을 벌주는 것이 정의라고 생각하는 것 같다. 이런 식의 신념은 다원주의자들에게 금기와 같은 것이다. 대부분의 경우 자유 지상주의는 다원적 터전 내에 속하는 또 하나의 목소리라고 생각될 수 있지만, 만일 극단적 자유 지상주의가 사람들을 설득해서 (사회정의를 증진하려는 정책을 배제하는) 최소주의 국가라는 목표를 달성할 수 있게 된다면, 다원주의는 현재보다 훨씬 위축될 것이다. 사회정의를 추구하는 민주정치와, 사회정의 프로그램을 제공할 수 있는 능력을 갖춘 정부의 권위가 다원적 정치의 핵심 측면이기 때문이다.

다원주의자들은, 전통적 공동체주의자가 개인의 도덕적 자율성과 국가의 중립성을 보장하겠다고 다짐한 자신의 의지를 훼손하고 있지나 않은지 우려한다. 다원주의자들은 개인의 행동이 타인에게 부당한 행동이 되지 않는 한, 자신만의 좋은 삶이라는 관념을 선택하고 추구하며 수정할 수 있는 권리를 가진다고 믿는다. 경우에 따라 어떤 사람이 추구하는 '좋은 삶'으로 인해 남들보다 더 좋은 보상을 받기도 하지만 그렇지 않은 경우도 있다. 이런 결과는 다원적 사회 내에 존재하는 사회적 과정과 규범에 의해 영향을 받게 되므로, 사람들이 자신의 인생 계획을 세울 때에는 이런 점들을 미리 잘 고려하라는 권면을 받게 된다. 하지만 국가는 완전주의의 이상에 따라 보상과 처벌을 직접 배분해서는 안 된다는 의미에서 중립적이어야 한다고 말할 수 있다.[110] 전통적 공동체주의가, 특정한 도덕적 교의에 따라 사람들에게 보상하고 처벌할 것을 국가에 요구한다면, 전통적 공동체주의자를 다원주의의 지지자라고 볼 수는 없을 것이다.

15

정치적 원리 7

변화

얼마나 많은 변화가, 그리고 어떤 종류의 변화가 바람직한 변화인가? 변화를 만들어 가는 올바른 수단은 무엇인가? 변화를 원하는 사람들이 자신의 목표를 달성하기 위해 '초법적'extra-legal으로 행동하고, 통상적인 질서를 깨뜨리거나, 심지어 과격한 행동을 동원하는 일은 과연 언제 정당화될 수 있는가? 기존 상태를 고수하려는 사람들이 변화를 요구하는 사람들을 억누를 수 있는가?

정치에서 변화란 반드시 존재하는 현상이다. 그러나 학자들이 변화가 일어날 수 있는 조건을 이론화하려고 노력하고, 정치 운동가들이 변화를 일으키기 위해 행동에 나선다 하더라도, 변화의 정도와 방향을 예측하기는 어렵다.

미국의 경우 대다수 시민들이 주기적 선거를 통해 어떤 변화가 바람직한지를 숙고해 볼 기회를 갖는다. 물론 선거 결과가 나온다 하더라도 정치 활동의 지향성을 근본적으로 바꾸기 어렵게 만드는 제도적인 경직성 — 예를 들어, 제3의 정당 또는 무소속 후보가 성공하기 어려운 장벽, 특정 지역을 특정 정당이 싹쓸이하는 현상, 현직자에게 유리한 정치 환경 등 — 이 존재한다. 그럼에도 선거는 정부의 우선순위를 재조정하고 정치의 일반적인 외형을 바꿀 수 있다. 예를 들어, 1932년과 1964년의 선거로 '뉴딜' 정책과 '위대한 사회' 정책이 출현할 수 있었다. 이 변화들은 경제와 사회 영역에서 국가의 역할을 확대했고, 사회정의를 더욱 강조했던 것이다. 이와 대조적으로 1980년과 1994년 선거에서는 보수주의 정권이 권력을 장악했다.

앞으로도 선거를 통해 정치에서 전혀 새로운 방향성이 창출될 수 있을지는 두고 봐야 하겠지만, 새로운 정치 지도자가 선출되거나 심지어 전혀 다른 종류의 정당이 출현한다 하더라도 '정부의 권위'(13장) 및 '정의'(14장)와 관련된 쟁점을 넘어선 여타 영역에서 큰 변화가 오는 경우는 드물다. 선거에서 나타나는 변화가 새로운 정책 지향성을 만들어 낼 수는 있지만, 이런 변화가 (민주적 정치과정, 경제·문화·정부 구조의 변화, 새로운 시민권 개념화, 정치 공동체의 재형성과 같은) 더 큰 변화의 원인 제공자 역할을 하기는 어렵다. 미국의 경우, 1860년의 선거를 예외적인 선거로 꼽을 수 있다. 이 선거를 통해, 당시 신생 정당이던 공화당과 지방 출신의 무명 변호사였던 에이브러햄 링컨Abraham Lincoln, 1809~65이 권력을 잡았고, 거대한 변화가 촉발되었다. 미국 정치 공동체의 근본적 쟁점 — "남부 연방주들의 분리로 미국이 양분될 것인가?" — 과 시민권 — "흑인은 자유 시민이 아니라고 결정했던 '드레드 스콧'Dred Scott 판결을 따를 것인가?" — 및 사회구조 — "노예제도를 인정할 것인가?" — 등의 문제를 둘러싼 큰 변화가 일어났던 것이다.

남북전쟁 이래 미국은 특정한 선거 결과와 연관되지 않은 거대한 사회 변화를 많이 경험했다. 전쟁 이후 서부의 여러 거대 주들과 하와이, 알래스카 등이 미합중국에 편입되면서 국토 크기가 두 배 이상 확대되었다. 수많은 이주자들의 물결 — 특히 19세기 말 남유럽과 동유럽으로부터의 이민과, 20세기 후반부

30년 동안 라틴아메리카와 아시아로부터의 이민 ─ 과, 공민권운동 및 여성 권리 운동의 결과로 과거에 비해 훨씬 다문화적으로 시민들이 구성되었다. 전체적으로 보아 혁명적이라 말할 수 있을 만큼 거대한 변화들이 경제·시민·문화·정부 구조에서 발생했지만, 선거를 통해 그런 변화가 야기된 경우는 일부분에 불과하고, 수많은 개혁을 통해 점진적으로 거대한 변화가 일어났다고 보아야 옳을 것이다.

지난 2세기 동안 미국보다 더 큰 변화를 경험했던 정치 공동체들도 많을 것이다. 차르가 다스리던 러시아는 공산주의 소련으로 대체되었지만, 소련은 다시 여러 나라로 분리되었고 이 국가들이 민주주의와 자본주의를 실시할지는 아직도 완전히 결정되지 않았다. 대영제국과 영연방은 한때 전 세계 정치를 좌우했지만 현재는 제국이 붕괴된 상태다. 아시아, 아프리카, 라틴아메리카에서 중국, 인도, 남아프리카공화국 및 여타 정치 공동체들은 독립국의 지위를 획득하거나 탈환했으며, 이들의 경제, 문화, 정부 형태 역시 대단히 큰 변화를 겪었다. 정치 운동, 반란과 혁명, 전쟁, 경제 발전, 인구 이동, 문화 변동 등은 오늘날 전 세계인의 삶을 (2백 년 전만 해도 상상조차 할 수 없었던 형태로) 완전히 변모시킨 수많은 원인 가운데 일부에 속한다. 대다수 분석가들은 변화 속도가 앞으로 더욱더 빨라질 것으로 내다본다. 따라서 향후 50년 동안 일어날 변화가 지난 수백 년 동안 일어났던 모든 변화보다 더욱더 극적일 것으로 예상할 수 있다.

만일 앞으로의 변화가 거대하고 예측 불가능하며 과거와 비교해 상이한 성격의 변화일 것이라고 가정한다면, 과거와 현재의 정치 이념 및 오늘날 출현하고 있는 정치 이념에 포함된, 변화에 관한 사상을 통해 미래를 예측하기는 결코 쉽지 않다고 봐야 한다. 그러나 기존의 정치사상에 포함된, 변화에 관한 사상들을 신중하게 검토해 보면 정치에서 변화가 얼마나 다차원적인 성격을 띠는지를 더 깊이 알 수 있을 것이고, 정치의 이론화 작업을 하려면, (반드시 일어날 현상인) 변화에 대해 언제나 열린 태도를 견지할 필요가 있음을 깨닫게 될 것이다. 각종 정치 이념들이 변화를 보는 관점은, 이 이념들이 여타 정치의 영원한 쟁점들에 대해 견지하는 믿음과 가치관을 반영하므로, 이런 정치 이념들이 변화를 파악하는 방식을 상세히 검토하면 각각의 정치 이념이 가진 핵심 사상들을 요약할 수 있으며, 그런 검토 작업이 이 책 전체를 통해 우리가 시도했던 정치의 거대한 대화들의 전체 결론을 내릴 수 있는 적절한 방식이 될 것이라고 믿는다.

1
고전적 자유주의
...
경제적·지성적·도덕적 진보를 모색한다

'자유주의는 지속적으로 경제적·지성적·도덕적 진보를 추구한다'고 말하는 것이 고전적 자유주의 사상에서 '변화'를 대하는 가장 일반적인 진술이라 할 것이다. 그런 식의 끊임없는 진보를 위한 조건을 형성해 주지 못하는 국가는 해체되거나 개혁의 대상이 되어야 한다. 모름지기 국가란 그런 진보를 위한 조건을 형성하기 위해 노력해야 하고, 그렇게 할 수 있는 국가는 당연히 계속 유지되어야 한다.

고전적 자유주의는 자본주의를 통한 경제적 진보를 신봉한다. 만일 사람들이 재산권과 경제적 자유를 부여받는다면 그들은 자신의 경제적 복리를 극대화하기 위한 선택을 할 것이며, 전체 경제는 더욱 생산성이 높아져 결국 세계의 모든 나라들이 더욱 부유해질 것이라고 한다. 국가는 경제적 자유를 보장하고, 재산권을 보호하며, 계약에 따른 의무를 이행하게 하고, 시장에 대한 과도한 개입을 자제하는 방식으로 경제 발전을 가장 잘 촉진할 수 있다.

고전적 자유주의에서는, 사람들이 종교적 도그마와 정치적 절대주의로부터 자유롭게 풀려나 사람들이 과학적 관찰과 이성을 통해 객관적 지식을 추구할 수 있을 때에 지성적 진보 intellectual progress가 일어나며, 이를 통해 사물의 진정한 본질에 관해 간주관적인 합의에 도달할 수 있다는, 신념 속에서 태어난 사상이다. 마르키 드 콩도르세Marquis de Condorcet, 1743~94에 따르면 과학적 인식이 늘어나면 기술 진보가 연이어 일어나고, 산업과 영농의 생산성이 향상되며, 의술의 혁신이 발생하고, 물질적·정신적·정서적인 복리가 총체적으로 좋아진다고 한다. 그렇게 될 때 사회·정치적으로 인간사를 더 잘 조직할 수 있는 원리를 찾을 수 있다. 그런 것들이 전체 인류에게 축적된 유산이 되므로, 각 세대는 지성적으로 그 이전 세대보다 더욱더 발전할 수 있게 된다. 그러므로 고전적 자유주의는, 인간 삶을 향상할 지식을 발견할 수 있는 지적 자유를 보장해 주는 '열린 사회', 그리고 모든 시민에게 자유롭게 지식을 전파하도록 허용해 주는 '열린 사회'를 달성하는 데에 초점을 맞췄다. 고전적 자유주의자는 국가가 시민들의 지성적 진보를 함양할 수 있는 역할이, 크지는 않지만 중요하다고 믿었다. 국가는, 사람들이 새로운 진실을 발견할 수 있게 하는 안정되고 개방된 환경을 제공해 주어야 한다. 또한 국가는 이런 발견을 대중에게 알리는 제도를 지원해야 한다.

또한 고전적 자유주의는 도덕적 진보moral progress 역시 이루어질 수 있으며, 이는 민주적 과정에 시민들이 참여하면 배양될 수 있다고 믿었다. 존 스튜어트 밀에 따르면, 민주적 제도들이 있으면 시민들이 공적 영역에 모여들 수 있고, 공공의 쟁점에 시민들이 관심을 갖게 되며, 시민들로 하여금 사회적인 사안을 소상하게 알도록 자극하고, 시민들이 더 훌륭하고 더 공평한 정치적 판단을 내리도록 고무할 수 있다.[1] 자기 이익을 추구하는 사람들이 공적 활동에 참여하면, 공동체 내에서 타인에 대한 책임을 명백히 자각할 수 있다고도 한다.[2]

요컨대 고전적 자유주의에서는 '진보'를 추구했고, 지금도 추구하고 있다. 기존의 정부를 유지·개혁·해체할지의 문제에 대한 고전적 자유주의자의 태도는 이 정부들이 진보를 위한 여건을 얼마나 잘 조성할지에 달려 있다.

고전적 자유주의자는, 만일 정부가 시민들의 다양한 자유를 제한해 진보를 방해한다면 정치혁명이 정당화된다고 본다. 존 로크는 만일 정부가 시민의 재산권을 침해한다면 해체해도 무방하다고 기술했다. 하지만 자유주의의 시조들이 17~18세기에 발생한 가장 중요한 정치혁명 — 영국의 '명예'혁명, 미국독립혁명, 프랑스대혁명 — 을 옹호했다곤 하나 혁명에 대한 그들의 의지는 일반적으로 그리 강하지 않았다. 예를 들어, 로크는 시민들이 정부를 해산할 수 있는 권리를 옹호했지만, 그것은 혁명을 권장하기 위해서가 아니라 억제할 방편으로 그렇게 했던 것이다. "입법가들이 인민의 재산을 침해해 인민의 신뢰를 저버렸을 때에 인민이 새로운 입법부를 구성하여 자신의 안전을 새롭게 도모할 수 있게 해주는 이런 권력이야말로 반란을 미연에 방지할 수 있는 최선책이며, 반란을 막을 수 있는 가장 확실한 수단이기도 하다."[3] 로크는 정부가 권력을 남용할 때 시민들이 반항할 권리가 있음을 인정하고, 시민들의 권리를 침해하는 정부에 대해 시민이 반항할 것이라는 점을 인식했기에, 정치혁명을 예방할 수 있는 최선의 방법이란 시민들의 권리를 침해하지 말고 그것을 보장해 주는 것임을, 입법가들에게 확신시키고자 했다. 토머스 페인과 같이 극히 급진적인 자유주의 이론가조차, 도탄에 빠진 시민들이 어떻게 하면 실제로 혁명을 일으킬지에 대해서는 별로 말하지 않는다. 로크와 페인의 저술에서 떠오르는 혁명 활동의 이미지는 그 사회의 모든 구성원들이 한자리에 집결해서 다수결 투표에 의해 정부를 해산한다는 정도의 이미지다. 바리케이드를 친 혁명 군중의 과격한 이미지가 아닌 것이다.

자유주의 원칙에 힘입어 권좌에 오른 정권이, 그 정권을 타도하려는 시민들을 억누르기 위해 강압력을 사용할 수 있을까? 고전적 자유주의자는 정부에 반대할 권리를 지지한다. 즉, 시민들이 불만 사항을 명확히 표현할 수 있는 권리, 반대당을 결성할 권리, 현 정권을 갈아 치워야 한다고 대중을 설득할 권리 등을 지지한다. 만일 자유주의 정권이 그런 정치적 반대파를 억누를 수 있다면 고전적 자유주의자가 그토록 금과옥조로 여기는 민주적 책임성이 구현될 수 없다.

헌정 민주주의가 존재하며 실제로 시민의 권리가 보장되어 있지만 법과 정책의 실상이 자유주의의 이상과 동떨어진 경우에, 고전적 자유주의자는 정치 개혁을 주창한다. 19세기 초중반, 제러미 벤담과 제임스 밀은 '철학적 급진파'의 거두들이었고, 영국의 법제도와 선거제도를 개혁하고자 했다. 벤담은 영국의 법률을 성문법으로 제정하고 합리화하는 과제에 초점을 맞췄다. 기존의 법률이 귀족층의 특권을 보호하고 있을 경우, 벤담은 '최대 다수의 최대 행복'이라는 공리주의 원칙과 부합하는 법률을 제정하여 기존 법률을 대체하는 방안을 모색했다. 벤담주의자 가운데는 데이비드 리카도David Ricardo, 1772~1823와 같은 경제학자, 존 오스틴John Austin, 1790~1859과 같은 법이론가가 포함되어 있었는데, 이들은 형사정책, 교육, 공중 보건, 대외무역 등의 영역에서 개혁을 추동했다. 제임스 밀은 선거제도 개혁에 치중하여 선거권 등을 확대하고자 했다.

존 스튜어트 밀은 입법 개혁을 통해 모든 사람의 삶을 좀 더 인간적인 것으로 만들어야 한다고 주장했다. (시장경제를 통해 축적된) 부를 얼마간 재분배해서라도 그런 개혁을 추진해야 한다고 주장했던 것이다. 밀이 제안한 방식의 개혁은 초기 고전적 자유주의자에게 금기와 같은 주장이었지만, 결국 자유주의 자체의 개혁을 위한 문호를 연 셈이 되었다. 현대 자유주의자가 (재산권을 위협하고 정부의 역할을 확대하는) 각종 경제·사회 개혁 조치를 추구하기 시작했을 당시, 그 반대자들은 흔히 고전적 자유주의 원칙을 내세우곤 했다. 따라서 20세기를 거치면서 고전적 자유주의는 그 출발과는 달리 흔히 '현 상태'status quo를 옹호하는 정치 이념처럼 변해 버렸다.

물론 오늘날에는 대다수 산업화 국가의 정부들이 경제를 광범위하게 규제하고, 복지 정책을 통해 경제적 자원을 재분배하고 있다. 역설적으로, 오늘날 자신을 '보수주의자' 혹은 '자유 지상주의자'라고 부르는, (탈규제와 복지국가 해체를 모색하는) 고전적 자유주의자들이 모여서 매우 영향력 있는 사회운동을 이끌고 있다. 이들은 고전적 자유주의 원칙과 부합되는 정치경제 체제로 회귀하자는 입장이기 때문에, 이 운동들을 반동적 변화reactionary change의 지지자들이라고 부를 수 있을 것이다. 이런 고전적 자유주의자는, 초기의 자유주의 원칙으로 되돌아가야만 (경제를 부흥하고, 개인들의 지적 에너지를 방출하며, 정치적 권리를 보장함으로써 인류의 진보를 추동할) 경제적 자유, 지성적 자유, 정치적 자유의 환경을 조성할 수 있다고 믿는다.

2
전통적 보수주의

...

변화의 바람을 지체시킨다

아주 기본적으로 말해 전통적 보수주의는 변화를 무조건 피하고 싶어 한다. 전통적 보수주의자는 조상으로부터 물려받은 여러 유산들을 금지옥엽처럼 소중히 하기 때문에 자기네 사회를 오랫동안 이끌어 온 전통과 관행을 보존하고 싶어 한다. 20세기 영국의 대표적인 보수주의 철학자인 마이클 오크쇼트는 다음과 같은 유명한 말을 남겼다.

> 보수주의자는 다음과 같은 것들을 선호한다. 즉, 미지의 것보다 친숙한 것, 해보지 않은 것보다 해본 것, 신비한 것보다 사실인 것, 가능한 것보다 실제로 존재하는 것, 무한한 것보다 유한한 것, 멀리 있는 것보다 가까이에 있는 것, 풍족한 것보다 자족한 것, 완벽한 것보다 편리한 것, 이상적인 희열보다 현재의 웃음을 선호한다.⁴

보수주의자는 이런 성향으로 말미암아 자신들이 진정으로 '현실적'realistic이라고 주장한다. 보수주의자는, 어떤 대안적인 '이상세계'보다, 신과 조상들이 자신에게 남겨 준 현재의 '진짜 세계'를 진심으로 향유한다. 보수주의자는 (여타 이념에서 말하는 유토피아적 꿈과 반대되는) 인간과 국가의 한계를 현실적으로 평가한다. 요컨대 전통적 보수주의자는 혁신과 진보를 사랑하는 현대의 풍조에 휩쓸리려 하지 않는다.

그러나 전통적 보수주의자는 간혹 변화가 필요할 때가 있으며, 국가가 사회 변화에 대비해야 한다는 점을 인정한다. 버크는 프랑스혁명을 비판했으면서도 다음과 같이 말한 적이 있다. "변화할 수단을 갖지 않은 국가는 보존을 위한 수단도 없는 법이다. 국가가 그런 수단이 없다면, 독실한 마음으로 보존하기를 원했던 헌정의 부분을 상실하는 위험에조차 빠질 수 있다."⁵ 그리고 정치체 내의 중병을 평소에 잘 돌보면 병원 신세를 피할 수도 있다.

그런데 꼭 필요한 변화는 유기체적 진화의 형식을 취해야 한다. 그리고 변화를 일으키려면 그저 현 상태가 불만족스러워서가 아니라, 심각하고 구체적인 문제가 실제로 있을 때에만 그것을 치유하겠다고 나서야 한다. 또한 현 상태에 수정을 가하더라도 한정된 범위에서만 그렇게 해야 한다. 일시에 큰 변화를 일으키면 예기치 못한 대가를 치러야 할지도 모르고, 예상하지 못한 결과가 초래될 수도 있기 때문이다. 자칫 좋은 점보다 전체적으로 해로운 점이 더 많이 나타날 수도 있다. 변화를 시행하더라도, 사회의 기존 전통에 부합하고 사회 안정을 해치지 않도록 점진적으로 시행해야 한다. 복합적인 사회 유기체에 손을 대는 일은 언제나 위험한 작업이므로 대단히 신중하게 처리해야 한다.

법률을 개정하여 전통적 생활양식을 크게 바꾸려 하기보다, 문화 규범과 대중의 인식에 눈높이를 맞춰 법 개정이 이루어져야 한다. 앨런 핀레이슨Alan Finlayson에 따르면, 보수주의자에게 "정치적 행동을 이끌어 주는 유일한 길잡이는, 전통과 문화에서 나타나는 서서히 진화하는 '사람들의 정신'뿐"이라고 한다.[6] 전통적 보수주의는 사회운동 — 예를 들어, 공민권운동, 여성운동, 동성애자 해방운동 등 — 에 대해 공감을 표시한 적이 없다. 사회운동이 사회의 주류 공동체적 관점과 생각이 다를뿐더러 문화 규범을 바꾸려 하기 때문이다.

전통적 보수주의자는 현 상태를 좋다고 생각하며, 국가와 시민이 모두 신중하게 처신해야 한다고 믿는다. 국가는 국내 정책과 대외관계를 막론하고 경거망동해서는 안 된다. 시민들 역시 현존하는 국가를 뒤흔들거나 타도할 목적을 띤 과격한 행동을 자제해야 마땅하다.[7]

불복종 또는 혁명적 행동이 정당화될 수 있는 유일한 경우는, 그 사회 내에서 오랜 세월 동안 발전해 온 전통적 권리를 어떤 정권이 허물어뜨리려 할 때뿐이다. 예를 들어, 버크는 아메리카의 식민지 주민들이 반란을 일으킨 것은 단순히 자신의 전통적 권리를 요구한 것에 불과하고, 영국 정부가 그런 권리를 보장해 주지 못했으므로 미국독립혁명을 일으킨 식민지 주민들의 저항 행위가 정당하다고 주장했다. 그러나 버크는 프랑스혁명의 경우, 전통적 권리를 요구한 것을 훨씬 넘어서서 새로운 추상적 권리를 요구하기에 이르렀기 때문에 그 혁명을 반대한다고 했다. 따라서 전통적 인식과 전통적 권리를 바꾸자고 주장하는 혁명 분자들을 바스티유 감옥에 투옥하고 처벌해도 된다고 보았던 것이다.

3
마르크스주의
...
아래로부터의 혁명을 예견한다

마르크스에 따르면 모든 사회는 근본적이고 전향적인 변화를 경험해 왔다. 그는 자본주의사회 역시 이런 변화를 겪을 것으로 보았다. 앞에서 설명했듯이, 마르크스는 자본주의의 발전 단계가 어떤 지점에 이르면 혁명적 변화가 일어나지만, 그런 지점은 객관적인 경제 조건이 극히 중요한 수준에 도달했을 때에만, 그리고 무산계급의 주관적인 계급의식이 제대로 성장했을 때에만 일어난다고 주장했다. 정통 마르크스주의에서는 혁명의 객관적·주관적 조건이 모두 무르익지 않은 한, 혁명이 일어날 수 없다고 생각했다. 마르크스는 유럽에서 1848년과 1871년에 발생했던 정치적 격동이 혁명적 변화의 전조이며, 자본주의에 맞서는 혁명이 조만간 발생할 것이라고 생각했던 것 같다. 그러나 마르크스의 정치 변동 이론을 아직 도래하지 않은 미래 시점에 투사하여 해석하는 것도 가능하다.

정통 마르크스주의에 따르면, 정치경제 법칙이 제대로 이행된다면, 자본주의를 타도하고 공산주의 정권을 탄생시킬 혁명이 일어날 것이라고 한다. 이런 혁명 과정은 다음 열 가지 단계에 나오듯이 일종의 결정론적 순서로 요약될 수 있다.[8]

① 산업사회가 발전하면서 자본가들 사이에 극심한 경쟁이 발생할 것이다. 자본가들은 시장에서 살아남기 위해 노동자들을 착취하면서 생계 임금만을 지불하는 방식으로 노동자에게서 잉여가치를 추출한다.
② 이런 식의 경쟁과 혁신의 분위기에서 성공하는 기업과 실패하는 기업이 나타날 것이다. 실패한 자본가가 시장에서 쫓겨나면서, 자본은 점점 더 소수의 수중에 집중될 것이다.
③ 성공적인 기업이 인간의 노동력을 기계로 대체하고, 더 많은 기업들이 시장 경쟁에서 도태되는 경향이 더해져 고용주의 숫자가 점점 줄어들게 되고, 더욱더 많은 노동자들이 해고되어 영구적인 실직 상태에 빠지게 된다.
④ 실직 상태에 놓인 노동자들은 구매력이 없으므로 자본가들이 생산하는 상품을 구매하지 못한다. 물건이 팔리지 않으므로 생산은 감소되고, 그에 따라 더 많은 노동자들이 감원당한다.
⑤ 시간이 흐르면서 실업과, 실업의 결과인 수요 감소(경기 침체)가 반복될 것이다. 경기 침체기를 지나면서 경제 위기에 견디고 살아남는 자본가들의 숫자 역시 더욱 줄어든다. 그 결과 경쟁이 없어지므로 살아남은 자본가들의 경제적 입지가 오히려 호전되고 그들의 재산도 증가한다.
⑥ 경기 침체가 올 때마다 시장에서 탈락하는 사람들이 더 많이 나타난다. 탈락한 자본가는 무산계급의 대열에 합류하게 되며, 무산계급 가운데 일부는 사회 최하층underclass 또는 룸펜프롤레타리아lumpenproletariat으로 전락하게 된다. 수많은 프롤레타리아와 실직자들이 이런 하향식 사회이동 ― 마르크스가 '무산계급의 궁핍화'immiseration of the proletariat라고 불렀던 현상 ― 을 계속해서 경험하게 될 것이다.
⑦ 이렇게 사람들의 생존 조건이 악화됨에 따라 무산계급과, 자본주의 경제체제 내에서 주변화된 계층들이 자본주의의 유용성과 공평성에 대해 의문을 제기하게 된다. 이를 통해 노동 계급의식이 생겨난다.
⑧ 경제가 심각한 불황에 빠지고, 무산계급의 궁핍이 더욱더 악화되며, 마침내 자본주의의 생명력이 다했다고 무산계급이 믿게 되는 순간, 자발적인 대중

봉기가 발생한다. 처음에는 우발적인 소요 사태들이 산발적으로 일어난다. 시간이 지나면서 이런 움직임들이 하나의 큰 흐름, 전투적인 행동의 흐름으로 합류될 것이다. 종국에는 다음 시나리오 가운데 한 가지가 혁명을 촉발할 것이다. 즉, 총파업으로 자본가들의 힘이 제거되거나 붕괴할 수도 있고, 자본가 및 그 동맹인 질서 유지 세력(경찰과 군)과 무장한 무산계급 사이에 내전이 발생할 수도 있으며, 부르주아지가 민주적 선거를 통해 총탄이 아닌 투표용지로 타도될 수도 있다 — 물론 이런 가능성은 희박하다.[9]

⑨ 무산계급이 권력을 장악한 후 비상사태가 선포될 것이다. 부르주아지는 여전히 자유주의 사상에 빠져 있고, 자신의 권력과 재산을 탈환하려는 이익 동기가 강력하므로 자본가들이 지원하는 반혁명이 개시될 가능성도 있다. 이런 상황을 방지하기 위해 무산계급은 '프롤레타리아독재' 체제를 설정하여 자본가들을 무력으로 제압해야 한다.

⑩ 무산계급이 부르주아지를 타도한 후 역사상 사회주의 단계 — 자본주의에서 완전한 공산주의로 넘어가는 이행기 — 가 시작될 것이다. 이 시기에 새로운 협력적 사회제도들이 자본주의의 잔여 제도들을 대체할 것이고, 사회주의적 이상에 투철한 "새로운 인간"이 출현할 것이다.[10] 과도기적인 사회주의 중간 단계가 지나면 궁극적으로 완벽한 공산 사회가 도래할 것이다.

현대 포스트마르크스주의에서는 이런 역사 이론이 근본적인 사회변혁을 위한 통찰력을 계속 부여한다고 믿지만, 이런 이론을 결정론적으로 받아들이지는 않는다. 이들의 관점에 따르면, 혁명이란 객관적인 경제 조건이 성숙한다고 해서 반드시 일어나는 것이 아니라, 인민들의 주관적 의식이 출현하는지 여부에 달린 문제라는 것이다. 즉, 오늘날 혁명이 일어날 수 있는 조건은, 전 지구적 경제체제 내에서 서로 다른 위치를 차지하고 있는 수많은 사람들이 자기 나름의 관점에서 전 지구적 자본주의의 한계를 인식하고, 현재 사회와 근본적으로 다른 사회를 향해 나아가려는 자기 나름의 전략을 내놓을 수 있는지 여부에 달려 있다는 말이다. 포스트마르크스주의에서는 자본주의사회와 자유주의 국가가 일정한 방향으로 적응하면서 발전해 왔으므로 마르크스의 시나리오에 많은 수정을 가할 필요가 있다고 본다. 예를 들어, 계급 구조가 바뀌면서 무산계급 — 엄밀히 말해, 산업 노동자로 규정된다 — 의 혁명적 역할이 줄어들었고, 다양한 종류의 주변화된 인민이 각종 사회운동으로 조직화되면 이들이 바로 혁명적 변화를 수행할 핵심 주체가 될 수도 있다는 논리다.[11]

포스트마르크스주의에서는 역사 이론theory of history과 역사철학philosophy of history을 구분한다. 포스트마르크스주의자는 마르크스가 근본적인 변화에 초점을 맞춘 통찰력 있는 역사 이론을 제시했다고 그를 적극적으로 평가한다. 역사 이론에 따르면 역사는 과거나 현재나 한결같이 공산 사회의 방향으로 움직여 가고 있으며, 여전히 기본적인 억압 구조는 자본주의이고 변혁 수단은 혁명운동이라고 한다. 그러나 포스트마르크스주의에서는 마르크스가 '역사철학'을 주창했다고는 보지 않는다. 역사에 의미를 부여하는 작업인 역사철학은 종말론적 "역사의 종언"을 통해 역사 속에서 나타나는 단절적 역사 사례들을 설명할 수 있고, 또 그것을 정당화할 수 있다고 주장한다.[12] 이런 작업을 통해 포스트마르크스주의에서는 20세기 공산주의 사회의 실제 경험 — 스탈린이나 마오쩌둥 및 여타 공산주의자들이 미래의 유토피아를 위해 사람들에게 희생을 강요하면서 그들에게 고통을 가했던 역사 — 으로부터 마르크스주의를 구해 내려고 시도한다. 따라서 억압적인 국가가 나설 필요 없이, 풍족하고 평등하며 공동체적인 사회를 건설할 수 있다는 마르크스의 비전은 오늘날에도 마르크스주의자들이 모색하는 사회 변화의 중요한 요소로 남아 있다.

4
아나키즘
...
혁명보다 항거를 제창한다

기존 질서에 대해 아나키즘이 가지는 격렬한 반감 — 기성 제도들을 파괴하고 인간의 가치를 크게 변화시키려는 데서 생겨난 반감 — 때문에, 아나키즘은 통상 마르크스주의처럼 일종의 혁명적 정치 이념으로 간주된다. 그럼에도 아나키즘은 자신이 혁명보다 항거 사상에 훨씬 더 가깝다고 주장하곤 한다. 아나키즘의 관점에 따르면 이른바 '혁명적 변화'란 구제도 제거와 신제도 수립을 의미하는데, 이는 한낱 하나의 억압적 국가를 다른 억압적 국가로 대체하는 것밖에 되지 않는다. 이와 대조적으로 항거rebellion란 기존 제도에 대해 근본적인 거부를 하는 것이다. 항거자는 통상적인 권위에 복종하지 않는다. 항거자는 통상적인 지배 양식을 해체하려 하지만 그렇다고 해서 기존 제도를 대체할 대안적 질서를 제시하지도 않는다.

아나키즘의 관점에서 보면 마르크스주의자는 혁명의 진정한 의미를 오해한 상태에서 혁명을 추구하고 있다고 한다. 바쿠닌은 (노동계급이 국가를 해체하지 않고, 단순히 그것을 정복한다는 의미의) 혁명을 지지했다는 이유로 마르크스를 비판했다. 앞에서 보았듯이, 마르크스가 혁명 기간에 무산계급이 국가권력을 장악해야 하며, 이행기에는 강압적 조치를 취해야 한다고 주장했던 것이 사실이다. 이런 이행기에 국가는 자본주의를 철폐하고, 아나키즘 사회가 곧 도래할 것이라는 선전에 나서야 한다. 그런데 아나키즘 — 특히 바쿠닌 계열의 아나키즘 — 에서는 흔히 이런 시나리오를 받아들이지 않는다. 바쿠닌은 새로운 무산계급 국가의 지도자들이 타락하기 쉽고, 사익을 위해 국가권력을 활용할 가능성이 있다고 예전부터 주장했다. 만일 국가가 완전히 분쇄되지 않은 채 단지 집권 세력만 바뀐다면, 새로 등장한 세력은, 국가가 더는 필요하지 않은 시점일지라도 자신의 권력을 자진해서 포기하지는 않을 것이다.[13] 따라서 아나키즘에서는 과거의 국가가 해체되었을 때 그것을 다른 국가로 대체할 것이 아니라, 국가 없는 자연적 사회를 지향하는 움직임이 권력의 공백을 뚫고 즉각적으로 표출되어야 한다고 믿는다.[14]

일반적으로 아나키스트는 '항거'와 관련하여 네 가지 명제에 동의한다. 첫째, 전통적 국가 제도에 대한 항거에 가담하는 일은 어디까지나 자기 의지적voluntary이어야 한다. 각자가 국가 체제에 항거할지를 개인적으로 명확히 결정해야 한다. 아나키스트는 '항거'를 하나의 대중 행위 — 사람들이 역사적 상황에 휩쓸려 가거나, 군중의 행동에 떠밀리는 것 — 라고 생각하지 않고, 개개인이 스스로 목적을 가지고 내리는 의식적이고 주체적인 행위로 간주한다. 자신이 믿는 바의 정당성에 대해 도덕적으로 확신하는 개인들, 자신의 행동에 대한 도덕적 책임을 자임하는 개인들이 신중하게 내린 결정의 발로로 '항거'가 이루어져야 한다는 말이다. 둘째, 아나키스트는 '항거'가 자발적spontaneous이어야 한다고 믿는다. 공산주의자는, 성공적인 혁명의 조건이 성숙되었는지를 이해하면서 대중들을 조직할 수 있는 전위 세력이 혁명을 주도해야 한다고 믿는 반면, 아나키스트는 "가장 지적으로 탁월하고 가장 좋은 의도를 지닌 집단이 혁명운동의 가슴이자 영혼이며, 혁명을 이끌고 결속하는 주체가 될 수 있다는 주장"에 반대한다.[15] 아나키스트는 '항거'가 자기 의지적이고 자발적으로 일어나기 위해서는 오랜 준비 기간 — 구제도의 파괴가 바람직하다는 점을 인류가 깊이 자각하는 데 필요한 기간 — 이 필요하다고 생각한다.

셋째, 아나키스트는 오로지 총체적total인 '항거'만이 효과를 볼 수 있다고 주장한다. 항거 행위는 단지 국가권력에 대해서만 이루어져서는 안 된다. 아나키스트는 프랑스혁명으로부터 교훈을 얻어, 사회 저변의 거대한 변화 없이 정부만 교체되는 것은 별 의미가 없다고 본다. 프루동에 따르면 프랑스혁명은 정치적인 혁명에 그쳤다. 그것의 '성과'는 국왕과 귀족들의 수중에서 장군과 법률가들의 수중으로 국가를 넘긴 것뿐이었다.[16] 아나키스트는 옛 정치체제를 타도하는 것뿐만 아니라, 사유재산의 소유권에 기반을 둔 경제체제, 국교의 권위, 상층계급이 하층계급에 대해 존경을 강요하고 기대하는 사회체제, 물질주의와 이기심 및 타인에 대한 우월감을 부추기는 문화적 가치관 등을 동시에 변화시키고 싶어 한다. '총체적 항거'가 일어나면 타인에 대한 우월감을 온존시키는 전통적 제도와 신념이 모두 무너지게 된다.

넷째, 아나키스트는 일단 '항거'가 일어나면 그것이 국제적international 규모로 급속히 확산되어야 한다고 주장한다. 만일 아나키즘적 사회가 수립된다면 그런 사회에는 외부의 침략으로부터 자신을 방위할 군사적 수단이 없을 가능성이 크다. 따라서 아나키즘의 항거가 성공하려면 전 세계 모든 나라의 정부가 일거에 폐지되어야 한다.[17] 아나키스트는 국제적 차원에서 성공리에 총체적 항거가 일어나면 평화로운 자연 공동체들만 남고, 다른 모든 형태의 공동체는 사라질 것이라고 주장한다.

그런데 아나키즘 내에서 '성공적인 항거'에 관련된 사항에 대해서는 모두가 동의하지만, '폭력의 역할'에 대해서는 서로 생각이 다르다. 윌리엄 고드윈과 레오 톨스토이는 비폭력에 헌신했으며, 혁명의 와중에 자행되는 불가피한 폭력이라 하더라도 그것은 정부가 저지르는 폭력만큼이나 억압적인 행위라고 보았다. 고드윈은 무력이 이성을 대신하지 못하며, 항거자가 도덕적인 설득을 할 수 있는 모든 노력을 기울여 본 후 최후의 수단으로 (정의로운 인간이 어쩔 수 없이 최후의 의지처로 간주하는) 폭력을 고려해야 마땅하다고 주장했다. 또한 톨스토이 역시 항거자가 타인들에게 아나키즘의 정견이 지닌 타당성을 설득하기 위해 비폭력에 의존해야 한다고 보았다. 그러나 톨스토이는 권력자에 대해 대중이 소극적으로 저항하는 것 정도는 인정했다. 톨스토이 부류의 비폭력 아나키스트는 불의한 권력 앞에서 군복무, 배심원 의무, 납세를 거부할 것이다. 또한 비폭력 아나키스트는 국가와 비타협적인 자세를 고수할 것이다.

그러나 바쿠닌은 (심지어 온건했던 크로포트킨조차) 폭력이 권력에 맞서기 위해 (바람직하지는 않지만) 필요한 수단이라고 믿었다. 이들은 다양한 형태의 폭력을 구분한다. 사보타주(태업)와 파업은 재산에 대한 폭력으로 볼 수 있다. 자본가들이 주장하는 재산권이 불법적인 주장이므로 재산을 파괴하는 행동이나, 재산의 사용을 방해하는 행동은 부당하지 않다는 말이다. 그러나 무고한 사람의 죽음을 초래하는 폭력 행위는 아주 어려운 도덕적 쟁점을 제기한다. 모든 생명에는 내재적인 가치가 있기 때문이다. 아나키스트에 따르면 설령 폭력이 사용된 결과 사람의 생명이 희생된다 하더라도, 그 희생으로 얻는 선이 악보다 더 크다면, 폭력은 간혹 허용될 수도 있다고 한다. 예를 들어, 정치 암살의 대상자가 수많은 시민들에 대해 테러와 폭력과 죽음을 가져오는 정책을 시행하고 있다면, 그런 사람을 살해하는 것이 정당화될 수 있지 않겠는가?

아나키스트가 폭력 사용을 정당화하는 방식에는 여러 가지가 있다. 첫째, 억압하는 권력에 의해 오랜 세월 동안 지배받아 온 사람들에게는 폭력 사용이 일종의 해방적 행위일 수 있다. 피지배 계층이 무기를 들 때 그들은 자신의 쇠고랑을 풀어 버리고, 용기 있게 자기실현을 위한 행동을 수행할 수 있게 된다. 둘째, 폭력을 수단으로 억압자들에게 대항하면 갈등이 첨예화된다. 폭력으로 도발을 당한 억압자는 과잉 반응을 보이게 되고, 항거자가 원래 사용한 폭력보다 훨씬 더 큰 폭력을 사용할 가능성이 있다. 억압자가 이런 식으로 과잉 반응을 나타내면 중립적인 태도를 취하던 일반 대중도 당국의 과잉 진압에 분노하면서 항거자의 편을 들게 될 것이다. 셋째, 폭력적인 파괴는 단순히 끊임없이 계속되는 삶과 죽음의 자연적 과정의 일부로 이해될 수도 있다. 폭력은 자연계에서 새로운 갱신이 일어나기 위해 필요한 하나의 자연적인 과정일 수도 있다는 말이다.

아나키스트는 전통적인 권력자가 항거자들을 탄압하기 위해 강압적인 권력을 활용할 것임을 잘 알고 있다. 그러나 아나키스트는 그런 억압이 도덕적으로 부당하다고 믿는다. 아나키스트를 탄압하더라도 그것은 전통 사회의 특징인 억압과 지배를 계속할 뿐, 궁극적인 해결책이 되지는 못한다는 말이다.

5
공산주의

...

정통 마르크스주의에서 이탈하여 혁명을 창출한다

아나키즘의 '흑기'Black Flag와 공산주의의 '적기'Red Flag는 1917~21년에 일어난 러시아혁명과 내전 기간 내내 협력하는 한편 경쟁하는 관계에 있었다. 이 시기가 지난 후 아나키즘이 아닌 공산주의가 승리하면서, 공산주의가 20세기를 통틀어 좌파의 주도적인 정치철학이 되었다.

공산주의는, 마르크스주의와 마찬가지로, 혁명적 변화가 필요하다고 믿는다. 그러나 공산주의는, 정통 마르크스주의와 달리, 경제·역사적 조건이 무르익었거나 무산계급의 의식이 완전히 성장했을 때에만 혁명적 변화가 일어날 수 있다고 보지 않는다. 그 대신 정치적인 능력이 탁월한 혁명가들이 혁명적 변화를 추동할 수 있다고 생각한다. 이렇게 되면 인간의 행위 주체에 의해 변화가 가능하다는 말이 되므로 공산주의자는 다음과 같은 질문을 하게 된다. 어떻게 하면 우리가 효과적으로 (전 세계 인민을 공산주의의 방향으로 움직이게 할) 혁명을 일으킬 수 있을 것인가? 20세기 내내 공산주의는 갖가지 전략을 동원했는데, 그 전략들은 각각 혁명적 변화가 시작된 개별 사회의 독특한 상황을 반영하는 것이었다.

20세기 초 제정러시아에서 레닌이 변화를 위해 취한 전략은 비교적 소규모의 지하 전문 직업 운동가로 이루어지고 규율이 확고한 볼셰비키당을 조직하고 훈련하는 것이었다. 이 조직은 무산계급이 이끈 것이 아니라, 무산계급의 이해관계를 잘 알고 혁명에서 요구되는 바를 잘 이해하고 있던, (레닌 자신과 같은) 중산층 지식인들이 이끌었다. 볼셰비키당은 적이 쇠약해진 틈을 타서 쿠데타를 일으켰다. 거사가 성공한 후 볼셰비키당은 권력을 집중화하고, 국가와 경제와 사회를 당이 철저히 장악하는 방식을 통해 자본주의에서 공산주의로의 전환을 시도했다.

마오쩌둥은 1920년대부터 시작된 장기간의 투쟁 시기에 중국을 변화시키기 위해 러시아와는 또 다른 전략을 채택했다. 그 결과 공산당이 1949년 중국의 지배 권력을 쟁취할 수 있었다. 첫째, 마오쩌둥은 농민이 혁명에 매우 중대한 역할을 할 것이라고 강조했다. 마오쩌둥의 혁명적 교의는, 농민이 아닌 도시 무산계급이 혁명을 주도할 것으로 보았던 마르크스의 논점과는 분명 다른 것이었다. 하지만 마오쩌둥은 중국의 경우 발전한 무산계급이 없다는 사실을 직시하고 있었다. 중국에는 그 대신 오랜 세월 동안 수탈의 대상이 되어 온 수많은 농민들이 존재하고 있었다. 마오쩌둥은 농민들이 본성상 선량하고, 자기희생적이며, 용기와 기민함을 겸비하고 있다는 사실을 인식했으며, 따라서 농민들이야말로 공산당의 지도를 받아 혁명에서 주요한 역할을 할 만한 동기를 갖추고 있다고 보았다.

둘째, 마오쩌둥은 지배를 당하고 있는 나라에서는 게릴라전이 혁명 투쟁의 적절한 수단이라고 믿었다. 레닌이 소규모의 규율 잡힌 혁명당을 이끌어 쿠데타를 통해 권력을 잡았던 반면, 마오쩌둥의 게릴라 전법에서는 장기적인 대중 투쟁, 현지 농민들의 대거 참여, 제국주의 적군과 자국 내 권위주의 정권에 대한 수많은 불시 기습 투쟁을 활용했다. 게릴라전은 군사적 요소와 사회적 요소를 모두 갖추고 있었다. 마오쩌둥은 "권력은 총구에서 나온다"라는 점을 강조하고 게릴라 전사들에게 기동력을 갖추어 승리를 확신할 수 있을 때에만 직접 교전에 참가하라고 가르치는 등 군사적 효과의 극대화가 중요하다는 사실을 보여주었다. 또한 마오쩌둥은 공산당 지도부가 농민들과 폭넓은 사회적 연결망을 조직하고, (농민들의 신뢰를 얻어) 농민들이 게릴라 전사들에게 요긴한 정보·식량·인력·은닉처를 제공할 수 있게 하는 등 게릴라전에서 승리하려면 현지 대중의 지원과 협력이 중요하다는 사실을 입증했다.[18]

마오쩌둥의 인민전쟁론people's war 교의는, 중국과 비슷한 특징을 지녔던 (베트남이나 캄보디아 같은) 여타 저개발국들에도 보급되었다.[19] 인민전쟁론을 다른 피식민 국가들에 전한다는 발상은 두 가지 목적을 염두에 두고 있었다. 첫째, 전 세계의 자본주의 및 제국주의 체제에 타격을 입힐 수 있다. 둘째, 저개발국가라도 공산 사회로 곧바로 '약진'할 수 있음을 보여 주면 마르크스가 공산 사회로 가기 위해 필요하다고 생각했던 토착 자본주의 단계를 건너뛸 수 있다.

마오쩌둥의 혁명 전략은 카스트로와 게바라에 의해 수정·채택되었다. 이들은 마오쩌둥에서 한 걸음 더 나아가, 공산혁명을 라틴아메리카와 아프리카 및 여타 개도국에 수출하기 위해 쿠바 혁명 모델을 발전시켰다. 쿠바 혁명 모델의 현저한 특징은 공산당의 역할을 비교적 덜 강조했다는 점이다. 카스트로는 1959년 대중 봉기를 통해 쿠바에서 권력을 장악했으며, 쿠바를 통치하거나 여타 지역에 공산혁명을 수출하면서 공산당에 의존하지 않았다. 게바라는 서구의 지배에 저항하는 투쟁에서는 공산주의자들이 "하나로 결속된 반제국주의 전선" 내에서 활동해야 한다고 주장했지만,[20] 중앙 집중화된 공산당이 이 과정을 관할해서는 안 된다고 보았다. 공산당의 조직 형태가 지나치게 분명하면 권위주의 정부의 가혹한 탄압 대상이 되기 쉽기 때문이었다. 그 대신 혁명가들은 자발적이고 유동적이며 독자적이고 분권화된 수많은 작은 집단들로 조직되어 적에 대항하여 게릴라전을 펼쳐야 한다고 했다. 카스트로에 따르면, 혁명에 대해 이런 식으로 분권화된 접근이 '양키 제국주의자'들을 무너뜨리는 데 더 효과적일 뿐만 아니라, 혁명이 성공한 후 혁명가들이 민주주의 원칙에서 멀어지지 않도록 미연에 방지하는 역할을 한다고 했다.

서유럽의 경우 20세기 동안 마르크스나 레닌의 모델에 따른 혁명적 변화의 가능성이 점차 희박해졌다. 안토니오 그람시는 이런 상황에서 새로운 혁명 전략을 발전시키는 데 가장 중요한 설명을 제공했던 공산주의 이론가였다. 그람시에 따르면, 부르주아적 헤게모니 bourgeois hegemony로 말미암아 대중에 기반을 둔 혁명이 발생할 가능성이 적어졌다. "부르주아적 헤게모니"란 사회화 과정, 교육제도, 커뮤니케이션 수단 등의 영향으로 서유럽인들이 부르주아의 가치인 자유민주주의와 자본주의를 지나치게 깊숙이 내면화했다는 것을 의미한다. 그 결과, 자본가들은 강압을 쓸 필요가 없고 대중의 동의에 의해 지배할 수 있게 되었다. 대다수 시민들이 부르주아의 자유주의 이념을 철두철미 신봉하기 때문이었다. 또한 그람시는 공산당이 전위 세력으로 활동하면서 무산계급을 대신하여 혁명을 고 창출創出하는 것이 별 효과가 없고 심지어 위험하다고 생각했다. 레닌과 스탈린의 과격한 혁명 전략으로 말미암아 서유럽인들은 혁명 전위 세력이 성공하면 혁명 이전만큼이나 억압과 궁핍이 올 수도 있음을 두려워했다. 그 결과, 자본주의를 타도하고 민주사회주의 국가를 건설하려면 '정치혁명'political revolution 이전에 우선 이념 혁명ideological revolution이 선행되어야 했다. 사람들이 시민사회의 완만한 개혁 과정을 통해 먼저 부르주아적 헤게모니에서 자유로워져야 한다는 말이었다. 그람시는 이런 식의 이론화 작업을 통해 사회의 '경제적 하부구조'economic infrastructure가 '이념적 상부구조'ideological superstructure를 완전히 좌지우지한다는 정통 마르크스주의 주장을 수정했던 것이다. 그는 한 사회의 주도적인 이념은, 경제적 영향력과 어느 정도 분리해 존재하고, 그런 주도적 이념을 시민사회의 기존 제도들 내에서 활동하는 공산주의자들이 변화시킬 수 있다고 주장했다. 따라서 그람시는 공산당에 새로운 역할을 부여한 셈이었다. 즉, 자본주의사회의 불의와 결함을 사람들에게 가르치고, 기존 제도들의 방향성을 수정하는 역할을 준 것이다. 예를 들어, 지방자치 정치에 적극적으로 참여해서 시민들의 이익을 위협하는 경제 발전 정책을 막을 수 있다. 또한 직장 민주주의를 실천하게 하고, 빈곤층을 위해 종교가 발언하게 하며, 자본주의의 해악에 대해 새로운 방식의 문화적 표현을 권장할 수도 있다. 이런 활동에 가담하면서 공산주의자는 정치혁명 이전에 사람들의 신념과 가치관부터 변화시킬 수 있다는 희망을 품게 되었다.[21] 그람시의 사상은, 혁명이 아닌 대중 설득과 선거 승리를 통해 권력 획득을 모색하던 유럽 전역의 공산주의 세력에 큰 영향을 미쳤다. 이런 움직임이 냉전 종식 이전에 유로코뮤니즘Eurocommunism(유럽 공산주의)을 출현시켰으며, 유럽 공산주의는 공산주의 혁명의 원조들보다 오히려 민주사회주의와 더 근접하게 되었던 것이다. 1990년 이후 대다수 유럽 공산주의 계열 정당들은 공산주의적 표현을 거의 쓰지 않게 되었고, 영향력도 과거에 비해 많이 줄어들었다.

6
파시즘과 나치즘
...
일정한 보수적 가치를 향한 혁명적 변화

파시즘과 나치즘은 1920년대와 1930년대의 심각한 정치·사회문제의 맥락에서 출현한 혁명적 이념이다. 파시스트와 나치는 당시의 정치·사회문제를 해결하기 위해 즉각적이고, 광범위하며, 흔히 폭력적인 행동이 필요하다고 보았다. 파시즘과 나치즘은 이론적 고찰, 완만한 정책 변화, 기존의 사회 관습과 제도의 보존 등에는 별 관심이 없었고, 혁명적 행동의 필요성을 강조했다. 이들은 자유주의 정부와 보수주의 정부를 모두 타도했다. 이들은 사회의 흐름을 동질적으로 만들고 국가를 강화하기 위해, (그들이 보기에 사회를 분열시키고 약화한) 민주주의·사회주의·공산주의의 요소들을 제거하려고 했다.

나치즘은 시민들을 완전히 탈바꿈하려는 의도를 지녔다는 점에서 파시즘보다 더 혁명적이었다. 나치즘은 우생학과 '열등한' 인종적 특성을 지닌 인간을 제거하면 새로운 초인적 인간종 — 아리아 종족의 사람들 — 이 출현할 것으로 믿었다.

나치즘과 파시즘은 혁명적 사상이긴 하지만 흔히 좌우의 이념 지표에서 전통적 보수주의보다 더 오른쪽에 위치한다. 그러므로 좌우 이념을 구분할 때, 변화를 많이 바라면 좌파이고 적게 바라면 우파라고 할 수는 없다는 점을 고려해야 한다. 왜냐하면 전통적 보수주의는 변화를 바라지 않고 현 상태를 고수하는 데에만 관심이 있지만, 그보다 더 오른쪽에 있는 파시즘과 나치즘은 변화를 추구하는 열성에서만큼은 극좌파에 못지않기 때문이다. 그러므로 파시즘과 나치즘을 '극우파 혁명 이념'으로 규정할 수 있는 이유는, 그들이 추구하는 변화의 내용이 극우적이기 때문이다. 이들은 개인의 권리와 자유를 엄격하게 통제하면서, 집단의 강화를 극히 중시했다. 이들은 위계적인 질서사회의 이점을 강조했고, 권력과 특권의 평등주의적 분배를 반대했다. 이런 특징 때문에 일부 보수정당과 보수 정치인들이 나치즘과 파시즘에 대해 어느 정도 공감했으며, 심지어 파시즘과 나치즘이 권력을 쟁취하는 과정에서 그들을 돕기도 했다. 독일 바이마르공화국의 보수주의자들은 자유민주주의를 차단하는 데 결정적인 역할을 했으며, 나치의 권력 장악을 적극적으로 지원했다. 마찬가지로 이탈리아의 보수주의자들은 무솔리니가 볼셰비키와 사회주의자의 위협에 맞서는 대항마의 가치가 있다고 보았으며, 1922년 국왕이 무솔리니를 총리로 임명한 것을 수용했다.● 그러나 막상 파시즘과 나치즘이 권좌에 오른 후, 보수주의자들은 오래지 않아 자신들이 도와 권좌에 앉힌 세력이 상상했던 것보다 훨씬 더 과격한 변화를 추구하는 정치 세력임을 깨닫게 되었다.

오늘날 많은 나라에서 네오파시즘neo-Fascism이나 네오나치즘neo-Nazism 세력이 발호하고 있으며, 이 세력들은 사회질서를 어지럽히고 폭력적인 가두 무력시위를 한다든가, 정당을 결성해서 사회에 불만이 많은 소수의 유권자들에게 호소력을 발휘하고 있다. 네오파시즘과 네오나치즘이 조만간 권좌에 다시 오를 가능성은 희박하지만, 이들은 세상에 자신의 존재를 알릴 수 있는 여러 방법들 ― 예컨대, 인터넷상에서 자기주장을 확산하는 등의 방법 ― 을 고안했다. 이들의 활동은 다원적 사회 내의 수많은 파시즘·나치즘 반대 세력들에 의해 면밀한 주시 대상이 되고 있다.

● 1922년 10월 28일 이탈리아의 국왕 빅토르 엠마누엘 3세가 로마로 행진해 들어온 무솔리니의 요구에 굴복하여 그를 이탈리아의 40번째 총리로 지명한 사건.

7
현대 자유주의
...
근본적 변화를 점진적으로 달성한다

현대 자유주의에서는 다음과 같은 문제, 예컨대 경제적 문제, 사회적 불의, 부실한 국정 운영 등의 문제를 해소하기 위해 흔히 변화가 필요하다고 믿는다. 고전적 자유주의에서는 시장경제에서 '보이지 않는 손'이 작용하므로 개인의 자기 이익 추구 활동을 사회 진보로 승화할 수 있다고 주장했지만, 현대 자유주의에서는 집합적인 민주적 과정을 통해 사회 진보를 가장 잘 달성할 수 있을 것으로 믿는다. 현대 자유주의자는 고전적 자유주의자보다 훨씬 더 강하게 인간의 미래가 사회적으로 구성되어야 한다고 생각한다. 현대 자유주의자는, 기존 사회문제들을 해소하고 미래의 사회 목표에 대해 심사숙고하기 위해 정치제도들이 토의의 장을 제공해야 하고, 국가권력을 동원하여 사회에 도움이 되는 변화를 추동해야 한다고 믿는다.[22]

적어도 서구 민주 사회에서 살고 있는 현대 자유주의자는 변화를 위해 혁명이 반드시 필요하다고는 생각하지 않는다. 변화를 추구하더라도 민주 사회의 기본적인 경제·정치·사회제도들을 유지하는 것이 좋다고 생각한다. 소규모 가족이 경영하던 가내공업이 대기업으로 발전했을 수도 있고, 최소주의 야경국가가 강력한 거대 국가로 탈바꿈했을 수도 있으며, 사회구조가 예전보다 다양하고 복합적으로 변했을 수는 있지만, 근대화의 이런 변화상들은 크게 보아 이로운 것이었다고 본다. 이런 변화의 와중에서 문제가 발생하기도 하고, 그 문제들을 해결해야 할 필요가 생기기도 하지만, 민주 사회의 기본적 구조 자체는 인정할 수 있다는 뜻이다.

만일 현대 자유주의자가 혁명적인 변화를 원하는 경우가 있다면, 그것은 비자유주의적 사회를 변화시키고자 할 때이다. 따라서 동유럽의 권위주의적 공산 사회가 시장경제와 민주 정부에 의해 대체되었을 때 서구의 현대 자유주의자들은 그런 혁명적 변화를 (설령 그것이 아무리 불완전할지라도) 열렬히 환영했다. 마찬가지로 현대 자유주의자는 이라크·북한·중국과 같은 지역에서 자유민주주의 체제가 출현하기를 기대한다. 그럼에도 현대 자유주의자는 비자유주의 사회에서의 혁명적 변화를 지지할 때조차 신중한 자세를 견지한다. 저개발국가에 자유주의 제도를 이식할 때 그런 사회의 특유한 문화가 상실될 수 있기 때문이다. 자유주의자는 자유주의 사회가 아닌 곳의 국민과 사회가 (자유주의 사회에서는 당연한 것으로 취급되는 물질주의·개인주의와는 상이한) 자체적인 목표와 삶의 양식을 가질 수 있음을 인정한다.

현대 자유주의자는 간혹 변혁적 개혁transformative reforms을 통한 사회 진보를 추구한다. 변혁적 개혁이란 사회의 기본 제도들은 유지하면서도 사회적 삶의 양상을 크게 변화시키는 것을 말한다. 예를 들어, 제정러시아의 알렉산더 2세가 농노를 해방했고, 미국의 링컨이 흑인 노예를 해방했지만, 그런 변혁적 개혁은 기존의 정치제도를 완전히 변화시키려 했다기보다 그것을 유지하려는 목적에서 비롯된 측면이 크다.[23] 20세기 들어 이런 변혁적 개혁의 대표적인 사례를 든다면 미국의 '뉴딜'과 '위대한 사회' 정책일 것이다. 뉴딜 정책은 자본주의를 보존하고 기존의 국가제도를 활용하려는 목표를 지닌 조치였지만, 노사 관계의 협상력을 대등하게 하고, 경제적 궁핍을 해결하기 위해 연방 정부의 역할을 확대했던 것이다. '위대한 사회' 정책 역시 기본적인 경제·정치제도를 유지하면서도 공민권 및 경제적 구제 관련 법률의 제정을 통해 인종 관계와 계급 관계에서 크나큰 변화를 가져 왔다.[24] 보수주의자는 이런 개혁 조치가 성공을 거두지 못했다고 주장하지만, 자유주의자는 변혁적 개혁 정책 덕분에 중차대한 사회 진보가 일어났다고 반박한다. 예를 들어, 존 슈워츠John Schwarz는 '위대한 사회' 정책이 빈곤을 대폭 줄이고, 미국인의 영양 상태를 향상했으며, 열악하고 비좁은 주거 환경을 개선했고, 빈곤 계층 아동의 교육 기회를 확대했으며, 공해를 줄이고, 미국 시민들에 대해 세금 부담을 (계속 늘어난 수입에 대한 비율로 측정했을 때) 크게 늘리지 않으면서 이런 정책 목표를 달성하는 데 성공했다고 지적한다.[25]

이런 식의 변혁적 개혁이 중요한 성과를 내긴 했지만 현대 자유주의자는 아마 점진적 변화에 더욱 관심이 많을 것이다. 대다수 영역에서 사회 진보가 수많은 소규모 개선책을 통해 일어난다는 점을 잘 알고 있기 때문이다. 냉전 종식 후 국제정치에서 엄청난 변화가 왔을 때에도 자유주의 정치인들은 국방 예산을 즉각 삭감하고 이를 국내 정책 예산으로 돌리자고 주장하지 않았다. 오히려 이들은 클린턴 행정부 당시 국방비 지출을 점진적으로 줄여 나갔다. 현대 자유주의자가 소규모의 점진적 변화를 선호하는 이유를 몇 가지로 설명할 수 있다. 첫째, 점진주의incrementalism는 극심한 사회적 혼란을 피할 수 있게 해준다. 예를 들어, 군 병력을 서서히 줄여 나가면 실직한 직업군인들이 사회로 쏟아져 나오는 사태를 방지할 수 있고, 군부대의 지출에 의존하는 지역사회의 경제에 큰 타격이 오는 것을 막을 수도 있다. 둘째, 점진주의는 대규모 개혁 조치보다 정치적으로 위험이 적다. 서서히 변화를 추구하면 상충하는 여러 이해관계를 좀 더 용이하게 절충할 수 있기 때문이다. 셋째, 점진주의를 추구하면 문제에 대한 교정적 대처가 가능하다. 개혁 조치를 이행하다 보면 예상치 못했던 문제가 발생할 수 있지만, 점진주의를 실천하면 그런 문제에 대한 대처가 쉽고, 심지어 정책을 번복하는 것도 가능하다.[26] 1990년대에 국방예산이 점진적으로 감축되었으므로 9·11 사태와 같은 새로운 상황 전개에 대해 큰 문제없이 대처할 수 있었으며, 사회에 큰 충격을 가하지 않으면서 군비 감축 정책을 번복해 다시 국방예산을 늘릴 수 있었던 것이다.

따라서 현대 자유주의에서는 혁명적 정치보다 변혁적 개혁 조치와 점진적 개혁 조치를 통해 사회 진보를 추구해 왔다. 그러나 장기간에 걸친 자유주의 개혁 조치의 효과는 실제로 혁명적일 수 있다고 할 만하다. 시어도어 로위에 따르면 주로 고전적 자유주의 원칙에 기반을 두었던 "제1 아메리카공화국"이 뉴딜 정책 기간에 점차 와해되기 시작해, 오늘날에는 주로 현대 자유주의 원칙에 기반을 둔 "제2 아메리카공화국"으로 결국 대체되었다고 한다.[27] 변화된 예는 다음과 같다. 작은 국가가 강한 국가로 변했다. 자유기업 경제가 규제 경제 및 혼합경제로 변했다. 적어도 몇 개 영역에서 시장 정의가 사회정의에 의해 보완되었다. 권력분립 체제가 행정부 주도의 국가 체제에 압도당했다. 주 정부의 주도권이 중앙정부의 제도들에 자리를 내주었다. 특정 정책 부문에서 영향을 발휘하는 수많은 민간 조직과 공공 조직으로 권력이 폭넓게 분산되었다. 시민들의 권리 역시 엄청나게 늘어났다. 자유주의자는 이런 변화를 열렬히 지지한다. 국가가 시민들의 적극적 자유를 신장해 줄 수 있고, 사회·환경·경제문제를 해결할 수 있으므로 사회 진보가 이룩될 수 있기 때문이다.

    1980년대의 레이건 행정부 시대와, 21세기 초엽의 부시 행정부 시대에 보수주의자들은 현대 자유주의에서 달성해 놓은 많은 정책들을 줄이거나 폐기하려고 노력했다. 권좌를 내놓은 자유주의는 수세에 몰릴 수밖에 없었고, 이전에 성취했던 정책 성과를 유지하기 위한 투쟁을 벌여야 했다. 현대 자유주의자는 사회 상황이 바뀌었음에도 현 상태를 고수하려고만 든다는 비판을 듣지 않기 위해, 공중 보건이나 환경보호와 같은 영역에서 새로운 정책을 제안했지만, 그렇다고 해서 이런 새로운 제안들이 자유주의 노선의 근본적인 변화를 의미하는 것은 아니었다. 그러나 자유주의는 언제나 그 자체의 개혁을 추구하는 노선이기 때문에 오늘날 자유주의는 21세기에 걸맞은, 새롭게 갱신된 자유주의를 형성하려는 노력을 경주하고 있다.[28]

8
현대 보수주의
...
'실패한' 자유주의 정책을 개혁하려 한다

현대 보수주의에서는, 적어도 원칙적으로는 사회의 근본적 변화를 경계한다. 현대 보수주의자는 복잡한 사회조직에 대해 사회공학을 적용할 때 발생할 수 있는 위험과 예기치 못한 결과를 금기시했던 전통적 보수주의 사상의 노선에 충실하다. 그러나 현대 보수주의자는 몇 가지 상호 연관된 방식에 의거하여 전통적 보수주의와는 다른 방식으로 변화를 해석한다. 가장 일반적으로 보자면, 전통적 보수주의만 하더라도 자유주의 및 급진주의가 모색하던 변화로부터 사회를 보호하려고 애쓰던 시대적 사조의 산물이었다. 그러나 현대 보수주의자는 자유주의와 사회주의 정권에 의해 사회가 이미 크게 변화해 버린 시대에 살고 있으므로, 사회 변화 자체에 저항하기보다 반보수주의적 가치에 의거해서 사회를 변화시킨 자유주의적·사회주의적 정책을 변화시키려고 한다.

전통적 보수주의에서는 자유 시장이 보수주의의 가치를 침해할지도 모른다고 우려했지만, 현대 보수주의에서는 자유 시장 경제가 촉진하는 가치 — 개인주의와 사회적 이동 가능성 등 — 를 받아들였다. 자본주의의 역동적·창조적 측면을 예찬하는 현대 보수주의자들이 많으므로, 현대 보수주의에서는 정부의 강한 규제로부터 시장을 자유롭게 해방시키려는 정책 노선을 추구해 왔다.

또한 전통적 보수주의에서는 국가가 경제에 광범위한 변화를 가하면 사회의 기존 질서가 훼손된다고 생각했던 반면, 현대 보수주의자는 국가가 시장에 개입했던 이전의 개혁 정책을 국가의 힘을 빌려 다시 되돌릴 수 있다고 생각하며, 국가가 그런 식의 탈규제 정책을 적극적으로 추진하더라도 예상치 못한 결과나 해로운 결과를 초래하지 않고 효과적으로 경제를 운용할 수 있다고 확신한다. 1980년대에 영국과 미국에서 현대 보수주의 정권이 들어섰고, 이들은 그 기회를 이용하여 자유주의 및 사회주의 개혁으로 이루어 놓은 사회 변화를 역전하려고 했다. 영국의 보수주의 정권은 사회주의적 정책이 오랫동안 시행되고 있었음에도 브리티시 페트롤륨과 같은 기업을 재민영화하고, 공영주택을 대거 매각했다. 미국의 보수주의 정권은 이미 50~90년 가까이 걸쳐 정부 규제의 제도 틀 내에서 운용되어 오던 수많은 기업들을 탈규제 조치를 통해 해방했다.

전통적 보수주의와 비교하여 현대 보수주의는 광범위한 규모의 개혁 조치와, 각양각색의 예기치 못한 결과를 초래할 수도 있는 개혁 조치를 과감하게 추진해 왔다. 예를 들어, 로널드 레이건은 1980년대에 시민들이 은퇴한 후 자기 스스로 연금 프로그램을 선택할 권리를 침해하는 사회보장제도를 철폐해야 한다고 주장했다. 조지 W. 부시는 초선 당시 사회보장제도 내에서 개인별 적립 계좌

personalized account 프로그램을 허용해야 한다고 주장했으나, 그런 조치가 급격한 변화를 초래하고 고령자들을 심각한 위험에 빠뜨릴 것이라고 우려한 수많은 사람들 ― 일부 보수주의자들을 포함했다 ― 의 반대에 봉착하여 주장을 철회한 바 있다. 그리고 보수주의자는 일반적으로 공교육 부문에 바우처 제도를 도입하는 것을 지지해 왔다. 지금보다 더욱 시장적인 바탕 위에서 교육을 제공한다면 교육제도, 그리고 더 나아가 사회 전반을 극적으로 변화시킬 수 있다고 믿기 때문이다. 그러나 보수주의에서 주창했던 전반적인 학교 선택 프로그램이 성공적으로 시행되지 못했기 때문에, 그런 정책에 의한 예기치 못한 결과 역시 ― 물론 지역 공립학교의 역할이 줄어들면 동네 주민들이 느끼던 지역공동체의 유대감이 줄어들 것이라고 예상할 수는 있었다 ― 미지의 영역에 남게 되었다.

자유주의 정책을 통해 오랫동안 시행되어 오던 프로그램들을 조지 W. 부시가 일거에 철폐하려 했기 때문에, 부시를 '급진적 보수주의자'radical conservative라고 부르는 분석가도 나타났다. 예를 들어, 조너선 라우치Jonathan Rouch는 부시 행정부가 변화 지향적 보수주의에 대한 의지가 강하고, 공화당의 면모를 일신해 근본적 변화를 추구하는 정당으로 탈바꿈하려는 의지가 확고했다고 말한다.[29] 이런 관점에서 봤을 때 현대 보수주의는 자유주의 복지국가에서 발전한 사회 현실을 전반적으로 개조하려는 이념이라고 할 수 있다. 현대 보수주의자는 끝없는 개혁을 감행하고, 특수 이익집단에 도움이 되는 프로그램들 ― 예컨대, 소수집단에 도움이 되는 적극적 차별 시정 조치, 노동운동을 인정하는 단체협약 제도, 빈곤층의 무책임한 행동을 용인하는 복지 정책 등 ― 을 철폐하려고 한다. 보수주의자는 이런 변화를 추구하면서, 불완전한 현 상태를 고수하려고 애쓰는 '수구 세력'이 (보수주의가 아니라) 오히려 자유주의라는 점을 드러내고자 한다.

그러므로 현대 보수주의는 고전적 보수주의보다 변화를 훨씬 더 친밀하게 느낀다고 말할 수 있다. 그러나 보수주의자는 모든 변화에 찬성하는 것이 아니다. 예를 들어, 사회주의 및 자유주의 사회공학자들이 모색하는 평등주의 개혁과 같은 정책에 대해서는 절대 찬성하지 않는다. 현대 보수주의자는 특히 (시민들이 변화 필요성에 대해 스스로 찬성하기도 전에 시민들의 행동 변화를 먼저 요구하는)

자유주의 개혁에 대해 거부감을 드러낸다. 보수주의자 가운데도, 조지 W. 부시가 추구했던 수많은 개혁 조치에 (이런 식의 개혁 조치가 빚을 사회 불안정에 대해) 불안을 느낀 사람들이 많았다. 현대 보수주의자는 자본주의가 몰고 온 역동적인 변화를 통상 수긍하는 편이지만, 국가가 광범위한 변화를 (그 변화가 자유주의 개혁가들이 초래한 손실을 회복할 목적으로 제시된 것이 아닌 한) 직접 주도해서는 안 된다고 생각한다.

9
급진적 우파
...
불평등이 늘어나더라도 거대한 변화를 추구한다

급진적 우파에 속한 많은 목소리들은 현대 보수주의보다도 더 열렬하게 20세기 들어 자유주의 및 사회주의 정권에서 일어났던 수많은 사회 변화들을 제자리에 돌려놓으려고 한다. 사회적 보수주의자와 전통적 공동체주의자는 전 사회가 (자기들이 보기에 수백 년까지는 아니라도 적어도 지난 수십 년 동안 무시되어 온) 전통 가치로 회귀해야 한다고 강조한다. 종교적 우파는 자유주의에서 소중히 여기는 과학적 진보의 성과에 의문을 제기한다. 국수주의자는 지구화의 영향력으로부터 자국 경제를 보호하려고 노력한다. 그러나 자유 지상주의자와 지구화론자는 이런 반동적인 사상에 찬성하지 않는다. 이들은 개인의 자유, 특히 경제 영역에서의 자유를 더욱더 철저하게 보장해야 하고, 그랬을 때 비로소 (통제된 경제권에서보다) 삶의 물질적인 수준이 더 빠르게 향상될 수 있다고 믿는다. 이 절에서는 우선 반동적인 견해들을 소개한 후, 변화에 대해 지구화론자가 가진 견해를 살펴보고자 한다.

반동적 목소리들은 정치에서 철저한 변화를 원하지만 자신의 행동을 이끌어 줄 역사적 사례를 전향적으로 찾는 것이 아니라 퇴행적으로 찾는다. 사회·문화·종교적 보수주의자는 오늘날의 다문화주의, 과학 정신, 세속주의 등을 그릇된 사조로 취급한다. 이런 풍조로 사람들이 (삶에 의미를 부여하고 방향을 제시해 주는) 전통적인 가치와 사회구조로부터 뿌리 뽑힌 존재가 되었다는 말이다. 인간은 전통 규범과 종교적 신앙에 내재된 '좋은 삶'을 지향할 때 삶의 중요한 가치를 획득할 수 있으므로 성숙한 존재로 승화될 수 있다고 한다. 급진적 우파는 자신들이 반동적이라고 여기지 않는다. 사람들을 전통적이고 종교적인 삶의 양식 속에서 살아가게 해주는 사회적 변화가 있다면 그것은 고귀하고 달성 가능한 목표이지, 결코 퇴행적인 움직임이 아니라고 보기 때문이다. 이런 긍정적 변화를 통해, 우리로 하여금 미지의 세계에서 헛된 이상을 찾아 헤매게 만든 풍조를 바로잡을 수 있다고 한다.

그런데 급진적 우파 내의 이런 반동적 목소리들은 주로 다원적 정치 내에서 자신이 원하는 변화를 추구한다. 이들은 풀뿌리 차원의 사회운동, 라디오 토크쇼, 텔레비전, 인터넷 등을 통해 유권자들을 동원해 왔다. 이런 활동은 주로 사회적 쟁점에 대한 입장이 자신들과 같은 후보를 지원한다거나, 이런 쟁점들을 직접 해결하기 위한 주민 투표를 실시하려는 목표를 띤다. 이들은 대중의 지원을 끌어내기 위해 사람들에게 공포를 불어넣는다. 문화적 보수주의자는 대규모 이민과 다문화주의가 사회적 유대를 약화하고 (국제정치에서) 국력을 쇠퇴하는 결과를 가졌으리라고 역설한다. 사회적 보수주의자는 페미니즘과 동성애 권리 운동이 전통적 가족제도를 와해할 것이라고 강조한다. 전통적 공동체주의자는 개인의 권리를 지나치게 강조하면 사람들이 공동체에 대해 가져야 할 책임을 망각할 우려가 있다고 주장한다. 종교적 우파는 종교와 도덕의 문제에서 국가가 중립을 유지하면 신의 존재를 믿지 않는 문화가 형성되어, 세상의 죄와 악덕이 늘어날 것이라고 우려한다. 국수주의자는 지구화로 말미암아 (기업체들이 노동력을 저렴하게 구할 수 있는 사업체를 이전하므로) 경제적 쇠퇴와 궁핍이 가중될 것이라고 강조한다.

대다수 다원적 사회에서 이런 급진적 우파 세력이 집권에 성공한 경우는 드물다. 하지만 이들은 집권당 — 예를 들어 미국의 공화당 — 내에서 중요한 세력이나, 다당 연합의 중요한 구성원으로 대접받기에 충분한 영향력을 확보했다. 그런데 급진적 우파의 목표가 이 연합 세력들보다 훨씬 더 급진적이기 때문에, 통상적인 다원적 정치 및 과거 한때의 동맹 세력에 대해 환멸을 느끼기 쉽다. 예를 들어, 종교적 우파의 지도자들은 종종 선거 정치 현실로부터 물러나 (문화적 회복을 설교하는 과업에 치중할 수 있는) 시민사회 내의 조직으로 남겠다고 주장하기도 한다. 이들은 다원적 정치에 참여하지 않으면 자신의 입장을 오히려 견결하게 유지할 수 있고, (순수하게 급진적인 목표로부터 온건 보수주의자를 멀어지게 하는) 타협을 피할 수도 있다고 생각한다.

그러나 '반동적'이라는 표현은 네오콘, 자유 지상주의자, 지구화론자의 지향과는 거리가 멀다. 예를 들어, 네오콘은 세계 도처에 민주주의를 확산하기 위해 (필요하다면 무력을 써서라도) 국제 질서를 대대적으로 개편하고 싶어 한다. 이렇게 해서 민주주의가 뿌리를 내린 나라는 향후 미국의 든든한 우방이 될 수 있다는 계산에서다.

자유 지상주의자는 동성애자와 여성 및 각종 대항문화적 삶의 양식을 추구하는 사람들의 사회적 자유를 가장 강력하게 지지한다. 자유 지상주의는 사회적 쟁점에 대한 입장 때문에 우파 정당들과는 거리가 멀지만, 재산권을 확고하게 지지한다는 점에서 좌파 정당들과도 거리가 멀다. 이런 이유로 자유 지상주의자가 자신만의 정당을 별도로 결성하는 경우도 있다. 현재까지 자유 지상주의 정당이 다원적 사회 내에서 실제로 통치에 참여할 수 있을 만큼 다수 유권자의 지지를 받아 본 적이 없으므로, 이들은 정당을 통해 정권을 쟁취하기보다 일반 대중에게 전통적 도덕률과 강력한 국가 모두가 사람을 불필요하게 억압한다는 점을 계몽하는 데 주력하고 있다.

지구화론은 현 상태를 고수하는 입장과 혁명적인 시각 모두를 포괄하는 사상이라 할 수 있다. 한편으로, 지구화론은 현대 세계의 상당수 국가들에서 실제로 공공적 통치 철학의 위치에 올라 있으므로, 지구화론의 원칙을 옹호한다는 것은 (현재의 권력 구조 및 현재의 부의 분포 상황을 지지하는) 기존의 보수적인 입장에 속한다고 할 수 있다. 지구화론은 더욱 구체적으로 말해 '워싱턴 컨센서스' Washington Consensus로 표현되는데, 이는 현재 서구의 대다수 국가 지도자들, 개도국의 많은 통치자들, 국제기구의 수장들이 받아들이는 사상이다. 이들은 현 세계가 점점 더 민주 자본주의 원칙에 의해 구조가 결정되고, 그 원칙에 따라 통치되고 있다고 믿는다. 이들은 전 세계 정치 공동체들이 지구화론 원칙을 정책 속에 내장하고 있는 한, 현 상태를 유지해야 한다고 믿는다. 또한 이들은 정치 공동체의 특정 정책이 지구화론 원칙으로부터 이탈할 경우, 그 정치 공동체를 지구화론 원칙에 근접한 방향으로 이끄는 개혁을 추구한다.

다른 한편, 마거릿 대처, 로널드 레이건, 미하일 고르바초프, 덩샤오핑 등이 추구했던 지구화의 이상에 힘입어 옛 정치 질서가 붕괴했다는 점을 지적할 수도 있겠다. 냉전 시대만 하더라도 지구화론은 일종의 혁명적 관점이었다고 할 수 있다. 그렇다고 해서 지구화 사상이 대단히 특별한 새로운 사상이라 하기는 어렵다. 지구화론의 대다수 내용들이 고전적 자유주의 및 자유 지상주의 사상에서 이미 뚜렷이 드러나 있었기 때문이다. 또한 지구화론의 주창자들을 '혁명적'이라고 표현하더라도, 그들이 변화를 추구하기 위해 폭력에 의존해야 했다는 뜻은 아니다. 그러나 이 지구화론자들은 옛 공산 정권을 철저히 변화시켜 다원적 사회로 진입시키려 노력했고, 서구 선진국의 통치 방식을 완전히 바꿔 놓았다는 의미에서는 혁명적이었다고 할 수 있다. 요컨대 지구화론의 주된 내용은 '헌 술을 새 병에 담은' 것에 지나지 않고, 지구화론은 이미 과거에 시도된 적이 있는 일반적 내용들을 하나의 사상으로 새롭게 구성해 놓은 것임에도 정치 체제에서 보수적인 행위 주체들에게 더욱 매력적인 사상으로 다가간 측면이 있다. 이런 이유로 지구화론은 역설적으로 혁명적 보수주의revolutionary conservatism를 탄생시킨 것처럼 보인다.

지구화론에서 혁명적인 측면은 지구화가 추동한 정치가 아니라, 지구화로 말미암아 발생한 사회·경제적 변혁이라 할 수 있다. 인터넷과 같은 신기술이 출현하고, 무역 장벽이 줄었으며, 사람들과 사상들이 경계를 허물고 국경선을 넘어 서로 교류하면서, 놀랄 만한 혁신과 변화로 가득 찬 세상에 진입한 것이다. 지구화론자는 이런 변화가 현 질서를 뒤흔들어 놓고 있음을 인정한다. 기존의 산업이 사양길에 접어들면서 사람들이 일자리를 잃고, 과거에는 상상치도 못했던 속도로 다양한 공동체들이 생겨나기도 하고 사라지기도 하기 때문이다. 전 지구적 자본주의 체제 내에서의 엄청난 경쟁, 그리고 지구화된 사회 속에서 인간·자본·재화의 이동이 엄청나게 늘어나자, 이 세계는 토머스 프리드먼이 정확히 지적한 것처럼 "다원주의적 적자생존 원칙의 잔인함"으로 가득한 장이 되었다.[30] 지구화론자는 이런 표현을 두려운 비유라고 보지 않는다. 왜냐하면 지구화가 몰고 오는 변화가 엄청나게 빠를 뿐만 아니라, 인류에게 대단히 유익할 것이라고 보기 때문이다. 이들에 따르면 지구화는 대다수 사람들의 삶의 질을 극적으로 향상한다. 지구화는 경제를 더욱 활성화하고, 삶의 질을 향상하고 수명을 연장하는 혁신 기술에 더 많이 접근할 수 있게 해주며 사회·경제·정치적 자유를 더 많이 부여해 준다고 한다. 과거에는 사람들이 자기가 살던 고장의 테두리에 갇혀 있다시피 했지만, 오늘날 우리는 점점 더 세계를 우리의 손바닥 위에 올려놓고 있다. 자기 집에서 손쉽게 전 세계 통신을 이용하고, 우리가 속한 지역공동체 내에서 타문화권의 사람·사상·상품에 손쉽게 접근하며, 우리가 사는 지역과 나라를 쉽게 벗어나 돌아다닐 수 있기에 전 세계의 여러 미지의 가능성을 탐구해 볼 수 있게 되었다. 이런 식의 경험으로 인간은 그 외연이 대폭 확장되어 과거와는 비교도 할 수 없을 만큼 복합적이고 개명된 존재로 진화하게 되었으며, 그 결과 인류는 더 고등한 진화 단계로 나아가게 될 것이라고 한다. 적어도 지구화론자들은 그렇게 믿고 있다.

10
극단적 우파
...
도덕적으로 확실했던 과거로 돌아간다

극단적 우파는 급진적 우파보다 더욱더 반동적이라는 특징을 지니고 있다. 극단적 우파는 현 사회에 대해 큰 불만을 품고 있으며, 앞으로도 사회가 계속 퇴보할 것이라는 두려움에 사로잡혀 있다. 따라서 극단적 우파는 현재의 추세를 되돌리려면 광범위하고 발본적인 변화가 필요하며, 그런 변화란 바로 과거 한때의 황금기로 되돌아가는 것이라고 본다. 백인 국수주의자는 미국이 건국해 백인이 미국의 운명을 온전히 좌우할 수 있던 당시에 이런 황금기가 잠시 존재했다고 생각한다. 기독교 근본주의자는 사람들이 기독교적 도덕률을 충실히 따른 과거의 경건했던 사회를 그리워한다. 그리고 이슬람 근본주의자는 이슬람이 세계에서 강성한 세력이었던 전근대 시기를 최상의 황금기로 간주한다. 일반적으로 말해, 극단적 우파는 국가적 위용, 문화적 일치, 도덕적 확실성이 지배하던 흘러간 시대를 다시 건설하고 싶어 한다.

극단적 우파는 이런 목표를 어떻게 달성할 수 있을지를 놓고 단일한 관점을 가지고 있지 않다. 폭력적인 수단을 추구하는 세력도 있다. 백인 국수주의자들은 1978년 출간된 윌리엄 피어스의 『터너 일기』에 나오는 백인종과 유색인종 간의 피비린내 나는 투쟁에서 영감을 얻어, '라호와'RAHOWA, racial holy war('인종 간의 성전')라는 개념을 집중적으로 토의하곤 한다. 이슬람에서 말하는 '지하드' 개념 역시 간혹 '성전' — 무슬림은 알라신이 성도들에게 불신자들을 전쟁을 통해 무찌르라고 명했다고 오랫동안 믿어 왔다 — 이라는 식으로 해석되곤 한다. 지하드의 일반적 개념은, 참된 무슬림이 되려면 자기 삶의 모든 측면에서 알라신의 명령에 충실하기 위해 용맹정진해야 한다는 뜻이다. 이슬람은 마호메트와 그 추종자들이 메디나의 유배에서 돌아와 메카의 불신자들 및 우상숭배 통치자들과 전쟁을 벌이면서 형성된 신앙이다. 무슬림 가운데는 오늘날의 상황이 이슬람이 형성된 초기 상황과 흡사하다고 믿는 이들이 많다. 이슬람의 성지를 이교도들이 점령·지배하고 있기 때문이다. 이슬람 근본주의자는 스스로를 알라신이 지상에서 공의公義를 건설하려는 최후의 시도로 여긴다. 따라서 의로운 이슬람 공동체를 지키기 위해 알라신이 폭력을 허용해 주었다고 생각한다. 지하드의 교의에 관해 수많은 토론이 있었고, 미묘한 어의상 차이와 해석 방식을 두고 의견이 다양했는데, 어쨌든 이슬람 근본주의자들이 지하드 개념을 원용하여 (지구화 및 서구의 지배로 야기된 세속적이고 불경한 영향으로부터 이슬람 공동체를 정화하기 위해) 폭력 사용을 정당화한다는 점에는 의문의 여지가 없다.[31] 또한 이들은 지구화된 서구와 피억압 민족들 간에 존재하는 현재의 정치·군사적 권력 분포를 바꿀 수 있다면 테러리즘과 핵무기 사용을 수단으로 활용할 수 있다고 여긴다.

극단적 우파 내의 일부 세력은 이와는 다른 변화의 과정을 전망 — 예컨대, 위대한 지도자 또는 구세주의 인도를 받으며 변화를 추구한다는 식의 전망 — 하기도 한다. 이런 전망을 가진 이들은 카리스마를 지닌 정치 지도자 혹은 신이 내린 예언자가 출현해서 어떤 도덕적 비전을 향해, 그리고 그런 비전을 대행하는 정치권력의 행사를 통해 인간 공동체를 이끌어 갈 것이라고 믿는다. 이런 해석에 따르면 인간 공동체에 필요한 변화를 위해 신이 현세에 직접 개입한다고 한다.

11
급진적 좌파
...
더 많은 민주적 평등을 향한 진화적 발달

급진적 좌파는 현대 자유주의보다 더 철저한 변화를 원한다. 자유주의에서는 국가가 시장의 구체적인 실패 사례만을 교정해야 한다고 보는 반면, 급진적 좌파는 지역사회, 국가, 전 세계 차원에서 각종 민주적 과정들을 동원해 자본주의를 더욱더 통제해야 한다고 본다. 자유주의에서는 사람들 간의 차이점을 서로 용인하자고 주장하는 반면, 급진적 좌파는 사회적 배경이 서로 다른 사람들 간의 진정한 공동체적 유대를 지향해야 한다고 생각한다. 자유주의에서는 사람들 사이에 존재하는 가장 심각한 불평등을 시정하려 하지만, 급진적 좌파는 자유주의가 목표한 대로 심각한 불평등이 제거되었더라도 그 뒤에 남는 일반적인 불평등 역시 거의 대부분 부당하다고 생각한다. 자유주의에서는 더욱 대표성이 있고 시민들의 요구에 더 잘 반응하는 민주적 제도들 및 국정 운영 과정을 모색하지만, 급진적 좌파는 인간 삶의 모든 영역에 민주적 가치와 민주적 과정이 더욱 심층적으로 스며들어야 한다고 생각한다.

급진적 좌파 내의 다양한 목소리들은 각기 다른 근본적 변화에 초점을 둔다. 평등주의적 자유주의에서는 다원적 사회 내에서 사회적 재화가 불평등하게 분배되는 현실의 정당성에 의문을 가하지만, 세계주의에서는 선진국·개도국·저개발국 사이에 자원이 불평등하게 분배되는 현실의 도덕성을 의문시한다. 급진적 페미니스트와 인종적·종족적 소수자 집단의 지도자는 여성과 유색인들이 억압받는 현실을 개탄하면서, 가정 내에서 남성과 여성의 평등 및 시민사회 내에서 백인과 유색인의 평등을 요구한다. 녹색주의자와 무분별한 도시 개발을 반대하는 진보주의자는 건강한 환경을 지키고 다양한 사회적 가치를 보호하기 위해 — 예를 들어, 도시의 확장을 막고 공해를 줄이며 소규모 '인간적 범위'의 생활 조건을 추구한다 — 자본주의와 기업의 이익 추구와 '성장 만능 추세'를 더욱 철저히 통제해야 한다고 주장한다.

20세기에는 주로 민주사회주의가 이런 문제의식들을 감당했지만, 오늘날 급진적 좌파의 다양한 주장들이 단일한 정치 이념 속에 포함될 수 있을지, 또는 단일한 정당의 기치 아래 모일 수 있을지는 좀 더 두고 봐야 할 것 같다. '사회주의'라는 용어에 거부 반응을 보이는 미국 사회의 분위기 때문에 오늘날 급진적 좌파의 모든 목소리들이 사회주의라는 간판 아래 모여들기는 어려울 것이다.

그러나 급진적 좌파가 현대 자유주의보다 더 왼쪽에 위치한 단일한 진보적 세력으로 뭉칠 의향이 있다면, 급진적 좌파 내의 여러 목소리들이 20세기에 민주 사회주의가 추구했던 변화의 지향점을 참고할 수 있을 것이다.

한 세기 전에 에두아르트 베른슈타인은 정통 마르크스주의와 공산주의가 원했던 혁명적 변화가 아니라 진화적 변화에 충실한 사회주의 노선을 취해야 할 몇 가지 근거를 제시했다. 첫째, 20세기 초에 베른슈타인은, 마르크스가 혁명을 위해 필요하다고 내다봤던 객관적 조건이 출현할 가망이 없어 보인다는 점을 인정했다. 혁명을 위한 조건은 20세기가 끝날 때까지 대두하지 않았고, 오늘날에도 그런 조건이 출현할 기미가 보이지 않는다. 자본주의는 혁명에 필요한 대규모 실업 상태를 낳지 않았고, 오히려 경제적 팽창을 거듭하면서 계속 일자리를 창출해 왔다. 자본주의는 노동계급을 피폐화한 것이 아니라 오히려 실질임금을 크게 향상했다. 또한 자본가들은 상대 기업을 몰락시키는 무한 경쟁만 벌인 것이 아니라, 기업 병합을 비롯한 다양한 협력 방안을 강구해 왔다. 이 가운데서도 가장 중요한 변화는, 더욱 많은 시민들이 회사의 주식을 소유하게 되면서 (특히 노령연금 관리 회사의) 자본 소유권이 소수의 수중에 집중되지 않고 확산된 것이다. 급진적 좌파는, 자본주의가 붕괴하지 않고, 마르크스가 예견했던 위기를 피하면서 발전해 왔다는 점을 인정한다.

둘째, 베른슈타인은 이미 한 세기도 전에 공산혁명의 주관적 조건 역시 위축되고 있음을 지적했다. 그는 노동계급이 더 강성해지거나 더욱 단결하고 있지 않다고 주장했다. 노동계급이 (자본주의에서 노동계급이 착취와 소외의 대상이 되고 있다는) 계급의식을 발전시키지 않았을 뿐만 아니라, 혁명적 변화를 향한 의지도 보이지 않고 있다는 진단이었다. 오늘날의 급진적 좌파는 자본주의의 계급 구조가 복잡해지면서 혁명 의식이 옅어지고 있다는 사실을 직시한다. 재산을 소유한 소수의 자본가들로 이루어진 착취계급과, 재산이 없는 다수의 노동자들로 이루어진 피착취계급으로만 사회가 구성되는 것이 아니라, 다수의 중간계급들 ― 예컨대, 기업을 직접 소유하지 않는 관리 계층, 기술자·교사·공무원과 같은 사무직 노동자, 노동시장에서 높은 임금을 받는 고숙련 생산직 노동자(이른바 '노동

귀족') — 이 생겨났다고 보는 것이다. 이런 중간계급 구성원들은 무산계급이 지향하는 혁명적 목표를 추구하지도, 혁명적 조건이 도래하기를 기다리지도 않는다. 그러나 중간계급들은 (자본주의의 과도한 측면을 순치하고 진보적 가치를 촉진하려고 노력하는) 급진적 좌파가 추구하는 프로그램을 지지할 수는 있다.

셋째, 베른슈타인은, 20세기 초엽에 서구의 일부 산업국가들에서 자본주의를 규제하고 재화를 더욱 공평하게 분배하기 위해, 사회주의 정당의 권력 쟁취와 국가권력의 활용을 촉진하는 방식으로 민주화를 달성했다고 주장했다. 급진적 좌파는 전 세계에서 지속적으로 민주화가 진행되고 있으며, 많은 사회주의 정책들이 성공적으로 수행되는 현실을 지적하면서, 민주주의를 향한 진보가 경제와 사회를 진화시켜 사회주의로 나아갈 수 있게 해준다는 점을 보여 준다.[32]

급진적 좌파는 혁명이 지속적인 변화를 낳을 수 있는지에 대해 오래전부터 회의적이었다.[33] 사회주의자는 프랑스혁명의 교훈을 본받아, 혁명이 고귀한 이상을 추구하면서 시작되긴 하나 혁명 지도자들이 (자신의 권좌를 강화하고, 국민의 반대를 무릅쓰고 독단적인 정책을 추구하는 등) 점차 강압과 폭력에 의존하게 되면서, 자기 스스로 억압적인 세력이 되어 버린 교훈을 새겼다.

러시아혁명 후 등장한 스탈린 정권은 혁명가들이 스스로 내세우는 목표를 달성하는 데 실패한 경우를 사회주의자에게 더욱 여실히 보여 준 사례였다.

사회주의자는 혁명적 변화보다 '개혁'reform이 훨씬 더 내구력이 강하다고 믿는다. 시드니 웹은 일견 보수주의자와 비슷하게 들리는 주장 — 지속적인 변화는 유기적인 변화여야 하고, 변화를 강요해서는 안 되며, 사회의 내적 과정으로부터 자연스럽게 우러나와야 한다는 주장 — 을 남기기도 했다. 유기적인 변화는 다음과 같은 것이어야 한다.

① 민주적 변화로서, 대다수 사람들이 받아들일 수 있는 것이어야 하며, 모든 사람이 마음의 준비를 할 수 있는 변화여야 할 것. ② 점진적 변화로서, 진보의 속도가 아무리 빠르더라도 혼란을 야기하지 않는 수준의 변화여야 할 것. ③ 인민 대중에 의해 부도덕한 조치라고 생각되지 않는 변화로서, 대중이 주관적으로 느끼기에 자신의

도덕관념에 어긋나지 않는 변화여야 할 것(어쨌든 영국에서는 이 점이 중요하다). ④ 합헌적이고 평화로운 방식의 변화여야 할 것.[34]

20세기 후반부 영국의 저명한 정치 이론가였던 버나드 크릭은 진화적 ― 그러나 궁극적으로 대단히 심대한 ― 변화를 달성하는 과정을 세 가지 시기로 구분했다. 첫째, 어떤 행정부 혹은 입법부의 임기에 해당하는 단기적 시기에, 급진적 좌파는 자본주의 체제의 가장 급박하고 특정한 문제에 집중해야 하고, 향후 사회운동에서 대중의 정치적 지지를 확보하기 위해 시민들에게 구체적인 물질적 혜택을 부여해야 한다. 둘째, 지금부터 20~25년 내의 중기적 시기에, 급진적 좌파는 다음 세대의 가치관을 바꿀 수 있어야 한다. 그러기 위해 현존 제도의 결함 ― 예컨대, 민영화된 의료 서비스 ― 을 입증하고, 더욱 민주적인 제도의 효과성과 공정성 ― 예컨대, 기업 내 의사 결정에 노동자 참여 ― 을 보여 주어야 한다. 셋째, 먼 미래를 내다보는 장기적 관점에서 이상적 사회를 상상해야 한다. 그런데 급진적 좌파는 유토피아적 종착점을 찾아 헤매지 않는다. 급진적 좌파는 역사라는 것이 결국 일종의 '대장정'a long march이며, 사회주의적 이상을 향해 (어쩌면 마지막 지점에 도달하기가 어려울 수도 있으나) 민주주의적 수단을 계속 적용해 나아가는 과정임을 잘 알고 있다. 하지만 사회주의적 종착점에 도달하기 어렵다 하더라도 급진적 좌파 입장에서 미래의 이상 사회를 향한 비전을 (엄격한 교의적 방식이 아니라, 일종의 가정적 방식으로) 제시할 필요가 있음은 분명하다. 그래야만 좋은 사회를 향한 논의가, 현존하는 주도적 가치관 속에 매몰되지 않을 수 있기 때문이다.[35] 이런 이상적 비전은 일종의 각성제 역할을 한다. 즉, 민주사회주의를 가장 철저히 받아들인 사회라 하더라도 여전히 결함이 존재할 수 있으므로, 계속 이상을 향해 나아가야 한다는 점을 일깨워 줄 수 있다는 뜻이다. 민주사회주의 사회에서조차 결함이 존재한다는 말은, 이런 사회 역시 역사 발전을 놓고 보면 이행기 ― 평등하고 공동체적이며 민주적인 가치를 더 많이 달성할 수 있는 방향으로, 완만하지만 지속적으로 전진하는 움직임이 존재하는 시기 ― 에 속한다는 뜻이 된다.[36]

마지막으로, 급진적 좌파는 (마르크스주의자와 달리) 이상 사회의 구현 또는 이상 사회를 향한 전진이 필연적이라고 보지 않는다. 급진적 좌파가 필연적이라고 보는 점은 인간의 미래에 대단히 큰 변화가 일어날 것이라는 점뿐이다. 자본주의와 기술력과 과학 — 예컨대 우리의 미생물학, 광자학, 초전도체 등 — 은 끊임없이 "인간 삶의 조건 자체를 획기적으로 변화시키고 있다".[37] 그런데 이런 변혁이 퇴행적인 변화일 수도 있다. 고립된 개인주의를 부추기고, 실질적 자유를 줄이며, 불평등을 증가시키고, 소수의 지배 엘리트의 힘만 강화할 수도 있다는 말이다. 또는 그런 변혁이 사회주의적 가치를 더 크게 구현하는 쪽으로 나아갈 수도 있다. 그러므로 급진적 좌파의 과업은, 더욱 사회주의적인 사회를 향해 사람들이 '수많은 작은 조치들'many small steps을 계속 취하게끔 영감을 불어넣어 주는 방식으로 사회주의의 원칙을 명확하게 천명하는 것이라 할 수 있다.

12
극단적 좌파

...

혁명은 없지만, 완전하고 지속적인 변화를 추구한다

극단적 좌파는 급진적 좌파가 추구하는 목표보다 더욱 광범하고 근본적인 변화에 대한 열망을 품고 있다. 그러므로 현존하는 가장 민주적 사회라 하더라도 결함이 많으므로 통상적인 다원적 정치를 통해서는 현 사회에 필요한 변화를 결코 달성할 수 없다고 믿는다. 그런데 극단적 좌파가 변화를 주장하긴 하지만 그들이 혁명을 추구하는 세력이라고 볼 수는 없다. 적어도 '혁명'을 전통적 의미로 이해하여 기존의 다원적 사회와 그 제도들을 과격하게 파괴하려는 노력이라고 규정하는 한, 오늘날의 극단적 좌파를 혁명 세력이라고 보기는 어렵다는 뜻이다. 오늘날의 극단적 좌파는 일종의 '반항아'들로 이루어져 있다고 보는 편이 정확할 것이다. 이들은 현재의 지구화 세력 및 지구화론이 내세우는 이념에 저항하려는 의지가 강하다. 대개의 경우, 이들의 저항은 다원적 정치에서 충분히 받아들여질 수 있고, 또 다원적 정치에서 친숙한 전략을 통해 일어난다. 예를 들어, 신자유주의 정책으로 말미암아 발생하는 문제점에 맞서 지역사회 차원의 저항을 조직하는 일, 반지구화 운동을 주창하는 노력, 문화적 가치를 근본적으로 바꾸는 활동 등은 다원적 정치에서 통상 존재할 법한 전략이다.

또한 극단적 좌파는 시위나 도로 점거와 같이 대단히 가시적인 직접행동 저항 전술을 구사해 왔다. 이런 전술은 1999년 WTO 회담 및 그에 따른 '시애틀 전투'에서도 활용되었다. 이런 전투적 전술의 목표가 폐쇄적인 의사 결정 과정에 대해 인민의 접근성을 확보하고, 상황의 심각성을 인지하지 못한 대중에게 경각심을 불러일으키기 위한 것이라면, 이런 식의 활동이 다원주의자에게 받아들여질 수 없다는 결론을 내리기는 어렵다. 이제 다원주의자들도 소외된 계층에게는 이런 식의 직접행동 저항 전술이 가장 효과적인 자원임을 잘 이해하기 때문이다.

극단적 좌파의 사상을 가장 명확하게 보여 주는 세 가지 특징을 이야기할 수 있겠다. 첫째, 이들은 현존하는 다원적 정치에 대해 급진적 좌파보다 훨씬 더 냉소적이다. 둘째, 이들은 더욱 민주적인 다원적 정치에 참여하는 것보다, 권력을 가진 측에게 직접 도전하는 것을 중시한다. 셋째, 이들은 다원적 사회에 만연해 있는 개인주의와 물질주의를 대체할 수 있는 새로운 윤리를 발전시켜야 한다고 주장한다.

일반적으로는 다원적 사회에 대해, 특정하게는 미국에 대해 극단적 좌파들이 드러내는 철저한 혐오는, 그들이 제시하는 저술과 연설 속에 생생하게 드러난다. 리처드 로티는 극단적 좌파에서 나온 문헌과 철학의 최근 동향을 다음과 같이 정리하고 있다.

계몽주의 이래 유럽과 미국인들의 모든 역사가 위선과 자기기만으로 점철되어 있다고 본다. 푸코의 독자들은 흔히 지난 2백 년간 그 어떤 종류의 해방도 이루어지지 않았다는 듯한 인상을 갖게 되곤 한다. 예전의 잔인했던 사슬이 약간 더 안락한 사슬로 대체된 것에 불과하다는 식이다. …… 이런 경우 미국 시민으로서 그 어떤 자긍심도 가질 수 없고, 선거 정치에 열심히 참여하는 행위도 무의미하다고 생각된다. 이런 관점에서는 미국인의 애국심을 아프리카 흑인 노예의 수입, 아메리카 원주민 학살, 원시림의 파괴, 베트남전쟁 등과 같은 인권유린 사건들과 무조건 동일시한다.[38]

푸코가 실제로 다음과 같은 발언을 한 적이 있으므로 로티의 묘사가 부정확한 것만은 아닌 듯하다. "자기들의 생활에 필요하다는 명분 아래 철저한 살육을 위해 전체 주민들을 동원했다. 이런 과정에서 집단 학살이 반드시 발생할 수밖에 없었다."[39] 이 가운데 노엄 촘스키는 아마 극단적 좌파의 가장 저명한 대변인이라 할 수 있다.

이들[트루먼과 처칠 및 기타 실명이 거론되지 않은 서구 지도자] 가운데 그 누구도 스탈린의 범죄행위를 반대하지 않았다. 더 나아가, 이들 가운데 그 누구도 히틀러의 범죄행위에 대해 손끝 하나 까딱하지 않았다. 서구 지도자들이 인권유린 상황에 원칙 있는 반대를 표명했다는 식의 이야기는 새빨간 날조에 불과하다. 문헌 기록을 한 번만 살펴봐도 명확하게 드러나는 거짓말이다. 교육받은 사람이라 하더라도 이런 사실을 이해하지 못하리라는 식의 배짱이다. 정확한 사실을 눈앞에 들이대도 그것이 무엇인지 알아차리지 못하리라는 식의 배짱이다.[40]

극단적 좌파에서 발견되는 철저한 냉소주의는 거의 허무주의에 가깝다는 인상을 주곤 한다. 촘스키의 저술 또는 극단적 좌파에 속하는 다른 사상가들의 저술이 독자에게 허무주의의 인상을 주는지는 물론 독자 개개인이 판단할 문제다. 그러나 만일 이런 저술을 읽고 다원적 정치제도가 워낙 불의로 가득 차고 문제투성이인 제도여서 어떻게 해도 개선할 수 없다는 인상을 받게 된다면, 극단적 좌파는 (다원적 정치를 통해 긍정적인 변화를 추구하기란 불가능하다는) 심각한 염세주의와 비슷한 정치적 입장을 내세우는 셈이 된다.

극단적 좌파가 혁명을 촉구하지는 않지만, 다원적 정치 내에서의 참여에 대해서는 항거하는 자세를 취한다. 하트와 네그리는 '거부'와 '이탈'의 중요성을 강조해 극단적 좌파가 취하는 무정부적인 지향점을 분명히 보여 준다. 이들은 다음과 같이 역설한다. "경제 영역에서와 마찬가지로, 정치에서도 피치자가 늘 활용할 수 있는 무기가 있는데 …… 종속된 지위를 거부하겠다는 위협, 통치자와 피치자 간의 관계에서 빠져나오겠다는 위협이 바로 그런 무기다." 혁명이 아닌 항거만이 성공할 수 있는 이유는 "종속된 사람들의 적극적인 참여가 없다면 주권은 무너지기" 때문이고, 그랬을 때 항거자들이 "그들 자신의 사회를 형성할 수 있기" 때문이다.[41]

극단적 좌파에 속하는 사람들은 다원적 사회의 엄청난 결함과 불의에 대항하여 혁명 외의 여러 방법들을 추구해 왔다. 첫째, 이들은 다원적 사회가 주는 억압을 철저하게 묘사하고 비판해 왔다. 둘째, 이들은 (항의 투표에서부터 다원적 사회의 일상생활에 불편을 초래하는 행동에 이르는) 반항적 행동을 주창해 왔으며 그런 행동의 영향으로 통치자가 (미약하나마) 양보 조치를 취할 것이라고 생각한다. 셋째, 이들은 대중의 의식을 고양하면 (또는 기존 체제를 수용하거나 사회에 대해 무관심한 태도를 취하게 만드는 허위의식을 극복하게끔 만들면) 그들이 통상적인 다원적 사회에서 '스스로 이탈'할 것이라고 내다본다. 극단적 좌파는 기존 체제에 대해 반항하거나 기존 체제에서 이탈할 경우, 깨어 있는 개인들이 약간의 자긍심과 충족감 ― 인습에 맞서는 투사가 되었다는 느낌 ― 을 가질 수 있다고 본다. 극단적 좌파는, 항거자들이 서로 간에 네트워크를 형성하고 새로운 사회관계를 창출해 내기 시작하면서, 전혀 다른 형태의 정치가 나타날 가능성이 열릴 것으로 전망한다.

극단적 좌파는 다원적 정치로부터 이탈하는 사람들이 다원적 정치의 부도덕성 ― 물질 만능주의, 경쟁 사회 내에서 개인의 자신감만 강조하는 풍조, 억압에 눈감는 분위기 등 ― 에 환멸을 느끼고, 더 고귀한 도덕성을 따라야 할 필요성을 확신하기 때문에 그런 식의 이탈을 감행한다고 믿는다. 물론 급진적 우파와 극단적 우파 역시 고귀한 도덕성을 주창하지만, 이들이 말하는 도덕성은 전통 종교의 가르침과 문화적 가치를 따르는 도덕성이다. 극단적 좌파는, 여타 정치 이념들의 퇴행적인 도덕성 탓에 침해되고 방치되어 온 사회주의적 가치와 생태적 가치를 강조한다.

하트와 네그리는 정치적 개념으로서의 사랑love as a political concept이라는 새로운 도덕성을 제시한다.

> 사랑의 근대적 개념은 부르주아적 커플에, 그리고 핵가족의 밀실 공포증적 울타리에 거의 전적으로 제한되어 있다. 사랑은 엄격하게 사적인 일로 여겨져 왔다. 우리에겐 사랑에 대한 더 넓고 더 자유로운 사고가 필요하다. …… 그것은 단지 당신의 사랑이 거기에서 그치지 않는다는 것을, 사랑이 공통적인 우리의 정치적 기획들과 새로운 사회의 구축을 위한 기초로 작용한다는 것을 의미한다. 이러한 사랑이 없다면 우리는 아무것도 아니다.[42]

사랑을 강조하는 새로운 도덕성이 참으로 가상하고 우리에게 영감을 주긴 하지만, 극단적 좌파 가운데 심층 녹색주의에서 강조하는 도덕성은 특히 긴급한 주목을 요하는 것인지도 모른다. 심층 녹색주의의 도덕성은 인류에게 — 특히 선진 산업경제권의 다원적 사회에 사는 사람들에게 — 물질적 재화의 소비를 줄일 것을 촉구한다. 더 나아가, 심층 녹색주의의 도덕성은 인류에 대해 대지의 윤리land ethic를 실천하라고 촉구한다. '대지의 윤리'란 사람들이 지상의 자원 착취를 중단하고 인간 스스로 자연 생태계의 일부임을 인정하는 윤리를 말한다. 자연주의자인 알도 레오폴드는 거의 60년 전에 '대지의 윤리'라는 용어를 내놓으면서 인류가 지닌 일반적인 윤리를 크게 바꾸자고 호소한 바 있다.

> 지금까지 발전되어 온 모든 윤리는 단 하나의 전제 — 즉, 개인은 서로 연관된 부분들로 이루어진 공동체의 한 구성원이라는 전제 — 에 의존하고 있다. 인간의 본능은 공동체 내에서 자기 자리를 차지하기 위해 경쟁하라고 부추기지만, 인간의 윤리는 공동체 내에서 타인들과 협력하라고 가르친다 — 어쩌면 이조차, 경쟁을 하기 위한

공동체를 유지하기 위해서인지도 모른다. 대지의 윤리는 인간의 공동체 범위를 더욱 넓혀서 토양과 물과 식물과 동물 등, 아니 집합적으로 전체 대지를 포함하는 개념이다.[43]

따라서 심층 녹색주의는 인간의 개인적·사회적 습관을 과감하게 바꿀 것을 촉구하며, 인간의 근본적 행동 동기를 다루는 인간 본성의 측면까지 바꿀 것을 요구한다. 물질적 욕구를 충족하는 것을 '좋은 삶'이라고 보지 않고, 자연과 조화를 이루며 살아가는 것을 '좋은 삶'으로 보아야 한다는 말이다. 심층 녹색주의자는 이렇게 도덕성을 변화시키면 적어도 두 가지 중요한 유형의 이득이 생길 것이라고 주장한다.[44] 첫째, 대중이 대지의 윤리를 폭넓게 받아들이면 지속 가능한 생태계를 보존할 수 있을 것이다. 지구는 '제한된 지탱 역량' — 무제한의 인구 증가를 지탱할 수 없다 — 과 '제한된 생산 역량' — 지금처럼 자원을 소비하면 언젠가는 자연 자원이 고갈될 것이다 — 및 '제한된 흡수 역량' — 인간의 생산과 소비의 부산물인 공해를 지구가 모두 자정할 수 없다 — 을 보유하고 있다. (지구온난화를 포함한) 지구의 심각한 기후변화는 지속 가능한 사회에 크나큰 위협이 되고 있기에 기술적 해결책만으로는 기후 위협에 대처할 수 없다. 인간이 지구의 생태계를 덜 착취하는 급진적 해결책만이 이런 문제에 대처할 방법이다. 둘째, 대지의 윤리를 받아들이면 인간의 생활이, (광고와 자본주의의 영향을 받아, 후천적으로 생겨난 허구를 좇는 대신) 인간의 진정한 필요를 충족하는 방향으로 발전할 수 있을 것이다. 이런 허구의 관점에서 비롯된 (궁극적으로 인간의 진정한 필요를 충족하지 못하는) 우리의 소유와 소비 및 물질적 재화의 향유 등이 다원적 사회에서의 인간 삶을 크게 어지럽혀 왔다. 요컨대, 대지의 윤리를 받아들일 때 인간의 영적인 차원이 늘어날 수 있다는 말이다. 심층 녹색주의에 따르면, 타인 및 자연과 조화를 이루며 살아갈 때 진정한 기쁨을 찾을 수 있다고 한다.

따라서 극단적 좌파는 자기들의 사상이 결코 '극단적'이지 않으며, 우리가 21세기에 생존하기 위해서 반드시 필요한 사상이라고 주장한다. 심층 녹색주의에서는 근대 이후 세계가 두 차례의 패러다임 변화를 겪었다고 말한다. 근대 초기의 자유주의 혁명은 개인의 자유를 낳았고, 자본주의와 물질주의를 동반했다. 근대의 말기에 출현한 사회주의적 패러다임은 자본주의의 악폐와 불평등을 통제하려고 했으나, 그 이전과 마찬가지로 근본적인 차원에서는 인간 중심적 원칙homocentric principle들을 계속 견지했다. 제3의 패러다임인 생태적 패러다임에서는 자유주의와 사회주의의 한계를 시정하려고 한다. 윌리엄 오풀스는 "한쪽 패러다임 전통에 서서 다른 쪽 패러다임을 제대로 파악하는 것"이 어렵긴 하지만, 탈근대의 상황 때문에 '불간섭'이라는 자유주의 도덕률과 '평등'이라는 사회주의 도덕률을 "근본적 차원에서 생태주의적 정신의 도덕률"로 대체해야 할 필요성이 생겼다고 시사한다.[45]

오풀스는 미래의 정치에서 꼭 필요한 네 가지 도덕적 신조를 제시한다. 첫째, 우리는 '생태계를 망치는' 기생충적인 존재가 되지 말고, 자연에서 얻은 것만큼 자연에 되돌려 줄 수 있는 존재가 되어야 한다. 둘째, 문명화된 삶이 욕구를 무한정 채우는 것이라고 보지 말고, 우리가 오늘날 '진보'라고 부르는 대부분의 것들을 의도적이고 자발적으로 포기해야 한다. 셋째, 이제 '자연권'에 초점을 두지 말고, (인간의 욕구에 제한을 가하고, 인간과 모든 생명들과의 필연적인 상호 의존성을 존중하는) '새로운 자연법 이론'에 충실해야 한다. 넷째, 우리는 인간의 감정에 영합하고 인간의 욕구를 극대화하려는 정치와는 전혀 다른 새로운 '거버넌스'를 찾아내야 한다. 여기서 거버넌스란 "그냥 내버려 두면 이기적이고 파멸적으로 행동할 가능성이 큰 인간들을 통제하고, 지도하고, 안내하고, 억제하는" 것으로 이해해야 하며, "이렇게 됐을 때 인간들은 자신이 속한 전체 인간·자연 공동체의 이익과 필요를 존중할 수 있게 될 것이다". 이런 도덕 체계를 받아들이는 것이 "석기시대로 되돌아가자는 말은 아니지만" 어쨌든 그런 도덕 체계 내에서는 "우리 삶의 모든 측면에서 급진적인 변화가 분명히 일어나게 될 것이다".[46]

13
전체 결론에 대신하여

...

다원주의자들은 경제·사회·정치적 변화가 일어나는 것이 흔히 인간 사회에 유익하며, 평화적인 수단을 통해 바람직한 변화가 올 수 있게 하는 민주적 과정이 수립되어 있어야 한다고 생각한다.[47] 물론 (정치 공동체, 시민권, 사회구조, 권력의 보유자, 정부의 권위, 정의에 관한 쟁점에서) 얼마나 많은 변화가 필요한지, 어떤 종류의 변화가 필요한지 등은 다원적 정치의 통상적인 주제라 할 수 있다. 본서에서 설명했던 것처럼, 이런 문제들을 놓고 벌어지는 수많은 이견들을 보면, '역사의 종언'이 일어나지 않을 것이 확실하며, 그 대신 다원적 사회 내에서 다양한 정치 이념들 간에 영원한 갈등이 지속될 것이라고 말할 수 있다.

반대·이의異議·저항 등은 서로 연관된 개념으로서 다원적 정치 내의 '변화' 사상에서 핵심 내용을 이룬다. 사람들은 기존의 권력에 반대하고, 그 정책의 효과와 공평성에 대해 의문을 제기할 권리를 가진다. 사람들은 탄원서에 서명하거나, 자기가 생각하기에 반드시 변화해야 할 사회·경제 사안을 널리 알리기 위해 공개적인 자리를 마련해 자기주장을 펼칠 권리가 있다.[48] 다원주의자들은 '저항'이 변화를 위한 수단으로 결정적 역할을 한다는 점을 인정하지만, 소요 행위가 지나치면 오히려 강압적이고 폭력적이 될 위험도 있다는 점을 잘 인식한다.[49]

다원주의는 사회의 진보를 모색하는 현대의 공공 정치철학이기 때문에 급진적 우파와 극단적 우파가 지닌 반동적인 측면은 다원주의에 위험한 요소라고 생각될 여지가 있다. 그런데 '과거가 지금보다 좋았으므로 과거를 다시 되살려야 한다'고 믿는 생각 자체가 다원주의와 양립 불가능한 것은 아니다. 다원주의자들은 어제의 개혁 조치가 오늘의 사회에 역기능을 낳을 수도 있음을 인정한다. 만일 그렇다면 그런 개혁 조치는 폐지되어야 마땅하다. 또한 다원주의자들은, '좋은 사회'가 무엇인가 하는 문제를 놓고 사회 구성원들이 서로 매우 다른 비전을 가질 수도 있음을 인정한다. 그렇기 때문에 사람에 따라서는 지나간 시절을 좋은 사회의 비전으로 받들 수도 있는 것이다. 이런 점에서 볼 때 다원주의가 위협받을 것인지 여부는 어떤 사람들이 남들과 다른 비전을 가지느냐가 아니라, 그런 비전을 추구하기 위해 어떤 수단을 동원하는가 하는 문제에 달려 있다. 만일 극단적 우파에 속한 사람들이 자신이 원하는 변화를 이룩하기 위해 파괴와 폭력이 수반된 전술을 써도 무방하다고 생각한다면, 그들은 다원주의에 위험한 존재가 된다. 폭력의 필요성을 믿는, 극단적 변화의 주창자들은 민주주의가 평화로운 수단을 통한 갈등 해결 방식이라는 — 설득과 투표 및 기타 강압적이지 않은 수단을 통해 변화를 추구하는 방식이 바로 다원적 정치라는 — 점을 망각한 것이다.

역사적으로 보아 다원적 사회는 유토피아 사상과 허무주의에 의해 그 존립이 위협받거나 침해되어 왔다. 유토피아 사상은 단순히 더 나은 미래에 초점을 두는 정도가 아니라 '완벽한' 미래에 초점을 두며, 모든 사회적 병폐와 인간의 결함을 구원할 길이 존재한다는 확신을 견지한다. 과거에 유토피아의 신봉자들은 이런 구원으로 가는 길에 방해가 되는 기존 제도와 현실을 폐기해야 하며, 미래 세대의 유토피아를 위해 현 세대가 큰 희생을 감내해도 된다고 생각했다.[50] 과거 구좌파의 사상 가운데 상당 부분이 유토피아적인 특징을 지니고 있었다. 이런 사상은 정치투쟁의 최종 산물로서 이상적인 공산 사회의 비전과, 그런 이상을 하루빨리 구현하기 위해 희생을 감수해야 한다는 비전에 매달렸던 것이다. 오늘날의 대다수 극좌파 세력들은 옛 공산 정권들이 유토피아적 목표를 위해 필요한 수단으로 자신의 억압적 정치를 정당화했다는 사실을 잊지 않고 있다. 따라서 오늘날 극좌파들이 유토피아 사회의 건설에 초점을 맞추기보다, 현존하는 권력구조와 권력관계의 해체에 초점을 맞추고 있는 사실 자체가, 이들이 (쟁의적인) 다원적 정치와 화해를 하려고 노력하고 있다는 점을 보여 준다.

허무주의 사상은 현재에 주로 관심을 기울인다. 이 사상은 자본주의 및 대의민주주의와 같은 다원적 제도들을 대단히 억압적이라고 생각하고/생각하거나 현존하는 자유주의 문화를 지극히 혐오하므로, 이런 것들을 없애기 위해서라면 어떤 수단도 (그 후 어떤 일이 일어나든 상관하지 않고) 정당화된다고 믿는다. 이런 사상은 적어도 19세기의 아나키즘으로까지 거슬러 올라갈 수 있지만, 오늘날에도 극단적 우파와 극단적 좌파 모두에서 발견될 수 있다. 다원주의는 개인적으로 냉소주의 혹은 허무주의적 의견을 피력하는 것까지는 얼마든지 용인할 수 있다. 실제로 다원주의는 사람들에게 (얼마나 허무주의적인 견해이든 간에) 이의를 표출할 수 있는 기회를 반드시 허용해야 한다고 확신한다. 어쩌면 극단적 우파와 극단적 좌파 사이에 오가는 고성高聲이 다원적 사회에서는 기능적으로 필요한 요소일 수도 있다. 사람들로 하여금 자신들의 통상적 정치에서 미흡한 점을 주의 깊게 살펴보게 하고, 그 미흡한 점을 시정하며 미래에 그것이 재발하지 않게 해주기 때문이다. 그러나 극단주의가 내세우는 허무주의는 다원적 정치에 엄청난 환멸을 부과하여 사람들이 다원주의에 대한 지지를 철회하게끔 만들며, 자칫 지금보다 더 억압적인 사회구조가 들어서게 할 가능성이 없지 않다.

마틴 루터 킹 목사는 유명한 "버밍햄 감옥으로부터의 편지"Letter from Birmingham Jail에서 "처음에는 극단주의자라고 손가락질 받는 것이 싫었지만", 곰곰 생각해보니 "그런 낙인에서도 약간의 만족감을 얻을 수 있었으며," 자신의 추종자들에게 "정의의 확대를 위한 극단주의자"가 되라고 촉구하기에 이르렀다.[51] 킹 목사의 사상은 우리에게 다음과 같은 점, 즉 '극단주의자'라 할지라도 긍정적인 정치 변화를 위해 필요한, (시간이 지나면 주류 공공 정치철학에 포함될 만한) 사상을 제시할 수 있다는 점을 상기시켜 준다. 이 책에서 상당 부분을 할애하여 극단적 사상이 다원적 공공 정치철학에 커다란 위협이 된다고 기술하면서 극단적 사상을 비판해 왔다. 다원적 공공 정치철학은 정치적 삶에서 통상 평화적인 진보를 달성하는 방식으로 진화해 왔고, 현재도 (급진적 사상에 대해 응답하며) 진화하는 과정에 있다. 그러나 극단주의 가운데 한 가지 사상 — 새로운 생태 윤리를 호소하는 심층 녹색주의 — 만큼은, 그것이 다원주의에 대해 정반대의 입장을 개진함에도 불구하고, 구구절절 옳은 주장일 수 있다.

만일 생태적 윤리가 다원적 사회 내에 존재하는 수많은 도덕적 선택 가운데 (그저 한 가지 선택이 아닌) 특별한 선택이 된다면, 그리고 만일 그것이 지속 가능한 사회와 생태계를 유지하려 할 경우 반드시 받아들여야 하는 선택이라면, 다원주의의 핵심적 전제를 우리는 포기해야 할 것이다. 다원주의는 시민들이 도덕적으로 자율적인 존재여야 하고, 시민들이 정의를 존중하는 생활 방식과 가치관 가운데 자신에게 맞는 것을 자유롭게 선택할 수 있어야 한다고 주장한다. 다원주의는 다양한 도덕적 입장들 가운데서 국가가 중립을 지켜야 한다고 생각한다. 다원주의의 관점에서 보면 생태적 윤리는 여러 도덕적 준거 틀 가운데 하나일 뿐이고, 시민들이 (생태적 윤리를 포함해) 어떤 윤리적 입장을 따르느냐에 따라 이익 또는 불이익을 주는 특정한 '완벽주의'적 정치를 국가가 절대로 지원해서는 안 된다. 그러나 심층 녹색주의는 생태적 규범을 위반하는 사람에게 벌을 주고, 전체 인간 공동체와 생태 공동체의 필요를 존중하는 사람에게 상을 내리는 새로운 형태의 통치를 모색하고 있는 것 같다.

오늘날 생태적 필요성이 너무나 시급하고 절박하므로 다원적 자율성의 원칙을 포기하고 공동체주의적인 생태 윤리에 동의해야 할지도 모른다. 또한 다원적 중립성 원칙을 포기하고 생태적 도덕성을 시행해야 할지도 모른다. 어쩌면 현재의 다원주의를 (지속 가능한 사회의 필요성에 더 잘 부합하는) 새로운 공공 정치철학으로 대체해야 할 필요가 생길 수도 있다. 그러나 어쩌면 현재의 다원주의가 적응력을 발휘하여 점점 더 중요해지고 있는 생태적 명제에 더 잘 대응할 수도 있다. 지금까지의 다원주의가 개인의 자유를 중시하는 자유주의적 입장, 공동체를 중시하는 보수주의의 입장, 평등 윤리를 중시하는 사회주의의 입장을 성공적으로 수용할 수 있었듯이, 다원주의가 앞으로 더 발전할 경우, 자유와 공동체와 평등을 희구하는 인간의 욕망을 '환경 보존'이라는 제약 조건 내에서 추구하는 방안을 강구할 수도 있을 것이다. 다원적 공공 정치철학이 이런 과업을 실천해야 할지 여부와, 실천한다면 어떻게 실천할지의 문제는 오늘날 사려 깊은 정치적 대화에서 가장 시급한 과제라 할 수 있다.[52]

16

...

한국어판 보론

...

오바마의 이념과 다원적 공공 정치철학

2008년 상반기에 본서 영어판이 출간된 후 버락 오바마Barack Obama가 힐러리 로댐 클린턴Hillary Rodham Clinton과의 오랜 경합 끝에 미국 민주당 대통령 후보로 지명되었고, 11월의 대선에서 존 매케인John McCain 공화당 후보를 손쉽게 누르고 대통령으로 당선되었다. 대통령 선거운동 기간에 월스트리트를 강타한 금융 위기는 오래지 않아 전 세계 경제에까지 파급되어 수많은 금융 기구와 대기업들이 존폐 기로에 서게 되었다. 주식과 주택 시장의 폭락으로 많은 사람들의 재산이 하루아침에 증발해 버렸고, 전체 경제 부문에서 대규모 감원이 이루어지면서 육체 노동자와 전문직 노동자들이 대거 실직 상태에 빠졌다. 새 대통령은 우선 무엇보다 금융 위기를 해결해야 했으며, 선거 승리의 계기를 활용해서 재빨리 각종 주요 국내 정치 개혁을 추진했고, 미국의 대외 정책 방향도 재조정했다.

조지 W. 부시 대통령이 이끈 8년간의 공화당 정권에서 의료비가 천문학적으로 상승했고, 미국 국민 가운데 4천3백만 명이 의료보험의 사각지대에 놓이게 되었다. 또한 에너지 소비를 줄이고 대안 연료 및 대안 에너지 기술을 개발하려는 노력은 무위에 그쳤으며, 지구온난화는 계속 악화되었다. 부시 행정부는 2001년 9월 11일 뉴욕과 워싱턴에서 발생한 테러 사태 직후 국제사회가 미국에 보내 주었던 폭넓은 공감대를 계속 살려 내지 못했다. 2003년 의심스러운 상황 속에서 이라크를 침공했거니와, 심지어 테러 용의자를 구금하고 고문하는 등 많은 이들이 인권유린이라고 간주한 행위를 저질렀기 때문이었다.

오바마 대통령이 이 같은 암울한 상황을 반전시키기 위해 노력해 온 것은 사실이지만, 내가 『진보와 보수의 12가지 이념』의 한국어 개정판을 위한 보론을 집필하고 있는 2010년 초 현시점에서 부시 시대의 모든 정책이 번복되었다고 보기는 어렵다. 실제로 선거운동 기간에 오바마를 열렬히 지지했던 사람 가운데는 오바마 대통령이 진보적 의제 또는 진보 자유주의*적 의제에 대해 지나치게 온건하게 접근한다는 이유로 실망한 사람이 많다. 오바마가 대통령에 당선된 후 얼마 지나지 않았기에 중요한 정치적 사안을 모두 명확히 해석·설명·평가할 수는 없을 것이다. 하지만 우리 시대의 정치적 쟁점 및 정치 지도자들의 지향을 드러내는 데 도움이 되는 개념과 정치적 원리와 관점에 대해 어느 정도 유용한 설명을 제시할 수는 있을 것이다.

『진보와 보수의 12가지 이념』이 독자들에게 전하고자 했던 가장 기본적인 교훈은, 윌리엄 코널리William Connolly가 '이원제적'bicameral 정치적 지향이라고 칭했던 관점을 정치적 행위자들이 지니고 있을 때 정치가 가장 순조롭게 이루어질

---

* 이 장에서 'liberalism'은 '진보 자유주의'로 옮겼다. 그 이유는 두 가지다. 첫째, 이 장에서 '보수주의'의 정반대 용어로 '자유주의'를 사용하고 있기 때문이다. 둘째, 미국 정치의 맥락에서 '자유주의-보수주의'라는 말의 뜻이 한국 사회의 감각으로 '진보-보수'에 가깝기 때문이다. 한국에서 흔히 '자유주의'를 중도 혹은 중도우파 이념으로 이해하는 것과는 차이가 나는 용법이다. 옮긴이 서문을 참조하라.

수 있다는 사실이다. 다시 말해, 사람들이 일차적으로 다원적 공공 정치철학이라는 가장 기본적인 정치관을 지니는 것이 좋다는 사실이다. 다원적 공공 정치철학이란 오늘날 대다수 사회에서 많은 사려 깊은 사람들이 인정하는, 대단히 폭넓은 철학적 가정과 정치적 원리를 뜻한다. 본서에서는 이런 원리를, 특히 5~15장의 각 장 말미에 실은 소결 부분에서 제시하고 묘사했다. 그런데 정치 지도자 및 정치를 잘 아는 사람들은 다원주의에서 한 걸음 더 나아가, 더 구체적이고 선명한 사상을 가질 필요가 있다. 따라서 이들은 오늘날의 정치적 쟁점에 대한 생각을 이끌어 줄 수 있는 진보 자유주의나 보수주의 혹은 사회주의와 같은 정치 이념에 경도되곤 한다. 오바마 대통령의 지지자들과 논평가들 대다수가 그를 현대 자유주의자로 간주할 것이며, 오바마 역시 자신의 관점이, 부시와 매케인 및 기타 보수적인 공화당원들보다 더 왼쪽에 있음을 부정하지 않을 것이다. 그러나 오바마는 역대 민주당 출신 대통령들 및 후보 경선 당시의 경쟁자들과 비교해 볼 때, 진보 자유주의라는 특정한 이념보다 오히려 다원주의를 더 중시하는 것처럼 보인다. 부시 행정부는 흔히 보수주의 원칙만을 맹종한 나머지 다원주의에 대한 의지가 박약하다는 비판이 제기되곤 했다. 부시 행정부는 진보적 민주당 지지자들 및 온건한 공화당원들을 국정의 동반자인 '다원주의자의 지지자들'로 여기지 않고, 그들을 그저 반대자나 심지어 적으로 취급하면서 제압하는 데에만 급급했다. 매케인은 부시의 이런 접근 방식과 거리를 두었고, 자신을 다양한 이익과 이상을 지닌 사람들에게 열려 있는 개방적 인물로 묘사했지만, 매케인의 선거운동에서 나타난 일부 측면들 — 예를 들어, 골수 보수주의자이자 지극히 분열적인 정치인인 세라 페일린Sarah Palin을 러닝메이트로 지명했던 것 — 은, 마음을 정하지 못했던 무당파 유권자층에게 전혀 호소력이 없었고, 이 유권자들은 결국 다원주의를 옹호하는 오바마에게 기울어졌던 것이다. 민주당 경선 과정에서도 오바마의 경쟁 상대였던 힐러리 클린턴이 자신을 확실한 진보 자유주의자로 표현하거나, 적어도 보수주의 논평가들에게 그런 식의 인물로 각인되었던 반면, 오바마는 다원주의를 내세워 결과적으로 더 유리한 입장에 설 수 있었다. 그러나 이제 선거운동은 끝났고, 오바마 대통령이 미국을 다스리고 전 세계적 리더십을 발휘하는 데에 다원적 공공 정치를 더 강조할 것인지, 아니면 진보적 입장을 더 강조할 것인지의 문제가 남아 있다. 그리고 이보다 더 깊은 차원에서 다음과 같은 문제도 남아 있다. 즉, 대통령이 다원주의를 확고하게 고수할 때 효과적으로 통치할 수 있을 것인지, 아니면 (진보 자유주의와 같은) 특정 이념을 확고하게 고수할 때 더 효과적으로 통치할 수 있을 것인지의 문제가 해결되지 않은 채 남아 있는 것이다.

정치 지도자의 다원주의에 대한 신념과, 특정 정치 이념에 대한 신념의 상호관계는, 그 지도자가 정치의 거대한 질문들 — 예를 들어, 본서 5~8장에서 논한 철학적 가정들, 그리고 9장에서 15장 사이에 논한 정치적 원리들 — 에 대해 어떤 지향을 품고 있는지를 살펴보면 효과적으로 분석할 수 있다. 사실 이 책에서 필자가 독자들에게 전하고자 했던 또 하나의 기본적 교훈은, 명확한 정치적 사고를 하려면 다양한 공공 정치철학들과 정치 이념들이 정치적 쟁점들 — 철학적 가정과 정치적 원리 — 에 대해 각각 내놓는 상이한 답변들을 비교 평가해 볼 필요가 있다는 점이다. 이 보론을 통해, 오바마 대통령이 이런 문제에 어떻게 접근해 왔고, 다원적 정치철학과 자신의 이념인 진보적 자유주의를 결합하기 위해 어떻게 노력해 왔는지를 간략하게 살펴보려 한다. 오바마는 다원주의와 진보 자유주의 사이의 긴장이 해소되기 힘든 시점에서도, 진보 자유주의보다 오히려 다원주의 쪽에 더 경도되어 온 것처럼 보인다.

정치에서 광범위한 변화가 필요한지, 그리고 변화를 달성하려면 어떻게 해야 하는지 등은 물론 중요한 쟁점이므로, 변화라는 개념은 이 책 전체를 요약하는 개념이자, 본서의 결론 장인 15장의 초점이다. 오바마는 선거운동 과정에서 '변화'를 유독 강조했다. 오바마와 그의 지지자들은 당시 집권당의 보수주의적 의제와 행동에 반대했고, 유권자들에게 전혀 새로운 정책 우선순위를 제시했으며, 대통령직의 정당성을 확립하기에 충분한 지지율을 확보했다. 오바마의 선출 자체가 변화를 상징적으로 보여 주었다. 아프리카계 미국 시민이 대통령 자리에 오른 사실은 (흑인들을 고위 관직에서 오랫동안 배제해 왔고, 아직도 그런 풍토가 남아 있는) 미국의 역사에서 커다란 전환을 이룬 사건이라 할 수 있다. 또한 민주당이 하원에서 얻어 낸 다수 득표율은 공화당 및 보수 진영의 30년 아성을 허물어뜨린 일로 볼 수 있었다. 2008년 대선 결과로 부시의 공화당 정부와는 전혀 다른 정책 방향이 정해진 것은 틀림없는 사실이다. 그러나 오바마 대통령이 추구한 정책 변화는 급격한 변화가 아니었다. 새 대통령은 매우 다양한 인물들로 이루어진 내각을 구성했는데, 예를 들어 부시 정부에 이어 유임된 국방장관 로버트 게이츠Robert Gates, 혹은 레이 라후드Ray LaHood와 같은 공화당원, 그리고 오바마 선거 캠프 바깥의 인물들을 대거 영입했다. 오바마는 벤 샬롬 버냉키Ben Shalom Bernanke 연방준비제도이사회 의장도 연임시켰다. 또한 의회의 공화당 지도부와도 접촉을 가지면서 극단적으로 양극화되어 있던 워싱턴 정가의 분위기를 순화하려 노력했다. 오바마는 모든 견해를 다 들어 보고, 되도록 많은 목표들을 포용할 수 있는 과정을 강조하는 리더십과 의사 결정 스타일을 채택했다. 이런 모습을 보면 그는 다원적 원리를 확실히 실천하고 있다고 생각한다. 그러면서도 오바마는 진보 자유주의적 인사를 요직에 기용하고 진보 자유주의 정책을 추진하면서 자신의 개혁 의지를 강조했다. 예를 들어, 오바마는 소니아 소토메이어Sonia Sotomayor를 대법관에 임명해 대법원에서 여성 및 소수민족 출신 대표성을 늘렸고, 진보 자유주의 지지자들에게 대법원의 보수적 경향을 역전시킬 수도 있겠다는 희망을 주었다. 그렇다면 오바마가 앞으로 해결해야 할 여러 쟁점들에 대해 과연 다원주의에 더 의지가 있는지, 그리고/또는 진보 자유주의에 더 의지가 있는지를 평가하기 위해 본서의 9~15장에서 논했던 '정치적 원리'들을 짚어 보는 편이 좋을 듯하다.

9장에서 다룬 정치 공동체의 정체성 개념에 의거해 오바마 대통령의 주된 정치적 충성의 방향과 심리적 유대감을 알아보자. 현대 자유주의는 통상적으로 국가 정체성이 가장 중요하다고 강조하는 입장이며, 시민들의 일차적인 정치적 의무가 자국의 시민들에 대한 의무라고 생각한다. 그러므로 진보 자유주의적 대통령의 경우 미국 전체 정치 공동체와 모든 시민에 대한 의무가 우선시될 것이다. 원칙적으로 현대 보수주의는 (진보 자유주의가 중시하는) 국가 정체성을 별로 강조하지 않는 편이었다. 현대 보수주의자는 자기들의 개별 주와 지역사회

공동체가 더욱 중요하다고 주장해 왔고, 레이건이나 부시 부자와 같은 공화당 대통령들도 미국의 정치 공동체가 진보 자유주의자의 주장보다 훨씬 분권화되어 있다고 말해 왔다. 또한, 논쟁의 여지가 있긴 하지만, 보수주의자는 진보 자유주의자보다 시민사회 내의 하위 공동체들 — 예를 들어, 지역 공화당 조직, 기업, 종교 기관, 자발적 조직체 — 에 대해 더 큰 애착을 가진다고 봐도 무방할 것이다. 오바마는 효율적인 주 정부와 지방자치 정부 — 특히 최근의 경기 침체 기간에, 파산 직전에 이른 주 정부와 지자체들에 1천4백억 달러 규모의 부양 자금을 지원했다 — 그리고 기업과 교회 및 자발적 단체들을 지지한다고 말해 왔지만, 오바마가 일차적으로 국가 전체 공동체를 우선시하는 전형적인 현대 자유주의적 정치 공동체 관념을 지녔음을 부정하기는 어렵다. 어쩌면 오바마가 전 지구적 공동체를 우선시한다고 보는 주장에도 일리가 있을지 모르겠다. 극단적 우파의 일각에서는 심지어 오바마가 미국 시민이 아니라는 무례한 주장을 내놓기도 했지만, 차라리 그런 식의 억지 주장보다 오히려 오바마의 국제주의적 경향에 초점을 맞추는 편이 더 정확할 것이다. 조지 W. 부시와 같은 보수주의자는 미국의 국익을 우선시하고 국익을 위해 미국의 일방적 정책을 수행했지만, 오바마는 그보다 훨씬 더 전 지구적 접근을 중시해 왔다. 미국에 반대하는 나라들을 고립시키기보다 대화하려는 자세, 자국의 국익을 중시하는 동맹국들과 광범위한 협의 및 협상에 나서려는 태도, 안보・경제・환경문제를 다룰 때 전 세계적인 접근을 중시하는 관점 등에 힘입어 오바마가 노벨평화상을 수상할 수 있었던 것이다. 따라서 오바마가 미국의 대통령일 뿐만 아니라, 전 세계적 주요 지도자라는 사실에는 의문의 여지가 없다. 그런데 공동체 정체성이라는 점을 놓고 보면 오바마를 다원주의자라고 보는 편이 더 정확할 것이다. 그는 국가를 중시하는 이념적인 진보 자유주의자나, 국가(및 하부 국가적) 공동체 정체성을 우선시하는 이념적인 보수주의자라기보다, 여러 공동체의 정체성을 동시에 지니고 있으면서 그것들 사이의 균형을 중시하는 다원주의자로 보인다.

    10장에서는 시민권 문제를 다루고 있다. 누가 시민으로 간주되어야 옳으며, 시민은 어떤 권리와 책임을 갖는 것이 옳을까? 이런 쟁점에서도 오바마는 진보 자유주의적 신념을 가진 것처럼 보이지만 그런 신념을 전면에 내세우지는 않았다. 오바마는 다른 진보 자유주의자와 마찬가지로 포용적인 이민정책을 지지하며, 1천2백만 명에 달하는 '불법' 이주 노동자들이 법적 지위와 시민권을 좀 더 쉽게 얻을 수 있게 하는 정책에 찬성한다. 오바마는 미국 시민들에게 다양한 인권을 보장해 주려고 노력하며, 경찰에 체포된 사람들도 각종 인권을 누릴 수 있게 하고 있다. 예를 들어, 오바마는 노동조합을 결성하는 것과 같은 경제적 권리, 군대 내 동성애자 차별금지와 같은 사회적 권리, 의료보험을 이용하는 것과 같은 복지 권리, 관타나모 수용소에 구금된 테러 용의자에 대한 절차나 처지를 개선하려는 적법절차 권리 등을 확대하는 데 찬성한다. 다른 진보 자유주의자와 마찬가지로 오바마 역시 미국 경제체제에서 가장 혜택을 많이 받은 사람들이 정치적 의무도 — 그것이 누진세를 조금 더 납부하는 정도에 불과하다 하더라도 — 제일 크게 져야 한다고 믿는다. 그러나 집권 1년 동안 오바마는 이와 같은 진보 자유주의적 목표를 달성하는 데 크게 성공하지 못했다. 그 이유는 아마 오바마가 두 가지 의미에서 다원주의자이기 때문인 것 같다. 한편으로, 오바마는 정책을 입안하는 데에 진보 자유주의 진영 외의 의견도 감안하려고 노력해 왔는데, 아직까지 자신의 정책이 보수주의의 목표와 이익을 해치지 않으면서도 달성될 수 있음을 보수주의자들에게 완전히 설득하지 못한 것 같다. 다른 한편으로, 오바마는 자신의 개혁 의제가 수많은 목표로 이루어져 있다는 점을 잘 알고 있으며, 동시에 모두 똑같은 정도로 추진될 수 없다는 사실도 잘 알고 있다. 요컨대, 시민권 문제에서 오바마는 아직까지 진보 자유주의보다 다원주의를 더 부각하고 있다.

만일 오바마가 미국 정치의 근본적인 변화를 추구한다면, 11장에서 설명한 사회구조에 관한 쟁점에서 그런 변화가 가장 극명하게 드러날 것이다. 금융 위기를 겪으면서 오바마와 집권 여당인 민주당은 미국의 정치경제 체제에 폭넓은 변화를 끌어낼 수 있는 절호의 기회를 얻게 되었다. 일부 부실 금융 기구와 산업체들이 부분적으로 국유화되었다. 그러나 정부의 기업 인수는 구제할 필요가 큰 기업들에 한정되었고, 추후 경영 상태가 개선되면 민간 부문으로 다시 넘긴다는 단서 조항이 강조되었다. 경제 위기에 책임이 있는 방식으로 경영해 왔던 회사들에 대해서는 정부 규제가 강화되었지만, 회사 경영자들에 대한 보너스 지급의 상한선을 정하는 것과 같은 엄격한 규제 조치는 정부의 구제금융을 지원받는 회사에만 국한해 시행되었다. 오바마를 위시한 진보 자유주의자들은, 장기적 성장이 아닌 단기적 수익만 추구하는 금융 부문에 새로운 규제 조치를 취해야 한다고 믿지만, 새롭게 나온 규제 조치들은 그 범위가 지나치게 좁고, 규제 대상자들의 이해관계에 미치는 영향에 대해 지나치게 조심스럽게 접근한 탓에, 미국의 정치경제 체제에 대해 근본적인 구조 개혁을 가했다고 보기는 어렵다. 만일 오바마가 새로운 소비자 보호 기구를 창설하고, 신용카드 관련 규정을 엄격히 감독하며, 여타 경제 규제 조치를 입안하는 데 성공한다면, 그런 변화는 아마 점진적인 진보 자유주의 개혁이라고 가장 정확히 표현할 수 있을 것이다. 물론 그런 변화는 다원적 정치과정 내에서 충분히 취급될 수 있다.

2008년 선거에서 오바마와 민주당이 결정적으로 승리하면서, 이들은 많은 사람들이 고민하는 취약한 정치과정을 개선할 수 있는 기회를 얻게 되었다. 따라서 오바마가 취할 미국 정치의 개혁 의제를 살펴본다면 그의 개혁이 어느 정도나 근본적인 개혁이 될지를 알 수 있을 것 같다. 예를 들어, 필리버스터와 같은 여러 의회 절차들을 개혁해야 한다는 논의가 무성하다. 역사적으로 소수파에 속하는 정치인들이 필리버스터 제도를 활용하여 다수파가 원하는 개혁 조치를 저지하는 데 성공하곤 했다. 이런 경우 상원 의원들 60퍼센트가 토론 종결을 선언하고 개혁안을 투표에 부치지 않는 한, 토론이 한없이 이어질 수 있다. 필리버스터는 한때 소수파의 권리를 보호할 수 있는 수단으로 간주되기도 했지만, 과거 상원이 초당적이고 통합적인 분위기에서 운영될 때만 해도 필리버스터를 사용하는 경우는 실제로 드물었다. 그러나 2006년 공화당이 소수파가 된 이래 상원의 모든 법안 심리 가운데 3분의 2 이상의 경우에 필리버스터를 사용했거나 사용하겠다는 위협이 있었다. 그 결과 상원 의원 60석 이상을 확보하지 못할 경우 민주당 오바마의 진보 자유주의 개혁이 좌초될 수도 있다. 그러나 오바마는 정치의 오랜 관행을 깊이 존중하며, 일시적인 당파적 이익만 늘릴 수 있는 개혁 조치의 위험성을 잘 알고 있으므로, 민주당이 과거 공화당이 했던 것처럼 다수당의 개혁을 방해하는 의회 절차를 무효화할 수 있는 이른바 '원자탄 선택'nuclear option이라는 강경 조치를 취하는 것에 찬성하지 않는다. 이와 마찬가지로 미국의 진보파들은 현대 민주적 규범이나 사회적 필요성과 부합되지 않는 것으로 생각되는 헌법 조항들을 케케묵은 조문이라고 개탄한다. 대통령 선거인단 제도와 같은 특정한 요소 및 그런 구제도 아래 대통령을 선출하는 절차부터, 민주당이 다수를 차지했더라도 정치적 교착상태를 발생시킬 수 있는 권력분립 및 감시와 견제 등의 정치 구조에 이르는 갖가지 비판이 좋은 예다. 그러나 다시 말하지만, 오바마는 정치 운용을 급격하게 변화시킬 수도 있는 헌정 개혁에 큰 관심을 보이지 않는다. 절차적 문제뿐만 아니라 헌법상의 문제를 놓고 보더라도 오바마는 진보 자유주의자라기보다 (권력을 분산하고, 상대방의 이익과 사상을 감안하게 하는 미국의 헌정 제도와 절차를 존중하는) 다원주의자인 것처럼 보인다.

어쩌면 오바마가 추구하는 더욱 중요한 구조적 변화는 문화적 변화라 할 것이다. 논평가들은 근년 들어 미국 문화가 점점 더 갈등적이고 저급해졌다는 점을 지적하고 있다. 요즘 미국인들은 자기 자신의 이기적인 만족만 좇고, 전통 규범을 거부하며, 새로운 시대의 환경·경제·안보 문제에 대처하기 위해 필요한 도덕적 절제를 경시하는 듯하다. 오바마는 문화적 쇠락에 대해 무관심하지 않다. 그의 저서 『담대한 희망』 Audacity of Hope에 나오는 말을 들어 보자. "주체심과 독립성은 자칫 이기심과 방종으로, 포부는 탐욕과 어떤 대가를 치르고서라도 성공하고야 말겠다는 불타는 야망으로 이어질 위험이 있다." 그러나 그가 보기에 미국의 정치 공동체는 개인주의의 가치와 공동체성의 가치 사이에서 긴장을 유지해 왔다. 사회의 가치가 어느 한쪽으로 지나치게 움직이면 문화적 가치의 균형을 다시 잡을 필요가 생긴다. 현재 맥락에서 오바마는 국민들이 상호 불일치보다, 공동의 가치에 더욱 초점을 맞출 필요가 있다고 강조해 왔다. 오바마는 선거운동에 나섰던 후보 때는 물론 현직 대통령이 된 뒤에도 "우리의 공동체적 가치, 상호 책임감, 그리고 사회연대"를 거론하고 구현하려고 애써 왔다. 나는 『진보와 보수의 12가지 이념』 속에서 다원적 합의 영역에 (자유주의자, 보수주의자, 급진적 좌파 및 급진적 우파조차 동의하는) 이런 식의 문화적 가치가 포함된다고 지적한 바 있다. 물론 오바마에게 반대하는 보수주의 진영에서는 그를 진보 자유주의적 전임자들처럼 일종의 도덕적 상대주의자로 묘사하려 한다. 따라서 앞으로도 보수주의자들이 실체도 없는 '도덕적 가치 논쟁'을 계속할 것이라고 예상할 수 있다. 미국의 정치 문화에 관한 핵심 질문은 오바마가 더욱 건전한 문화를 추구할지가 아니라, 그의 반대파들이 대중 사이에서 미국이 다원적 공동체에 적용될 수 있는 폭넓은 도덕적 가치가 아니라, 개인의 경제적 갈망과 전통적 가족 가치에 기반을 둔 보수적 문화를 필요로 한다는 주장을 통해, 두려움을 불러일으키는 데 성공할지다.

수많은 정치 관측통들이 오바마의 대통령 당선을 미국 민주주의의 내구력을 입증하는 본보기로 예찬했다. 정치적 경험도 일천하고, 반대파가 유권자들의 외국인 혐오 성향을 부채질하기에 안성맞춤인 이름을 가진 아프리카계 미국인이, 민주적 과정을 통해 미국의 최고 통치자로 부상하기란 거의 불가능해 보였다. 그럼에도 오바마의 지지자들은 매력적인 신인에게 열려 있는 미국의 후보 지명 과정, 그리고 민주주의 발전이 뒤진 나라보다 부패와 부정에 덜 오염된 미국 대통령 선거 절차의 이점을 십분 살릴 수 있었다. 물론 미국의 선거제도가 완벽한 것은 절대 아니다. 후보들이 민간 재정 지원에 의존하고, 현직자에게 유리한 게리맨더링식 선거구 지역들이 존재하며, 유권자 등록 규정 때문에 투표율이 낮아지는 등 민주적 결손 부분이 상당히 많다. 그러나 오바마는 이런 문제를 개혁하는 것을 우선순위 과제로 설정하지 않았다. 아마 공화당이 예전에 그랬듯이 민주당도 현 상태가 자기들에게 유리하다고 보기 때문일지도 모른다. 진보 자유주의의 관점에서 보면, 기존의 선거제도에는 비교적 소외 계층에 속한 시민들에게 불리한 조직적 편향이 내재되어 있어서 민주적 운영이 약화될 수밖에 없다. 그러나 다원주의의 관점에서 보면 현행 제도들이 불완전하기는 하지만 적어도 가장 기본적인 민주주의의 기능 — 선출직 공직자들의 민주적 책임을 묻고, 선거에서 이긴 사람들의 권력을 정당화해 주는 기능 — 을 수행한다고 말할 수 있다. 오바마는 더욱 강한 민주주의를 지지하는 진보 자유주의자이지만, 또한 선거제도 개혁에서 우선적으로 합의를 먼저 도출해야 할 필요성을 인정하는 다원주의자이기도 하다. 오바마의 집권 첫해 동안 선거제도에 관한 초당적인 합의가 없었기 때문에, 그는 대통령직에 부수된 권력을 활용하여 선거운동 기간에 공약으로 내걸었던 다른 개혁을 추구했다.

오바마의 최고 우선순위는 부시 행정부에서 이어받은 경제위기를 해결하는 것이었다. 금융기관들이 파산 위기에 처하고 신용시장이 경색되면서 정부의 적극적 개입이 필요하다는 초당적인 합의가 형성되었다. 전임자였던 조지 W. 부시는 2008년 10월 초 7천억 달러 규모의 부실 자산 구제 프로그램TARP, Troubled Asset Relief Program을 승인했는데, 이 덕분에 연방 정부는 비우량 담보대출 위기를 해결하기 위해 금융기관들에게서 자산과 보통주들을 매입할 수 있었다. 많은 공화당원들, 그리고 대다수 민주당원들과 마찬가지로 오바마 역시 이 정책이 전 지구적인 경제 붕괴를 예방할 것이라고 믿으면서 그것을 지지했다. 그 후 몇 달 뒤 제너럴 모터스나 크라이슬러와 같은 부실기업에 대해 '구제금융'이 투입되었다. 그러나 오바마 행정부가 취임하고 나서 경기를 부양하기 위해 더욱 강력한 연방 정부 조치들이 시행되었다. 오바마는 2009년 2월 〈미국경기부양법〉 ARRA, American Recovery and Reinvestment Act에 서명하여, 주 정부와 지방자치 정부에 재정 지원을 늘리고, 연방 프로그램을 확대해 각종 공공 인프라 문제를 해결하며, 실직한 실업자들에게 실업수당 지급을 증액해 경기회복을 앞당기려고 노력했다. 이 프로그램은 경기회복을 앞당기기 위해 정부 지출을 증대하려는 케인스식 진보 자유주의 원칙을 반영하고 있었는데, 일부 온건한 공화당원들을 제외하고 거의 대부분의 공화당원들에게서 비판을 받았다. 이들은 경제에서 정부의 확대된 역할을 비판했고, 산더미처럼 쌓이는 예산 적자에 대해서도 우려를 금치 못했다. 이런 비판을 민감하게 받아들이는 오바마는 연방 정부의 지나친 개입을 억제하려고 노력해 왔다. 이 글을 쓰고 있는 시점에서 오바마는, 투자를 활성화하고 고용을 늘리기 위해 은행들에 대출 업무를 재개하라고 설득해 왔으나, 연방 정부가 공공 일자리를 직접 제공하겠다는 제안을 내놓지는 않았다. 오바마는 규제와 관련하여 온건한 개혁 조치를 취했고, 연방 정부의 구제금융을 지원받는 기업들에게 임직원의 과도한 보너스를 억제하라고 요구했다. 그러나 (전 지구적 경제체제의 중요한 일부가 된) 복잡한 금융기관들의 투명성을 확보하기 위한 폭넓은 규제 조치는 의회에서 아주 느리게 심의가 이루어지고 있다. 조직화된 이익집단들의 강력한 반발에 직면하고 있기 때문이다. 이런 문제들을 놓고 볼 때 오바마의 경제개혁 의지가 미약해서 경기회복과 개혁 조치가 제대로 이루어지지 않고 있는 것인지, 아니면 분권화된 미국 정치체제 내에서 권력을 보유한 여타 행위 주체들의 훼방 전술이 주효해서 그런 것이지를 판단하기는 쉽지 않다.

한편 오바마는 대통령의 권한을 행사하여, 부시 시대를 풍미했던 네오콘의 대외 정책을 폐기했다. 대통령 선거운동 기간에 오바마는 이라크 전쟁을 반대하면서, 테러와 관련된 작전은 아프가니스탄을 중심으로 전개되고 있으므로, 미국의 군사개입 역시 아프가니스탄에 초점을 맞춰야 한다고 주장했다. 대통령 당선 후 오바마는 이라크에서는 서서히 미군을 철수하기 시작한 반면, 아프가니스탄에서는 일시적으로 병력을 증강했다. 이런 입장 때문에 오바마는 진보 자유주의 진영의 지지 기반을 상당히 잃었으며, 의회 내 민주당 의원들에게도 많은 비판을 받았다. 이런 점을 제외하고, 오바마는 부시 전 대통령과 비교할 때 국제기구를 통한 다자간 접근 방식 및 전 세계 각국 지도자들과의 협력을 강조해 왔다. 부시는 스스로 '악의 축'으로 규정한 정권을 고립시키려 했지만, 오바마는 그런 나라와도 대화를 유지해야 한다고 본다. 이란의 핵무기 개발 계획을 저지하기 위한 그의 노력과, 핵무기 감축을 위한 러시아와의 대화 등은 이런 입장을 잘 보여 준다. 다른 한편으로, 오바마는 북한의 핵실험 재개를 비판하면서, 북한의 비핵화 약속 이행이 이루어져야 두 나라 사이의 관계가 개선될 수 있다고 주장한다. 따라서 대북한 정책에 관한 한 오바마의 입장과 부시가 임기 말에 유지했던 입장 사이에 본질적인 차이가 없다고 볼 수 있다.

부시 행정부는 지구온난화 문제를 해결하기 위한 노력을 거의 기울이지 않았지만 오바마는 탄소 배출량 감축을 강력하게 지지해 왔다. 그는 향후 단계적으로 탄소 배출에 의무적인 감축량을 설정해야 한다고 촉구해 왔으며, 이런 기준을 전 세계적으로 달성하기 위해서는 국제조약을 통해 온실가스 방출을 감시하고, 미국이 가난한 나라들이 기후변화에 적응할 수 있도록 재정 지원을 해주어야 한다는 점에 동의한다. 미국의 여타 진보 자유주의자들과 마찬가지로 오바마는 환경 목표 달성을 위한 정부 규제에 찬성하며, 녹색 경제를 부양하기 위해 정부가 주도적 역할을 해야 한다고 믿는다. 그러나 미국과 국제 무대에서의 다양한 관점과 이해관계 때문에 이런 목표를 달성하기 위한 정책 채택에 큰 진전이 이루어지지 못했다. 따라서 현시점에서 오바마가 환경 목표를 달성하는 데 얼마나 정책 의제를 양보할 것인지는 — 자신의 진보 자유주의·생태주의적 원칙에 따르면 더욱 강력한 조치를 취해야 마땅하겠지만 — 좀 더 두고 보아야 할 것이다.

의료 개혁에 대한 오바마의 태도를 보면 진보 자유주의적 입장보다 다원주의에 대한 의지가 더 큰 면모가 드러난다. 오바마는 대통령 후보 경선 초기부터 주 경쟁 상대였던 힐러리 클린턴보다 보편적 의료 제도에 대한 의지가 약했으며, 힐러리 클린턴이 제안한 의료 제도^{HilaryCare} — 빌 클린턴 대통령의 집권 1기 당시 힐러리 클린턴이 의료 제도 개혁의 선두에 서서 이끌었던 캠페인 — 에 부수한 결함을 피해야 한다고 말해 왔다. 애초부터 오바마는 진보 자유주의자가 이상적으로 생각하는 내용이 모두 반영된 종합적 의료 제도 법안이 통과될 수 있을지에 대해 회의적이었다. 오바마는 의료 제도를 둘러싼 다양한 이익집단들 — 민간보험 회사, 제약업계, 의료 전문직 등 — 이 함께 논의에 참여해 개혁안에 합의해야만 그것이 법률로 제정될 가능성이 크다고 보았다. 2009년 말에 상원과 하원을 힘겹게 통과한 법안은 그런 이익집단들의 목소리를 반영하기 위한 각종 타협책이 포함되어 있었다. 특히 중요한 점으로, '관영 건강보험'$^{public\ option}$ 제도가 빠진 것을 들 수 있다. 관영 건강보험 제도는 정부가 직영하는 건강보험 기관을 설립해서 의료비를 낮추고, 민간 건강보험 제공자들과의 경쟁을 허용하는 제도였다. 그의 이런 타협책은 진보 자유주의자에게서 커다란 비판을 받았지만, 이들은 오바마의 타협안을 용인해야만 했다. 타협안으로 가더라도 3천만 명 이상의 사람들이 의료보험 혜택을 받게 되고, 민간 의료 제공자가 '선행 질병 조건'이 있는 사람에게도 반드시 진료를 제공해야 하며, 의료 전달 체계에서도 어느 정도 효율성을 제고할 수 있게 되기 때문이었다. 진보 자유주의자들은 오바마가 공화당 및 의료 업계의 다양한 이익집단들을 의료 개혁의 논의에 포함했지만 여전히 이들의 당파적 반대가 줄지 않았고, 현재 필요한 개혁에 못 미치는 결과가 나왔다고 비판했다. 오바마는 지금까지 도출된 의료보험 개혁안이 자신의 기대치에 못 미친다는 점을 인정하면서도, 다원적 과정을 거치면서 상당히 많은 개혁 조치가 포함된 개혁안 — 협상 초기만 해도 진보 진영에서 생각하지 못했던, 전체 의료 제도의 수준을 강화할 수 있는 안 — 이 도출된 점을 높게 평가했다.

선거운동 기간에 오바마는 미국이 취약 계층을 충분히 돕지 않았던 것이 미국의 가장 큰 도덕적 결함이라고 주장했다. 빈곤이 개인의 결함에 의한 개인 문제라고 생각하는 공화당에 의해 수십 년간 복지국가가 축소되어 온 후에서 오바마는 사회정의를 지지하고, 정부 프로그램을 통해 소외 계층을 도울 것으로 널리 인식되었다. 오바마는 진보파와 마찬가지로, 소외 계층에게서 기회를 박탈하는 현실이 그들의 잘못 때문이 아니라 그들이 처해 있는 환경의 소산이라는 점에 동의한다. 오바마는 사회주의 혹은 급진적 좌파에 속한 사람들처럼 발언 — 자본주의로 창출된 부와 소득의 불평등한 분배 현실을 타개하기 위해 광범위한 재분배 정책을 취해야 한다 — 한 적은 없지만, 부유층을 포함한 미국의 대중은 빈곤 계층에 대해 더 많은 공적 지원을 제공해야 한다고 믿고 있다. 오바마 집권 첫해에 나온 빈곤 계층 지원책들을 보면 오바마의 입장이 잘 드러난다. 이 가운데 가장 눈에 띄는 정책을 몇 가지 들어 보면, 주택 담보 대출을 상환하지 못한 사람들이 주택 압류를 당하지 않게 하여 약 4백만 명 이상의 주택 소유자들이 혜택을 보게 된 정책, 건강보험이 없는 계층에게 공공 의료 부조를 제공한 정책, 실직자에게 실업보험 혜택을 확대한 정책 등을 들 수 있다. 그런데 시민들이 자신이 짊어져야 할 책임을 감내하려 하지 않는 이상, 이런 수준의 조처로 사회정의가 완전히 확립될 수 있을지는 의문이다. 또한 이런 프로그램의 재원을 마련할 방법도 불확실해서, 현장에서 예산 지출 적자가 발생하면 프로그램 시행이 지연되는 경우가 자주 있었다. 정의로운 사회에서라면 경제적으로 가장 혜택을 받았거나, 지불 능력이 큰 사람들이 누진세를 부담하는 것이 상식일 것이다. 그러나 부시 행정부에서 부자들에게 세금을 감면해 주었던 정책을 원상 복귀시키고, 기업의 법인세 인하분을 재인상하며, 양도소득세CGT, Capital Gains Tax를 늘리며, 증여세를 현행대로 유지하겠다고 했던 오바마의 선거공약은 정의로운 사회구현의 수준으로 실천되지는 못했다. 어쩌면 오바마는 금융 위기를 극복한 후 그런 정책을 시행하려고 계획하고 있는지도 모른다. 그러나 다원적 관점에 입각해, 그런 개혁을 당장 추구하면 각종 예산 지출 프로그램에 대한 반발이 거세지고, 그런 반발이 생길 경우 현재의 정책들도 실천하기 어려워진다는 점을 잘 인식하면서 속도를 조절할 가능성도 적지 않다.

요컨대, 지금까지 살펴본 모든 정치적 쟁점들에 대해 오바마가 상대적으로 진보적 입장을 유지하고 있는 것은 사실인 듯하나, 그는 좀 더 깊은 차원에서 다원주의의 지지자들을 모두 포용해서 심의를 통해 도출된 정책을 추구하고, 어느 정도의 진보적 목표 — 이것이 상당히 약화된 개혁 조치로 귀결된다 하더라도 — 를 향해 조금씩 전진하는 데에 더욱 관심이 많은 것처럼 보인다. 이런 지향점은 오바마 자신의 근본적인 세계관이 아니라 현 정치 상황의 산물일지도 모른다. 진보 진영은 오바마가 좀 더 확고한 원칙에 의거해서 강하게 싸우지 않는 점에 실망할 수도 있겠지만, 진보 자유주의 진영은 현재 분권화된 미국의 정치 지형 및 세계정세 내에서 지도자의 확고한 의지만 있으면 (서로 견해와 이해관계가 다른 상대방에게 양보와 타협을 전혀 하지 않고도) 상대방을 굴복시킬 수 있을 만큼 막강한 권력을 지니고 있지 않다. 이런 점을 꿰뚫어 본 오바마가 정치적 필요성 때문에 그가 선호하는 진보적 정견보다 다원적 정견을 우선시하고 있는지도 모른다. 아니면, 오바마가 실제로 진보 자유주의 이념보다 다원주의가 철학적으로 더 설득력을 지녔다고 여길 수도 있다. 과연 오바마가 이런 관점을 지니고 있는지 알아보기 위해 그의 정치를 이끄는 것처럼 보이는 철학적 가정들을 간략하게 살펴보자.

진보 자유주의자와 다원주의자는 여러 면에서 서로 동일한 존재론적 가정을

(특히, 이 세상 사물을 움직이는 유일한 원인이 존재한다는 점을 수용하지 않는다는 점에서) 신봉한다. 양자 모두 우리의 운명이 신에 의해 미리 예정되어 있다고 보지 않는다. 양자 모두 우리를 인도해 줄 인민의 의지가 미리 주어져 있다고 보지 않는다. 양자 모두 경제적 영향력이 역사와 정치적 선택에 큰 영향을 줄 수 있겠지만 그것이 절대적인 것은 아니라고 생각한다. 양자 모두 인간의 생각이 큰 역할을 할 수 있고, 인간의 의지가 역사에 영향을 줄 수 있음을 인정한다. 그러나 진보 자유주의자는 역사가 진보할 것이라고 가정하기 때문에 다원주의자보다 좀 더 확고한 존재론적 가정을 보유하고 있다고 볼 수 있다. 헤겔과 마찬가지로 진보 자유주의자 역시, 미흡한 사상이 좀 더 완전한 사상으로 대체될 것이며, 지식과 도덕적 인식이 계속 축적되기 때문에 삶의 질이 저하되더라도 그것은 진리의 일시적인 궤도 이탈일 뿐, 가장 중요한 진리 자체는 절대 변치 않을 것이라고 믿는다. 따라서 후쿠야마가 주장했듯이 진보 자유주의는, 근본적 자유주의의 가치들 — 개인주의, 자유, 평등, 안전, 기회, 번영 — 과, 진보 자유주의가 상정하는 기본적 사회구조 — 민주주의, 자본주의 — 가 모든 인간에게 좋은 삶을 제공해 주는 궁극적인 정치적 안내자 역할을 한다고 믿는다. 이런 진보 자유주의의 이상을 구현하지 못하게 하는 정치적 실수는 인간의 지성으로 충분히 탐지할 수 있고, 그렇게 됐을 때 실수에 대한 교정이 이루어져 진보 자유주의적 목표를 보편적으로 실현하는 진보가 재개될 수 있다고 본다.

그러나 다원주의자들은 진보 자유주의의 이런 가정에 의문을 제기한다. 이들은 우리가, 윌리엄 제임스 William James, 1842~1910가 말한 '다원계' 多元界, pluriverse — 진보 자유주의가 신봉하는 가치 외에도 여러 다중적이고 경합하는 가치들로 이루어진 세계 — 속에 살고 있다고 믿는다. 예를 들어, 이들은 진보 자유주의에서 생각하는 것보다 더 깊은 차원의 집단적 도덕성에 대해 보수주의자가 품는 열망을 높이 평가한다. 이들은 진보 자유주의에서 제시하는 것보다 더 강력한 사회연대를 향한 사회주의자의 포부에 십분 공감한다. 이들은 또한 진보 자유주의, 보수주의, 사회주의, 기타 '다원주의의 지지자들'이 지닌 가치를 거부하는 사람들이나 문화권이 있다는 점을 잘 안다. 다원주의자들은, 진보 자유주의자가 현대에 맞지 않는 정치적 입장이라고 생각하는 구식의 존재론적 가정에 의해 역사가 다시 과거의 방식대로 재구성될 가능성도 있다고 생각한다. 예를 들어, 하느님 또는 알라신의 근본적인 명령에 순응하는 세상, 경제적 힘이 궁극적으로 공산 사회를 창조할 것이라고 믿는 마르크스주의적 관념에 순응하는 세상, 또는 자본주의 외의 다른 대안이란 있을 수 없고 무조건 자본주의경제법칙을 따라야 한다는 신자유주의적 지구화론자의 주장에 순응하는 세상이 올 수도 있다는 말이다. 진보 자유주의자는 진보 자유주의 가치를 구현하고 싶어 하겠지만, 그들이 진보 자유주의에 앞서 다원주의를 신봉한다면 그들이 자유주의적 이상을 향한 진보가 절대적이고 필연적이라고 가정하는 일은 일어나지 않을 것이다. 자유주의적 진보가 일어나더라도 그것은 그때의 상황에 달린 문제이지, 확정적이고 필연적이라고 보지는 않을 것이다. 이런 입장을 취한다면 자유주의자는 자유주의적 진보를 필연적인 것으로 가정하지 않은 채, 그렇게 되기를 희망하고 추구할 수 있을 뿐이다. 이런 관점에서 오바마는 진보 자유주의자이기 전에 다원주의자라고 생각된다. 그의 저술·연설·정책으로 보건대 오바마는 분명 진보 자유주의적 가치의 온전한 실현이 가능하다고 낙관하는 자유주의자이지만, 그렇게 되기 전에 수많은 장애물 — 우리의 두려움과 냉소주의 및 위선 — 을 먼저 극복해야 함을 이해하는 다원주의자이기도 하다.

 이런 장애물은 다원주의의 반대자뿐 아니라, 정도의 차이는 있을지언정 모든 사람에게 해당한다. 진보 자유주의자는 인간 본성을 희망적으로 본다. 진보 자유주의자는 모든 인간이 다음과 같은 점, 즉 이성적 존재이고, 좋은 삶을 영위하려는 목표를 추구하며, 타인의 존엄과 포부를 존중할 만한 능력을 지닌다는 사실을 신뢰한다. 개인에 따라 이런 점이 미흡한 사람도 있을 수 있겠지만, 그것은 인간 본성의 본질적 특성이라기보다 환경의 산물이라고 생각한다. 다원주의자도 이 같은 가정을 전적으로 거부하지는 않지만, 완전하다고 생각하지도 않는다. 다원주의자들은 보수주의에서 다음과 같은 사실, 즉 모든 인간이 어느 정도 타락할 수 있는 존재이거나, 그렇지 않으면 교만해지기 쉬운 존재여서 자신의 이익과 가치관에만 몰두한 나머지 자신의 제안이 완전무결하다는 착각에 빠지고, 타인의 가치관을 무조건 거부하곤 한다는 교훈을 얻었다. 다른 한편, 다원주의자들은 자유주의에서 다음과 같은 가정, 즉 모든 인간은 근본적으로 평등하므로 모두가 똑같은 존중과 대우를 받을 가치가 있다는 가르침을 받았다. 그러나 자유주의에서는 인간의 선량함을 강조하기 때문에 인간에 내재된 어두운 면을 경계해야 할 필요성이 분명히 있다는 사실을 망각하기 쉽다. 진보 진영에서 오바마에게 바라는 것보다, 오바마의 행동이 더 신중한 것도, 그가 나약한 인간의 한계를 잘 파악하고 있기 때문이라고 생각된다. 진보 자유주의자들이 자신의 성향대로만 행동할 경우 그들은 과도한 정책 — 예를 들어, 지나친 경기 부양책 — 을 채택할 가능성도 없지 않다. 그렇게 됐을 때 스스로 예견하지 못했던 결과가 초래될 수도 있다. 이념적으로 좀 더 확고한 진보 자유주의 진영과 비교해서 오바마는 한층 신중한 행보를 보여 왔다. 행동에 나서기 전에 모든 의견을 의제로 삼아 논의하고, 점진적으로 전진하는 편을 선호한다. 요컨대, 오바마는 진보 자유주의가 신봉하는 인간 본성 사상에 의거하여 모든 사람이 자신의 잠재력을 활짝 꽃피울 수 있게 해주는 정부의 적극적 행동을 지지하지만, 다원적 관점에 의거하여 진보 자유주의만이 인간을 좋은 삶으로 이끄는 유일한 안내자라는 생각에 대해서는 회의적인 태도를 취한다고 볼 수 있다.

진보 자유주의자와 다원주의자는 사회의 특성에 대해서도 많은 점에 동의하는 편이다. 더 특정한 진보 자유주의 공공 철학과, 더 일반적인 다원적 관점이 모두, 우리 사회가 다양한 개인 및 집단들 — 수많은 자발적 결사체들, 경제적 조직들, 정치적 단체들 — 로 이루어져 있다고 생각한다. 양자 모두 이런 개인들과 집단들이 이해관계와 가치관에서 공통점과 차이점을 지니고 있다고 본다. 따라서 개인들 및 집단들 사이에서 발생하는 사회적 갈등은 (계급·인종·젠더 등으로 규정되는) 수많은 사회적 균열선을 따라 조직화될 수 있다. 그러나 진보 자유주의자를 비롯한 특정 이념의 신봉자들은 이런 균열에 따라 사람들을 '좋은 사람'과 '나쁜 사람'으로 가르는 경향이 다원주의자들보다 더 심한 편이다. 다원주의자들도 사회적 균열의 존재를 인정하지만 이것을 절대적인 구분으로 삼기보다 일종의 불균형으로 파악한다. 이들은 진보 자유주의자가 '나쁜 사람'으로 여기는 인간들이 무조건 부패했고 착취적이거나 타인을 지배하려 한다고 보지 않고, 그들이 사업 수완이 좋고 더욱 열성적이거나 성취욕에 불타는 인간들일 수도 있다고 본다. 오바마는 부패한 관행들이 존재한다는 사실을 인정하면서, 착취당하고 지배받는 사람들을 도울 방도를 강구해야 한다고 주장하지만, 진보 자유주의의 적들을 무조건 일반화하여 일방적으로 매도하지는 않는다. 오바마는 사회의 각 영역에 수많은 행위 주체들이 있으며, 이들이 나름대로 정치 공동체에 중요한 기여를 하고 있음을 인정한다. 사회 내 모든 행위 주체들이 가진 저마다의 정당한 이익과 이상을 이해하며, 그들이 사회에 기여하는 바를 인정해 주어야 한다고 믿는다.

정치 이념의 철학적 가정에 관해 생각해 볼 때, 오바마가 가장 오해받고 있는 부분이 바로 그의 인식론적 입장이다. 사람들은 흔히 오바마를 실용주의자라고 부르곤 하며, 원칙 없는 실용주의 노선 때문에 그가 진보적 가치를 저버렸다고도 한다. 하지만 진보 자유주의 노선이야말로 실용주의를 가장 중시하는 이념이므로 이런 식의 진단은 정확하지 않다. 현대 자유주의는 그 선행 이념인 고전적 자유주의가, 자연권과 공리주의에만 의존해서는 정치적 진리를 제대로 파악하기 어렵다는 한계를 인식하면서부터 새롭게 만들어진 이념이다. 20세기 들어 자유주의는 두 가지 의미에서 실용주의적으로 진화했다. 첫째, 현대 자유주의는 절대 불변의 진리('선악')란 존재하지 않으며, 단지 극복해야 할 확실한 문제들('해악')만이 존재한다는 점을 인식하게 되었다. 실용주의는 여러 문제들 — 예를 들어, 세계 무대에서 전체주의와 맞서는 문제, 대공황에서 경제를 회복할 과제, 또는 사회적 편견과 차별을 해결해야 할 임무 등 — 을 해결할 수 있는 효과적인 수단이 무엇인가에 관한 사회·정치적 지식을 찾을 때 실험적인 접근 방식을 취했다. 둘째, 현대 자유주의자는 이런 문제를 해결할 사회적 실험을 행하는 과정에 저항이 끊이지 않으리라는 사실을 간파했다. 현대 다원적 사회 내에 강력한 권력을 가진 행위 주체들의 생각이 모두 다르기 때문이다. 따라서 이런 사회적 실험을 수행하기 위해 충분히 힘을 갖춘 사회 세력들을 규합하려면 여러 이해관계들을 하나의 틀 내로 수용할 필요가 있었다. 오바마 대통령은 이

두 가지 점에서 모두 자유주의적 실용주의자라 할 수 있다. 그러나 그는 단순한 자유주의적 실용주의자 이상의 면모를 지니고 있다.

실용주의는 정책 입안과 사회공학의 수준에서 효과적으로 작동할 수 있는 인식론적 접근이다. 실용주의는 각종 정책 네트워크의 전문성을 동원하고, 다양한 목표들을 조화시키는 방식으로 사회문제를 해결하는 최선의 판단을 내릴 수 있게 해주는 접근을 말한다. 그러나 실용주의는 정책 입안보다 더 높은 수준에서의 정치 문화까지 만족스럽게 해결할 수 있는 접근은 아니다. 세상 돌아가는 형편을 잘 아는 대중이라 하더라도 각종 경기 부양책의 복잡한 내용들, 공중 보건 정책에 관한 갖가지 제안 속에 함축된 미세한 차이들, 지구온난화를 줄일 수 있는 환경규제 정책, 테러리즘에 대응하기 위한 효과적 전략 등을 자세히 이해하기는 어렵다. 하물며 실용주의적 정책을 제대로 이해하기란 더더욱 어렵다. 따라서 일반 대중은 각종 정치 세력의 손쉬운 공략 대상이 되며, 집권 정부의 정치적 반대파들에 의해 조종되기 쉽다.

미국은 점점 더 두 진영으로 쪼개진 나라처럼 되어 간다. 한편으로, 진보 자유주의 활동가들은 정치에 믿음을 품으며, 정치가 사회문제를 해결할 수 있는 성공적인 정책 실험을 내놓을 수 있다고 믿는다. 다른 한편으로, 보수 활동가들은 정치인을 전반적으로 불신하며 정치인들이 사회를 발전시키기 위해 실용주의적 노력을 기울이는 것을 냉소적으로 받아들인다. 이 두 집단은 현재 두 종류의 이념 정당, 즉 민주당과 공화당을 중심으로 조직화되어 있으며, 이 정당들은 정치권력을 쟁취하기 위해 끝없는 투쟁을 벌이고 있다. 현재 소수당인 공화당은, 민주당에서 제안하는 모든 실용주의적 개혁에 반대하고, 개혁 하나하나에 대해 대중의 공포를 자아내며, 민주당에 대한 대중의 반감을 선동하기 위해 가능한 한 모든 정치적 수사들을 동원하겠다는 강력한 동기에 의해 추동되고 있다. 이런 정치 환경에서 실용주의 노선은 (이런 선전·선동 책략에 취약한 정치적 환경과 정치 문화의 문제를 해결할 수 있는) 일종의 공공 정치철학으로 보완될 필요가 있다.

그러므로 우리 시대의 중차대한 문제들 — 예컨대, 어떻게 경제를 전반적으로 회복시킬 것인가, 모든 사람들에게 어떻게 하면 의료를 적절히 제공해 줄 것인가, 생태적인 재난을 어떻게 방지할 것인가, 그리고 다원주의의 적이라 할 수 있는 테러 집단으로부터 어떻게 안보를 지킬 것인가 하는 문제들 ― 을 해결할 수 있는 공공정치 철학으로 다원주의가 가장 유망한 후보가 될 수 있지 않을까 한다. 사려 깊은 지식인들과 정치인들은 자기가 신봉하는 이념만이 절대 진리를 제시한다고 믿는 이데올로그들을 오랫동안 개탄해 왔으며, 관용·타협·정중함을 강조하는 다원주의의 오래된 이상을 주창해 왔다. 오늘날 새로운 세대의 정치 이론가들, 정치 평론가들, 정치 지도자들 역시 우리의 중요한 정치적 쟁점들을 일거에 해결할 수 있는 절대 진리가 존재하지 않는다는 사실에 동의한다. 또한 정통 다원주의 이론에서 비롯된 개념, 즉 사회 내에서 수많은 이익집단들에게 권력이 분산되어 있고, 이익집단들 사이에서 타협이 이루어지면 그것이 바로 공익과 사회정의에 근접한 상태가 되며, 이때 중요한 정치적 쟁점들을 가장 효과적으로 해결할 수 있다는 개념을 거부한다. 그들은 그런 권력 정치를 넘어서 '원칙 있는 다원주의'를 촉구한다. 다원적 공공 정치철학의 우리 시대의 중요한 쟁점들을 해결하려면 다음과 같은 점을 유념해야 한다고 제안한다. 즉, 어떤 관점도 원천적으로 논의에서 배제해서는 안 되고, 사회의 모든 집단이 자신의 고유한 원칙과 목표를 명료하게 표현할 수 있어야 하며, '공적 이성'을 활용하여 갖가지 대안적 행동에 따르는 장점들 ― 각각의 대안이 자신이 주창하는 원칙과 목표를 달성할 수 있는 능력 ― 의 무게를 달아볼 수 있어야 한다는 것이다. 원칙 있는 다원주의에서 정치적 행위 주체들은 자신의 권력 추구 야망을 절제하고, 깊이 있는 논의가 가능한 의사 결정 과정에 참여하기 위해 노력해야 한다. 이렇게 할 때 가능한 한 많은 사람들의 가장 기본적인 이상을 모두 포함할 수 있는 정책이 도출될 수 있다. 다음과 같은 사실을 인정해야만 한다. 즉, 가장 기본적인 정치적 진리란, 다원주의의 지지자들 ― 보수주의, 진보 자유주의, 급진적 좌파,* 그리고 여타 이념적 관점의 원칙을 견지하는 세력들 ― 이 앞에서 말한 바와 같은 정책 논의에 참여해야 효과적인 정책이 나올 수 있다는 사실이며, 이런 책임을 방기하고 자신의 권력만 추구하기 위해 선전·선동을 불사하는 이데올로그들을 배격하는 것도 민주적 책임에 속한다는 사실이다.

이런 정치의 이상을 구체화하고, 원칙 있는 다원주의가 권력을 추구하려는 동기에 근거한 정치적 양극화보다 더 우위에 서야 한다는 점을 정치 활동가들과 일반 대중에게 설득하는 일이 오바마에게 주어진 가장 큰 도전일 것이다. 오바마는 이런 도전을 잘 인식하고 그것을 소중하게 여기는 것처럼 보인다. 사람들은 오바마가 연설을 잘한다고 칭찬하곤 하지만, 다음과 같은 사실을 간과한다. 즉, 오바마는 연설을 통해 시종일관 미국 사회의 이념적 분열상을 넘어선 지점에 더 넓은 의미에서의 (더 일반적인, 또는 더 추상적인) 정치사상이 자리 잡고 있으며, 모두가 그것을 좋은 정치, 좋은 사회, 모두에게 좋은 삶을 성취하는 데에 중요한 것으로 인정할 수 있어야 한다는 믿음을 심고자 노력한다는 점이다. 본서에서는 다원적 공공 정치철학이 이런 사상을 구체적으로 표현한다고 제안했다. 전 세계의 지도자 가운데 한 사람인 오바마는 이런 사상을 가장 효과적으로 제시할 수 있는 자리에 있다. 점점 더 민주주의가 확산되는 세계 속에서 더 많은 사람들이 다원적 공공 정치철학의 가치를 평가하고, 다원주의를 실천하는 방식으로 효과적인 정치를 위협하는 첨예화된 이념적 견해들을 순화하는 일이 오늘날의 민주주의에서 반드시 필요한 과업이 되었다.

● 본문에서 소개된 여러 이념 가운데서도 이 세 가지 범주만 나열된 것은 현재 미국 정치 지형을 반영한 것이다. 16장이 미국 현실 정치를 염두에 둔 보론이라는 점을 고려해 독해할 필요가 있다.

미주

옮긴이 서문

1_ *The Political Theory Reader*, edited by Paul Schumaker(Chichester, West Sussex: Wiley-Blackwell, 2010).
2_ 박혜영, "'공생의 운명' 망각해선 안 될 망각,"『한겨레』 2010/01/09.
3_ 조효제, "실용주의와 한국 사회," 신정환 외,『문화로 세상 읽기』(서울: 소화, 2009).
4_ George Orwell, "Why I Write," *The Complete Works of George-Orwell*. http://www.george-orwell.org/Why_I_Write/0.html『나는 왜 쓰는가』, 조지 오웰 지음, 이한중 옮김, 한겨레출판, 2010).
5_ "윤여준, 수경, 인명진 등 사회원로, 종교인 78명, MB 임기 안 4대강 완공 유혹 버려야,"『한겨레』 2010/01/29.
6_ 한 법률가의 책 제목도 이 점을 정확히 지적하고 있다. 차병직,『상식의 힘: 세상을 움직이는 기본』(서울: 홍익출판사, 2009).
7_ 이런 관점은 이라크전쟁과 월스트리트 금융 산업의 추락을 계기로 최근 더욱 부각되고 있다. 정치와 경제에서 나타나는 "오만함"(hubris)의 말로를 고발한 대표적인 저술로 다음을 보라. Michael Isikoff and David Corn, *Hubris: The Inside Story of Spin, Scandal, and the Selling of the Iraq War* (New York: Random House, 2007); William D. Cohan, *House of Cards: A Tale of Hubris and Wretched Excess on Wall Street* (New York: Random House, 2010).
8_ 이와 유사한 발상으로 이국운 교수는 "인문 교양의 핵심으로서 법과 법학"을 제창하고 있다. 이국운, "법학부, 앞으로의 방향은?,"『한동신문』 2007/09/19.
9_ 인문 교양 교육을 중심으로 한 미국의 인문 교양 대학(liberal arts college) 제도에 대해서 다음 저서를 참조하라. 조효제, "인문 교양 대학을 아십니까? 1, 2,"『인권의 풍경』(서울: 교양인, 2008); 로렌 포프, 김현대 옮김,『내 인생을 바꾸는 대학』(서울: 한겨레출판부, 2008).
10_ 슈메이커 교수가 본서를 인문 교양 교육을 위한 정치철학서로 구상한 점은 다음과 같은 사실에서 잘 드러난다. 즉, 저자는 정치철학과 인문 교양적 심미성이라는 보편적 지향이 합치될 수 있다고 믿는 것 같다. 나는 이 점을 다음과 같이 풀이한다. 역자 서문의 도입부에 제시한 토마스 만의 제사(題詞)는 예이츠의 "정치"(Politics)라는 시의 제사에서 따왔다. W. B. Yeats, *The Collected Poems of W. B. Yeats*, edited by Richard J. Finneran, New York: Simon and Schuster Inc., 1989). 그런데 역설적이게도 예이츠는 정치라는 "공적인 삶"보다 삶·사랑이라는 "사적인 삶"을 옹호하기 위해, 즉 토마스 만의 테제를 반박하기 위해 만의 글귀를 자기 시의 서두에 붙여 놓았다. 그러나 슈메이커 교수는 예이츠의 이런 이분법을 다시 반박하는 입장을 취하고 있다. 흥미롭게도 제임스 조이스의『젊은 예술가의 초상』에 나오는 주인공 스티븐 디덜러스는 토마스 아퀴나스(Thomas Aquinas)를 인용하여 아름다움의 세 가지 조건으로 "명징성"(claritas), "완성"(integritas), "합의"(consonantia)를 들고 있다. James Joyce, *A Portrait of the Artist as a Young Man* (New York: B. W. Huebsch, 1916), p. 248. 이는 내가 앞에서 말했던『진보와 보수의 12가지 이념』의 세 가지 특징, 즉 정치 이념의 명료한 정리(명징성), 정치

이념의 구성(완성), 다원적 공공 정치라는 공통분모(합의)와 정확히 대응되는 관점이라 할 수 있을 것이다. 즉, 슈메이커 교수는 비판적 인문 교양 교육과 사회과학이 유의미하게 조우할 수 있음을 본서를 통해 증명하고 있다고 생각된다.

11_즉, 그 경계선을 절차적 민주주의와 사회적 자유주의 수준에 둘 것인지, 아니면 참여 민주주의와 민주사회주의의 범위로 넓힐 것인지, 아니면 급진민주주의와 운동 정치 차원의 거버넌스 모델로 갈 것인지를 따져 볼 필요가 있다. 예를 들어, 다음을 보라. 박동천, 『깨어있는 시민을 위한 정치학 특강』(서울: 모티브북, 2010); 조희연, 『비정상성에 대한 저항에서 정상성에 대한 저항으로』(서울: 아르케, 2004). 프레드 할리데이는 진보 진영의 "복합적 연대"(complex solidarity)라는 표현을 제안한다. Fred Halliday, "9/11 and Middle Eastern Studies past and future: revisiting Ivory towers on sand," *International Affairs* 80(5), 2004, pp. 953-962.

12_정치철학의 일반적인 입문서로는 다음을 보라. Robert Eccleshall et al., *Political Ideologies: An Introduction*, 3rd ed.(London: Routledge, 2003); Barbara Goodwin, *Using Political Ideas*, 3rd ed.(Chichester: John Wiley & Sons, 1992); Lyman Tower Sargent, *Contemporary Political Ideologies: A Comparative Analysis*, 13th ed.(Belmont, CA: Thompson Wadworth, 2006); Adam Swift, *Political Philosophy: A Beginners' Guide for Students and Politicians*, 2nd ed.(Cambridge: Polity, 2006). 정치 이념에 관한 학술적 논의에서 대표적인 저술로는 다음을 보라. Michael Freeden, *Ideologies and Political Theory: A Conceptual Approach* (Oxford: Oxford University Press, 1998). 정치 이념의 독본으로는 다음을 보라. Robert E. Goodin and Philip Pettit, eds., *Contemporary Political Philosophy: An Anthology* (Oxford: Blackwell Publishers, 1997); Paul Schumaker, ed., *The Political Theory Reader* (Chichester, West Sussex: Wiley-Blackwell, 2010).

13_Max Weber, *The Protestant Ethic and the Spirit of Capitalism*, translated by Talcott Parsons(New York: Charles Scribner's Sons, 1904-05/1930).

14_『NGO의 시대』(2000); 『전 지구적 변환』(2002); 『지구시민사회』(공역, 2004); 『세계인권사상사』(2005); 『머튼의 평화론』(2006); 『직접행동』(2007); 『잔인한 국가 외면하는 대중』(2009); 『인권의 대전환』(2009); 『진보와 보수의 12가지 이념』(2010).

1장 | 공공 정치철학의 구성

1_예를 들어, 다음을 보라. John Rawls, *A Theory of Justice*; Michael Sandel, *Democracy's Discontent*. 정치적 쟁점을 해결하기 위해 숙의 과정이 중요하다는 점을 강조하는 문헌들은 다음 책에 다양하게 정리되어 있다. Amy Gutmann and Dennis Thompson, *Why Deliberative Democracy?*

2_Kathleen Knight, "Transformations of the Concept of Ideology."

3_John Thompson, *Studies in the Theory of Ideology*; Michael Freeden, *Ideology*, pp. 1-11.

4_글렌 틴더는 다음 저서에서 정치의 '영원한 문제들'에 대해 고전적인 개설을 제공한다. Glenn Tinder, *Political Thinking*.

5_David Easton, *A Systems Analysis of Political Life*, p. 154(『정치생활의 체계분석』, 데이비드 이스턴 지음, 이용필 옮김, 법문사, 1988).

6_Karl Deutsch, "On Political Theory and Political Action," p. 18.

7_이 가운데 어떤 공동체들 — 예컨대, 전 지구적 공동체와 같은 — 은 통치 제도 및 시민들의 책임을 법률로 집행할 수 있는 능력을 가진 조직화된 정치적 국가로 존재하지 않을 수도 있다. 그러나 그런 공동체라 하더라도 인간의 정체성을 구성하는 토대가 될 수 있으며, 그 공동체가 정치 공동체로서 달성할 수 있는 바가 인류의 중요한 목표라고 간주하는 사람들도 많다.

8_관찰 가능한 세계 내에서 두 가지 별개의 현상을 연결할 수 있는 타당한 일반화를 통해 설명과 예측 모두를 할 수 있다. 예를 들어, 민주주의의 확산과 전쟁의 감소가 연관되어 있다는 일반적 명제를 고찰해 보자. 이런 일반화는 (잠재적으로) 민주주의의 확산과 연관된 요소들 덕분에 전쟁이 줄어든다는 주장을 (잠재적으로) 설명할 수 있다. 또한 이런 일반화는 (잠재적으로) 전 세계에 걸쳐서 민주주의의 가치와 제도들이 비민주적 정권을 계속 대체해 갈 때 전쟁이 줄어들 수 있다고 예측한다.

9_틴더는 '인간적 불확실성'이라는 개념을 통해 이런 식의 잠정성을 전형적으로 표현한다. Tinder, *Political Thinking*, pp. 237-250.

10_대다수 '과학 철학자'들은, 자연 세계이든 사회 세계이든 간에, 모든 사상의 잠정성을 인정한다. 다음을 보라. Thomas Kuhn, *The Structure of Scientific Revolutions*.

11_정치철학과 정치학을 분리시키고, 실증적 이론과 방법론을 강조하려는 시도로는 다음을 보라. David Ricci, "The Tragedy of Political Science." *The American Political Science Review* (November 2006)의 백주년 기념호에는 이런 쟁점을 다루는 여러 논문들이 게재되어 있다.

12_로버트 달과 같은 '다원주의' 이론가들이 제시한 미국 도시에서의 권력 분포에 관한 자유주의적 해석에 대한 대응으로, 윌리엄 돔호프와 같은 엘리트주의 이론가들은 자본가들의 지배에 관한 마르크스주의적 가설을 주창했다. Robert Dahl, *Who Governs?*; William Domhoff, *Who Really Rules?*

13_Raymond Wolfinger, "Reputation and Reality in the Study of Community Power."

14_Domhoff, *Who Really Rules?*

15_David Ricci, "Receiving Ideas in Political Analysis."

16_미셸 푸코와 같은 포스트구조주의자들은 추가적인 권력 개념을 강조한다. 다음 문헌이 이 논쟁을 개관하고 있다. Thomas Wartenberg, *The Forms of Power*.

17_이런 식의 권력의 세 차원에 관한 네오마르크스주의적 해석은 다음을 보라. Steven Lukes, *Power: A Radical View*. 권력 차원에 관한 자유주의적 해석은 다음을 보라. Robert Dahl, *Democracy and Its Critics*, pp. 111-114.

18_Willis Hawley, *Nonpartisan Elections*.

19_Paul Peterson, *City Limits*.

20_변증법적 방법론을 활용한 최근의 경우로서 민주주의자와 그 반대자들 간의 흥미로운 대화들을 참고하라. Dahl, *Democracy and Its Critics*.

21_Ricci, *The Tragedy of Political Science*, pp. 300-301.

22_'이상적인 것'과 특정한 상황에서 '최선인 것' 사이에는 차이가 있다는 사상은 아리스토텔레스의 『정치학』(*The Politics*)에서 비롯된 것이다. 예를 들어, 우리는, 일반적으로 그리고 이상적으로 말해, 민주적 제도가 최고라고 확신한다 하더라도, 아리스토텔레스의 주장에 동조하여, 경우에 따라서는 민주적 제도가 적합지 않은 정치 문화를 지닌 나라도 존재할지 모른다고 인정할 수 있다. 공동체의 종류가 다를 경우 정치적 원칙도 달라질 수 있음을 인정한다면 각 정치 공동체 내

의 구성원들이 어떤 정치적 원리가 자신들에게 가장 적합할 것인지를 놓고 각각 작은 규모의 정치적 대화를 전개하는 것이 좋다는 말이 될 수도 있다.

23_이런 과정은 다음의 경우, 즉 롤스가 『정의론』(A Theory of Justice)을 맨 처음 펴냈다가 수천 건의 논문과 저술들이 롤스에 응답하여 나왔다는 사실 자체, 그리고 그 후 그가 『정치적 자유주의』(Political Liberalism)와 같은 후속 작업을 통해 자신의 견해를 수정했던 사례를 통해서도 잘 입증된다. 롤스의 저작들은 우리가 '정의'를 이해하는 방식을 크게 발전시켰지만, 정치에 관한 대화는 그것으로 끝난 것이 아니고 앞으로도 영원히 이어질 것이다.

24_정통 다원주의에 대해 고전적으로 기술한 작업으로 다음을 보라. David Truman, *The Governmental Process*; Dahl, *Who Governs?*

25_다원주의 이론의 규범적인 사상을 다른 최근의 저작으로 다음을 보라. Michael Walzer, *Spheres of Justice*; Avigail Eisenberg, *Reconstructing Political Pluralism*; John Kekes, *Pluralism in Philosophy*; Richard Flathman, *Pluralism and Liberal Democracy*; William Connolly, *Pluralism*.

26_이 분야에 관한 엄청난 분량의 문헌을 개관한 것으로는 다음을 보라. Robert Dahl, *Dilemmas of Pluralist Democracy*; John Manley, "Neopluralism"; Donald Brand, "Three Generations of Pluralism." 필자의 다음 저서도 다원주의를 평가하는 이론을 다루고 있다. Paul Schumaker, *Critical Pluralism*.

27_Richard Hofstadter, *The American Political Tradition*; Louis Hartz, *The Liberal Tradition in America*.

28_Herbert McClosky and John Zaller, *The American Ethos*.

29_Ronald Inglehart, *Human Values and Social Change*.

30_George Klosko, *Democratic Procedures and the Liberal Consensus*.

31_Rawls, *Political Liberalism*, p. 164(『정치적 자유주의』, 존 롤즈 지음, 장동진 옮김, 동명사, 1999, 204쪽).

32_Bernard Crick, *In Defence of Politics*, pp. 111-139.

33_다니엘 벨은 파시즘과 나치즘의 몰락 후에 '이념의 종언'(The End of Ideology)을 선포했으며, 프랜시스 후쿠야마는 동유럽권이 소련의 지배로부터 해방되고 소련 제국이 붕괴한 후 '역사의 종언'(The End of History)을 선포했다.

34_합의는 만장일치와는 다르다. 다원적 사회에서 여론조사를 해보면 그 사회 내에서 가장 널리 받아들이는 견해에 대해서조차 반대하는 사람들이 있다는 사실이 드러난다. 예를 들어, "모든 사람이 자기 발전을 위해 균등한 기회를 부여받아야 한다"라는 원칙에 대해 미국 대중의 2퍼센트가 반대한다고 한다. 다음을 보라. McClosky and Zaller, *The American Ethos*, p. 83.

35_(구성주의와 실용주의 모두) 정치 지식이 사회적으로 만들어지기에('사회적 구성'), 정치 지식이 사회적인 방식으로 재구성될 수도 있다는 사실을 강조한다. 롤스는 정치적 구성주의를, 사회의 기본 구조를 조절하는 원칙을 선택하기 위한 실제적인 절차로 묘사한다. 정치적 구성주의란 일종의 사회적 과정인데, 그 과정을 통해 정치 공동체에 속한 사람들이 자신의 도덕적 역량 그리고 타당성에 대한 의지를 발휘하여 사회적 협력을 위한 공평한 조건을 마련한다고 한다. 다음을 보라. Rawls, *Political Liberalism*, pp. 89-99. 리처드 로티는 실용주의적 접근을 강조하는 철학의 대표 주자일 것이다. 로티는 인간이 객관적인 현실을 반영하는 인식을 획득하는 것을 진리라고 생각하는 오래된 진리 개념에 의문을 제기하며, 진리란 동료 인간들과의 대화를 통해 언어

지는 일종의 합의라고 주장한다. 그가 이런 부류의 주장을 제기한 저작으로 다음을 보라. Richard Rorty, *Consequences of Pragmatism* ; Rorty, *Truth and Progress*.
36_Rawls, *The Law of Peoples*, p. 62. 한편 다원적 인식론에서는 흔히 회의주의를 배격한다는 주장도 있다. Kekes, *Pluralism in Philosophy*.
37_Arthur Okun, *Equality and Efficiency*.
38_공리주의자는 '효용성'이라는 공통 기준을 통해 특정한 가치관을 선택할 수 있다고 주장해 왔다. 그러나 효용성이란 실증적으로 대단히 공허한 개념이며, 다양한 가치들 사이에서 어떤 가치를 추구함으로써 효용성을 얻느냐 혹은 잃느냐를 놓고 각자 비교할 수 있는 것도 아니다. 또한 '판단에 따르는 부담'(burdens of judgment)으로 말미암아 여러 윤리적 가치관들과 가치 체계들 사이에서 택일한다는 것이 복잡한 문제를 야기할 수도 있다. 다음을 참고하라. William Galston, "Liberal Egalitarian Attitudes Toward Ethical Pluralism," p. 29. 예를 들어, 미국 대통령 선출에서 어떤 과정이 최선의 과정인가를 평가하는 데 따르는 도덕적·정치적 판단의 복합성을 여실히 보여 주는 사례로 다음을 보라. Paul Schumaker and Bruce Oppenheimer, "Electoral College Reform."
39_Ronald Dworkin, *Taking Rights Seriously*, pp. 180-181(『법과 권리』, 로널드 드워킨 지음, 염수균 옮김, 한길사, 2010). 평등이라는 개념의 다양한 의미를 폭넓게 다루는 문헌으로는 다음을 보라. Douglas Rae, *Equalities*.
40_정치철학에서 정치적 이상에 관한 지식을 내놓았던 것보다, 정치학에서 정치 세계를 묘사하고 설명하는 지식을 내놓는 데 더욱 성공적이었다고 흔히 이야기한다. 이 말이 맞을 수도 있다. 그러나 실증적·규범적 정치 이론에 대해 여러 이론(異論)이 존재한다. 변증법적 방법론이 정치적 이상에 관해 '진리'를 내놓을 수 없다지만, 과학적 방법론 역시 정치적 신념에 대한 '진리'를 내놓지는 못했다. 과학적 방법론이 정치에 관해 더 나은 묘사와 해설을 할 수 있도록 도움을 주는 것처럼, 변증법적 방법론 역시 정치적 이상론·처방을 내리고 이를 평가하는 데 큰 도움을 준다.
41_Richard Madsen and Traci Strong, *The Many and the One*, p. 2.

1부 |

1_이런 전통을 따르는 주요 저작은 다음으로 보라. Robert Lane, *Political Ideology*.
2_정치 이념의 관점이 사회적 토대를 지니고 있다는 내용을 담은 명저로서 다음을 보라. Karl Mannheim, *Ideology and Utopia*.
3_이런 이유로 이 책에서 다루는 정치적 대화를 서구의 근대적 관점에 국한할 필요가 있다고 가정한다. 물론 서구 문명의 정전(正典)을 서술했던 전근대 사상가들 역시 중요한 생각들의 단초를 제공했지만, 그중 중요한 점들이 상당 부분 이 책에 소개된 여러 정치 이념들 속에 ― 특히 전통적 보수주의에 ― 녹아들어 있다. 다만 이 책의 한계라고 한다면, 이슬람 근본주의를 제외하고 비서구권의 사상을 다루지 않았다는 점이다. 비서구권을 다루려면 별도의 단행본이 필요할 것이다.
4_권위주의와 전체주의 간의 차이는 앞으로 계속 다루겠지만, 권위주의보다 전체주의에서 개인들과 집단들에 대한 국가의 통제를 더욱 강조한다는 것을 염두에 두자. 권위주의에서는 사람들이 공적인 문제만이 아니라, 전통적으로 사적 영역의 문제로 간주되어 온 문제나 시민사회 내의 사

회생활 문제에서, 통치자의 권력에 경의를 표해야 한다고 믿는 편이다.
5_Irving Kristol, *Two Cheers for Capitalism*.

2장 | 19세기의 주요 정치 이념들

1_'이념'(ideology)이라는 용어는 1797년 '이데올로그'(ideologues)라고 불리던 철학자 그룹 — 앙토니 루이클로드 데스튀트 드 트라시(Antoine Louis Claude Destutt de Tracy)가 주도했다 — 에서 만든 말이다. 이데올로그에 대한 설명은 다음을 보라. Schumaker et al., *Great Ideas/Grand Schemes*, pp. 12-13.
2_Max Weber, *The Protestant Ethic and the Spirit of Capitalism*.
3_John Locke, *Letter Concerning Toleration*.
4_Thomas Paine, *The Rights of Man*.
5_John Stuart Mill, *On Liberty*.
6_Thomas Hobbes, *Leviathan*, p. 262(『리바이어던』 1, 토머스 홉스 지음, 진석용 옮김, 나남출판, 2008, 280쪽). 본서에서 기술된 원저의 면수는 참고문헌에 나오는 고전 판본에 따른다. 참고문헌에 소개된 판본에서 대괄호 속의 숫자는 그 원저가 원래 출판된 연도를 표시한다.
7_Mill, *On Liberty*, p. 12(『자유론』, 존 스튜어트 밀 지음, 김형철 옮김, 서광사, 1992, 26쪽).
8_1813년에 출간된 다음 저술의 여백에 표기된 주석에서 나온 것. John Adam, *Discourses on Divila*. 이 내용은 다음에도 실려 있다. Russell Kirk, ed., *The Portable Conservative Reader*.
9_다음을 보라. Houston Smith, *Religions of Man*, pp. 151-154.
10_Edmund Burk, *Reflections on the Revolution in France*, in Peter Stanlis, ed., *Edmund Burke: Selected Writings and Speeches*, p. 444(『프랑스 혁명에 관한 성찰』, 에드먼드 버크 지음, 이태숙 옮김, 한길사, 2008, 93쪽).
11_Burke, *Reflections*, pp. 493-499.
12_20세기 들어 전통적 보수주의는 종교적 관용과 정교분리 원칙을 받아들였다. 그러나 이들은 여전히 교회가 사회적으로 중요한 제도라고 생각했다. 전통적 보수주의에서 생각하는 종교에 관한 각종 견해에 대해서는 다음을 보라. Robert Nisbet, *Conservatism*, pp. 68-74.
13_다음을 보라. Nisbet, *Conservatism*, pp. 2-11.
14_Michael Oakeshott, "On Being Conservative," in Oakeshott, *Rationalism and Politics*, p. 184.
15_José Ortega y Gasset, *The Revolt of the Masses*. 이 책은 지성적으로 대단히 호평을 받은 책으로서, 대중들이 자격 있는 엘리트의 인도를 받을 의무가 있다고 주장한다.
16_Oakeshott, "On Being Conservative," pp. 175-178.
17_Oakeshott, "On Being Conservative," pp. 172-173.
18_'우파', '좌파', '중도파' 등의 용어는 프랑스혁명 당시 국민의회에서 의장의 오른쪽에 보수파, 왼쪽에 급진파, 중간에 중도파가 자리 잡았던 좌석 배치에서 유래했다.
19_Emma Goldman, "Anarchism: What it Really Stands For," in *Anarchism and Other Essays*, p. 50. 골드만은 아나키즘 운동에 투신했던 많은 여성운동가들에서도 가장 저명한 운동가였다. 다음을 보라. Margaret Marsh, *Anarchist Women, 1870-1920*.

20_대다수 아나키즘 분석에서는 개인주의적 아나키즘과 집단적 아나키즘을 구분한다. 다음을 보라. Robert Booth Fowler, "The Anarchist Tradition of Political Thought." 그러나 이와 다른 구분법도 제안되었다. 예를 들어, '철학적 아나키즘'(국가가 개인의 도덕률과 어긋나는 명령을 내릴 경우 개인이 국가권력에 복종하지 말아야 한다고 촉구)과 '정치적 아나키즘'(현존 제도들을 파괴할 행동을 강조)을 구분하는 견해도 있다. Robert Paul Wolff, *In Defense of Anarchism*.
21_Pierre Proudhon, *The General Idea of the Revolution in the Nineteenth Century*, p. 129.
22_미국의 급진주의는 마르크스주의보다 아나키즘과 더 긴밀하게 연관되어 있다. 다음을 보라. David de Leon, *The American Anarchist*.
23_David McLellan, *Karl Marx: His Life and Thought*, pp. 407-411.
24_마르크스-레닌주의와 수정마르크스주의는 각각 공산주의와 사회민주주의 이념으로 구분될 수 있다. 네오마르크스주의와 포스트마르크스주의와 같은 여타 마르크스주의 형태들은 학계에서 여전히 영향력이 큰 사회이론이다. 예를 들어, 프랑크푸르트학파의 비판 이론 ― 특히 막스 호르크하이머(Max Horkheimer)와 위르겐 하버마스(Jürgen Habermas)의 저작에 나타난 ― 은 마르크스로부터 깊은 영향을 받았으며, 철학이 억압적인 사회·정치적 조건들을 사람들이 더 잘 깨닫게 함으로써, 인간의 해방을 촉진하는 실천적 행동이 되어야 한다고 주장한다.
25_예를 들어, 다음을 보라. John Gray, *Liberalisms*.

3장 | 20세기의 전체주의 및 다원적 정치 이념들

1_무솔리니가 주창한 전체주의가 타국의 파시즘에서 주창한 전체주의보다 더욱 노골적이었다는 점에서 이탈리아 파시즘에 주목할 만하다. 공산 정권에서 어느 정도나 전체주의를 주창하고 실행했는지 학문적 논쟁거리이지만, 스탈린 치하의 소련 공산주의와 마오쩌둥 치하의 중국 공산주의가 대단히 전체주의적이었다는 사실은 이론(異論)의 여지가 없다. 파시즘과 일부 공산 정권의 전체주의적 측면을 여기서 강조하는 이유는 다원적 정치와 가장 명백하게 구분되는 사상들이 무엇인지에 주의를 기울이기 위해서다.
2_Robert Dahl, *On Democracy*, p. 8. 달은 이 책의 부록에서, 민주주의 체제를 운용하는 국가의 숫자를 정확하게 파악하기가 어렵다는 점을 논하고 있다.
3_다음을 보라. www.freedomhouse.org.
4_버나드 크릭(Bernard Crick)은 민주사회주의를 (다원적) 정치의 세 번째 주요 사상으로 소개한다. Bernard Crick, *In Defence of Politics*, pp. 130-138. 20세기 내내 사회주의는 국제정치에서 대단히 중요한 사상이었기에, 민주사회주의 사상도 본서의 정치적 대화에서 온당하게 취급될 필요가 있다. 그러나 민주사회주의를 이곳에서 기술하지 않고 다음 장에서 다루는 이유는 세 가지다. 첫째, 사회주의의 정치적 원칙은 자유주의 혹은 보수주의보다 훨씬 더 급진적이었다. 둘째, 사회주의 정당들은 지난 수십 년 동안 급진주의의 경향을 줄여 왔고, 권력을 잡았을 때 자유주의와 큰 차이가 없는 방식으로 통치했다. 셋째, 민주사회주의 외의 관점들도 민주주의의 심화와 자본주의의 억제를 위해 사회주의의 가치를 내세웠으므로 민주사회주의와 (다원주의를 근본적으로 바꾸려는) 여타 급진적 좌파의 목소리들을 한자리에서 다루는 것이 좋을 것이다.
5_이런 전 세계적 추세를 다룬 훌륭한 연구로 다음을 보라. Jeffry Frieden, *Global Capitalism*.
6_다음을 보라. Barry Cooper, *The End of History*, pp. 298-327.

7_전문적으로 말해, 아리아족은 원래 인도 남서부와 이란 지역에서 유래된 인도-유럽 인종을 말한다. 나치는 가무잡잡한 얼굴을 한 원래 아리아족을 예찬한 것이 아니라, 스칸디나비아 계통인 게르만족의 인종적 우월성을 내세우면서 이들을 '아리아족'이라고 불렀다.
8_무솔리니 정권(그리고 헝가리의 파시즘 정권)은 나치보다 유대인들을 훨씬 더 잘 대우했다. 다음을 보라. Hannah Arendt, *Eichmann in Jerusalem*, pp. 138-140, 176-180.
9_다음에서 인용. James Forman, *Fascism*, p. 34.
10_나치는 10~13세기에 제후들이 하나의 중앙 집중적 권력체를 지향하려 했던 게르마니아를 제1제국이라고 간주했다. 제2제국은 1871~1918년에 오토 폰 비스마르크(Otto von Bismarck)의 정책으로 탄생한 독일제국 ― 베르사유조약으로 해체되었다 ― 을 말한다.
11_나치는 유대인들의 세계 정복 음모를 입증하기 위해 흔히『시온의정서』(*Protocols of the Elders of Zion*)를 인용하곤 했다. 의정서는 19세기 말 반유대주의자들이 유대인에 대한 증오를 부추기기 위해 만들어 낸 위작이었다.
12_한나 아렌트는 다음과 같이 말한다. "나치는 독일인들이 세계를 지배할 수 있는 우월한 인종이라고 생각하지 않았다. 오히려 독일인들이, 다른 모든 민족들과 마찬가지로, 어떤 우월한 인종의 지배를 받아야 한다고 생각했으며, 이런 우월한 인종이 이제 막 생겨나고 있다고 믿었다." 여기에 딸린 각주에서 아렌트는 다음과 같이 계속 이야기한다. "히틀러는 1941년 8월 9일에 선포한 명령에서 '독일 인종'이라는 용어의 사용을 금지했다. 그런 용어를 사용하면 단지 국적 원칙만 선호하면서 인종 사상 자체가 경시될 우려가 있기 때문이었다." 다음을 보라. Hannah Arendt, *Origins of Totalitarianism*, p. 412.
13_다음을 보라. Adolf Hitler, *Mein Kampf*, p. 393.
14_다음을 보라. Karl Brader, *The German Dictatorship*.
15_James Weinstein, *The Corporate Ideal and the Liberal State*; Jeffrey Lustig, *Corporate Liberalism*.
16_Theodore Lowi, *The End of Liberalism*.
17_자유주의의 발전에 초점을 맞추는 정기간행물로 다음을 들 수 있다. *The Nation*; *The American Prospect*; *The Brookings Review*; *The New Republic*. 2006년 다음 웹사이트에서 유사한 주제를 다루기 시작했다. *Democracy: A Journal of Ideas* (www.democracyjournal.org); *The Democratic Strategist* (www.thedemocraticstrategist.org).
18_Paul Starr, "Liberalism After Socialism."
19_환경주의에도 종류가 많다. 현대 자유주의는 '환경 관리주의'와 가장 가까운데, 환경 관리주의에서는 정부의 규제만으로 ― 자본주의를 근본적으로 변혁하거나 경제성장을 줄이지 않고도 ― 환경문제를 해결할 수 있다고 본다. '녹색주의'와 같은 더욱 급진적인 환경론자는 현대 자유주의보다 훨씬 더 비판적이며, 독자적인 이념적 관점을 발전시켰다. 이는 다음 장에서 살펴볼 것이다. 자유주의의 환경론과 녹색환경주의 사이의 구분에 대해서는 다음을 보라. Andrew Dobson, *Green Political Thought*, pp. 2-35.
20_우리는 (사회·경제·정치에서 여성이 남성과 동등한 기회를 가질 수 있게 하는 법과 정책을 제정하자는) 자유주의 페미니즘을 현대 자유주의 사상 내에 포함했다. 더욱 급진적이고 극단적인 형태의 페미니즘은 다음 장에서 다룰 것이다.
21_T. H. Green, *Lectures on the Principles of Political Obligation, In Four Essays on Liberty*, pp. 118-172. 이사야 벌린(Isaiah Berlin)은 소극적 자유와 적극적 자유를 나눈다.

22_Daniel Lerner, *The Passing of the Traditional Society*.
23_Mancur Olson, "Rapid Growth as a Destabilizing Force," p. 529.
24_달은 미국헌법을 신성불가침한 문헌으로 보아야 한다는 견해를 비판한다. Dahl, *How Democratic is the American Constitution?*
25_John Dewey, *The Public and Its Problems*.
26_Dewey, *Liberalism and Social Action*, p. 51.
27_Jonathan Rauch, "The Accidental Radical."
28_현대 보수주의가 신봉하는 사상을 이보다 훨씬 길게 작성한 목록으로는 다음을 보라. Rush Limbaugh, *The Way Things Ought to Be*, pp. 2-3. 현대 보수주의에 대해 최초의, 그리고 가장 인기 있는 설명은 아마 다음일 것이다. Barry Goldwater, *The Conscience of a Conservative*.
29_영국의 윈스턴 처칠(Winston Churchill)과 같은 보수주의자는 파시즘 나치즘과 같은 전체주의 이념을 강력히 반대했다. 그러나 현대 보수주의는 파시즘과 나치즘의 전성기가 지난 후 발전했으므로, 주로 정치적 좌파에 반대하는 원칙으로 이해되었다.
30_다음과 같은 매체를 들 수 있다. *Public Interest*; *The National Interest*; *The American Enterprise Magazine*; *The American Spectator*; *Commentary*; *The Weekly Standard*.
31_'신보수주의'(네오콘)라는 명칭은 복잡한 역사를 지니고 있다. 1960년대와 1970년대의 초기 신보수주의에서는 국내 자유주의 정책의 잘못에 초점을 맞춘 반면, 부시 행정부의 새로운 '네오콘'들은 자기들이 보기에 자유주의가 망쳐 놓은 대외 정책의 실패에 더욱 초점을 맞춘다. 오늘날의 '네오콘'들은 자유주의자들이, 안보 위협을 제거하고, 미국의 국익에 더 잘 부합하는 민주 정권들을 수립하기 위해 적극적인 조치를 취하지 않았다고 믿는다. 일반적으로 네오콘은 현대 자유주의 내에서 상당히 급진적인 분파라 할 수 있으므로, 다음 장에서 다룰 것이다.
32_위스콘신 주 출신의 공화당 상원 의원 조지프 매카시(Joseph McCarthy)는 1950년대 초 공산분자들을 색출한다는 명목 아래 벌였던 '마녀사냥'으로 악명을 떨쳤다. 따라서 매카시즘은, 미국을 좌경화하기 위해 정부 내에 공산 첩자들이 침투해 있다고 생각하는 보수주의자들의 경향성을 보여 주는 하나의 암호명이 되었다.
33_George Gilder, *Wealth and Poverty*, pp. 135-136.
34_James O. Wilson, "The Rediscovery of Character," pp. 3-16.
35_다음을 보라. Allan Bloom, *The Closing of the American Mind*.
36_Wilson, "Rediscovery of Character," p. 16.
37_자유주의가 주창한 다문화주의 및 전투적 소수자와 페미니스트가 구사하는 언어를 조롱하기 위해 보수주의에서 '정치적 올바름'이라는 표현을 만들어 냈다. 자유주의자들이 인종적·성적으로 부적절한 언사를 줄이려 하는 것만큼, 보수주의에서는 같은 노력이 언론의 자유 원칙에 위배된다는 이유로 자유주의를 비판한다.
38_보수주의가 자유 시장 자본주의를 예찬하는 데에 가장 중요한 저술로 꼽는 책으로 다음을 참조하라. Milton Friedman, *Capitalism and Freedom*.
39_The Ramsey Colloquium, "Morality and Homosexuality," *Wall Street Journal* (February 24, 1994), p. A20. *First Things* (March 1994)에 가장 먼저 실렸던 이 기사의 필자들은 종교와 공적 생활 협회(Institute for Religion and Public Life)의 지원을 받았다.
40_이런 논지가 가장 강하게 담긴 주장은 다음을 참고하라. Milovan Djilas, *The New Class*.
41_Francis Fukuyama, *The End of History*.

42_Roland Pennock, "Liberalism Under Attack."
43_Michael Tomasky, "Party in Search of a Notion."
44_다음을 보라. "Is the Common Good Good?" *The American Prospect* (July/August 2006). 이 글에는 토마스키의 주장에 대한, 윌리엄 갈스턴을 비롯한 이들의 반박이 실려 있다.

4장 | 현대 정치의 급진적 이념과 극단적 이념

1_생탕드레는 그의 사이트에 2백 개가 넘는 정치 이념들을 열거해 놓았다. Peter Saint-André, *The Ism Book* (www.ismbook.com/ismlist.html).

2_예를 들어, 두 가지 차원—① 경제활동에 관한 국가의 개입 정도, ② 사회·도덕적 사안에 관한 국가의 개입 정도—을 결합하여 일종의 이념상 유형도를 만들려는 이론가들이 많다. 자유 지상주의는 경제활동과 도덕적 사안 모두에서 국가의 최소주의 개입을 원한다. 자유주의는 도덕적 사안에 대해 국가의 최소주의 개입, 그리고 경제활동에서는 국가의 최대주의 개입을 원한다. 보수주의는 경제활동에서 국가의 최소주의 개입을, 도덕적 사안에서는 국가의 최대주의 개입을 원한다. 공동체주의는 경제활동과 도덕적 사안 모두에서 국가의 최대주의 개입을 원한다.

3_예를 들어, 다음을 보라. Richard Rorty, *Achieving Our Country*, p. 14; Noberto Bobbio, *Left & Right: The Significance of a Political Distinction*.

4_이 유형도는, 다른 모든 유형도와 마찬가지로, 특정 사안을 분류하기가 어려울 수도 있다. 예를 들어, 공동체주의의 창안자들은 공동체주의를 좌-우 정치 이념을 넘어서는 관점이라고 말해 왔다. 다음을 보라. Amitai Etzioni et al., *The Communitarian Reader*, p. 7. 공동체주의는 자유주의의 이론적 토대가 함축한 문제점을 지적함으로써 자유주의의 좌우에 있는 모든 사람에게 호소력을 가져와 왔지만, 그와 함께 공동체주의의 중심 사상을 어느 쪽에 분류해야 할지를 놓고 혼란을 야기해 왔다. 이런 문제를 해결하기 위해, 분석가들은 흔히 공동체주의 내의 두 가지 하위이념을 구분한다. 예를 들어, "앞을 내다보는" 공동체주의와 "뒤를 돌아보는" 공동체주의를 구분하는 이론가도 있다. Derek Phillips, *Looking Backwards*. 여기서도 이런 식의 어떤 구분이 필요할 것이다. 다음에서, 좌파에 속하는 공동체주의는 '시민적 공동체주의'로, 우파에 속하는 공동체주의는 '전통적 공동체주의'로 분류할 것이다.

5_다음을 보라. Andrew Dobson, *Green Political Thought*.

6_다음을 보라. Rosemary Tong, *Feminist Thought*.

7_하나의 완결된 정치 이념으로서의 민주사회주의에 관해서 다음을 보라. Paul Schumaker et al., *Great Ideas/Grand Schemes*, ch. 9.

8_급진적 좌파 사상을 다루는 주요한 정기간행물로는 다음이 있다. *Dissent*; *The Progressive*; *The New Left Review*; *The Socialist Review*.

9_자유주의와 마찬가지로 사회주의에도 여러 종류의 '사회주의들'이 있다. 다음을 보라. Anthony Wright, *Socialisms*. 여기서 우리의 관심은 사회주의의 핵심 사상과 중심적 경향을 기술하는 것이다.

10_현대 포스트마르크스주의 역시 이와 비슷한 주장을 한다. 즉, 엥겔스가 마르크스 사상에서의 결정론을 과도하게 강조했으며, 마르크스 자신은 민주적 참여의 증대방안 그리고 자본주의적 생산양식에 대한 사회적 통제의 강화에 주로 관심을 기울였다고 보는 것이다. 그런데 민주사회주

의와 여타 급진적 좌파의 목소리들은 이런 관점을 일반적으로 공유하고 있으나, 포스트마르크스주의는 이런 관점을 제시하면서도 주로 자본주의의 착취적 역할에 초점을 맞추면서 (마르크스주의와 다원주의자들을 오랫동안 소원하게 했던) 전통적인 마르크스주의의 언어를 여전히 사용하고 있다. 포스트마르크스주의에 관한 개설은 다음을 보라. Terrell Carver, "Marxisms and Post-Marxisms"; Stuart Sim, *Post-Marxism*.

11_이런 현상을 '미국 예외주의'(American exceptionalism)라며, 왜 미국에서 사회주의가 중요한 정치 이념으로 등장하지 못했는지에 대해 갖가지 설명이 제출되어 있다. 역사적 설명 방식에 따르면, 봉건제를 겪지 않았던 미국인들은 중산층에 편입되기가 상대적으로 쉬웠으므로, 급진 사회주의 정치에 대한 관심이 적었다고 한다. 경제적 설명 방식에 따르면, 미국의 풍부한 자연 자원과 산업·기술 발전이 결부되어 예외적으로 높은 경제성장이 이루어졌고, 대다수 미국인들에게 경제적 기회를 풍족하게 제공했기 때문에 사회주의가 인기를 끌지 못했다고 한다. 정치적 설명 방식에 따르면, 미국 헌법의 특수성 때문에 사회주의 정당과 같은 계급에 기반을 둔 파당이 정치체계를 지배할 수 있는 힘을 갖지 못했다고 한다. 사회학적 설명 방식에 따르면, 미국 내의 다민족적 인구구성으로 다양한 인종·종족에 속한 노동계급들이 단일한 사회주의 정당의 기치 아래 단일한 경제적 이익을 추구하기가 어려웠다고 한다. 문화적 설명 방식에 따르면, 미국의 '독립적 개인주의'(rugged individualism) 정신, 신분 상승의 꿈, 평등에 대한 막연한 두려움 등이 사회주의를 경원시하게 만들었다고 한다. 미국 예외주의의 논의로는 다음을 보라. Seymour Martin Lipset and Gary Marks, *It Didn't Happen Here*.

12_예를 들어, 다음을 보라. Mickey Kaus, *The End of Equality*.

13_이 자료는 다음에서 인용했다. Manfred Steger, *Globalism: Market Ideology Meets Terrorism*, p. 118.

14_Kai Nielsen, *Globalization and Justice*, p. 33.

15_주도적인 세계주의 이론가들은 다음과 같다. 다니엘 아르키부지(Daniele Archibugi), 찰스 베이츠(Charles Beitz), 조지프 카렌스(Joseph Carens), 데이비드 헬드(David Held), 찰스 존스(Charles Jones), 토머스 포거(Thomas Pogge).

16_Josh Tyrangiel, "The Constant Charmer," *Time* (December 26, 2005), p. 46.

17_John Rawls, *The Law of Peoples*, p. 106(『만민법』, 존 롤스 지음, 김기호·김만권·장동진 옮김, 이끌리오, 2000, 170쪽).

18_Michel Sandel, "America's Search for a New Public Philosophy," p. 74. 샌델은 다음 책에서 자신의 시민적 공동체주의를 발전시켰다. Sandel, *Democracy's Discontent*.

19_Robert Putnam, *Bowling Alone*.

20_Michael Walzer, *Spheres of Justice*.

21_Catharine MacKinnon, *Feminism Unmodified and Toward a Feminist Theory of the State*.

22_Susan Okin, *Justice, Gender, and the Family*.

23_Anna Marie Smith, "Democratic Theory for a New Century."

24_John Guidry and Mark Sawyer, "Contentious Pluralism."

25_Iris Marion Young, *Justice and the Politics of Difference*.

26_Simone Chambers, *Reasonable Democracy*.

27_Benjamin Barber, *Strong Democracy*.

28_[하지만 녹색당 내의 일부 세력, 특히 뉴잉글랜드 지역의 녹색당원들은 네이더가 당의 후보 지

명 과정을 빼앗아 간 것으로 생각했다.
29_데이비드 하비는 다음 책에서 지구화론의 출현과 관련한 인물 및 과정을 잘 정리하고 있다. David Harvey, *A Brief History of Neoliberalism*.
30_Steger, *Globalism: Market Ideology Meets Terrorism*, pp. 47-90.
31_Steger, *Globalism*, pp. 85-89.
32_Thomas Friedman, *The Lexus and the Olive Tree*, pp. 44-72.
33_Friedman, *The World is Flat*.
34_Margaret Thatcher, *Statecraft*, p. 441.
35_Johan Norberg, *In Defense of Global Capitalism*, pp. 38-40.
36_Norberg, *In Defense of Global Capitalism*, p. 40. 이런 주장은 '민주적 평화'에 관한 다음의 연구에 의해 입증되었다. Bruce Russett, *Controlling the Sword*.
37_Francis Fukuyama, *The End of History*.
38_Harvey, *A Brief History of Neoliberalism*, p. 119.
39_Norman Podhoretz, "World War IV."
40_뷰캐넌은 총득표의 0.5퍼센트 미만의 득표율을 올렸으며, 네이더와는 달리 부시(George W. Bush)의 재선에 큰 영향을 미치지 못했다.
41_Pat Buchanan, *State Of Emergency*.
42_Samuel Huntington, *Who Are We?*, pp. 225-227.
43_Huntington, *Who Are We?*, pp. 161-162, 242.
44_매킨타이어는 공동체주의자라고 흔히 묘사되지만 개인주의적 공동체주의와 집단적 공동체주의를 구분하는 관점을 거부하며, 자신을 공동체주의자라 표현하는 것조차 거부한다. 예를 들어, 다음을 보라. Alasdair MacIntyre, *After Virtue*, pp. 34-35.
45_Mary Ann Glendon, *Rights Talk*.
46_Glendon, *Abortion and Divorce in Western Law*.
47_공동체주의의 개관으로 다음을 보라. Robert Booth Fowler, *The Dance with Community*.
48_Damon Linker, *The Theocons*.
49_이 문제를 흥미롭고도 지성적으로 다루는 개관으로 다음을 보라. Christian Smith, *Christian America*.
50_이슬람과 정치에 관한 개관으로 다음을 보라. Carl Brown, *Religion and State*; Bernard Lewis, *The Crisis of Islam*; Ahmad Moussalli, *Moderate and Radical Islamic Fundamentalism*; Emmanuel Sivan, *Radical Islam*.
51_Gilles Kepel, *War for Muslim Minds*.
52_James Risen and Judy Thomas, *Wrath of Angels*.
53_Rawls, *Political Liberalism*, pp. 58-62.
54_Joshua Green, "Roy and His Rock."
55_Carol Swain, *The New White Nationalism*.
56_Carol Gallaher, *On the Fault Line*.
57_Rorty, *Achieving Our Country*, pp. 35-38.
58_스테거는 다음 책을 "우리 시대의 공산당선언"이라고 불렀다. Michael Hardt and Antonio Negri, *Empire*. 이 논평은 다음에 실렸다. *American Political Science Review* (March, 2002),

p. 264.
59_하트와 네그리는 일정한 경제적 조건이 생성되면 혁명이 일어날 수도 있다는 정도로 마르크스가 주장했다고 말할 것이다.
60_Chantel Mouffe, *The Return of the Political*, pp. 152-154.
61_Judith Butler, "Contingent Foundations."
62_Dobson, *Green Political Thought*, pp. 2-10.
63_William Ophuls, *Requiem for Modern Politics*.
64_E. F. Schumacher, *Small is Beautiful*.
65_촘스키 저술의 집대성을 보려면 다음을 참조하라. Noam Chomsky, *Understanding Power*, edited by Peter Mitchell and John Schoeffel.
66_Gillis Kepel, *The Revenge of God*; Philip Jenkins, "The Next Christianity."

2부 |

1_이 글에서 롤스의 평등주의적 자유주의와 노직의 자유 지상주의가 각각 주장하는 정의 원칙을 살펴봄으로써, 정치적 원리의 근본이 되는 철학적 가정의 중요성을 확인할 것이다. 두 사람 모두 이미 4장에서 소개되었고, 그들의 사상은 14장에서 다시 거론된다.
2_랜달 로텐버그(Randall Rothenberg)는 『에스콰이어』(*Esquire*) 지에서 롤스와 노직의 논쟁을 다음과 같이 대중적으로 표현했다. "노직 대 롤스: 내게 자유, 또는 내게 평등을 달라"(Robert Nozick vs. John Rawls : Give me the Liberty or Give me Equality). 롤스의 정의 원칙이 평등을 강조한다는 해석은 롤스가, 불평등을 정당화하지 못하는 한 사회적 재화의 평등한 분배가 선호된다고 말했던 데서 기인한다. 노직의 정의 원칙이 자유를 강조한다는 해석은 노직이, 불평등이 노동과 거래에서 개인의 자유 선택으로부터 비롯되는 한 불평등한 재화의 분배가 정당화된다고 말했던 데서 기인한다. 그러나 이 논쟁을 좀 더 깊이 이해하면 이런 해석은 지나치게 단순한 해석에 불과하다. 롤스의 이론은 모든 사람에게 철저히 평등한 자유 ─ 자신의 인생 계획을 선택할 자유를 포함한다 ─ 를 촉구한다. 노직의 이론은 적어도 한 가지 의미 ─ 우리 모두가 자신의 노동의 결실에 대해 평등한 권리를 갖는 한, 모든 이가 평등한 대우를 받아야 한다는 점 ─ 에서 모든 사람의 평등한 대우를 촉구한다.
3_롤스와 노직 역시 이 논쟁에서 상대편의 반론을 이런 식으로 이해한 것 같다. 롤스는 『정치적 자유주의』와 같은 후기 저작에서 자신의 강한 평등주의적 톤을 낮추었다고 평가된다. 또한 안정된 자유주의 공동체의 개념에서 자유 지상주의적 신념을 가진 사람들을 위해 더 많은 여지를 허용했다고도 한다. 노직 역시 후기 저작인 『인생의 끈』(*The Examined Life*)에서 다음과 같이 명백하게 진술하고 있다. "내가 한때 주장했던 자유 지상주의 입장은 오늘의 눈으로 보아 매우 미흡하다고 느껴진다. 그 이유는 부분적으로 내 이론이 인간적 고려와 인간의 협동적 활동을 충분히 감안하지 않아서 사회의 구조를 마련하는 데 부족한 점이 많았기 때문이다." Nozick, *The Examined Life*, p. 287.
4_예를 들어, 다음을 보라. Will Kymlicka, *Contemporary Political Philosophy*, pp. 5-7.

5장 | 철학적 가정 1 | 존재론

1_예를 들어, 다음을 보라. Tim Hayward, "Ecologism and Environmentalism," p. 353.
2_Michael Hardt and Antonio Negri, *Multitude*, p. 19(『다중』, 안토니오 네그리·마이클 하트 지음, 서창현·정남영·조정환, 세종서적, 2008, 46쪽).
3_Stephen White, "Affirmation and Weak Ontology in Political Theory: Some Rules and Doubts," http://muse.jhu.edu/journals/theory_and_event/v0004/4.2white.html. 이 논문은 화이트의 다음 저작에서 비롯된 것이다. White, *Sustaining Affirmation*.
4_John Rawls, *A Theory of Justice*, pp. 26-30. 의무론적 접근에서는 정치적 정의와 개인 권리의 이론에 관한 토대로서 (롤스의 원초적 입장과도 같은) 각종 정초주의적 가정을 동원한다. 이런 식의 용법에서 철학적 가정들은, 그 가정들이 '좋은 것'이 무엇인지의 문제에 대한 보편적인 가정을 취하지 않기 때문에, 의무론적이라고 할 수 있다.
5_Michael Oakeshott, "On Being Conservative," in *Rationalism in Politics*, pp. 182-184.
6_Leo Tolstoy, *The Kingdom of God is Within You*.
7_집합 의식에 관한 개념은 최근 들어 아나키즘 사상에서만 아니라 다방면에서 광범위하게 주목을 받고 있다. 예를 들어, 다음을 보라. Attila Grandpierre, "The Physics of Collective Consciousness," http://philsci-archive.pitt.edu/archive/00001210/01/PCC.pdf.
8_Peter Kropotkin, *Mutual Aid*.
9_Alexander Herzen, *From the Other Shore*, p. 107.
10_Kropotkin, *Mutual Aid*, pp. 81-82.
11_이것에 관한 간략한 개요로 다음을 보라. Norman Cohn, *The Pursuit of the Millennium*, pp. 108-111.
12_헤겔 해석자 가운데 일부는 헤겔이 민주적 자유주의 사상의 정화(精華)인 국가가 그런 완전성의 경지를 달성했다고 의미한 것으로 본다. 다음을 보라. Barry Cooper, *The End of History*; Francis Fukuyama, *The End of History*.
13_Karl Marx, "Afterward," in *Kapital*. 다음에서 인용. Robert Tucker, *The Marx-Engels Reader*, p. xxi.
14_마르크스는 독일 철학자이자 도덕주의 이론가인 루트비히 포이어바흐(Ludwig Feuerbach, 1804~72)의 영향을 받아서, 역사가 사상의 영향을 받는 것이 아니라, 물질적 조건의 영향을 받는다고 생각했다.
15_이런 모순에는 사회적 생산양식과 자본주의 체제에서의 개인주의적 수탈 양식 사이의 긴장, 그리고 무산계급과 부르주아지 사이의 이해관계 충돌 등이 포함된다.
16_다음을 보라. David McLellan, *Marxism after Marx*, pp. 9-17. 네오마르크스주의 내에서 루이 알튀세르(Louis Althusser, 1918~90)는 '경성' 경제적 결정주의의 주창자이고, 니코스 풀란차스(Nicos Poulantzas, 1937~79)는 마르크스적 존재론의 '연성' 해석자로 분류된다.
17_V. I. Lenin, "What Is To Be Done?" in *The Lenin Anthology*, pp. 49-54, 72-79.
18_여기서 니체와 파시즘은 갈라진다. 니체의 사상 가운데 일부를 파시즘이 전유한 것은 사실이지만, 니체는 파시스트도, '초기적 파시스트'도 아니었다. 그는 문화적 귀족정이 지배하는 사회를 꿈꾸었고, 대중의 정치 참여 따위의 관념에 대해선 대단히 부정적이었다. 또한 그는 반유대주의·국수주의 및 인종과 사회집단의 사회진화론적 경쟁 이론에 비판적이었다.

19_Benito Mussolini, "The Doctrine of Fascism," p.10.
20_이른바 '과학적' 근거의 인종주의를 배격해야 할 수많은 이유들이 있지만, 여기서는 오로지 두 가지만 언급하고자 한다. 첫째, 인종(race)과 종(species)이 과학적으로 서로 동일한 개념이라는 점이 입증되어야 한다. 그러나 두 개념은 다르다. 종간(inter-species) 교배는 거의 불가능하지만, 인종 간(inter-racial) 교배는 가능할뿐더러 상당히 흔하다. 둘째, 인종의 유전학적 특성 또는 생리적 표현형이 인종들 간의 근본적 차이 — 예컨대, 지성의 차이 — 를 결정한다는 점을 입증할 수 있어야 한다. 그러나 대다수 과학 연구는 정반대의 결과를 보인다. 즉, 같은 인종형 내 사람들 사이의 차이점이 다른 인종들 사이의 차이점보다 훨씬 더 크며, 사람들의 대다수 특성들에 대해 인종이 독자적으로 발휘하는 영향력은 무시할 만한 수준에 불과하다.
21_고비노의 저술에 영향을 받은 사람들이 그의 주장을 더욱 일반화했다. 고비노는 유별난 반유대주의자는 아니었다. 단지 현재 유대인이 열등한 것은 흑인종과 섞여서일 뿐, 유대 인종 자체의 열등함 때문은 아니라고 했다.
22_인종적 교의가 이렇게까지 순수한 형태로 독일 대중들에게 전파되지는 않았다.
23_John Rawls, "Justice as Fairness: Political not Metaphysical"; John Gray, *Liberalisms*, p. 240.
24_예를 들어, 케인스는 국가의 개입을 배제하는 '일종의 자연법'에 대한 믿음을 '난센스'라고 보았다. John Maynard Keynes, *Collected Writings*, vol. 9, pp. 90-91.
25_고전적 자유주의에서는 국가가 신의 뜻이 아니라 '인민의 동의'에 기반을 두고 있음을 강조했다. 따라서 이런 용어들이 시간이 흐르면서 혼돈을 야기했다. 국가의 권위가 인민의 동의에 기반하고 있다고 말한다고 해서 국가가 언제나 인민이 원하는 대로 행동해야 한다는 뜻은 아니다. Hannah Pitkin, *The Concept of Representation*.
26_William Riker, *Liberalism against Populism*.
27_윌리엄 라이커(William Riker)는 공공 선택 이론에서 도출된 이런 결론을 특히 강조한다.
28_William Galston, "Civic Education in a Liberal State," p. 93.
29_존 케네스 갤브레이스(John Kenneth Galbraith)는 조직의 결정적 영향력을 다음 책에서 논한다. John Kenneth Galbraith, *The New Industrial State*.
30_Robert Nozick, *Anarchy, State, and Utopia*, ch. 1.
31_Fukuyama, *The End of History*, pp. xiv-v. 다음도 보라. Ulrich Beck, *What is Globalization?*, p. 122.
32_Thomas Friedman, *The Lexus and the Olive Tree*.
33_Manfred Steger, *Globalism: Market Ideology Meets Terrorism*, pp. 60-66.
34_Fukuyama, *The End of History*, p. xvi.
35_Johan Norberg, *In Defense of Global Capitalism*, pp. 286-291.
36_종교적 보수주의에서는 신을 토대론적 힘으로 강조할 가능성이 크다. 물론 종교적 보수주의자들이 자신의 존재론적 신앙에 의해 신정 체제를 주장한다는 말은 아니다.
37_다음 저자들의 소설 연작을 참고하라. Tim LaHaye and Jerry Jenkins, *Left Behind*.
38_이보다 덜 철저한 신적 결정론을 이슬람주의자들이 제시하고 있다. 이 가운데 일부는 신의 의지를 따르기 위해 순교한 자들에게 알라신이 천상의 집을 마련해 주는 보상을 내린다고 믿는다. 이런 이유로 자살 폭탄 테러범들이 다원적 사회에 위협이 될 수 있다.
39_McLellan, *Marxism after Marx*, pp. 33-38. 칸트 전통에 속한 철학자들은 칸트가 자신의 저작을

내놓은 지 거의 1세기가 지나서야 헤겔과 마르크스를 통합하려 했다.

40_Eduard Bernstein, *Evolutionary Socialism*, pp. 13-14.
41_T. H. Huxley, "Evolution and Ethics."
42_하트와 네그리는 이 용어를 강조하는데, 이 점은 본 맥락에서 중요하다. 개인들이 자기 특유의 개인별 속성을 가졌으므로 어떤 사람을 '정상적' 혹은 '비정상적'이라고 구별 짓는 것 자체가 성립될 수 없기 때문이다. '고유한 개별성'을 지닌 사람들로 이루어진 공동체에서는 타인을 지배할 수 없다.
43_극단적 좌파는 정통 마르크스주의의 경제결정론을 거부한다. 그러나 극단적 좌파는 마르크스의 존재론이 자신의 존재론과 그다지 다르지 않다고 주장할지도 모른다. 심지어 정통 마르크스주의자들도 엄밀한 의미에서 경제결정론은 인류의 역사 단계에서만 적용되고, 인류의 포스트 역사 단계에서는 인류가 경제결정론으로부터 자유롭게 해방될 것이라고 본다. 극단적 좌파는 현재 상황에서 자신들이 느끼는 근본적인 현실이, 역사 단계에서 경제력이 결정적이라고 마르크스가 주장했던 바와 닮았다고 주장할 것이다. 또한 그런 모든 영향력이 미래에는 소멸될 수 있다고 본다.
44_Hardt and Negri, *Multitude*, pp. 351-352(『다중』, 안토니오 네그리·마이클 하트 지음, 서창현·정남영·조정환 옮김, 세종서적, 2008, 417쪽).
45_William Ophuls, *Requiem for Modern Politics*, pp. 7-12.
46_Ophuls, *Requiem for Modern Politics*, p. 8.
47_Gilles Kepel, *The Revenge of God*.
48_2005년 가을, 펜실베이니아 주 도버의 유권자들이 지적 설계론을 지지하던 근본주의자들을 공직에서 몰아냈을 때 매리언 고든 팻 로버트슨(Marion Gordon Pat Robertson)이 이런 주장을 내놓았다. 대다수 보수주의자들은 로버트슨의 주장에 동조하지 않았다.

6장 | 철학적 가정 2 | 인간론

1_인간 본성에 관한 다양한 역사적 연구로 다음을 보라. Louis Pojman, *Who are We?*
2_C. B. Macpherson, *The Life and Times of Liberal Democracy*, p. 24.
3_도구적 이성과 그것의 문제에 대해서 다음을 보라. Thomas Spragens, *The Irony of Liberal Reason*.
4_대다수 고전적 자유주의자들은 남성만이 자기 계발을 할 수 있는 존재이며, 자유주의의 원칙이 남성에게만 해당된다고 진심으로 믿었다. 그러나 초기의 자유주의 페미니스트들은 여성도 남성과 마찬가지로 발전할 수 있는 가능성을 지닌 존재라고 주장했다. 이런 식의 논리를 편 대표적인 연구로 다음을 보라. Mary Wollstonecraft, *Vindication of the Rights of Women*.
5_Emile Durkheim, *Suicide*, 특히 pp. 241-260.
6_Alexander Herzen, *From the Other Shore*, pp. 139-140.
7_Emma Goldman, "Anarchism: What It Really Stands For," in *Anarchism and Other Essays*, p. 51.
8_Peter Kropotkin, *Mutual Aid*, pp. 194-251.
9_Goldman, "Anarchism," p. 62.

10_Kropotkin, *Mutual Aid*, pp. 83-193(『만물은 서로 돕는다』, P. A. 크로포트킨 지음, 김영범 옮김, 르네상스, 2005, 107-190쪽).

11_Hannah Arendt, *The Human Condition*, p. 86, n14.

12_프랑스의 이상적 사회주의자였던 푸리에는 노동의 내면적 기쁨을 주장했으며, 이 사상은 아나키즘과 마르크스주의에 모두 영향을 끼쳤다. 그의 사상은 다음을 보라. Jonathan Beecher and Richard Bienvenu, *The Utopian Vision of Charles Fourier*.

13_Karl Marx, "Economic and Philosophical Manuscripts of 1844," in *The Marx-Engels Reader*, p. 72(『경제학-철학 수고』, 칼 마르크스 지음, 강유원 옮김, 이론과실천, 2006, 86쪽).

14_Marx, "Economic and Philosophical Manuscripts," in *The Marx-Engels Reader*, p. 72.

15_Antonio Gramsci, "The Study of Philosophy," in *Selections from the Prison Notebooks*, p. 351(『그람시의 옥중수고』 2, 안토니오 그람시 지음, 이상훈 옮김, 거름, 1993, 196쪽).

16_Jonathan Rauch, "The Forgotten Millions."

17_다음 자료에서 카스트로의 연설 내용을 재인용했다. Tony Smith, *Thinking Like a Communist*, p. 154.

18_다음을 보라. René Descartes, *Meditation on First Philosophy*, p. 81.

19_부담스러운 자유에는 두 가지가 있다. 첫째, 까다로운 대안들을 서로 비교해 봐야 하는 정신적 비용이 있는데, 이는 대안들을 철저히 파악하고 그것의 가능한 결과들을 파악해야 하는 지적인 비용이라 할 수 있다. 둘째, 우리의 선택이 틀릴 수도 있다는 점을 두려워하는 정서적 비용이 있다. 에리히 프롬(Erich Fromm)은 사람들이 이런 비용 부담을 기피하면서 파시즘의 지도자들에게 예속되는 경향을 다음 책에서 논하고 있다. Erich Fromm, *Escape from Freedom*.

20_Benito Mussolini, "The Doctrine of Fascism," p. 15.

21_Giovanni Gentile, "The Philosophical Basis of Fascism," p. 48.

22_파시즘과 나치즘은 인간 본성에서 의지의 중요성을 강조하고, 인간이 언제나 이성적이지 않음을 인정하며, 정서적 호소로 사람들에게 동기를 부여할 수 있음을 역설했으므로, 흔히 '반이성의 이념'이라고 불린다. 이런 호칭은 어느 정도 오해의 소지가 있다. 파시즘과 특히 나치즘이 각종 현대 기술을 활용한 것은 자신들의 목표를 달성하는 데 나름대로 이성적이었기 때문이다. 예를 들어, 죽음의 강제수용소는 윤리적이고 인도적인 원칙에 비춰 보면 반이성적이었지만, 제노사이드와 생체실험을 위해서는 효율적인 수단이었다. 다음을 보라. Hannah Arendt, *Origins of Totalitarianism*, pp. 437-459; Jay Lifton, *The Nazi Doctors*.

23_Robert Dahl, *Democracy and Its Critics*, pp. 84-88.

24_자유주의자는 각각의 인생 계획이 사회·경제적으로 서로 다른 평가의 대상이 될 것임을 잘 알고 있다. 내가 서핑을 즐기는 사람이 되기로 하고, 당신은 심장 전문의가 되기로 한다면, 나는 당신이 사회적·재정적으로 더욱 큰 보상을 받을 것임을 잘 안다. 그러나 국가가 나의 인생 계획을 반대하거나 찬성하지 않을 것처럼, 국가가 당신의 인생 계획에 대해서도 반대하거나 찬성하지 않으리라고 예상할 수 있다.

25_Will Kymlicka, "Liberalism and Communitarianism."

26_Emily Gill, "Goods, Virtues, and the Constitution of the Self."

27_달은 이 점을 "개인 자율성의 회복"이라고 부른다. 다음을 보라. Dahl, *Democracy and Its Critics*, pp. 97-105.

28_William Galston, *Liberal Purposes*, pp. 121-124.

29_John Schaar, "Equal Opportunity and Beyond," p. 248.
30_Michael Sandel, *Liberalism and the Limits of Justice*, pp. 55-59.
31_공적 합당성의 미덕은 다음에서 다루어지고 있다. John Rawls, *Political Liberalism*, pp. 213-256.
32_James Q. Wilson, *The Moral Sense*.
33_William Mitchell, "Efficiency, Responsibility, and Democratic Politics," pp. 343-373.
34_'지대 추구' 개념은 다음에서 인용. Gordon Tullock, *Public Goods, Redistribution, and Rent-seeking*.
35_Alasdair MacIntyre, *After Virtue*, pp. 204-225.
36_Charles Taylor, *Hegel and Modern Society*, p. 157.
37_Norberg, *In Defense of Global Capitalism*, pp. 136-144. 이런 가정은 마르크스의 다음과 같은 주장, 즉 '자유 시장 자본주의의 생산 역량이 경제적 재화와 서비스를 위한 우리의 수요를 능가할 것'이고 '과잉 공급이 결국 자본주의 체제의 붕괴로 이어질 것'이라는 주장을 반박하는 데에 중요한 것처럼 보인다.
38_Neil Postman, *Amusing Ourselves to Death*.
39_Thomas Friedman, *The World is Flat*, pp. 103-113.
40_Francis Fukuyama, "The Great Disruption."
41_극단적 우파는 예수와 초기 기독교인들, 그리고 앵글로색슨족과 아리아인의 족보가 서로 연결되어 있다는 황당무계한 설을 발전시켰다. 다음을 보라. Michael Barkun, *Religion and the Racist Right*.
42_이 부분은 이슬람 민족(Nation of Islam)교의 문건에서 나온 것이며, 다음에서 재인용했다. Carol Swain, *The New White Nationalism*, p. 66.
43_Judith Butler, "Contingent Foundations," p. 344; Terrill Carver, "Marxisms and Post-Marxisms," p. 20.
44_Frederick Hacker, *Crusaders, Criminals, Crazies*, p. 162.
45_정서예측(affective forecasting)의 영역을 연구하는 심리학자들은, (비싼 차나 승진 등과 같이) 원하는 대상을 획득함으로써 경험하는 즐거움의 강도와 지속 기간에 대해 사람들이 흔히 오해한다는 점을 강조한다. 예를 들어, 다음을 보라. Daniel Gilbert, *Stumbling on Happiness*. 사람들은 부가 늘어나면 그것과 비례해 행복도 늘어날 것이라고 믿지만, 여러 연구에 따르면 일정 정도의 부에 이르면 그 이상 아무리 부가 늘어나도 행복이 늘어나지는 않는다고 한다.
46_이 점에서 엄청난 비판을 받았던 입장으로 다음을 보라. Charles Murray and Richard Hernstein, *The Bell Curve*.

7장 | 철학적 가정 3 | 사회

1_John Locke, *Two Treatises of Government*, p. 362(『통치론』, 존 로크 지음, 강정인·문지영 옮김, 까치글방, 1996, 77쪽).
2_Locke, *Two Treatises*, p. 375(『통치론』, 존 로크 지음, 강정인·문지영 옮김, 까치글방, 1996, 93쪽).

3_Thomas Hobbes, *Leviathan*, p. 186(『리바이어던』 1, 토머스 홉스 지음, 진석용 옮김, 나남출판, 2008, 172쪽).

4_Locke, *Two Treatises*, p. 311(『통치론』, 존 로크 지음, 강정인·문지영 옮김, 까치글방, 1996, 13쪽).

5_Locke, *Two Treatises*, p. 367(『통치론』, 존 로크 지음, 강정인·문지영 옮김, 까치글방, 1996, 83쪽).

6_시민사회를 형성한 최초의 사회계약은 자연 상태 속에 거주하는 사람들 사이에서 이루어지겠지만, 두 번째 사회계약은 전체 공동체의 일반인들과 일종의 통치 구조를 대표하는 소수의 사람들 사이에서 이루어질 것이다.

7_Edmund Burke, *Reflections on the Revolution in France*, in Peter Stanlis, *Edmund Burke*, p. 471(『프랑스 혁명에 관한 성찰』, 에드먼드 버크 지음, 이태숙 옮김, 한길사, 2008, 171-172쪽).

8_Robert Nisbet, *Conservatism*, pp. 35-38.

9_Alexander Herzen, *From the Other Shore*, p. 139.

10_다음 저서에서 우정 및 대면 인간관계의 중요성을 다루고 있다. Jane Mansbridge, *Beyond Adversarial Democracy*, p. 20.

11_Jean-Jacques Rousseau, "Discourse on the Origin of Inequality." 본 논문은 1755년 처음으로 출간되었다.

12_Rousseau, "Discourse on the Origin of Inequality," p. 60(『인간불평등기원론/사회계약론/고독한 산책자의 몽상』, 장 자크 루소 지음, 최석기 옮김, 동서문화사, 2007, 94쪽).

13_Marx, "The Grundrisse," in *The Marx-Engels Reader*, p. 262. 본고는 1857~58년에 마르크스가 남긴 육필 수고에서 비롯된 것이다.

14_Karl Marx, *Capital*, Volume One, in *The Marx-Engels Reader*, p. 433.

15_Friedrich Engels, *The Origins of Family, Private Property, and State*, in *The Marx-Engels Reader*, p. 753(『칼 맑스 프리드리히 엥겔스 저작 선집』 6, 칼 마르크스·프리드리히 엥겔스 지음, 최인호 옮김, 박종철출판사, 1991-2001, 189쪽). 본서는 1884년에 집필되었다.

16_*Communist Manifesto*, in *The Marx-Engels Reader*, pp. 473-474(『칼 맑스 프리드리히 엥겔스 저작 선집』 1, 칼 마르크스·프리드리히 엥겔스 지음, 최인호 옮김, 박종철출판사, 1991-2001, 400쪽).

17_V. I. Lenin, "Introducing the New Economic Policy," in *The Lenin Anthology*, p. 504. 레닌은 1921에 이 보고서를 출판했다.

18_로위에 따르면 아서 벤틀리(Arthur Bentley)와 데이비드 트루먼(David Truman)과 같은 다원주의 이론가들이 현대 자유주의의 출현에 큰 족적을 남겼다고 한다. Theodore Lowi, *The End of Liberalism*, pp. 31-41. 원래의 다원주의 이론가들은, 공통 이익을 추구하는 특정 개인들 활동의 산물로서 조직화된 집단이 출현한다고 믿었지만, 최근의 다원주의 이론가들은, 그 반대로 기존의 결사체 집단들이 개인들의 이익과 인생 계획을 규정하는 데에 큰 역할을 한다는 점을 인정하는 추세다. 예를 들어, 다음을 보라. Charles Anderson, "Pragmatic Liberalism," p. 210.

19_이런 이득의 분석은 다음을 보라. Robert Putnam, *Bowling Alone*.

20_자유주의자는 자유주의적 제도와 원칙을 반대하는 집단들까지도 용인할지에 대해 명확하게 답하지 못한다. 롤스는 파시즘이나 공산주의처럼 여타 정치 이념 집단의 존재를 원칙적으로 인정하지 않는 집단도 (만일 이들이 미약하고 자유주의적 제도가 강하다면) 용인해 주어야 한다고

시사한다. 그러나 여기서 더 나아가, 자유주의 체제의 시민은 자유주의적 제도를 보존하고 보호할 책임을 진다고 한다. 따라서 롤스에 따르면 자유주의에 대해 진정으로 위협이 되는 집단은 억압할 수도 있다는 결론이 나온다. 다음을 보라. Rawls, *A Theory of Justice*, pp. 216-221.

21_로저 스크루턴은 보수주의의 철학적 토대가 없다는 점을 특히 강력하게 주장한다. 다음을 보라. Roger, Scruton, *The Meaning of Conservatism*.

22_Michael Tomasky, "A Perfect Storm?," p. 24.

23_'정교한 시계'의 은유는 고전적 자유주의에서 많이 사용했던 것이다. 고전적 자유주의자는 경제에 개입할 때에는 극히 신중하고 정확하게 개입해야 하고, 경제가 제대로 작동되지 않을 때에만 개입해야 한다는 점을 강조하기 위해 정교한 시계의 특성을 예로 들었다. 보수주의는 여기서도 또 고전적 자유주의의 사상을 차용했다. 고전적 자유주의의 정치경제사에서 시계를 은유로 사용하는 것에 대한 설명이 다음에 나와 있다. Albert Hirschman, *The Passions and the Interests*, 특히 pp. 81-93(『열정과 이해관계』, 앨버트 O. 허쉬만 지음, 김승현 옮김, 나남출판, 1994, 84-89쪽).

24_Samuel Huntington, *Who Are We?*

25_Michael Walzer, "The Community."

26_Thomas Bottomore, *Classes in Modern Society*, p. 29.

27_이런 이미지는 다음에서 강조되고 있다. Samuel Huntington, *The Clash of Civilizations*. 서구를 맹목적으로 찬양하는 입장은 다음을 보라. Charles Murray, *Human Accomplishment*.

28_Sherri Berman, "Islamism, Revolution, and Civil Society."

29_Judith Butler, "Sexual Inversions."

30_Chandra Mohanty, "Women, Workers, and Capitalist Scripts."

31_Michael Hardt and Antonio Negri, *Multitude*, pp. 351-358.

32_Putnam, *Bowling Alone*.

33_William Ophuls, *Requiem for Modern Politics*, p. 268.

34_Rawls, *Political Liberalism*, pp. 36-40.

35_Paul Schumaker, *Critical Pluralism*, pp. 174-202.

8장 | 철학적 가정 4 | 인식론

1_플라톤은 수호자의 역할을 고전적으로 옹호한다. 다음을 보라. Robert Dahl, *Democracy and Its Critics*, pp. 52-64.

2_자유주의가 데카르트에 지고 있는 지성적인 빚은 다음에서 잘 다루어지고 있다. Benjamin Barber, *Strong Democracy*, pp. 46-66.

3_Jeremy Bentham, *An Introduction to the Principles of Morals and Legislation*, p. 153.

4_John Stuart Mill, *Utilitarianism*, p. 14(『공리주의』, 존 스튜어트 밀 지음, 서병훈 옮김, 책세상, 2007, 29쪽).

5_Michael Oakeshott, "Rationalism in Politics," in *Rationalism and Politics*, p. 8.

6_Sam Dolgoff, *Bakunin on Authority*, p. ix.

7_현대의 일부 정치 이론가들은 과학적·실증적 연구 양식이 불필요하게 정치사상을 제한했다고

주장한다. 예를 들어, 다음을 보라. Sheldon Wolin, "Political Theory as a Vocation"; Henry Kariel, "Creating Political Reality."
8_슈티르너는 그 누구도 자신이 직접 개입하지 않은 진리에 예속되어서는 안 된다고 강조했다. Max Stirner, *The Ego and His Own*.
9_Robert Booth Fowler, "The Anarchist Tradition," p. 748.
10_George Woodcock, *Anarchism*, p. 204.
11_William Godwin, *Enquiry Concerning Political Justice*, pp. 168-177.
12_달은 아나키즘을 거부하면서도 캐나다 북부의 이누이트족이 아나키즘에 걸맞은 사회를 이루고 있다고 인정한다. 다음을 보라. Dahl, *Democracy and Its Critics*, p. 46.
13_Friedrich Engels, *Socialism: Utopian and Scientific*, in *The Marx-Engels Reader*, pp. 695-696(『칼 맑스 프리드리히 엥겔스 저작 선집』 5, 칼 마르크스·프리드리히 엥겔스 지음, 최인호 옮김, 박종철출판사, 1991-2001, 446쪽). 이 논문은 1878년에 출간된『반뒤링론』에 포함되어 있었다. 그 후 1880년에 독자적으로 출판되었다.
14_Friedrich Engels, *Socialism*, pp. 683-717; Karl Marx and Friedrich Engels, *Communist Manifesto*, in *The Marx-Engels Reader*, pp. 491-500.
15_Karl Marx, *Economic and Philosophic Manuscripts*, in *The Marx-Engels Reader*, p. 67(『경제학-철학 수고』, 칼 마르크스 지음, 강유원 옮김, 이론과실천, 2006, 84쪽).
16_Tony Smith, *Thinking Like a Communist*, p. 54.
17_Marx and Engels, *Communist Manifesto*, pp. 474-480.
18_Marx, *German Ideology*, in *The Marx-Engels Reader*, p. 159; Marx, *Communist Manifesto of the Communist Party*, p. 489.
19_Joseph Stalin, *Dialectical and Historical Materialism*, pp. 26-30.
20_피치자들에게 '도덕적 방기'를 허용하는 정치형태에 대한 비판은 적어도 아리스토텔레스까지 거슬러 올라갈 수 있지만, 그런 권위주의의 이런 측면에 대해 가장 통렬한 비판을 가한 저술로 다음을 보라. Hannah Arendt, *Eichmann in Jerusalem*.
21_Charles Fecher, *The Philosophy of Jacques Maritain*, p. 22.
22_Henri Bergson, *The Two Sources of Morality and Religion*, 특히 pp. 312-317 and 209ff.
23_나치의 집회에 대해서는 다음을 보라. Albert Speer, *Inside the Third Reich*, pp. 58-62.
24_이것에 대한 예외의 경우로서, 자유주의를 정초주의적으로 정당화하는 논리로는 다음을 보라. Alan Gewirth, "The Epistemology of Human Rights."
25_공리주의의 한계에 대한 개관으로는 다음을 보라. Will Kymlicka, *Contemporary Political Philosophy*, pp. 20-45.
26_John Rawls, *A Theory of Justice*.
27_Rawls, *Theory of Justice*, pp. 26-27(『정의론』, 존 롤즈 지음, 황경식 옮김, 이학사, 2003, 36-37쪽). 이 부분에서 롤스는 현대 자유주의자로 소개되고 있다. 그의 철학적 토대가 자유주의의 전통에 뿌리내리고 있고, 그의 철학적 가정들이 현대 자유주의 내에서 많이 논의가 이루어졌기 때문이다. 그런데 그의 평등주의 사상은 분명 급진적 관점으로 볼 수 있으므로 이 책에서 평등주의적 자유주의는 급진적 좌파로 분류하여 논의한다.
28_고전적 자유주의 역시 '좋은 것'이란 주관적인 것임을 강조해 왔다. 그러나 고전적 자유주의자가 애초에 '좋은 것'이라고 생각했던 개념은, 효용을 감각적으로 이해했던 것에서 비롯되었다.

그러나 이런 관점은 현대 자유주의에서 오래전에 폐기되었다. 롤스가 생각하는 '좋은 삶'은 밀이 말한 '개명된 공리주의'에 훨씬 더 가깝다. 이것은 인간의 행동 동기를 단순한 효용 추구보다 훨씬 더 복잡한 것으로 파악하는 방식이며, 이 때문에 롤스가 현대 자유주의를 계약적 관점에서 옹호하는 방식은 고전적 자유주의와 상당히 다르다.

29_John Rawls, "Justice as Fairness: Political, not Metaphysical."
30_롤스 자신이 『정치적 자유주의』(*Political Liberalism*)에서 이와 같은 결론에 도달하고 있다.
31_John Gray, *Liberalisms*, p. 254. 그레이는 이런 주장이 다음 사상가로부터 비롯되었다고 본다. 밀, 그린, 훔볼트(K. W. von Humbolt), 바커(Earnest Barker). 그레이는 이런 주장에 결함이 있다고 본다.
32_Brian Barry, "How Not to Defend Liberal Institutions," pp. 4-5.
33_예를 들어, 다음을 보라. John Schwarz, *America's Hidden Success*.
34_David Ricci, *The Tragedy of Political Science*, p. 104.
35_Charles Anderson, *Pragmatic Liberalism*.
36_이런 관점에서 나온 로티의 논문과 저작로는 다음을 보라. Rorty, "Human Rights, Rationality, and Sentimentality"; Rorty, *Achieving Our Country*.
37_Albert Hirschman, *The Rhetoric of Reaction*.
38_James Coleman and Sara Kelly, "Education."
39_George Stigler, "Director's Law of Public Income Distribution."
40_Thomas Sowell, *Preferential Policies*.
41_정치학 연구 분야에 대입하여 이런 유형을 상세하고 명확하게 비판한 것으로 다음을 보라. *Essays on the Scientific Study of Politics*, edited by Herbert Storing.
42_Thomas Sowell, *Inside American Education*, 특히 pp. 70-74.
43_Ayn Rand, *The Fountainhead*.
44_Alasdair MacIntyre, *After Virtue*, pp. 201-207.
45_Francis Fukuyama, *The End of History*, p. xv.
46_토머스 프리드먼은 다음 책에서 그와 같은 경영에서의 개선 사례를 많이 들고 있다. Thomas Friedman, *The World is Flat*, pp. 49-72.
47_신의 은총을 추구하는 것만을 삶의 목표로 삼는 금욕적 수도사라 하더라도 돈이 있는 것이 유리할 수 있다. 돈이 있으면 시간과 다른 물질적 필수품을 쉽게 확보할 수 있으므로 신에 대한 헌신의 정도를 높일 수 있기 때문이다.
48_Francis Fukuyama, *The End of History*, pp. 71-81.
49_Rawls, *Theory of Justice*.
50_William Julius Wilson, *Bridge Over the Racial Divide*.
51_Aldo Leopold, *The Sand County Almanac*.
52_Michael Sandel, *Democracy's Discontent*.
53_의제 설정에서 개방성이 얼마나 중요한지를 다룬 독창적인 논의로 다음을 보라. Peter Bachrach and Morton Baratz, *Power and Poverty*.
54_예를 들어, 다음을 보라. Amy Gutmann and Dennis Thompson, *Why Deliberative Democracy?*
55_롤스는 사람들이 자신에게 즉각적으로 이익이 되는 것을 넘어서 타인에게도 바람직한 것을 상상할 수 있도록 도와주는 도구로 '무지의 베일'을 발명했다. 다음을 보라. Rawls, *Theory of*

Justice, pp. 118-123.
56_Iris Marion Young, Justice and the Politics of Difference.
57_공적 이성에 대한 논의로는 다음을 보라. Rawls, Political Liberalism, pp. 131-180. 각기 다른 정치적 선택들의 결과를 관리하는 문제가 중요하다는 논의로 다음을 보라. Theodore Lowi, The End of The Republican Era, pp. 245-248.
58_Dennis Thompson, Just Elections.
59_이런 가정 가운데 첫 번째 가정은 합리적인 것처럼 보이지만, 그 뒤의 두 가지는 분명 논란의 여지가 있다. 다음을 보라. Robert Dahl, How Democratic is the American Constitution?
60_웨스트포인트 육군사관학교에서 엮은 『전투적 이념 분포도』(The Militant Ideology Atlas)에 따르면 이슬람 근본주의자 가운데 가장 영향력이 있는 사상가는 아부 무하마드 알 마크디시(Abu Muhammad al-Maqdisi)라고 한다. 그의 사상은 다음 웹사이트에서 찾을 수 있다. https://www.hsdl.org/hslog/?q=node/3207.
61_Michel Foucault, Power/Knowledge.
62_John Rawls, Political Liberalism, pp. 133-172(『정치적 자유주의』, 존 롤즈 지음, 장동진 옮김, 동명사, 1999, 165-213쪽).

9장 | 정치적 원리 1 | 정치 공동체

1_Plato, "Apology," in Five Dialogues, p. 41.
2_Robert Dahl, Democracy and Its Critics, pp. 193-209.
3_Ashutosh Varshney, "Nationalism, Ethnic Conflict, and Rationality," p. 85.
4_Conor O'Brien, "Thomas Jefferson: Radical and Racist."
5_Samuel Huntington, Who Are We?, pp. 59-80.
6_소련의 공산당은 청소년 단체와 같은 하위 공동체들을 설립하고 관장했다.
7_Z(익명), "To the Stalin Mausoleum."
8_예를 들어, 다음을 보라. Robert Reich, "The Nationalism We Need." 미국인들이 주로 다른 미국 시민들에 대한 책임을 더 많이 가져야 한다고 보는 관점은 새롭게 대두되고 있는 자유주의적 미국 민족주의에서 흔히 (명백히 주장되는 것은 아니지만) 암시되고 있다. 예를 들어, 다음을 보라. John Judis and Michael Lind, "For a New American Nationalism."
9_이것은 인종 문제에 관한 군나르 뮈르달의 획기적인 저술에 나오는 용어다. Gunnar Myrdal, The American Dilemma.
10_샌델은 다음 두 집단의 차이를 부각하기 위해 이런 용어를 제시한다. 첫째, 어떤 공동체에 깊이 뿌리내리고 있는 사람들, 둘째, 사람들 사이의 이견을 해결할 수 있는 절차를 찾기 위해 그저 어떤 정치 공동체에 몸을 담고 있는 사람들이 그렇다. 다음을 보라. Michael Sandel, "Morality and the Liberal Ideal," pp. 15-17.
11_Robert Dahl, How Democratic is the American Constitution?
12_Mary Ann Glendon, Rights Talk, pp. 109-112.
13_Pat Buchanan, "Address to Chicago Council on Foreign Relations," Manfred Steger, Globalism: The New Market Ideology, p. 92에서 인용.

14_헌팅턴은 갈등을 피하기 위해 각 문명권의 핵심 국가들이 다른 문명권 내부에서 벌어지는 갈등에 개입하지 않아야 한다고 강조한다. 또한 각 문명권의 핵심 국가들은 서로 다른 문명권에 속한 나라들 사이에 벌어지는 갈등을 성공적으로 해결하기 위해 상호 협상과 타협을 해야 한다고 말한다. 다음을 보라. Huntington, *The Clash of Civilizations*, pp. 312-321.
15_Thomas Friedman, *The Lexus and the Olive Tree*, p. 31(『렉서스와 올리브나무』, 토머스 프리드먼 지음, 장경덕 옮김, 21세기북스, 2009, 80쪽). 또한 다음을 보라. Margaret Thatcher, *Statecraft*, p. xviii.
16_Johan Norberg, *In Defense of Globalization*, pp. 104-111, 163-168.
17_Jeff Spinner-Halev and Elizabeth Theiss-Morse, "National Identity and Self-Esteem," pp. 521-522.
18_Francis Fukuyama, "The Great Disruption," p. 80.
19_Norberg, *In Defense of Globalization*, pp. 278-285.
20_예를 들어, 다음을 보라. Kai Nielsen, *Globalization and Justice*. 또한 다음 책의 여러 논문들을 보라. *Global Justice*, edited by Thomas Pogge.
21_국제적 좌파에 관한 짧막한 개론서로 다음을 보라. Manfred Steger, *Globalism: Market Ideology Meets Terrorism*, pp. 120-126.
22_John Rawls, *The Law of Peoples*, pp. 38-39.
23_John Rawls, *Political Liberalism*.
24_Michael Sandel, "America's Search for a New Public Philosophy," pp. 73-74.
25_Sandel, "America's Search," p. 74.
26_미국의 정치 이론가인 벤저민 바버는 사회적 연대에 관한 사회주의적 개념을 아마 가장 잘 예시하고 있다고 할 수 있을 것이다. 예를 들어, 다음을 보라. Benjamin Barber, *Strong Democracy*.
27_Carol Swain, *The New White Nationalism in America*, pp. 16-22.
28_예를 들어, 다음을 보라. Noam Chomsky, *Imperial Ambitions*.
29_Micahel Hardt and Antonio Negri, *Multitude*.
30_Hardt and Negri, *Multitude*, pp. 290-296(『다중』, 안토니오 네그리·마이클 하트 지음, 서창현·정남영·조정환 옮김, 세종서적, 2008, 352-354쪽).
31_예를 들어, 다음을 보라. David Korten, "Planetary Alternative to the Global Economy."
32_Theodore Roszak, *Person/Planet*; Robert Goodin, *Green Political Theory*, p. 400.
33_Hardt and Negri, *Multitude*, pp. 306, 312(『다중』, 안토니오 네그리·마이클 하트 지음, 서창현·정남영·조정환 옮김, 세종서적, 2008, 368, 373쪽).
34_Hardt and Negri, *Multitude*, p. 336(『다중』, 안토니오 네그리·마이클 하트 지음, 서창현·정남영·조정환 옮김, 세종서적, 2008, 399, 400쪽).
35_Hardt and Negri, *Multitude*, p. 336(『다중』, 안토니오 네그리·마이클 하트 지음, 서창현·정남영·조정환 옮김, 세종서적, 2008, 400쪽).
36_Hardt and Negri, *Multitude*, pp. 341-342(『다중』, 안토니오 네그리·마이클 하트 지음, 서창현·정남영·조정환 옮김, 세종서적, 2008, 406쪽).
37_예를 들어, 다음을 보라. John Sullivan, James Piereson, and John Marcus, *Political Tolerance and American Democracy*; Robert Putnam, *Bowling Alone*; Allan Cigler, and Mark Joslyn, "The Extensiveness of Group Membership and Social Capital."

38_파레크는 사람들이 자신이 속한 지방 공동체 바깥의 견해와 가치관에 노출되어 보는 경험이 지적으로 의미가 있다고 주장한다. Bhikhu Parekh, *Rethinking Multiculturalism*, pp. 165-168.
39_Spinner-Halev and Theiss-Morse, "National Identity and Self-Esteem."
40_다원적 사회의 정치권력이 국가 차원에서 지역공동체 차원이나, 유럽연합과 같은 권역 차원으로 이동한 경우가 많다. 다음에서 이 문제를 다루고 있다. Elizabeth Gerber and Ken Kollman, "Introduction: Authority Migration."
41_Samuel Huntington, *Who Are We?* 헌팅턴은 네 가지 유형의 일치성 — 인종·종족·정치·문화적 일치 — 으로부터 강력한 공동체 정체성이 비롯된다고 주장한다. 그는 미국이라는 국가의 정체성을 확립하는 데 종족이나 인종은 더는 중요하지 않지만, 미국의 국가적 정체성을 확립하기 위해서 정치적 충성뿐만 아니라 문화적 일치가 중요하다고 말한다.
42_자유주의적 민족주의는 다음에서 논의되고 있다. Will Kymlicka, *Contemporary Political Philosophy*, pp. 261-268.
43_네오콘이 국제기구와 국제적 합의의 중요성을 부인하는 한, 이 점에서만큼은 다원적 합의로부터 일탈한 세력이라고 비난받을 수 있을 것이다.

10장 | 정치적 원리 2 | 시민권

1_맥퍼슨은 이 문제를 다음에서 다룬다. C. B. Macpherson, *The Life and Times of Liberal Democracy*, pp. 23-76.
2_Samuel Huntington, *Who are We?*, p. 54.
3_공화주의는 아리스토텔레스 시대로까지 거슬러 올라갈 수 있고 마키아벨리와 몽테스키외 같은 저명한 철학자들이 개진했던 사상이다. 공화주의는 시민들에게 협소한 자기 이익보다 공동선의 이상을 추구하라고 가르친다. 반면에 자유주의 사상가들은 시민들이 결국 자기 이익을 추구할 수밖에 없을 것이라고 보지만, 정치적 경쟁이나 경제적 경쟁 속에 '보이지 않는 손'이 포함되어 있어서 개인들의 자기 이익 추구행위가 공동체 전체에 도움이 되는 결과를 가져올 것이라고 주장했다. 만일 시민들이 자기 이익에 근거하여 투표를 한다면 현직자와 대항 출마자는 선거에서 경쟁하며 시민들의 이해관계에 호소하는 입장을 취할 것이다. 결국 가장 많은 시민들의 이익을 대변한 후보가 선거에서 승리하게 되므로 자유주의자의 생각에 따르면 이런 결과가 (공리주의적으로 이해된) 공익에 근접할 것이라고 한다.
4_밀의 말은 다음에서 인용된다. Steven DeLue, *Political Thinking, Political Theory, and Civil Society*, p. 215.
5_DeLue, *Political Thinking, Political Theory, and Civil Society*, pp. 14-15.
6_DeLue, *Political Thinking, Political Theory, and Civil Society*, pp. 18-21.
7_John Locke, *Two Treatises of Government*, p. 392(『통치론』, 존 로크 지음, 강정인·문지영 옮김, 까치글방, 1996, 114쪽).
8_전통적 보수주의자들이 보수적 '성향'을 지니고 있는 것은 사실이지만, 보수적 '원칙' 같은 것은 없다고 강조하는 주장으로 다음을 보라. Alan Finlayson, "Conservatisms."
9_이 인용문은 다음에 나온다. W. Wesley McDonald, "Russell Kirk on Immigration," http://www.vdare.com/misc/mcdonald_041031_immigration.htm.

10_William Godwin, *Enquiry Concerning Political Justice*, p. 207.
11_Godwin, *Enquiry Concerning Political Justice*, pp. 185-186. 아리스토텔레스는 『니코마쿠스 윤리학』(*Nicomachean Ethics*)에서 덕 있는 행위에 대해 동일한 처방을 제시하고 있다.
12_Jürgen Habermas, *Legitimation Crisis*, p. 37.
13_포스트마르크스주의자들은 그런 수단의 잠재력을 놓고 계속 토론해 오고 있다. 다음을 보라. Ernesto Laclau and Chantal Mouffe, *Hegemony and Socialist Strategy*.
14_마르크스는 혁명적 상황에서 만들어질 수 있는 정치 공동체에 대한 이상을 '파리코뮌'에 대한 자신의 예찬으로 표현했다. 다음을 보라. Karl Marx, "The Civil War in France," pp. 618-652 in *The Marx-Engels Reader*. 마르크스는 이 글을 1871년에 집필했다.
15_다음을 보라. Michael Walzer, "A Day in the Life of a Socialist Citizen," pp. 229-238.
16_이런 식의 자율적인 시민에 관한 추상적 비전이 매력적으로 보일 수도 있겠지만, 이런 관점은 정치를 구성하는 두 가지 문제를 감안하지 않고 있다. 첫째, 사람들은 서로 이해관계가 모두 다르므로 공적인 이익을 추구하기보다 자기 이익을 추구하기 나름이다. 둘째, 사람들이 사용할 수 있는 자원이 한정되어 있으므로 이해관계의 갈등이 더욱 첨예해진다.
17_다음을 보라. Helena Sheehan, *Marxism and the Philosophy of Science*, ch. 5.
18_그런 '이단자'들에 대한 전면적인 공격 그리고 혁명의 원칙과 전술에 관한 철저한 논의는 다음에 실려 있다. "Left-Wing Communism: An Infantile Disorder," pp. 550-618 in *The Lenin Anthology*. 이 저술은 1920년에 출간되었다.
19_에드윈 블랙은 히틀러가 취했던 배타적인 이민법을 다음 저서에서 논하고 있다. Edwin Black, *War Against the Weak*.
20_Benito Mussolini, "The Doctrine of Fascism," p. 10.
21_Alfredo Rocco, "The Political Doctrine of Fascism," p. 36.
22_Robert Dahl, *Democracy and Its Critics*, pp. 119-131.
23_Paul Schuck, "The Great Immigration Debate," pp. 100-117.
24_이 발언은 "의무 헌장"을 성안하자는 취지로 열린 심포지엄에서 발표했던 것이다. Mary Ann Glendon, "Who Owes What to Whom?" edited by Gerald Marzorati, p. 45.
25_1992년 대통령 선거운동 당시 클린턴이 제창했던 '새로운 규약은 시민의 권리뿐만 아니라 시민의 책임을 강조하려는 가장 최근의 노력으로 볼 수 있다
26_Lawrence Tribe, "Ways Not to Think About Plastic Trees," pp. 1314-1348.
27_Dahl, *Democracy and Its Critics*, pp. 91-93.
28_시민 불복종에 관한 독창적 논의는 다음을 보라. Christian Bay, "Civil Disobedience" ; Rawls, *A Theory of Justice*, pp. 319-343.
29_Martin Luther King, Jr., "Letter from Birmingham Jail," in *Why We Can't Wait*.
30_다음을 보라. Kenneth Lee, "Republicans Support Immigration Too," http://www.speakout.com/activism/opinions/5672-1.html.
31_Joseph Schumpeter, *Capitalism, Socialism, and Democracy*.
32_Samuel Huntington, "The Democratic Distemper."
33_Elaine Spitz, "Citizenship and Liberal Institutions."
34_George Gilder, *Wealth and Poverty*, pp. 13-16.
35_Jonathan Rauch, "The Accidental Radical."

36_Leo Strauss, "The New Political Science," p. 426.
37_David Hoeveler, *Watch on the Right*, p. 37.
38_James Buckley, *The Jeweler's Eye*, pp. 257-259.
39_George Will, "A Poverty of Thought," *Washington Post*, September 13, 2005, p. A33.
40_James Q. Wilson, *The Moral Sense*.
41_Joseph Carens, "Aliens and Citizens."
42_John Fonte, "Dogmatic Libertarians," www.nationalreview.com/comment/comment-fonte050902.asp.
43_Anthony Gregory, "In Defense of Open Immigration," www.fff.org/freedom/fd0410e.asp.
44_Johan Norberg, *In Defense of Globalization*, pp. 148-149.
45_Margaret Thatcher, *Statecraft*, p. 415.
46_Thomas Friedman, *The Lexus and the Olive Tree*, pp. 139-142.
47_Huntington, *Who are We?*, ch. 9.
48_Pat Buchanan, *State of Emergency*.
49_Huntington, *Who are We?*, pp. 37-40.
50_앨런 블룸(Allan Bloom)과 매킨타이어와 같은 급진적 우파가 이런 시민권 개념에 기여한 바는 다음을 보라. Robert Booth Fowler, *The Dance with Community*, pp. 80-120.
51_토크빌의 인용은 다음에서 재인용한 것이다. Mary Ann Glendon, *Rights Talk*, p. 120.
52_Gerald Marzorati, "Who Owes What to Whom?" pp. 44-54.
53_Michael Walzer, *Spheres of Justice*, pp. 31-62(『정의와 다원적 평등: 정의의 영역들』, 마이클 왈쩌 지음, 정원섭 외 옮김, 철학과현실사, 1999).
54_Valeria Ottonelli, "Immigration: What does Global Justice Require?"
55_다음을 보라. Adam Przeworski, *Democracy and the Market*.
56_Ottonelli, "Immigration," p. 232.
57_Jeffrey Henig, *Neighborhood Mobilization*, pp. 140-156.
58_Matthew Crenson and Benjamin Ginsberg, *Downsizing Democracy*, pp. 182-197.
59_Crenson and Ginsberg, *Downsizing Democracy*, p. 234.
60_Peter Bachrach and Morton S. Baratz, *Power and Poverty*.
61_Mancur Olson, *The Logic of Collective Action*.
62_American Political Science Association Task Force Report, "American Democracy in an Age of Rising Inequality."
63_쟁의적 다원주의와 WTO 반대 캠페인에 동원된 집단들의 사례는 다음을 보라. John Guidry and Mark Sawyer, "Contentious Pluralism."
64_다음을 보라. Francis Houtart and François Polet, *The Other Davos*.
65_Walzer, *Spheres of Justice*, pp. 64-65.
66_Walzer, *Spheres of Justice*, p. 84.
67_Benjamin Barber, *Strong Democracy*, pp. 298-303. 또한 다음을 보라. Michael Walzer, "Socializing the Welfare State," pp. 298-299.
68_Barber, *Strong Democracy*, p. 302.

69_스톰 프런트(Stormfront)의 지도자 돈 블랙(Don Black)의 발언은 다음에 인용되어 있다. Carol Swain, *The New White Nationalism in America*, p. 99. 스웨인은 무제한 이민허용 정책에 대해 백인 국수주의자와 흑인 국수주의자가 똑같이 반대한다는 점을 지적한다.
70_James Ridgeway, *Blood in the Face*, pp. 168-169.
71_William Ophuls, *Requiem for Modern Politics*, 특히 pp. 88-91.
72_Crenson and Ginsberg, *Downsizing Democracy*, p. 237. 탈물질주의적 가치에 대해서는 다음을 보라. Ronald Inglehart, *Culture Shift in Advanced Industrial Societies*.
73_Andrew Dobson, *Green Political Thought*, pp. 2-35.
74_Michael Hardt and Antonio Negri, *Multitude*, p. 149(『다중』, 안토니오 네그리·마이클 하트 지음, 서창현·정남영·조정환 옮김, 세종서적, 2008, 190쪽).
75_대지의 윤리를 다룬 초기의 논의는 다음을 보라. Aldo Leopold, *The Sand County Almanac*.
76_로티는 극좌파를 "관객 근성"(spectatorship)이라고 비난한다. Richard Rorty, *Achieving Our Country*. 이것은 현실의 변화를 추동할 능력이 부족한 세력이 느끼는 깊은 좌절감을 그저 절망의 철학으로 표현하는 것 — 실제 정치를 개선하기 위해 건설적인 일을 아무 것도 하지 않으면서 — 을 말한다.
77_Hardt and Negri, *Multitude*, pp. 356-358(『다중』, 안토니오 네그리·마이클 하트 지음, 서창현·정남영·조정환 옮김, 세종서적, 2008, 422-424쪽).
78_다음을 보라. "Free Movement of persons, asylum, and immigration," http://europa.eu/scadplus/leg/en/s17000.htm.
79_이 부분의 논의는 다음으로부터 큰 영향을 받았다. Walzer, *Spheres of Justice*, 특히 pp. 31-62. 이 논의는 시민권의 문제에 대한 새로운 관심을 불러일으켰다. 킴릭카 역시 이런 문제를 많이 다룬다. Will Kymlicka, *Contemporary Political Philosophy*, pp. 284-326.
80_Huntington, *Who Are We?*, p. 243.
81_Huntington, *Who Are We?*

11장 | 정치적 원리 3 | 사회구조

1_문명이란, 인류가 항구적인 정착지를 마련하고 도심 지역을 형성했을 때부터 시작되었다고 흔히 말해진다. '문명'(civilization)은 라틴어 'civitas'에서 비롯되었는데, 이 말은 도시의 거주자이면서 시민이라는 뜻이다. 분업과 안전보장 체계, 통치자의 지명, 규정의 제정, 집합적 기억체계의 발전, 특히 글쓰기 체계의 발전 등이 뚜렷하게 나타난 사회를 문명화된 사회라 할 수 있다. 이런 특징이 문명사회를 구성하는 것이다.
2_Francis Fukuyama, *The End of History*.
3_(흔히 동일시되는) 자유 시장 경제와 자본주의는 구분될 수 있다. 자본주의는 생산수단의 사적 소유를 중시하지만, 사적 소유의 기업이라도 (자유방임 경제에 비해) 고도의 규제를 받으며 운영될 수 있다. 자유 시장은 통상 사적 소유 기업에 의해 지배되지만, 공공 기업이나 협동조합 등도 시장에 참여하여 행위 주체들이 마음대로 시장 진입과 탈퇴를 정할 수 있고, 거의 규제를 받지 않을 수도 있다.
4_John Locke, *Two Treatises of Government*, pp. 327-344.

5_다음을 보라. Robert Heilbroner, *The Worldly Philosophers*.
6_1776년에 나온 스미스의 『국부론』에서도 자본주의가 국가를 필요로 한다는 지적이 나온다. 폴라니의 『거대한 전환』에서는 왜 "자유기업 체계"가 국가의 규제를 필요로 하는지를 철저히 다루고 있다.
7_폴 스타는 고전적 자유주의에서 국가를 제한한 것이 국가의 위축으로 이어진 것이 아니라, 국가 권력의 남용을 막은 결과를 초래했다고 지적한다. 그는 예를 들어 영국과 미국이 19세기에 헌정적 제약을 받으면서도 엄청나게 권력이 확장되었다고 말한다. Paul Starr, *Freedom's Power*, pp. 29-52.
8_예를 들어, 플라톤의 『법률』(*Laws*)과 아리스토텔레스의 『정치학』(*Politics*)을 보라.
9_James Madison, "Number 10," in Alexander Hamilton et al., *The Federalist Papers*, p. 128(『페더럴리스트 페이퍼』, 알렉산더 해밀턴 지음, 김동영 옮김, 한울, 1995, 67-68쪽).
10_다음을 보라. Steven DeLue, *Political Thinking, Political Theory, and Civil Society*, pp. 18-21.
11_귀족적 공화주의와 민주적 공화주의 사이의 차이에 관해서는 다음을 보라. Robert Dahl, *Democracy and Its Critics*, pp. 24-8.
12_이런 점에서 본다면 정치학자들의 다수가 전통적 보수주의자인지도 모른다. 대통령 선거인단 제도를 지지하는 여론이 많기 때문이다. 다음을 보라. Paul Schumaker and Burdett Loomis, *Choosing a President*.
13_Alexis de Tocqueville, *Democracy in America*, vol. 2, bk. 2, ch. 5.
14_다음에서 인용. Lawrence Harrison and Samuel Huntington, *Culture Matters*, p. xiv.
15_Robert Nozick, *Anarchy, State, and Utopia*, pp. 312-317.
16_다음에서 인용됨. George Woodcock, *Anarchism*, p. 163.
17_아나키즘에서는 지역 결사체들 사이의 갈등 문제를 해결하지 못했다. 연방 차원에서 결사체들 간의 합의 체계를 만들면 중앙 권력이 지역 결사체들 사이의 갈등을 중재하고 통제할 수 있는 권력을 가지기 쉽다. 그러나 아나키즘에서는 그런 중앙 권력을 잠재적으로 강압적이고, 따라서 불만족스러운, 것으로 간주한다. 노직은 이 문제를 다음에서 다룬다. Nozick, *Anarchy, State, and Utopia*, pp. 326-31. 그러나 그는 아나키즘에서 생각하는 이상과 부합되는 문제 해결 방안을 제시하지 못했다.
18_*Communist Manifesto* in *The Marx-Engels Reader*, p. 475(『칼 맑스 프리드리히 엥겔스 저작 선집』 1, 칼 마르크스·프리드리히 엥겔스 지음, 최인호 옮김, 박종철출판사, 1991-2001, 402-403쪽).
19_*Communist Manifesto*, p. 477(『칼 맑스 프리드리히 엥겔스 저작 선집』 1, 칼 마르크스·프리드리히 엥겔스 지음, 최인호 옮김, 박종철출판사, 1991-2001, 405쪽).
20_*Communist Manifesto*, p. 476(『칼 맑스 프리드리히 엥겔스 저작 선집』 1, 칼 마르크스·프리드리히 엥겔스 지음, 최인호 옮김, 박종철출판사, 1991-2001, 403쪽).
21_*Communist Manifesto*, pp. 474-475(『칼 맑스 프리드리히 엥겔스 저작 선집』 1, 칼 마르크스·프리드리히 엥겔스 지음, 최인호 옮김, 박종철출판사, 1991-2001, 401쪽).
22_*Communist Manifesto*, pp. 490-491(『칼 맑스 프리드리히 엥겔스 저작 선집』 1, 칼 마르크스·프리드리히 엥겔스 지음, 최인호 옮김, 박종철출판사, 1991-2001, 420-421쪽).
23_Howard Mehlinger, *Communism in Theory and Practice*, p. 82. 이념적 통제 문제에 대해서

는 다음을 보라. Alfred Meyer, *Communism*, pp. 103-119.

24_제1인터내셔널의 상세한 역사는 다음을 보라. David McClellan, *Karl Marx*, pp. 360-411.

25_에두아르트 탄넨바움의 추산에 따르면, 조합주의는 이탈리아에서 완전히 실패했다고 한다. 기업이 노동자들의 규율을 잡는 데 도움이 되었지만, 자본가의 권력을 제대로 제어하지는 못했다. Eduard Tannenbaum, *The Fascist Experience*, pp. 89-100.

26_Frederic Clairmont, "Volkswagens' history of forced labor," in *Le Monde Diplomatique* (January 1998), http://mondediplo.com/1998/01/11volkswag.

27_Paul Brooker, "The Nazi Fuehrerprinzip."

28_Hannah Arendt, *The Origins of Totalitarianism*, chs. 11-13.

29_Ronald Dworkin, *Taking Rights Seriously*, p. 149.

30_Theodore Lowi, *The End of Liberalism*, p. 272.

31_Paul Peterson, *City Limits*, pp. 210-222.

32_Lowi, *End of Liberalism*, pp. 274-279.

33_James Sundquist, *Policies and Politics*.

34_Lowi, *End of Liberalism*, p. 276.

35_다음을 보라. Peter Dreier, "Urban Neglect: George W. Bush and the Cities," *Shelterforce Online* (Sept/Oct. 2004), www.nhi.org/online/issues/137/urbanneglect.html.

36_Charles Krauthammer, "A Social Conservative Credo."

37_David Landes, "Culture Makes Almost All of the Difference," p. 11.

38_Landes, "Culture Makes Almost All the Difference," p. 13.

39_Thomas Friedman, *The Lexus and the Olive Tree*, p. 107.

40_Johan Norberg, *In Defense of Globalization*, pp. 72-94.

41_Norberg, *In Defense of Globalization*, p. 90.

42_Francis Fukuyama, *State-Building*.

43_Friedman, *Lexus and the Olive Tree*, pp. 145-166.

44_Margaret Thatcher, *Statecraft*, pp. 441, 463.

45_Samuel Huntington, *The Clash of Civilizations*.

46_Norberg, *In Defense of Globalization*, p. 189.

47_Friedman, *Lexus and the Olive Tree*, pp. 468-475.

48_Bernard Williams, "The Idea of Equality," p. 122.

49_Michael Walzer, *Spheres of Justice*, p. 102(『정의와 다원적 평등: 정의의 영역들』, 마이클 왈쩌 지음, 정원섭 외 옮김, 철학과현실사, 1999).

50_Greg Palast, *The Best Democracy Money Can Buy*.

51_Joshua Cohen and Joel Rogers, *On Democracy*, pp. 51-53.

52_자본가들이 (자신의 공장을 이전할지를 결정할 수 있다는 이유로) 지역사회의 운명을 좌지우지할 수 있는 독재자 역할을 하도록 허용할 것인지에 관한 문제는 다음을 보라. Barry Bluestone and Bennett Harrison, *The Deindustrialization of America*.

53_Walzer, *Spheres of Justice*, pp. 291-303.

54_급진적 페미니즘 문헌의 정리는 다음을 보라. Rosemary Tong, *Feminist Thought*.

55_John Schaar, "Equal Opportunity and Beyond," pp. 238-239.

56_Robert Kuttner, "Socialism, Liberalism, and Democracy," p. 7.
57_John Rawls, *Theory of Justice*, p. 242(『정의론』, 존 롤즈 지음, 황경식 옮김, 이학사, 2003, 367-368쪽).
58_Richard Krouse and Michael McPherson, "Capitalism, 'property-Owning Democracy,' and the Welfare State."
59_Michael Walzer, "Socializing the Welfare State." 왈저는 사회를 돕는 행위와, 자선으로 지원을 제공하는 보수적 박애단체를 혼동해서는 안 된다고 경고한다. 유나이티드 웨이(United Way)와 같은 보수주의의 자선단체는 사회주의 체제의 구호단체와 비교해서 더욱 관료적이고 몰개성적이다.
60_Iris Marion Young, "Polity and Group Difference."
61_Michael Sandel, *Democracy's Discontent*, p. 348.
62_G. D. H. Cole, *Social Theory*, pp. 6-11. 이런 사상은 다음에서 발전됨. Carole Pateman, *Participation and Democratic Theory*.
63_David Ingersoll, Richard Matthews, and Andrew Davison, *The Philosophical Roots of Modern Ideology*, p. 278.
64_Michael Hardt and Antonio Negri, *Multitude*, p. xii(『다중』, 안토니오 네그리·마이클 하트 지음, 서창현·정남영·조정환 옮김, 세종서적, 2008, 16쪽).
65_Michael Hardt and Antonio Negri, *Empire*, pp. 22-41(『제국』, 안토니오 네그리·마이클 하트 지음, 윤수종 옮김, 이학사, 2001, 51-77쪽).
66_William Ophuls, *Requiem for Modern Politics*, pp. 121-176.
67_Hardt and Negri, *Multitude*, pp. 3-95.
68_Hardt and Negri, *Multitude*, pp. 289-358.
69_E. F. Schumacher, *Small is Beautiful*.
70_다음을 보라. John Galbraith, *American Capitalism*; Walzer, *Spheres of Justice*. 이런 생각은 여론조사 결과로도 드러난다. 대다수 미국인들은 자본주의와 민주주의를 지지하며, 자신의 가치관들이 서로 충돌할 경우, 완전히 자유로운 자본주의 또는 순수한 민주주의 등과 같은 하나를 원하기보다, 기존 체제에 약간의 조정을 가하는 정도에 만족한다. 다음을 보라. Herbert McClosky and John Zaller, *The American Ethos*, pp. 184-188.

12장 | 정치적 원리 4 | 권력의 보유자

1_민주주의의 간략한 역사는 다음을 보라. Robert Dahl, *On Democracy*, pp. 7-27. (이로쿼이족과 같은) 아메리카 원주민들이 세운 나라에서 예전부터 민주주의를 실천해 왔다는 주장도 있다. 다음을 보라. Donald Grinde and Bruce Johnson, *Exemplar of Liberty: Native America and the Evolution of Democracy*, www.ratical.org/many_worlds/6Nations.
2_Robert Kaplan, "Was Democracy Just a Moment?"
3_Robert Dahl, *Democracy and Its Critics*, pp. 77-79.
4_한 공동체 내에서 여러 종류의 행위 주체들이 보유한 권력의 크기를 추산해 보려는 시도로 다음을 보라. Paul Schumaker, *Critical Pluralism*.

5_C. B. Macpherson, *The Life and Times of Liberal Democracy*, pp. 1-43.
6_그러나 버크는 식민지에서도 대표들이 나와야 한다고 주장했다.
7_Edmund Burke, "An Appeal from the New to the Old Whigs," p. 537 in Peter Stanlis, ed., *Edmund Burke: Selected Writings*.
8_다음에 인용됨. George Woodcock, *Anarchism*, p. 34.
9_Woodcock, *Anarchism*, p. 81.
10_Robert Paul Wolff, *In Defense of Anarchism*, pp. 21-67.
11_일부 민주사회주의자들은 이런 정통 마르크스주의의 해석에 의문을 제기했다. 이들은 마르크스가 말년에 집필한 서신에서, 일정한 조건에 이르면 민주적 선거를 통해 사회주의가 실현될 수 있다고 발언한 사실에 주목한다.
12_Friedrich Engels, "Preface to the 1888 English Edition", in *The Communist Manifesto* (『칼 맑스 프리드리히 엥겔스 저작 선집』 1, 칼 마르크스·프리드리히 엥겔스 지음, 최인호 옮김, 박종철출판사, 1991-2001, 380쪽). 다음에서 인용. Tony Smith, *Thinking Like a Communist*, pp. 57-58.
13_Smith, *Thinking Like a Communist*, p. 24.
14_Engels, *Introduction to The Civil War in France*, in *The Marx-Engels Reader*, pp. 627-628.
15_Terrill Carver, "Marxisms and Post-Marxisms."
16_Hannah Arendt, *Origins of Totalitarianism*, pp. 404-405.
17_Robert Dahl, *Who Governs?*, pp. 223-228.
18_Dahl, *Democracy and Its Critics*, pp. 218-224.
19_V. O. Key, *The Responsible Electorate*.
20_이와 관련된 연구는 다음을 보라. Susan Welch and Timothy Bledsoe, *Urban Reform and its Consequences*, pp. 35-53.
21_Charles Lindblom, *Politics and Markets*, pp. 170-188.
22_Thomas Geoghegan, *Whose Side Are You On?*
23_이것을 '철의 삼각지대'(iron triangles) 그리고 '이슈 네트워크'(issue networks)라고도 부른다.
24_Theodore Lowi, *The End of Liberalism*, pp. 295-313.
25_자유민주주의의 한계와 인민민주주의에 관한 훌륭한 연구로 다음을 보라. Benjamin Barber, *Strong Democracy*.
26_John Guidry and Mark Sawyer, "Contentious Pluralism."
27_차티스트운동은 급진 민주주의 정치를 강조했지만, 사회주의를 제창하지는 않았다. 예를 들어, 이들은 실직 노동자들에게 약간의 토지와 자본을 제공하라고 요구했으며, 그런 개혁이 소농들로 이루어진 경쟁적인 시장체제를 형성할 수 있을 것으로 믿었다.
28_G. D. H. Cole, *Self-Government in Industry*, p. 33.
29_달은 노동자들이 운영하는 기업이 "이익을 배당해 주는 주주 소유 기업체보다 노동자들의 창의성·에너지·충성도를 훨씬 더 많이 끌어낼 수 있을 것"이라고 주장한다. Robert Dahl, *A Preface to Economic Democracy*, p. 132.
30_Alan Blinder, "More Like Them?"
31_Harry Boyte, *The Backyard Revolution*.
32_가족 내의 민주화에 관한 논의로 다음을 보라. Anne Phillips, *Engendering Democracy*, pp.

101-104.

33_Barber, *Strong Democracy*, pp. 267-278. 좌파적 성향의 집단과 운동 단체들을 동원하여 도시 내 정치에서 자본가·개발업자·부동산업자 및 기타 '성장 산업'의 권력에 맞설 방안은 다음 책에서 철저히 소개되고 있다. John Logan and Harvey Molotch, *Urban Fortunes*.

34_Jeane Kirkpatrick, "Politics and the 'New Class'."

35_James Payne, "The Congressional Brainwashing of Congress," p. 12.

36_월이 미국의 정치제도에 관해 생각하는 바는 다음을 보라. David Hoeveler, *Watch on the Right*, pp. 53-80.

37_사회적 보수주의에서는 직접민주주의 수단을 동원하여 성적 일탈 행위, 마약 사용과 같은 사회 병리를 규제하고, 태어나지 않은 아이들과 말기 환자의 생명을 존중하려고 해왔다. 그러나 자유지상주의자는 이런 움직임을 사회적 권리의 침해로 본다.

38_다음을 보라. Ronald Terchek and Thomas Conte, *Theories of Democracy*, pp. 91-121, 141-163.

39_프리드먼은 국가 관료가 투자자들에게 예속되는 것을 "절호의 제약 조건"이라고 부른다. 다음을 보라. Thomas Friedman, *Lexus and the Olive Tree*, pp. 101-111.

40_Johan Norberg, *In Defense of Globalization*, p. 274.

41_Friedman, *Lexus and the Olive Tree*, pp. 85-89.

42_Jagdish Bhagwati, *In Defense of Globalization*, pp. 93-94.

43_Natan Sharansky and Ron Dermer, *The Case for Democracy*, pp. 40-41.

44_(이슬람 근본주의를 거부하는) 대다수 무슬림들은 다른 종교의 신도들과 마찬가지로 민주주의에 대한 신념을 지니고 있다.

45_다음 책에서 통치자에 대한 이슬람의 사상이 소개된다. David Ingersoll et al., *The Philosophical Roots of Modern Ideology*, pp. 261-263. 통치자를 이런 식으로 이해하는 것은 전통 시아파 교의가 현대에 변용된 것이라는 주장도 있다. Carl Brown, *Religion and the State*. 또한 빈 라덴은 물론 아야톨라 호메이니(Ayatollah Khomeini)조차 진정한 이맘(imām)이 아니므로, 살아 있는 이맘('숨어 있는')을 찾을 때까지 가장 영향력 있는 아야톨라(ayatollah)들이 시아파를 지도할 필요가 있다고 본다.

46_Judith Butler, "Sexual Inversions."

47_Chandra Talpade Mohanty, "Women, Workers, and Capitalist Scripts."

48_Michel Foucault, *The History of Sexuality*, Volume 1: An Introduction.

49_이 사례는 다음에 나온다. Anne Marie Smith, "Democratic Theory for a New Century," pp. 563-564.

50_앨런 울프(Alan Wolfe)는 『제국』의 서평에서, 이런 은유의 중요성을 지적한다. *The New Republic* (Oct. 1, 2001), p. 31.

51_Dahl, *Democracy and its Critics*, pp. 24-28.

52_John Guidry and Mark Sawyer, "Contentious Pluralism," pp. 273-289.

53_어떤 분석가들은 소수자의 권리가 입법부를 통해 해결하려 할 때 무시되는 것보다 주민 투표와 주민 발의를 통할 때 더 크게 무시되지는 않는다고 말한다. 다음을 보라. Thomas Cronin, *Direct Democracy*.

54_국제기구의 지도자들이 국민국가의 지도자들에게 책임성을 갖도록 되어 있는 현재의 제도를

지구화론자들이 선호하는 것이 (통치자에 대해 다원주의가 폭넓게 인정하는 범위에서) 민주적인지는 명확하지 않다. 다음을 보라. Will Kymlicka, *Contemporary Political Philosophy*, pp. 312-315.

13장 | 정치적 원리 5 | 정부의 권위

1_*Statistical Abstract of the United States* ; www.infoplease.com/year. 후자의 웹사이트는, 상세한 통계치가 실린 유용한 보완 자료 역할을 한다. 1998년 달러 기준치에 의거한 매년 GDP를 보여 주기 때문이다. 반면에 전자의 통계는 더 오래전 여러 해의 기준치를 원용하고 있다. 이 표에 나오는 수치를 서로 비교하기 위해 이 통계에 나오는 2000년과 2005년의 GDP와 연방정부 지출을 1998년 달러 기준치에 맞추었다.

2_홉스, 로크, 칸트와 같은 사상가들이 상정한 자유주의 사회계약론은 서로 차이가 있다. 하지만 이들은 타인의 정당한 도덕적 입장을 모든 사람이 서로 존중해 주어야 한다는 입장에서 출발한다. 자유주의자들의 사회계약론은 루소와 같은 공동체주의적 사회계약론과는 근본적으로 차이가 있다. 공동체주의적 사회계약론에서는 (다른 사람들도 그렇게 하는 한) 사람들이 자기 이익을 보류하고 공동선을 추구하기로 합의할 것으로 가정한다.

3_폴라니는 다음과 같이 지적한다. "규제와 시장은 실질적으로 함께 성장했다." Karl Polanyi, *The Great Transformation*, p. 68.

4_John Stuart Mill, *On Liberty*, p. 15(『자유론』, 존 스튜어트 밀 지음, 김형철 옮김, 서광사, 1992, 29쪽).

5_Mill, *On Liberty*, pp. 72-73(『자유론』, 존 스튜어트 밀 지음, 김형철 옮김, 서광사, 1992, 102쪽).

6_Mill, *On Liberty*, p. 85(『자유론』, 존 스튜어트 밀 지음, 김형철 옮김, 서광사, 1992, 116쪽). 자유주의에서는 국가가 도덕을 법으로 제정해서는 안 된다는 점을 믿는 입장이지만, 자유주의자가 도덕성이나 시민의 덕성을 도외시한다는 말은 아니다. 이들은 자유주의의 제도가 잘 작동하려면 시민들이 절제·온유함·근면·진정성과 같은 덕성을 발휘해야 한다고 믿었다. 하지만 자유주의자들은 개명된 사람들과 교회 등의 (국가가 아닌) 비정부 제도들이 그런 덕성을 증진해야 한다고 믿었다. 다음을 보라. William Galston, "Liberalism and Public Morality."

7_John Locke, *Two Treatises of Government*, p. 406(『통치론』, 존 로크 지음, 강정인·문지영 옮김, 까치글방, 1996, 133쪽).

8_Herbert Spencer, *The Man Versus The State*, pp. 79-120.

9_Paul Starr, *Freedom's Power*, pp. 29-52.

10_Noel O'Sullivan, *Conservatism*.

11_Peter Kropotkin, *Revolutionary Pamphlets*, pp. 68-75.

12_Robert Paul Wolff, *In Defense of Anarchism*, pp. 13-14(『아나키즘: 국가권력을 넘어서』, 로버트 폴 볼프 지음, 임홍순 옮김, 책세상, 2001, 49쪽).

13_이런 문제점을 고전적으로 설명한 것이 1849년에 나온 헨리 데이비드 소로(Henry David Thoreau)의 『시민 불복종』(*Essay on Civil Disobedience*)이다. 그는 멕시코-미국 전쟁을 위한 납세를 거부했다는 이유로 체포된 것에 대해 항의하기 위해 이 작품을 썼다.

14_이런 주장을 반박하기 위해 다음을 보라. Jeffrey Reiman, *In Defense of Political Philosophy*.

15_다음을 보라. Robert Alford and Roger Friedland, *Powers of Theory*, pp. 288-307.
16_Tony Smith, *Thinking Like a Communist*, p. 44.
17_Karl Marx and Friedrich Engels, *Communist Manifesto*, pp. 490-491.
18_Marx and Engels, *Communist Manifesto*, p. 490.
19_소련의 계획경제를 철저하게 비판적으로 분석한 글로서 다음 저서를 보라. Alec Nove, *The Economics of Feasible Socialism Revisited*, pp. 73-126.
20_처음에 소련의 계획경제가 성공한 사례를 다음에서 논하고 있다. Charles McCoy, *Contemporary ISMs*, pp. 70-74 ; Jeffry Frieden, *Global Capitalism*, pp. 326, 337-338. 비판적인 평가도 있다. Z, "To the Stalin Mausoleum."
21_OECD, *Economic Survey of China, 2005*, www.oecd.org/document/7/0,2340,en_2649_201185_35343687_1_1_1_1,00.html.
22_Antonio Gayoso, "The Rule of Small and Medium Size Enterprise in Cuba's Future." 다음에서 인용. http://lanic.utexas.edu/la/cb/cuba/asce/cuba9/gayoso.pdf.
23_고르바초프는 마르크스와 레닌이 페레스트로이카를 지지했을 것이라고 해석하려 했다. 다음을 보라. Mikhail Gorbachev, "The Socialist Idea and Revolutionary Perestroika."
24_V. I. Lenin, "'Left-Wing' Communism: An Infantile Disorder,"in *The Lenin Anthology*, p. 609.
25_Giovanni Gentile, "The Philosophic Basis of Fascism," p. 60.
26_Adolf Hitler, *Mein Kampf*, p. 393(『나의 투쟁』, 아돌프 히틀러 지음, 이명성 옮김, 홍신문화사, 2006, 243쪽).
27_David Callahan, *The Moral Center*.
28_Richard Flathman, *Toward a Liberalism*, pp. 168-205.
29_Lester Thurow, *The Zero Sum Society*.
30_예를 들어, 다음을 보라. John Kenneth Galbraith, *The Affluent Society*.
31_학교 바우처 제도에 관한 사려 깊은 연구로 다음을 보라. John Chubb and Terry Moe, *Politics, Markets and America's Schools*. 이 제도의 훌륭한 비판서로는 다음 연구가 있다. Jeffrey Henig, *Rethinking School Choice*.
32_Robert Nozick, *Anarchy, State, and Utopia*, pp. 10-28.
33_노직은 국가의 공권력이, (완력을 쓰거나 사기를 치는 식으로) 부정하게 취득한 재화의 분배 문제를 시정할 필요가 있다고 인정한다. 그러나 국가의 이런 조치는 어디까지나 부당하게 자신의 재산을 빼앗긴 사람들의 재산을 보호해 주려는 목적에서 이루어진다.
34_Friedrich Hayek, *Law, Legislation, and Liberty*, Volume III.
35_Milton Friedman, *Capitalism and Freedom*, 특히 pp. 22-36.
36_Johan Norberg, *In Defense of Global Capitalism*, pp. 192-197
37_Margaret Thatcher, *Statecraft*, p. 431.
38_바그와티는 다음과 같이 주장한다. "지구화가 사회 예산을 무조건 줄일 것이라고 걱정하는 데는 근거가 없다." Jagdish Bhagwati, *Defense of Globalization*, p. 101. 그는 지구화를 추진하는 정치인들이 지구화 경제의 불안정성 때문에 피해를 당할지 모를 시민들을 보호하기 위해 사회 예산을 증액할 유인을 가졌다고 말한다.
39_〈60분〉(60 Minutes) 프로그램의 제작진은 미국인들이 성인 오락물에 매년 1백억 달러를 지출

하고 있다고 추산한다. www.cbsnews.com/stories/2003/11/21/main585049.shtml

40_프랭크는 미국 선거 정치에서 사회적 보수주의의 역할이 점점 더 커지는 현상을 논한다. 그는 사회적 보수주의자들이 자신의 정책 목표를 달성하는 일이 드물다고 주장한다. 일단 정치인들이 선출되고 나면 사회적 의제보다 경제적 문제와 자본주의를 유지하는 과제에 더 몰두하기 때문이라고 한다. Thomas Frank, *What's the Matter with Kansas?*

41_예를 들어, 일본을 비롯한 아시아 각국의 상품들은 해외에서 똑같은 미국산 제품보다 더 싸게 판매되는 경향이 있다고 한다. 일본의 경제체제가 구성되어 있는 방식이 기업체 비용을 국가가 부담하는 방식으로 되어 있기 때문이다.

42_Michael Walzer, *Spheres of Justice*, pp. 204-206.

43_Anne Phillips, *Engendering Democracy*, pp. 110-113.

44_Walzer, *Spheres of Justice*, pp. 75-76(『정의와 다원적 평등: 정의의 영역들』, 마이클 왈쩌 지음, 정원섭 외 옮김, 철학과현실사, 1999).

45_John Rawls, *Theory of Justice*, p. 244(『정의론』, 존 롤즈 지음, 황경식 옮김, 이학사, 2003, 369쪽).

46_Walzer, *Spheres of Justice*, p. 65.

47_보편적인 사회적 복지 제공 정책의 중요성은 다음에서 논의되고 있다. William Julius Wilson, *The Truly Disadvantaged*, pp. 149-164.

48_'스카프 사건'과, 다문화주의에 관한 다양한 정당화 논리가 다음에 나와 있다. Bhikhu Parekh, *Rethinking Multiculturalism*, pp. 165-168, 249-254.

49_Cornel West, *Race Matters*, p. 7.

50_Edward Abby, "Forward" in *Ecodefense*, p. 7.

51_William Ophuls, *Requiem for Modern Politics*.

52_대다수 시민들은 세금이 지나치게 많다고 생각하지만, 국가가 다음과 같은 문제들, 즉 환경보호, 보건, 대도시 문제 해결, 범죄 퇴치, 교육 향상, 빈곤층 지원 등을 위해 더 많은 자원을 투입해야 한다고 믿는다. 예를 들어, 다음을 보라. Richard Niemi, John Mueller, and Tom Smith, *Trends in Public Opinion*, pp. 73-91. 정부의 권위를 이론적으로 방어하는 논의로는 다음을 보라. Theda Skocpol, *Social Revolution in the Modern World*.

53_다원적 사회에 거주하는 시민들이라도 경우에 따라 자유를 제한하고 주류 도덕적 가치관을 지지하겠다는 경향을 다음에서 논하고 있다. Herbert McClosky and John Zaller, *The American Ethos*, pp. 52-59. '세계가치연구'(World Values Survey)에서 도덕 수준을 규제하는 법률을 지지하는가 하는 질문을 제기하는 경우가 드물지만, 낙태(V227-40), 마리화나 복용(V301), 성매매(V309), 이혼(V310), 안락사(V312), 여타 행동에 대해 다원적 국가에서 사는 (대다수에 가까운) 많은 사람들이 반대한다고 보고한다. Ronald Inglehart, Miguel Basanez, and Alejandro Moreno, *Human Values and Beliefs: A Cross-National Sourcebook*.

54_McClosky and Zaller, *The American Ethos*, pp. 146-7; William Mayer, *The Changing American Mind*, p. 459.

55_피오리나와 동료들은 정책 영역을 살폈을 때 정치 지도자들이 (시민들이 아니라) 가장 극단적인 접근 방식과 입장을 취한다고 주장한다. Morris Fiorina et al., *Culture War?*

14장 | 정치적 원리 6 | 정의

1_APSA Taskforce, "American Democracy in an Age of Rising Inequality."
2_Chuck Collins and Felice Veskel, *Economic Apartheid in America*, pp. 38-45.
3_Gar Alperovitz, *America Beyond Capitalism*, p. 10.
4_Lester Thurow, *The Future of Capitalism*, p. 42.
5_APSA Taskforce, "American Democracy," p. 654.
6_Collins and Veskel, *Economic Apartheid*, p. 51.
7_이 수치는 2004년 인구 센서스에서 인용한 것인데. 이때 백인 가구의 중위 연소득 평균은 4만8천 979달러에 달했다. 다음을 보라. www.census.gov/Press-elease/www/releases/archives/income_wealth/005647.html. 히스패닉의 가계 수입은 백인에 비해 약 70퍼센트 수준에 불과하다. 반면에 아시아계 미국인들의 수입은 백인의 117퍼센트에 달한다.
8_Collins and Veskel, *Economic Apartheid*, p. 50.
9_Dalton Conley, *Being Black, Living in the Red*, p. 23.
10_Collins and Veskel, *Economic Apartheid*, pp. 59-60. 1998년을 대상으로 한 수치는 UNDP의 보고서와, Branko Milanovic, *Worlds Apart*에서 얻었다.
11_John Rawls, *A Theory of Justice*, p. 3(『정의론』, 존 롤즈 지음, 황경식 옮김, 이학사, 2003, 36쪽).
12_스테거는 우리가 지구화를 이해하려 할 때 느끼는 어려움을 설명하기 위해 장님들이 코끼리를 만지는 비유를 사용한다. 다음을 보라. Manfred Steger, *Globalism: Market Ideology Meets Terrorism*, pp. 21-23. 여기서 편의상 정의를 코끼리라 하고, 각종 이념을 장님들이라 치자. 모든 장님이 나름대로 코끼리를 만진 후 자신이 만진 부분만으로 코끼리를 묘사한다. 이 비유의 의미는 각 이념이 주장하는 바가 옳지만, 전체적으로 보면 특정한 측면만 강조하는 이념은 부분적인 진실만을 이야기한다는 것을 의미한다.
13_비자유주의자라면, 어떤 일정한 사회적 관점에 따라, 다른 사람들보다 더 많은 가치를 지닌 사람이라면 더 많은 자원을 배당받아야 한다고 말할지도 모른다. 그러나 자유주의는 그런 식의 사회적 관점 자체가 성립될 수 없다고 본다.
14_로크는 물질적 재화의 가치의 99퍼센트가 그 재화를 만드는 데 필요한 노동으로부터 나온다고 주장한 바 있다. John Locke, *Two Treatises*, p. 338
15_시장 정의에 관한 현대의 관점은 다음을 보라. Robert Lane, "Market Justice, Political Justice."
16_버크는 다음 책에서 진정한 권리와 추상적 권리를 구분했다. Edmund Burke, *Reflections on the Revolution in France*, pp. 451-456.
17_자유주의 이전 사회에서 불평등한 특권에 관한 유용한 설명으로 다음을 보라. Donald Kagan, Steven Ozment, and Frank Turner, *The Western Heritage*, pp. 546-552.
18_분배 정의의 귀속적 규범에 대한 논의로는 다음을 보라. Jennifer Hochschild, *What's Fair?*, pp. 70-75.
19_Russell Kirk, *A Program for Conservatives*, pp. 170-171.
20_Kirk, *A Program for Conservatives*, p. 170.
21_다음에서 인용. Mulford Sibley, *Political Ideas and Ideologies*, p. 540.
22_William Godwin, *Political Justice*, p. 170(『정치적 정의』, 윌리엄 고드윈 지음, 박승한 옮김,

형설출판사, 1983).
23_William Godwin, *Enquiry Concerning Political Justice*, pp. 725-735.
24_Karl Marx, "Critique of the Gotha Program," in *The Marx-Engels Reader*, p. 531(『칼 맑스 프리드리히 엥겔스 저작 선집』 4, 칼 마르크스·프리드리히 엥겔스 지음, 최인호 옮김, 박종철출판사, 1991-2001, 377쪽). 이 논문은 원래 1875년에 출판되었다.
25_이 논쟁은 다음에 요약되어 있다. Steven Lukes, *Marxism and Morality*, pp. 48-59.
26_다음을 보라. Robert Tucker, *The Marxian Revolutionary Idea*, pp. 33-53.
27_마르크스는 로크의 (노동만이 가치를 창출한다는) 노동가치설을 받아들였다고 흔히 전해진다. 그러나 마르크스가 실제로 의미했던 것은 노동자들이 가치의 일부를 창출하지만 그 가치에 대해 (착취나 마찬가지일 정도로) 제대로 보상받지 못한다는 말이었다고 보는 견해도 있다. G. A. Cohen, *History, Labour, and Freedom*, pp. 226-227.
28_Karl Marx and Friedrich Engels, *Communist Manifesto*, in *The Marx-Engels Reader*, p. 485 (『칼 맑스 프리드리히 엥겔스 저작 선집』 1, 칼 마르크스·프리드리히 엥겔스 지음, 최인호 옮김, 박종철출판사, 1991-2001, 414쪽).
29_Marx, "Grundrisse," in *The Marx-Engels Reader*, p. 249.
30_Cohen, *History, Labour, and Freedom*, p. 298.
31_John Roemer, *Free to Lose*, pp. 58-59.
32_Will Kymlicka, *Contemporary Political Philosophy*, p. 164.
33_Karl Marx, "Critique of the Gotha Program," p. 531(『칼 맑스 프리드리히 엥겔스 저작 선집』 4, 칼 마르크스·프리드리히 엥겔스 지음, 최인호 옮김, 박종철출판사, 1991-2001, 377쪽).
34_Marx, "Critique of the Gotha Program," p. 531(『칼 맑스 프리드리히 엥겔스 저작 선집』 4, 칼 마르크스·프리드리히 엥겔스 지음, 최인호 옮김, 박종철출판사, 1991-2001, 377쪽).
35_Kymlicka, *Contemporary Political Philosophy*, p. 183. 킴리카는 만일 완벽한 풍요의 상태라는 비현실적 가정을 배제한다면, 개개인의 필요에 따라 재화를 분배한다는 원칙이 분명치 않거나, 도움이 되지 않는다고 지적한다. 이렇게 되면 그 원칙은 두 가지 다른 방식으로 해석될 수 있다. 첫째, 필요를 좁은 의미로 해석할 수 있다. 즉, 모든 사람이 기본적인 필수품을 분배받는다고 해석할 수 있다. 이런 해석에 따르면, 공산 사회라 해서 현재의 복지국가보다 특별히 더 평등주의적이라고 말하기 어렵다. 둘째, 필요를 더 넓은 의미로 해석할 수 있다. 사람들이 저마다 추구하는 삶의 목표가 다르므로 저마다 서로 다른 필요를 갖는다고 보는 것이다. 예컨대, 여가 활동을 위해 요트 타기를 즐기는 사람이 가진 필요는 조깅을 즐기는 사람의 필요와는 다르기 때문에, 필요에 따라 분배받는다는 원칙이 각자가 모두 똑같은 정의를 주장할 수 있다는 것을 의미하는지가 확실치 않다는 말이다.
36_Marx, "Critique of the Gotha Program," p. 529(『칼 맑스 프리드리히 엥겔스 저작 선집』 4, 칼 마르크스·프리드리히 엥겔스 지음, 최인호 옮김, 박종철출판사, 1991-2001, 374쪽).
37_프롤레타리아독재와 1917년 혁명 이후의 독재를 논하기 위해서 다음을 보라. Leszek Kolakowski, *Main Currents in Marxism*, pp. 485-91.
38_V. I. Lenin, "State and Revolution," in *Lenin Anthology*, pp. 378-384.
39_Ingo Mueller, *Hitler's Justice*.
40_다음을 보라. Eduard Tannenbaum, *The Fascist Experience*, pp. 89-116.
41_Paul Tsongas, *The Road from Here*, p. 129.

42_이 단체(Democratic Leadership Council)의 정책 지향성은 다음 웹사이트를 참조. www.dlc. org.
43_Ronald Dworkin, *Taking Rights Seriously*, pp. 223-239.
44_Grutter v. Bollinger, 536 U.S. 306 (2003).
45_다음을 보라. John Schaar, "Equal Opportunity and Beyond."
46_Michael Walzer, *Spheres of Justice*, p. xi(『정의와 다원적 평등: 정의의 영역들』, 마이클 왈쩌 지음, 정원섭 외 옮김, 철학과현실사, 1999).
47_Bernard Crick, *Socialism*, p. 90.
48_"EC Tightens Rules for Executive Pay," www.forbes.com/columnists/business/2006/02/09/sec-ules-xecpay-x_0210oxford_e.
49_Walzer, *Spheres of Justice*, pp. 100-102.
50_Crick, *Socialism*, p. 90.
51_Kymlicka, *Contemporary Political Philosophy*, p. 55.
52_드워킨은 "개개인의 타고난 재능을 감안하지 않는" 식의 분배 논리를 논의하면서, 이 논리와 "개개인의 야망을 감안하는" 논리 사이에서 균형을 맞추는 식으로 롤스의 논리를 넘어서려고 시도한다. Ronald Dworkin, "What is Equality?"
53_Rawls, *Theory of Justice*, p. 78.
54_"Growing Inequality in America's Income Distribution," *The Urban Institute Policy and Research Report* (Winter-pring 1991), p. 1. 미국 사회의 소득 불평등과 공정성에 관해 가장 철저한 통계는 1981년 이래 매년 발간되고 있는 다음 자료를 보라. House Ways and Means Committee, *The Green Book*. 이 자료는 1980년대에 창출된 새로운 부가 주로 부유층에게만 분배되었음을 보여 준다.
55_이 자료는 2005년 9월에 발간된 다음 자료에서 나왔다. Democrats on the Joint Economic Committee, "Household Income Unchanged in 2004, But Down Since 2000," jec.senate.gov/democrats/Documents/Reports/income7sep2005.pdf.
56_Rawls, *Theory of Justice*, ch. 3.
57_물론 원초적 입장에 있는 사람들이 그런 토대적 사상을 반드시 가질 것이라고 보는 점 자체에 문제를 제기할 수도 있다. 예를 들어, 왜 사람들이 정의의 원칙들 가운데 어느 한 원칙을 선택할 때 자신의 타고난 재능이나 사회적 상황을 무시할 것이라고 기대할 수 있을까? 또는 왜 사람들이 최소한의 사회적 재화에 대한 접근성을 보장받을 수 있는, 리스크 없는 상황을 선호할 것이라고 기대할 수 있을까? 오히려 도박처럼 엄청난 부와 권력 등을 얻을 수도 있는 상황을 선호할 가능성은 없는가? 롤스는 이런 비판에 대해 원초적 입장의 사상이 우리가 좋은 삶과 좋은 도덕성에 대해 품고 있는 사상과 일치한다고 응답한다. 그러나 1993년, 롤스는 자신의 이론이 보편적으로 적용되지 않을 수도 있음을 인정하면서, 자신의 이론이 단지 (자유와 평등이라는 근본 사상에 대한 의지가 존재하는) 자유주의 사회에만 적용될지도 모른다고 지적했다.
58_킴리카는 이 부분에서 논의된 여러 관점들이 롤스의 『정의론』와 연관되는 점을 토론하고 분석한다. Kymlicka, *Contemporary Political Philosophy*.
59_Jacob Hacker, *The Great Risk Shift*.
60_Bruce Ackerman and Anne Alstott, *Stakeholder Society*.
61_콘라가 지적하듯이 흑인들은 백인들처럼 자가 주택을 소유하는 방식으로 자산 가치를 증대할

수 없었다. 인종차별 현실이 여전한 상황에서, 흑인들은 주로 부동산 가치의 상승을 기대할 수 없는 지역의 주택을 소유할 수밖에 없기 때문이다.

62_Conley, *Being Black*, pp. 149-150.

63_Alperovitz, *America Beyond Capitalism*, pp. 81-89.

64_Susan Moller Okin, *Justice, Gender, and Family*.

65_Peter Dreier, John Mollenkopf, and Todd Swanstrom, *Place Matters*.

66_John Rawls, *The Law of Peoples*.

67_James Nickel, *Making Sense of Human Rights*.

68_존스는 세계주의적 정의에 관한 더욱 밀도 높은 옹호논리를 제시한다. Charles Jones, *Global Justice*.

69_토빈세가 전 지구적 정의를 마련하는 데 도움이 될 수도 있겠지만, 토빈세를 지지하는 많은 사람들은 (각국의 통화가치를 유동화하여 위기를 조장하는) 외환 투기 억제를 이 제도의 일차적 기능으로 생각한다.

70_전 지구적 정의를 주창하는 대다수 지지자들에 따르면, 전 지구적 정의가 실현되지 않는 원인은 경제적이기보다는 정치적이라고 한다. 그러나 닐슨은 전 지구적 빈곤이 그리 멀지 않은 장래에 크게 감소될 수 있다는 낙관적인 견해를 피력한다. Kai Nielsen, *Globalization and Justice*, pp. 243-280.

71_'도덕적 해이' 개념의 논의로 다음을 보라. George Gilder, *Wealth and Poverty*, p. 132.

72_다음을 보라. Lawrence Mead, *Beyond Entitlement*.

73_Nathan Glazer, *The Limits of Social Policy*.

74_예를 들어, 다음을 보라. Thomas Sowell, *Affirmative Action Around the World*.

75_자유의지론자와 급진적 좌파는 소웰의 분석에 의문을 제기할 것이다. 인종에 대한 직접적 측정을 넘어서는 (불평등한 결과를 산출하는) 소웰의 통제변수는 그 자체가 인종차별적 현실로 말미암아 이미 불평등하게 분포되어 있을 것이기 때문이다.

76_Thomas Sowell, *Ethnic America*, pp. 5-7.

77_Sowell, *Ethnic America*, pp. 273-296.

78_소웰이 말하는 미국 대학계의 "새로운 인종차별"은 다음 책에 소개되어 있다. Thomas Sowell, *Inside American Education*, pp. 132-173. 소웰은 유대계, 아랍계, 아시아계에 대해 적극적 차별시정 정책이 없음에도 이런 식의 인종차별이 영향을 미치고 있는 현실을 지적하지 않는다.

79_Thomas Sowell, *Preferential Policies*, p. 171.

80_Marvin Olasky, *Compassionate Conservatism*, p. 1.

81_Olasky, *Compassionate Conservatism*, p. 18.

82_브룩스는 부유층이 자선사업에 크게 기여하는 바를 다루고 있다. Arthur Brooks, *Who Really Cares?*

83_Margaret Thatcher, *Statecraft*, p. 431.

84_Thatcher, *Statecraft*, p. 424.

85_Thomas Friedman, *The Lexus and the Olive Tree*, pp. 449-451(『렉서스와 올리브나무』, 토머스 프리드먼 지음, 장경덕 옮김, 21세기북스, 2009, 754쪽).

86_Hernando de Soto, *The Mystery of Capital*. 소토의 주장은 다음 저서들에서 소개된다. Thatcher, *Statecraft*, p. 416; Johan Norberg, *In Defense of Global Capitalism*, pp. 90-94.

87_Jagdish Bhagwati, *In Defense of Globalization*, p. 53.
88_David Dollar and Aart Kraay, "Trade Growth and Poverty."
89_Gary Burtless et al., *Globalphobia*.
90_Norberg, *In Defense of Global Capitalism*, p. 89.
91_Robert Nozick, *Anarchy, State, and Utopia*, pp. 149-182.
92_Nozick, *Anarchy, State, and Utopia*, p. 163(『아나키에서 유토피아로』, 로버트 노직 지음, 남경희 옮김, 문학과지성사, 1983, 207쪽).
93_Hayek, *Law, Legislation, and Liberty*, vol. II.
94_Kymlicka, *Contemporary Political Philosophy*, pp. 209-221.
95_다음에 인용됨. Swain, *The New White Nationalism in America*, p. 38.
96_이 말은 경건한 기독교도와 이슬람교도가 온정이 없는 정의 관념을 보유하고 있다는 뜻이 아니다. 그와 반대로, 정치적 이슬람에는 '자카트'(Zakat, 자선 행위)와 같은 평등주의적 측면이 많다. 자카트 정신에 입각한다면 재산에 따른 차등 과세와 극빈층에 대한 물질의 재분배가 의무적이다. 이슬람에서는 소득과 부의 극단적 불평등을 용인하지 않는다.
97_Miahael Hardt and Antonio Negri, *Multitude*, p. 164(『다중』, 안토니오 네그리·마이클 하트 지음, 서창현·정남영·조정환 옮김, 세종서적, 2008, 205, 206쪽).
98_Hardt and Negri, *Multitude*, pp. 160-167(『다중』, 안토니오 네그리·마이클 하트 지음, 서창현·정남영·조정환 옮김, 세종서적, 2008, 201-209쪽).
99_Cass Sunstein, "Economic Security: A Human Right."
100_Hayward, "Ecologism and Environmentalism," pp. 358-360.
101_Thomas Regan, *The Case for Animal Rights*.
102_리눅스는 강력한 유닉스 운용체제의 무료 버전이다. 리눅스의 원시코드는 누구에게나 무료로 개방되어 있어서 사용자들이 협동하여 운용체제를 끊임없이 개선할 수 있다. 위키피디아는 수많은 사람들이 협력해서 만들어 가는 온라인 백과사전이다. 인터넷 사용자들은 위키피디아에서 수많은 주제에 대해 누구라도 표제어를 추가하거나 수정할 수 있다.
103_다음에 따르면, 자유주의적 다원적 사회의 저변을 이루는 합의는 주로 절차적 정의 개념 위에 구축되어 있다. Klosko, *Democratic Procedures and the Liberal Consensus*.
104_다음에 시장 정의에 대한 폭넓은 지지가 나와 있다. Lane, "Market Justice, Political Justice." 시장에 기반을 둔 분배 방식에 대해 대중의 폭넓은 지지가 있다는 보고로는 다음을 보라. Herbert McClosky and John Zaller, *The American Ethos*, pp. 80-94.
105_Walzer, *Spheres of Justice*; David Miller and Michael Walzer, *Pluralism, Justice, and Equality*; David Miller, *Principles of Social Justice*.
106_Lane, "Market Justice, Political Justice."
107_Richard Rorty, "Human Rights, Rationality, and Sentimentality"; Grant Reeher, *Narratives of Justice*.
108_John Guidry and Mark Sawyer, "Contentious Pluralism."
109_하트와 네그리가 (다원주의에서 중요한) "고유한 개별성"에 대해 강조하는 것에 비추어 보면, 그들이 도덕적 자율성을 존중한다는 것을 유추할 수 있다. Hardt and Negri, *Multitude*, pp. 99, 125-129.
110_8장에서 논한 것처럼 다양한 포괄적 도덕률들 사이에서 국가가 중립을 지키는 문제와, 서로

다른 도덕성 개념들이 경합하는 특정한 쟁점을 구분할 필요가 있다. 예를 들어, 국가는 (일반적인 의미에서) 기독교 도덕성을 여타 종교나 세속적 사회 전통보다 더 편애해서는 안 된다. 그러나 '백인·흑인의 결혼 및 동거'(miscegenation)와 같은 특정한 쟁점에서는 서로 경합하는 도덕 가운데 한 가지를 선택해야 한다. 이런 쟁점을 해결하려 할 때, 다수 대중이 하나의 도덕률을 지지한다고 해서 그들의 견해를 따르는 것이 제대로 된 해결책이 될 수 없다. 오히려 이런 경우, 다원주의의 저변을 이루는 합의적 가치와, 여타 해결책을 선택했을 때 다원적 사회가 치러야 할 비용을 감안해서 문제 해결을 시도해야 한다.

15장 | 정치적 원리 7 | 변화

1_C. B. Macpherson, *The Life and Times of Liberal Democracy*, pp. 50-64.
2_고전적 자유주의에서 인정하는 제한적이고 산발적인 시민 참여는, 시민들의 도덕적 발전을 획기적으로 신장할 가능성이 없다. 스나이더맨은 이에 관해 회의적인 경험적 평가를 제시하고 있다. Paul Sniderman, *Personality and Democratic Politics*.
3_John Locke, *Two Treatises of Government*, p. 464(『통치론』, 존 로크 지음, 강정인·문지영 옮김, 까치글방, 1996, 212쪽).
4_Michael Oakeshott, *Rationalism in Politics and Other Essays*, p. 408.
5_Edmund Burke, *Reflections on the Revolution in France*, p. 434(『프랑스 혁명에 관한 성찰』, 에드먼드 버크 지음, 이태숙 옮김, 한길사, 2008, 65쪽).
6_Alan Finlayson, "Conservatisms," p. 156.
7_Roger Scruton, *The Meaning of Conservatism*, pp. 37-42.
8_이런 식으로 핵심 사항만 뽑아서 정통 마르크스주의의 혁명 이론을 소개하는 것은 다음으로부터 통찰을 얻었다. Roy Macridis, *Contemporary Political Ideologies*, p. 102.
9_마르크스가 말년에 영국, 미국, 벨기에, 네덜란드와 같은 민주 사회에서 의회민주주의적 방식으로 혁명을 달성할 수 있다고 생각했던 증거가 존재한다.
10_이런 의제가 다음에 개략적으로 소개되어 있다. Karl Marx, "Critique of the Gotha Program," in *The Marx-Engels Reader*, pp. 525-541.
11_Ernesto Laclau and Chantel Mouffe, *Hegemony and Socialist Strategy*.
12_Alex Callinicos, *Theories and Narratives*.
13_Mikhail Bakunin, "Letter to La Liberté." 바쿠닌의 마르크스 비판은 1872년에 출판되었다. 이때는 바쿠닌과 마르크스가 제1인터내셔널의 주도권을 놓고 다투던 시기였다.
14_1870년대에 아나키스트들과 마르크스주의자들이 분열하기 전, 일부 아나키스트는 구체제 국가의 전복 이후에 최소한의 국가가 필요할 수도 있다고 생각했다. 예를 들어, 프루동은 아나키스트들이 국가를 일시적으로 활용할 필요가 있다고 주장했다. 혁명이 일어난 후에도 국가는 '사회를 움직이는 큰 태엽'으로 남아 있을 것이기 때문이다.
15_Bakunin, "Letter to La Liberté," p. 275.
16_Pierre Proudhon, *The General Idea of the Revolution*, p. 44.
17_달은 아나키즘 사회가 "깡패 국가들"(gangster states) 앞에서 취약할 수 있음을 지적한다. Robert Dahl, *Democracy and Its Critics*, pp. 44-47.

18_Chalmers Johnson, *Autopsy on People's War*, pp. 14-15, 47-53.
19_Johnson, *Autopsy*, pp. 22-30.
20_George Lavan, ed., *Che Guevara Speaks*, p. 31.
21_Antonio Gramsci, "Problems of Marxism," in *Selections from the Prison Notebooks*, pp. 381ff.
22_Paul Starr, *Freedom's Power*.
23_James MacGregor Burns, *Leadership*, pp. 181-195.
24_예를 들어, 다음을 보라. Sidney Verba and Gary Orren, *Equality in America*, pp. 41-48.
25_John Schwarz, *America's Hidden Success*.
26_브레이브룩과 린드블롬은 점진주의의 합리성을 다음 저서에서 옹호한다. David Braybrooke and Charles Lindblom, *A Strategy of Decision*.
27_Theodore Lowi, *The End of Liberalism*. 로위는 이런 변화에 반대한다.
28_이런 노력의 사례로 다음을 보라. Robert Borosage and Roger Hickey, ed., *The Next Agenda*.
29_Jonathan Rauch, "The Accidental Radical."
30_Thomas Friedman, *The Lexus and the Olive Tree*, p. 81(『렉서스와 올리브나무』, 토머스 프리드먼 지음, 장경덕 옮김, 21세기북스, 2009, 200쪽).
31_해석의 상이성을 보여 주는 하나의 사례로 빈라덴을 들 수 있다. 그는 경건한 무슬림과 '신앙심이 부실한' 무슬림이 합심하여 이교도들에 대해 투쟁을 벌여야 한다는 교의를 내놓았다. 그는 오직 경건한 무슬림만이 지하드를 벌일 수 있다고 말하지 않고, 이슬람권의 일부 타락한 정치체제 내에서 살아가는 무슬림들의 오류를 크게 질책하지도 않는다. 모든 무슬림들이 서구의 더 나쁜 이교도들을 상대로 투쟁을 벌이게 하기 위해서다.
32_Francisco Weffort, "The Future of Socialism"; Peter Russell, *The Future of Social Democracy*.
33_혁명의 억압적 여파를 분석한 기념비적인 글로 다음을 보라. Albert Camus, *The Rebel*.
34_Sidney Webb, *Socialism in England*. Bernard Crick, *Socialism*, p. 68에서 인용함.
35_Crick, *Socialism*, p. 113.
36_Irving Howe, "The First 35 Years Were the Hardest," p. 136.
37_Michael Harrington, "Toward a New Socialism," p. 163.
38_Richard Rorty, *Achieving Our Country*, p. 7.
39_Michel Foucault, "Right of Death and Power over Life," in *The History of Sexuality*.
40_다음에서 인용. *Understanding Power: The Indispensable Chomsky*, edited by Peter Mitchell and John Schoeffel, p. 145.
41_Michael Hardt and Antonio Negri, *Multitude*, pp. 333, 334, 336(『다중』, 안토니오 네그리·마이클 하트 지음, 서창현·정남영·조정환 옮김, 세종서적, 2008, 397-399쪽).
42_Hardt and Negri, *Multitude*, pp. 351-352(『다중』, 안토니오 네그리·마이클 하트 지음, 서창현·정남영·조정환 옮김, 세종서적, 2008, 417쪽).
43_Aldo Leopold, *The Sand County Almanac*.
44_"지속 가능한 사회"와 생태적 가치를 추구하는 방향으로 인류의 윤리를 재조정해야 할 필요를 논하는 글로 다음을 보라. Andrew Dobson, *Green Political Thought*, pp. 62-111.
45_William Ophuls, *Requiem for Modern Politics*, p. 271.

46_Ophuls, *Requiem for Modern Politics*, pp. 276-278.
47_'세계가치조사'에서는 세계의 다수 대중이 혁명적 변화나, 현 상태의 고수 모두를 반대하고, 현 상태의 개혁을 선호한다는 것을 보여 준다. 다음을 보라. Ronald Inglehart, Miguel Basanez, and Alejandro Moreno, *Human Values and Beliefs*, V249.
48_세계가치조사의 V242-244 설문 문항에서 나타나듯이 대다수 시민들은 평화적 시위에 참여해 보았거나, 그럴 의향이 있다고 한다. 그러나 다원적 민주주의의 이론가들이 더욱 격한 형태의 저항을 인정하는 것에 비해, 일반 대중은 그런 항의 형태를 덜 찬성하는 것으로 나온다. 다원적 민주주의 이론가들에 따르면, 사람들은 국가에 압박을 가하기 위해 시위, 보이콧, 파업 등의 과격한 전술에 참여할 권리와, 시민 불복종에 가담할 권리가 있다. 그러나 보수적 다원주의자들이 이런 사상에 반대하므로, 직접행동적 민주주의 사상은 다원주의의 저변을 이루는 합의에 속하지는 않는다. 다원적 공공 정치 내에서 통상적인 절차로 처리될 수 있는 영역 또는 급진적인 변화를 요구하는 영역에 속하게 된다.
49_오래전 나는 온건한 형태의 저항이 다원주의에서 수용될 수 있을뿐더러 효과적인 전술이기도 하다는 실증적 증거를 제시한 적이 있다. 그러나 저항이 지나치게 전투적이 되면 다원적 사회 내에서 그 전술의 효과가 줄어든다. 폭력은 다원적이지 않은 사회 내에서 가장 효과적인 것처럼 보인다. 다음 글을 보라. Paul Schumaker, "Policy Responsiveness to Protest Group Demands."
50_'구원의 정치'(the politics of redemption)에 따르는 어려움을 이론적으로 다룬 글로 다음을 보라. Glenn Tinder, *Political Thinking*, pp. 198-206. 자신을 밝히지 않은 채 소련 사회를 관찰했던 Z의 기록에 따르면 따르면, 공산주의는 역사상 가장 가혹한 유토피아적 공상이었다고 한다. 공산주의 지배 아래 희생된 사람들은 약 6천만~1억 명 정도로 추산된다. Z, "To the Stalin Mausoleum."
51_Martin Luther King, Jr., "Letter from Birmingham Jail," in *Why We Can't Wait*.
52_이것을 위해 가장 먼저 취해야 할 조치는 정치 지도자들과 대중들에게 '환경 위협'이 실재하며, 그것이 확고한 과학적 증거에 의해 뒷받침되고 있다는 사실을 확신시키는 것이다. 환경문제에 강력히 대처하지 않았던 부시(George W. Bush)의 입장에 동조하는 글도 많이 나와 있다. 예를 들어, 생태적 위협의 증거를 과소평가하는 글로 다음을 보라. Michael Crichton, *State of Fear*.

참고문헌

Abby, Edward, and David Foreman. 1987. *Ecodefense: A Field Guide to Monkeywrenching.* Tuscan, AZ: Ned Ludd.

Ackerman, Bruce, and Anne Alstott. 1999. *Stakeholder Society.* New Haven, CN: Yale University Press.

Alford, Robert, and Roger Friedland. 1985. *Powers of Theory: Capitalism, the State, and Democracy.* Cambridge MA: Cambridge University Press.

Alperovitz, Gar. 2005. *America Beyond Capitalism.* New York: John Wiley.

American Political Science Association Taskforce. 2004. "American Democracy in an Age of Rising Inequality." *Perspectives on Politics 2* (December 2004), pp. 651-6.

Anderson, Charles. 1986. "Pragmatic Liberalism: Uniting Theory and Practice." in *Liberals on Liberalism,* edited by Alfonso Damico. Totowa NJ: Rowman and Littlefield, pp. 201-209.

_____. 1990. *Pragmatic Liberalism.* Chicago: University Press of Chicago.

Arendt, Hannah. 1951. *The Origins of Totalitarianism.* New York: Harcourt, Brace, Jovanovich(『전체주의의 기원 1·2』, 한나 아렌트 지음, 박미애·이진우 옮김, 한길사, 2006).

_____. 1958. *The Human Condition.* Chicago: University of Chicago Press(『인간의 조건』, 한나 아렌트 지음, 이진우·태정호 옮김, 한길사, 1996).

_____. 1963. *Eichmann in Jerusalem.* New York: Penguin(『예루살렘의 아이히만』, 한나 아렌트 지음, 김선욱 옮김, 한길사, 2006)

Bachrach, Peter, and Morton S. Baratz. 1970. *Power and Poverty.* New York: Oxford University Press.

Bakunin, Mikhail. 1972[1872]. "Letter to La Liberté." in *Bakunin on Authority,* edited by Sam Dolgoff. New York: Alfred A. Knopf, pp. 274-275.

Barber, Benjamin. 1984. *Strong Democracy.* Berkeley: University of California Press(『강한 민주주의: 새 시대를 위한 참여적 정치』, 벤자민 바버 지음, 박재주 옮김, 인간사랑, 1992).

Barkun, Michael. 1994. *Religion and the Racist Right.* Chapel Hill: University of North Carolina Press.

Barry, Brian. 1990. "How Not to Defend Liberal Institutions." *British Journal of Political Science* 20(June, 1990), pp. 1-4.

Bay, Christian. 1967. "Civil Disobedience: Prerequisite for Democracy in Mass Society." in *Political Theory and Social Change,* edited by David Spitz. New York: Atherton.

Beck, Ulrich. 2000. *What is Globalization?.* Cambridge: Polity(『지구화의 길』, 울리히 벡 지음, 조만영 옮김, 거름, 2000).

Beecher, Jonathan, and Richard Bienvenu. 1971. *The Utopian Vision of Charles Fourier.* Boston, MA: Beacon.

Bell, Daniel. 1960. *The End of Ideology*. Glencoe, IL: Free Press(『이데올로기의 종언』, 다니엘 벨 지음, 이상두 옮김, 범우사, 1999).

Bentham, Jeremy. 1967[1789]. *An Introduction to the Principles of Morals and Legislation*, edited by Wilfred Harrison. Oxford: Basil Blackwell.

Bergson, Henri. 1954[1935]. *The Two Sources of Morality and Religion*, translated by R. Ashley Audra and Cloudesley Brereton. Garden City, NY: Doubleday.

Berlin, Isaiah. 1969. *Four Essays on Liberty*. London: Oxford University Press(『이사야 벌린의 자유론』, 이사야 벌린 지음, 박동천 옮김, 아카넷, 2006).

Berman, Sherri. 2003. "Islamism, Revolution, and Civil Society." *Perspectives on Politics* 1(June 2003), pp. 257-272.

Bernstein, Eduard. 1961[1899]. *Evolutionary Socialism*. New York: Schocken.

Bhagwati, Jagdish. 2004. *In Defense of Globalization*. New York: Oxford University Press.

Black, Edwin. 2003. *War Against the Weak*. New York: Four Walls, Eight Windows.

Blinder, Alan. 1992. "More Like Them?." *The American Prospect* (Winter 1992), pp. 51-52.

Bloom, Allan. 1987. *The Closing of the American Mind*. New York: Simon and Schuster.

Bluestone, Barry, and Bennett Harrison. 1982. *The Deindustrialization of America: Plant Closings, Community Abandonment, and the Dismantling of Basic Industry*. New York: Basic.

Bobbio, Norberto. 1996. *Left & Right: The Significance of a Political Distinction*, translated by Allan Cameron. Chicago: University of Chicago Press(『제3의 길은 가능한가: 좌파냐 우파냐』, 노르베르토 보비오 지음, 박순열 옮김, 새물결, 1998).

Borosage, Robert, and Roger Hickey, eds. 2001. *The Next Agenda: Blueprint for a New Progressive Movement*. Boulder, CO: Westview.

Bottomore, Thomas. 1991. *Classes in Modern Society*, 2nd edn. London: Harper Collins Academic.

Boyte, Harry. 1980. *The Backyard Revolution: Understanding the New Citizen Movement*. Philadelphia: Temple University Press.

Brader, Karl Dietrich. 1970. *The German Dictatorship*. New York: Praeger.

Brand, Donald. 1985. "Three Generations of Pluralism."*Political Science Reviewer* 15(1985), pp. 109-143.

Braybrooke, David, and Charles Lindblom. 1963. *A Strategy of Decision*. New York: Free Press.

Brooker, Paul. 1989. "The Nazi Fuehrerprinzip: A Weberian Analysis." in *Political Ideologies and Political Philosophies*, edited by H. B. McCullough. Toronto: Wall and Thompson, pp. 193-199.

Brooks, Arthur C. 2006. *Who Really Cares? The Surprising Truth About Compassionate Conservatism*. New York: Basic.

Brown, Carl. 2000. *Religion and State: The Muslim Approach to Politics*. New York: Columbia University Press.

Buchanan, Patrick J. 2006. *State of Emergency: The Third World Invasion and Conquest of*

America. New York: Thomas Dunne Books/St. Martin' Press.
Buckley, James. 1968. *The Jeweler's Eye: A Book of Irresistible Political Reflection*. New York: Putnam.
Burke, Edmund. 1963[1790]. *Reflections on the Revolution in France*. in *Edmund Burke: Selected Writings and Speeches*. edited by Peter J. Stanlis. Garden City, NY: Anchor.
Burns, James MacGregor. 1978. *Leadership*. New York: Harper and Row.
Burtless, Gary, Robert Z. Lawrence, Robert E. Litan, and Robert Shapiro. 1998. *Globalphobia: Confronting Fears about Open Trade*. Washington DC: Brookings.
Butler, Judith. 1992. "Contingent Foundations: Feminism and the Question of 'Postmodernism'." in *Feminists Theorize the Political*, edited by Judith Butler and Joan Scott. London: Routledge.
_____. 1992. "Sexual Inversions." in *Discourses of Sexuality: From Aristotle to Aids*, edited by Domna C. Stanton. Ann Arbor: University of Michigan Press.
Callahan, David. 2006. *The Moral Center*. Orlando, FL: Harcourt.
Callinicos, Alex. 1995. *Theories and Narratives: Reflections on the Philosophy of History*. Cambridge: Polity.
Camus, Albert. 1953. *The Rebel*. New York: Vintage(『반항하는 인간』, 알베르 카뮈 지음, 김화영 옮김, 책세상, 2003).
Carens, Joseph H. 1987. "Aliens and Citizens: The Case for Open Borders." *Review of Politics* 49(Spring 1987), pp. 251-273.
Carver, Terrill. 2004. "Marxisms and Post-Marxisms." in *Contemporary Political Thought*, edited by Alan Finlayson. New York: New York University Press, pp. 198-208.
Chambers, Simone. 1996. *Reasonable Democracy: Jürgen Habermas and the Politics of Discourse*. Ithica, NY: Cornell University Press.
Chomsky, Noam. 2002. *Understanding Power: The Indispensable Chomsky*, edited by Peter R. Mitchell and John Schoeffel. New York: New Press(『촘스키, 세상의 물음에 답하다』 1·2·3, 노암 촘스키 지음, 이종인·장봉군 옮김, 시대의 창, 2005).
_____. 2005. *Imperial Ambitions: Conversations on the Post-9/11 World*, interviews with David Barsamian. New York: Metropolitan(『촘스키, 우리의 미래를 말하다』, 노암 촘스키 지음, 강주헌 옮김, 황금나침반, 2006).
Chubb, John E., and Terry M. Moe. 1990. *Politics, Markets and America's Schools*. Washington, DC: Brookings.
Cigler, Allan J., and Mark R. Joslyn. 2002. "The Extensiveness of Group Membership and Social Capital: The Impact on Political Tolerance." *Political Research Quarterly* 55(March 2002), pp. 7-25.
Cohen, G. A. 1988. *History, Labour, and Freedom: Themes from Marx*. Oxford: Oxford University Press.
Cohen, Joshua, and Joel Rogers. 1983. *On Democracy*. Hamondsworth, UK: Penguin.
Cohn, Norman. 1970. *The Pursuit of the Millennium*. New York: Oxford University Press.
Cole, G. D. H. 1919. *Self-Government in Industry*. London: G. Bell and Sons.
_____. 1920. *Social Theory*. London: Frederick A. Stokes Company.
Coleman, James S., and Sara D. Kelly. 1976. "Education." in *The Urban Predicament*, edited

by William Gorham and Nathan Glazer. Washington DC: The Urban Institute, pp. 231-280.

Collins, Chuck, and Felice Veskel. 2005. *Economic Apartheid in America*. New York: New Press.

Conley, Dalton. 1999. *Being Black, Living in the Red*. Berkeley: University of California Press.

Connolly, William E. 2005. *Pluralism*. Durham NC: Duke University Press.

Cooper, Barry. 1984. *The End of History: An Essay on Modern Hegelianism*. Toronto: University of Toronto Press.

Crenson, Matthew A., and Benjamin Ginsberg. 2002. *Downsizing Democracy*. Baltimore, MD: Johns Hopkins University Press.

Crichton, Michael. 2004. *State of Fear*. London: Harper Collins.

Crick, Bernard. 1962. *In Defence of Politics*. New York: Penguin.

_____. 1987. *Socialism*. Minneapolis: University of Minnesota Press.

Cronin, Thomas E. 1989. *Direct Democracy*. Cambridge, MA: Harvard University Press.

Dahl, Robert A. 1961. *Who Governs?*. New Haven, CT: Yale University Press.

_____. 1982. *Dilemmas of Pluralist Democracy*. New Haven, CT: Yale University Press(『다원민주주의의 딜레마』, 로버트 달 지음, 신윤환 옮김, 푸른산, 1992).

_____. 1985. *A Preface to Economic Democracy*. Berkeley, CA: University of California Press (『경제 민주주의』, 로버트 달 지음, 안승국 옮김, 인간사랑, 1995).

_____. 1989. *Democracy and Its Critics*. New Haven, CT: Yale University Press(『민주주의와 그 비판자들』, 로버트 달 지음, 조기제 옮김, 문학과지성사, 1999).

_____. 1998. *On Democracy*. New Haven, CT: Yale University Press(『민주주의』, 로버트 달 지음, 김왕식 외 옮김, 동명사, 2009).

_____. 2003. *How Democratic is the American Constitution?*, 2nd edn. New Haven, CT: Yale University Press(『미국헌법과 민주주의』, 로버트 달 지음, 박상훈·박수형 옮김, 후마니타스, 2004).

De Leon, David. 1971. *The American Anarchist*. Baltimore, MD: Johns Hopkins University Press.

DeLue, Steven. 2002. *Political Thinking, Political Theory, and Civil Society*, 2nd edn. New York: Longman.

Descartes, René. 1980[1637]. *Discourse on Method*, translated by Donald A. Cress. Indianapolis: Hackett Publishing Company(『방법서설』, 르네 데카르트 지음, 이현복 옮김, 문예출판사, 1997).

_____. 1980[1641]. *Meditation on First Philosophy*, translated by Donald A. Cress. Indianapolis: Hackett(『성찰』, 르네 데카르트 지음, 이현복 옮김, 문예출판사, 1997).

Deutsch, Karl. 1971. "On Political Theory and Political Action." *American Political Science Review* 65(March 1971), pp. 11-27.

Dewey, John. 1935. *Liberalism and Social Action*. New York: Putnam.

_____. 1954[1926]. *The Public and Its Problems*. Chicago: Swallow Press(『현대 민주주의와 정치 주체 문제』, 존 듀이 지음, 홍남기 옮김, CIR, 2010).

Djilas, Milovan. 1957. *The New Class: An Analysis of the Communist System*. New York: Praeger.

Dobson, Andrew. 2000. *Green Political Thought*, 3rd edn. London: Routledge.

Dolgoff, Sam. 1972. *Bakunin on Authority*. New York: Alfred A. Knopf.

Dollar, David, and Aart Kraay. 2001. "Trade Growth and Poverty." World Bank Working Paper 2615. Washington DC: World Bank.

Domhoff, G. William. 1978. *Who Really Rules?*. Santa Monica, CA: Goodyear.

Dreier, Peter, John Mollenkopf, and Todd Swanstrom. 2004. *Place Matters*, 2nd edn. Lawrence: University Press of Kansas.

Durkheim, Emile. 1966[1897]. *Suicide: A Study in Sociology*, edited by George Simpson. New York: Free Press(『에밀 뒤르켐의 자살론』, 에밀 뒤르켐 지음, 황보종우 옮김, 청아출판사, 2008).

Dworkin, Ronald. 1977. *Taking Rights Seriously*. Cambridge, MA: Harvard University Press(『법과 권리』, 로널드 드워킨 지음, 염수균 옮김, 한길사, 2010).

_____. 1981. "What is Equality?." *Philosophy and Public Affairs* (July and September 1981), pp. 185-246, 283-345.

Easton, David. 1965. *A Systems Analysis of Political Life*. New York: John Wiley(『정치생활의 체계분석』, 데이비드 이스턴 지음. 이용필 옮김, 법문사, 1988).

Eisenberg, Avigail I. 1995. *Reconstructing Political Pluralism*. Albany: State University of New York Press.

Etzioni, Amitai, Andrew Volmert, and Elanit Rothschild. 2004. *The Communitarian Reader: Beyond the Essentials*. Lanham. MD: Rowman and Littlefield.

Fecher, Charles A. 1953. *The Philosophy of Jacques Maritain*. New York: Greenwood.

Fiorina, Morris P., Samuel J. Abrams, and Jeremy Pope. 2005. *Culture War? The Myth of a Polarized America*. New York: Pearson Longman.

Finlayson, Alan. 2004. "Conservatisms." in *Contemporary Political Thought*, edited by Finlayson. New York: New York University Press, pp. 154-168.

Flathman, Richard. 1992. *Toward a Liberalism*. Ithaca, NY: Cornell University Press.

_____. 2005. *Pluralism and Liberal Democracy*. Baltimore, MD: Johns Hopkins University Press.

Forman, James D. 1974. *Fascism: The Meaning and the Experience of Reactionary Revolution*. New York: Dell.

Foucault, Michel. 1978. *The History of Sexuality, Volume 1: An Introduction*, translated by Robert Hurley. London: Penguin, 1978(『성의 역사』 1, 미셸 푸코 지음, 이규현 옮김, 나남, 2007).

_____. 1980. *Power/Knowledge: Selected Interviews and Other Writings, 1972-1977*, edited by Colin Gordon. New York: Pantheon(『권력과 지식』, 미셸 푸코 지음, 홍성민 옮김, 나남, 1991).

Fowler, Robert Booth. 1973. "The Anarchist Tradition of Political Thought." *Western Political Quarterly* 26(December 1973), pp.738-752.

_____. 1991. *The Dance with Community: The Contemporary Debate in American Political Thought*. Lawrence: University Press of Kansas.

Frank, Thomas. 2004. *What's the Matter with Kansas?*. New York: Metropolitan Books.

Freeden, Michael. 2003. *Ideology: A Very Short Introduction*. Oxford: Oxford University Press.

Frieden, Jeffrey A. 2006. *Global Capitalism: Its Fall and Rise in the Twentieth Century*. New York: W.W. Norton.

Friedman, Milton. 1962. *Capitalism and Freedom*. Chicago: University of Chicago Press(『자본주의와 자유』, 밀턴 프리드먼 지음, 심준보·변동열 옮김, 청어람미디어, 2007).

Friedman, Thomas L. 1999. *The Lexus and the Olive Tree*. New York: Anchor(『렉서스와 올리브나무』, 토머스 프리드먼 지음, 장경덕 옮김, 21세기북스, 2009).

_____. 2005. *The World Is Flat*. New York: Farrar, Straus, and Giroux(『세계는 평평하다』, 토머스 프리드먼 지음, 김상철·이윤섭·최정임 옮김, 창해, 2006).

Fromm, Erich. 1941. *Escape from Freedom*. London: Farrar & Rinehart(『자유로부터의 도피』, 에리히 프롬 지음, 원창화 옮김, 홍신문화사, 2006).

Fukuyama, Francis. 1992. *The End of History and the Last Man*. New York: Avon(『역사의 종말』, 프랜시스 후쿠야마 지음, 이상훈 옮김, 한마음사, 2007).

_____. 1999. "The Great Disruption: Human Nature and the Reconstruction of the Social Order." *Atlantic Monthly* (May 1999), pp. 55-80.

_____. 2004. *State-Building: Governance and World Order in the 21st Century*. Ithaca, NY: Cornell University Press(『강한 국가의 조건』, 프랜시스 후쿠야마 지음, 안진환 옮김, 황금가지, 2005).

Galbraith, John Kenneth. 1952. *American Capitalism: The Concept of Countervailing Power*. Boston, MA: Houghton-Mifflin.

_____. 1958. *The Affluent Society*. Boston, MA: Houghton-Mifflin(『풍요한 사회』, 존 갤브레이스 지음, 노택선 옮김, 한국경제신문, 2006).

_____. 1967. *The New Industrial State*. Boston, MA: Houghton-Mifflin.

Gallaher, Carolyn. 2003. *On the Fault Line: Race, Class, and the American Patriot Movement*. Lanham, MD: Rowman & Littlefield.

Galston, William. 1986. "Liberalism and Public Morality." in *Liberals on Liberalism*, edited by Alfonso J. Damico, Totowa, NJ: Rowman & Littlefield, pp. 129-147.

_____. 1989. "Civic Education in a Liberal State." in *Liberalism and the Moral Life*, edited by Nancy Rosenblum. Cambridge, MA: Harvard University Press, pp. 89-101.

_____. 1991. *Liberal Purposes*. New York: Cambridge University Press.

_____. 2003. "Liberal Egalitarian Attitudes Toward Ethical Pluralism." in *The Many and the One: Religious and Secular Perspectives on Ethical Pluralism in the Modern World*, edited by Richard Madsen and Traci Strong. Princeton, NJ: Princeton University Press, 2003, pp. 25-41.

Gentile, Giovanni. 1952[1928]. "The Philosophical Basis of Fascism." in *Readings on Fascism and National Socialism*. Chicago: The Swallow Press, pp. 48-61.

Geoghegan, Thomas. 1991. *Whose Side Are You On? Trying to be for Labor when It's Flat on Its Back*. New York: Farrar, Straus, Giroux.

Gerber, Elizabeth R., and Ken Kollman. 2004. "Introduction -Authority Migration: Defining an Emerging Research Agenda." *PS: Political Science and Politics* 2(July 2004), pp 397-400.

Gewirth, Alan. 1984. "The Epistemology of Human Rights." *Social Philosophy and Policy* 1.

Gilbert, Daniel. 2006. *Stumbling on Happiness*. New York: Alfred A. Knopf.

Gilder, George. 1981. *Wealth and Poverty*. New York: Bantam.

Gill, Emily. 1986. "Goods, Virtues, and the Constitution of the Self." in *Liberals on Liberalism*, edited by Alfonso Damico. Totowa NJ: Rowman & Littlefield, pp. 111-128.

Glazer, Nathan. 1988. *The Limits of Social Policy*. Cambridge, MA: Harvard University Press.

Glendon, Mary Ann. 1987. *Abortion and Divorce in Western Law*. Cambridge, MA: Harvard University Press.

_____. 1991. *Rights Talk*. New York: Free Press.

Godwin, William. 1985[1793]. *An Enquiry Concerning Political Justice*. Middlesex, UK: Penguin Classics(『정치적 정의』, 윌리엄 고드윈 지음, 박승한 옮김, 형설출판사, 1983).

Goldman, Emma. 1969. *Anarchism and Other Essays*. New York: Dover(『저주받은 아나키즘』, 엠마 골드만 지음, 김시완 옮김, 우물이있는집, 2001).

Goldwater, Barry. 1960. *The Conscience of a Conservative*. New York: Macfadden.

Goodin, Robert. 1992. *Green Political Theory*. Cambridge: Polity.

Gorbachev, Mikhail. 1989. "The Socialist Idea and Revolutionary Perestroika." *National Affairs* (November 17, 1989), pp. 70-80.

Gramsci, Antonio. 1971[1929-6]. *Selections from the Prison Notebooks of Antonio Gramsci*, edited and translated by Quinton Hoare and Geoffrey Nowell Smith. New York: International Publishers(『그람시의 옥중수고』 1·2, 안토니오 그람시 지음, 이상훈 옮김, 거름, 1999).

Gray, John. 1989. *Liberalisms: Essays in Political Philosophy*. London: Routledge(『자유주의』, 존 그레이 지음, 손철성 옮김, 이후, 2007).

Green, Joshua. 2005. "Roy and His Rock." *Atlantic Monthly* (October 2005), pp. 70-82.

Green, Thomas Hill. 1907[1886]. *Lectures on the Principles of Political Obligation*. London: Longman, Green.

Guidry, John A., and Mark Q. Sawyer. 2003. "Contentious Pluralism: The Public Sphere and Democracy." *Perspectives on Politics* 1(June 2003), pp. 273-289.

Gutmann, Amy, and Dennis Thompson. 2003. *Why Deliberative Democracy?*. Princeton NJ: Princeton University Press.

Habermas, Jürgen. 1975. *Legitimation Crisis*, translated by Thomas McCarthy. Boston, MA: Beacon.

Hacker, Frederick. 1996. *Crusaders, Criminals, Crazies: Terror and Terrorism in Our Time*. New York: Norton.

Hacker, Jacob S. 2006. *The Great Risk Shift*. New York: Oxford University Press.

Hamilton, Alexander, James Madison, and John Jay. 1987. *The Federalist Papers*, edited by Issac Kramnick. New York: Penguin(『페더럴리스트 페이퍼』, 알렉산더 해밀턴 지음, 김동영 옮김, 한울, 1995).

Hardt, Michael, and Antonio Negri. 2000. *Empire*. Cambridge, MA: Harvard University Press(『제국』, 안토니오 네그리·마이클 하트 지음, 윤수종 옮김, 이학사, 2001).

_____. 2004. *Multitude: War and Democracy in the Age of Empire*. New York: Penguin(『다중』, 안토니오 네그리·마이클 하트 지음, 서창현·정남영·조정환 옮김, 세종서적, 2008).

Harrington, Michael. 1989. "Toward a New Socialism." *Dissent* (Spring 1989), pp. 153-163.

Harrison, Lawrence E., and Samuel P. Huntington. 2000. *Culture Matters: How Values Shape Human Progress*. New York: Basic Books(『문화가 중요하다』, 로렌스 해리슨·새뮤얼 헌팅턴 지음, 이종인 옮김, 김영사, 2001).

Hartz, Louis. 1955. *The Liberal Tradition in America*. New York: Harcourt, Brace.

Harvey, David. 2005. *A Brief History of Neoliberalism*. New York: Oxford University Press(『신자유주의: 간략한 역사』, 데이비드 하비 지음, 최병두 옮김, 한울, 2007).

Hawley, Willis. 1973. *Nonpartisan Elections and the Case for Party Politics*. New York: John Wiley.

Hayek, Friedrich A. von. 1976. *Law, Legislation, and Liberty, Volume II. The Mirage of Social Justice*. Chicago: University of Chicago Press(『법·입법, 그리고 자유: 사회적 정의의 환상』 II, 프리드리히 하이에크 지음, 민경국 옮김, 자유기업센터, 1997).

_____. 1979. *Law, Legislation, and Liberty, Volume III. Political Order of a Free People*. Chicago: University of Chicago Press(『법·입법, 그리고 자유: 자유사회의 정치질서』 III, 프리드리히 하이에크 지음, 서병훈 옮김, 자유기업센터, 1997).

Hayward, Tim. 2004. "Ecologism and Environmentalism," in *Contemporary Political Thought*, edited by Alan Finlayson. New York: New York University Press, pp. 351-363.

Heilbroner, Robert L. 1953. *The Worldly Philosophers*. New York: Simon and Schuster.

Henig, Jeffrey. 1982. *Neighborhood Mobilization*. New Brunswick, NJ: Rutgers University Press.

_____. 1994. *Rethinking School Choice*. Princeton, NJ: Princeton University Press.

Herzen, Alexander. 1956[1850]. *From the Other Shore*, translated by Moura Budberg. London: Weidenfeld and Nicolson.

Hirschman, Albert O. 1977. *The Passions and the Interests: Political Arguments for Capitalism Before its Triumph*. Princeton: Princeton University Press(『열정과 이해관계』, 앨버트 O. 허쉬만 지음, 김승현 옮김, 나남출판, 1994).

_____. 1991. *The Rhetoric of Reaction: Perversity, Futility, and Jeopardy*. Cambridge, MA: Belknap Press.

Hitler, Adolf. 1971[1925-6]. *Mein Kampf*, translated by Ralph Mannheim. Boston, MA: Houghton Mifflin(『나의 투쟁』, 아돌프 히틀러 지음, 이명성 옮김, 홍신문화사, 2006).

Hobbes, Thomas. 1968[1651]. *Leviathan*, edited by C. B. Macpherson. New York: Penguin(『리바이어던』 1·2, 토머스 홉스 지음, 진석용 옮김, 나남출판, 2008).

Hochschild, Jennifer. 1981. *What's Fair?*. Cambridge, MA: Harvard University Press.

Hoeveler, David. 1991. *Watch on the Right*. Madison: University of Wisconsin Press.

Hofstadter, Richard. 1948. *The American Political Tradition and the Men Who Made It*. New York: Vintage.

Houtart, Francis, and Francois Polet. 2001. *The Other Davos: The Globalization of Resistance to the New World Economic System*. New York: Zed Books.

Howe, Irving. 1989. "The First 35 Years Were the Hardest." *Dissent* (Spring 1989), pp. 133-136.

Huntington, Samuel P. 1975. "The Democratic Distemper." *The Public Interest* (Fall 1975), pp. 9-38.

_____. 1996. *The Clash of Civilizations*. New York: Simon and Schuster(『문명의 충돌』, 새뮤얼 헌팅턴 지음, 이희재 옮김, 1997. 김영사).

_____. 2004. *Who Are We? The Challenge to American National Identity*. New York: Simon and Schuster(『새뮤얼 헌팅턴의 미국』, 새뮤얼 헌팅턴 지음, 형선호 옮김, 김영사, 2004).

Huxley, T. H. 1948[1893]. "Evolution and Ethics." in *Selections from the Essays of Huxley*, edited by Alburey Castell. Arlington Heights, IL: Crofts Classics(『진화와 윤리』, 토머스 헉슬리 지음, 김기윤 옮김, 지식을만드는지식, 2009).

Ingersoll, David E., Richard K. Matthews, and Andrew Davison. 2001. *The Philosophic Roots of Modern Ideology: Liberalism, Communism, Fascism*, 3rd edn. Upper Saddle River, NJ: Prentice-Hall.

Inglehart, Ronald. 1990. *Culture Shift in Advanced Industrial Societies*. Princeton, NJ: Princeton University Press.

_____. 2003. *Human Values and Social Change*. Lieden, Netherlands: Brill.

Inglehart, Ronald, Miguel Basanez, and Alejandro Moreno. 1998. *Human Values and Beliefs: A Cross-National Sourcebook*. Ann Arbor: University of Michigan Press.

Jenkins, Philip. 2002. "The Next Christianity." *Atlantic Monthly* (October 2002), pp.53-68.

Johnson, Chalmers. 1973. *Anatomy on People's War*. Berkeley: University of California Press.

Jones, Charles. 1999. *Global Justice: Defending Cosmopolitanism*. New York: Oxford University Press.

Judis, John B., and Michael Lind. 1995. "For a New American Nationalism." *The New Republic* (March 27, 1995), pp. 27-30.

Kagan, Donald, Steven Ozment, and Frank Turner. 1998. *The Western Heritage*, 6th edition. Upper Saddle River, NJ: Prentice-Hall.

Kaplan, Robert. 1997. "Was Democracy Just a Moment?." *Atlantic Monthly* (December 1997), pp 55-80.

Kariel, Henry. 1970. "Creating Political Reality." *American Political Science Review* 64 (December 1970), pp. 1088-1098.

Kaus, Mickey. 1992. *The End of Equality*. New York: Basic.

Kekes, John. 2000. *Pluralism in Philosophy: Changing the Subject*. Ithaca, NY: Cornell University Press.

Kepel, Gilles. 1994. *The Revenge of God: The Resurgence of Islam, Christianity and Judaism in the Modern World*, translated by Alan Braley. University Park: Pennsylvania State University Press(『신의 보복』, 쥘 케펠 지음, 유정희 옮김, 문학사상사, 1993).

_____. 2004. *War for Muslim Minds: Islam and the West*, translated by Pascale Ghazalch. Cambridge, MA: Belknap Press.

Key Jr., V. O. 1966. *The Responsible Electorate*. Cambridge, MA: Harvard University Press.

Keynes, John Maynard. 1980. *The Collected Writings of John Maynard Keynes*, edited by Donald Moggridge. London: Macmillan.

King Jr., Martin Luther. 1963. *Why We Can't Wait*. New York: Harper & Row(『왜 우리는 기다릴 수 없는가』, 마틴 루터 킹 Jr. 지음, 박해남 옮김, 간디서원, 2005).

Kirk, Russell, ed. 1982. *The Portable Conservative Reader*. New York: Penguin.

Kirk, Russell. 1954. *A Program for Conservatives*. Chicago: Henry Regnery.

Kirkpatrick, Jeane. 1979. "Politics and the 'New Class'." *Society* 16(January/February 1979), pp.42-48.

Klosko, George. 2000. *Democratic Procedures and the Liberal Consensus*. New York: Oxford University Press.

Knight, Kathleen. 2006. "Transformations of the Concept of Ideology in the Twentieth Century." *American Political Science Review* 100(November 2006), pp. 619-626.

Kolakowski, Leszek. 1978. *Main Currents in Marxism, Volume 2. The Golden Age*, translated by P. S. Falla. Oxford: Oxford University Press.

Korten, David C. 2000. "Planetary Alternative to the Global Economy." *Synthesis/Regeneration* (Winter 2000).

Krauthammer, Charles. 1996. "A Social Conservative Credo." *The Public Interest* (Fall 1996), pp. 15-22.

Kristol, Irving. 1978. *Two Cheers for Capitalism*. New York: Basic Books.

Kropotkin, Peter. 1927. *Revolutionary Pamphlets*. New York: Vanguard.

_____. 1972. *Mutual Aid: A Factor in Evolution*. New York: New York University Press(『만물은 서로 돕는다』, P. A. 크로포트킨 지음, 김영범 옮김, 르네상스, 2005).

Krouse, Richard, and Michael McPherson. 1988. "Capitalism, 'Property Owning Democracy's and the Welfare State." in *Democracy and the Welfare State*, edited by Amy Gutmann. Princeton, NJ: Princeton University Press, 1988, pp. 79-106.

Kuhn, Thomas. 1962. *The Structure of Scientific Revolutions*. Chicago: University of Chicago Press(『과학혁명의 구조』, 토머스 S. 쿤 지음, 김명자 옮김, 까치글방, 1999).

Kuttner, Robert. 1992. "Socialism, Liberalism, and Democracy." *The American Prospect* (Spring 1992), pp. 7-12.

Kymlicka, Will. 1988. "Liberalism and Communitarianism." *Canadian Journal of Philosophy*, 118(June 1988), pp. 181-203.

_____. 2002. *Contemporary Political Philosophy*, 2nd edn. New York: Oxford University Press(『현대 정치철학의 이해』, 윌 킴리카 지음, 장동진 외 옮김, 동명사, 2008).

LaHaye, Tim F., and Jerry B. Jenkins. 1995. *Left Behind: A Novel of the Earth' Last Days*. Wheaton, ILL: Tyndale House.

Laclau, Earnesto, and Chantel Mouffe. 1985. *Hegemony and Socialist Strategy*. London: Verso(『사회변혁과 헤게모니』, 에네스토 라클라우·샹탈 무폐 지음, 김성기 외 옮김, 터, 1990).

Landes, David. 2000. "Culture Almost Makes All the Difference." in *Culture Matters: How Values Shape Human Progress*, edited by Lawrence E. Harrison and Samuel P. Huntington. New York: Basic Books(『문화가 중요하다』, 로렌스 해리슨·새뮤얼 헌팅턴 지음, 이종인 옮김, 김영사, 2001).

Lane, Robert. 1962. *Political Ideology: Why the Common Man Believes What He Does*. New York: Free Press.

_____. 1986. "Market Justice, Political Justice." *American Political Science Review* 80(June 1986), pp. 383-402.

Lavan, George, ed. 1983. *Che Guevara Speaks*. New York: Pathfinder.

Lenin, Vladimir I. 1975. *The Lenin Anthology*, edited by Robert C. Tucker. New York: Norton.

Leopold, Aldo. 1947. *The Sand County Almanac*. New York: Oxford University Press.

Lerner, Daniel. 1959. *The Passing of the Traditional Society*. Glencoe, IL: Free Press.

Lewis, Bernard. 2003. *The Crisis of Islam: Holy War and Holy Terror*. New York: Modern Library.

Lifton, Jay. 1986. *The Nazi Doctors: Medical Killing and the Psychology of Genocide*. New York: Basic.

Lijphart, Arend. 1977. *Democracy in Plural Societies*. New Haven, CN: Yale University Press.

Limbaugh, Rush. 1992. *The Way Things Ought to Be*. New York: Pocket Star.

Lindblom, Charles E. 1977. *Politics and Markets*. New York: Basic Books(『정치와 시장: 세계의 정치경제체제』, 찰스 린드블롬 지음, 주성수 옮김, 인간사랑, 1989).

Linker, Damon. 2006. *The Theocons: Secular America Under Siege*. New York: Doubleday.

Lipset, Seymour Martin, and Gary Marks. 2000. *It Didn' Happen Here*. New York: Norton.

Locke, John. 1950[1689]. *Letter Concerning Toleration*, edited by Patrick Romanell. Indianapolis, IN: Bobbs-Merrill(『관용에 관한 편지』, 존 로크 지음, 공진성 옮김, 책세상, 2008).

_____. 1960[1690]. *Two Treatises of Government*, edited by Peter Laslett. New York: Mentor (『통치론』, 존 로크 지음, 강정인·문지영 옮김, 까치글방, 1996).

Logan, John R., and Harvey Molotch. 1987. *Urban Fortunes*. Berkeley: University of California Press.

Lowi, Theodore J. 1979. *The End of Liberalism: The Second Republic of the United States*. New York: Norton.

_____. 1995. *The End of the Republican Era*. Norman: University of Oklahoma Press.

Lukes, Steven. 1974. *Power: A Radical View*. London: Macmillan.

_____. 1987. *Marxism and Morality*. Oxford: Oxford University Press.

Lustig, R. Jeffrey. 1982. *Corporate Liberalism*. Berkeley: University Press of California.

MacFarquhar, Larissa. 2003. "The Devil's Accountant." *The New Yorker* (March 31, 2003), pp. 64-79.

MacIntyre, Alasdair. 1984. *After Virtue*, 2nd edn. Notre Dame, IN: University of Notre Dame Press(『덕의 상실』, 알래스데어 매킨타이어 지음, 이진우 옮김, 문예출판사, 1997).

MacKinnon, Catherine. 1977. *Feminism Unmodified: Discourses on Life and Law*. Cambridge, MA: Harvard University Press.

_____. 1989. *Toward a Feminist Theory of the State*. Cambridge, MA: Harvard University Press.

Macpherson, C. B. 1977. *The Life and Times of Liberal Democracy*. New York: Oxford University Press(『자유민주주의에 희망은 있는가』, C. B. 맥퍼슨 지음, 이상두 옮김, 범우사, 1982).

Macridis, Roy. 1986. *Contemporary Political Ideologies*, 3rd edn. Boston, MA: Little, Brown.

Madsen, Richard, and Traci Strong, eds. 2003. *The Many and the One: Religious and Secular Perspectives on Ethical Pluralism in the Modern World*. Princeton, NJ: Princeton University Press.

Manley, John. 1983. "Neopluralism: A Case Analysis of Pluralism I and Pluralism II." *American Political Science Review* 77 (June 1983), pp. 368-389.

Mannheim, Karl. 1936. *Ideology and Utopia*. London: Routledge and Kegan Paul(『이데올로기와 유토피아』, 칼 만하임 지음, 임석진 옮김, 청아출판사, 1991).

Mansbridge, Jane. 1980. *Beyond Adversarial Democracy*. Chicago: University of Chicago Press.

Mao Zedong. 1978[1937]. "In Practice." in *The Collected Works of Mao Tse-tung*. Arlington, VA: Joint Publication Research Service(『마오쩌둥: 실천론·모순론』, 슬라보예 지젝 엮음, 노승영 옮김, 프레시안북, 2009).

Marsh, Margaret S. 1981. *Anarchist Women, 1870-920*. Philadelphia, PA: Temple University Press.

Marx, Karl, and Friedrich Engels. 1978. *The Marx-Engels Reader*, 2nd edn., edited by Robert C. Tucker. New York: Norton(『칼 맑스 프리드리히 엥겔스 저작 선집』 1-6, 칼 마르크스·프리드리히 엥겔스 지음, 최인호 옮김, 박종철출판사, 1991-2001).

Marzorati, Gerald et al. 1991. "Who Owes What to Whom?" *Harper' Magazine* 282(February 1991), pp. 44-54.

Mayer, William G. 1992. *The Changing American Mind*. Ann Arbor: University of Michigan Press.

McClosky, Herbert, and John Zaller. 1984. *The American Ethos: Public Attitudes Toward Capitalism and Democracy*. Cambridge, MA: Harvard University Press.

McCoy, Charles. 1982. *Contemporary ISMS: A Political Economy Perspective*. New York: Franklin Watts.

McLellan, David. 1973. *Karl Marx: His Life and Thought*. New York: Harper and Row.

_____. 1979. *Marxism after Marx*. Boston, MA: Houghton Mifflin(『마르크스주의 논쟁사』, 데이비드 맥렐런 지음, 안택원 옮김, 인간사랑, 1986).

Mead, Lawrence M. 1986. *Beyond Entitlement: The Social Obligations of Citizenship*. New York: Free Press.

Mehlinger, Howard. 1964. *Communism in Theory and Practice*. San Francisco, CA: Chandler.
Meyer, Alfred. 1984. *Communism*, 4th edn. New York: Random House.
Milanovic, Branko. 2005. *Worlds Apart*. Princeton, NJ: Princeton University Press.
Mill, James. 1978[1820]. *Essay on Government*, edited by Jack Lively and John Rees. Oxford: Clarendon Press.
Mill, John Stuart. 1957[1861]. *Utilitarianism*, edited by Oskar Piest. Indianapolis: Bobbs-Merrill (『공리주의』, 존 스튜어트 밀 지음, 서병훈 옮김, 책세상, 2007).
_____. 1978[1859]. *On Liberty*, edited by Elizabeth Rapaport. Indianapolis: Hackett(존 스튜어트 밀 지음, 김형철 옮김, 서광사, 1992).
Miller, David, and Michael Walzer, eds. 1995. *Pluralism, Justice, and Equality*. New York: Oxford University Press.
Miller, David. 1995. *Principles of Social Justice*. Cambridge, MA: Harvard University Press.
Mills, C. Wright. 1956. *The Power Elite*. New York: Oxford University Press(『파워 엘리트』, C. 라이트 밀스 지음, 진덕규 옮김, 한길사, 1979).
Mitchell, William C. 1983. "Efficiency, Responsibility, and Democratic Politics." in *Liberal Democracy, Nomos XXV*, edited by J. Roland Pennock and John W. Chapman. New York: New York University Press, pp. 343-373.
Mohanty, Chandra Talpade. 1997. "Women, Workers, and Capitalist Scripts." in *Feminist Genealogies, Colonial Legacies, Democratic Futures*, edited by M. Jacqui Alexander and C. T. Mohanty. New York: Routledge.
Mouffe, Chantel. 1993. *The Return of the Political*. London: Verso(『정치적인 것의 귀환』, 샹탈 무페 지음, 이보경 옮김, 후마니타스, 2007).
Moussalli, Ahmad. 1999. *Moderate and Radical Islamic Fundamentalism*. Tallahassee: University of Florida Press.
Mueller, Ingo. 1992. *Hitler's Justice*. Cambridge, MA: Harvard University Press.
Murray, Charles A. 2003. *Human Accomplishment: The Pursuit of Excellence in the Arts and Sciences, 300 BC to 1950*. New York: Harper Collins.
Murray, Charles A. and Richard Hernstein. 1994. *The Bell Curve*. New York: Free Press.
Mussolini, Benito. 1952[1928]. "The Doctrine of Fascism." in *Readings on Fascism and National Socialism*. Chicago: Swallow, pp. 7-25.
Myrdal, Gunner. 1944. *The American Dilemma: The Negro Problem and American Democracy*. New York: Harper & Brothers.
Nickel, James W. 2007. *Making Sense of Human Rights*, 2nd edn. Malden, MA: Blackwell Publishing(『인권의 좌표』, 제임스 W. 니켈 지음, 조국 옮김, 명인문화사, 2010).
Nielsen, Kai. 2003. *Globalization and Justice*. Amherst, NY: Humanities Books.
Niemi, Richard G., John Mueller, and Tom W. Smith. 1989. *Trends in Public Opinion*. New York: Greenwood.
Nisbet, Robert. 1986. *Conservatism: Dream and Reality*. Minneapolis: University of Minnesota Press.
Norberg, Johan. 2003. *In Defense of Global Capitalism*. Washington, DC: Cato.

Nove, Alec. 1991. *The Economics of Feasible Socialism Revisited*. London: Harper Collins(『실현 가능한 사회주의의 미래』, 알렉 노브 지음, 대안체제연구회 옮김, 백의, 2001).

Nozick, Robert. 1974. *Anarchy, State, and Utopia*. New York: Basic Books(『아나키에서 유토피아로』, 로버트 노직 지음, 남경희 옮김, 문학과지성사, 1983).

_____. 1989. *The Examined Life*. New York: Simon and Schuster(『인생의 끈』, 로버트 노직 지음, 민승남 옮김, 소학사, 1993).

O'Brien, Conor Cruise. 1999. "Thomas Jefferson: Radical and Racist." *Atlantic Monthly* (October 1999), pp. 53-66.

O'Sullivan, Noel. 1976. *Conservatism*. London: J. M. Dent.

Oakeshott, Michael. 1962. *Rationalism in Politics and Other Essays*. New York: Basic Books.

Okin, Susan Moller. 1989. *Justice, Gender, and the Family*. New York: Basic Books.

Okun, Arthur. 1975. *Equality and Efficiency: The Big Tradeoff*. Washington, DC: Brookings(『평등과 효율』, 아서 오쿤 지음, 정용덕 옮김, 성균관대학교출판부, 1984).

Olasky, Marvin. 2000. *Compassionate Conservatism*. New York: Free Press.

Olson, Mancur. 1963. "Rapid Growth as a Destabilizing Force." *Journal of Economic History* 23(1963), pp. 529-558.

_____. 1971. *The Logic of Collective Action*. Cambridge, MA: Harvard University Press.

Ophuls, William. 1997. *Requiem for Modern Politics*. Boulder, CO: Westview.

Ortega y Gasset, José. 1957[1930]. *The Revolt of the Masses*. New York: Norton(『대중의 반역』, 호세 오르테가 이 가제트 지음, 황보영조 옮김, 역사비평사, 2005).

Ottonelli, Valeria. 2002. "Immigration: What Does Global Justice Require?." in *Global Citizenship: A Critical Introduction*, edited by Nigel Dower and John Williams. New York: Routledge, pp. 231-241.

Paine, Thomas. 1984[1791]. *The Rights of Man*. New York: Penguin(『상식, 인권』, 토머스 페인 지음, 박홍규 옮김, 필맥, 2004).

Palast, Greg. 2002. *The Best Democracy Money Can Buy*. New York: Plume/Penguin(『돈으로 살 수 있는 최고의 민주주의』, 그레그 팔라스트 지음, 이지선 옮김, 평민사, 2004).

Parekh, Bhikhu. 2000. *Rethinking Multiculturalism: Cultural Diversity and Political Theory*. London: Macmillan.

Pateman, Carole. 1970. *Participation and Democratic Theory*. New York: Cambridge University Press.

Payne, James. 1990. "The Congressional Brainwashing of Congress." *The Public Interest* (Summer 1990), pp. 3-13.

Pennock, J. Roland. 1990. "Liberalism Under Attack." *The Political Science Teacher* 3 (Winter 1990), pp. 6-9.

Peterson, Paul. 1981. *City Limits*. Chicago: University of Chicago Press.

Phillips, Anne. 1991. *Engendering Democracy*. University Park: Pennsylvania State University.

Phillips, Derek L. 1993. *Looking Backward: A Critical Appraisal of Communitarian Thought*. Princeton, NJ: Princeton University Press.

Pitkin, Hannah F. 1967. *The Concept of Representation*. Berkeley: University of California Press.

Plato. 1981. *Five Dialogues*, translated by G. M. A. Grube. Indianapolis IN: Hackett(『에우티프론, 소크라테스의 변론, 크리톤, 파이돈』, 플라톤 지음, 박종현 옮김, 서광사, 2003; 『메논』, 플라톤 지음, 이상인 옮김, 이제이북스, 2009).

Podhoretz, Norman. 2004. "World War IV: How it Started, What it Means, and Why we Have to Win." *Commentary* 118(September 2004), pp. 17-38.

Pogge, Thomas, ed. 2001. *Global Justice*. Malden, MA: Blackwell.

Pojman, Louis, P. 2006. *Who Are We? Theories of Human Nature*. New York: Oxford.

Polanyi, Karl. 1944. *The Great Transformation: The Political and Economic Origins of Our Time*. Boston, MA: Beacon(『거대한 전환』, 칼 폴라니 지음, 홍기빈 옮김, 길, 2009).

Postman, Neil. 1985. *Amusing Ourselves to Death*. New York: Penguin.

Proudhon, Pierre. 1923[1851]. *The General Idea of the Revolution in the Nineteenth Century*, translated by John B. Robinson. New York: Haskell House.

Przeworski, Adam. 1991. *Democracy and the Market: Political and Economic Reform in Eastern Europe and Latin America*. Cambridge: Cambridge University Press(『민주주의와 시장』, 아담 쉐보르스키 지음, 임혁백 옮김, 한울, 2008).

Putnam, Robert. 2000. *Bowling Alone*. Cambridge, MA: University of Harvard Press(『나 홀로 볼링』, 로버트 D. 퍼트넘 지음, 정승현 옮김, 페이퍼로드, 2009).

Rae, Douglas. 1981. *Equalities*. Cambridge, MA: Harvard University Press.

Rand, Ayn. 1943. *The Fountainhead*. The New American Library(『마천루』 1·2, 아인 랜드 지음, 허종열 옮김, 광장, 1988).

Rauch, Jonathan. 2003. "The Accidental Radical." *National Journal* (July 26, 2003), pp. 2404-2410.

_____. 2003. "The Forgotten Millions." *Atlantic Monthly* (December 2003), pp. 27-28.

Rawls, John. 1985. "Justice as Fairness: Political not Metaphysical." *Philosophy and Public Affairs* 14(1985), pp. 223-251.

_____. 1993. *Political Liberalism*. New York: Columbia University Press(『정치적 자유주의』, 존 롤즈 지음, 장동진 옮김, 동명사, 1999).

_____. 1999. *A Theory of Justice*, rev. edn. Cambridge, MA: Harvard University Press(『정의론』, 존 롤즈 지음, 황경식 옮김, 이학사, 2003).

_____. 1999. *The Law of Peoples*. Cambridge, MA: Harvard University Press(『만민법』, 존 롤스 지음, 김기호·김만권·장동진 옮김, 이끌리오, 2000).

Reeher, Grant. 1996. *Narratives of Justice*. Ann Arbor: University of Michigan Press.

Regan, Thomas. 1985. *The Case for Animal Rights*. Berkeley: University of California Press.

Reich, Robert. 1999. "The Nationalism We Need." *The American Prospect* (December 1999), p. 64.

Reiman, Jeffrey H. 1972. *In Defense of Political Philosophy: A Reply to Robert Paul Wolff's In Defense of Anarchism*. New York: Harper Torchbacks.

Ricci, David. 1980. "Receiving Ideas in Political Analysis: The Case of Community Power

Studies, 1950-1970." *Western Political Quarterly* 33(December 1980), pp. 451-475.
_____. 1984. *The Tragedy of Political Science: Politics, Scholarship and Democracy*. New Haven, CT: Yale University Press.
Ridgeway, James. 1995. *Blood in the Face: The Ku Klux Klan, Aryan Nations, Nazi Skinheads, and the Rise of New White Culture*. New York: Thunder Mouth Press.
Riker, William. 1982. *Liberalism Against Populism*. San Francisco, CA: Freeman.
Risen, James, and Judy L. Thomas. 1998. *Wrath of Angels: The American Abortion War*. New York: Basic Books.
Rocco, Alfredo. 1952. "The Political Doctrine of Fascism." in *Readings on Fascism and National Socialism*. Chicago: Swallow, pp. 25-47.
Roemer, John. 1988. *Free to Lose: An Introduction to Marxist Economic Philosophy*. Cambridge, MA: Harvard University Press.
Rorty, Richard. 1982. *Consequences of Pragmatism*. Minneapolis: University of Minnesota Press(『실용주의의 결과』, 리처드 로티 지음, 김동식 옮김, 민음사, 1996).
_____. 1998. *Truth and Progress*. New York: Cambridge University Press.
_____. 1998. *Achieving Our Country*. Cambridge, MA: Harvard University Press(『미국 만들기』, 리처드 로티 지음, 임옥희 옮김, 동문선, 2003).
_____. 1993. "Human Rights, Rationality, and Sentimentality." in *Human Rights: Oxford Humanities Lectures*, edited by Stephen Shute and Susan Hurley. New York: Basic Books, pp. 111-134.
Roszak, Theodore. 1978. *Person/Planet*. New York: Anchor Press/Doubleday.
Rothenberg, Randall. 1983. "Nozick v. Rawls." *Esquire* (March 1983), pp. 201-209.
Rousseau, Jean-Jacques. 1978[1755-62]. *Basic Political Writings*, translated and edited by Donald A. Cress. Indianapolis: Hackett(『인간불평등기원론/사회계약론/고독한 산책자의 몽상』, 장 자크 루소 지음, 최석기 옮김, 동서문화사, 2007; 『학문과 예술에 대하여 외』, 장 자크 루소 지음, 김중현 옮김, 한길사, 2007).
Russell, Peter, ed. 1999. *The Future of Social Democracy: Views of Leaders from Around the World*. Toronto: University of Toronto Press.
Russett, Bruce. 1990. *Controlling the Sword: The Democratic Governance of National Security*. Cambridge, MA: Harvard University Press.
Sandel, Michael J. 1982. *Liberalism and the Limits of Justice*. New York: Cambridge University Press.
_____. 1984. "Morality and the Liberal Ideal." *New Republic* (1984), pp. 15-17.
_____. 1996. *Democracy's Discontent: America in Search for a Public Philosophy*. Cambridge, MA: Harvard University Press.
_____. 1996. "America's Search for a New Public Philosophy." *Atlantic Monthly* (March 1996), pp. 57-84.
Schaar, John. 1967. "Equal Opportunity and Beyond." in *Equality: Nomos IX*, edited by J. Roland Pennock and John W. Chapman. New York: Atherton.
Schuck, Paul H. 1990. "The Great Immigration Debate." in *The American Prospect* (Fall 1990),

pp. 100-117.
Schumacher, E. F. 1975. *Small is Beautiful*. New York: Harper and Row(『작은 것이 아름답다』, E. F. 슈마허 지음, 이상호 옮김, 문예출판사, 2002).
Schumaker, Paul. 1975. "Policy Responsiveness to Protest Group Demands."*Journal of Politics* 37(May 1975), pp. 488-521.
_____. 1991. *Critical Pluralism, Democratic Performance, and Community Power*. Lawrence: University Press of Kansas.
Schumaker, Paul, Dwight Kiel, and Thomas Heilke. 1996. *Great Ideas/Grand Schemes: Political Ideologies in the 19th and 20th Centuries*. New York: McGraw-Hill(『정치사상의 이해』 1·2, 폴 슈마커·드위트 키엘·토마스 헤일케 지음, 양길현 옮김, 오름, 2005/2007).
Schumaker, Paul, and Burdett Loomis, eds. 2002. *Choosing a President: The Electoral College and Beyond*. New York: Chatham House.
Schumaker, Paul, and Bruce Oppenheimer. 2004. "Electoral College Reform at the State Level: Options and Tradeoffs." in *Counting Votes: Lessons from the 2004 Election in Florida*, edited by Robert Watson. Tallahassee: University Press of Florida, pp. 192-212.
Schumpeter, Joseph. 1942. *Capitalism, Socialism, and Democracy*. New York: Harper and Row(『자본주의, 사회주의, 민주주의』, 요셉 슘페터 지음, 이영재 옮김, 한서출판사, 1985).
Schwarz, John. 1983. *America's Hidden Success*. New York: Norton.
Scruton, Roger. 1984. *The Meaning of Conservatism*. London: Macmillan.
Sharansky, Natan. 2004. *The Case for Democracy*. New York: Public Affairs(『민주주의를 말한다』, 나탄 샤란스키·론 더머 지음, 김원호 옮김, 북앳북스, 2005).
Sheehan, Helena. 1993. *Marxism and the Philosophy of Science: A Critical History*. Atlantic Highlands, NJ: Humanities Press International.
Shklar, Judith. 1957. *After Utopia: The Decline of Political Faith*. Princeton, NJ: Princeton University Press.
Sibley, Mulford Q. 1970. *Political Ideas and Ideologies: A History of Political Thought*. New York: Harper & Row.
Sim, Stuart. 2000. *Post-Marxism: An Intellectual History*. London: Routledge.
Sivan, Emmanuel. 1990. *Radical Islam: Medieval Theology and Modern Politics*. New Haven, CT: Yale University Press.
Skocpol, Theda. 1994. *Social Revolution in the Modern World*. New York: Cambridge University Press.
Smith, Adam. 1948[1776]. *The Wealth of Nations*, in *Adam Smith's Moral and Political Philosophy*, edited by Herbert W. Schneider. New York: Hafner(『국부론』 상·하, 애덤 스미스 지음, 김수행 옮김, 비봉출판사, 2007).
Smith, Anna Marie. 2004. "Democratic Theory for a New Century." in *Contemporary Political Theory*, edited by Alan Finlayson. New York: New York University Press, pp. 559-570.
Smith, Christian. 2000. *Christian America: What Evangelicals Really Want*. Berkeley: University of California Press.
Smith, Houston. 1958. *The Religions of Man*. New York: Mentor.

Smith, Rogers M. 1997. *Civic Ideals*. New Haven, CT: Yale University Press.
Smith, Tony. 1987. *Thinking Like a Communist: State and Legitimacy in the Soviet Union, China, and Cuba*. New York: Norton.
Sniderman, Paul. 1975. *Personality and Democratic Theory*. Berkeley: University of California Press.
Soros, George. 1998. *The Crisis of Global Capitalism*. New York: Public Affairs(『세계 자본주의의 위기』, 조지 소로스 지음, 형선호 옮김, 김영사, 1998).
Sowell, Thomas. 1981. *Ethnic America: A History*. New York: Basic Books.
_____. 1990. *Preferential Policies: An International Perspective*. New York: Quell.
_____. 1993. *Inside American Education: The Decline, the Deception, and the Dogma*. New York: Free Press.
_____. 2004. *Affirmative Action Around the World*. New Haven, CT: Yale University Press(『세계의 차별철폐정책』, 토머스 소웰 지음, 염철현 옮김, 한울, 2008).
Soto, Hernando de. 2000. *The Mystery of Capital: Why Capitalism Triumphs in the West and Fails Everywhere Else*. New York: Basic Books(『자본의 미스터리』, 에르난도 데 소토 지음, 윤영호 옮김, 세종서적, 2003).
Speer, Albert. 1970. *Inside the Third Reich: Memoirs*, translated by Richard and Clara Winston. New York: Macmillan(『기억: 제3제국의 중심에서』, 알베르트 슈페어 지음, 김기영 옮김, 마티, 2007).
Spencer, Herbert. [1892]. *The Man Versus The State*. Caldwell, ID: Caxton Press, n.d..
Spinner-Halev, Jeff, and Elizabeth Theiss-Morse. 2003. "National Identity and Self-Esteem." *Perspectives on Politics* 1(September 2003), pp. 515-532.
Spitz, Elaine. 1986. "Citizenship and Liberal Institutions." in *Liberals on Liberalism*, edited by Alfonso J. Damico. Totowa, NJ: Rowman and Littlefield, pp. 185-190.
Spragens, Thomas. 1981. *The Irony of Liberal Reason*. Chicago: University of Chicago Press.
Stalin, Joseph. 1979[1938]. *Dialectical and Historical Materialism*. Tirana: The "8 Nentori" Publishing House(『변증법적 유물론과 사적 유물론』, 요제프 스탈린 지음, 정성균 옮김, 두레, 1989).
Stanlis, Peter J., ed. 1963. *Edmund Burke: Selected Writings and Speeches*. Garden City, NY: Anchor.
Starr, Paul. 1991. "Liberalism After Socialism, *The American Prospect* (Fall 1991), pp. 70-80.
_____. 2007. *Freedom's Power: The True Force of Liberalism*. New York: Basic Books.
Steger, Manfred B. 2002. *Globalism: The New Market Ideology*. Lanham, MD: Rowman & Littlefield.
_____. 2005. *Globalism: Market Ideology Meets Terrorism*. Lanham, MD: Rowman & Littlefield.
Stigler, George. 1970. "Director's Law of Public Income Distribution." *Journal of Law and Economics* 13(April 1970), pp. 1-10.
Stirner, Max (Johann Kaspar Schmidt). 1921[1843]. *The Ego and His Own*, translated by S. T. Bylington. London: Jonathan Cape.
Storing, Herbert J., ed. 1962. *Essays on the Scientific Study of Politics*. New York: Holt,

Rinehart, and Winston.
Strauss, Leo. 1970. "The New Political Science." *American Conservative Thought in the 20th Century*, edited by William F. Buckley, Jr. Indianapolis: Bobbs-Merrill.
Sullivan, John, James Piereson, and George E. Marcus. 1982. *Political Tolerance and American Democracy*. Chicago: University of Chicago Press.
Sundquist, James. 1968. *Policies and Politics: The Eisenhower, Kennedy, and Johnson Years*. Washington, DC: Brookings.
Sunstein, Cass. 2004. "Economic Security: A Human Right." *The American Prospect* (October 2004), pp. A24-26.
Swain, Carol. 2002. *The New White Nationalism in America: Its Challenge to Integration*. New York: Cambridge University Press.
Tannenbaum, Eduard. 1972. *The Fascist Experience: Italian Society and Culture, 1922-945*. New York: Basic Books.
Taylor, Charles. 1979. *Hegel and Modern Society*. New York: Cambridge University Press(『헤겔철학과 현대의 위기』, 찰스 테일러 지음, 박찬국 옮김, 서광사, 1988).
Terchek, Ronald, and Thomas Conte, eds. 2001. *Theories of Democracy*. Landon, MD: Rowman & Littlefield.
Thatcher, Margaret. 2002. *Statecraft*. New York: Harper Collins(『국가경영』, 마거릿 대처 지음, 김승욱 옮김, 작가정신, 2003).
Thompson, Dennis F. 2003. *Just Elections: Creating a Fair Electoral Process in the United States*. Chicago: University of Chicago Press.
Thompson, John B. 1984. *Studies in the Theory of Ideology*. Cambridge: Polity.
Thurow, Lester. 1980. *The Zero Sum Society*. New York: Penguin(『제로 섬 사회』, 레스터 서로우 지음, 지철민 옮김, 한마음사, 1999).
_____. 1996. *The Future of Capitalism*. New York: William Morrow(『자본주의의 미래』, 레스터 써로우 지음, 유재훈 옮김, 고려원, 1997).
Tinder, Glenn. 2004. *Political Thinking: The Perennial Questions*, 6th edn. New York: Pearson Longman.
Tocqueville, Alexis de. 1945[1835-40]. *Democracy in America*, translated by Gerald E. Bevan. New York: Vintage(『미국의 민주주의』 1·2, A. 토크빌 지음, 박지동·임효선 옮김, 한길사, 1997).
Tolstoy, Leo. 1961[1905]. *The Kingdom of God is Within You*, translated by Leo Wiener. New York: Noonday Press of Farrar, Straus, and Giroux.
Tomasky, Michael. 2005. "A Perfect Storm." *The American Prospect* (October 2005), pp. 23-26.
_____. 2006. "A Party in Search of a Notion." *The American Prospect* (May 2006), pp. 20-28.
Tong, Rosemary. 1998. *Feminist Thought: A More Comprehensive Introduction*. Boulder, CO: Westview.
Tribe, Lawrence. 1974. "Says Not to Think About Plastic Trees: New Foundations for Environmental Laws." *Yale Law Review* 83(Fall 1974), pp. 1314-1348.

Truman, David. 1951. *The Governmental Process*. New York: Knopf.

Tsongas, Paul. 1981. *The Road from Here: Liberalism and Realities in the 1980s*. New York: Knopf.

Tucker, Robert C. 1969. *The Marxian Revolutionary Idea*. New York: Norton.

Tullock, Gordon. 2005. *Public Goods, Redistribution, and Rent-Seeking*. Northampton, MA: Edward Elgar(『공공재, 재분배 그리고 지대 추구』, 고든 털럭 지음, 황수연 옮김, 경성대학교출판부, 2008).

Varshney, Ashutosh. 2003. "Nationalism, Ethnic Conflict, and Rationality." *Perspectives On Politics* 1(March 2003), pp. 85-99.

Verba, Sidney, and Gary Orren. 1985. *Equality in America*. Cambridge, MA: Harvard University Press.

Walzer, Michael. 1970. "A Day in the Life of a Socialist Citizen." pp. 229-238 in *Obligations: Essays on Disobedience, War, and Citizenship*. Cambridge, MA: Harvard University Press.

_____. 1982. "The Community." *New Republic* (March 31, 1982), pp. 11-14.

_____. 1983. *Spheres of Justice*. New York: Basic Books(『정의와 다원적 평등: 정의의 영역들』, 마이클 왈쩌 지음, 정원섭 외 옮김, 철학과현실사, 1999).

_____. 1988. "Socializing the Welfare State." *Dissent* (Summer 1988), pp. 292-300.

Wartenberg, Thomas. 1990. *The Forms of Power*. Philadelphia: Temple University Press.

Weber, Max. 1976[1904]. *The Protestant Ethic and the Spirit of Capitalism*, translated by Talcott Parsons. New York: Scribner(『프로테스탄티즘의 윤리와 자본주의 정신』, 막스 베버 지음, 김덕영 옮김, 길, 2010).

Weffort, Francisco. 1992. "The Future of Socialism." *Journal of Democracy* 3(July, 1992), pp. 90-99.

Weinstein, James. 1966. *The Corporate Ideal and the Liberal State*. Boston, MA: Beacon.

Welch, Susan, and Timothy Bledsoe. 1988. *Urban Reform and its Consequences: A Study in Representation*. Chicago: University of Chicago Press.

West, Cornel. 1993. *Race Matters*. Boston, MA: Beacon.

White, Stephen. 2000. *Sustaining Affirmations: The Strength of Weak Ontology in Political Theory*. Princeton: Princeton University Press.

Williams, Bernard. 1962. "The Idea of Equality." in *Philosophy, Politics, and Society*, edited by Peter Laslett and W. G. Runciman. Oxford: Basil Blackwell.

Wilson, James Q. 1985. "The Rediscovery of Character: Private Virtue and Public Policy." *The Public Interest*, 81(Fall 1985), pp. 3-16.

_____. 1993. *The Moral Sense*. New York: Free Press(『도덕감성』, 제임스 Q. 윌슨, 안재욱·이은영 옮김, 자유기업센터, 1998).

Wilson, William Julius. 1987. *The Truly Disadvantaged*. Chicago: The University of Chicago Press.

_____. 1999. *Bridge Over the Racial Divide*. Berkeley: University of California Press.

Wolff, Robert Paul. 1970. *In Defense of Anarchism*. New York: Harper and Row(『아나키즘:

국가권력을 넘어서』, 로버트 롤 볼프 지음, 임홍순 옮김, 책세상, 2001).
Wolfinger, Raymond. 1960. "Reputation and Reality in the Study of Community Power." *American Sociological Review* 25(October 1960), pp. 636-644.
Wolin, Sheldon. 1969. "Political Theory as a Vocation." *American Political Science Review* 63(December 1969), pp. 1062-1082.
Wollstonecraft, Mary. 2006[1792]. *Vindication of the Rights of Woman*. New York: Penguin(『여권의 옹호』, 메리 울스턴크래프트 지음, 손영미 옮김, 한길사, 2008).
Woodcock, George. 1962. *Anarchism: A History of Libertarian Ideas and Movements*. Cleveland: World Publishing(『아나키즘: 자주인의 사상과 운동의 역사』, 조지 우드콕 지음, 하기락 옮김, 형설출판사, 1981).
Wright, Anthony. 1986. *Socialisms: Theory and Practice*. New York: Oxford University Press (『열린 사회주의, 닫힌 사회주의』, 안토니 라이트 지음, 임현진·정일준·이승협 옮김, 역사비평사, 1997).
Young, Iris Marion. 1989. "Polity and Group Difference." *Ethics* 99(January 1989), pp. 250-274.
_____. 1990. *Justice and the Politics of Difference*. Princeton, NJ: Princeton University Press.
Z (an anonymous observer of the Soviet scene). "To the Stalin Mausoleum." *Daedalus* (Winter 1990), pp. 295-343.

찾아보기

ㄱ

가상적 대의제 553
가설 64, 66, 67, 69, 365
가이아 313
가족
    가족 내 폭력 629
    가족의 역할 171
    가부장적 가족 192, 193, 533
    가부장적 가족제도 628, 683
    결혼과 가족 170
가치 267
    가치 상대주의 162, 385, 626
    가치의 다양성 192
    가치판단 64
가톨릭교회 98, 99, 107, 348, 419, 530
간디, 모한다스(Mohandas Gandhi,
    마하트마 간디) 113
간접적 영향력 564
간주관적인 합의 230, 395, 397, 707
갈스턴, 윌리엄(William Galston) 298,
    785
강단 좌파 211
강력한 국가 147, 172, 464, 520, 611,
    613, 630, 734
강력한 정부 개입 520
강압적인 경찰력 509
강제 수용 원칙 620
강제노동법 517
강제적 사회 340
강한 민주적 과정 194

강한 진리 개념 370
개명된 자기 이익 358
개방적 국경 477
개인발전계좌 682
개인별 적립 계좌 730
개인
    "개인은 만인을 위해" 288
    개인의 자유 60, 83, 96, 100~103, 125,
        147, 153, 160, 188, 199, 322, 326, 340,
        406, 408, 428, 430, 446, 465, 476, 501,
        502, 555, 613, 619, 625, 626, 639, 640,
        650, 732, 749, 753
    개인의 자유 선택권 304
    개인의 자율성 191, 300, 307, 314, 507,
        546, 604, 605
    개인의 차이 420, 424
    개인의 책임성 413
    개인 문제 618, 767
    개인적 권리의 부당한 침해 500
개인주의 75, 104, 111, 116, 161, 191,
    198, 268, 286, 296, 303, 326, 327,
    410, 480, 503, 506, 727, 730, 744,
    762, 769
    고립된 개인주의 286, 325, 346, 743
    뿌리를 둔 개인주의 111
개혁 85, 104, 106, 138, 148, 167, 171,
    175, 184, 185, 356, 357, 359, 376,
    379, 385, 511, 515, 523, 543, 545,
    558, 566, 567, 608, 610, 705~709,
    723, 729, 730, 735, 741, 762, 764,
    767, 773

개혁 조치　158, 324, 379, 569, 709, 727,
　　728, 730, 732, 750, 761, 762, 765, 767,
　　768
객관적인 절대 진리　352
거대한 대화　15, 29, 70~72, 77, 80, 81,
　　124, 395, 706
거대한 사회 변화　704
거버넌스　53, 72, 434, 749
　　자주적 거버넌스　434
　　전 세계적 거버넌스　446
　　전 지구적 거버넌스　482
게릴라전　721, 722
게바라, 에르네스토 체(Ernesto Che
　　Guevara)　132, 722
게이츠, 로버트(Robert Gates)　758
게이츠, 멜린다(Melinda Gates)　189
게이츠, 빌(Bill Gates)　189, 531
경기
　　경기 부양책　616, 771, 773
　　경기 억제책　616
　　경기순환　187, 615
경영과학　382
경제 규제　425, 521, 626, 761
경제 발전　98, 102, 117, 126, 131, 137,
　　145, 147, 155, 194, 195, 199, 201,
　　215, 273, 529, 534, 578, 579, 705,
　　706, 723
경제결정론　243, 246, 247, 249, 263,
　　264, 267, 275, 367
　　경제결정론적 존재론　249, 268
경제성장　149, 150, 155, 160, 166, 194,
　　195, 375, 385, 525, 542, 543, 557,
　　613, 615, 616, 667~669
경제적 결핍　247, 662
경제적 난민　481

경제적 비효율성　150
경제적 이성　305
경제적 자유　102, 139, 148, 187, 196,
　　199, 303, 385, 493, 528, 539, 576,
　　580, 640, 706, 709
경제적 재화　99, 137, 247, 535, 624,
　　630, 650, 693, 700
경제적 진보　151, 706
경제적 파이　667
경제적 하부구조　248, 268, 367, 723
경제적 행위 주체　479
경제적 효율성　150, 625, 667
경제학　247, 263, 382
『경제학-철학 수고』(Economic and
　　Philosophical Manuscripts of 1844)
　　290
경제활동 지표　613
경합하는 원칙들　79, 81, 83, 158
경험과학의 방법론　364
계급 없는 사회　117, 172, 328, 331,
　　332, 342, 607
계급 조건
　　객관적 계급 조건　331
　　주관적 계급 조건　331
계급의식　119, 121, 122, 136, 253, 331,
　　415, 418, 557, 560, 712, 713, 740
계급적 연대 의식　415
계몽주의　96, 97, 99, 105, 371, 744
　　계몽주의적 이성　106
계획　131, 141, 174, 477, 515, 612, 632
계획경제　545, 608, 609, 631, 632
고귀한 미개인　328
고대 아테네　102
고드윈, 윌리엄(William Godwin)　114,
　　364, 365, 458, 459, 555, 657, 718

고르바초프, 미하일 세르게예비치
　(Mikhail Sergeevich Gorbachev)
　139, 515, 608~610, 735
고리대금업　598
고비노, 조제프 아르투르 드(Joseph
　Arthur de Gobineau)　255, 256
고어, 앨(Al Gore)　469, 668
고유한 개별성　212, 271, 345, 346
고전적 자유주의　19, 24, 46, 92, 93,
　95~97, 100~103, 112~114, 116, 117,
　119, 124, 147, 149, 151, 153, 156,
　157, 159~161, 173, 174, 224, 238,
　240, 241, 243, 248, 257, 263, 268,
　269, 280, 281, 283, 287, 297, 304,
　308, 319, 321, 322, 326, 335, 353,
　360, 363, 372~374, 380, 396,
　407~413, 420, 424, 446, 450~456,
　466~468, 470, 499, 500, 503, 506,
　520~522, 528, 549, 550~552, 564,
　576, 595~597, 599~602, 604, 613,
　614, 623, 633, 646, 648, 651, 652,
　654, 656, 661, 666, 672, 675, 678,
　685, 706, 707, 709, 726, 735, 790,
　795~797, 804, 817
　고전적 자유주의 원칙　709, 728
고정불변의 해석　392
고통의 감각　354
골드만, 에마(Emma Goldman)　113,
　287, 288
공공 봉사 활동　470
공공 부문　169, 305, 520, 535
공공 선택 이론　479
공공 정치철학　48, 49, 50, 53~56, 59,
　63, 65, 71, 74, 79, 85, 86, 111, 148,
　151, 161, 173, 199, 220, 233, 258,
　323, 336, 400, 401, 546, 750, 752,
　753, 773
공공 지출 확대　616
공공복지　148, 357, 637
공공서비스　69, 109, 468, 625, 683
　공공서비스 제공　522, 625
공공선　218, 356~359, 365, 397, 457
공공재　59, 84, 109, 150, 187, 305, 468,
　594, 616, 617, 621, 624, 625, 628, 638
공교육　154, 168, 595, 596, 621, 669,
　670, 731
공급 사슬　382
공동생산조합　122
공동선　140, 175, 191, 301, 302, 453,
　640, 690, 693, 694, 973
　공동선 관념　480
공동체
　강력한 공동체 유대감　446
　공동체 전체의 선익　140, 428, 429, 444
　공동체 정체성　307, 404, 412, 414, 415,
　　418, 419, 428, 436, 439, 443~445, 447,
　　759
　공동체에 대한 책임　180, 307, 342, 443
　공동체의 욕구　753
　공동체의 필요　456, 653
　공동체적 결사체　343
　공동체적 사회　343
　공동체적 유대　140, 141, 739
　국가 공동체　42~422, 424, 427, 433, 434,
　　437, 444, 450, 464
　국가 하부 공동체　406
　국제 공동체　439, 440, 446, 463
　국제공산주의 공동체　516
　농촌 공동체　146, 309, 658
　비국가 공동체　481
　사회주의 공동체　122

산업화된 공동체 658
웹공동체 309
유기적 사회 공동체 456
인격을 지닌 공동체 481
자연적 공동체 413, 414, 416, 457, 458
전 지구적 공동체 49, 59, 199, 200, 301, 382, 383, 404~406, 416, 417, 429~432, 438, 440~442, 446, 481, 697, 759
지구 행성 공동체 440
지역공동체 110, 191, 215, 272, 301, 308, 309, 337, 340, 341, 343, 381, 404, 406, 409, 412, 425, 427, 429, 432, 435, 440, 441, 482, 511, 519, 543, 571, 683, 689, 731, 736
지역사회 공동체 437, 482, 508, 511, 759
하위문화 공동체 204
공동체주의 55, 177, 220, 304, 308, 339, 381, 422, 426, 427, 445~477, 479, 537, 545, 785
공동체주의적 에토스 475
공동체주의적인 생태 윤리 753
공리적 계산 357
공리주의 353, 356, 357, 359, 360, 372, 408, 680, 772, 796
개명된 공리주의 358, 797, 958
공리주의 원칙 709
공리주의 정의 원칙 680
공리주의적 분석 552
공민권운동 151, 318, 421, 471, 705, 711
공산당
공산당 당대회 514
공산당 정체성 418
공산당 조직 463, 514
공산당 지도부 131, 137, 463, 557, 610, 721

공산당 집행부 514
소련 공산당 지도부 463
중앙 집중화된 공산당 722
『공산당선언』(Manifesto of the Communist Party) 119, 330, 415, 513
공산주의
공산주의 인터내셔널 516
공산주의 혁명의 이상 558
공산주의의 '적기' 720
공산주의의 필연성 366
공산주의적 형제애 347
러시아 공산주의자 417
유로코뮤니즘(유럽 공산주의) 723
공산 사회 123, 126, 127, 131, 172, 247, 250, 252, 294, 327, 332, 342, 366, 369, 416, 418, 461, 462, 560, 608, 662, 663, 714, 715, 722, 726, 770, 813
공산 사회의 동지 461
미래의 공산 사회 127, 244, 606
완전한 공산 사회 461
이상적인 공산 사회 126, 131, 294, 331, 366, 417, 463, 512, 558, 559, 609, 610, 662, 663, 697, 751
공산혁명 137, 722
공산혁명의 주관적 조건 740
공익 65, 80, 104, 116, 124, 156, 297, 303, 304, 313, 315, 336, 351, 453, 462, 485, 486, 564, 571, 572, 598, 601, 606, 620, 625, 774, 800, 963
공익 봉사 486
공익 소송 195
사회의 공익 167
공적 보호 468
공적 생활 435
공적 영역 101, 393, 454, 462, 468, 558,

597, 614, 627, 630, 707
공적 이성 87, 387, 774
공적 정신 460, 462, 470
공적 지원 421, 482, 767
공적 합당성 301, 793
공적인 광장 636
공정한 시장 경쟁 685
공정한 절차 690
공정한 처우 기준 493
공정함 657
공중 보건 151, 617, 709, 729, 773
공통된 것 212, 213, 345, 491, 696, 697, 699
  공통된 비물질적 재화 698
  공통의 유대 218, 419
  공통의 이익 305, 327, 346, 349, 409, 414, 458, 483, 509
  공통의 이해관계 331, 335
공평 대우 기준 493
공평성의 규범 652
공포 사회 580
공화당 159, 161, 170, 175, 425, 523, 574, 593, 594, 704, 731, 734, 755, 758, 761~763, 767, 773
공화주의 517, 800
  공화주의의 이상 505
  귀족적 공화주의 506, 587, 588
  민주적 공화주의 587, 588, 804
  시민적 공화주의 434, 444
과두제의 철칙 562
과세와 지출 593
과잉 경제 규제 500
과점 기업 134
과학 지식의 한계 383
과학만능주의 354

과학적 방법론 64, 66, 103, 104, 375, 391
과학적 세계관 362
과학적 역사주의 247
과학적 조사 방법 67, 69, 70
과학적 진보 732
과학혁명 105
관객의 정치학 211
관대한 정신 657
관료 집단 625
관료층 169
관영 건강보험 766
관용 30, 55, 78, 83, 157, 175, 298, 432, 444, 470, 476, 503, 524, 641, 774
  관용의 원칙 157
  종교적 불관용 124
교육 시장 621
교정적 대처 728
교조주의 31, 83
교환가치 312, 543
구제금융 761, 764, 765
구조적 개혁 528, 545
구좌파 32, 312, 391, 545, 751
국가 간 다원성 438
국가 계획경제 632
국가 공용어 423
국가 비상사태 469
국가 안보 149, 159, 160, 529, 575, 618
국가 없는 자연적 사회 717
국가 연합체 408, 492
국가권력의 분립 500
국가법 605
국가의 법률 61, 409, 454, 462, 602, 603, 652
국가의 성문법 605

찾아보기 845

국가의 신민 448
국가의 일당 통치 557
국가의 자급자족 431, 539
국가의 정당성 525
국가의 집합적 힘 388
국가적 가치 424, 444
국가적 일치 612
국가적 해결책 421
국가주권 429, 467
『국가』(Republic) 70, 234
국경 개방 477
국립 의료 제도 184, 436
국민 전체의 의지 561
국민건강보험 669
국민국가 98, 199, 201, 326, 405, 407~409, 411, 416, 417, 419, 421, 431, 433, 437, 446, 462, 480, 508, 683, 808
국민연합 437
국민투표 561
국방 예산의 증가 594
국방비 지출 728
『국부론』(Wealth of Nation) 101, 598, 804
국수주의 182, 196, 203, 265, 307, 381
국유화 184, 434, 461, 608, 609, 612, 630, 631, 680
국유화 프로그램 514
국유화된 기업 536
국제 비정부기구 421
국제 빈곤선 189
국제 질서 169, 221, 734
국제 협력 163, 164
국제기구 78, 163, 200, 433, 438, 440, 484, 516, 542, 543, 735, 765

국제기구를 통한 다자간 접근 765
국제노동자동맹(제1인터내셔널) 119, 416
국제시온주의 점령 정부 581, 589
국제연합개발계획 645
국제적 정치제도 190
국제적 조직 516
국제통화기금 200, 433, 483
국토방위부 159, 618
군국주의 544
군복무 책임 469
군복무를 위한 징집 322
군비 감축 정책 728
군사 과학 383
군사력 152, 159, 203, 209, 262, 418, 529, 530, 618
군산복합체 565
군소 정당 458
군의 문민통제 원칙 544
군중심리 473
궁극적 동인 273
궁극적 실재 46, 61, 62, 104, 232, 234~236, 239, 240, 242, 243, 258, 260, 266~269, 271, 273, 276, 371
궁극적 힘 235
권력
　경제적 권력 610
　권력 정치 384, 700, 774
　권력-행위 주체 271
　권력의 보유자 22, 32, 60, 66, 67, 70, 97, 402, 547, 549, 555, 559, 560, 567, 582, 586, 589, 750
　권력의 분포 68, 69, 74, 393, 560
　권력의 조직화 259
　권력의 지위에 의한 계층화 342
　권력의 집중 546, 575, 587

네트워크 권력 541
비공식 권력 523
사회적 권력 271
소외 계층의 권력 533
시장권력 528
집단의 권력 665
권력관계
수직적인 권력관계 508
수평적인 권력관계 508
권력 체계 602
권력분립 124, 501, 502, 518, 526, 762
권력분립 체제 728
권리
개별 주의 권리 425
경제적 권리 481, 526
권리 지향적인 이념 470
권리와 책임 326, 423, 470, 478, 480, 485, 488, 652
동등한 권리 647
무기 소지 권리 488
반항할 권리 708
보편적 권리 634, 635
보편적 복지 권리 670
복지 권리 154, 155, 449, 452, 466, 468, 469, 478, 494, 536, 667, 669, 760
부르주아적 권리 460
불평등한 권리 651
사생활 권리 389, 468, 493
소수집단의 권리 551, 552, 588
시민의 권리 105, 154, 155, 174, 401, 409, 452, 453, 467, 468, 478, 480, 488, 489, 493, 502, 552, 613, 668, 669, 708
실질적 권리 30, 76
양도할 수 없는 권리 488, 647, 652
재생산 권리 389
전통적 권리 659, 711, 712

절대적 권리 101
정부에 반대할 권리 708
정치적 권리 97, 201, 306, 391, 451, 455, 456, 468, 537, 563, 709
제한적인 시민 권리 478
진정한 권리 106, 652, 653, 812
집단의 권리 471, 632
추상적 권리 개념 651
특수 집단 권리 194, 635, 641
평등한 정치적 권리 444, 589, 648
권위
경제적 권위 608
권위 있는 정부 601, 637
권위와 종속 관계 570
민주적 권위 220
사회적 권위 607
정부의 권위 32, 114, 115, 474
해석적 권위 607, 609, 610
권위주의
권위주의 사회 197, 376
권위주의적 인식론 389~391
귀납적 과학 366, 368, 370
귀속적 원칙 653
귀속적 특성 614, 655
귀화 과정 482, 493
규범적 연구자 65
규범적 정치 이론가 64
규제 경제 728
그람시, 안토니오(Antonio Gramsci) 132, 292, 722, 723
그루터 대 볼링거 사건 671
그린, 토머스 힐(Thomas Hill Green) 153, 154
극단주의자 48, 73, 180, 196, 199, 211, 275, 276, 398, 437, 439, 589, 695,

696, 752
　　극단적 우파 정당 487
　　극단적 페미니즘 182
　　우파 극단주의 집단 178
　　유럽의 극단적 우파 637
극단적인 회의론 78
극우파 정치 운동 142
극우파 혁명 이념 724
근대화에 의한 민주화 579
『근본교리』(Fundamentals) 210
근본적 인권 374
근본적인 변화 190, 246, 441, 715, 729, 743, 760
글라스노스트 610
글렌던, 메리 앤(Mary Ann Glendon) 205
금욕적 절제 491
급진 녹색주의 194, 196, 433, 545
급진적 다원주의 84, 85, 129, 190
급진적 보수주의자 731
기계론적 사회관 321
기독교
　　기도문 낭송 금지 530
　　기독교 근본주의 182, 210, 211, 219, 310, 311, 390, 637
　　기독교 문화 265, 530
　　기독교 복음주의 177
　　기독교 신앙 368, 413
　　기독교 신정국가 210, 540
　　기독교적 도덕성 430, 480
　　기독인 동맹(기독교 동맹) 206
기본적인 대응 관계 493
기술 진보 707
기업 복지 569
기업의 국유화 164
기업의 사적 소유 609, 612
기여도 원칙 662
기초생활보장을 위한 일시적 생계 지원 프로그램 475, 686
기회균등 75, 82, 152, 192, 200, 268, 375, 379, 444, 672~674, 681, 690
　　공평한 기회균등 26, 30, 76, 669, 670, 672, 675, 677
　　형식적 기회균등 26, 151, 669, 670, 672, 677, 685
긴스버그, 벤저민(Benjamin Ginsberg) 483
길더, 조지(George Gilder) 165

ㄴ

나세르, 가말(Gamal Nasser) 208
『나의 투쟁』(Mein Kampf) 389
나치 정권 517
낙제 학생 방지법 170
낙태
　　낙태 권리 426
　　낙태의 불법화 615
　　무제한적 낙태 허용 615
　　반낙태 활동 210
남북전쟁 410, 704
남아프리카공화국 143, 488, 705
납세의무 469, 474, 488, 494
낮은 경제사회 계층 677
『내셔널 리뷰』(National Review) 161
내전 99, 714, 720
냉소주의 25, 31, 32, 220, 573, 745, 752, 770
네그리, 안토니오(Antonio Negri)

212~214, 219, 234, 270, 272, 345,
346, 439, 441, 442, 490~492, 541,
543, 584, 590, 698, 699, 746, 747
네오나치즘 725
네오아나키즘 216
 네오아나키스트 217, 699
네오콘(신보수주의자) 162, 177, 196,
202, 203, 308, 578~580, 734, 765,
784, 800
 네오콘의 대외 정책 765
네오파시즘 725
네이더, 랠프(Ralph Nader) 195, 196
노동 윤리 168, 169, 298, 303, 413, 453,
480, 524
노동가치설 648~650
노동계급 68, 109, 112, 115, 119~123,
133, 137, 145, 185, 248, 254, 318,
415, 418, 484, 516, 549, 557~560,
568, 569, 583, 660, 661, 716, 740, 786
 노동계급 정당 활동 460
 노동계급의 분열 121
 노동계급의 영향력 확대 569
 노동계급의 정치 참여 558
 초국적 노동계급 460
노동귀족 740
노동운동 144, 165, 460, 731
노동의 질과 양 649
노동자의 참여 570
노동조합 60, 135, 136, 179, 259, 341,
460, 481, 497, 517, 537, 544, 545,
565, 568, 572, 760
 노동조합운동 135, 136
 노동조합파 463
노동할 유인 478
노령연금 정책 475

노르베리, 요한(Johan Norberg) 200,
264, 431, 478, 531, 692
노멘클라투라 608
노박, 마이클(Michael Novak) 207
노벨평화상 759
노블레스 오블리주 108, 245
『노예의 길』(The Road to Serfdom) 198
노예제도 410, 499, 504, 661, 704
노직, 로버트(Robert Nozick) 198,
227~230, 623, 624, 692, 693
노후에 대비한 투자 475
녹색 정당 537
녹색주의 55, 233, 301
누진세 84, 148, 166, 630, 635, 760, 768
뉘른베르크 군중집회 372
뉴딜 시기 521
 뉴딜 정책 727, 728
뉴래너크 122
뉴질랜드의 국민전선 487
뉴하모니 122
뉴하우스, 리처드 존(Richard John
Neuhaus) 207
능력주의 654
니체, 프리드리히(Friedrich Nietzsche)
254, 562, 789
닐슨, 카이(Kai Nielsen) 189, 815

ㄷ

다국적기업 203, 217, 264, 308, 433,
542, 584, 631, 695
다두정 563
다른 종류의 보상 653
다문화주의 162, 168, 338, 339, 389,

430, 626, 628, 635~637, 733
　다문화 국가　422
다수결제　395, 556, 587
　다수결 투표　708
다수의 횡포　551
다원계　769
다원적 공공 정치　30, 31, 34~36, 38,
　39, 757, 777, 819
　다원적 정치의 부도덕성　746
　다원적 정치체제　74, 484, 585, 590, 641
다원적 공공 정치철학　48, 49, 51, 55,
　75, 77, 175, 179, 219, 314, 395, 544,
　752~754, 756, 774, 775
다원적 사회　55, 56, 73, 75~78, 85, 163,
　178, 179, 183, 184, 187, 190,
　192~194, 196, 197, 199, 201, 202,
　204~206, 208~214, 216, 218~220,
　261, 272, 299, 314, 336, 339, 344,
　347~349, 381, 385, 390, 443, 446,
　489, 493~495, 528, 530, 538, 539,
　542, 544~546, 583, 586, 588, 590,
　614, 637, 638, 640, 641, 646, 672,
　697, 700~702, 725, 733~735, 739,
　743, 744, 746~748, 750~752, 772,
　779, 790, 800, 811, 816, 817, 819
　다원적인 유기체적 사회　326
다원주의
　다원주의 정치 이론　74, 86
　다원주의의 가치　689
다윈, 찰스(Charles Darwin)　239, 255
다인종 국가　422
다종족 사회　437
다중　213, 346, 439, 442, 698, 699
　다중적 공동체 정체성　406, 409, 429, 436,
　　437, 443
　다중적 귀속성　481

다중적인 정치적 충성심　409
『다중』(Multitude)　212
단기적 욕구　632
단순 가부투표　194
단일민족　419
단일한 공동체　437
　단일한 공동체 정체성　418, 432, 443
단일한 공통 문화　426
단일한 도덕적 지향　426
달, 로버트(Robert Dahl)　405, 563
『담대한 희망』(Audacity of Hope)　762
당파적 접근　352
대공황　164, 772
대규모 복지국가　186, 622, 685
대규모 사회구조　508
대리인　550, 553, 558
대법관의 주기적 선출　506
대안적 경제구조　543
대안적 질서　716
대영제국　705
대외 원조　190
『대의정부론』(Considerations on
　Representative Government)　551
대장정　742
대중
　대중 동원 전략　483
　대중 봉기　115, 713, 722
　대중 설득과 선거 승리　723
　대중(들)의 열정　464, 589
　대중과의 직접 소통　574
　대중들의 동원　464
　대중문화　204, 526
　대중사회　296, 346
　'대중의 아편'　122, 243
대지의 윤리　747, 748

대처, 마거릿(Margaret Thatcher) 160, 162, 167, 169, 200, 264, 479, 690, 735
대체 위협 219
대체론 557
대테러 전쟁 129, 164, 200, 212, 270, 595
대통령제 423, 526, 575
대표[대의]의 문제 550
대표성 30, 156, 439, 482, 537, 551, 564~566, 568, 589, 653, 739, 758
덕성 31, 55, 105, 166, 167, 191, 234, 236, 239, 283~285, 296, 302, 306, 324, 325, 381, 386, 453, 457, 459, 470, 473, 475, 477, 485, 527, 530, 537, 548, 553, 587, 604, 654, 693, 694, 809
  경제적 덕성 298, 453, 503
  공적 덕성 480
  사적 덕성 167
  사회적 덕성 110, 298
  시민적 덕성 191, 434, 444, 472, 485, 564
  인간의 덕성 167, 303, 304, 459, 476, 694
  일반적 덕성 298
  정치적 덕성 30, 183, 298, 299, 301, 453
『덕을 찾아서』(*After Virtue*) 693
데리다, 자크(Jacques Derrida) 214, 391
데이비스, 그레이(Gray Davis) 574
데일리, 메리(Mary Daly) 214
데카르트, 르네(René Descarte) 96, 295, 354
  데카르트의 방법론 354
  데카르트의 인식론 355
도구적 이성 282, 297, 298, 301, 304, 305, 315

도구적 지식 283, 351
도덕의 규제 626
도덕적 가치 논쟁 763
도덕적 감수성 476
도덕적 국가 424
도덕적 다수 206
도덕적 목표 202, 429, 476
도덕적 상대주의 204, 380, 475, 526
도덕적 의지 268
도덕적 이성 605
도덕적 자율성 76, 422, 458, 459, 546, 604, 605, 656, 701, 702
도덕적 전통 206
도덕적 진리 205, 366
도덕적 진보 706, 707
도덕적 해이 685
도덕철학 105, 202, 604
도이치, 칼(Karl Deutsch) 57
독립적인 사법부 502
독일 녹색당 195
독일 사회민주당 185
독일 낭만주의 철학 371
독일의 체코슬로바키아 합병 377
독일인민연합 429
독재자 137, 141, 142, 384, 472, 555, 580, 629
독점기업 134
독점화 경향 511
돕슨, 앤드루(Andrew Dobson) 215
동맹 144, 161, 511, 714
동반자 관계 170, 519
동성애 261, 427, 637
  동성 결합 572, 573, 626
  동성애 권리 152, 206, 442
  동성애 권리 운동 733
  동성애자 151, 170, 193, 306, 422, 424,

찾아보기 851

524, 572, 583, 589, 734
  동성애자 권리 제한 574
동지 의식 486
동질적인 사회 343, 347~349
동질적인 유기체 333
두개골학 255
뒤르켐, 에밀(Emile Durkheim) 286
듀이, 존(John Dewey) 148, 156, 375
듀크, 데이비드(David Duke) 581
드레드 스콧 판결 704
드워킨, 로널드(Ronald Dworkin) 82
디즈레일리, 벤저민(Benjamin Disraeli) 109
딘 와 다울라 540
딜타이, 빌헬름(Wilhelm Dilthey) 386

ㄹ

라우치, 조너선(Jonathan Rouch) 731
라이시테 규정(정교분리 원칙) 635
라호와 737
라후드, 레이(Ray LaHood) 758
란데스, 데이비드(David Landes) 527
랜드, 아인(Ayn Rand) 198, 380
러시아 115, 127, 128, 132, 137, 139, 198, 242, 251, 252, 287, 332, 411, 417, 418, 515, 705, 721, 765
  러시아혁명 130, 132, 417, 720, 741
럼스펠드, 도널드(Donald Rumsfeld) 203
레닌, 블라디미르 일리치(Vladimir Ilyich Lenin) 130, 132~137, 139, 128, 250, 252~254, 293, 332, 514, 515, 559, 609, 720, 721, 723, 772
  레닌의 교의 463

레오폴드, 알도(Aldo Leopold) 385, 747
레이건, 로널드(Ronald Reagan) 160, 162, 164, 166, 200, 522, 575, 594, 677, 678, 730, 735, 759
  레이건 행정부 164, 729
레지스탕스 운동 115
『렉서스와 올리브 나무』(Lexus and the Olive Tree) 431
로 대 웨이드 사건 판결 210, 426, 521, 572
로마제국 141, 334, 419
로버츠, 존(John Roberts) 619
로베스피에르, 막시밀리앙 프랑수아 마리 이지도르 드(Maximilien François Marie Isidore de Robespierre) 105
로위, 시어도어(Theodore Lowi) 149, 566, 728
로젠베르크, 알프레트(Alfred Rosenberg) 334
로코, 알프레도(Alfredo Rocco) 465
로크, 존(John Locke) 18, 24, 95, 96, 99, 238, 280, 282, 283, 320, 322, 355, 359, 407, 450, 453, 499, 551, 595, 598, 623, 647~650, 653, 658, 707, 708
로티, 리처드(Richard Rorty) 211, 376, 744, 745
록펠러, 존(John D. Rockefeller) 150
롤스, 존(John Rawls) 44, 75, 76, 188~190, 226~230, 268, 373, 374, 385, 396, 433, 535, 630, 645, 675~678, 680, 683, 779, 788, 789, 794~797, 814, 955, 980
루소, 장 자크(Jean-Jacques Rousseau)

102, 312, 328, 329, 412, 588
루스벨트, 프랭클린(Franklin D. Roosevelt)　148, 152, 164, 165, 574
루이 14세　99
루이 16세　105, 408
룩셈부르크, 로자(Rosa Luxemburg)　132~134
르펜, 장마리(Jean-Marie Le Pen)　203, 487
리눅스　698
리드, 랠프(Ralph Reed)　206
리치, 데이비드(David Ricci)　70, 72
리카도, 데이비드(David Ricardo)　709
립셋, 세이무어 마틴(Seymour Martin Lipset)　579
링커, 데이먼(Damon Linker)　206
링컨, 에이브러햄(Abraham Lincoln)　704, 727

■

마르크스, 칼(Karl Marx)　44, 117~123, 126, 127, 130~137, 184, 185, 213, 243~253, 256, 267, 269, 289, 290, 292, 312, 313, 318, 328~332, 342, 356, 364, 366~370, 391, 397, 415~417, 460~462, 491, 492, 495, 498, 512, 513, 515, 516, 556~559, 568, 606, 607, 609, 610, 659~664, 681, 699, 712, 713, 715, 716, 721, 722, 740
　마르크스의 인식론　366
　마르크스의 정의 관념　661
　마르크스의 정치 변동 이론　712
마르크스주의
　네오마르크스주의　68
　마르크스-레닌주의　130, 138, 253
　수정마르크스주의　184
　응용 마르크스주의　132
　정통 마르크스주의　120, 128, 184, 185, 187, 250, 263, 268, 332, 369, 415, 416, 462, 559, 712, 720, 723, 740, 791, 807, 817
　포스트마르크스주의　345, 558, 589, 714, 715, 782, 785, 786
마약 사용 문제　166
마오쩌둥(毛澤東)　128, 130, 139, 163, 251, 252, 293, 332, 369, 516, 559, 663, 715, 721, 722
　마오쩌둥의 혁명적 교의　332, 721
마을 광장 시험　580
마음의 우상　96
『마천루』(The Fountainhead)　198
마피아　623
막시모프, G. P.(G. P. Maximoff)　363
만인의 존중 원칙　495
매개 조직　600
매디슨, 제임스(James Madison)　408, 409, 502, 551, 552, 599
매케인, 존(John McCain)　754, 756
매키넌, 캐서린(Catharine MacKinnon)　192, 193
매킨타이어, 알래스데어(Alasdair MacIntyre)　205, 307, 381, 693
맥나마라, 로버트(Robert McNamara)　152
맥클로스키, 허버트(Herbert McClosky)　75
맥퍼슨, C. B.(C. B. Macpherson)　281

맹목적 애국주의 172
먼데일, 월터(Walter Mondale) 469
멀로니, 브라이언(Brian Mulroney) 162
메디케이드 634, 670, 690
메르켈, 앙겔라(Angela Merkel) 162
메시아적 종교운동 219
메이저, 존(John Major) 162
명령과 통제 620
명예혁명 407
모건, 존 피어폰트(John Pierpont Morgan) 150
모스카, 가이타노(Gaetano Mosca) 562
모이니한, 대니얼 패트릭(Daniel Patrick Moynihan) 507
모톤, 새뮤얼(Samuel Morton) 255
목적을 가진 존재 633
몰가치 585
몸에 대한 통제권 628
몽테스키외, 샤를 루이 드 세콩다(Montesquieu, Charles Louis de Secondat) 501, 599
무과실 이혼법 171, 475
무단 침입 금지법 468
무당파 유권자 756
무리 근성 296
무리의 의지 866
무산계급 135~137, 244, 248~251, 253, 331, 332, 367, 415, 416, 460, 461, 512, 556, 557, 559, 560, 712~716, 720~722, 741
　무산계급 국가 716
　무산계급의 고용률 367
　무산계급의 궁핍화 713
　무산계급의 지배 333, 461
무솔리니, 베니토(Benito Mussolini) 128, 139, 141, 146, 253, 254, 295, 334, 370, 464, 465, 517, 560, 561, 563, 666, 725
무어, 로이(Roy Moore) 210, 581
"무엇을 할 것인가?"(What Is to Be Done?) 132
무용론 379
무임승차자 484, 617
무정부 상태 100, 438
무정부적인 지향점 746
무제한의 자유 106, 319, 676
무제한적 이민정책 466
무지의 베일 229, 230, 679
무페, 샹탈(Chantal Mouffe) 214
문명 정체성 430
『문명의 충돌』(The Clash of Civilizations) 430
문민정부 502
문화 규범 61, 262, 266, 339, 340, 348, 381, 401, 411, 497, 504, 507, 510, 518, 524, 527, 711
　문화 규범의 역할 503, 507, 531, 537
문화 전쟁 220, 232, 265
문화 전통 339, 381, 406, 694
문화상대주의 339
문화적 가치 45, 60, 151, 179, 180, 187, 206, 260, 261, 265, 339, 340, 344, 402, 430, 433, 444, 446, 516, 527, 538, 701, 744, 747, 762, 763
문화적 결정론 266
문화적 동질성 429
문화적 변화 338, 339, 496, 762
문화적 보수주의 196, 204, 206, 220, 307, 339, 381, 445, 446, 530, 626
문화적 응집성 472

문화적 자유 528
문화적 합의 394
물질만능주의 272, 491
물질적 보상 667
물질적 생산력 512
물질적 조건 246, 247, 697, 789
물질적 힘 127, 239, 244, 259, 263, 269
뮌헨의 교훈 377
미국 건국 시조 389, 410
미국 연방주의의 성격 526
미국 연방헌법 수정조항
   10조 521
   14조 451, 521
   16조 520
   17조 506
   19조 305, 451
미국 전체의 딜레마 421
미국 정치의 개혁 의제 761
〈미국경기부양법〉 764
미국개혁당 429
미국독립선언문 646
미국독립혁명 711
미국식 복지국가 435
미국식품의약국 566
미국의 국내총생산 593
미국적 가치 204, 265
미국적 정체성 430, 539
미국정치학회 643, 644
미국증권거래위원회 674
미래 세대에 대한 책임 411, 470, 491
미테랑, 프랑수아(François Mitterrand) 631
미헬스, 로베르트(Robert Michels) 562
민간 사회보장 보험 165
민속지적 연구 255

민영화 169, 200, 264, 383, 515, 525, 529, 625
민족/국민 333, 334, 407, 408, 464
민족주의 20, 24, 135, 177, 178, 181, 333, 411, 412, 417~419, 423, 800
   독일 민족주의 256
   민족주의 운동 135, 333, 406
   민족주의적 항거 418
민족지상주의 32, 172, 437, 446
민주당 165, 425, 469, 523, 575, 593, 594, 754, 756, 758, 760~763, 773
   민주당지도자평의회 668, 669
민주적 과정 87, 302, 376, 385, 398, 707, 739, 750, 763
민주적 다원주의 352, 353, 377
민주적 문화 532
민주적 의사 결정 194, 515, 583
민주적 절차 30, 32, 48, 76, 221, 641
민주적 정부 66, 544, 555, 578
민주적 제도 298, 529, 548, 595, 707, 739, 778
민주적 집중제 463, 514
민주적 참여 555, 570, 641, 785
민주적 책임성 708
민주적 통제 558, 584, 590
민주주의 34, 38, 74, 75, 77, 78, 81, 87, 88, 111, 126, 129, 130, 140, 146, 147, 156, 162, 184, 185, 191, 193, 194, 199~203, 218, 219, 284, 302, 303, 336, 343, 359, 377, 391~393, 401, 405, 434, 453, 460, 479, 489, 498, 505, 506, 512, 529, 538, 542, 543, 547~549, 552, 555, 557, 558, 562, 563, 567, 568, 571, 575~579, 581, 583, 587, 588, 590, 596, 705, 722,

724, 734, 741, 751, 763, 769, 775, 778, 806
강한 민주주의 435, 489, 567, 568, 570, 576, 589, 764
급진 민주주의 183, 193, 392, 446, 545, 628, 807
급진 민주주의 이론 193
기량 민주주의 552
다원적 민주주의 85, 129, 352, 395, 490, 494, 588, 819
대의 민주주의 115, 117, 124, 129, 158, 174, 239, 248, 299, 300, 482, 499, 503, 526, 549~551, 553, 554, 556, 563~565, 569, 570, 572, 588, 638, 676, 751
대화 중심의 민주주의 194
더 많은 민주주의 125, 194, 439, 485
민주주의 시대 548
민주주의 통치 549, 562
민주주의의 결손 489
민주주의의 발전 200, 529
민주주의의 혼란 473
법치 민주주의 566
보호 민주주의 355, 577, 578
사유재산제를 인정하는 민주주의 535, 545, 681, 682
성과 민주주의 576~578
숙의민주주의 386
심층 민주주의 582
이상적인 민주주의 체제 555
인민민주주의 551, 807
입헌 민주주의 100, 102, 103, 153, 156, 158, 174, 201
자상하게 반응하는 민주주의 563
쟁의적 민주주의 568
쟁의적 민주주의 모델 484
정치적 민주주의 487
직장 민주주의 533, 570, 571, 723
직접민주주의 556, 568, 569, 575, 588, 676
참여 민주주의 102, 777, 570
토론 중심적 민주주의 588
투표 중심적 민주주의 588
풀뿌리 민주주의 571
헌정 민주주의 708
형식적인 대의 민주주의 571
『민주주의를 말한다』(*A Case for Democracy*) 580
『민주주의와 그 비판자들』(*Democracy and Its Critics*) 405
민주혁명 558
밀, 제임스(James Mill) 359, 408, 450, 708, 709
밀, 존 스튜어트(John Stuart Mill) 100, 101, 148, 284, 357, 358, 450, 453, 551, 552, 597, 598, 647, 707, 709, 797, 800
밀워키 시 25, 436

ㅂ

바그와티, 자그디시(Jagdish Bhagwati) 200, 578, 692
바스크족 177, 411
바우처 621
　교육 바우처 483
　바우처 제도 621, 731
바이마르공화국 145, 725
바첼레트, 미첼(Michelle Bachelet) 186
바쿠닌, 미하일(Mikhail Bakunin) 115, 119, 511, 716

『바쿠닌의 정치철학: 과학적 아나키즘』
　　(The Political Philosophy of Bakunin:
　　Scientific Anarchism)　363
바타유, 조르주(Georges Bataille)　115
반공 정책　164
반기업・친노동　165
반동적 변화　709
『반뒤링론』(Anti-Düring)　249, 796
반보수주의적 가치　730
반자본주의　212
　　반자본주의 혁명　132, 213
반전 항의활동　570
반제국주의 전선　722
반지구화　178, 212
　　반지구화 운동　744
반차별　615
반합법 조직　463
반항적 행동　746
반혁명　137, 714
　　반혁명 사상　131
　　반혁명 책동　606
『방법 서설』(Discourse on Method)　354
방종의 문화　162, 167, 168, 174
백인 국가　410, 488
백인 국수주의　211, 266, 310, 344, 581, 695
백인 민족지상주의　437
『백인 성경』(White Man's Bible)　389
백인 우월주의　255, 581
버냉키, 벤 샬롬(Ben Shalom Bernanke)　758
"버밍햄 감옥으로부터의 편지"(Letter from Birmingham)　752
버크, 에드먼드(Edmund Burke)
　　105~108, 323, 324, 347, 361, 377, 411, 505, 553, 554, 572, 587, 652, 710, 711
버클리 2세, 윌리엄(William F. Buckley Jr.)　161
버클리, 제임스(James Buckley)　476
버틀러, 주디스(Judith Butler)　214
번영　30, 75, 78, 81, 82, 134, 149, 155, 172, 186, 200, 201, 218, 383, 387, 393, 403, 408, 466, 528, 538, 542, 545, 578~580, 769
　　공적 번영　82
　　사적 번영　82
범신론적 신관　241
범죄　151, 167, 476, 521, 603, 619
법의 준수　298, 470
법의 지배　30, 39, 201, 329, 444, 480, 566, 579, 584, 665
법적 권리　493, 521, 691
　　공정한 재판을 받을 권리　493, 676
　　불공평한 법적 권리　493
　　자의적 체포로부터의 자유　493, 675
　　적법절차 권리　469, 760
베넷, 윌리엄(William Bennet)　475
베르그송, 앙리(Henri Bergson)　371
베르트뮬러, 리나(Lina Wertmuller)　458
베른슈타인, 에두아르트(Eduard Bernstein)　185, 267, 268, 740, 741
베스트팔렌조약　407
베유, 시몬(Simone Weil)　65
베이컨, 프랜시스(Francis Bacon)　96
베트남　118, 131, 152, 418, 721
　　베트남전쟁　434, 469, 570, 745
벤담, 제러미(Jeremy Bentham)
　　355~359, 408, 647, 708, 709

변증법 245, 246
  변증법적 방법 70
  변증법적 유물론 246, 247, 249, 250, 252, 368
변혁 수단 715
변혁적 개혁 727
변화 지향적 보수주의 731
변화에 관한 사상 705
보노(Bono) 189, 190
보수적 성향 105, 112
보수주의적 '덕성론자' 475
보안 업체 169, 623, 624
보어슈타트 488
보에글린, 에릭(Eric Voegelin) 379
보이지 않는 손 598, 726
보편적 교의 369
보편적 시민 봉사 프로그램 486
보편적 의료 제도 424, 634, 766
보편적 인터넷 접근성 691
보편적 진리 355, 374, 396
복지 시스템 691
복지 의존성 686
복지 재정 469
복지 정책의 유지 467
복지권 149, 469, 478, 494, 522, 625
복합적인 중간 계층 332
본능적 유대감 241
볼셰비키당 130, 132, 720
봉건사회 98, 245, 247, 251, 252
봉건적 계급 구조 325
봉건제 104, 248, 498, 504, 786
봉사 조직 474
봉쇄정책 152, 164
부르주아지 98, 121, 134, 136, 248, 325, 331, 332, 367, 512, 513, 557, 558, 606, 714
부르주아의 자유주의 이념 722
부르주아적 가치 297, 511
부르주아적 헤게모니 722, 723
부르주아지와 프롤레타리아 331, 631
부르주아지의 집행위원회 556
부모의 전통적 책임 205
부분적인 사회주의 계획경제 631
부수 현상 127
부시, 조지 H. W.(George H. W. Bush) 162, 378, 474
부시, 조지 W.(George W. Bush) 159, 162, 164, 175, 200, 207, 218, 304, 350, 351, 526, 575, 594, 618, 619, 730~732, 755, 756, 758, 759, 764, 765
  부시 행정부 170, 203, 336, 522, 580, 619, 677, 678, 688, 729, 731, 755, 756, 765, 768
부실 자산 구제 프로그램 764
부실한 공립학교 483
부정적 외부 효과 187, 616, 620
북미자유무역협정 203
북한 163, 727, 765
  북한의 비핵화 765
분권화 509, 515, 543, 578, 610
  분권화된 경제구조 545
  분권화된 권력 체계 393
  분권화된 사회구조 508, 513, 535
분리주의 운동 479
분배
  경제적 분배 과정 532
  국유화된 분배 536
  "능력에 따라 일하고, 필요에 따라 분배받는다" 663
  부의 불평등한 분배 684, 692
  분배 정의 190, 259, 665

'사회화된 분배' 제도 536
　소득의 평등한 분배 697
　재산의 평등한 분배 502, 682
　전 지구적 분배 정책 190
분업 171, 244, 289~291, 328, 329
　분업의 효율성 500
분화된 세계체제 251
불공정한 국제 경쟁 626
불법 이주자 449, 477, 479, 488
불복종 471, 472, 711
불평등 30, 74, 80, 190, 192, 196,
　198~220, 228, 245, 249, 300, 305,
　316, 318, 328, 336, 342, 343, 349,
　385, 433, 482, 535, 568, 598, 601,
　613, 629, 630, 632, 644, 645, 653,
　657, 663, 666, 674~677, 680, 681,
　683, 685, 690, 692, 693, 696, 699,
　700, 732, 739, 743, 749
　경제적 불평등 108, 151, 206, 635, 685
　권력의 불평등 336
　미국의 불평등 643
　불평등한 보상 646, 666, 695
　불평등한 사회 상황 663
　불평등한 재능 663
　재산의 불평등 645
　특권의 불평등한 분포 342
뷰캐넌, 패트릭(Patrick J. Buchanan)
　203, 429, 455, 479, 576
브라운, 고든(Gordon Brown) 185
브라운백, 샘(Sam Brownback) 207
브란트, 빌리(Willy Brandt) 185
브룩 농장 122
브리티시 페트롤륨 135, 169, 730
비(非)무산계급 332
비례대표제 551

비물질적 생산과 소비 490
비민족주의적 정체성 431
비민주적 경향 589
비밀투표 359, 568
비상사태 469, 542, 714
비서구 여성 노동자 345
비스마르크, 오토 폰(Otto von
　Bismarck) 109
비우량 담보대출 위기 764
비자유주의적 사회 726
비정부기구 433, 440
　비정부기구 운동 433
비정치적인 생활 471
비제로섬적인 재화 698
비즈니스 원탁회의 576
비폭력 113, 262, 718
　비폭력 아나키스트 718
　비폭력적 방식 471
비효율적인 관료 조직 515
빈곤 문제 151, 617, 622
　빈곤층 가구 644
　빈곤층에 대한 온정 688
빈라덴, 오사마(Osama bin Laden)
　208, 390, 437
빌 앤드 멜린다 게이츠 보건재단 531

ㅅ

사고 실험 352
사랑으로 이루어진 세계 272
사르코지, 니콜라(Nicolas Sarkozy)
　162
사법 적극주의 521, 572, 574
사상과 양심의 자유 493

사상의 자유 30, 76
사실 267
사용가치 312, 543
사유재산 101, 113, 131, 137, 148, 187, 242, 244, 329, 342, 355, 424, 491, 500, 534, 609, 620, 624, 631, 649, 660, 661, 685, 697, 717
 사유(생산)재산의 전폭적인 분산 535
 사유재산제도 661
사익 추구 305
사적 만족 487
사적 소유제 511, 662
 사적 소유제의 철폐 661
사적 영역 101, 124, 338, 452, 454, 468, 484, 551, 558, 597, 614, 615, 628, 699
사적 투자 유도 632
사적인 것이 정치적인 것 192, 628
사회 개혁의 예기치 못한 결과 337
사회 관습 104, 286, 656, 724
사회 기원 이론 347
사회 서비스 689
사회 서열 181
사회 안전망 690, 693
사회 유기체 711
사회 진보 97, 160, 344, 375, 599, 600, 726~729
사회계약 319, 320, 323, 326~329, 374, 408, 410, 450, 452, 453, 456, 470, 485, 500, 501, 633
 사회계약설 595
사회계약론 407, 456
 로크의 사회계약론 407
 사회주의적 사회계약론 485
 자유주의 사회계약론 485, 809
 홉스의 사회계약론 407

사회공학 162, 167, 198, 378, 729, 773
사회과학적 조사 378
사회과학적 탐구 352
사회구조 22, 25, 32, 59, 60, 70, 72, 76, 97, 111, 180, 239, 324, 332, 402, 446, 497~500, 503~505, 508, 509, 511, 531, 534, 537, 543, 544, 546, 629, 704, 726, 733, 750, 752, 760, 769
사회론(사회의 성격) 22, 24, 32, 62, 235, 345
 사회론적 가정 224
사회문제 79, 147, 151, 153, 157, 158, 160, 165~167, 375, 376, 384, 385, 388, 397, 422, 522, 523, 527, 601, 614, 615, 618, 620, 627, 628, 724, 726, 773
사회민주주의 186, 299, 301, 570
 사회민주주의 정당 186
사회법 605
사회보장 프로그램 475, 625
사회보장제도 164, 165, 730
사회연대 71, 81, 191, 274, 385, 435, 436, 538, 763, 769
사회운동
 국제 사회운동 440
 사회운동 지도자 483, 484
 사회운동 참여자 471
사회의 결속 456
사회의 불문율 605
사회자본의 상실 346
사회적 공제분 664
사회적 균열 32, 345, 348, 349, 436, 772
사회적 다원주의 334, 335
사회적 맥락 191, 257, 300

사회적 보수주의　17, 79, 177, 196, 261, 265, 424, 426, 622, 626
사회적 불이익　188, 670
사회적 실험　122, 352, 375, 384, 772, 773
사회적 유대　109, 141, 183, 348, 406, 417, 431, 733
　사회적 유대감　429
사회적 응집력　338, 456
사회적 일탈　480
사회적 입법　109
사회적 자본　484
사회적 자유　197, 198, 734
사회적 재화　45, 56, 57, 59~61, 63, 71, 84, 85, 183, 184, 188, 189, 226, 227, 341, 342, 373, 374, 402, 481, 633, 643, 645, 648, 651, 653, 656, 658~660, 663, 672, 673, 675~677, 679, 680, 690, 693, 695, 700, 739, 980
사회적 쟁점　87, 473, 485, 533, 567, 733, 734
사회적 정체성　205, 307, 345
사회적 존재　241, 313, 633
사회적 지식　237
사회정의　188, 218, 302, 444, 446, 485, 490, 520, 522~525, 538, 570, 571, 638, 640, 672, 673, 675, 684, 688, 689, 693, 700~702, 704, 728, 767, 768, 774
사회정책　161, 378, 426, 525, 572, 672
사회주의　29, 37, 54, 86, 110, 116, 123, 136, 146, 162, 167, 184, 185, 187, 202, 233, 249, 264, 302, 336, 366, 417, 477, 498, 513, 515, 538, 568~570, 618, 622~634, 640, 670,

724, 731, 739, 741, 743, 749, 756, 767, 770, 782, 785, 786, 807
고전적 사회주의　300
과학적 사회주의　364, 366, 369, 397
국가사회주의　141, 145, 517, 561, 665
민주사회주의　17, 19, 20, 39, 76, 79, 94, 147, 157, 160, 173, 183, 184, 186, 188, 220, 267, 268, 446, 525, 538, 568, 628, 630, 680, 685, 723, 739, 740, 742, 777, 782, 785, 936
민주사회주의 국가　723
사회주의 계열 정당　537
사회주의 복지국가　302, 632, 634, 680~682, 693
사회주의 이행기 사회　461, 513, 558, 664
사회주의 정당　120, 145, 184, 185, 568, 631, 741
사회주의 질서　120
사회주의의 도덕성　302
사회주의적 가치　191, 268, 302, 307, 743, 747
사회주의적 가치관　327
사회주의적 도시 행정　25, 436
사회주의적 목표　432, 570
사회주의적 윤리　302, 342
사회주의적 이상　267, 570, 714, 742
사회주의적 정책　25, 164, 730
사회주의적 패러다임　749
사회주의적인 에토스　435
사회진화론　599
시장 사회주의　532, 535~537
유토피아적 사회주의　366
일국 사회주의　417
진화 사회주의　185
페이비언 사회주의　630

『사회주의를 위한 전제와
  사회민주주의의 임무』(*Die
  Vorraussetzungen des Sozialismus
  und die Aufgaben der
  Sozialdemokratie*) 185
사회질서 104, 105, 113, 114, 116, 126,
  160, 327, 333, 377, 431, 456, 476, 725
사회통제 541, 607, 663
사회화된 의료 436, 686, 698
사회·경제적 변혁 735
산업 노동자 136, 715
산업 스파이 163
산업 활동의 효율성 512
산업의 국유화 184, 630
삶권력 213, 214, 345
삶의 수단 290
삶의 양식 60, 125, 216, 438, 695, 727,
  733, 734
삶정치 213
  삶정치적 생산 541
삼자간위원회 539
상대주의 302, 379
상부구조 248, 367
상부상조 정신 509
상속세 674
상쇄력 32, 503, 544, 546
상식 35, 109, 110, 262, 263, 285, 303,
  363, 377, 378, 380, 394, 404, 673,
  701, 768
상응하는 권리와 책임 655
상조주의자 114
  상조 단체 537
  상호 이익에 근거한 결사체 510
  상호부조 242, 287, 288, 327, 536
  상호부조 본능 288, 364, 365

상호 존중 327, 447, 657
상호성 30, 78, 83, 327, 482, 486, 657
새로운 윤리 744
새로운 자연법 이론 749
새로운 정의의 윤리 113
새로운 균형 690
새비지, 로라(Laura Savage) 475
샌들, 마이클(Michael Sandel) 191,
  300, 301, 386, 434, 435
생계 임금 133, 415, 660, 713
생명권 239, 647
생산 조직 방식 512
생산수단 118, 121, 133, 184, 186, 291,
  293, 331, 367, 509, 513, 535, 606,
  660, 661, 663, 803, 967
  생산수단 지배 511
  생산수단의 국가 소유 631
  생산수단의 국유화 186, 517
  생산수단의 사적 소유 517, 630, 661
  생산수단의 소유권 515
생산적 자원 342, 661
"생존을 위한 청사진"(Blue Print for
  Survival) 440, 441
생존주의 집단 178
생태적 가치 747
생태적 윤리 216, 752, 753
생태적 패러다임 749
생태적 한계 215, 221, 270, 273
생태주의적 정신의 도덕률 749
생활 방식 76, 158, 168, 204, 298, 436,
  546, 589, 592, 603, 695, 753
샤란스키, 나탄(Natan Sharansky) 580
샤리아 209
서로 간에 초연함 679
서로, 레스터(Lester Thurow) 644

선거
    남성 보통선거 568
    선거 공영제 524
    선거 마케팅 490
    선거 절차 502, 763
    선거구 획정 524
    선거권 111, 359, 493, 553, 709
    선거권 대표성 551, 553, 565
    선거인단 투표에 의한 대통령 선출 506
    선거제도 개혁 709, 764
    주기적 선거 704
    피선거권 대표성 551, 565
선의 형상 234
선전기구 518
선제공격 164, 203
선출직 공직 551
    선출직 공직자 60, 66, 68, 69, 102, 111, 401, 552, 563, 564, 569, 579, 587, 763
선택할 수 있는 역량 154
설명적 목적 226
『성경』 207, 210, 261, 387, 390
    『성경』의 절대성 210
성공적인 항거 718
성문헌법 500, 505
성문화된 약정 394
성장 만능 추세 739
세계무역기구 200, 433, 484, 543
세계사회포럼 440, 485
세계산업노동자연맹 115
세계은행 200, 542
세계인권선언 684
세계정부 163, 437, 438
세계주의 189, 446, 683, 739
    세계주의적 정의 190, 269, 432
세계창조주교회 546

세금 납부 469, 470
세금 인센티브 519
세밀한 대화 71
세속적 도덕성 169
세속적 행동 강령 527
세후 소득 678
소규모 사회구조 508
소극적 자유 153, 154
소렐, 조르주(Georges Sorel) 563
소로, 헨리 데이비드(Henry David Thoreau) 113, 809
소비에트 417
소비에트사회주의연방공화국(소련) 93, 118, 127, 128, 130, 131, 137, 138, 163, 164, 172, 219, 378, 405, 419, 463, 498, 515, 516, 580, 594, 608, 705
소비자 보호운동 195
소비자 주권 577
소비주의적 생활 방식 215
소비주의적 행동 동기 312
소수의 자본가 244, 661, 740
소수자 문화 168
소수자 집단 339, 422, 467, 481, 569, 739
소수자들의 고용 장벽 379
소외 25, 121, 123, 127, 131, 146, 286, 289~292, 294, 328, 416, 532, 585, 662, 701, 740
소웰, 토머스(Thomas Sowell) 160, 686~688, 815
소유주의 재산권 571
소크라테스(Socrates) 70, 358, 404, 405
    소크라테스의 정의관 70
소토, 에르난도 데(Hernando de Soto) 691

소토메이어, 소니아(Sonia Sotomayor) 758
소포클레스(Sophocles) 449
소피스트적 견해 70
송가스, 폴(Paul Tsongas) 668
쇼, 조지 버나드(George Bernard Shaw) 184
쇼펜하우어, 아르투르(Arthur Schopenhauer) 371
수구 세력 731
수니파 무슬림 582
수요 감소 713
수요와 공급 500
수위권 138, 540
수익 추구 동기 525
수정주의 185
   수정주의 분파 463
수직적 배치 290
수탁자 550, 554, 558
   수탁자 대의제 553
수탈정치 529
수평적 전문화 290
숙의 87, 604
슈워제네거, 아널드(Arnold Schwarzenegger) 574
슈워츠, 존(John Schwarz) 727
슈티르너, 막스(Max Stirner) 113, 327
슘페터, 조지프(Joseph Schumpeter) 473, 577
스마트 성장 195
스미스, 애덤(Adam Smith) 95, 101, 166, 356, 453, 500, 598
스미스, 토니(Tony Smith) 557
스웨덴 사회민주노동당 186, 631
스위프트, 조너선(Jonathan Swift) 127

스카프 사건 635
스칼리아, 앤토닌(Antonin Scalia) 207
스코틀랜드 122, 411
스타츠포어타그 631
스탈린, 이오시프 비사리오노비치(Joseph Vissarionovich Stalin) 128, 137, 293, 369, 417, 515, 559, 608, 663, 715, 723
   스탈린 정권 741
   스탈린 치하 463
   스탈린의 범죄행위 745
스테거, 만프레드(Manfred Steger) 200
스톰프런트 487
스트라우스, 레오(Leo Strauss) 379, 475
스팀슨, 헨리(Henry L. Stimson) 152
스페인내전 115
스펜서, 허버트(Herbert Spencer) 240, 242, 268, 599
시립 공원 체계 436
시민
   2등 시민 448, 451, 455, 457, 466, 482, 489, 493
   공적인 시민 483
   민주 시민 302
   사적인 시민 483
   시민성의 함양 474
   시민의 요구 473
   시민의 욕망 534
   시민의 재산권 707
   시민의 책임 469, 470, 474
   시민적 권리 목록 454
   시민적 동원 483
   시민적 역량 386, 387
   시민적 의무 433
   시민적 자유 158, 274, 299, 329, 378, 542,

619
시민 단체 422, 435, 465, 484, 571
시민 배심원단 469
시민 불복종 471, 472
시민 종교 412
시민 참여 124, 393, 453, 460, 464, 473, 474, 482, 483, 558, 576, 588
일반 시민 60, 74, 161, 166, 204, 398, 418, 460, 473, 485, 490, 516, 537, 547, 550, 552, 556, 557, 569, 572, 576, 610
전 지구적 시민 421
정규 시민 59, 482
시민권
　개방적 시민권 477
　공적 시민권 487
　공적 시민권 개념 468
　공통의 시민권 634
　광범위한 시민권 487
　다중적 시민권 481
　미국의 시민권 451
　시민권 취득 482
　시민적 소속성 634
　영주권과 시민권 466
　평등한 시민권 410, 455, 493
시민사회 32, 57, 179, 180, 301, 309, 319~323, 325, 328, 329, 333, 344, 346, 348, 401, 402, 409, 412, 422, 429, 440, 457, 503, 506, 508, 509, 515, 518, 524, 526, 530, 531, 537, 538, 571, 587, 595, 607, 723, 734, 739, 759
　시민사회 결사체 600
　시민사회의 급진적 재구성 191
　시민사회의 기존 제도 723
　시민사회의 역할 420, 515
　시민사회의 자율성 160

시민사회의 해체 346
시민적 공동체주의 183, 190~192, 300, 302, 307, 446, 481, 485, 535, 536, 629, 630, 636, 683
시아파 무슬림 582
시애틀 전투 744
시온주의 점령 정부 211
시위 161, 178, 569, 725, 744
시장 자유 609
시장 정의 520, 651, 653, 666, 690, 692, 694, 700, 701, 728
　시장 정의의 원칙 650, 693
시장경제 20, 127, 150, 173, 338, 358, 401, 504, 505, 538, 544, 556, 600, 614, 617, 701, 709, 726
　시장 실패 150~152, 186, 187, 519
　시장의 교환 과정 532
　시장의 법칙 651
　시장의 성장 478
　시장의 은유 321
　시장의 자유 528
　시장적 특성 535
신경제정책 609
신계급 66, 573, 574, 576
신념과 가치 54, 84, 260
신노동당 185
신보수주의 177, 196, 202, 308, 578
　신보수주의자(네오콘) 162
신의 결정론 263, 266
신의 왕국 219, 266
신자유주의 79, 103, 177, 312, 444, 478, 578
　신자유주의 무역정책 433
　신자유주의 정책 490, 543, 744
　전 지구적 신자유주의 182, 196, 199, 211, 308, 381, 429, 430, 478, 668, 692

신정 보수주의 206
신정 체제 209, 210, 219, 498, 538, 546
신정국가 180, 637, 641
신좌파 계열 115
신중함 107, 112, 380, 457, 553
실용주의 372, 376, 384, 385, 397, 772, 773
    실용주의적 자유주의 376
실정법 471, 595
실증주의자(경험주의자) 391
    실증적 분석 366
    실증적 연구자 64, 65
실질소득 643, 644, 678
실질적 대의제 553
실질적인 공동선 개념 479
심사숙고한 끝에 내리는 도덕적 판단 230, 268
심층 녹색주의(심층 생태주의) 182, 196, 215, 216, 221, 262, 272, 273, 313, 347, 440, 491, 543, 545, 546, 628, 629, 697, 699, 747, 748, 752, 753
    심층 녹색주의자 181, 182, 216, 347, 440, 441, 490, 629, 638, 697, 748

ㅇ

아나르코 생디칼리슴 115
『아나키에서 유토피아로』(Anarchy, State, and Utopia) 198
아나키즘
    개인주의적 아나키즘 658
    아나키즘의 '흑기' 720
『아나키즘: 국가권력을 넘어서』(In defense of Anarchism) 604
아노미 286, 326
아동 보육 센터 436
아동권 171
    아동권 운동가 170
아랍계 미국인 493
아래로부터의 혁명 712
아렌트, 한나(Hannah Arendt) 561, 783
아리아 국가 419
아리아 인종 141
아리안 네이션 178, 546
아마디네자드, 마무드(Mahmoud Ahmadinejad) 209
아메리카 원주민 451
    아메리카 원주민 학살 745
아우토반 665
아타튀르크, 무스타파 케말(Mustafa Kemal Atatürk) 540
『아틀라스』(Atlas Shrugged) 198
아파르트헤이트 143
『아프가니스탄 성전 전범』(Encyclopedia of Afgan Jihad) 390
아프리카 중심적 지향성 636
아프리카 흑인 노예의 수입 745
아프리카계 미국인 177, 413, 494, 495, 583, 636, 645, 670, 687, 688, 763
아프리카너 저항운동 488
아프리카너(보어) 공화국 488
악의 축 163, 765
안전보장 30, 150, 152, 154, 158, 163, 198, 199, 274, 530
    전 지구적 안전보장 383
안전한 섹스 527
안티고네(Antigone) 449
알 카에다 208

알라신의 계명 540
알렉산더 2세 727
알리토, 새뮤얼(Samuel Alito) 619
알시스타니, 아야톨라 알리(Ayatollah Ali al-Sistani) 209
알페로비츠, 가르(Gar Alperovitz) 644, 682
암묵적인 동의 453, 492
압축혁명 252
앙라제 114
애국심 218, 411, 422, 745
애국자운동 437
애덤스, 존(John Adams) 104
애비, 에드워드(Edward Abbey) 638
애커만, 브루스(Bruce Ackerman) 682
앤더슨, 찰스(Charles Anderson) 376
앵글로-프로테스탄트 문화 413, 430
앵글로색슨 문화 530
앵글로색슨 종족 451
야경국가 198
약한 국가 599
약한 진리 개념 370, 890
양도소득세 768
양성애자 345, 471
양심의 자유 30, 76, 493, 551, 675
양키 제국주의자 722
억압 구조 514, 715
언론과 집회의 자유 493
언론의 자유 106, 124
엄격한 사랑 688
엄밀한 헌법 구성주의 641
에이즈 261, 527, 531, 618
엘리트
   경제 엘리트 587, 590
    소수의 지배 엘리트 697
    엘리트 이론 562, 590
   엘리트 지배 559, 560, 562
   엘리트 지배계급 606
   엘리트주의 125, 560, 588
   지배 엘리트 103, 199, 254, 257, 296, 561, 743
   초국적 엘리트 539, 920
엥겔스, 프리드리히(Friedrich Engels) 117, 119~213, 249, 250, 329, 330, 364, 366, 516, 557
여론조사 75, 258, 352
여성 63, 64, 120, 151, 152, 156, 171, 174, 192, 193, 210, 214, 215, 305, 306, 312, 343, 345, 375, 422, 426, 433, 450, 451, 455, 466, 468, 471, 493, 507, 521, 524, 553, 564, 565, 583, 613~615, 628, 646, 647, 670, 683, 686, 688, 695, 734, 739, 758
   여성운동 161, 318, 569, 711
   여성 참정권 확보 운동 451
역동적 분석 367
역동적인 시장경제 337
역사주의 243, 244, 247, 367, 497
   선사 단계 244, 246
   역사 단계 244, 246, 292, 367, 498, 791
역사 단계
   노예제 시기 244
   봉건 시기 244
   자본주의 시기 244, 252
   포스트역사 단계 244, 245, 247, 791
역사 지식 363, 377
역사의 교훈 377
역사의 종말 245, 247
역사의 종언 32, 77, 201, 202, 498, 513, 715, 750, 779
역사 이론 715

역사적 불의 670
역사철학 715
역차별 174, 670, 671, 686, 687
연대와 평등 342
연립정부 145, 185, 186, 458
연방 원칙 511
연방 정부의 복지권 확대 522
연방주의 409, 420, 501, 526
  연방주의 원칙 409, 442
『연방주의자 논설』(Federalist Papers) 408, 599
연합 헌장 408
열린 사회 707
  열린 자유주의 사회 375
『열린 사회와 그 적들』(The Open Society and Its Enemies) 375
염세주의 745
영구전쟁 271, 276
영구평화 271
영구혁명 252
영어 전용법 423
영연방 705
영웅적 의지 253
영적 가치 490
영토와 무관한 결사체 509
예방접종 사업 621
옛 정치체제 717
오바마, 버락(Barack Obama) 754~768, 770~773, 775
  오바마의 국제주의적 경향 759
오스트리아 자유당 487
오스틴, 존(John Austin) 709
오언, 로버트(Robert Owen) 122
오코너, 샌드라 데이(Sandra Day O'Conner) 671

오쿤, 아서(Arthur M. Okun) 666, 667
오크쇼트, 마이클(Michael Oakeshott) 104, 110, 112, 237, 360, 710
오풀스, 윌리엄(William Ophuls) 215, 490, 749
온건 보수주의 261
온전한 시민 59, 457, 467
온정적 보수주의 688, 689, 693
온정주의적 정책 315
올라스키, 마빈(Marvin Olasky) 688, 689
올바른 길 310, 311
와블리스 115
와이겔, 조지(George Weigel) 207
와일드, 오스카(Oscar Wilde) 487
완벽주의 86, 601
  완벽주의적 정치 753
완전한 선 236
완전한 이민 개방 481
  완전 개방적 이주 정책 478, 481
완전한 정의 672
왈저, 마이클(Michael Walzer) 481, 629, 673
왕권신수설 236, 238
왕정과 귀족정 102
왜곡된 사회적 조화 673
외교평의회 576
외부 효과 151, 624
외부성의 문제 151
욕구 82, 124, 215, 242, 243, 247, 258, 283, 295, 308, 312, 322, 325, 328, 381, 601, 633, 657, 667, 684, 749
욕망의 메커니즘 492
『우리는 누구인가?』(Who are We?) 429, 430

우파 극단주의 85
울포비츠, 폴(Paul Wolfowitz) 203
울프, 로버트 폴(Robert Paul Wolff) 604
움직이는 물체 239, 280, 283
워싱턴 컨센서스 735
워싱턴[중앙 정치] 425
원시림의 파괴 745
원자탄 선택 762
원초적 계약 324
원초적 입장 226, 641, 678
원칙 없는 실용주의 772
원칙 있는 다원주의 774, 775
웨스트, 코넬(Cornell West) 636
웨일스 411
웹, 비어트리스(Beatrice Webb) 184
웹, 시드니(Sidney Webb) 184, 741
위계적인 계급 구조 653
위계적인 생산 시스템 697
위계적인 질서사회 724
'위대한 사회' 정책 165, 704, 727
위임 258
위키피디아 698
윌, 조지(George Will) 160, 476, 574
윌슨, 윌리엄 줄리어스(William Julius Wilson) 385
윌슨, 제임스(James Q. Wilson) 160, 167, 476
유고슬라비아 130, 294, 419, 463, 609
유교 사상 105
유기적 실체 107
유기체적 사회 323~326, 333, 347
유기체적 은유 324
유기체적 진화 711
유나이티드 웨이 474, 806

유대교 근본주의 219
유대교-기독교 전통 303
"유대인 문제론"(On the Jewish Question) 121
유럽연합 59, 400, 405, 492, 800
유럽합중국 511
'유모' 복지국가 474
유사 이념 46, 47, 94, 181~184, 192, 196
유산 증여 693
유엔(국제연합) 163, 164, 400, 439, 543, 684
유연한 사회적 연대감 423
유연한 존재론 32, 235, 250, 275
유일 이념 518
유일 정당 518
유토피아 127, 573, 663, 715, 751
  유토피아 사상 32, 751
  유토피아 사회 346, 751
  유토피아적 종착점 742
유한계급 653
윤리적 과정 268
윤리적 입장 753
음모론 390, 581, 589, 590
응용과학 382
의료 개혁 766, 767
의료 전달 체계 767
의료 접근권 155
의무 저축액 664
의무론적 계약 정당화 373
의무론적 접근 374
의무장전 480
의사 결정 규칙 387, 388
의사소통 네트워크 213
의식 수준 457

의원내각제 526
의제 설정 386
　의제 설정의 개방성 388
의지를 가진 존재 633
『이기심의 미덕』(The Virtues of
　Selfishness) 198
이념
　이념 혁명 723
　이념의 종언 77, 129, 779
　이념적 분열상 775
　이념적 상부구조 723
　이념적 장치 121, 418
　이데올로그 125, 280, 774, 775, 781
이라크 143, 163, 209, 351, 595, 727,
　765
　이라크 전쟁 469, 765
　이라크 침공 209, 350, 570, 579, 755
이란의 핵무기 개발 765
이란혁명 209, 540
이민 문제 455
이민 통제 정책 451
이민귀화법 450
이상 사회를 향한 비전 742
〈이상은 별들과 같다〉(Ideals are like
　stars) 90
이성의 능력 315
이성의 역할 364
이성의 지배 245
이성의 추상적 사고 361
이스라엘교회 546
이스턴, 데이비드(David Easton) 56
이슬람 근본주의 94, 129, 159, 177,
　182, 208~210, 218, 219, 275, 310,
　311, 344, 390, 488, 582, 637
이슬람 신정 체제 219, 540

이슬람화 540
이신론 238
이원제적 정치적 지향 756
이익집단 자유주의자 149
이익집단 정치 572
이익집단 체계 565
이익집단화된 소외 계층 688
이주 정책 494
　이주 제한 정책 477
이주 허가 467
이차적 결사체 492, 518, 524
이타적 충동 287
이탈 213, 214, 442, 546, 746
이탈리아 파시스트 419
이해(verstehen) 386, 387
이해 당사자 사회 682
익명의 알코올 중독자 모임 414
『인간 불평등 기원론』(Discourse on the
　Origin Inequality) 328
인간
　노동하는 인간 118, 291
　새로운 인간 292, 607, 714
　인간 의식의 변혁 492
　인간 정신의 고양 302
　인간 존엄성 657
　인간 중심적 관점 697
　인간 중심적 원칙 749
　인간과 국가의 한계 710
　인간의 다양한 선택 32, 314
　인간의 변화 가능성 288
　인간의 불완전성 302, 306
　인간의 상상력 270, 272, 276
　인간의 선익 281
　인간의 선택 257, 260, 269, 274
　인간의 의지 232, 253, 254, 295, 364, 769
　인간의 자율성 216, 285, 303, 315

870

인간의 진보 116, 268, 597
인간형 모델 281
"인간과 시민의 권리선언"(Declaration des droits de l'homme et du citoyen) 105, 408
인간론(인간 본성) 22, 24, 25, 32, 62, 235
　인간론적 가정 224
인과관계 360, 362, 383, 579, 687
　인과관계적 방식 362
인권 573, 684, 697, 760
　인권 정신 697
　인권유린 544, 745, 755
인류의 진화 269
인문 교양 교육 26, 36, 37, 402
인민
　광범위한 인민 418
　식민지 인민 혁명 463
　인민에 의한 정부 452
　인민을 위한 정부 452
　인민의 의지 235, 257, 258, 502, 629, 769
　인민의 정부 452
　인민전쟁론 721
　인민주권 393, 584
　인민주의자(대중 영합주의자) 258, 473
인생 기회 188, 681~683
인식론 22~24, 32, 62, 235, 316, 353, 380, 384, 386, 389, 390, 397, 398
　인식론적 가정 224, 227, 229, 361, 363, 369, 381, 394, 398, 562
　인식론적 방향성 352
인적 자본 681, 682
인종
　인종 청소 143
　인종 투쟁 253, 256
　인종의 중요성 636, 665

인종적 동질성 488
인종적 순수성 334, 612
인종적 특성 420, 724
인종주의 141, 143, 151, 154, 255, 256, 370, 581, 687
　인종주의적 사고 172, 256
　인종주의적 존재론 256
인종·계급·젠더 306
인터내셔널
　인터내셔널 집행위원회 463
　제1인터내셔널 119, 416, 516
　제2인터내셔널 516
　제3인터내셔널 463, 516
인터넷 532, 691, 698, 725, 733, 735
일 두체 139, 560~562
일국적 보호주의 182, 196
일당 통치 국가 559
일몰 조항 566, 567
일반화 16, 19, 35, 63~65, 69, 74, 118, 227, 282, 283, 366, 384
일방적인 군사행동 164
일본계 미국 시민 493
일상적 경험 378
일원주의 87
일차적 정치체 404
일탈 행위 476, 546, 808
임노동 660
임시직 노동력 533
임신중절 자율권 210
입법 개혁 709
입법부 중심의 국가 522
입법부의 대표성 564
잉글하트, 로널드(Ronald Inglehart) 75
잉여가치 133~135, 367, 660, 661, 713

ㅈ

자가정 573, 574
자격 이론 692, 693
자격 조건 심사에 의한 복지 정책 165
자격을 중시하는 경향 688
자기 결정의 원칙 445
자기 절제 173, 268, 476
　자기 절제의 윤리 475
자기 표출의 윤리 475
자명한 진리 355, 372
자발적 결사체 110, 125, 160, 170, 191, 315, 325, 333, 340, 348, 401, 420, 435, 442, 445, 457, 474, 477, 506, 508, 509, 516, 526, 530, 531, 537, 544, 545, 571, 619, 626, 771
자발적 사회 340
자발적 조직 60, 110, 474, 508, 528, 759
『자본』(*Das Kapital*) 119, 330
자본가 67, 68, 133~137, 150, 194, 199, 215, 248, 250, 251, 318, 331, 332, 349, 367, 415, 416, 460, 461, 512, 517, 525, 531, 533, 539, 547, 549, 555~558, 568, 578, 584, 606, 607, 631, 660~662, 664, 713, 714, 718, 722, 740, 778, 805, 808
자본계급 66, 118, 661
　자본계급의 이익 557
자본의 국유화 545
자본주의 18, 53, 75, 77, 93, 97, 100, 101, 104, 108, 110, 111, 115~124, 126, 127, 131~134, 136, 147~150, 153, 155, 157, 164, 166~168, 173, 174, 179, 184, 185, 187, 194, 198, 201, 202, 211, 212, 215, 217, 218, 239, 247~252, 259, 263, 264, 268, 281, 288, 291, 294, 299, 300, 309, 313, 330, 332, 349, 355, 356, 364, 368, 385, 392, 415~418, 434, 452, 491, 498, 499, 503~505, 509, 511~514, 519, 520, 525, 528, 529, 532~534, 538, 545, 557, 559, 568, 583, 596, 598, 600, 603, 608, 617, 628, 632, 638, 640, 659, 660, 662, 666, 672, 706, 712~716, 720, 722, 723, 727, 730, 732, 739~741, 743, 748, 749, 751, 769, 770, 782, 786, 803, 804, 806, 811
개혁 자본주의 519
거대 자본주의 519
고삐 풀린 자본주의 148
금융자본주의 134
민주 자본주의 28, 96, 97, 103, 117, 127, 139, 160, 187, 201, 264, 529, 579, 606, 691, 735
민주 자본주의 체제 126, 131, 577
민주 자본주의사회 460, 507
산업자본주의 134
선진 자본주의국가 134, 135
자본주의 체제 119, 122~133, 184, 186, 189, 220, 244, 248, 250~252, 291, 299, 377, 385, 415, 416, 533, 534, 585, 601, 628, 638, 661, 662, 666, 694, 742
자본주의의 억압성 511
자본주의의 유용성 513, 713
자본주의의 윤리적 결함 121
자본주의의 지속 불가능성 492
자본주의의 창조적 파괴 690
자본주의의 최고 단계 135
자본주의의 통제 194

자본주의적 결사체 509
　　자본주의적 경제구조 504
　　자본주의적 경제체제 101
　　자본주의적 생산양식 132, 331, 513, 660
　　자본주의적 소유권 538
　　자유 시장 자본주의 168, 195, 199, 264, 528
　　자유방임형 자본주의 147
　　정실 자본주의 528
『자본주의, 사회주의, 민주주의』(Capitalism, Socialism, and Democracy) 473
『자본주의의 이상』(Capitalism: The Unknown Ideal) 198
자본축적 133, 134, 606
『자본축적론』(The Accumulation of Capital) 133
자살 폭탄 테러리스트 489
자선단체 110, 452, 497, 526, 531, 689
자연 상태 226, 238, 239, 241, 244, 280, 283, 319~321, 327, 328, 346, 356, 678
자연 생태계 747
자연 선택 239
자연 세계 96, 239~241
자연권(자연적 권리) 101, 239, 263, 275, 353, 355, 356, 358, 360, 361, 372, 597, 647, 652, 749, 772
　　자연권 자유주의 647
자연론 238, 240, 269
자연법 242, 275, 650
자연법칙 97, 238, 240, 247, 257, 268, 269, 320
『자연의 영원한 종교』(Nature's Eternal Religion) 389
자연적 독점 535, 536, 631

자연적 사회 113, 241, 243, 326, 327, 364, 365
자연적 사회구조 508
자연적 사회에 대한 비전 365
자연적 자유 101, 326, 329
자연환경 보존에 대한 책임 470
자유 개념 100, 154, 187, 206, 465
자유 사회 580
자유 시장 97, 102, 124, 147, 160, 161, 168, 169, 172, 174, 198, 200, 307, 308, 340, 355, 388, 402, 424, 499, 500, 506, 511, 520, 528, 529, 532, 535, 545, 589, 598, 601, 615, 617, 621, 624, 632, 650, 672, 680, 693, 730, 967
　　자유 시장 경쟁 525
　　자유 시장 교환 체제 511
　　자유무역 169, 382, 500, 543, 598, 609
자유 지상주의 177
자유경쟁 98
자유권 239, 647
자유롭고 평등한 시민 408, 628
자유방임 358, 598
자유의지 263, 604
자유인의 일반의지 462
자유주의
　　개혁 자유주의 148, 149, 153
　　경제적 자유주의 424
　　공리적 자유주의 647
　　급진적인 자유주의 708
　　기업 자유주의 149
　　복지국가 자유주의 149
　　자유주의 개혁 109, 148, 338, 728, 731, 761, 762
　　자유주의 문화 303, 585, 751
　　자유주의 복지 정책 174, 634, 686

찾아보기 873

자유주의 복지국가 302, 467, 470, 535,
　　632, 634, 635, 670, 693, 731
자유주의 사회 116, 158, 173, 286, 296,
　　298, 299, 302, 307, 335, 374, 376, 450,
　　453, 460, 462, 466~468, 472, 475, 556,
　　567, 606, 607, 669, 727, 814
자유주의 사회공학 731
자유주의 원칙의 보편성 412
자유주의 이념 38, 104, 121, 124, 125,
　　148, 158, 175, 258, 367, 647, 768
자유주의 이성 108
자유주의 이신론 238
자유주의 정책 162, 166, 179, 379, 430,
　　486, 729, 731, 758, 784
자유주의 환경론자 182, 194, 195, 215
자유주의적 상대주의 167
자유 지상주의 25, 55, 196~199, 228,
　　263, 307, 308, 339, 340, 380, 381,
　　428, 444, 446, 477~479, 528, 545,
　　576, 577, 589, 622~625, 690, 692,
　　701, 734, 735
　　저강도의 자유 지상주의 624
자유해답식 활동 375
자유·평등·박애 106
자율성 191, 281, 285, 303, 304,
　　313~315, 373, 374, 445, 463, 546,
　　578, 604, 609, 753
자율주의 운동 212
자주관리 558
자주관리 제도 294, 609
자치 116, 443
"작은 것이 아름답다" 543
잘못된 사회공학 425
잠정적 이해 394
잠정적 이행기 418

잠정적 인식 77, 395
잠정적 합의 394
장기적인 대중투쟁 721
장애 보험 제도 165
재분배 108, 148, 221, 490, 521, 631,
　　665, 667, 681, 684
　　경제 재분배 정책 522
　　부국과 빈국 사이의 재분배 684
　　부의 재분배 108, 200, 201, 325, 500, 598,
　　　640
　　소득재분배 530, 681
　　재산의 재분배 681
재사회화 416, 607
재산 가치 652
재산 소유자 105, 187, 340, 359, 450,
　　549~551, 620, 653
재산권 18, 55, 80~82, 156, 197, 198,
　　201, 239, 248, 274, 319, 356, 358,
　　385, 408, 449, 450, 452, 468, 477,
　　478, 494, 499, 529, 549, 620, 622,
　　640, 641, 649, 652, 656, 675, 691,
　　698, 706, 707, 709, 718, 734
　　재산권 옹호 연구 691
　　재산권의 보호 500
재산에 근거한 계층화 342
재정 운용 정책 616
재정 적자 166, 264
재현성 67
재화의 총량 649
잴러, 존(John Zaller) 75
쟁의적 정치 행동 193
쟁점 영역 69, 565, 622
저개발국 131, 133~135, 155, 342, 433,
　　439, 684, 698, 721, 727, 739
저개발국의 빈곤층 691

저임의 파트타임 533
저항적 대중 484
적극적 자유 154, 155, 729
적극적 재정정책 166
적극적 정부 83, 153, 160
적극적 차별 시정 조치 379, 389, 637, 670, 671, 685~688, 731
적십자사 524
적자생존 240, 268
전 국민 의료보험 155
전 지구적 경제체제 159, 345, 541, 578, 583, 622, 714, 765
전 지구적 다원성 438
전 지구적 불의 696
전 지구적 빈곤 189, 815
전 지구적 상호 연결성 443
전 지구적 생태계 301, 440
전 지구적 시장 182, 309, 382, 430~432, 440, 446, 519, 542, 577~579, 625
전 지구적 아파르트헤이트 696
전 지구적 의회 440
전 지구적 자본주의 체제 199, 201~204, 215, 264, 440, 491, 539, 542, 545, 546, 692, 695~697, 714, 736
전 지구적 정의 원칙 269, 683
전 지구적 정체성 420, 429, 439
전 지구적 질서 541, 542
전 지구적 탈규제 200
전도 이론 378
전문 관료 523, 577
전문 직업 운동가 720
전문가 156, 253, 483, 523, 550, 573, 673
　전문가 지배계급 552

전위 세력 131, 136, 252, 557, 717, 722, 723
전쟁 상태 270, 319, 329, 542
전체주의 93, 128, 129, 333, 772, 780, 782
　전체주의 국가 419, 498, 517
　전체주의 이념 19, 29, 128, 129, 171, 275, 518, 525
　전체주의 체제 372
전체화 개념 465
전통
　전통 가치 180, 191, 206, 338, 619, 695, 732
　전통 규범 325, 381, 600, 603, 733, 762
　전통과 관습 104, 109, 237, 363
　전통적 가족제도 170, 733
　전통적 문화가치 265, 530, 539, 545, 626, 640
　전통적 믿음 96, 371, 377, 510
　전통적 사회구조 108, 324, 508
　전통적 세계 질서 203
　전통적 지혜 352, 360
전통적 공동체주의 17, 205, 206, 265, 307, 339, 380, 530, 622, 690, 693, 694, 702
전통적 보수주의 17, 19, 24, 39, 46, 92, 93, 103~106, 109~112, 125, 159~161, 168, 169, 173, 205, 206, 224, 236
전투적 행동 313, 586
절대 진리 86, 366, 375, 376, 390, 774
절대적 재산권 488
절대주의 31, 83, 98, 613
절박한 교환 532
절차적 공화국 427
절차적 정의 75, 690, 693, 700, 816

점진주의　728, 818
　점진적 변화　728, 741
정교분리　99, 108, 233, 503, 544, 781
　정교분리 원칙　210, 530, 635, 781
정교한 공리주의적 방법론　355
정교한 시계의 은유　338, 339
정교회　515
정규 이념　94, 182
정당성　132, 258, 418, 430, 463, 501, 543, 544, 589, 591, 623, 624, 637, 717, 739, 757
정당화 시스템　460
정부 권력의 남용　520
정부 규제　85, 151, 162, 165, 169, 196, 197, 340, 377, 520, 525, 545, 598, 615, 620, 625, 628, 730, 761, 766
정부 기업　638
정부 복지 정책의 대안　526
정부 지원 프로그램　526
정부 지출 축소　616
『정부론』(*Essay on Government*)　359
정부의 강압적 권한 축소　528
정부의 고유 기능　596
정부의 의사 결정　461
정상성　584, 585
정서적 호소　296, 372
정언명령　283
정원 배정 정책　686, 687
정의 관념　70, 188, 646, 651, 653, 654, 656, 672, 680, 684, 685, 690, 695, 700, 701
정의가 필요한 사회 상황　659, 662
『정의론』(*A Theory of Justice*)　188, 675, 678, 779, 814
정의의 요건　645, 657, 680

정중함　30, 78, 83, 403, 774
정직함　657
정초주의(토대주의)　271
　정초주의적 가정　260, 374, 396, 789
　정초주의적 규범　270
　정초주의적 관념　678, 680
정치 개혁　75, 106, 147, 708, 755
정치 공동체　20, 25~27, 29, 30, 32, 36, 37, 44~46, 49~51, 53, 54, 56, 59, 60, 63, 64, 66~77, 81, 86, 92, 104, 106, 109, 110, 140, 147, 150, 187, 188, 193, 202~221, 230, 234, 258, 261, 265, 271, 275, 285, 306, 311, 317, 318, 349, 351, 352, 356, 361, 379, 381, 382, 386, 387, 394, 396, 400, 402~413, 415, 416, 422, 427, 435~437, 441, 442, 444, 446, 447, 449, 450, 457, 458, 461, 477, 478, 480, 481, 487, 488, 492, 495, 531, 532, 537, 542~544, 547~550, 552, 557, 568, 572, 587, 595, 600, 602, 626, 635, 640, 643, 645, 653, 683, 684, 694, 704, 705, 735, 750, 758, 759
　강압적 정치 공동체　416
　국제 정치 공동체　432
　다원적 정치 공동체　496, 530, 534, 537, 542
　다인종 정치 공동체　410
　이행기 정치 공동체　461
　전 지구적 정치 공동체　416, 417, 420, 422, 427, 431~433, 435
　초국적 정치 공동체　416
정치 암살　719
정치 이념의 편향성　67
정치 지도자의 직관　370, 397

정치 참여 기회 467
정치경제 체제 103, 512~515, 528, 535, 570, 709, 760, 761
  정치경제 체제의 재편 535
정치경제학 117
  정치경제학 법칙 366
『정치경제학 원리』(Principles of Political Economy) 148
『정치경제학비판 요강』(Grundrisse) 119, 330
정치과정 74, 193, 202, 214, 276, 333, 348, 352, 359, 405, 434, 497, 588, 589, 704, 761
정치꾼 계급 573
정치사회 32, 317, 319~324, 326~330, 334, 335, 337, 348, 349, 394
정치의 거대 이론 226
정치의 대가 360
정치의 영원한 질문 45~48, 50, 55, 59, 71~73, 76, 84, 90, 124, 125, 179, 182
정치의 재편 537
정치적 개념으로서의 사랑 747
정치적 결정 194, 279, 315, 351, 369, 384, 386, 389, 466, 546, 577, 634, 641
정치적 대화 24, 47, 49, 54, 55, 92, 94, 115, 139, 174, 192, 211, 218, 230, 403, 753
정치적 목표에 관한 정당화 385
정치적 신조 389, 444, 445
정치적 실패 377
정치적 올바름 168
정치적 원리 21~26, 30, 32, 36, 40, 46, 47, 49, 51, 53, 59~61, 70, 74, 76, 81, 82, 84, 103, 116, 125, 129, 149, 158, 175, 224~231, 233, 234, 237, 257, 260, 263~265, 269, 297, 348, 352, 359, 370, 372, 373, 375, 390, 395, 396, 402, 403, 407, 433, 444, 455, 494, 526, 755~758, 779, 788
정치적 의사 결정 107, 193, 384
정치적 이상 70, 86, 90, 402, 780
정치적 이성 301, 302, 304, 305, 315, 384, 386~388, 397
  정치적 이성의 결과 387
  정치적 이성의 잠정적 특징 388
정치적 이슬람 208, 209, 816
정치적 자유 97, 106, 124, 197, 314, 454, 466, 493, 641, 675, 709, 736
『정치적 자유주의』(Political Liberalism) 75, 779, 788
정치적 절대주의 96, 706
『정치적 정의』(An Enquiry Concerning Political Justice) 114
정치적 정체성 22, 78, 405, 406, 419~421, 445
정치적 지식 46, 62, 63, 69, 77, 352, 353, 370, 383, 391, 393, 397, 772
정치적 추론 385
정치적 충성 405, 406, 758, 800
정치적 합의 75, 76, 389, 433
정치적 행위 358
  정치적 행위자 61, 350, 373, 547, 548, 756
정치적인 것 56, 194, 400, 484
정치제도 82, 179, 192, 239, 356, 358, 410, 412, 422, 435, 439, 444, 446, 543, 726, 727, 745
정치철학 21, 36, 37, 41, 70, 72, 78, 205, 234, 353, 395, 720, 778, 780
정치학 36, 65, 66, 69, 72, 73, 263
정치혁명 707, 708, 723

정태적 분석　367
정통 다원주의 정치 이론　73, 74
정파 분열　516
제1 아메리카공화국　728
제2 아메리카공화국　728
제2차 세계대전　115, 129, 131, 138, 140, 142, 152, 161, 163, 165, 167, 169, 171, 184, 294, 372, 469, 493, 594, 631, 655
제국의 네트워크　345
제국주의　130, 131, 133, 135, 136, 212, 216, 250, 417, 418, 463, 541, 663
『제국주의 연구』(*Imperialism: A Study*)　133
『제국주의: 자본주의의 최고 단계』(*Imperialism: The Highest Stage of Capitalism*)　134
『제국』(*Empire*)　212, 219, 491, 590, 808
제대로 알고 하는 선택　36, 402
제도　26, 59, 74, 75, 108, 113, 126, 137, 145, 146, 163, 164, 171, 180, 194, 202, 212~214, 216, 221, 242, 243, 248, 274, 281, 287, 288, 298, 302, 322, 324, 325, 358, 373~376, 392, 405, 406, 419, 425, 497, 501, 513, 534
제도적 감시　561, 589
제왕적 대통령제　574
제임스 2세　407
제임스, 윌리엄(William James)　769
제퍼슨, 토머스(Thomas Jefferson)　410, 588, 646, 647
제한 정부　153, 358, 505, 595, 599, 601, 613, 628
제한된 생산 역량　748
제한된 지탱 역량　748

제한된 형식의 정치　602
제한된 흡수 역량　748
젠틸레, 조반니(Giovanni Gentile)　141, 295, 611
조작적 지표　590
조지 W. 부시의 감세 정책　378
조직화
　조직화된 이익집단　470, 765
　조직화된 지능　157
　조직화된 힘　259
조합　510
조합주의 모델　539
　조합주의 정치경제 체제　517
존 스튜어트 밀의 가중 투표[복수투표] 제안　550
존슨, 린든(Lyndon Johnson)　162, 594, 666
존재론　22~24, 32, 61, 233~235, 244, 246, 250, 251, 253, 255~257, 262, 263, 266, 268, 269, 271, 273, 498, 791
　존재론적 가정　24, 61, 62, 224, 232~237, 240, 246, 247, 249, 253, 262, 263, 269~271, 276, 367, 769, 770
　존재론적 유물론　239
존재의 거대한 사슬　24, 224, 236, 237, 275, 284, 285
종교
　종교로부터의 자유　530
　종교를 위한 자유　530
　종교적 각성　424
　종교적 근본주의　17, 55, 207, 266, 344
　종교적 상징물의 전시 금지　530
　종교적 우파　17, 206, 207, 261, 265, 307, 339, 381, 530, 545, 622, 732~734
　종교적 텍스트　207
　종교전쟁　100, 124, 239, 374

종말론적 예언 262
종업원지주제도 682
종적 존재 291
좋은 것 97, 101, 106, 112, 198, 234,
　　243, 257, 258, 281, 284, 315, 351,
　　354, 355, 361, 364, 372, 373, 380,
　　382, 459, 694, 789, 796, 949, 958
좋은 삶 62, 70, 86, 87, 167, 216, 224,
　　227, 234, 236, 261, 277, 278, 281,
　　285, 297, 307, 314, 315, 325, 347,
　　352, 354, 355, 358, 362, 364, 370,
　　373, 374, 381~383, 396, 428, 445,
　　462, 476, 546, 614, 702, 733, 748,
　　769~771, 775, 797, 814, 980
좋은 품성 476
좌파 공공 정치철학 216
좌파 극단주의 85, 178
좌파적 가치 386
주 정부의 권한 521
주류 앵글로색슨 이주자 687
주류적 가치관 339
주민 발의 569, 574, 588
주민 소환 569
주민 투표 569, 574, 588, 733
주변화된 계층 484, 713
주변화된 시민 422
준군사조직 538
중간계급 740, 741
중국 93, 105, 127, 130, 138, 163, 172,
　　200, 252, 293, 332, 417, 418, 430,
　　609, 705, 721, 727, 782
　　중국 헌법 609
중국인 배제법 451
중농주의자 598
중산층
　　중산층 가치 338

중산층 지식인 720
　　중산층의 확대 579
중상주의 104, 377, 504
중앙 계획 경제체제 173
중앙 집중화 294, 327, 419, 508, 509,
　　513, 515, 535, 560, 609
　　중앙 집중화된 무산계급 국가 513
중앙정부의 권한 521
중앙통제 경제 608
중첩적인 합의 38, 394
　　중첩적인 정치적 합의 76
지구 생태계 215, 440
지구온난화 262, 748, 755, 765, 773
지구화 116, 195, 199~204, 208,
　　211~213, 215, 217~220, 264, 265,
　　308, 309, 313, 345, 346, 405, 429,
　　431, 433, 434, 437~439, 485, 490,
　　495, 529, 531, 541, 578, 579, 584,
　　625, 626, 637, 638, 690~692, 695,
　　696, 698, 732, 733, 735, 736, 738,
　　744, 810, 812
　　지구화 시대 431, 449, 478, 528, 584
　　지구화된 서구 738
　　지구화와 민주화 578
지구화론 103, 199, 200, 202, 203, 212,
　　217, 219, 220, 263~265, 308, 340,
　　381, 383, 397, 446, 479, 528, 690,
　　692, 693, 734, 735, 744
지도자
　　지도자의 명령 371
　　지도자의 영도력 294
　　지도자의 의지 561
지방자치 정치 723
지방정부 34, 167, 426, 427, 452, 522,
　　526, 573

지배계급 118, 127, 331, 344, 553, 559,
　　561, 579, 607
　　지배계급의 위치 552
지배적 국민국가 541
지성적 자유 709
지성적 진보 707
지속 가능한 생태계 748
지속 가능한 환경 30, 182, 195, 196,
　　385, 387, 388, 538
지속적인 사회 진보 376
지속적인 경제구조 543
지속혁명 293
지역사회 자선 기관 474
지역사회의 결사체 482
지역사회의 의사 결정 215
지적 설계자 232
지적 자유 707
지하드 209, 737, 738, 818
지하조직 463
직관주의 371
직업 정치인 572
직접행동 471, 569
　　직접행동 저항 전술 744
진리 신봉자 352~354
진보 자유주의 593, 594, 755~760, 763,
　　765, 766, 768~774
진보적 법안 523
진보적 판사 572, 576
진정한 시민 정신 474
진화론 206, 233, 239, 255, 275
진화적 변화 740
집단 이기주의 305
집단 학살 745
집단농장제 608
집단의 안녕 665

집단의 차이 420, 798
집단적 목표 달성 538, 665
집단주의적 아나키즘 658, 659
집산주의적 소비에트 국가형태 608
집합적 선익 370
집합적 실존 393
집합적 의사 결정 과정 486
집합적 이익 483
집합적 행동 57, 181, 484, 490, 585
　　집합적 정치 행동 483
집합적인 민주적 과정 726
징집령 469

ㅊ

차등 원칙 675~678, 680
차베스, 우고(Hugo Chávez) 186
차별적 법률 151
차이의 정치 347
차티스트운동 568, 807
착취 127, 150, 439, 529, 583, 585,
　　659~663, 695, 740, 747, 813
　　착취적인 잉여가치 664
찰스 1세 407
참여 기회 452, 457, 467
참여적 아나키즘 458
창조론 232, 233, 261
창조적 노동 289, 290, 292, 559, 664
　　창조적 노동자 118, 119, 289, 290, 292,
　　　316, 495, 606
창조적인 '권력의지' 562
창조주의 운동 581
책임 있는 시민 472, 475
책임성 60, 197, 201, 298, 355, 387,

461, 479, 502, 506, 515, 520, 523, 527, 549, 550, 572, 589, 808
정치적 책임성 97, 102, 500, 502, 523, 524, 539, 550, 560, 564, 567, 579, 584, 587, 588
처칠, 윈스턴(Winston Churchill) 745, 784
천부 귀족계급 553
철인왕 234
철학적 가정 21, 22~24, 26, 32, 40, 46, 47, 49, 61, 62, 72, 79~81, 103, 124, 125, 149, 156, 220, 224~231, 234, 238, 277, 303, 311, 313, 317, 350, 400, 756, 757, 768, 772, 788, 789, 796
철학적 급진주의자 358, 408, 708
체계적인 편향성 74
체니, 딕(Dick Cheney) 203
체니, 린(Lynn Cheney) 475
체임벌린, 월트(Wilt Chamberlain) 692
체제 내적 전략 483
체첸족 411
초국적 기업 345, 439, 543, 626
초국적 이익집단 576
초국적 자본 697
초인 254, 562
　초인의 의지 254
　초인적 인간종 724
초청 노동자 482
촘스키, 노엄(Noam Chomsky) 216, 217, 745
총기 규제 법률 152
총체적 공리주의 355, 356, 359, 360, 372
총체적 선익 647
총체적 항거 718

총체적 효용 356
총통 지도 원리 518
총파업 115, 146, 714
총화단결론 612
최대 다수의 최대 행복 356, 359, 373, 647, 680, 709
최대한의 포용 원칙 466
최빈국의 채무 탕감 190
최선의 삶의 방식 694
최소 국가 623
최소주의 정부 198
최소한의 안전망 309
최소한의 역량 283
최소한의 요구 454
최소한의 합의 314
최저임금 134, 548, 660, 661
최종 해결책 142
추상적 개념 63
추상적인 자유주의 원칙 413
추첨식 징집 469
충성과 귀속감 427
친노동 정책 165

ㅋ

카리스마 294, 581, 738
　카리스마적 지도력 581
카스트로, 피델(Fidel Castro) 131, 294, 369, 559, 663, 722
카타르시스적인 행위 586
카토연구소 477
카펜터, 메리(Mary Carpenter) 90
칸트, 임마누엘(Immanuel Kant) 267, 268, 597, 599
　신칸트주의 267, 268

칼뱅, 장(Jean Calvin) 311
캄보디아 721
커먼웰스 320
커크, 러셀(Russell Kirk) 104, 455, 456, 653, 654
커크패트릭, 진(Jeane Kirkpatrick) 160, 573
케넌, 조지(George Kennan) 152
케네, 프랑수아(François Quesnay) 598
케네디, 존 F.(John F. Kennedy) 152, 469, 594
케리, 존(John Kerry) 469, 668
케말주의 노선 540
케인스, 존 메이너드(John Maynard Keynes) 616, 790
   케인스식 진보 자유주의 764
케펠, 질(Gille Kepel) 208, 209
켈로 대 뉴런던 시 사건 620
코널리, 윌리엄(William Connolly) 756
코넬, 조지프(Joseph Cornell) 90
『코란』(Koran) 209, 390
『코멘터리』(Commnetary) 202
콘리, 돌턴(Dalton Conley) 645, 682
콜, G. D. H.(G. D. H. Cole) 570
콜, 헬무트(Helmut Kohl) 162
콜린스, 척(Chuck Collins) 644
콩도르세, 마르키 드(Marquis de Condorcet) 707
쾌락의 감각 354
쿠바 118, 130, 131, 138, 164, 172, 294, 418, 609, 722
   쿠바 혁명 모델 722
큐브릭, 스탠리(Stanley Kubrick) 321
크렌슨, 매튜(Matthew Crenson) 483
크로포트킨, 표트르(Pyotr Kropotkin) 114, 287, 288, 327, 364, 603, 658, 659, 718
크리스톨, 어빙(Irving Kristol) 202
크릭, 버나드(Bernard Crick) 76, 742
클라센, 벤(Ben Klassen) 389
클로스코, 조지(George Klosko) 75
클린턴, 빌(Bill Clinton) 200, 486, 594, 668, 766
   클린턴 행정부 728
클린턴, 힐러리 로댐(Hillary Rodham Clinton) 754, 756, 766

ㅌ

타당성 64, 65, 67, 220, 227, 275, 384, 596, 718, 779
타락한 무슬림 489
타인의 권리 100, 101, 197, 259, 281, 298, 320, 476, 503, 546, 595, 603, 694
   타인의 권리 존중 503
탄소 배출량 감축 766
탈규제 169, 200, 668, 709, 730
   탈규제 조치 730
탈근대적 정치 구조 213
탈레반 세력 209
탈물질주의 정치 490
탈물질주의적 가치관 347
탈물질주의적 재화 490
탈정치화 69
태업 561, 569, 718
『터너 일기』(The Turner Diaries) 389, 737
테러리즘 219, 544, 619, 738, 773
   국제 테러리즘 164, 618

토대론적 가정 64
토대론적 논증 376
토마스키, 마이클(Michael Tomasky) 175, 337
토빈세 684, 815
토착주의 451, 581
토크빌, 알렉시 샤를 앙리 모리스 클레를 드(Alexis Charles Henri Maurice Clérel de Tocqueville) 191, 506, 551
톨스토이, 레오(Leo Tolstoy) 113, 241, 718
통상적 정치 545, 752
통일된 시민 집단 464
『통치론』(Second Treatise on Government) 407
통합된 정치경제 체제 514
퇴행적인 변화 743
투자자 계급 578
투자자의 요구 사항 578
투쟁적인 시민 489
투표권 156, 284, 359, 387, 450, 451, 455, 456, 468, 550, 551, 553, 564, 569, 576, 675, 676
　보편적인 투표권 576
　투표하지 않을 권리 470
　투표할 권리 470, 676
　투표 불참 470
튀르고, 안 로베르 자크(Anne Robert Jacques Turgot) 598
트라시마쿠스(Thrasymachus) 70
트로츠키, 레온(Leon Trotsky) 132, 251, 252
트루먼, 해리(Harry Shippe Truman) 745

특별 교육 프로그램 168
특별 우대 정책 686~688
특별 쿼터 제도 451
특수 교육 669
특수 이익집단 201, 401, 547, 549, 572, 577, 731
티토, 요시프(Josip Broz Tito) 130, 294, 369, 463, 516, 609

ㅍ

파레토, 빌프레도(Vilfredo Pareto) 562
파리코뮌 460, 558, 801
파산 보호 정책 519
파시스트정당 517
파시즘의 자유 465
파업 140, 569, 718, 819
팔라비 정권 209
팔랑주 122
『퍼블릭 인터레스트』(Public Interest) 202
퍼트남, 로버트(Robert Putnam) 191, 346
페레스트로이카 515, 610
　페레스트로이카 정책 515, 609
페로, 로스(Ross Perot) 203, 429
페론, 후안(Juan Perón) 143
페론당 143
페미니즘 79, 94, 157, 177, 182, 537, 628, 733
　급진적 페미니즘 182, 192, 214, 433, 533, 628, 683, 805
　자유주의 페미니즘 182, 192, 214, 783
　탈근대 페미니즘 214, 215

페미니스트 170, 171, 182, 628, 784
　급진적 페미니스트 192, 193, 269, 343, 571, 683, 739
　자유주의 페미니스트 192, 791, 951
　탈근대 페미니스트 215, 270
페이비언 협회 184
페인, 토머스(Thomas Paine) 100, 708
페일린, 세라(Sarah Palin) 756
편모 171
편향 30, 66, 67, 69, 161, 166, 385, 671
평가적 목적 226, 228
평균적 시민 473
평등 30, 32, 78, 81, 82, 106, 125, 139, 148, 157, 158, 188, 189, 219, 225, 228, 245, 248, 264, 271, 274, 283, 286, 297, 302, 342, 365, 367, 385, 387, 388, 435, 447, 466, 534, 563, 657, 667, 669, 673, 675, 677, 685, 697, 700, 738, 739, 749, 753, 769, 786, 788, 980
　더욱 평등한 사회 347, 630
　모든 시민의 정치적 평등 563
　본질적 평등 297
　사회적 평등 487
　생활 조건의 평등 635
　순수한 평등 680
　양성평등 192
　인간의 평등한 처우 647
　절대적 평등 700
　조건의 평등 673, 674
　존재의 평등 283
　추상적 평등 108
　평등 사회 674
　평등 지향성 506
　평등과 연대 388
　평등사상 297
평등한 대우 81, 669, 700, 788
평등한 경쟁 기회 648
평등한 경제적 자원 478
평등한 교육 154, 669
평등한 기본 교육 628
평등한 법적 기회 478
평등한 사회 341, 342, 642, 672
평등한 자유의 원칙 675, 676, 678, 680
평등한 존중 342, 678
평등한 피조물 646~648
『평등과 효율: 거대한 흥정』(Equality and Efficiency: The Big Tradeoff) 666
평등주의 120, 159, 190, 268, 537, 680, 701, 796
　미약한 평등주의 648
　온건 평등주의 675
　자유주의적 평등주의 227, 385
　평등주의 개혁 305, 731
　평등주의 사회 674
　평등주의 에토스 672
　평등주의 윤리 116, 651, 658
　평등주의 정의론 675, 680
　평등주의적 자유주의 17, 177, 183, 187~189, 191, 396, 433, 446, 535, 545, 739, 788, 796
평평한 세계 200
폐쇄적인 동질성 438
포괄적 도덕률 75, 85, 210, 530, 816
포괄적인 공공 철학 392
포르셰, 페르디난드(Ferdinand Porsche) 517
포세 코미타투스 437
포스트구조주의 214, 312, 345, 391, 392, 398

포용 34, 35, 466
　포용적인 이민정책 760
포퍼, 칼(Karl Popper) 64, 375
폭력의 역할 718
폭민 정치 490
폴웰, 제리(Jerry Falwell) 206
폴크 256
푸리에, 샤를(Charles Fourier) 122, 289
푸코, 미셸(Michel Foucault) 214, 270, 393, 583, 584, 585, 590, 744, 745
퓌러 139, 560~562
프라이, 게르하르트(Gerhard Frey) 203, 429
프랑스계 캐나다인 177, 411
프랑스의 국민전선 487
프랑스혁명 105~107, 114, 323, 408, 710, 711, 717, 741, 781
『프랑스혁명에 관한 성찰』(Reflections on the Revolution in France) 105, 323
프랑코, 프란시스코(Francisco Franco) 142
프로테스탄트 윤리 99
　프로테스탄트 노동 윤리 430
　프로테스탄트 종교개혁 99, 105
프롤레타리아 127, 131, 248, 249, 253, 331, 557, 559, 631
　룸펜프롤레타리아 713
　프롤레타리아 대중 332
　프롤레타리아 전위 252
　프롤레타리아 전위당 514, 557, 559
　프롤레타리아계급 118, 557, 560
　프롤레타리아독재 136, 173, 461, 555, 557~559, 813
　프롤레타리아독재 체제 714
　한시적 프롤레타리아독재 556

프루동, 피에르(Pierre Proudhon) 114, 458, 511, 555, 657~659, 717, 817
프리드먼, 밀턴(Milton Friedman) 168, 624
프리드먼, 토머스(Thomas Friedman) 200, 201, 264, 308, 431, 528, 531, 577, 578, 690, 736, 808
플라톤(Platon) 44, 62, 70, 234, 239, 245, 257, 795, 804
피부양 자녀가 딸린 가족 지원 프로그램 475
피식민 국가 418, 721
피어스, 윌리엄(William Pierce) 389, 737
　[가명] 맥도널드, 앤드루(Andrew Macdonald) 389
피억압 민족 738
피지배계급 118, 330, 331, 463
피착취계급 740
핀레이슨, 앨런(Alan Finlayson) 711
필수 재화 532
필요
　기본적 필요 244, 282, 288, 503, 603, 657
　본질적 필요 433, 436, 536
　사회 전체의 필요 325, 507
　사회적 필요 141, 606, 625, 629, 630, 691
　장기적 필요 632
　장기적인 사회적 필요 632
　필요가 충족되는 사회 300, 663
　핵심 필요 30, 76
핑커턴 623

ㅎ

하마스 580
하와이 원주민 411
하위 정부(준정부) 565~567
하이더, 외르크(Jörg Haider) 487
하이에크, 프리드리히 폰(Friedrich von Hayek) 198, 576, 624
하츠, 루이(Louis Hartz) 75
하층계급 247, 467, 656, 717
하트, 마이클(Michael Hardt) 212~214, 219, 234, 270, 272, 345, 346, 439, 441, 442, 490~492, 541, 543, 584, 590, 698, 699, 746, 747
하향침투식 533
학교 흑백 통합 521
   학교 흑백 통합 정책 153
학자금 융자 486
한국전쟁 469
합리성
   경제학적 합리성 383
   극단적 리스크 없는 합리성 679
   자유 시장의 합리성 500
   자유주의 합리성 360
합의적 인식 395
항거 사상 716
항거자 716, 718, 719, 746
항구적인 전쟁 270
항의 운동 471
해밀턴, 알렉산더(Alexander Hamilton) 587
해석의 오류 610
해체 이론 392
해커, 제이컵(Jacob Hacker) 681
핵심적 공공재 524

행복 계산법 357, 408
행복추구권 239, 647
행정부
   행정부 주도의 국가 체제 728
   행정부 중심의 관료제 국가 522
   행정부의 권력 남용 523
허무주의 25, 31, 32, 220, 745, 751, 752
허쉬만, 앨버트(Albert Hirschman) 378
허위의식 461, 746
헉슬리, 토머스 헨리(Thomas Henry Huxley) 268
헌법 77, 148, 156, 179, 305, 377, 389, 394, 423, 444, 488, 500, 501, 520~522, 572, 588, 624, 631, 641
   헌법 개정 501, 506, 520
   헌법 해석 522, 530
   헌법의 '탄력 조항' 521
헌정 개혁 762
헌팅턴, 새뮤얼(Samuel Huntington) 204, 429, 430, 444, 473, 495, 530
헤게모니 이념 217
『헤겔 법철학 비판』(Contribution to the Critique of Hegel's Philosophy of Right) 249
헤겔, 게오르크 빌헬름 프리드리히(Georg Wilhelm Friedrich Hegel) 245~247, 259, 264, 267, 289, 769, 789, 791
헤르젠, 알렉산더(Alexander Herzen) 242, 287, 327
헤일, 매슈(Matthew Hale) 581
혁명가 107, 402, 418, 462, 557, 720, 722, 741
혁명의 과학적 근거 117
혁명적 계급의식 249

혁명적 관점 735
혁명적 방식 179
혁명적 보수주의 735
혁명적 의지주의 252
현모양처 377, 507
현실주의자 260, 553
협동조합 535, 803, 967
협업적인 경제활동 543
형상 이론 234
형이상학적 추론 385
호메이니, 아야톨라(Ayatollah Khomeini) 209
호모 시비쿠스 563, 564
호모 폴리티쿠스 563
호치민(Ho Chi Minh) 131, 369
호프스태터, 리처드(Richard Hofstadter) 75
혼전 관계 261, 507
혼합 정부 505
혼합 정치경제 체제 520, 544
혼합 정치체제 501, 505
혼합경제 728
홀로코스트 140, 142
홉스, 토머스(Thomas Hobbes) 44, 95, 96, 100, 280, 283, 288, 319, 320, 407, 619, 809
홉슨, 존 애트킨슨(John Atkinson Hobson) 133
화이트, 스티븐(Stephen White) 234
확고한 존재론 24, 32, 234, 235, 265, 270~272, 275
확장된 공동의 영역 699
환경 리스크 384
'환경 보존'이라는 제약 조건 753
환경 영향력 384

환경보호 195, 196, 375, 429, 729, 811
환경보호국 620
환경오염 151, 262
환경운동 262, 569
환경주의 79, 94, 157, 158, 177, 537, 783
회의론 93, 355, 476
   회의적 시각 77
   회의적인 인식론 220
효과적인 민주 절차 359
효과적인 생산방식 660
효용을 극대화하는 인간 281
효율성과 평등성 667
후견 정치 548
후세인, 사담(Sadam Hussein) 143, 163, 209, 350, 384, 579, 580
후쿠야마, 프랜시스(Francis Fukuyama) 200, 263, 264, 381, 431, 498, 769, 779
훌륭한 시민성의 덕목 386
훼손 이론 379
흄, 데이비드(David Hume) 361, 362
흑백 분리주의 471
흑인 국수주의 310
흑인 민족지상주의 437
흥정 667, 700
히틀러, 아돌프(Adolf Hitler) 128, 129, 139, 141, 142, 146, 370, 377, 389, 517, 518, 560, 561, 611, 666, 745
힌덴부르크, 파울 폰(Paul von Hindenburg) 146
힌두교 근본주의 219

기타

2차 핵 타격　152
5개년 계획　608
9·11 사태　159, 208, 209, 218, 493, 519, 575, 580, 594, 618, 728

CEO의 평균 소득　644
G8 국가　190
GDP 대비 연방 정부 전체 예산 비율　593, 594
LGBT　471